中国能源年鉴

CHINA ENERGY YEARBOOK

2004

中国能源年鉴编辑委员会　编

COMPILED BY
CHINA ENERGY YEARBOOK EDITORIAL COMMITTEE

中国石化出版社
CHINA PETROCHEMICAL PRESS

图书在版编目(CIP)数据

中国能源年鉴.2004/《中国能源年鉴》编辑委员会编.
—北京:中国石化出版社,2005
ISBN 7-80164-899-4

Ⅰ.中… Ⅱ.中… Ⅲ.能源经济-中国-2004-年鉴
Ⅳ.F426.2-54

中国版本图书馆 CIP 数据核字(2005)第 109385 号

责任编辑: 蒋 琦 宋春刚
责任校对: 张小宏
封面设计: 殷佳林
英文译审: 刘静茹

中国石化出版社出版发行
地址:北京市东城区安定门外大街 58 号
邮编:100011 电话:(010)84271850
读者服务部电话:(010)84289974
http://www.sinopec-press.com
E-mail:press@sinopec.com.cn
北京市顺义兴华印刷厂排版
北京新华印刷厂印刷
新华书店北京发行所经销

*

889×1194 毫米 16 开本 50 印张 80 插页 1307 千字
2005 年 11 月第 1 版 2005 年 11 月第 1 次印刷
ISBN 7-80164-899-4/TK·020
定价:298.00 元

中国能源年鉴

主　办　国家发展和改革委员会

承　办　国家发展和改革委员会能源局
国家发展和改革委员会宏观经济研究院信息研究咨询中心

协　办　中国煤炭工业协会
中国电力企业联合会
国家开发投资公司
神华集团有限责任公司
中国中煤能源集团公司
中国石油天然气集团公司
中国石油化工集团公司
中国海洋石油总公司
中国中化集团公司
国家电网公司
中国南方电网有限责任公司
中国华能集团公司
中国大唐集团公司
中国华电集团公司
中国国电集团公司
中国电力投资集团公司
中国电力工程顾问集团公司
中国水电工程顾问集团公司
中国长江三峡工程开发总公司
中国核工业集团公司
中国广东核电集团有限公司
BP中国投资有限公司

中国能源年鉴编辑委员会

《中国能源年鉴2004》撰稿人

（以姓氏笔画为序）

丁　丁	丁友卫	丁晓明	于　翔	马光文	马延辉	马　勇
马俊卿	马　燕	韦廷权	王子建	王开成	王长平	王少华
王凤云	王化江	王立坤	王玉庆	王卉群	王　甲	王　光
王伟元	王会龙	王宏英	王明光	王建勇	王思荣	王　涛
王祥进	王家诚	王　晶	王嘉惠	孔丽娅	左　龙	龙秋莲
边子琦	卢衍波	叶晓霞	田　政	史立山	丛培信	白　泉
仝德良	江　汇	刘文胜	刘正平	刘　红	刘志平	刘京和
刘宗铭	刘　凯	刘俊山	刘建虎	刘　琪	刘毓文	刘德顺
齐援军	许　红	许金林	米建华	毕德才	孙玉芳	孙亚芹
朱　虹	朱跃中	吕　燕	曲寿利	任卫东	汤加轩	辛　锋
祁建军	宋卫东	严天科	杜文燕	苏　彪	李广月	李才华
李可义	李华平	李志远	李　妍	李林新	李孟杰	李春华
李福龙	李瑞清	李豪峰	李曙光	张云秋	张玉清	张龙生
张有生	张仰胜	张宏炎	张丽虹	张苏平	张　果	张金强
张　勇	张德全	吴文化	吴　双	吴　尧	吴钟瑚	吴琪彬
吴　韬	余　征	金耀平	郑行周	赵洪旭	赵春波	赵建华
赵建国	赵　虹	赵　莉	胡卫平	胡来旺	胡莹莹	姚　舜
侯言超	高力国	高　乐	高晓华	高跃冬	高　毅	唐剑平
阎　进	秦志军	郝卫平	贾学诚	夏　颉	晏　勤	聂仕荣
徐匡迪	徐华清	徐继林	殷培华	梁志鹏	梁　波	梁定敏
梁惠文	郭文龙	郭　伟	郭胜伟	何　维	何　斌	武小楠
武　斌	范承武	杨中侠	杨　林	杨　雷	苗玉军	陈大年

北京市发展和改革委员会
天津市发展和改革委员会
河北省发展和改革委员会
山西省发展和改革委员会
内蒙古自治区发展和改革委员会
辽宁省发展和改革委员会
吉林省发展和改革委员会
黑龙江省发展和改革委员会
上海市发展和改革委员会
江苏省发展和改革委员会
浙江省发展和改革委员会
安徽省发展和改革委员会
江西省发展和改革委员会
山东省发展和改革委员会
福建省发展和改革委员会
河南省发展和改革委员会
湖北省发展和改革委员会
湖南省发展和改革委员会
广东省发展和改革委员会
广西自治区发展和改革委员会
海南省发展和改革厅
重庆市发展和改革委员会
四川省发展和改革委员会
云南省发展和改革委员会
贵州省发展和改革委员会
西藏自治区发展和改革委员会
陕西省发展和改革委员会
甘肃省发展和改革委员会
青海省发展和改革委员会
宁夏自治区发展和改革委员会
新疆自治区发展和改革委员会
新疆建设兵团发展和改革委员会

《中国能源年鉴2004》撰稿单位

中国煤炭工业协会
中国电力企业联合会
中国电力规划设计协会
中国石油和化学工业协会
国家开发投资公司
中国石油天然气集团公司
中国石油化工集团公司
中国海洋石油总公司
国家电网公司
中国南方电网有限责任公司
中国华能集团公司
中国大唐集团公司
中国华电集团公司
中国国电集团公司
中国电力投资集团公司
中国电力工程顾问集团公司
中国水电工程顾问集团公司
中国水利水电建设集团公司
中国长江三峡工程开发总公司
中国核工业集团公司
中国广东核电集团有限公司
秦山核电公司
核电秦山联营有限公司
秦山第三核电有限公司
北京国华电力有限责任公司
国家统计局工业交通统计司
铁道部统计中心
水利部农村水电及电气化发展局
国家发展和改革委员会能源研究所

中国能源年鉴编辑部

刘学库　河北省发展和改革委员会 副主任
令政策　山西省发展和改革委员会 主任
牛栋春　内蒙古自治区发展和改革委员会 副主任
李国运　辽宁省发展和改革委员会 副主任
曹家兴　吉林省发展和改革委员会 副主任
王冬光　黑龙江省发展和改革委员会 副主任
俞北华　上海市发展和改革委员会 副主任
林一峰　江苏省发展和改革委员会 副主任
李卫宁　浙江省发展和改革委员会 副主任
李朝东　安徽省发展和改革委员会 副主任
王　平　江西省发展和改革委员会 副主任
薛　克　山东省发展和改革委员会 副主任
谢兰捷　福建省发展和改革委员会 副主任
朱连昌　河南省发展和改革委员会 副主任
路　策　湖北省发展和改革委员会 副主任
黄　河　湖南省发展和改革委员会 副主任
李妙娟　广东省发展和改革委员会 副主任
梁　斌　广西自治区发展和改革委员会 副主任
冯　鸣　海南省发展和改革厅 副厅长
马述林　重庆市发展和改革委员会 副主任
李亚平　四川省发展和改革委员会 副主任
马晓佳　云南省发展和改革委员会 副主任
赵家兴　贵州省发展和改革委员会 副主任
严仕金　西藏自治区发展和改革委员会 副主任
高迎秀　陕西省发展和改革委员会 副主任
张忠敬　甘肃省发展和改革委员会 副主任
王景雄　青海省发展和改革委员会 副主任
何怀兴　宁夏自治区发展和改革委员会 副主任
刘晏良　新疆自治区发展和改革委员会 主任
傅援朝　新疆建设兵团发展和改革委员会 党委书记

中国能源年鉴编辑委员会

陈巨初	陈　刚	陈亚琦	陈利玲	陈学伟	陈国风	陈　彦
陈　栋	陈　勇	陈继红	陈清泰	陈景山	陈　翔	陈　溯
罗　伟	周大地	周文冬	周伏秋	周海魂	周鹏飞	周　篁
周德华	周燕儿	郭胜华	郭晓和	章庆华	章　焱	康艳兵
曹建坤	黄少伟	黄　明	黄保光	黄幼如	黄坤福	黄雪梅
崔　忻	游　敏	韩作斌	韩　笑	蒋　琦	董秀芬	程　骏
曾庆坤	蒲立刚	路广华	路宇歆	解宏绪	谭继明	裴建军
熊华文	潘红樱	潘武龙	潘　荔	潘锁华	薛志勇	魏鹏远

《中国能源年鉴2004》特邀通讯员

（以姓氏笔画为序）

丁晓明	于小明	于宏伟	于　翔	马俊卿	马维宁	王开成
王立忠	孔丽娅	皮青兰	许一青	刘印春	刘玉平	刘　红
刘俊山	刘　玲	刘　静	孙盛鹏	朱二苗	乔军平	李玉琦
李光华	李　欢	李国栋	李　承	李晓斌	李豪峰	张少青
张东方	张兴华	张　琳	阳谷生	池金铭	肖运保	吴运杰
吴志勤	余　征	林小强	杨友林	杨宏岳	陈继红	周子华
周　篁	赵　宇	胡卫平	胡光耀	贺久长	高　午	高绍峰
秦志军	贾士超	夏晓林	夏梅兴	徐长义	徐尔能	郭一平
郭莉鸿	曹建坤	崔　忻	龚荣祥	谢卓群	雷　春	蒋　琦
慈　义	解宏绪	蔡声芸	潘乙凡	潘正祥		

CHINA ENERGY YEARBOOK

Presented by

National Development and Reform Commission

Sponsored by

National Development and Reform Commission Bureau of energy
National Development and Reform Commission Academy of Macroeconomic Research Information Research Consulting Center

Co – organizer

China National Coal Association
China Electricity Council
State Development & Investment Corporation
Shenhua Group Corporation Limited
China Coal Energy Group Corporation
China National Petroleum Corporation
China Petrochemical Corporation
China National Offshore Oil Corporation
Sinochem Corporation
State Grid Corporation of China
China Southern Power Grid Company Limited
China Huaneng Group
China Datang Corporation
China Huadian Corporation
China Guodian Corporation
China Power Investment Corporation
China Power Engineering Consulting Group Corporation
China Hydro Power Engineering Consulting Group Corporation
China Three Gorges Project Corporation
China National Nuclear Corporation
China Guangdong Nuclear Power Holding Corporation Limited
BP China (Holding) Limited

EDITORIAL COMMITTEE OF CHINA ENERGY YEARBOOK

EDITORIAL COMMITTEE OF CHINA ENERGY YEARBOOK

Li Guoyun	Vice Chairman of Development and Reform Commission of Liaoning Province
Cao Jiaxing	Vice Chairman of Development and Reform Commission of Jilin Province
Wang Dongguang	Vice Chairman of Development and Reform Commission of Heilongjiang Province
Yu Beihua	Vice Chairman of Shanghai Development and Reform Commission
Lin Yifeng	Vice Chairman of Development and Reform Commission of Jiangsu Province
Li Weining	Vice Chairman of Development and Reform Commission of Zhejiang Province
Li Chaodong	Vice Chairman of Development and Reform Commission of Anhui Province
Wang Ping	Vice Chairman of Development and Reform Commission of Jiangxi Province
Xue Ke	Vice Chairman of Development and Reform Commission of Shandong Province
Xie Lanjie	Vice Chairman of Development and Reform Commission of Fujian Province
Zhu Lianchang	Vice Chairman of Development and Reform Commission of Henan Province
Lu Ce	Vice Chairman of Development and Reform Commission of Hubei Province
Huang He	Vice Chairman of Development and Reform Commission of Hunan Province
Li Miaojuan	Vice Chairman of Development and Reform Commission of Guangdong Province
Liang Bin	Vice Chairman of Development and Reform Commission of Guangxi Autonomous Region
Feng Ming	Vice Chairman of Development and Reform Office of Hainan Province
Ma Shulin	Vice Chairman of Chongqing Development and Reform Commission
Li Yaping	Vice Chairman of Development and Reform Commission of Sichuan Province
Ma Xiaojia	Vice Chairman of Development and Reform Commission of Yunnan Province
Zhao Jiaxing	Vice Chairman of Development and Reform Commission of Guizhou Province
Yan Shijin	Vice Chairman of Development and Reform Commission of Xizang Autonomous. Region
Gao Yingxiu	Vice Chairman of Development and Reform Commission of Shanxi Province
Zhang Zhongjing	Vice Chairman of Development and Reform Commission of Gansu Province
Wang Jingxiong	Vice Chairman of Development and Reform Commission of Qinghai Province
He Huaixing	Vice Chairman of Development and Reform Commission of Ningxia Autonomous Region
Liu Yanliang	Chairman of Development and Reform Commission of Xinjiang Autonomous Region
Fu Yuanchao	Secretary of the Party Committee of Development and Reform Commission of Xinjiang Construction Corps

EDITORIAL DEPARTMENT

《CHINA ENERGY YEARBOOK 2004》 EDITORIAL STAFF

China National Coal Association
China Electricity Council
China Electric Power Planning & Engineering Association
China Petroleum and Chemical Industry Association
State Development & Investment Corporation
China National Petroleum Corporation
China Petrochemical Corporation
China National Offshore Oil Corporation
State Grid Corporation of China
China Southern Grid Company Limited
China Huaneng Group
China Datang Corporation
China Huadian Corporation
China Guodian Corporation
China Power Investment Corporation
China Power Engineering Consulting Group Corporation
China Hydro Power Engineering Consulting Group Corporation
China Hydro Power Constructing Group Corporation
China Three Gorges Project Corporation
China National Nuclear Corporation
China Guangdong Nuclear Power Holding Corporation Limited
Qinshan Nuclear Power Corporation
Nuclear Power Qinshan Joint Venture Corporation Limited
Third Qinshan Nuclear Power Corporation Limited
Beijing Guohua Electric Power Corporation
Department of Industry and Transport Statistics of National Bureau of Statistics
Statistics Center of MOP
Bureau of Rural Electrification of Water Resources Ministry
Energy Research Institute of National Development and Reform Commission

Beijing Development and Reform Commission
Tianjin Development and Reform Commission
Development and Reform Commission of Hebei Province
Development and Reform Commission of Shanxi Province
Development and Reform Commission of Inner Mongolia Autonomous Region
Development and Reform Commission of Liaoning Province
Development and Reform Commission of Jilin Province
Development and Reform Commission of Heilongjiang Province
Shanghai Development and Reform Commission
Development and Reform Commission of Jiangsu Province
Development and Reform Commission of Zhejiang Province
Development and Reform Commission of Anhui Province
Development and Reform Commission of Jiangxi Province
Development and Reform Commission of Shandong Province
Development and Reform Commission of Fujian Province
Development and Reform Commission of Henan Province
Development and Reform Commission of Hubei Province
Development and Reform Commission of Hunan Province
Development and Reform Commission of Guangdong Province
Development and Reform Commission of Guangxi Autonomous Region
Development and Reform Office of Hainan Province
Chongqing Development and Reform Commission
Development and Reform Commission of Sichuan Province
Development and Reform Commission of Yunnan Province
Development and Reform Commission of Guizhou Province
Development and Reform Commission of Xizang Autonomous Region
Development and Reform Commission of Shanxi Province
Development and Reform Commission of Gansu Province
Development and Reform Commission of Qinghai Province
Development and Reform Commission of Ningxia Autonomous Region
Development and Reform Commission of Xinjiang Autonomous Region
Development and Reform Commission of Xinjiang Construction Corps

编 辑 说 明

一、《中国能源年鉴2004》是国家发展和改革委员会主持编撰的中国能源领域第一部综合性大型工具书和史料性年书，2004年版是创刊号。

二、《中国能源年鉴2004》由篇、章、词条三个层次组成，2004年版共21篇79章493个词条。

三、《中国能源年鉴2004》全面系统地反映、总结了中国第十个五年计划以来能源领域及其煤炭、电力、石油天然气、可再生能源和新能源的发展情况，以及2003年能源各行业的基本情况。

四、《中国能源年鉴2004》收录的数据和资料，原则上截至2003年底。中国能源情况和全国性能源统计数据未包括香港、澳门特别行政区和台湾省，世界能源数据摘译自国外相关资料。

五、《中国能源年鉴2004》由于数据采集渠道、统计口径、统计时间的差异，有的统计指标相同但数据不尽一致，引用时还请参照相关统计资料。

六、《中国能源年鉴2004》除按篇章排序的中、英文目录外，还附词条音序索引和表序索引，以便查阅和检索。

前　言

我们很高兴能把《中国能源年鉴2004》呈现给大家。

2003年11月，温家宝总理在接受《华盛顿邮报》记者专访时，感触很深地说了这样一句话："一个很小的问题，乘以13亿，都会变成一个大问题；一个很大的总量，除以13亿，都会变成一个小的数目。"这是世界人口第一大国的政府当家人的切身感受，也是中国经济在发展中遇到的最大难题。能源产业正是在这样的现实中承担着最基本的责任。

能源作为国民经济的基础产业，又为社会提供公共服务，与经济发展、社会进步和人民生活水平息息相关，发挥着越来越重要的作用。中国建国55年来，能源产业规模持续扩大，技术不断进步，逐步建立起比较完整的体系，步入世界能源生产大国和消费大国的行列，能源生产与供应的不断增长有效地保证了国民经济发展和社会进步的能源需求。在中国进入全面建设小康社会的新的发展阶段和战略机遇期，解决好能源资源和环境的瓶颈制约，注重能效，倡导节约，实现能源产业的可持续发展，从而支持经济和社会的可持续发展，再次成为现实而紧迫的任务。

《中国能源年鉴2004》作为中国能源领域第一部综合性大型工具书和史料性年书，旨在宣传中国能源政策，介绍中国能源资源与环境、能源开发与利用、能源投资与建设、能源生产与消费、能源科技与节约、能源国际贸易与技术经济合作、地区能源以及能源重大项目、能源重点企业、中外能源统计数据、能源领域重大活动和重大事件等，力求客观真实地反映中国的能源国情、能源发展与改革成就。范围囊括全领域，内容涉及全过程，重点突出宏观性，是《中国能源年鉴》追求的特色；为能源管理部门、研究机构、能源企业及社会各界人士提供全面、客观、基础的能源史实资料，服务经济、服务社会、服务能源，是全体编撰工作者的最大心愿。

能源信息涉及面广泛，能源管理机构和管理体制变更频繁，给全面掌握情况、客观反映问题带来一定的困难，给信息采集、整理特别是有关情况的综合描述带来一定的难度，加之我们编撰经验不足，有些重要情况可能疏漏，有的篇章和词条可能不够系统全面，有的方面甚至会有错误，欢迎读者提出批评意见。我们将认真总结经验，不断改进组织和编辑工作，力求奉献内容更丰富、特色更鲜明、质量更高、充分体现政策性、指导性和权威性的《中国能源年鉴》，为中国能源事业的发展，为国内外能源信息交流作出应有的贡献。

《中国能源年鉴2004》从最初构思到最终定稿，得到了能源领域学术界、企业界和管理部门的鼎力支持，是方方面面配合协作和集体智慧的结晶。中国煤炭工业协会、中国电力企业联合会、中国石油天然气集团公司、中国石油化工集团公司、中国海洋石油总公司、中国核工业集团公司、国家发改委能源所等单位共同研究审定了编撰大纲，并组织完成了相关篇章的撰写任务。地方能源的情况，由各省、自治区、直辖市发改委协助组织撰写。国家统计局工业交通司提供了全国综合能源统计数据。《中国能源年鉴2004》还得到了国家开发投资公司、神华集团有限责任公司、中国中煤能源集团公司、中国石油天然气集团公司、中国石油化工集团公司、中国海洋石油总公司、中国中化集团公司、国家电网公司、中国南方电网有限责任公司、中国华能集团公司、中国大唐集团公司、中国华电集团公司、中国国电集团公司、中国电力投资集团公司、中国电力工程顾问集团公司、中国水电工程顾问集团公司、中国长江三峡工程开发总公司、中国核工业集团公司、中国广东核电集团有限公司和BP中国投资有限公司的支持和协助。在此一并表示最诚挚的谢意。

编　者

2005年7月

以能源的可持续发展和有效利用支持我国经济社会的可持续发展

——《中国能源年鉴》创刊号序

国家发展和改革委员会主任 马 凯

能源是人类社会生存和发展的重要物质基础，是现代社会正常运转不可或缺的基本条件。工业革命以来，世界各国经济社会发展同能源的关系越来越密切。一方面，能源对经济发展有着重要的支撑作用。人类利用能源的每一次进步，都推动了经济社会的发展，反过来又拓展了能源利用的领域。另一方面，能源对经济发展有很强的约束作用。能源的承载能力制约着经济增长的速度、结构和方式。20世纪的100年里，拥有世界人口15%的发达国家先后完成了工业化，但与此同时，也消耗了大量的自然资源尤其是能源资源。进入新世纪后，一些发展中国家将陆续步入工业化加速阶段，能源消耗强度会明显加大。能源问题日益成为一个全球性的问题，成为世界各国共同面临的挑战。

长期以来，党中央、国务院高度重视能源问题，确定了战略，明确了方针，完善了政策，为能源的可持续发展和有效利用指明了方向，奠定了基础。概括起来，中国的能源发展战略和政策有以下几个突出特点：

第一，立足国内。这是我们解决能源问题始终坚持的基本方针。中国既是能源消费大国，又是能源生产大国。2004年，中国生产原煤19.56亿吨，居世界首位；生产原油1.75亿吨，居世界第六位。中国煤炭资源丰富，在一次能源生产结构中，煤炭占76%；在一次能源消费结构中，煤炭占68%。我们有条件主要依靠国内来保障能源供给。20世纪90年代以来，中国能源总自给率始终保持在90%以上。从未来看，中国能源供应的潜力仍很大：煤炭探明储量占地质储量的比例还很低，发现新油气田仍有可能，2/3的水电资源尚未开发，核电、风电、生物质发电还有很大的发展余地。中国的发展，过去不曾、现在没有、将来也不会对世界能源安全构成威胁。我们将继续坚持立足国内的基本方针，采取综合措施，加大国内资源勘探力度，不断增加能源有效供给，保持较高的自给水平。

第二，节能优先。这是解决中国能源问题的基本思路。长期以来，我们坚持“开源与节流结合，把节约放在首位”，将节能纳入国民经济和社会发展计划，动员全社会节能降耗，已经取得了明显成效。2004年全国每万元能耗比1990年下降45%，累计节约和少用能源折合7亿吨标准煤。在推进工业化的过程中，我们要把节约能源放在更加突出的位置，加快转变经济增长方式，建立资源节约型国民经济体系和资源节约型社会，依靠科技进步促进产业结构优化升级，控制高耗能产业盲目扩张，全方位提高能源利用效率。要认真贯彻《节约能源法》，落实《节能中长期专项规划》，组织实施好重大节能工程，推广先进、高效的节能设备和器具，推进工业、交通运输、建筑、商用和民用节能。要建立市场化的能源节约体制和机制，研究制定有利于节约能源的财税、投资、价格和外贸政策，制定和实施强制性标准，形成可持续发展的生产方式和消费模式，促进能源的节约和有效利用，努力实现到2020年年均节能3%、累计节能14亿吨标准煤的目标。

第三，优化结构。这是解决中国能源问题的重要途径。多年来，在积极发展煤炭工业的同时，我们始终高度重视开发利用可再生能源，并取得了成效。目前，全国太阳能热水器使用量5200万平方米，占世界的40%以上；户用沼气1300多万口，年产沼气33亿立方米；水电装机容量1.08亿千瓦；建成风电场40多个。2005年2月，《可再生能源法》的颁布实施，标志着中国开发利用可再生能源进入了一个新的阶段。今后，我们要继续坚持煤为基础、多元发展，形成煤炭为主体，油气、水电、核电、新能源全面发展的能源结构。加强大型煤炭基地建设，积极开发水电，加快发展核电，鼓励发展风电、生物质能等可再生能源，努力提高可再生能源在一次能源消费总量中的比重，到2020年将由2004年的7%提高到13%，届时每年可替代化石能源约4亿吨标准煤。

第四，保护环境。这是解决中国能源问题必须兼顾的重大问题。近年来，中国在积极发展能源工业的同时，对环境问题给予了高度关注，建立和完善了《环境影响评价方法》，实施了《清洁生产审核暂行办法》，加大污染治理力度，取缔、关停了一批技术落后、浪费资源、污染严重的企业，依靠科技进步发展资源消耗低、环境污染少的产业，使能源使用带来的环境污染问题有了较大改观。今后，中国能源的发展要进一步兼顾经济性和清洁性的双重要求，运用投资补助、建立检测系统、完善收费政策等手段，鼓励和引导企业在发展的同时重视环境保护，减少能源开发利用给环境带来的负面影响，努力实现能源与环境的协调发展。

第五，增进合作。这是解决中国能源问题的必要补充。中国政府高度重视能源领域的国际合作，与许多重要能源生产国和消费国开展了有效的能源贸易和投资合作，建立了能源合作对话机制。20 世纪 90 年代以来，中国政府与世界银行、联合国开发计划署、全球环境基金和欧盟等，合作实施了提高工业锅炉效率、推广绿色照明、可再生能源规模化发展等重大项目，近期还启动了中国终端能源效率项目。我们要继续按照"平等互利、实现双赢，企业运作、政府协调，广泛合作、多元发展，以诚相待、加强沟通"的原则，与世界各国、国际组织和跨国公司加强能源领域的对话与合作，促进能源供应地区、合作方式以及能源品种的多元化。在节能、开发新能源与可再生能源等方面积极引进国外先进技术、资金和装备，不断提高能源效率。

国家发展和改革委员会作为能源工业的管理部门，对能源可持续发展负有重要职责。我们要从全面落实科学发展观、实现全面建设小康社会宏伟目标和中华民族伟大复兴的战略高度，进一步增强做好能源工作的紧迫感和使命感，认真贯彻落实中央确定的能源战略方针和政策措施，加强规划指导，切实履行好职能，为促进中国能源的可持续发展和有效利用作出新的贡献。

在《中国能源年鉴》创刊之际，我写了上述关于中国能源发展战略的一些思考，是为序。

2005 年 7 月

热烈祝贺《中国能源年鉴》首次出版发行

值此《中国能源年鉴》首次出版发行之际，BP 谨向国家发展和改革委员会表示热烈的祝贺。《中国能源年鉴》首次以详实的数据，对第十个五年计划以来，中国能源的发展进行了全面的分析和总结，同时收录了 2001 年以来中国主要的能源政策和管理条例等相关信息。作为聚焦中国能源的权威文献，《中国能源年鉴》将成为国内外关心中国能源现状和发展趋势的人士一个不可多得的资讯来源。

中国的经济在过去的 25 年里取得了举世瞩目的发展。与经济增长同步，中国能源需求也不断扩大。2002 年中国的石油消费首次超过日本，成为全球仅次于美国的第二大石油消费国。经济的持续快速发展需要安全可靠的能源保障，能源生产与消费所带来的环境影响需要得到控制，能源在市场化的同时需要有效的监管。为应对能源领域的诸多挑战，中国的决策者需要全面、及时和可靠的信息，以使能源政策的制定更加合理。同样，中国能源市场的参与者也需要利用这些信息作出明智的投资决策。国家发展和改革委员会《中国能源年鉴》的出版，无疑在提高政府决策的科学性和引导中国能源发展等方面迈出了非常可喜的一步。

作为世界上最大的能源企业之一，BP 一直致力于全球能源供需趋势的全面深入研究。自 1951 年以来，我们通过一年一度的《BP 世界能源统计年鉴》与各界同仁共享研究成果。BP 将继续与中国政府和合作伙伴们进行全面合作，加强信息资源共享，为促进中国能源工业的健康发展作出积极的贡献。

BP 集团副总裁、BP 中国总裁　德开瑞

2005 年 7 月

INTRODUCTION

1. China Energy Yearbook 2004 is not only the first big comprehensive reference book, but also a historical material year book in the energy field of China. The National Development and Reform Commission is responsible for organizing relevant departments to compile China Energy Yearbook 2004. China Energy Yearbook 2004 is the first issue.

2. China Energy Yearbook 2004 consists of parts, chapters and articles, with 21parts, 79 chapters and 493 articles.

3. China Energy Yearbook 2004 completely and systematically reflets and summarizes the development of the energy sector, coal, electric power, oil, natural gas, new energy and renewable energy of China since the beginning of the "10th Five-Year" period, as well as the basic status of each energy industry in 2003.

4. The data and materials covered in China Energy Yearbook 2004 are in principal updated to the year 2003. The national energy status and energy statistical data involved in this yearbook do not include that of the Hong Kong and Macao Special Administrative Regions and Taiwan province. The world energy data are drawn from selected translation of relevant foreign materials.

5. Due to different approaches to data collection chanel, statistical calibre and statistical time period, some of the data may not be consistent. Should the data be quoted, please consult related statical materials.

6. Besides table of contents in both Chinese and English, China Energy Yearbook 2004 also attaches index of articles in *pinyin* order and that in table order, for convenience of reference.

FOREWORD

We are very pleased to have this opportunity to present to you China Energy Yearbook 2004.

When Premier Wen Jiabao received an interview form the Washington Post in Novermber 2003, he said with deep feeling: "If we use multiplication, any small problem multiplied by 1.3 billion will end up being a very big problem. For a very big aggregate divided by 1.3 billion, it will come to a very tiny figure." This is the personal feeling expressed by a government "administiator" of a country with the largest population in the world, and also the biggest difficulty encountered by China while developing its economy. The energy industry shoulders the most basic responsibility under such circumstances.

Energy, being a fundamental industry for China's national economy and providing public service for the society, is closely linked with economic development, social evolution and people's living standard and plays a more and more important role. For the last 55 years since the founding of the People's Republic of China, the scale of energy industry has continued to expand with a continuous technological progress, and a relatively complete system has been gradually established. Nowadays, China has become one of the large energy production and consumption countries in the world. The continued increase of energy production and supply has effectively guaranteed the energy demand needed for national economic growth and social progress. As China enters into a new development stage of building a moderately prosperous society in all respects and faces new strategic opportunities, it has become a realistic and pressing task to address the bottleneck constraint between energy resources and environment, attach importance to energy efficiency, advocate energy saving, and realize the sustainable development of energy industry, so as to support the sustainable development of the economy and society.

China Energy Yearbook 2004, as the first big comprehensive reference book and historical material yearbook in the energy field of China, aims at disseminating energy policies of China and introducing such information as energy and environment, energy development and utilization, energy investment and construction, energy production and consumption, energy science & technology and conservation, international trade of energy and technological & economic cooperation, as well as regional energy, key energy enterprises, energy statistics data home and abroad, significant activities and events concerning energy, etc. We do our best to reflect the real "energy status" of China, and present energy development and reform achievements in China. The scope of this yearbook covers all areas of the energy sector, its content involves the whole process in the energy sector and its focus lies in a macro approach, all of which are distinguishing features pursued by China Energy Book 2004. It is the sincere hope of all the staffs editing this yearbook to provide the all-round, objective and basic energy historical information to energy administration departments, research organizations, energy enterprises and people from all walks of life and to serve the economy, society and energy.

Due to the wide coverage of energy information and constant change of energy administration organization and administrative systems, it brings certain difficulty in getting an overall picture, objectively reflecting some problems, and collecting and sorting out some of the information, especially the comprehensive description of some instances. Moreover, owing to our insufficient experience to compile yearbook, some of the important information might be neglected and some of the chapters and articles might not be complete and systematic, while there might be errors in some aspects. So we sincerely welcome comments from the readers. We will seriously sum up our experience, and continuously improve the organization and editing of the yearbook, and make great efforts in making China Energy Yearbook more abundant in terms of its content, more distinctive in terms of its characteristics, with higher quality and full reflection of its policy, guidance and authority natures. We hope this will make due contribution to the develepment of China's energy cause development and to the energy information exchange between China and foreign countries.

China Energy Yearbook 2004 has received kind supports from the academic circle, businesses and administration departments of the energy sector from working out the initial outline to the final version of the yearbook. China Energy Yearbook 2004 is the fruit of cooperation of various parties and collective wisdom. The compiling outline of the yearbook is examined and finalized jointly by China National Coal Association, China Electricity Council, China National Petroleum Corporation (CNPC), China Petrochemical Corporation (Sinopec), China National Offshore Oil Corporation (CNOOC), China National Nuclear Corporation (CNNC), and Energy Research Institute of NDRC, which organized parties concerned to complete writing and compiling relevant parts and chapters. Concerning information about energy in local areas, it is the Development and Reform Commissions in each province , autonomous region and municipality directly under the Central Government that are responsible for organizing parties concerned to complete the compilation. National comprehensive statistical data is provided by the Department of Industry and Transport Statistics of the General Bureau of Statistics. We also would like to express our sincere thanks to those organizations that have provided supports and assistance to us, such as State Development & Investment Corporation Shenhua Group Corporation Limited, China Coal Energy Group Corporation, China National Petroleum Corporation(CNPC), China Petrochemical Corporation (Sinopec), China National Offshore Oil Corporation (CNOOC), Sinochem Corporation, State Grid Corporation of China, China Southern Power Grid Corporation Limited, China Huaneng Group, China Datang Cooperation , China Huadian Corporation, China Guodian Corporation, China Power Investment Corporation, China Power Engineering Consulting Group Corporation, China Hydro Power Engineering Consulting Group Corporation, China Three Gorges Project Corporation, China National Nuclear Corporation, China Guangdong Nuclear Power Holding Corporation Limited and BP China (Holding) Limited etc..

Editor

July 2005

Supporting the Sustainable Development of China's Economy and Society with the Sustainable Development and Effective Utilization of Energy
——Preface for the first issue of China Energy Yearbook

Ma Kai, Chairman of the National Development and Reform Commission

Energy is an important physical basis for the survival and development of human civilization, and an indispensable basic condition for the normal operation of modern society. Since the industrial revolution, the relationship between energy and the economic and social development of different countries in the world has become closer and closer. On the one hand, energy plays the significant supporting role for the economic development. Whenever mankind has made a progress in the utilization of energy, it has promoted economic and social development, which in turn has also expanded the areas of energy utilization. On the other hand, energy acts as a strong constraining force for economic development. The carrying capacity of energy restricts the speed, structure and pattern of economic growth. Within the 100 years of the last century, developed countries with 15% of world population accomplished their industrialization one after another, but at same time, they consumed a great deal of natural resources especially energy resources. Since the beginning of the new century, some developing countries successively step into the stage of speeding up their industrialization process, which will remarkably increase the intensity of energy consumption. Energy issue has increasingly become a global issue and a challenge commonly faced by countries of the world.

For a long period of time, the Central Government and the State Council have attached great importance to the energy issue, identified the strategies, clarified the principles and improved the policies, all of which have clearly pointed out the direction for and laid a foundation for the sustainable development and effective utilization of energy. The prominent characteristics of China's enery development strategy and policy can be summarized as follows:

First, relying mainly on domestic energy supply, which is the basic principle that we always stick to in addressing the energy issue. China is both a large energy consumption country and a large energy production country. In 2004, raw coal production was 1.956 billion tons in China, taking the first place in the world and crude oil production was 175 million tons, taking the sixth place in the world. China is rich in coal resources. Coal accounts for 76% in the primary energy production mix and 68% in the primary energy consumption mix. We are competent to mainly rely on domestic production to guarantee energy supply. Since the 1990s, the degree of total energy self-sufficiency has always remained at over 90 percent. In respect of the future, China still has a tremendous potential for energy supply, that is, the percentage of proven coal reserves to the geological reserves in low; it is still possible to find the new oil and gas field; two thirds of the hydro - power resources have not been developed yet; there is still considerable room for the development of nuclear power, wind power and biomass power generation. The development of China did not, does not and will not pose a threat to world energy security. We will continue to persist in the basic principle of relying mainly on domestic energy supply, adopting comprehensive measures to intensify domestic resource exploration and to continuously increase the effective supply of energy and maintaining a relatively high level of energy self - sufficiency.

Second, putting energy conservation as a priority, which is the basic concept for China to address the energy issue. Over a long period of time, we have always adhered to the "integration of energy resources development with conservation while placing conservation at a primary position", and listed energy conservation into the developrent plan of national economy and society. Remarkable achievements have been made through mobilizing the whole society to save energy and reduce energy consumption. In 2004, national energy consumption per 10 thousand RMB reduced by 45% compared with that of 1990, with accumulated energy saving of 700 Mtce. In the course of promoting our industrialization, we will put energy conservation in a more prominent position, accelerate the change of economy growth pattern, establish a resource-saving-oriented national economic system and a resource-saving-oriented society, rely on scientific and technological progresses to promote the optimization and upgrading of industrial structure, curb the blind expansion of energy intensive industries, and raise energy utilization efficiency comprehensively. We should seriously implement "China Energy Conservation Law"; fulfill "China Medium and Long Term Energy Conservation program"; well organize and implement key energy conservation projects; promote the application of advanced and highly efficient energy saving facilities and instruments and promote energy saving in the industrial, transport, building, commercial and residential sectors. We should establish market - oriented energy conservation systems and mechanisms; study and formulate financial & tax, investment, price and foreign trade policies conducive to energy conservation; develop and enforce compulsory standard, so that sustainable production and consumption models can be formed to promote the conservation and effetive utilization of energy. We will make great efforts to realize the target of annual energy saving rate of 3% and accumulated energy saving of 1.4 billion tce by 2020.

Third, optimizing energy mix, which is the key approach for China to address the energy issue. For many years, while actively developing coal industry, we have always paid great attention to the development and utilization of renewable energy, and have made some achievements. Currently, solar heater application covers an area of 52 million m^2 nationwide, more than 40 percent of the world total; the number of household using marsh gas is over 13 million with an annual production of 3.3 billion m^3; the installed capacity of hydro - power is 108 million kW; over 40 wind farms are built. The publication and inplementation of China Renewable Energy Law in February 2005, marked that China has entered a new stage of developing and utilizing renewable energy. In the future, we will continue to stick to diversified development with coal as the basis and to develop the energy mix into one with coal as the principal part and all-round development of oil & gas, hydro - power, nuclear power, and new energy. We will strengthen the construction of large coal bases, actively develop hydropower, speed up nuclear power development, and encourage the development of wind power, biomass and other renewable energies. We will endeavour to raise the percentage of renewable energy in the primary energy consumption, from 7% in 2004 to 13% by 2020 in 2004. By that time, about 400 Mtce fossil fuel energy will be replaced annually.

Fourth, protecting the environment, which is a key issue that we must deal with while addressing the energy issue in China. In recent years, we have paid great attention to the environment issue while vigorously developing the energy industry. We have established and improved the "Evaluation

Methods of the Impact on the Environment"; implemented the "Temporary Regulations of Examination and Verification on Clean Production"; intensified out efforts in dealing with the pollution; banned, closed and stopped a batch of enterprises with backward technology, energy waste and heave pollution; relied on scientific and technological progresses to develop industries with low resource consumption and little environmental pollution. All of these have greatly alleviated the environmental pollution problem caused by energy utilization. In the future, China should further give consideration to both cleaness and economy in the course of energy development; adopt such measures as investment subsidies, establishment of testing system and improvement of fee charging policies to encourage and guide enterprises to pay attention to environmental protection in the process of development; to reduce negative impact on environment brought about by energy development and utilization, so as to strive to realize the coordinated development between energy and environment.

Fifth, strengthening cooperation, which is a necessary supplement to the settlement of China's energy issue. The Government of China attaches great importance to the international cooperation in the energy field, carries out effective energy trade and investment cooperation with many important energy production and consumption countries, and sets up dialogue mechanisms of energy cooperation. Since the 1990s, the Government of China, in collaboration with the Word Bank, the United Nation Development Programme, the Global Environment Facilities and the European Union etc., has implemented some significant programs in improving industrial boiler efficiency, promoting green lighting and the scale development of renewable energy. Lately, China's End-Use Energy Efficiency Program is launched. We should continue to follow the principle of "equality and mutual benefit, realization of win-win, operation of enterprises, coordination by the government, wide cooperation, diversified development, sincerity, and enhancement of communication" to strengthen dialogue and cooperation with countries in the world, international organizations and transnational corporations in the energy field, and to promote diversification in terms of energy supply regions, cooperation patterns and energy products. In respect of energy conservation and the development of new and renewable energy, we will vigorously introduce advanced technology, capital and equipment from abroad to increasingly raise energy efficiency.

The National Development and Reform Commission, as the administrative department of energy industry shoulders the significant responsibility for energy sustainable development. As viewed from strategic points of fully carrying out the views of scientific developments, realizing an objective of building a well – off society in every aspect and China's national grand rejuvenation, we should further enhance our sense of urgency and mission, seriously carry out energy strategic principles and policy measures determined by the Central Government, intensify giving the guidance to the plan, practically do our duties well, and make the new contributions to promotion of energy sustainable development and effectively utilization in China.

On the occasion of publishing the first issue of "China Energy Yearbook", I write out above – mentioned several considerations about energy development strategy of China for purpose of making it as the foreword.

July 2005

Warm Congratulations on the First Publication of the China Energy Yearbook

On the occasion of the first publication of "China Energy Yearbook in 2004", BP would like to extend warm congratulations to the NDRC. For the first time, the China Energy Yearbook provides a comprehensive analysis and summary of China's energy development since the Tenth Five Year Plan with rich and detailed data. At the same time, it has a comprehensive collection of China's major energy policies and regulations that have been put in place since 2001. As an authoritative document on China's energy sector, the China Energy Yearbook will serve as an invaluable information source for those, both in and outside China, who care about China's energy situation and future trends.

The Chinese economy has made remarkable progress over the past 25 years. In keeping pace with economic growth the energy sector has also expanded dramatically. China's oil consumption surpassed Japan for the first time in 2002 to become the world's second largest oil consumer after the US. Sustained, rapid economic growth requires secure and reliable energy supply, mitigation of the environmental impact of energy production and consumption, and effective regulation as the energy industry moves to market based mechanisms. To cope with the many challenges of the country's energy sector, China's decision – makers need comprehensive, timely and reliable information to develop rational and effective energy policies. At the same time, China's energy market participants also require such information in order to make informed investment decisions. Without doubt, the publication of this China Energy Yearbook by the NDRC is an important step forward in its efforts to improve the government's scientific decision – making process and to guide the development of China's energy sector.

As one of the world's largest energy companies, BP has engaged in a comprehensive and in – depth study of global energy supply and demand trends. Since 1951, we have been sharing the results of these studies with everyone through our annual "BP World Energy Statistics Review". BP will cooperate fully with the Chinese government and partners, to intensify the sharing of information and to make positive contributions to the healthy development of China's energy industry.

Gary Dirks

BP Group Vice President, President BP China,

July 2005

要　　目

目　录

第十一篇　能源环境保护

第十二篇 可再生能源和新能源

第一章 可再生能源和新能源资源状况

第二章 可再生能源和新能源开发利用状况

第三章 可再生能源和新能源管理

第十三篇 能源国际贸易与经济技术合作

第一章 煤炭国际贸易与经济技术合作

第三章　石油天然气重大建设项目

第十六篇　能源重点企业

第一章　煤炭重点企业

第二章　电力重点企业

第十七篇 中国能源统计摘要

第二十篇　中国能源发展大事记

第二十一篇　世界能源

索　引

MAIN CONTENTS

TABLE OF CONTENTS

Part 7 Energy Storage and Transport

Chapter 1 Coal Transport

Chapter 2 Electric Power Transmission

Chapter 3 Oil and Gas Storage and Transport

Part 8 Energy Science, Technology, and Information Management Systems

Chapter 1 Science, Technology, and Information Management System in the Coal Industry

Chapter 2 Science, Technology, and Information Management System in the Electric Power Industry

Part 10 Energy Conservation

Chapter 1 Overview of Energy Conservation

Chapter 2 Energy Conservation Management

Chapter 3 Key Fields of Energy Conservation

Part 11 Energy and Environment Protection

Chapter 1 Status of Energy and Environment Protection

Chapter 2 Energy Production and Environment

Part 14 Energy by region

Part 17 Abstract of China Energy Statistics

Part 21 World Energy

Index

第一篇 综 述

CHINA ENERGY OVERVIEW

第一章

中国能源

中国能源

能源是国民经济的血液和动力，关系国民经济安全、国家安全、生态环境及子孙后代的生存和发展。2003年，中国已是世界第三大能源生产国和第二大能源消费国，全面总结和分析中国能源发展的基本情况、面临的形势和任务，对于保持能源、经济和环境的可持续发展有着重要意义。

1. 中国能源生产总量及其构成

改革开放以来，中国能源工业取得了巨大成就。能源生产总量位居世界前列，能源结构不断优化，技术水平快速提高。根据国家统计局公布的数据，2003年中国一次能源生产总量达到15.99亿吨标准煤，发电总量19106亿千瓦时，分别是1978年的2.55倍和7.45倍。1979—2003年的25年间，一次能源生产总量和发电量的年均增长率分别为3.81%和8.36%，其中，2001—2003年一次能源生产总量和发电总量的年均增长率分别高达14.34%和12.12%，生产弹性系数分别为1.73和1.46。2003年，一次能源生产总量的构成为，原煤74.46%，原油15.15%，天然气2.91%，水电6.49%，核电0.98%；发电总量构成为，火电82.72%，水电14.85%，核电2.27%（见表1－1、表1－2、表1－3）。

2. 中国能源消费总量及其构成

进入21世纪以来，中国能源消费总量呈现迅速增长的局面。“十五”前三年中国能源消费总量45.41亿吨标准煤，2003年消费总量达到17.09亿吨标准煤，三年间年均增加1.35亿吨标准煤，能源消费总量年均增长率达到9.47%，能源消费弹性系数1.14，均成倍于历史上任何时期的增加量；电力消费总量年均增长率为12.21%，电力消费弹性系数为1.47；2003年中国能源消费构成中煤炭、石油、天然气、水电和核电所占比重分别为67.6%、22.7%、2.6%、6.1%和0.9%（见表1－4、表1－5、表1－6）。预计“十五”后两年，中国能源消费总量将进一步增长。特别是电力需求猛增，致使电力供需形势已由基本平衡略有富余状况，转为总体平衡趋于紧张的局面。

表1-1

中国一次能源生产总量及构成

年份	一次能源生产总量（万吨标准煤）	构成（%，以能源生产总量为100）				
		原煤	原油	天然气	水电	核电
1978	62770	70.30	23.70	2.91	3.09	—
1980	63735	69.50	23.75	2.98	3.77	—
1985	85546	72.83	20.86	2.01	4.30	—
1990	103922	74.23	19.01	1.96	4.80	—
1995	129034	75.30	16.60	1.90	5.85	0.39
2000	106988	66.63	21.77	3.38	7.65	0.57
2001	120900	68.55	19.40	3.34	8.17	0.54
2002	138369	71.24	17.24	3.14	7.71	0.67
2003	159912	74.46	15.15	2.91	6.49	0.98

注：各能源折标准煤系数：煤炭0.7143，石油1.4286，天然气13.3，水电按当年发电标准煤耗。

资料来源：国家统计局《中国能源统计年鉴》。

表1-2

中国发电量及构成

年份	发电量（亿千瓦时）				发电量构成（%，以总计为100）		
	发电总量	火电	水电	核电	火电	水电	核电
1978	2566	2120	446	—	82.62	17.38	—
1980	3006	2424	582	—	80.64	19.36	—
1985	4107	3183	924	—	77.50	22.50	—
1990	6212	4945	1267	—	79.60	20.40	—
1995	10077	8043	1906	128	79.82	18.91	1.27
2000	13556	11164	2224	167	82.36	16.41	1.23
2001	14717	11768	2774	175	79.96	18.85	1.19
2002	16405	13274	2880	251	80.91	17.56	1.53
2003	19106	15804	2837	433	82.72	14.85	2.27

资料来源：国家统计局《中国能源统计年鉴》。

表1-3

中国一次能源生产总量、发电总量年均增长和弹性系数

指标 \ 时期	1979—2003	1981—1990	1991—1995	1996—2000	2001—2003
国内生产总值年均增长率（%）	9.37	9.28	12.00	8.27	8.30
能源生产总量年均增加量（万吨标准煤）	3886	4019	5022	-4409	17641
能源生产总量年均增长率（%）	3.81	5.01	4.42	-3.68	14.34
能源生产弹性系数	0.41	0.54	0.37	-0.46	1.73
发电总量年均增加量（亿千瓦时）	662	321	773	696	1850
发电总量年均增长率（%）	8.36	7.53	10.16	6.11	12.12
电力生产弹性系数	0.89	0.81	0.85	0.74	1.46

注：本表数据根据表1-1、表1-2数据计算。

表1－4

中国能源消费总量及构成

年 份	能源消费总量（万吨标准煤）	构成(%，以能源消费总量为100)				
		煤 炭	原 油	天然气	水 电	核 电
1978	57144	70.67	22.73	3.20	3.40	—
1980	60275	72.15	20.76	3.10	3.99	—
1985	76682	75.81	17.10	2.24	4.85	—
1990	98703	76.19	16.63	2.05	5.13	—
1995	131176	75.30	16.60	1.90	5.85	0.39
2000	130297	66.07	24.68	2.50	6.28	0.47
2001	134915	65.28	24.27	2.70	7.27	0.48
2002	148222	65.59	23.97	2.62	7.20	0.62
2003	170943	67.64	22.74	2.64	6.07	0.92

注：各能源折标准煤系数：煤炭0.7143，石油1.4286，天然气13.3，水电按当年发电标准煤耗。

资料来源：国家统计局《中国能源统计年鉴》。

表1－5

中国能源消费年均增长和弹性系数

指 标＼时 期	1979—2003	1981—1990	1991—1995	1996—2000	2001—2003
国内生产总值年均增长率(%)	9.37	9.28	12.00	8.27	8.30
能源消费年均增加量（万吨标准煤）	4552	3843	6066	249	13549
能源消费年均增长率(%)	4.48	5.06	5.51	0.20	9.47
能源消费弹性系数	0.48	0.56	0.46	0.02	1.14

注：本表数据根据《中国能源统计年鉴》相关数据计算。

表1－6

中国电力消费年均增长和弹性系数

指 标＼时 期	1981—2003	1981—1990	1991—1995	1996—2000	2001—2003
电力消费年均增加量(亿千瓦时)	697	322	759	690	1854
电力消费年均增长率(%)	8.35	7.56	1.00	6.09	12.21
电力消费弹性系数	0.88	0.81	0.08	0.74	1.47

注：本表数据根据《中国能源统计年鉴》相关数据计算。

3. 中国能源生产和消费基本特点

（1）能源消费量大于能源生产量。中国自1992年起能源消费总量超过能源生产总量，至2003年底能源供应低于能源消费的趋势仍在延续。能源生产与消费平衡差，1992年为－1914万吨标准煤，1996年到－6332万吨标准煤，2000年达－23309万吨标准煤(见表1－7)。“十五”以来，由于能源生产的高速增长，能源生产与消费平衡差趋于下降，2003 年为 -11031 万吨标准煤，能源供需矛盾呈现平稳趋缓的态势。中国 20 世纪 90 年代初至 2003 年的 13 年间，能源生产总量的年均增长率为 3.37%，能源消费总量的年均增长率为 4.32%，后者比前者高 0.95 个百分点。其中，1991—2000 年的 10 年间，能源生产总量的年均增长率为 0.29%，能源消费总量的年均增长率为 2.82%，后者比前者高 2.53 个百分点。能源生产不能适应经济社会发展对能源的需求，能源供应的不足部分不得不依靠进口来平衡。

表 1-7

中国能源生产与能源消费平衡差

单位：万吨标准煤

年 份	能源生产量	能源消费量	能源生产与消费平衡差
1990	103922	98703	5219
1991	104844	103783	1061
1992	107256	109170	-1914
1993	111059	115993	-4934
1994	118729	122737	-4008
1995	129034	131176	-2142
1996	132616	138948	-6332
1997	132410	137798	-5388
1998	124250	132214	-7964
1999	109126	130119	-20993
2000	106988	130297	-23309
2001	120900	134915	-14015
2002	138369	148222	-9853
2003	159912	170943	-11031

注：“能源生产与消费平衡差”栏中，正数为生产大于消费，负数为消费大于生产。

资料来源：国家统计局《中国能源统计年鉴》。

（2）能源结构以煤为主。中国能源结构以煤为主取决于能源资源条件。中国历年一次能源生产和消费构成中，煤炭所占比例高达 2/3 以上。

根据多年地质勘探工作的成果，中国常规能源（包括煤、油、气和水能，水能按使用 100 年计算）探明技术可开发总资源量超过 8230 亿吨标准煤，探明经济可开发剩余可采总储量 1392 亿吨标准煤，约占世界总量的 10.1%。能源探明总储量的结构为：原煤 87.4%，原油 2.8%，天然气 0.3%，水能 9.5%。能源剩余可采总储量的结构为：原煤 58.8%，原油 3.4%，天然气 1.3%，水能 36.5%。煤炭在中国能源资源中占绝对优势地位，油气资源量很少。

（3）能源发展以电力为中心。中国在 1985 年制定“七五”计划时，提出“能源工业的发展要以电力为中心”，这是一项重大战略决策。到 2003 年，中国发电装机总容量达到 3.91 亿千瓦，发电量 19106 亿千瓦时，均居世界第二位。1953—2003 年的 51 年间，中国发电量从 73 亿千瓦时增加到 19106 亿千瓦时，年均增长率为 11.53%；一次能源生产总量从 4871 万吨标准煤增加到 15.99 亿吨标准煤，年均增长率为 7.09%，前者比后者高 4.44 个百分点。其中，1991—2003 年的 13 年间，发电量年均增长率 9.03%，而一次能源生产总量年均增长率只有 3.37%，前者比后者高 5.66 个百分点。

基于电力工业的快速发展，中国发电用能源数量在能源消费总量中的比重逐年提高。按当年发电标准煤耗计算，1995 年发电用能源为 3.72 亿吨标准煤，占能源消费总量的 28.33%；2000 年上升到 4.92 亿吨标准煤，占 37.77%；2003 年达到 6.78 亿吨标准煤，占 39.68%（见表 1-8）。

表 1-8

中国发电用能源量占能源消费总量的比重

年 份	发电用能源量（万吨标准煤）	发电用能占能源消费总量的比重(%)
1995	37159	28.33
1996	40765	29.34
1997	42583	30.90
1998	43529	32.92
1999	45730	35.14
2000	49208	37.77
2001	53013	39.29
2002	58882	39.73
2003	67833	39.68

注：1. 本表数据根据《中国能源统计年鉴》相关数据计算。
2. 发电用能源量按当年发电标准煤耗计算。

与此同时，中国电力消费在能源消费总量的

比例呈现上升态势。按电热当量值计算，中国电力消费量占能源消费总量的比重已由1995年的9.98%上升到2000年的13.28%和2003年的14.33%（见表1－9）。

表1－9

中国电力消费占能源消费总量的比重

年份	电力消费量（亿千瓦时）	能源消费总量（万吨标准煤）	电力消费量在能源消费总量中的比重(%)
1995	10023	123471	9.98
1996	10764	129919	10.18
1997	11284	131971	10.51
1998	11598	126285	11.29
1999	12305	124759	12.12
2000	13471	124646	13.28
2001	14633	128452	14.00
2002	16332	140654	14.27
2003	19032	163226	14.33

注：1. 本表数据根据《中国能源统计年鉴》相关数据计算。
2. 能源消费量按电热当量值计算。

（4）石油需求旺盛，净进口量剧增。20世纪90年代以来，中国石油消费量的年均增长率为6.83%，比能源消费量年均增长率4.32%高出2.51个百分点。同时，石油消费增长明显高于石油生产增长。中国自1993年起成为石油净进口国，1994—2003年的10年间，石油净进口量年均增长率高达25.71%，年均增加量875万吨，2003年中国石油净进口量达到9741万吨（见表1－10）。

（5）能源消费以工业为主。近几年，中国工业能源消费量每年约9.5亿—10.5亿吨标准煤，占总量的70%以上。在工业部门中，按大行业划分的能源消费比例大致为：采掘工业10%，原材料工业39%，加工工业43%，电力煤气供应业8%。其他部门能源消费的比例大致为：农业4%—5%，建筑业1%，运输业5%—6%，商业2%，其他第三产业4%，民用能源11%—12%。产业部门消耗的能源量占能源消费总量的88%。

（6）居民生活用能呈上升趋势。随着能源消费总量的增长，中国人均能源消费水平逐年提高。2003年中国人均能源消费量为1327千克标准煤，是1952年86千克标准煤的15倍，51年间年均增长率5.51%，低于整个能源消费量的增长率。由于人口增加等方面的原因，中国居民生活用能量在能源消费总量中的比例呈下降态势：1980年居民生活用能量11015万吨标准煤，占总量的18.3%，人均居民生活用能量97.7千克标准煤；2003年居民生活用能量19268万吨标准煤，占总量的11.27%，人均居民生活用能量149.5千克标准煤。1981—2003年23年间的人均居民生活用能量年均增长率1.87%，分别低于人均能源消费量年均增长率（3.40%）和能源消费总量年均增长率（4.64%）（见表1－11）。

表1－10

中国石油生产与消费平衡差及净进口量

单位：万吨

年份	石油生产量	石油消费量	石油生产与消费量平衡差	石油净进口量
1990	13831	11486	2345	－2355
1991	14099	12384	1716	－1455
1992	14210	13354	856	－565
1993	14524	14721	－197	988
1994	14608	14956	－348	290
1995	15005	16065	－1060	1005
1996	15733	17436	－1703	1395
1997	16074	19692	－3618	3384
1998	16100	19818	－3718	2913
1999	16000	21073	－5073	4381
2000	16300	22439	－6139	6974
2001	16396	22838	－6442	6487
2002	16700	24780	－8080	7183
2003	16960	27126	－10166	9741

注：1. “石油生产与消费量平衡差”栏中，正数为生产大于消费，负数为消费大于生产。
2. “石油净进口量”栏中负数为净出口量。
资料来源：国家统计局《中国能源统计年鉴》。

值得注意的是，中国人均生活用电量的增长率超过了整个能源和电力消费增长率。据统计，2003年中国人均电力消费量为1477千瓦时，是1952年的13千瓦时的114倍，51年间年均增长率9.72%。中国居民生活用电量在电力消费总量中的比例呈上升的态势：1980 年居民生活用电量105 亿千瓦时，占总量的 3.5%，人均居民生活用能量 10.7 千瓦时；2003 年相应的数值为 2238 亿千瓦时，占总量的 11.8%，人均 173.7 千瓦时。1981—2003 年 23 年间的人均居民生活用电量年均增长率为 12.88%，分别高于人均电力消费量和电力消费总量年均增长率 7.08% 和 8.35%（见表1－12）。

表1－11

中国人均能源消费量和人均居民生活用能量

年份	年底人口（万人）	能源消费量（万吨标准煤）	生活用能量（万吨标准煤）	人均能源消费量（千克标准煤）	人均生活用能量（千克标准煤）	生活用能量比例(%)
1980	98705	60275	11015	614.4	97.7	18.27
1990	114333	98703	15799	869.5	139.2	16.01
1995	121121	131176	15745	1088.7	130.8	12.00
1996	122389	138948	17714	1141.2	145.5	12.75
1997	123629	137798	16368	1123.3	133.1	11.88
1998	124810	132214	14393	1064.4	115.9	10.89
1999	125909	130119	14552	1038.0	116.1	11.18
2000	126743	130297	14912	1031.9	118.3	11.44
2001	127627	134915	15427	1060.8	121.3	11.43
2002	128453	148222	17032	1157.6	133.0	11.50
2003	129227	170943	19268	1326.8	149.5	11.27
1981—2003 年均增长率	1.18%	4.64%	2.46%	3.40%	1.87%	—

注：本表数据根据《中国能源统计年鉴》相关数据计算。

表1－12

中国人均电力消费量和人均居民生活用电量

年份	年底人口（万人）	电力消费量（亿千瓦时）	生活用电量（亿千瓦时）	人均电力消费量（千瓦时）	人均生活用电量（千瓦时）	生活用电量比例(%)
1980	98705	3006	105	306.4	10.7	3.49
1990	114333	6230	481	548.8	42.4	7.72
1995	121121	10023	1006	831.9	83.5	10.03
1996	122389	10764	1133	884.1	93.1	10.53
1997	123629	11284	1253	917.3	101.8	11.11
1998	124810	11598	1325	933.7	106.6	11.42
1999	125909	12305	1481	981.6	118.1	12.03
2000	126743	13471	1672	1066.9	132.4	12.41
2001	127627	14633	1839	1150.6	144.6	12.57
2002	128453	16332	2001	1275.5	156.3	12.26
2003	129227	19032	2238	1477.1	173.7	11.76
1981—2003 年均增长率	1.18%	8.35%	14.23%	7.08%	12.88%	—

注：本表数据根据《中国能源统计年鉴》相关数据计算。

4. 中国能源发展中的主要问题

中国能源发展取得了很大成就，但仍存在许多亟待解决的问题，主要有：

（1）能源结构性矛盾更加突出。随着中国能源供应总量不足矛盾的逐渐缓和，能源结构性矛盾上升为主要矛盾。不合理的能源结构，已成为制约国民经济持续快速健康发展的重要因素之一。

从能源品种来看，当前中国石油供不应求的问题最为突出。20 世纪 90 年代以来，中国原油产量的低幅度增加和石油消费量的高幅度增长，是造成中国国内石油供应短缺、石油净进口量大幅度增加的基本原因。在到 2020 年实现全面建设小康社会目标的 20 年间，中国石油生产和消费增长这一低一高的局面仍将持续。

在一次能源结构中，优质能源天然气和水能所占比重仍然较低。2003 年，中国天然气在能源生产和消费中的比重分别为 2.9% 和 2.6%，一次电力在能源生产和消费中的比重分别为 7.4% 和 7.0%，与天然气探明地质储量和水能资源可开发量在能源资源总量中的比重不相称。2003 年，中国水力发电量 2837 亿千瓦时，水能资源的开发利用程度为 15%；天然气产量 350 亿立方米，还不足资源总量的 5%；煤层气、风能和太阳能发电等清洁能源刚刚起步。

能源各行业内部发展不平衡，结构失调严重。煤炭工业采掘能力很大，但洗选、型煤、配煤和水煤浆等发展缓慢。石油工业新增可采储量无法满足产量增长的需要，储采比下降。天然气探明储量增长较快，但下游市场开发缓慢，生产及输送管道能力不能充分发挥。电力工业发电、输电和配电结构矛盾突出，高压输电网发展滞后于电源建设，导致网架结构弱、输电能力不足、运行可靠性低；城乡配电网建设滞后，制约了生产用电的合理增长，影响了居民生活水平的提高。小火电无序发展，火电设备单机容量过小，造成能源效率低下。

（2）石油进口依存度提高，能源安全形势严峻。解决石油供不应求的结构性矛盾，是中国今后时期能源发展的重要任务。加强国际能源合作，扩大石油贸易，增加石油进口量，是解决这一矛盾的主要措施之一，其结果，必然会提高中国对进口石油的依赖程度。据统计，中国石油对外依存度（石油净进口量与石油消费量之比）已由 1993 年的 6.71% 增加到 2000 年的 31.08% 和 2003 年的 35.91%。纵观过去 50 年国际经济社会发展进程，石油已成为政治、军事和外交关系的重要筹码，石油领域的竞争已经大大超出了一个国家（地区）和一般商业范畴。国际石油市场暂时和局部的供应短缺，以及油价的异常波动，将给中国石油和能源供给以及经济社会带来越来越大的影响。

（3）能源发展与环境保护的矛盾日趋尖锐。中国能源结构的调整和优化，使煤炭在能源总量中的比例趋于下降。但受能源资源条件的约束，中国能源结构仍将以煤炭为主，在一段时间内煤炭消费量及其比重还会略有增加。根据国家统计局《中国能源统计年鉴》统计数据，2003 年中国煤炭消费总量达到 16.37 亿吨，创历史新高。大量燃煤造成的环境污染问题，已经影响到了国民经济的可持续发展和人民的身体健康。党中央和国务院历来高度重视环境问题，近几年连续在“两会”期间召开人口资源环境工作座谈会，听取环保工作汇报，就加强环保工作做出重要战略部署，这对指导和推动中国环境保护工作起到了积极的作用。总的来说，中国环境法制建设不断完善，市场机制对环境政策的作用逐步加大，环境保护投入也有较大幅度的增加，二氧化硫、烟尘等主要污染物排放总量已呈持续减少趋势。但是应该看到，限于经济发展水平、以煤为主的能源结构和粗放型的生产和消费方式，中国能源发展与环境保护之间的矛盾仍将相当突出。2003 年，全国废气中二氧化硫排放量为 2158.7 万吨，烟尘排放量为 1048.7 万吨（见表 1－13）。其中，燃煤造成的二氧化硫和烟尘排放量约占排放总量的 70%—80%，二氧化硫排放形成的酸雨面积已占国土面积的1/3。因此，控制和减排污染物的任务还很重。

随着电力等用煤行业的发展，估计在今后 20 年，中国煤炭的年消费量还将增加。为了改善环境和经济社会可持续发展，必须提高煤炭的供应质量和利用效率。而中国现时煤炭生产和消费的技术水平和装备能力均难以适应环境保护和可持续发展的要求，这是一个很大的矛盾。特别是洁净煤技术开发和应用落后的问题，如煤层气地面开采、大型循环流化床锅炉、加压流化床锅炉及煤气化整体联合循环发电技术等刚刚起步，急需加快开发利用步伐。

表1-13

2000—2003年中国主要大气污染物排放量

单位：万吨

年份	二氧化硫排放量			烟尘排放量		
	合计	工业	生活	合计	工业	生活
2000	1995.1	1612.5	382.6	1165.4	953.3	212.1
2001	1947.8	1566.6	381.2	1069.8	851.9	217.9
2002	1926.6	1562.0	364.6	1012.7	804.2	208.5
2003	2158.7	1791.4	367.3	1048.7	846.2	202.5

注：本表数据根据《中国环境统计资料》整理。

（4）能源利用效率较低，节能工作任重道远。在中国能源发展中，能源节约对解决能源供需矛盾起着重要作用。1990—2003年，按2000年可比价格计算的中国每万元国内生产总值的能耗由2.89吨标准煤下降到1.50吨标准煤，下降48%，年均节能率达到4.92%。但是"十五"以来，经济高速增长引起能源消费量大幅度增加。根据测算，中国节能率已从2001年的正值（+3.68%）变成2002年和2003年的负值（-1.45%和-5.51%）（见表1-14）。

截至2003年，中国能源利用效率和经济效益与世界先进水平相比还存在着较大差距，高耗能产业能源单耗比发达国家平均水平高40%左右，能源利用效率比世界平均水平低10多个百分点，中国节约能源、提高效率的潜力还很大。但是应该看到，节能提效工作在思想观念、政策引导和宏观管理等方面还比较薄弱，难以适应能源和经济可持续发展战略的要求，新的适应市场经济体制的节能法规、配套的政策措施尚未形成，执法还不到位，使中国节能提效工作的任务加重，难度加大。

表1-14

中国历年万元GDP能耗及节能率

年份	能源消费量（万吨标准煤）	万元GDP能耗（吨标准煤）	节能率（%）
1980	60275	4.29	—
1985	76682	3.28	4.69
1990	98703	2.89	1.93
1991	103783	2.79	3.71
1992	109170	2.57	7.92
1993	115993	2.39	6.69
1994	122737	2.26	5.76
1995	129034	2.15	4.86
1996	138948	2.11	1.74
1997	137798	1.93	8.63
1998	132214	1.71	11.25
1999	130119	1.57	8.14
2000	130297	1.46	7.28
2001	134914	1.40	3.68
2002	148222	1.42	-1.45
2003	170943	1.50	-5.51

注：1. GDP按2000年价计算。
2. 本表数据根据《中国能源统计年鉴》相关数据计算。

5. 中国能源发展面临的形势和任务

党的十六大提出了新时期中国全面建设小康社会的奋斗目标，要求"国内生产总值到2020年力争比2000年翻两番"。国内生产总值按1990年可比价格计算，1990年、2002年、2010年和2020年的国内生产总值能耗分别为5.32吨标准煤/万元、2.68吨标准煤/万元、2.25吨标准煤/万元和1.54吨标准煤/万元。这是一个经过努力可以达到的节能目标。

第一章

中国能源发展规划及战略

“十五”中国能源发展规划

我国是能源生产和消费大国，面对新世纪，如何保持能源、经济和环境的可持续发展是一个重大战略问题。经2001年3月15日第九届全国人大四次会议批准的《国民经济和社会发展第十个五年计划纲要》(以下简称《国家“十五”计划》)，在国民经济和社会发展的指导方针中明确规定了国家能源发展的指导方针。2001年10月18日，国家编制的《国民经济和社会发展第十个五年计划能源发展重点专项规划》(以下简称《国家能源发展重点专项规划》)正式发布。《国家能源发展重点专项规划》是《国家“十五”计划》的重要组成部分，是落实加强能源基础设施建设、调整能源结构的重点专项规划，是指导“十五”能源发展的纲领性文件。《国家能源发展重点专项规划》的内容包括中国能源发展现状和未来形势的分析、“十五”发展战略和目标、发展重点以及政策措施。此外，原国家经贸委还组织编制了能源行业发展规划，其中包括《石油工业“十五”规划》、《煤炭工业“十五”规划》、《电力工业“十五”规划》、《能源节约与资源综合利用“十五”规划》、《节约和替代燃料油“十五”规划》和《新能源和可再生能源产业发展“十五”规划》等。能源行业规划对各能源行业的发展方针、思路、目标、重点和政策措施等作了进一步具体规定。

中国能源发展战略

《国家“十五”计划》提出的我国能源发展的指导方针是：要高度重视人口、资源、生态和环境问题，抓紧解决好粮食、水、石油等战略资源问题，把贯彻可持续发展战略提高到一个新的水平。能源建设要发挥资源优势，优化能源结构，提高利用效率，加强环境保护。以煤炭为基础能源，提高优质煤比重。实行油气并举，加快天然气勘探、开发和利用，统筹生产基地、输送管线和用气工程建设，引进国外天然气，提高天然气消费比重。开发燃料酒精等石油替代产品，采取措施节约石油消耗。加强石油资源勘探，合理开发石油资源，努力发展海洋石油。积极利用国外资源，建立海外石油、天然气供应基地，实行石油进口多元化。建立国家石油战略储备，维护国家能源安全。加强城乡电网建设和改造，建设西电东送的北、中、南三条大通道，推进全国联网。进一步调整电源结构，充分利用现有发电能力，积极发展水电、坑口大机组火电，压缩小火电，适度发展核电，鼓励热电联产和综合利用发电。开工建设龙滩、小湾、水布垭、构皮滩、三板溪、公伯峡、瀑布沟等大型水电站，抓紧长江上游溪洛渡或向家坝水电站开发的前期论证工作。在山西、陕西、内蒙古、宁夏、贵州、云南建设大型坑口电站。深化电力体制改革，逐步实行厂网分开、竞价上网，健全合理的电价形成机制。积极发展风能、太阳能、地热等新能源和可再生能源。推广能源节约和综合利用技术。

《国家能源发展重点专项规划》提出的我国“十五”能源发展战略是：在保障能源安全的前提下，把优化能源结构作为能源工作的重中之重，努力提高能源效率、保护生态环境，加快西部开发。

保障能源安全：能源安全是国家经济安全的重要组成部分。根据我国的具体国情，从发挥资源优势的原则出发，在“十五”乃至更长的历史时期内，必须继续坚持基本立足国内供应的方针，煤炭作为能源主体的地位不会发生变化。在此基础上，“十五”期间应积极贯彻“走出去”战略，充分重视建立与国力相适应的石油战略储备，实现进口能源渠道多元化，开发石油替代和节约技术，保证油气供应。

优化能源结构：面对经济结构调整和人民生活水平提高对清洁能源的迫切要求，必须充分利用国内、国际两种资源、两个市场，优化我国一次能源结构，提高天然气和水电等清洁、高效的优质能源的比重，减少煤炭终端消费的数量。同时，要抓住能源供应缓和的历史机遇，不失时机地推进能源各行业的结构调整工作，实现均衡发展，提高能源工业总体发展水平。

提高能源效率：针对我国能源利用效率低、人均资源贫乏的现实，要在继续坚持合理利用资源的同时，把提高能源效率放到重要位置，加大产业结构调整力度，推进技术进步，发挥市场作用，促进提高能源效率。

保护生态环境：面对我国生态环境恶化、能源发展对大气环境带来的负面影响，必须开发清洁能源，大力发展洁净煤技术，避免和减少能源开发利用引起的环境污染，促进能源、经济与环境的协调发展。

加快西部开发：结合国家西部大开发战略，充分发挥西部能源资源优势，在有利于带动当地经济和社会发展的前提下，积极推进“西气东输”、“西电东送”和“光明工程”等的实施。

中国能源发展政策

《国家能源发展重点专项规划》提出的我国“十五”能源发展的主要政策和措施是：

1. 加快改革步伐，逐步建立与社会主义市场经济相适应的能源工业管理体制，为能源工业发展提供体制保证

“十五”期间，要在继续深化煤炭、石油天然气工业改革的同时，把电力体制改革作为能源发展的中心工作之一，力争取得实质性突破。尽快完成电力行业的资产重组，形成“厂网分开、竞价上网、国家监管”的基本格局。“十五”期间，初步建成竞争开放的区域电力市场，健全合理的电价形成机制。

2. 建立和完善以经济、法律手段为主，辅以必要行政措施的能源发展宏观调控体系

环境保护法规体系：建立健全并适当提高现有与能源生产和消费有关的排污收费标准，引导企业积极采用先进设备和生产工艺，淘汰小火电等技术陈旧、效率低下的产能、用能设备。加大执法力度，做到令行禁止。

价格及收费政策：电力方面，由于国内电价已接近或超过国际平均水平，严重影响我国企业特别是高耗能企业产品的国际竞争力，因而应采取措施降低我国电价水平。在实行竞价上网办法之前，要及时对已完成还本付息的电厂重新核定电价；违反国家建设程序的电厂不能享受还本付息电价政策；不再批准任何以资产重组名义涨价筹资的项目；推广丰枯、峰谷分时电价；取消各种限制用电的措施；继续清理整顿电价中的乱摊派、乱加价、乱收费，降低电价水平，开拓电力市场。对新能源发电要实行优惠上网电价，适时开展可再生能源发电配额制，支持其尽快发展。在煤炭方面，要降低煤炭出口的铁路运输费用和

港杂费用，统一出口煤和内销煤的收费标准，调动企业出口煤炭的积极性。在石油天然气方面，对进入开发后期的老油气田实施税费优惠政策；对天然气价格机制进行改革，取消双轨制，实行气价并轨。

税收及贴息政策：要研究制定促进水电和新能源产业发展的税收和贴息政策，如将生产型增值税改为消费型增值税等。

行政措施：在社会主义市场经济体制尚未完全建立的情况下，特别是在那些市场机制失灵的领域，仍需保留一些行政手段。如强制关闭小火电、小煤窑，强制淘汰高耗低效用能产品等。

3. 积极研究制定加快中西部能源开发的政策措施，保证和促进中央“西部大开发”战略部署的实现

促进中西部能源先行的关键是政策倾斜和市场培育。“十五”期间国家要研究制定针对中西部地区的具体优惠政策，如税收减免、延长贷款期限、对贷款进行贴息和增加中央资本金注入等一整套鼓励扶持政策，吸引外资和东部地区的资金向中西部转移。同时，要运用经济和行政手段促进中西部能源向东部地区的输送。

4. 积极支持海外油气基地的开发建设

积极支持和鼓励中国企业开发海外油气基地是保证我国能源供应安全的重要举措。国家对海外石油勘探开发给予积极的扶持政策，如对运往国内加工利用的海外份额油应取消或优先获得进口配额和许可证，建立海外石油勘探开发基金和信贷支持等。

5. 进一步落实《节能法》，提高能源效率

加大科研投入，对那些量大面广的节能技术进行研究、示范与推广。明确制定和实施新增能力的设备能效标准，出台主要民用耗能产品的能效标准。实施大型的节能示范工程，引导消费行为，对节能成效比较显著的设备和产品推行政府采购。

中国能源发展目标

《国家能源发展重点专项规划》提出的我国“十五”能源发展的主要目标是：在能源总量基本满足国民经济和社会发展需要的前提下，能源结构调整取得明显进展；能源效率、效益进一步提高；初步建立起与社会主义市场经济体制相适应的能源管理体制；逐步形成具有国际竞争能力的能源设计、装备制造、建设和运营体系；中西部能源开发取得明显进展。

预计到2005年，全国一次能源生产量达到13.2亿吨标准煤，比2000年增加2.28亿吨标准煤。其中煤炭11.7亿吨，增加约1.72亿吨，年均增长3.23%；石油1.65亿吨，与2000年基本持平；天然气500亿立方米，增加230亿立方米，年均增长13.19%；水电3558亿千瓦时，增加1158亿千瓦时，年均增长8.38%；核电等600亿千瓦时，增加436亿千瓦时，年均增长29.67%。

到2005年，全国发电装机达到3.7亿千瓦、年发电量17300亿千瓦时，年均增长速度分别为3.2%和5.08%。

能源结构：2005年与2000年相比，煤炭在一次能源消费中的比重下降3.88个百分点；天然气、水电等清洁能源比例达到17.88%，提高约5.6个百分点。

煤炭结构：到2005年全国原煤入选率达到50%，比2000年预计提高20个百分点。

石油天然气结构：到2005年，力争使石油储采比稳中有升；天然气市场开发取得显著进展，使上游生产和输送能力基本上得到发挥。

电力结构：发输配比例趋于合理，农网、城网的建设与改造基本完成，跨区送电以及区域电网互联取得明显进展。在发电环节，水电、气电、核电和洁净煤发电等清洁电力在总装机容量的比重达到31%，比“九五”末提高5个百分点。火电装机中，完成对超期服役，特别是单机容量5万千瓦及以下凝汽常规燃煤、燃油机组的关停工作，争取“十五”期间完成1420万千瓦的关停目标，使30万千瓦及以上的大机组占总装机容量的比例由2000年的38%提高到“十五”末的50%左右，使每千瓦时供电煤耗从2000年的394克标准煤，减少到2005年的380克标准煤。

能源效率、效益：到2005年全国能源效率达36%，比1997年提高4个百分点。“十五”期间，单位产值能耗下降15%—17%，总节能量3.0亿—3.4亿吨标准煤，相当于减排二氧化碳（以碳

计算)1.5 亿吨左右。

体制改革：到 2005 年，电力工业在“政企分开”的基础上，基本实现“厂网分开、竞价上网、国家监管”体制；煤炭、石油天然气企业基本完成向以“产权清晰、权责明确、政企分开、管理科学”为主要特征的现代企业制度的过渡。

中西部开发：“十五”期间要结合西部大开发的总体部署，制定西部能源发展专项规划。力争在“西部油气基地”和“西部电力基地”建设方面取得明显进展；同时，结合资源条件，通过大力发展小水电、风力及太阳能发电，基本解决偏远贫困农村无电乡镇用电问题。

《国家能源发展重点专项规划》提出的我国 2010 年能源发展远景设想是：在“十五”发展的基础上，到 2010 年，我国能源工业在充分满足国民经济和社会发展需要的基础上，能源结构调整取得历史性进步；能源效率、效益达到 20 世纪 90 年代国际先进水平；基本形成具有国际竞争能力的能源设计、制造、建设和运营体系；与社会主义市场经济体制相适应的能源工业管理体制更加完善，实现能源、经济和环境的协调发展。

中国能源发展重点

《国家能源发展重点专项规划》提出的我国“十五”能源发展重点是：

1. 煤炭

煤矿建设：按照产需基本平衡的原则，“十五”期间，对保留的小煤矿进行技术改造，使其上规模、上档次。重点建设好在建大中型煤矿项目，抓好神府东胜、平朔、平顶山和盘江等 6455 万吨续建煤矿项目的建设，使其尽快建成投产。对现有大中型煤矿中部分资源较丰富、煤质优良的矿井，实施技术改造。预计“十五”期间，续建煤矿全部建成投产和部分现有煤矿经过改造后，2005 年大中型煤矿生产能力可达到 9 亿吨左右。

考虑到煤矿建设周期较长和“十五”后期部分煤矿将出现衰老报废的因素，为了满足“十一五”及以后的煤炭增长需求，增强煤炭工业发展后劲，“十五”期间要切实做好一批大中型项目的前期准备工作，适时开工建设一批有市场、经济效益好的能力接续和人员安置型矿井。初步安排重点准备适时开发的大中型煤矿项目 8505 万吨，主要分布在山西、内蒙、陕西、河南、贵州、黑龙江、安徽和山东等省区。

选煤厂建设：按照市场需求情况，“十五”期间，初步考虑在山西、陕西、山东、内蒙、河南、安徽和云南等煤炭生产大省安排建设选煤厂 40 座，能力 1 亿吨左右。对现有的部分选煤厂进行技术改造，扩大原煤入洗比例，以适应煤炭市场需求。

洁净煤技术开发：“十五”期间，对先进的洁净煤技术抓好典型示范，做好技术储备及商业化推广。“十五”时期初步考虑建设陕西神东、云南先锋和黑龙江依兰等煤炭液化工厂，在辽宁抚顺、河南鹤壁、甘肃华亭和山东新汶等建设煤炭地下气化示范工程。重点开发建设辽宁抚顺、铁法矿区、山西沁水、河东煤田，以及安徽两淮煤田等 18 个煤层气项目，力争地面抽取煤层气产量达到 30 亿立方米。

2. 石油天然气

勘探：在东部老油区要进一步加强地质综合研究，力争发现新层系和地区，增加石油天然气探明储量；在西部地区，要继续努力寻找大中型油气田，力争实现石油工业的战略接替，特别是要配合“西气东输”工程重点做好塔里木、鄂尔多斯、柴达木盆地和川渝地区的天然气勘探工作，增加探明天然气储量，为实施“西气东输”工程、确保长期稳定供气和天然气市场的进一步开拓打下坚实的资源基础；在南方地区，要继续坚持对海相碳酸盐岩的评价勘探工作，力求获得突破；在海域地区应主要抓好东海盆地、渤海和南海海域的石油天然气勘探工作，力争寻找大中型油气田，努力增加石油天然气探明储量。

开发建设：按照经济开发的原则，搞好油气田的开发调整工作。“十五”期间，力争新建 9630 万吨左右的原油生产能力和 400 亿立方米的天然气生产能力。为此，要做好塔里木、鄂尔多斯、柴达木盆地、川渝等陆上大型油气田的开发和渤海蓬莱 19－3 油田等海上油气田的建设；对大庆油田“三元”复合驱等三次采油工程做进一步论证，以最大限度地提高采收率。大力开拓天然气市场，建设“西气东输”、重庆—武汉、涩北—西宁—兰州等天然气管道工程和下游利用项目，做好广东引进 LNG 试点工作。

海外油气供应基地：进一步总结 20 世纪 90 年代初期以来我国到境外勘探开发石油取得的经验教训，加大建立海外油气供应基地的步伐，促进我国石油天然气供应渠道的稳定和多元化。

国内石油储备：“十五”期间，着手国家和企业两级石油储备体系的建设工作，逐步形成一定规模的国家原油战略储备，初步具备抵御国际突发事件对国内经济影响的能力。

3. 电力

城乡配电网建设与改造：“十五”期间，要继续按照国家批准的规划方案，完成全国 2400 个县、1900 亿元的农村电网建设与改造工程。理顺农电管理体制，降低损耗，提高供电能力与质量，实现城乡用电同价，根据小城镇建设的需要，进一步作好县城和乡镇电网的规划与建设。完成全国 270 个地级以上城市、1280 亿元的城网改造工程，逐步在重要城市实现电网的双环网结构，不断提高城市中心区电缆化比例，加强中低压配电网络的改造，基本实现一户一表。

输电网建设与改造：根据逐步形成北、中、南三个跨区互联电网的总体设想，结合近期“西电东送”的需要，“十五”期间，跨区送电和联网工程建设计划新增 500 千伏交流线路 2500 千米、直流线路 4345 千米。

水电建设：根据西部大开发的需要，在确保不恶化生态环境和电力市场落实的前提下，优先发展西部地区调节性能好、水能指标优越的大中型水电站和流域综合开发项目，如南部通道的澜沧江小湾水电站、红水河龙滩水电站，中部通道的长江三峡水电站，北部通道的黄河上游公伯峡水电站等。在水能资源贫乏、系统峰谷差大和电网调峰能力弱的华东及华北等地区，选择经济技术条件好的站址适当建设抽水蓄能电站。安排好水能资源的普查和河流资源规划等前期工作，为水电资源的进一步开发创造条件。“十五”期间，水电新开工规模约为 2730 万千瓦，其中抽水蓄能电站 740 万千瓦；共计投产 1274 万千瓦，其中抽水蓄能电站 110 万千瓦。

火电建设：优先建设大型超临界机组国产化和洁净煤发电依托项目，“西气东输”燃气电站及“西电东送”坑口电站项目等。为“十一五”及以后电力增长需要，必须做好前期工作并适时在“十五”后期开工的项目主要有山西、内蒙古和贵州等地的“西电东送”项目，天然气开发配套燃气电站项目，以及必要的水火调剂和调峰项目等。这些项目将根据未来电力市场变化情况，在“十五”执行过程中适时进行调整。

核电建设：在抓好在建核电项目的基础上，“十五”期间，择机开工建设核电国产化依托项目。

4. 新能源与可再生能源

继续实施“乘风计划”，加速风电设备国产化步伐。主要安排建设新疆、内蒙古、河北、吉林、辽宁、湖北和广东等地的风电场，建设规模约 50 万千瓦。选择条件适宜的大型风力田，实施国际招标，建设大型风电场示范工程。结合“乘风计划”的实施，千方百计提高我国大型风机自主研制开发能力，努力降低风电成本，使风机国产化率从 2000 年的 40% 提高到“十五”末期的 70%。

加速推进“光明工程”，基本解决无电地区的人民用电问题。“十五”期间，通过风力和太阳能发电设施的建设，力争使 800 万无电人口的人均装机容量达到 100 瓦的水平。

加强农村能源综合建设工作。“十五”期间，要继续加大农村能源综合建设力度，为促进农村能源与经济社会的同步发展作出贡献。

5. 能效

实施“电机系统节能”计划。截至 2000 年，全国 70% 的电机只相当于国际 20 世纪 50 年代的技术水平，电机驱动系统能效比国外低 20% 左右，节能潜力巨大。“十五”期间，要通过“电机系统节能”计划的实施，实现年节电 1000 亿千瓦时。

实施重点耗能行业节能示范工程。计划在冶金、有色、建材、化工和石化等行业创办节能示范工厂，通过对工艺、技术和设备的全面改造和大量使用节能材料，实现系统节能，带动全国节能提效工作的进一步发展。

在城市推广“以热定电”的热电联产、热电冷三联产和热电煤气三联供。在北京、上海和成都等有条件的城市开展燃气蒸汽联合循环热电联产试点，以提高能源利用效率，改善城市环境。

第二章

中国煤炭发展规划及方针

“十五”中国煤炭发展规划

“十五”中国煤炭发展规划包括以下内容：《国家“十五”计划》提出了我国“十五”煤炭发展的指导方针。《国家能源发展重点专项规划》提出了我国“十五”煤炭发展方针、主要目标、发展重点和主要政策措施。《煤炭工业“十五”规划》提出了我国“十五”煤炭发展思路、主要目标、发展和结构调整重点和主要政策措施。

中国煤炭发展方针

《国家“十五”计划》提出的我国“十五”煤炭发展的指导方针是：要高度重视人口、资源、生态和环境问题，抓紧解决好粮食、水、石油等战略资源问题，把贯彻可持续发展战略提高到一个新的水平。能源建设要发挥资源优势，优化能源结构，提高利用效率，加强环境保护。以煤炭为基础能源，提高优质煤比重。推进大型煤矿改造，建设高产高效矿井，开发煤层气资源。加大洁净煤技术研究开发力度，通过示范广泛推广使用。

《国家能源发展重点专项规划》提出的我国“十五”煤炭发展的方针是：大力调整煤炭工业结构，加快开发和推广应用洁净煤技术，调整煤炭建设布局，加大煤层气开发力度，提高煤炭工业整体素质，积极扩大煤炭出口。

大力调整煤炭工业的结构：调整生产企业结构，继续关闭非法开采和布局不合理以及资源浪费严重、缺乏安全生产条件的小煤矿，关闭一批资源枯竭、扭亏无望的煤矿，充分发挥大矿生产能力；调整产品结构，积极发展煤炭深加工与非煤产业，限制和淘汰高灰高硫煤炭生产。

加快开发和推广应用洁净煤技术：通过大力发展煤炭洗选、型煤、动力配煤、水煤浆、煤炭气化和液化等洁净煤技术，逐步提高煤炭清洁利用水平和利用效率，从而更好地保护环境，走可持续发展道路。要把推动煤炭液化技术产业化、开发石油替代资源作为“十五”乃至更长时期的一项战略任务抓紧抓好。

调整煤炭建设布局：坚持以经济效益为中心，以市场为导向，利用关闭非法和布局不合理小煤矿，关闭资源枯竭、扭亏无望和高硫煤矿所腾出的市场空间，重点安排好有效益的在建项目。考虑到煤矿建设周期长，为保证“十一五”及以后的煤炭供应，同时防止小煤窑的再度扩张，要适时开工建设一些资源条件优越、预期经济效益高的能力接续和人员安置型项目，以改善老矿区的经济效益，维护矿区社会稳定。

加大煤层气开发力度：增加煤层气资源勘探开发投入，积极扩大对外合作，建立和完善支持煤层气发展的产业政策，使煤层气开发有较大的突破，初步形成新兴的煤层气产业。

全面提高煤炭工业整体素质：通过大规模的资产重组、联合以及技术改造提高单井规模、技术装备水平和管理水平。

积极扩大煤炭出口：努力保持现有出口规模和稳定传统用户，大力开拓新的国际市场，增加煤炭出口。

《煤炭工业“十五”规划》提出的我国“十五”煤炭发展的思路是：以发展为主题，以市场为导向，以企业为主体，以改革开放和技术进步为动力，大力调整煤炭工业结构。实施大集团战略，以资产为纽带，发展一批对全国煤炭供需平衡和参与国际竞争起关键作用的大公司和企业集团，稳定国内市场，扩大煤炭出口。实施综合经营战略，以煤为基础，依托矿区资源，发展高附加值产品，提高企业经营效益。实施科教兴煤战略，采用先进适用技术和高新技术，推进大型煤矿改造，建设高产高效矿井。实施洁净煤战略，加强政策引导，注重加工转换，强化清洁利用，推进洁净煤技术产业化。完善有关法规和标准，淘汰落后生产能力，提高安全生产管理及装备水平，加强安全监察，实现安全生产。推进企业节能降耗，保护矿区生态环境，促进煤炭工业可持续发展。

中国煤炭发展政策

《煤炭工业“十五”规划》提出的我国“十五”煤炭发展的主要政策措施是：

1. 完善煤炭工业宏观调控体系

适应社会主义市场经济发展要求，充分发挥市场配置资源的基础性作用，综合应用经济、法律和必要的行政手段，加强宏观调控。修订和制定行业规范、规章和技术标准，及时发布煤炭工业鼓励、限制、淘汰的生产工艺和产品目录，规范企业生产经营活动。研究制定有关经济政策，促进煤炭行业摆脱困境，步入健康发展的轨道。

2. 进一步规范市场竞争秩序

打破部门、行业垄断和地区封锁，完善全国统一、公平、规范有序的市场体系。实施矿业权制度，逐步对煤炭资源实行资产化管理，为各类煤炭企业参与市场公平竞争创造条件。对具有重要价值的稀缺煤种实行保护性开采。鼓励有条件的煤炭企业建设大型坑口电站、铁路货运公司，或通过资产重组等形式与电力、铁路等企业联合经营，进一步降低成本，提高煤炭产品在国内外市场上的竞争力。

3. 培育大公司和企业集团

优先支持主业突出、核心能力强、经营机制健全、经济效益好、发展潜力大的大公司和企业集团的发展，在股票上市、财政贴息、高新技术开发等方面给予政策倾斜，优先分离企业办社会职能，为大公司和企业集团的发展创造良好的外部环境。引导和支持大公司和企业集团跨行业发展，组建综合经营的特大型企业集团。

4. 支持煤矿建设和技术改造

落实新建煤矿资本金和银行贷款，支持煤矿建设和前期准备工作，提高煤炭资源勘探程度。国家采取财政债券贴息等政策，引导和扶持煤炭企业对矿井、选煤厂等项目进行技术改造，提高装备水平及防灾抗灾能力，促进安全生产。支持煤炭企业发展综合利用项目，保护生态环境，研究制定劣质煤电厂上网及电价的优惠政策。

5. 推动洁净煤技术产业化

制定有利于煤炭清洁生产及利用的法规和技术经济政策，在注重生产洁净煤产品的同时，逐步限制直接销售和使用原煤，扩大工业锅炉和窑炉燃用洗选煤、固硫型煤、固硫配煤等清洁燃料的比重。为保障我国能源供应安全，制定有利于煤炭液化项目发展的政策。

6. 提高国际化经营水平

煤炭出口重点企业要在巩固市场、提高产品

质量和售后服务水平的基础上，提高市场占有率。扶持有条件的矿区，建立出口煤生产基地，实行必要的鼓励政策，提高我国煤炭在国际市场上的竞争力。鼓励企业到境外投资建矿、办厂，简化审批程序，赋予海外融资权，政策性银行优先提供信贷。

7. 减轻煤炭企业负担

采取有效措施，加快分离国有煤炭企业办社会的职能，切实减轻企业负担。研究解决煤炭企业税赋过重的问题。依据煤炭法，并借鉴国外主要产煤国家的经验，研究制定衰老报废矿区和煤炭资源型城市的转产配套政策，通过政府转移支付或从其他渠道筹集资金，建立衰老报废矿区和煤炭城市的转产基金，用于发展接续产业和替代产业，安排煤炭企业职工转岗培训。

8. 发挥中介组织作用

充分发挥行业协会等中介组织在行业统计、技术服务、市场开发、信息咨询等方面的作用，为政府制定法规、政策提供依据，为企业提供优质服务。发挥协会在行业自律方面的作用，规范企业的市场行为，维护市场公平竞争秩序。组建出口煤炭企业商会，加强企业自律，避免恶性竞争，提高企业抵御国际市场风险的能力。

9. 加强企业内部管理

进一步优化开采设计，提高资源回收率。处理好采煤与掘进关系，实现煤矿正常接续。加强煤矿安全生产管理，加大资金投入，提高安全装备水平，避免发生重大、特大安全事故。进一步改善劳动环境，加强劳动保护，建立和完善特殊工种社会保障。抓好节能、节水、降耗和环保工作，提高职工生活质量和水平。

10. 加强企业经营者队伍建设

建立经营管理者和企业家队伍健康成长的激励、考核、监督机制，并逐步制度化、规范化。提高经营者依法办事、合法经营的自觉性。实行经营管理者收入与企业的经营业绩挂钩，继续搞好经营者年薪制、股份期权等分配方式的试点。建立具有创新精神和创业能力，适应国内外市场竞争需要的企业家队伍。

中国煤炭发展目标

《国家能源发展重点专项规划》提出的我国“十五”煤炭发展的主要目标是：预计到2005年，全国一次能源生产量达到13.2亿吨标准煤，比2000年增加2.28亿吨标准煤。其中煤炭11.7亿吨，增加约1.72亿吨，年均增长3.23%。

能源结构：2005年与2000年相比，煤炭在一次能源消费中的比重下降3.88个百分点。

煤炭结构：到2005年全国原煤入选率达到50%，比2000年预计提高20个百分点。

体制改革：到2005年，煤炭企业基本完成向以“产权清晰、权责明确、政企分开、管理科学”为主要特征的现代企业制度的过渡。

《煤炭工业“十五”规划》提出的我国“十五”煤炭发展的主要目标是：煤炭工业发展和结构调整的总体目标是：煤炭企业建立现代企业制度取得重大进展，产业集中度明显提高，经济运行质量明显好转。洁净煤技术开发和产业化取得实质性进展，优质煤炭和煤炭转化的优质能源产品比重明显增加。煤炭产品在国际市场上的占有率进一步提高。矿区综合利用、环境治理工作取得显著成效。

1. 组织结构调整目标

到2005年，产业集中度明显提高，煤炭产量位居前8家的企业，市场占有率达到35%以上。形成2—3个煤—电—路—港—航综合经营、具有国际竞争力的特大型公司和企业集团。

2. 技术结构调整目标

到2005年，煤矿生产技术和装备水平进一步改善，安全生产可靠性明显增强。大型煤矿采掘机械化程度达到90%以上，中型煤矿达到60%以上，小型煤矿机械化、半机械化开始起步。大中型煤矿科技进步贡献率达到40%以上。

3. 产品结构调整目标

到2005年，全国原煤入选率达到50%以上，动力配煤量达到7000万吨左右，煤层气产量30亿—40亿立方米，水煤浆产量1000万吨左右，煤炭液化产油250万吨以上。煤炭出口8000万吨左右。

中国煤炭发展重点

《国家能源发展重点专项规划》提出的我国“十五”煤炭发展重点是：

煤矿建设：按照产需基本平衡的原则，“十五”期间煤矿建设的主要考虑是：对保留的小煤矿进行技术改造，使其上规模、上档次。重点建设好在建大中型煤矿项目，抓好神府东胜、平朔、平顶山和盘江等6455万吨续建煤矿项目的建设，使其尽快建成投产。对现有大中型煤矿中部分资源较丰富、煤质优良的矿井，实施技术改造。预计“十五”期间，续建煤矿全部建成投产和部分现有煤矿经过改造后，2005年大中型煤矿生产能力可达到9亿吨左右。

考虑到煤矿建设周期较长和“十五”后期部分煤矿将出现衰老报废的因素，为了满足“十一五”及以后的煤炭增长需求，增强煤炭工业发展后劲，“十五”期间要切实做好一批大中型项目的前期准备工作，适时开工建设一批有市场、经济效益好的能力接续和人员安置型矿井。初步安排重点准备适时开发的大中型煤矿项目8505万吨，主要分布在山西、内蒙古、陕西、河南、贵州、黑龙江、安徽和山东等省区。

选煤厂建设：按照市场需求情况，“十五”期间，初步考虑在山西、陕西、山东、内蒙古、河南、安徽和云南等煤炭生产大省安排建设选煤厂40座，能力1亿吨左右。同时，对现有的部分选煤厂进行技术改造，扩大原煤入洗比例，以适应煤炭市场需求。

洁净煤技术开发：“十五”期间，对先进的洁净煤技术抓好典型示范，做好技术储备及商业化推广。根据项目前期工作进度和技术经济条件，初步考虑建设陕西神东、云南先锋和黑龙江依兰等煤炭液化工厂，在辽宁抚顺、河南鹤壁、甘肃华亭和山东新汶等建设煤炭地下气化示范工程。重点开发建设辽宁抚顺、铁法矿区，山西沁水、河东煤田，以及安徽两淮煤田等18个煤层气项目，力争地面抽取煤层气产量达到30亿立方米。

《煤炭工业“十五”规划》提出的我国“十五”煤炭发展和结构调整重点是：

1. 深化企业改革，实施大集团战略

（1）按照现代企业制度的要求，推动煤炭企业改制。大型煤炭企业要通过规范上市、中外合资、互相参股等形式，改制为多元持股的有限责任公司或股份有限公司，建立规范的法人治理结构。对国有中小煤矿采取改组、联合、兼并、租赁、承包经营和股份合作制、出售等形式，进行产权制度改革。

（2）按照市场取向和规模经济的原则，组建大型煤炭公司和企业集团。发挥优势企业的龙头作用，通过兼并、联合、参股等方式，推动资产重组，提高规模经济效益，更好地满足市场需求和维护公平竞争秩序。鼓励各类煤炭企业通过资产重组，按地域、煤种、运输通道和市场组建大公司和企业集团。“十五”期末，形成1—2个煤炭年生产能力在1亿吨以上、5—6个5000万吨以上的大公司和企业集团。

（3）按照产业关联度，培育特大型公司和企业集团。根据煤炭资源和市场分布特点，抓好煤矿、铁路、港口和水运等环节的衔接，着力培育和发展对全国煤炭供求平衡起关键作用和以煤炭出口为导向的跨地区、跨行业、跨所有制和跨国经营的煤—电—路—港—航特大型公司和企业集团。优化资源配置，降低环节费用，实现国内煤炭有效供给和产需平衡，提高企业在国内外市场上的竞争力。

2. 加快煤炭企业技术改造步伐，促进产业升级

（1）建设一批大中型现代化矿井。“十五”期间，要加快建设25处、年生产能力6000多万吨的在建矿井。要按照西部地区煤电同步建设、“三西”（山西、陕西、内蒙古西部）地区调节全国供需平衡、东部地区稳定生产规模的煤炭开发布局原则，重点做好建设低灰、低硫、高发热量的优质动力煤基地的前期准备工作。加强煤田地质勘探，提高勘探程度，满足建井条件，适时开工建设一批有市场、经济效益好的接续型矿井，增强煤炭工作发展后劲。

（2）对现有大中型矿井进行技术改造。通过增加储量、集中生产、简化工艺、减少环节、优化装备、科学管理等措施，对现有大中型矿井进行技术改造，实现矿井生产、管理现代化。到2005年，建成140处高产高效现代化矿井，其原煤工效达到10吨以上。

(3) 改造小煤矿。按照统一规划、合理集中、正规开采、保障安全、依法监管的方针，对依法开办的小煤矿进行改造，减少生产矿井数，扩大单井生产规模；改进采煤方法和回采工艺，提高矿井回采率；制定和实施小煤矿生产强制性标准，促进安全生产。

(4) 改造煤矿安全技术装备。一是对矿井通风系统进行技术改造。二是完善高突矿井瓦斯抽放系统和通风安全监测、监控系统。三是提高矿井防灭火和防尘技术与装备水平。四是用先进的救护设备装备矿山救护队伍，提高抢险救灾能力。

(5) 改造和建设企业信息系统。加强企业信息系统建设，提高信息传输速度和准确性，为企业科学决策提供依据。大力发展电子商务，推动营销、运输和服务方式的变革，降低采购成本和销售费用。发展先进的安全生产监测、监控系统，提高矿井自动化生产水平。建设连接国家、省、处三级煤矿安全监察网络，建立专家灾害事故处理和救护会商远程视频系统。

3. 限制、淘汰落后生产能力，完善退出机制

(1) 制止低水平重复建设。通过实施产业政策，停止建设以下四类煤矿：一是单井井型低于以下规模的煤矿项目：山西、陕西和内蒙古地区年产15万吨，新疆、甘肃、宁夏、青海、北京、河北、东北以及华东地区9万吨，西南和中南地区6万吨，开采极薄煤层及不稳定煤层3万吨；二是采用手工开采和穿洞式巷采等落后开采方法的煤矿；三是商品煤达不到国家环保法规要求的各类高硫煤矿；四是矿井回采率低于50%的煤矿。

(2) 淘汰落后生产能力。严格采矿许可证、煤炭生产许可证管理，加强煤矿生产安全监察。通过制定和实施有关法规、产业政策和技术标准，关闭非法开采、矿井回采率低、威胁大矿生产安全、不具备安全生产基本条件、破坏生态环境和污染严重的小煤矿。

(3) 加大关闭矿产力度。对资源枯竭的国有煤矿依法关闭。对资源及开采条件较差、产品无市场、长期亏损且扭亏无望的国有煤矿依法实施破产。

4. 实施科教兴煤战略，推进技术创新

(1) 组织行业共性技术和关键技术的攻关研究。在抓好现有科技成果转化为生产力的同时，围绕煤炭的开发、生产、加工、安全和可持续发展等方面的重点技术，组织科技攻关。一是开展煤炭地质勘探及深部矿井开发技术的攻关研究，主要包括：西部地区煤炭开采及相关的水资源、生态环境保护的综合研究；东部地区深部找煤、资源潜力评价以及煤炭深部开采的关键技术研究；600米以上深厚表土层冻结施工技术、大型矿井深部开采技术以及千米深井井筒装备技术研究。二是开展高产高效现代化矿井关键技术攻关研究和建设示范项目，主要有：年产600万吨综采放顶煤工作面的配套技术项目；年进8000米以上煤巷、半煤岩巷快速掘进成套技术项目；年提升能力700万吨以上的交流提升机变频调速控制系统和自动化采煤工作面的技术项目。三是开展煤矿安全技术研究，主要包括：重大瓦斯煤尘爆炸事故的预防与控制、煤矿突发性灾害监测及防治、煤矿快速救援抢险以及安全信息管理等技术研究。四是开展洁净煤技术的攻关研究，重点开展机电一体化大型高效选煤关键技术、细粒煤高效脱水脱硫降灰技术、煤炭直接液化技术、地下煤炭气化及应用等技术研究。五是煤炭工业可持续发展和综合信息化技术研究，主要包括：开展煤炭资源型城市生态环境控制与可持续发展的研究，煤炭综合信息化技术研究。

(2) 加强人才培养和职工培训。充分发挥重点院校的作用，培养适合煤炭工业发展的技术人才。采取切实措施，以多种形式吸引煤炭行业内外、海内外优秀人才，形成留住人才、吸引人才、调动人才积极性的激励机制，充分发挥人才的作用。注重科技人员的知识更新。鼓励建立以大公司和企业集团为主体的职业教育体系，积极开展多层次、全方位的岗位培训。大力发展职业培训，逐步提高工人职业培训率。

5. 实施洁净煤战略，推进洁净煤技术产业化

(1) 改造和建设选煤厂。采用先进的洗选技术和设备改造现有选煤厂，充分发挥选煤厂的能力利用率，优化产品结构，提高质量和效益。大中型煤矿要有配套的选煤厂，小型煤矿要依托大矿的选煤厂或建设群矿集中选煤厂。重点在山西、陕西、山东、内蒙古、河南、安徽等省(自治区)建设一批先

进的选煤厂。2005年，选煤厂平均工效达到40吨。

（2）发展配煤一条龙服务体系。在煤炭中转港口和主要集散地建设配煤厂，为用户提供质量稳定、价格合理、环保型动力配煤。制定配煤质量标准和相应的政策，由耗煤集中的大用户到分散的小用户，逐步推广使用动力配煤。建设3—5个大型动力煤配煤基地。2005年，初步形成产、配、销、送及售后服务一条龙体系。

（3）完善水煤浆制备和应用技术。研究开发水煤浆新型添加剂，提供质量稳定、满足市场需求的水煤浆。在总结白杨河电厂、燕山石化应用水煤浆的基础上，重点研究提高燃烧器效率和水煤浆在炉内燃烧过程中的固硫、脱硫技术。进一步降低燃油锅炉改造费用，建设10万千瓦以上机组改造示范工程。在集中改造燃油锅炉的地区，鼓励煤矿与用户合资建设水煤浆制备、配送公司，发展集中洗选、制浆、管道输送、燃烧发电一体化工程。

（4）大力发展煤层气产业。实行地面开发和井下抽放并举的煤层气开发方针，重点加快山西沁水煤田、河东煤田、安徽两淮煤田、辽宁铁法、抚顺矿区、贵州六盘水等地区煤层气的勘探评价及开发利用。2005年，大中型煤矿瓦斯利用量达到当年抽放量的80%，建成2—3个煤层气地面开发及利用示范基地，煤层气产量达到30亿—40亿立方米。积极支持煤层气产业发展，使其成为煤炭工业新的经济增长点。

（5）推进煤炭液化和气化技术的开发和应用。在完成神华神东、云南先锋和黑龙江依兰煤炭直接液化示范厂可行性研究的基础上，通过经济技术合作建设1—2个煤炭液化示范厂，2005年煤炭液化产油250万吨以上。引进国外先进的煤炭气化技术，建设大型煤炭气化与煤化工示范项目。继续做好煤炭地下气化试验，探索煤炭开发和利用的新途径。

6. 实施综合经营战略，促进矿区可持续发展

（1）延伸产业链。依托煤炭资源优势，通过吸收外资、多元持股和与下游产业的企业联营等多种方式，大力发展煤—电、煤—化工、煤—焦、煤—建材等高耗能、高附加值产业，实行多元化经营。推动单一煤炭资源矿区发展接续产业和替代产业，把资源优势转化为经济优势，研究探索矿区开发的新模式。

（2）抓好劣质煤的综合利用。根据原煤生产及洗选加工过程中劣质煤的品种和数量，发展与之相匹配的综合利用项目。选择先进适用的锅炉燃烧技术，建设和改造劣质煤电厂，发展热电联产，配建区域电网，以自用为主，余电上网。扩大煤矸石在建材产品生产和在筑路、复垦、回填等方面的利用。

（3）开发利用与煤共伴生矿物。加强煤系地层中共伴生矿产资源，如高岭土（岩）、膨润土、油母页岩、蒙脱石、石膏、硫铁矿、硅藻土、耐火黏土等矿物的开发和利用，合理配置矿区生产力要素，发展共伴生资源的深加工，开拓新的经济增长点，提高企业经济效益。

（4）加强矿区环境综合治理。以土地复垦为重点，协调各方面力量，建立各种类型的矿区生态重建示范基地，逐步形成与生产同步的生态恢复建设机制。“十五”期间，矿区土地复垦、生态建设工作要取得明显成效。对矿井水、生活污水进行处理，提高复用率，实现达标排放。到2005年，大中型煤矿矿井水复用率达到60%以上，外排水达标率100%。

第三章

中国电力发展规划及方针

“十五”中国电力发展规划

“十五”中国电力发展规划包括以下内容：《国家“十五”计划》提出了我国“十五”电力发展的指导方针。《国家能源发展重点专项规划》提出了我国“十五”电力发展方针、主要目标、发展重点和主要政策措施。《电力工业“十五”规划》提出了我国“十五”电力发展指导思想、基本原则和主要政策措施。

中国电力发展方针

《国家“十五”计划》提出的我国“十五”电力发展的指导方针是：能源建设要发挥资源优势，优化能源结构，提高利用效率，加强环境保护。加强城乡电网建设和改造，建设西电东送的北、中、南三条大通道，推进全国联网。进一步调整电源结构，充分利用现有发电能力，积极发展水电、坑口大机组火电，压缩小火电，适度发展核电，鼓励热电联产和综合利用发电。开工建设龙滩、小湾、水布垭、构皮滩、三板溪、公伯峡、瀑布沟等大型水电站，抓紧长江上游溪洛渡或向家坝水电站开发的前期论证工作。在山西、陕西、内蒙古、宁夏、贵州、云南建设大型坑口电站。深化电力体制改革，逐步实行厂网分开、竞价上网，健全合理的电价形成机制。

《国家“十五”能源发展重点专项规划》提出的我国“十五”电力发展的方针是：加快体制改革，重点加强电网建设，积极发展水电，优化火电结构，适当发展核电，因地制宜发展新能源发电。

加快体制改革：从中国国情出发，借鉴国外成功经验，引入竞争机制，由市场配置资源，由供需决定价格。进一步加快体制创新步伐，为电力工业乃至整个国民经济的发展注入新的活力。

重点加强电网建设：“十五”期间，在继续安排好农网城网建设的同时，集中力量做好以下工作：一是抓紧建设北、中、南三个输电通道，形成“西电东送”的基本格局；二是重点发展跨省、跨地区输电线路，积极推进区域电网互联和全国联网进程。初步完成不同来水特点流域电网之间、不同峰谷时段电网之间的联系。实现电量补偿调度，装机互为备用，提高供电质量，优化电力资源配置；三是加强区域内主干电网建设；四是同步建设电网二次系统。

积极发展水电：水电是清洁的可再生能源，在水能资源丰富的中西部地区，根据西部大开发和电源结构调整的需要，优先安排调节性能好、水能指标优越的大中型水电站和流域综合开发项目的建设；在电网供电能力不足的地区，因地制宜开发小型水电站；在水能资源缺乏、电网调峰困难的地区安排一些抽水蓄能电站的建设。

优化火电结构：根据我国以煤为主的电力结构特点，“十五”期间要高度重视火电结构调整工作。首先有计划按步骤地关停超过经济寿命的小火电，提高大机组的比重。第二，推进超临界国产化、洁净煤发电示范工程建设，以促进电力产业技术升级；第三，对已运行的燃煤机组逐步安装环保设施，减少对大气的污染；第四，在有条件的地区，根据天然气资源的开发进展，适当建设天然气发电项目；第五，在缺水地区，研究启动大型空冷机组试点工程。

适当发展核电、加快核电国产化：充分利用我国已经形成的核电设计、制造、建设和运营能力，以我为主、中外合作，以有竞争力的电价为目标，实现核电国产化。同时，积极支持我国自行开发新一代核电站工作，为“十一五”及以后核电的发展奠定基础。

《电力工业“十五”规划》提出的我国“十五”电力发展指导思想是：坚持以邓小平理论和党的“十五大”精神为指导，按照《国民经济和社会发展第十个五年计划纲要》的要求，适应社会主义市场经济的发展，转换经营机制、转变增长方式，促使电力工业与经济、社会和环境协调发展。深入贯彻国家能源、产业、环保等各项方针政策，坚持统一规划、优化布局、控制总量、调整结构的原则。加强电网建设，推进全国联网。进一步调整电源结构，充分利用现有发电能力，积极发展水电、坑口大机组火电，压缩小火电，适度发展核电，鼓励热电联产和综合利用发电。积极发展新能源和可再生能源发电。积极开展和推广资源节约和综合利用技术，节约资源，保护环境。深化电力体制改革，逐步实行厂网分开、竞价上网，健全合理的电价形成机制。

《电力工业“十五”规划》提出的我国“十五”电力发展的基本原则是：坚持以国民经济和社会发展为基础，搞好电力综合平衡、地区平衡，提高质量、降低价格、改善服务，保证国民经济和社会发展对电力的需求。

坚持以市场为导向，积极开拓和利用国内外两种资源、两个市场，打破行政区域界限，优化地区布局，充分发挥市场对资源配置的基础性作用，实现更大范围内的电力资源优化配置。

坚持以结构调整为重点，注重电源结构和地区布局的统筹、协调、合理安排。实现东、中、西部地区协调发展，充分利用西部地区丰富的能源资源，加大西部地区电力开发力度，促进西部地区经济和社会发展。

坚持以科技为先导，大力推进技术进步，促进电力发展，提高科技进步对电力工业发展的贡献率，重视环境保护和资源节约。

中国电力发展政策

《电力工业“十五”规划》提出的我国“十五”电力发展的主要政策措施是：

1. 加强电力法制建设

适应我国电力体制改革进程，按照新时期电力发展的总体思路，修改《电力法》，制定电力市场运营和监管的基本规则，合理界定电力管理部门及有关部门的职责，明确电力企业的权利、义务，维护电力投资者、经营者和使用者的合法权益；补充和修改电力营销和服务规则，以及电力公开、公平、公正调度的有关规定；在推进电力管理体制改革的同时，改革和完善我国电力行政执法体系，抓紧研究制定《电价管理条例》和《农村电力管理条例》，形成依法管电、办电、用电的法制环境和市场秩序。

2. 深化电力体制改革

按照建立社会主义市场经济体制的总体要求，深化以市场化为取向的电力体制改革，逐步实行厂网分开、竞价上网，促进电力企业体制创新、机制创新和管理创新，建立现代企业制度。打破垄断、引入竞争，建立和完善公平竞争、规范有序的电力市场运行机制和有效的政府监管体制，充分发挥市场配置资源的基础性作用，促进电力工业的持续健康发展。

3. 积极合理有效利用外资

继续扩大对外开放，坚持积极合理有效的利用外资方针。积极利用国外贷款，引进先进技术和设备，促进电力工业整体技术装备水平的提高。结合厂网分开、竞价上网和国家投融资体制改革的进程，进一步规范利用外资项目管理办法，改革和简化行政性审批程序，不断改善国外投资者在发电领域的投资环境，促进外资项目参与公平的市场竞争。

4. 改革电价，开展电力需求侧管理

进一步深化电价改革，改革电价审批制度。根据厂网分开、竞价上网的要求，健全合理的电价形成机制，全面实行丰、枯和峰、谷电价，加强对电价的法制化监督和管理。充分发挥价格机制和其他有关政策的作用，大力开展电力需求侧管理工作，鼓励合理有效地利用电力资源，改善能源消费结构。

5. 加快电力科技进步

依靠科技进步，提高电力行业技术创新能力。以科技创新为先导，紧密结合电力工业发展的需要，坚持自主研究开发与引进消化吸收相结合的原则，进行具有自主知识产权的技术开发，力争在部分电力技术领域处于国际领先地位。建立多元化科技投入的机制，促进科技产业化进程，用高新技术对传统技术进行改造和更新换代，迅速提高电力行业的整体技术水平和经济效益，实现技术发展的战略性跨越，提高科技在电力行业经济效益中的贡献率。

6. 加快电力工业信息化进程

适应电力工业改革与发展的需要，充分发挥电力工业的技术特点和优势，努力推进电力工业的信息化进程，通过电力信息系统向全社会提供服务，参与竞争、打破垄断，推动整个国民经济的信息化进程。制定出台推进电力工业信息化的优惠政策，完善有关的法规标准，促进电网二次系统设备的国产化，加强技术开发和人才培养，努力建成功能齐全的全国电力信息网络和基础设施。逐步建立完善有关电力工业的电子商务运营系统，全面提高电网调度自动化系统的应用水平。结合电力工业市场化改革进程，加强电力市场技术支持系统的开发、建设和管理。

中国电力发展目标

《国家能源发展重点专项规划》提出的我国“十五”电力发展的主要目标是：预计到2005年，全国一次能源生产量达到13.2亿吨标准煤，比2000年增加2.28亿吨标准煤。其中，水电3558亿千瓦时，增加1158亿千瓦时，年均增长8.38%；核电等600亿千瓦时，增加436亿千瓦时，年均增长29.67%。

到2005年，全国发电装机达到3.7亿千瓦、年发电量17300亿千瓦时，年均增长速度分别为3.2%和5.08%。

电力结构：发输配比例趋于合理，农网、城网的建设与改造基本完成，跨区送电以及区域电网互联取得明显进展。在发电环节，水电、气电、核电和洁净煤发电等清洁电力在总装机容量的比重达到31%，比“九五”末提高5个百分点。火电装机中，完成对超期服役，特别是单机容量5万千瓦及以下凝汽常规燃煤、燃油机组的关停工作，争取“十五”期间完成1420万千瓦的关停目标，使30万千瓦及以上的大机组占总装机容量的比例由2000年的38%，提高到“十五”末的50%左右，使每千瓦时供电煤耗从2000年的394克标准煤，减少到2005年的380克标准煤。

体制改革：到2005年电力工业在“政企分开”的基础上，基本实现“厂网分开、竞价上网、国家监管”体制。

中西部开发：“十五”期间要结合西部大开发的总体部署，制定西部能源发展专项规划。力争在西部电力基地建设方面取得明显进展；结合资源条件，通过大力发展小水电、风力及太阳能发电，基本解决偏远贫困农村无电乡镇用电问题。

《电力工业“十五”规划》提出的我国“十五”电力发展与结构调整的目标是：

1. 电源

努力改善电力投资环境，保持相应的电力建设规模，保持电力供需的平衡。“十五”末期，全国发电装机容量预计达到3.9亿千瓦，其中水电9500万千瓦，火电28600万千瓦，核电870万千

瓦，风力、太阳能等新能源发电120万千瓦。

2. 电网

“十五”期间，全国联网取得实质性进展。到2005年末，除新疆、西藏和海南外，各相邻电网基本实现互联，电网结构更加合理，具备防止发生大面积停电事故的能力；全国220千伏及以上交直流线路达到23万千米，变电容量达到6.7亿千伏安：二次系统与一次系统协调发展，通信网络整体能力大幅度提高；城市电网供电可靠性平均达到99．9%，部分重点地区达到99．99%；电网综合线损率控制在7%以下。

3. 技术装备

继电保护、电网稳定控制、超高压输变电、水电筑坝等技术处于国际先进水平；加快大型超临界火电机组、空气冷却机组、洁净煤发电机组、大型抽水蓄能机组、大型燃气蒸汽联合循环机组、核电机组、风力发电机组和电力环保装置等设备的国产化步伐；直流输电、500千伏大容量变压器、电力环保技术等，具备独立的设计、建设和设备供应能力；建立和完善适应电力工业发展需要的技术研究与开发体系、检测与质量保证体系；加强有关电力节能环保技术以及迫切需要的难点技术的研究与开发，掌握占据未来电力科技制高点的技术。

4. 环境保护

按照国家环保法规和标准要求，加强环境保护治理工作，全国火力发电厂主要污染物年排放总量基本维持在2000年的排放水平，并力争有所降低。二氧化硫排放得到有效控制，废水回收利用率达到60%以上。

5. 农村电气化

在农村电力“两改一同价”的基础上，力争通过十年左右的时间，使我国农村电气化水平上一个新台阶，为全面实现农村电气化打下坚实基础。全面完成农村电力体制改革，实现一县一公司。县及县以下人均年用电量及人均生活用电量有较大增长；结合农村经济发展和富裕程度，建成一批电气化县、电气化乡(镇)和电气化村。到2005年，全国基本实现村村通电，进一步减少无电农户。

中国电力发展重点

《国家能源发展重点专项规划》提出的我国“十五”电力发展的重点是：城乡配电网建设与改造：“十五”期间，要继续按照国家批准的规划方案，完成全国2400个县、1900亿元的农村电网建设与改造工程。理顺农电管理体制，降低损耗，提高供电能力与质量，实现城乡用电同价，进一步作好县城和乡镇电网的规划与建设。

城网建设与改造工作要在作好规划的基础上，完成全国270个地级以上城市、1280亿元的城网改造工程，逐步在重要城市实现电网的双环网结构，不断提高城市中心区电缆化比例，要加强中低压配电网络的改造，基本实现一户一表。

输电网建设与改造：根据逐步形成北、中、南三个跨区互联电网的总体设想，结合近期“西电东送”的需要，“十五”期间，跨区送电和联网工程建设计划新增500千伏交流线路2500千米、直流线路4345千米。

水电建设：根据西部大开发的需要，在确保不恶化生态环境和电力市场落实的前提下，优先发展西部地区调节性能好、水能指标优越的大中型水电站和流域综合开发项目。如南部通道的澜沧江小湾水电站、红水河龙滩水电站，中部通道的长江三峡水电站，北部通道的黄河上游公伯峡水电站等。在水能资源贫乏、系统峰谷差大和电网调峰能力弱的华东及华北等地区，选择经济技术条件好的站址适当建设抽水蓄能电站。安排好水能资源的普查和河流资源规划等前期工作，为水电资源的进一步开发创造条件。“十五”期间，水电新开工规模约为2730万千瓦，其中抽水蓄能电站740万千瓦；共计投产1274万千瓦，其中抽水蓄能电站110万千瓦。

火电建设：优先建设大型超临界机组国产化和洁净煤发电依托项目，“西气东输”燃气电站及“西电东送”坑口电站项目等。为“十一五”及以后电力增长需要，必须做好前期工作并适时在“十五”后期开工的项目主要有山西、内蒙古和贵州等地的“西电东送”项目，天然气开发配套燃气电站项目，以及必要的水火调剂和调峰项目等。这些项目将根据未来电力市场变化情况，在“十五”执行过程中适时进行调整。

核电建设：在抓好在建核电项目的基础上，“十五”期间，择机开工建设核电国产化依托项目。

《电力工业“十五”规划》提出的我国“十五”电力发展和结构调整的重点是：

1. 加强电网建设，推进全国联网

（1）加强电网建设与改造。电网要实行统一规划、统一建设、统一管理和统一调度。继续加大对电网建设的投入，扭转电网建设滞后于电源建设的局面，实现电网与电源的协调发展，实现西电东送、电网互联和受电端网架的协调发展。同步做好二次系统的规划与建设。

重视配电网建设，继续做好城乡电网建设与改造。优化配电网络，城网发展与城市建设相协调，提高配电网运行监控水平，提高电能质量。加强和优化农村电网结构，提高农村电网的供电质量和安全水平，降低损耗，以适应小城镇建设、农村经济发展和人民生活水平提高的需要。

（2）努力推进全国联网。继续高标准、高质量地建设三峡输变电工程；继续加强南部、中部和北部三大西电东送通道；建成七项电网互联互供工程，即：东北与华北联网、福建与华东联网、西北与华中联网、华中与华北联网、川渝与西北联网、山东与华北联网以及三峡送电广东；做好山东与华东联网的前期工作。进一步改造和完善各电网主干网架。

2. 充分利用现有发电能力

加强技术改造，努力提高现有发电设备的利用效率。利用现已成熟的技术手段，对国产20万千瓦和30万千瓦级火电机组继续进行更新改造，使平均供电煤耗降低10—15克/千瓦时，主要火电机组的调峰能力达到50%左右，提高机组等效可用系数，合理延长机组寿命，电厂自动化达到集控水平。对部分水电站进行技术改造，实现水电站无病、险坝，提高水电站自动控制水平，保持大中型水电机组平均等效可用系数的稳定；对部分水电站进行扩机增容改造，提高出力和调节能力。

3. 进一步调整电源结构

积极发展水电。重点开发长江中上游及其干支流、红水河、澜沧江中下游、乌江和黄河上游等流域的水电资源。调峰能力不足、系统峰谷差大的电网，在对各种调峰手段进行充分论证的基础上，选择技术经济性较好的站址，适当建设抽水蓄能电站。“十五”期间，开工建设龙滩、小湾、水布垭、构皮滩、三板溪、公伯峡、瀑布沟等调节性能好的大型水电站，改善水电电源结构。做好水电河流规划和重大水电项目的前期论证工作，保持必要的前期储备。

优化发展火电。不断优化火电的机组结构、技术结构和地区结构，实现火电技术的产业升级和更新。要继续按照国家现行政策，压缩小火电，努力实现“十五”期间关停小火电和替代老旧机组共2500万千瓦的目标；严格限制常规小火电的发展，不断提高大机组和高性能机组的比重；积极推进热电联产和综合利用发电，以改善城市环境、提高能源利用效率。新建的燃煤电厂主要采用单机容量30万千瓦及以上的高参数、高效率、调峰性能好的机组。在山西、陕西、内蒙古和西南等能源基地建设矿区、坑口电厂，向东部及沿海缺能地区送电，促进更大范围的资源优化配置，推动全国联网。积极引进和发展超临界机组，推进循环流化床等洁净煤发电示范工程。通过引进、消化、吸收国外先进的技术，加快循环流化床锅炉和脱硫设备的国产化步伐。

适量建设天然气电站。在沿海缺能地区及大城市，因地制宜地适量发展燃气蒸汽联合循环机组，促进国内天然气资源的开发利用，增加电网调峰能力。

适当发展核电。适当开工建设核电国产化驱动项目，逐步实现核电自主设计、制造、建设和运营的目标。

因地制宜发展新能源发电。加快以风力发电为主的新能源发电项目的建设，在新疆、内蒙古、东北、华北和东南沿海地区开发规模较大的风力发电场。继续开发利用太阳能、地热能等新能源发电。

4. 促进西电东送

调整东西部电源建设的布局，进一步扩大西电东送规模。在加快西部地区电力资源开发进度的同时，合理控制东部地区常规燃煤电厂的建设，为西电东送提供市场空间。

在南方互联电网重点做好向广东送电1000万

千瓦工程。开工建设龙滩、小湾和构皮滩等大型水电站，在煤炭资源丰富的地区适当建设燃煤电厂。主要建设天生桥至广东第三回、昆明经罗平至天生桥、贵州经广西至广东三项500千伏交流输变电工程，以及贵州至广东、三峡至广东两项500千伏直流输电工程。

在中部电网配合三峡水电站的建设，重点配套建设三峡输变电工程，总规模为交流500千伏输电线路6900千米，直流500千伏输电线路2200千米，交流500千伏变电容量2475万千伏安，直流换流站总容量1200万千瓦。其中约60%的三峡输变电建设工程在“十五”期间完成。疏通四川电力外送的电网通道，为四川电力东送创造条件。

北部电网在现有山西大同至北京房山、内蒙古丰镇经张家口至北京昌平三回500千伏西电东送输电线路的基础上，加大蒙西、山西向京津唐送电力度。到2005年，京津唐地区接受蒙西送电容量超过270万千瓦。加快开发西北黄河上游水电站、建设陕北和宁夏煤炭基地坑口电站的步伐，努力实现向华北电网送电。

5. 高度重视环境保护

加大对火电厂二氧化硫污染控制的力度。严格执行“两控区”政策，位于“两控区”范围内的新建、改建或在建燃煤含硫量大于1%的火电厂，必须安装脱硫设施；位于“两控区”范围内已建燃煤含硫量大于1%的火电厂，分期分批建成脱硫设施或采取其他具有相应效果的减排二氧化硫的措施；除以热定电的热电厂外，在大中城市的城区及近郊区不再新建燃煤电厂；其他地区的火电厂，也要按照国家环保法规和标准，采取切实可行的环境保护措施。

采取有效措施，促进各项电力环境保护技术的开发和应用，力争在“十五”末期我国烟气脱硫产业初具规模，30万千瓦及以上的国产湿法脱硫机组投入运行。

6. 大力开展电力工业节水、节油工作

加强火电厂的节水管理，在新建火电厂推广应用成熟的节水和废水回收技术，加大对现有火电厂节水技术改造的投入，加强对新的节水技术和工艺的研究开发。在长江中下游、沿海等丰水地区新建的火电厂，推广直流或半直流供水技术；在严重缺水地区新建的火电厂，推广空冷技术；在其他地区的火电厂，推广使用提高循环水浓缩倍率的稳定剂，以减少用水消耗；在供热电厂，推广供热回水处理与利用技术。全面推广高浓度水力冲灰和干除灰、除渣技术。

对燃油电厂实施燃煤和水煤浆代油技术改造，或结合我国天然气资源的开发实施天然气代油技术改造；对仍在使用大油枪的燃煤机组全部完成采用小油枪的技术改造；通过改造提高锅炉在低负荷下的稳燃能力，减少助燃用油；积极开展等离子无油点火技术的研究和推广应用，加强管理，降低机组停运次数，以减少火电厂点火用油。

7. 推进农村电气化事业

农村电气化是实现农业现代化的基础和保证，大力推进我国农村电气化事业是电力工业发展的重要内容。按照建立现代企业制度和深化电力体制改革的要求，对县级供电企业实施公司制改革。优化发展小水电，支持有调节性能的小水电发展；改善农村电网结构，防止重复建设，提高供电质量和服务质量，着力降低农村电价水平，减轻农民负担；开发建设小型分散供电系统，解决电网覆盖不到地区无电农户的用电问题。

第四章

中国石油天然气发展规划及方针

“十五”中国石油天然气发展规划

“十五”中国石油天然气发展规划包括以下内容:《国家“十五”计划》提出了我国“十五”石油天然气发展的指导方针。《国家能源发展重点专项规划》提出了我国“十五”石油天然气发展方针、主要目标、发展重点和主要政策措施。《石油工业“十五”规划》提出了我国“十五”石油天然气发展目标、发展重点和主要政策措施。

中国石油天然气发展方针

《国家“十五”计划》提出的我国“十五”石油天然气发展的指导方针是：要高度重视人口、资源、生态和环境问题，抓紧解决好粮食、水、石油等战略资源问题，把贯彻可持续发展战略提高到一个新的水平。能源建设要发挥资源优势，优化能源结构，提高利用效率，加强环境保护。实行油气并举，加快天然气勘探、开发和利用，统筹生产基地、输送管线和用气工程建设，引进国外天然气，提高天然气消费比重。开发燃料酒精等石油替代产品，采取措施节约石油消耗。加强石油资源勘探，合理开发石油资源，努力发展海洋石油。积极利用国外资源，建立海外石油、天然气供应基地，实行石油进口多元化。建立国家石油战略储备，维护国家能源安全。

《国家“十五”能源发展重点专项规划》提出的我国“十五”石油天然气发展的方针是：加强勘探、经济开发、油气并举、扩大开放、建立储备。

加强勘探：继续加大石油天然气勘探工作力度，保证石油天然气探明储量的持续增长，为石油天然气工业发展奠定良好的资源基础。

经济开发：加强管理，运用新技术，降低成本。对新油气田开发要优化总体开发方案，加强技术经济论证，切实把“以经济效益为中心”的原则落到实处。

油气并举：在继续加强石油勘探开发的同时，进一步加大天然气勘探开发力度，增加天然气探明储量和产量；同步加快输气管道和下游利用项目建设及市场开拓工作。

扩大开放：继续扩大石油天然气对外合作，吸引外资来我国进行风险勘探和合作开发；积极稳妥地推进海外石油天然气开发和进口石油天然气工作，逐步形成两种资源、两个市场的战略格局。

建立储备：为保证石油安全供应、提高政府调控国内石油市场的能力，要加快建立国家石油储备制度，逐步形成我国完备的石油储备体系。“十五”期间要争取建成一定规模的国家战略储备能力，鼓励企业扩大储备。油气进口要做到方式多样化、地域多元化，提高抗风险能力。

《石油工业“十五”规划》提出的我国“十五”石油天然气发展方针是：“十五”期间，我国石油工业将实施市场化、国际化、低成本、科技创新和持续重组战略；进行以改善石油储采结构，提高天然气对原油产量的比例、境外份额油与国内原油的比例及油气在我国一次能源消费结构中的比例为重点的结构调整。以较小的经济代价换取石油的长期稳定供应，实现保障国民经济持续稳定健康发展的目标。为此，要贯彻“立足国内、开拓国际，加强勘探、合理开发，厉行节约、建立储备”二十四字发展方针。

立足国内、开拓国际：立足国内油气生产，保障市场基本需求；大力拓展海外业务，扩大海外份额油产量和储量，积极有效利用国外油气资源。

加强勘探、合理开发：大力加强油气勘探，合理有效开发利用有限资源，加速发展天然气工业，积极改善储采结构和消费结构。

厉行节约、建立储备：大力实施厉行节约的法规，抑制不合理消费；逐步建立和完善国家战略储备体系，提高应对突发事件的能力，保障国家石油供应安全。

中国石油天然气发展政策

《石油工业“十五”规划》提出的我国“十五”石油天然气发展的主要政策措施是：

1. 鼓励石油企业加快科技创新，加大对石油科技的投入

21世纪初期，我国石油工业将进入以“总体效益”为中心、以“自主创造”为主的科技产业化发展阶段，技术创新和技术进步将成为石油工业发展的强大推动力。“十五”期间要按照有所为有所不为的原则，集中优势科研力量，选择制约石油工业发展的关键勘探开发技术，力争在理论上和技术上取得突破。

优先发展关系石油工业可持续发展的关键技术。在油气勘探方面包括：建立油气勘探快速评价决策系统，以含油气系统动态模拟技术为主线的海相碳酸盐岩成烃机理、深部油气成藏机理的研究和评价系统；研制开发适用于复杂地质条件的复杂结构井、多分枝水平井、大位移井钻井技术；研究成像测井、核磁共振测井技术。在油气田开发方面包括：优先发展注水油田高含水后期油藏描述、剩余油监测、稳油控水配套技术，聚合物驱工业化应用技术，低渗透油藏、稠油油藏、凝析气藏提高采收率技术。在煤层气勘探开发方面包括：开展高、低煤阶煤层气基础理论及评价研究，煤层气勘探开发技术研究，煤层气技术、规范和经济评价方法研究。在油气储运方面包括：开展寒冷地区油气集输技术、天然气高效除砂设备研究，管道风险管理和管道系统可靠性技术研究，地下储气库设计建造技术研究。

完善和提高一批已具备先进水平的技术，包括：完善和提高以山地、黄土塬及深层地震勘探为主线的高精度地球物理方法技术系列；全三维地震和四维地震技术以及油藏动态经济评价技术；海上平台设计技术；海底管线结构设计、铺设及泄露监测技术；水下自动生产技术；海洋环境调查及预报技术；高含水油田节能降耗系统配套技术；三次采油油气水处理工艺配套技术；复杂油田地面工程简化工艺配套技术。

为石油工业长远发展，探索研究一批储备技术，主要包括：非常规资源的评价勘探技术，提高采收率的新理论、新方法，深水勘探、开发、管输技术。

科学技术发展是提高石油企业竞争力的核心所在，也是振兴我国石油工业的必然选择。鼓励企业对科技开发的投入，加快科研成果转化，提高科技贡献率，促进增长方式的根本转变；进一步加大协调力度，在宏观上对科技资源配置进行总体指导，组织重大科技攻关，真正形成由国家行业主管部门协调下的各企业所属研究院所和社会科研力量组成的科技创新网络体系和集成系统。

2. 积极运用经济手段，鼓励国内油气勘探，增加后备储量

研究制定相关政策，充分发挥各方面的人才、技术和资金优势，引导企业增加勘探投入，加大勘探力度。研究集中利用国家石油地质事业费和资源补偿费，设立专项风险勘探基金，开展国内石油勘查，打破石油企业海、陆划界和区域垄断的局面，促进竞争，加快摸清国内整体资源状况，逐步改善储采结构，形成一定程度的国家石油资源储备。

进一步完善我国陆上、海上石油资源对外合作条例，扩大对外合作勘探开发石油天然气的范围和领域。鼓励外国公司投入勘探油气资源潜力较大、风险也较大的地区；投资开发未动用储量和提高老油田采收率；参与天然气基础设施建设，推进天然气上下游一体化发展。

对达到经济极限含水和极限产量的老油气田，制定尾矿政策。研究通过减免税费等政策，提高企业开采边际储量的积极性，延长油气田的有效开采期，提高资源利用率。

3. 大力发展天然气工业，优化能源结构

加大天然气勘探开发力度，适当提高天然气投资在油气总投资中的比例，尽快增加储量和提高产量。

鼓励多渠道筹集天然气勘探、开发、管道运输及其利用项目的建设投资。充分调动地方、社会、企业各方面的积极性，把天然气推向市场，本着谁用气，谁投资，谁受益的原则，多方面筹集建设投资。积极提倡石油工业扩大开放，鼓励合作或利用外资参与天然气管道运输和发电、化工等下游项目。

对天然气项目在贷款等方面予以一定的优惠政策。在天然气价格、税收、环境保护和利用方面研究和制定有利于天然气工业发展的法规，支持天然气工业的发展。

加大煤层气勘探开发资金投入，减免税种和降低税率，促进我国煤层气产业的快速发展。

4. 鼓励石油企业积极开展国际化经营，实施油气进口多元化

进一步加强与世界石油生产国和消费国政府、国际能源组织和跨国石油公司间的交流与合作，建立稳定的协作关系和利益纽带。通过政治、外交途径，改善与石油出口国，特别是中东、中亚、俄罗斯等国的关系，争取签定政府间长期石油合作与贸易协议，改善进出口结构，形成稳定供应的多元化油气进口渠道，完善我国的石油贸易体系。

充分利用市场优势和当前的良好时机，积极实施“走出去”战略。研究采取积极的财政、税收和放宽境外油气项目投资限额，简化审批程序，建立国家专项基金等政策措施，鼓励并协调石油公司联合起来参与国际竞争，开展国际化经营，从事境外油气勘探开发，形成一定规模的境外油气生产基地，带动国内技术、装备、物资出口和劳务输出。鼓励境外份额油进入国内市场。

研究制定有关条例或规定，对于“走出去”合作开发资源，合作建厂、加工企业、技术服务、劳务输出等一律实行登记备案。加强对各石油公司在境外的活动的协调。

5. 统筹安排，加快建立国家石油储备体系

根据我国国情并借鉴国外经验，建立我国的国家石油储备体系必须遵照国家储备与企业储备相结合、以国家储备为主的方针。国家储备由中央政府直接掌握，主要功能是防止和减少因石油供应中断、油价大幅度异常波动等事件造成的影响，保证稳定供给。

建立国家石油储备，要坚持统一规划、合理布局、规范管理、循序渐进的原则，充分利用现有设施进行改建、扩建。储备的石油可在国家的调控下，按一定比例进行商业运作，通过低收高出，筹集运行和维护资金。起步阶段宜加大商业运行比例，以减轻国家负担。储备设施的建设资金应以国家投资为主，广开融资渠道，利用政策性贷款、发行债券等多种方式予以解决。

企业储备是在与其生产规模相匹配、正常周转库存的基础上，按有关法规承担社会义务和责任必须具有的储存量，主要功能是稳定市场价格，平抑市场波动。要通过制定相关法规，国家给予财税等政策支持，加快建立企业储备。

6. 坚持厉行节约，抑制石油消费过度膨胀，促进可持续发展

坚持“开发与节约并重，把节约放在首位”的原则，一方面要依靠科技进步，挖掘资源潜力，

实现资源保护和可持续利用的统一，实现资源开发、资源保护与经济建设同步发展；另一方面通过节约能源、提高能源利用效率，充分利用市场机制有效配置资源，改善能源供应结构和布局，提高清洁能源比例，加快建立节约型的石油消费模式。

从以下三方面入手提高石油利用效率：贯彻《节能法》，综合运用投资、财税、价格等经济杠杆，鼓励节油，杜绝和抑制无效、低效的石油消费；大力推广应用新工艺、新技术，改善产业结构和产品结构，压缩高耗能设备，开发节油型产品；以立法为基础，修订和健全技术标准体系，完善节能、环保等测评指标，建立全国性宏观节油监控网络，定期发布监控信息，对相关设备和产品进行定期的抽检。

7. 改革石油投融资体制，加强监管，完善政策和组织保障

改革逐个项目投资审批制度为企业自主决策、自担风险，银行独立审贷，政府宏观调控的新的投资体制。按照“谁投资、谁决策、谁受益、谁承担风险”的原则，改革投资管理模式。

参照国际惯例，必须通过立法和行政的手段，健全管理主体，规范市场运作。进一步划分政企职责，加强政府对石油工业的宏观管理，明确石油工业政府管理部门的作用和职能，将政府的政策制定职能与监管职能分离，相对集中行业监管职能，形成健全的石油市场经济管理体制。国家综合管理部门侧重制定政策、规划，负责综合平衡。监管机构在政策法规框架下，对油气资源、市场准入、价格调控、服务标准、信息以及质量、安全、环保等实行统一监管。通过系统化地建立和完善石油政策法规，把石油资源管理及石油业务活动纳入法制化轨道。

8. 深化改革，加强管理，提高企业竞争力

为了适应国际竞争，各石油公司在已有改组、改造、改制的基础上，以存量资产的优化重组和结构调整为主要手段，以资产为纽带，对管理体制、业务划分、生产布局、产品结构、组织结构、技术与人员结构等进一步深化改革，连动和带动一批企业的改组和发展，逐步建立和完善现代企业制度。在上下游一体化、内外贸相结合、产销一条龙的企业组织结构条件下，通过进一步的改革、重组和上市融资，不断壮大整体实力，通过加强管理和实施低成本战略，形成能够与国外大公司相抗衡、可以担当起国民经济支柱产业发展重任、能够确保国家经济安全的综合性的特大型跨国集团公司。

中国石油天然气发展目标

《国家能源发展重点专项规划》提出的我国“十五”石油天然气发展的主要目标是：预计到2005年，全国一次能源生产量达到13.2亿吨标准煤，比2000年增加2.28亿吨标准煤。其中，石油1.65亿吨，与2000年基本持平；天然气500亿立方米，增加230亿立方米，年均增长13.19%。

能源结构：天然气、水电等清洁能源比例达到17.88%，提高约5.6个百分点。

石油天然气结构：到2005年，力争使石油储采比稳中有升；天然气市场开发取得显著进展，使上游生产和输送能力基本上得到发挥。

体制改革：到2005年，石油天然气企业基本完成向以“产权清晰、权责明确、政企分开、管理科学”为主要特征的现代企业制度的过渡。

中西部开发：“十五”期间要结合西部大开发的总体部署，制定西部能源发展专项规划。力争在“西部油气基地”建设方面取得明显进展。

《石油工业“十五”规划》提出的我国“十五”石油天然气发展目标是：

油气探明储量：探明石油地质储量38亿吨以上、可采储量8.5亿吨以上；探明天然气地质储量1.2万亿—1.4万亿立方米、可采储量7000亿—8000亿立方米；探明煤层气可开发地质储量约1000亿立方米。

油气产量：2005年，原油产量达到1.7亿吨以上，天然气(含煤层气)产量达到500亿立方米以上，海外份额油达到1500万—2500万吨。

重点储运设施建设：“十五”期间，建设油气管道总长约14500千米，地下储气库11.4亿立方米。

油气占一次能源比例：在5年内提高3个百分点以上。

技术进步与创新：石油天然气勘探开发科技

贡献率由2000年的平均50%提高到55%以上。

主要经济技术目标：油气探井成功率较“九五”提高2%，原油采收率提高1%，钻井完井周期缩短1/3，原油和天然气成本下降15%—20%。

中国石油天然气发展重点

《国家能源发展重点专项规划》提出的我国“十五”石油天然气发展的重点是：

勘探：在东部老油区要进一步加强地质综合研究，力争发现新层系和地区，增加石油天然气探明储量；在西部地区，要继续努力寻找大中型油气田，力争实现石油工业的战略接替，特别是要配合“西气东输”工程重点做好塔里木、鄂尔多斯、柴达木盆地和川渝地区的天然气勘探工作，增加探明天然气储量，为实施“西气东输”工程、确保长期稳定供气和天然气市场的进一步开拓打下坚实的资源基础；在南方地区，要继续坚持对海相碳酸盐岩的评价勘探工作，力求获得突破；在海域地区应主要抓好东海盆地、渤海和南海海域的石油天然气勘探工作，力争寻找大中型油气田，努力增加石油天然气探明储量。

开发建设：按照经济开发的原则，搞好油气田的开发调整工作。“十五”期间，力争新建9630万吨左右的原油生产能力和400亿立方米的天然气生产能力。为此，要做好塔里木、鄂尔多斯、柴达木盆地、川渝等陆上大型油气田的开发和渤海蓬莱19-3油田等海上油气田的建设；对大庆油田“三元”复合驱等三次采油工程做进一步论证，以最大限度地提高采收率。大力开拓天然气市场，建设“西气东输”、重庆—武汉、涩北—西宁—兰州等天然气管道工程和下游利用项目，做好广东引进LNG试点工作。

海外油气供应基地：进一步总结20世纪90年代初期以来我国到境外勘探开发石油取得的经验教训，加大建立海外油气供应基地的步伐，促进我国石油天然气供应渠道的稳定和多元化。

国内石油储备：“十五”期间，着手国家和企业两级石油储备体系的建设工作，逐步形成一定规模的国家原油战略储备，初步具备抵御国际突发事件对国内经济影响的能力。

《石油工业“十五”规划》提出的我国“十五”石油天然气发展重点：一是加强国内石油勘探，增加后备储量，实现东部稳产、西部和海域有较大发展的目标；二是加快天然气基础设施建设，改善能源结构；三是坚持利用国内外两种资源的战略方针，积极拓展海外油气勘探开发业务；四是加快建设国家战略储备库，保障国家石油供给安全。

1. 加强勘探，合理开发，实现老区稳产、新区增储上产，保持原油产量稳定增长

（1）通过深化勘探和提高采收率，保持东部地区原油生产稳定。东部地区是我国最重要的石油生产基地，1999年石油年产量为11678万吨，占全国总产量的73%；截至1999年底，已累计产油30.83亿吨。东部地区大多数油田已进入开发的中后期，尤其是主力油田都已进入高采出程度、高含水率的双高开发阶段，稳产难度很大。

根据勘探开发成果分析，东部地区石油资源量较全国第二轮油气资源评价结果有明显增加，资源勘探潜力仍然巨大。东部地区仍是我国今后主要的产油区。

今后的重点工作是深化老区勘探和提高原油采收率，提高未动用储量动用率。在深化老区勘探方面，以富油气凹陷为主要勘探对象，以寻找可动用优质储量为目标，采用新理论、新技术、新方法寻找新的含油区块、含油层系，通过滚动勘探开发扩大其含油面积，进行精细深化勘探，增加油气储量和产量；在提高原油采收率方面，认真做好已开发油田的综合调整和提高采收率工作，以改善二次采油和三次采油为手段，努力增加经济可采储量，力争“十五”期间在2000年动用探明储量的基础上提高采收率1.5%—2.0%，增加可采储量2.25亿吨以上，并提高难采储量的动用率，延长油田稳产期。大庆油田应加快攻关和完善三元复合驱等三次采油技术，适时建设相关配套工程，保持原油产量在5000万吨以上，为减缓东部地区产量递减起到重要作用。

（2）加快西部石油资源勘探开发，早日实现油气战略接替。西部地区主要指西北和西南十省区，包括中部、西北和青藏三大油气资源区。据全国第二轮油气资源评价结果，西部地区有石油资源量295.4亿吨，截至1999年底，已在8个盆地内累计探明石油地质储量32.9亿吨。截至2000年，西部地区仍有250亿吨以上石油资源有待探明，整

体上资源探明程度比较低，是我国石油工业增储上产的主战场以及国家安全的战略后备基地。应加快西部石油勘探开发，增储上产，早日实现油气战略接替。

西部地区1999年产原油2668万吨，占全国总产量的17%。截至1999年底，西部地区已累计产油3.11亿吨，总体上属于开发中期阶段。预计到2005年，西部地区原油产量占全国总产量的比重将从2000年的17%提高到20%。

西部地区的油气资源勘探开发要充分利用国家政策支持，吸引国内外资金、技术和人才，以市场为导向，以重大发现为目标，加大勘探力度，查明资源分布，择优强探。在勘探方面，要突破复杂地表及地下构造条件的综合勘探技术，寻找规模油气储量和产量接替区；在开发方面，要应用深层和特殊类型油气藏的开采技术，适时扩大建设油气生产能力。

（3）加强海域勘探开发，实现海洋油气快速发展。我国近海海域油气资源丰富，10个大中型含油气盆地石油资源量为245亿吨左右。截至1999年底，累计探明石油地质储量12.2亿吨。近十年来由于技术进步，海域勘探开发得到长足发展，但整体上看勘探程度比较低，具有十分广阔的勘探前景，将是我国21世纪油气工业重要的战略接替区之一。

近期重点工作是在加强渤海、南海和东海海域油气勘探开发的同时，合理有效地动用现有探明储量，尤其是通过加速蓬莱19－3等油田的开发，迅速提高原油产量，由2000年的1617万吨提高到2005年的3000万吨以上，增幅达85.5%，原油产量由2000年占全国产量的10%提高到17%。

（4）坚持南方含油气区评价勘探工作。我国南方含油气区古生代海相碳酸盐岩层系和中、新生代陆相盆地具有广阔的勘探领域，但石油地质条件复杂。应精心选择适用的评价方法和勘探技术，继续坚持评价勘探工作，力求尽早突破。

2. 抓住西气东输、海气登陆机遇，实现天然气工业快速发展

开发利用天然气对改善我国能源结构、缓解石油供需压力具有重大现实意义。为实现我国经济、社会和环境的协调发展，力争在今后10—15年内建成全国天然气工业体系，实现天然气工业的快速发展。

要组建强有力的营销体系。对迫切需要开发利用天然气的长江三角洲地区、环渤海地区和珠江三角洲地区加大市场开拓力度，根据不同用户的需求，落实用气计划。

“十五”期间，重点加快建设新疆轮南上海的“西气东输”管道干线和涩北西宁兰州等陆上输气管道，以及东海气田春晓宁波、南海气田东方1－1－东方市海底输气管道。还要加快建设地下储气库及引进液化天然气基础设施。

经过“十五”或更长一点时间的努力，建成西气东输管道干线、实施海气登陆管道工程，促进天然气上下游协调发展，在全国形成四川、鄂尔多斯、塔里木和海域四个累计探明储量在万亿立方米以上、年产量在100亿立方米以上的天然气生产基地。

加快发展煤层气产业，重点是加快沁水盆地、河东煤田、两淮地区、韩城及六盘水地区等含煤盆地的煤层气勘探开发，建成3—5个煤层气开发利用示范基地。

3. 拓展海外油气勘探开发，弥补国内油气资源不足

鼓励国内石油公司按照“积极开拓、慎重决策、稳步发展”的方针，积极实施“走出去”战略，努力开拓国外油气资源合资合作勘探开发领域，不断扩大我国在国外的油气资源份额；积极研究并落实油气进口的来源、品种、方式、渠道，尽早实现国内外两种油气资源战略互补。

海外油气勘探开发应本着“减少和分散风险、确保投资安全和获得最大回报效益”的原则，确定勘探开发方式，扩展战略选区。“十五”期间要立足中亚俄罗斯、中东北非及南美三大战略区，重点扩大和巩固在俄罗斯、哈萨克斯坦、土库曼斯坦、伊朗、伊拉克、苏丹、委内瑞拉、印尼等国的油气勘探开发业务，扩大占有的产量和储量份额，建成几个稳定的生产基地；建设伊尔库茨克满洲里大庆的跨国输油管道。实现原油进口多

源化。

到2005年，海外份额油要达到1500万—2500万吨。

4. 加快建立国家石油储备体系，保障国家石油安全

石油储备是稳定供求关系、平抑市场价格、应对突发事件、保障国家石油安全的重要手段。我国尚未建立石油储备体系，现有原油、成品油储罐多属生产和流通的配套设施，难以发挥储备功能，一旦遇到突发事件，处境将十分被动。国外研究机构普遍认为，未来20年国际油价呈上涨趋势。及早建立我国石油储备体系，可以减少经济代价，有利于我国在国际政治、经济角逐中处于主动地位。

"十五"期间，按照国家储备与企业储备相结合、以国家储备为主的方针，统一规划，分批建设国家石油储备基地。

第五章

中国可再生能源和新能源发展规划及方针

“十五”中国可再生能源和新能源发展规划

《国家“十五”计划》提出了我国“十五”可再生能源和新能源发展的指导方针。《国家能源发展重点专项规划》提出了我国“十五”可再生能源和新能源的发展目标和发展重点。《新能源和可再生能源产业发展“十五”规划》提出了我国“十五”可再生能源和新能源的发展指导思想、主要目标、发展重点和对策措施。

中国可再生能源和新能源发展方针

《国家“十五”计划》提出的我国“十五”可再生能源和新能源发展的指导方针是：积极发展风能、太阳能、地热等新能源和可再生能源。

《新能源和可再生能源产业发展“十五”规划》提出的我国“十五”可再生能源和新能源的发展指导思想是：认真贯彻落实党的十五大和十五届五中全会精神，以市场为导向，以企业为主体，以技术进步为支撑，加强宏观引导，培育和规范市场，逐步实现企业规模化、产品标准化、技术国产化、市场规范化，推动新能源和可再生能源产业上一个新台阶。

中国可再生能源和新能源发展政策

《新能源和可再生能源产业发展“十五”规划》提出的我国“十五”可再生能源和新能源的发展对策和措施是：

1. 研究制定鼓励发展的政策

研究制定新能源和可再生能源税收优惠政策和发电上网的鼓励政策，通过有效的政策激励，拉动市场有效需求。在西部大开发战略的实施过程中，充分发挥西部地区新能源和可再生能源资源优势，采取政策倾斜等措施推动西部地区的新能源和可再生能源市场的开发和产业化建设。

2. 推动技术进步，提高技术和装备水平

围绕新能源和可再生能源发展重点，加快科技开发，推动建立以企业为主体的技术创新体系，鼓励企业与大专院校、科研单位实行产学研联合，开发具有自主知识产权的新能源和可再生能源利用新技术和新产品，加速科研成果的转化及产业化；提高产品的科技含量和产品质量，增加产品品种和规格，降低成本，形成一批用户信得过、国内外有较高信誉的名牌产品；组织重大技术示范，通过宏观调控和市场引导，提高技术装备的国产化水平和设备制造的能力。

3. 组织实施示范工程

组织实施太阳能与建筑一体化示范工程。积极引导太阳能热水器生产企业参与示范工程建设，推动太阳能热水器作为建筑构件制造技术的开发和推广，扩大应用领域。

继续实施风电设备国产化示范工程。选择资源条件好，经济实力强的风电场，建设10万千瓦级示范风电场；支持风力发电设备制造企业开发生产具有自主知识产权的风力发电设备及零部件。通过国产化示范工程降低设备造价，使风电场初始投资有较大幅度的下降。

组织实施蔗渣热电联产技术商业化示范工程和生物质发电上网商业化示范工程。

4. 积极培育和规范市场

加快新能源和可再生能源标准体系建设。继续组织制定和修订有关产品和零部件的国家标准，包括产品性能、试验方法和能效标准以及系统的安装、设计等国家标准。

建立新能源和可再生能源质量保证体系。逐步建立国家级产品质量检测中心和质量控制体系。组织开展大型风力发电设备及零部件的检测、认证工作；建立与国际接轨的太阳光伏系统及部件的质量检测体系。

建立产业化技术服务体系，实施项目招投标制度、工程质量监理和评审制度，鼓励发展工程建设、技术咨询、信息服务、人才培训为主的中介服务。

5. 加大宣传、培训和信息传播的力度

要采取多种形式，宣传发展新能源和可再生能源对经济社会可持续发展的重要战略意义以及党和政府对开发利用新能源和可再生能源的方针、政策。对从事新能源和可再生能源利用的技术和管理人员有计划地组织培训。加强信息交流，支持建立一些全国性和区域性的新能源和可再生能源信息网站，通过信息传播，引导产业发展。

6. 广泛开展国际交流与合作

积极利用全球环境基金、世界银行、联合国开发计划署和亚洲开发银行等国际组织和有关国家政府的资金和技术，加快新能源和可再生能源产业化发展。

中国可再生能源和新能源发展目标

《国家能源发展重点规划》提出的我国“十五”可再生能源和新能源的发展目标是：结合资源条件，通过大力发展小水电、风力及太阳能发电，基本解决偏远贫困农村无电乡镇用电问题。

《新能源和可再生能源产业发展“十五”规划》提出的我国“十五”可再生能源和新能源的发展目标是：2005年我国新能源和可再生能源（不含小水电和生物质能传统利用）年开发利用量达到1300万吨标准煤，相当于减少近1000万吨碳的温室气体及60多万吨二氧化硫、烟尘的排放，为130万户边远地区农牧民（约500万—600万人口）解决无电问题，提供近20万个就业岗位。

2005年全国太阳能热水器年生产能力达1100万平方米，拥有量约6400万平方米；形成5—10家具有国际竞争力的骨干企业；全国太阳光伏电池年生产能力达到15兆瓦，形成应用器件配套齐全的太阳光伏产业，累计拥有量达到53兆瓦。2005年并网风力发电装机容量达到120万千瓦，形成约15万—20万千瓦的设备制造能力，以满足国内市场需求。2005年地热采暖面积达到2000万

平方米；工业有机废水和畜禽养殖场大中型沼气工程及生物质气化工程等高效利用方式形成近20亿立方米的燃气供应能力。

中国可再生能源和新能源发展重点

《国家能源发展重点专项规划》提出的我国“十五”可再生能源和新能源的发展重点是：

继续实施“乘风计划”，加速风电设备国产化步伐。主要安排建设新疆、内蒙古、河北、吉林、辽宁、湖北和广东等地的风电场，建设规模约50万千瓦。选择条件适宜的大型风力田，实施国际招标，建设大型风电场示范工程。结合“乘风计划”的实施，千方百计提高我国大型风机自主研制开发能力，努力降低风电成本，使风机国产化率从2000年的40%提高到“十五”末期的70%。

加速推进“光明工程”，基本解决无电地区的人民用电问题。“十五”期间，通过风力和太阳能发电设施的建设，力争使800万无电人口的人均装机容量达到100瓦的水平。

加强农村能源综合建设工作。“十五”期间，要继续加大农村能源综合建设力度，为促进农村能源与经济社会的同步发展作出贡献。

《新能源和可再生能源产业发展“十五”规划》提出的我国“十五”可再生能源和新能源的发展重点是：

1. 太阳能光热利用

重点发展热管型平板集热器、内置金属流道的玻璃真空集热管、真空管闷晒热水器以及太阳能热水系统的应用软件和硬件；研究和开发太阳能热利用、采暖、空调等与建筑一体化技术；推广太阳光伏发电系统。

2. 风力发电

开发600千瓦级及以上风力发电机组，实现规模化生产；研究开发无齿轮箱、多级低速发电机、变速恒频等新型风力发电机组；提高10千瓦以下离网型风力发电机的生产技术水平，推广风/光互补、风/柴互补和风/光/柴联合供电系统。

3. 生物质能高效利用

重点发展利用厌氧消化技术，处理高浓度工农业有机废水的大中型沼气工程，提高沼气专用设备技术水平。加快开发生物质型煤和高效直接燃烧设备的开发利用。

4. 地热利用

加快地热回灌技术的研究，地热利用设备生产和成套设备技术开发。加快地热源热泵技术的引进和消化吸收，提高设备国产化程度。

第三篇 中国能源管理体制改革

REFORM OF CHINA'S ENERGY ADMINISTRATIVE SYSTEM

第一章

中国能源管理体制改革

中国能源管理体制改革

自20世纪80年代以来，中国的能源管理体制随着国家经济体制改革的深入和政府行政管理体制的变化，也进行了很大的变革和调整。特别是90年代中后期，社会主义市场经济体制在我国逐步确立，中国的能源管理逐步转向了政企分开，使能源企业走向市场，政府依法管理和对能源工业实施行业管理，而在国家行政能源管理的机构设置上力求减少重叠、简化管理层次和工作高效。但是，由于中国能源开发利用门类和行业多，涉及的地域广，容易形成管理分散和政出多门的现象。为了改变这种状态，从中央到地方，在能源管理体制和机构设置上，几度进行了大的调整和整合。

1981年，国家综合性的能源管理机构——国家能源委员会成立。其职能是，在国务院的领导下，统一领导和归口管理能源开发和节约工作，负责管理煤炭、电力、石油三个部门，协同国家农委、国防科工委研究开发农村能源和利用原子能的工作。当年11月成立了由煤、电、油、地质、冶金、化工等相关产业部门、中国科学院、中国社会科学院、清华大学、北京大学等高等院校以及国家能源委员会等21个单位52名专家、学者及负责人组成的能源顾问团。国家能源委员会组织了中国第一轮海上石油对外招标及其相关法规——《中华人民共和国对外合作开采海洋石油条例》的制定工作；提出了“我国能源开发和节约并重，近期要把节能工作放在首位的能源工作方针”；发布了“压缩锅炉和工业窑炉烧油”、“节约用电”、“节约成品油”、“节约工业锅炉用煤和发展煤炭洗选加工合理利用能源”的五个国务院指令。首届国家能源委员会主任，由时任国务院副总理余秋里兼任。

国家能源委员会存续的时间不长，拟议中制定“六五”能源规划未及实施，1983年国家能源委员会被撤销。

1983—1988年间，国家能源管理由煤炭部、石油部和水利电力部，以及国家综合部门——国家计划委员会、国家经济委员会按职能分工归口管理，地方能源管理机构也按此模式设置。期间，国务院发布了《节约能源管理暂行条例》，对于节能工作的全面管理，使之系统化、规范化、制度化起到了促进作用，特别是明确的奖惩办法，有力地推进了工业企业节能。

1988年国务院机构改革，决定撤销煤炭部、石油部和水利电力部，成立能源部。

1988年6月22日，能源部成立。新组建的能源部是国务院统管全国能源工业的职能部门，它把原来的煤炭工业部、石油工业部、水利电力部的电力部分、核工业部等部门的职能集中在一起，以便在能源领域加强宏观管理和统筹规划，促进各种能源的协调发展和合理利用。其主要职能是：拟订能源工业政策和战略布局，协同国家计划委员会搞好综合平衡和宏观决策；会同国家计划委员会统一拟订能源行业规划、审定重大基本建设和技术改造项目，促进能源的合理利用和开发；拟订能源工业的法规、经济政策和改革措施，监督、协调生产建设，提高经济效益；拟订重大技术政策，审定重要规范、标准；协同国家计划委员会推动社会节能和能源的综合利用。同时，撤销煤炭工业部，成立中国统配煤矿总公司、东北内蒙古煤炭工业联合公司、中国地方煤矿联合开发经营公司。撤销石油工业部，组建中国石油天然气总公司，管理陆上各油气田；海上油气勘探开发由1982年2月成立的中国海洋石油总公司经营。撤销核工业部，成立中国核工业总公司。上述公司由能源部归口管理。撤销水利电力部，成立水利部，电力部分划归能源部。为协助能源部加强对电力工业的行业管理和为电力企业提供服务，于1988年12月组建成立了中国电力企业联合会，作为全国电力工业企业的联合组织，是非赢利的社会经济团体。能源部部长由黄毅成担任。

能源部的成立，在推进能源工业深化改革方面起到了很大作用：(1)电力工业确立了“政企分开、省为实体、联合电网、统一调度、集资办电”和“因地因网制宜”的原则；(2)水电建设上试行按流域组建开发公司的体制，先后成立了乌江水电开发公司、二滩水电开发公司和清江开发公司；(3)组建了五大跨省电网的电力企业集团公司，与能源部成立时的煤炭、石油行业的企业总公司一起，迈出了能源工业政企分开、公司化改组的第一步；(4)扩大筹资渠道，建立煤炭和石油建设资金；(5)转换企业经营机制，推行经营承包制；(6)推进能源价格改革，促进能源价格双轨制的并轨。同时，能源部还加强了能源和电力规划的研究和制定工作，向国务院提出了能源立法的初步框架，成功组织了跨世纪伟大工程——三峡工程的大型专家论证工作，为国家在1994年三峡工程胜利开工建设的决策，提供了依据。

1993年，为进一步适应市场经济的体制改革，能源管理机构又进行了调整和改革。在中央一级，成立了国家经济贸易委员会；撤销能源部，成立煤炭工业部和电力工业部；撤销国家计划委员会所属能源投资公司等6家专业投资公司，成立国家开发银行。

这次调整改革后，涉及能源管理的机构及其职能如下：

国家计划委员会，下设交通能源司。负责制定国家能源发展战略、政策、规划和年度计划，安排和审批国家重点建设项目。此外，国家计划委员会还设有煤代油办公室。

国家经济贸易委员会，下设资源节约综合利用司。负责管理能源和原材料的使用和资源综合利用(包括再生资源的利用)，会同国家计划委员会制定能源发展战略、政策、规划和计划，安排和审批重点技术改造示范项目，以及工业污染防治。

国家科学技术委员会，下设工业科学技术司。会同国家计划委员会和国家经济贸易委员会，制定国家能源科技发展战略、政策、规划和计划，组织协调部门、地方、大学等科技力量实施重大科技计划，以及政府间国际科技交流与合作。

煤炭工业部，是主管全国煤炭行业的职能部门，负责制定煤炭工业发展战略、政策、规划和年度计划以及行业规章；审查重大建设项目和限额以上技术改造项目，并提出立项建议；管理直属大型企业的主要领导干部；监督全国煤矿的安全生产；监督大型煤炭企业国有资产的保值增值；培育煤炭市场；主管本行业科技与教育工作；提供信息服务；政府间国际经济、技术合作事务。

电力工业部，是国务院主管全国电力行业的职能部门，对火电、水电、核电和地方办电实行行业管理。其主要职能与煤炭工业部大体相同外，还负责制定电力工业改革的总体规划和主要配套改革措施，推进企业转换经营机制。

中国石油天然气总公司、中国石化总公司、中国核工业总公司，是国务院直接管辖的国家工业公司；中国海洋石油总公司则由国家计划委员会代管。这4家国家工业公司根据政府授权，行使本行业的某些行政职能。

这期间，负责能源管理的各部委，为适应国家宏观体制的转轨，实现国家依法进行能源管理职能，纷纷加强能源立法工作。几部主要能源行业大法历经数年研讨、草拟，终于完成立法进程，先后颁发实施：1995年12月28日《中华人民共和国电力法》颁布，1996年4月1日起施行；1996年8月29日《中华人民共和国煤炭法》颁布，1996年12月1日起施行；1997年11月1日《中华人民共和国节约能源法》颁布，1998年1月1日起施行。

1998年3月，国务院再次进行较大规模的机构改革。改革的目标是建立办事高效、运转协调、行为规范的政府行政管理体系。改革的第一阶段，能源行业撤销了煤炭工业部和电力工业部。主要的能源管理工作由国务院经济综合部门——国家发展计划委员会、国家经济贸易委员会负责。国家发展计划委员会，内设基础产业司和产业政策司；国家经济贸易委员会，内设电力司、资源节约和综合利用司。1998年8月，94家国有重点煤矿企业和206家煤炭和石油化工企事单位全部移交给省级政府管理。组建国家煤炭工业局、国家石油化学工业局，归国家经济贸易委员会领导。2001年，国家煤炭工业局和国家石油化学工业局撤销。

期间，国家发展计划委员会、国家经济贸易委员会与国土资源部、科技部、水利部、农业部等部委都担负着相关的能源管理职能。其分工大致为，国家发展计划委员会负责能源产业总的综合平衡、重大政策的制定、投资决策以及重大问题的协调；国家经济贸易委员会负责煤炭、电力、石油等行业归口管理和能源技改、能源节约管理；水利部归口管理水利系统以防洪、灌溉、供水为主的水电站；科技部负有能源科技管理职能；农业部负责农村能源以及可再生能源管理。与此同时，国家电力公司、石油天然气总公司、石油化工集团公司等国家级能源公司还执行着部分行业管理任务。

这期间，在能源开发布局、资源优化配置方面，国家能源管理机构发挥了宏观决策的作用，在国家实施开发西部战略的同时，西气东输和西电东送工程付诸实施；提出了促进能源工业可持续发展和能源—经济—环境协调发展等一系列政策和措施；电力市场化改革上取得了重大突破，提出了电力改革方案。2002年12月对国家电力公司进行资产重组，将其拆分为中国华能、大唐、华电、国电、电力投资等五大发电集团公司，组建了国家电网和中国南方电网2个大电网公司，并选择上海、浙江、山东、辽宁、吉林、黑龙江等六个省(直辖市)进行厂网分开、竞价上网等电力市场运行试点。

2003年3月，第十届全国人大一次会议批准国务院机构改革方案。在能源管理机构的设置方面，决定在新组建的国家发展和改革委员会编制内设立能源局(国家石油储备办公室)。这是由原国家发展计划委员会、国家经济贸易委员会等有关司局经过职能整合而组成的国家级的能源综合管理机构，基本职能是研究国内外能源开发利用情况，提出能源发展战略和重大政策；拟订能源发展规划，提出相关体制改革的建议；实施对石油、天然气、煤炭、电力等能源的管理；管理国家石油储备；提出能源节约和发展新能源的政策措施。国家发展和改革委员会环境和资源综合利用司则是全国能源节约利用以及能源与环境、能源资源的回收利用的主管机构。

现行的能源管理体制，按照市场经济运行机制进行了相关结构的配置，不仅实现了政企分离，还做到了政资分离。界定了政府能源管理的职能，即管规划、管政策；加强政府监管，通过行业协会进行行业的自律管理，使其成为政府和企业的桥梁。依此原则，已经先后成立了国家电力监管委员会、国家煤炭安全局和中国煤炭工业协会，原已经存在的中国电力企业联合会由原隶属于电力部门的事业单位转制为在民政部登记的社团法人。

2003年3月，国家电力监管委员会成立。国家电力监管委员会为国务院直属事业单位，根据国务院授权，统一履行全国电力监管职责，是我国电力工业管理体制由传统的政府行政管理向适应市场经济要求的依法监管的重大转变。

国家安全生产监督管理局(国家煤矿安全监察局)是国务院主管安全生产、综合监督管理和煤矿安全监察的直属机构。国家安全生产监督管理局与国家煤矿安全监察局一个机构、两块牌子，涉及煤矿安全监察方面的工作，以国家煤矿安全监察局的名义实施。中国海洋(包括海域)石油作业安全生产监督管理职责，必要时以国务院安全生产委员会办公室名义履行。

中国煤炭工业协会的主要任务是：在企业和政府间起桥梁和纽带作用，发挥服务和自律功能，协助政府推行经济政策和法令，推动煤炭行业技术与管理进步和可持续发展，实现煤炭工业现代化。

中国电力企业联合会是以服务为宗旨，即接受政府委托，为政府和社会服务；根据行业约规，实行行业管理，为全行业服务；按照会员要求，为企业服务；沟通与政府机关、立法机关的联系，维护公平竞争，促进电力工业发展。

新的能源管理体制建立以来，国务院原则通过国家计划委员会组织制定了《国民经济和社会发展第十个五年计划能源发展重点专项规划》。

第二章

中国煤炭管理体制改革

中国煤炭管理体制沿革

改革开放以来，我国煤炭工业管理体制进行过多次改革，主要是以宏观改革推动企业的微观改革，逐步形成与社会主义市场经济相适应的管理体制。

党的十一届三中全会以后，我国煤炭工业仍然由1975年四届人大一次会议决定成立的煤炭工业部统一归口管理。

经国务院批准，10个重点产煤省区的统配煤矿上划由煤炭部直接管理，实行了统配煤矿投入产出总承包和一系列配套改革，完善了各项管理政策，扩大了企业自主权。这一管理体制一直稳定到1988年。

1988年，撤销煤炭工业部，成立能源部，组建了管理除内蒙古东部和东北三省以外的全国统配煤矿的中国统配煤矿总公司和管理内蒙古东部和东北三省统配煤矿的东北内蒙古煤炭公司，乡镇煤矿由中国地方煤矿公司管理。

1993年，八届全国人大一次会议决定撤销能源部和中国统配煤矿总公司，重新组建煤炭工业部。随着社会主义市场经济体制的确立，煤炭价格大部分放开，国有煤炭企业开始走向市场。煤炭企业内部改革加快，推行了煤炭生产、多种经营和后勤服务的三条线管理，分别核算，模拟市场运转，转换经营机制，增强了企业参与市场竞争的能力。

1998年，九届全国人大一次会议决定将煤炭工业部改组为国家煤炭工业局，由国家经济贸易委员会管理，不再直接管理企业，其职能为制定行业规划、行业法规，实施行业管理。为加强对所属煤炭企事业单位的管理，原煤炭部和国家煤炭工业局在山西、河南、山东等16个主要产煤省区设立了派出机构，即省(自治区)煤炭工业管理局；在一些非主要产煤省设立了由部(局)与地方政府双重领导的煤炭工业厅(局)。

2000年3月，国务院决定组建国家煤矿安全监察局，与国家煤炭工业局“一个机构、两块牌子”。国家煤矿安全监察局是国家对煤矿安全实施监察行政执法的机构，下设19个地区煤矿安全监察局和68个煤矿安全监察办事处，实行全国统一、垂直管理体制。

2001年2月，国务院决定撤销国家煤炭工业局，组建国家安全生产监督管理局，与国家煤矿安全监察局实行“一个机构、两块牌子”，以进一步适应我国安全生产监督管理工作需要。

1998年10月30日，中国煤炭工业企业管理协会更名为中国煤炭工业协会。中国煤炭工业协会的主要任务是：在企业和政府间起桥梁和纽带作用，发挥服务和自律功能，协助政府推行经济政策和法令，推动煤炭行业技术与管理进步和可持续发展，实现煤炭工业现代化。

中国现行煤炭管理体制

到2003年，涉及煤炭工业管理的国务院所属部门主要有国家发展和改革委员会、国家煤矿安全监察局、国有资产监督管理局、国土资源部和商务部等，它们的职能是：

国家发展和改革委员会：负责拟订煤炭工业发展战略、煤炭工业发展规划、煤炭工业政策，负责煤炭工业经济运行，审批大、中型煤矿建设计划以及拟订煤炭定价政策等。

国土资源部：负责煤炭资源管理，包括审批煤炭资源、勘探、开采和土地使用权，颁发勘探和开发许可证，审批勘探、开采和土地使用权的转让以及进行租赁安排。

国有资产监督管理委员会：负责监督股票系统，任命高级管理人员，监督煤炭企业经济运行，寻求增值，批准关闭和破产国有煤矿企业。

国家安全生产监督管理局（国家煤矿安全监察局）：负责煤矿安全监察和实施安全法规。

国家环保总局：负责审批所有煤矿项目（包括关矿）的环境影响报告，同时负责煤炭开采和利用的环境污染，实施环保法规。

国家工商管理总局：负责煤炭企业经营许可证的批准、颁发和年检工作。

全国企业兼并、破产和职工再就业领导小组：负责对由国家经济贸易委员会、财政部、中国人民银行、劳动和社会保障部进行的煤炭企业关闭破产工作进行联合审查，同时向国务院报告联合审查意见，在得到国务院批准后，公布关闭破产报告。

铁道部：负责协调铁路煤炭运输。

交通部：负责协调公路、水路煤炭运输和港口转运工作。

商务部：负责管理煤炭产品的进出口和煤炭开发项目的国际合作。

中国煤炭工业管理是由国务院到省、市、县政府的垂直四级管理。

国家安全生产监督管理局（国家煤矿安全监察局）管理体制

1999年12月30日，国务院批准《煤矿安全监察体制改革实施方案》，2000年1月10日，国家煤矿监察局挂牌，承担由国家经济贸易委员会负责的煤矿安全职能。2001年，国务院决定撤销国家煤炭工业局，组建国家安全生产监督管理局，与国家煤矿安全监察局实行“一个机构、两块牌子”。国家安全生产监督管理局是经国务院批准成立，由国家经济贸易委员会管理，负责综合管理全国安全生产工作，履行国家安全生产监督管理和煤矿安全监察职能的行政机构，同时承担国务院安全生产委员会办公室的职能。2003年3月，国家经济贸易委员会撤销，国家煤矿安全监察局直属国务院管理。

国家煤矿安全监察局的成立是我国煤矿安全监察体制、管理体制的重大改革。新机构实现了安全监察与安全管理的分开，建立专门从事煤矿安全监察工作的、自上而下垂直管理的煤矿安全监察体制。国家煤矿安全监察局作为负责煤矿安全监察的行政执法机构，承担国务院授予的煤矿安全职能。在重点产煤省（自治区、直辖市）设立省级煤矿安全监察局，作为国家煤矿安全监察局的直属机构，承担煤矿安全监察职能；省级煤矿安全监察局在大中型矿区派出安全监察办事处。

国家安全生产监督管理局（国家煤矿安全监察局）是国务院主管安全生产综合监督管理和煤矿安全监察的直属机构。一个机构、两块牌子，涉及煤矿安全监察方面的工作，以国家煤矿安全监察局的名义实施。国家安全生产监督管理局（国家煤矿安全监察局）依法监察大中型煤矿企业贯彻执行安全生产法律、法规情况，对不具备安全生产条件的大中型煤矿依法进行查处；指导和监督大中型煤矿安全评估工作；依法组织或参与大中型煤矿特大和特别重大事故的调查处理并监督事故查处的落实情况；指导协调或参与大中型煤矿事故应急救援工作；依法监察小型煤矿企业贯彻执行安全生产法律、法规情况，对不具备安全生产条件的小型煤矿依法进行查处；指导和监督小型煤矿安全评估工作；依法组织或参与小型煤矿特大和特别重大事故的调查处理；指导协调或参与小型煤矿事故应急救援工作。

中国煤炭工业协会管理体制

中国煤炭工业协会（简称中煤协会），其前身为中国煤炭工业企业管理协会，经国家经济贸易委员会和民政部批准，1999 年 3 月 18 日更名为中国煤炭工业协会。

中国煤炭工业协会的性质为全国煤炭行业性协会，是由全国煤炭行业的企事业单位、社会团体及个人自愿联合结成，会员不受部门、地区、所有制限制，是全国性、非赢利性社会组织。

中国煤炭工业协会的宗旨是：遵守宪法、法律、法规和国家政策，遵守社会道德风尚，贯彻国家产业政策，参与实施行业管理，维护会员的合法权益，为煤炭企事业单位及其经营管理者服务。

中国煤炭工业协会的主要任务是：在企业和政府间起桥梁和纽带作用，发挥服务和自律功能，协助政府推行经济政策和法令，推动煤炭行业技术与管理进步和可持续发展，推动实现煤炭工业现代化。

第三章

中国电力管理体制改革

中国电力管理体制沿革

20世纪80年代以来，随着国家经济管理体制的转轨，中国电力工业管理体制实现了从高度集中统一的计划管理，向政企分开、政资分开、市场化运作、政府监管的管理目标的过渡。

20世纪80年代以前，由于国家对电力工业实行指令性的计划生产和分配，形成了以中央政府独家投资、国家垄断经营为特点的高度集中统一的计划经济管理模式。在管理形式上政企不分，政府既是投资者，又是管理者和经营者。企业经营效益差，资源配置效益低。由于中央财政资金的不足，难以满足经济快速增长对电力装机的需求，结果导致缺电现象越来越严重，电力行业成为制约经济发展的“瓶颈”。这种全国性长期持续的电力短缺现象开始于70年代初，一直持续到90年代中期才基本得到缓解。80年代初，国家为了解决中央独家办电资金不足问题，更快地发展电力工业，出台了一系列集资办电和多种电价制度的政策，并且于1987年在“政企分开、省为实体、联合电网、统一调度、集资办电”的20字方针下，因地、因网制宜，揭开了电力工业体制改革的序幕。

1. 打破独家办电，扩大资金来源，推动电力体改

1982年3月，水利部和电力部再次合并成立水利电力部，推进电力工业向集中统一的方向发展。水利电力部的主要的职责是：研究制定水利、电力工作的方针、政策、法规、措施，并检查执行情况；根据国家经济建设的要求，编制全国水利、电力长远规划和年度计划，经国家批准后组织实施。

为解决国家办电资金的短缺，扩大电力建设资金的来源，同时，提高电力企业的活力和经营效益，1984年国家对水利电力部主管的电力工业实行全面包干的经济责任制，即在核定国家投资的基础上，包投资、新机投产容量和建设规模，包发电量和用电量的增长，包发电煤耗。

1985年5月，中共水利电力部党组向党中央、国务院提出《根本改革电力工业体制的建议》，要改一家办电为多家办电体制。电力企业要成为自主经营、自负盈亏，具有自我改造和自我发展能

力的经济实体，实行“以电养电”，并提出了每千瓦时电加价2分钱，作为电力建设资金。

国家批准电力工业在扩大办电资金来源方面采取如下措施：一是鼓励集资办电和实行多种电价；二是利用外资加快电力建设；三是卖用电权；四是征收电力建设资金；五是发行电力债券。

为了减轻电力企业的税负，增强企业发展能力、改善财务状况，国家对电力工业企业减免产品税以归还贷款，并适当提高折旧率。

这些措施的实施，调动了地方办电的积极性，打破了独家办电的体制，改变了资金渠道单一的状况，促进了电力工业的发展。

2. 政企分开，组建电力企业集团，实现行业管理

1987年，国家明确电力体制改革的原则是“政企分开，省为实体，联合电网，统一调度，集资办电”，在具体实施上要因地因网制宜。1988年七届全国人大一次会议决定撤销水利电力部，成立水利部，电力部分划归新成立的能源部。1988年6月新组建的能源部是国务院统管全国能源工业的职能部门。其主要职能是：拟订能源工业政策和战略布局，协同国家计划委员会搞好综合平衡和宏观决策；会同国家计划委员会统一管理能源行业规划；审定重大基本建设和技术改造项目；促进能源的合理利用和开发；拟订能源工业的法规、经济政策和改革措施；监督、协调生产建设，提高经济效益；拟订重大技术政策，审定重要规范、标准；协同国家计划委员会推动社会节能和能源的综合利用。

为贯彻执行“政企分开、省为实体、联合电网、统一调度、集资办电”，因地因网制宜的方针，国务院于1988年10月21日印发了电力工业管理体制改革方案，授权能源部负责组织实施。

按照电力工业管理体制改革方案，各省电网将逐步连接为跨省电网，联合电网的组织形式要因地因网制宜。为适应联合电网的管理体制，将省电力局改建为省电力公司，将网局改建为联合电力公司。省电力公司和联合电力公司都是独立核算、自负盈亏的实体，具有法人地位。电网内各发供电单位的资产关系不变。联合电力公司由能源部归口管理，在国家计划中实行单列。非跨省电网的省电力局，要逐步改建为省电力公司，独立经营，由能源部和省人民政府双重领导，并接受委托行使所在地区电力工业行业管理职能。电力工业管理体制改革的另一个重要内容是改革企业经营机制。联合电力公司和省电力公司内部要落实、健全各种形式的承包经营责任制，逐步实行股份制，采用售电量和物资消耗工资含量包干办法。独立电厂均可独立核算，与电网订立经济合同，接受电网统一调度。1988年首先在华东电网进行改革试点，公司化改组于1990年初步完成。

1990年12月，能源部根据国务院的批复组建成立中国电力企业联合会，作为全国电力工业企业的联合组织，是非赢利的社会经济团体。其主要职能是：为电力企业提供服务并协助能源部加强对电力工业的行业管理，发挥在政府和企事业单位之间的桥梁、纽带作用。

能源部的成立，对推进电力工业体制改革起到了很大作用：(1)水电建设试行按流域组建开发公司的体制，先后成立了乌江水电开发公司、二滩水电开发公司和清江开发公司；(2)在华能国际电力开发公司、华能发电公司、华能精煤公司、华能原材料公司、中国华能工程技术开发公司、华能科技发展公司、华能金融公司、华能综合利用公司、华能实业开发服务公司等九个公司以及由原水利电力部归口管理的华电技术开发公司、华电综合利用开发公司、华电工程建设公司、华电南方集团等四个公司的基础上，联合组建中国华能集团公司，由能源部与国家计划委员会共同管理，以能源部为主。中国华能集团公司是全民所有制的实业、金融、贸易、科技和服务相结合的多功能、综合性的企业集团，是中国电力工业的第一个集团公司。之后，于1993年1月11日，华北、东北、华东、华中、西北五大跨省电网电力集团组建完成。这些大型企业集团在国家计划中实行单列，由行业主管部门管理，发挥行业主管部门计划管理的职能。其国家计划，由国家计划委员会等有关部门会同行业主管部门审定后，在国家计划中的行业项下戴帽下达；属于行业主管部门管理的计划，由行业主管部门综合平衡后下达。

通过上述改革的实施，实现了电力工业的行政管理、企业管理和行业自律性管理职能的初步分开。

同时，能源部还加强了电力规划的研究和制定工作，向国务院提出了电力立法的初步框架，成功组织了跨世纪伟大工程——三峡水电工程的多次专家论证会议，为国家在1994年三峡工程胜利开工建设的决策，提供了依据。

3. 股份制改造上市和法制建设

1993年3月，八届人大一次会议通过决议，撤销能源部，成立电力工业部。在1993年至1996年电力工业部期间，电力工业管理组织结构基本没有变化。这一时期的工作重点是：1993年9月22日电力工业部颁发《电力行业股份制企业试点暂行规定》，推动了发电企业的股份制改造。1994年8月4日，山东华能发电股份有限公司股票在美国纽约证券交易所挂牌上市，成为中国首家直接在美国纽约上市的大型电力企业，随后中国有一批发电企业在国内外上市。

1995年12月八届全国人大常务委员会通过颁发了《中华人民共和国电力法》。1996年4月17日，国务院发布《电力供应与使用条例》，电力工业部颁发5个配套管理办法，为规范供应与利用，促进电力企业依法经营提供了法律保障。

4. 政企分开，政资分开，建立市场化运作的管理机制

1996年12月，国务院根据我国建立社会主义市场经济体制和《国民经济和社会发展“九五”计划和2010年远景目标》的要求，国家决定对电力行业的机构设立和管理职能进行改革：由国务院以国有独资形式出资设立、组建国家电力公司。国家电力公司是国务院界定的国有资产的出资者，承担保值增值责任，是国务院授权的投资主体及资产主体，是经营跨区送电的经济实体和统一管理国家电网的企业法人。公司按企业集团模式经营管理。1997年至1998年是电力工业部与国家电力公司两块牌子、两套班子双轨运行时期。1998年3月，九届全国人民代表大会第一次会议批准的国务院机构改革方案和《国务院关于机构设置的通知》规定，撤销电力工业部，将电力工业部和水利部的电力行政管理职能移交国家经济贸易委员会。国家经济贸易委员会内设电力司，承担国家电力行业的政府职能，对电力行业实行行政管理与监督；中国电力企业联合会履行对电力工业的行业管理与服务职能，各省、自治区、直辖市组建省级电力行业协会。

从1997年国家电力公司成立至2002年12月，上述改革目标逐步实施，对电力行业的管理机构和功能进行重新调整和整合：国家电力公司下属的东北、华东、华中、西北电业管理局（公司）和南方联合电网公司，改组为5个区域性分公司，作为国家电力公司的派出机构，不具法人资格。华北、华能电力集团公司、电网建设公司以及全国23个省级电力工业局（公司）改组为国家电力公司的子公司；各地电力行业的行政管理职能移交给省级政府的经济贸易委员会；广东、海南、内蒙古西部和西藏电网仍作为独立电网运行，从政企合一的电力部门改组为电力公司后由地方政府管理，不作为国家电力公司成员。

为促进电力工业的市场化改革，积极吸收欧美电力市场改革的经验，形成统一、开放、竞争、有序的中国电力市场，国家经济贸易委员会选择上海、浙江、山东、辽宁、吉林、黑龙江六省（直辖市）进行厂网分开、竞价上网的试点。

改革开放以来，集资办电和2分钱的加价政策，促进了我国电力工业的发展，但也造成了电价的混乱和乱加价、高电价等问题，特别是农村的高电价，制约了农村电气化的进程。1997年在电力供求关系缓和并略有过剩的情况下，国务院决定整顿电价，取消一切电价外的加价。1998年9月30日，国务院批转国家经济贸易委员会、国家计划委员会《关于停止执行买用电权等有关规定意见》，包括：停止执行买用电权的规定；停止控制非生产用电的规定；停止执行超计划用电加价收费的规定。

为了降低农村电价，实现城乡电网同网同价，减轻农民电费负担，逐步解决城乡电网管理体制存在的问题，国务院决定对农村电网实施“两改一同价”，即改造农村电网、改革农电管理体制和实现城乡电网同质同价。1998年10月4日，国务院办公厅转发国家计划委员会《关于改造农村电网改革农电管理体制实现城乡同网同价请示》。1999年1月4日，国务院又批转国家经济贸易委员会《关于加快农村电力体制改革加强农村电力管理意见》。这是我国自建国以来规模最大、影响最深刻的农村电网和农电管理体制改革，是党中央、国务院为发展农村经济、提高农民生活水平、促进

农村电气化事业发展所采取的重大措施。

5. 厂网分开，引入竞争，深化改革电力管理体制和运营机制

随着经济的发展，发电、输电、配电各环节实行一体化垄断经营的旧电力体制越来越不能适应社会主义市场经济体制的要求。根据垄断行业进行改革的总体部署，国务院于2002年3月份批准《电力体制改革方案》，决定由国家发展计划委员会牵头，成立电力体制改革工作小组，负责组织电力体制改革方案实施工作。电力体制改革的总体目标是，打破垄断，引入竞争，提高效率，降低成本，健全电价机制，优化资源配置，促进电力发展，推进全国联网，构建政府监管下的政企分开、公平竞争、开放有序、健康发展的电力市场体系。

这次电力体制改革的主要内容是，为在发电环节引入竞争机制，要实现“厂网分开”，将国家电力公司管理的电力资产按照发电和电网两类业务进行划分。根据国务院《发电资产重组划分方案》，2002年12月29日国家电力资产重组和11家公司组建（改组）完成。发电环节按照现代企业制度要求，将国家电力公司管理的发电资产直接改组或重组为规模大致相当的5个全国性的独立发电公司，逐步实行“竞价上网”，开展公平竞争。5家发电集团公司是中国华能集团公司、中国大唐集团公司、中国华电集团公司、中国国电集团公司和中国电力投资集团公司；电网环节分别设立国家电网公司和中国南方电网有限责任公司。将国家电力公司直属的辅业公司、事业单位组建成4家辅业集团公司：中国电力工程顾问集团公司、中国水电工程顾问集团公司、中国水利水电建设集团公司和中国葛洲坝集团公司。

厂网分开的工作按行政划拨方式，以2000年的财务决算数为依据，5家发电集团公司的资产规模、质量大致相当，地域分布基本合理，在各区域电力市场中的份额均不超过20%。平均可控容量为3200万千瓦，权益容量为2000万千瓦左右。

为了对电力企业进行有效的监管，国务院决定成立国家电力监管委员会，按照垂直管理体系，向区域电网公司电力交易调度中心派驻代表机构。监管委员会的主要职责是：制定市场运营规则，监管市场运行，维护公平竞争；向政府价格主管部门提出调整电价建议；监督电力企业生产标准，颁发和管理电力业务许可证；处理电力纠纷；负责监督社会普遍服务政策的实施。

2003年3月第十届全国人大一次会议通过国务院机构改革方案，国家发展计划委员会改组为国家发展和改革委员会，内设能源局和国民经济运行局。国家电力行业的行政管理职能转移到国家发展和改革委员会。

中国现行电力管理体制

1. 厂网分开，构建市场主体

2002年12月29日11家新组建（改组）的电力企业的挂牌成立，以及2003年3月国家电力监管委员会的成立，构建了中国电力市场的基本竞争主体和政府监管的框架。国家电力公司管理的发电资产直接改组或重组为规模大致相当的5个全国性的独立发电公司：中国华能集团公司、中国大唐集团公司、中国华电集团公司、中国国电集团公司和中国电力投资集团公司。此外还有除国家电力公司系统外的国有电力企业，如国家开发投资公司、神华集团公司、三峡工程开发总公司、中国核工业集团公司、华润总公司以及地方所属发电企业。

根据电力体制改革的要求，实行厂网分开，在发电资产重组的同时，重组电网资产，设立国家电网公司。由国务院授权国家电网公司作为原国家电力公司管理的电网资产出资人代表。国家电网公司按国有独资形式组建，在国家计划中实行单列。

同时设立区域电网公司：华北（含山东）、东北（含内蒙古东部）、西北、华东（含福建）、华中（含重庆、四川）、南方（含云南、贵州、广西、广东和海南）电网公司。西藏电力企业由国家电网公司代管。

国家电网公司的主要职责是：负责各区域电网之间的电力交易和调度，处理区域电网公司日常生产中需网间协调的问题；参与投资、建设和经营相关的跨区域输变电和联网工程，近期负责三峡输变电网络工程的建设管理；受国家有关部门委托，协助制定全国电网发展规划。

区域电网公司的主要职责是：经营管理电网，

保证供电安全，规划区域电网发展，培育区域电力市场，管理电力调度交易中心，按市场规则进行电力调度。

电力体制改革文件规定，“十五”期间，电网企业可暂不进行输配分开的重组，但要逐步对配电业务实行内部财务独立核算。在一县范围内营业区交叉的多家供电企业，应以各方现有配电网资产的比例为基础，组建县供电有限责任公司或股份有限公司。国家电力公司以外供电企业的资产关系可维持现状。

2. 对电力市场进行监管

2003 年 3 月 25 日挂牌的国家电力监管委员会是国务院的直属事业单位。国务院赋予国家电力监管委员会的主要职责是：负责全国电力监管工作，建立统一的电力监管体系；研究提出电力监管法律法规的制定或修改的建议，制定电力监管规章和电力市场运行规则；拟订国家电力市场发展规划和区域电力市场设置方案，审定电力市场运营模式和电力调度交易机构设立方案；监管电力市场运行，规范电力市场秩序，维护公平竞争，监管输电、供电和非竞争性发电业务；参与电力技术、安全、定额和质量标准的制定并监督检查，颁发和管理电力业务许可证；向政府价格主管部门提出调整电价建议；监督检查有关电价；监管各项辅助服务收费标准；依法对电力市场、电力企业违法违规行为进行调查，处理电力市场纠纷；负责监督电力社会普遍服务政策的实施；按照国务院的部署，组织实施电力体制改革方案，提出深化改革的建议；负责电力市场统计和信息发布。

国家电力监管委员会在 6 个区域将设立电监局和在 11 个城市设立监管专员办公室，并向区域电网公司电力交易调度中心派驻代表机构。区域电监局主要职责是：依据电监会授权，监管电力市场运行，规范电力市场行为，维护公平竞争；监管辖区内电力企业和电力调度交易机构；负责辖区内电力行政执法、行政处罚和行政诉讼等涉及的有关法律事务；负责辖区内电力安全和可靠性监管；负责辖区内电力市场统计和信息发布；管理辖区内电力业务许可证；依法查处辖区内电力企业违法违规行为。区域电监局的组建工作正在有序进行，东北、华东、华中、南方区域电监局开始履行监管职能，其他区域电监机构正在抓紧筹建，将建立起完善的电力监管组织体系。

由国家电力监管委员会牵头成立全国电力安全生产委员会，是适应电力体制改革新形势，进一步加强电力安全监管和电力安全生产的组织保障措施。全国电力安全生产委员会，由国家电力监管委员会、国家电网公司、中国南方电网有限责任公司、中国华能集团公司、中国大唐集团公司、中国华电集团公司、中国国电集团公司、中国电力投资集团公司、中国电力企业联合会等单位组成。电力安全委员会的主要职责：按照国务院和国家安全监管局的统一部署，贯彻落实并协调全国电力安全生产工作；研究提出全国电力安全生产工作的重大方针政策；分析全国电力安全生产形势，研究并协调解决电力安全生产工作中的重大问题；必要时，协调特大电力安全生产事故应急救援工作；完成上级交办的有关工作。

3. 政府宏观调控

2003 年 3 月第十届全国人大一次会议通过国务院机构改革方案，新组建的国家发展和改革委员会行使电力行业的行政管理和对电力工业的宏观调控职能。国家发展和改革委员会能源局在电力方面担负的责职是：研究国内外电力发展情况，提出电力发展战略和重大政策；拟订国家电力发展规划，作好电力建设项目的前期储备工作，提出相关体制改革的建议，进行电力法制建设。《中华人民共和国电力法》的修改工作由国家发展和改革委员会为主、国家电力监管委员会配合正在进行；国家发展和改革委员会同有关单位提出的《电价改革方案》已经由国务院办公厅印发；《国家发展和改革委员会关于燃煤电站项目规划和建设有关要求》已经出台；为了尽早缓解电力供应紧张状况，调整了电力建设规划，加快了项目的审批(核准)速度；为疏导电、煤矛盾和发电用煤运输的制约，不断采取宏观调控措施，如调整电价、煤电价格互动和抢运煤炭等，对于保证供电、迎峰度夏起到了积极作用。

4. 发挥行业协会作用

电力改革方案规定，要进一步充实和完善中国电力企业联合会的自律、协调、监督、服务功能，充分发挥其在政府、社会、电力企业之间的桥梁、纽带作用。经政府授权，履行电力行业信息、资料的统计和分析职责。中国电力企业联合会受国家发展和改革委员会的委托，完成了电力发展规划中重大问题的研究，及时发布电力市场供需分析，举办了电力发展论坛和亚洲电协会议。

中国现行水电管理体制

按照国家电力公司发电资产重组方案，大江大河上的水电开发有限责任公司分别交给新组建的五大发电公司管理，抽水蓄能电厂或少数应急、调峰电厂移交给国家电网公司、南方电网公司，大中型水电工程由各发电公司、区域电网公司上报国家发展和改革委员会核准后建设。大中型水电项目开发贯彻“流域、梯级、滚动、综合”开发方针，提倡组建流域开发公司，对流域电站进行统一规划、统一建设、统一经营。

中国现行火电管理体制

火电工程主要由五大发电公司和其他地方发电公司作为业主单位进行建设、运行、管理，部分火电示范工程可由国家电网公司投资、建设、运行和管理。

中国现行核电管理体制

1999 年以前，核电站建设项目是由电力部和核工业部(核工业总公司)会审，报原国家计划委员会批准。1999 年机构改革后，原电力部和核工业总公司的行业管理职能陆续转移到原国家经济贸易委员会和国防科工委，国家环保总局负责对核电站进行安全监督管理，核电规划的职能在国家发展计划委员会。2003 年 11 月 18 日，国务院成立国家核电自主化工作领导小组，负责审核与批准核电自主化发展规划、计划，制定核电发展政策与重大改革措施等。国家发展和改革委员会负责核电站建设项目的规划与计划；国防科技工业委员会归口负责核工业及核电的行业管理；国家环保总局负责核电建设、运行和退役的安全监督管理；国家电力监管委员会归口负责核电发电后的电力生产运营与电力销售市场监管。中国核工业集团公司是国内从事核电设计、建造管理、运营的主导企业，中国核建设集团公司是国内从事核电站建设的主要企业，中国广东核电集团有限公司是核电站的业主、工程管理和运营企业。

中国现行农村水电管理体制

1. 实行发供一体的管理体制和“自建、自管、自用”的方针

实行农村水电发供一体的管理体制，是指“小水电要有自己的供电区”，发电、供电和用电统筹发展。农村水电“自建”是指农村小水电及其配套电网建设所需要的资金，主要靠地方自筹、农民集资和劳务投资来解决，国家和各级财政适当补助；“自管”是指小水电建成后，所有权、管理权归地方、社队和农民所有；“自用”是指农村小水电发电首先满足自己需要，主要为当地农业生产和农民生活服务，就近供电，就地平衡，有富余电量再送国家电网。

2. 坚持独立配电公司方向

农村水电市场化改革方向是自发自供县供电企业要按照现代企业制度的要求，组建有限责任公司或股份有限公司，按照独立配电公司的方向，参加配电端的改革；有供电区的农村水电站与其配套电网一起，参加配电端的改革；没有供电区的农村水电站，参加发电端的改革，可以单站竞价上网，也可以联合组建发电公司竞价上网，还可以通过借网过路向用户供电。

3. 撤销乡镇电管站，组建供电营业所

农村电力管理体制改革以降低农村电价、减轻农民负担作为改革的根本目标，以撤销乡镇电管站、建立供电营业所作为改革的核心。截至 2003 年底，水利系统共撤销乡镇电管站 2439 个，新建供电营业所 1819 个，减少农村电工 3 万余人，实现了县电力公司直管到户和农村用电“三公开”(电量公开、电价公开、电费公开)、“四到户”(服务到户、管理到户、抄表到户、收费到户)、“五统一”(统一电价、统一发票、统一抄表、统一核算、统一考核)。

中国现行电网管理体制

2002年2月，国务院《电力体制改革方案》明确设立国家电网公司和南方电网公司，在国家电网公司下设华北、东北、华东、华中、西北电网公司，将原分公司组建为区域电网有限公司或股份有限公司，并由区域电网公司来经营管理电网，保证供电安全，规划区域电网发展，培育区域电力市场，管理电力调度交易中心，按市场规则进行电力调度。

国家电力监管委员会管理体制

国务院《电力体制改革方案》决定，在国务院下设国家电力监管委员会。2003年2月24日国务院办公厅下发了国家电力监管委员会的“三定”方案，2003年3月25日国家电力监管委员会正式成立。该机构为国务院直属事业单位，根据国家授权履行电力监管职责。国家电力监管委员会实行垂直管理体系，向区域电网公司电力调度交易中心派驻代表机构。国家电力监管委员会的主要职能是：负责全国电力监管工作，建立统一的电力监管体系；研究提出电力监管法律法规的制定或修改的建议，制定电力监管规章和电力市场运行规则；拟订国家电力市场发展规划和区域电力市场设置方案，审定电力市场运营模式和电力调度交易机构设立方案；监管电力市场运行，规范电力市场秩序，维护公平竞争，监管输电、供电和非竞争性发电业务；参与电力技术、安全、定额和质量标准的制定并监督检查，颁发和管理电力业务许可证；向政府价格主管部门提出调整电价建议；监督检查有关电价；监管各项辅助服务收费标准；依法对电力市场、电力企业违法违规行为进行调查，处理电力市场纠纷；负责监督电力社会普遍服务政策的实施；按照国务院的部署，组织实施电力体制改革方案，提出深化改革的建议；负责电力市场统计和信息发布。

中国电力企业联合会管理体制

1988年11月2日，国务院批准成立中国电力企业联合会。中国电力企业联合会是全国电力行业企事业单位的联合组织，是非赢利的社会经济团体。其主要任务是：为电力企业提供服务并协助能源部加强对电力工业的行业管理，发挥在政府和企事业单位之间的桥梁、纽带作用，成为企事业的好参谋和政府部门的得力助手。1988年12月20日中国电力企业联合会正式登记为社团法人，后来与中国电力企业家协会合并，实现了由事业单位向社团法人的转变，初步确立了电力“政府宏观管理，企业自主经营，行业协会自律服务”的大格局。在中国电力企业联合会之外，全国各省、市、自治区和一些市县已成立了相应的电力企业协会。

2002年国务院电力体制改革方案中明确：进一步充实和完善中国电力企业联合会的自律、协调、监督、服务功能，充分发挥其在政府、社会、电力企业之间的桥梁、纽带作用，履行电力工业信息、资料的统计和分析等职责。

第四章

中国石油天然气管理体制改革

中国石油天然气管理体制沿革

改革开放以来，随着我国石油工业的发展，石油工业的管理体制经过了多次变革。在管理机构方面，经过了先分后合、合后又分的多次变化，相应在管理方式上也有许多变化。但总的看来，历史上我国石油工业管理方式主要以中央集中统一管理为主，即石油工业部和油田管理局两级管理，直到20世纪90年代后，随着我国社会主义市场经济体制的不断完善，我国石油工业管理体制才发生了深刻的转变。

1978年3月撤销石油化学工业部，成立石油工业部和化学工业部。1979年国家地质总局下设石油普查勘探局和海洋地质局。同年9月，将地质总局恢复为地质部，1982年改为地质矿产部，成立石油地质局和海洋地质局。

1980年，国务院设立国家能源委员会，负责协调煤炭、石油、电力部门的工作，1982年该部门撤销。

1981年，国家对石油工业实行1亿吨原油产量包干，基本解决石油勘探、开发资金不足的困难。

1982年，石油工业部下设中国海洋石油总公司，从事海上石油、天然气开采和对外合作。

1983年，成立中国石油化工总公司(SINOPEC)，将原来分属石油部、化工部、纺织部管理的39个石油化工企业划归总公司。这是石油、化工系统一次影响巨大的机构和体制变革。1988年，国务院机构改革，撤销石油工业部，成立中国石油天然气总公司(CNPC)，中国海洋石油总公司(CNOOC)独立。中国石油化工总公司、中国石油天然气总公司和中国海洋石油总公司统归国家能源部领导。1993年，撤销国家能源部，三大公司直属国务院领导。至此，基本建立了中央直接管理的国家石油公司管理体系。同年，为解决外贸的问题，中国石油天然气总公司与中国化工进出口总公司合资组建中国联合石油有限公司；中国石油化工总公司与中国化工进出口总公司合资组建中国国际石化有限责任公司。

1996年12月，经国务院批准，以石油地质海洋地质局为基础成立中国新星石油有限责任公司(CNSPC)，归地质部领导。该公司的成立打破了油气工业上下游和海陆分割垄断的局面。

1998 年是我国石油工业管理体制改革历史上的重要一年。全国人大九届一次会议批准了国务院机构改革方案，决定撤销 7 个主要工业部，改设国家局。其中，为了比较彻底解决石油天然气工业政企不分、上下游分离、海陆分割、内外贸分开的状况，将化学工业部和中国石油天然气总公司、中国石油化工总公司的行政职能合并，组建石油和化学工业局，与其他几个国家局一起，统由国家经济贸易委员会管理。

同年，国务院决定，改组中国石油和石化两大公司，大体上以长城为界，长城以北 11 个省区的油气田和石化企业组成中国石油天然气集团公司；长城以南 15 个省区的油气田和石化企业组成中国石油化工集团公司，相关省市的石油公司也划归两大集团公司。中国联合石油公司改组为中国石油集团公司对外贸易的窗口，由中国石油天然气集团公司控股，但保持中国化工进出口总公司一定比例的股份；中国国际石化联合公司也作了类似的调整，由中国石油化工集团公司控股，并成为其对外贸易的窗口。这一战略性资产重组，解决了长期以来两大公司上下游分割、内外贸分离、产供销脱节的状况，结束了过去的行业垄断，实现了各有侧重，互相交叉、保持优势、有序竞争，形成了分区域的垄断新格局。

1999 年下半年起，中国石油天然气集团公司、中国石油化工集团公司两大集团公司又进行了新一轮重组改制。中国石油天然气集团公司按照国际通行的“油公司”模式，大规模实施内部重组改制和上市筹备工作，成为迄今为止我国企业规模最大的一次资产重组。按照建立现代企业制度和公司制的改造要求，中国石油天然气集团公司将集团内部所有石油勘探开发、炼油化工及销售、油气管道运输等主营业务以及相应的资产和人员，整体从原企事业单位中分离出来，于 1999 年 11 月创立了中国石油天然气股份有限公司，并于 2000 年 4 月在国际资本市场成功上市。同时，2000 年 2 月 28 日中国石油化工集团公司以主业优良资产成立中国石化股份有限公司，股票于 2000 年 10 月 18 日、19 日分别在香港、纽约、伦敦三地交易所成功发行上市。2001 年 2 月，中国海洋石油总公司进行资产重组，成立了中国海洋石油有限公司，在香港和纽约上市成功，成为当时惟一在国际上认可的国有股，并已成为蓝筹股，进入恒生指数。这些重大举措，推动了石油、石化行业的发展，我国石油企业开始真正走向公司化、市场化和国际化。

2000 年 3 月，国务院作出将中国新星石油公司整体并入中国石油化工集团公司的决定，加强了中国石油化工集团公司的上游，在一定程度上也改变了“南北分治”的不合理格局。

2001 年 2 月，国家经济贸易委员会宣布撤销包括国家石油和化学工业局在内的 9 个国家局，有关职能并入国家经济贸易委员会。

在三大石油公司先后重组上市后，我国石油产业的政府管理出现了暂时的“空档”。在石油工业传统计划管理模式退出历史舞台后，新的市场经济条件下的国家管理体系尚未形成。一方面，我国的石油公司正在进行改革和改制，原有国家石油公司已经不复存在，现在的石油有限公司已经成为真正商业运作的企业，难以行使政府职能。另一方面，统一的国家石油工业宏观管理部门撤销后，国家对石油工业“多头管理”和“管理缺位”的现象同时存在，有时候政出多门、互不衔接，政府管理乏力，亟待加强。

中国现行石油天然气管理体制

2003 年 3 月，第十届全国人大一次会议批准的国务院机构改革方案，决定在新组建的国家发展和改革委员会设立能源局（国家石油储备办公室）。这是由原国家计划委员会、国家经济贸易委员会等有关司局经过职能整合而组成的国家级的能源综合管理机构。国家发展和改革委员会能源局（国家石油储备办公室）在石油、天然气管理方面的主要职能是：研究国内外石油、天然气开发利用情况，提出石油、天然气发展战略和重大政策；拟订石油、天然气发展规划，提出相关体制改革的建议；实施对石油、天然气等能源的管理；管理国家石油储备；提出石油、天然气节约和发展新能源的政策措施。

现行的石油天然气管理体制实行市场经济运行机制，实现了政企分离、政资分离；界定了政府的管理职能，即管规划、管政策，实施宏观调控和监管；通过行业协会进行行业的自律管理，使其成为政府和企业的桥梁；三大石油天然气企业则初步构建了符合现代企业制度要求的比较完善的管理体制，实行市场化、公司化运作。

纵观国际石油市场的风云变幻和我国油气供需的紧张态势，我国油气产业面临巨大挑战，安全问题日益突出。为此，借鉴国际经验，必须进一步深化我国油气和整个能源产业管理体制改革，充实和建立相应的领导机构，加强油气及整个能源产业的宏观管理和宏观调控，为我国现代化建设、国家安全和全面建设小康社会提供有力保障。

中国石油天然气集团公司管理体制

中国石油天然气集团公司(简称中石油)是1998年7月根据九届全国人大一次会议通过的国务院机构改革方案，按照政企分开和上下游、内外贸、产销一体化原则，在原中国石油天然气总公司和中国石油化工总公司的基础上，重组设立的特大型石油石化企业集团。重组后的集团公司是国家独资设立的国有公司，是国家授权投资的机构、国家控股公司。在国家宏观调控和监督管理下，中石油主要从事石油天然气勘探开发、炼油化工、管道运输，以及石油贸易和工程技术服务等业务。经国家批准，还从事海外油气资源勘探开发、炼油化工、管道运输、贸易、工程技术服务等业务。

为了建立具有较强市场竞争力的国际一流大公司，1999年，中石油借鉴国外大石油公司的组织模式和先进运作经验，按照“分开、分立、分流、分离”的原则，将集团所属石油企业、炼化企业、销售企业、管道运输企业和科研单位中的油气勘探开发、炼油化工、销售、管道等核心业务，以及相关的资产、人员，全部分离出来，以独家发起方式，于1999年11月创立中国石油天然气股份有限公司，并于2000年4月在纽约和香港成功上市，筹集资金33.2亿美元。至此，中石油正式进入国际资本市场。未上市的业务及其相关资产、人员，全部留在原企业，实行核心业务与非核心业务分立、分离，分开管理，独立核算，独立运作。

集团公司的重组改制和境外上市，初步实现了解体“大而全”、“小而全”，建立“油公司”体制的改革目标。石油企业开始从过去“大而全”、“小而全”的全能企业，变为主辅分开、分立，各自独立运营；从过去主辅业同在一个企业里统负盈亏，变成各自独立核算、自负盈亏；从过去一个企业内部分工合作和计划安排，变为两个经济实体之间以合同、契约为主的市场交易；无论是上市公司还是未上市企业，都必须按照建立现代企业制度的要求进行规范化管理和运作。企业管理体制、经营机制发生了重大转变。

为了按照现代企业制度要求，建立规范的集团管理体制，中石油根据重组改制后的新情况、新任务，重新明确了集团公司的定位和以母子公司体制为核心的集团管理体制构架。集团公司的各成员企业，总体上分为以下四种类型：

——股份公司，即由集团公司控股、在境外上市的子公司和上下游一体化的油公司，主要任务是集中精力发展石油集团的核心业务。集团公司对股份公司主要进行战略管理和股权管理，通过股份公司的法人治理结构，依法行使控股大股东和母公司权利。

——地区服务公司，即原油气田、炼化、销售企业中未进入股份公司的部分，主要从事工程技术服务、生产服务、物业管理及多种经营等业务，服务对象面向当地油田的同时，还面向社会市场，与集团公司之间既有所有者的产权关系，也有行政隶属关系。

——直属专业公司，即没有参与集团公司内部重组改制的原物探局、管道局、物资装备公司、工程建设公司等直属单位，是集团公司开拓国际市场和社会市场的主力军。

——海外公司，即代表集团公司专门在海外直接投资，从事油气资源勘探开发的石油公司，是集团公司进行跨国经营的骨干力量。

集团公司作为中石油的总部和母公司，对所属企业主要实行四项管理职能：一是战略管理，研究制定集团公司整体协调可持续发展的战略目标、方针及其战略规划，并负责监督实施；二是资本经营管理，通过投资、兼并、出售等多种方式，盘活存量，优化增量，实现国有资产保值增值；三是协调监督，协调石油集团成员企业之间的经济关系，监督各成员企业的经营行为；四是社会责任和义务，在完成公司经营目标的同时，承担必要的社会责任和义务，奉献能源，创造和谐。

中石油重组改制、在海外成功上市后，按照

《公司法》和上市地规则，对股份公司实行了一级法人集中决策、两级行政管理、三级业务管理的体制。其股份公司总部机关作为股份公司的决策中心，所属专业公司作为经营实体和利润中心，地区公司作为专业公司下属的生产经营单位和成本控制中心，管理层次清晰，权责明确，同时实行严格的投资决策管理和“一个全面、三个集中”的财务运行体制，坚持规范管理、规范运作，在国际资本市场上树立了良好形象。公司股票市值稳步上升，在纽约上市的 ADS 和香港 H 股均比发行时增长数倍，显示出公司良好的成长性。

未上市企业坚持以发展为主题，加大结构调整，做强做大主营业务，积极开拓国内外市场，不断拓展生存和发展空间，各项改革稳步推进，焕发出企业的生机和活力，实现了平稳过渡的改革目标。

经过这几年的努力，中石油基本形成了发展速度提升、经济效益提高的良好局面，主要经济指标位居中央企业前列，2003 年实现销售收入 4300 亿元，实现利润总额超过 700 亿元，实现税费 760 亿元。公司综合实力、竞争能力显著增强。

中国石油化工集团公司管理体制

中国石油化工集团公司(简称中石化)的前身——中国石油化工总公司于 1983 年 2 月由党中央、国务院决定组建，主要是为了用好一亿吨石油资源，对分散在多个部门的全国重要的 39 个炼油、石油化工、化纤企业及有关事业单位实行集中领导、统一管理。1998 年 7 月，中石化在原中国石化总公司的基础上重组成立，国家将胜利油田等 6 家上游资源型企业、19 家下游省市石油公司划入中石化，从而实现了上下游、内外贸、产供销一体化的生产经营管理体系，使改组后的中石化成为一个完全企业化的特大型企业集团；同时明确中石化是国家独资设立的公司，是国家授权投资的机构和国家控股公司试点单位。中石化于 1999 年底按照主业与辅业相分离、优良资产与不良资产相分离、企业职能与社会职能相分离的原则，完成了业务、资产、债权债务、机构和人员的“五重组”；2000 年 2 月以主业优良资产独家发起设立了中国石油化工股份有限公司(以下简称中石化股份公司)。该公司按照《公司法》和国际规范设立、运营，是中石化最大的控股子公司，其他未进入中石化股份公司的部分作为存续企业，仍由中石化进行直接管理。2000 年 10 月，中石化股份公司在纽约、香港、伦敦成功发行股票上市。

中石化管理体制改革的主要措施包括：

持续进行内部资本运作和业务重组。2000 年 3 月国务院决定将原地矿部所属新星石油公司整体并入中石化；2001 年中石化股份公司在国内发行 A 股并收购新星石油公司油气主业资产；2002 年以来，持续进行了内部资本运作和产业结构调整，使中石化存续部分的一些石化主业资产进一步整合进中石化股份公司，并将中石化股份公司的一些辅助业务分离出来。中石化股份公司实施整合上市子公司工作。

以改制分流为突破口，促进产业结构调整和减员分流。2001 年中石化进行协议解除劳动合同的减员增效改革。2002 年，中石化对宜于社会化的业务领域进行改制分流试点，并从 2003 年起加紧推广，以产权制度改革的方式进行产业结构调整和减员分流。

推进专业化重组和扁平化管理改革，进一步整合资源、优化组织结构、提高管理效率。中石化股份公司销售企业实现地县一体化重组，逐步探索按物流、供需布局、区域经济特征等客观规律调整营销组织结构；深化外贸、物资供应集中统一管理体制的改革，并有步骤推进化工产品销售集中统一经营管理体制；全面推行和实施企业资源计划(ERP)管理，进行企业管理流程和组织再造。中石化存续企业专业化整合也正在逐步展开。

深化社区服务系统改革，移交和分离企业办社会职能。先后制定实施了《集团公司深化社区服务系统改革指导意见》和《中国石油化工集团公司社区服务收费管理暂行办法》；移交办社会职能取得实质进展，被国家列为分离办社会职能试点单位，预期通过国家财政转移支付的方式实现中小学和公安机构同企业彻底分离。

加快实施“走出去”战略，完善国际勘探开发经营体制。2003 年进一步调整完善中石化国际勘探开发公司并新组建了中石化国际石油工程公司；中石化股份公司还通过对新星油气分公司管理体制调整，进一步加强了对上游业务的集中统一管理体制。

中石化初步构建了符合现代企业制度要求的比较完善的管理体制框架。实行总经理负责制和国务院外派监事会制度。根据国家授权行使出资人权利，包括对全资、控股和参股企业的国有资产行使资产受益、重大决策和选择管理者等出资人权利。

中石化对存续企业实行两级法人管理体制，着重指导直属企业完成产业结构、组织结构、人员结构调整以及专业化重组和产权制度改革，加快企业办社会职能移交社会。

由中石化控股的中石化股份公司，基本建立起了现代企业制度和比较规范的法人治理结构，内部实行一级法人为主的事业部制管理体制，初步实现了对经营战略、重大投融资决策、资金结算、对外合作、重大科研、信息系统等方面的集中统一管理。中石化依据《公司法》和《石化股份公司章程》，对中石化股份公司行使控股股东的权利、维护国有股权的权益。

中国海洋石油总公司管理体制

为建立国际化的油公司体制，中国海洋石油总公司(简称中海油)推行以油气业务为主线的改革，至1998年底，中海油形成了4家地区公司与10家专业公司相分离、基地公司与油公司仍为一体的格局。

1999年初开始，中海油加快企业改制改革，对4家地区公司实施深层重组，将油气勘探开发业务剥离出来，重组设立了中国海洋石油有限公司，2001在海内外上市；对原有的科研体制进行了改革，成立了集中的研究中心；10家专业公司整合为2家，先后完成了海内外上市。短短20个月内，集团的油气主业和专业技术公司全部被推上了资本市场的快车道。整个集团形成了按业务划分、高度专业化的组织结构，总公司成为一家控股公司，下属公司按业务分为油公司、基地公司、专业公司、科研机构和中下游公司、财务金融公司。一个计划经济条件下"大而全"的石油企业被逐渐改造成一个基本适应市场经济规律、核心业务突出、组织线条清晰、精干、高效的现代企业，形成了与社会主义市场经济相适应的管理体制和基本制度体系。

中海油现行组织机构及产权结构是：

中海油机关作为战略规划中心、投资决策中心、资源配置中心和支持服务中心，设置有15个部门，是公司组织机构的第一个层面。第二层有子企业20个、事业单位2个，其中子企业中全资企业14个、控股企业6个。第三层有196个单位，第四层有49个单位(含有限公司在境外的8家子公司和2个参股项目)。

中海油按产业可划分为油气勘探开发板块、专业技术服务板块、基地板块、中下游业务板块、金融服务板块和其他板块。

油气勘探开发板块1个：中国海洋石油有限公司，2001年2月在香港联交所和纽约证交所上市，中海油持股70.61%。

专业技术服务板块2个：中海油田服务股份有限公司，2002年11月在香港联交所上市，中海油持股61.58%；海洋石油工程股份有限公司，2002年2月在上海证券交易所上市，中海油持股68%。

基地板块5个：渤海公司、南海西部公司、南海东部公司、东海公司、实业公司。

中下游业务板块4个：天然气及发电公司、油气利用公司、石油化工投资公司、化学公司。

金融服务板块4个：财务公司、信托投资公司、投资控股公司、中海石油保险公司。

其他板块6个：中海石油研究中心、中国海洋石油报社、香港近海石油公司、国际工程公司(由油服公司代管)、石化进出口公司、通讯计算中心(由信息管理部代管)。

中海油二级公司只有两种产权形式：全资公司16个，占72.7%；绝对控股公司6个，占27.3%。其中绝对控股中包括3个上市公司，占二级公司总数的13.6%。中海油二级公司中上市公司的数量虽然只占13.6%，但其所占总资产和净资产的比重非常高(分别为66.5%、77.6%)。从控股公司和上市公司的总资产、净资产占中海油的比重来看，中海油的大多数资产已经实现了股权多元化。

中海油的公司治理结构由三个层面组成，即党组、管理委员会以及投资和预算审查委员会。党组是党中央的派出机构，发挥领导核心作用。管理委员会是中海油行政方面的最高决策机构，其主要职能是负责中海油重大发展战略的制定与调整，做出重大经营决策，决定重大改革事项，制定中海油投资决策政策、重要奖惩政策等。投资和预算审查委员会是中海油重要投资决策的审批机构，负责贯彻中海油投资管理政策，对投资方向、投资程序等工作进行宏观管理；审查投资额在1亿元人民币或1200万美元以上的投资项目、股权受让和资产并购等；审查批准中海油年度预算，审核年度计划预算执行报告。

中国中化集团公司管理体制

中国中化集团公司(简称中化公司)是中国国有重要骨干企业，前身为中国化工进出口总公司。公司在石油、化肥、化工领域实施全球化运作，是中国四大国家石油公司之一，也是中国最大的化肥进口商和磷复肥生产商。“中化”(SINOCHEM)品牌在全球业界享有良好的声誉。公司已先后15次入围《财富》全球500强企业排名，在2004年发布的排行榜中列第270位。

中化公司的前身——中国进口公司成立于1950年3月1日，是新中国第一家专业从事对外贸易的国有进出口企业。1951年3月，中国进出口公司在中国进口公司和华北贸易公司的基础上成立，专营对西方国家的贸易，进口国内生产、生活急需的重要物资，支援了新中国的经济建设。

20世纪50年代，中国进出口公司陆续与40多个国家和地区的数百家客商建立了贸易关系，出口快速增长，并开辟了国际石油和化工品的进口渠道，为成为国内石油、化工贸易的专业进出口公司打下了基础。

1961年1月1日，中国进出口公司正式更名为中国化工进出口总公司。到1965年，与中化公司有石油、化工品贸易关系的国家和地区已达90余个，出口商品从30余种增加到300余种，出口金额达到8000万美元。

1973年，中化公司将国内第一船原油出口到日本，之后又陆续出口原油到巴西、新加坡、美国等市场，打开了中国原油向海外输出的通道。在化工品进出口贸易方面，1975年出口商品增至400余种，出口额达到了2.14亿美元。进口品种以化肥和农药为主。70年代的中化公司已成为国际贸易界举足轻重的石油化工品贸易商。

80年代，中化公司在确保完成国家下达的进出口任务的同时，积极扩大国内化工产品的出口，相继组建了一批联营经济实体，使化工产品出口大幅增长，到1986年已达7.08亿美元，年贸易额居国内同行业领先地位。

1987年底，国务院批准中化公司进行国际化经营试点。经过七年的时间，中化公司初步发展为跨行业、多功能、综合化、国际化经营的跨国公司，并于1989年入选《财富》杂志全球500强排名，是中国最早进入这一排名的企业之一。

1994年底，国务院正式批准中化公司在全国首家进行综合商社试点，试点目标是：建成以贸易为主业，集贸、工、技、金融、信息等功能为一体的国际化、实业化、多元化、集团化的综合贸易公司。

从1999年开始，面对经济全球化进程加快和中国市场经济体制改革不断深化的大趋势，中化公司确立了“培育市场经济条件下盈利能力”的核心战略思想，开始推行市场化发展战略，实施战略转型，并于1999年7月正式启动管理改善工程，由此步入了一条崭新的发展道路。

近年来，中化公司加快实施战略转型，站在市场高端和科技发展前沿，致力于在石油、化肥、化工三大核心领域打造集资源获取、研发、生产、进出口贸易和终端销售于一体，全球协同运作的较为完整的产业价值链，并围绕核心业务的发展，在金融、物流和高新技术领域取得了长足进步，经营连续几年实现了快速增长。2000年，中化公司正式成为中央直接管理的国有重要骨干企业。

2000年3月，中化公司控股的中化国际(600500)在上海证券交易所成功上市，进入了国内资本市场。2002年1月22日，中化公司与Petroleum Geo - Services(PGS)公司签署协议，全资收购其下属公司Atlantis，在海外获得了中化公司历史上第一口油田，公司石油业务上游延伸战略取得实质性突破。

2003年，中化公司在全球最大贸易类企业中排名第11位，在中国企业联合会、中国企业家协会组织的中国企业500强排名中列第五位。

2003年11月10日，中化公司更名为中国中化集团公司，其经营业绩实现了2002年以来连续快速增长。

中国加入WTO之后，中化公司认识到，实施战略转型、打造企业在新的竞争环境下的市场价值，是公司发展的惟一选择。在战略转型中，中化公司要从一个以进出口为主的传统贸易型企业，转型为有明确产业范围及强大产业地位的产业服务型企业，不能简单复制原有的经营模式，而要围绕石油、化肥、化工三大核心业务完善产业价值链，走产业化发展道路。

在石油业务方面，2003 年，中化公司在成功交割阿特兰蒂斯(Atlantis)项目的基础上，收购了厄瓜多尔 16 区块的部分权益，海外油气资源开发业务开始向规模化发展。

在贸易领域，中化公司推动核心业务在进出口代理的基础上，向建立分销网络、培育稳定的终端客户群转变，增强了对客户的服务能力和对市场的影响力，提高了增值服务经营模式的竞争性，使公司拥有传统优势的贸易业务在继续保持对公司整体经营成果贡献度的同时，显现出了新的、更强大的生命力。

中化国际加强董事会领导，致力于建设规范的法人治理结构，逐步形成上市公司的制度优化能力和人力资源优化能力，在资本市场树立了良好形象，成功入选了上证 50 指数。在取得优良业绩的同时，中化国际继续加快推进物流、分销和研发生产，战略转型迈出了实质性步伐。

科学规范的管理是中化公司战略转型的重要基础，也是强化企业核心竞争能力和提升企业价值的重要保障。几年来，为适应企业发展的需要，中化公司按照建立现代企业制度的要求，重新构建公司组织结构和决策体系，明确定义管理职责、权限和关键业绩目标，使公司的运作逐步步入“管理无空白、无重叠，指挥流畅、上下贯通，事情有人管，责任有人担”的良性轨道。

中化公司对公司财务等方面实行集中统一管理，建立并逐步完善以风险管控为核心，贯穿事前防范、事中控制、事后监督评价全过程的内控体系，确保了公司经营质量的稳步提升；建立了战略管理程序，并实现了战略规划、经营计划和财务预算的有机结合，保证了公司经营与战略发展目标的协调一致；建立了以价值提升为导向的绩效评价体系和与市场接轨的激励约束机制，保证了公司价值理念的贯彻和管控制度的实施；在国有企业中率先引进 ERP 系统，并在公司财务系统、业务系统全面上线，使公司的物流、资金流与信息流有机结合，为全面监控业务流程，加强财务管理，提高运作效率，构筑了信息技术平台。

管理工作的不断创新，为公司企业的发展构筑了安全、高效的平台，也得到了国家有关主管部门和业界的关注与认可，提升了中化公司的价值内涵和形象。据政府有关部门对中化公司综合绩效评价报告，公司管理绩效七项评价指标全部处于行业良好水平以上，其中有六项属于行业优秀水平。

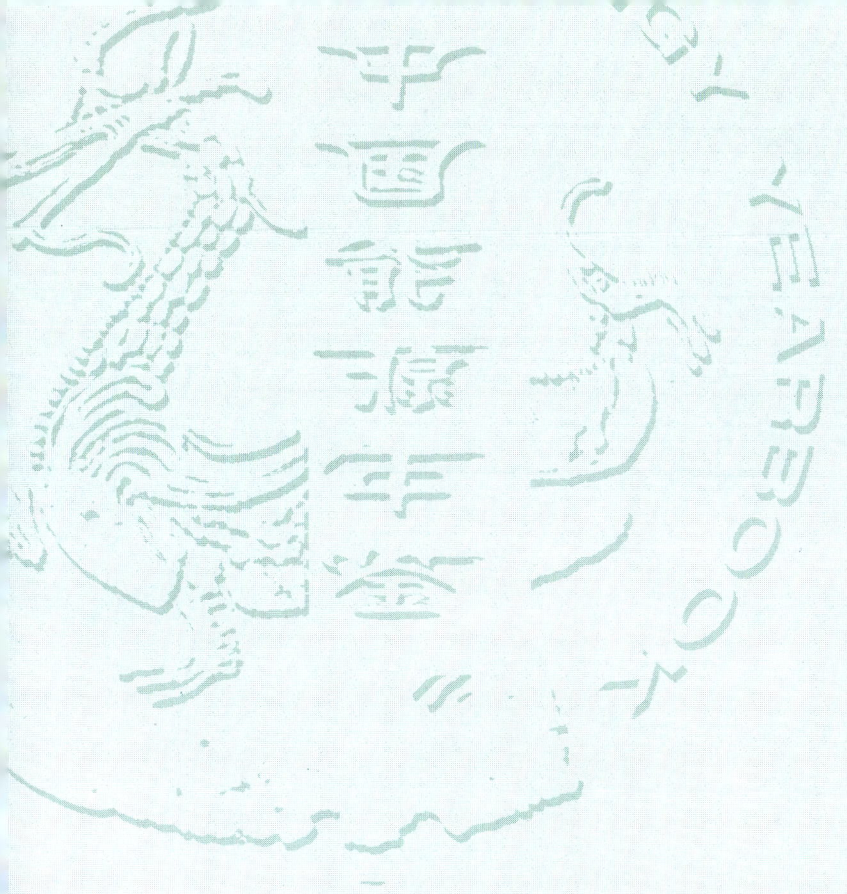

第四篇 能源勘探与开发

ENERGY EXPLORATION AND DEVELOPMENT

第一章

煤炭勘探与开发

煤炭资源现状

中国煤炭资源比较丰富，煤炭探明资源量占全国化石能源（包括石油、天然气）的94%。煤炭资源分布广泛，煤类比较齐全，开采技术条件处于世界中等水平。截至2002年末，煤炭保有资源量/储量10191亿吨。

1. 中国煤炭资源赋存的特点

（1）分布广泛，但资源与地区的经济发达程度呈逆向分布。中国煤炭资源分布广泛，含煤总面积达60万平方千米。全国32个省（自治区、直辖市）中除上海市、台湾省数据暂缺外，都有煤炭资源赋存，但煤炭资源分布区域不均衡，总体特征是北多南少、西多东少。

秦岭、大别山以北省区，煤炭资源量/储量约占全国的90.7%，其中山西、陕西和内蒙古三省区占全国的64.1%。秦岭、大别山以南，煤炭资源量/储量仅占全国总储量的9.3%，且集中分布在贵州和云南两省，约占本区的73%。由于中国东部及沿海地区经济比较发达，煤炭消费量大，因此，“北煤南运”、“西煤东送”的格局将长期存在。

2002年末全国煤炭保有资源量/储量分布情况（见表4－1）。

（2）煤类齐全，但优质焦煤、肥煤、瘦煤资源量不足。保有煤炭资源量/储量中，有低变质烟煤（褐煤、长焰煤、不黏煤、弱黏煤）、中变质烟煤（气煤、肥煤、焦煤、瘦煤）、贫煤和无烟煤，分别占总量的13%、32.7%、27.4%和17.6%。其中不黏煤、长焰煤、褐煤、气煤和无烟煤相对丰富，分别占资源总量的16.1%、14.8%、13%、12.5%和11.7%，而焦煤、肥煤和瘦煤比较稀少，仅占6.8%、3.7%和4.4%。

（3）资源总体赋存条件较差。总体来看，中国煤炭资源开发开采条件与国外主要采煤国家相比，处于中等偏下水平。第一，可供露天矿开采的煤炭资源少，仅占总资源量的6%左右，分布在内蒙古、山西和云南三省区；第二，除山西、陕西、内蒙古、宁夏、新疆等省区大部分煤田开采条件较好以外，其余多数煤田开发开采条件较复杂；第三，中国北方主要开采的石炭系—二叠系煤层和南方主要开采的二叠系龙潭组煤层均不同程度存在受奥陶系灰岩岩溶水和茅口灰岩水等强含水层的突水威胁；第四，大部分矿井都受到与煤共伴生的瓦斯(甲烷)等可燃可爆气体威胁，属于高瓦斯矿井，成为煤矿安全生产的最大威胁。

表4-1

2002年底中国分省区煤炭资源量/储量表

地　区	保有资源量/储量(亿吨)	占全国比重(%)
全　国	10190.59	100.00
北　京	23.80	0.23
天　津	3.83	0.04
河　北	152.56	1.50
山　西	2650.02	26.00
内蒙古	2233.90	21.92
辽　宁	64.81	0.64
吉　林	24.59	0.24
黑龙江	237.03	2.33
江　苏	39.83	0.39
浙　江	0.97	0.01
安　徽	252.53	2.48
福　建	11.41	0.11
江　西	13.74	0.13
山　东	239.55	2.35
河　南	243.55	2.39
湖　北	5.28	0.05
湖　南	29.97	0.29
广　东	6.37	0.06
广　西	21.87	0.21
海　南	1.67	0.02
重　庆	23.13	0.23
四　川	97.33	0.96
贵　州	492.27	4.83
云　南	246.45	2.42
西　藏	0.54	0.01
陕　西	1652.49	16.22
甘　肃	87.23	0.86
青　海	48.74	0.48
宁　夏	308.10	3.02
新　疆	977.03	9.59
台　湾	暂　缺	

资料来源：中国煤炭工业发展研究中心。

2. 中国煤炭资源勘探利用现状

截至2002年末，全国保有煤炭资源量/储量10191亿吨中生产及在建矿井已利用储量3469亿吨，占总量的34%；尚未利用资源量/储量6721亿吨，占总量的66%，其中精查资源量/储量617亿吨，详查资源量/储量1087亿吨，普查资源量/储量1524亿吨，找煤资源量/储量3493亿吨。尚未利用精查资源量/储量617亿吨，通过资源综合评价属于优等、良等资源，适宜大中型矿井开采的储量约314亿吨，主要分布在陕西、内蒙古、安徽、山东等省区，为可供建井利用的可靠后备资源。尚未利用详查资源量/储量1087亿吨，主要分布在山西、陕西和内蒙古三省区，储量规模大，分布广。根据综合评价结果，优等资源423亿吨，良等资源510亿吨。尚未利用普查资源量1524亿吨，主要分布于陕西、宁夏、内蒙古、山西等省区。其中优等、良等资源约929亿吨，以低变质烟煤为主，炼焦用煤很少，煤质优良，储量规模大，构造简单，煤层稳定，可供进一步勘探。尚未利用找煤资源量3493亿吨，主要分布在晋、陕、蒙、宁和云、贵、川等省区，具有很大的资源潜力。找煤资源量勘探程度很低，不确定因素很多，尚难进行资源评价。

从总体上看，中国煤炭资源现状不容乐观，已发现煤炭资源工作程度低，资源分布不合理，优质环保型煤炭资源不多，资源破坏严重，有很多生产矿井面临着资源枯竭。

煤炭地质勘探工作量

新中国成立初期，全国从事煤炭地质勘探工作的仅有20名技术人员、500名钻探工和60台钻机，只能在少数矿区从事简单的地质调查工作。而今，中国的煤田地质勘探已发展成拥有12万大军，包括钻探、物探、水文地质、工程地质、煤质化验、岩矿及古生物鉴定、航空测量、遥感地质等多工种的综合性地质勘探队伍，具有可独立承担全国煤田地质勘探的实力。

近55年来，中国煤炭地质勘探队伍提交了近3000亿吨可供建井利用的精查储量。发现了准噶尔、兖州等大型与特大型煤田80多处。煤炭地质科技工作取得一大批科研成果，在地质勘探、煤田遥感、航空测量、工程地质和数字测井技术等多方面达到国际先进水平。近55年中，煤炭地质科技工作者共获得重要科研成果400多项，其中10多项获得国家科技进步奖。改革开放以后，中国煤炭地质队伍先后与日本、荷兰、美国、俄罗斯、澳大利亚、巴西以及非洲、中东等许多国家和地区进行了煤田勘探、煤层气评价、水资源勘探等多方面的合作与技术交流，取得了良好的经济效益和社会效益。

1. 煤炭及相关领域资源大调查

自1999年新一轮国土资源大调查专项开展以来，中国煤炭地质总局组织实施了计划项目——典型地区生态煤调查评价，其主要任务：一是在西部的新疆南部地区，青海南部、云南三江等生态环境保护区开展生态煤资源评价，圈定可供进一步勘查和开发的资源远景区；二是在鄂尔多斯盆地等中国重点优质环保煤分布区，开展优质环保煤资源评价，为该区优质环保煤的开发和综合利用提供地质依据；三是在煤炭资源紧缺地区，寻找新的煤源，为煤矿的接替提供后备基地；四是适度开展煤系共伴生矿产资源的调查评价和煤矿区生态环境评价，为矿区煤炭综合开发与水资源合理利用和生态环境建设协调发展提供地质依据。

该计划项目由中国地质调查局归口管理，由中国煤炭地质总局组织实施，1999—2003年，共实施工作项目17项，已结题10项，在建项目7项，完成1:10万和1:25万遥感调查6.2万平方千米，1:5万地质填图2929平方千米，钻探7946米。已提交煤炭资源量/储量38596万吨，含钾泥岩(334)500万吨；在建项目预获煤炭资源量/储量42560万吨。

通过五年的煤炭资源大调查工作，在云南三江、青海南部和新疆的和田民丰等地区找到了丰富的煤炭资源，在一定程度上解决了边疆少数民族地区急需的煤炭资源，促进了当地经济发展，为三江源头和塔里木河流域生态环境建设做出了贡献。晋陕蒙能源基地(陕北地区)矿山环境地质调查项目采用3S技术以及多元信息叠加技术，开展了矿山环境调查，进行了矿山地质环境(现状)综合评价，建立了综合地质环境模型和地质环境信息库，提出了环境保护与治理措施、建议。

2. 国家战略性资源勘查

国家战略性煤炭资源勘查是指国家为了加强煤炭普查、找煤等基础地质工作，引导商业性地质勘查，为煤炭工业的发展提供资源保障而开展的煤炭地质勘查工作。该类工作主要有矿产资源补偿费地质勘查项目和中央财政补助地质勘查项目。

矿产资源补偿费地质勘查分为两个阶段。地勘单位属地化前的1997—2000年间，实施项目34项，完成钻探工程量116.25万米，地震、电法物理点183082个；已提交地质报告11件，其中，煤炭地质普查报告9件，提交C+D级储量38.96亿吨；供水水源普查报告1件，提交地下水资源量13500立方米/日。地质勘查单位属地化以后的2001—2003年间，中国煤炭地质总局组织实施的矿产资源补偿费的项目14项，其中结题5项，在建9项；完成钻探工程16774米，地震物理点32525个；已获得资源量/储量1亿吨。

中央财政补助地质勘查项目始于2001年，当年主要补助地方煤炭地质勘查工作，2002年开始补助中央地勘单位。中国煤炭地质总局承担项目6项，其中结题1项，在建5项，已经完成地质填图635平方千米、槽探工程12728立方米，钻探工程5918米，地震物理点3816个，预获煤炭资源量/储量45亿吨，预获煤层气资源量/储量400亿立方米，预获地下水资源量5000立方米。

3. 商业性煤炭地质勘查

据部分省煤田地质局统计，“十五”期间所开展的主要煤炭商业地质勘查项目共105项，资源量/储量419亿吨，其中勘探39项，资源量189亿吨；详查17项，资源量44亿吨；普查40项，资源量181亿吨；预查9项，资源量4亿吨。这些项目的实施，在一定程度上缓解了煤炭资源供需矛盾。

煤炭地质勘查成果

2003年，中国煤炭地质总局及所属单位共承揽各类地质勘查项目400多项，完成钻探工程量47万米，提交各类地质报告20多件，查明资源量/储量10多亿吨。其中，矿产资源补偿费煤炭地质勘查项目9项，完成钻探工程量11583米，地震物理点10480个；财政补助中央直属地勘单位地质勘查项目4项，完成钻探工程3382米，地震物理点1454个。

煤炭资源大调查项目取得新成果，共实施 5 个煤炭资源调查项目和 1 个钾盐评价项目。完成 1:10 万遥感地质调查 6200 平方千米、电法物理点 246 点、1:50000 煤田地质调查 942 平方千米、1:25000 地质填图 64 平方千米，槽探工程 11885 立方米，钻探工程 1842 米。提交了西藏昌都地区煤炭资源调查评价、新疆乌恰地区煤炭资源调查评价和晋陕蒙能源基地（陕北地区）矿山环境地质调查等 3 个报告。新发现远景含煤区段 10 个，可供普查的煤产地 4 处，共获得 $333+334_1$，资源总量近亿吨。晋陕蒙能源基地（陕北地区）矿山环境地质调查项目在前人研究成果的基础上，以现代生态学理论为指导，充分利用遥感（RS）、全球定位系统（GPS）、地理信息系统（GIS）等新技术新方法，选择了遥感解译、地面调查、采样、测试、监测、信息系统等手段开展调查工作，实现了多手段的相互补充与融合；基本查明了工作区水土流失、土地沙漠化、水环境、地面变形等环境地质问题和煤矿开发对环境的影响，建立了煤矿区地质环境数据库，为矿区环境地质调查提供了范例；组织制定了《煤炭地质工作中长期发展规划》，建立了“中国煤炭地质工作程度数据库”。

随着中国国民经济的快速增长，煤炭供需矛盾突出，煤炭工业呈现出良好的发展势头，进一步刺激着商业性煤炭地质市场的发育，煤炭地质勘查单位获得较大的市场份额。其中河南新安电力集团正村煤矿精查、安徽刘桥深部详查等重大项目地质勘探成果显著，为豫西、两淮等国家大型煤炭基地建设做出了新贡献；煤矿采区三维地震技术市场势头强劲，煤田物探队伍承担了大量的新建矿井首采区以及生产矿井采区三维地震工程，为煤矿设计和安全生产提供了可靠的地质依据；同时，参与了多项煤矿堵排水工程和水源勘查工程，在煤矿水害防治和缺水矿区找水方面作出了突出贡献。

第二章

电力勘探与开发

火电厂厂址储备

据中国甲级电力设计院资料统计，2003 年全国共完成火电厂初步可行性研究 235 项/2.66 亿千瓦；完成火电厂可行性研究 205 项/1.45 亿千瓦，其中国内项目初步可行性研究 233 项/2.66 亿千瓦，可行性研究 204 项/1.44 亿千瓦，远大于火电厂当年新开工规模，形成了一定的厂址储备。这些厂址分布在全国六个区域电网中。

火电厂规划设计

一般大型火电厂建设周期，从可行性研究开始到建成投产约需 5—6 年。今后十年内按每年火电机组投产 2000 万千瓦计，可研贮备容量约需 1.2 亿千瓦以上。

煤炭和淡水资源保障。煤炭的生产能力已经不能满足每年电煤增长约 6000 万吨的需要，必须同步加大煤炭的生产能力。煤炭资源的勘查和开发相对滞后，有的煤炭基地虽然有了供煤协议，实际并未落实。有的电站可研以煤矿开发的初可研阶段资料为依据，可能导致今后煤源不落实或煤质发生变化，这种情况应该引起足够的重视。

火电厂是用水大户。虽然国家已出台各种节水规定，要求新建火电厂尽量利用城市中水作为补充水，但许多城市并未建成合乎要求的污水处理厂，其供水量和水质存在不可靠因素。利用地表水或地下水作为水源的火电厂，存在同一水系或流域内有多个项目同时开展前期工作、取水条件均是单独论证的情况。一旦项目同时上马，水资源就可能出现供不应求。因此，水资源利用的规划，应要求与国民经济发展规划以及电力规划相协调。

优化电力布局，做到资源的优化配置。实现资源优化配置有很多种方法：例如在煤炭基地建设坑口电站，实现西电东送；在东部经济发达和缺少一次能源的地区，建设燃气联合循环电厂、核电厂以及一定数量的燃煤支撑电厂。同时，电源点的规划还必须与电网规划同步进行，国家虽已对规划工作给予极大的重视，但由于厂网分开，电源前期工作由各发电公司负责，电网公司系统则着重于电网规划工作，煤炭和运输的发展规划更是互不搭界，各方面在同步和协调上做得不够，亟须有一权威部门牵头，组织、协调能源规划工作，制定统一的能源和电力规划，逐年滚动修订，以指导电源和电网前期工作，真正做到资源的优化配置。

火电厂是一个大的环境污染源，特别是大气污染，由火电厂排放的粉尘、二氧化硫、氮氧化物几乎占工业排放总量的40%，全国酸雨区的面积在不断扩大。为此，国家出台了有关政策，规定了火电厂的各种排放限额，这给火电厂的前期工作带来一定限制。因此，火电厂厂址选择要高度重视环保工作，采取措施，使对环境的影响降到可接受的水平。同时，由于各发电公司通常在同一地区各自进行前期工作，更需要国家环保部门的统一规划，避免总量超标，使前期工作造成失误。

在当前和今后很长一段时间是电网建设快速发展的关键时期，根据"十五"前三年实际和规划，"十五"期间要建设330千伏及以上交直流输电线路4.08万千米，变电容量1.8亿千伏安。如此大规模的电网建设，输电线路走廊和变电站站址资源是制约电网可持续发展的关键。

在电网规划设计方面，提高电网输电能力。包括加强电网结构，加强送、受端电网建设，加强受端电网和通道的电源支撑；在长距离、大容量输电工程中积极采用串补、可控串补、动态无功补偿设备；继续应用、开发高压大容量直流输电技术（电压±500千伏及以上，输电容量300万千瓦及以上），研究交流更高一级电压输电技术；在交直流混合输电系统中，尽量避免"强直弱交"输电方式；尽量避免出现电磁环网结构。

在送电工程设计方面，提高单位走廊输电能力，节省走廊资源。积极采用同塔双回、多回路，紧凑型线路，大截面导线，提高导线允许温升，优化铁塔尺寸等措施。

在变电工程设计方面，提高土地资源利用率，节省占地。在经济发达、负荷密集地区采用100万—150万千伏安一组的大容量变压器，在用地紧张地区采用紧凑型、复合型高压开关设备（包括HGIS、GIS或其他组合设备）。

水力资源勘探

"十五"计划执行以来，随着西部大开发战略和"西电东送"工程的实施，中国水电建设事业迎来新的建设高潮。自2001年1月起，在以国家发展和改革委员会为首的全国水力资源复查工作领导小组直接领导下，由水电水利规划设计总院负责具体组织实施，各省（自治区、直辖市）计委负责组织和协调本省（自治区、直辖市）工作，通过各流域机构和各设计单位数千工程技术人员的努力，历经三年多时间，全面完成了全国水力资源复查工作。根据本次水力资源复查结果，我国大陆水力资源理论蕴藏量在1万千瓦及以上的河流共3886条，水力资源理论蕴藏量平均功率为6.94亿千瓦，相应技术可开发装机容量为5.42亿千瓦，相应经济可开发装机容量4.02亿千瓦，均居世界首位。

中国水力资源按使用100年计算，探明（技术可开发）总储量占能源总储量的11.9%，占能源剩余可采总储量的44.6%。如果按世界一些国家水力资源按200年计算其资源储量，中国水力资源剩余可开采总量在常规能源构成中则超过60%，但水电开发程度仅为技术可开发容量的18.5%，远低于发达国家水平。

水力水电资源开发

中国水力资源开发总的指导思想是：满足经济和电力增长的需要，优先发展水电。以国民经济和社会发展为基础，保证国民经济和社会发展对电力的需求，在全国范围实施可持续发展战略、实现资源优化配置，调整电源结构、促进电力综合平衡，电源建设优先发展水电，保持水电在电力建设中占合理的比重。具体体现在：

坚持科学发展观，以五个统筹为指导，正确处理好水电开发中的环境保护和水库淹没处理。以人为本，坚持开发与保护并重，建设与环境互相协调，以综合提高人民生活水平为目标，合理利用水力资源。

加快西部水电建设，促进水电的"西电东送"。注重电源地区布局的统筹、协调、合理安排，实现东、中、西部地区协调发展，充分利用西部地区丰富的能源资源，加大西部地区电力开发力度，促进"西电东送"工程和西部大开发战略的实施。

加大重点流域的开发力度，保证水电基地连续滚动开发。提高重点流域连续滚动开发的能力，保持合理规模、连续开发和由近及远、梯度开发，加快开发金沙江、雅砻江、大渡河、澜沧江、红水河、黄河和怒江等资源富集并居“西电东送”战略性地位的水电基地。

优先开发调节性能好的大中型水库电站，因地制宜开发中小型水电站。为了提高水力资源利用率和水电总体质量，应优先建设大中型河流的“龙头”水库和控制性水库电站；对满足当地用电需要和农村电气化县建设的中小型水电站，因地制宜、鼓励开发。

经济发达地区进行水电挖潜改造，深度开发当地剩余水力资源。对于水电比重小、水力资源少且开发程度高、经济发达的东北、华北、华东和广东等地，应深度开发剩余水力资源，除了少部分新建项目外，对部分老电站实行改扩建。

水力资源开发的目标是：本世纪头20年，集中力量全面建设惠及十几亿人口的更高水平的小康社会，在优化结构和提高效益的基础上，国内生产总值到2020年力争比2000年翻两番。未来20年，中国电力需求增长将持续保持较快的发展速度，预计为5.5%—6%，其中前10年增长速度预计为6.5%—7%，年均需净增装机2300万—2600万千瓦，到2010年装机规模达到5.5亿—5.8亿千瓦；后10年预计为4.5%—5%，年均需净增装机2600万—3200万千瓦，到2020年装机规模需达到8.2亿—9亿千瓦。

水电站开发

按照全面建设小康社会的宏伟目标，为满足经济和电力能源增长的需要，合理利用能源，国家确定的水电开发的中长期发展目标是：2010年水电装机容量达到1.6亿千瓦，占电力总装机容量的27%，开发程度达到30%；2020年水电装机容量达到2.7亿千瓦，力争达到3亿千瓦，力争占电力总装机容量的30%，开发程度达到55%。中国水电开发要以每年1200万千瓦的速度递增，水电建设任重而道远。另外，为满足电网调峰及安全稳定的需要，到2010年和2020年，中国抽水蓄能电站装机规模将分别达到2100万千瓦和3900万千瓦。

据不完全统计，2003年，全国在建装机容量在30万千瓦以上的水电工程有三峡、龙滩、小湾、水布垭、公伯峡、三板溪等，总装机容量约5600万千瓦；在建抽水蓄能电站有泰安、桐柏、宝泉等，总装机容量840万千瓦。已完成和正在进行可行性研究设计的装机容量在30万千瓦以上的项目有溪洛渡、向家坝、瀑布沟、糯扎渡、锦屏一级、锦屏二级、拉西瓦等，总装机容量约4700万千瓦；抽水蓄能电站有呼和浩特、响水涧、仙游、深圳等，总装机容量1350万千瓦。已完成或正在进行的预可行性研究设计项目有虎跳峡、白鹤滩、两河口、双江口等，总装机容量约7300万千瓦；抽水蓄能电站有仙游、洪屏、丰宁等，总装机容量1200万千瓦。

核电厂规划设计

作为发电工程的厂址，核电厂址与火电厂址不同，在选址过程中必须在厂址用地、工程地质、水文气象、供水水源、交通运输、电力系统等方面进行适宜性选择和论述。核电厂与常规火电厂的燃料不同，核燃料是具有放射性的铀，从核安全和环境保护的角度出发，核电厂址选择条件就更加严格。厂址环境中要包括人口分布、厂址周围工农业情况、军事设施、可能的外部人为事件、正常运行与事故工况下的环境辐射、核安全供水、核燃料及乏燃料的处理与运输等等。且对地震地质、工程地质、供排水的合理性及环保性等要求更加严格，同时在厂址选择阶段，就须进行初步的核电厂安全评价和选址阶段的环境评价。

我国从20世纪70年代即开始着手核电厂建设的前期工作。到2003年为止，已在全国16个省(直辖市)进行了近70个厂址的前期工作。有沿海厂址，也有内陆厂址。除大亚湾已先行建设了核电站外，秦山、岭澳、田湾也先后建成和建设了核电站。其他的核电厂址工作深度不统一，有的进入到初步可行性研究阶段，有的处于厂址预评审阶段，也有的仅属于普选阶段。工作深度虽不相同，但均为中国核电事业的发展打下了良好的基础。

为实现2020年中国核电装机容量达到4000万千瓦，占全国总装机容量达到4%的核电发展规划，中国电力工程顾问集团公司组织有关设计院对中国东部沿海6省11个厂址进行了调查复核与预评审，并于2003年8月向国家发改委提交了这部分核电规划厂址复核报告。结论是：仅沿海6省的11个厂址就具备建设52台百万千瓦核电机组的条件，厂址条件良好，有政府与民众的支持，有项目开发单位的积极性，在近期核电自主化依托项目启动后，中国2020年核电装机达到3200万—4000万千瓦在厂址资源上是落实的。

电网规划设计

从“九五”计划开始，为贯彻落实国家西部大开发、西电东送、全国联网的战略部署，中国电力部门加大了电网规划工作力度，加强了中长期电网规划的研究工作，超前研究电网长远发展的战略问题。开展了全国联网规划滚动研究，全国各主要电网目标网架的滚动研究，西电东送北、中、南三大通道等规划研究，这些规划研究工作具有跨度大、周期长和连续性的特点，对近几年来电网建设的快速发展起到十分重要的作用，也勾画出未来全国电网发展的前景。到2003年为止，各类电网规划设计研究进展情况是：

1. 全国联网规划的滚动研究

(1) 全国联网规划研究(1996年版)；

(2) 全国电力系统联网规划研究(1998年版)；

(3) 全国联网规划深化研究(2002年版)；

(4) 全国联网规划补充研究(2003年版)。

2. 全国各主要电网目标网架规划设计

(1) 2010年目标电网规划(1997—2000年完成，包括各大区电网和部分省网)；

(2) 2015年目标网架规划(2000—2002年完成，包括各大区电网和部分省网)；

(3)“十一五”及2020年电网规划设计(正在开展工作，包括各区域电网)。

3. 西电东送北、中、南三大通道规划

(1) 南方互联电网西电东送规划研究(1999年完成)；

(2)“十五”期间向广东送电1000万千瓦规划研究(2000年完成)；

(3)“十五”期间向广东送电1000万千瓦输电系统设计(2001年完成)；

(4) 龙滩、小湾电站电力电量合理消纳研究(2000年完成)；

(5) 龙滩水电站(420万千瓦)输电系统规划设计(2001年完成)；

(6) 小湾水电站(420万千瓦)输电系统规划设计(2001年完成)；

(7) 金沙江一期溪洛渡、向家坝水电站(1860万千瓦)电能消纳研究(2000年完成)；

(8) 金沙江一期溪洛渡、向家坝水电站(1860万千瓦)输电系统规划设计(2001年完成)；

(9) 金沙江一期溪洛渡、向家坝水电站(1860万千瓦)输电系统规划设计(2003年完成补充研究版)；

(10) 三峡电力在华中、华东、广东合理消纳研究(2001年完成)；

(11) 三峡输电系统设计补充研究(2001年完成)；

(12) 四川电力外送规划研究(2001年完成)；

(13) 西北电网区外西电东送规划研究(2001年完成)；

(14) 南方电网西电东送后续规划调研报告(2002年完成)；

(15) 锦屏一、二级水电站(800万千瓦)输电系统规划设计(2003年完成)；

(16) 拉西瓦水电站(420万千瓦)输电系统规划设计(2003年完成)；

(17) 糯札渡水电站(550万千瓦)输电系统规划设计(2004年完成)。

农村水电勘探开发

中国农村水电资源点多面广，遍及全国30个省(自治区、直辖市)1600多个县(市)，主要集中在西部地区。可开发总量1.28亿千瓦，西部地区农村水电资源技术可开发量为8178.8万千瓦，占全国的65.6%，尤以西藏、新疆、四川、云南、青海等5省(自治区)最为丰富，技术可开发量均超过800万千瓦；中部地区农村水电资源技术可开发量为2234.2万千瓦，占全国的17.9%；东部地区农村水电资源技术可开发量为2048.9万千瓦，占全国的16.5%。在流域分布上，长江流域农村水电资源最丰富，淮河最贫乏。

截至2003年底，全国30个省(自治区、直辖

市）1500多个县开发了农村水电，建成农村水电站4万多座，装机容量达3416万千瓦，占全国水电装机容量的36%，年发电量达1097亿千瓦时，占全国水电发电量的39%。近10年来，农村水电投产规模每年都超过100万千瓦，近5年连续超过150万千瓦。2003年，全国农村水电在建电站1918座，在建装机1085千瓦，投产270万千瓦。全国共建成了800个县农村水电电网和40多个地区性电网，全国1/2的地域、1/3的县、1/4的人口主要靠农村水电供电。50多年来，农村水电充分发挥发、供电成本低的优势，向边远山区、民族地区和革命老区提供廉价电力，解决了5亿多无电人口的用电问题。

开发农村水电，初步治理了数千条中小河流，增加水库库容1000多亿立方米，净增灌溉面积近3000万亩，解决了近7000万人和5000万头牲畜的饮水问题。农村水电供电区约有2000万户居民以电代柴，每年减少森林砍伐200万亩，节约木材约900万立方米，改善了农村生态环境、农业生产条件和农民生活条件。

农村水电的快速发展，为农村水电设备提供了广阔的市场空间，推动农村水电设备制造行业与农村水电一起发展壮大。截至2003年，全国近20个省（自治区、直辖市）共有农村水电主机生产厂家50多家，每年成套生产能力350万千瓦，从业人员3.5万多人，上缴税金3000多万元；产品出口到美国、加拿大、越南、印度、巴西等20多个国家和地区，年出口额约6000万元。

第三章

石油天然气勘探与开发

油气资源现状

根据2000年底中国油气资源评价结果，中国石油总资源量约1021亿吨，其中，陆上775亿吨，沿海海域246亿吨；最终可采资源量约为160亿吨。截至2003年底，已累计探明石油地质储量234.2亿吨，探明可采石油储量63.4亿吨，剩余石油可采储量23.7亿吨。

根据1987年第一次油气资源普查评价，中国天然气地质资源量为33万亿立方米，1994年第二次评价为38万亿立方米，1998年中国各石油集团进行了第三次评价，预计全国常规天然气资源量为47.05万亿立方米，其中，陆上38.91万亿立方米，海上8.14万亿立方米，预计最终可采天然气储量为10万亿—15万亿立方米。截至2003年底，全国累计探明可采天然气储量2.6万亿立方米，剩余可采储量2万亿立方米，后备资源充裕，具备了加快发展的基础。

2003年，中国新探明石油地质储量8.94亿吨，同比增长11.8%，新探明石油可采储量1.78亿吨；新探明天然气储量5524亿立方米，同比增长50%，新探明可采储量2797亿立方米。

截至2003年底，中石油累计发现油田316个、气田160个，累计探明石油地质储量152.6亿吨、探明可采储量46亿吨（含凝析油）；累计探明天然气地质储量3.87万亿立方米、探明可采储量1.77万亿立方米，其中探明气层气地质储量3万亿立方米、探明可采储量1.98万亿立方米。

中石油累计开发油田267个，动用石油地质储量116.5亿吨；共有采油井97710口，累计生产原油29.2亿吨；2003年，生产原油10.39亿吨，年采油速度0.91%，采出程度25.1%，采出可采储量的72.6%，剩余可采储量采油速度8.6%，油田综合含水83.35%。

中石油累计开发动用气层气地质储量11393亿立方米、可采储量7380亿立方米；共有气井2869口，累计生产天然气3085亿立方米；2003年，井口产气195亿立方米，已开发可采储量采气速度2.6%，采出程度39.7%，累计剩余可采储量储采比86、已开发可采储量储采比23；共开发溶解气地质储量6226亿立方米，可采储量2470亿立方米，井口产气79亿立方米，累计产气1925亿立方米，已开发储量采出程度78%。

根据第三次油气资源评价，中石化拥有矿权区块面积109万平方千米，石油总资源量304.5亿吨，天然气总资源量25.48万亿立方米。其中，比较成熟的75万平方千米探矿权区块石油总资源量为266.7亿吨，天然气总资源量为17.42万亿立方米，其中，陆地石油资源量255亿吨，天然气资源量15.14万亿立方米；海洋石油资源量11.7亿吨，天然气资源量2.28万亿立方米。截至2003年底，累计探明石油地质储量59.54亿吨，天然气地质储量0.5万亿立方米。

中海油在中国近海共勘探发现10个新生代沉积盆地，总面积约90万平方千米。根据地质家预测，中国近海石油总资源量有246亿吨，经济资源量78.9亿吨；天然气总资源量有8.14万亿立方米，经济资源量有2.9万亿立方米，石油和天然气资源十分丰富。截至2003年，中国近海累计探明石油地质储量21.6亿立方米，探明天然气地质储量4993亿立方米；中国近海新增探明原油地质储量1.6亿立方米，探明天然气地质储量459亿立方米，储量增长继续保持良好的发展势头。

油气勘探工作量

2003年，中国石油天然气工业勘探工作量为：

1. 中石油勘探工作量

2003年，中石油油气勘探(不含油藏评价)共安排二维地震4.33万千米、三维地震9484平方千米，探井514口，探井进尺149万米；全年石油预探与天然气勘探实际完成二维地震采集3.50万千米，完成三维地震采集9066.06平方千米，完钻探井548口，完成探井进尺145.76万米。新获工业油气流井283口，综合探井成功率45.07%。计划新增探明石油地质储量3.6亿吨，控制石油地质储量5.73亿万吨，预测石油地质储量7.05亿吨；计划新增探明天然气储量1980亿立方米，控制天然气储量1650亿立方米，预测天然气储量3230亿立方米。实际完成探明石油地质储量4.39亿吨，完成探明天然气地质储量3838.9亿立方米。完成控制石油地质储量6.21亿吨，完成控制天然气地质储量3696.65亿立方米(含煤层气911亿立方米)。完成预测石油地质储量7.33亿吨，完成预测天然气地质储量4755亿立方米。

2003年新增储量的特点：一是三级储量都大幅度超额完成计划任务，继续呈现快速发展势头；二是新增石油探明储量的规模较大、落实程度较高，以Ⅰ、Ⅱ类储量为主，以中高产和中浅层的稀油为主，可动用性大幅度提高；三是新增石油控制、预测储量的落实程度高、区块规模较大，以中浅层稀油为主，可升级性强；四是新增石油储量仍以低渗—特低渗、低丰度—特低丰度为主；五是新增石油储量以岩性或以岩性为主的复合型油藏为主。

2. 中石化勘探工作量

2003年，中石化共完成二维地震2.98万千米，三维地震7852平方千米；探井538口，进尺138.68万米。油气企业勘探投资83.5亿元。全年新增石油探明储量2.52亿吨，控制储量3.43亿吨，预测储量4.17亿吨；新增天然气探明储量865亿立方米，控制储量2776亿立方米，预测储量3367亿立方米。塔里木盆地中1井、川东海相天然气和阳信洼陷阳101井勘探取得战略性突破，为后备资源接替提供了保障；东营凹陷南坡孔店组勘探、塔河地区勘探、东濮凹陷上古生界勘探、东部新层系新类型勘探、济阳潜山勘探、鄂尔多斯塔巴庙地区勘探、准噶尔盆地中部董1井勘探获得7个重大发现，为超额完成“十五”储量目标奠定了基础；川西和川北天然气勘探、准噶尔盆地中部区块勘探、东部老区滚动勘探、东北探区勘探、高邮凹陷深层勘探、东部老区隐蔽油气藏勘探取得6个新进展，为近期储量目标的完成提供了保证；西部新区一批重点探井、南方新区、东部外围新区勘探发现了一批好苗头，为西部新区、南方海相勘探以及东部外围新区的展开提供了突破方向。

油气勘探新成果

2003年，中国油气勘探，以战略突破为重点的石油勘探获得12项重要发现，以战略展开为重点的石油勘探形成10个规模储量区，以中部为重点的天然气勘探获得8项新的发现和进展。新发现5个亿吨级油气田和12个储量规模超过5000万吨级的区块。此外，还形成了一批1000万—

3000 万吨级的储量区块。油气勘探成果创 5 年来最高水平。

1. 中石油油气勘探新成果

2003 年，中石油新探明石油地质储量 4.39 亿吨。具体成果是：

油气勘探以战略突破为重点，石油勘探在鄂尔多斯盆地、准噶尔盆地、塔里木盆地、渤海湾盆地、海拉尔盆地、二连盆地、柴达木盆地、松辽盆地、四川盆地、吐哈盆地、苏北盆地等地区，获得 12 项重要发现；以战略展开为重点，石油勘探在松辽盆地、渤海湾盆地、鄂尔多斯盆地、塔里木盆地和准噶尔盆地形成 10 个规模储量区块；以中西部为重点，天然气勘探在鄂尔多斯盆地、四川盆地、松辽盆地、吐哈盆地获得 8 项新的突破和发现；在松辽盆地、渤海湾盆地、鄂尔多斯盆地、准噶尔盆地、吐哈盆地、柴达木盆地、酒泉盆地、二连盆地等形成了 20 个 1000 万—3000 万吨级储量区块。

通过以上进展，2003 年在冀东高柳，长庆西峰两侧、铁边城、榆林周缘，新疆霍尔果斯等新发现 5 个亿吨级油气田；在新松辽敖南、徐家围子葡萄花油层、大情子井周缘，渤海湾滩海埕北、冀中留西、辽河大民屯，鄂尔多斯下古潜台东侧，四川邛西，塔里木轮南、哈得逊，二连乌里亚斯太，海拉尔贝尔—乌尔逊等地区新发现 12 个储量规模超过 5000 万吨的区块。特别是中小盆地相继取得重要成果，对今后油气勘探工作具有更重要的战略意义。

（1）东部地区主要勘探成果

松辽盆地。徐家围子葡萄花油层多口井获工业油流，落实控制预测石油地质储量 5454 万吨；大情字井周缘含油范围进一步扩大，新增探明加控制石油地质储量 10738 万吨；大庆油田敖南地区多口井葡萄花油层获高产油流，新增控制石油地质储量 7573 万吨；徐家围子断陷天然气勘探有新进展，新增预测天然气地质储量 352 亿立方米。

渤海湾盆地。渤海湾滩海新区预探取得重大突破，大港滩海落实 5000 万吨储量规模。冀东高柳地区精细勘探获得重大成果，新增三级储量 1 亿吨。辽河大民屯凹陷沙三、四段及潜山勘探成果进一步扩大，通过工作，大民屯凹陷新增探明石油地质储量 689 万吨，控制石油地质储量 2187 万吨，预测石油地质储量 3301 万吨，三级储量合计 6177 万吨，增储潜力很大。冀中探区岩性油气藏勘探又获新进展，留西地区形成 5000 万吨级储量区。

（2）中部地区主要勘探成果

鄂尔多斯盆地。姬塬地区形成盆地新的储量接替区，2003 年新增控制石油地质储量 2264 万吨，预测石油地质储量 7351 万吨，控制和预测储量合计 9615 万吨，储量落实程度较高；西峰两侧新发现亿吨级储量规模，含油范围继续扩大，该区新增预测石油地质储量 1.10 亿吨，为在西峰油田形成 5 亿吨储量规模奠定了很好的工作基础；西峰油田主体储量规模大幅度增长，新增探明加控制石油地质储量 1.15 亿吨；志靖—安塞三角洲含油范围进一步扩大，落实探明加控制石油地质储量超过 5596 万吨，未来勘探潜力很大；榆林周缘上古生界天然气勘探获重要进展，初步落实控制加预测天然气地质储量 2382.66 亿立方米；下古生界潜台东侧勘探取得新进展，其中靖边气田已初步落实控制加预测天然气地质储量 1169.93 亿立方米。

四川盆地。川中—川南过渡带油气勘探获新突破，潼南构造位于川中—川南过渡带。2003 年采用欠平衡钻井钻探，潼南 1 井、潼南 2 井钻探均获高产天然气流，打开了这一地区的勘探局面，拓宽了川中地区油气勘探领域；川西邛西构造邛西 4 井获高产气流，须家河组天然气勘探初步展现出发现规模储量的势头，新增控制、预测天然气地质储量 204.32 亿立方米、43.86 亿立方米，合计 248.18 亿立方米，并根据邛西构造北侧的钻井情况分析，含气区有望连片，已初步展现出川西发现规模储量的势头。川东地区钻探的罗家 9 井获工业气流，继罗家寨之后形成新的储量区块。川西南麻柳场构造一批探井和开发井相继获高产气流，新增探明天然气地质储量 97.4 亿立方米。渝东复兴场构造钻探的复 1 井获工业气流，形成新的有利勘探地区，新增预测天然气地质储量 69.84 亿立方米，展现了渝东石炭系天然气勘探的良好前景。

（3）西部地区主要勘探成果

准噶尔盆地。南缘霍尔果斯背斜构造新增控制、预测石油地质储量 8195 万吨，控制、预测天然气地质储量 1539.02 亿立方米，初步形成了亿吨级储量规模。石南东北部评价进展顺利，新增探明加控制石油地质储量5876万吨。

塔里木盆地。乌什凹陷乌参1井获高产油气流，开辟了油气勘探新领域；轮南地区亿吨级油田规模基本明朗，轮古潜山新增探明、控制石油地质储量1642万吨和6574万吨，合计8216万吨，预计探明天然气地质储量75.78亿立方米；哈得逊油田亿吨级规模油田初步形成，新增探明石油地质储量2665万吨，哈得逊油田探明储量规模累计已达7918万吨。

吐哈盆地。胜北次凹南斜坡岩性油气藏勘探获新发现，展现了良好的勘探前景。吐哈盆地红台地区复合型油气藏叠合连片含气已见雏形，该地区累计储量规模已突破200亿立方米，随着岩性油气藏勘探的深入，规模还将进一步扩大。

柴达木盆地。柴北缘马海—平顶山地区马北1井获高产油气流，新区预探获重大突破，揭示了柴北缘的油气勘探前景，这一地区有望形成5000万吨的储量规模，突破了多年石油勘探无重大发现的被动局面。

（4）新区及其他地区主要勘探成果

海拉尔盆地勘探获得新发现，形成储量规模超5000万吨的勘探场面。证实了乌尔逊凹陷良好的勘探前景。

二连盆地岩性油气藏勘探又获新进展，通过进一步的勘探工作，有望形成一个储量规模达5000万吨的新油田。

苏北盆地洪泽凹陷管3井、管4井获工业油流，近期有望形成3000万吨以上的储量规模。

2. 中石化油气勘探新成果

（1）整装油田勘探成果。塔河油田、胜利油田东营凹陷北带郑家—王庄油田和桩海地区潜山复式油气藏三个5000万吨级油田基本探明，共新增探明石油地质储量13910万吨，控制石油储量9312万吨。

（2）天然气勘探取得一批突破性发现和进展。鄂尔多斯盆地塔巴庙区块新增天然气探明储量517亿立方米；四川盆地西部新增天然气探明储量147.34亿立方米；南方新区的毛坝1井、官8井、普光1井3口探井相继获得高产气流；四川盆地北部阆中地区石龙18井获得日产天然气6.04万立方米高产气流，实现了川北地区油气勘探新发现。

（3）胜利油田老区勘探继续取得新发现、新进展，拿到一批储量规模达千万吨级的有利区块。孤西潜山带渤古1井、渤601井在奥陶系获高产油气，预计储量规模3000万—5000万吨；惠民凹陷基山砂体岩性油藏勘探有6口探井获工业油流或压裂改造取得明显效果，新增石油探明储量1495万吨；埕东凸起北坡馆陶组河道砂体油藏勘探，2口探井浅层获得高产油流，预测石油储量3644万吨；沾化凹陷罗家—垦西地区稠油勘探，一批探井获工业油流，预计储量规模可达5000万吨以上；陈家庄凸起北坡东段馆陶组地层超覆油藏勘探，有4口探井获工业油流，新增稠油控制储量1825万吨；东营凹陷北带中段砂砾岩体含油范围进一步扩大，4口探井获工业油流及高产油流。

（4）东部其他油田老区勘探不断取得新发现、新进展，拿下一批有利区块和探明储量。江苏油田高邮凹陷北斜坡发现油气富集块，4口探井获工业油流，新增石油探明储量1101万吨；江汉油田八面河地区南部斜坡6口探井获日产1.4—26.5立方米的工业油流，新增石油探明储量802万吨；河南油田泌阳凹陷北斜坡王集—新庄地区浅层稠油勘探一批浅井发现油层，新增石油探明储量共1132万吨；河南油田南阳凹陷张店—马店地区发现新的含油区块，南82井获得日产16.16立方米的工业油气流；中原油田东濮凹陷黄河南地区桥口构造含油气面积扩大，桥90井获日产油25.2立方米，气7.4万立方米；东北分公司松辽南地区3口探井获工业油气流，新增天然气探明储量23.25亿立方米；华东分公司在东北、苏北探区共有9口探井获得工业油流，共新增石油探明储量455万吨；中南分公司江汉探区鄂深14井和松滋油田一口开发井新层位获工业油流，新增石油探明储量152万吨。

（5）西部新区新领域8口探井获工业油气流。其中，塔里木盆地中1井在奥陶系日产天然气6.47万立方米；准噶尔盆地董1井中途测试，日产油为66.26吨，气4.73万立方米，初步展现了中石化油气资源战略接替的良好前景。

（6）东部油田新领域及外围勘探取得一系列新发现、新进展，为老区储量接替开辟了新阵地。胜利油田东营凹陷南坡深层勘探取得突破，多口探井在孔店组、古潜山等多套层系获得工业油流和高产油流；胜利油田外围勘探阳信洼陷取得重大突破，新增控制石油储量1005万吨；中原油田东濮凹陷古潜山勘探首次在东濮凹陷上古生界获得工业性油气流；中原油田白音查干凹陷5口探井在浅地层获15—20立方米的高产油流，新增石油探明储量596万吨。

油气勘探效益

2003年，中国石油天然气工业采取有效措施，使油气勘探效益明显提高。

1. 中石油勘探效益

新增储量的特点：三级储量都大幅度超额完成计划任务，继续呈现快速发展势头；新增石油探明储量的规模较大、落实程度较高，以Ⅰ、Ⅱ类储量为主，以中高产和中浅层的稀油为主，可动用性大幅度提高；新增石油控制、预测储量的落实程度高、区块规模较大，以中浅层稀油为主，可升级性强；新增石油储量仍以低渗—特低渗、低丰度—特低丰度为主；新增石油储量以岩性或以岩性为主的复合型油藏为主。

提高效益的主要措施：加大油气勘探工作力度，积极寻找优质储量；大力推进勘探开发一体化，提高勘探开发整体效益；规范勘探开发技术管理，积极推进新技术应用。

2. 中石化勘探效益

2003年共预探圈闭194个，新获工业油气流圈闭38个，圈闭预探成功率28.6%。新增探明石油地质储量2.52亿吨，新增石油可采储量4056万吨；新增探明天然气地质储量865亿立方米，新增天然气可采储量377亿立方米。平均每口探井(包括滚动井)探明油气地质储量为58.82万吨，每米进尺探明油气地质储量224.18吨；每口探井(包括滚动井)探明油气可采储量为13.66万吨，每米进尺探明油气可采储量52.07吨。探明每吨油气地质储量直接成本25.40元，探明每吨油气可采储量直接成本109.37元。探明每桶可采油气储量当量直接成本为2.02美元。

油气勘探管理

2003年，中国石油天然气工业在油气勘探开发过程中进一步加强项目、科研、工程技术、矿权等各项管理，推动了油气勘探的科学化、规范化管理。

1. 中石油油气勘探管理措施

(1) 坚持项目统一评价优选，强化油公司项目管理制度。2003年中石油的勘探计划是在精心部署设计，坚持实行股份公司范围内勘探项目和目标的统一评价、统一排队优选，采用“末位淘汰”的原则下编制的。在计划执行过程中，强化项目管理，实行对重点项目进行重点管理的严格措施。根据地下地质情况和目标准备程度，中石油股份公司2003年度共设油气预探项目45个，从中确定了13个重点油气勘探项目(其中天然气勘探项目3个)。

(2) 加强生产性研究课题管理，促进科研生产紧密结合。对勘探生产研究课题采取了统一计划开题、分项目全程管理的办法，即根据当年股份公司总体勘探部署，按照各探区科研生产的需要，由勘探与生产公司统一计划开题，课题承担主体是各直属科研院所和油田研究院，然后分项目由各油田分公司为主进行从设计审查到成果验收的全程管理。

(3) 全面推进勘探开发一体化，勘探开发整体效益明显提高。全面推进勘探开发一体化工作，同时整合了勘探和开发相近的技术专业。各油气田分公司继续贯彻和落实勘探与生产公司有关规定，采取了一系列积极有效的措施，大力推进勘探开发一体化工作进程。通过勘探开发一体化工作的全面实施，Ⅰ、Ⅱ类探明储量几乎达到100%；探明储量动用率大幅度提高，动用率达90.5%。

(4) 规范工程技术管理，完善有关管理办法和技术规范。贯彻执行《钻井设计编制规范》、《测井设计编制规范》、《录井资料采集及整理规范》三个规范的同时，进一步规范物探技术管理。组织13家油田公司按盆地编制了地震勘探程度图，并规范了地震勘探程度图编制标准和相关要求。制定了《二次三维地震设计管理规定》。

(5) 强化工程技术管理，不断提高油公司监督管理水平。2003年度继续加强各专业监督的培训、考评和换证工作。为了尽快培养甲方的监督力量，先后组织了钻井、地质、测井、试油监督教材的编印和监督培训，并及时组织了各专业监督考评，为油田公司选拔现场监督提供了监督资源。共举办了物探、钻井、地质、测井、试油等多起专业技术培训班。

（6）加强储量管理力度，夯实基础工作。成立中石油股份公司储量管理委员会，完善油田公司储委会；调整年度新增控制储量的计算和申报制度，严格新增储量的申报要求，确保了储量的可升级性和可动用率；引进储量评估软件，启动了上市储量自评估工作；强化新增储量跟踪分析，抓好储量的落实工作，及时组织审查。

（7）加强矿权管理，建章立制，进一步提高矿权管理水平。2003 年度矿权管理工作得到进一步加强，完成了 311 个矿权开采项目的矿权申请工作和矿权年检自查工作，并组织开展了矿权区块重新组合调整。同时积极建章立制，以规范基础管理，建立了矿权审查流程和审批程序及矿权年报编写制度。

2. 中石化勘探管理措施

中石化勘探管理主要方式是，总部整体统一部署，下达勘探工作量计划和投资计划，并下达年度石油及天然气储量任务，下属 13 个油田分(子)公司及西部新区勘探指挥部具体执行。总部对执行情况检查监督，并根据勘探进展情况对年度勘探计划和任务进行一定的调整，年中和年底对执行情况进行评估验收。

油气田开发

2003 年，中国石油天然气工业积极调整“十五”后三年发展目标，开展科技攻关和新技术试验，规范油田开发工作和管理工作，群策群力，与时俱进，开拓创新，油田开发工作卓有成效。2003 年，中国石油天然气工业共计生产原油 16960 万吨，生产天然气 350.15 亿立方米。

1. 中石油油气田开发情况

（1）油田开发

生产指标。2003 年生产原油 10394 万吨，为年度计划 10350 万吨的 100.4%。其中，年措施增油 615.5 万吨，比上年减少 48.5 万吨，比计划指标少 20 万吨；年新井产油 638.2 万吨，比上年增加 84 万吨，比计划指标少 20.8 万吨。年产液 62442 万吨，比上年增长 2.44%，比年度计划指标 62578 万吨低 0.22%；年注水 68159 万立方米，比 2002 年增长 1.35%，比年度计划指标 68694 万立方米低 0.78%。年度新增原油生产能力 1105.6 万吨，其中，新区钻井 4323 口，进尺 656.29 万米，建产能 640.52 万吨；老区钻井 3252 口，进尺 509.38 万米，建产能 465 万吨。合作开发区新增原油生产能力 191.1 万吨。新增可采储量 9721.5 万吨，其中新开发油田增加 6275.5 万吨，老油田调整增加 3446 万吨。储采平衡系数 0.935。

技术指标。2003 年，油田年平均综合含水 83.35%，同比上升 0.35 个百分点，比年度预计指标 83.5% 低 0.15 个百分点。含水上升率 0.4%，与上年的 0.42% 相比保持稳定。产量年自然递减率 11.45%，同比减小 0.2 个百分点；年综合递减率 5.49%，同比增大 0.26 个百分点，两个递减率控制在比较合理的范围内。剩余可采储量采油速度 8.62%，同比增大 0.19 个百分点；储采比 11.6，其中塔里木油田为 5.9，辽河与新疆稠油平均是 5.3。

主要成果及油田开发现状。原油产量实现箭头向上。2003 年生产原油比上年增产 32.4 万吨。其中，长庆增产 91.5 万吨，新疆增产 55 万吨，吉林增产 31 万吨，塔里木增产 23 万吨，玉门增产 10 万吨，冀东增产 9.5 万吨，青海增产 6 万吨，大港因赵东合作区投入开发，产量增长 27 万吨；华北和西南产量保持相对稳定；大庆减产 173 万吨，辽河减产 29 万吨，吐哈减产 16 万吨。

生产运行平稳有序。原油日产水平 2003 年初就达到 28.38 万吨，6 月最高达到 28.87 万吨，年末日产水平下降到 28.11 万吨，但生产能力仍在 28.4 万吨以上。日注水由年初 195.4 万立方米下降到 6 月份最低的 179 万立方米，又逐渐恢复到年末的 194.9 万立方米。月注采比 0.94—1.03，总体保持 1 的注采比。全年老井转注、新井投注 2719 口，比上年多 77 口，采注井数比由 2.95 减小到 2.92。

产液量和注水量的增长速度控制较好。2003 年与上年相比，年产业增长率为 2.44%，年注水增长率为 1.35%。

油田开发管理。老区产能建设方案进一步优化，重点调整区块达到方案设计。在方案管理方面，要求对于20万吨以下的项目各油田分(子)公司要严格审查方案，并对分油田、区块单元编制的开发调整方案或开发设计、审查纪要等上报勘探与生产公司备案；对于20万吨以上的重点产能建设项目，由勘探与生产分公司组织专家评估和会议审查。做好投资控制，确保产能建设的总体经济效益。做好方案实施跟踪与调整，老区产能建设部署和方案的进一步优化，对总体建产能力进行调整。

老油田稳油控水及区块综合治理取得一定效果。一是各油田公司按照勘探与生产分公司新的要求编制出了每个区块具体的综合治理方案；二是规模有所扩大。通过治理，日产油从年初的4.29万吨上升到4.38万吨，综合含水上升0.5个百分点。

油田开发新技术推广应用取得一批重要成果。辽河油田对于不适合转蒸汽驱的区块开展组合式蒸汽吞吐现场试验，取得一定效果，超稠油SAGD试验方案的2口水平井，已投入开发生产。玉门在老君庙油田完钻第一口水平井，水平井段140米，钻遇油层347米，日产液为10.5吨，含水12%，日产油8吨。冀东在柳102断块完钻3口定向井和5口水平井，3口定向井平均单井钻遇油层66.8米/12.3层，5口水平井平均单井钻遇水平油层段299.7米，8口新井投产初期日产油632吨，平均单井日产油79吨，完成6万吨的产能任务。油田动态监测正在大庆油田进行集成研究，一种简易的注水前缘监测技术正在华北试验，如果成功，对中低含水油田水驱波及状况分析可能取得重大突破。辽河齐40稠油蒸汽驱扩大试验区见到初步效果，蒸汽干度达到设计要求，产量上升20%多；大庆外围两口浅层(1000—1100米)低渗(5毫达西)采油井蒸汽吞吐试验，日增产原油1.5—2倍，展示了良好的前景。

搞好油田开发动态分析，加强宏观调控。根据年度原油配产配注等生产计划，每月跟踪分析油田生产动态变化，努力按照“减产有序、稳产有方、增产有效”的方针做好宏观调控工作。一是根据各油田公司的分月产量运行安排，做出股份公司的全年原油生产运行部署；二是在市场油价较高的条件下，要求各油田公司尽可能满负荷生产，多交商品油，而全年的考核指标不变；三是根据股份公司管理层对原油产量指标的调整要求，在分析了各油田公司生产潜力的基础上，经过对相关油田的调研和分析，基本落实了全年生产原油10392万吨的责任指标，制定了相应的增产上产对策及措施；四是对注水、产液及含水等指标的跟踪，做好注水结构和产液结构的宏观调控，确保油田含水保持相对稳定。

总结经验，创新典型。大港油田近5年来在老油田通过规模开展精细油藏描述，对各种潜力类型的剩余储量进行量化，提供了可供调整挖潜的可采储量1010万吨，缓解了储量接替困难的矛盾，获得了可观的经济效益，取得了成功的经验。

(2) 天然气开发

主要指标完成情况。2003年中石油股份公司计划工业产气量233.00亿立方米，其中气层气178.70亿立方米，溶解气54.30亿立方米，实际完成工业年产气量247.67亿立方米，完成年度计划的106.3%，比上年增加22.92亿立方米，年增长幅度10.2%，其中，气层气产量为184.20亿立方米，溶解气产量63.47亿立方米。2003年中石油股份公司计划天然气商品量171.20亿立方米，实际完成天然气商品量188.56亿立方米，完成计划的110.1%，比上年增加了22.16亿立方米。2003年天然气产能建设进展顺利，超额完成计划任务，年实际新投入开发天然气可采储量1034亿立方米，新建产能47.24亿立方米。

主要工作和成果。紧密围绕“四大三中一潜在”的总体工作部署，积极拓展天然气上游业务。“四大三中一潜在”是中石油股份公司天然气发展战略的核心内容。“四大”指西南气区、长庆气区、塔里木气区和青海气区；“三中”指大庆、吐哈和新疆三个中型天然气区；“一潜在”指煤层气。四大气区的生产规模基本形成，地面配套相对成熟；“三中一潜在”是天然气快速发展的产能接替战略领域。

加快了产能建设准备，确保西气东输按时供气。2003年10月1日，西气东输东段靖边至上海段建成通气；2005年1月1日，西气东输西段轮南至靖边段将建成通气，这是西气东输工程重要的时间标志点，上游积极按此计划开展工作。

2003年，中石油股份公司继续深化天然气勘探开发一体化指导思想，在四大气区加大了气田开发前期评价工作力度，以西南邛西气田开发早期评价、蜀南三叠系嘉陵江组气藏的滚动勘探开发和长庆榆林气田南区滚动建产等项目为重点，气藏评价工作成效显著。

绕川渝天然气东输工程，组织高含硫开发技术攻关。根据忠武线建设进度和两湖地区天然气下游用气需求，倒排了天然气上游工作计划和时间进度表，高含硫气田开发和天然气净化厂建设是其核心内容。

积极开展柴达木盆地天然气资源评价，为参与“西气东输”作好充分准备。截至2003年底，柴达木盆地天然气累计探明气层气地质储量2374亿立方米，控制储量861亿立方米，预测地质储量2538亿立方米。受下游消费市场的制约，资源优势一直无法转变为经济优势。

气田老区挖潜增产取得较好成效。2003年，中石油股份公司累计措施井次470次，年增产天然气5.76万立方米，其中，川西北气矿3口老气井(中42、64、关6)挖潜增产近200万立方米。

加强工艺技术研究，降低天然气自用及损耗气量，努力提高油田溶解气集输率。2003年，溶解气井口产量78.82亿立方米，而工业产量只有63.46亿立方米，商品气量就更低。绝大部分溶解气都作为油田生产用气，主要包括生产加热、保温、热采、燃气动力等维持油田生产正常运行的用气量，对保障生产运行，降低原油开采成本起到非常重要作用，其效益不可低估。

加强天然气开发方案管理工作，进行了一批重点气田开发方案的审查。2003年组织完成了塔里木克拉2气田总体开发方案、新疆盆5井区开发方案、罗家寨气田开发方案、中外合作西南八角场气田开发方案、长庆榆林南气田开发方案等审查工作，方案涉及产能建设规模140亿立方米。此外，还组织了吐哈2003—2007年天然气开发规划审查。

天然气开发基本形势。气层气：至2003年底，中石油股份公司所属13个油气田，累计探明气层气地质储量30351亿立方米，已开发动用地质储量11393亿立方米，未动用地质储量18972亿立方米，未动用储量主要分布在中、西部地区。2003年底股份公司所属13个油气田共有气井2869口，其中已投产气井2674口，未投产气井195口。2003年底，实际开井1646口，平均井口日产天然气6783万立方米，井口年产气194.58亿立方米，累计采气2931.52亿立方米，已开发可采储量采气速度2.6%，采出程度39.7%。累计剩余可采储量储采比86，已开发剩余可采储量储采比23。溶解气：截至2003年底，共投入开发溶解气地质储量6226亿立方米，可采储量2470亿立方米，井口年产78.82亿立方米，累产1925亿立方米。平均井口日产气2127万立方米，已开发可采储量采出程度77.9%。

天然气继续保持快速增长。随着西气东输工程的启动和天然气下游市场的不断开拓，“十五”是天然气产能建设速度最快、产能建设规模最大、天然气产量增长最迅速的时期。近年来，中石油股份公司天然气勘探不断取得突破，相继探明了克拉2、吐孜洛克、迪那2、苏里格以及罗家寨等一批大中型气田。2003年新增探明气层气地质储量3839亿立方米，累计探明气层气地质储量达到30351亿立方米，可采储量19643亿立方米，剩余可采储量16717亿立方米，储采比86。已动用气层气地质储量11393亿立方米，可采储量7381亿立方米，剩余可采储量4446亿立方米，储采比23。2003年天然气工业产量为247.67亿立方米，比上年增长了22.92亿立方米，其中气层气增长23.32亿立方米，溶解气降低0.40亿立方米。西部继续保持着产量快速增长的良好势头，增产23.33亿立方米，主要生产地区是长庆、西南、青海、新疆，分别增产12.71亿立方米、4.27亿立方米、3.90亿立方米和1.92亿立方米。

(3) 开发挖潜

低渗透改造。2003年压裂引进软件通过连续汉化、消化吸收、加强培训，扩大了推广应用，提高了整体设计水平。2000年中石油股份公司采取集团的方式引进国外先进压裂软件FRACPRO－PT后，全面抓了汉化研制、消化吸收、推广应用工作。通过连续汉化、多次培训和对油田指导服务，在整个中石油股份、中石油已得到大规模推广应用。共完成了20多万字的汉化研制，进行3次大规模系统测试，推出2次汉化版本，培训300多人次，推广应用该软件220多套，整体上提高了我们的压裂设计水平，达到了引进国外先进软件及技术的目的。现计划继续购买升级版本，跟踪国外的技术进步和向国际先进看齐。

大庆油田套损井压裂工具上有了大的突破，现场试验获得成功。针对大部分因套损无法压裂改造而剩余油潜力大的井，2003年，大庆油田成功研制了直径100毫米小直径压裂封隔器、配套的喷砂阀和过套损点刮蜡冲砂管柱。现场试验4口井，均实现了过变点压裂成功，平均压裂层段1.8个，最高压力达42兆帕，初期平均单井日增油4.5吨。仅大庆杏北油田，通径大于105毫米的套损井就有1571口，可实施压裂的油水井数超过500口，因此该项工艺具有很好的应用前景。

长庆油田突破禁区，重复压裂见成效。长庆油田针对长6层历年重复压裂效果差的问题，2003年在认真总结分析的基础上，首先从油藏研究、油藏认识上入手，在选井、选层上下工夫：一是对压力保持水平高、油井单井产能低于全区平均水平的井，进行整体重复压裂提高产能；二是对裂缝带地层压力高，压力保持水平在120%以上，主向见水、侧向高压低产的油井进行压裂引效；三是对已进行排状注水试验1年，而侧向产量仍较低的油井进行重复压裂引效；四是对区块强化注水以来地层压力不断回升，油井压力保持水平已达到85%以上，但产能仍然较低的油井进行重复压裂引效。

深部调剖。大港油田开展了低成本深部调驱技术先导试验。大港油田针对高含水油田剩余油高度分散，深部调驱调剖剂用量大、成本高的问题，成立了博士后项目组，开展了低成本调驱技术攻关，现已研制成功了强度高、韧性好的疏水型预交联颗粒，颗粒性能与在用的同类产品相比大幅提高，价格却降低20%以上，而且施工工艺简单。在作业二区进行2口井的现场试验，其中西6-9-2井在调驱前后日注水量维持不变的情况下，注水压力由调前的0.8兆帕上升到5.8兆帕。另外一口井西3-8新2井，调驱后还未开井注水，效果有待观察。该项技术单井施工费用可降低40%，节约10万—15万元，很有推广价值。

稠油开发。主要抓了技术进步与提高热采系统效率的工作：辽河油田中深层蒸汽驱扩大试验全面展开；辽河油田超稠油直井与水平井组合蒸汽辅助重力泄油技术进入现场试验；吉林套保油田应用螺杆泵采油技术实现浅层稠油工业化开采。

2. 中石化油气田开发情况

2003年，中石化油田开发积极实施“稳定东部、发展西部、准备南方、开拓海外”的发展战略，以进一步明确东部老油田方向性和主导性调整挖潜措施方向、西部塔河油田产能建设，原油产量继续保持恢复性增长，全年生产原油3816.3万吨。油田开发水平进一步提高，取得了可喜的成绩。截至2003年底，中石化所属油田企业投入开发油田178个，动用石油地质储量47.8亿吨，动用已探明石油地质储量的80.1%，目前井网、工艺条件下标定可采储量13.7亿吨，采收率28.7%，已动用部分剩余可采储量为3.41亿吨，核定年原油生产能力为3811万吨。未动用石油地质储量大多为效益差和现有技术条件下无法开采的储量。

（1）油田开发

油田开发现状。截至2003年底，中石化共有采油井28938口，开井21259口，油井开井率73.5%，日产油水平10.46万吨，单井日产油水平4.9吨，累积产油10.34亿吨，地质储量采油速度0.83%，采出程度22.4%，可采储量采出程度77.6%，剩余可采储量采油速度11.4%。综合含水88.4%。共有注水井10681口，开井7608口，注水井开井率71.2%，年注水量2.81亿立方米，平均单井日注水101.2立方米，累积注水量51.89亿立方米，累计注采比0.83。

原油产量。2003年，中石化原油继续保持恢复性增长，与上年同期相比增产16.2万吨；增产油田四个（西北、江苏、华东、东北），与上年同期相比增产49万吨；稳产油田六个（胜利、河南、江汉、南方、西南、中南）；减产油田三个（中原、华北、上海），与上年同期相比减产23.5万吨。

原油产能建设。2003年，中石化新老区产能建设投资114.72亿元。经全年实施，新老区产能建设共完钻新井1566口、进尺348.69万米，新老区合计新建、新增原油生产能力593万吨/年，其中新区建产能区块92个，动用地质储量1.64亿吨，钻井542口、进尺127.23万米，累计投产油井数431口，新建产能270.74万吨/年；老区钻井1048口、进尺227.17万米，新增（恢复）产能322.4万吨/年，年增油247.72万吨，单井年增油1569吨。

油田开发挖潜。2003年，中石化面对后备资源接替困难的矛盾，依靠滚动勘探开发技术，努力寻找新的有利目标、新增探明储量和控制储量，既拓宽了新建产能区块的优选空间，也为2004年及以后打下了良好的基础。2003年全年滚动开发共新增探明石油地质储量3841万吨，平均单井新增探明储量26.1万吨。“九五”期间平均每年滚动勘探新增探明储量3314万吨，2003年比“九五”期间年新增探明储量增加527万吨。

对于整装老油田，通过精细研究剩余油分布规律，找准挖潜方向，适当调整注采关系，增加油井多向受效，提高高含水油藏水驱采收率；对于断块油田，通过精细构造、储层研究，在重新落实构造储层和确定流动单元的基础上，通过钻新井、老井转注和老井补孔改层等措施完善注采井网，增加和恢复注水储量，提高储量动用程度，取得了较好的效果。老区采收率比上年提高了0.37个百分点。

自2000年起，中石化连续每年拿出20亿元专项资金用于老油田技术改造，2003年仍安排了10亿元专项资金。老油田技术改造是加强老油田稳产基础，提高采收率，提高油田生产运行质量的重大举措。2003年技术改造重点突出对油田、区块或单元的整体进行技术改造的思路；强化对老油田的综合治理力度，改善水驱开发效果，恢复水驱储量；重点治理恢复油层潜力大，停产、停注井多，储量损失多，油水井井下技术状况差的区块和单元，使其发挥出最大的生产能力；同时加大力度解决地面污水水质达标率低、流程老化的问题，提高地面工程的配套能力和适应性，满足油田开发的需要。

（2）气田开发

2003年，中石化按照“五大生产基地、四大消费市场”的天然气战略构想，天然气勘探开发进入一个快速发展时期。

2003年中石化依靠科技进步，大力推广应用新技术、新工艺，在滚动增储、新区产能建设、老区调整挖潜、开发规划、开发先导试验和管网建设等方面成效显著；同时，加强气田开发管理，提高了气田开发水平。

气田开发现状。截至2003年底，中石化动用天然气地质储量3778.3亿立方米，标定天然气生产能力57.75亿立方米/年。2003年，天然气产量53亿立方米，累积产气928.6亿立方米，采出程度24.6%，剩余可采储量581.2亿立方米。其中动用气层气地质储量1556.4亿立方米，投入开发气田(藏)59个，均为衰竭式开采，开井1222口，日产水平1194万立方米，核定气层气生产能力40.89亿立方米/年，年产气量35.12亿立方米，占总产量的66.24%，累计产气417.1亿立方米，采出程度26.79%，剩余可采储量403.4亿立方米，储采比12.6。动用溶解气储量2221.9亿立方米，日产气水平487.6万立方米，核定溶解气生产能力16.86亿立方米，年产气18.04亿立方米，占总产量的33.76%，采气速度0.8%，累产气511.5亿立方米，采出程度23.01%，剩余可采储量177.8亿立方米。

天然气产能建设。2003年，天然气产能建设实施新钻井124口，进尺27.61万米，年建能力13.68亿立方米，投资8.99亿元。2003年重点产能建设区块主要是西南分公司的新场气田JS2气藏、洛带气田、中原油田分公司的白庙、桥口和华北分公司的大牛地气田等。老区重点调整挖潜区块有中原油田的文23气田、户部寨气田、西南分公司的新场气田、东北分公司的孤家子—后五家户—八屋气田、南方分公司的太和和陆良气藏。

天然气管道建设。建设完成了大牛地—杭锦旗输气干线和配套设施。大牛地气田开发先导性试验地面配套工程包括集气管线95.4千米，集气站1座，集气处理站1座，分输站1座，大牛地—杭锦旗输气干线138千米以及其他配套设施。2003年9月1日竣工投产，并开始向杭锦旗甲醇厂供应天然气。建设完成了毛坝—达州天然气管道及配气站。该管道管径为219毫米，管长约90千米，年输气规模1.8亿立方米。2003年9月26日管线全线贯通，10月20日开始将毛坝1井生产的约5万—6万立方米/日天然气输向中石油西南油气分公司达州扬柳垭配气站，并根据与中石油西南油气田分公司签署的《天然气代输协议》，转供中石化川维厂。

天然气开发管理。快速发展天然气是提高中石化经济效益、稳定上游效益来源的需要，是上下游一体化的需要，是抢占市场、满足市场需求的需要。天然气勘探开发和利用是中石化资源战略的重要组成部分，与石油勘探开发同等重要，要作为主业下大气力抓好；天然气勘探开发利用必须坚持以市场为前提，突出经济效益；要从实际出发，积极探索有利于调动各方面积极性，推动天然气工作健康发展的管理体制和运行机制。

油气矿权管理

矿权是资源型企业生存与发展的基础，近年来引起石油天然气行业的高度重视，资源领域急剧扩张，致使全国陆地和海洋沉积盆地油气矿权登记格局由1998年前的各自为营演化为相互穿插和渗透的竞争态势。截至2003年底，全国共有油气矿业权1808个，总登记面积430.3万平方千米，其中，探矿权1135个、面积423.1万平方千米，采矿权673个、面积7.2万平方千米。

1. 中石油矿权状况

截至2003年底，中石油拥有油气矿业权881个，登记面积178.3万平方千米，其中，勘查项目436个、面积172.4万平方千米(含对外合作项目1个、面积26.57平方千米)，占全国探矿权登记面积的40.7%；为陆上探矿权登记面积的59.4%，占据着全国陆上油气勘探的主导地位。开采项目445个、面积5.89万平方千米(含对外合作项目5个、面积1758.9平方千米)，占全国采矿权登记面积的81.9%，占据着全国油气开发生产的主导地位。

2003年，中石油股份公司矿权管理工作紧紧围绕着股份公司发展战略，认真贯彻落实各级领导指示精神，牢固树立矿权是资源型企业生存与发展基础的意识，积极拓展有利的勘探领域；进一步规范和加强矿权基础管理，积极协助政府整顿油气矿业秩序，确保勘探开发生产的顺利运行；强化依法经营意识，进一步抓好矿权年检自查和配合政府现场督查工作，树立良好的企业形象，维护好股份公司矿权权益。主要取得了以下五个方面的进展：

(1) 加强矿权申报管理，确保了中石油股份公司陆上矿权的主导地位。矿权申报管理是矿权管理工作中最重要、也是最基本的一项基础工作，更是矿权管理工作人员的主要职责。2003年，中石油矿权申请工作取得一定进展，探矿权登记面积实际净增了15.8万平方千米(不包括海域即将可以拿到的12.68万平方千米)；若包括海域面积，增加的勘查面积达28万平方千米，是中石油近几年新增区块增长幅度较大的一年。

截至2003年底，中石油探矿权面积共172.4万平方千米(不包括海上)，占全国探矿权面积的41%(包括海上)，与往年相比占有比例有所下降，主要原因是中海油在海上登记了非常大的面积。总之，在陆上中石油矿权面积仍然保持着较大的增长幅度，占据着全国矿权的主导地位。

(2) 积极拓展有利的勘探新领域，矿权登记取得重要进展。第一，开展油砂矿和煤层气资源调查与评价，及时完成矿权申请登记。通过调查与评价，及时完成了准噶尔、柴达木、松辽、二连、吐哈、四川等盆地油砂矿和煤层气的矿权优选与登记。第二，组织开展了南海南部海域的矿权申请工作。我国在南海南部一直没有进行比较有效的油气勘探开发工作。中石油立足长远发展的战略高度，在长期调查、研究南海油气资源工作的基础上，于2003年7月15日开始组织辽河油田开展了南海南部海域矿权登记范围的优选工作，7月28日确定了登记方案，8月6日完成27个、申请登记面积19.2万平方千米的矿权申报材料，8月18日得到国土资源部受理。

(3) 积极开展矿权区块评价，矿权管理工作重点由以往的注重矿权数量逐步向注重登记质量转变。为了执行国土资源部将要推出的缩减区块新政策，各油田公司和中石油勘探开发研究院对现有的矿权开展了较为充分的区块评价。首先，完成了外围盆地矿权质量评估。在此基础上，经过认真反复评价，慎重地退出了6万多平方千米的矿权，国土资源部为此给予了高度评价，也树立了大油公司的良好企业形象和信誉。其次，各油田公司对大中盆地也不同程度地进行了矿权区块评价，特别是塔里木盆地区块评价工作的开展，使得该项工作趋于成熟。第三，勘探开发研究院经过长期研究确定了矿权区块评价方法和分类标准，在此基础上系统完成了2002年度有效矿权区块的质量评价。

(4) 积极接受政府油气督察，维护企业的合法权益。国土资源部从2003年开始加大了油气督察力度，中石油作为全国陆上油气矿权构成的主体，采取了积极的工作措施，主要完成了两项工作：一是按照《矿产资源法》的要求，合理利用有利条件，通过矿权的变更调整，使单个矿权登记面积合理化、最大化，最大限度地满足最低投入的要求。过去登记的矿权区块存在着面积大小不一、工作量投入差别大、勘探程度不均衡等问题，通过区块合并和搭配，使满足最低投入的探矿权面积大幅度增加，取得了非常好的效果。如渤海湾探区基本满足了最低投入要求；四川盆地、鄂尔多斯盆地、准噶尔盆地等重要探区满足最低投入区块的比例也大幅度地增加。二是积极配合政府进行现场油气督察。2003 年国土资源部首次开展了现场督察，检查了大庆、辽河、吉林和西南以及羌塘盆地共 18 个勘查、6 个开采项目。在矿权管理处的统一安排部署下，被检公司高度重视，积极配合，按照要求，认真准备，汇报思路清晰，依据充分，得到督察组成员较高的评价，维护了公司正常生产的权益。

（5）建章立制，使矿权管理工作更加规范化、制度化。矿权管理是一项非常庞杂、繁重而又紧急的工作，要做到有条不紊，就要随着政府政策的变化不断加强矿权管理的制度化、规范化建设。为此，建立了矿权申请、审查流程和审批的程序，初步编制了《矿权申报材料的填写规范》和《油气矿权年报编写规范》。

2. 中石化矿权状况

2003 年，中石化开展了《油藏经营管理办法》的研究制定工作，积极探索油藏经营管理新办法，建立完善的、科学的油藏经营管理体制、管理模式、经营管理指标体系和考核办法，根据不同类型油藏地质特点、油田开发阶段投资、成本等，逐步完善了投资决策、项目管理、成本控制和全面考核机制，进一步理顺管理关系，使油藏经营管理能够有效运行。已经在对不同开发领域的管理模式、考核指标体系等方面取得初步成果。

油气勘探开发技术

2003 年，经过中国三大石油公司等单位的共同努力，无论是陆上油气勘探开发技术还是海上油气勘探开发理论技术，均取得了显著的进步，主要表现为：

1. 跨国油气勘探开发战略研究和苏丹 3/7 区 Palogue 大油田的发现与探明

“跨国油气勘探开发战略研究”结合中石油 10 年来开拓海外石油勘探开发市场的历程，在整理消化大量国外公司、区块和合同模式等资料的基础上，对跨国油气勘探开发的可能性、难点、外国石油公司跨国油气勘探开发的经验、世界重点地区的地质条件、合作模式等进行了深入分析和研究，根据统一标准对重点国家进行了排队，提出了跨国勘探开发的十二大战略设想。这些成果对认识和落实“走出去”战略具有重要意义，对制定石油战略和进行跨国经营有重要的参考价值。

苏丹 3/7 区项目是到 2003 年为止中石油在海外拥有的面积最大的勘探区块。项目组在短短的三年时间里，克服了跨国油气勘探中存在的各种技术挑战和施工难度，全面解剖盆地结构、综合分析主力凹陷、科学评价成藏组合、快速锁定规模目标、高效发现规模储量。在近一年时间内探明 Palogue 大油田，2003 年累计探明地质储量达到 30 亿桶以上，累计新增可采储量近 10 亿桶，探井的商业成功率超过 80%；每桶油发现成本大大低于国际大石油公司的发现成本，勘探效益和社会效益十分显著。

2. 三次采油提高采收率技术取得突破，特别是在中耐盐聚合物、弱碱表活剂研制及可动凝胶驱油技术方面取得重大突破

为了提高三次采油采收率，研制出了离子型含有长链侧基的新型单体（AHPE）与丙烯酰胺共聚得到的新型耐温抗盐聚合物（KYPAM），该聚合物可进一步降低临界缔合浓度，改进溶解性和地层条件下的稳定性，提高增稠能力，在各种矿化度条件下，黏度均大大高于普通超高分子量聚丙烯酰胺，超幅达 22%—81%，在大庆、华北、胜利等油田三次采油和深度调剖应用中，取得很好的增油效果。耐盐聚合物形成年产 4 万吨的生产规模，大庆油田聚合物驱基本实现了污水配制，进一步降低了成本。

3. 阵列感应成像测井技术取得重大突破

中石油和中海油分别组织队伍开展阵列感应成像测井技术的攻关，其中中石油开发的阵列感应成像测井技术攻关在 2003 年经过 12 井次的测井试验，获得合格的测井资料，研制获得成功。所取得的资料具有较强的划分薄层及反映层内非均质性能力，能直观合理地描述地层侵入特征和地

层真电阻率。使用该技术所测资料与国外同类仪器所测资料对比，取得了一致的效果。中海油研制开发了相应的井下成像测井仪、传输系统和地面控制系统，其中八臂地层倾角测井仪已取得成功。该项技术的成功标志着中国测井技术已进入世界先进行列。

4. 石油天然气管道建设技术取得新的进展

一是西气东输应用新技术在施工作业中发挥重要作用。2003 年 11 月 20 日，西气东输全线主体焊接工程完成，11 月 29 日，西气东输跨越黄河工程在宁夏中卫县成功合拢，标志着全长 3800 千米的西气东输全线基础工程全部完成。西气东输工程集高科技、高风险、高投入于一身，中石油成功地应用度先进技术解决了一系列工程施工中的世界性难题。应用长距离接力顶管和定向钻井技术成功地完成了大口径钢管长距离穿越，黄河穿越总长达 7645 米，创造了日顶进 24.875 米的最高记录，并最终实现了顶管全程贯通，使我国的管道穿越技术上了一个新的台阶；取得了应用大口径管道 STT 根焊和全自动焊接技术焊接焊口 1800 道，一次外检合格率达到 100%，无损检测合格率达到 97% 以上的世界级好成绩；广泛应用国产 X70 钢管及自动焊冷弯机等一系列自研设备，取得了数十亿的经济效益和显著的社会效益。二是甬沪宁原油管道正式建成投产，该管道第一次横跨长江，直接通过石油管线，将我国长江两岸的主要炼油厂连成一片，成为一个大网络管道运输系统。此项工程实现了中国管道建设史上的多次新突破，即采用水平钻探技术第一次横跨长江，第一次在杭州湾我国强潮流地区铺设大口径海底原油管道，第一次在我国地形复杂的南方地区铺设长输管道等。

5. 复杂地表地震勘探技术系列取得重大进展

针对西部探区沙漠、戈壁、山地、黄土塬广布和南方碳酸盐岩裸、水网纵横交错、山区高差大(上千米)等带来勘探难度大的问题，开展了复杂地表条件下地震勘探技术研究。一是对大沙漠区高分辨率处理技术研究与应用，在勘探目标日趋复杂和隐蔽的情况下，高分辨率地震资料处理已成为发现储油圈闭的主要手段。针对各个地区地震资料的不同特点，研究开发了一批新地震资料的处理方法，在静校正方法、去噪及信号增强方法、精细速度分析及动校正方法、频谱拓宽及相位校正方法、俞氏子波及应用研究、处理技术的配套及综合应用 6 个方面取得了突破性进展。这些处理技术，成功应用于塔中 40 井三维资料处理，表明西部大沙漠地区的资料处理、生产实践取得了良好的应用效果和经济效益。二是针对黄土塬和山地的特点，采用折射波初至智能拾取、最小基准面确立、多次迭代折射、层析成像折射和时变剩余静校正技术，开发了山地钻井、检波器组合和复杂地表条件偏移成像等关键技术，改善了地震资料的品质，攻克了地震资料采集老大难问题。

6. 应用欠平衡钻井技术、水平钻井技术、大位移定向井技术、特殊结构井钻井技术和油气层保护技术提高油气田产量效果显著

近几年，塔里木、大庆、胜利、中原、冀东、辽河、吐哈、西南、新疆、玉门等油田公司在不断开发和总结欠平衡钻井、水平钻井技术、大位移定向井技术、特殊结构井钻井技术和油气层保护技术的基础上，继续加强欠平衡井、水平井技术的推广应用，在油气钻探、降低开发成本及提高油气产量方面起到了很好的作用。2003 年 3 月 7 日应用欠平衡钻井技术完井的泸县浅 2 井，单井日产气量高达 7.5 万立方米。2003 年，应用水平钻井技术，塔里木油田完成了 28 口开发井，水平井总数已占油田总井数的 34%，日产油占全油田的 45.4%；冀东油田水平井产量达到直井产量的 3—4 倍，并有效地控制了油田高含水问题。

7. 中国隐蔽、潜山等复杂油气藏攻关取得重要进展，天山南北前陆盆地获得重大油气发现

通过加强地质综合研究，在岩性油气藏勘探、前陆盆地冲断带油气勘探上获得重大突破，进一步丰富和完善了陆相层序地层学、三角洲前缘控油理论、坡折带控油和岩性油气藏成藏理论；发展了以高分辨率三维地震为基础的岩性圈闭识别和储层识别、预测与砂体描述技术以及大比例尺

沉积微相工业化制图技术，为岩性油气藏勘探的一系列突破发挥了重要的作用。松辽盆地发现和探明一批较大规模优质高效岩性油藏，新增探明石油地质储量2.11亿吨；胜利油田、鄂尔多斯盆地、渤海湾盆地、二连、塔里木、准噶尔等盆地发现了一批5000万至1亿吨级岩性圈闭大油气田。岩性油气藏勘探已成中石油储量增长的重点，在中石油最近几年年增探明储量中，岩性油藏所占比例2003年达到55%，成为新增储量的主要类型。

2003年，前陆盆地研究成效显著，山前勘探取得了一系列新突破，完善了断层相关褶皱及山前带油气成藏理论，进一步发展和应用了以山地地震为代表的复杂地震勘探技术。在塔里木乌什凹陷乌参1井见工业性油气流，开辟了油气勘探新领域；准噶尔南缘霍10井获工业油气流，南缘勘探也获得新的突破。

8. 稠油开采配套技术取得重要进展

稠油携砂冷采技术在吉林套保油田及苏丹Fula油田获得成功应用。2003年，现场应用结果显示，单井产量上升近5倍，较好地解决了“出水”、“砂卡”等技术难题，探索出一整套适合套保稠油油藏特点的开发方法，收到了良好效果。套保油田的油井，全部采用螺杆泵生产，投产70口井，日产5吨以上的井达60%，日产10吨以上的井达40%，最高日产达到20—30吨，年产油量可完成10万吨。稠油冷采技术在中石油海外项目中也取得了重大进展。

9. 全国新一轮主要含油气盆地油气资源评价取得重大成果

“主要含油气盆地油气资源评价”于2000年正式启动，组织了300多人，历时近三年时间，至2003年取得了既符合国际惯例，又考虑中国实际情况的重大研究成果。2003年12月9日，30多位院士、资深专家组成的验收组对该项目进行了审查，认为：“该项目研究规模大、难度大，采用先进管理模式，高效率、高质量地完成了研究任务。在方法的创新、标准的建立、数据库和软件平台开发等方面都取得了重大成果，确保了评价结果的科学性和可信度。该成果在刻度区的创建、运聚模型及资源空间预测等方面有重大创新，总体上已达到国际同类成果的先进水平。”

10. 海洋勘探开发技术配套性和适应性进一步增强

经过引进与自主开发相结合，中国已经形成一系列的海洋石油勘探开发技术，包括海上物探技术、海上钻井技术、海上测井技术和海上油气田开发技术。如“海上中深层高分辨率地震勘探技术”通过框架式多枪相干组合震源的研制，为海上2500米以上的中深层地震勘探创造了一个新型的频带宽、能量大的震源。在地震资料处理方法上，又创造性地实现了高分辨地震资料的不叠加处理、聚束滤波叠前去多次波方法和时频域零偏移道拟合方法等。通过技术创新，使海上中深层高分辨率地震成果剖面频宽度达10—100赫兹，能分辨10米左右的地层。该技术已成功地应用于南海的地震作业，获得了很好的地质效果及经济效益。“海上大位移钻井技术”通过井下正排量遥控可变径稳定器、井下闭环可变径稳定器、水基钻井液和钻井实时监测软件系统的研制，中国已完全掌握了自行完成大位移井的全部技术。“海洋石油勘探开发数据库”建成，可用于生产管理和科研。开发数据库以开发动态数据库为核心，已通过企业内部网络进行油田的生产动态管理。海洋石油工程数据库中的海洋石油工程造价库和工程定额库已建成，可为工程管理和降低工程造价发挥巨大作用。

海洋油气勘探

2003年，中海油在中国海域共获得9个油气新发现，其中自营发现6个，包括渤海海域的渤中34－1、渤中34－1南、渤中3－2，珠江口盆地的流花19－5、番禺35－1，北部湾盆地的涠洲11－1北；合作发现3个，包括蓬莱19－9、曹妃店11－5和曹妃店11－6。成功评价10个含油气构造，其中自营评价6个，包括锦州25－1南、渤中34－1南、渤中34－1、番禺30－1、涠洲11－1、文昌15－1；合作评价4个，包括曹妃店11－3、曹妃店11－6和曹妃店12－1、曹妃店12－1南。共完成二维地震采集19814千米，其中自营17513千米，合作2301千米；三维地震采集3402平方千米，其中自营1764平方千米，合作1638平方千米。共完成探井 47 口，其中自营 28 口，合作 19 口；钻井进尺 122723 米，其中自营 74888 米，合作 47835 米。

中石化海洋油气勘探（自营部分）主要集中在东海和南海的近海海域，共完成二维地震 6313 千米，钻探井 2 口，进尺 6021 米，尚未发现油气。

海洋油气开发

2003 年，中海油生产石油液体 3427.9 万立方米，天然气 75.76 亿立方米，其中国内生产石油液体 2509.6 万立方米，天然气 37.66 亿立方米；海外生产石油液体 918.38 万立方米，天然气 38.10 亿立方米。中海油原油产量与上个五年规划末相比增加 641.14 万立方米，增量为 34.3%，平均年增率为 11.4%。其中渤海海域年产量保持了持续的高速增长势头，与 2000 年相比年产增加 564.67 万立方米，增幅为 143.6%，平均年递增率为 47.9%，这是由于 3 年中相继有 4 个规模较大的新油田（绥中 36－1Ⅱ期、秦皇岛 32－6、歧口17－2、蓬莱 19－3Ⅰ期油田）投产之故。其次为南海西部海域，与 2000 年比年增量为 229.24 万立方米，增幅为 85.9%，平均年递增率为 28.6%，由于文昌 13－1、文昌 13－2 油田的投产增加了年产近 320 万立方米。天然气产量与 2000 年相比减少了 7.25 亿立方米，降幅 17%，主要是由于崖城13－1气田修改下游合同，使供气量减少造成的。同时东方 1－1气田 8 月投产，向海南省供气，2003 年产气 3.6 亿立方米。渤海天然气产量稳定，东海产气量根据下游要求逐年上升。

截至 2003 年底，中海油国内投产油气田共有 29 个，其中 25 个油田，4 个天然气田。2003 年新投产油气田 3 个（番禺 4－2、番禺 5－1、东方 1－1）和 1 个新区块（涠洲 12－1 北）。

2003 年国内油气田开发的特点是：储量替代率和累计储采比高，全年实现储量替代率 251.8%，累计储采比为 19；新油田开发建设速度加速，新建油气田基本按计划投产，为 2003 年产量计划的完成做出了贡献；增加了老油田的调整挖潜工作量。

海上油气田产能建设

2003 年，中海油有 18 个油气田正在开发建设，其中有两个油田（番禺 4－2/5－1）、一个含油区块（涠洲 12－1 北）和一个气田（东方 1－1 一期）已经建成投产。番禺油田完成两座钻井平台、共用一条 FPSO，设计产油能力可以达到 337 万立方米/年；涠洲 12－1 北区块工程完成 24 井槽的井口平台，2.27 千米海底管线，设计年产能力可以达到 84 万立方米/年；东方 1－1 气田一期工程包括一座中心平台、一座中心处理平台、一座陆上终端、一条 158 千米的长输管线，一期产气能力可达到 16 亿立方米/年。2003 年油田第一阶段只有部分井投产，共产出原油 23.71 万立方米，天然气 3.6 亿立方米、凝析油 0.314 万立方米。

2003 年在建油田还有 15 个，动用原油地质储量 5.38 亿立方米、天然气储量 919 亿立方米，将建成原油生产能力 1087 万立方米，天然气生产能力 15 亿立方米。这些油田按长远规划将在 2004—2005 年陆续投产。

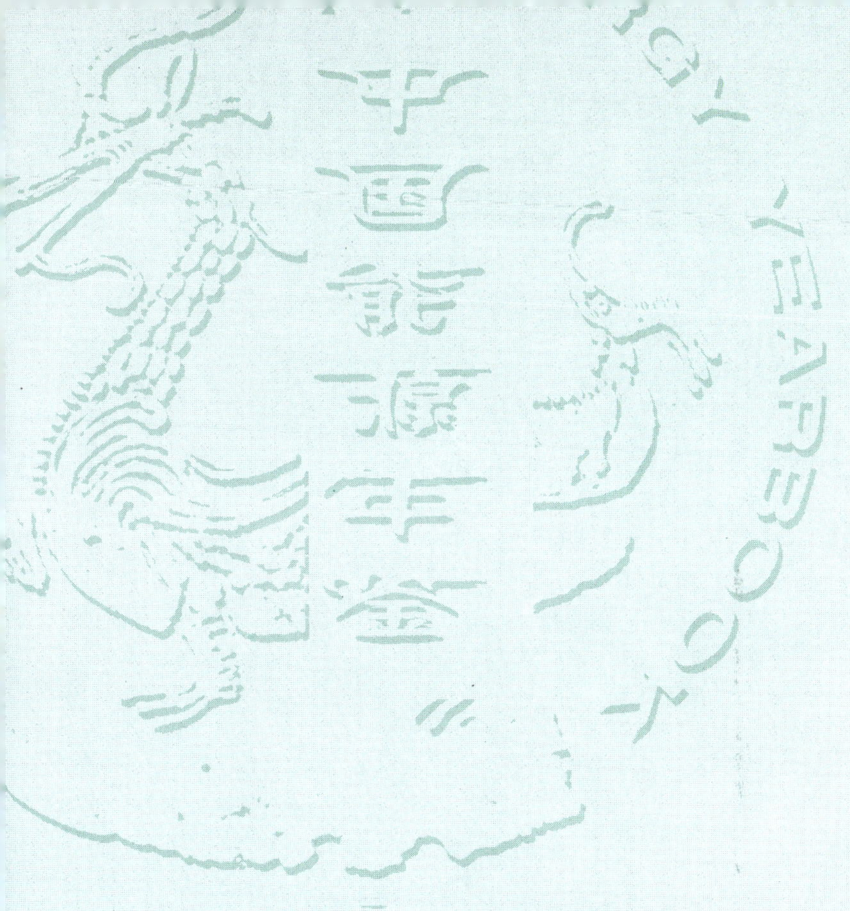

第五篇 能源投资与建设

ENERGY INVESTMENT AND CONSTRUCTION

第一章

煤炭投资与建设

煤矿建设及生产能力

建国以来，中国在煤炭建设上投入了大量资金。1950—2003年，全国煤矿基本建设累计完成投资额2900亿元，其中国家投资1050亿元，重点扩建了30个老矿区，新开发了100多个新矿区。2003年全国煤矿基本建设投资193亿元，比2002年增加81亿元，是1950年的190多倍。

1950—2003年，全国开工建设煤矿设计能力约10.5亿吨（不包括乡镇煤矿和不计能力的小矿），开工建设选煤厂设计能力6.7亿吨。2003年年底，全国国有煤矿在建规模为2.4亿吨，其中国有重点煤矿1.5亿吨，地方煤矿0.9亿吨；在建选煤厂规模为2亿—2.5亿吨。

根据中国煤炭工业协会有关统计数据，截至2003年底，全国煤矿形成生产能力17.5亿吨，其中国有重点煤矿600处，生产能力8.2亿吨，占46.8%，平均每处137万吨；地方国有煤矿2000多处，生产能力2.8亿吨，占16%，平均每处12万吨；乡镇煤矿约2.6万处，产煤能力6.5亿吨，占37.2%。

中国煤矿主要分布在山西、山东、内蒙古、河南、陕西、安徽、辽宁、河北、黑龙江9个省区，其生产能力均在5000万吨/年以上，总计13.5亿吨/年，约占全国的77%，其中：山西5亿吨/年，占全国煤矿生产能力的29%。

在已投产的矿井中，有生产能力超过1000万吨/年的神华大柳塔和榆家梁矿井；生产能力超过500万吨/年的阳泉二矿和兖矿集团的东滩、鲍店、济宁三号、兴隆庄；山西平朔安太堡露天矿生产能力达到1500万吨/年。

煤矿建设投融资体制改革

新中国煤炭投融资体制改革大体可分为三个阶段。

第一阶段从1949年至1985年，为高度集中的计划管理阶段。煤炭工业投资主要是国家预算内拨款。国家按照煤炭建设规划和年度建设计划，核拨资金，项目国家定，亏损国家补；建设单位按照国家计划，无偿使用资金。煤炭企业既不承担投资责任，也不承担投资风险。

第二阶段从1985年至1993年，为投融资体制改革的初级阶段（“拨改贷”阶段）。基建投资由拨款改贷款，由部门和国家专业投资公司经营。此外，煤炭基建投资还增加了煤代油、建行贷款、重点企业建设债券和国外政府贷款、世行贷款等多种资金渠道。这一阶段，煤炭基建投资虽然由拨款改为贷款，但由于国家对煤炭统一定价，煤炭企业没有还贷能力，煤炭基建投资由煤炭部和能源投资公司统贷统还（1993 年改为企业分贷），对煤炭企业是记账。由于煤炭企业无力还贷，资金有偿使用的运行机制没有真正建立起来。因此，“拨改贷”不但没有建立资金有偿使用机制，反而使煤炭企业背上了沉重的债务负担。

第三阶段从 1994 年开始，企业成为投融资风险主体的深化改革阶段。基本建设投资实行银行借贷制，建立投资风险责任机制和约束机制。1994 年组建国家开发银行，实施了一些重大改革举措：一是在建设项目的可行性研究审批方面，由过去政府审批改为银行承诺资金配置意见后再由政府审批；二是在年度投资计划安排方面，由过去政府确定投资计划，银行按计划拨付贷款，变为政府只对投资规模和投资结构进行宏观调控，资金的配置计划由银行决定；三是在借贷方式和贷款利率方面，由过去统贷统还变为分贷自还，取消行业差别利率，实行按项目贴息。

第二章

电力投资与建设

电力投资与建设

“九五”末到“十五”初期，全国电力供需紧张形势有所缓解，投资增长幅度波动较大。在此期间，电力总投资增长放缓，电网建设投资力度加大，城乡电网建设与改造工程以及西电东送、全国联网工程等电网建设项目陆续开工，三峡输变电工程项目全面展开，常规火电项目的开工建设受到限制，使得电网建设长期滞后、电源电网发展不协调的局面有所缓和。

1. 全国电力投资

“十五”头两年的2001年和2002年，全国电力固定资产投资额分别完成2296亿元和1944亿元，同比分别下降10.8%和增长29.8%，分别比全国投资平均水平低24.3和高12.9个百分点，电力投资占全国固定资产投资的比重分别达到6.44%和7.14%，低于“九五”期间7.88%的平均水平。从投资方向看，电源投资分别完成1100.2亿元和1732.4亿元，同比分别下降5.73%和增长57.5%，其占全国电力投资的比重分别为45.9%和55.74%，比“九五”期间的平均水平(62.74%)分别降低16.8和6个百分点；电网投资分别完成1294.7亿元和1375.4亿元，同比分别下降14.8%和增长6.2%，其占电力投资的比重分别达到54.1%和44.3%，较“九五”平均水平(37.3%)分别增加16.8和7个百分点。

2003年，全国电力固定资产投资在2002年较大幅度增长的基础上增幅回落较大，全年电力固定资产投资完成3181.21亿元，同比仅增长2.36%，与全国总体水平和其他行业相比明显偏低，主要是由于城乡电网改造工程基本完成，使得投资总额下降较多。电源方面，受电力供需形势日趋紧张的影响，各级政府为缓解供需紧张局面，积极支持电源建设；新组建的各大发电集团为增强企业竞争能力，投资热情也空前高涨，使电源投资力度大增。全年电源投资完成1896.95亿元，同比增长9.5%，占全部电力投资的比重为59.6%，较上年上升3.9个百分点。电网方面，由于大规模的城乡电网改造工程接近尾声，新开工的县城电网改造工程投资计划下达较晚，投资完成额大幅度下降，全年电网投资完成1284.3亿元，同比下降 6.6%，占全部电力投资的比重为40.37%，较上年下降 3.9%。电网建设滞后于电源发展的状况又趋恶化，电力发展不平衡、不协调的形势更为严峻。

2. 国家七大电力公司投资

2003 年，国家七大电力公司的投资建设情况是：

国家电网公司全年完成固定资产投资 811 亿元，完成计划的 99.5%。其中电源工程 42 亿元，电网工程 712 亿元（其中主网工程 517 亿元，城乡电网改造工程 66 亿元，县城电网改造工程 129 亿元），小型基建和其他投资 57 亿元。电网投资的比重占到了 87.8%。

南方电网公司全年安排基建投资计划 281 亿元，完成基建投资 274 亿元，完成年度计划的98%。其中大中型电网完成投资 219.3 亿元，城市电网建设与改造完成投资 5.5 亿元，农村电网建设与改造完成投资 29.9 亿元，县城电网建设与改造完成投资 11.4 亿元，小型基建项目完成投资 7.8 亿元，电网投资的比重占到了 97.1%。全年技术改造计划投资 34 亿元，全年完成 29.4 亿元，完成计划的 84%。

华能集团公司全年完成电源建设投资 69.41 亿元，其中火电 46.15 亿元，水电 23.25 亿元。

大唐集团公司全年完成电源建设投资 139.1 亿元，其中火电 107.3 亿元，水电 31.8 亿元。

华电集团公司全年完成电源投资 99.3 亿元，其中火电 67 亿元，水电 32.3 亿元。

国电集团公司全年完成电源投资 102.4 亿元，其中火电 81.8 亿元，水电 20.6 亿元。

中国电力投资集团公司全年完成电源建设投资 61.8 亿元，其中在建项目投资完成 43.6 亿元（其中火电 11.1 亿元，水电 32.5 亿元），前期项目投资完成 18.26 亿元；全年共安排技术改造资金 11.4 亿元；完成了神头第一发电厂 6 号机等 10 台机组的汽轮机通流部分改造，通辽发电总厂 1 号机组等 11 台机组的自动化改造等项目。

3. 水电投资和建设

改革开放以来，水电建设迅猛发展，工程规模不断扩大。20 世纪 50 年代至 60 年代初，主要修复丰满大坝和电站，续建龙溪河、古田等小型工程，着手开发一些中小型水电，如官厅、淮河、黄坛口、流溪河等电站。在 50 年代后期条件逐步成熟后，对一些河流进行了梯级开发，如狮子滩、盐锅峡、拓溪、新丰江、新安江、西津和猫跳河、以礼河等工程。60 年代中期到 70 年代末这段时期内开工的有龚嘴、映秀湾、乌江渡、碧口、凤滩、龙羊峡、白山、大化等工程。70 年代初，第一座装机容量超过 100 万千瓦的刘家峡水电站投产。80 年代，容量 272 万千瓦的葛洲坝水电站建成，之后一系列大水电站相继建设，容量 1820 万千瓦的三峡工程也于 1994 年正式开工；到 2000 年底，全国规模超过 100 万千瓦已建和在建的大水电站（不包括蓄能电站）已有18 座。

除了常规水电站以外，中国抽水蓄能电站的建设也取得很大的成绩。抽水蓄能电站主要建于水力资源较少地区，以适应电力系统调峰的需要。已建的主要抽水蓄能电站有：

广州抽水蓄能电站总装机容量 240 万千瓦，是中国第一座也是世界上最大的抽水蓄能电站。电站分两期建设，每期 4 台 30 万千瓦容量可逆式高参数抽水蓄能机组，设计水头 535 米，额定转速 500 转/分，综合效率 76%。

江天荒坪抽水蓄能电站，6 台 30 万千瓦机组，总装机容量为 180 万千瓦，属日调节纯抽水蓄能电站，年抽水耗电量 42.80 亿千瓦时。

华北电网最大的抽水蓄能电厂十三陵抽水蓄能电站，以“十三陵水库”为下池，采用悬挂式塑性混凝土防渗墙技术进行防渗处理，电厂安装 4 台 20 万千瓦混流河逆式水泵水轮机、电动一发电机组，装机容量 80 万千瓦。

河北潘家口的混合式抽水蓄能电站，装有 1 台 15 万千瓦常规水轮发电机组，还有 3 台 9 万千瓦的抽水蓄能机组，合计装机容量 42 万千瓦。

此外，中国在西藏还建设了世界上海拔最高的抽水蓄能电站羊卓雍湖抽水蓄能电站。其他抽水蓄能电站还有河南宝泉抽水蓄能电站、安徽琅琊山抽水蓄能电站、山东泰安抽水蓄能电站、浙江桐柏抽水蓄能电站、江苏宜兴抽水蓄能电站、河北张河湾抽水蓄能电站。

中国的水能资源主要分布在西部地区，占3/4以上，但目前开发率仅为8%。尤其是云南省，全省水电可开发装机总容量约9000万千瓦，占全国水电可开发装机容量的23.8%，居全国第二位，省内水资源主要分布于金沙江、澜沧江、怒江、珠江、红河和伊洛瓦底江等六大水系，是中国西部最具水电开发潜力的主要省份。但是云南省的工业基础相对落后，水电资源主要位于交不便的崇山峻岭之中，开发难度较大。随着西部大开发战略的实施，西电东输工程必将激活西部丰富的水力资源，促进中国水电事业的发展。发挥云南等省的地区优势，将其建设成中国的水电能源基地，实现西电东输，既可以满足当地经济发展对电力的需求，又能优化全国的能源结构。

2002年10月，川西南总装机容量比三峡电站还大60万千瓦的溪洛渡、向家坝两个巨型水电站正式经国务院批准立项，这将是中国最大的水电基地。溪洛渡电站位于四川省雷波县和云南省永善县的交界处，设计装机容量1260万千瓦，年平均发电量571.2亿千瓦时；向家坝电站位于四川省宜宾县与云南省水富县交界处，装机600万千瓦，年平均发电量307亿千瓦时。这两座电站的建设具有调节能力强、淹没耕地少、移民少等其他大型水电站少有的优点。这两个巨型水电站的正式立项标志着中国开始大规模开发长江上游的水电资源，长江上游水电资源的开发必将大大改善中国的电力结构，奠定西电东输的大格局，促进全国范围内的能源平衡与优化配置。

4. 核电投资和建设

“十五”以来，中国核电投资与建设取得了良好成绩。

秦山一期30万千瓦压水堆核电站，由中国自行设计、建造、调试和管理，于1991年12月首次并网发电，从此结束了中国大陆无核电的历史。中国是世界上第七个自行设计、建造首座核电站的国家。2003年，秦山核电站全年发电24亿千瓦时，全年负荷因子88.7%。秦山核电站在第七燃料循环中连续安全运行443天，共发电33.1亿千瓦时，整个燃料循环中无非计划自动停堆，创造了秦山核电站运行12年来的最好记录和全国连续安全运行的最高记录。

大亚湾核电站，2台90万千瓦压水堆核电机组，是中国最早引进国外技术建设的大型商业核电站。大亚湾核电站全面引进国际先进的核电技术和管理经验。核岛设备由法国法码通公司供货，常规岛设备由英法通用电气阿尔斯通公司供货，辅助设备由中、法、英、日等国的公司供应。到2003年底，累计实现上网电量1277.27亿千瓦时，其中有864.98亿千瓦时的电量输送香港，为香港的顺利回归和经济社会繁荣做出了贡献。

秦山二期核电站，2台60万千瓦压水堆核电机组，是中国自主设计建造的首座商用核电站。由中核集团公司与浙江电力开发公司、华东电力集团公司等共同投资建设，中核集团公司控股。1996年6月开工。秦山二期1号机组反应堆安全壳穹顶吊装、主回路水压试验、安全壳强度和密封性试验、汽轮发电机组非核蒸汽冲转试验、核燃料组件装载、反应堆首次临界试验、500千伏开关站启动、首次并网发电、满功率运行等一系列重大活动，均一次成功。

岭澳核电站一期工程，2台99万千瓦压水堆核电机组，是国务院批准建设的重点工程，是国家“九五”开工的最大能源项目之一。岭澳一期核电站采用大亚湾核电站“翻版加改进”技术方案，按照国际标准，与国际先进技术接轨，积极推进核电自主化和国产化。通过岭澳一期核电站的成功建设，实现了中国按照国际标准自主建设百万千瓦级核电站的技术跨越和管理跨越，促进了核电相关行业结构调整和技术升级，为中国核电系列化、标准化、自主化发展探索了宝贵经验。

秦山三期核电站，是从加拿大引进的2台70万千瓦的重水堆核电机组。由中核集团公司与浙江电力开发公司、华东电力集团公司等共同投资建设，中核集团公司控股。1998年6月开工，2003年7月24日全面建成投产，整个工程比计划的55个月工期提前112天。工程造价较国家批准的概算节省10%，总投资约1790美元/千瓦。它的工程建设周期与国际上33座重水堆相比，时间最短，工程质量高，多项施工记录创国际同类核电站建设之最。

田湾核电工程，由中俄合作建设，工程按计

划顺利进行，两台机组将分别于2004年和2005年投产。田湾核电站，采用双层安全壳结构，安全系统采用完全独立和实体隔离的4通道结构，采取了缓解严重事故后果的安全设施，采用先进的数字化仪控系统等先进的设计技术方案。田湾核电站的建设，将对推进中国核电发展、吸收先进技术发挥积极的作用。

通过核电站的建设，中国在核电科研开发、设计、建造、工程管理和运行管理、核安全保障、核燃料供应和铀资源保障等方面，具备了一定的能力，中国积极发展核电的条件已经具备，时机已经成熟。

5. 农村水电投资和建设

2001—2003年，全国农村水电完成投资753.30亿元。其中国家投资94.30亿元，国内贷款342. 亿元，利用外资16.20亿元，自筹资金211.20亿元，其他资金89.60亿元。全国农村电站、电网及其他配套建设共完成投资753亿元。其中电站完成投资422亿元，电网完成投资303亿元，其他配套工程完成投资28亿元。

2003年，全国农村水电完成投资300.62亿元。其中国家投资27亿元，国内贷款119.18亿元，利用外资10.45亿元，自筹资金100.15亿元，其他资金43.84亿元。电站、电网及其他配套建设共完成投资300亿元，同比增长25.51%。其中电站完成投资217.8亿元，电网完成投资8.14亿元，其他配套工程完成投资10.55亿元。

电力新增能力

1. 电源投产规模较大

2001年、2002年和2003年，全国新增发电装机容量分别为1929万千瓦、1796.09万千瓦和3483.69万千瓦，连续15年投产机组容量超过1000万千瓦。到2003年底全国电力装机容量已经达到3.91亿千瓦，其中，水电机组9489.62万千瓦，火电机组2.9亿千瓦，核电机组618.60万千瓦，其他(风电等)机组55.45万千瓦，比重分别为24.25%、74.03%、1.58%和0.14%。(见表1－21)

2003年，国家电网公司、南方电网公司经营区域新增发电装机容量合计3228.47万千瓦，其中水电机组合计763.12万千瓦、火电机组合计2284.43万千瓦、核电机组合计171.80万千瓦、其他机组合计9.12万千瓦(见表5－1、表5－2)。华能集团公司投产火电发电机组114万千瓦。大唐集团公司投产火电发电机组台324.5万千瓦。华电集团公司投产发电机组329.5万千瓦，其中火电243.5万千瓦，水电86万千瓦，完成技术改造增容20.45万千瓦。国电集团公司投产发电机组195.7万千瓦，其中水电4.7万千瓦，火电191万千瓦。中电投集团公司投产发电机组59.5万千瓦，其中水电22.5万千瓦，火电37万千瓦。全国已经投产的核电站装机容量达到670万千瓦。

表5－1

2003年国家电网公司、南方电网公司经营区域新增发电装机容量

单位：万千瓦

经营区域 \ 指标	合 计	水 电	火 电	核 电	其 他
国家电网公司经营区域	2468.37	572.40	1815.73	72.80	7.40
南方电网公司经营区域	760.10	190.70	468.70	99.00	1.70
合 计	3228.47	763.12	2284.43	171.80	9.12

资料来源：国家电网公司、南方电网公司。

表5－2

2003年国家电网公司、南方电网公司经营区域新增发电机组分类明细表

单位：万千瓦

项　目　名　称	机组属性	台	投产装机容量	项　目　名　称	机组属性	台	投产装机容量
合　计			3228.47	东莞天明电厂	火　电	3	18.00
一、20万千瓦及以上机组		50	1830.80	南山集团东海电厂	火　电	1	15.00
三峡水电机组	水　电	6	420.00	里彦电厂	火　电	1	13.50
托克托电厂一期	火　电	2	120.00	运河电厂	火　电	1	13.50
岭澳核电站	核　电	1	99.00	章丘电厂	火　电	1	13.50
秦山第三核电厂	核　电	1	72.80	新乡电厂新机	火　电	1	13.50
石嘴山二厂	火　电	2	66.00	隆达电厂	火　电	1	13.50
聊城电厂2号机组	火　电	1	60.00	平桥电厂	火　电	1	13.50
湖南鲤鱼江电厂扩建	火　电	2	60.00	叶县蓝光电厂	火　电	1	13.50
株洲电厂技改	火　电	2	60.00	东莞糖厂电厂	火　电	1	13.50
平凉电厂	火　电	2	60.00	华源热电	供　热	1	12.50
台山电厂	火　电	2	60.00	鞍钢集团公司第二发电厂扩建	火　电	1	12.50
黔北电厂	火　电	2	60.00	桥头铝电公司	火　电	1	12.50
纳雍电厂	火　电	2	60.00	连州电厂二期	火　电	1	12.50
安顺电厂	火　电	2	60.00	坪石B电站	火　电	1	12.50
乌江渡扩机	水　电	2	50.00	尼拉水电站	水　电	3	12.00
大朝山电站	水　电	2	45.00	秀关水电站	水　电	3	10.80
山西平旺电厂	火　电	2	40.00	石家庄东方热电二B站	供　热	2	10.00
蒙华海电	火　电	2	40.00	淄博华港热电	火　电	1	10.00
河北热电	火　电	2	40.00	辽宁南票电厂	火　电	1	10.00
新疆红雁池第二发电厂	火　电	2	40.00	吉林新立热电有限责任公司	供　热	1	10.00
江西九江电厂	火　电	1	35.00	灞桥发电有限公司	火　电	1	10.00
蒲城电厂Ⅱ期	火　电	1	33.00	洛阳热电厂老厂(力源公司)	火　电	1	7.50
莱城电厂4号机组	火　电	1	30.00	鱼洞水电站	水　电	3	7.50
胜利油田电厂3号机组	火　电	1	30.00	江阴周庄电厂	火　电	1	6.00
长兴电厂Ⅳ期	火　电	1	30.00	扬子石化电厂	火　电	1	6.00
耒阳电厂Ⅱ期	火　电	1	30.00	昆山鑫源热电有限公司	火　电	2	6.00
深圳西部电厂	火　电	1	30.00	驻马店古城电厂	火　电	1	6.00
曲靖电厂二期	火　电	1	30.00	云浮享达水泥厂电厂	火　电	1	6.00
宣威电厂六期	火　电	1	30.00	辉县市电厂	火　电	1	5.50
太原二电厂五期	火　电	1	20.00	山西侯马电厂三期	火　电	1	5.00
茂名电厂	火　电	1	20.00	华瑞马头热电有限责任公司	火　电	2	5.00
二、2.5万—20万千瓦以下机组			1031.06	兖州南屯煤矿发电厂	火　电	1	5.00
引子渡电站	水　电	3	36.00	晨鸣集团自备电厂	火　电	1	5.00
龙口东海电厂	火　电	2	30.00	抚顺石化公司热电厂	火　电	1	5.00
临沂电厂	火　电	2	28.00	玖龙纸业太仓有限公司	火　电	1	5.00
镇江电厂二、三期工程	火　电	2	28.00	武进中天钢铁有限公司	火　电	1	5.00
江阴夏港电厂二期扩建	火　电	2	28.00	成都热电厂(技改恢复)	火　电	2	5.00
华能白杨河电厂	火　电	2	27.00	西安热电有限责任公司	火　电	1	5.00
华能济宁电厂	火　电	2	27.00	乳源横溪水电厂	水　电	2	5.00
淄博山国电热电	火　电	2	27.00	宣威响水电站	水　电		5.00
聊城热电	火　电	2	27.00	北江盘水电站	水　电		5.00
腾州新源热电	火　电	2	27.00	无锡苏源(爱依斯)公司	火　电	1	4.70
华盛集团热电厂	火　电	2	27.00	常州华源发电有限公司	火　电	1	3.96
太仓港环保电厂——四期工程	火　电	2	27.00	魏桥棉纺第二热电厂	火　电	1	3.00
新安电厂	火　电	2	27.00	平顶山三和电厂	火　电	1	3.00
金冠电厂	火　电	2	27.00	蒙西热电	供　热	1	2.50
巩义豫联电厂	火　电	2	27.00	石炼油自备电厂	火　电	1	2.50
酒钢热电厂	火　电	2	27.00	滦河发电厂华实	火　电	1	2.50
茌平华信铝业	火　电	2	25.00	佳木斯龙实电厂	供　热	1	2.50
鸡西发电厂	供　热	2	25.00	吉林东关热电厂	火　电	1	2.50
深圳福华德燃油电厂	火　电	2	23.50	商丘丰源热电厂	火　电	1	2.50
洪江水力发电厂	水　电	5	22.50	洛阳市东城热电厂	火　电	1	2.50
吉林热电有限责任公司	供　热	2	20.00	四川地方小水电	水　电	1	2.50
江口电站	火　电	2	20.00	银川热电厂二期	水　电	1	2.50
深圳南山电厂	火　电	2	18.30	三、2.5万千瓦以下机组		815	366.61
深圳宝昌电厂	火　电	2	18.30	(详略)			

资料来源：国家电网公司、南方电网公司。

截至2003年底，全国共建成农村水电站4.2万座，电站水库库容1645万立方米，装机容量3415.8万千瓦，年发电量1097亿千瓦时。农村水电装机容量和发电量分别占全国水电总装机容量和发电量的35.99%和38.98%。

2. 电网建设进展加快

2003年，全国新增500千伏线路7619千米，比上年增长20.73%；变电容量2416万千伏安，比上年增长17.57%。新增330千伏线路777千米，比上年增长8.08%；变电容量144万千伏安，比上年增长8.21%。新增220千伏线路10038千米，比上年增长7.05%；变电容量5379万千伏安，比上年增长14.46%。新增110千伏线路26661千米，比上年增长11.77%；变电容量5514万千伏安，比上年增长12.32%。（见表5-3）

2003年，国家电网公司投产500千伏线路4112千米，变电容量1365万千伏安，直流换流容量投产300万千瓦；投产330千伏线路892千米，变电容量168万千伏安；投产220千伏线路6544千米，变电容量3426万千伏安；南方电网公司投产500千伏输电线路2957.5千米、变电容量950万千伏安；220千伏输电线路2531千米、变电容量994万千伏安。（见表5-4）

表5-3

2003年全国新增110千伏及以上送变电能力

新增能力		2003年实际	2003年新增	比2002年增长(%)
线路（千米）	500千伏	44364	7619	20.73
	330千伏	10389	777	8.08
	220千伏	152400	10038	7.05
	110千伏	253228	26661	11.77
变电（万千伏安）	500千伏	16166	2416	17.57
	330千伏	1899	144	8.21
	220千伏	42588	5379	14.46
	110千伏	50276	5514	12.32

资料来源：中国电力企业联合会。

表5-4

2003年国家电网公司、南方电网公司经营区域新增220千伏及以上送变电能力

新增能力		合计	国家电网公司	南方电网公司
线路（千米）	合计	17037	11548	5489
	500千伏	7070	4112	2958
	330千伏	892	892	—
	220千伏	9075	6544	2531
变电（万千伏安）	合计	6903	4959	1944
	500千伏	2315	1365	950
	330千伏	168	168	—
	220千伏	4420	3426	994
换流（万千瓦）	合计	300	300	—
	500千伏	300	300	—

资料来源：国家电网公司、南方电网公司。

电力在建规模

2003年底，国家电网公司220千伏及以上在建输电线路2.75万千米，在建变电容量1.24亿千伏安。其中，750千伏线路146千米，变电容量300万千伏安；500千伏线路10382千米，变电容量4890万千伏安；330千伏线路1358千米，变电容量303万千伏安；220千伏线路1.56万千米，变电容量6859万千伏安。南方电网公司220千伏及以上在建输电线路6680千米，在建变电容量2212万千伏安。其中，500千伏线路4375千米，变电容量1375万千伏安；220千伏线路2305千米，变电容量837万千伏安。华能集团公司在建规模为890.6万千瓦，其中火电420万千瓦，水电470.6万千瓦。大唐集团公司系统大中型基建在建项目在建规模1260.5万千瓦，其中，水电工程5项，在建机组20台，在建容量553.5万千瓦；火电项目12项，机组19台，总容量707万千瓦。华电集团公司在建规模1333.2万千瓦，其中水电工程7项，在建机组21台，在建容量541.2万千瓦；火电在建项目15项，在建机组29台，在建容量792万千瓦。国电集团公司在建规模959万千瓦，其中水电工程4项，在建机组15台，在建容量407万千瓦；火电工程6项，在建机组13台，在建容量552万千瓦。中电投集团公司在建规模达到322.6万千瓦，其中水电工程3项，在建机组12台，在建容量274万千瓦；火电工程3项，在建机组4台，在建容量48.6万千瓦。田湾核电工程2台100万千瓦压水堆核电机组。

电力新建规模

2003年，国家电网公司新开工750千伏变电容量150万千伏安，新开工500千伏线路5704千米、变电容量2915万千伏安，新开工330千伏线路463千米、变电容量84万千伏安，新开工2200千伏线路9094千米、变电容量3906万千伏安。南方电网公司新开工500千伏输电线路1297千米、变电容量700万千伏安，220千伏输电线路2286千米、变电容量804万千伏安；华能、大唐、华电、国电和中电投五大发电集团公司新开工电源建设规模分别达到了310、400、759、291和145万千瓦。

2001—2003年，水利系统新投产水电站4748处，发电设备容量720万千瓦。其中，新投产大型水电站装机容量90万千瓦；新投产中型水电站8处，装机容量54.5万千瓦；小型水电站4740处，装机容量575.63万千瓦；其他能源电站装机容量32.22万千瓦。新投产10千伏及以上高压线路22.4万千米，低压线路66万千米。新增35千伏及以上电站1477处，变电容量1767万千伏安，新增配电变压器1532万千伏安。2003年末，共拥有高压线路108万千米，低压线路233万千米。拥有变电站6235处，变电容量5458万千伏安，配电变压器6184万千伏安。其中2003年，全国新投产农村水电站2261处，发电设备容量270万千瓦，创历史新高；新投产10千伏及以上高压线路8万千米，低压线路18万千米；新增变电站565处，变电容量662万千伏安，新增配电变压器582万千伏安。

至2003年底，全国农村水电资产达到2020亿元，全年实现发供电营业收入435亿元，创利税83亿元。全国有1500多个县建有农村水电站，乡、村、户通电率分别达到99.32%、99.26%和98.38%，户通电率比上年提高了0.85个百分点，全年解决了208万无电人口的用电问题。

第三章

石油天然气投资与建设

油气基本建设

2003年，中国石油天然气工业在投资与建设方面加大力度，取得了新的进展。三大石油集团加快发展速度，加大固定资产投资，总共计划安排固定资产投资1118.7亿元，实际完成1205.65亿元。在上游领域，作为开发利用天然气的重头戏的天然气管道建设进入高峰期，一个全国性的天然气管网架构已初见端倪。在下游领域，围绕加工进口原油，调整油品市场结构，提高汽、柴油质量，做大做强，加快了千万吨级炼油基地的建设和改造步伐。

1. 中石油油气基本建设情况

（1）投资上游盈利产业。2003年计划安排勘探与生产总投资489.36亿元，实际完成531.86亿元，完成计划的108.7%，同比增长16.1%。

石油勘探以战略突破为重点，获得12项重要发现，天然气勘探以中部为重点取得了8项新的发现和进展。新出现了冀东高柳、长庆西峰两侧、铁边城、榆林周边、新疆霍尔果斯等5个亿吨级油气田，以及松辽敖南、渤海湾滩海埕北、冀东留西、四川邛西等12个储量规模超过5000万吨的区块。石油预探、天然气勘探全年完成投资152.2亿元，同比增加43.6亿元，增长40%。完成二维地震41354千米、三维地震10602平方千米，新增探井1390口。全年新增探明石油可采储量9633万吨，天然气可采储量2085亿立方米。新增石油控制储量6.2亿吨，预测储量7.3亿吨。新增天然气控制储量3697亿立方米，预测储量4755亿立方米。

开发产能建设全年完成油气开发投资379.6亿元，新钻开发井7757口，新投产油井7707口、气井281口；新增原油生产能力1071万吨，天然气生产能力48.9亿立方米。

（2）投资下游业务结构调整。

炼油与销售项目。2003年炼油工程安排限上建设项目32项，其中续建15项，新开工17项，实际完成117.9亿元，完成计划的106.9%。主要项目包括两大炼油基地，大连石化已基本建成1050万吨/年加工能力，兰州石化300万吨/年重油催化项目和500万吨/年常减压项目；提高柴汽比和生产高附加值产品的结构调整项目：大庆石化120万吨/年加氢裂化项目、独山子石化60万吨/年加氢裂化项目、吉林石化100万吨/年延迟焦化项目、锦州石化150万吨/年延迟焦化项目、克拉玛依石化50万吨/年重交沥青改造项目、辽河石化100万吨/年延迟焦化项目等。

炼油销售网络建设完成投资64.6亿元，同比增加4.3亿元。其中加油站投资53亿元，同比增加6.8亿元。净增加油站2071座，到12月底加油站总数达到15231座，其中中石油股份公司拥有14914座。平均单站日销售量达到4.94吨，同比略有增加。成品油库投资完成6.2亿元，净增资产型油库17座，库容19.00万立方米。

化工工程项目。2003年化工工程共完成限上建设项目22项，其中续建7项，新开15项，实际完成39.88亿元，同比增长26.7%。主要包括：兰州石化24万吨/年乙烯改造项目和吉林石化27万吨/年聚乙烯改造项目等烯烃和聚烯烃扩能改造项目；兰州石化6000吨/年超稳分子筛和吉林石化7万吨/年苯胺项目等增加高附加值项目；宁夏一化肥两台炉油改气和吉林石化燃油锅炉水煤浆代油项目等降低成本的煤(气)代油项目。

(3)油气管道建设项目。

天然气管道实际完成投资143.9亿元，完成计划的195.9%，同比增长17.7%。其中，西气东输工程项目总投资435亿元(中石油股份公司217.5亿元)，累计完成投资216亿元，完成总投资的49.7%；忠武输气管道项目总投资49.7亿元(中石油股份公司25.3亿元)，累计完成投资18.31亿元；陕京二线项目总投资139.7亿元(含储气库)。

2. 中石化油气基本建设情况

2003年，中石化计划安排固定资产投资490.34亿元，实际完成503.79亿元，其中实际完成技改投资304.68亿元。

2003年，中石化新增原油产能593万吨/年，新增天然气产能13.68亿立方米/年。各油田重点工程进展顺利，胜利浅海产能建设14口井完钻；塔河油田新区产能建设76口井完钻，建成产能134.39万吨/年，产能110万吨/年的塔河二号联合站建成投用；胜利电厂二期扩建工程3号机组进入试生产并网发电，4号锅炉及机组安装；鄂尔多斯大牛地气田开发先导性试验地面配套工程进展顺利；毛坝1井—达州杨柳垭配气站天然气管道全线贯通并已开始输气。

3. 中海油油气基本建设情况

2003年，中海油的油气田开发建设进入高峰期。全年计划安排基建投资202亿元，实际完成基建投资170亿元，其中实际完成技改投资24亿元。共有投产项目13个，在建项目24个，新建项目13个；在建油气田达14个，其中渤海7个，南海东部2个，南海西部3个，东海2个；新开工的项目有：春晓气田群、南堡35-2油田、旅大4-2/5-2/10-1油田、惠州19-3/2/1油田等；年投产的油气田有：番禺4-2/5-1油田、东方1-1气田(一期)、涠12-1北油田、锦州9-3天然气利用项目及平湖气田改扩建工程。

2003年在工程建设中，预制导管架21座，预制组块17座，导管架安装9座，组块安装5座，铺设海底管线205千米，建造浮式生产储油轮(FPSO)3艘，建设陆上终端(含改扩建)5座。2003年油气田开发共钻井98口，完井58口。

中下游业务进一步拓展。广东、福建液化天然气(LNG)项目启动和实施，一期分别形成370万吨和260万吨的供气规模。围绕两个LNG项目，惠州LNG电厂、福建莆田燃气电厂开工的各项准备工作基本就绪。天然气管线项目根据先点后线、横向扩展的策略稳步推进，东方—海口管线、杭湖线相继建成，烟台—龙口管线正式启动。惠州石化项目进展顺利，预计2005年底建成投产，将建成80万吨乙烯裂解装置、年产230万吨石化产品的世界级的联合化工厂。海南天然气化肥二期项目建成投产，在海南东方化工城形成年产130万吨尿素的生产规模。中国目前最大的甲醇生产装置——海南60万吨甲醇项目开工建设。中海油开发的中海36-1高等级沥青产品达到国际同类进口产品水平，在国产重交沥青市场占有率超过30%，2003年共生产重交沥青173.8万吨。符合国际标准的低硫环保型燃料油，在国内市场广受好评，2003年共销售燃料油250万吨。

油气海洋工程

1. 中石化油气海洋工程

中石化胜利埕岛油田自1993年投入开发以来

逐步形成了以中心平台通过海底电缆和管线辐射连接卫星平台为主、以移动式采油平台和船舶拉油为辅助的浅海油气开采方式。截至2003年底，共有各类平台83座，其中井组平台45座，单井平台33座，开发平台3座，中心平台2座；海底油、气管线97.9千米；海底注水管线37.6千米；海底电缆85.316千米。其中，2003年建成CB243A井组平台等综合平台13座；CB805－CBG4A等海底管线5条，共计15千米；CBZX1－CB11D等海底电缆9条，共计18千米；建成735.50万瓦特（1万马力）多用工作船1艘、367.75万瓦特（5000马力）破冰型多用工作船1艘和800吨原油船2艘。

埕岛西A区块由胜利油田与美国EDC公司按照43:57的比例投资开发建设，2003年DPA中心平台投产。

平湖油气田由上海市、中石化、中海油三方合作开发，一期工程建成了1座导管架综合平台，1座终端处理厂，1座原油中转站，1条直径355.6毫米（14英寸）、长390千米的输气管线，1条直径254毫米（10英寸）、长306千米的输油管线，1999年4月正式向上海市供应优质天然气。2003年经过对综合平台和天然气处理厂的扩建工程（Ⅰ期），天然气处理能力从原来160万立方米/日提高至220万立方米/日，向上海市的天然气供气量由原来的120万立方米/日，扩增至180万立方米/日。平湖油气田扩建工程（Ⅱ期）——八角亭构造的开发建设于2003年9月启动，工程项目包括1座井口平台、1条输气管道、1条输油管道及1条海底电缆（复合光缆），建成后将新增日产天然气80万立方米。

春晓气田群由中石化、中海油、壳牌、优尼科四家公司合作开发，建设工程主要包括：4腿12桩钻采井口平台4座、8腿12桩中心处理平台1座、陆上终端天然气处理厂1座、直径711.2毫米（28英寸）输气管线1条、直径203.2毫米（8英寸）输油管线（至平湖油气田综合平台）1条、井口平台至中心处理平台的混输管线3条。建设工程分期进行，其中一期工程包括：坐落在TWT的中心平台、CHX井口平台、TWT井口平台、终端处理厂、直径711.2毫米（28英寸）输气管线1条、CHX至中心平台的直径406.4毫米（16英寸）混输管线、中心平台至PH的直径203.2毫米（8英寸）输油管线，一期工程计划2005年6月8日正式投产。

施工服务方面共有10个钻井平台，作业水深3—200米，最大钻井能力9000米；海洋试油作业有4个平台；海洋工程建设方面有9个钢结构工艺海管施工分公司、1个电气公司、1个防腐公司、1个土建安装公司、2个金属结构预制加工厂；另有一定的交通运输船舶、管道检测维修装置。

2. 中海油油气海洋工程

2003年中海油有16个在建项目，在建设施包括导管架21座、上部组块17座，FPSO装置3个，陆地终端5座。全年完成9座导管架、5座上部组块的海上安装作业，铺设海底管道205千米；锦州9－3天然气综合利用、东方1－1气田、番禺4－2/5－1油田、平湖气田改扩建等四项工程相继投产。

（1）东方1－1气田。东方1－1气田是中海油有限公司在南海自营开发的第一个气田，该项目一期工程包括：1座8腿的CEP综合平台，1座4腿井口平台，1条110千米的558.8毫米（22英寸）上岸输气管道，两座平台间铺设1条304.8毫米（12英寸）的3.6千米的海底管道和1条海底电缆，在陆上建设1座气体终端处理厂。经过3年多的开发建设，气田于2003年9月顺利投产。

（2）番禺4－2/5－1油田。该项目包括番禺4－2和番禺5－1两个油田，油田位于南海东部海域，距香港以南200千米海域的15/34合同区块。该油田是DEVON能源中国有限公司为作业者（股份占24.5%），合作伙伴为中海油有限公司（股份占51%）和百灵顿（BURLINGTON）能源中国有限公司（BRCL）（股份占24.5%）。两个油田计划建成年产原油330万吨的生产设施，并于2003年10月顺利实现投产。

（3）平湖油气田扩建。平湖油气田扩建海上工程项目是由SPC委托中海油有限公司管理并由其上海分公司具体实施管理的工程项目。该项目于2002年4月1日启动，2003年10月16日正式投产。

（4）番禺FPSO项目。番禺FPSO和单点系泊系统由中海油南海西部公司承建、以租赁方式由DEVON能源中国有限公司为作业者的合作油田番禺4－2/5－1油田使用，并且负责提供FPSO的生产操作与管理。番禺FPSO是一艘单底双舷侧结构形式的浮式生产储卸油轮，单点系泊为内转塔式永久系泊系统，台风不解脱，设计能力可承受百年一遇的风暴。该FPSO由上海外高桥造船有限公司总包船体的设计和建造，船体的设计由上海708所分包；海洋石油工程股份有限公司承担上部模块的EPIC总包工作，其中Kerwana公司承担上部模块的设计工作；挪威的APL公司承担单点系泊系统的设计与建造EPIC工作。该FPSO于2003年6月22日在上海外高桥造船有限公司举行了隆重的交船仪式，比计划交船日期提前8天；2003年9月17日与单点系泊连接完成并于当日进行了交接。

第六篇 能源生产与安全

ENERGY PRODUCTION AND SAFETY

第一章

煤炭生产与安全

煤炭生产

根据国家统计局《中国能源统计年鉴》统计数据，2003年中国煤炭产量16.67亿吨，居世界第一位，是1949年全国煤炭产量的52倍，年均增长7.6%。根据中国煤炭工业协会统计数据，2003年中国煤炭产量按所有制划分，国有重点煤矿8.30亿吨，占47.81%；国有地方煤矿2.94亿吨，占16.94%；乡镇煤矿6.12亿吨，占35.25%。2003年，年产1000万吨以上的煤炭企业有神华、大同、兖州、中煤集团、淮南、西山、平顶山、开滦、阳泉、淮北、铁法、晋城、潞安、徐州、枣庄、鹤岗、七台河、新汶、淄博、峰峰、义马、阜新、双鸭山、郑州等25个，其中神华集团煤炭产量已超过1亿吨。晋陕蒙地区是中国最大的产煤区和煤炭调出区，2003年产煤7.1亿吨，占全国的42.6%，净调出煤炭4.7亿吨。山西省是中国最大的产煤省和煤炭调出省，2003年产煤4.5亿吨，占全国煤炭产量的27%，净调出煤炭3.2亿吨。

由于中国煤炭生产布局的结构性矛盾，东北和西部地区部分煤矿的生产能力仍没有充分发挥，而东部缺煤地区煤矿超能力生产现象十分普遍。2003年超能力生产煤炭7700万吨，无能力煤矿生产煤炭6500多万吨。2003年超能力和无能力国有煤矿生产煤炭1.42亿吨，占国有煤矿产量的近13%。

根据国家煤炭行业按煤种的统计分析，2003年无烟煤产量3.04亿吨，占17.6%；烟煤产量13.61亿吨，占78.8%；褐煤产量0.63亿吨，占3.6%。在烟煤中，炼焦煤产量8.42亿吨，占全国煤炭产量的48.6%；其中，焦煤1.64亿吨，占9.5%；肥煤0.87亿吨，占5.0%；瘦煤0.59亿吨，占3.4%。

1995—2003年，全国国有重点煤矿的煤炭产量从4.82亿吨上升到8.3亿吨，国有地方煤矿的产量从2.13亿吨上升到2.9亿吨，乡镇煤矿的产量从6.66亿吨下降到5.47亿吨。国有重点煤矿产量在全国煤炭产量中的比例不断提高。

煤炭采掘

1. 井工开采

中国井工矿的煤炭产量超过95%。煤炭生

产技术水平参差不齐，既有国际先进的综采和现代化露天开采技术，也有打眼放炮和手工作业的采掘作业。国有重点煤矿技术装备比较先进，大多数乡镇煤矿生产技术落后，装备简陋。开采工艺主要有长壁综采、短壁综采、高档普采和炮采等，国有重点煤矿采煤以长壁采煤法为主。2003 年长壁工作面产量占回采总产量的 96%。20 世纪 70 年代以来，采煤技术有很大发展，已能自行设计、制造适应多种煤层条件的综合机械化采煤成套设备，并向一些国家出口。其中厚煤层综合机械化采煤技术，建筑、铁路和水体下采煤技术，以及水力采煤技术已达世界先进水平。

2. 露天开采

中国露天矿采煤比重低。2003 年国有煤矿露天矿 60 多处，生产能力 8010 万吨/年，生产原煤 8200 万吨，占全国原煤产量的 4.9%。其中，国有重点煤矿露天矿 16 处，生产能力 6860 万吨/年，占国有重点煤矿总能力的 8.5%，生产原煤 6800 万吨，占国有重点煤矿总产量的 8.2%。生产能力在 1000 万吨/年以上的特大型露天煤矿 3 处，总生产能力 3700 万吨/年，占全国露天煤矿的 46%，其中，平朔安太堡露天煤矿生产能力为 1500 万吨/年，准格尔黑岱沟露天煤矿生产能力为 1200 万吨/年，平朔安家岭露天煤矿生产能力为 1000 万吨/年。

3. 高产高效矿井

2003 年，全国共有 166 处矿井达到原煤炭部《建设高产高效矿井管理办法》中确定的部颁标准，其中 39 处达到特级高产高效矿井(露天)标准、109 处达到行业级高产高效矿井(露天)、18 处达到省级高产高效矿井(露天)标准。通过审查的矿井(露天)中，国有重点煤矿 147 处，占 88%；地方国有煤矿 19 处，占 12%。

(1) 主要技术经济指标。2003 年度完成原煤产量 49198 万吨，平均单井产量为 296 万吨。单井(露天)年产量达到 1000 万吨以上的有 7 处，分别是：神东公司榆家梁矿、补连塔矿、大柳塔矿大柳塔井、黑岱沟矿(露天)、平朔安太堡矿(露天)、安家岭矿(露天)、兖矿集团济宁三矿。

工作面总个数 309 个，平均每处矿井 1.96 个，基本做到一井两面；有 47 处矿井达到了一井一面。

原煤工效平均达到 11.64 吨/工，是国有重点煤矿平均水平的 3.44 倍：有 66 处矿井(露天)原煤工效达到了 10 吨/工以上，其中神东公司榆家梁矿原煤工效为 142.3 吨/工，达到世界先进采煤国家的劳动生产率水平。

2003 年百万吨死亡率为 0.102，接近世界先进采煤国家的安全生产水平。

2003 年全年共实现利润 115 亿元，平均单井盈利 7369 万元。盈利最多的矿井：安徽淮南矿业集团公司张集煤矿，实现年利润 4.33 亿元：兖矿集团公司东滩煤矿位居第二，盈利 4.05 亿元。

(2) 煤炭机械化采掘新记录。2003 年，煤炭行业创造中国机械化采掘工作面多项新记录。

神东公司榆家梁矿矿井单井最高年产量 1215 万吨，刷新了矿井年产世界记录。该矿 2003 年人均收入达 67819 元，为全国煤矿之冠；综采工作面最高年产量 899 万吨，综采工作面年产世界记录。

神东公司补连塔矿综采队 2003 年 10 月产量 102.85 万吨，创造月产最高记录。

神东公司大柳塔矿活鸡兔井，2003 年 10 月 28 日日产量达 44986 吨，创造了中国综采工作面日生产最高记录。

兖矿集团公司东滩矿综放工作面最高年产量 642 万吨，最高月产量 65.6 万吨，分别刷新兴隆庄矿综放一队保持的最高年产量 640 万吨、最高月产量 63.2 万吨的世界记录。

神东公司上湾矿于 2003 年 1 月使用连续采煤机掘进工作面月进尺 4656 米，创造综掘进尺当年全国最高记录。

安徽皖北恒源煤矿创造高档普采工作面产量 73.5 万吨/年最高记录；枣庄矿业集团公司高庄矿创造水采工作面产量 92 万吨/年最高记录；沈阳煤业集团公司西马矿采用国产刨煤机，在工作面煤层厚度 1 米条件下，生产原煤 50.1 万吨/年，创国产刨煤机工作面的最高年产记录；兖矿集团公司北宿矿采用炮采机装工艺，工作面生产原煤 60.1 万吨/年，是采用此种开采工艺的最高年产记录；枣庄矿业集团公司田陈矿使用国产薄煤层滚筒式采煤机，2003 年 11 月份创出 7.53 万吨/月的最高月产记录；靖远煤业集团公司王家山矿在工作面49度倾角、煤层厚度15米的条件下，采用综采放顶煤工艺，生产原煤100万吨/年，创中国大倾角工作面最高年产记录。

煤炭洗选

1. 煤炭洗选能力

新中国成立时，中国只有十多处选煤厂，选煤能力只有1300多万吨。“九五”和“十五”期间，中国选煤生产得到较大发展。2003年末共有选煤厂1680处，原煤入洗能力7亿多吨/年，其中，大型选煤厂500多处，入洗能力4亿吨/年；中小型选煤厂1180处，入洗能力3亿吨/年。2003年实际入洗量5亿多吨，原煤入洗比例为30%，生产炼焦用洗精煤1.2亿吨，动力用洗煤2.3亿吨。国有重点矿选煤厂入洗能力4亿多吨，占全国的60%。最大的炼焦煤选煤厂为范各庄、鲍店、介休，设计入洗原煤能力为400万吨。最大的动力煤选煤厂为平朔安太堡选煤厂，入洗原煤能力1900万吨。

2. 煤炭洗选技术

1995年初，模块式选煤厂的设计和建设引进中国。由于单位投资省、占地面积小、施工期短，很快得到推广。截至2003年底，已投产和在建的模块式选煤厂达50座，年入洗能力达到2亿吨左右，其中80%以上为动力煤选煤厂，吨煤投资在20—35元之间。极细粒煤微泡分选技术有了进一步的发展，浮选柱(包括长柱型和短柱型)在选煤厂已使用近60台，其分选下限达10微米，可提高细粒精煤的回收率，平均提高1%—3%。短型微泡浮选柱2003年已在平顶山煤业集团田庄选煤厂通过鉴定，并开始推广应用。

细粒煤的脱水技术随着极细粒煤分选技术的提高也有了较大发展。精煤压滤机在中国部分选煤厂已有20余台应用，加压过滤技术近几年也有长足进步，解决了许多技术难题，并得到迅速发展。由于细粒煤脱水技术的进步，使中国精煤平均水分降到10%以下成为可能。重介技术近年发展很快，包括三产品和二产品重介、有压和无压重介都有了较大提高，重介旋流器直径最大达到1400毫米。中国近几年来建设的选煤厂很大一部分采用了重介旋流技术，选煤效率达到90%—95%。随着重介技术的发展，还使先进的耐磨技术得到了应用。

选煤排矸技术近年来发展也很快，主要应用于缺水地区的风选、动筛跳汰和单段跳汰技术在煤矿得到了广泛的应用。唐山市神州机械有限公司复合式干选设备已应用200多台，动筛跳汰机已应用30多台。

煤炭在线测灰技术逐渐被选煤厂和煤矿所接受，并进一步指导和促进了选煤厂的生产。

选煤厂自动化技术及计算机技术的应用，大大提高了中国选煤厂的自动化程度，计算机技术不仅用于生产管理，还应用于选煤生产的监控。除了跳汰单机自动化外，选煤厂各工艺环节都可实现单机自动化。

据不完全统计，截止2003年底，国有重点煤矿选煤厂共有设备9万多台(件)，设备新度系数平均近55%。国有重点煤矿选煤厂按核定能力计算，重介选煤方法占36.3%，跳汰占38.7%，浮选占11.6%，其他选煤方法占13.4%。这些选煤新技术、新工艺和新设备的应用必将加快优质高效、质量标准化选煤厂建设的进程。

焦炭生产

中国是世界上最大的焦炭生产国。2003年中国焦炭产量1.78亿吨，占世界焦炭总产量的45.6%，是1949年全国焦炭产量的331倍，创中国焦炭生产历史上最高记录。

2003年焦炭年产量超过100吨的炼焦企业有30家，上海宝钢以508万吨高居榜首。

煤矿安全生产

为改变煤矿严峻的安全生产局面，国家采取一系列重大举措，加强对煤矿安全生产的监督管理。各地、各煤炭企业通过贯彻落实各项措施，煤矿安全生产状况开始向好的方向转化。

2003年中国煤炭行业事故死亡6702人，与2002年相比，在煤炭产量增长16%的情况下，全国煤矿伤亡事故总量同比减少256起293人，分别下降5.9%、4.2%；重大事故同比减少29起139人，分别下降9.2%、10.0%；一次死亡10人以上特大事故同比减少3起49人，分别下降6.4%、6.5%；一次死亡30人以上特别重大事故同比减少2起57人，分别下降22.2%、13.7%；百万吨死亡率为3.71人，同比下降16.6%。

从总体上来讲，中国煤矿安全状况趋于好转，百万吨死亡率逐年下降，由1978年的9.44人下降到2003年的3.979人，其中国有大中型煤矿降到1人以下。但由于受诸多方面的因素制约与限制，中国煤矿事故多、伤亡重、经济损失大的状况尚未得到根本好转。致使每年煤矿事故死亡人数一直徘徊在六七千人左右，位于全国各行业之首。

第二章

电力生产与安全

电力生产

在“九五”期间取得丰硕成果的基础上，“十五”以来电力工业持续稳定发展，已经进入大电网、大电厂、大机组、高电压输电、高自动控制的崭新时期，中国已成为电力生产大国。

电源建设加快步伐。截至2003年底，全国发电装机容量达到3.91亿千瓦，“十五”前三年年均增加装机容量2403万千瓦，年均递增7.02%。2001年、2002年和2003年，全国发电量增长率分别达到8.56%、11.46%和16.46%，年均增长速度为12.12%，是新中国成立50多年来的高速发展期。

电网的可靠性、灵活性和经济性显著提高。按照适度超前建设电网的方针，各区域、省级电网骨干网架建设进程加快，电网结构进一步加强，500千伏主网架开始逐步取代220千伏电网承担跨省、跨地区电力输送和交换任务。截至2003年底，全国35千伏及以上输电线路长度达87.9万千米，其中500千伏超高压线路达到4.4万千米；35千伏及以上变电设备容量达到13.9亿千伏安，其中500千伏变电设备容量达到1.6亿千伏安。“十五”以来，“西电东送，南北互供，全国联网”工程全面推进，跨区电网建设步伐加快，全国电力资源优化配置的条件更加完善，一、二期农村电网改造工程基本结束，县城电网改造工程全面启动。

2003年，举世瞩目的三峡工程按期实现蓄水、通航、发电三大目标，当年投产6台70万千瓦的机组，合计容量420万千瓦时，共发电86.07亿千瓦时，对缓解华中、华东地区的用电紧张局面起到了重要作用。

1. 装机

2003年是建国以来新增装机容量最多的一年，全年净增装机共计3483.69万千瓦，比上年增长9.76%，全国总装机达到3.91亿千瓦，装机增长速度落后于用电增长速度5.53%。按机组类型分，火电新增2242.42万千瓦、水电新增882.16万千瓦、核电新增171.8万千瓦。

火电装机。到2003年底，全国火电装机容量达到28977.09万千瓦，占全部装机容量的74.03%。发电量达到15804亿千瓦时，占全部发电量的82.72%。在10万千瓦及以上容量火电机组的装机中，燃煤机组占绝大多数，共计808台，总容量18222.32万千瓦，占98.13%；燃油机组16台，总容量230万千瓦，占1.24%；燃气轮机组11台，总容量117.28万千瓦，占0.63%。10万千瓦及以上容量常规火电机组（不含燃气轮机组）装机中，50万—80万千瓦容量机组39台，总容量2382万千瓦，占常规火电总装机容量的12.91%；30万—不足40万千瓦容量机组265台，总容量8315.4万千瓦，占常规火电总装机容量的45.06%；20万—不足30万千瓦容量机组200台，总容量4052.95万千瓦，占常规火电总装机容量的21.96%；10万—不足20万千瓦容量机组320台，总容量3701.97万千瓦，占常规火电总装机容量的20.06%。大容量机组所占比重逐年增加，30万千瓦及以上容量机组占常规火电总装机容量的57.97%。

水电装机。截至2003年底，全国水电装机容量达到9489.62万千瓦，占全部装机容量的24.25%。发电量达到2837亿千瓦时，占全部发电量的14.85%（见表1-2）。4万千瓦及以上容量水电机组装机（按机组类型分类）中，轴流机组79台，总容量787.46万千瓦，占40万千瓦及以上容量水电总装机容量的16.33%；混流机组246台，总容量3507.64万千瓦，占40万千瓦及以上容量水电总装机容量的72.73%；抽水蓄能机组21台，总容量527万千瓦，占40万千瓦及以上容量水电总装机容量的10.93%。4万千瓦及以上容量水电机组装机构成（按机组容量分类）中，4万—不足10万千瓦机组160台，总容量931.2万千瓦，占40万千瓦及以上容量水电总装机容量的19.32%；10万—不足20万千瓦机组92台，总容量1213.6万千瓦，占40万千瓦及以上容量水电总装机容量的25.17%；20万—不足30万千瓦机组43台，总容量946万千瓦，占40万千瓦及以上容量水电总装机容量的19.62%；30万千瓦及以上机组51台，总容量1730.2万千瓦，占40万千瓦及以上容量水电总装机容量的35.89%。

核电装机。中国的核电直到1994年才开始有机组投入商业运行发电，截至2003年底，全国核电装机容量达到618.60万千瓦，占全部装机容量的1.58%（见表1-21）。核电发电量达到433亿千瓦时，占全部发电量的2.27%。

2. 发电

2003年，全国发电量19106亿千瓦时，比上年增长16.46%。其中，水电发电量2837亿千瓦时，比上年增长-1.49%；火电发电量15804亿千瓦时，比上年增长19.05%；核电发电量433亿千瓦时，比上年增长72.51%；风电等新能源发电量11亿千瓦时，比上年增长17.01%。受来水影响，水电增长缓慢。（见表1-2）

从地区看，2003年全国各大电网覆盖地区发电量增长速度均超过10%，其中华北地区发电量合计为3213.31亿千瓦时，增长15.51%；东北地区发电量合计为1669.72亿千瓦时，增长12.8%；华东地区发电量合计为6011.9亿千瓦时，增长20.93%；华中地区发电量合计为4647.5亿千瓦时，增长22.55%；西南地区发电量合计为2169.15亿千瓦时，增长19.93%；西北地区发电量合计为1394.17亿千瓦时，增长17.2%。

3. 发电设备利用小时

2003年，电力供需总体状况较为紧张，新增发电装机容量持续低于发电量增长，发电设备充分挖掘了现有发电能力，全年发电设备利用小时数连创新高。全国6000千瓦以上电厂设备利用小时数达到5245小时，比上年增加390小时。其中水电利用小时数为3210小时，比上年减少79小时；火电利用小时数达到5760小时，比上年增加488小时。发电设备利用小时数和火电发电利用小时数均为1990年以来最高水平。火电机组发电利用小时，山西、河北、内蒙古、上海、江苏、浙江、甘肃、青海和宁夏等地均超过了6000小时，其中青海和宁夏地区超过了7000小时。

4. 农电发展

截至2003年底，全国经过股份制改造的县供电企业共288个，建立农村供电所27069个；国家电网公司系统实现全省居民生活用电同价的省有17个，部分县实现居民生活用电同价的省有4个，还有4个省未实现居民生活用电同价。在农电“两改一同价”取得显著成果的基础上，加强了农电专业管理，出现了“两高两低”的可喜现象，即农电可靠性提高，电压合格率提高，线损率下降，事故率下降。

水电生产

中国河川水能资源量居世界第一，理论蕴藏量约6.8亿千瓦，折合年发电量约5.9亿千瓦时；技术可开发水电资源约3.8亿千瓦，折合年发电量约1.9亿千瓦时。但水能的利用率仅为13%，水力发电前景广阔。中国1910年才建成第一座水电站——云南石龙坝水电站，装机容量为472千瓦。到1949年中国大陆解放时，全国水电装机容量仅为36万千瓦、发电量为12亿千瓦时。新中国成立后，尤其是改革开放以来，中国水电建设取得了突飞猛进的成就。到2003年底，全国水电装机容量达9489.62万千瓦，占全国总装机容量39140.78万千瓦的24.25%，为1949年水电装机容量的263.6倍；全国水电发电量达2837亿千瓦时，占全国总发电量19106亿千瓦时的14.85%，为1949年水力发电量的236倍。至此，中国水能资源的开发利用率按容量计算已达24.4%，中国的总装机容量和年发电量均位于世界前茅。到2003年底，全国已建和在建装机容量在25万千瓦以上的大中型水电站有220多座，其中100万千瓦以上的大型水电站25座。万家寨、小浪底、大朝山等百万千瓦水电站已全部建成发电。全部4万千瓦及以上容量的水电机组发电量为1472亿千瓦时，其等效可用系数达到92.37%。（见表6－1）

中国的蓄能电站除已建成发电的广州、十三陵、天荒坪、潘家口、响洪甸、溪口外，广州抽水蓄能二期、天荒坪等百万千瓦级抽水蓄能电站全部建成发电。2003年蓄能电站总发电量为54.39亿千瓦时，抽水电量为69.65亿千瓦时，等效可用系数达到89.42%。（见表6－2）

2003年，三峡电站首批6台机组发电，平均每台机组容量为70万千瓦，合计为420万千瓦，运行系数为86.61%，等效可用系数为98.42%，等效强迫停运率为0.51%，非计划停运次数为12.9次/（台·年）。

表6－1

4万千瓦及以上容量水电机组运行可靠性指标

指标＼年份	2001	2002	2003
统计台数（台）	314	325	346
平均容量（万千瓦/台）	13.73	13.49	13.93
运行系数（%）	56.19	55.16	51.31
等效可用系数（%）	92.44	92.99	92.37
等效强迫停运率（%）	0.97	0.26	0.18
非计划停运次数〔次/（台·年）〕	2.14	1.89	1.52

资料来源：中国电力企业联合会。

表6－2

抽水蓄能机组运行可靠性指标

指标＼年份	2001	2002	2003
统计台数（台）	21	21	21
运行系数（%）	25.09	28.19	29.62
等效可用系数（%）	89.32	91.87	89.42
等效强迫停运率（%）	10.38	2.01	0.86
非计划停运次数〔次/（台·年）〕	9.10	4.43	4.33

资料来源：中国电力企业联合会。

火电生产

从趋势上看，全国及各区域电网的备用时间逐年减少，2003年全国火电机组平均备用时间为622.76小时，较2002年减少了366.52小时。各区域电网中，华中电网备用时间减少了882.45小时，减少幅度最大。

横向比较，各区域电网之间火电机组的备用时间差距较大。2003年华东电网备用时间最少，为302.34小时，东北电网备用时间最长，为1369.65小时。同一区域电网内各省(自治区、直辖市)电网之间备用时间差距也较大，河北南网、青海、宁夏、贵州火电机组平均每台的年备用时间小于100小时。(见表6-3)

2003年，60万千瓦火电机组运行系数为86.55%，等效可用系数为91.41%；30万千瓦火电机组运行系数为82.98%，等效可用系数为90.42%；20万千瓦火电机组运行系数为83.62%，等效可用系数为90.79%；超临界机组运行系数为82.50%，等效可用系数为88.17%；10万千瓦及以上容量燃气轮机组运行系数为64.21%，等效可用系数为87.50%。(见表6-4)

核电生产

2003年中国运行核电厂年累计发电量达到433亿千瓦时，年累计上网电力达415.62亿千瓦时。

1. 秦山核电公司

2001—2003年，秦山核电站机组累计发电66.65亿千瓦时、上网电量62.62亿千瓦时。2001年是秦山核电站并网发电的第十周年，机组连续功率运行235天，年发电量24.7151亿千瓦时，上网电力23.194亿千瓦时，负荷因子94.05%，能力因子93.92%。2002年，机组在第六燃料循环实现连续安全稳定运行331天的历史最好记录，全年发电量17.8亿千瓦时、上网电量16.8亿千瓦时、负荷因子66.92%、能力因子68.23%。2003年，机组创造了第七燃料循环连续发电443天、第七次换料检修工程38天和全年无非计划停堆的好成绩。全年发电量24.1亿千瓦时，上网电量22.7亿千瓦时，负荷因子88.74%，能力因子89.15%。(见表6-5)

2. 秦山第二核电公司

1号机组2002年4月15日投入商业运营，当年累计发电34.9亿千瓦时，超计划发电4.9亿千瓦时，上网电量32.5亿千瓦时，机组负荷因子为74.9%。2003年1号机组累计发电46.2亿千瓦时，超计划发电11.1亿千瓦时，上网电量43.3亿千瓦时，机组负荷因子达到81.2%。(见表6-5)

3. 秦山核电三期工程

秦山三期(重水堆)核电站1号机组于2002年11月19日首次并网发电，并于2002年12月31日

表6-3

按区域电网分类的发电机组备用时间

单位：时/(台·年)

区域 \ 年份	2001	2002	2003
华北电网	863.95	587.44	553.77
东北电网	2115.18	1697.45	1369.65
华东电网	780.47	543.56	302.34
华中电网	1894.06	1694.48	812.03
西北电网	1599.05	1083.27	503.63
南方电网	861.42	804.74	384.68
全国合计	1259.88	989.28	622.76

注：2003年按新划分的区域电网公司分类，华北电网包含山东，华东电网包含福建，华中电网包含四川、重庆，南方电网包含海南。
资料来源：中国电力企业联合会。

表 6－4

火电机组运行可靠性指标

年　份	级　别	统计台数	运行系数（%）	等效可用系数（%）	等效强迫停运率（%）	非计划停运次数〔次/（台·年）〕
2001	60 万千瓦火电机组	18	80.65	88.75	2.21	4.78
	30 万千瓦火电机组	176	75.61	91.43	1.27	3.22
	20 万千瓦火电机组	176	77.01	90.54	1.57	2.86
	超临界机组	12	75.36	89.46	2.33	2.67
	≥10 万千瓦燃气轮机组	11	47.10	89.12	3.27	8.64
2002	60 万千瓦火电机组	20	80.02	86.39	2.04	3.50
	30 万千瓦火电机组	192	78.55	91.18	1.09	3.05
	20 万千瓦火电机组	180	79.90	90.79	1.58	2.69
	超临界机组	12	77.73	88.81	1.10	3.00
	≥10 万千瓦燃气轮机组	11	50.36	86.62	2.23	7.00
2003	60 万千瓦火电机组	22	86.55	91.41	1.13	2.86
	30 万千瓦火电机组	181	82.98	90.42	1.49	2.88
	20 万千瓦火电机组	172	83.62	90.79	1.46	2.18
	超临界机组	12	82.50	88.17	1.20	1.50
	≥10 万千瓦燃气轮机组	11	64.21	87.50	0.65	7.64

资料来源：中国电力企业联合会。

投入商业运行。2003 年电站生产运行的形势总体较好，发电 78.8 亿千瓦时，上网 72.7 亿千瓦时，超额完成年度上网电量计划的 20%。1 号机组和 2 号机组年负荷因子分别达到 88% 和 86%。在投入商业运行的第一年，就取得了较好的运行业绩，优于同类型电站运行初期的水平。（见表6－5）

4. 大亚湾核电站

广东大亚湾核电站 1、2 号机组分别于 1993 年 5 月和 1 月开始装入核燃料，1994 年 2 月 5 日投入商业运行。2002 年发电 147.5 亿千瓦时，上网电量 141.2 亿千瓦时。2003 年发电 150 亿千瓦时，上网电量 143.8 亿千瓦时，机组平均可用率 87.46%，平均负荷因子 87.03%。在反映核电站安全生产管理水平的世界核营运者协会（WANO）八大性能指标中，大亚湾核电站与 WANO 同类型机组业绩指标比较，2003 年有 6 项指标进入世界中间水平，其中 1 项进入了先进水平。（见表6－5）

5. 岭澳一期核电站

岭澳核电站规划装机容量为 4 台百万千瓦级压水堆核电机组，一期工程采用大亚湾核电站“翻版加改进”的技术方案，装机容量为 2 台百万千瓦级机组。1、2 号机组分别于 2002 年 5 月和 2003 年 1 月投入商业运行。2002 年发电 61.7 亿千瓦时，上网电量 58.6 亿千瓦时。2003 年发电 138.9 亿千瓦时，上网电量 133.1 亿千瓦时，机组平均可用率 85.56%，平均负荷因子 80.92%。（见表 6－5）

2003 年，核电机组平均容量 77.4 万千瓦，运行系数 86.56%，等效可用系数 86.39%，等效强迫停运率 3.17%。（见表 6－6）

农村水电

据《全国农村水电及水利系统直属水电统计资料汇编》提供的统计数据，2000 年全国农村水电生产电力 799.82 亿千瓦时；2001 年全国农村水电生产电力 871.41 亿千瓦时，同比增长 8.9%；2002 年全国农村水电生产电力 947.2 亿千瓦时，同比增长 8.6%；2003 年全国农村水电生产电力 979.16 亿千瓦时，同比增长 3.4%；预计 2004 年全国农村水电生产电力将超过 1000 亿千瓦时。

表6－5

核电厂发电量和上网电量

单位：亿千瓦时

电厂 \ 年份	2001		2002		2003	
	发电量	上网电量	发电量	上网电量	发电量	上网电量
秦山核电厂	24.7	23.2	17.8	16.8	24.1	22.7
秦山第二核电厂(1号机组)	—	—	34.9	32.5	46.2	43.3
秦山第三核电厂	—	—	33.9	30.8	78.8	72.7
大亚湾核电厂	150.0	143.6	147.5	141.2	150.0	143.8
岭澳一期核电厂	—	—	61.7	58.6	138.9	133.1
合计	174.7	166.8	295.8	279.9	438.1	415.6

注：秦山第三核电厂2号机组于2003年7月24日投入商业运行。

资料来源：中国国家原子能机构《中国核电运行年报2003》。

表6－6

核电机组运行可靠性指标

年份	统计台数(台)	平均容量(万千瓦)	运行系数(%)	等效可用系数(%)	等效强迫停运率(%)	非计划停运次数〔次/(台·年)〕
2001	3	75.9	90.80	90.59	0.68	1.67
2002	3	75.9	84.10	84.06	7.08	1.00
2003	6	77.4	86.56	86.39	3.17	1.33

资料来源：中国电力企业联合会。

风力发电

截至2003年底，中国已有40个风电场（不含台湾省），合计1042台机组，累计装机容量为56.7万千瓦。主要分布在新疆、广东、内蒙古、辽宁、吉林、甘肃、宁夏、海南、福建、河北、黑龙江、上海、山东和浙江等14个省市区。最大的风电场是新疆达坂城2号，共157台机组，场装机容量为8.28万千瓦；其次是广东南澳，共130台机组，场装机容量为5.67万千瓦。全国平均风电机组装机容量为544千瓦。（见表6－7）

电力供应

继2002年全国平均供电可靠率（RS1）第一次超过“三个九”（即RS1达到99.90%）达到历史最高水平99.91%后，2003年则出现了近10年来的首次下降，为99.87%，这一水平相当于中国城镇地区10千伏用户的年平均停电时间为11小时43分钟，而2002年这一数字为8小时10分钟左右。

与此形成对照的是：扣除由于系统电源不足限电后的供电可靠率（RS3）却维持了近年来持续增长的势头，达到了创记录的99.93%。供电可靠率（RS1）是计入所有对用户的停电后得出的，真实的反映了整个电力系统（包括发电、输电和配电各环节）对用户的供电能力。RS3则是扣除限电因素后的供电可靠率，直接反映了中国城市电网的现状和供电部门的综合管理水平。RS3自1997年后保持了持续上升的势头。1997年以前，限电对供电可靠率的影响很大，60%以上的停电是因为发电能力不足限电造成的；从1997以后，由于电力需求增长缓慢，电力紧张得到缓解；到2001年，限电对供电可靠率的影响已下降到不足1%。但2002年，电力供应又出现了紧张趋势，缺电严重程度超过1998年。而2003年缺电更加严重，限电对供电可靠率的影响达到46.77%，甚至超过了1997年，2003年供电可靠水平下降，主要原因是严重缺电。

表6-7

中国大陆风电场机组及装机容量

序号	风电场名称	场台数（台）	场装机容量（千瓦）
1	新疆达坂城2号	157	82800
2	广东南澳	130	56690
3	内蒙古辉腾锡勒	72	42700
4	辽宁营口仙人岛	47	31660
5	内蒙古赤峰克什克腾	45	30360
6	吉林通榆	49	30060
7	辽宁东岗	38	22450
8	甘肃玉门	38	21600
9	辽宁丹东	28	21000
10	浙江括苍山	33	19800
11	新疆达坂城1号	42	18400
12	广东汕尾	25	16500
13	山东即墨	15	16400
14	浙江鹤顶山	23	13250
15	广东惠来	22	13200
16	辽宁康平	12	10200
17	辽宁彰武	12	10200
18	宁夏贺兰	12	10200
19	河北张北	24	9850
20	辽宁沈阳法库	12	9600
21	海南东方	19	8755
22	山东长岛	13	8100
23	辽宁横山	24	7400
24	内蒙古朱日和	32	6900
25	福建平潭	14	6800
26	福建东山	10	6000
27	内蒙古锡林	13	4780
28	辽宁锦州	5	3750
29	河北承德	6	3600
30	内蒙古商都	12	3600
31	辽宁大连小长山	6	3600
32	辽宁大连大长山	6	3600
33	黑龙江木兰	6	3600
34	上海奉贤	4	3400
35	辽宁大连獐子岛	12	3000
36	新疆阿拉山口	2	1200
37	新疆布尔津	7	1050
38	山东栖霞	2	500
39	浙江泗礁	10	300
40	山东荣成	3	165
	总计（未含台湾省）	1042	567020

资料来源：中国电力企业联合会。

供电可靠水平从全国范围来看还很不平衡。2003年，水平最高的地区，年平均停电仅42分钟，最低的超过253个小时。占总数57%的供电企业供电可靠率已达到“三个九”，有15%的供电企业已超过99.98%，占总数12%的供电企业供电可靠率低于99.70%。

电力安全生产

1. 水电安全生产

2003年，各水电企业保持了安全生产的稳定局面。没有发生垮坝、漫坝、水淹厂房的重大事故及人身伤亡事故，并确保了2003年汛期的安全渡汛。2003年加强了对大坝的缺陷管理，推动加固消缺的指导管理工作。为进一步加强水电站大坝安全监测工作，确保汛期大坝安全，福建池潭、广西岩滩、云南鲁布革3座大坝进行了定期检查工作；丰满、水口等11座大坝新开展了大坝定检工作。

2. 火电安全生产

2003年，各主要发电企业较好地完成了安全生产任务，没有出现大的事故和火灾，保持了安全生产的稳定局面。2003年各发电企业的电力生产经历了严峻的考验，维持了安全生产的局面。

3. 核电安全生产

我国已建立比较完整的国家、核电厂所在省、核电厂营运单位三级核事故应急管理体系。为了进一步加强和规范核应急管理工作，2003年，国家原子能机构颁布和实施了《核电厂核事故应急演习管理规定》和有关核电厂应急计划与准备的五项国家标准。

2003年，秦山核电厂、广东大亚湾核电厂运行机组创造了全年无非计划自动停堆的良好业绩。岭澳核电厂投入商业运行以来，在第一个换料循环周期没有发生非计划自动停堆，达到了世界核电新机组投运当年的最好运行水平。

国际核事件分级表（INES）将事件分为7级，较高级别的（4至7级）定为事故，较低级别的（1至3级）定为事件，对不具有安全意义的事件定为0级。2003年，我国核电厂共计发生54起运行事件（包括核电厂调试期间的运行事件），没有发

生INES 2级及2级以上的运行事件。（见表6－8）

4. 农村水电安全生产

我国农村水电已经建立起了较为完善的安全生产监察管理体制。各级水行政水电主管部门均成立了以行政一把手为第一责任人的安全监察机构。各县属水电企业基本形成了完整的三级安全生产管理网络，县以下乡镇水电企业的安全生产网络体系正在建立和完善之中。四川、重庆、云南、湖北、湖南、广东、广西、福建和浙江等主要水电大省的农村水电企业均从企业、车间、班组负责人到职工层层签订了安全生产责任书，安全生产责任落实到每个岗位和人，并做到安全责任与经济利益挂钩。

电站水库大坝的汛期安全是农村水电安全生产工作的重中之重。农村水电采取了多种防范措施，包括进行防汛动员，落实防汛责任制；事先制定“防汛预案”，确定渡汛的安全措施和抢险方案；在汛前配备好各种防汛抢险物资和设备，使厂房抽水设备随时处于良好的备用状态；汛期加强对水情和水工建筑的观测检查，及时发现和处理事故隐患等。

“十五”以来，农村水电安全生产工作取得了很大成绩，同时也存在一些不安全因素，主要包括：(1)“四无”农村水电企业的安全生产存在极大的漏洞，是重大恶性事故的高发区；(2)少数乡镇办水电企业和小型股份制企业未建立安全监察管理机构及安全生产网络，没有安全责任书和安全责任合同；(3)少数单位安全监察员和安全员缺乏正规的安全技术培训，存在无证上岗的情况等。针对以上问题，各级水行政部门已采取相应措施进行了整改。

表6－8

2003年中国核电厂运行事件统计

等级	总计	秦山核电厂	大亚湾核电厂		秦山第二核电厂	岭澳一期核电厂		秦山第三核电厂	
			1号机组	2号机组	1号机组	1号机组	2号机组	1号机组	2号机组
0级事件	51	3	5	6	7	6	3	11	10
1级事件	3	0	0	0	0	1	2	0.	0
合　计	54	3	5	6	7	7	5	11	10

资料来源：中国国家原子能机构《中国核电运行年报2003》。

第三章

石油天然气生产与安全

石油天然气生产

2003年，中国石油天然气工业奋力拼搏，克服困难，生产经营取得了显著成绩，行业发展速度之快、经济效益之高，均创历史最好水平。其主要特点是：生产稳定增长，产品结构改善，经济运行的景气状况持续走高。

据中国石油化工协会统计数据，2003年，中国原油产量为16931.90万吨，比上年增长1.47%；天然气产量为341.28亿立方米，比上年增长6.84%；原油加工量为24255.13万吨，比上年增长10.83%；成品油（汽煤柴油）产量为14138.38万吨，比上年增长10.27%。其中：

中石油2003年原油产量为10954.42万吨，比上年增长1.94%；天然气产量为248.82亿立方米，比上年增长10.45%；原油加工量为9821.28万吨，比上年增长9.77%；成品油（汽煤柴油）产量6147.29万吨，比上年增长10.51%。

中石化2003年原油产量为3816.29万吨，比上年增长0.43%；天然气产量为53.16亿立方米，比上年增长5%；原油加工量为12416.96万吨，比上年增长10.68%；成品油（汽煤柴油）产量为7374.77万吨，比上年增长9.73%。

中海油2003年原油产量为2185.89万吨，比上年增长4%；天然气产量为32.52亿立方米，比上年增长-14%。（见表6-9）

石油炼制

2003年，中国炼油行业的发展重点仍放在结构调整上，同时全年原油加工能力和原油加工量都大幅度增加。据国家发展和改革委员会经济运行局和中国石油化工协会统计数据，2003年全国原油一次加工能力增至3.04亿吨/年，居世界第二位，同比增长12.59%；全年加工原油2.43亿吨，同比增长10.45%。截至2003年底，中国规模达千万吨级以上炼油厂已达7座，高含硫原油加工能力达4300万吨/年；中石油、中石化的汽柴油质量全部达到了新升级的国家标准，相当于欧Ⅰ标准。2003年，中石油和中石化的炼油能力分别为1.23亿吨和1.54亿吨，原油加工量分别为0.98亿吨和1.31亿吨，占全国炼油能力和加工量的91%和94%。

表 6-9

2003 年中国石油天然气和成品油产量

名　　称	2003 年实际	比 2002 年增减(%)
一、原油生产量(万吨)	16931.90	1.47
其中：中国石油天然气集团公司	10954.42	1.94
中国石油化工集团公司	3816.29	0.43
中国海洋石油总公司	2185.89	4.00
上海石油天然气有限公司	38.02	-19.65
二、天然气生产量(亿立方米)	341.28	6.84
其中：中国石油天然气集团公司	248.82	10.45
中国石油化工集团公司	53.16	5.00
中国海洋石油总公司	32.52	-14.00
上海石油天然气有限公司	4.97	14.78
三、原油加工量(万吨)	24255.13	10.83
其中：中国石油天然气集团公司	9821.28	9.77
中国石油化工集团公司	12416.95	10.68
四、成品油生产量(万吨)		
1. 汽煤柴油产量	14138.38	10.27
其中：中国石油天然气集团公司	6147.29	10.51
中国石油化工集团公司	7374.77	9.73
汽油	4770.18	10.39
其中：中国石油天然气集团公司	2125.99	9.08
中国石油化工集团公司	2386.76	10.95
煤油	855.30	3.59
其中：中国石油天然气集团公司	295.95	0.71
中国石油化工集团公司	531.49	5.01
柴油	8512.90	10.92
其中：中国石油天然气集团公司	3725.35	12.22
中国石油化工集团公司	4456.52	9.68
2. 其他成品油产量		
润滑油	411.29	17.63
其中：中国石油天然气集团公司	119.51	-12.05
中国石油化工集团公司	104.48	8.31
燃料油	2004.84	8.09
其中：中国石油天然气集团公司	650.45	-15.60
中国石油化工集团公司	825.31	10.10

资料来源：中国石油化工协会。

油气生产安全

2003 年，中国石油天然气工业认真贯彻落实党中央、国务院关于加强安全生产的指示精神，认真学习贯彻《安全生产法》，在生产任务重、装置负荷高、自然灾害频发的情况下，层层落实安全生产责任制；坚持开展多种形式、不同层次的安全自查自改活动，有力地促进了安全生产；全面推行安全、环境与健康(HSE)管理体系，严格落实隐患治理任务，加大建设项目“三同时”管理力度，以严防井喷失控、火灾、爆炸、海上(水上)灾害等重特大恶性事故的发生为重点，认真开展了油气生产过程中的安全监督管理工作。通过采取多种措施，确保了生产稳定、企业稳定、职工队伍稳定，总体实现了安全稳定生产。

2003年，中石油在安全生产方面着重抓了以下工作：加强安全检查工作，突出对重点单位的监督力度，全年分公司共组织了三次安全检查工作；炼油企业安排资金1.2亿元，集中治理、改造消防水系统；集团共举办两期井下作业监督培训班，培训井下作业监督人员198名，大大充实了现场监督队伍，提高了监督人员素质，为提高作业安全和质量奠定了良好基础。但在安全生产方面仍存在隐患。2003年12月23日晚10时，位于重庆市开县境内的中石油西南油气田分公司川东北气矿罗家16H井突然发生天然气井喷特大事故，大量的硫化氢气体迅速传播，导致短时间内发生大面积灾害，造成243人死亡，3000人受伤。这起中国石油天然气工业类似事故中伤亡人数最多的事故，引起了党中央、国务院的高度重视和社会的广泛关注。国务院事故调查组认定这是一起重大责任事故，进行了严肃处理。这次事故给中国石油天然气工业安全生产敲响了警钟。

中石化油田企业2003年全年累计发生上报事故26起，与上年同期相比，人员伤亡总数略有上升；职工全员重伤率为0.03‰，职工全员事故死亡率为0.042‰，均控制在预期考核指标之内。集团给油田板块下达隐患治理项目共计107项，投资1.79亿元；积极推行HSE管理体系的建立，探索安全异体监督体制。中原油田、胜利油田认真开展了试点工作，试行由二级单位向基层施工作业队派出安全监督员的做法，并及时总结经验，完善管理办法，把安全责任真正落实到现场、岗位。集团组织了对“胜利油田作业四号平台劳动安全卫生预评价报告”等15项安全预评价报告的评审工作，对“鄂尔多斯大牛地气田开发方案审查”等8个建设项目进行了审查，还组织专家对油田企业的100个二级生产单位进行了安全评估，其评估结果为A类企业90个，B类企业10个。

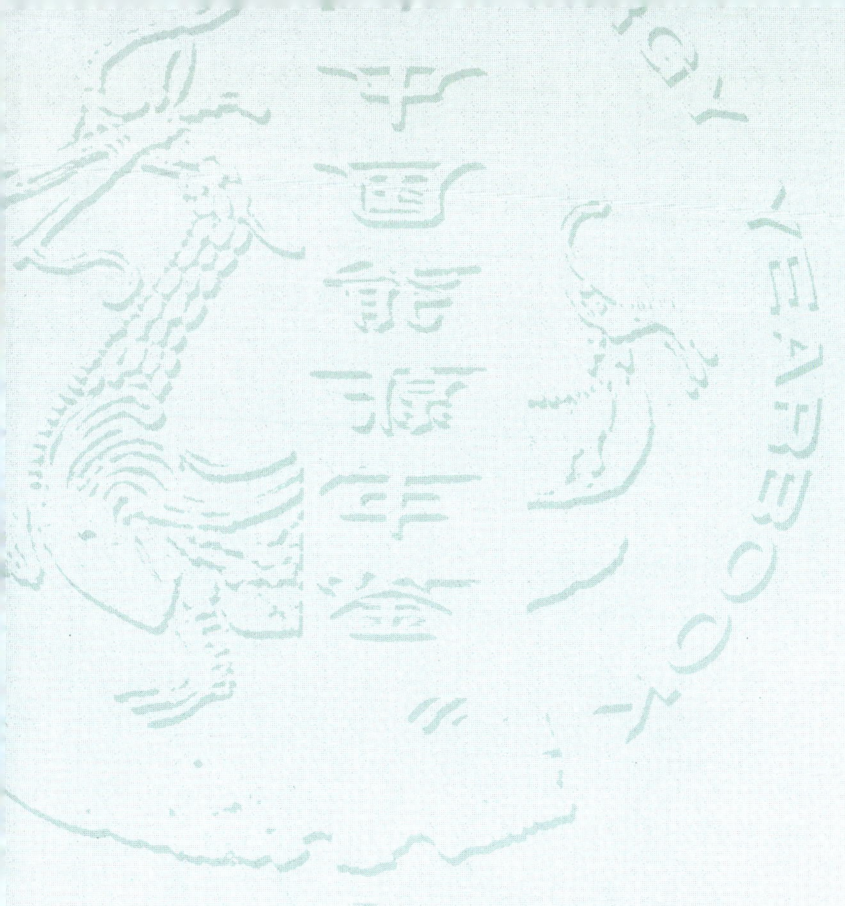

第七篇 能源储运

ENERGY STORAGE AND TRANSPORT

第一章

煤炭运输

煤炭铁路运输

1. 煤炭铁路运量

（1）煤炭装车情况。2003 年，全国煤炭铁路累计装车日均完成 39654 车，同比增加 3143 车，增长 8.61%。国有重点煤矿煤炭装车日均完成 26838 车，同比增加 2726 车，增长 11.3%。45 个安全生产重点监察矿区完成 12997 车，同比增加 913 车，增长 7.6%。地方（主要是地方国有）煤矿完成 12816 车，同比增加 417 车，增长 3.36%。

（2）煤炭铁路运量。2003 年，全国煤炭铁路运量累计完成 88176 万吨，同比增加 6234 万吨，增长 7.61%。其中，国有重点煤矿运量完成 59989 万吨，同比增加 6185 万吨，增长 11.5%；45 个安全生产重点监察矿区完成 29017 万吨，同比增加 2038 万吨，增长 7.6%；地方（主要是地方国有）煤矿运量完成 28187 万吨，同比增加 49.1 万吨，增长 0.17%。

2. 煤炭铁路运输特点

（1）全国煤炭运输量持续增长。2003 年以来，全国煤炭铁路运输持续保持较高水平，年累日均装车达到 39654 车。特别是 6—8 月份连续 3 个月保持在 4 万车以上，12 月份达到 4.5 万车以上的高水平，有力地保证了煤炭市场的旺盛需求，缓解了夏季煤炭消费大幅度增长的压力。

（2）铁路仍然是煤炭运输的主要手段，但所占比重有所下降。2003 年，全国煤炭商品煤销售 151605 万吨，同比增加 22117 万吨，增长 17.08%。铁路运量占全国煤炭商品煤销售量的 58.16%。

大秦线煤炭运输

2000 年大秦线煤炭运量完成 7313 万吨，2001 年完成 9272 万吨，2003 年在 2002 年达到亿吨设计能力的基础上又增运 1829 吨，全年运量完成 12169 万吨，比上年增长 17.69%。铁路煤炭运输近 1/3 增量由大秦铁路完成。

煤运通道建设

中国能源结构以煤炭为主，近年来全社会煤

炭需求量大幅增长，铁路承担着繁重的煤炭运输任务。京沪、京广等南北方向铁路通道和“三西”煤运通道已处于饱和状态，大秦、丰沙、石太、京原等煤运通道已满图行车，一些煤矿不得不以运定产。随着经济的发展，全社会煤炭需求仍将大幅度增加，建设大能力煤运通道是满足我国煤炭产运销需求的迫切要求。铁道部在中长期铁路网建设规划中充分考虑了煤运通道建设问题，计划在21世纪头20年内，通过建设客运专线和既有线扩能改造，在大同、神府、太原、晋东南、陕北、贵州、平顶山、兖州、两淮、黑龙江东部等10个地区，形成大能力煤运通道，使铁路煤炭运输能力达到20亿吨左右，满足煤炭运输需要。

焦炭铁路运输

2003年全国铁路焦炭发送量完成7124万吨，比2002年增运1511万吨，增长26.92%；周转量完成63789百万吨·千米，比2002年增加15034百万吨·千米，增长30.8%；焦炭品类运量占铁路总运量的3.58%；焦炭品类平均运程895千米，比2002年延长26千米。

煤炭公路运输

煤炭公路运输作为煤炭铁路运输的重要补充，以机动灵活的方式缓解了煤炭运力的不足，尤其在小批量、短途煤炭运输中更发挥了其特有的优势，促进了煤炭市场的繁荣发展。例如，2003年山西省公路外运煤达到6912万吨，比上年增加327万吨，占全部外销煤的30%，比2002年的23.83%增长了6.17%。由于煤炭运力日趋紧张，估计该省煤炭公路运量增长将更多。但是在公路运输中也存在着一些值得关注的问题和隐患：第一，不同线路的铁路运输价格存在差异，经过公路倒运后再进行铁路运输降低了运费，却造成了社会资源的浪费；第二，公路煤炭运输中大量存在“超载”、“逃费”、“涨吨”等，给交通安全带来了隐患；第三，公路运输和销售的超常发展，推动了乡镇煤矿煤炭产量的加速增长，刺激已经关停的小煤窑死灰复燃；第四，由于公路煤炭运输趋利性强、计划程度低，而导致的一些不正当做法不利于促进煤炭经营秩序好转。

煤炭水路运输

1. 煤炭水路运输格局

中国煤炭水运通道主要有北方海港到华东和华南的海运通道、长江干流和京杭运河等内河通道。2003年北方装煤港装煤能力在2.5亿吨左右，南方卸煤港卸煤能力超过2.5亿吨；全国主要港口煤炭发运量中，北方五港占73%，沿海其他占18%，长江五港占6%，大运河占9%。说明我国水路运输以海运为主，秦皇岛、天津、日照、青岛、连云港、黄骅港煤炭发运量占全国总数的84.51%。

2. 煤炭水路运量

2003年主要港口煤炭中转量继续保持较大幅度增长，完成29033.5万吨，同比增加3336.4万吨，增长12.98%。其中内贸完成19624.8万吨，同比增加2683.9万吨，增长15.84%；外贸完成9408.5万吨，同比增加680万吨，增长7.79%。主要港口煤炭中转量的增加量和增长幅度均小于全国煤炭商品煤销售的增加量和增长幅度。

第二章

电力输送

全国联网电量输送

“十五”时期是国家“西电东送、南北互供、全国联网”能源战略实施的重要时期，特别是三峡水电机组的投产及配套输电工程的实施，促进了全国联网的建设和跨区域资源的优化配置。区域电网间的电力电量交换更加频繁，交易类型出现了中长期、短期、超短期、可中断交易等多种模式，呈现出多样化的良好局面。由于跨区跨省电力交易比较活跃，部分联网输电通道长期保持大功率送电，2003 年全国联网效益创出历史最好水平，实现跨区送电 388.83 亿千瓦时，比上年增长 92.8%；跨省送电 892 亿千瓦时，比上年增长 28.1%。

1. 跨区电力输送

2003 年初，华东福建第二条联网线路——福双Ⅱ线投运，6 月福建联网安控系统投运，联网强度随之增大。通过福双双回线，福建外送华东电力能力增加到 120 万千瓦，有助于缓解华东高峰用电紧张局面。2003 年入夏以来，福建高温少雨，来水持续偏少，华东电网在本网负荷紧张局面下，对福建电网给予电力支援，共度难关，使联网实现了真正意义上的余缺互济、资源优化。2003 年福建电网向华东电网输送电量 32.80 亿千瓦时，华东电网向福建电网输送电量 8.53 亿千瓦时，华东电网与福建电网交换电量 41.33 亿千瓦时，同比增长 22.30%。

2003 年龙政直流输电系统经历了极Ⅰ试运行、极Ⅱ和双极调试、双极试运行及双极正式运行等阶段。全年华中送华东最大电力 300 万千瓦，华中送华东最大电力 40 万千瓦。除 1 月份和 5 月份试运行期间，潮流方向短时间有华东送华中外，其余月份潮流方向均为华中送华东，为三峡外送和缓解华东缺电发挥重要作用。通过龙政直流，华中电网向华东电网输送电量 33.53 亿千瓦时，华东电网向华中电网输送电量 1.44 亿千瓦时。

2003 年 6 月完成了三峡左一开关站和三万及三龙Ⅰ、Ⅱ、Ⅲ线的启动调试，为三峡首批机组外送打通了输送通道。6 月 24 日三峡机组（2 号机）首次并网，2003 年共完成三峡 6 台机组的并网调试。全年三峡电厂完成上网电量 85.97 亿千瓦时，其中，华东电网消纳 34.54 亿千瓦时，华中电网消纳 43.68 亿千瓦时，重庆电网消纳 7.75 亿千瓦时。

2003年6月21日川渝与华中恢复联网，川电东送恢复运行，全年完成输送电量25.03亿千瓦时，同比增长76.89%。

2003年9月，完成辛嘉线启动调试，成功实现了华北、东北、华中(含川渝)电网交流联网运行。

2003年12月，江城直流极I端对端系统启动调试，送南方电网最大电力60万千瓦。2003年，阳城电厂完成发电量107.1亿千瓦时，同比增长21.52%。

2003年创造电网系统投运15年以来交换电量最高的历史记录，实现华中电网向华东电网输送电量49.87亿千瓦时，华东电网向华中电网输送电量4.09亿千瓦时，两网交换电量53.97亿千瓦时，同比增长44.50%。东北电网向华北电网输送电量42.44亿千瓦时，同比增长46.09%。

2. 跨省电力输送

(1)华北电网地区。2003年，华北电网新增500千伏线路共有7条，其中500千伏丰万顺串补装置投产后送电极限提高到175万千瓦，大幅提高蒙西向京津唐送电能力；京津唐与河北南网的电磁环打开后，提高了河北南网经500千伏房保线受电能力；同时由于华北电网网架的加强，东北华北联络线500千伏绥姜线的送电能力提高到80万千瓦。2003年华北山西电网送京津唐电网电量21亿千瓦时，蒙西电网送京津唐电网电量89.93亿千瓦时，京津唐电网送河北南网电量29.38亿千瓦时。

(2)东北电网地区。2003年，东北公司联络线送出电量167.42亿千瓦时；辽宁省受入电量96.94亿千瓦时；吉林省受入电量32.10亿千瓦时；黑龙江省送出电量4.34亿千瓦时。

(3)华中电网地区。2003年，华中电网新增和改建500千伏线路共有11条(三龙Ⅰ、Ⅱ、Ⅲ回线、三万线、斗江Ⅰ、Ⅱ回线、辛嘉线、三广直流江鹅线、江复线、万龙线π接三峡电厂)。江复线投产后，鄂湘断面两回线南送能力由80万千瓦提高到140万千瓦。湖北电网向河南电网输送电量32.48亿千瓦时，河南电网向湖北电网输送电量3.50亿千瓦时，湖北电网与河南电网交换电量35.98亿千瓦时；湖北电网向湖南电网输送电量21.74亿千瓦时，湖南电网向湖北电网输送电量3.94亿千瓦时，湖北电网与湖南电网交换电量25.68亿千瓦时；湖北电网向江西电网输送电量0.65亿千瓦时，江西电网向湖北电网输送电量21.82亿千瓦时，湖北电网与江西电网交换电量22.47亿千瓦时。通过三万线实现华中与川渝联网，川渝电网向华中电网输送电量19.03亿千瓦时(含川电东送华东成分)，华中电网向川渝电网输送电量6.42亿千瓦时，川渝电网与华中电网交换电量(含川电东送华东成分)25.45亿千瓦时。川渝电网之间四川电网向重庆电网输送电量26.52亿千瓦时，重庆电网向四川电网输送电量10.30亿千瓦时。二滩水电站累计发电量达到144.70亿千瓦时，其中，四川消纳106.82亿千瓦时，重庆消纳37.87亿千瓦时。

(4)华东电网地区。2003年，华东电网新增500千伏线路共有7条(田盐5215线、田都5216线、外顾5119线、桥顾5120线、顾杨5129线、顾高5130线、福双Ⅱ线)。福双Ⅱ线的投产使浙江从福建的受电能力增加到120万千瓦；外顾5119线/桥顾5120线与顾杨5129线/顾高5130线等四回500千伏线路的投运意味着上海500千伏双环网的正式建成。上海电网受电106.66亿千瓦时，江苏电网受电64.16亿千瓦时，浙江电网受电283.43亿千瓦时，安徽电网送出111.71亿千瓦时。

(5)西北电网地区。2003年，西北电网新增和改建330千伏线路共有9条(蒲泾北线、永凉线、凉金Ⅱ线、眉西线、景硝线、景黄Ⅱ线、大铜Ⅱ线、凉州变π接海金线、段家变π接马庄线)。其中，蒲泾北线的投运大大加强了蒲城电厂与主网的联系，为蒲城电厂4台发电机满负荷发电创造了条件；永凉线、凉金Ⅱ线的投运加强了甘肃河西电网的结构，提高了供电可靠性；景阳变及景硝线、景黄Ⅱ线的投运加强了青海330千伏电网的结构，同时也缓解了相关330千伏变电站主变重载的压力。陕西电网向甘肃电网输送电量43.92亿千瓦时，甘肃电网向陕西电网输送电量0.47亿千瓦时；青海电网向甘肃电网输送电量6.59亿千瓦时，甘肃电网向青海电网输送电量22.17亿千瓦时；宁夏电网向甘肃电网输送电量4.09亿千瓦时，甘肃电网向宁夏电网输送电量26.54亿千瓦时。

(6)南方电网地区。2003年底，南方电网已建成“五交一直”并联输电结构的500千伏大容量远距离交直流并联输电系统，西电送广东能力提高到640万千瓦。完成售电量248.74亿千瓦时，其中，送广东电量195.14亿千瓦时，送广西电量53.6亿千瓦时。

全国输变电

1. 电网输变电

2001年以来，全国联网进度加快，华北—东北、华东—福建、华中—川渝、华中—华北、华中—华东加强直流联网，华中—南方直流联网，三峡发输电系统以及天广和贵广交直流并联系统等一批联网及配套工程相继建成投产，互联电网规模迅速扩大。2003年，全国220千伏及以上电压等级的输电线路总长度20.72万千米；变电设备总容量6.07亿千伏安。（见表7-1）

2. 输变电主设备运行可靠性

2003年，全国220千伏变压器统计数量37.25百台，可用系数为99.18%，强迫停运率为1.4次/（百台·年）；330千伏变压器统计数量1.22百台，可用系数为99.1%，强迫停运率为1.64次/（百台·年）；500千伏变压器统计数量7.39百台，可用系数为98.94%，强迫停运率为1.49次/（百台·年）。（见表7-2）

2003年，全国220千伏断路器统计数量133.26百台，可用系数为99.61%，强迫停运率为2.52次/（百台·年）；330千伏断路器统计数量4.31百台，可用系数为99.39%，强迫停运率为1.86次/（百台·年）；500千伏断路器统计数量12.82百台年，可用系数为99.10%，强迫停运率为1.87次/（百台·年）。（见表7-3）

2003年，全国220千伏架空线路统计数量1427.57百千米，可用系数为99.57%，强迫停运率为0.19次/（百千米·年）；330千伏架空线路统计数量85.26百千米，可用系数为99.23%，强迫停运率为0.09次/（百千米·年）；500千伏架空线路统计数量388.79百千米，可用系数为98.64%，强迫停运率为0.12次/（百千米·年）。（见表7-4）

表7-1

全国220千伏及以上电压等级输电线路长度、变电设备容量

指标		2001	2002	2003
220千伏电压等级	输电线路长度（万千米）	13.59	14.24	15.24
	比上年净增长度（百千米）	78.21	64.27	100.38
	比上年增长比例（%）	6.10	4.73	7.05
	变电容量（亿千伏安）	3.40	3.72	4.26
	比上年净增容量（百万千伏安）	33.94	31.83	53.79
	比上年增长比例（%）	11.08	9.35	14.46
330千伏电压等级	输电线路长度（万千米）	0.92	0.96	1.04
	比上年净增长度（百千米）	5.08	4.35	7.77
	比上年增长比例（%）	5.86	4.74	8.08
	变电容量（亿千伏安）	0.15	0.18	0.19
	比上年净增容量（百万千伏安）	1.17	2.28	1.44
	比上年增长比例（%）	8.30	14.93	8.21
500千伏电压等级	输电线路长度（万千米）	3.15	3.67	4.44
	比上年净增长度（百千米）	46.49	52.59	76.19
	比上年增长比例（%）	17.32	16.70	20.73
	变电容量（亿千伏安）	1.17	1.38	1.62
	比上年净增容量（百万千伏安）	22.84	20.19	24.16
	比上年增长比例（%）	24.18	17.21	17.57

资料来源：中国电力企业联合会。

表 7－2

变压器运行可靠性指标

等 级	年 份	统计数量（百台）	可用系数（%）	强迫停运率〔次/（百台·年）〕	非计划停运		计划停运	
					次数	时间〔次/（台·年）〕	次数	时间〔次/（台·年）〕
220 千伏	2001	32.98	99.11	2.06	189	3.27	3009	74.89
	2002	35.48	99.17	1.78	140	1.69	2848	70.77
	2003	37.25	99.18	1.40	174	1.39	3012	70.86
330 千伏	2001	1.03	98.60	3.88	5	21.27	99	101.58
	2002	1.14	98.56	0.00	1	0.03	84	126.42
	2003	1.22	99.10	1.64	2	7.79	98	71.21
500 千伏	2001	5.44	98.43	2.39	22	26.31	412	111.39
	2002	6.37	98.82	2.82	23	5.19	395	98.49
	2003	7.39	98.94	1.49	22	1.11	429	92.13

注：在可靠性统计中，单相变压器每相为 1 台。

资料来源：中国电力企业联合会。

表 7－3

断路器运行可靠性指标

等 级	年 份	统计数量（百台）	可用系数（%）	强迫停运率〔次/（百台·年）〕	非计划停运		计划停运	
					次数	时间〔次/（台·年）〕	次数	时间〔（次/台·年）〕
220 千伏	2001	115.34	99.53	3.21	928	1.31	9795	40.06
	2002	125.40	99.57	2.73	754	0.77	9001	37.10
	2003	133.26	99.61	2.52	763	0.94	9342	33.01
330 千伏	2001	3.59	99.51	3.06	16	0.57	412	42.64
	2002	3.88	99.47	1.55	7	0.19	372	45.87
	2003	4.31	99.39	1.86	10	0.25	457	57.68
500 千伏	2001	8.49	98.91	4.71	75	4.71	773	90.41
	2002	10.81	99.24	2.96	63	1.45	883	64.88
	2003	12.82	99.10	1.87	61	3.43	996	75.13

资料来源：中国电力企业联合会。

2003 年 6 月龙政直流输电系统正式投入运行。目前全国正在运行的高压直流输电线路有葛南、天广、龙政三条。（见表 7－5）

西电东送

1. 西电东送北通道

西电东送北通道位于华北（含山东）、西北电网内，主要是通过开发山西、蒙西煤电基地，建设大型坑口火电厂及相关送出线路，直送华北电网负荷中心的京津唐电网，远景将通过对陕北、宁夏煤电基地和黄河上游水电的开发建设而逐步加强。

2003 年，蒙西电力东送通道由达永线、永丰双回线、丰万双及万顺双回线构成；托克托电厂通过托源双回线经浑源开闭站，再经源安双回线将电力直送北京。2003 年 4—7 月，500 千伏托—源—安输变电工程及托克托电厂一期工程 2 台 60 万千瓦机组相继建成投运，电力直送位于京津唐负荷中心的安定变电站，增加向京津唐电网的送电

表 7－4

架空线路运行可靠性指标

等级	年份	统计数量（百千米）	可用系数（%）	强迫停运率〔次/(百千米·年)〕	非计划停运		计划停运	
					次数	时间〔时/(百千米·年)〕	次数	时间〔时/(百千米·年)〕
220 千伏	2001	1272.24	99.50	0.21	303	2.51	2906	78.95
	2002	1346.56	99.60	0.17	243	1.36	2863	71.42
	2003	1427.57	99.57	0.19	309	3.46	3174	74.37
330 千伏	2001	77.39	99.05	0.09	8	0.62	102	65.96
	2002	77.68	98.77	0.09	7	0.62	84	60.52
	2003	85.26	99.23	0.09	8	3.58	72	46.55
500 千伏	2001	251.97	97.90	0.12	40	2.31	229	93.72
	2002	323.62	98.75	0.11	39	2.75	260	64.67
	2003	388.79	98.64	0.12	54	3.79	354	68.79

资料来源：中国电力企业联合会。

表 7－5

高压直流输电系统运行可靠性指标

系统名称	回路	投运日期	额定电压（千伏）	额定输送容量（万千瓦）	线路长度（千米）
葛南直流输电系统	极Ⅰ	1989.90	±500	60(30)*	1046
	极Ⅱ	1990.80	±500	60(30)*	1046
天广直流输电系统	极Ⅰ	2000.12	±500	90	960
	极Ⅱ	2001.60	±500	90	960
龙政直流输电系统	极Ⅰ	2003.60	±500	150	860
	极Ⅱ	2003.60	±500	150	860

注：＊葛洲坝送南桥双极额定输送容量 120 万千瓦，单极额定输送容量 60 万千瓦；南桥送葛洲坝双极额定输送容量 60 万千瓦，单极额定输送容量 30 万千瓦。

资料来源：中国电力企业联合会。

能力约 120 万千瓦，另外 500 千伏丰—万—顺串补工程于 2003 年 6 月建成投运，向京津唐电网的送电能力由 130 万千瓦提高到 175 万千瓦，增加了 45 万千瓦。

山西电力东送通道由神神线、神大线、神雁线、大雁线及大房双构成。2003 年 9 月，山西雁同 500 千伏变电站投运（投运 1 台 750 兆伏安变压器），500 千伏神大 1 号线破进雁同站；同时 220 千伏七浑线和雁赵线断开备用，实现了山西网与京津唐网之间 500 千伏与 220 千伏的电磁环网解开运行。

华北电网西电东送已经形成 4 个独立的送电通道，即大房双回线、沙昌双回线、丰万双回线（通过万顺双回线）和托—源—安双回线，满足了京津唐电网 1/3 的用电负荷。2003 年蒙西和山西送电京津唐分别实现送电 89.93 和 21.00 亿千瓦时。

2. 西电东送中通道

西电东送中通道位于华东（含福建）、华中（含川渝）电网内，主要开发长江流域，通过葛洲坝至上海和龙泉至政平的两条直流输电通道，以及川渝至湖北的川电东送通道，将葛洲坝、三峡、以及华中电网（四川、湖北、湖南等）内富裕的电力直送华东电网，远景通过开发金沙江和四川水电，建设向家坝、溪洛渡等大型水电站及其送出线路而逐步加强。

2003年，随着三峡电厂首批机组并网发电和三峡输变电工程的建成投产，西电东送中通道已经形成：华中葛洲坝水电通过葛沪直流送华东电网，葛南直流的额定输送容量为120万千瓦，2003年实现华中华东交换电量53.97亿千瓦时，同比增长44.50%；三峡电力通过龙政直流送华东电网，龙政直流的额定输送容量为300万千瓦，在特殊情况下，可以使用直流过负荷能力，使最大送电能力达到330万千瓦，2003年实现华中华东交换电量34.97亿千瓦时；通过三万线和万龙线形成川渝与华中的交流联网，将西电东送的中通道延伸到川渝电网，实现丰水期四川富裕的水电外送的目标，川电外送万县关口送电能力95万千瓦，2003年完成送电量25.03亿千瓦时，同比增长76.89%。

3. 西电东送南通道

西电东送南通道位于南方电网内，主要开发红水河上的天生桥梯级水电以及贵州、云南的坑口火电，通过云、贵至广东的“五交一直”并联输电通道，直送广东、广西电网。远景通过开发澜沧江、怒江、乌江等，建设龙滩、小湾、构皮滩、糯扎渡等水电站和贵州、云南坑口火电厂而逐步加强。

2003年，随着“黔电送粤”交流输电工程投产，贵广交流通道西起贵州青岩，经河池、沙塘变电站、贺州开关站，至广东罗洞。其中青岩—河池、河池—沙塘段为双回线路，沙塘—贺州、贺州—罗洞段为单回输电线路。贵州外送交流通道建成投运后，将形成南北两个交流通道加天广直流通道的送电格局，贵州外送能力和稳定水平有了大幅度的提高。贵广交流通道及平果、河池串补工程建成投产后，南方电网“五交一直”并联输电结构的500千伏大容量远距离交直流并联输电系统已经建成，西电送广东能力提高到640万千瓦。2003年西电送广东电量195.14亿千瓦时，送广西电量53.6亿千瓦时。

电力输送线损情况

线损率是指一定时间内，电流流经电网中各电力设备(不包括用户方的电力设备)时所产生的电能损耗。由于缺乏权威的统计分析，对线损率的实际情况争议比较大。据中国能源研究会“能源效率和节能”课题报告的研究数据，经过城网改造和农网改造，农村电网线损率已降至12%左右，2003年全国线损率为7.71%。由于城市和农村相当部分电能是趸售的，因此有很大一部分低压配电损失未包括在内，实际数据应该更高一些。

综合输变电线损和终端用电设备损失，全国因电能利用效率低下造成的电力浪费年约2000亿千瓦时。三峡电站26台70万千瓦水轮发电机组全部运行时，年均发电量约850亿千瓦时。也就是说，中国一年因电能利用效率低下造成的浪费，相当于2.3个三峡电站的发电量。

第三章

石油天然气储运

油气运输

1. 油气管道运输

截至2003年底，中石油天然气股份有限公司拥有原油、成品油、天然气长输管道共25820.74千米，比上年增加1500千米。其中，原油管道8878.59千米，成品油管道2272.07千米；天然气管道14535.66千米，比上年增加1500千米。中石油天然气与管道分公司运营管理的原油储罐105座，比上年增加2座，总容量236.91万立方米，比上年增加4万立方米；天然气储气库3座，比上年增加1座，总库容11.47亿立方米，比上年增加3.3亿立方米。

2003年，中石油天然气与管道分公司原油输送量年计划4030.4万吨，完成4073.83万吨，完成年计划的101.08%。成品油输送年计划300.0万吨，完成305.52万吨，完成年计划的101.84%。天然气输送年计划39.79亿立方米，完成44.27亿立方米，完成年计划的111.26%。

截至2003年底，中石化共建成原油输送管道4200千米，2003年实际输送原油0.68亿吨，完成原油周转量195亿吨·千米；有原油储罐1811万立方米；有万吨级以上原油码头36座，其中15万吨级以上原油码头5座，包括单点系泊1套；有铁路专用线288千米；有采集气站377座，增压配气站189座，气体处理站30座，天然气集输能力1854万立方米/日。

2003年，中石化完成管道输油总量9875万吨，其中一次输送量6790万吨，二次输送量3085万吨。中石化管道储运分公司完成输油总量5927万吨(一次输送量2842万吨，二次输送量3085万吨)；中石化油田企业完成原油输送外销量1071万吨；中石化炼化企业完成原油输送量2878万吨。

截至2003年底，中石化建有天然气外输管线3286千米，天然气管道运输能力59亿立方米/年，将所产天然气输送到山东、河南、河北、四川、重庆、吉林、湖北、江苏、贵州、云南、内蒙古等地区。2003年，建设完成了大牛地—杭锦旗输气干线138千米以及其他配套设施，并开始向杭锦旗甲醇厂供应天然气；建设完成了毛坝—达州天然气管道及配气站，管道长约90千米，年输气规模1.8亿立方米，开始将毛坝1井生产的约5万—6万立方米/日天然气输向中石化四川维尼纶厂。

2. 铁路石油运输

“十五”以来，铁道部国家铁路在石油运输中的主导地位更加突出，2003年把突击抢运石油、煤炭等作为重点运输。2003年铁路石油发送量完成10765万吨，比上年增运466万吨，增长4.52%；周转量完成102934百万吨·千米，比上年增加5618百万吨·千米，增长5.77%；石油品类运量占铁路货物发送总量的5.41%；石油品类平均运程956千米，比上年延长11千米。（见表7-6）

表7-6

2002—2003年铁路石油运输量

年 度	发送量（万吨）	周转量（百万吨·千米）
2000	9391	81599
2001	9852	89996
2002	10299	97316
2003	10765	102934

资料来源：铁道部统计中心。

铁道部国家铁路油品运输罐车保有量逐年增加。2003年罐车达到40495辆，其中，轻油罐车26128辆，黏油罐车13310辆，其他1057辆。罐车总量比上年增加1237辆，增长3.15%；比2000年增加2717辆，增长7.19%。（见表7-7）

表7-7

2000—2003年铁路罐车保有量

单位：辆

年 度	总 计	轻 油	黏 油	其 他
2000	37778	21931	8477	1462
2001	38804	24870	8357	1364
2002	39258	25222	12979	1057
2003	40495	26128	13310	1057

资料来源：铁道部统计中心。

油气储运安全

2003年7月至10月，公安部等八部门开展了整治油气田及输油气管道生产治安秩序专项行动。石油天然气行业认真传达全国专项行动电视电话会议精神，提出贯彻落实意见。

中石油天然气与管道分公司强化输油气生产及管道建设现场安全、环境管理，建立并积极推行QHSE管理体系，连续四年保持了安全生产无事故的良好局面；积极配合专项整治行动，堵漏洞，治乱点，除隐患，加强了内部安全管理和保卫队伍建设。其中管道分公司2003年共发生64起打孔盗油案件，相比上年92起，下降了30.4%。西气东输管道东段刚建成，工程东段涉及管道安全运营的违章问题就多达118处。在积极协调、呼吁之下，8月国家安全生产监督管理局组织开展了清理占压西气东输管道东段违章建筑物活动，基本清理解决了工程东段涉及管道安全运营的违章问题，保证了管道东段“十一”顺利进气投产。

2003年中石油对管道输油场站进行了安全抽查，及时发现事故隐患，并进行整改。上半年对新建成的兰成渝输油管道进行了安全检查，完成了《兰成渝输油管道安全生产状况调研报告》，全面评价了兰成渝输油管道安全生产现状，并提出了生产中存在的事故隐患。针对西南油气田部分输气场站收发球筒长期带压问题，为规范安全生产管理，杜绝事故隐患，开展了输气场站收发球筒长期带压专项整治行动，计划利用五年时间，分批对长期带压的收发球筒进行专项治理。做好新建项目的安全预评价和环境影响评价工作，以及工程项目的安全、环保验收工作。配合国家环境保护总局完成了港沧输气管道的环境验收工作。配合国家安全生产监督管理局和环境保护总局完成陕京二线、永唐秦输气管道、忠武输气管道湘潭支线等新建工程的安全预评价和环境影响预评价工作。

中石化和所属各油田、管道企业认真按照公安部等八部门的统一部署，加强与有关部委的联系，油区治安形势基本好转，为油田和管道企业提供了有力支持。及时指导协调各油田公安系统移交及改制情况，向公安部提交有关打孔盗油、窃电、管道占压、车辆管理等13个专项报告。中石化参加人代会、政协会的代表、委员分别就油田和管道打孔盗油问题提出提案。2003年，中石化范围内共破获各类涉油案件2501起，打掉犯罪团伙255个，打击处理违法犯罪嫌疑人3972名，缴获盗油机动车1995辆、油品5749.4吨，取缔土炼油炉595座、窃气点10041处、窃电点13732

处，收缴窃气管线62万米、电力线57万米，清理管道占压物222处，调节工农纠纷2258起，挽回经济损失3091.9万元，油区生产储运治安秩序得到明显改观。

西气东输

西气东输管道工程是国家实施西部大开发战略的标志性工程，是我国自行设计、建设的第一条世界级的天然气管道工程，也是加快西北部地区经济发展、促进长江三角洲地区能源结构调整、保护生态环境的幸福工程。该管道干线西起新疆塔里木油田的轮南，东至上海白鹤镇，途经9个省、自治区、直辖市，全长约3840千米。西气东输管道东段轮南—靖边线路全长约2340千米，西段靖边—上海线路全长约1500千米。管道采用带减阻内层的X70螺旋埋弧焊钢管（一类地区）和直缝埋弧焊钢管（二、三、四类地区），管径1016毫米，设计压力10兆帕，输气能力120亿立方米/年，外防腐采用三层PE。管道穿越长江1次、黄河3次、淮河1次，其他大型河流8次，建设陆上隧道16条。管道全线设工艺站场35座，其中压气站10座（燃气压气站6座、电驱压气站4座）。此外，西气东输管道工程同时建有3条支线，其中常州—长兴支线长约89千米、设计输量17.86亿千米/年；定远—合肥支线长约78千米、设计输量3.28亿立方米/年；南京—芜湖支线全长约129千米、设计输量16.71亿立方米/年。工程总投资435亿元。2003年10月，西气东输管道工程东段进气投产，定远—合肥、常州—长兴支干线相继投入运行。截至2003年年底，西段主体工程已完工，中卫黄河穿越完成桁架吊装，郑州黄河穿越完成主管道吊装，南京—芜湖支干线完成焊接117千米。据全国最新一轮油气资源评价，西气东输的主力气源地塔里木盆地，天然气资源量为7.96万亿立方米，可以稳定供气30年。

2002年7月，中石化与中石油、国际投资集团签署了《西气东输合作框架性协议》，出资比例分别为5:50:45共同投资建设西气东输工程。为配合西气东输工程建设，中石化加大了西部天然气勘探力度，取得了库1井的重大突破，将为西气东输工程提供丰富的天然气资源。中石化天然气市场准备工作进展顺利，对10个天然气利用项目进行了技术改造，年利用天然气25亿立方米。

第八篇 能源科技与信息化

ENERGY SCIENCE, TECHNOLOGY, AND INFORMATION MANAGEMENT SYSTEMS

第一章

煤炭科技与信息化

煤炭勘探技术

中国煤炭勘探技术已初步形成了以钻探、物探、遥感技术和计算机技术相结合的地面和井下现代综合探测系统；成功地进行了第三次全国煤田预测，基本查清了全国煤炭近期和远景储量；用三维地震和电磁法能够查明落差5米的小断层和直径30米的陷落柱和冲刷无煤区等；矿井地质物探技术可查明0.5米的小断层和直径15米的陷落柱。遥感技术在煤田勘探中得到广泛应用，并接近国际先进水平。

煤矿设计技术

改革开放以来，中国煤炭设计水平取得了长足进步，已接近或超过世界先进国家，目前已有能力自行设计采掘设备现代化矿井和复杂开采、建井条件的矿井(露天)。矿井最大设计规模已达1500万吨/年，露天矿已达2000万吨/年，最深的矿井已超过千米，井筒穿过的最厚表土层已达600米；有能力自行设计各种工艺要求、各类规模的选煤厂。煤矿设计呈现生产能力大型化，生产效率高效化，矿井生产集中化，生产系统简单化，地面布置集约化、社会化的特点。

1. 矿井设计

呈现系统简单化，设备大型化、自动化的格局。矿井的生产能力向大型化发展，在地质条件适合的井田建设特大型矿井已成普遍趋势。2003年，神东大柳塔、榆家梁、补连塔3对矿井年生产能力达到了千万吨水平。强力带式输送机快速发展，斜井胶带机铺设长度已达1500米左右，小时运量3000吨左右，适应了大型斜井矿井开拓的需要；采用立井开拓的大型矿井，一对箕斗逐步取代了多对箕斗的布置方式，箕斗容量已达40吨，适应了高产高效矿井大运量、连续化运输的要求。整体升降大型设备已成为副井系统设计追求的目标，出现了以济宁三号井为代表的大型超宽副井罐笼。在大巷布置上，广泛采用了煤巷布置，主运输采用胶带输送机，辅助运输采用无轨胶轮车或因地制宜的采用其他运输方式，巷道广泛采用锚杆加锚索等支护方式。在采区设计中，采区尺寸逐步加大，形成了以设备大修周期为回采周期的设计推进长度，以工作输送机能力为限的工作面长度。以国产设备为主的工作面推进长度一般为 2000—2500 米，工作面长度 200—250 米。以引进设备为主的工作面推进长度一般为 3000—5000 米，工作面长度 250—300 米。根据地质条件的不同，按采掘设备选型划分，逐步形成以下设计模式：

（1）全引进大采高综采成套设备。1990 年在神华集团活鸡兔矿井设计中采用全引进大采高综采设备高产高效的设计模式，开创了中国高产高效矿井设计先河。2003 年以引进设备装备的大采高工作面，在大柳塔、榆家梁矿一井一面年产量已分别达到了 1150 万吨和 1215 万吨，全员效率达到了 123.9 吨/工和 142.3 吨/工。在高瓦斯的晋城寺河矿年产量也达到了 500 万吨，设计效率达到了 54 吨/工。

（2）国产综采成套设备。中国国产综采成套设备品种齐全，基本满足了各类地质条件的需要。在一般地质条件下，采用国产中厚煤层综采设备可达到日产万吨、年产 200 万—300 万吨的水平。兖矿集团东滩矿采用国产综放设备，2001 年工作面年产量达到 500 万吨，2003 年综放支架配电液阀更使工作面年产量达到 642 万吨。采用国产综采成套设备可达到投资少、产出多，经济效益好的效果。

（3）引进薄煤层刨煤机综采设备。铁法小青矿引进薄煤层刨煤机及配套设备在平均 1.1—1.35 米煤厚的条件下，工作面年产达 120 万—150 万吨，达到了开采同类煤层的世界先进水平，为薄煤层开采实现高产高效指明了一条新路。

（4）连续采煤机。开采技术受地质构造的影响，矿井有大量不能采用正规长壁工作面开采地段。神华上湾矿采用连续采煤机开采，较好地解决了这一问题，最高年产量达 224 万吨，创造了世界记录。

（5）快速机械化掘进设备。神华上湾矿连采一队，于 2003 年 1 月使用连续采煤机，掘进工作面单机三巷完成月进尺 4656 米，创造全国综掘进尺最高记录。

（6）生产系统简单化。系统越简单，系统损耗就越小，系统效率也就越高，系统故障率越小，系统越可靠。由于高产高效矿井生产的高度集中，对系统可靠性和高效性的要求越来越高。矿井设计中普遍采用了大型提升机，长距离、大运量胶带输送机，先进可靠的控制技术。辅助运输广泛采用了无轨胶轮车等灵活的运输设备。露天矿设计中普遍采用了大型轮斗、大型破碎站、大型吊斗铲等设备，采用连续、半连续工艺系统。选煤厂设计中普遍采用了大型分选设备、高效筛分、脱水设备和在线监测技术等。

20 世纪 90 年代以来，中国利用国外贷款建设的矿井（设计能力在 240 万—600 万吨/年），设计相当于世界 20 世纪 80 年代的水平，主要生产环节和劳动生产率已达世界 20 世纪 90 年代初的水平。20 世纪 80 年代后期和 90 年代初期设计的山东济宁二号、山西潞安常村矿井、陕西神府活鸡兔矿井、大柳塔等矿井，在开拓部署、采煤装备、工作面单产、掘进、大巷运输、矿井提升设备、全员效率等方面也都基本达到国际同期的设计水平。

2. 露天煤矿设计

20 世纪 50 年代以来，中国先后建设了阜新海州露天、抚顺西露天、云南小龙潭等十几个规模小于 500 万吨的中型露天煤矿，设计选用的工艺以单斗铁道为主，其中小龙潭后改为连续工艺。主要设备可成套自给的只有 4 立方米和 10 立方米电铲，80 吨和 150 吨电机车，60 吨及 100 吨自翻车。国内设计的电铲斗容主要有 10 立方米、11 立方米（可选择 16.82—34.9 立方米）、25.2 立方米（可选择 25.2—45.9 立方米）；汽车载重有 68 吨、108 吨、154 吨等几种。以年产 1500 万吨的山西平朔安太堡特大型露天为例，其采剥运主要设备中的电铲选用的斗容为 25.2 立方米（P&H2800 型），根据物料容重不同，斗容可选择 25.2—49.5 立方米；选用 154 吨载重量的汽车与之配合形成单斗—汽车工艺，全员效率 25 吨/工。

露天矿首先甩掉了轨道运输系统，在平朔采用了大型单斗汽车工艺。接着在准噶尔和小龙潭露天矿采用了连续和半连续运输工艺，使中国露天煤矿的工艺水平、生产效率达到了国际先进水平。2003 年，在准噶尔煤矿露采设计中又采用了大型吊斗铲倒堆工艺，大大降低了生产成本，提高了效率。在采、剥、掘进设备的应用中，形成了以大功率、高可靠性为主；运输设备以大功率、调速启动为主的趋势。整个系统呈现了系统简单化，设备大型化、自动化的格局。

3. 选煤厂设计

中国现有动力煤、炼焦煤选煤厂约1500座，其中绝大多数为中国自行设计。20世纪80年代以来中国从德国、美国、波兰、原苏联引进了几座技术水平较高的选煤厂。近年来，在引进、消化、提高的基础上，设计建成了山西镇城底、宁夏石炭井太西、淮南潘一、七台河铁东等一批技术水平较高的选煤厂。

近几年，由于解决了介质回收、高效泵送、设备及其管道的耐磨问题，重介选煤工艺的基建投资和生产成本不断降低，重介质选煤技术在中国得到了迅速发展，其易操作和高效率的特性越来越受到欢迎，并逐渐成为主导工艺。

中国设计的选煤厂，在选煤方法和选煤工艺系统方面已赶上国际水平，分选效率、可能偏差、不完善度、浮选技术等各项指标已接近国际水平。如年产300万吨的淮南潘一炼焦煤选煤厂，选用主、再选混合跳汰、煤泥浮选工艺，设计中采用了中国自行研制的10平方米单轴振动筛，16平方米双轴振动筛、35平方米筛下空气室跳汰机、1.3米直径卧式振动离心机、1.4米宽脱水斗式提升机、3米直径搅拌桶、8立方米浮选机、200平方米盘式真空过滤机等八种大型选煤设备。这些国产大型选煤设备已在山东东滩、山西阳泉、山西太原等多个选煤厂的设计中采用。

某些选煤厂设计，在工艺流程的某些环节上还有所创新并具有自己的特点，如山西古交镇城底选煤厂，其设计采用多功能洗水净化再生系统，解决多年来选煤厂设计未能很好解决的选煤厂洗水闭路循环问题。项目投产运行10年，实现了煤泥水滴水不外排、不污染环境的高标准。该项工艺技术已在中国多座炼焦煤选煤厂设计中推广使用。

近年来，中国在部分选煤厂中着手进行原煤均质化设计尝试，在山东济宁二号(400万吨/年)、三号(500万吨/年)选煤厂工艺设计中设置了圆形混煤场，使中国选煤均质化迈出可喜的一步。

发达国家在选煤厂装车系统的设计时，多采用全自动定量装车系统。20世纪80年代后期，中国引进了美国全套自动化定量装车系统，在消化、吸收引进技术的基础上，自行设计了国产化自动定量装车系统，并在山西金沙滩等十几座煤炭集运站建成使用。

近10年来，中国大型选煤工艺设备的研制有了较大的发展，设计院、科研单位合作研制大型跳汰机、浮选机、重介分选设备、大面积筛分机、各类破碎机，真空过滤机和大型压滤机、加压过滤机等工艺设备，填补了中国多项大型选煤设备的空白。目前，设计中采用的国产各类工艺设备已能满足中国建设的各类选煤厂的需要。存在的问题是设备的品种、规格还不齐全，性能和质量与国际水平比还存在着一定差距。

目前，中国选煤厂设计的集控范围多限于煤流系统，由于部分国产设备的触点行程开关质量不过关，造成误动作，加之浮选煤泥水系统泵类多、管道多、阀门多，国产电动闸门质量不过关；因此，国内设计的选煤厂未把浮选、煤泥水系统、煤位、液位等参数纳入集控系统。选煤过程如跳汰、重介选、浮选等是复杂的多参量工艺过程，目前国内设计仅限于用简单的参量对上述复杂的分选过程进行控制调节。国产的各种传感器、调节仪、执行器等仪器、仪表技术性能落后，各种在线检测仪器尚无可靠产品。

矿井施工技术

中国矿井施工技术做到了能够依靠自己的技术力量和设备设计，施工年产600万吨的大型矿井和年产1200万吨的露天煤矿。立井普通法施工机械化水平及施工速度已接近国外先进水平，施工中采用的机械设备如提升绞车、凿岩钻架、抓岩机和金属模板等均为国产设备。平均掘进速度可以稳定在55米/月。

矿井施工技术中的特殊凿井法，例如冻结法凿井技术和钻井法凿井技术已跨入国际先进水平。到2003年，中国采用冻结法施工的井筒已有440多个，总长度达7万米以上。在已竣工的井筒中，最大冻结深度达到435米。到2003年采用钻井法施工的井筒已有58个，最大钻井直径达9.3米，最大钻井深度达508米。此外，中国在井巷掘进斜坡、巷道掘进、巷道支护等技术领域也取得了明显进展。

煤炭开采技术

中国煤炭开采以井工为主，露天开采仅占总

产量的4.49%，煤炭生产呈现多层次的技术和产业结构。在井工开采技术方面，中国已经能自行设计和制造适应多种煤层开采条件的综合机械化采煤和掘进成套装备。

在采掘机械化方面，2003年国有重点煤矿采煤机械化程度、掘进机械化程度分别达到81.47%和78.35%，其中综合机械化采煤程度达到68.65%。在采煤工作面单产上，国有重点煤矿达到38351吨/个·月，比上年提高了9.93%。国有重点煤矿的平均工效为3.343吨/工，比2000年提高了0.817吨/工。

中国从20世纪90年代初开始瞄准国际先进水平进行高产高效矿井建设工作，到2003建成高产高效矿井166处，当年生产煤炭4.92亿吨，占全国煤炭总产量的29%，全员效率11.64吨/工，单井利润7000多万元，百万吨死亡率0.102，达到了世界先进水平。

近年来，中国在各种采煤工艺方面都取得了较大突破。2003年，补连塔矿的综采工作面年产量达到924万吨，创世界记录。在综放方面，兖矿集团东滩矿完全依靠国产设备在2003年实现年产原煤642万吨，并创造了综放工作面最高月产65.63万吨的全国记录。在急倾斜放顶煤开采方面，新疆乌鲁木齐矿业集团碱沟矿开采倾角为84度的煤层中，使用水平分层放顶煤工艺，工作面年产达到45.9万吨。在薄煤层机采方面，沈阳矿务局西马矿使用2台160千瓦国产刨煤机开采1米的薄煤层，工作面年产量达50.1万吨。

为满足高产高效矿井发展的需要，中国煤矿高产集约化开采技术和设备的开发研究取得了重大突破。中国成功开发了厚煤层、中厚煤层和较薄煤层高效开采成套技术装备，其中交流变频调速电牵引采煤机有30多种型号，装机功率300—1200千瓦，供电电压1140—3300伏，开采高度1.2—5米；重型刮板输送机最大装机功率1400千瓦，运力2500吨/时，过煤量800万吨/年以上；强力液压支架支护高度达5米，工作阻力达8000—10000千牛顿，承载寿命试验达3.5万次；国产的顺槽带式输送机已装备500万吨/年的综采工作面。同时，研制开发出巷道快速掘进和锚杆支护、矿井高效辅助运输技术和矿井提升装车计量自动化控制等技术。

在露天开采技术方面，中国自行设计和建设的具有世界先进水平的生产能力为1200万吨/年的准噶尔矿区黑岱沟矿和1500万吨/年的平朔安家岭露天矿已经投产。20世纪80年代以后开发的露天煤矿，大多采用电铲采掘、潜孔钻机打眼和重型汽车运输工艺；设备趋于大型化，电铲斗容多为15—25米，重型汽车装载能力为170—210吨；开采工艺趋于多样化，汽车运输工艺有较大发展，并开始采用半连续开采工艺、连续开采工艺和各种综合开采工艺。

煤矿安全技术

经过20多年的技术攻关，初步建立了比较适合中国煤矿条件的防灾抗灾体系，为煤矿提供了防止瓦斯、火、粉尘、水及顶板事故发生的技术和装备，改善了煤矿安全的技术状况。

在瓦斯预测和控制方面，已研制成功250米顺煤层强力钻机和600米水平钻机，自动瓦斯解吸仪实现了千米钻孔瓦斯测定，准确率达90%。开发出了近10多种多功能监测系统和多种传感器，能实时监测矿井各种参数。煤巷掘进中煤与瓦斯突出区域预测和“四位一体”综合防突措施得到广泛应用。中国煤矿已形成本层、临近层、穿层和采空区等多种瓦斯抽放方法，试验成功了200—500米岩石水平长钻孔抽临近层瓦斯和250米煤层水平长钻孔抽放本煤层瓦斯的综合抽放技术，使工作面瓦斯抽放效率提高20%。

在火灾防治方面，采用色谱分析法测定煤层自燃的倾向，已开发出发现早期火灾的多参数色谱监测系统和多种火灾气体传感器及监测系统，使矿井火灾预报准确率达80%以上；完善了均压、注氮和注浆等综合措施治理采空区和高冒区等火灾区的灭火工艺，先后研究出凝胶、阻化剂、惰气泡沫和化学惰泡灭火剂等防灭火材料以及井下移动式制氮机、惰泡发生装置和井下移动式注浆站等大中型防灭火设备，开发了胶带输送机热敏电缆火灾监测装置和矿用分布式光纤温度监测系统等外因火灾监测设备。

在水害方面，已开发了预防水灾的多功能监测系统，开滦范各庄煤矿采用多孔大流量快速注浆堵水新工艺，完成了世界采矿史上最大的堵水工程，堵水率达90%以上。

煤矿环保技术

在煤尘防治方面，以防治呼吸性粉尘为重点，研制出符合国际标准的粉尘采样器；煤层注水、高压雾化降尘与负压二次降尘技术的开发与应用，大大提高了除尘率，使采掘工作面的除尘效率达到87%—98%；尘肺病药物治疗和支气管灌洗技术取得一定疗效，特别是尘肺灌洗技术已开始临床应用，其效果达到世界先进水平。

洁净煤技术

1. 选煤技术

选煤技术是煤炭洁净利用最基础的技术。选煤是利用煤和杂质的物理化学性质的差异，经机械处理将原煤脱灰、脱硫并加工成质量均匀、用途不同的煤炭的一种加工技术，是洁净煤技术体系中的一项有机组成部分。中国自行研制开发的设备已能满足400万吨/年选煤厂建设的需要，跳汰机、重介质分选机、重介质旋流器、浮选机等许多设备已形成系列，并接近或达到国际先进水平；重介质选煤技术取得很大进展，已能实现主要生产环节的自动测控和全厂集中控制；选煤厂将向洗煤设备的大型化、自动化及模块化方向发展。

2. 煤炭气化技术

中国煤炭气化技术主要分为固定床气化技术、流化床气化技术和气流床气化工艺。固定床气化技术主要分常压固定床气化技术和加压固定床气化技术。常压固定床气化炉在中国应用最多，它可分为发生炉和水煤气炉两种工艺。在发生炉气化工艺方面，中国已开发出直径2—3米的两段发生炉。另外，根据中国工业生产和民用煤气的特点，还开发了反火炉。在水煤气气化工艺方面，开发了直径3.6米以下的系列气化炉和两段水煤气炉。水煤气技术主要用于化肥工业。

流化床气化技术分为常压流化床技术和加压流化床技术。1994年，上海焦化厂引进美国的8台直径2.6米的U-gas气化炉投入运行。中科院山西煤化所于1985年底完成了处理量为1吨/日的气化装置，设计的直径为2000毫米的常压流化床气化炉已在化肥厂运行。“八五”期间，煤炭科学研究总院开发了5吨/日处理能力的加压流化床气化装置，内径为300毫米，设计压力为2.5兆帕。中国商业化运行的气流床气化炉只有Texaco气流床气化炉和Shell气化炉，主要用于为合成氨生产提供原料。

中国拥有的固定床气化炉最多，正在运行的达4000多台；常压流化床气化炉只有10多台；Texaco气流床气化炉有12台。固定床气化工艺需要使用块煤，尤其是化肥行业普遍采用的水煤气炉只使用无烟块煤和焦炭，而机械化采煤使块煤率下降，导致块煤资源紧张。

中国煤炭气化技术发展存在的主要问题是总体技术水平落后。目前，中国常压固定床气化炉技术比较成熟，而流化床和气流床技术主要靠引进。常压固定床气化炉气化能力低，以常用的直径为3米的发生炉为例，其能力为50吨/时，引进的加压Lurgi炉能力达500吨/日，而先进气流床气化炉能力已达2600吨/日，差距很大。就工艺来讲，中国几乎没有拥有自主知识产权的大型先进气化技术。

3. 煤炭液化技术

煤炭液化的主要目的是弥补石油供应的不足。应用煤炭直接液化技术，在一般情况下，约3—4吨原煤可生产1吨成品油；应用间接液化工艺是先把煤炭全部气化成合成气，然后再催化合成为燃料油，约5—7吨原煤产1吨成品油。20多年来，中国已对上百个煤种进行了煤液化试验。利用中国产加氢催化剂，进行了煤液化油的提质加工研究，成功地将煤液化粗油加工成合格的汽油、柴油和航空煤油。1999年底，中国与德、日、美等国合作完成了神东矿区、黑龙江依兰和云南先锋建设煤直接液化厂的可行性研究。2003年，国家批准神华集团建设煤炭液化示范工程，神华集团正在积极筹建煤炭处理能力6吨/日的上海煤炭液化研发基地。

煤间接液化技术与工艺开发也得到了国家“863”高科技发展计划的支持。中科院山西煤化所于2001年建成每年生产1000吨产品的浆态床合成油试验装置和配套的催化剂制备装置，2002—2003年进行了多次连续运行试验，并得到合格的合成产品，在工艺开发、催化剂研制、运行条件优化及自动控制等多方面取得了一些重要成果。兖矿集团在实验室开发研究的基础上，于2003年下半年开始建设每年生产万吨级合成油的开发装置和配套催化剂制备装置，预计2004年建成并投入试验运行。

中国煤炭直接液化技术主要为从日本和德国引进的技术，液化设备仅为0.1吨/日小型煤炭液化装置，国内没有开发任何煤炭直接液化设备，但在煤炭液化工艺和催化剂开发方面取得了一定的成绩。为了加快煤炭液化产业的发展，神华煤炭液化项目建设从2003年正式开始，计划于2007年建成第一条商业化煤炭直接液化生产线，煤炭处理能力为6000吨/日，生产液化油100万吨/年。

4. 煤基合成燃料技术

为解决石油使用中产生的污染环境的问题，煤制醇醚燃料生产技术越来越受到重视。目前，醇醚燃料主要指甲醇、二甲醚等燃料，它们都是重要化工原料，也是一种新型的洁净能源。中国早在20世纪50年代末就掌握了甲醇的生产技术，80年代已达到国际先进水平。中国从80年代开始甲醇汽车燃料的试用和研究工作，“六五”原国家科委专门组织了掺烧15%甲醇的低比例甲醇汽油燃料研究与示范。1997年原国家科委和原国家经贸委批准山西省实施国家甲醇燃料示范工程，同时还专门安排了一批技术创新项目，重点支持了甲醇燃料完善、甲醇发动机开发和配套技术优化等，取得了新进展，示范工程也于2001年底通过验收。

二甲醚可作为理想的柴油代用燃料，其热值相当于柴油的70%，热效率比柴油高2%—3%，燃烧充分，能实现无烟燃烧，其氮氧化物排放能降低40%，甲烷排放能降低50%，一氧化碳排放能降低40%，二甲醚与柴油的替代比大约为1.5∶1。据初步测算，煤制气合成1吨二甲醚的煤炭原料耗用2.5吨左右，二甲醚的生产成本约为1100—1600元/吨(因生产规模大小而异)。作为洁净民用燃料，二甲醚可替代液化石油气，热值相当于液化气的80%，但燃烧充分，无残渣。

目前，国内二甲醚的生产能力约为3万吨/年，尚未完成产业化开发，未形成规模化生产技术。

5. 水煤浆技术

水煤浆技术是在20世纪70年代世界范围内的石油危机中产生的一种以煤代油的煤炭利用新方法。水煤浆的固体含量一般为65%—70%，作为一种代油燃料可以代替重油和原油用于锅炉和各种窑炉燃烧，每2吨水煤浆可代替1吨燃料油，燃烧效率可达96%—97%，锅炉效率可达90%左右，达到燃油同等水平。目前，中国水煤浆制备和燃烧技术综合水平已处于世界领先水平，到2003年，全国水煤浆生产能力已达500万吨/年。

6. 循环流化床燃烧技术

循环流化床燃烧技术作为一种新型高效低污染清洁燃煤技术，在环保和劣质燃料利用方面显示出极大优势，具有其他燃烧技术无法比拟的优点，能够较好地解决中国锅炉煤种供应多变、原煤直接燃烧比例高等问题，并且能综合地体现其巨大的经济效益、社会效益和环保效益。中国最早开始循环流化床燃烧技术的开发应用是在20世纪80年代初。研发循环流化床主要目的是为了能燃烧劣质燃料，充分利用能源。早期的开发研制主要由高等院校及科研单位与中小锅炉厂合作，到20世纪80年代末、90年代初，已有一批35吨/时、75吨/时各种型号的循环流化床锅炉先后投入使用。自90年代中期以来，国内大型锅炉厂开始进入开发和生产行列，促进了国内循环流化床锅炉的发展。中科院热物理所与武汉锅炉厂合作开发220吨/时循环流化床锅炉，与上海锅炉有限公司合作开发410吨/时循环流化床锅炉和420吨/时(超高压中间再热)循环流化床锅炉。

煤炭工业信息化建设

煤炭工业信息化包括煤炭勘探、生产、加工、转化以及经营管理的信息化以及煤矿安全生产信息化。

“九五”期间“煤炭信息公路”建设取得很大成绩，信息网应用达到了国内工业行业的中等水平。目前已完成制定煤炭工业统一IP地址分配和域名的命名规则，开设煤炭互联网站点，中国煤炭工业协会网、国家煤矿安全监察局政府网均已开通投入运行。煤炭信息公路建设的三个试点省山东、四川、山西的试点工作基本达到预期目标。山东、山西、四川、吉林、河北、河南、宁夏、内蒙等省局机关建立了不同规模的计算机网络。约40多个矿务局(集团公司)、矿已初步建成了规模不同的计算机信息网络系统。

“十五”煤炭工业电子信息发展的主要目标是,建设两个网(安全生产信息网、企业综合信息网),抓好两个工程(企业信息化工程及企业上互联网子工程),谨慎探索电子商务,加强信息部门自身改革,进行结构调整和组织重组。

煤炭行业标准化工作

按照国家发改委和原国家经贸委的要求,根据煤炭行业科技和生产发展的实际需要,结合煤炭行业现有标准的实际,研究编制了煤炭行业2003年标准制、修订计划。2003年煤炭行业标准制、修订计划全部项目为123项,其中煤炭行业标准为98项,国家标准为25项。

根据煤炭行业企业标准化工作的现状以及存在的问题,起草并下发了“关于加强煤炭行业企业标准化工作的若干意见”,在煤炭企业中产生了一定的反响,为煤炭企业标准化工作的开展起到了推动作用。

根据煤炭行业各标准化技术委员会的章程规定,组织了煤炭行业标准化技术委员会的换届工作,并对各标准化技术委员会提出了具体要求,全国煤炭标准化技术委员会已经完成了换届工作,并获得了国家标准化技术委员会的批准。

第二章

电力科技与信息化

电力科技管理

国家电网公司于2003年4月2日成立科技领导小组，发布《国家电网公司技术创新战略》、《国家电网公司科技发展规划》。《规划》提出，到“十五”末，公司在电网综合分析、稳定控制、继电保护、直流输电等方面处于国际领先水平；在电网的实时稳定控制、电力电子、超高压大容量输电技术方面取得突破；到2010年，公司高新技术的研究开发与国际一流电力企业同步，公司内先进企业的电网技术指标达到国际一流电力企业水平，公司的综合技术实力达到国际一流水平；设立“国家电网公司科学技术进步奖”。

中国南方电网公司组织制定了《南方电网科技发展规划纲要》，明确了公司近期和中长期科技发展和技术改造的方向和重点。成立了专家委员会，组织开展了电网安全稳定运行、电网技术等方面的技术交流活动，掌握电网技术发展方向，促进公司技术进步。

中国华电集团公司2003年对所属全资、控股企业申报的143个项目进行了立项专家评审，优先安排科技含量较高和生产急需的课题。2003年上半年出台《中国华电集团公司科技项目管理办法（试行）》，建立了严格的科技项目申报、执行、验收管理制度，下半年着手建立科技专家候选人专家库及成立中国华电集团公司科技领导工作小组，制定科技项目立项管理办法，建立规范有效的规章制度体系，使科技管理工作基本实现规范化和制度化运转。

中国电力投资集团公司2003年度科技开发项目共6项（国家科技部配套项目2项、国家发改委配套项目1项、其余为公司科技项目）、集团公司科技项目开发735万元。

中国国电集团公司初步形成了比较完善的科技环保组织体系、制度体系和信息体系；建立和完善的激励机制，在所属的遍布全国的100多个企业中，都建立了科技管理机构并配备了专门的科技管理人员。

2003年2月18日，国家电网公司、中国南方电网有限责任公司、中国华能集团公司、中国华电集团公司、中国大唐集团公司、中国国电集团公司、中国电力投资集团公司在北京签署协议，共同出资设立“中国电力科学技术奖”。

电力技术进步

国电电力建设研究所完成的“电力系统架空光缆实验室建设项目”，填补了中国电力系统光纤复合架空地线(OPGW)、全介质自承式光缆(ADSS)及其配套金具力学性能、光学性能检测和试验研究的空白，其综合试验能力达到了国际先进水平。

提高导线允许温度增加线路输送容量研究。华东电力设计研究院和电建所完成“提高导线允许温度增加线路输送容量研究课题“项目，对影响导线载流量的各因素进行分析，对钢芯铝绞线提高10℃允许温度增容20%的经济性、可靠性进行了论证；对线路设计规程有关部分提出了修订建议。在国电华东公司主持下，该研究成果已在500千伏华东电网迎峰度夏和新建线路上得到了初步应用，以较少的投入使两线路输送电力从210万千瓦提高到260万千瓦，并使龙政线的受电从130万千瓦提高到260万千瓦，对缓解今夏苏州和上海用电紧缺起了很大作用。

“传输速率为45兆的实用化高速电力线通信(PLC)的研究和开发”项目2003年11月7日通过验收鉴定。该项目由中国电力科学研究院和沈阳供电公司共同承担。该项目可以实现基于低压配电网、全电力线介质的，集Internet访问、表计抄收、家庭环境监控、家电控制、数字化社区服务于一体的智能家居自动化系统，为电力线通信技术和智能家居系统的应用提供了一种新的整体解决方案，可有效降低电力线宽带接入系统的整体造价。

“500千伏同塔双回输电线路保护及故障测距研究”，研制出RCS－931E分相电流差动和零序电流差动保护、RCS－902E纵联距离和零序方向保护、RCS－921C断路器保护等新型继电保护及重合闸装置，已在全国第一条500千伏全线同塔双回线，成都龙王变电站—自贡洪沟变电站一、二回线上安装调试完毕，并于5月6日正式投入试运行。这套装置在国内首次实现了500千伏同塔双回线任何故障的正确选相和多相自适应重合闸功能，该项研究的应用对500千伏同塔双回线路保护的合理配置和安全运行具有重大意义。

“500千伏紧凑型架空送电线路设计技术规定”，在总结我国紧凑型架空送电线路工程建设经验的基础上，对以往的科研成果、设计经验、安装经验以及近几年来的运行经验进行分析研究，参考国外紧凑型线路建设的有关经验，结合我国的国情，制定出适用于我国的设计技术规定，已形成国家电网公司企业技术标准，该标准的制定和实施将对指导今后我国500千伏紧凑型架空送电线路工程的设计，以及有效压缩送电线路走廊宽度、较大幅度的提高送电线路自然输送功率，产生重要的影响。

“PAC－1000电力系统失步快速解列装置研制”，是国家电网公司为解决大区电网互联稳定问题开展的研究项目。目前快速解列装置已在东北—华北—华中长达4600千米的联网工程中应用，整体性能达到了国内领先、国际先进水平，可满足电网互联对失步解列的快速性和准确性的要求。

电网调度自动化技术。2003年底，南方电网调度中心完成能量管理系统(EMS)的过渡系统建设，实现了数据采集、监视和控制系统(SCADA)及自动发电控制(AGC)功能，其中的SCADA、AGC、状态估计、安全分析、负荷预测、调度员潮流和静态安全分析等功能达到实用化标准，并逐步开展网络等值、动态安全稳定分析和最优潮流控制等功能的实用化工作；为适应南方电网区域电力市场的发展，根据需要补充了交易计划安全校验、网络阻塞计算等功能，建立完善了调度员仿真培训系统(DTS)等应用功能。各中调EMS完善了应用软件基本功能(自动发电控制、网络拓扑、状态估计、安全分析、负荷预测、调度员潮流和负荷预测等)并达到实用化，初步实现了包括蓄能电站的水火联合优化调度软件的开发与应用。南方电网调度及省级调度已建成水调自动化系统并实现梯级水电站的水情测报信息系统，为水库经济调度服务。

南方电网调度中心和各省调度中心已建成投产或正在建设与调度生产业务流程有机结合的调度管理信息系统(DMIS)，实现调度中心各相关生产业务管理功能(如综合查询、信息发布、检修票管理以及各专业子系统等)，开发应用了调度操作票专家系统，使调度运行管理更加规范、高效。

电网保护和安全自动装置技术。南方电网内500千伏线路均配置了两套全线速动主保护，部分线路增配备一套完整的独立后备保护接备用载波通道，形成第三套主保护。220千伏和500千伏电网基本实现了先进的微机保护，元件保护已开始大量使用微机保护。南方主网所有500千伏厂站均配置了微机型的故障录波器，基本具备远传信息功能，在高压直流线路及一些500千伏输电线路开始应用行波故障测距装置。保护通道方面，部分线路采用了两路复用载波通道，大部分线路采用了一路复用载波通道，一路光纤通道(后备保护接入光纤通道)，少数线路采用两路光纤通道。

南方电网主网安全稳定控制装置均采用双机系统配置，两套装置同时投入运行，直调电网在15个500千伏变电站和换流站配置了安全稳定控制装置，实现当省网间联络线或各输电线路断面联络线发生功率振荡失步时解列联络线、直流单双极故障时交流系统切机和解列、500千伏交流线路严重故障时切除送端机组、交流线路或变压器过负荷或过频率切机、交流系统故障时直流系统功率提升及功率回降等控制功能。

各省区电网针对局部电网存在的稳定问题，已配置或在建具有遥测遥控功能的安全稳定控制装置和在线预决策安控装置，在部分电厂及变电站安装分散布置区域型微机安全稳定控制系统，机组低频自起动装置，低频、低压解列和过电压解列装置，低频低压切负荷、振荡解列，高频切机解列、发电机快速励磁和电力系统稳定器等安全自动装置。

电网自动化设备技术。南方电网变电站综合自动化应用广泛，新建变电站按综合自动化站进行建设，对旧变电站按综合自动化要求进行技术改造，简化变电站二次系统结构，减少工程造价，提高运行可靠性，在220千伏及以下电压等级的变电站已推广实现变电站少人值班、无人值守。

目前南方电网已建成并运行了雷电定位监测系统，实现了线路雷击故障的实时监测、雷电定位、故障点定位、雷电分布统计和在线监视、雷电发展趋势预测等，为调度人员分析、判断电网事故，提高电网运行管理水平方面起着重要的作用。

贵州、云南、广西和海南已建成电能量计量系统(TMR)，广东则拥有3套电能计量遥测系统，南方电网调度中心也已完成了TMR系统的设备招标，该系统将成为南方电网电力市场技术支持系统的重要组成部分。

在南方电网主干网架装设利用全球卫星定位系统(GPS)技术的电压相角测量监视分析系统，在部分变电站应用红外热成像技术对输变电设备进行带电测试和故障诊断，并在一些大容量、高电压的重要变电设备如变压器、互感器、高压开关、GIS等实现在线绝缘诊断及监测技术和设备，提高了电网安全运行监视水平。

煤粉锅炉等离子点火及稳燃技术。中国国电集团公司所属烟台龙源电力技术有限公司等单位攻关的“煤粉锅炉等离子点火及稳燃技术”实现直接点燃煤粉代替燃油。该技术共申请了15项专利。该项目主要特点：逐级点火、分级内燃、气膜冷却；双筒压差平衡式等离子燃烧器，可兼做主燃烧器；点火性能稳定、出力大、效率高、不结渣、不烧损；适用范围广，不影响正常燃烧组织，配套系统简单。该项目应用范围：等离子点火及稳燃技术已成功地应用于燃用贫煤、劣质烟煤、烟煤和褐煤的42台锅炉，涵盖的机组容量从5万千瓦到60万千瓦的各个等级、主要类型燃烧器和各种典型的制粉系统，其中包括老机组改造和新建机组。

中国大唐集团公司启动大型动力设备变频调速节能技术推广工作，注重节能降耗新技术在发电系统生产和技术工作中的应用。重点安排了42台4.61万千瓦大型动力设备电机加装变频调速装置的、以节能技术推广应用为代表的节能降耗项目的可行性研究前期工作。预计全部改造完成后将增加电量1.58亿千瓦时/年。启动以节能、提高出力、提高可靠性为目的的东方30万千瓦机组的改造可行性研究。重点安排了以25台机组474万千瓦容量高、中、低压缸通流部分改造为代表的提高机组出力项目的可行性研究前期工作。预计全部改造完成后将增加发电能力50万千瓦/年，增加电量25亿千瓦时/年。同时，根据部分机组已完成通流改造和上述准备改造的机组，为降低厂用电消耗，增加上网电量，安排了以15台75.55万千瓦电动给水泵改为汽动给水泵为代表的增发电量项目的可行性研究前期改造工作。预计全部改造完成后将增加电量3.4亿千瓦时/年，相当增加发电能力6万千瓦/年。

集团启动三北地区火电厂环境保护、综合利用、节水为目的的节水技术研究。采用经济适用的新技术，在提高除尘器效率和灰渣综合利用率的基础上，积极开展以节水为目的的节水技术的研究与应用，为减少废水排放和环保治理创造了有力的基本条件。开展了以节水为目的的19台锅炉除灰渣系统改造的可行性研究前期工作，其大唐长春第二热电有限责任公司1号、2号炉和大唐徐塘除灰渣系统正在实施过程之中。

四川华能自一里水电站(2台6.5万千瓦机组)建设，采用了气垫式调压室设计，成为亚洲第一座采用气垫式调压室的水电站。

四川华能冷竹关水电站(3台6万千瓦机组)成功实施了国内最长距离远程控制运行，做到了“四遥”(遥测、遥信、遥调、遥控)管理。

核电技术进步

秦山核电站一期，作为我国自主设计建造的首座原型堆核电站，至今已经安全运行12年。通过实施整改计划和加强管理，运行水平逐年提高，稳步进入商业运行行列，已经达到世界商业核电站中值水平(2002年在世界核营运者协会统计的世界257个压水堆型机组中，名列第126位)。

秦山核电站二期的技术方案、总体参数的选定和工程设计，都是自主进行的，重大科研开发和实验验证在国内核动力试验基地完成。机组调试和1年半的运行结果表明：60万千瓦核电机组的自主设计是成功的，安全技术性能和经济性能是好的。堆芯临界硼浓度、控制棒当量、堆芯功率分布等的实测值与理论计算符合得非常好，精度达到了国际先进水平。自主研制、制造的控制棒驱动机构和装卸料机等关键设备，达到或接近国际先进水平。秦山二期1号机组反应堆安全壳穹顶吊装、主回路水压试验、安全壳强度和密封性试验、汽轮发电机组非核蒸汽冲转试验、核燃料组件装载、反应堆首次临界试验、500千伏开关站启动、首次并网发电、满功率运行等一系列重大活动，均一次成功。

秦山核电站三期工程建设周期与国际上33座重水堆相比，时间最短。工程质量高，多项施工记录创国际同类核电站建设之最。项目管理实现了与国际接轨的程序化和信息化。美国、罗马尼亚、韩国等代表团专程到秦山三期取经，国际原子能机构在维也纳专门听取了中加人员关于秦山三期中外合作、工程建设和管理的经验介绍。

岭澳核电站一期工程以大亚湾核电站为参考电站，结合经验反馈和核安全技术发展要求，采用了52项重要技术改进，试运行结果表明技术改进进一步提高了电站的安全水平、技术和经济性能，电站总体性能达到了国际同型在役核电站的先进水平。岭澳一期工程实现了项目管理自主化、建安施工自主化、调试和生产准备自主化、部分设计自主化和设备制造国产化。全部187个单位工程评为优良，优良率100%。该工程的建成投产为我国核电发展积累了宝贵的经验，为全面实现大型商用核电站的设计自主化和设备制造国产化打下了良好的基础。

田湾核电工程，由中俄合作建设，目前1号机组进入调试阶段，2号机组进入全面安装阶段，工程按计划顺利进行，两台机组将分别于明年和后年投产。田湾核电站，采用双层安全壳结构，安全系统采用完全独立和实体隔离的4通道结构，采取了缓解严重事故后果的安全设施，采用先进的数字化仪控系统等先进的设计技术方案。

农村水电技术现代化

2003年，水利部水电局组织各方面专家，编写了《农村水电技术现代化指导意见》，并以水利部水电[2003]170号文件印发各地。这是农村水电行业第一个综合性技术指导文件。《指导意见》分四部分，阐明了农村水电现代化建设的指导思想、基本原则、总体目标、任务要求及保障措施。基本原则是：明确目标，统一规划，加快实施，适当超前；技术先进，设备可靠，简单方便，经济合理；严格执行国家技术标准，优先选用系列化产品；以国产技术和设备为主，适时引进国外关键技术和设备。总体目标是：2010年前，50%的农村水电站及配套电网达到现代化水平。2015年，农村水电行业全面实现现代化。通过科技创新，管理创新，使农村水电市场竞争力明显提高。《指导意见》对农村水电站、配套电网、调度自动化、配电自动化、管理信息系统、通信系统等提出了具体要求，还提出了保证农村水电技术现代化工作顺利进行的相关措施。

随着农村水电现代化建设地不断推进，农村水电行业积极采用现代信息技术、自动化技术及其他先进技术，在试点地区，新建和改造的农村水电站、变电所一般都按无人值班(少人值守)设计，地、县电网调度实现了自动化，配电自动化、远程抄表系统等也开始试点。结合农网改造和水电农村电气化县建设，各企业积极推广使用新型高效水轮发电机组、节能变压器、无油化开关设备和微机自动装置、保护装置等，使农村水电技术水平和管理水平有了明显提高。

到2003年底，农村水电行业拥有35千伏以上的无人值班变电站394处，占全部变电站总数的6.3%；无人值班(少人值守)的水电站151处，容量261.88万千瓦，占全部水电站总数的0.4%，占全部小水电装机容量的8.5%；122个县实现了县级电网调度自动化，安装管理信息系统102处；拥有节能型配电变压器212546台，容量1653.69万千伏安。

一批针对农村小水电站的新型导叶控制机构得到开发应用，如：TC系列水轮机弹簧储能操作器、GC系列高油压水轮机操作器等，它们凭借结构简单可靠、价格低廉、维护运行费用低等优势，代替了传统的机械液压调速器，在负担基荷、不需要调频的农村中小水电机组得到推广。部分农村小型水电站采用HPU液压控制柜，它采用工作于脉冲状态的电磁阀，通过控制高压油路的通断，直接推动导叶接力器。在功能上相当于常规设计中的电液调速器。装置内无任何机械传动机构，避免了机械杠杆的死区及卡死现象，可靠性和稳定性高。

另外，一些中小水电站采用调压阀取代调压井。无刷励磁，重锤式蝶阀、球阀，弹性金属氟塑料推力瓦等在小水电站得到推广。

电力行业信息化

电力工业信息化的核心是电力管理信息系统(MIS)的建设，主要内容是各级电力企业信息化的实现，包括生产过程自动化和管理信息化，通过信息资源规划重建高质量的数据环境，整合现有的办公自动化系统、电力管理信息系统、电力市场和营销系统、电力能量管理系统(EMS)、配电管理系统(DMS)和呼叫中心等电力行业信息应用系统。电力行业的“十五”发展规划中，制定的信息化建设目标是运用现代企业管理系统理念，依据对物流、资金流、工作流程的统一规划，建成电力行业整体化的信息网络，初步实现电力系统内部管理的信息化。2000年颁布的《全国电网二次系统“十五”规划纲要》把管理信息系统的建设作为了电力企业“达标创一流”的必要条件。

随着电力市场的出现以及电网建设的进一步发展，传统的电力信息系统的业务将发生变化，这主要体现在会议电视、变电站视频监控(无人值守)、输变电线路监控及电厂视频监控等视频业务的出现；传统单一主机的调度自动化体系架构向客户机/服务器体系架构的转变；监视全网运行状况，提供故障记录和分析的故障滤波系统的建设；电量计费网络系统和雷电定位系统的建设；多媒体业务的出现等。因此，基于互联网/企业网(Internet/Intranet)的、体现信息化综合业务应用的管理信息系统将成为电力企业信息化的发展重点。

电力企业信息化建设

由于电力机构变化，各电力企业调整或重新建立了信息化领导小组以及信息管理机构，加强对企业信息化建设的领导和管理，信息系统建设逐步规范；电力体制改革和机构变化，带来了企业信息化建设理念的变化。各电力企业或集团公司均把企业信息化发展战略纳入集团公司的总体发展战略规划进行调整或重新制定。

1. 国家电网公司信息化工作

国家电网公司信息化领导小组成立。国家电网公司信息化发展计划(2003—2005年)编制完成。国网公司科技信息部于2003年3月23日在北京召开了《国家电网公司信息化2003—2005年计划》编制工作会议，正式启动该项工作。《国家电网公司信息网络运行管理规程(试行)》于9月1日颁布实施。对国家电网公司信息网络运行中网络系统和网络应用系统的管理规程、故障及缺陷的定义和处理等方面作出了明确规定。《国家电网公司信息系统数据备份与管理暂行规定》印发。为避免信息系统数据的丢失，确保国家电网公司系统生产、经营、管理等应用系统的安全稳定运行和历史数据的保存，加强信息系统数据的备份与管理，国家电网公司制定了《信息系统数据备份与管理暂行规定》。各单位信息系统运行管理部门负责具体的数据备份与管理；信息化归口管理部门负责定期检查和监督。对相应的人员提出了具体的要求。对数据的备份方式提出可供选择的模式和需要备份的数据范围、备份的介质、备份的文档管理都进行了相应的规定。《规定》从2003年5月29日执行。

电力系统网络与信息安全信息通报机制初步形成。2003年12月24日国家电网公司、中国南方电网有限责任公司和五大发电集团公司在北京召开了电力系统信息安全信息通报工作座谈会，国家网络与信息安全协调小组办公室的领导出席会议并作重要讲话。按照国家有关主管部门的要求，暂由国家电网公司负责收集、汇总和通报全国电力系统的网络与信息安全情况。会议决定成立电力系统网络与信息安全信息通报工作组，建立工作组定期协商会议制度，原则通过了《电力系统网络与信息安全信息通报工作暂行办法》，约定了通报的渠道和方式，并建议加强各单位网络与信息安全保障工作的交流，互相学习，互为促进，共同提高。

2. 南方电网公司信息化工作

中国南方电网公司颁发了《南方电网公司“十一五”信息化应用规划调整》和《南方电网公司信息化建设技术导则》。信息化建设遵循“统一领导、统一规划、统一规范”的原则，以需求为导向、以效益为核心、规划为依据，分步实施、整体推进。南方电网已基本形成了贯穿西电东送主网架的光纤环网，广东、广西、云南、贵州也基本形成了省内主干光纤环网。光纤已成为网、省(区)公司的主要通信手段；微波通信在广东、广西、贵州已逐渐过度为一种辅助的通信手段。公司与各省、自治区、直辖市网的调度通信网络已形成，公司各分、子公司均已建成了各自不同覆盖范围的本部办公局域网，能够满足当前OA及业务系统的要求。各省、自治区、直辖市广域网的建设已基本覆盖至各供电分公司、统调电厂、500千伏变电站和重要的220千伏、110千伏变电站，并基本实现无纸化办公的OA系统，包括市场营销系统、工程管理系统、生产管理系统、财务管理信息系统和客户服务系统等。

3. 中国华能集团公司信息化建设

2003年，集团公司对基于卫星通信的华能综合通信网进行了新的架构规划和建设，以同步数字系统(SDH)数据专线为基础，建成了基于IP的综合业务网。即在统一IP地址布局下的具有电视会议、视频点播、桌面视频会议和数据传送等综合业务功能的通信网，实现华能集团内部各单位的信息互通。华能综合通信网还保留有若干专线通道用于与银行及国家主管部门连接，方便信息交流。在部署电厂分散控制系统(DCS)、厂级监控信息系统(SIS)的基础之上，企业资产管理系统(EAM)，以及企业的MIS系统、企业资源规划系统(ERP)、辅助决策系统的建设也陆续实施。有86%的企业通过了以机组运行、设备缺陷、检修、物资、燃料采购等工作流程为重点MIS系统实用化验收。

4. 中国大唐集团公司信息化工作

2003年7月14日，中国大唐集团公司首次利用多媒体桌面视频会议系统召开了安全生产例会，标志着集团公司视频会议系统的正式投运。分布在全国各地区的66个发电企业与集团公司本部管理人员以互联网为平台，相互沟通了信息。

5. 中国华电集团公司科技与信息化建设

2002年底，中国华电集团公司成立伊始，就着手进行集团公司信息规划和建设工作。明确提出“加快信息化建设，充分利用信息技术成果，加快推进企业信息化进程，带动企业经营管理、技术进步、机制转换等各项工作的创新和升级，以信息化带动公司现代化”的目标。按照“统一领导、统一规划、统一标准、联合建设、分级管理、分步实施”的原则，制定了信息化建设的总体规划。2003年，完成了本公司局域网的建设、用户终端的配置工作和移动办公VPN系统的建设，实现了发电企业综合统计管理、燃料结算与统计管理、电源点综合查询系统、办公自动化、财务报表汇总、设计系统、华电网站和华电内部信息网站等子系统的网上应用。

6. 中国国电集团公司信息化建设

中国国电集团公司在集团公司系统范围内树立了信息化“统一领导、统一标准、统一规划、统一建设、统一管理、分步实施”的“五统一”原则，取得了一定成效。

电力标准化工作

1. 电力行业标准化主管部门

电力行业标准化工作主管部门在国家经济贸易委员会撤销后转至国家发展和改革委员会工业司。其主要职责是：制定电力行业标准化规章和政策，负责电力行业标准化的宏观管理与监督协调；组织审查电力行业标准体系及长远规划；审批、下达电力行业标准年度计划；批准颁布电力行业标准等。

2. 标准化工作会议

2003年11月27—29日，中国电力企业联合会在北京召开电力标准化工作会议。会议回顾了近年来电力行业标准化工作：加强了标准化技术委员会的建设、完善了电力标准化工作网络，积极采用国际标准提高了电力标准水平，编制出一批重点标准项目，加强了对企业标准化工作的指导，三年来完成制修订电力标准345项，基本满足了电力生产、建设、运行的需要，对确保电力系统安全运行发挥了重要作用。

3. 专业标委会的换届与调整

2003年内新组建了电力行业核电标准化技术委员会；对电力行业可靠性、继电保护、燃煤机械等标准化技术委员会进行了换届或调整。

4. 电力标准的发布工作

2003年，经国家经贸委批准发布了《光纤复合架空地线(OPGW)用预绞式金具技术条件和试验方法》等26项电力行业标准。经国家标准委批准发布的电力国家标准14项，指导性技术文件1项。完成了《750V电力系统继电保护》国家工业技术协议的制定并报国家标准委。

5. 企业标准化工作

中电联标准化中心组织有关电力企业参加编撰了企业管理标准和工作标准范本。2003年12月26日，国家电网公司技术标准工作座谈会在哈尔滨召开，会议总结了国家电网公司成立以来公司系统技术标准工作取得的成绩，分析了公司技术标准工作面临的形势及存在的问题，明确了公司技术标准工作的指导思想，提出了当前和今后一段时期公司技术标准工作的主要任务和要求。

第三章

石油天然气科技与信息化

油气科技成果

2003 年，中国石油天然气工业加大技术创新和技术进步的力度，加快对核心技术、专有技术的开发，加快技术的转化和推广应用，取得了丰硕的科技成果。

1. 中石油重大科技成果

2003 年，中石油所承担的 15 项国家项目全部通过国家科技部、国家发改委组织的中期评估。

（1）“重点前陆盆地大中型气藏形成的控制因素与分布规律”。在对我国中西部前陆盆地演化类型、构造单元划分、层序格架建立、多期成藏主控因素分析、成藏期次确定以及油气富集规律研究方面取得了重要进展，提出了新认识和新观点，对我国中西部前陆盆地天然气的勘探具有重要的指导作用。攻关成果促进三个重点前陆盆地天然气勘探取得了重大突破。

（2）“松辽盆地以及渤海湾盆地北部复杂隐蔽油气藏地质评价和勘探开发关键技术”。总结了深水浊积岩和近岸砂体、特殊储集岩体、低渗透储集砂体和深部潜山储集体等各类隐蔽地质体的油气富集及展布规律，建立了隐蔽油气藏勘探的有效方法和评价预测技术系列，优选出一批有利勘探目标，有效地指导了隐蔽油气藏的勘探。落实三级地质储量已超过 6 亿吨。

（3）“大庆油田化学复合驱工业化应用技术”。开发的国产三次采油表面活性剂——烷基苯磺酸盐，实现了工业化生产。初步研制出弱碱表面活性剂，完善了采出液处理工艺。研制成功了螺杆泵采油装置和专用抽油杆。开发了新型破乳剂，实现了采出液的有效处理。

（4）“高效天然气藏形成分布与凝析低效气藏经济开发的基础研究”。针对复杂气藏，开发出有效识别气层的地球物理新技术，在鄂尔多斯和川东北鲕滩气藏取得了良好效果，预测含气符合率达 70% 以上。为改善薄气层的识别效果，根据地层含气所引起的地震信号衰减及衰减程度随频率的变化，通过小波分析描述地震信号的衰减问题，提出小波衰减属性的概念，有效地提高了气层检测的敏感性。针对常规地震反演多解性强的问题，以地层含气性测井解释为基础，提出了使用叠前、叠后地震多属性综合预测气层空间分布的定量方法。

2. 中石化重大科技成果

2003年，中石化取得重大科技成果284项。“聚丙烯新型高效催化剂的研究开发及工业应用”获国家发明二等奖；已开发的“油田水平井地质设计及薄油层水平井钻井技术”、“断陷盆地多样性潜山带成因成藏与勘探配套技术”、“气相法高效聚乙烯催化剂”、“苯和乙烯液相烷基化生产乙苯成套技术开发”、“24万吨/年乙烯裂解气压缩机组”、“3000米车装钻机”等6个项目获国家科技进步二等奖。

2003年国家授予中石化科技进步奖的科技成果有123项，其中一等奖18项、二等奖28项、三等奖77项；授予中石化发明奖的科技成果有7项，其中一等奖1项、二等奖2项、三等奖4项。获科技进步一等奖的项目是：东营凹陷成藏组合体理论研究、全三维地震勘探技术研究、陆相断陷盆地隐蔽油气藏形成机制与勘探、川西坳陷侏罗系致密砂岩气藏评价与预测技术研究、胜利开发油区复杂砂岩油藏滚动勘探开发技术、胜利油田聚合物驱油配套技术研究及工业化应用、欠平衡压力钻井配套技术研究、180万吨/年含硫蜡油加氢脱硫成套技术开发、中压加氢裂化技术(RMC)的开发与工业应用、车用乙醇汽油的研究开发及应用、上流式渣油加氢保护剂开发和工业应用、3万吨/年腈纶工程化成套技术、高速BOPP薄膜专用料的研制和开发、几种重要的聚丙烯专用料的基础研究及工业应用、国产NG催化剂在20万吨/年气相法聚丙烯装置上工业应用、海上自升式钻修平台、大口径长距离输油管道穿越长江的设计与应用、绿色石化技术的科学与工程基础。获发明一等奖的项目是：磁稳定床用于己内酰胺加氢精制，发明二等奖的项目是：小晶粒β沸石的研制及其工业应用、钯碳催化剂抗中毒方法。

3. 中海油重大科技成果

2003年，中海油“十五”科技规划中的科研项目已取得以下重要成果：水平分支井、适度防砂技术在稠油油田开发中的研究和应用；秦皇岛32-6油田开发工程技术；浅水超大型浮式生产储油系统；全海域第三轮油气资源评价；渤海稠油油田少井高产开发可行性研究；南海莺琼盆地高温超压地层固井技术研究；海上多底井钻井技术；地震处理与油藏模拟微机并行机技术；ELIS成像测井系统；“新世纪一号”小水线面油田交通船。

油气技术开发

2003年，中国石油天然气工业一大批技术开发项目取得重要成果。

1. 中石油技术开发项目

(1) 物探技术。在塔里木、柴达木、鄂尔多斯、准噶尔等盆地以及国外的复杂山地、大沙漠、浅海、水网区和过渡带等地区的地震勘探项目中，应用了高密度地震数据采集、精细表层结构调查、多种静校正新方法和四维随机噪音衰减、三维DMO、三维空间速度建模、叠前时间/深度偏移成像、复杂构造成图等处理解释新技术，取得了显著的效果；在多波多分量勘探、时移地震勘探、高分辨率勘探以及井中地球物理研究与应用方面取得了进展；研制了具有自主知识产权的GPS授时遥测地震仪。

(2) 测井技术。研制的综合测井采集地面系统，具备配接常规测井仪器及国产成像测井仪器功能，能够完成裸眼井、套管井、生产井测井以及射孔取心等作业。研制完成的具有自主知识产权的新一代测井资料处理与解释集成软件，分别在长庆、华北、大港等油田开始推广应用。特深穿透射孔器研究在射孔弹总体方案设计、药型罩材料粉末配方、射孔弹压制生产工艺等方面有了较大的突破，已通过石油射孔器材监督检测中心性能测试。

(3) 钻井技术。针对重点探区深井周期长、钻速慢、成本高、井漏、井斜以及生产井低压、低渗等技术难点，进行了气体(天然气、空气、雾化、泡沫、柴油机尾气)钻井技术攻关，玉门成功地在逆掩推覆体构造实施空气、雾化、泡沫欠平衡钻井。长庆油田进行了二开天然气欠平衡钻井现场试验。四川应用自行研制的装备和配套工艺技术成功地进行了欠平衡钻进、不压井起下钻具、欠平衡取心、不压井测井和不压井下油管完井等全过程欠平衡钻井配套试验，获高产气流，取得了川西地区邛西构造油气勘探开发的重大突破。辽河充气钻井成功地解决了冷家区块井漏问题。

在吉林套保油田利用自行设计、具有独立自主知识产权的工艺及配套工具和专用管材，进行了陆上油田第一口全井“套管钻井”，顺利完钻并固井成功。吉林油田径向水平井双定向开窗不扩孔井下试验，转向钻进系统在套管开窗、扩孔的工艺条件下实现了磨料射流水力钻进。

（4）地面工程技术。采用气动技术和全数字技术优化设计研制的直径920毫米和直径1016毫米数控式大口径管道内环缝自动焊机，其效率比手工焊打底提高8—10倍以上，比半自动焊打底提高6—8倍，价格仅为引进设备的1/2；采用全数字智能化运动控制技术和嵌入式操作系统优化设计研制的双焊头管道全位置自动焊接设备及单面焊双面成形焊接工艺，比单焊炬自动焊机效率提高40%—50%。油田钻井废液污染处理技术与装置，形成了包括钻井废液污染源头控制技术、钻井废液污染过程控制技术和废水深度处理技术等一整套钻井清洁生产新技术及装备。针对西气东输天然气管道穿越工程，研发成功泥浆快速水化装置，达到快速制浆和水化，最高钻井液黏度可达150帕·秒(Pa·s)以上，可使原有定向水平钻机节约泥浆材料达20%以上。

（5）化延伸加工技术。国产首台高马赫数、高压比、可在高海拔地区使用的3.3万千瓦特大功率烟气轮机烟机，已成功在兰州石化分公司300万吨/年重油催化装置工业应用。粗旦多中空三维卷曲涤纶短纤维工业放大项目，取得了最佳孔形和排列方式多中空喷丝板设计的完整数据，解决了在大于5米/秒的吹风速下保证其层流状态和粗旦纤维纺丝过程中充分冷却等关键技术。新建一条7500吨涤纶短纤维生产线，并生产出符合国家质量标准的普通涤纶短纤维和单中空涤纶短纤维。新型长效流滴功能膜工业化技术研究项目建成了2000吨/年新型长效流滴功能膜工业化试验装置，确定了较佳的工艺流程及参数，成功实现了“在线法”涂敷型新型长效流滴功能膜的生产，膜的力学性能达到考核指标。苯乙烯—丁二烯—甲基丙烯酸甲酯共聚物(MBS)合成中试项目，其产品性能指标达到国外同类产品水平。抗冲击改性剂ACR－Ⅱ技术项目完成了500吨/年ACR抗冲击改性剂的中试试验，研制出了性能达到美国同类产品技术标准的中试产品，经工业应用，生产的PVC管材、异型材完全符合国家标准，可替代进口。

2003年，中石油获得重要成果的应用基础研究项目有：

在海相烃源岩发育环境及控制因素、鄂尔多斯盆地上古生界碎屑岩储层沉积体系与储层控制因素、四维地震、中国复杂区地震勘探模型实验及技术、高效天然气藏及低效气藏识别的测井新方法、网络环境下测井处理解释一体化技术、钻井工程井下控制关键技术、川东北地区飞仙关鲕滩气藏富集规律与高效开发应用、复合驱主表面活性剂评价方法、苏里格低渗气藏压裂改造工艺适应性、天然气管道用X70管线钢的组织性能与断裂控制、用于清洁油品生产的新型催化新材料和新型催化剂。

2003年，中石油有20项科技成果获国家及省部级奖，申报了国家发明专利41项，获授权12项，在各种期刊上发表高水平论文652篇，其中有128篇论文被SCI和EI收录，出版专著27部。

2. 中石化技术开发项目

（1）勘探开发方面。积极围绕资源战略开展理论和技术攻关，为老区稳定、新区发展提供了支撑。济阳坳陷隐蔽油气藏勘探配套技术攻关，形成了“复式输导”、“相—势控藏”和“断—坡控砂”三个新的理论认识，开发了以砂砾岩体、浊积岩体、滩坝砂岩与河道砂体描述为主的配套技术，已累计探明隐蔽油气藏地质储量3.57亿吨。通过深化对油藏的认识和应用成像测井技术，在塔河油田新层系、新类型和新地区的勘探研究获得明显的进展。以探索盐下奥陶系储层为目的的沙106井取得突破，经MDT测试，折算日产油260立方米，为塔河油田下步发展拓展了空间。通过沉积相研究和储层描述、预测技术攻关，普光1井和毛坝1井均获高产，扩大了川东地区油气勘探领域。复杂断块油藏精细描述和开发技术、聚合物驱油提高采收率技术、低渗透稠油油藏压裂工艺技术、塔河地区盐膏层钻井技术、地质导向钻井技术、老井开窗侧钻技术等一批新技术得到了转化推广，提高了勘探开发技术水平。

（2）石油炼制方面。成功开发了一批汽柴油质量升级的系列技术，为中石化汽柴油质量迈上新台阶和实施国家新标准提供了技术支撑。C_5/C_6烷烃异构化技术、催化汽油选择性加氢脱硫技术、

180 万吨/年蜡油加氢脱硫成套技术、灵活多效催化裂化(FDFCC)技术、催化汽油加氢脱硫降烯烃(RIDOS)技术等一批新技术获得了工业转化。

此外，在石油化工方面，开发了一批新技术、新成果，并得到转化推广。

3. 中海油技术开发项目

(1) 海上复杂油气田的勘探技术。包括富生油凹陷分析与评价、油气成藏动力学研究、精细层序地层学研究方法、勘探目标评价与风险分析方法等。

(2) 渤海稠油油田提高采收率技术。

(3) 海上边际油田开发技术。包括海上新型简易平台设计制造技术、油田群联合开发技术、大位移钻井及优快钻井技术。

油气技术创新战略

2003 年，中国石油天然气工业强化实施技术创新战略，在重点和优势领域加大科技投入，尽快提高科技竞争力。

1. 中石油技术创新战略

2003 年中石油科技工作突出解决生产和重大工程的技术瓶颈，突出自主创新和自主知识产权核心技术的获取，突出加大对海外业务的支持，加强应用基础研究，努力推动科技工作实现“由跟踪模仿为主向以自主创新为主，由国内向立足国内、拓展海外的战略转变”。在技术发展方面，紧紧围绕制约生产发展和效益提高的技术难点，结合重大工程，攻克了一批关键技术。进一步加强应用基础研究和科技合作与交流，提升自主创新能力和研究开发的起点，形成了一批拥有自主知识产权的核心技术。在科技改革方面，持续深化科技体制改革，加快以技术中心为主体的新型技术创新体系建设，科技资源配置进一步趋于合理优化。强化技术创新管理，建立和完善科技管理规章制度体系，规范了科技管理流程，提高了科技工作效率。同时，还积极探索有效的科技运行机制，激发和调动科技人员的积极性和创造性。通过技术创新战略的实施，进一步提升了自主创新能力，为不断增强集团公司的核心竞争力、提高企业经济效益提供强有力的技术支持。

2. 中石化技术创新战略

2003 年中石化实施了“围绕行业重点，整合科技资源，加大科技投入，实现重点突破”的科技创新战略。从市场需求出发，坚持“有所为，有所不为”的方针，在重点及优势领域加大科技投入，努力开发形成自己的核心技术、专有技术和名牌产品。运用高新技术和先进适用技术改造石油石化产业，加大信息技术的应用力度，提高企业生产技术水平；加快科技体制改革、机制创新，形成与市场发展和行业发展需求相适应的科技创新体制机制，坚持自主开发与引进技术相结合的科技进步模式，形成产销研结合的新产品开发机制和科研设计生产结合、产学研结合的科技创新机制；不断加大科技投入，提高科研装备水平，改善科研条件；建立有利于科技人才脱颖而出的激励机制，造就一批具有创新精神、奉献精神的高层次科技人才，形成一支高素质的石油石化科技队伍。

3. 中海油技术创新战略

2003 年为尽快提高科技竞争力，中海油提出了未来 5 年的科技发展目标：“用 5 年左右时间，通过实现科技领先战略，建立起中海油的科技创新体系，使我们的主要技术达到国内领先水平，部分关键技术达到国际先进水平，使科技创新成为总公司的核心竞争力之一。”科技发展思路以建立重点实验室为龙头，通过建立总公司科技创新体系，在制约总公司高速高效发展的关键技术问题上获得重大突破，形成一批具有自主知识产权和核心竞争力的关键技术。建立起中海油的科技创新体系。科技创新体系包括科学技术体系、科技人才体系和科技管理体系。结合生产实际和国际技术发展趋势，理清公司的科学技术体系，合理规划好中海油的科技发展机构和实体的定位与布局。根据科技发展目标和科学技术体系，建立起不同层次、不同专业的科技人才体系。花 5 年甚至 10 年的时间培养出一支以一流人才为带头人的 600 人科研队伍。在科技管理体系上大胆创新，以市场和效益为原则，建立科技投入、项目管理、知识产权、技术监督、科技交流、科技基础设施建设和科技人才引进、分配和激励等的配套管理流程。通过科技创新的链条(基础研究—应用研究—试验发展与集成—推广应用—产业化—效益)

上的不同分工，以科技带动集团各板块的协调发展。

油气知识产权管理

2003 年，中国石油天然气行业知识产权管理工作进一步加强，实施知识产权管理作为科技创新的基本手段，纳入科技立项、过程管理、成果验收鉴定及科技创新的全过程。

1. 中石油知识产权管理

中石油为实现专利申请量要达到每年 1000 件以上、申请专利的质量逐年提高的目标，提出了集团公司专利申请计划指标，并对指标在集团公司各类项目、企业进行了分解落实，纳入企业知识产权评价考核指标体系，同时加强了知识产权管理人员、课题长、科研骨干和知识产权管理人员知识产权保护方面的培训，收到了很好的效果。2003 年中石油全年申请专利 810 件，获专利授权 626 件，同比增长 57%。发明专利占申请总量的比例从 2001 年的 23% 上升到 2003 年的 28%。山地地震勘探新技术设备、多底井分支井钻井技术和设备、西气东输工程施工技术及装备、成像测井、新型催化剂及精细化工产品等一批核心专利与技术秘密的应用，年创经济效益 8.3 亿元。

2. 中石化知识产权管理

2003 年，中石化以技术创新为基础的专利申请、专利保护和实施得到了进一步的发展。2003 年度共申请中国专利 994 件，其中发明专利 774 件，实用新型专利 262 件，外观设计专利 4 件，发明专利申请量占总申请量的 81%，大大高于国内平均水平，2003 年获授权专利 724 项。中石化已累计申请了中国专利 7478 件，其中发明专利 4427 件，获中国授权专利 4146 件。2003 年中石化向国外申请专利 113 件，共获 32 件国外专利授权，累计已向 32 个国家申请了 719 件专利，在 18 个国家和地区拥有授权专利 245 件。在对创新技术实施知识产权保护的工作中，中石化研究院、设计院、企业注重研究市场和竞争对手，注重提高知识产权保护的水平，注重将专利技术推向工业化，2003 年一批专利技术已成功地工业化应用。在重视保护自身创新的同时，继续重视尊重他人知识产权，继续坚持在开发项目工业试验或投产前进行专利法律分析，避免侵犯他人的专利权。中石化股份公司科技开发部、中石化股份有限公司石油化工科学研究院知识产权室被国家知识产权局、国家人事部评为全国专利系统先进单位。中石化股份公司科技开发部知识产权处马燕处长被评为全国专利先进工作者。炔烃选择加氢催化剂被国家知识产权局评为第八届中国专利金奖，一种制取异丁烷和富含异构烷烃汽油的催化转化方法、一种柴油馏分加氢转化方法、苯和乙烯制乙苯的烷基化催化剂、气相法全密度聚乙烯高效催化剂、驳载托撬式滩海挖沟装置被国家知识产权局评为第八届中国专利优秀奖。

3. 中海油知识产权管理

2003 年，中海油实行专利与知识产权专人负责制，加强知识产权管理人员的培训，提高知识产权管理能力；强化知识产权保护意识，定期公布各所属单位专利拥有量、专利申请量。鼓励科技人员积极申报所取得技术成果专利，凡与总公司共有的专利，总公司承担专利申请费及前五年的专利年费，对成绩突出的单位给予表彰，对专利的发明人、设计人给予一次性奖励；职务发明的发明人、设计人，其已授予的专利应作为业绩考核、职务晋升的重要依据，并可作为职称评定、工人技师考评破格晋升的条件；对专利实施和转让产生经济效益的，可提取一定比例用于对突出贡献人员的奖励；在项目验收鉴定时，把有无获取专利作为项目技术水平的评定标准。严格规范技术合同管理，特别是对外委托合作项目知识产权的保护工作，防止知识产权的流失，维护总公司的合法权益。提升总公司专利拥有的数量和质量，形成总公司具有自主知识产权和核心竞争力的技术体系。

油气科研制度建设

1. 中石油科研制度建设

2003 年，中石油为适应集团公司改革发展的需要，针对新形势下管理工作存在的问题，修改了科技计划管理、科技项目管理、科技经费管理、知识产权管理和技术创新奖励等 5 个主要管理办法，完善了集团公司科技管理的制度框架。这些管理办法，对集团公司科技计划的制定、科技资源的配置、科技项目管理的流程和要点、科技成果形式、科技绩效的评估作了全面的规定。在此基础上，制定了技术开发项目管理、应用基础研究项目管理、国际科技合作项目管理、科技项目人才引进管理、软科学课题研究管理、项目验收、专利管理、企业知识产权考核评价管理等 11 个实施细则，为规范科技管理夯实了基础。根据新的规章制度体系所确定的各项工作流程，重新设计了集团公司科技网页，实时发布科技管理制度、工作流程、办事指南、重要活动安排、研究进展及专题会议信息等；开发了科技管理自动化办公系统，通过计算机技术手段实现了科技管理的流程化，实现了项目申报、材料审查、合同签订、阶段检查、最终验收等工作的网上管理，做到制度办法、管理过程、办事结果“三透明”，体现了公开、公平、公正的原则，提高了管理工作水平和效率。

2. 中石化科研制度建设

（1）坚持发展定位，努力在石油石化体制改革中不断发展壮大科技开发力量。多年来，中石化的体制历经多次重大改革，但每一次改革都使科研力量得到充实，科研投入不断增加，科技进步在企业发展中的作用得到更好的体现。这主要得益于“一个目标定位”和“两个充分重视”。“一个目标定位”就是在改革发展中始终坚持依靠科技进步，努力建设具有国际竞争力的石油石化企业集团的发展定位。建立科技进步责任制，明确规定第一把手必须抓第一生产力。“两个充分重视”一是在石油石化体制改革时充分重视科技进步工作，在历次体制重大改革前，在党中央、国务院请石油石化参与研究讨论制定改革方案时，我们都积极主动地提出体制改革中科技进步工作的思路和方案，确保科技进步工作在新体制中的地位和作用，确保科研特点和优势得到不断加强。二是重大体制改革中充分重视充实科研力量。

（2）不断深化科技体制改革，建立与社会主义市场经济相适应的科技体制与机制。中石化形成了企业直属科研院所必须为企业发展服务，进入企业“大循环”的科技体制。建立了适应中石化特点的“一个整体、两个层次、三个体系”的科技管理体制与相应的机制。

（3）充分发挥集团化优势，组织好科技攻关。对于带有共性、关键性和对企业发展有战略意义的重大科技开发项目，坚持实行“一条龙”式攻关，即把企业内部的科研、设计、设备制造、工程建设和生产应用等各方面的力量组织起来进行联合攻关。确保自主开发的技术以最快的速度实现工业转化，一旦工业化成功迅速大力推广。与此同时，积极加强与国内外科研机构、高等院校等部门的合作，建立联合研究机构，推进企业科技进步。

（4）重视科技成果的推广应用，加大产业化力度。中石化坚持技术创新、技术进步、技术改造、产业升级“四位一体”的方针，在组织研究开发的同时，狠抓科技成果的应用，做到“探索一批，开发一批，转化一批，推广一批”。由于技术改造和推广应用科技成果，使企业利润保持了长期持续增长的良好局面。

（5）不断加大科技投入，为科技进步创造必要的物质条件。历年来，中石化不断加大科技投入，为科研开发和成果转化创造了十分有利的条件，为增强企业市场竞争力提供了有力的支撑，从而形成了企业依靠科技进步提高效益、企业有条件增加科技投入、科研单位多出科研成果、进一步提高企业经济效益的良性循环机制。同时，强化项目立项管理，完善项目合同制，建立科研成果有偿转化的制度，从而确保科研开发课题有资金、高起点、有市场、有效益。

（6）重视人才，培养人才，充分调动科技人员的积极性。为了加速人才培养，中石化坚持制定人才培养计划，千方百计培养科技带头人和技术骨干。同时，建立和完善科技人才的奖励政策和激励机制，积极推行目标考核奖励兑现制、特岗特薪制等分配方式，并加强科技后勤服务，为科技人员创造良好的生活、工作环境，充分调动了广大科技人员的积极性。

3. 中海油科研制度建设

从 2002 年开始中海油实施了一套综合性的科技激励机制，主要包括：

（1）建立中海油专业技术拔尖人才选拔机制，实施人才战略；

（2）设立中海油技术发展基金，引导各所属单位形成核心技术；

（3）完善中海油科技奖励机制，加强对技术创新的奖励；

（4）奖励专利发明人，努力增加具自主知识产权的专利技术。

油气信息化建设

2003年，中国石油天然气工业在信息系统建设及应用方面取得很大进展。

1. 中石油信息化建设

（1）信息基础建设和管理。结合中石油股份公司局域网设计成果，进行了广域网改进方案设计，完善了39个地区公司的网络设计，并同期完成了IP电话方案的设计。

完成了“制定安全政策和标准”项目。参照信息安全国际标准ISO17799，依据信息技术总体规划和公司的实际，制定了信息安全的总体原则、组织管理、运作管理、审计到体系评估政策等5项管理政策，物理环境安全、硬件设备安全、网络安全、操作系统安全、数据和文档安全、应用系统安全到通用安全等14项技术规范和标准，设计了认证与授权方案和网络安全方案，编制和下发员工信息安全管理手册。利用病毒防护系统对几次病毒大规模发作进行了及时处理，避免了企业损失。

根据业务需求，完善和提升了中石油信息资源网站，推进了共享服务。

推进了计算机软硬件系统标准化工作。2003年2月28日，中石油股份公司与微软公司签订了《中国石油天然气股份有限公司与微软（中国）有限公司企业信息化建设战略合作协议》，在此基础上，股份公司用国内最大的价格折扣，统一采购和应用了微软系统平台和应用平台软件共9类产品。持续做好计算机硬件产品供应商统一入围工作，通过对各入围供应商的价格、服务、网点分布、产品质量等进行广泛调研，对部分入围供应商进行了调整，与1家硬件产品供应商签订了2003—2004年度硬件产品入围协议。

（2）已建信息系统的应用。在全公司建成应用企业信息门户1450个，其中总部机关及专业公司完成72个、油田公司完成497个、炼化公司完成543个、管道公司完成60个、销售企业完成249个、科研机构完成29个，信息门户已覆盖了大部分厂、处级单位，大庆油田、抚顺石化、锦州石化、独山子石化等单位已将信息门户建设到了矿（大队）和车间。2003年5月12日，中石油股份公司内部网站正式切换为中石油信息门户主门户。全年信息门户系统中共上载文档50多万个，信息量50G以上，股份公司信息主门户平均日访问量5000人次以上，公司员工通过门户系统实现了对信息和服务的共享。

以“Petrochina. com. cn”为域名的统一的电子邮件系统已在全公司范围内应用，用户总数93260个，其中常用用户52923个，是国内最大的企业级电子邮件系统。系统维护工作主要集中在勘探院的中心站点和大庆油田、辽河油田、西南油气田、塔里木油田、新疆油田、青海油田、长庆油田、抚顺石化和勘探院西北分院等9个设立服务器的地区公司。通过运营维护队伍的共同努力，实现了邮件系统的稳定运行，大大提高了信息传递效率。

电视会议系统在技术交流、业务培训等方面拓展了应用范围，新增加了13个会场，会场总数达到76个，基本覆盖了所有地区公司。中石油股份公司全年共召开电视会议53次，近4万人次在分会场参加了会议，系统累计平稳运行400小时以上，特别是在“非典”期间发挥了重要作用。

2. 中石化信息化建设

（1）勘探开发专业信息系统建设。勘探开发专业信息系统建设主要围绕油田综合业务系统建设展开。2003年中石化油田综合业务管理信息系统项目是总部2001年批准的ERP系统23个项目之一，项目立足油田事业部及各油田企业信息管理现状，以实现信息集成、资源共享，提升上游信息管理水平，满足生产监控、生产管理的需要为目标。项目纵向上涉及油田事业部、油田企业、厂处级单位、基层小队共四级，横向上包括勘探、开发、钻井、测井、调度、地面工程、设备管理、技术检测、石油工程定额管理、网络安全、勘探开发数据库集成平台、油田事业部信息集成系统等12个专业子项目，功能设计齐全、覆盖面广，对统一上游信息管理标准、形成统一的集成化信息管理体系具有重要作用。2003年完成了全部系统的研发、测试和试运行工作，并组织了各油田企业参加的培训班，全力将系统推广应用到各油田企业。油田事业部信息集成系统、调度生产管理系统、钻井系统和石油工程定额管理系统已全部推广应用到各油田企业。

（2）油田经营管理系统建设。油田经营管理系统主要以ERP系统为核心进行建设。2003年中石化油田企业在江苏油田分公司进行了ERP试点，项目于2003年4月启动，于2003年11月10日成功上线。项目的实施范围包括分公司机关职能处室及试采一厂、试采二厂、安徽采油厂、物资供销处、地质科学研究院、物探技术研究院、石油工程技术研究院和西部新区勘探开发公司(新疆)等8个二级单位，共19个部门，68个现场点。业务上涵盖财务、计划、物资供应、物资管理和原油销售等5个业务系统，包括财务(FI)、成本(CO)、项目系统(PS)、物装(MM)、销售(SD)5个模块；共设计流程187个，其中财务成本系统流程91个，项目系统流程50个，物资供应流程36个，原油销售流程10个；共编制了10套430万字的用户手册，建设了4个计算机培训教室，培训讲师24名，分设12个课程类型，26个班次，历时52天，共培训最终用户819人。江苏油田分公司初步完成了与ERP运行相关的管理制度和操作规定的制定工作，形成了ERP上线后的技术支持体系。

（3）信息化建设重要进展。企业ERP试点和推广工作取得突破性进展。2000年中石化股份公司成立之初，中石化党组就及时提出要规划建设中石化ERP系统。2001年完成了《中石化ERP系统总体规划》；2002年10—12月，首批4个试点企业(镇海炼化股份公司、仪征化纤股份公司、江苏石油分公司、天津石油分公司)的ERP系统陆续成功上线。在此基础上，2003年，中石化又在7个企业(江苏油田分公司、扬子石化股份公司、管道储运分公司、金陵分公司、长岭分公司、湖南石油分公司、海南石油分公司)进行了扩大试点与推广，并全部获得成功。江苏油田ERP试点成功，标志着中石化已经摸索出具有“国际水平、中国国情、石化特色”的上、中、下游实施ERP的经验，为中石化全面推广ERP奠定了基础。11个企业的ERP成功实施与应用，更新了管理理念，摒弃了落后管理方式，建立起了新型高效的工作模式，实现了资金流、物资流和信息流的动态“三流合一”，对推进体制改革、改进业务流程、强化成本控制、规范经营行为、堵塞管理漏洞、提高管理水平等方面起到了积极的促进和提升作用。

应用供应链技术优化资源利用取得明显效果。中石化在2001年正式启动了原油资源优化项目，至2003年，相继建立了总部集成优化模型、炼厂单厂和多周期企业模型、炼化一体化企业模型、原油现货选购优化模型等，优化资源利用；开展了成品油一次物流优化和二次物流配送优化、甬沪宁原油管输配送管理信息系统等方面应用，初步建成了中石化供应链优化系统的基础框架，取得了良好的应用效果。2003年，成品油二次物流配送优化项目在总结天津石油分公司试点经验的基础上，在北京、上海、深圳、山东、广东、浙江等6个石油分公司推广成功，该项目的实施规范了物流管理业务流程，优化油品调配运力和加油站合理库存，降低运输成本，提高了盈利水平。

物资采购、石化产品销售两个电子商务系统应用成效显著。由物资采购和石化产品销售两部分组成的中石化电子商务网站于2000年8月正式开通运行后，运行状况稳定，上网交易额逐年攀升，应用效果显著。截至2003年12月底，物资采购网上成交金额达451.51亿元，其中2003年网上采购额243.29亿元；化工产品销售电子商务网上成交金额达517.12亿元，其中2003年网上销售额为174.84亿元。电子商务系统的运行，极大地改变了沿袭多年的传统购销模式，规范了业务运作行为，最大限度地减少和杜绝了“暗箱操作”，加快了信息传递速度，提高了信息共享程度，有效地降低了成本，大幅度提高了经济效益和工作效率。

企业生产层面的信息系统建设稳步发展。油田企业将信息技术广泛应用于油气勘探开发、生产运行和经营管理，取得了明显成效。进一步将信息技术应用于地震资料和测井资料的处理与解释、油藏精细描述等，实现了大规模的精细数值模拟分析；注重夯实信息基础建设，重点开展了以八大数据库系统(勘探、开发、钻井、测井、地面工程、设备管理、经营管理、技术监测)为主要内容的油田综合业务信息系统建设；进一步强化数据源头采集、数据平台标准化等建设，提高油田生产管理的运行效率和运行质量。信息技术的深入利用，保证了油田企业的稳产和探明储量持续增长。

炼化企业广泛应用信息技术优化资源配置、优化生产方案、控制工艺操作条件，取得了较好的经济效益。积极开展 MES 层面的信息技术项目建设，推广实时数据库系统、物料平衡系统、炼油生产动态调度系统、实验室信息管理系统等，为企业 ERP 建设奠定了良好的数据基础；生产过程先进控制（APC）技术，在常减压、催化裂化、聚丙烯、聚乙烯等主要生产装置上得到推广应用。

销售企业随着销售业务二期、成品油二次物流优化、ERP 等系统的推广，信息技术应用效益已经显现。销售业务管理系统在 13 个省市、4 个大区、3 个区外石油公司使用，实现了批发销售实时监控，进销调存全部在网上流转，规范了票据和业务流程，取得了良好效果。加油（IC）卡工程截至到 2003 年底，完成加油站卡机联动改造 2500 多座，加油站实现 POS 联网 1000 多座，加油（IC）卡的推广应用，方便了顾客，节约了运行成本。

网络系统进一步提升。中石化计算机网络SINOPECnet 经过系统的提升和完善，网络管理与网络安全进一步得到加强。至 2003 年，中石化主干网已连接了总部机关、油田企业、炼化企业、销售企业、工程建设企业、科研和其他事业单位以及分支机构共 110 个二级子网，链路带宽提升到了 512 千—2 兆 bps，基本满足目前数据和多媒体通信的需求；中石化卫星专用网已建成 70 个地面站，卫星电视会议系统发挥着越来越大的作用；完成了网络安全一期建设工作，对主干网的数据传输和卫星电视会议系统实施了加密，在总部和企业全面部署了防病毒和防火墙系统。本着“企业信息化，网络是基础；实施 ERP，网络要先行”的原则，2003 年，对 ERP 试点和推广企业的信息基础设施进行了提升，全面满足 ERP 系统对网络的要求，保证了 ERP 系统的正常运行。

3. 中海油信息化建设

自 1997 年开始，中海油制定了以网络基础设施建设为中心的总体规划，确定了网络基础设施的投资和固定资产的基本管理模型，组织了信息化网络专业队伍。经过几年的努力，到 2002 年底，基本建成了以总公司骨干网和各单位局域网为主体、点面结合的海洋石油企业网，并基于该基础网开发推广了一系列应用系统：用友财务系统、人力资源管理系统、总公司电子商务系统、油气储量评估及管理系统、油田生产动态数据管理系统等，为海洋石油信息化建设和发展奠定了基础。2003 年是海洋石油信息化建设的转型年：海洋石油信息化建设的重心将逐步从基础设施的大量投入和建设转变为提高信息网络系统的运行管理水平，从基础网络应用的开发推广转变为管理信息系统的统一规划和实施推广。2003 年，总公司进行了信息部门的流程再造、完善了一系列的投资及运行管理规定、改造了局域网和广域网；成功实施了中海油有限公司的 Maximo 设备维护管理系统、有限公司的 Oracle 财务系统、总公司物资编码系统、油服公司采购和仓储管理系统；同时总公司组织力量制定了海洋石油信息化建设规划纲要，明确了今后几年以 ERP 为中心的管理信息化的方向、目标和策略，为未来几年海洋石油信息化的建设和发展明确了方向。

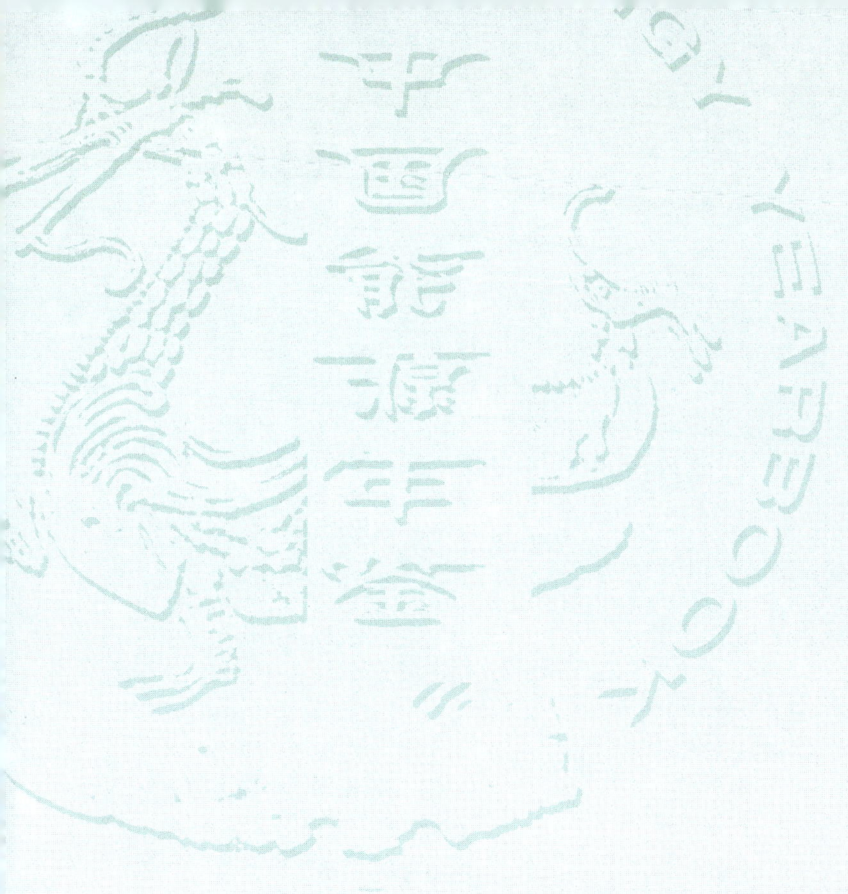

第九篇 能源消费

ENERGY CONSUMPTION

第一章

煤炭消费

煤炭消费总量

2001年、2002年和2003年中国煤炭消费量分别是12.6亿吨、13.7亿吨和16.37亿吨，增长率分别是1.3%、8.2%和19.8%，增速逐年加快。2003年煤炭消费量中，电力行业(含供热)8.76亿吨，占53.5%；钢铁行业1.85亿吨，占11.3%；建材行业1.75亿吨，占10.7%；化工行业0.82亿吨，占5.0%；其他用向的煤炭消费量共3.19亿吨，占19.5%。

煤炭销售体制

1. 煤炭销售管理模式

目前除了计划内电煤价格受国家和省级政府干预外，煤炭销售量和价格由煤炭销售企业自行决定。大型煤炭企业一般都成立了自己的专业销售部门，负责集团公司的煤炭销售，按照市场的各自占有份额和市场变化自主确定用户，自主定价，自负盈亏。中小煤炭企业也是根据市场供需情况，自主决定煤炭销售量和价格。对国家重点用户电力用煤，地方政府适当指导其订货量和价格。

2. 煤炭订货方式

一年一度的全国煤炭订货会是煤炭销售的重要活动，它承担着全国50%以上煤炭交易合同签订的任务，其中，每年98%以上的重点煤炭合同是在订货会期间签订的。随着近年煤炭行情看好，煤炭用户为了抢夺有利资源，也越来越多的把眼光投向全国煤炭订货会，订货会期间的订货量也逐年增多。2003年煤炭订货会，全国共签订煤炭订货合同6420个，煤炭订货总量8.47亿吨，其中重点合同3363个，重点订货量5.02亿吨；交易合同3057个，交易量3.45亿吨。

省煤炭管理部门负责组织重点煤炭企业参加每年的全国煤炭订货会，统一协调全省重点煤炭订货指标，协调解决供需双方矛盾，协调省内重点电力以及重点企业的订货量和指导性价格等问题。

3. 煤炭销售体制改革方向

按照高度统一、垂直管理、精干高效、科学

合理的原则，对集团公司的销售组织机构进行整合再造，以形成新的体制，并建立与之相配套的统一销售、一体化管理为特点的全新煤炭营销体系。

煤炭销售网络与管理

1. 销售网络

现有的煤炭销售网络基本覆盖全国重点消费区域。为了弥补铁路运力的不足，建立煤炭运输中转站，加大中转，并在路局设立办事处，加强与铁路的横向联系。

煤炭流向以现有销售网络为依托，整体销售的原则是先近后远，先省内后省外，重点向电力、冶金、建材、化工等四大行业倾斜。综合区域、通道、品种、价格诸多因素合理安排，形成电力占煤炭销量的50%、其他行业占50%的市场结构。

2. 营销战略

大型煤炭企业一般由总公司来统一销售管理集团所属的各矿、厂生产的所有煤炭产品。总公司的销售部门与铁路部门建立长期稳定、互惠互利的合作关系，提高铁路发运量，满足用户需求；在机构总体设计上符合煤炭产品销售统一订货、统一定价、统一调运、统一结算、统一清欠、统一煤质管理、统一煤炭产品销售合同管理的基本目标；设置模式采用直线职能式营销组织结构和条块结合、以条为主的管理模式；合同、计划、调运、结算等主要销售业务高度集中，按生产地域设置驻各子、分公司分支机构。

煤炭销售总公司提出年度煤炭销售方案。销售方案的主要内容包括：分区域、分流向、分用户、分矿厂、分品种及煤炭产品销售的数量、质量、价格等基本要求。依据年度煤炭销售方案，统一组织各子、分公司煤炭产品购销谈判，合理划分市场份额，科学确定煤炭产品价位，签订煤炭产品购销合同，确保同地区、同品种、同质级、同用户价格的一致性。煤炭销售总公司组织签订煤炭合同。煤炭销售总公司设立专业部门管理合同，从合同的签订到监督兑现、变更、终止，实施专业化、规范化管理。

3. 客户管理

收集和分析用户信息，建立用户信息档案，实行信息化动态管理；根据价格、用量、通道、回款、品种，直供优化“六要素”，将用户分成A、B、C三类，进行分类管理；建立用户走访制度，了解用户实际生产情况；树立为用户服务的思想，强化为用户服务意识，认真做好用户售前、售中、售后服务，提高用户满意度。

第二章

电力消费

全国电力消费量

“十五”以来，中国经济结构战略性调整成效显著，经济持续健康发展，增长速度、质量和效益明显提高。经济的快速增长对能源特别是电力需求大幅度增长，从2001年到2003年，电力消费的供需形势经历了从总体平衡到总体平衡偏紧再到总体紧张的过程。电力供应与消费问题已成为制约经济平稳快速增长的重要因素之一。

“十五”以来，随着西部大开发和重振东北老工业基地战略的相继实施，电力消费快速增长，2001年、2002年和2003年全社会用电量分别达到14633亿千瓦时、16332亿千瓦时和19032亿千瓦时，全社会用电量3年平均增速达到12.21%，大大高于“九五”期间年均6.1%的用电增速。其中，第二产业和第三产业用电的年平均增长率分别达12.54%和12.68%，居民生活用电也有较大增长，增长率为10.21%，增长率最低的是第一产业，仅为3.73%。

2003年全国全社会用电量19032亿千瓦时，比上年增长16.5%。第一产业用电量596亿千瓦时，比上年增长0.95%；第二产业用电量13949亿千瓦时，比上年增长16.65%，增长速度高居各产业之首；第三产业用电量2109亿千瓦时，比上年增长14.78%；城乡居民生活用电量2238亿千瓦时，比上年增长11.82%。

从电力消费总量看，中国是仅次于美国的电力消费大国，但人均指标与经济发达国家仍存在较大差距。“十五”以来，电力人均指标有了较快增长，到2003年，人均装机容量达到0.3千瓦，人均电力生产量达到1482.9千瓦时，人均电力消费量1477.1千瓦时，人均生活用电量达到173.7千瓦时，上述各项指标的年均增速分别为6.29%、11.37%、11.45%和9.47%。从人均用电的绝对量上看，中国人均水平较低，仅为世界平均水平的50%左右、经济发达国家的10%—17%。

“十五”以来，中国电力消费弹性系数快速增长，从2000年的1.19增长到2003年的1.77，电力消费增速明显超过GDP增速。电力消费弹性系数的快速增长在一定程度上反映出中国工业化进程的电力消费特点。

主要产业用电量

"十五"以来，工业用电占主导地位的格局未发生根本变化，工业用电量占全社会用电量的比重从2001年的71.37%提高到2003年的73.03%。钢铁、冶金、建材、化工等高耗能重工业发展迅猛，使得工业用电量年均增速达12.54%，工业用电的快速增长成为拉动中国电力消费增长的最主要因素。

产业政策的调整，促使第三产业服务领域和内容不断扩大，第三产业电力消费始终保持较高水平，占全社会用电量的比重从2000年的10.95%提高到2003年的11.65%。

2003年工业用电量同比增长16.67%，增速为1988年以来的最高水平。轻、重工业用电增长齐头并进，用电增长分别达到15.48%和17.00%，分别比2002年提高了0.2%和5.5%。重工业用电上升势头明显，是全社会电力消费高速增长的主导因素。2003年黑色金属矿采选业、黑色金属冶炼压延加工业、有色金属冶炼压延加工业、金属制品业和交通运输电气电子设备制造业等重工业行业电力消费增长率分别达到18.18%、24.01%、25.30%、20.64%和18.58%。

2003年，农业电力消费出现负增长，同比消费量降低0.40%，"十五"以来年均增速仅为2.93%。气候、自然灾害等因素是农业用电需求变动的重要因素之一；另外中国的产业结构决定了农业用电增速在短期内无法有大的变化，电力消费量仍将在一个较低的增长水平持续徘徊。

随着经济的持续快速增长和居民生活水平的不断提高，城乡电网改造工程的持续推进，加之2003年夏季全国大部分地区气温异常等因素影响，居民生活用电稳中有升，增速由2002年的9.05%增长到2003年的11.82%，其中城市居民生活用电增速由2002年的9.71%增加到2003年的16.12%，"十五"以来年均增长10.21%。但是，随着工业和第三产业用电量比重的攀升，居民生活用电量占全社会用电量的比重从"十五"初期的12.53%下降到2003年的11.76%。

区域电力消费

中国电力消费的地域差异明显。自然、社会环境较好、经济相对发达、民营经济所占比重较大的地区，用电增长速度快，比如华东地区是中国用电增长最为迅猛的地区，"十五"以来用电年均增长率达到了13.74%。华中地区经济基础较好、国企比重较大，用电消费增长也达到了12.51%。西南地区为12.3%。上述三地区用电消费年平均增速均超过了全国11.86%的平均水平。华北和西北地区用电年均增速分别为11.16%和11.66%，略低于全国平均水平。东北地区用电增长依然缓慢，年均增速仅为5.40%，但高于"九五"期间3.1%的增长速度。

2003年各地区电力消费增长较2002年全面提升，全国平均水平为14.61%，其中华东地区增速为17.97%，高居榜首；华中地区以16.52%的增速紧随其后；西北和华北地区也分别达到了14.96%和14.45%；西南地区为9.48%；东北地区为4.99%。

华北地区的电力消费主要依靠工业用电的快速增长，2003年工业用电消费量达到3256.26亿千瓦时，同比增长了16.61%，重工业的用电增长2000年以来首次高于轻工业，达到17.01%，高出2.22%，其中内蒙古西部高耗能行业较为集中，用电增长达到29.96%，是华北电网用电增长最为迅猛的地区。河北、山西的电力消费也有较大增长，用电量分别为1098.99亿千瓦时和731.77亿千瓦时，同比增长13.88%和16.37%。

作为老工业基地的东北电网地区，2003年全社会用电量达到1749.91亿千瓦时，同比增长4.99%。其中辽宁省用电量886.88亿千瓦时，同比增长3.22%，占东北地区用电量的50.68%。吉林省用电量359.4亿千瓦时，同比增长4.31%。由于石化、汽车、冶金等工业行业用电增长拉动，吉林省工业用电同比增长较快。黑龙江省2003年用电503.63亿千瓦时，增长8.77%。

华东地区2003年的电力消费增长创造了改革开放以来的最高记录，全社会用电量6217.49亿千瓦时，增速高达17.97%。其中江苏、浙江增速最快，达到20.93%、22.10%，上海增长15.53%，安徽增长14.23%，福建增长17.57%。整个电网地区电力消费齐头并进高速增长，是十多年来不曾有过的。工业用电占全社会用电比重达到74.56%，增速为19.93%，轻、重工业分别增长21.80%和19.00%。城乡居民用电的快速增长在全网电力消费的高增速中占据重要位置。由于遇到60多年来罕见的持续高温天气，2003年空调降温等用电负荷大幅增长，上海市的居民生活用电增幅达到33.99%，浙江省22.87%，江苏省和福建省的增幅也都超过了15%。

华中地区2003年的电力消费增速紧随华东地区，全社会用电量4736.31亿千瓦时，同比增长16.52%。其中工业用电同比增长14.57%，轻、重工业用电增速相近，与上年增速基本持平。广东省的用电增速达20.35%，是全地区电力消费增长最快的省份。江西、湖北、湖南因遭遇罕见的高温干旱天气，居民生活用电高速增长，同比增速为14.69%，其中江西、湖北和湖南的居民生活用电同比增速分别达到52.19%、17.42%和27.96%。

西南地区的电力消费平稳增长，2003年全社会用电量为2013.84亿千瓦时，同比增长9.48%，其中重庆、四川、贵州和云南的全社会用电量增速分别为3.77%、13.12%、12.08%和4.15%。

西北电网地区是高耗能行业较为集中的地区。2003年西北电网电力消费有较大增长，全社会用电量1425.38亿千瓦时，同比增长14.96%。五省区的用电增速都达到了两位数，其中陕西、甘肃、青海和宁夏的用电增速均高于全国平均水平，分别为12.86%、16.36%、19.48%和18.59%。甘肃、青海和宁夏集中了一大批钢铁、建材、有色金属等高耗能行业，工业用电在各省区的用电增长中占主导作用，工业用电量增速均超过了20%，分别为20.62%、20.74%和20.23%。（见表9－1）

表9－1

2003年全国分地区电力消费情况

单位：亿千瓦时

年份 地区	2002	2003	增长率（%）
华北地区	2631.35	3011.62	14.45
东北地区	1666.76	1749.91	4.99
华东地区	5270.53	6217.49	17.97
华中地区	4064.77	4736.31	16.52
西南地区	1839.40	2013.84	9.48
西北地区	1239.86	1425.38	14.96

数据来源：国家统计局《中国能源统计年鉴》。

农村水电消费

截至2003年底，全国农村水电供电区拥有110千伏变电站830座、容量28788兆伏安，35千伏变电站5405座、容量25792兆伏安，配电变压器72万台、61844兆伏安；拥有110千伏线路4.1万千米，35千伏线路12.7万千米，10千伏线路91万千米，低压线路233万千米。

2003年，全国农村水电电网总供电量1200亿千瓦时，其中网内发电量685亿千瓦时，占总供电量的57.1%；购入网外电量515亿千瓦时，占42.9%。供电损耗电量127亿千瓦时，综合网损率10.6%。农村水电供电企业总售电量1073亿千瓦时。

2003年，全国农村水电供电区内总用电量1202亿千瓦时，其中驻县地级以上企事业生产用电量145亿千瓦时，占总用电量的12.1%；县及县以下用电量1057亿千瓦时，占87.9%。在县及县以下用电量中，县城用电量638亿千瓦时（包括县办工业用电383亿千瓦时，居民生活用电150亿千瓦时），农村用电419亿千瓦时（包括农业生产用电67亿千瓦时，乡镇工业用电160亿千瓦时，居民生活用电122亿千瓦时）。

电网发电负荷

从最大负荷增长情况、供需状况、负荷结构和经济发展情况以及新增装机、用电量增长等方面看，同时考虑到气候等不确定因素，各大电网的负荷变化不均衡，差异较大。（见表9－2）

从总体上看，2003年华东、南方、华北、华中和西北各主要电网的统调最大负荷较上年都有一定增长，但增幅普遍低于2002年。最大负荷增长差异较大，夏季遭受高温酷暑的南方、福建和川渝电网统调最高负荷，增长率分别高达27.2%、21.1%和18.65%；同样遭受高温影响的华东和华中电网地区，由于受拉闸限电影响，最大负荷增长率仅为11%和11.9%；华北、东北电网最大负荷增长，分别为9.7%和7.0%。从出现最大负荷的时间分布看，2003年除东北、华北和西北电网的最大负荷出现于冬季外，其余电网的最大负荷均出现于夏季。从负荷特性看，华北、东北、华东

表 9-2

2003 年各大电网最高发电负荷情况

单位：万千瓦

电网	最高发电负荷	增长率(%)
华北电网	4008	9.70
山东电网	1760	8.60
东北电网	2673	7.00
华东电网	5689	11.00
福建电网	923	21.10
华中电网	3445	11.90
川渝电网	1425	18.65
南方电网	3953	27.10
海南电网	93	5.70
西北电网	1609	17.88
合　计	25578	138.63

资料来源：国家电网公司。

和华中电网季节不均衡性均呈上升趋势，西北、川渝电网则有所下降，华东、华北和西北电网最大峰谷差下降明显，平均用电负荷率均有所上升。

全国电力销售

“十五”以来，全国售电量持续增长。2001 年、2002 年和 2003 年全国售电指标分别为 11608.11 亿千瓦时、12976.89 亿千瓦时和 15090.48 亿千瓦时，年均增速 12.59%。电能在终端能源消费中的比重稳步上升，从 2000 年的 12.42% 上升到 2002 年的 12.89%，提高了 0.47%，电能消费在中国能源消费中的中心作用稳步提升。

“十五”以来，面对电力消费的紧张局势，国家采取多项措施推广需求侧管理，许多需求侧管理项目应用于移峰填谷、节能节电，对于优化资源利用、满足国民经济发展、缓解电力供需紧张局面发挥了重要作用。但总体上，需求侧管理仍处于初级阶段，政策支持及资金保障等力度不足，限定了需求侧管理在用电消费中的积极作用。

电价管理与改革

1. 现行电价管理政策

（1）电价分类和构成。我国电力价格按电力生产经营环节分为上网电价和销售电价。电力价格由成本、费用、税金和利润构成。成本分为发电企业发电成本和输配电企业输配电成本。发电成本包括燃料成本、水费、外购电费、材料费、折旧费、工资及福利费、大修理费和其他费用 8 个项目；输配电成本包括材料费、折旧费、工资及福利费、大修理费和其他费用等项目。费用包括财务费用、管理费用和销售费用，其中，管理费用和销售费用因金额较小，大部分电力企业都放在“其他费用”中。税金是指按国家有关税收政策应缴纳的税金。利润是指按政府规定的资本金财务内部收益率等方式核定的收益。

上网电价。上网电价是指发电企业与购电方进行上网电能结算的价格。“八五”、“九五”时期，电力企业的上网电价按照保证电力项目还本付息的原则制定。此后，随着我国电力供需矛盾的缓解，为了鼓励电力企业降低成本、提高效率，经国务院批准，国家计委对电价形成机制进行了改革，将按电力项目还贷期还本付息需要定价改为按项目经济寿命周期定价，将按项目个别成本定价改为按社会平均先进成本定价，同时明确了投资收益率按略高于同期国内银行长期贷款利率计算。

2003 年，全国上网电价平均每千瓦时约 0.33 元。从地区分布看，上网电价东高西低，华东地区上网电价水平约 0.30—0.35 元/千瓦时左右，华北、东北、华中地区上网电价在 0.25—0.30 元/千瓦时左右，西北、西南地区为 0.2—0.3 元/千瓦时左右。

销售电价。现行销售电价分为大工业用电；非工业、普通工业用电；居民生活用电；非居民照明用电；商业用电；农业生产用电；趸售用电等类别。

2003 年，全国省级电网平均销售电价为每千瓦时 0.443 元左右(不含基金及附加)，其中，供电费用约为每千瓦时 0.12 元。国家电网公司系统平均销售电价不到 0.420 元/千瓦时。销售电价呈东高西低的阶梯状分布，华东地区 0.45—0.5 元/千瓦时，东北、华北、华中地区为 0.4 元/千瓦时左右，西北、西南地区为 0.3 元/千瓦时左右。

输配电价。电网输配电价是指电网经营企业输送电能的价格。现阶段，由于我国电厂与电网刚刚分离，电网企业集输电、配电、售电于一体，并且输配电业务与三产、辅业不分，因此，对经营共用电网的网、省电力公司，尚未核定独立的输配电价，其输配电环节费用包含在对用户的销售电价中。但对于资产比较明晰、独立核算的跨省（区）专项输电工程，如二滩电站送出工程、西电东送输电工程、三峡电站输电工程等，则单独核定输电价格；同时，对进行大用户向发电企业直接购电试点的地区，单独核定了电网输电价格。

2002 年，国家电力公司系统输配环节电价水平约为每千瓦时 0.098 元，加上线损 0.021 元后为 0.119 元，约占销售电价比例每千瓦时 1/3。从区域电网看，输配电价（不含线损）由高到低依次为东北 0.111 元/每千瓦时、华东 0.105 元/每千瓦时、华中 0.096 元/每千瓦时、西北 0.094 元/每千瓦时、华北 0.092 元/每千瓦时和南方 0.073 元/每千瓦时。

（2）电价制度。两部制电价。两部制电价是指电价分为容量电价（又称基本电价）和电度电价两部分。其中容量电价主要反映固定成本的补偿，按千瓦/月或千伏安/月计价；电度电价主要反映变动成本的补偿，按千瓦时计价。目前我国电力销售环节中，大工业用电和少数地区非普工业用电实行两部制电价，发电环节中仅有少数电厂实行两部制电价。

峰谷分时电价。峰谷分时电价是指根据用户用电需求，将每天用电的时间划分为高峰、平段、低谷三个时段或高峰、低谷两个时段，对各时段分别制定不同电价水平的电价制度。一般情况下，高峰时段电价适当上浮，低谷时段电价相应下浮。

丰枯季节电价。丰枯季节电价是指在水电较多的地区，根据不同季节的水文情况，将一年划分为丰水、枯水季节或丰水、平水、枯水季节，分别制定不同电价水平的电价制度。一般情况下，丰水季节电价适当下浮，枯水季节电价适当上浮。

（3）电价管理权限。上网电价。省及省以上电网内的电力生产企业上网电价，由国务院价格主管部门管理；省以下独立电网内的电力生产企业上网电价，由省级政府价格主管部门管理。

电网销售电价。省及省以上电网的销售电价（包括省及省以上电网直接对用户的销售电价和对电力趸售企业的趸售电价）由国务院价格主管部门核批；省内独立电网的销售电价，由省级价格主管部门核批。

农村电价。历史上，农村电价主要由省级价格主管部门管理，部分省将管理权下放到了地（市）、县（市）价格管理部门。1998 年国家实施农电“两改一同价”工作以来，主要由省级价格主管部门核定当地的农村低压电网维护费和农村到户电价。实现城乡用电同价后，农村电价纳入城市电价体系，由国务院价格主管部门统一进行管理。

2. 电价改革的思路与措施

2003 年 7 月国务院办公厅颁布的《电价改革方案》确定的中国电价改革的长期目标是：在进一步改革电力体制的基础上，将电价划分为上网电价、输电价格、配电价格和终端销售电价；发电、售电价格由市场竞争形成；输电、配电价格由政府制定。同时，建立规范、透明的电价管理制度。电价改革的近期目标是：在厂网分开的基础上，建立与发电环节适度竞争相适应的上网电价机制；初步建立有利于促进电网健康发展的输配电价格机制；实现销售电价与上网电价联动；优化销售电价结构；具备条件的地区，在合理制定输配电价的基础上，实行较高电压等级或较大用电量的用户直接向发电企业购电。电价改革的主要措施：

（1）实行厂网价格分开。电力体制改革后，有一大批原来与电网实行统一核算的电厂（总装机容量约 3500 万千瓦）从电网中分离出来，划归了新成立的五大发电集团公司。这些电厂原来没有上网电价，实行独立核算后必须制定上网电价，厂网价格分离就是指对这些电厂核定临时结算电价。

（2）改革上网电价形成机制，建立竞争性的电力市场。目前东北区域电力市场上网电价实行两部制电价，其中，容量电价由政府制定，按发电机组平均投资成本的一定比例确定，具体比例由各地根据实际情况自行安排；电量电价由市场竞争形成。鉴于各地经济发展的不平衡，方案也没有完全排斥其他竞争方式，如部分电量执行政府定价、部分电量竞价上网的方式等。各区域电网可以因地制宜地选择电力市场交易模式，既可以是发电企业全部电量集中竞价上网模式，也可以将双边交易与集中竞价相结合。竞价主体包括常规水、火电企业以及今后新建和现有具备条件的核电企业。风电、地热等新能源和可再生能源企业目前尚不具备竞争能力，可暂不参与竞争，其电量由电网企业按政府定价或招标价格优先购买；电力市场成熟时建立竞争性的新能源和再生能源市场。

（3）建立规范的输配电价形成机制。输配电环节具有自然垄断属性，价格须由政府严格监管。目前我国没有单独核定输配电价。输配电价格机制分三步到位：第一步，厂网分开时输配电价按平均售电价格扣减平均购电价格确定。第二步，为适应我国电网快速发展的需要，逐步过渡到以“成本加收益”方式核定输配电价格，按社会平均水平确定电网运营成本，以电网企业有效资产和市场筹资成本为基础确定投资收益。待电网发展比较成熟后，可选择激励性较强的“价格上限制”或“收入上限制”等基于业绩的管制方式。

（4）建立有利于公平负担的销售电价定价机制。销售电价改革方向是在给全部用户以自由选择供电商权利的基础上，价格由市场决定。竞价初期，销售电价仍需由政府管理。政府制定销售电价的原则是：坚持公平负担、有效调节电力需求、兼顾公共政策目标，并建立与上网电价联动的机制。

（5）建立统一领导、分级管理的电价管理体制。电价由中央和省两级管理。国务院价格主管部门负责制定电价管理原则和各电力市场的容量电价、输电价格、配电价格和对终端用户的销售电价，在输配分开前，由国务院价格主管部门负责制定；输配分开后，由省级人民政府价格主管部门制定，但跨省的配电价格和销售电价需报国务院价格主管部门审批。

第三章

石油天然气消费

石油天然气产品销售

据中国石油化工协会统计数据，2003年中国生产原油16932万吨，消费原油27126万吨。中国石油和天然气行业完成工业增加值3239.48亿元，比上年增长21.31%；产品销售收入8646.81亿元，比上年增长26.33%；实现利润1341.57亿元，比上年的967.71亿元增利373.86亿元，增长38.63%；实现利税总额2087.63亿元，比上年的1603.74亿元增加483.89亿元，增长30.17%。其中：中石油2003年完成工业增加值2013.45亿元，比上年增长26.31%；实现销售收入4398.32亿元，比上年增长15.99%；利润总额为723.23亿元，比上年的535.54亿元增利187.69亿元，增长35.05%；利税总额为1255.05亿元，比上年增长27.64%。

中石化2003年完成工业增加值1002.23亿元，比上年增长12.30%；实现销售收入4572.33亿元，比上年增长64.47%；利润总额为291.39亿元，比上年的182.44亿元增利108.95亿元，增长59.72%；利税总额为732.48亿元，比上年增长33.79%。

中海油2003年完成工业增加值223.80亿元，比上年增长21.64%；实现销售收入539.06亿元，比上年增长56.98%；利润总额为144.13亿元，比上年的116.52亿元增利27.61亿元，增长23.70%；利税总额为165.69亿元，比上年增长23.28%。（见表9-3）

成品油价格

2003年，国内成品油市场先后受美伊战争、“非典”疫情和国民经济发展加速等因素影响，有起有伏，但总体上呈现上扬态势。（见表9-4）

其具体油价形势：

一是油价有涨有落，起伏交替。前三季度油价呈现涨落交替变化，10月份油价稍作间歇后，四季度油价再度强劲上涨。3月份全国90号汽油（以下简称汽油）和0号柴油（以下简称柴油）批发价持续上涨到3820元/吨和3460元/吨，比1月份分别上涨达270多元和200元；汽油价格已达到1998年以来的最高价，柴油价格也达到了近两年来

表 9－3

2003 年中国石油天然气工业主要经济指标

单位：亿元，%

名　　称	2003 年实际	比 2002 年增减
一、 工业增加值(现价)		
全国石油天然气行业	3239.48	21.31
其中：中国石油天然气集团公司	2013.45	26.31
中国石油化工集团公司	1002.23	12.30
中国海洋石油总公司	223.80	21.64
二、 产品销售收入		
全国石油天然气行业	8646.81	26.33
其中：中国石油天然气集团公司	4398.32	15.99
中国石油化工集团公司	4572.33	64.47
中国海洋石油总公司	539.06	56.98
三、 利润总额		
全国石油天然气行业	1341.57	38.63
其中：中国石油天然气集团公司	723.23	35.05
中国石油化工集团公司	291.39	59.72
中国海洋石油总公司	144.13	23.70
四、 利税总额		
全国石油天然气行业	2087.63	30.17
其中：中国石油天然气集团公司	1255.05	27.64
中国石油化工集团公司	732.48	33.79
中国海洋石油总公司	165.69	23.28

资料来源：中国石油化工协会。

表 9－4

2003 年国家出台汽柴油出厂和零售中准价格

单位：元/吨

日　期	出厂中准价		零售中准价		航空煤油
	90 号汽油	柴　油	90 号汽油	柴　油	
1 月	3020	2730	3573	3232	2640
2 月	3210	2900	3763	3402	3020
3 月	3210	2900	3763	3402	3020
4 月	3210	2900	3763	3402	3020
5 月	2920	2640	3473	3142	2770
6 月	2920	2640	3473	3142	2530
7 月	3010	2640	3556	3137	2530
8 月	3010	2640	3556	3137	2430
9 月	3010	2640	3556	3137	2430
10 月	3010	2640	3556	3137	2430
11 月	3010	2640	3556	3137	2620
12 月	3210	2820	3756	3317	2820

资料来源：《中国石油天然气集团公司年鉴 2004》。

的最高价。二季度油价明显下滑，6月份全国汽柴油批发价降至全年谷底，分别为3370元/吨和3050元/吨。之后又逐渐回升，且油价上涨之势难以抵制。年末，全国汽、柴油批发价3830元/吨和3400元/吨，比油价最低的6月份每吨分别高出460元和350元。

二是淡季不淡，成品油价格大幅度提高。全国油价在4月份下跌，特别在5月份后，国家大幅度降低油价，又受"非典"影响，以及接踵而至的消费淡季，市场骤然降温，但并未使油价就此塌陷下去，6月份后油价持续走高，并且形成7月份的消费淡季不淡，油价反而回涨，10月下旬后价格又异常坚挺，将全年油价推向了又一个高峰，整体托起了2003年的油价市场。2003年全国全年汽、柴油批发价每吨平均为3620元和3240元，比上年每吨分别上涨500元和400元。

三是全国油价到位情况是三年来最好的一年。全国汽、柴油批发价每吨低于规定价的金额，由上年的200元和140元缩小到80元和60元，到位率达98%，比上年分别提高4%和3%。

四是沿海地区对市场的反应十分敏感，一直引领着国内油价。以往1月份、2月份沿海地区市场竞争最为激烈，油价也最为低落，但2003年沿海地区油价上涨高、反应快。1月份沿海地区汽、柴油批发价比上月每吨分别提高50元和110元，比全国平均上涨水平高出30元和70元。

五是西南地区资源劣势再次显现，油价水平居全国之首。一季度西南地区汽、柴油批发价分别为3810元/吨和3520元/吨，比全国平均水平每吨高出100元和140元。12月份，油价每吨高于全国平均水平160元和140元。

六是汽油需求增加，价格好转，四季度柴油价格异常坚挺。2003年的油价市场一改以往汽油过剩、价格低迷的状况。全年汽油批发价由上年同期每吨不到位200元降低到80元。11月份后柴油需求强劲，价格猛涨，一些地方炼油厂柴油出厂价高达4000元/吨，比规定零售价高出600多元。

加油(气)站建设与管理

面对激烈的市场竞争，中国石油天然气行业的零售网络快速扩张，总体运行质量不断提高，销量大、效益好的加油站不断增加，零售量快速增长，赢利能力不断增强。

截至2003年底，中国石油天然气股份有限公司共拥有加油站15231座，比上年底净增2071座，净增率为15.74%，占全国加油站总数的比例为18.7%，比上年提高1.15%，其中资产型12190座，比上年底净增912座，净增8.09%；特许3041座，比上年底净增1159座，净增61.58%；销售系统共拥有3000吨级以上加油站2030座，其中万吨级加油站191座，比上年增加81座，5000吨级加油站601座。通过加强管理、改造设施设备以及实施促销增效，一、二、三类加油站的总数已达到13441座，占销售系统加油站总数的91.8%，零售总量占97.35%。全年完成了年初确定的2230万吨零售总量和资产型加油站销量1734万吨的目标，与上年同期相比分别增长了17%和26%。加油站单站平均日销售量达到4.94吨，增加3.35%，资产型加油站的单站平均日销售量为5.02吨，增加4.8%。

2003年，中国石油天然气股份有限公司在全系统继续推广《加油站管理规范》，在销售系统开展了加油站达标创星评比活动，共评出星级加油站1388座。在此基础上，经过企业自评、复查和初审，炼油与销售分公司组织专家小组又对四星级加油站和五星级加油站进行了复评和审定，共评定出五星级加油站41座，四星级加油站76座。这些四、五星级加油站作为中石油的旗舰站，带动零售工作和经营管理水平全面提升。

2003年，中石化销售企业抢抓网点成效显著。全年新增加油站1360座，加油站总数达到24500座。加油站管理进一步规范，管理水平提升明显。全系统开展了近4个月的加油站管理整顿工作。全系统商品损耗率明显降低，油品质量经国家抽检，合格率达到100%。

2003年，中石化大力发展加油站合作项目：一是继续大力发展特许加盟站，新增特许加盟加油站1199座，特许站总数达到5326座；二是筹划在香港新建加油站；三是江苏、浙江、福建公司继续与壳牌、BP、埃克森等国外著名公司洽谈成立合资公司，共同经营和新建加油站，开展成品油零售合作。

石油天然气销售体制改革

2003年，中国油气销售体制进一步深化改革，打破按行政区划层层设立销售机构的做法，减少流通环节和管理层次。中石油按照经济半径整合省市销售公司，撤销县公司，推行配送中心和销售代表制。到2003年底，成品油北方地市及直属公司与1998年相比减少了95个，558个县公司改制为经营部；南方新成立分销(片区)公司192个，控股公司230个。积极引入新的用人和分配机制，按照社会化、属地化、合同化的原则，向社会公开招聘员工，销售企业合计聘用社会用工8万多人，并普遍签订了劳动合同，实行择优竞聘上岗。积极推行吨油含量工资、吨油费用包干等新的分配激励办法，调动了销售人员的积极性。推进减员增效，减少员工5.32万人，压缩社会用工5900多人。

中石化制定了《销售企业经营管理体制改革初步意见》，本着有进有退的改革思路，在做大主业的同时，销售企业积极实施辅业的有序退出，关、停、撤、并非上市县公司机构612个、经营实体232个，基本实现了市县公司的业务、财务和人事一体化管理。

全系统初步建立了业绩与收入挂钩的激励机制，使分配更加注重效率，绝大多数单位通过“联量、联利、联费、联贷款回笼”等多种形式将员工的收入与经营业绩挂钩，进一步建立和完善了激励机制，调动了员工的积极性。在零售、直销增加的情况下，销售系统用工总量进一步减少到24.3万人，其中正式工同比减少2.56万人。

中石化销售企业通过“契约经营”“联量返利”“家庭承包”“子母站挂靠”等多种形式，继续推进小站改革。截至2003年底，大部分地区已经基本完成了小站改革，充分调动了加油站经营者的积极性。其中大部分单位小站改革取得了新的进展，普遍收到了增量增效、减人减费的效果，福建、浙江等公司成效尤为突出。

石油天然气销售网络与管理

中国成品油销售网络主要由三大部分构成：一是集团公司的全资销售子公司及下属地区分公司，承担着成品油资源的统一平衡、运输协调、专项用户的成品油供应，以及在区外网络发展和开展经营业务的任务；二是省级石油分公司及所属的地级石油分公司和县级石油分公司或经营部组成的销售网络；三是各集团公司在全国范围内与其他成品油经营单位合资组建的销售网络。

2003年，中石油销售企业抓住成品油市场全面放开的有利机会，按照“统筹规划、合理布局、注重质量、积极有效”的网络发展方针，加快网络设施建设，为提升销售业务竞争力提供了重要保证。加油站数量的增加不仅保证了零售量和零售比例的稳定提高，而且随着经济的发展自身增值潜力巨大。油库的逐步配套为增强自营销售能力、市场应变能力、市场调控能力提供了保障，成为可持续发展的坚实基础。

2003年中石化销售企业的油库调整优化有了新的进展。为进一步增强库存调节和抗市场风险的能力，销售公司选择确定了由销售公司调控的3座战略储备库，完成3座油库的自动化试点改造。经过比较择优后，关闭67座低效油库，在营油库减少为628座，布局进一步优化。为了迎接入世后的严峻挑战，中石化初步制定了《销售企业2003—2010年发展规划纲要》，并成立了销售企业发展战略研究小组，进一步研究销售企业未来的经营环境、管理体制、长效机制等战略性问题。

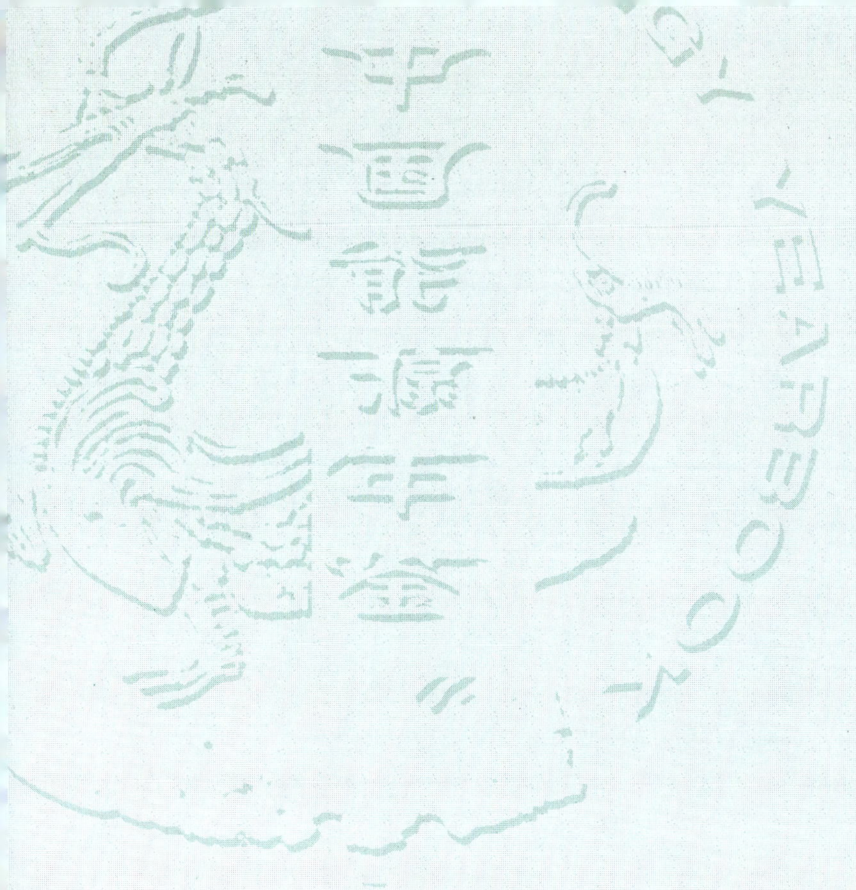

第十篇 能源节约

ENERGY CONSERVATION

第一章

节能综述

节能战略

1980年，中国政府将节能工作提到议事日程，确定了"开发与节约并重，近期把节能放在优先地位"的能源发展方针，确立了节能的战略地位。在这一方针指导下，中国开始有计划地积极推进能源效率和节能工作。从1981年起，节约能源计划正式纳入国民经济计划，成为国民经济长远计划和年度计划的重要组成部分。为贯彻落实上述方针，政府采取了一系列措施，包括：调整产业结构；运用经济手段，改革能源价格体制；制定节能法规；建立节能管理和服务体系；推动节能技术进步等。

1992年联合国环境发展大会以后，中国政府着手制定可持续发展战略。1994年3月，中国政府公布了《中国21世纪议程》，把节能作为可持续发展战略的关键措施。

1996年3月，第八届全国人大第四次会议通过的《国民经济和社会发展"九五"计划及2010年远景目标纲要》，提出了经济管理体制从传统计划经济向市场经济转变、经济增长方式从粗放型向集约型转变、实现经济和社会可持续发展的指导方针，以及坚持资源开发与节约并举，把包括能源在内的资源节约放在首要位置的发展战略。

2001年3月，第九届全国人大第四次会议通过的《国民经济和社会发展"十五"计划纲要》，提出了坚持经济和社会协调发展的重要指导方针，以及坚持资源开发与节约并举、把节约放在首位、依法保护和合理使用资源、提高资源利用效率、实现永续利用的发展战略。

2002年11月，中共十六大提出了全面建设小康社会的国家长远发展目标，以及坚持以信息化带动工业化，以工业化促进信息化，走科技含量高、经济效益好、资源消耗低、环境污染少、人力资源优势得到充分发挥的新型工业化道路的发展战略，把可持续发展放在十分突出的地位，坚持保护环境和保护资源的基本国策。

1980年以来，中国政府还在广大农村地区推广省柴节煤灶、利用沼气、营造薪炭林、发展小水电，在城镇地区，通过制定实施建筑节能标准、建筑节能规划，推动了节能型建筑物的发展，加上每年开发利用的风能、地热能、潮汐能等，近十多年来，中国每年节约和少用常规商品能源3000多万吨标准煤，相当于每年减少二氧化碳排放2000万吨碳，也为改善生态环境、减少温室气体排放，实施可持续发展战略做出了巨大贡献。

能源效率

1980年以来，在政府和全社会的共同努力下，中国节能工作取得了显著成效，能源效率（能源加工、转换、储运和终端利用效率）水平不断提高。2000年全国能源效率为33.4%，比1980年的25.9%提高7.5个百分点，比1997年的31.2%提高2.2个百分点。1980—2000年中国能源效率的变化见表10－1。由表10－1可见，虽然能源总效率的提高幅度不是很大，但终端能源利用效率的提高比较显著，由1980年的33.4%提高到2000年的49.2%，提高了15.8个百分点。终端能源利用效率的提高，主要归因于高耗能行业的节能技术改造，铁路牵引动力向内燃机和电力发展，以及民用和商业部门优质能源（燃气、电力、热能和型煤）所占比例大幅上升。

能源效率提高幅度不大的主要原因，一是由于一次能源转换为电力的比例上升，能源加工、转换和储运诸中间环节效率下降，由1980年的77.4%降到2000年的67.8%，降幅为9.6个百分点；二是炼焦煤质量下降。

工业高耗能产品单位能耗

工业是能源消费大户，是节能的重点行业。2003年工业能源消费量达到11.96亿吨标准煤，占当年全国能源消费总量的70.0%，其中钢铁、建材、化工、石化、有色等高耗能行业的能源消费量占工业能源消费总量的70%以上。“九五”以来，通过逐步调整经济结构，全面加强能源管理，引进和国内自行开发的节能新工艺、新技术，主要高耗能产品的单耗指标逐年下降，主要体现在钢铁、建材、化工、石化、有色、电力等行业。1996—2003年期间，钢铁工业吨钢综合能耗由1.392吨标准煤/吨下降到1.08吨标准煤/吨，降幅22.4%；火电厂供电煤耗由410克标准煤/千瓦时下降到380克标准煤/千瓦时，降幅7.3%；化

表10－1

1980—2000年中国能源效率水平变化

单位：%

指标 ＼ 年份	1980	1992	1995	1997	2000
1. 中间环节效率(2×3×4×5×6)*	77.4	70.3	75.8	68.8	67.8
2. 一次能源投入与输送	97.6	—	98.6	—	—
3. 加工	—	—	—	—	—
4. 转换	95.8	—	96.9	—	—
5. 中心电站转换	84.4	—	80.1	—	—
6. 输送与分配	98.2	—	99.1	—	—
7. 终端利用效率(8×9×10×11)*	33.4	41.2	45.2	45.3	49.2
8. 农业	23.3	30.0	29.5	30.5	32.0
9. 工业	33.7	44.5	44.2	46.3	49.6
10. 交通运输	15.6	25.4	30.0	28.9	28.1
11. 民用与商业	23.5	42.5	45.0	54.8	66.2
12. 能源效率(1×7)*	25.9	29.0	34.3	31.2	33.4
13. 能源开采	—	32.1	—	33.0	33.5
14. 能源系统总效率(12×13)*	—	9.3	—	10.3	11.2

注：*括号内数字为指标项序号。

资料来源：1. 周凤起、周大地著《中国中长期能源战略》。

2. 王庆一著《我国能源效率国际比较》。

工行业大型合成氨（气头）综合能耗由1320千克标准煤/吨下降到1222千克标准煤/吨，降幅7.4%；建材工业水泥综合能耗由175千克标准煤/吨下降到150千克标准煤/吨，降幅14.3%；有色金属工业炼铝综合能耗由10.88吨标准煤/吨下降到9.17吨标准煤/吨，降幅15.7%。1996—2003年主要耗能产品单耗下降情况见表10－2。

随着单位产品能耗的逐步下降，主要能源密集产品单位能耗与国际先进水平的差距也明显缩小。1980—2000年，火电供电煤耗差距由32.5%降到22.5%，吨钢可比能耗差距由70.2%降到21.4%，水泥单位能耗差距由50.2%降到45.3%。其他几种主要能源密集型产品能耗指标的国际比较见表10－3。

表10－2

1996—2003年中国主要高耗能产品单耗

指标＼年份	1996	1997	1998	1999	2000	2001	2002	2003	1996—2003年均下降率（%）
吨钢综合能耗（吨标准煤/吨）	1.39	1.35	1.29	1.24	1.18	1.13	1.06	1.08	3.60
供电煤耗（克标准煤/千瓦时）	410.00	407.00	404.00	401.00	392.00	385.00	383.00	380.00	1.10
铝综合能耗（吨标准煤/吨）	10.88	10.39	10.11	10.10	9.92	9.42	9.30	9.17	2.40
铜综合能耗（吨标准煤/吨）	5.57	5.17	5.04	4.68	4.71	4.48	4.44	4.37	3.40
水泥综合能耗（千克标准煤/吨）	175.00	172.00	168.00	167.00	181.00	160.00	159.00	150.00	2.20
玻璃综合能耗（千克标准煤/重箱）	29.40	27.50	25.60	25.30	30.00	24.00	24.00	23.20	3.30
合成氨（引进气头）（千克标准煤/吨）	1320.00	1300.00	1294.00	1285.00	1273.00	1267.00	1250.00	1222.00	1.10
合成氨（中型）（千克标准煤/吨）	1977.00	1981.00	1919.00	1959.00	1892.00	1890.00	1881.00	1946.00	0.20
合成氨（小型）（千克标准煤/吨）	2050.00	1961.00	1868.00	1835.00	1801.00	1798.00	1790.00	1782.00	2.00
烧碱（隔膜）（千克标准煤/吨）	1696.00	1676.00	1661.00	1572.00	1563.00	1554.00	1538.00	1463.00	2.10
烧碱（离子膜）（千克标准煤/吨）	1163.00	1145.00	1110.00	1106.00	1090.00	1073.00	1074.00	1071.00	1.20
炼油能耗（千克标准油/吨因数）	14.44	14.14	14.46	14.28	14.10	13.20	12.97	12.64	1.90
乙烯能耗（千克标准油/吨）	871.10	830.80	809.50	786.80	787.40	740.10	848.00	711.70	2.80

资料来源：1. 产品单耗数据来自各工业行业协会。

2. 2000年后吨钢综合能耗根据2004年中国能源统计年鉴计算。

能源消费弹性系数

从"九五"计划到"十五"计划的前三年(1996—2003)，中国以较低的能源增长速度支持了国民经济的快速发展。每万元国内生产总值能耗由1995年的2.15吨标准煤/万元下降到2003年的1.50吨标准煤/万元(按2000年不变价计算)，降幅30.2%，年均下降率达到4.4%，1995—2003年能源消费弹性系数保持在0.43左右(见表10－4)，每吨标准煤创造的国内生产总值由1995年的4660元提高到2003年的6660元，经济效益提高了42.9%。

表10－3

中国主要耗能产品单耗国际比较

指标 \ 年份	1980			1990			2000		
	国内平均水平	国外先进水平	国内外差距(%)	国内平均水平	国外先进水平	国内外差距(%)	国内平均水平	国外先进水平	国内外差距(%)
火电供电煤耗(克标准煤/千瓦时)	448.00	338.00	+32.50	427.00	332.00	+28.60	392.00	320.00	+22.50
吨钢可比能耗(千克标准煤/吨)	1200.00	705.00	+70.20	997.00	629.00	+58.50	784.00	642.00	+21.40
水泥综合能耗(千克标准煤/吨)	203.80	135.70	+50.20	201.10	122.60	+64.00	181.00	124.60	+45.30
乙烯综合能耗(千克标准煤/吨)	2013.00	1100.00	+83.00	1580.00	857.00	+84.40	1110.00	714.00	+55.60
载货汽车油耗〔升/(百吨·千米)〕	8.70	3.40	+155.90	7.10	—	—	7.60	3.40	+123.50
大型合成氨综合能耗(油气)(千克标准煤/吨)	1440.00	1323.00	+8.80	—	1000.00	+34.30	1273.00	970.00	+31.20

资料来源：国家发改委环境和资源综合利用司。

表10－4

1995—2003年中国能源消费弹性系数

年份	能源消费量(万吨标准煤)	GDP产值能耗(吨标准煤/万元)	能源消费弹性系数
1995	129034	2.15	0.66
1996	138948	2.11	0.62
1997	137798	1.93	—
1998	132214	1.71	—
1999	130119	1.57	—
2000	130297	1.46	0.01
2001	134914	1.40	0.47
2002	148222	1.42	1.19
2003	170943	1.50	1.65

注：能源消费量来源于国家统计局《中国能源统计年鉴》，其余指标数据据此计算；GDP按2000年价计算。

第二章

节能管理

政府节能管理

中国政府从20世纪80年代初开始节能管理，机构和职能随着政府机构的改革和调整而几经变化。1980年1月，国务院批转国家计委、国家经委以国发[1980]50号文印发《关于加强节约能源工作的报告》。根据报告的要求，中央和地方各级政府开始有步骤、自上而下地建立和健全全国能源管理机构，国家计委综合局承担能源长远规划和综合平衡职能，国家经委能源局承担组织实施节能措施和能源管理职能，国务院其他有关部门也开始建立节能管理职能机构；各省、市、自治区根据具体情况，建立了由计委或经委牵头的节能协调领导小组；国有大型企业设立能源工程师和能源管理机构，其他企业也设有专人负责节能管理。

1980年8月，根据第五届人大第十五次常委会的决议，新设立国家能源委员会，下设节能局，重大节能问题由国家能委节能局、国家计委综合局、国家经委能源局共同研究确定。三家对节能管理的分工：国家计委、国家经委仍按原分工负责，国家能委重点负责制定节能政策和对地方节能领导干部进行节能培训。

1981年5月，根据国发[1981]58号文件规定，国务院下设"以煤代油专用资金管理办公室"，其主要职能为：编制以煤代油、节约出口计划和规划，管理专用资金，审查建设项目，组织专家论证等，办公室地点设在国家计委。

1982年，政府机构改革，国家能委撤销，国家节能局随之撤销，国家节能管理工作仍由国家计委和国家经委负责，国家经委保留能源局，负责能源生产和节约工作以及节能管理和节能技改；国家计委成立节约能源计划局，负责研究制定节能规划、计划，安排节能基建和节能科研以及农村能源和新能源。

1985年5月，根据《国务院节能工作办公会议第一次会议纪要》精神，国务院建立"国务院节能工作办公会议制度"。办公会议不另设办事机构，会议准备和日常工作由国家计委节约能源计划局和国家经委能源局共同负责。

1988年7月，国务院进行政府机构改革，国家经委并入国家计委，国家经委能源局与国家计委节约能源计划局合并成立国家计委资源节约与综合利用司，其职责为：负责全国资源节约与综合利用工作，制定方针政策、编制中长期和年度计划，研究推动各部门、各地区的原材料和能源节约、合理使用，并研究制定相应的规定和鼓励政策，组织制定农村能源和重要资源的综合开发利用规划，指导节能技术服务中心工作等。同年，根据国家投资体制改革的总体方案，成立国家能源投资公司等六大专业投资公司，负责国家能源、交通等部门的基本建设投资项目管理工作。考虑到节能基建工作需要，经国家计委批准，成立专门机构——国家能源投资公司节能公司，继续安排重大节能项目专项资金，就近挂靠在国家能源投资公司，在国家计划中实行单列。

1991 年，国务院成立国务院生产办公室，内设节约与综合利用局。同年，由国家计委牵头，成立了有各部有关单位和石化总公司、国家能源投资公司节能公司参加的“全国节油领导小组”，各地区、重点耗油部门也成立了相应的机构。该机构的职责为：研究编制节油规划、计划；研究提出有关节油法规；促进节油管理，推动节油技术进步；研究提出促进节油的技术政策和经济政策。同年，经国务院和国家计委有关领导批准，国家能源投资公司节能公司设立租赁业务部，重点开展风机、水泵等节电设备的租赁业务，并制定具体租赁业务实施办法。

1992 年 5 月，国务院决定撤销国务院生产办公室，在其基础上成立国务院经济贸易办公室，内设资源节约与综合利用司。

1993 年，政府机构改革，国务院撤销国务院生产办公室，在其基础上组建国家经济贸易委员会，内设资源节约与综合利用司。同年 10 月，新组建国家计划委员会，原国家计委资源节约与综合利用司撤销，新设有交通能源司，其职责为：研究能源工业中的重大战略问题、能源节约与新能源开发问题，提出能源工业中重点行业发展规划、相应的政策措施以及能源工业行业发展中长期规划和年度计划，并负责大中型及以上项目的立项审批等。

1994 年，在国家六大专业投资公司基础上组建国家开发银行。考虑到节能基建工作的特殊性，经国务院同意，决定国家能源投资公司节能公司直接由国家计委负责联系，公司更名为中国节能投资公司，其注册资本为 20 亿元。

1997 年，国务院实施新一轮机构改革，新组建国家发展计划委员会，原国家计委交通能源司撤销，新设基础产业发展司，负责节能与新能源工作；保留原国家经贸委资源节约与综合利用司，负责资源综合利用、节能、新能源工作，组织协调工业环境保护和环保产业的发展。

1998 年，政府机构改革，以煤代油专用资金管理办公室正式撤销。

2000 年 10 月，国内贸易局下设的全国散装水泥办公室、汽车更新办公室和再生资源管理办公室以及国家建材局墙体材料革新和建筑节能办公室的管理职能划入国家经贸委资源节约与综合利用司。

2003 年，国务院实施新一轮机构改革，新组建国家发展和改革委员会，新设能源局，负责提出能源发展战略和重大政策，拟订能源发展规划，提出能源节约和发展新能源的政策措施。原国家经贸委资源节约与综合利用司并入国家发改委，更名为环境和资源综合利用司，负责研究解决经济、社会与环境、资源协调发展的重大问题；提出资源节约和综合利用政策；编制资源节约和综合利用规划，参与编制环境保护规划；组织协调环保产业有关工作，依法组织协调清洁生产促进工作；组织协调相关重大示范工程和新产品、新技术、新设备的推广应用。

节能规划和计划

从 1981 年起，我国政府把节能作为一种资源，将节约能源纳入国民经济计划。从 1988 年起，节约能源计划改为资源节约和综合利用计划。通过编制节约能源计划，我国建立了工业产值能耗、主要产品单耗、措施节能能力等节能计划指标，初步形成了节能计划体系。在年度和五年节能计划中，通过制定节能量、产品单耗、农村能源增产和节约目标等指导性指标，向地区、部门和企业提出节能要求，如要求企业以提高产品的性能和质量、降低能源和原材料消耗为中心，进行技术改造；要求新建项目采用节能新工艺、新技术，合理利用能源。

2000 年国家经贸委组织编制《能源节约与资源综合利用“十五”规划》，《规划》提出的节能目标是：到 2005 年，每万元国内生产总值能耗降至 2.2 吨标准煤（按 1990 年不变价），累计节约和少用能源3.4亿吨标准煤，年均节能率为4.5%。节约和替代燃料油1600万吨、成品油500万吨位。主要耗能产品单位综合能耗有较大幅度降低，到2005年，大中型钢铁企业吨钢综合能耗下降到0.8吨标准煤以下；火电厂供电煤耗下降到380克标准煤/千瓦时；10种有色金属吨产品综合能耗下降到4.5吨标准煤；大型合成氨综合能耗下降到37吉焦；水泥、玻璃等主要产品平均能耗降低20%；各种车型汽车百公里油耗平均降低10%—15%。到2005年，建筑行业新建采暖居住建筑节能50%；新建公共建筑力争节能50%。同时，提出了实现上述目标的相应政策措施和建议。

2003年，国家发改委环资司组织开展节能中长期专项规划思路研究，研究内容涉及：节能面临的形势与任务；指导思想、原则及主要目标；发展重点；保障措施等。

节能专项资金

中国政府从1981年开始设立国家节能专项资金，用于节能基建项目和节能技改项目。国家节能专项资金出自国家基本建设投资，用于基本建设性质的节能项目，由中国节能投资公司统管，中国建设银行、中国工商银行、中国农业银行承办。20世纪80年代实行优惠利率，1991—1993年实行差别利率，1994年取消。

1981—1984年出自企业上缴国家30%的折旧基金，1985年开始使用国家信贷资金，用于节能技改、节材和综合利用项目（1991—1998年用于这三方面的比例分别为82.2%、5.3%和10.5%），1990年后主要用于节能示范项目。节能专项资金由国家经贸委统管，中国工商银行承办，由国家财政给予贴息优惠。1998年银行贷款规模取消后，由企业向当地银行申请，经批准上报原国家经贸委按政策给予一定贴息优惠。

国家节能专项资金安排的项目，地方政府和企业也投入大量资金。1981—1998年，节能投资累计达1363亿元，其中国家投资占27.2%；建成节能基建项目约2300个，主要为重大节能项目、节能示范项目等五类项目，形成4580万吨标准煤的年节能能力；通过一大批节能技改项目的实施，形成4462万吨标准煤的年节能能力；开发、推广了一大批节能新技术、新产品、新工艺。

近年以来，国家主要利用国债资金来支持节能重大项目和示范项目的实施。2003年，国债资金重点支持钢铁、有色、石油石化、化工、建材等高耗能行业节能技术改造，包括：以洁净煤、天然气等替代燃料油改造；干熄焦；高炉炉顶压差发电；水泥中低温余热利用；燃煤工业锅炉（窑炉）节能改造；能量系统优化节能改造。

节能技术进步

国家对节能技术进步实施政策指导，制定了主要耗能行业的节能技术政策大纲，指导和推动电力、钢铁、有色、建材、石化等主要耗能行业节能技术进步，如电力采用高参数、大容量机组，改造中低压机组，发展热电联产；冶金发展连铸、转炉煤气回收；化肥的蒸汽自给技术；各种炉窑的余热回收利用；推广循环流化床锅炉以及风机、水泵的调速节电等。

为促进通用机电产品的及时更新换代，国家公布能耗高的淘汰产品和推广的节能产品目录，并重点推广风机、水泵、变压器、电炉钢等重要节能领域的节能新产品。到1998年底，已公布了18批1068项节能机电产品目录和17批610项淘汰机电产品目录。

为制止低水平重复建设，加快结构调整步伐，促进生产工艺、装备和产品的升级换代，1999—2002年，原国家经贸委先后制定和发布了三批《淘汰落后生产能力、工艺和产品的目录》。《目录》第一批涉及10个行业共114个项目；第二批涉及钢铁、有色、轻工、纺织、石化、建材、机械、印刷业等8个行业共119项；第三批涉及消防、化工、冶金、黄金、建材、新闻出版、轻工、纺织、棉花加工、机械、电力、铁道、汽车、医药、卫生共15个行业120项个项目。

为加快企业技术进步，大力推进新型工业化，促进产业结构优化升级，根据企业技术改造工作的总体要求，从2001年起，原国家经贸委先后制定和发布了三批《国家重点技术改造“双高一优”导向计划》（“双高一优”即：高新技术产业化、高新技术和先进适用技术改造传统产业、优化重点产品和技术结构），以引导全社会的投资方向，着力解决重点行业发展中的突出问题。凡列入《导向计划》的项目均视同立项，企业可据此编制项目可行性研究报告。2003 年发布的《导向计划》内容涉及冶金节能节水、新型干法水泥及新型建材、电力节能等。

国家还制定和发布了《国家重点技术创新项目计划》、《国家级重点新产品试产计划》；公布重点节能科技成果目录，促进节能科技成果的转化和应用；编制、发布重点行业清洁生产技术导向目录，引导企业采用高效、清洁生产工艺和技术，积极防治工业污染等。

此外，国家对企业开发的节能产品给予税收方面的优惠，设立国家级的技术进步奖，对节能科研给予专门的资金投入和支持。新能源技术、重大能源技术的研究和开发已经纳入国家"星火"计划、"火炬"计划、"攀登"计划、"863"计划、"973"计划。

节能立法

中国立法机构从 1980 年开始酝酿节能立法。1991 年，全国人大法工委将《节约能源法》列入《全国人大常委会立法规划》。1995 年，《节约能源法》(草案)经国务院常务会议审议通过，报请全国人大常委会审议。1997 年 11 月，第八届全国人大常委会第二十八次会议通过了《中华人民共和国节约能源法》(详见第十九篇)，1998 年 1 月 1 日正式实施。《节约能源法》对节能管理、合理使用能源和鼓励节能技术进步等作了比较全面的原则性规定。该法的颁布实施，标志着中国节能管理正式纳入了法制轨道。

中国已颁布的与节能有关的国家法律还有：《煤炭法》(1996)；《电力法》(1996)；《矿产资源法》(1986，1996 修正)；《公路法》(1997，1999 修正)；《森林法》(1984)；《水法》(1988)；《水土保持法》(1991)；《土地管理法》(1986)；《大气污染防治法》(1987、1995、2000 修正)；《清洁生产促进法》(2002)；《水法》(2002)等。

1981 年以来，政府相关部门还制定、颁布和实施了一系列有关节能的管理办法、规定，推动和规范节能工作。现在仍在实施的、比较重要的节能法规有：1995 年财政部公布实施《关于调整节能改造风机、水泵折旧年限的通知》，《通知》规定企业进行节能改造的风机、水泵折旧年限从原来的 10 年调整为 3—5 年，鼓励企业进行风机、水泵改造。1995 年财政部、国家税务总局联合发布《关于对部分资源综合利用产品免征增值税的通知》。1996 年由原国家计委、原国家科委公布《节能技术政策大纲》，对各行业的节能技术政策作出了原则的规定，作为国务院有关部门、各省市制定实施细则和配套政策的依据。1997 年由原国家计委、原国家经贸委、建设部联合颁布《关于固定资产投资工程项目可行性研究报告"节能篇(章)"编制及评估的规定》，规定重大工程项目的可行性研究报告中必须有能源效率分析的章节，并由专业机构进行审查。1997 年由国务院发布《关于调整进口设备税收政策的通知》，规定从 1998 年 1 月 1 日起，国家鼓励和支持发展的外商和国内投资的节约能源和原材料、资源综合利用、防治环境污染等项目的进口设备，免征进口环节增值税。1999 年由原国家经贸委发布实施《关于清理整顿小炼油厂和规范原油成品油流通秩序的意见》、《关于关停小火电机组有关问题的意见》、《重点用能单位节能管理办法》。1999 年财政部、国家税务总局联合发布《技术改造国产设备投资抵免企业所得税暂行办法》，规定：凡在我国境内投资于符合国家产业政策的技术改造项目的企业，其项目所需国产设备投资的 40% 可从企业技术改造项目设备购置当年比前一年新增的企业所得税中抵免。2000 年原国家计委、原国家经贸委、建设部、国家环保总局共同颁布实施《关于发展热电联产的规定》，规定了热电联产的技术指标，凡符合指标的新建热电厂或扩建的热电厂的增容部分免交上网配套费，以鼓励热电的发展。2000 年原国家经贸委、水利部、建设部、科技部、国家环保总局和国家税务总局共同发布《关于加强工业节水工作的意见》。2000 年原国家经贸委、原国家计委联合发布《节约用电管理办法》。2000 年由原国家经贸委、国家税务总局联合发布《当前国家鼓励发展的环保产业设备(产品)目录》(第一批)。2000 年建设部发布《民用建筑节能管理规定》。2001 年财政部、国家税务总局联合发布《关于以三剩物和次小薪材为原料生产加工的综合利用产品增值税优惠政策的通知》。2001 年原国家经贸委、原国家计委联合发布《关于从严控制平板玻璃生产能力切实制止低水平重复建设的意见》。2002 年由原国家经贸委、原国家计委、国家环保总局、国家工商总局、国家质检总局联合发布《关于从严控制铁合金生产能力切实制止低水平重复建设的意见》。2002 年财政部、原国家经贸委联合发布《新型墙体材料专项基金征收和使用管理办法》。2003 年国家和发改委发布《关于加强用电管理的通知》。2003 年由建设部、国家税务总局等联合发布《关于城镇供热体制改革试点工作的指导意见》。

节能标准

20 世纪 80 年代以来，中国颁布和实施了一系列有关节能的设计规范和标准。截至 2003 年底，国家颁布实施十多个行业的 30 多项节能设计规范、120 多项节能标准，包括基础标准、管理标准、方法标准和 15 项产品能效标准（见表 10－5）。这些标准覆盖了几乎所有的节能和能源工作领域，初步建立了节能与综合性能源标准化体系的基本框架，为全面提高我国能源科学管理水平、促进企业节能降耗、提高经济效益和环保效益发挥了重要作用。

节能认证

1998 年，中国政府建立和实施节能产品认证制度。1999 年，中国节能产品认证管理委员会制定和实施了《中国节能产品认证管理办法》。2003 年是我国实施节能产品认证制度的第五年，认证产品已涉及家用电器、办公设备、电力、机械、照明器具、城市用水器具等领域的 28 大类。2003 年度获得国家节能产品认证的企业共 58 家，颁发节能产品认证证书 301 份，5 年来累计获证企业共 109 家，累计颁发节能产品认证证书 1077 份。

中国自 2002 年末启动彩色电视机待机能耗节能认证后，2003 年相继开展打印机、复印机、传真机、PC、DVD/VCD、显示器等办公设备和家庭视听产品待机能耗的节能认证工作，为推动政府节能采购和指导家庭绿色消费提供参考。

节能统计报表制度

20 世纪 80 年代，中国建立了重点工业、交通运输企业能源统计报表制度。重点工业企业必须定期向统计部门、节能管理机构和企业主管部门报送能源统计报表，由国家统计局汇总、处理和公布。除了国家统计局进行的能源消费调查外，冶金、建材、化工等主要耗能行业都建立了本行业的能源统计系统。20 世纪 80 年代和 90 年代初，

表 10－5

中国已颁布实施的产品能效标准

标　准　号	标　准　名　称	备　　注
GB 12021. 1—1989	家用和类似用途电器电耗（效率）限定值及测试方法	
GB 12021. 2—2003	家用电冰箱电耗限定值及节能评价值	第二次修订
GB 12021. 3—2000	房间空气调节器能效限定值及节能评价值	正进行第二次修订
GB 12021. 4—1989	家用电动洗衣机电耗限定值及测试方法	已完成第一次修订
GB 12021. 5—1989	电熨斗电耗限定值及测试方法	已列入修订计划
GB 12021. 6—1989	自动电饭锅效率、保温电耗限定值及测试方法	已列入修订计划
GB 12021. 7—1989	彩色及黑白电视广播接收机电耗限定值及测试方法	已完成第一次修订
GB 12021. 8—1989	收录音机效率限定值及测试方法	
GB 12021. 9—1989	电风扇电耗限定值及测试方法	
GB 17896—1999	管形荧光灯镇流器能效限定值及节能评价值	
GB 18613—2002	中小型三相异步电动机能效限定值及节能评价值	
GB 19043—2003	普通照明用双端荧光灯能效限定值及能效等级	
GB 19044—2003	普通照明用自镇流荧光灯能效限定值及能效等级	
GB 19153—2003	容积式空气压缩机能效限定值及节能评价值	
GB 19415—2003	单端荧光灯能效限定值及节能评价值	

这一能源统计系统的建立及其有效运作，对于全国各级政府部门和企业自身及时了解企业能源消耗情况和企业能源经济效益、剖析企业能耗升降原因和节能潜力、进行政府宏观节能决策和企业微观节能决策、促进企业不断降低能源消耗水平发挥了重要的基础性作用。1998 年国务院颁布的《节能法》规定：县级及县以上各级人民政府统计机构应当会同同级有关部门，做好能源消费和利用状况的统计工作，并定期发布公告，公告主要耗能产品的单位产品能耗等状况；用能单位应加强能源计量管理，健全能源消费统计和能源利用状况分析制度。《节能法》的施行，使节能统计有法可依。1999 年建立了重点用能单位的统计制度。

节能科研和服务机构

中国建立了多种类型的节能科研和服务机构，为政府、企业和社会提供节能决策咨询、技术和资金支持、信息传播、培训等多样化的服务。

1. 国家发展和改革委员会能源研究所

国家发展和改革委员会能源研究所成立于 1980 年，曾先后隶属于原国家能源委员会、原国家经济委员会，1988 年起合并到原国家计划委员会，现为国家发展和改革委员会直属事业单位。能源所是对中国能源问题进行宏观综合研究的国家级能源研究机构，通过对中国能源开发、利用、管理、能源环境等问题进行理论和实际的研究，为国家制定能源战略、政策、标准和计划提供科学依据和基础资料，同时也为企业和社会提供能源咨询服务。主办《中国能源》月刊，国内外公开发行。

2. 中国能源研究会

中国能源研究会成立于 1981 年，是中国能源工作者组成的学术团体、中国科协成员，它具有多学科、综合性的特点，是研究能源政策和技术的学术团体之一。中国能源研究会为中国能源领域的重大技术经济决策提供咨询服务；主办或承办国内或国际学术会议和展览会；在节能和能源管理方面为企业提供培训和技术服务。创办了《能源政策研究》和《世界能源导报》。

3. 中国节能协会

中国节能协会成立于 1991 年。该协会是国家能源管理部门和企业间联系的桥梁和纽带，其工作是协助政府部门开展调查研究，为制定能源政策提供依据；为企业节能技术产品的推广应用提供咨询；主办或承办国内或国际学术会议和展览会；为企业提供节能与能源管理方面的培训和技术服务。会刊是《节能信息报》。

4. 全国能源基础与管理标准化技术委员会

全国能源基础与管理标准化技术委员会成立于 1981 年，接受国家标准化管理委员会的直接领导，是从事全国节能和通用性、基础性、综合性能源标准化的技术工作组织，负责该领域内的标准化技术归口工作。其主要工作任务是：提出中国节能与能源基础和管理标准化的方针、政策和措施建议；编制本领域的标准体系表，提出制定、修订本领域标准的规划和年度计划建议；组织本领域国家标准的制定和审查工作，以及已有标准的复审、修订工作；负责组织本委员会所负责技术领域的有关国家标准的宣讲、解释和收集反馈意见，了解标准的实施情况与效果；受国家标准化管理委员会的委托，承担国际标准化组织相应机构的对口业务工作；开展节能和能源标准化宣传普及、经验交流、技术咨询和学术活动等。

5. 中国标准化研究院资源与环境标准化研究所

中国标准化研究院是 2003 年 4 月在原中国标准研究中心的基础上组建的国家级社会公益类科研单位，直属国家质检总局领导，是中国重要的标准化研究和开发基地。该院下设有 5 个研究所，其中资源与环境标准化研究所负责中国能源基础和管理、节约能源、可再生能源、环保产业、环境管理、节约用水、清洁生产以及资源综合利用等领域的标准化研究与国家标准制定、修订工作。

6. 中标认证中心

中标认证中心前身是中国节能产品认证中心，于 1998 年由国家质检总局批准成立。中标认证中心是国家级节能节水产品认证机构，同时还承担环保产品认证，开展节能、节水及环保领域相关基础研究工作。目前中标认证中心已启动了 150 余种产品的节能、节水和环保认证，涉及家电、照明、生活用水器具、家居等众多领域。中标认证中心与多家国际机构建立了合作关系。

7. 北京能源效率中心

北京能源效率中心成立于1993年，是由国家发改委能源研究所、美国贝特尔太平洋西北国家实验室、劳伦斯伯克利实验室、世界自然基金会共同发起，由国家发改委正式批准成立的机构，不以盈利为目的，对外保持独立的非政府节能促进组织的形象，行政管理上附属于国家发改委能源研究所。中心的宗旨是充分利用中美两国政府的有力支持，依托两国权威性的研究机构、研究成果和先进技术，介绍和协助引进国外先进的技术、设备、资金和能源管理经验，开拓国际合作渠道，交流信息，推进中国节能和环保工作，达到提高能源效率和保护人类赖以生存的环境的目的。

8. 节能技术服务机构

20世纪80年代初，中国借鉴日本节能中心的经验，各省、直辖市、自治区和有关行业陆续成立了节能技术服务中心；随后各地、市级节能技术服务中心也相继成立。全国共有100多个地方/行业节能技术服务中心，拥有数千人的节能技术服务队伍，为企业和社会提供节能信息、咨询和技术服务。节能技术服务中心在节能决策咨询、项目评估、公众宣传、教育培训、信息服务、国际交流等方面，发挥了重要作用。

9. 节能培训机构

1994年，利用日本政府提供的资金和技术援助，建成了大连中国教育中心，这是中国最现代化的大型节能培训中心，培训高级节能管理和技术人员。此后，全国各省市、各主要用能部门都建立了节能培训中心，北京、天津、上海、重庆、哈尔滨、南京、杭州和西安是区域性培训中心，对企业管理和技术人员进行节能培训。

节能国际合作与交流

能源效率和节能是中国开展国际交流与合作的一个活跃的重要领域，主要包括：引进国外先进的节能设备和技术；开展信息交流；聘请国外专家对国内一些企业进行节能诊断；利用世界银行、亚洲开发银行、全球环境基金、美国能源基金会等国际组织的资金和技术援助，推进节能技术开发和企业节能，加强节能能力建设，加速节能机制转换，开展节能政策研究；出国考察和人员培训等。目前已经开展了若干重大节能国际合作项目。

1. 中国节能促进项目

该项目于1998年底正式实施，其目标是利用世界银行、全球环境基金的资金支持，在中国引进、示范和推广“合同能源管理”这一在国际上有成熟应用的节能新机制，以期达到以下目的：克服节能的市场障碍，特别是节能投资障碍，促进各类节能项目的普遍实施，提高能源效率，减少二氧化碳及其他污染物排放，保护全球及地区环境；推广节能新机制，组建各种类型的节能服务公司，形成中国的节能产业；吸引各类投资者向节能项目进行商业性投资，促进节能产业发展。

该项目分两期实施。项目一期的主要内容是“节能服务公司示范”，即支持在山东、辽宁、北京成立三个示范性的节能服务公司(EMC)，通过它们以节能项目示范的形式，在中国展示利用合同能源管理机制来克服节能的市场障碍。

三个示范EMC自成立以来，按合同能源管理机制成功开展了节能项目的具体运作。截止到2003年9月，三个示范EMC共实施节能项目283个，涉及锅炉节能改造、电机调速节能、照明节电等多个项目类型，共投资近6亿元，可形成73.13万吨标准煤/年的节能能力和47.74万吨碳/年的二氧化碳减排能力；已累计节能156万吨标准煤，相应的二氧化碳减排量104万吨碳；按合同可分享节能效益8.2亿元。经过数年的业务实践，三个示范EMC的运营能力得到很大提高，单个项目的平均投资规模从初期的95万元提高到现今的300万元，并且在市场开拓、节能技术方案选择、风险防范等方面积累了比较丰富的经验。

在项目一期示范取得基本成功的基础上，项目二期于2003年6月启动实施，其目标是在全国推广合同能源管理机制，支持建立更多的、多种类型的EMC，进一步推进EMC的产业化发展。项目二期的主要内容是利用全球环境基金的赠款支持来建立节能项目贷款担保基金，以帮助新组建的EMC从商业银行获得实施节能项目的贷款。目前项目二期正在实施之中。

2. 中国绿色照明工程促进项目

该项目于2001年9月正式实施，其宗旨是利用全球环境基金的赠款支持，推动节约能源、保护环境和提高照明质量，以适应和服务于我国社会进步和现代化进程。项目的主要目标包括：消除高效照明产品推广的主要市场障碍；提高公众节能环保意识，使消费者更多地了解高效节能照明系统的益处；推进照明节电，到2010年实现照明节电10%的目标；通过推进绿色照明减少温室气体的排放；提高高效照明产品质量，扩大其市场份额；增加优质高效照明产品生产能力，扩大出口量，促进中国经济的进一步发展；制定新的目标和计划，促进绿色照明事业在我国的可持续发展。

项目的主要内容包括：制定标准，包括紧凑型荧光灯等6种主要照明电器产品的能效标准，以及建筑照明设计能效标准；以多种形式和渠道宣传绿色照明，提高公众对优质高效照明产品的认识和节能环保意识；试点示范，包括高效照明产品大宗采购、DSM照明节电试点等；跟踪评价，实行项目动态跟踪检查，及时总结经验，推动项目实施。

2003年，中国已经形成了比较完善的照明工业体系，产品产量保持稳定增长态势。2003年，中国电光源产量约80亿只，居世界第一位，其中荧光灯产量18.5亿只，占电光源总产量的23%，紧凑型荧光灯产量10.5亿只，占全球产量的70%以上，电光源产品结构逐步向节能型转变。

在中国绿色照明工程促进项目的大力推动下，中国高效照明产品市场需求明显增加，高效照明产品国内销售量大幅度增长，照明节电成效显著。紧凑型荧光灯国内销售量由2001年的2.13亿只增加到2003年的3.56亿只；T8直管荧光灯国内销售量由2001的1.41亿只增加到2003年的2.86亿只。高效照明产品的市场价格也有了较大幅度的下降。2003年，家庭用户高效照明产品使用普及率为72.8%，工矿企业高效照明产品使用普及率为73.7%，高效照明产品占全社会照明产品使用的比例达43%。据专家测算，2001—2003年，中国绿色照明工程促进项目已经取得了120亿千瓦时的节电成效。

3. 中国高效工业锅炉项目

该项目于1997年1月正式实施，其目标是利用世界银行、全球环境基金的资金支持，帮助国内工业锅炉制造厂引进国外先进技术，批量生产高效清洁的工业锅炉产品，达到减少二氧化碳、二氧化硫和粉尘排放的目的。项目分两阶段实施。第一阶段：引进国外先进技术、生产样机(示范机组)，并检验评估；第二阶段：购买生产设备，扩大生产能力，进行批量生产。

该项目分成两大部分：9个锅炉子项(包括9个锅炉主机项目和10个辅机项目)和9个技术援助项目。该项目下引进国外技术生产的九种工业锅炉，涵盖1—130吨/时的链条锅炉、流化床锅炉和循环流化床锅炉，分别引进法国、丹麦、南非和美国的先进技术，是中国工业锅炉市场具有代表性的九种产品。锅炉子项1—6项为改进型锅炉产品，这些产品是中国生产最多、使用最广的锅炉产品，占全国市场需求的60%以上，在引进国外技术，改进并形成具有高效和低排放的新一代产品之后，将更具有市场竞争优势。锅炉子项7—9项是引进技术为基础的新开发锅炉产品，以工业锅炉中大容量产品为主，前途广阔。

技术援助项目是围绕中国工业锅炉行业存在的问题而开展的科技开发项目，内容包括标准、司炉工培训，锅炉房设计规范、设计计算方法和程序的开发，以及有关项目的一系列测试和评估。到2002年6月底为止，6种改进型锅炉和3种引进型高效锅炉均完成了示范锅炉的设计制造任务，并全面进入市场。据不完全统计，截止到2003年底，9种高效锅炉已实现销售354台、10980蒸吨。从2002年10月的采暖季开始，上述354台锅炉陆续投入运行。这些锅炉的热效率按示范锅炉的实测值平均，比同类型老式锅炉提高10个百分点，按全年平均运行1500小时计算，每年将节煤31万吨，减排二氧化碳62万吨。

节能宣传周

根据国务院第六次节能办公会议精神，1991

年起国家计委、能源部、广播电影电视部、全国总工会、共青团中央、中国科协等联合举办“全国节能宣传周”活动。之后，随着机构改革，节能宣传周的主办部门不断有所调整，从1994年开始，由国家经贸委、国家计委、国家科委、广播电影电视部、中华全国总工会、共青团中央联合主办，时间为每年10月的第二周。1999年“国庆节”公共假期延长后，全国节能宣传周时间调整为每年11月的第二周。2003年11月，国家发改委、科技部、广电总局、全国总工会、共青团中央等五部门联合举办了“2003年全国节能宣传周”活动，宣传主题为：节能与全面建设小康社会。

第三章

重点节能领域

钢铁工业节能

改革开放以来，中国国民经济的高速增长带动了钢材消费的大幅度增长，钢铁工业进入了高速发展时期，对大中型钢铁企业进行了大规模的结构调整，如建设了上海宝钢、天津无缝钢管公司、珠江钢铁厂等现代化钢铁企业；对鞍钢、武钢、包钢、太钢、邯钢、抚顺钢厂等一批大型企业进行了技术改造，先后引进和开发了一批大型设备，建成了一批具有国际和国内先进水平的现代化生产线。1996 年中国钢产量开始超过 1 亿吨，长期困扰国民经济发展的钢产量不足的矛盾得到了基本解决，钢铁工业发展进入一个新的阶段。到 2003 年，中国钢产量达到 2.2 亿吨，1996 年以来中国钢产量已连续 8 年位居世界第一位。

1980—2003 年，中国钢产量由 3712 万吨增加到 22233.6 万吨，年均增长率为 8.1%。钢铁生产工艺流程长，需要消耗大量的能源，其耗能量占全国能源消费总量的比重在 10% 左右。1990 年以来，由于加大了节能工作的力度，吨钢综合能耗逐年下降，由 1990 年的 1.611 吨标准煤/吨下降到 2003 年的 1.08 吨标准煤/吨，年均下降率为 3.03%（见表 10－6）。

中国钢铁生产是以煤为主的能源消费结构，能源消费的比重是：炼焦煤与燃料煤之和占 68%—70%，电力占 25% 左右，油、气所占比重很小。按工序分，主体生产工序消耗能源占全部用能的 70% 左右，其中炼铁工序消耗的能源最多，占全部用能的 1/3 以上；轧钢工序消耗的能源占全部用能的 10% 左右；烧结工序消耗的能源占全部用能的 8%—9%；炼钢和炼焦工序消耗的能源各占行业全部用能的 7% 左右。（见表 10－7）

1. 钢铁节能的主要特点

（1）煤炭消费结构得到调整。1990 年以来，钢铁企业重点推广了高炉喷煤技术，增加喷煤量替代部分焦炭的消耗量，其优点是：节约宝贵的炼焦煤资源，使能源消费结构更加适合我国能源资源的特点；减少了炼焦过程的能源消耗。1990—2000 年，钢铁工业消耗炼焦煤占行业总能耗的比重由 50.43% 下降到 46.06%，燃料煤和喷吹煤消耗占行业总能耗的比重由 18.36% 上升到 24.95%。

（2）用电比重增加。随着国民经济快速发展对

表 10－6

1980—2003 年中国钢铁工业能源消费量及能耗情况

年 份	全国能源消费总量（万吨标准煤）	钢铁工业		钢产量（万吨）	吨钢综合能耗（吨标准煤/吨）
		能源消费量（万吨标准煤）	占全国耗能比重（%）		
1980	60275	7090	11.76	3712	2.04
1990	98703	9872	10.00	6635	1.61
1991	103783	10363	9.99	7100	1.60
1992	109170	10769	9.86	8094	1.57
1993	115993	11584	9.99	8954	1.55
1994	122737	12105	9.86	9261	1.52
1995	131176	12391	9.45	9536	1.44
1996	138948	12969	9.33	10124	1.39
1997	137798	12672	9.20	10891	1.34
1998	132214	12830	9.70	11459	1.29
1999	130119	12870	9.89	12395	1.24
2000	130297	12960	9.94	12850	1.18
2001	134915	17136	12.70	15163	1.13
2002	148222	19327	13.04	18225	1.06
2003	170943	24070	14.08	22234	1.08

注：1980—2000 年钢铁能源消费量为钢铁系统内统计数。

资料来源：国家统计局《中国能源统计年鉴》；中国钢铁工业协会《中国钢铁统计》。

表 10－7

1980—2000 年中国钢铁工业能源消费量及构成

年 份	钢铁工业能源消费总量（万吨标准煤）	能源消费结构（%）				
		炼焦煤	燃料煤	电 力	燃料油	天然气
1980	7090	54.60	16.70	18.60	8.30	1.80
1990	9872	50.43	18.36	23.72	6.49	1.00
1991	10363	51.40	18.23	23.36	6.08	1.00
1992	10769	50.48	17.90	24.66	6.13	0.83
1993	11584	49.52	17.95	25.74	5.95	0.84
1994	12105	50.08	18.28	25.33	5.53	0.78
1995	12391	49.09	18.94	25.70	5.66	0.61
1996	12969	51.09	18.63	25.30	4.48	0.50
1997	12672	51.24	18.13	26.22	3.96	0.45
1998	12830	49.73	20.41	25.90	3.53	0.43
1999	12870	47.95	21.95	26.86	2.79	0.45
2000	12960	46.06	24.95	25.96	2.44	0.59

资料来源：中国钢铁工业协会《中国钢铁统计》。

钢铁产品新的需求，电炉钢、铁合金、炭素产品等高耗电产品产量逐年增加，钢材产量和加工深度不断增加，同时增建了一批环保设施，这一切导致电力消耗增长较快，在能源结构中所占比重由 1980 年的 18.60% 提高到 2000 年的 25.96%。

（3）燃料油和天然气的消耗比重下降。随着企业节能的深入发展，企业充分利用工艺过程的副产煤气，使得燃料油和天然气在能源结构中所占比重逐年下降，由1980年的10.10%减少到2000年的3.03%。

2. 节能进展及成效

近十几年，中国钢铁工业由"规模扩张"逐渐进入以"结构调整"为中心，钢铁工业实行了"以关键技术、关键产品和关键措施为中心的结构调整"战略，重点进行了发展转炉炼钢，淘汰落后的平炉炼钢和增加市场急需钢材品种的产品结构调整；大力发展以钢水连铸、高炉喷煤和钢材连续轧制为代表的现代冶金技术，进行了工艺技术装备调整；进行了以提高钢铁生产集约化程度和集中度为目的的企业结构调整。钢铁工业的发展不仅满足了国民经济增长的需要，取得了巨大的社会效益和经济效益，同时也带来了显著的节能效益和环境效益。主要措施是：

（1）提高了生产集中度。根据国际钢铁工业的发展趋势，1993年中国钢铁工业开始进行企业组织结构的调整工作，在企业联合、兼并和资产重组方面已有一定的进展。通过联合、兼并和资产重组，推动了钢铁工业组织结构调整，使产业集中度明显提高。20世纪90年代初期，中国年钢产量超过500万吨的企业只有鞍山钢铁公司一家，年钢产量超过100万吨的企业也只有15家。随着企业资产重组、兼并的发展，新的大型生产装置的投产，企业生产规模在不断扩大，到2002年底，已有宝钢、鞍钢、首钢、武钢、本钢、马钢、唐钢、攀钢等八家企业的年钢产量超过500万吨（其中宝钢和鞍钢的年钢产量已超过1000万吨），八大钢厂年钢产量达到6692.70万吨，占全国钢产量的36.72%。2002年钢产量在200万—500万吨的企业（集团）有17家，钢产量在100万—200万吨的企业（集团）有24家。这些情况说明重点大中型钢铁企业正在向大型化、集约化方向发展，钢铁工业的产业集中度正在逐步提高。

（2）企业生产工艺日趋完善。中国钢铁企业有四种类型，即钢铁联合企业、独立普钢企业、特钢企业、以铁为主企业。钢铁联合企业具有炼铁—炼钢—轧钢等比较完善的生产工艺，其他类型的企业或侧重于炼钢、或侧重于炼铁，工艺结构均不完整。1990—2000年，以产铁为主的企业纷纷建设炼钢车间，增加了钢产量；以产钢为主的企业建设了炼铁高炉，一些企业已逐步发展成钢铁联合企业。

（3）工艺技术装备水平得到提高。1990年以来，对工艺装备进行了初步调整，使工艺装备水平有了很大提高。中国钢铁工业设备大型化趋势明显，已经拥有450平方米大型烧结机，6米高大容积焦炉，4350立方米大型高炉，300吨复合吹炼转炉，150吨超高功率电炉，大型热连续轧板机、冷连续轧板机，大口径连续式轧管机组等。随着企业规模的扩大，一些地方骨干钢铁企业也开始建设1000立方米以上高炉和80吨以上转炉，向设备大型化方向发展。在提高工艺装备水平基础上，采用先进的节能技术。在20世纪80年代试点的基础上，90年代钢铁工业不断采用先进技术来改造老企业，使老企业的工艺装备水平有了很大提高，这些先进节能技术包括：高炉煤气余压发电技术，干熄焦和焦炉煤调湿技术，高炉喷煤和长寿技术，铁水预处理技术，转炉复合吹炼和溅渣护炉技术，超高功率电炉技术，炉外精炼技术，高效连铸技术，钢坯热送热装技术，连轧技术等。连铸比从1990年的22.3%提高到2002年的91.15%，接近国际水平。淘汰了平炉炼钢、化铁炼钢等高耗能工艺。引进了煤基铁矿石直接还原技术、薄板坯连铸连轧技术（CSP生产线）、中薄板坯连铸技术等，建设了一批先进的关键品种轧机，如热连轧机、薄板坯连铸连轧机、冷连续轧板机。

（4）钢铁工业布局得到进一步改善。中国钢材消费的重心已明显转向市场发达的东南沿海地区，并且在较长的时间内仍将保持这一趋势。随着进口铁矿数量的增加，钢铁工业将向利用进口矿条件较好、钢铁市场容量较大的沿海地区发展。上海宝钢、天津无缝钢管厂、珠江钢铁厂等现代化钢铁企业的建设对于调整和改善钢铁工业布局、降低能源消耗起到了十分重要的示范作用。

建材工业节能

建材工业是重要的基础原材料工业生产部门。2003年，水泥产量达到8.62亿吨，占世界总产量的42%，中国水泥产量从1985年起已连续19年保持世界第一位；平板玻璃产量已达到2.77亿重箱，占世界总产量的40%左右，产量已连续15年位居世界第一位；建筑陶瓷产量约占世界总产量的45%，卫生陶瓷约占25%，自1993年以来已连续11年位居世界第一位。

建材工业是高耗能行业之一，2003年能源消费量达到26204万吨标准煤，占当年全国能源消费总量的15.33%，占工业能源消费总量的21.9%，居工业行业之榜首。1990年以来，建材工业实施了以先进工艺技术路线替代落后工艺为中心的结构调整战略，提高了技术装备水平，淘汰了部分落后生产能力。2003年与1990年相比，建材工业实现节能量9500万吨标准煤，其中由于结构调整和技术进步形成的节能量为8284万吨标准煤，占总节能量的87.2%；其余为管理形成的节能量，占12.8%。1990—2000年中国建材工业分行业能源消费量见表10－8。

1. 水泥

自1998年以来，政府加强了宏观调控的力度，加快了小企业的关停并转，实施了总量控制和结构调整战略，水泥行业的企业组织结构和规模结构有了较大程度的改善，在发展新型干法水泥、促进生产工艺结构调整方面取得了很大成绩，1998—2000年新增新型干法水泥生产能力1032万吨，2001年新增生产能力1723万吨，2002年新增生产能力2640万吨，2003—2004年新增生产能力1.3亿吨。1990—2003年，水泥行业的新型干法水泥的产量比重由4.6%上升到32.5%；其他效率较低的回转窑产量比重由24.6%下降到10%；同时，机立窑产量比重由70.4%下降到57.5%。1990—2003年，水泥综合能耗由1990年的196千克标准煤/吨下降到2003年的150千克标准煤/吨，下降率为23.5%。

2. 平板玻璃

20世纪90年代以来，平板玻璃行业在进行生产工艺结构调整的同时，积极采用先进的工艺技术对原有装备进行更新改造，大大提高了技术装备水平。尤其是具有自主知识产权的“洛阳浮法”工艺水平不断提高。1990—2003年，浮法工艺所占的比重由34.5%上升到90%以上，已经成为平板玻璃生产的主要工艺。由于结构调整和技术进步，平板玻璃综合能耗由1990年的34.8千克标准煤/重箱下降到2003年的22.0千克标准煤/重箱，下降率为36.8%。

表10－8

1990—2000年中国建材工业分行业能源消费量

单位：万吨标准煤

年　份	水　泥	平板玻璃	陶　瓷	墙体材料	石　灰	行业能源消费总量
1990	4071	313	287	5437	1495	11907
1991	4805	277	374	5399	1614	12786
1992	5757	293	541	6199	1868	15861
1993	6719	334	772	6494	1810	17938
1994	7809	367	1201	7757	1819	19667
1995	8728	482	1915	7705	2369	22459
1998	9122	500	1654	7851	2235	21941
1997	9321	528	2121	7250	1757	22486
1998	9514	530	2284	7057	1752	22290
1999	9626	524	2150	6903	1600	22303
2000	9672	533	1948	6971	1614	22830
2001	10577	587	2003	6954	1595	23604
2002	11527	633	1961	7020	1540	24653
2003	12930	726	2007	6960	1485	26204

资料来源：2000年以前数据来自建材工业协会；2000年以后数据为专家估计数。

3. 建筑、卫生陶瓷

近十几年来，中国先后从意大利、德国、日本、美国、英国、西班牙、澳大利亚等国引进了世界先进的工艺技术与装备，建筑、卫生陶瓷行业的技术与装备水平已发生了根本性的变化。全国约有600多家建筑陶瓷企业全线或主机引进国外设备，40多家卫生陶瓷企业引进了国外先进技术与装备。同时，中国自主研究开发的生产线也陆续在大中型企业中普遍推广使用。建筑卫生陶瓷行业通过结构调整和技术进步，建筑陶瓷综合能耗由1990年的12.75千克标准煤/平方米下降到2003年6.5千克标准煤/平方米，下降率为49.0%；卫生陶瓷综合能耗由1990年的19.1千克标准煤/件下降到2003年的11.2千克标准煤/件，下降率为41.4%。

4. 墙体材料

20世纪90年代初，中国砖厂88%采用轮窑烧砖，土窑产量约占7%，隧道窑为5%。到2003年，黏土砖生产仍然以轮窑为主，其产量比重占87.6%，隧道窑比重有所上升，占12.3%，土窑烧砖已基本被淘汰，仅在边远山区有少量生产。2003年全国墙体材料产量折标砖为8000亿块，其中黏土实心砖产量为4800亿块，占60%；各种新型墙体材料折标砖为3200亿块，新型墙体材料的比例上升到40%。墙体材料行业通过结构调整，综合能耗由1990年的1363千克标准煤/万块下降到2003年的870千克标准煤/万块，下降率为36.2%。

化学工业节能

化学工业是多行业、多产品的基础原材料工业，有12个大行业，其中化学肥料制造业和基本化学原料制造业是高耗能行业，2个行业的能源消费量占化学工业能源消费总量的70%以上。2个行业有5个高耗能产品，即氮肥（含合成氨）、烧碱、纯碱、电石和黄磷，5个产品的能源消费量占化学工业能源消费总量的65%左右。1990—2000年，合成氨产量由2129万吨增加到3822.7万吨，年均增长率4.60%；烧碱产量由335.2万吨增加到945.3万吨，年均增长率8.30%；纯碱产量由379.3万吨增加到1133.6万吨，年均增长率8.79%；电石产量由228万吨增加到530万吨，年均增长率6.70%；黄磷产量由16万吨增加到50.9万吨，年均增长率12.27%。2003年化学工业能源消费量为17847万吨标准煤，占当年全国能源消费总量的10.44%，占全国工业能源消费总量的14.92%；2003年耗电1758亿千瓦时，占全国用电量的9.24%，占工业用电量的12.65%。（见表10－9）

目前用作原料的能源占化学工业能源消费总量的40%左右。化学工业的能源消费结构是以煤、焦炭为主，占化学工业总能耗的50%以上；其次是电力，占30%以上；其余为各种油品、天然气。（见表10－10）

20世纪90年代以来，化学工业实施了以先进工艺技术路线替代落后工艺为中心的结构调整战略，主要以合成氨、烧碱、纯碱、电石、黄磷为中心，提高了技术装备水平，淘汰了部分落后的生产能力。

1. 合成氨

合成氨生产是分别以煤、焦炭、天然气、重油、轻油、渣油等为原料制氨的过程，不同的装备规模、原料路线、工艺技术水平、装备水平，其能效水平有很大差别。

引进合成氨装置。引进年产30万吨合成氨装置大多是20世纪70年代的技术装备水平，引进时的能耗水平为1298—1742千克标准煤/吨，经过以节能增产为目标的工艺系统技术改造，吨氨能耗（加权平均）由1990年的1375.9千克标准煤/吨下降到2003年的1346.1千克标准煤/吨，下降率为2.17%，吨氨节能29.8千克标准煤。尽管如此，引进合成氨装置的能源利用效率在56%左右，而国外能源利用效率在70%左右。

大中型合成氨装置。20世纪80年代以来，经采用20余项节能技术对合成氨装置进行改造，使吨氨能耗逐步降低，1990年大中型合成氨装置平均吨氨综合能耗为2176千克标准煤，2003年下降到1946千克标准煤，下降率为10.57%。大中型合成氨能源利用率为37.8%左右，生产技术相当于国际上20世纪70—80年代初的水平，个别工序稍好，但总体水平不高。

小型合成氨装置。小型合成氨企业是20世纪

表10-9

1990—2003年中国化学工业能源消费量及能源消费品种

年　份	总计（万吨标准煤）	原煤（万吨）	焦炭（万吨）	原油（万吨）	重油（万吨）	天然气（亿立方米）	电力（亿千瓦时）
1990	8956	5502	737	20	264	47.4	637.50
1991	9079	5548	728	49	229	47.6	647.00
1992	9675	5844	994	69	215	45.2	711.50
1993	10029	5529	725	159	396	58.1	713.50
1994	10473	5782	809	142	235	56.8	776.00
1995	12429	7600	972	218	310	59.1	991.40
1996	12368	7674	898	227	230	61.1	1032.20
1997	12542	7021	904	96	221	62.4	967.81
1998	13518	7148	759	232	224	68.0	1188.00
1999	13780	7280	774	236	208	73.3	1134.00
2000	14406	7611	809	230	278	79.0	1185.00
2001	13532	7415	1059	—	371	95.5	1291.50
2002	15151	7783	1169	—	383	102.0	1463.40
2003	17847	8848	1126	—	399	132.0	1758.00

资料来源：1990—2000来自化工节能协会；2000年以后来自国家统计局《中国能源统计年鉴》。

表10-10

1990—2000年中国化学工业各行业能源消费量及比重

行业＼指标＼年份	1990		1995		2000	
	消费量（万吨标准煤）	比重（%）	消费量（万吨标准煤）	比重（%）	消费量（万吨标准煤）	比重（%）
化学矿采选业	79	0.88	80	0.64	112	0.78
基本化学原料制造业	1499	16.74	2345	18.87	3480	24.16
化学肥料制造业	5197	58.0	6074	48.87	6720	46.65
其中：氮　肥	4807	53.67	5231	42.09	6221	43.18
其中：小氮肥	3216	35.90	2660	21.4	3132	21.74
磷　肥	387	4.32	481	3.87	400	2.78
钾　肥	3	0.04	14	0.11	41	0.29
化学农药	135	1.51	240	1.93	279	1.94
有机化学品	773	8.63	1527	12.28	1356	9.41
合成材料	185	2.07	251	2.02	470	3.26
专用化学品	196	2.19	354	2.85	436	3.03
橡胶制品	291	3.25	457	3.68	454	3.15
其　他	603	6.73	1101	8.86	1099	7.62
总　计	8956	100.00	12429	100.00	14406	100.00

资料来源：化工节能协会。

50年代后期由中国自行设计、自行建设的合成氨装置。由于小型合成氨装置落后，单台设备能力偏小，自动化程度低，气化技术落后，煤气化技术只能采用固定床层间歇气化，因此能源利用效率低。80—90年代，小型合成氨通过利用国内开发的40多项节能技术进行改造，使吨氨能耗大幅度下降。1981年吨氨能耗为2936千克标准煤，1990年吨氨能耗下降到2263千克标准煤，2003年吨氨能耗继续下降到1782千克标准煤，年均下降率为1.82%，吨氨节能481千克标准煤，能源利用效率达到39%。

2. 烧碱

中国烧碱生产主要以隔膜法、离子膜法为主要工艺。2000年生产烧碱668万吨，其中隔膜法占74.5%，离子膜法占24.8%，其余占0.7%的产量为苛化法工艺。烧碱生产节能降耗的主要措施是：淘汰占生产能力3%且造成汞危害的水银法烧碱；完善提高隔膜电解技术，发展金属阳极(DSA)隔膜电解槽，采用扩张阳极、改性隔膜技术，吨碱电耗降低了100千瓦时左右；大力发展先进的离子膜烧碱工艺，离子膜法烧碱生产能力约占烧碱总生产能力的30%，其产量占烧碱总产量的比重已达到24.8%。2003年离子膜法烧碱的综合能耗为1071千克标准煤/吨，接近国际水平；普遍推广三效顺流部分强制循环蒸发技术，平均吨碱汽耗可降低1.5—2.0吨，吨碱可节约能源250千克标准煤。

由于改进工艺技术路线和实施节能技术改造，2003年吨碱能耗(加权平均)已由1990年的1672千克标准煤/吨下降到1372千克标准煤/吨，下降率为17.9%，吨碱节能300千克标准煤。

3. 纯碱

中国纯碱生产为氨碱、联碱、天然碱加工三种工艺并存。2000年生产纯碱659.6万吨，其中联碱占38.6%，氨碱占59.1%，其余2.3%为天然碱产量。通过引进大型氨碱生产装置和技术，以及开发了一批新的技术和装备，并对老企业进行改造，大中型氨碱厂的技术装备水平基本达到了国际水平。2000年大中型氨碱法能耗平均为468.3千克标准煤/吨，即国内20世纪80年代初的先进水平，有的企业达到444千克标准煤/吨，即国际20世纪80年代初的先进水平。四大联碱厂平均为9080兆焦/吨(310.2千克标准煤/吨)，与国际20世纪80年代初先进水平相当，有的工厂已下降到8000兆焦/吨(273.3千克标准煤/吨)左右，与当前的国际先进水平相当。中国联碱法大型企业的产品单耗已接近世界先进水平。2003年纯碱吨碱能耗(加权平均)已由1990年的533千克标准煤/吨下降到401.6千克标准煤/吨，下降率为24.7%，吨碱节能131千克标准煤。

电力工业节能

改革开放以来，中国投入巨额资金推动“以大代小”和“以煤代油”工作，对火电厂燃烧系统、控制系统等进行了大量适应现代化要求的改造，提高了机组技术水平，为降低供电煤耗，节约发电用燃油，作出了巨大贡献，火电生产效率得到明显改善。全国火电机组平均发电煤耗从1980年的413克标准煤/千瓦时下降到2003年的355克标准煤/千瓦时，降幅14.04%；平均供电煤耗从448克标准煤/千瓦时下降到380克标准煤/千瓦时，降幅15.18%。同时，发电厂用电率也由1980年的6.44%下降到2003年的6.07%，其中火力发电厂用电率由7.65%下降到6.93%。2002年与1980年相比，火电降耗节能量达8789万吨标准煤。

1. 电力工业节能情况

衡量电力行业能源效率和经济运行水平的重要指标是发电的供电煤耗和输电线损率。1980年到2003年，供电标准煤耗由448克/千瓦时下降到380克/千瓦时；发电厂用电率由6.4%下降到6.1%；线损率由8.9%下降到7.6%，与1980年指标相比，2003年电力行业相当于年节约标准煤1.2亿吨。

单位发电耗水量是发电生产水资源利用水平的重要指标。2003年，火力发电单位发电量耗水量3.4千克/千瓦时，平均装机耗水率0.91秒立方米每百万千瓦，比20世纪80年代大机组平均耗水指标1.42—1.56秒立方米每百万千瓦下降1/3，火电年降低耗水13.2亿立方米，工业用水重复利用率达到69%。

一次能源转换为电能的比重和电能占终端能源消费量的比重，是衡量能源使用效率和环境保护程度乃至整个经济效率的重要标志。2003年，中国电力消耗能源占一次能源的比重为43.80%，比1980年提高了23.20个百分点；2002年，电力能源在终端能源消耗的比重为12.89%，比1980年提高了6.05个百分点。

按照2003年排放绩效指标分析，电力工业节能同时带来年减少排放烟尘61万吨、二氧化硫215万吨、氮氧化物129万吨、二氧化碳2.4亿吨的效果，起到了资源节约与保护环境的双重作用。

电力设备的运行可靠性持续改善。从1988年至2003年的16年间，中国20万千瓦容量等级火电机组的等效可用系数从75.99%提高到90.79%，提高14.8个百分点，相当于增加28台20万千瓦机组；30万千瓦容量等级火电机组的等效可用系数从77.99%提高到90.42%，提高12.4个百分点，相当于增加了25台30万千瓦机组。共计相当于节约投资超过500亿元，每年多发电700亿千瓦时。1980—2003年电力工业主要技术经济指标见表10-11。

2. 电力工业能效主要问题

与世界主要工业国家相比，目前中国电力工业能源节约仍有较大潜力。其中，供电煤耗与世界先进水平仍然相差约60克/千瓦时，一年发电多耗标准煤约1.1亿吨。30万千瓦容量等级国产机组的供电煤耗比进口亚临界机组高4—12克/千瓦时，比进口超临界压力机组高15—20克/千瓦时；60万千瓦容量等级国产机组的供电煤耗比进口亚临界机组高20—23克/千瓦时，比进口超临界机组高28—39克/千瓦时。输电线损率比国际先进电力公司高2.0—2.5个百分点，相当于一年多损耗电量350亿千瓦时，大体相当于中国中部地区一个省一年的用电量。火电厂平均装机耗水率比国际先进水平高40%—50%，相当于一年多耗水15亿立方米。

表10-11

1980—2003年中国电力工业主要技术经济指标

指标 \ 年份	1980	1990	1995	1998	2000	2001	2002	2003
装机容量（万千瓦）	6587.00	13789.00	21512.00	27494.85	31932.09	33848.69	35657.09	39140.78
其中：火电（万千瓦）	4555.00	10184.00	16294.00	20988.35	23754.02	25313.70	26554.67	28977.09
发电量（亿千瓦时）	3006.00	6213.00	10069.00	11576.97	13684.82	14838.56	16541.64	19052.08
其中：火电（亿千瓦时）	2424.00	4950.00	8073.00	9388.12	11079.36	12044.78	13522.04	15789.66
发电煤耗（克标准煤/千瓦时）	413	392	379	373	363	357	356	355
供电煤耗（克标准煤/千瓦时）	448	427	412	404	392	385	383	380
厂用电率(%)	6.44	6.90	6.78	6.66	6.28	6.24	6.15	6.07
其中：火电(%)	7.65	8.22	7.95	7.71	7.31	7.25	7.10	6.93
线损率(%)	8.93	8.06	8.77	8.13	7.81	7.55	7.52	7.71
平均单机容量（万千瓦）	—	—	—	5.40	5.40	5.50	5.34	5.51
火电发电厂能源转换总效率(%)	—	37.30	38.13	38.84	39.43	40.55	40.36	39.55

资料来源：《中国电力工业年鉴》(1991—2004)。

发电能源结构不合理。按发电量计算，2003年中国燃煤发电量约占总发电量的83%。水力发电等可再生能源比重较低，而且近年来比重不断下降，2003年为14.77%，比1983年的24.57%降低9.8个百分点。供热机组的容量比例与世界先进水平相比仍然较低，比重远低于供热系统先进国家。大机组的比重过小。2003年中国6000千瓦及以上的火电机组4959台，总容量为2.78亿千瓦，平均机组容量为5.62万千瓦，30万千瓦及以上机组占总容量的43.1%。发电设备技术参数相对落后，超临界机组只占火电总装机容量的2.2%，而美国、日本、俄罗斯已占50%以上。中国火电机组中，亚临界及以上参数机组占43%，高压、超高压参数机组占42%，中、低压参数机组占15%。燃气—蒸汽联合循环机组的比例过低，仅占火电总装机容量的2.3%，整体煤气化联合循环(IGCC)、增压循环流化床(PFBC)、大型循环流化床(CFBC)等洁净煤技术仍在发展过程中，新能源、可再生能源发电技术及设备水平尚需提高。

电网的网架结构仍然薄弱。超高压输电线路比重偏低，变电站的站点布局不足，电压等级不合理，高损耗变压器在部分地区仍占有相当大的比例，部分电网的无功补偿设备的容量不足，导致电网的电压质量下降，功率因数降低使供电能力受限，线路损耗加大。

电力需求侧管理仍有巨大潜力。当前为应对电力紧缺局面，侧重于对用电需求进行削峰填谷，而电能利用率、终端用电效率尚待提高。

3. 火电节能

改革开放以来，电力工业迅速发展，发电装机容量以每年8%左右的速度增长。到2003年底，全国全口径装机容量达到3.9亿千瓦，其中火电装机2.9亿千瓦，占74.0%；全国火电发电量为1.58亿千瓦时，占总发电量的82.88%。2003年，全国电力消耗能源占一次能源的比重为43.8%，比1980年提高了25个百分点。

火电机组节能成效突出。通过发展大机组，新建机组以30万千瓦、60万千瓦机组为主，严格限制小火电机组的建设，加大关停小火电机组力度；对20万千瓦机组进行以节能、降低能耗为主要内容的技术改造，用高参数大容量机组更新高耗能、高污染的中低压参数老机组(简称“以大代小”)等措施，在降低能耗方面取得了显著的成效。

20多年来，我国投入巨额资金推动“以大代小”和“以煤代油”工作，对火电厂燃烧系统、控制系统等进行了大量适应现代化要求的改造，提高了机组技术水平，为降低供电煤耗、节约发电用燃油做出了巨大贡献。对变压器进行以降损为目的的更新改造，积极推广采用低损耗变压器，高耗能变压器在全国特别是经济发达的省份和地区已经基本被淘汰，而代之以低损耗变压器，取得了巨大的节能降损效果。主要措施包括：

发展大容量火电机组。随着火电技术装备制造水平逐步提高，国家采取新建机组以30万—60万千瓦机组为主的方针，并要求新建30万—60万千瓦机组供电煤耗不得超过330克标准煤/千瓦时，禁止在大电网内再建中小容量的凝汽式机组并开始采用超临界压力机组。高参数、大容量机组的建设和投产，是近年来火电厂能效提高的主要原因。

火电机组节能技术改造。10万千瓦以上的国产机组，设计供电煤耗比国外同类机组高10%，实际运行又未达到设计水平。近十几年来，对占装机容量约20%的20万千瓦火电机组进行了改造，取得了一定的节能效果。

淘汰现有小机组。中低压机组平均煤耗为600克标准煤/千瓦时，有的甚至达到1000克标准煤/千瓦时。20世纪90年代初，随着缺电状况的好转，开始淘汰中小火电机组，实行以大机组替代小机组或把小机组改为供热机组。“八五”期间，完成“以大代小”5.5吉瓦，“九五”计划完成“以大代小”7.6吉瓦。1998年，国家电力公司宣布将在近期内退役并拆除其所属的1000多万千瓦中小型和超期服役火电机组。

发展热电联产。到2003年底，全国单机6000千瓦以上的热电机组装机容量达到4369.18万千瓦，热电机组总台数为2121台，热电装机容量占全国火力发电机组总容量(单机6000千瓦以上)为15.69%。据有关部门统计，到2001年底，全国集中供热面积为14.6亿平方米，热电联产在城市集中供热中的年供热量达到12.9亿吉焦，占城市集中供热总量的63%。近年来城市民用建筑集中供热面积增长较快，并向采暖过渡区发展。

4. 电网节能

从1998年开始，国家把城乡电网建设和改造作为加强电力基础设施建设的重要内容，国家先后下达了8批城市电网和农村电网建设与改造工程项目计划，当年共开工86个地市级以上城市的电网建设与改造工程，计划用3年左右的时间分别投入1800亿元和1200亿元，建设和改造全国2400多个县农村电网和全国280多个地级以上城市电网。建设改造的重点是城市中心220千伏终端变电所和110千伏及以下配电网，以及居民一户一表改造工程。3年建设改造的目标之一是降低线损，线损率在1997年的基础上总体降低10%左右。当年实际完成城乡网建设与改造投资227亿元，其中城网项目完成投资117亿元，农网项目完成投资109亿元。已完成改造的乡村，低压(10千伏及以下)电网线损率普遍由原来的25%以上降至11%—12%，农村电价降低了0.1元左右。1999年，城乡电网建设与改造进一步取得进展，32个城市的城网建设和改造初见成效，10—15个城网改造全面高标准完成，全国60%以上的县对农网进行了改造，农网改造后低压线损率平均下降幅度较大，当年农电价格平均每千瓦时降低了0.06元。

目前，电力部门正致力于发展远距离、超高压、跨大区输电。随着三峡工程的建设，以三峡为中心的全国联网工程启动。为配合大型水电站和火电基地的建设，电力部门大力推进“西电东送”和“北电南送”，发展以送电为主的“送电型”联网和以联网效益为主的“效益型”联网，并把“送电型”联网与“效益型”联网有机地结合起来，把全国联网与加强各地区电网自身网架的建设结合起来，最后形成全国联网。这将对电网节能降耗起到重要作用。全国六大跨省电网和5个省网所拥有的发电设备占全国发电设备总容量的96%以上。到2003年末，全国建成35千伏及以上输电线路87.95万千米，建成35千伏以上变电设备容量13.88亿千伏安。

5. 节电先进技术与设备

(1) 超临界机组。常规高压和亚临界机组的供电效率在35%左右，超临界机组(24.2—28兆帕，540℃—593℃)的供电效率可达到40%以上，至今已投运的超临界机组，美国有169台、俄罗斯有224台、日本有94台、中国有12台(608万千瓦)，在材料、设计、制造和商业应用上已经成熟，可用率与亚临界机组相当。超临界机组(29—30兆帕，600℃以上)的供电效率可达到45%以上，目前发展势头较快，技术、材料等均已成熟，在日本、丹麦、德国已有多台机组投产。

(2) 燃气蒸汽联合循环(GTCC)。中国应用联合循环发电技术已有十几年的经验，但机组容量小、数量有限，应鼓励建设E级、F级的燃气蒸汽联合循环机组。“西气东输”工程的实现，为大容量联合循环机组的发展奠定了基础，能缓解重点地区的调峰和环保压力。燃料价格是GTCC电厂电价的决定因素，燃机国产化是控制GTCC电厂造价的主要因素，峰谷电价形成是提高GTCC电厂竞争力的关键因素。

(3) 热电联产技术。热电联产可以有效节约能源，从统计数据看，供热运行时，发电标准煤耗可以降到162—231克/千瓦时，供热标准煤耗在40—47千克/吉焦之间，低于分散安装的小锅炉55—62千克/吉焦，有显著的节能效果。同时，热、电、冷联产取代了布置分散、容量小、效率低、煤耗高、环境问题突出的供热小锅炉，城市环保效益显著。热、电、冷联产还可以同时提供电力供应、提高供热质量、减少城市建设用地等。中国大部分地区需采暖4个月以上，另需3个月的空调时间，若采用热制冷空调，则每年需热电联产的时间7—8个月，有条件进一步提高供热机组的比重，提高全年运行效率。2003年中国已建成6000千瓦及以上热电联产机组4209.21万千瓦，占中国火电装机容量的14.5%。

(4) 现有电厂节能改造技术。采用和改进监控和优化运行、状态检修技术，推广机、电、炉一体化控制技术和厂级自动化系统对10万—30万千瓦汽轮机组高、中、低压缸通流部分等进行改造，提高效率。大力推广新型节能、节油技术，如低负荷稳燃技术、转动机械电机变频改造、等离子无油点火、小油枪点火等，提高电厂的生产自动化水平和管理现代化水平。

(5) 火电节水技术。火力发电厂节水治污重点技术方向主要有：循环冷却水浓缩倍率达到4.5以上的处理技术及相关防腐技术，废水处理回用技术和城市生活污水再生水再利用的深度处理技术，更高浓度的水除灰技术、灰渣的干除(干输、干储)和综合利用技术，海水及苦咸水淡化技术，大型高效空冷技术、废水“零排放”技术、节水型发电系统和新型发电技术等。

（6）新能源和可再生能源开发利用技术。新能源和可再生能源的重点是推进兆瓦级等大容量风力发电机组的设计、制造与应用，为中国推广和应用风力发电技术提供技术支持。发展太阳能光伏发电技术，开展具有实用价值的大容量太阳能发电技术与设备的研究开发；开发完善回灌与热储、设备防腐等技术难题，发展高温地热发电技术。

（7）大容量、远距离、超高压交直流输电技术。应用大容量、远距离、超高压交直流输电技术的重点是应用正负500千伏及以上直流和750千伏交流输电技术；区域电网之间联网要确定合理的同步电网规模，根据需要建设背靠背直流联网工程；要积极推广成熟的紧凑型输电技术、电力电子技术、可控串联补偿技术、灵活输电技术等，采用先进的保护设备、安全自动装置及通讯信息技术；积极研究特高压及超导、纳米等技术在电力系统中的应用。

（8）简化电压等级技术。减少重复变电容量（一般每减少一个变电层次，可减少有功损失1%—2%和无功损失10%—15%左右）。高压变电所进入城市或工业中心，逐步把220千伏（或110千伏）电压直接引入负荷中心，代替原有的中间配电网，以提高供电能力，保证电压质量，增加供电可靠性，降低线损。采用低损耗变压器。采用大截面的导线，在有条件的地区推广使用铜芯导线。

（9）电网及其设备的经济运行技术。主要是无功功率的合理分布、合理确定环网的运行方式、合理调整网络的运行电压，针对不同的负荷水平和不同的气象条件优化计算出合理的运行电压、调整负荷曲线平衡三相负荷、变压器的经济运行等。通过无功功率补偿，提高负荷的功率因数，减少发电机送出的无功功率和通过线路和变压器的无功功率。

（10）需求侧节电技术。通过采用先进的节能技术和高效设备，实现终端用电效率的提高。(1)照明：采用高效节能灯、用高效电感镇流器和电子镇流器替代普通电感镇流器、用高效反射灯罩替代普通反射灯罩等高效节电灯具，以及采用节能型开关等；(2)电动机：选用高导电、高导磁性能的电动机代替普通电动机，降低电动机空载率，提高运行的平均负载率，应用各种调速技术实现电动机节电运行等；(3)制冷空调：应用溴化锂吸收式制冷减少用电，应用智能控制高效空调器节约用电，利用热泵替代电阻加热的取暖空调节约用电；(4)建筑：采用绝热性能高的墙体材料和门窗结构，充分利用自然光和热等；(5)办公设备及家用电器在设计上采用低待机能耗技术等。

建筑节能

建筑能耗主要指在公共建筑和住宅中使用过程中的能耗，主要包括建筑采暖、空调、热水供应、炊事、照明、家用电器、电梯、通风等方面的能耗，其中，以采暖和空调能耗为主，一般占建筑总能耗的50%—70%。在发达国家中，建筑能耗一般占全国总能耗的30%—40%。

1. 建筑能耗的新特点

尽管近年来中国的总人口呈现低速缓慢增长的态势，但是城市化进程发展非常迅速。1995年中国的城市化水平仅为29.04%，2000年增长到36.22%，2003年进一步增长到40.53%。城市化进程的快速发展意味着越来越多的人口从农村转移到城市，并对住房质量及室内舒适性环境提出越来越高的要求。

（1）建筑面积快速增长。1990—2002年，中国每年施工和竣工的建筑面积年均增长速度高达15.5%，近几年每年新建的建筑面积接近20亿平方米。在这些新建建筑中，55%—60%为住宅，公共建筑比重约为30%。至2002年底，全国既有房屋建筑面积，城市已达131.8亿平方米（其中住宅约70亿平方米），农村为256.2亿平方米（其中住宅约占80%）。从人均建筑面积角度看，1990年，全国城镇人均住宅建筑面积为13.7平方米，到2003年快速增长到23.7平方米；1990年，农村人均住房面积为17.8平方米，到2003年快速增长到27.2平方米。

尽管如此，和发达国家相比，中国人均住房面积水平还很低，民用建筑面积增长空间很大。此外，中国的公共建筑的比重仅为20%左右，远低于发达国家30%—40%的水平。随着产业结构调整及第三产业的迅速发展，公共建筑将会以比民用建筑更快的速度增长。

（2）建筑面积的迅速增加及采暖、空调、家用电器的普遍使用，导致建筑能耗持续上升。1995年，中国的建筑物能耗约2.23亿吨标准煤，占全国总能耗的17%；到2002年，建筑能耗增加到2.68亿吨标准煤，占全国能源消费总量的18.1%（见表10－12）。这些数据中尚未考虑在工业行业非生产用能中的公共建筑和住宅能耗，如果进一步考虑居民生活用煤的统计数据与实际情况的误差，当前建筑能耗占全国能源消费总量的比重约为22%—25%左右（估算结果，仅包括商品能源）。同时，作为建筑能耗主要构成部分的采暖和空调能耗属于季节性能源消费，是导致能源供需不平衡的主要原因之一。北方地区的采暖能耗超过了当地社会总能耗的40%。而近年来形成电力尖峰负荷的空调设备每年的新增装机容量接近甚至超过了同期新建电厂的装机容量，是造成过去几年电力紧张、拉闸限电的主要原因之一。此外，冬季采暖已经成为北方城镇大气环境的主要污染源。

生活用能一方面在数量上不断增长，另一方面优质能源的比重越来越高（见表10－13、表10－14）。其中，生活用电量从1995年的1006亿千瓦时增长到2003年的2238亿千瓦时；天然气从1995年的19亿立方米快速增长到2003年的57亿立方米；热力从1995年的12637万百万千焦增长到2003年的3.37亿百万千焦。与此同时，生活用煤比重逐步降低，1995年的生活用煤为1.35亿吨，到2003年下降到8175万吨。相应地，作为反映居民生活水平的重要指标——人均生活用电量在近年来也得到迅速增加，由1995年的83.5千瓦时增长到2003年的173.7千瓦时。

表10－12

中国建筑物能耗及其比重

单位：万吨标准煤

指标＼年份	1995	1999	2000	2001	2002
批发和零售贸易餐饮业	2017.8	2811.8	2893.2	3164.5	3464.0
其他行业	4519.0	5501.9	5722.0	6034.3	6333.3
生活消费	15744.8	14552.2	14911.8	15426.6	17031.8
建筑物能耗	22281.6	22865.8	23527.0	24625.4	26829.0
全国能源消费总量	131175.4	130119.1	130296.9	134914.8	148222.0
建筑物能耗比重（%）	17.0	17.6	18.1	18.3	18.1

注：表中数据基于国家统计局《中国能源统计年鉴》。其中，建筑能耗中未考虑在工业行业非生产用能中的公共建筑和住宅的能耗。

表10－13

中国分品种生活用能年消费总量

指标＼年份	1990	1995	1999	2000	2001	2002	2003
合计（万吨标准煤）	15799	15745	14552	14912	15427	17032	19268
煤炭（万吨）	16700	13530	8408	7907	7830	7603	8175
煤油（万吨）	105	64	71	72	75	61	56
液化石油气（万吨）	159	534	878	988	1006	1169	1293
天然气（亿立方米）	19	19	26	32	44	51	57
煤气（亿立方米）	29	57	81	89	83	90	92
热力（万百万千焦）	8972	12637	20127	23234	23369	26613	33666
电力（亿千瓦时）	481	1006	1481	1672	1839	2001	2238

资料来源：国家统计局《中国能源统计年鉴》。

表 10－14

中国人均生活用能源

年　份	人均生活用能（千克标准煤）	煤　炭（千克）	电　力（千瓦时）	煤　油（千克）	液化石油气（千克）	天然气（立方米）	煤　气（立方米）
1990	139.2	147.1	42.4	0.9	1.4	1.6	2.5
1995	130.8	112.3	83.5	0.5	4.4	1.6	4.7
1996	145.5	118.3	93.1	0.5	5.8	1.6	3.9
1997	133.1	99.5	101.8	0.5	6.0	1.7	4.9
1998	115.9	71.5	106.6	0.5	6.2	1.9	6.0
1999	116.1	66.6	117.3	0.6	7.0	2.0	6.5
2000	118.3	62.6	132.4	0.6	7.8	2.5	7.0
2001	121.3	61.6	144.6	0.6	7.9	3.5	9.4
2002	133.0	59.4	156.3	0.4	9.1	4.0	9.8
2003	149.5	63.4	173.7	0.4	10.0	4.4	10.2

资料来源：国家统计局《中国能源统计年鉴》。

2. 建筑节能政策措施及成效

随着建筑能耗的日益增长及相应的能源环境问题越来越突出，建筑节能工作也越来越受到政府部门、科研部门及广大社会公众的关注。从1986年至今，国家主管部门出台了《民用建筑节能设计标准(采暖居住建筑部分)》(JGJ 26—86)，即节能30%的标准；修订颁发了新的《民用建筑节能设计标准(采暖居住建筑部分)(JGJ 26—95)，即节能50%的标准；颁发了《夏热冬冷地区居住建筑节能设计标准》(JGJ 134—2001)、《既有采暖居住建筑节能改造技术规程》(JGJ 129—2000)、《采暖居住建筑节能检验标准》(JGJ 132—2001)、《旅游旅馆建筑热工与空气调节节能设计标准》(GB 50189—93)、《民用建筑照明设计标准》(GBJ 133—90)、《民用建筑热工设计规范》(GB 50176—93)、《夏热冬暖地区居住建筑节能设计标准》等一系列与建筑节能设计有关的标准与规范。

近年来，国家发改委、建设部等出台了一系列的建筑节能政策，组织编制了中国《建筑节能“九五”计划和2010年规划》，明确了在中国开展建筑节能工作的总体目标、任务和实施策略。同时，针对家用电器的快速发展趋势，开始制定和实施冰箱、照明、空调等家用电器的节能标准，并且家用电器能效性能的标识制度也已经进入了公示阶段。上述节能政策的实施，已经取得了一定的进展和成效。主要表现在：

建筑节能工作领域和范围进一步扩展。范围已从包括东北、华北、西北地区的“寒冷、严寒地区”扩展到包括西南、华中、华东和华南地区的“夏热冬冷地区”。国家发改委、建设部等八部委联合发布了《关于城镇供热体制改革试点工作的指导意见》，在北方城市开展了建筑供热计量收费体制改革的试点；开展了公共建筑节能的工程试点和既有住宅的节能改造试点。此外，对建筑围护结构及采暖、空调、照明和家用电器等建筑耗能系统和设备的节能工作得到全面的开展。

建筑节能标准化工作得到加强。除已颁布实施的严寒与寒冷地区、夏热冬冷地区、夏热冬暖地区建筑节能设计标准外，还颁布实施了《既有采暖居住建筑节能改造技术规程》、《采暖居住建筑节能检验标准》，批准了《薄抹灰膨胀聚苯板外墙外保温系统》、《外墙外保温工程技术规程》等一大批工程和建筑产品标准，为下一阶段建筑节能工作的深入发展创造了条件。

建筑节能技术研究与开发取得明显进展。外墙外保温技术开发水平、应用规模和数量都取得了令世界瞩目的成绩；节能门窗的种类得到发展，水平大幅度提高；Low－e(低辐射)玻璃技术及玻璃封装技术已经接近世界水平；建筑围护结构优化集成节能技术得到发展；供热采暖温度控制与计量技术取得明显进展；独立除湿空调系统的关键性技术已经得到突破性进展；提高空气源热泵在冬季低温工况下运行效率的关键技术取得明显进展，水源及地源热泵技术的应用逐步增加；热网系统及楼宇中央空调系统的节能优化控制技术得到越来越广泛的应用；变频空调、节能灯、节能冰箱等大部分节能型家电的关键技术取得显著进展；太阳能与建筑结合应用技术取得了阶段性突破；配合绿色奥运的绿色建筑评估体系已初步完成；建筑热电冷联产（BCHP）技术取得进展。

建筑节能产业化取得长足进步，节能产品普及率越来越高。到2002年，绝热材料生产年折合量约1500万立方米，新型墙体材料年产量达2100亿标准砖，塑料门窗产品年产能力达149万吨，从事外墙外保温技术开发与生产的专业企业有30多家，生产热量表的专业企业有10多家，太阳能热水器年产量达600多万平方米。已建成亚洲第一条最大的在线镀膜生产线，并生产出世界先进水平的Low-e玻璃产品。已建成世界上第二条真空玻璃生产线，开始批量生产。初步形成了门类齐全、综合配套、先进适用的建筑节能产品体系。同时，以建筑节能及建筑能源系统节能改造为关键业务领域之一的节能服务公司（EMC）已经形成产业化，并成立了节能服务产业协会（EMCA），为实施更多的建筑节能改造项目奠定了良好基础。此外，节能型家用电器的普及率及国内生产能力不断提高。例如，随着“中国绿色照明工程”的开展，中国已经成为世界照明电器的生产大国，年产量居世界第一位。截止2002年，全行业电光源产量达到72亿只（不含12伏以下白炽灯），其中高效节能的荧光灯产品产量为14.5亿只；紧凑型荧光灯产量达到8.35亿只，占全球产量的70%以上。荧光灯与普通白炽灯的生产比例由1997年的1∶5上升到2002年的1∶2.5。中国已经成为节能灯的出口大国。

可再生能源在建筑节能领域的利用得到了快速发展。近年来，建成的节能建筑逐年增加，太阳能和新能源在建筑上的应用工作进展迅速。至2003年，建成的建筑节能示范工程已超过百万平方米，全国累计建成节能建筑面积约2.8亿平方米，建成太阳房1600多万平方米，太阳能热水集热器拥有量超过3000万平方米，太阳能一体化建筑、超低能耗建筑、绿色建筑等理念开始进入初步应用阶段，地热能源也开始得到推广应用。

交通节能

20世纪90年代以来，中国交通运输业进入了快速增长期。依照国家统计局公布的数据，2002年中国客运量和旅客周转量分别为160.8亿人和14126亿人·千米，受非典型性肺炎（SARS）影响，2003年我国客运量和旅客周转量有所下降，但仍然达到158.7亿人和13811亿人·千米，1990—2003年期间，中国客运量和旅客周转量年均增速分别达到5.7%和7.1%，2002年中国货运量和货物周转量分为148.3亿吨和50686亿吨·千米，2003年进一步增长到156.1亿吨和53859亿吨·千米，1990—2003年货运量和货物周转量年均增长率分别为3.7%和5.7%。

消耗能源的交通运输方式，通常包括铁路、公路、水运、民用航空和管道。据国家统计局统计，2003年中国交通运输共消费能源12740万吨标准煤，占全国同期能源消费总量的7.5%，2000—2003年期间，全国交通部门能源消费年均增长8.7%；其中，2003年汽油消费量1862万吨，柴油3485万吨，煤油622万吨，燃料油940万吨，分占全国同期用能量的45.7%、41.4%、67.5%和22.3%。由于中国交通运输用能仅包括营运部门，与国际通行的能源统计标准有所不同，为了便于国际比较，国内也有专家估算，2000年同口径我国交通运输部门能源消费量为1.37亿吨标准煤，约占全国总用能量的11%左右（《中国能源综合发展战略与政策研究之四：能源效率和节能》（研究报告），王庆一等，2003年10月）。按此方法测算，2003年同口径中国交通运输部门的能源消费总量约为1.88亿吨标准煤。

1. 铁路运输能耗

1990年以来，铁路部门的客运量经历了两次波动：1994—1997年，旅客发送量从10.87亿人下降到9.33亿人，年均递减5.0%；1998年以后，随着国家扩大内需政策的出台，加之铁路部门通过提速、增加旅游专列、改善服务质量等措施，铁路旅客发送量一路飙升，2002年全国铁路客运量达到10.56亿人。受“非典”影响，2003年铁路客运量有所下降，为9.73亿人。与公路中短途运输、水路运输时间长、航空费用高的特点相比，铁路运输仍有其优势，1990 年以来铁路客运平均运输距离也从 1990 年的 273 千米增加到 2003 年的 492 千米，这也使得铁路部门的旅客周转量基本上保持平稳增长，2003 年达到 4789 亿人·千米，占旅客总周转量的 34.7%，比 2000 年的 4533 亿人·千米增长了 5.6%。

与客运不同，铁路部门的货运量和货物周转量一直保持较为强劲的增长势头，2003 年我国铁路部门的货运量、货物周转量分为 22.1 亿吨和 17247 亿吨·千米，占同期总货运量、货物总周转量的 14.1% 和 32.1%；比 2000 年的 17.86 亿吨和 13771 亿吨·千米分别增长 12.4% 和 25.2%。

自 1980 年以来，中国铁路部门就开始逐步实行以内燃机车和电力机车替代蒸汽机车的举措，到 2003 年底，国家铁路拥有各类机车 15456 台，其中内燃机车 10778 台，电力机车 4584 台，蒸汽机车仅 94 台，而在 20 世纪 90 年代初期，蒸汽机车仍有 6200 多台；从三种机型完成的运输工作量看，内燃和电力机车牵引工作量占铁路系统总量的比重，由 1990 年的 70.9% 提高到 2000 年的 99.3%，2002 年以后铁路运输工作量几乎全部由内燃机车和电力机车承担，其中又以电力机车发展最为迅猛，其承担的工作量已从 2000 年的 31.8% 提高到 2003 年的 41.1%。（见表 10－15、表 10－16）

三种机型的运输单耗（见表 10－17），蒸汽机车每万吨千米煤耗呈增加趋势，2000 年为 207.8 千克，2003 年增至 330.5 千克；内燃机车每万吨千米油耗比较平稳，2000 年为 25.8 千克，2003 年略降至 25.4 千克；电力机车每万吨千米电耗呈现下降趋势，2000 年为 113.2 千瓦时，2003 年降至 110 千瓦时。总体而言，蒸汽机车的单耗最高，内燃机车次之，电力机车最优。铁路牵引动力结构的优化，使得单位周转量能耗大幅度下降，按照铁路部门的测算，2003 年运输工作量的综合能耗（主营）为 9.63 吨标准煤/百万换算吨·千米，比 2000 年下降了 0.75 个百分点。与此相对应，2000—2003 年，铁路部门总运输工作量增加了 12.1%，而能源消费量仅从 2000 年的 1860

表 10－15

中国国家铁路机车及其构成

指标 \ 年份	机车数（台）				构成（%）			
	1990	2000	2002	2003	1990	2000	2002	2003
蒸汽机车	6279	601	109	94	46.2	4.2	0.7	0.6
内燃机车	5680	10355	10752	10778	41.8	71.6	70.9	69.7
电力机车	1633	3516	4298	4584	12.0	24.3	28.4	29.7
合　计	13592	14472	15159	15456	100.0	100.0	100.0	100.0

资料来源：国家统计局《中国统计年鉴》；中国交通运输协会《中国交通年鉴》。

表 10－16

三种机型完成的运输工作量

指标 \ 年份	运输工作量（亿吨·千米）				构成（%）			
	2000	2001	2002	2003	2000	2001	2002	2003
总运输工作量	26210	27829	29380	31163	100.00	100.00	100.00	100.00
蒸汽机车	196	122	4	1.7	0.75	0.44	0.01	0.00
内燃机车	17675	18115	17680	18351	67.44	65.09	60.18	58.90
电力机车	8339	9592	11696	12811	31.82	34.47	39.81	41.10

资料来源：国家统计局《中国统计年鉴》；中国交通运输协会《中国交通年鉴》。

表 10－17

2000—2002 年全国铁路部门能源效率水平变化状况

指标＼年份	2000	2001	2002	2003
蒸汽机车煤耗〔千克/(万吨·千米)〕	207.80	195.00	421.30	330.50
内燃机车油耗〔千克/(万吨·千米)〕	25.80	25.70	25.90	25.40
电力机车电耗〔千克/(万吨·千米)〕	113.20	113.10	110.80	110.00
运输工作量综合能耗（主营）〔吨标准煤/(百万换算吨·千米)〕	10.41	10.08	9.94	9.63

资料来源：国家统计局《中国统计年鉴》；中国交通运输协会《中国交通年鉴》。

万吨标准煤增加到 2003 年的 2031 万吨标准煤，仅增加 9.19%。

2. 公路运输能耗

2003 年的公路客运量和旅客周转量受“非典”影响，比 2002 年略有下降，分别为 146.4 亿人和 7696 亿人·千米，占客运量和旅客周转量的 92.2% 和 55.7%，公路客运市场份额进一步扩大；2003 年公路货物周转量为 7099 亿吨·千米，占货运总周转量的 13.2%，比 2000 年的 6129 亿吨·千米增长 15.8%。

1980 年，全国民用汽车拥有量仅为 178.29 万辆，1995 年达到 1040 万辆，2003 年进一步增至 2383 万辆，2000 年以后，民用汽车拥有量年均增长速度达到 14.0%。其中又以私家车增长最为迅猛，1985 年全国私人汽车拥有量不到 30 万辆，到 2003 年，私人汽车拥有量猛增至 1219 万辆，1985—2003 年的 17 年间，私人汽车拥有量年均增速高达 23.2%。与此相对应，全国居民用汽油从 1985 年的 10.6 万吨增加到 2003 年的 198.8 万吨，年均增速 17.7%，也远高于同期全社会能源消费增长速度。

据国家交通部门统计，2003 年全国公路运输业营业性车辆共消耗能源 6537 万吨标准煤，比 2000 年的 4700 万吨标准煤增加了 39.1%；按照交通部门的折算，2003 年公路运输业共完成交通运输周转量 7869 亿吨·千米，比 2000 年 6795 亿吨·千米增长 15.8%，这意味着公路运输行业的综合能耗由 2000 年的 6.92 千克标准煤/(换算百吨·千米)增加到 2003 年的 8.31 千克标准煤/(换算百吨·千米)。公路运输单位能耗呈现增长的趋势，这是交通运输部门有别于其他行业的能源消费特点。从公路营运性载货汽车、载客汽车的单耗看，近几年也有趋于上升的态势，但总体上柴油客车、货车的能源效率比汽油车高，特别是载货汽车表现最为明显。2003 年载货汽油车每百吨千米油耗为 8 公升，同期载货柴油车每百吨千米油耗为 6 公升(见表 10－18)。

表 10－18

中国公路运输能源效率变化

指标＼年份	1999	2000	2001	2002	2003
载客汽油车耗汽油〔升/(百人·千米)〕	11	11	12	10	12
载客柴油车耗柴油〔升/(百人·千米)〕	9	9	8	10	11
载货汽油车耗汽油〔升/(百吨·千米)〕	7	7	8	8	8
载货柴油车耗柴油〔升/(百吨·千米)〕	6	5	6	6	6

资料来源：中国交通运输协会《中国交通年鉴》。

汽车百千米油耗中国与发达国家仍有较大差距，表 10－19 是不同重量段下所有车型油耗数据平均的比较。从中可见，中国汽车油耗明显高于欧美国家，差距在 9%—16% 之间，差距最大的车型是整车整备质量 1000 千克以下的微型汽车。在实际行驶过程中，受道路状况、装载数量、驾驶习惯等多种因素影响，中国汽车燃料经济性水平与国外先进水平差距更大。据专家估计，中国各类轿车平均每百千米油耗比发达国家高出 20%，其中轻型载货车比国外同类车高 25% 以上，中型载货车高 1.1 倍。

表 10－19

中国当前车型与欧美 2000 年车型平均燃料经济性水平比较

整车整备质量	平均油耗(升/百千米)			与欧美平均差异
	欧洲	美国	中国	
1000 千克以下	6.10	6.58	7.55	－16%
1001—1300 千克	7.02	8.46	8.51	－9%
1301—1700 千克	8.85	10.68	10.86	－10%
1700 千克以上	11.71	13.31	13.75	－9%
总平均				－11%

注：此表数据仅为同一重量段内的所有车型的平均值(非销售量加权)比较，只有有限意义。

资料来源：《我国机动车燃料经济性水平及节油潜力》，中国汽车技术研究中心。

3. 水上运输能耗

水上运输在客运市场份额逐步缩减，而货运则以其运量大、价格便宜等优势，在货运周转量中仍然占领着半壁江山。据统计，2003 年中国客运量和旅客周转量依然保持负增长态势，分别从 2000 年的 1.94 亿人和 101 亿人·千米降至 1.71 亿人和 63 亿人·千米；2003 年水运货物周转量为 28716 亿吨·千米，占货运总周转量的 53.3%，比 2000 年的 23734 亿吨·千米增长 20.1%。

民用运输船舶的拥有量，自 20 世纪 90 年代以来一直处于递减态势，但总吨位不断上升(见表 10－20)，1990 年我国机动船为 32.59 万艘，2000 年降至 18.5 万艘，2003 年进一步减少至 16.4 万艘；而总吨位(净载重量)则从 1990 年的 2909 万吨分别增至 2000 年的 4264 万吨和 2003 年的 6075 万吨。

表 10－20

中国机动船拥有量及其净载重量

指标 \ 年份	1999	2000	2001	2002	2003
艘数(万艘)	32.59	18.5	16.93	16.59	16.4
净载重量(万吨)	2909	4264	4553	4837	6075

资料来源：国家统计局《中国统计年鉴》。

运输船只的大型化、设备的不断更新以及管理水平的提高使得水运的综合单耗逐渐下降，按照交通部门的统计，2003 年我国营运性运输船共消耗油品 1022 万吨，比 2000 年的 1175 万吨减少 13%；平均每千吨·千米能耗从 2000 年的 9 千克降至 2003 年的 6 千克。(见表 10－21)

表 10－21

中国营运性运输船舶燃料消耗及能源效率

指标 \ 年份	1999	2000	2001	2002	2003
燃料消费量(万吨)	1040	1175	1253	1009	1022
水运综合单耗〔千克/(千吨·千米)〕	8	9	7	6	6

资料来源：中国交通运输协会《中国交通年鉴》。

4. 民航运输能耗

居民收入水平的提高带动了民航客运的快速发展，2003 年受“非典”影响，中国客运总量出现下滑，而民航客运依然保持增长，2000 年全国民航客运量为 6722 万人，2002 年为 8594 万人，2003 年为 8759 万人，2000—2003 年期间，年均增速为 9.2%，远高于同期客运 2.4% 的年均增长率；2003 年，全国民航旅客周转量达到 1263 亿人·千米，2000—2003 年期间也保持了 9.16% 的年均增长率。

与客运相反，民航货运的发展势头虽然看好，但 2003 年民航货运量和货物周转量分为 219 万吨和 57.9 亿吨·千米，2000—2003 年年均增长率分为 3.64% 和 4.8%，均低于同期全社会货运量(4.75%)和货物周转量的增速(6.7%)。全社会货运市场份额仍很低，2003 年民航货运量在全社会货运量的比重不到 0.01%，货物周转量比重 0.11%。

2003 年，全国共有民用飞机 1190 架，其中大中型飞机 580 架，小型飞机 84 架，分别比 2000 年增加 208 架、118 架和 19 架。2000—2003 年期间，民用飞机拥有量保持了 6.6% 的年均增长率，新机型的不断投入，客运量的快速增长以及管理水平的不断提到使得民航运输的综合单耗不断下降。

据国家统计局统计，2003 年中国民航运输业能源消费量为890万吨标准煤，同期完成的交通运输量170.8亿吨·千米，分别比2000年增长了22.5%和39.4%。相对应，2003年民航每换算百吨千米的油耗从2000年的59.3千克标准油降至52.1千克标准油，年均节能4.2%。按照国家民航部门的统计，2003年民航总局所属运输企业共消费油品(主要为航空煤油)605万吨，运输工作量综合单耗为35.4千克标准油/百吨·千米，而2000年为40.3千克标准油/百吨·千米。(见表10－22)

表10－22

国家民航总局所属企业燃料消耗及能源效率

指标＼年份	1999	2000	2001	2002	2003
燃料消费量(万吨)	387	494	536	600	605
综合单耗〔千克/(百吨·千米)〕	41.8	40.3	38.1	36.4	35.4

注：2001年以后的燃料消费量为民航所有企业。

资料来源：中国交通运输协会《中国交通年鉴》。

第十一篇 能源环境保护

ENERGY AND ENVIRONMENT PROTECTION

第一章

能源环境保护现状

长期以来，中国以煤为主的能源结构和粗放型的能源生产和消费方式使能源发展与环境保护之间的矛盾日益尖锐，成为制约中国能源发展和环境保护的重要因素。2003 年党的十六届三中全会审议通过的《中共中央关于完善社会主义市场经济体制若干问题的决定》，明确提出了树立和落实全面、协调、可持续发展的科学发展观和循环经济理念，给中国的能源发展和环境保护带来了前所未有的大好机遇。但是，一些地区和行业过度投资，发展过热，粗放式经济增长方式尚未根本改变，能源和原材料消耗增长迅速，二氧化硫等污染物排放对环境和生态造成重大压力。

能源与污染物排放

2003 年中国高能耗、高污染行业的快速发展，对环境造成了重大压力，各主要污染物排放量，特别是废气中工业二氧化硫、烟尘和粉尘，一改近几年逐年下降的趋势，呈现较大幅度的反弹。

2003 年能源消费总量 17.09 亿吨标准煤，比 2002 年增长 15.3%。其中，石油消费量 2.71 亿吨，增长 9.5%；煤炭 16.37 亿吨，增长 19.9%。主要原材料消费中，钢材 2.41 亿吨，增长 25.3%；氧化铝 609 万吨，增长 11.2%；水泥 8.62 亿吨，增长 18.9%。中国能源、资源的大量消耗，不仅造成了煤、电、油、运的全面紧张，由此也对环境造成重大压力。据统计，2003 年，全国废气中二氧化硫排放量 2158.7 万吨，比上年增加 12%，其中工业二氧化硫排放量为 1791.4 万吨，占二氧化硫排放总量的 83%，比上年增加 14.7%；生活二氧化硫排放量 367.3 万吨，占二氧化硫排放总量的 17.0%，比上年增加 0.7%。烟尘排放量 1048.7 万吨，比上年增加 3.6%，其中工业烟尘排放量 846.2 万吨，占烟尘排放总量的 80.7%，比上年增加 5.2%；生活烟尘排放量 202.5 万吨，占烟尘排放总量的 19.3%，比上年减少 2.9%。其他与能源生产和消费活动相关的一些污染物，如煤矸石、粉煤灰、废水的排放量也出现了较大幅度的增长。

能源与生态环境

能源活动造成的生态环境破坏主要表现为以下几个方面：煤炭大量开采造成矿井采空区地表塌陷，威胁人类和其他生物的栖息环境，而煤炭开采过程中产生的酸性矿井废水，占用了大量土地，有些还产生了自燃现象，造成地表水和地下水污染；海上采油泄漏造成海洋和水体生态环境污染；水电建设改变河流水深、水温、流速及库区小气候，对库区水生和陆生生物产生不利影响，并可能引发地震；农村生物质能源的不合理利用造成农村生态环境的破坏；由于化石燃料引起的二氧化硫和酸雨污染以及全球气候变化，对生态环境产生一种叠加性的长期危害。

据不完全统计，截至2003年，中国因煤炭开采引起的地表塌陷面积约为45万公顷，煤矸石山1500多座，累计存量超过35亿吨，占用土地面积约1.4万公顷。2003年，国有重点煤矿排出矿井水超过18亿吨；共发生5次海上溢油事故，其中成灾2次，造成直接经济损失约1670万元。2003年，全国降水年均pH值范围为3.67—8.40，出现酸雨的城市265个，占上报城市数的54.4%，酸雨区面积约占国土面积的30%左右。为了减轻能源活动对生态环境造成的影响，有关部门采取了有效的措施。国土资源部开展了矿产资源勘查开发治理整顿工作，进一步打击了非法采矿，关闭了浪费资源、破坏环境和不具备生产条件的矿山，同时积极推进了矿山环境恢复保证金制度建设，组织开展矿山环境治理恢复示范工程。为落实中央关于继续扩大农村沼气等“六小”工程投资规模、充实建设内容的要求，巩固生态建设成果，2003年有关部门启动了农村沼气项目建设，中央安排基本建设投资10亿元，新建户用沼气池103万口。项目建设以“一池三改”为基本单元，即户用沼气池建设与改圈、改厕和改厨同步设计、同步施工，鼓励地方因地制宜地开展以沼气为纽带的“四位一体”、“五配套”等生态家园模式建设。四川省人民政府召开常务会议，最终否决了已经规划的在都江堰上游建设杨柳湖电站方案。

“两控区”治理

2003年中国“两控区”（二氧化硫污染控制区、酸雨控制区）二氧化硫污染有所加重。国家环保总局监测的340个城市中，有64个城市位于二氧化硫污染控制区，二氧化硫浓度达到二级标准的城市占39.1%；超过三级的城市比例占35.9%，比上年增加7.8个百分点。有116个城市位于酸雨控制区，二氧化硫浓度达到二级标准的城市占75.0%，比上年减少4.5个百分点；超过三级的城市比例比上年增加2.7个百分点。为了实现“十五”燃煤电厂二氧化硫污染防治目标，进一步加大污染防治力度，经国务院批准，国家环境保护总局与国家发展和改革委员会于2003年9月29日联合下发了《关于加强燃煤电厂二氧化硫污染防治工作的通知》，明确提出，大中城市建成区和规划区，原则上不得新建、扩建燃煤电厂；东、中部地区以及西部“两控区”内新建、改建和扩建燃煤电厂，要严格按照基本建设程序审批，同步配套建设脱硫设施；加大现有电厂二氧化硫污染治理力度；抓紧制定鼓励脱硫的经济政策，建立电厂上网电价公平竞争的机制；各级人民政府要切实履行职责，认真落实各项二氧化硫污染防治措施；国务院有关部门要根据各自的职能分工，切实加强对燃煤电厂二氧化硫污染防治工作的监督、指导和支持。

能源与全球气候变化

根据BP2004年世界能源统计，2003年，世界一次能源总供应量为9741.4百万吨油当量，在一次能源供应构成中，煤炭、石油和天然气所占的比重分别为24.76%、36.57%和23.47%。从各国一次能源供应情况看，排名前10位的国家分别为美国、中国、俄罗斯、日本、印度、德国、加拿大、法国、英国和韩国。据估算，2003年全球能源活动产生的二氧化碳排放量约为230亿吨。

能源活动，特别是发达国家在工业化、城市化、现代化过程中消耗了大量化石燃料，化石燃料的燃烧和生产产生大量二氧化碳、甲烷和氧化亚氮等温室气体，是造成全球气候变暖的主要原因。1992年5月22日，联合国政府间谈判委员会完成了《联合国气候变化框架公约》的谈判，并在当年联合国环发大会开放签署，1994 年 3 月 21 日公约正式生效。这是世界上第一个为全面控制二氧化碳等温室气体排放的国际性公约，也是国际社会在应对全球气候变化问题上进行国际合作的一个基本框架。

1997 年 12 月，149 个国家和地区的代表在日本京都召开《联合国气候变化框架公约》缔约方第三次会议，会议通过了旨在限制发达国家温室气体排放量以抑制全球变暖的《京都议定书》。2003 年，欧盟率先开始进入履约活动，并开展了与欧盟外国家的碳排放交易活动。美国以减排温室气体影响其经济发展为由，拒绝批准《京都议定书》。

第二章

能源生产与环境

能源生产与生态环境

能源生产过程中的生态影响突出表现在煤炭开采过程中的生态影响与水电站建设过程中的生态影响两个方面。地表塌陷与地下水资源破坏是煤炭开采过程中的主要生态影响，据不完全统计，中国因煤炭开采引起的地表塌陷面积达45万公顷，平均开采一万吨煤引起的地表塌陷为0.2公顷。煤炭开采过程中破坏地下水径流，大量排除地下水。根据中国煤炭加工利用协会的有关统计，2000年国有重点煤矿排出矿井水17.2亿吨，加上自用5.1亿吨，共计22.3亿吨。平均生产1吨煤排出4吨以上的地下水，另据专家测算，华北地区每开采1吨煤平均破坏地下水资源近10吨，不仅造成区域地下水位下降，形成大规模地下水降落漏斗，同时也浪费了大量的水资源，减少了径流量，直接影响了当地的生态环境。特别是对90%的煤炭资源都分布在干旱、半干旱地区的中国来说，地下水资源是这些地区重要的生态水源，在全国96个国有重点矿区中，70%以上处于缺水地区，地下水资源的破坏与地表塌陷加剧了当地的水土流失与荒漠化，并对下游的生态环境产生一定程度的不利影响。根据《全国国土综合开发重点地区水资源和地质环境评价》的研究，神府东胜矿区的开发使当地水土流失量由过去的每年3144万吨增加到每年4735万吨；晋陕蒙黄河峡谷地区由于煤炭开发而新增的水土流失量达2878万吨；黄河的一级支流窟野河由于两岸小煤矿的连片开发，使几个较大支流从1997年以来陆续断流，窟野河也随之出现季节性断流与流量严重下降问题；鄂尔多斯高原最大的内陆湖红碱淖，5年来水位下降了2米，对当地生态环境产生了重大影响。露天采煤虽然在中国煤炭生产中所占比例很小，但由于开采规模较大，对地面环境造成的各种破坏也比较严重。土地表层及其附着植被直接遭到挖掘性破坏，剥离物占用大面积土地，严重破坏地表景观与生态环境。矿坑面积大并长期排水，引起地下水位下降，并污染周围土壤和水体。

随着2003年中国环境影响评价法的实施，以及国家对沙漠化治理与水土保持工作的日益重视，煤矿开采区的复垦工作也得到了加强。在一些主要矿区，如淮北、徐州、开滦、鄂尔多斯、陕北等，已注意开展地表塌陷的治理与生态环境的恢复工作。采用覆土还草、还林，种植农作物，修建鱼塘、氧化塘等方式因地制宜地进行综合整治，取得了一定的成效。2003 年国家进一步加大了对小煤窑的治理力度，并在一些地区实行统一管理，取得了一定的成效，但随着国家电力与能源供应的紧张，小煤窑的反弹比较明显，环境治理难度更大。

水电站建设过程中所产生的环境影响是多方面的，主要表现为水库移民问题、泥沙与河道的影响、对大气的影响、水体变化带来的影响、对鱼类和生物物种的影响、对文物和景观的影响、地质灾害等。水库蓄水会造成陆地生态系统与水生生态系统的演替，带来疟疾、血吸虫等疾病的流行；水库大坝将阻断鱼类的回游路线，对一些鱼类的繁衍产生严重影响；水库蓄水要淹没大量土地，对一些稀有动、植物物种产生影响，甚至会导致部分物种灭绝。

中国是世界上水能资源最丰富的国家，为满足日益增长的能源需求、缓解矿物燃料带来的环境污染，国家计划在未来 20 年左右的时间，将经济可行的水能资源基本开发出来。但是水电建设所带来的生态影响是巨大的。中国 2003 年新增水电装机容量 610 万千瓦，农村水电新增装机 270 万千瓦，增长速度比较快，同时也产生土地淹没等生态问题。黄河上游龙家峡—青铜峡的 14 座水电站，平均每万千瓦装机淹没耕地 15.60 万平方米，需迁移人口 125 人，在全国水电指标中属于较低水平。即使按此数据计算，2003 年新增水电装机 610 万千瓦也需要淹没耕地约 93.32 万平方千米。广东的新丰江水电站平均每万千瓦装机淹没耕地超过 4 平方千米。三峡工程的蓄水水位为 175 米时，淹没的耕地数量就达到 299.97 平方千米，工程总移民数量达到 120 万人。

中国的水能资源 75% 以上集中于西南地区，而生物物种资源的 2/3 也集中于这一地区，两者的高度重合使得中国的水能资源开发对生物多样性的影响需要得到高度重视。作为世界上第三大生物物种资源的国家，中国生物多样性保护的好坏将对未来的可持续发展产生重要影响。

此外，石油天然气开采过程中的钻井、洗井、采油等废水如果不经过深度处理而排放的话，也会造成一定程度的生态影响。石油天然气本身就含有对人体与生态环境有害的物质，一旦发生井喷或泄漏，将对周围的人群与生态环境产生严重危害。2003 年 12 月重庆开县发生特大天然气井喷事故，由于天然气中含有剧毒硫化氢，致使上百人死亡，数万人被转移，并造成了严重的生态后果。海上油气开采、运输过程中的事故排放、石油管道与油船的泄漏也会造成严重的生态后果，特别是海上石油泄漏事故，油污阻断阳光与氧气的进入，并且会使动物失去体表的保温功能，从而导致海洋生物与海鸟大量死亡。如果油污被冲到海岸，还会对海岸带的生态环境与各种动植物产生严重危害。

能源生产与大气污染物排放

能源生产过程中产生的大气污染现象在煤炭开采加工中表现最为明显，主要包括煤炭开采过程中的粉尘污染、煤矿瓦斯排放、以及煤矸石自燃产生的大气污染等方面。煤矿粉尘直接损害了井下工人的健康，造成很高的尘肺发病率，危害十分严重。而且大量粉尘随矿井排风进入大气，直接影响矿区环境。露天开采的矿坑与大量剥离物直接暴露于空气中，不断发生潮解、风化和风蚀作用，是矿区发生飞尘、扬尘的主要污染源。露天煤矿剥离物中所含的硫、油页岩和其他有机物质，可在空气中发生自燃等现象，散发碳氧化物、硫氧化物、硫化物等各种有害气体，影响矿区环境。

2003 年全国统计的 2379 个煤矿共排放废气 1782 亿立方米，其中二氧化硫排放量为 15.5 万吨，烟尘为 13.4 万吨，粉尘为 5 万吨，去除率分别为 30%、87% 和 42%。据测算，中国每年因为煤炭自燃而排放到环境中的有害气体为 20 万—30 万吨。

矿井瓦斯不仅是重大的安全隐患，同时也是重要的大气污染源。中国的矿井瓦斯利用率低，85% 以上被直接排到空气中，据估算，2003 年中国矿井瓦斯的直接排放量约为 110 亿立方米。随着煤炭开采量的增长，中国矿井瓦斯的排放量将超过西气东输的天然气输气量，这不仅造成了资源的巨大浪费，也是温室气体的一个重要排放源。

能源生产与废水排放

煤矿开采过程中不仅对地下水资源产生了严重影响，同时也排放大量的矿井废水，而这些废水绝大部分是高悬浮、高矿化度、高酸性等有一定污染性质的废水，如果是含氟、重金属或放射性等物质的特种矿井废水，其危害性就更大。全国煤矿每年排出的矿井水约23亿立方米，得到利用的部分比例很低，国有重点煤矿的矿井水平均利用率还不到30%，地方与乡镇煤矿的利用率更低。大量的矿井废水被直接排放到环境中，不仅污染了地表与地下水体，在煤炭资源集中的干旱和半干旱地区，还直接影响了工农业生产与居民生活用水的获得。

洗煤水的排放对环境的影响也很大，煤矿附属企业洗煤厂绝大多数用的是以水为介质的洗选方法。炼焦煤每洗选1吨原煤平均消耗0.2—0.4立方米水，动力煤每洗选1吨原煤平均消耗0.02—0.05立方米水，洗煤厂排放的泥煤水是主要的环境影响因素。山西国有重点矿的16座洗煤厂年耗新水1100万立方米，复用水近5000万立方米，外排煤泥水72万立方米，煤泥水中不仅含有大量的以粉煤为主的悬浮物，镉、铅等重金属也分别超过环境标准5.6和2.6倍。煤矸石的淋溶水对周围地区的水环境也有一定的影响，矸石山遇到暴雨时可形成地表径流进入地表水体，淋溶水还会渗入地下水系统，矸石淋溶水中主要含有汞、镉、铅、六价铬、砷、氟等重金属与微量元素，对水体质量造成危害。

石油开采过程所产生的钻井废水、洗井废水与采油废水，都含有大量的原油及其他污染物质，特别是随原油一起开采出来的采油废水，带有各种盐类和气体，又从地层中带出各种悬浮固体与泥沙，如果不经过生化处理而排放出来，就会产生环境污染。石油开采与运输过程中的事故排放会对周围的水环境产生明显的影响，而且这方面的污染事故相对来说还是比较频繁的。

能源生产与固体废弃物排放

能源生产加工过程中的固体废弃物排放主要来源于煤炭行业。露天煤矿开采规模通常较大，产生的大量剥离物被堆放到排土场，其压占面积往往与采场所破坏的土地面积相当，并形成一系列污染效应。

煤炭开采中有大量的煤矸石产生，全国平均每产1吨煤就要产生约0.13吨煤矸石，煤矸石的综合利用率仅为10%，截至2003年，全国已累计堆存煤矸石30多亿吨，占用土地面积已经超过33.33平方千米，并且以每年2—3平方千米的速度在递增，部分煤矸石自燃和淋溶还造成了严重的大气与水体污染。

石油勘探与开采时的钻井作业中需要使用大量的泥浆，正常情况下是循环使用的，但当作业完成后，泥浆就会被废弃并堆积在井场。泥浆中加有烧碱、铁铬盐、盐酸等化学品，会对井场周围水域和农田造成不良影响。

能源生产与核污染

核电带来的污染主要是气态、固态和液态的放射性物质造成的，主要为反应堆的相关放射性物质与核废料。因此，需要做好反应堆的安全防护工作与核废料的处理工作。根据到2020年核电要达到总发电装机4%的目标，核电装机将达到4000万千瓦左右，考虑到核电站需要5年左右的建设周期，未来十几年内每年将有2—3台百万千瓦级的核电机组开工建设。正常情况下，核电站流出物中放射性物质的剂量仅为燃煤电厂的1/10左右是绝对安全的，所要防止的是事故排放，为此，国家投入了大量的资金用于放射性污染的监测、事故应急、以及核废料的处理。正在开发的快中子技术将有助于大量减少核废料，同时也将延长核原料的使用时间，对核污染源的控制非常重要。

2003年4月1日，中国发布并实施新的《电离辐射防护与辐射源安全基本标准》国家标准。新标准按照辐射防护的国际基本安全标准规定了工作人员职业照射的剂量限制值：连续5年的年平均有效剂量不超过20毫希沃特，任何一年中的有效剂量不超过50毫希沃特。2001年至2003年核电厂工作人员所受到的照射均低于国家新标准规定的限值。（见表11－1）

表 11 －1

2001—2003 年核电厂工作人员职业照射情况

指标 \ 核电厂	秦山核电厂			大亚湾核电厂			秦山第二核电厂	岭澳一期核电厂	秦山第三核电厂
年人均有效剂量（毫希沃特）	0.19	1.03	0.71	0.61	0.37	0.70	0.16	0.62	0.19
年度最大个人剂量（毫希沃特）	4.97	15.76	10.37	36.30	6.78	8.10	4.24	11.33	3.27
年度集体有效剂量（人·希沃特）	0.15	1.25	0.80	1.37	0.73	1.85	0.32	1.53	0.17
归一化集体有效剂量（人·毫希沃特/吉瓦时）	0.06	0.70	0.31	0.09	0.05	0.12	0.07	0.11	0.02

资料来源：中国核电运行年报 2003。

第三章

能源消费与环境

能源消费与二氧化硫排放

2003年，全国二氧化硫排放量为2158.7万吨，比上年增加12.0%。其中工业二氧化硫排放量为1791.4万吨，占二氧化硫排放总量的83.0%，比上年增加14.7%；生活二氧化硫排放量367.3万吨，占二氧化硫排放总量的17.0%，比上年增加0.7%。从各行业排放情况看，高耗能行业仍然是工业二氧化硫排放的主要排放源，电力、蒸汽及热水的生产和供应业排放量约占工业二氧化硫排放量的50%，非金属矿物制品业的排放量约占10%，黑色金属和有色金属冶炼及压延加工业的排放量约占10%。从各地区二氧化硫排放情况看，山东、河北、山西、江苏等煤炭消费大省和西南的贵州、四川、重庆等高硫煤省、市在分地区二氧化硫排放量中处于前列。在国家环保总局监测的340个城市中，25.6%的城市二氧化硫超过二级标准。与上年相比，二氧化硫年均浓度超过三级标准的城市比例增加3.6个百分点。

2003年，国务院正式批复了《两控区酸雨和二氧化硫污染防治"十五"计划》，确定了两控区"十五"具体控制目标、措施以及重点项目，为全面推动两控区环境保护工作，实现"十五"两控区污染控制目标提供了保障。经国务院批准，国家发改委与国家环保总局联合印发了《关于加强燃煤电厂二氧化硫污染防治工作的通知》；完成了河南、山西、山东、上海、天津等省市和柳州等地的二氧化硫排污交易试点工作，探讨公开、公平、公正核定企业总量指标的方法。二氧化硫污染控制的这些举措表明环境保护事业对中国的能源发展的影响范围日益扩大，程度日益加深。

能源消费与氮氧化物排放

氮氧化物是一氧化氮、二氧化氮及其他氮氧化物的总称，其中以二氧化氮的稳定性较好、毒性较大。二氧化氮在臭氧的形成过程中起着重要作用，是形成光化学烟雾的主要因素之一，也是酸雨的来源之一。氮氧化物的排放与能源活动密切相关，以天然气、煤炭和燃料油为燃料的火力发电和工业锅炉、窑炉，以及硝酸、氮肥、炸药等化工生产工艺过程和机动车尾气排放是氮氧化物排放的主要来源。由于氮氧化物的排放与燃烧过程和生产工艺的技术水平、工况等多种因素相关，难以准确监测和估算，截至2003年，国家环保总局公布的环境统计数据中还未包括氮氧化物的排放量数据。据初步估算，2000年全国氮氧化物排放总量约为1200万吨，其中约40%来自火力发电，其余主要来自工业锅炉、窑炉，化工生产工艺过程以及机动车尾气排放。据国家环保总局发布的信息，2003年与2002年相比较，全国氮氧化物排放呈增长趋势。

《中华人民共和国大气污染防治法》第三十条规定，“企业应当对燃料燃烧过程中产生的氮氧化物采取控制措施”。在中国电力工业环境保护“十五”规划中，提出“大力推广低氮燃烧技术，新建大型火电机组全面安装低氮燃烧器及采用分级燃烧技术，现有20万千瓦火电机组开始启动低氮燃烧技术改造，‘十五’期末，力争在运行锅炉上完成排烟脱硝工业示范试验”。此外，人口密集、机动车保有量大的大城市已经开始实施更为严厉的机动车尾气排放控制标准，其中包括采用三元催化器等污染控制技术，加强对机动车氮氧化物排放的控制，北京、上海等相继采用了欧洲Ⅱ号标准，并将逐步提升到欧洲Ⅲ号和欧洲Ⅳ号等更高的排放控制标准。

能源消费与烟尘排放

2003年，全国烟尘排放量1048.7万吨，比上年增加3.6%。其中工业烟尘排放量846.2万吨，占烟尘排放总量的80.7%，比上年增加5.2%；生活烟尘排放量202.5万吨，占烟尘排放总量的19.3%，比上年减少2.9%。工业粉尘排放量1021.0万吨，比上年增加8.5%。

从各行业排放情况看，烟尘和粉尘排放与生产工艺及其除尘能力特点密切相关。工业烟尘的主要排放源依次为：电力、蒸汽及热水的生产和供应业，约占工业烟尘总排放量的40%；非金属矿物制品业，约占15%；黑色金属和有色金属冶炼及压延加工业，约占7%；化学原料及化学制品制造业，约占6%。非金属矿物制品业是工业粉尘的最主要排放源，约占总量的55%，其次为黑色金属和有色金属冶炼及压延加工业，约占11%。由于普遍采用了除尘装置，工业烟尘的去除率明显高于工业二氧化硫的去除率，全国平均去除率达到约95%，其中，电力、蒸汽及热水的生产和供应业达到95%以上，黑色金属和有色金属冶炼及压延加工业达到90%以上。工业粉尘的去除率全国平均达到约85%，低于工业烟尘的去除率水平，尤其在一些粉尘产生量较高的行业还有待提高，例如，非金属矿物制品业去除率仅为40%。

影响城市空气质量的首要污染物仍是颗粒物，其中包括与能源活动密切相关的烟尘、粉尘的排放，也包括与能源活动无关的地面扬尘、沙尘等。2003年，国家环保总局监测的340个城市中，54.4%的城市颗粒物浓度超过二级标准；空气质量劣三级的城市中，80%的城市颗粒物超过三级标准。颗粒物污染较重的城市主要分布在西北、华北、中原和四川东部。与上年相比，颗粒物浓度达到二级标准城市的比例增加9.1个百分点，超过三级的城市比例减少8.6个百分点。

2003年，国家继续组织开展大气污染防治重点城市颗粒物源解析工作，一些重点城市制定了控制颗粒物污染的空气质量达标计划。颗粒物也是北京城区的首要污染物，2003年，通过进一步优化能源结构和强化污染治理措施，北京市提前完成第九阶段大气污染防治任务，空气质量由劣三级改善为三级，日空气环境质量二级和好于二级的天数达到60%的目标顺利实现。围绕北京市举办2008年奥运会应达到的环境质量要求，国家环保总局、国家发改委、财政部联合提出《北京市环境污染防治目标和对策(2003—2007年)》，并上报国务院审批。

能源消费与酸雨

国家环保总局监测全国487个市(县)的降水监测结果显示，2003年降水年均pH值范围为3.67(江西省萍乡市)—8.40(甘肃省嘉峪关市)。出现酸雨的城市265个，占上报城市数的54.4%；年均pH值小于和等于5.6的城市182个，占上报城市数的37.4%；酸雨频率大于40%的城市138个，占28.4%。与上年相比，出现酸雨的城市比例增加4.1个百分点；降水年均pH值小于和等于5.6的城市比例上升了4.7个百分点，其中降水年均pH值小于4.5的城市比例增加2.8个百分点；酸雨频率超过40%的城市比例上升了7.2个百分点，酸雨污染较上年加重。

2003年酸雨分布范围基本稳定，降水年均pH

值小于5.6的城市主要分布在华东、华南、华中和西南地区。华中酸雨区和西南酸雨区污染比较严重，年均pH值小于或等于5.6的城市比例均超过50%。湖南、江西分别是华中和华东酸雨区酸雨污染最严重的区域，西南酸雨区的贵州省酸雨污染较重。浙江省是华东酸雨区污染最严重的区域。北方城市中，宁夏石嘴山、陕西省渭南和商洛、辽宁的丹东、阜新、铁岭和吉林的图们降水年均pH值小于5.6。

酸雨控制区的106个城市中，降水年均pH值范围为3.67(江西省萍乡)—7.30(云南省开远市)，出现酸雨的城市95个，占89.6%。酸雨频率超过40%的城市比例为53.7%，比上年上升了6.9个百分点。湖南省怀化和吉首，浙江省温州和江西省抚州4个城市酸雨频率超过95%，其中抚州酸雨频率达到100%。年均pH值小于或等于5.6的城市有75个，占70.8%，比上年减少1.8个百分点；降水pH值小于5.0的城市比例为48.1%，增加5个百分点。江西省萍乡、四川省宜宾和湖南省吉首的年均pH值低于4.0。酸雨控制区内酸雨污染范围基本稳定，但污染严重的区域进一步加重。

2003年，国务院正式批复了《两控区“十五”酸雨和二氧化硫污染防治计划》，确定了两控区“十五”具体控制目标、措施以及重点项目，为全面推动两控区环境保护工作，实现“十五”两控区污染控制目标提供了保障。

能源消费与农村生态环境

中国农村生态环境现状不容乐观，存在的主要挑战有：(1)乡镇工业造成的环境污染逐年增加，乡镇工业化学需氧量、粉尘和固体废物排放量已经成为环境保护的突出问题和影响人体健康的主要因素之一。(2)畜禽粪便污染呈加剧趋势，规模化畜禽养殖场绝大多数没有相应的配套耕地消纳其产生的畜禽粪便，形成了比较严重的农牧脱节。(3)农村及城镇生活污染日益突出，城镇生活污水处理设施建设严重滞后，绝大部分城镇的生活污水未经处理而直接排入河道，成为农村内河水污染的主要来源；大多数村镇没有无害化垃圾填埋场，生活垃圾被随意抛弃在河塘或低洼地，不仅影响环境卫生，而且造成河道淤积，污染水体。(4)化肥、农药以及地膜污染危害加剧，化肥流失加剧了湖泊和海洋等水体的富营养化，造成地下水和蔬菜中硝态氮含量超标，影响土壤自净能力。农药污染破坏生态平衡，威胁生物多样性。农膜残片难以自然降解，影响土壤的渗透性，造成粮食减产。(5)农作物秸秆焚烧或废弃污染严重。大量的秸秆被焚烧或抛弃于河湖沟渠或道路两侧，浪费了大量的资源和能源，污染大气和水体，影响农村的环境卫生。

从能源消费与农村生态环境保护的关系来看，应积极加快农村能源建设，促进农村生态环境保护。在有条件的地区，要因地制宜，通过大力实施以沼气为主的农村能源建设，解决农村生活用能问题，并带动相关产业发展。具体措施包括修建沼气池，推广省煤节柴灶、节能烤烟房和太阳能热水器，开发微水电，推进发展养殖业，大力开展沼气综合利用，发展无公害优质农产品，促进沼气旅游业的开发。

第四章

能源与全球气候变化

二氧化碳排放与全球气候

人类每年燃烧化石燃料向大气排放大量二氧化碳，2003 年约为 241 亿吨。化石燃料使用对人为二氧化碳排放的贡献占人类活动总排放量的 70%—90%。人口约占世界 24% 的发达国家消费着世界能源总量的约 70%，二氧化碳排放占到全球总量的 60% 以上。土地利用活动是产生人为二氧化碳排放的另一个主要原因，每年由森林砍伐、森林退化和农业用地管理不善所产生的二氧化碳排放约为 20 亿—90 亿吨。

根据世界银行的统计数据，2000 年世界人均二氧化碳排放量为 3.8 吨，高收入国家的人均二氧化碳排放平均为 12.35 吨，中等收入国家的人均二氧化碳排放平均为 3.39 吨，中低收入国家的人均二氧化碳排放为 3 吨。2000 年中国人均二氧化碳排放仅为 2.21 吨，不到世界人均排放的 1/3，不仅远远低于高收入国家的人均排放水平，也低于中低收入国家平均水平。

根据 2004 年中国政府向《联合国气候变化框架公约》缔约方大会提交的《中国气候变化初始国家信息通报》，1994 年中国的二氧化碳净排放为 30.91 亿吨，化石燃料燃烧占二氧化碳总排放量的 90%。（见表 11 - 2）

甲烷排放与全球气候

甲烷是仅次于二氧化碳的温室气体。自然过程和人类活动均可排放甲烷（CH_4）。人为甲烷排放的主要排放源包括水稻种植、牛羊养殖、垃圾堆存和填埋、煤炭开采、天然气和石油开采、天然气和石油加工及运输等。在能源活动造成的甲烷排放中，煤炭开采是主要排放源。在中国全部人为甲烷排放中，能源活动的甲烷排放仅占据次要位置，非能源活动的甲烷排放则占据主要位置。每年全球动物肠道发酵甲烷排放量 6000 万—1 亿吨，占人为甲烷排放量的 22%；动物粪便甲烷排放总量为 2000 万—3000 万吨，占人为甲烷排放量的 5.5%—8%。中国是动物饲养量最大的国家，动物肠道发酵和动物粪便是中国最主要的甲烷排放源。水稻在生长过程中，根系代谢和土壤有机质分解会造成甲烷排放。中国水稻种植面积约占世界水稻种植面积的21%，稻田也是中国甲排

表 11－2

1994 年中国化石燃料燃烧二氧化碳排放量及其产业构成

产业及行业	二氧化碳排放量（万吨）	占总排放的比例（%）
全国总排放量	309718.10	100.00
化石燃料燃烧排放量	279548.90	90.26
第一产业	8300.01	2.68
第二产业	219865.42	70.99
工　业	218472.53	70.54
化石燃料开采加工	11945.07	3.86
公用电力和供热	84225.25	27.19
钢　铁	27741.65	8.96
化　工	24657.34	7.96
建　材	38492.73	12.43
其他工业	31410.49	10.14
建筑业	1392.89	0.45
第三产业	24212.50	7.82
交　通	16556.65	5.35
航　空	646.32	0.21
公路运输	10514.49	3.39
铁路运输	2849.52	0.92
水　运	1164.87	0.38
其　他	1381.45	0.45
服务业	7655.85	2.47
居民生活	27170.93	8.77
其他排放量	30169.20	9.74

资料来源：中国计划出版社《中国气候变化初始国家信息通报》2004。

放的主要排放源之一。

根据2004年中国政府向《联合国气候变化框架公约》缔约方大会提交的《中国气候变化初始国信息通报》，1994 年中国的甲烷排放为 4100 万—4500 万吨，其中能源活动引起的甲烷排放占 20%—23%。（见表 11－3）

表 11－3

1994 年中国甲烷排放量

单位：万吨

行　业	甲烷排放量
能源系统逃逸排放	722.38
煤炭开采	710.03
油气系统	12.35
生物质燃烧	214.73
能源活动排放合计	937.11

资料来源：中国计划出版社《中国气候变化初始国家信息通报》2004。

氧化亚氮排放与全球气候

氧化亚氮（N_2O）也是人们比较关注的主要人为温室气体。化石燃料燃烧、一些工业生产过程以及农业生产活动都会产生氧化亚氮排放。与甲烷排放相类似，中国能源活动的氧化亚氮排放所占比例比较小，人为氧化亚氮的排放主要是由农业生产和动物饲养过程产生的。根据 2004 年中国政府向《联合国气候变化框架公约》缔约方大会提交的《中国气候变化初始国家信息通报》，1994 年中国能源活动引起的氧化亚氮排放量 4.95 万吨，占全国氧化亚氮排放总量的 10% 以下。

第五章

能源行业环境保护

煤炭环境保护

煤炭工业是中国能源部门的支柱产业。经过半个多世纪的努力，中国的煤炭工业已经建成了比较完整、有一定现代化水平的工业体系，少数煤矿已进入世界先进行列。2003 年煤炭工业生产原煤 16.67 亿吨，比 2002 年增加了 2.87 亿吨，增长 20.8%。在煤炭产量增加的同时，煤炭产品结构进一步得到优化，国有重点煤矿洗精煤产量比 2002 年增长约 13%。由于国家环境保护政策实施力度加大，促进了原煤入洗率的提高，增加了配煤生产。全国原煤入洗率由 1990 年的 17.7% 增加到 2003 年的 33.78%，精煤产出率比 1990 年提高了 5 个百分点。2003 年中国在加大东部地区煤炭开采强度的同时，随着中国西部大开发、西电东送等宏观政策的落实，西部煤炭开采强度也在加大，有 5 个省区煤炭产量超过 1 亿吨，其中晋、陕、蒙 3 省区生产原煤 6.37 亿吨。占全国总产量的 41.9%。中国最大产煤省山西原煤产量超过 4 亿吨。2003 年中国国有重点、国有地方和乡镇煤矿三大类型煤矿原煤产量占全国原煤总产量的比例分别为 50.2%、32.2% 和 17.6%。与 2002 年相比，三大类型煤矿原煤产量增长幅度分别为 45.1%、8.8% 和 46.1%。可见，乡镇煤矿仍然是中国煤炭生产的主要力量之一。

1. 煤炭工业对环境的影响

中国煤炭工业在未来的发展中除了经济结构不合理、资源有效供给不足、经济效益有待提高、安全生产形势和国际市场挑战日益严峻等潜在问题外，煤炭工业发展过程中的环境制约因素日益突出，不仅破坏了矿区的生态和环境，也产生了大量的社会问题。主要表现在：

（1）煤炭开采对土地资源的破坏。至今全国约有 45 万多公顷塌陷土地，平均每采 1 万吨煤塌陷土地 0.2 公顷，每年平均增加 2 万多公顷，目前的复垦率只有 20% 左右。

（2）煤炭开采引起水资源的破坏及污染。如北方有 19% 的岩溶水资源被煤矿排出，并使其受到不同程度的污染。煤炭开采和加工生产过程中排出的废水有矿井水、选煤废水和火药厂废水等。全国各类煤矿 2003 年废水排放量达 20 多亿吨，这些废水中含有挥发酚、氰化物、化学需氧量、石油类和氨氮等污染物，污染了水源和江河湖海。

(3) 煤炭开采产生的煤矸石积累已达30亿吨(包括各类煤矿)，而且每年还在以1.5亿—2亿吨的排出量不断增加，不仅占用土地，而且堵塞河道、引起自燃、污染环境。

(4) 煤炭开采排放的温室气体。煤炭开采排放的甲烷量约占人类活动排放甲烷总量的10%，中国煤炭工业的甲烷排放量约占世界煤炭开采甲烷排放总量的1/3—1/4。

(5) 燃煤引起城乡大气环境污染。2003年中国二氧化硫排放量2159万吨，其中的85%是燃煤排放的。煤炭工业生产和加工过程中产生的二氧化硫排放量占全国排放量的比例已超过10%。全国酸雨面积已超过国土面积的1/3。据专家估算，全国二氧化硫和酸雨造成的经济损失约占GDP的2%。

虽然20世纪70年代以来，煤炭工业重视与加强了环保工作，但限于经济和技术发展水平，投入不足，从总体上看，已开发矿区的环境容量逐渐缩小，城乡大气污染尚未得到控制。

2."十五"煤炭环保目标

煤炭开发和加工过程中环境污染治理的重点领域主要是：洁净煤技术的开发与利用，如煤炭液化与气化、煤炭洗(选)、型煤加工等；煤层气(CH_4)的预采集和回收利用；高灰和高硫劣质煤、煤矸石、煤泥等的低污染燃烧和综合利用，如建立流化床矸石电站、利用煤矸石生产新型建筑材料、矿井充填技术等；对煤矸石进行深加工生产高附加值产品；矿井水处理与资源化，特别是对酸性矿井水和高硫矸石山淋溶水的处理与净化等。在国家环境保护"十五"计划中对煤炭行业提出的环保目标是：

(1) 以改善煤炭结构为导向，限制开采高硫煤，着力提高优质煤比重；

(2) 加大煤炭清洁利用技术研究开发力度，大力发展煤炭洗选、型煤、动力配煤、水煤浆、煤炭气化和液化，逐步提高煤炭洁净利用水平和利用效率；

(3) 抓好劣质煤和煤矸石的综合利用，开发利用煤层气资源，逐步限制直接使用原煤，发展配煤产业；

(4) 加强矿区环境综合整治，以土地复垦为重点，建立各种类型的矿区生态建设示范基地，逐步形成与生产同步的生态恢复建设机制。2005年，大中型煤矿矿井水重复利用率达到60%以上。

为贯彻《中华人民共和国大气污染防治法》，控制煤炭开发和利用造成的环境污染，保护生态环境，国家环境保护总局、国家经贸委、科技部于2002年1月30日批准并发布了《燃煤二氧化硫排放污染防治技术政策》(以下简称《技术政策》)。制定这个《技术政策》的目的是为实现2005年全国二氧化硫排放量在2000年基础上削减10%，"两控区"二氧化硫排放量减少20%，改善城市环境空气质量的控制目标提供技术支持和导向。《技术政策》适用于煤炭开采和加工、煤炭燃烧、烟气脱硫设施建设和相关技术装备的开发应用，并作为企业建设和政府主管部门管理的技术依据。

3. 煤炭工业环境保护技术政策要点

(1) 各地不得新建煤层含硫分大于3%的矿井。对现有硫分大于3%的高硫小煤矿，应予关闭。对现有硫分大于3%的高硫大煤矿，近期实行限产，到2005年仍未采取有效降硫措施或无法定点供应安装有脱硫设施并达到污染物排放标准的用户的，应予关闭。

(2) 除定点供应安装有脱硫设施并达到国家污染物排放标准的用户外，对新建硫分大于1.5%的煤矿，应配套建设煤炭洗选设施。对现有硫分大于2%的煤矿，应补建配套煤炭洗选设施。

(3) 现有选煤厂应充分利用其洗选煤能力，加大动力煤的入洗量。

(4) 鼓励对现有高硫煤选煤厂进行技术改造，提高选煤除硫率。

(5) 鼓励选煤厂根据洗选煤特性采用先进洗选技术和装备，提高选煤除硫率。

(6) 鼓励煤炭气化、液化，鼓励发展先进煤气化技术用于城市民用煤气和工业燃气。

(7) 煤炭供应应符合当地县级以上人民政府对煤炭含硫量的要求。鼓励通过加入固硫剂等措施降低二氧化硫的排放。

(8) 低硫煤和洗后动力煤，应优先供应给中小型燃煤设施。

(9) 选煤厂洗煤水应采用闭路循环，煤泥水经二次浓缩，絮凝沉淀处理，循环使用。选煤厂的洗矸和尾矸应综合利用，供锅炉集中燃烧并高效脱硫，回收硫铁矿等有用组分，废弃时应用土覆盖，并植被保护。

（10）型煤加工时，不得使用有毒有害的助燃或固硫添加剂。

电力环境保护

电力工业是能源工业的重要组成部分。目前在世界范围内，火力发电（燃煤发电、燃油发电和天然气发电）是最主要的发电方式。据联合国能源统计资料，世界总发电量中，火电占65%左右。煤炭是中国主要的能源资源，也是比较经济廉价的能源。以煤炭为主的一次能源资源与消费结构，决定了中国电力工业以煤电为主的基本电源结构。统计资料表明，中国的年发电量仅次于美国已跃居世界第二位。截至2003年底，全国发电装机总容量已达到3.91亿千瓦、发电量1.91万亿千瓦时，其中，火电装机2.9亿千瓦，占74%；水电9489万千瓦，占24%；核电619万千瓦，占1.6%；新能源发电55万千瓦，占0.1%。2003年全国发电消耗煤炭7.80亿吨，发电用煤占全国煤炭消费总量的49%，而在欧洲、美国等发达国家，80%—90%的煤炭消费用于发电。

1. 发电站环境保护

由于中国火力发电行业的煤炭消费量大，平均灰分高达28%左右，而且基本上是没有经过洗选的动力煤，所以电力行业成为二氧化硫、氮氧化物、烟尘等大气污染物的主要排放源，是造成大气污染，引起酸雨等大气环境问题的主要原因。同时，由于煤炭燃烧排放大量的二氧化碳等温室气体，导致了以温室效应为特征的全球性环境问题。根据《中国环境年鉴2004》公布的统计数据，2003年全国燃煤电厂排放二氧化硫803万吨，占全国排放总量的37.2%，占工业排放总量的44.8%，相对于2000年的720万吨，上升了11.5%。排放烟尘312.9万吨，占全国排放总量的29.8%，占工业排放总量的40.0%，相对于2000年的310万吨上升了1%左右。据专家估计，2000年发电行业排放氮氧化物469万吨，二氧化碳约320百万吨。2000年中国火电厂每发1千瓦时电的硫氧化物排放量分别是美国的1.5倍、日本的28倍、德国的3.0倍；每发1千瓦时电的氮氧化物排放量分别是美国的1.9倍、日本的15倍、德国的4.5倍；每发1千瓦时电的二氧化碳排放量分别是美国的1.5倍、日本的3倍、德国的1.6倍。

（1）主要大气污染物排放及治理情况。

烟尘排放及治理。1980—2003年的23年间，中国火电装机容量由0.465亿千瓦增加到2.898亿千瓦，增加了5.2倍，但烟尘排放量基本持平，并在1998年开始有明显下降。1980年烟尘排放量为399万吨，2003年约为312万吨。本地化的20万千瓦级机组配套的袋式除尘器示范工程已成功建成并投入运行。20世纪70年代前，绝大部分火电厂采用水膜除尘器和机械除尘装置，除尘效率很低，平均约为70%。经过20多年的发展，电除尘器的比例逐年增长，平均除尘效率达到98%左右。20万千瓦机组配套的布袋除尘器在中国已有商业化应用。

为贯彻实施新修订的《火电厂大气污染物排放标准》国家标准（以下简称《排放标准》），有效控制火电厂大气污染物排放，国家环保局于2004年5月21日颁发了《关于贯彻实施新修订标准的通知》，要求有关部门严格按照《排放标准》审批新、改、扩建火电项目，制定现有机组达标排放方案以及强化对火电机组达标的监督管理。在新制定的火电厂污染物排放标准中，对烟尘实行了更加严格的排放限制。第三阶段新建、改建、扩建的燃煤电厂的烟尘排放浓度限值为50毫克/立方米，燃油和燃气电厂的排放浓度限值为40毫克/立方米和20毫克/立方米，比日本、美国、欧盟的标准略宽松些，实施时间为2003年10月。

二氧化硫排放及治理。中国对火电厂二氧化硫的控制继续采取低硫煤、提高能效、烟气脱硫等综合措施，但烟气脱硫已逐步成为控制二氧化硫排放的主要措施。2003年运行的烟气脱硫技术有：石灰石—石膏湿法、旋转喷雾干燥法、烟气循环流化床法、电子束法、海水脱硫法、炉内喷钙尾部烟气增湿活化法等。在引进技术的基础上，中国已基本掌握了以主流烟气脱硫技术为主的烟气脱硫工程的设计、建设及运行。30万千瓦燃煤发电机组配套的石灰石—石膏湿法本地化示范工程已建成投运。到2003年底，全国投产与在建的脱硫装机约2000万千瓦，投运脱硫装置的装机突破800万千瓦（不包括CFBC机组）。通过这些措施，一方面单位千瓦二氧化硫排放量不断降低，与20世纪90年代中期相比，每千瓦时发电量二氧化硫排放量下降20%左右；另一方面，由于煤、电、运供需紧张，燃煤电厂的煤质总体下降，加之烟气脱硫装置投产数量少，还没有发挥出控制二氧化硫排放量的重要作用，2003年二氧化硫排放总量比2002年有所上升。

根据《国家电力公司环境保护“十五”计划》要求，电力行业的环境保护目标是以削减二氧化硫排放量为重点，优化电源布局，促进西电东送，控制东部地区新建燃煤电厂，限制两控区新建燃煤电厂，禁止在大中城市市区和近郊新建、扩建燃煤电厂（热电联产机组除外）。调整电源结构，积极发展水电和坑口大机组火电，压缩小火电，关停和替代老旧机组，适度发展核电，鼓励热电联产和综合利用发电，因地制宜发展风力、太阳能、生物质能等新能源和可再生能源发电。新建燃煤电厂采用低氮燃烧方式，并同步建设脱硫设施；积极推动现役火电机组脱硫。制定优惠的经济政策，为燃煤电厂脱硫创造公平的竞争环境。国家在脱硫资金和政策上将给予有力支持，一是制定不同地区发电环保折价标准；二是国家对电厂脱硫项目给予资金支持；三是保证脱硫电厂优先上网；四是提高二氧化硫排污收费标准，以调动企业脱硫积极性；五是加快采用洁净煤技术。到2005年，电力行业二氧化硫排放量比2000年削减10%—20%。加强燃煤电厂环境监督管理，燃煤和燃油机组必须安装烟气在线监测装置。到2005年，燃煤电厂平均供电煤耗比2000年降低15—20克/千瓦时，废水回用率达到60%，已满灰场全部复垦。采取有效措施，促进各项电力环境保护技术的开发和应用，力争在“十五”末期中国烟气脱硫产业初具规模，30万千瓦及以上的国产湿法脱硫机组投入运行，建设两控区内37个燃煤电厂的脱硫工程，年削减二氧化硫排放量能力达105万吨。

燃煤电站除尘及脱硫一直是电力行业非常重视的问题。高效率电除尘的使用比例逐年扩大，目前已经达到88%左右，所有30万千瓦及以上容量机组全部采用电除尘器，新建燃煤电站的除尘效率已经达到99%以上，火电厂烟尘排放上升趋势得到抑制。中国从20世纪70年代开始研究二氧化硫控制问题，80年代中期在四川白马电厂建立了旋转喷雾工业试验装置，90年代首次在重庆珞璜电厂两台36万千瓦机组上安装了石灰石—石膏湿法烟气脱硫装置。近年来，通过加大烟气脱硫技术引进及国产化示范工程力度，全国已经建成的以及招标的脱硫项目总规模约为2390万千瓦，占全国现有火电装机容量的9%。2000年底，全国火电厂已投运脱硫机组容量仅500万千瓦左右，绝大多数火电厂还没有采取脱硫措施。“九五”期间二氧化硫排放的减少，主要是通过关停小火电机组和两控区内的火电厂改烧低硫煤实现的，火电厂的二氧化硫污染排放尚未得到有效控制，这已成为电力工业实施可持续发展战略的制约因素。

1991年华能珞璜电厂引进的2台36万千瓦机组石灰石—石膏湿法烟气脱硫装置投入运行，标志着中国火电厂商业化脱硫装置运行的开始。此后，旋转喷雾干燥法、简易石灰石—石膏湿法、常压循环流化床法、电子束法、海水脱硫法、炉内喷钙尾部烟气增湿活化法等多种脱硫方法投入运行。在中国现有的世界上先进的火电厂脱硫工艺中，属于自主开发、具有知识产权、具备独立设计、制造、调试、商业化运行能力的只有10万千瓦级除尘脱硫一体化技术和半干法烟气脱硫技术。2003年12月29日，全国30万千瓦级大型燃煤发电机组烟气脱硫国产化示范项目黄台8号机组烟气脱硫工程正式投产，标志着中国火电脱硫国产化工作达到了一个新水平。

控制二氧化硫排放的措施可分为燃料脱硫（也称燃烧前脱硫）、燃烧中脱硫和烟气脱硫，从国际上和中国的国情出发，根本性的措施是烟气脱硫，尤其是燃煤电厂的烟气脱硫。近年来，中国烟气脱硫装置的建设已广泛开展，到2003年底，约有近2000万千瓦的烟气脱硫装置在建设、设计；未来10年，预计约有近2亿千瓦的火电机组建设烟气脱硫装置；从费用需求看，预计约有近7000亿元的市场。

为了控制污染，保护环境，中国出台了一系列的相关法律、法规和政策，对包括火电厂在内的工业污染源提出了更严格的要求。1998年1月，国务院以国函[1998]5号文批复了国家环保局制定的《酸雨控制区和二氧化硫污染控制区划分方案》。在批复中对火电厂二氧化硫排放也提出了严格要求，主要是：到2000年排放二氧化硫的工业污染源达标排放；除以热定电的热电厂外，禁止在大中城市城区及近郊新建燃煤火电厂；新建、改造燃煤含硫量大于1%的电厂，必须建设脱硫设施；现有燃煤含硫量大于1%的电厂，在2000年前采取减排二氧化硫措施，在2010年前分期分批建成脱硫设施或采取其他具有相当效果的减排措施。

中国的二氧化硫收费工作于1992年开始试点，主要目的在于促进企业防治污染和将收取的费用用于污染防治。1992年国务院批准了《征收工业燃煤二氧化硫排污费试点方案》。据国家电力公司统计，1996—2001年国家电力公司所属全资及控股火电厂累计缴纳二氧化硫排污费18.3亿元，2001年为5.56亿元。截至2001年底，获得补助金共7.4亿元，占缴费额的40%，有力地促进了电力部门的污染治理工作。在新颁布的《火电厂大气污染物排放标准》中，以1996年、2003年为划分火电厂3个被批准建设时段，各个时段的二氧化硫排放标准见表11－4。

由表11－4可见，不同时段建设的火电厂在2010年以前均要达到400毫克/立方米的排放标准（欧盟2002年11月以前执行的标准为200毫克/立方米），具体含义是，国家不再兴建含硫量大于3%的煤矿，电厂燃用含硫量3%的煤，脱硫率要求大于或等于90%；燃用含硫量2%的煤，脱硫率要求大于或等于85%；燃用含硫量1%的煤，脱硫率要求大于或等于70%。

氮氧化物治理。中国对燃煤氮氧化物的控制主要是通过改善燃烧方式来降低氮氧化物的排放量，即推广采用各种低氮燃烧器及燃烧调整方式。目前，不足20%的锅炉采用了低氮氧化物燃烧技术，其中用于引进型国产大容量机组上的比例约占2/3，在中小型火电机组上则尚未得到推广，绝大部分锅炉的氮氧化物排放量超标。

国家排放标准于1997年1月才对新建大型燃煤电厂氮氧化物排放提出限值要求，但20世纪80年代中后期中国在引进大容量燃煤发电机组的同时，就引进了锅炉低氮氧化物燃烧器的制造技术，并在大型火电机组上采用。在此基础上，结合中国煤质、制粉系统特点，开发了低氮氧化物燃烧系统。近几年，新建大型燃煤机组都按要求同步采用了低氮氧化物燃烧方式，一批现有电厂结合技术改造安装了低氮氧化物燃烧器。目前，除无烟煤、贫煤外，采用低氮氧化物燃烧方式的火电厂基本上能做到达标排放。

在新颁布的《排放标准》中，对火电厂氮氧化物的排放也提出了控制要求。其根据燃煤挥发分的高低而有所不同，第三时段新建、改建、扩建的燃煤电厂，燃煤挥发分小于10%时，排放限制值为900毫克/立方米；燃煤挥发分大于等于10%时，排放限值为450毫克/立方米；燃油、燃气电厂为150毫克/立方米。对第一、二阶段的电厂，则采用了更为宽松的排放标准，实施时间为2004年10月。这些限值与欧盟88/609/EEC中的规定相当，比日本的限值（411毫克/立方米）宽松，比美国的限值（100毫克/立方米）宽松很多。实施时间为2003年10月。随着氮氧化物控制技术水平和普及率的提高，中国火电厂氮氧化物的排放标准会逐步与国际接轨。

（2）废水排放情况。进入20世纪90年代后，采用调湿灰碾压技术和灰场防渗技术的灰场不断增多。这些措施的采用，使冲灰新鲜水用量及废水外排量大幅度下降。目前，新建电厂的除灰方式有了较大改进。在有条件的地方首先选用干除灰

表11－4

火力发电锅炉二氧化硫最高允许排放浓度

单位：毫克/立方米

控制标准 \ 批建时段 / 实施时间	1996年以前		1996—2003年		2003年以后
	2005－01－01	2010－01－01	2005－01－01	2010－01－01	2004－01－01
两控区内	2100	1200	2100	400	400
两控区外	2100	2100	1200	1200	1200

注：两控区外包括西部两控区外低硫煤坑口电厂或已批复的脱硫机组。

资料来源：《火电厂大气污染物排放标准》（GB13223—2003）。

方式；其次采用水力除灰，并使灰水尽量做到闭路循环；当灰水闭路循环确有困难时，则要求使用高浓度水力除灰。结合节水技术改造，一批火电厂采用了工业废水“零”排放技术。

（3）灰渣排放与综合利用情况。20 世纪 70 年代以前建设的火电厂，有些将灰渣排入江河。到 1995 年底，原电力部所属火电厂解决了多年存在的向江河排灰的历史遗留问题。20 世纪 80 年代建设的电厂在大力进行综合利用的同时，对新灰场和服役期满的灰场都采取了必要的防污染措施。干灰分选、粉煤灰生产建材产品、粉煤灰筑路和筑坝、脱硫石膏用于水泥和石膏板高附加值建材生产等，已成为电力企业变废为宝、多种经营的重要手段。2003 年，粉煤灰综合利用率继续保持在 60% 以上。

（4）污染物排放绩效情况。污染控制取得了成效，加上技术进步和新建机组的不断投入，发电煤耗、水耗逐年下降。单位发电量资源消耗的减少，直接减少了污染物的排放，烟尘、二氧化硫、废水等绩效指标逐年好转。

2. 水电站环境保护

随着国家环保政策的不断完善，水电工程环境保护工作逐步建立健全，从项目前期管理、招标、建设、竣工验收到投入运行，形成了一套较为完善的环境保护管理系统。

新中国成立至 20 世纪 80 年代以前，水电工程建设没有明确的环保法规，仅有些单项政策。如水库淹没移民有具体补偿办法，为减少淹没土地和减少移民，也考虑了局部围堤保护，如富春江水电站用围堤保护梅城，减少移民万余人。对文物、古迹也有保护要求，20 世纪 50 年代建设的三门峡水电站库区的永乐宫采用拆迁易地重建保护；20 世纪 60 年代建设的刘家峡水电站库区有炳灵寺石窟古迹，采用修建混凝土防护堤保护。为了保证航运、漂木和鱼类洄游，国家有“救鱼、救船、救木”的政策。但水电工程大多在边远山区建设，环境容量大，过去对施工期的三废没有明确处理要求。20 世纪 80 年代初，国家制定了建设项目环境管理办法。1982 年水电项目开始执行环境影响评价制度。1988 年颁发了《水利水电工程环境影响评价规范》，使水电环境影响评价工作进入了规范时期。

水库淹没和移民是水电工程首要问题，国家对此十分重视。《大中型水利水电工程建设征地补偿和移民安置条例》是保护工程投资者和移民双方合法利益的法律依据。条例明确规定：“国家提倡和支持开发性移民，采取前期补偿、补助与后期生产扶持的办法。”通过采取前期补偿、补助与后期扶持相结合，专项工程按原规模、原标准进行复建，地方人民政府包干负责移民安置任务等处理移民安置原则，保护了移民的利益。从效果上看，移民搬迁后生产和生活条件均有较大改善。

采取针对性措施，切实保护水生生物。如葛洲坝水电站建设时，为保护中华鲟的繁衍，专门成立了中华鲟研究机构，解决了人工孵化和放流问题。为保护和增加水产资源，在大化和岩滩水电站建设了渔业增殖站，向水库投放鱼苗；为保护三峡水电站库区珍稀植物，专门研究了保护区异地栽培技术，并取得成功。

3. 核电站环境保护

核电是清洁能源，一台百万千瓦级核电机组与同容量燃煤机组相比，每年可少燃用原煤 300 万吨。核电建设在选择和审查厂址时始终把核电站的安全和环境保护作为先决条件之一。根据国家颁布的有关核电站安全和环境保护的法规、规定和标准制定的《核电站初步可行性研究阶段环境影响评价的格式和内容深度》，对编制核电建设可行性研究报告应遵循的核安全评价、环境影响评价原则和审批程序都作了明确规定。

4. 输电线路环境保护

1997 年国家环保局颁布《电磁辐射环境保护管理办法》，要求输电线路的建设要进行环境影响评价。之后，按照国家有关规定，电力部门全面开展了输、变电项目的环境影响评价工作。2003 年，防治输变电建设及生产运行过程中的电场磁场对环境的影响、电力建设尤其是水电建设过程中对生态环境的影响和水土保持工作都进一步得到加强。

5. 水土保持

1991 年 6 月 29 日第七届全国人民代表大会常务委员会第 20 次会议通过了《中华人民共和国水

土保持法》，1993 年 8 月 1 日国务院发布了《中华人民共和国水土保持法实施条例》。电力行业认真贯彻执行国家有关法律法规，在山区、丘陵区、风沙区开发建设的电力项目，全面编制了水土保持方案，确定水土保持投资、防治责任范围，并在施工中落实。

6. 电力环境保护的行业管理

2003 年在进一步深化电力体制改革中，为加强电力行业的环保与资源节约管理工作，促进电力工业的可持续发展，将电力环保的行业管理与服务工作转移到中国电力企业联合会（简称中电联）。2003 年 3 月，中电联将环保与节能、节水、节油、综合利用等环境保护和资源节约方面的工作整合，成立了中国电力企业联合会环保与资源节约部，主要职能是：研究并参与制定国家相关法律、法规、政策、标准；制定电力行业环保与资源节约方面的行规行约并负责监督执行；统计分析并发布电力行业环保与资源节约的相关信息；承担电力环保与资源节约方面的规划编制以及咨询服务工作；开展电力行业环保与资源节约领域的国际合作；组织电力行业相关方面的宣传、教育、培训等。在国家有关部门统一部署下，2003 年电力行业开展了《节约和替代石油中长期专项规划基本思路》、《电力工业节水规划思路》、《电力工业污染防治规划思路》、《全国燃煤电厂二氧化硫排放治理“十一五”规划和 2020 年远景治理目标研究》、《全国火电厂烟气脱硫产业化发展规划研究》以及《电力行业清洁生产指标体系研究》等研究工作。开展了电力行业环保与资源节约方面的行规行约的研究，启动了《电力行业环境监测管理规定》、《火电厂环境保护统计指标解释》等的制定、修订工作。参与了国家环保法规、政策、标准的制定、修订。召开了电力系统的环保工作座谈会（自 1996 年以后召开的第一次全行业性质的环保工作会议）。在行业环境保护和资源节约工作开创新局面的同时，新组建的电力集团公司对环保与资源节约工作也给予了高度的重视。

石油天然气环境保护

石油和天然气的勘探、开采、加工、储运、使用中的环境影响是多方面的。在石油开采过程中形成的漏油、废水和污水排放造成对环境的污染，如油田井喷事故、海底油田泄漏等排放的原油以及采油废水、钻井废水、洗井废水和人工注水开采过程向地下回注经处理的废水时所排放的污水等。

石油储运过程，蒸发和泄漏对环境造成影响。蒸发主要发生于储油罐及装卸作业中。蒸发物为烃类和硫化氢气体。泄漏多由事故引起，如输油管道破裂、海上油轮及采油平台倾覆等。此外，石油储运过程中，压仓水、洗罐水及定期清理的油罐底泥等也会造成对环境的污染。

石油炼制过程中会排出大量废水、废气、废渣，生产车间的噪音等均产生对环境的污染。炼油污水由炼油过程中石油所含的硫、氧、氮等转化为有害化合物溶于水中形成，炼油污水排放量很大，20 世纪 80 年代，中国炼油厂每炼制 1 吨原油，排放 3—4 吨污水。炼油废气主要污染物为二氧化硫、硫化氢、氮氧化物、一氧化碳、烃类化合物及粉尘，其中许多废气散发恶臭、毒害人体。炼油废渣是炼油厂工艺化学反应过程后产生的化学废渣，主要是酸渣、碱渣、白土渣等以及污水处理过程产生的污泥，化学废渣毒性大，通过大气、水体和土壤污染环境。

天然气开采过程中产生大量地层水（气田水），含有硫、锂、钾、溴、铯等多种元素，若排入农田，会使土壤盐泽化。

由于石油天然气行业多年来建立并实施了比较系统的环境保护、管理、治理和监测体系，对各生产环节污染物排放源均采取了相应的防治措施，整个行业的环境保护工作取得很好的效果。2003 年石油和天然气开采业排放的废水中，氰化物、化学需氧量、石油类、氨氮和挥发酚的处理率分别为 96%、89%、95%、50% 和 71%。在排放的废气中，二氧化硫、烟尘和粉尘的处理率分别为 79%、86% 和 55%。

第六章

能源环境保护管理

能源环保规划

《两控区酸雨和二氧化硫污染防治“十五”计划》提出，到2005年“两控区”内二氧化硫排放量比2000年减少20%，酸雨污染程度有所减轻，80%以上的城市空气二氧化硫浓度年均值达到国家环境空气质量二级标准。根据国家环保总局发布的“十五”计划中期评估结果表明，《“两控区”酸雨和二氧化硫污染防治“十五”计划》的原定目标难以实现。导致控制目标无法完成的主要原因有以下三个方面：一是当前经济增长、能源需求超出预计目标。自2002年底开始，中国经济呈现快速增长态势，火电、钢铁、建材等行业超常规发展。而且从“十五”后两年的经济发展趋势看，预计全国煤炭消费量到2005年可能突破18亿吨，全国二氧化硫产生量将增加600多万吨，“两控区”二氧化硫产生量将增加300多万吨。二是污染治理项目进展缓慢。“十五”计划安排的279个重点二氧化硫治理项目计划投资409.5亿元，可形成二氧化硫削减能力303.7万吨/年，但是截至2003年底，已建成的仅有61个，占总项目数的21.9%；在建72个，占25.8%；处于初步设计、可行性研究、计划建议阶段的项目89个，占31.9%；未启动项目57个，占20.4%。三是由于电力供应紧张，原定2003年底前关停的5万千瓦以下燃煤机组的计划没有完成，很多已关机组又重新运行也是重要原因之一。

能源环保投资

2003年中国环境污染治理投资总计为1627.3亿元，比2002年增长了19.4%，占国内生产总值的1.39%。在环境污染治理投资中，城市环境基础设施建设投资为1072亿元，增加了36.5%；工业污染源污染治理投资为221.8亿元，增加了17.7%，其中用于废水治理投资87.4亿元、废气治理投资92.1亿元、固体废物治理投资16.2亿元、其他治理投资26.1亿元；新建项目“三同时”环保投资为333.5亿元，减少了14.4%。在环境污染治理投资中，城市环境基础设施建设投资占65.9%，比2002年增加了8个百分点，增长幅度较大，主要是由于国家继续实行积极财政政策，国债资金带动了城市环境基础设施建设。2003 年中国煤炭、电力和石油系统都加大了行业的环境污染治理投资。石油系统 2003 年共投入绿化、生态资金 3.8 亿元，使全系统绿化覆盖率比 2002 年提升了 1.2%。（见表 11 -5）

能源环保法规

2003 年，中国进一步加大了环境保护的法制建设，发布和施行了多项法规、规章，主要有：

《中华人民共和国环境影响评价法》（2002 年 10 月 28 公布，自 2003 年 9 月 1 日起施行）。该法第二条规定，本法所称环境影响评价，是指对规划和建设项目实施后可能造成的环境影响进行分析、预测和评估，提出预防或者减轻不良环境影响的对策和措施，进行跟踪监测的方法与制度。该法第八条规定，国务院有关部门、设区的市级以上地方人民政府及其部门，对其组织编制的工业、农业、畜牧业、林业、能源、水利、交通、城市建设、旅游、自然资源开发的有关专项规划，应当在该专项规划草案上报审批以前，组织进行环境影响评价，并向审批该专项规划的机关提出环境影响报告书。该法是一部体现预防为主、从源头上防止污染和生态破坏的立法，它对改变末端治理方式，促进中国可持续发展战略的实施，将起到不可替代的积极作用。

《中华人民共和国清洁生产促进法》（2003 年 1 月 1 日起施行）。该法第二条规定，清洁生产是指不断采取改进设计、使用清洁的能源和原料、采用先进的工艺技术与设备、改善管理、综合利用等措施，从源头削减污染，提高资源利用效率，减少或者避免生产、服务和产品使用过程中污染物的产生和排放，以减轻或者消除对人类健康和环境的危害。清洁生产是对传统发展模式的根本变革，是对末端治理的污染防治模式的根本否定，是实现可持续发展的必由之路。

其他出台实施的法规还包括：《中华人民共和国放射性污染防治法》（2003 年 6 月 28 日全国人大常委会颁布，自 2003 年 10 月 1 日起施行）；《排污费征收使用管理条例》（2002 年 1 月 30 日国务院通过、2003 年 1 月 2 日公布、自 2003 年 7 月 1 日起施行）；根据《排污费征收使用管理条例》，由原国家发展计划委员会、国家财政部、国家环境保护总局和原国家经济贸易委员会联合制定了《排污费征收标准管理办法》（自 2003 年 7 月 1 日起施行），财政部和国家环境保护总局制定了《排污费资金收缴使用管理办法》（自 2003 年 7 月 1 日起施行）。

另外，国家还颁布了一些强制性标准：《火电厂大气污染物排放标准》（GB13223—2003 ）于 2003 年 12 月 30 日由国家环境保护总局、国家质量监督检验检疫总局联合发布，2004 年 1 月 1 日起实施；2003 年 1 月，原国家经济贸易委员会和国家标准化管理委员会联合发布了 6 项工业企业取水定额国家标准，其中包括《取水定额 第一部分：火力发电》（GB/T18916.2—2002）（自 2005 年 1 月 1 日起实施）。

能源环保技术

近年来，随着新技术、新工艺、新产品不断开发和研制，并广泛用于污染治理和资源综合利

表 11 -5

2000—2003 年中国环境污染治理投资情况

指标 \ 年份	2000	2001	2002	2003
污染治理项目投资总额（亿元）	1060.70	1106.60	1363.40	1627.30
工业污染治理项目投资（亿元）	239.40	174.50	188.40	221.80
“三同时”项目环保工程投资（亿元）	260.00	336.40	389.70	333.50
城市环境基础设施建设投资（亿元）	561.30	595.70	785.30	1072.00
环境污染治理投资占当年 GDP 比重（%）	1.10	1.15	1.33	1.39

资料来源：根据《2000—2003 中国环境统计公报》数据整理。

用，以及通过引进、消化和吸收国外先进的环保技术，使中国环保产品质量和技术水平有了明显的提高。中国的环保设备(产品)，总体上达到了国际上20世纪80年代的水平，少数产品具有20世纪90年代和当代国际先进水平。中国已能设计和制造过滤面积2万平方米以上、处理风量百万立方米/时的常规袋式除尘器。在火电厂烟气脱硫、垃圾焚烧发电等方面，装备容量和技术水平逐步升级，具备了自行设计、制造关键设备及设备成套能力。工业一般废水治理技术和消烟除尘脱硫技术等达到了同期国际水平。但是中国绝大多数环保企业的科研、设计力量仍比较薄弱，且技术开发投入不足，产品主要为常规产品，技术含量低，竞争能力弱。2003年，国家环保总局印发了《关于发布2003年国家重点环境保护实用技术推广项目的通知》，国家环保总局还会同有关部门发布了《柴油车污染防治技术政策》和《摩托车污染防治技术政策》等，以利于进一步推动相关环保技术水平的提高。

能源环境治理的经济手段

环境治理的经济手段是指通过税收、收费等基于市场行为的措施来达到减少和控制污染物排放的目的。《中华人民共和国环境保护法》提出国家采取有利于环境保护的经济、技术政策和措施，对于排放污染物超过国家或者地方规定的污染物排放标准的企业事业单位，依照国家规定缴纳超标准排污费。

2003年1月2日，国务院总理朱镕基签发中华人民共和国国务院第369号令，公布经2002年1月30日国务院第54次常务会议通过的《排污费征收使用管理条例》，自2003年7月1日起施行。该条例第四条规定，排污费的征收、使用必须严格实行"收支两条线"，征收的排污费一律上缴财政，环境保护执法所需经费列入本部门预算，由本级财政予以保障。该条例第五条规定，排污费应当全部专项用于环境污染防治，任何单位和个人不得截留、挤占或者挪作他用。为了做好排污费的征收工作，规范排污费征收核定程序，根据该条例的有关规定，国家环保总局印发了《关于排污费征收核定有关工作的通知》。2002年，国家环保总局组织进行了二氧化硫总量控制和排污交易试点，参加试点的有山东、山西、江苏、河南、上海、天津、广西柳州和华能电力公司。在上述七省市进行的二氧化硫排污交易，是指各地在实施二氧化硫排污许可证及排放总量控制的前提下，鼓励企业通过技术进步和污染治理，最大限度地减少排放总量，追求使用最少排放指标的一种新兴市场手段。企业节约下来的污染排放指标，即将成为一种可用来交易的"有价资源"，既可在企业与企业间进行商业交换，也可"储存"以备自身扩大发展之需。而那些无力或忽视使用减少排污手段、导致手中没有排放指标的企业，将不得不按照商业价格，向市场或其他企业购买指标。开展排污交易政策示范工作的目的，就是寻求一种在社会主义市场经济条件下，运用经济杠杆的作用，调动排污企业的积极性，实现二氧化硫总量削减的办法。2002年国家环保总局还组织山东、江苏、浙江、山西四省开展电力行业二氧化硫总量分配绩效方法的试点工作。根据国家环保总局《关于开展"推动中国二氧化硫排放总量控制及排污交易政策实施的研究项目"示范工作的通知》(环办函〔2002〕51号)和《关于同意在江苏省开展利用排放绩效方法控制电力行业二氧化硫污染试点工作的函》的要求及总体部署，江苏省在全国率先制定了江苏省电力行业二氧化硫排放控制配额分配方案。

循环经济

循环经济一词是美国经济学家波尔丁在20世纪60年代提出的。循环经济是一种实践可持续发展理念的新的经济发展模式，它从资源环境是支撑人类经济发展的物质基础这一根本认识出发，通过资源—产品—废弃物—再生资源的反馈式循环过程，使所有的物质、能量在这个永续的循环中得到合理持久的利用，从而实现用尽可能小的资源消耗和环境成本，获得尽可能大的经济效益和社会效益。循环经济本质上是一种生态经济，其标志性的特征是遵循"4R"原则，即减量(Reduce)、再利用(Reuse)、再循环(Recycle)、再思考(Rethink)的行为原则。这是自20世纪八九十年代起，发达国家为提高综合经济效益、避免环境污染，以生态经济理念为基础，重新规划产业发展，提出一种新型的循环经济发展思路。循环经济已经逐渐成为一股新经济的潮流和趋势。

20世纪90年代末，循环经济概念开始引入我国。1999年，国家环保总局在广西贵港市开展了国内第一个生态工业园区的建设，即广西贵港国家生态工业（制糖）示范园区，正式启动了全国循环经济和生态工业建设试点工作。在此基础上，将生态工业理念引入工业门类齐全、经济综合性强的各类经济开发区、高新区等，在全国10多个工业园区开展生态工业园区建设。同时，开展了天津经济技术开发区、苏州高新区等5个国家生态工业示范园区建设工作。2002年，国家环保总局在辽宁省开展了循环经济省的试点工作，次年发布了《循环经济示范区申报、命名和管理规定》、《国家生态工业示范园区申报、命名和管理规定》。

2003年第十届全国人大第一次会议《政府工作报告》中第一次使用循环经济，把“支持发展环保产业和循环经济”作为中国全面贯彻实施可持续发展战略和2020年全面实现小康社会的重要途径。在党的十六届三中全会《关于完善社会主义市场经济体制的若干问题》中，再次明确提出，将循环经济作为重要的产业发展方向。2003年11月6日，全国人大环境资源委员会和国家环境保护总局在上海共同主办了“中国循环经济发展论坛”。

中央人口资源环境座谈会

2003年3月9日，胡锦涛总书记主持召开中央人口资源环境工作座谈会，朱镕基、吴邦国、温家宝、贾庆林、曾庆红、黄菊、吴官正、李长春、罗干等中央领导出席，胡锦涛总书记和朱镕基总理分别发表重要讲话。这是中央连续第七次在“两会”期间召开人口资源环境工作座谈会，听取环保工作汇报，并就进一步加强环保工作作出重要战略部署。会议提出，中国是一个有近13亿人口的发展中大国，正处于并将长期处于社会主义初级阶段，解决好人口资源环境问题是一项长期的艰巨的任务，人口资源环境工作仍然面临着一些亟待解决的突出问题和严峻挑战。人口资源环境工作关系经济社会的可持续发展，关系人民群众的切身利益和根本利益。围绕实现全面建设小康社会的宏伟目标，进一步明确新世纪新阶段人口资源环境工作的重点和方向。环境保护工作，要着眼于让人民喝上干净的水、呼吸清洁的空气、吃上放心的食物，在良好的环境中生产、生活，坚持预防为主、防治结合，集中力量先行解决危害群众健康的突出问题。

国家气候变化对策协调小组

中国政府对气候变化问题给予了高度重视。早在1990年2月，中国政府就在当时的国务院环境保护委员会下设立了国家气候变化协调小组，时任国务委员宋健同志担任组长，协调小组办公室设在原国家气象局。1998年，在中央国家机关机构改革过程中，设立了国家气候变化对策协调小组，时任国家发展计划委员会主任曾培炎同志任组长。2003年10月，经国务院批准，新一届国家气候变化对策协调小组正式成立，国家发展和改革委员会主任马凯担任组长，国家发改委副主任刘江任常务副组长，协调小组副组长单位包括外交部、科技部、国家环保总局和国家气象局，成员单位包括财政部、商务部、农业部、建设部、交通部、水利部、国家林业局、中国科学院、国家海洋局和中国民航总局。国家气候变化对策协调小组是中国政府关于应对气候变化问题的跨部门议事协调机构，其主要职责是讨论涉及气候变化领域的重大问题，协调各部门关于气候变化的政策和活动，组织对外谈判，对涉及气候变化的一般性跨部门问题进行决策。在过去的几年中，国家气候变化对策协调小组在研究、制定和协调有关气候变化的政策等领域开展了多方面工作。协调小组下设办公室负责具体日常工作。

2003年国家气候变化对策协调小组的工作概括起来主要有以下几方面：准确把握气候变化国际谈判形势与走向，较好地完成了《联合国气候变化框架公约》第九次缔约方大会及其附属机构会议的谈判工作，实现了预定的对外谈判目标；组织参加了政府间气候变化专业委员会第21届全会，提出了气候变化第四次评估报告大纲的中方框架，组织推荐了撰写第四次评估报告的中国专家，积极参加了政府间气候变化专业委员会主席团会议；初步完成了中国有关气候变化的初始国家信息通报编写工作；着手制定应对气候变化国家战略，启动了气候变化国家评估报告的编写工作，气候变化政策法规制定及科学研究取得了重要进展；与美国、加拿大、英国、挪威、日本、荷兰、瑞士、意大利、联合国发展计划署、亚洲开发银行和世界银行等开展了气候变化领域的合作，对外合作进一步加强。通过上述工作，不仅进一步维护了国家的权益，而且也促进了气候变化方面的研究，提高了中国应对气候变化的能力，提升了中国在应对气候变化方面的国际影响，同时也大大推动了国内的相关工作。

第十二篇 可再生能源和新能源

NEW AND RENEWABLE ENERGY RESOURCES

第一章

可再生能源和新能源资源状况

风力资源

中国幅员辽阔，海岸线长，风能资源比较丰富。据中国气象科学研究院估算，全国陆地上可开发利用的风能约2.53亿千瓦(依据地面以上10米高度风力资料计算)，海上可开发利用的风能约7.5亿千瓦，共计约10亿千瓦。风能资源丰富的地区主要分布在东南沿海及附近岛屿，内蒙古、新疆和甘肃河西走廊，东北、西北、华北和青藏高原的部分地区。另外，内陆也有个别风能资源丰富的地区。中国海域面积广大，海上风能资源也非常丰富，目前技术条件下可在距离海岸10千米、深度不超过20米的海域安装风力发电机组。近期风力资源可以大规模开发的地区有：经济发达的华东和华南的沿海地区、华北地区和东北老工业基地地区。这些地区都具有建成若干百万千瓦级别大型风力发电场的资源潜力。未来30—50年内，随着能源需求的增加，风力资源在我国能源供应特别是电力供应中的战略地位将日益突出，2050年有可能形成3亿—5亿千瓦的能力。换言之，风力发电的中期(10—30年内)发展潜力可以超过核电成为第三大发电电源，长期(30—50年)可能超过水电成为第二大主力发电电源。风力发电将在我国能源供应战略中具有举足轻重的地位。

小水电资源

中国西部地区小水电资源十分丰富。根据最新水能资源复查结果，全国小水电资源技术可开发量为1.25亿千瓦，而且分布广泛，遍及全国30个省、自治区、直辖市的1600多个县(市)，其中65%集中在西部地区。西南地区的小水电资源占全国的50%以上。我国的小水电资源已经在我国的电气化特别是农村电气化方面发挥了重要作用，我国约有1/3的县依靠小水电作为主要供电电源。

太阳能资源

中国有十分丰富的太阳能资源。据估算，陆地表面每年接收的太阳辐射能约相当于1700亿吨标准煤。从全国年太阳辐射能总量的分布来看，西藏、青海、新疆、内蒙古南部、山西和陕西北部、河北、山东、辽宁、吉林西部、云南中部和西南部、广东东南部、福建东南部、海南东部和西部以及台湾省的西南部等广大地区的太阳辐射能量很大，尤其是青藏高原地区最大。

生物质能资源

中国的生物质能资源主要有农业废弃物、森林和林产品剩余物和城市生活垃圾等。农业废弃物资源分布广泛，其中农业秸秆年产量超过6亿吨，可作为能源用途的秸秆折合约3亿吨标准煤，农产品加工和畜牧业废弃物理论上可以生产沼气近800亿立方米。森林和林业剩余物的资源量相当于2亿吨标准煤，随着退耕还林和天然林保护政策的实施，森林和林业剩余物的能源利用量还将大幅度增加，估计到2020年可达3亿吨标准煤。预计2020年，中国的城市垃圾产生量将达到2.1亿吨，其中60%采用卫生填埋方式处置，可收集20亿—100亿立方米沼气作为能源使用。能源作物是具有商业开发前途的生物能源资源，适合中国种植的能源作物品种很多，主要有油菜子等油料作物和一些野生植物，如漆树、黄连木和甜高粱等。2020年这几种主要资源有年产液体燃料5000多万吨的潜力，其中乙醇燃料2800多万吨，生物柴油2400多万吨。不论是直接燃烧、发电，还是液体燃料替代，生物质能资源在中国能源供应中都有一席之地。

第二章

可再生能源和新能源开发利用状况

小水电开发利用

建国50多年来，中国开展了大规模的水电建设，在小水电的设计、施工、运行、管理和综合利用水平方面，都处于世界领先地位。60多个国家和地区150多个政府机构和国际组织组成的国际小水电网，总部设在杭州。联合国工发组织也在杭州设立了国际小水电中心。2000年，联合国国际小水电基地在湖南郴州建立。小水电设备技术成熟，最新的技术发展方向主要是利用信息技术提高自动化水平，使小水电站做到无人值守，实现计算机远程控制。

到2003年底，中国水电总装机容量达到9390万千瓦，占全国总发电装机容量的24%，年发电量为2813亿千瓦时，占全国总发电量的15%。全国30个省(自治区、直辖市)1500多个县开发了农村小水电，建成小水电站4万多座，装机容量达3080万千瓦，年发电量达1000亿千瓦时。目前，全国800个县主要由农村水电及其电网供电，全国1/2的地域、1/3的县、1/4的人口主要靠农村小水电供电。近5年来年均新增装机容量150万—200万千瓦。

中国小水电的蓬勃发展，为小水电设备提供了广阔的市场空间，推动中国小水电设备制造行业与小水电一起发展壮大。全国有2万多个小水电企业，职工50多万，固定资产超过1000亿元。小水电主机生产厂家50多家，每年成套生产能力350万千瓦，从业人员3.5万多人，年产值21亿元，上缴税金3000多万元。产品除满足国内需要，还出口到美国、加拿大、越南、印度、巴西等20多个国家和地区，年出口额约6000万元。

风力发电

到2003年底，全国共建成40个风电场，分布在14个省自治区、直辖市，累计安装风电机组1042台，装机容量达到56.7万千瓦，年发电量约

12 亿千瓦时，其中辽宁 12.6 万千瓦、新疆 10.3 万千瓦、内蒙古 8.8 万千瓦、广东 8.6 万千瓦，装机容量最大的风电场是新疆达坂城风电二厂，为 8.3 万千瓦。另外，全国有 18 万台以上的小型风力发电机组，在草原和偏远地区为农牧民供电，总容量约 3 万千瓦。

中国在小型风力发电机组的技术上有一定优势，但大型并网风力发电设备制造技术与国外先进水平相比有较大差距，自己研究开发的风电机组单机容量在 300 千瓦以下，在引进 600 千瓦等级风电机组制造技术后，已研制成功 750 千瓦风电机组制造技术，并正在研制兆瓦级风电机组，包括国际上最新技术前沿的无齿轮箱直接驱动风电机组。中国近年来重视风电机组的电控技术研究开发，中科院电工所等科研单位在风电机组的控制技术方面取得突破，已掌握定桨距风电机组控制技术，并正在研究变桨距和变速恒频风电机组的控制技术。

20 世纪末中国开始发展自己的风力发电设备制造产业，目前共有六家企业可以生产并网风力发电机组，其中新疆金风科技公司的 600 千瓦等级风电机组已实现批量生产，研制的 750 千瓦风电机组 2003 年底投入运行，正在研制 1.2 兆瓦无齿轮箱直接驱动风电机组。1998 年在国家支持下成立了一拖美德和西安维德两个中外合资风电设备制造公司，引进国外先进技术，生产 600 千瓦等级的风力发电机组，首批机组已投入使用。风电机组零部件生产初步形成体系，叶片、齿轮箱、发电机、电控系统等部件国内均可制造。风电机组国产化率也有较大提高，按整机造价测算，国产化率已从 40% 左右提高到 60% 以上，少数机组的国产化率达到 90% 以上。随着国内风力发电设备制造厂逐渐形成装备能力，近年来国产风力发电机组安装投运增多，国产机组的份额从 5% 上升到 12%。（见表 12-1、表 12-2）

表 12-1

2003 年各地区累计风电装机量

序号	地区	台数	装机容量（千瓦）
1	辽宁	202	126460
2	新疆	208	103450
3	内蒙古	174	88340
4	广东	177	86390
5	浙江	66	33350
6	吉林	49	30060
7	山东	33	25165
8	甘肃	38	21600
9	河北	30	13450
10	福建	24	12800
11	宁夏	12	10200
12	海南	19	8755
13	黑龙江	6	3600
14	上海	4	3400
	全国（未统计台湾省）	1042	567020

资料来源：国家发改委能源局。

光伏发电

太阳能光伏发电是最有发展前途的发电方式，目前由于建设成本较高，还难以大规模商业化发展，但在解决偏远地区用电方面已发挥了重要作用。我国已经建成 1000 多个太阳能光伏电站，解决了约 100 万人口的用电问题。光伏发电今后较长时期仍应该主要集中在解决偏远地区无电人口的用电方面。为了有效促进光伏发电的发展，做好未来发展的技术储备，应适度开展并网光伏发电的建设示范工作，以解决我国偏远地区的供电问题，并促进和带动我国光伏发电产业的发展。据欧洲光伏发电协会估计，随着太阳能发电的发展，2040 年太阳能发电可能占据届时全球发电总量的 20%，按照中国达到世界平均水平的 50% 估计，约有 10% 的发电装机来自于太阳能发电。

中国于 1958 年开始研究光伏电池，最早在人造卫星用作空间电源。20 世纪 80 年代中期以后，国家加大了对光伏发电的支持力度，光伏发电市场稳步扩大，应用领域也扩展到通信、交通、石油、农村电气化、民用产品等领域。1990 年以后，光伏发电列入国家电力建设计划，在西部偏远地区建设了一些光伏电站。到 2003 年底，中国累计光伏电池使用量达到 50 兆瓦，年产量达到 10 兆瓦。近年来，光伏发电在一些重大工程项目中得到采用，西气东输和青藏铁路都采用了大量光伏电源，光伏发电的市场增长率年均达到 20% 以上。

光伏电池包括单晶硅电池、多晶硅电池、非晶硅电池、砷化镓电池、硅电池、铜铟锡及碲化镉

表 12－2

2003 年各风电场累计装机容量

序　号	风场名称	台　数	装机容量（千瓦）
1	新疆达坂城 2 号	157	82800
2	广东南澳	130	56690
3	内蒙古辉腾锡勒	72	42700
4	辽宁仙人岛（营口）	47	31660
5	内蒙古克什克腾（赤峰）	45	30360
6	吉林通榆	49	30060
7	辽宁东岗	38	22450
8	甘肃玉门	38	21600
9	辽宁丹东	28	21000
10	浙江括苍山	33	19800
11	新疆达坂城 1 号	42	18400
12	广东汕尾	25	16500
13	山东即墨	15	16400
14	浙江鹤顶山	23	13250
15	广东惠来	22	13200
16	康平	12	10200
17	彰武	12	10200
18	宁夏贺兰山	12	10200
19	河北张北	24	9850
20	辽宁法库	12	9600
21	海南东方	19	8755
22	山东长岛	13	8100
23	辽宁横山	24	7400
24	内蒙古朱日和	32	6900
25	福建平潭	14	6800
26	福建东山	10	6000
27	内蒙古锡林	13	4780
28	辽宁锦州	5	3750
29	河北承德	6	3600
30	内蒙古商都	12	3600
31	辽宁大连小长山	6	3600
32	辽宁大连大长山	6	3600
33	黑龙江木兰	6	3600
34	上海奉贤	4	3400
35	辽宁大连獐子岛	12	3000
36	新疆阿拉山口	2	1200
37	新疆布尔津	7	1050
38	山东栖霞	2	500
39	山东泗礁	10	300
40	山东荣成	3	165
	全国(未统计台湾省)	1042	567020

资料来源：国家发改委能源局。

化合物薄膜电池等，中国技术研究主要集中在单晶硅、多晶硅和非晶硅电池。光伏电池的效率和组件的性能逐渐提高，单晶硅电池的实验室效率达到 20%，商业应用的效率达到 15%，已接近国际先进水平，多晶硅电池和多晶硅薄膜电池的商业应用效率也达到 14%。中国光伏电池配套部件研究和发展较为滞后，缺乏适合光伏发电系统应用的深放电、长寿命铅酸蓄电池。中国户用光伏发电系统和独立村级光伏(风光互补)发电系统技术已经成熟，目前技术研究和发展重点是光伏并网发电系统。

中国光伏电池生产线经历了 20 世纪 80 年代和 21 世纪初两个高峰期，有多条电池和封装生产线，规模达到数兆瓦以上，多晶硅光伏电池也开始了商业化生产，主要是单晶硅和多晶硅两种产品。2003 年光伏电池生产能力为 53. 5 兆瓦，光伏组件封装能力达到 100 兆瓦。到 2003 年底，国内光伏电池使用的硅片生产能力是 70 兆瓦，其中 60 兆瓦为单晶硅片，90% 以上用于出口，多晶硅片的生产能力是 8 兆瓦，低于国内的多晶硅电池的生产能力，远不能满足国内需求。

2002 年，国家实施了无电乡通电计划，共建设了 678 个独立光伏电站，总容量为 16. 5 兆瓦。到 2003 年底，光伏电池的累计容量已达到 50 兆瓦，光伏组件的价格下降到每峰瓦 20—35 元。北京、深圳等大城市开始建设并网光伏发电系统示范项目，北京的奥运会场馆也将安装一些光伏发电系统，这些示范项目将为并网光伏发电的大规模应用奠定基础。目前光伏发电应用领域的分布：农村电气化占 50%，通信和其他工业应用占 35%，光伏商业化民用产品占 10%，光伏并网发电占 5%。2002 年之后是光伏发电产业快速发展时期，特别是无电乡通电计划实施带来市场需求的急剧扩大，促进了光伏电池生产企业的迅速发展，出现了一批较大规模的光伏系统集成和销售企业，主要集中在西部省区。

太阳能热利用

中国太阳能资源的利用目前主要用于城乡居民热水供应，截至 2003 年太阳能热水器已经有 5000 多万平方米的保有量，2020 年和 2050 年分别可以达到 2 亿平方米和 5 亿平方米保有量，分别可以替代 1200 亿千瓦时和 3000 亿千瓦时，替代高峰电力 8000 万千瓦和 2 亿千瓦。

太阳能热水器不消耗能源，清洁、安全、方便、成本低，经过 20 多年的发展，已广泛地应用于住宅、宾馆、饭店、学校、休闲娱乐和体育保健等场所，既可用于分散的用户，也可用于大型集中热水工程。2003 年，全国太阳能热水器保有量达到5000 万平方米，为全国3000 多万家庭提供了充足的热水供应。太阳能热水器产品占热水器产品市场的12%，已形成与电热水器和燃气热水器三足鼎立的局面。特别是在农村地区和中小城镇，太阳能热水器已经成为改善人民生活质量、全面建设小康的重要技术手段。

中国太阳能热水器的发展始于 20 世纪 80 年代，当时市场定位是农村或中小城镇的低收入家庭，其主导产品以技术简单、造价便宜的闷晒式太阳能热水器为主。进入 90 年代，随着技术进步和企业规模的扩大，技术和产业都逐步成熟，太阳能热水器逐步形成了真空管、平板和闷晒三种技术系列。同时，为了满足用户的需求和城市景观的要求，太阳能热水器开始向实用、美观和与建筑结合的方向发展。为了开拓高档住宅和国际市场，一些太阳能热水器大型企业开始开发全天候、高质量的太阳能热水器，并已投入使用。

太阳能热水器已实现了产业化，形成原材料加工、产品开发制造、工程设计和营销服务的产业体系，有力地带动了玻璃、金属、保温材料和真空设备等相关行业的发展，成为一个产业规模迅速扩大的新兴产业。到 2003 年底，全国具有一定规模的太阳能热水器生产厂有 1000 多家，年产量达1200 万平方米，总产值达110 亿元，是世界上最大的太阳能热水器生产和应用国。其中，产值超过亿元的企业有 8 家，年产值最高的达6 亿多元。太阳能热水器制造产业提供了25 万个就业岗位，产生了显著的经济、环境和社会效益。

目前，发达国家向太阳能建筑一体化方向发展，我国在这方面刚开始起步。随着经济的发展和人们环保节能意识的增强，太阳能热水器将会得到更大发展。今后的发展方向应该是在建筑设计和建设中充分利用太阳能，提高我国太阳能建筑一体化的设计、施工和安装能力，为太阳能热水器的发展创造条件。从建筑法规、政策、标准等方面予以支持。如果平均每百人拥有太阳能热水器集热面积30 平方米，全国太阳能热水器总使用量可达到5 亿平方米，年节约能源6500 万吨标准煤，并可以有效减轻电网高峰时段的压力。（见表 12－3、表 12－4）

生物质能

生物质能是目前最普遍使用的可再生能源资源，作为能源资源利用的农林残余物占全世界能源消费总量的 15% 左右，中国是世界上农林残余物资源消耗最大的国家，消耗量约占全世界消耗总量的 30%。中国 2003 年农作物残余物约6 亿吨，作为能源资源主要用于农村居民的炊事和取

表 12－3

全国太阳能热水器年产量和总保有量

年　份	年产量（万平方米）	产量年增长率（%）	保有量（万平方米）	保有量年增长率（%）
2000	640	28	2600	30
2002	1000	22	4000	25

资料来源：中国环境科学出版社《中国太阳热水器产业发展研究报告（2001—2003）》。

表 12－4

太阳能热水器产品结构

年　份	真空管型		平板型		闷晒型	
	产量（万平方米）	份额（%）	产量（万平方米）	份额（%）	产量（万平方米）	份额（%）
2000	420	66.0	160	25.0	60	9.0
2002	855	85.0	135	13.5	15	1.5

资料来源：中国环境科学出版社《中国太阳热水器产业发展研究报告（2001—2003）》。

暖，利用水平较低。据不完全统计，全国农村每年消耗的非商品生物质能源约2.8亿吨标准煤。随着人民生活水平的提高，煤炭、石油液化气等优质能源将走进农村，大量农作物秸秆将被废弃，随地焚烧，不仅造成严重的空气污染，而且威胁公路、航空交通安全，危害公众健康。充分利用生物质能资源，实现生物质制气或发电的优质化利用，是缓解我国能源供应和环境保护压力的重要措施。

近年来，中国农林废弃物能源利用向优质高效方向发展，包括发电、制取固体成型燃料、液体燃料和气体燃料等。全国已建成村级秸秆气化站500多处，江苏、安徽、黑龙江等地建设了一批小型稻壳气化发电机组（单台机组容量150—200千瓦），总计约有150座气化发电站。另外，还有一些地区建设了利用木材加工废料的气化发电机组，一般容量在1000千瓦以下。

农林残余物的发电已经形成直接燃烧蒸汽发电和气化发电两种技术路线，中国的蔗渣发电技术比较成熟，但对秸秆锅炉燃烧技术研究不足，目前正在与丹麦合作在国内生产秸秆锅炉设备，并准备在山东、江苏、河北、黑龙江等地建设示范项目。气化发电分为固定床和流化床两种基本气化炉型，固定床气化炉配套内燃机发电在20世纪80年代用于稻壳气化发电，但容量一般不超过200千瓦，90年代末中科院广州能源研究所研制了循环流化床气化炉，首先在米厂用于稻壳发电，后来用于木粉和秸秆的气化发电，但气化发电的焦油处理是一个技术难题，至今还没有很好的解决办法。生物质致密成型技术进入应用阶段的主要是热压成型，缺点是电耗较高，近年来一些新技术可降低电耗，最新的技术成果已经可以在常温下加工生物质固体燃料，使生产成本大幅度下降。

目前，国内尚不能生产专门燃烧农林残余物的电站锅炉，对直接燃烧蒸汽发电的工程设计、施工和运行都还缺乏经验。固定床气化炉的生产厂家较多，大部分作为农村秸秆气化供气机组，主要分布在山东、河北、安徽和江苏等地，一般生产规模较小。流化床气化炉尚未形成批量生产，主要生产单位是广州能源所。气化发电的配套发电机组一般是内燃机发电机组，国内有一些柴油机制造企业开发了专用设备，200千瓦以下生物质燃气内燃机发电机组技术比较成熟，已经批量生产，500千瓦以上机组正在试运行，更大型的生物质燃气内燃机发电机组正在研制。

沼气

沼气是生物质能利用的重要途径。如果农村居民中有1/4利用沼气作为生活能源，每年可以节约能源1200万吨标准煤；如果将大型禽畜场、酿酒和食品加工厂的粪便和废水进行处理，可年产沼气100亿立方米，节约能源800万吨标准煤。沼气工程主要用于处理轻工行业的有机废水和大中型畜禽场粪便，工业有机废水主要由酒精、淀粉、啤酒、发酵、屠宰和制药企业产生。

到2003年底，全国建成容积200立方米以上厌氧装置工业有机废水沼气工程700座，厌氧装置的总容积约150万立方米，年处理有机废水约1.5亿吨，年生产沼气约11亿立方米。这些工程分布在18个省市区，其中山东、四川、江苏、河南、安徽、广东、浙江7省的沼气工程占总量的61%。

到2003年底，全国共有畜禽养殖场沼气工程1500处，总池容45万立方米，产气0.6亿立方米，分布在全国24个省市区。畜禽养殖场沼气工程一般比工业废水沼气工程规模小，平均单个项目的池容约300立方米，集中在沿海地区、大中城市周边地区，如福建、湖南、浙江、江西、河北、江苏、广东、北京和上海等地。全国建成农村户用沼气池1300多万口。户用沼气池容量一般为6—10立方米，平均年产沼气约260立方米，四川、云南、广西和湖南等南方中西部地区应用较普及。从2002年起，国家投资补助支持发展农村户用沼气，每年安排约100万户，不仅使沼气池在南方地区迅速普及，而且近年来北方地区的应用也迅速增长。

经过近20年的发展，大中型沼气工程中的工艺技术已经基本成熟，目前所采用的工艺技术已经成功地用于处理各类有机废水。在近10年中，全混合发酵罐和UASB反应器的标准化、系列化设计及产业化，全混合厌氧发酵罐罐体和罐内喷射泵搅拌、沼气搅拌的系列设计等沼气配套技术也得到了很大发展。UASB罐体结构、三相分离器、布水系统等方面，已形成了矩形和圆形UASB反应器两大系列的标准化设计。同时，在沼气工程的设计和建造中还引进了国外的新材料和新工艺。沼气工程配套装置的生产已经比较完善，这种专用分离装置都有企业专门生产，各种干式、湿式、氧化还原等沼气脱硫净化装置和浮罩式、气袋式、高压贮气设备都已经专业化制造，有些企业已经在研制和生产沼气发电和沼气燃具等专用设备。国内已有一批专业性较强的沼气工程施工企业，也有一批稳定的技术工人队伍，沼气工程的专业规范和标准都已经实施，国家和地方政府也制定了一些管理规定，并对沼气工程施工企业和技术工人采取资质管理，出现了许多专业化的沼气工程施工企业。

垃圾能源化利用

垃圾作为生物质能源，利用方式主要是垃圾焚烧发电和垃圾填埋场沼气发电。城市生活垃圾处理也可以回收大量能源。我国目前已建成的垃圾填埋气发电项目的设计和施工使用的是外国公司的技术，内燃发电机组也是进口设备。随着我国卫生填埋垃圾场的增多，我国应积极掌握垃圾填埋气提取技术和大型填埋气发电机组的制造技术。2020年，我国城市垃圾年产生量将达到2.1亿吨，如考虑30%焚烧发电，60%采用卫生填埋方式，回收填埋气发电，则可以安装发电装机250万千瓦，节约能源500万吨标准煤。

垃圾发电技术包括焚烧发电和填埋气发电两类，20世纪80年代从国外引进垃圾焚烧发电技术，国内一些锅炉厂已经能够生产垃圾焚烧锅炉，但一些关键技术仍依赖国外，主要是炉排和尾气净化处理等。目前，日处理量500吨及以上能力的焚烧发电设备的国产化率可达到80%。垃圾填埋气利用技术包括沼气收集、压缩和内燃机发电机组，国内可以制造200千瓦等级的小型填埋气内燃发电机组，但是兆瓦级的填埋气发电设备技术还依靠进口。国内一些企业正在进行500千瓦等级和1兆瓦等级低热值燃气内燃机发电机组的研制和试运行。以垃圾为原料制取生物柴油的技术处于研究开发阶段，尚未形成商业化能力。

中国第一个垃圾焚烧发电厂于1987年在深圳投入运行，垃圾焚烧发电在“九五”期间得到一些大城市的重视。2000年，中国有1000多座垃圾处理场，其中只有30%为填埋场，采用沼气收集装置和利用的很少。第一个垃圾填埋气发电装置于1997年在杭州投入运行，南京建成一座1250千瓦的垃圾填埋气发电站（设计总装机容量为5兆瓦），目前还有上海、北京等地正在建设垃圾填埋气发电站，装机容量一般为10兆瓦左右。2000年到2002年期间已建成20多个日处理量在100吨以上的焚烧装置，主要在上海、广州、深圳、杭州、郑州、哈尔滨等大城市以及南方一些中等城市。此外，目前在太原、苏州、广东等地还有一些项目在建设之中。虽然垃圾焚烧技术近两年在中国发展迅速，但因为起步晚，垃圾处理总量和装机总量都不大，仅占生活垃圾总量的3%左右，发电总装机容量近100兆瓦。垃圾焚烧发电适宜在经济发达、土地资源稀缺的大中城市作为垃圾处理的主要方式。

垃圾发电产业最近5年来发展较快，已形成一些专业化的垃圾发电工程公司和投资公司，垃圾焚烧锅炉设备制造依托国内比较成熟的锅炉制造能力，在引进国外技术和自主研究开发的基础上，已经有多家锅炉制造企业可以生产垃圾焚烧锅炉，形成以国内制造设备为主的装备能力。国内缺乏垃圾填埋气工程成套设备和技术集成企业，目前在国内实施垃圾填埋气发电的主要是外资企业和中外合资企业。除了大型燃气内燃发电机组，大部分部件可在国内采购到，基本上可以满足工程需要。随着国内垃圾资源化、减量化和清洁化处理技术的逐步推广，垃圾发电可望形成以国内设备为主的装备能力，并出现更多的专业化公司，形成较完善的垃圾发电产业体系。

生物柴油、酒精开发利用

中国生物柴油的研究与开发起步较晚，但科研活动比较活跃，研究内容涉及到油脂植物的分布、选择、培育、遗传改良等及其加工工艺和设备。目前各方面的研究取得了一些阶段性成果。

国内生物柴油的系统研究始于中国科学院的“八五”重点科研项目：“燃料油植物的研究与应用技术”，完成了金沙江流域燃料油植物资源的调查及栽培技术研究，建立了30公顷的小桐子（麻疯树）栽培示范片。自20世纪90年代初开始，长沙市新技术研究所与湖南省林业科学院对能源植物和生物柴油进行了长达10年的合作研究，“八五”

期间完成了光皮树油制取甲脂燃料油的工艺及其燃烧特性的研究；“九五”期间完成了国家重点科研攻关项目“植物油能源利用技术”。

海南正和生物能源公司于2001年9月在河北武安市建成了中国第一个生物柴油生产装置，以餐饮废油、榨油废渣和林木油果为原料，年产生物柴油1万吨。经石油化工科学研究院检测，产品质量优于国家轻柴油质量标准，性能达到美国ASTM生物柴油标准，产品价格具有一定的市场竞争力。2003年，该公司还与当地地方政府和信用社合作，建立了66.66平方千米（10万亩）黄连木林基地，以每吨1000元的价格收购农民采摘的油果作为原料。2001年6月四川古杉油脂化学有限公司投资1800多万元，建成年产1.2万吨生物柴油生产线，它们标志着中国生物柴油产业的诞生。

1999—2002年，湖南省林业科学院主持承担了国家林业局引进国外先进林业技术（948项目）——“能源树种绿玉树及其利用技术的引进”，从南非、美国和巴西引进了能源树种绿玉树优良无性系，研制完成了绿玉树乳汁榨取设备，进行了绿玉树乳汁成分和燃料特性的研究。绿玉树乳汁催化裂解研究取得阶段性成果。

海洋能利用

中国大陆沿岸和海岛附近蕴藏着较丰富的海洋能资源，可开发潮汐能资源潜力约2000万千瓦，年发电量约624亿千瓦时，波浪能装机潜力约1300万千瓦。大部分海洋能资源分布在常规能源严重缺乏的华东沿海，距电力负荷中心较近。20世纪50年以来，中国先后建造了近50座潮汐电站，但到80年代初，只有8个电站正常运行发电。江厦电站是最大的潮汐电站，到目前已运行近20年。潮汐发电的关键技术包括潮汐发电机组、水工建筑和海洋环境等。中国20世纪60年代和70年代初建成的潮汐电站技术水平相对较低，大部分已不能正常运行，但江厦电站技术较成熟。近年来，福建省开展了新的潮汐发电站的一些前期工作，但由于技术、成本和投资等原因，一直没有进入实质性建设阶段。

潮汐能利用的主要方式是发电，利用海水潮差推动水轮机旋转，带动发电机发电。从国际范围看，潮汐发电是海洋能中技术最成熟和利用规模最大的，法国朗斯潮汐电站装机容量达25万千瓦，几个百万千瓦级的潮汐电站正在建设当中。

中国波力发电研究始于20世纪80年代，但发展较快。经过“七五”、“八五”攻关，相继建成3千瓦、20千瓦岸基波力试验电站；“九五”又将100千瓦岸式波力电站列为重点攻关内容。此外，在青岛小麦岛建设了中国特有的摆式波力试验电站。该电站采用最新专利技术，保证了在摆板低幅运动时也能发电。与此同时，华南理工大学还研制成功铰接柱式波力发电装置，已用作南海航标的供电电源。总之，通过近10多年的试验研究，中国波力发电技术有了明显提高，为其实用化和产业化奠定了坚实的基础。

世界上从事海流能开发的主要有美国、英国、加拿大、日本、意大利和中国等。20世纪90年代以来，中国开始海流能示范应用电站的研制，并得到国家“八五”、“九五”科技攻关计划的支持。目前，正在建设75千瓦的海水潮流电站。意大利与中国合作在舟山地区开展了联合海流能资源调查，计划开发140千瓦的示范电站。

地热能利用

目前全国（包括台湾）地热发电装机总量为30兆瓦，大部分集中在西藏，羊八井是中国目前惟一上规模的地热电站，年发电量1亿千瓦时左右，目前约占拉萨电网供电量的30%，为该地区的骨干电源之一。（见表12-5）

中低温地热资源在全国普遍存在，特别是近年来地源热泵技术的发展，使地热能得到普遍应用。地热采暖发展迅速，1990年全国地热供暖面积仅190万平方米，到2000年就增至1100万平方米。目前，北京、天津、西安等大城市以及黑龙江、辽宁、宁夏、山东、河北、河南等省正在积极采用多种供热形式（包括热泵）进行示范工程建设与推广。西部的云南、西藏、新疆、四川、陕西等省正在着手开发地热旅游资源，为发展当地的旅游产业增添新品种、新增长点。东南沿海各省在大力发展地热旅游（保健、疗养）和特优品种的种植、养殖业的同时，着手利用地热进行制冷与烘干工程的实施。全国各地的地热直接利用，正以强劲势头向规模化、产业化方向健康发展。

表12－5

中国地热电站装机容量及运行情况

电站名称	机组编号	单机容量（兆瓦）	机组运行年代	总装机量	运行情况	备注
西藏羊八井	1号机	1.00	1977－10	—	停运	火电机组改装
	2号机	3.00	1981－11	—	运行	除1号、5号(进口快装机组)外，其他均为青岛捷能动力集团公司生产的D3－1.7/0.5型机组
	3号机	3.00	1982－11	—	运行	
	4号机	3.00	1985－09	—	运行	
	5号机	3.18	1986－03	—	运行	
	6号机	3.00	1988－12	—	运行	
	7号机	3.00	1989－02	—	运行	
	8号机	3.00	1991－12	—	运行	
	9号机	3.00	1991－02	25.18	运行	
西藏那曲	1号机	1.00	1993－11	1.00	间断运行	"ORMAT"双循环改装机组
西藏朗久	1号机	1.00	1987－10	2.00	间断运行	
	2号机	1.00	—	—	—	
广东丰顺	3号机	0.30	1984－04	0.30	运行	减压扩容
湖南灰汤	1号机	0.30	1975－10	0.30	运行	减压扩容

资料来源：国家发改委能源所调查资料。

中国地热发电项目少，没有形成规模化的地热发电设备制造能力，直接蒸汽发电设备为常规发电设备改造，不具备形成专业化设备制造的条件。两个有机工质循环发电站的设备为以色列奥马特公司制造，国内没有开展这方面的技术研究和设备制造。总体上，地热发电潜力有限，缺乏产业发展的基础条件。

中国中低温地热利用有较完善的产业体系，在地热井勘探、钻井工程、设备制造、施工安装、运行管理等方面已形成专业化，各地都有专门的地热开发利用公司，特别是热泵的制造和应用初步形成规模，使地热成为一个迅速成长的新产业。

燃料电池和氢能利用

1960年以来，世界主要国家对燃料电池的研究开始加强，但由于技术、成本、原料等方面的困难，进展比较缓慢，长期停留在试验阶段。近10年来，随着对石油、天然气资源短缺的担心，许多国家和大能源公司更加重视高效利用能源的燃料电池技术，燃料电池的技术也日趋成熟，开始用于小型电站、小轿车、公共汽车等领域。

中国燃料电池的研究起步较早，中国科学院大连化学物理研究所自1957年就开始这方面的研究，20世纪60年代末就研制了两种航天用燃料电池。中国在20世纪六七十年代研制的航天用碱性石棉膜燃料电池曾在世界上最早应用，适用于航天用途。

燃料电池的最重要应用领域是交通动力，目前进入实用阶段的是以氢为燃料的燃料电池，解决氢的储存、运输、灌充是发展燃料电池车的关键，在这方面中国才刚刚起步。2002年，电动汽车研究作为一个重大专项，被列为科技部"863计划"，其中包括燃料电池轿车和公共汽车的整车开发，目标是到2005年开发出净输出功率50千瓦的质子交换膜燃料电池轿车和100千瓦的公共汽车的样车。

目前，中国的燃料电池尚处于产品研制和试验阶段，发电和汽车制造产业界对燃料电池还没有给予足够重视，燃料电池的产业基础还比较差，离形成规模化的产业体系还很远。

可再生能源和新能源重大项目

近年来，国家为推动可再生能源和新能源发

展，组织实施了一批重大工程，采取了一系列推动举措。

1. 中国光明工程

2000年国家发展计划委员会牵头制定了“中国光明工程”计划：到2010年，利用风力发电和光伏发电技术解决2300万边远地区人口的用电问题，达到人均发电容量100瓦的水平，相当于届时全国人均发电容量的1/3，同时还将解决边远地区的边防哨所、微波通讯站、公路道班、输油管线维护站、铁路信号站的基本供电问题。第一期项目目标是用5年时间建立起稳定的投资渠道、销售服务网络和市场机制、产业队伍以及培训体系，解决约800万无电人口的用电，2000个无电村、100个无电哨所和100个无电微波通讯站的供电问题。光明工程先导项目于2000年3月启动，在内蒙古自治区、甘肃省和西藏自治区实施，国家为先导项目安排专项拨款2000万元。

2. 送电到乡工程

为了尽快解决无电地区的用电问题，促进偏远地区的经济和社会发展，国家2002年实施了“送电到乡”工程，在还没有固定供电设施的乡镇所在地，利用小水电、光伏发电和风电等可再生能源技术，建设分散式固定供电设施，实现当地基本电力供应。2002—2003年，国家共安排了1065个无电乡电力建设的投资计划，总投资46.9亿元，安排国债资金29.6亿元，其中安排小水电工程480个，总装机容量24.8万千瓦；光伏电站687个，总装机容量1.9万千瓦。到2003年底，光伏电站基本建成投产，小水电站正在建设，预计2005年底所有工程将全部建成投产，解决100余万人口的基本用电问题。

3. 农村户用沼气项目

为了解决农民生活燃料问题，遏制乱砍乱伐，保护生态环境，并促进农村经济发展，国家于2002年启动了农村户用沼气工程建设计划，2003年安排国债资金10亿元，支持了103万户农村居民建设户用沼气。重点是西部地区。西南地区每户补助1000元，西北和东北地区每户补助1200元，中部地区每户补助1000元，其他地区每户补助800元。2004年国家又安排了10亿元国债资金支持农村沼气建设，再支持推广103万口户用沼气池。这两年的户用沼气推广计划的实施，极大地推动了沼气的发展。

4. 乘风计划

1996年，国家组织国内制造企业与国外风电设备制造企业合作，采取引进技术和组建合资企业的方式，建立国内的风电设备制造企业，组建了一拖美德公司、西安维德公司两个中外合资企业，以及新疆金风科技公司作为风电机组总装厂，并支持保定螺旋桨厂、湘潭电机厂等配套部件制造企业，从而建立中国风电设备制造产业体系。为了配合风电设备制造国产化，国家还安排了几个风电场作为配套建设项目，并拨款750万元支持配套风电场建设和建立技术检测体系。在乘风计划的推动下，中国风电设备制造国产化率有较大提高，国产化率已经达到60%以上，国产风电设备已开始装备风电场，逐渐形成批量生产能力。

5. 以电代柴工程

2002年水利部编制了以小水电开发利用为主的“以电代柴”工程，在西部生态恶化地区、长江、黄河等中上游地区，已经退耕还林地区推广“以电代柴”工程，保护天然森林和人工林，遏制水土流失、土地沙漠化和荒漠化，并改善农民生活条件。2003年，《中共中央、国务院关于做好农业和农村工作的意见》指出：“启动‘小水电代燃料’试点，巩固退耕还林成果”。2003年12月，水利部组织启动了西部地区的“小水电代燃料”试点工作，首批试点项目涉及贵州、四川、云南、广西、山西等5个省、自治区的26个县(市)。

6. 农村电气化县建设

国家从1986年开始实施以小水电为主的农村电气化县建设，“七五”期间建成第一批109个农村水电初级电气化县，到2003年底，共建成653个农村水电电气化县。并正在建设400个适应小康水平的水电农村电气化县。中国农村水电为主供电的县达到800多个，全国1/3的土地，1/4的人口主要依靠小水电供电。农村水电电气化县建设有力地促进了农村经济发展和人民生活水平的改善。

7. 风电特许权项目

风电特许权是一种政府特许经营方式，由政府选择风电建设项目，确定建设规模、工程技术指标、项目建设条件，然后通过公开招标选择投资者，并通过招标确定项目上网电价。政府对项目设定特许经营期，在特许经营期内，投资者负责项目投资、建设和经营管理，政府负责按照招标确定的电价收购所有发电量，并要求电网公司与项目单位按照特许权协议签订长期购售电合同，政府通过调整电网销售电价将风电成本负担转移给电力用户。国家对风电特许权项目设定了几个基本要求：一是项目的特许经营权必须通过竞争获得；二是规定使用本地化生产的风电设备的比例；三是规定项目的技术指标、投产期限等。风电特许权的目的是通过特许权经营方式解决风电发展的市场障碍，引入竞争机制，促进设备本地化制造和提高风电经济性的政策目标。

2003年4月国家发改委宣布江苏如东和广东惠来2个10万千瓦风电特许权建设项目面向国际公开招标，2003年9月完成招标工作。江苏如东风电场由华睿投资集团公司中标，中标电价每千瓦时0.437元；广东惠来风电场由广东粤电集团公司中标，中标电价为每千瓦时0.501元。风电特许权招标达到了引入竞争，降低电价，促进设备国产化的目的。2004年4月宣布第二批风电特许权项目招标，9月份结束，共有三个风电场，分别是：如东二期15万千瓦，内蒙古辉腾锡勒10万千瓦，吉林通榆20万千瓦。两期风电特许权项目总计将新增风电装机容量65万千瓦。

8. 风能资源评价工作

2003年，国家发改委牵头，与国家气象局等部门一起组织启动了新一轮风能资源普查及评价工作，并组织各地区开展大型风电项目的前期准备工作。国家投入3000万元补助资金支持各地区开展风能资源普查、评价和大型风电项目的前期准备工作，预计该工作将于2006年底完成。近期国家将选择20个10万千瓦以上风电场场址，作为风电特许权招标的备选项目。风能资源普查和评价工作将为中国风电建设大规模发展奠定资源基础。

可再生能源和新能源国际合作

近年中国可再生能源和新能源重大国际合作项目和参与的重大国际合作活动主要有：

1. 中国可再生能源发展项目

该项目是财政部、国家发展和改革委员会与世界银行合作，在全球环境基金（GEF）的赠款支持下开展的可再生能源国际合作项目，目的是扩大和开发中国可再生能源的应用领域，加快其产业化进程，改善中国能源结构，减轻环境压力；同时该项目的实施还将促进中国偏远地区的脱贫致富，解决电网不能覆盖地区农牧民的用电问题，从而促进中国经济和社会的可持续发展。该项目包括三个组成部分：（1）在上海建设2万千瓦风电场；（2）在西部贫困地区推广10兆瓦太阳能户用光伏系统（约35万套）；（3）支持风力发电技术和太阳能户用光伏发电技术有关的技术开发。全球环境基金（GEF）赠款2700万美元。该项目从2001年12月开始实施，执行期为5年。到2003年底，项目支持了25家光伏公司，对其产品销售给予定额补贴，并对市场开发和技术改进给予支持。项目支持的上海奉贤县崇明岛风电场首批机组已经投产发电。

2. 加速中国可再生能源商业化能力建设项目

该项目是国家发展和改革委员会与世界银行合作，在全球环境基金（GEF）的赠款支持下开展的可再生能源国际合作项目，目的是促进可再生能源技术的应用，在全球范围内减少二氧化碳排放，加快中国可再生能源商业化进程。项目内容包括：（1）在农业和工业污水处理领域里推广污水处理沼气工程以及其新型的管理模式，通过推广良性的商业化发展模式加速沼气工程在国内的商业化进程；（2）在推动风电行业的商业化方面，通过引进先进的技术标准以及对国内技术队伍的能力培养，增加国内项目开发商的商业开发能力，最终推动整个行业的商业化发展；（3）针对太阳能热水器行业目前的技术水准，引进国际标准的监测设备，帮助国内的质量监测中心以及认证中心和国际标准接轨，建立完善的质量监测体系，推动行业的规范化；（4）通过建设蔗渣热电联产示范项目，在制糖行业中推广这种先进的技术模式以及管理模式；(5)在农村供能方面，通过建立两个示范项目，分别为西部偏远乡村和东南海岛村落供电系统的建立、运行、管理和维护树立典范，为解决偏远地区农村用电提供样板；(6)通过对可再生能源法的支持推动国内的可再生能源行业的商业化进程；(7)立足于本项目对可再生能源在中国的发展状况进行宣传，提高公众支持可再生能源发展的意识。

3. 中国太阳能热水器行业发展项目

该项目是国家发展和改革委员会与联合国基金会的合作项目，目的是加速太阳能热水器产品的升级换代和技术进步，克服太阳能热水器安装、使用过程中遇到的各种障碍，扩大太阳能热水器的应用，减少常规能源消耗。该项目得到联合国基金会和联合国国际伙伴关系基金的联合资助。项目活动内容主要包括：(1)在北京、天津、上海、山东、安徽、云南和广西等七个省市支持建立了10个太阳能热水器一体化建筑的试点小区，示范不同气候条件下太阳能热水器与建筑的一体化结合方式；(2)为工程项目提供技术支持，在试点项目中选出4个项目开展深入的改型设计工作；(3)编制国家标准《民用建筑太阳能热水系统应用技术规范》，计划2004年12月上报建设部；(4)编制《太阳能热水器建筑一体化实用设计手册》，供太阳能热水器生产商、建筑设计、施工单位使用，计划2004年12月正式出版发行；(5)开展市场调查和政策研究工作，为可再生能源的有关法规制定工作提供依据。

4. 中国可再生能源规模化发展项目

该项目是财政部、国家发展和改革委员会与世界银行联合实施的国际合作项目，得到全球环境基金的资助。该项目的主要目的是通过调查中国可再生能源资源状况，借鉴发达国家发展可再生能源的经验，研究和制定中国可再生能源发展政策，在试点工作基础上逐步实现中国可再生能源电力规模化发展，为电力市场提供高效的商业化可再生能源电力。该项目计划分四个阶段促使中国的可再生能源发电进入规模化发展阶段，第一阶段为项目准备阶段，制定项目实施阶段的工作计划，研究要采取的政策方式和内容；第二阶段选择4个(省自治区、直辖市)进行试点，支持试点省进行可再生能源规模化发展政策的试点和项目投资，并支持国家层次的可再生能源法规建设；项目第三阶段为政策推广阶段，通过强制性可再生能源市场政策和必要的经济激励政策，将可再生能源规模化发展的模式推广到10个(省自治区、直辖市)；第四个阶段为全面发展阶段，将法制化的可再生能源政策和发展模式推广到全国各省(自治区、直辖市)。按照最初的项目设计，项目示范阶段全球环境基金将提供赠款4022万美元，支持试点省(自治区、直辖市)的政策研究、能力建设和投资项目的前期准备。如果项目顺利实施到第四阶段，全球环境的赠款将达到1.4157亿美元，同时世界银行为示范项目建设提供相应的贷款支持。

5. 推动中国城市固体垃圾填埋气体收集利用项目

该项目由国家环保总局与联合国开发计划署实施，得到全球环境基金的支持。该项目选择了鞍山、南京和马鞍山三个试点城市，研究中国城市生活垃圾管理体制、投入机制、垃圾处理现状，分析填埋气体收集利用的前景和主要困难，制定提高城市生活垃圾填埋气体收集利用率的国家行动方案。项目的长期目标是根据3个填埋示范项目所积累的技术和组织经验来促进中国的固体废弃物填埋所产生气体的回收技术的广泛传播。

6. 燃料电池公共汽车商业化示范项目

该项目是科技部和联合国开发计划署联合实施的国际合作项目，得到全球环境基金的支持。该项目将在北京和上海示范运行燃料电池公共汽车并建立相应燃料供应设施，帮助北京和上海的公交公司各购买6辆燃料电池公共汽车，为降低中国城市燃料电池公共汽车的成本打好基础。项目中获取的知识和经验将帮助技术供应商识别降低成本的机会并帮助公交部门为今后大量使用燃料电池公共汽车积累经验，此外还将开展与燃料电池公共汽车有关的能力建设活动。最后，也将为在中国大规模使用燃料电池公共汽车制定具体战略。

7. 中德西藏小水电技术改造合作项目

该项目旨在改善西藏自治区农村居民的生活和劳动条件，使当地居民和小水电站承包人有能力以可持续方式经营小水电站。项目开展以来已有20多个20—350千瓦装机容量的小水电站相继得到了改造。项目将继续提高有关管理机构在小水电管理方面的能力，建立一套小水电站运营和监测系统。

8. 农村边远地区的可再生能源利用项目

该项目是中国西部开发的一部分，将在青海省和云南省推广可再生能源的供应和利用，以改善当地无电网地区的社会和经济状况。为此，该项目在不同层面设置了下述三个工作重点：能力建设部分旨在为中央和省级有关部门在制定扶持可再生能源政策方面提供支持；在青海、云南、甘肃、西藏四省所选择的示范地区，项目将开发并推广符合当地实际情况的可再生能源技术和工艺；为了提高可再生能源设备的质量，项目还将为上述四省的有关研究机构提供必要的检测设备，对可再生能源设备的零部件进行检测，并推动中国为可再生能源设备制定相关的技术标准。该项目计划执行期为六年，于2001年10月开始执行，由国家发展和改革委员会主管，项目执行单位为青海省和云南省政府下属的相关政府部门。

9. 中国—欧盟能源合作项目

从2003年开始，欧盟和中国政府筹备一个旨在推进新技术应用的能源合作项目，包括可再生能源、能源效率和天然气的高效利用。在进行了双向考察和多次磋商后，可再生能源领域的合作将生物质能利用作为重点内容，计划建设几个秸秆发电、沼气发电和生物质液体燃料示范项目，将欧盟的生物质能利用技术引入中国，促进两个地区在可再生能源方面的合作与交流。

10. 中日可再生能源合作

日本援助中国建设了一些可再生能源示范项目，在甘肃、内蒙古等地建设了一批光伏发电学校供电系统，在西藏羊八井地热电站使用了日本的地热发电技术和设备。2004年，日本政府向中国赠送了一套并网光伏发电设备，安装在北京某宾馆屋顶，作为中国屋顶并网光伏发电的示范性项目。另外，日本政府还在广州援建了一个利用沼气为燃料的燃料电池试验项目。

11. 科技部与意大利环境部生物质能技术合作

意大利环境部将提供62万欧元支持由广州能源所承担的“生物质燃烧、气化、发电示范工程可行性研究”项目。项目内容为双方的项目承担单位在中国科技部和意大利环境部合作框架内，进行稻壳完全燃烧的发电系统和多原料生物质气化发电示范工程可行性研究与影响评估，确定在中国实施示范工程的最佳设计方案，并提出示范工程的具体实施计划，为保证中—意合作的“生物质能利用示范工程”项目在中国成功实施做好前期准备。

12. 丝绸之路光明工程

该项目为中国新疆自治区政府与荷兰政府的合作项目，项目计划推广使用7.8万套户用光伏发电系统，总装机容量2150千瓦，并完善太阳能光伏发电技术服务网络。该项目总投资20750万元，其中荷兰政府赠款占60%。2001年项目开始实施，预计2005年年底完成。

13. 可再生能源与能源效率伙伴关系项目

该项目是在2002年约翰内斯堡的可持续发展峰会上由英国政府倡仪设立的一个灵活的伙伴关系项目，由全世界范围内的可再生能源组织和团体组成，以促使各国实现自已的可再生能源发展目标最终达到在全球范围内扩大可再生能源和能源效率市场份额的目的，资助方主要是英国政府。该项目于2003年9月在全球各区域分别启动，中国资源综合利用协会可再生能源专业委员会作为该项目的合作伙伴参与了相关的活动，并于2003年底成为该项目在亚太地区的秘书处，代表可再生能源与能源效率伙伴关系项目秘书处在亚太地区组织相关活动。该项目在中国正在实施省级可再生能源规划试点，在边远地区建立维护和运行独立可再生能源发电系统的可再生能源服务公司，探索可行的运行机制。

14. 约翰内斯堡首脑会议

1992年里约地球问题首脑会议上，国际社会通过了《21世纪议程》，这是前所未有的可持续发展全球行动计划。该议程载有2500多条各式各样的行动建议，包括如何减少浪费性消费、消除贫穷、保护大气层、海洋和生物多样性以及促进可持续农业的详细建议。2002年，约翰内斯堡首脑会议提出了提高可再生能源市场份额的倡议，促使世界各国采取行动执行《21世纪议程》，并实现可持续发展。

15. 氢经济国际伙伴计划

在美国的积极倡导下，氢经济国际伙伴计划（IPHE）部长级会议于2003年11月19日至21日在美国首都华盛顿举行，来自美国、澳大利亚、巴西、加拿大、中国、意大利、英国、冰岛、挪威、德国、法国、俄罗斯、日本、韩国、印度、欧盟委员会的代表共同签署了《IPHE参考条款》。

16. 亚太地区小水电研究培训中心

亚太地区小水电研究培训中心（HRC）是中国政府和联合国开发计划署（UNDP）及联合国工发组织（UNIDO）合作，于1981年11月在杭州成立的国际区域性组织，是亚太地区的小水电研究、培训、信息及咨询机构，是中国小水电国际合作的“窗口”。HRC在中国国内称为水利部农村电气化研究所，主要为中国农村电气化县建设提供规划和咨询服务。

第三章

可再生能源和新能源管理

可再生能源和新能源管理体制

1. 综合管理部门

国家发展和改革委员会内设能源局，负责可再生能源和新能源发展的产业政策和规划的研究制定、基本建设项目的行政许可管理、资源普查和管理等工作，是全国可再生能源开发利用的综合管理部门，同时也是水能开发利用的行业主管部门。

2. 科学技术管理部门

科技部内设高新技术司，负责可再生能源和新能源的科学研究计划、技术创新及新产品的研制和试验。科技部每年安排部分科研经费支持可再生能源和新能源技术的科学研究和技术创新工作。国家发展和改革委员会内设高技术司，负责制定支持可再生能源和新能源技术产业化计划，并安排专项支持资金。

3. 专业管理部门

水利部内设农村水电及电气化发展局，专门负责农村水电(主要是小水电)的资源勘查、开发利用和项目建设管理等工作。农业部科技与教育司负责实施农村户用沼气和畜禽养殖场沼气利用的推广，管理农村能源和可再生能源的技术及管理体系，并推广农村秸秆生物质能利用等与农业生产密切相关的可再生能源资源开发利用。建设部对建筑物太阳能利用负有管理职能，并负责研究制定与建筑有关的太阳能利用工程规范。国家质量检验和技术监督局负责可再生能源和新能源技术和产品的标准制定工作。国家林业局负责薪炭林、森林及生态林薪柴合理利用等管理工作。

4. 行业管理组织

综合性的可再生能源行业组织有资源综合利用协会可再生能源专业委员会。该委员会主要组织可再生能源领域的研讨会、国际交流和一些政策研究工作。太阳能学会是一个包括太阳能、风能、生物质能等可再生能源专业委员会的一个综合性可再生能源和新能源学术组织，主要开展学术交流、产品展览、国际交流等活动。农村能源协会下设生物质能、风能、微水电、太阳能等专业委员会。目前，可再生能源和新能源的学术团体和行业组织比较多，也有许多交叉，但组织的规模和活动的范围还有待扩大。

可再生能源和新能源法规和政策

目前中国已提出的或正在实施的可再生能源促进政策和措施，可以归纳为四类：指令性政策、市场调节政策、经济激励政策、研究开发政策。

1. 指令性政策

指令性政策主要指国家颁布实施的法律、法规和条例。2003 年 6 月，全国人大常委会将可再生能源立法列入 2003 年立法计划，全国人大环境与资源保护委员会负责组织起草工作，分别委托国家发展和改革委员会起草政府建议稿，清华大学等单位起草专家建议稿。该法将明确国家发展可再生能源的战略目标，规范政府、企业和消费者的责任和义务，在资源管理、市场开拓、投资保障、价格和税收等方面建立促进可再生能源开发利用的制度。现行一些能源和环境类的法规在涉及到可再生能源时做了一些原则性的规定。这些法律、法规主要包括：

电力法。现行电力法指出“国家鼓励和支持利用可再生能源和清洁能源发电，提倡农村开发水能资源，建设中小型水电站，促进农村电气化，鼓励和支持农村利用太阳能、风能、地热能、生物质能和其他能源进行农村电源建设，增加农村电力供应”。

节约能源法。该法规定国务院和省级政府应当在基本建设和技术改造资金中，安排节能资金，用于支持能源的合理利用以及新能源和可再生能源的开发，应按照因地制宜、多能互补、综合利用、讲求效益的方针，加强农村能源建设，开发利用沼气、太阳能、风能、水能、地热等新能源和可再生能源。

从地方层面来看，目前有河北、山东、安徽、广西、广东、湖南、贵州、陕西、云南和内蒙古等 10 多个省制定了经省政府或省人大批准实施的关于可再生能源的法规和条例，这些法规或条例及其规定一般都是根据本地区农村能源建设和新能源开发利用存在的问题和实际需要而提出的，这些法规的出台对所在地区的可再生能源的发展有一定的推动作用。

2. 市场调节政策

国家对可再生能源实行了一定的市场保护政策，特别是对目前还处于初步发展阶段的风电、太阳能发电和生物质发电等。原电力部于 1994 年颁布过《关于风电场并网运行的管理规定》，其中要求电网管理部门全额收购风电，并对风电实行“还本付息、合理回报”的价格政策。1999 年国家计委和科技部在计基础［1999］44 号文件中指出：电力部门应全额收购所有可再生能源电力，可再生能源电力价格按略高于常规能源发电收益率水平的原则确定，并提出了财政贴息的政策措施。由于中国能源管理体制正处于改革之中，特别是电力体制改革后，一些政策措施还没有到位，原有的一些政策还需要修改完善。目前，国家对风力发电实行了比较强有力的市场保护政策，采取特许权招标形式开发和建设风电场，要求电力公司负责建设电力送出工程，并按招标确定的电价收购特许权风电项目的全部上网发电量。最近，有关部门正在研究可再生能源配额制、基金和固定收购价格等政策。

3. 经济激励政策

经济激励政策包括税收优惠、价格优惠或价格补贴，以及贴息贷款等。

税收优惠。目前，对风力发电零部件和光伏发电设备给予关税优惠，沼气增值税按 13% 征收，小水电增值税率为 6%，风力发电增值税减半征收，燃料乙醇生产（限于试点项目）和垃圾发电的增值税实行即征即返政策。国家认定的高新技术产业区内的新办企业投产 2 年内免征、2 年后减按 15% 征收企业所得税，大部分可再生能源都属于高新技术，可享受该项税收优惠。对燃料乙醇的试点工程的营业税实行免征的优惠政策。

价格优惠。电网经营企业必须收购可再生能源的全部电力，并按还本付息加合理利润确定电价。在可再生能源非电利用方面，中国一些地方政府也有保护性的价格措施。如上海市对沼气作为民用燃料制定了较高的价格，规定为 1.2 元/立方米。又如四川、广东等省对居民兴建沼气池给予水泥价格上的优惠，规定沼气池用水泥的价格按出厂价格计。

投融资政策。所采取政策措施主要包括：设立专项贷款、贴息贷款和投资贴息等。可再生能源对农村能源建设，特别是偏远地区的能源供应有重要作用，但这些地区经济落后，人民收入水平低，靠自身力量难以实现供电等能源基础建设。为此，国家对农村电力建设采取了直接投资、投资补助等经济政策，其中可再生能源开发利用是重要内容之一。“十五”期间，中央财政每年安排3亿元资金，支持农村水电电气化县建设。2002—2003年共安排国债资金29.6亿元，利用太阳能、小水电、风电等可再生能源完成“送电到乡”的电力建设任务。2003—2004年，每年安排10亿元资金支持农村户用沼气推广应用，解决农村居民生活用能问题，并保护退耕还林成果。另外，国家还投资支持小型公益事业建设、国债风电项目、无电户光伏推广应用等。

4. 研究开发政策

中央政府对可再生能源研究开发政策主要体现在两个方面：一方面资助可再生能源的研究和开发，给予了大量的补贴；另一方面支持可再生能源的发展计划，制定并实施了一批较大型的发展计划。在研究开发方面，中央政府的补贴主要包括：(1)为各级可再生能源科学研究机构提供行政事业费和全部或部分科研工作经费；(2)为重点科技攻关项目和培训提供支持；(3)对新技术产业化试验和示范项目给予补贴。

可再生能源和新能源标准和规范

虽然中国已经制定了许多可再生能源产品和技术标准、工程规范，但由于可再生能源产品种类多，技术尚处在发展当中，可再生能源的标准体系还不完整，近年来可再生能源标准化工作进入快速发展时期。

1. 太阳能热利用标准

目前，中国已组织制定了有关太阳能热水器国家标准14项，涵盖了太阳能热利用术语、大部分部件和材料的技术要求与性能试验方法、产品(系统)的技术要求、试验方法以及设计、安装与验收技术要求等，太阳能热水器产品标准基本形成体系。目前，太阳能热水器与建筑结合的热水系统工程标准正在研制当中，有关部门正在起草《民用建筑太阳能热水系统应用技术规范》。由于中国被动式太阳能房与太阳灶技术的开发利用速度缓慢，目前被动式太阳能房及太阳能灶的标准制定工作进展缓慢，现有标准数量十分有限，仅有1项国家标准和几项行业标准。

2. 太阳光伏发电标准

太阳光伏电池的标准制定工作正在稳步推进，现已有27项国家标准，18项行业标准。这些标准大都等同或等效于同类国际标准，但控制器、逆变器、专用直流灯具等太阳光伏发电系统配套部件的技术标准还比较薄弱，需要进一步制定和完善，有关太阳光伏发电系统技术标准的研制工作开始起步。2003年，家用太阳光伏电源系统技术条件和试验方法的国家标准正式发布。目前，有关部门正在组织并网光伏发电系统标准的制定工作。此外，国内外尚没有统一的太阳光伏电站和系统的设计、施工等工程技术规范，这种情况一方面无法保证光伏电站和系统的建设质量，另一方面也影响了中国光伏发电技术的进一步推广和更大规模的应用。

3. 风力发电标准

近十几年来，有关部门已组织制定了30多项国家标准和行业标准。这些标准主要针对离网的小型风力发电机组，包括小型风力发电机术语、产品系列、型式与基本参数及型号编制规则等基础性标准以及设备的技术要求、安全要求、质量等级划分和试验方法等，其中部分标准是由国际标准转化而来的。自1999年以来，在继续研究制定小型风力发电机标准的同时，重点开始开发研究并网型风力发电机组的标准。到目前为止，已进行了大量基础性技术工作，收集了国内外风电技术领域资料，调研了中国的风能资源和产品研究开发的现状。在此基础上，先后制定了并网型风力发电机组方面国家标准9项，行业标准2项。目前还有多项风力发电机组及主要零部件国家标准和行业标准正在起草之中。

4. 地热利用标准

中国地热发展的主要方向是直接利用，但目前国内公布的有关地热标准仅有两项，一是国标GB11615—1989《地热资源地质勘查规划》，二是地质矿产部标准DZ40—1985《地热资源评价方法》。

5. 沼气标准

中国的沼气建设已经历了40多年，沼气标准化工作也走过了近20年的道路，组织制定了近10项国家标准和行业标准。但总的来说，沼气标准化工作比较薄弱。目前已有的沼气标准仅针对农村户用沼气池及相关的户用沼气利用技术，还没有涉及到大中型沼气工程，城镇生活污水沼气净化设施与工程以及沼渣、沼液、沼气综合利用等方面，没有形成一个全面、系统的标准化体系，已远远滞后于沼气技术自身的发展。

6. 小水电技术标准

中国小水电标准发展历程比较漫长。在20世纪50年代中国小水电处于起步、探索阶段，没有什么技术标准。60年代，水电部和当时的机械部联合印发了水轮发电机组的系列型谱和生产这一系列机组的制造加工图纸，为推动小型水轮发电机组生产起到了重大作用。70年代，小水电开发较为发达的省、自治区制定了小水电初步编制规程、小水电站运行规程、安全规程、小电网的运行调度规程等。直到80年代小水电的范围已上升到2.5万千瓦，建设规模也在扩大，水利部在1984年颁布了第一个有关小水电的标准，即《小水电设计规范》。截至2003年，已有部级以上的标准20余个，涉及小水电站的设计、施工、规划与改造等方面。但有些标准已经老化，需要及时修改和进一步完善。

7. 氢能标准

中国氢能标准化历史有18年。第一个有关氢能的国家标准实施于1985年，是《氢气使用安全技术规程》GB4962。此后，陆续组织制定了氢氧站设计规范、工业氢技术条件、纯氢、高纯氢和超纯氢技术条件等国家标准。目前，水电解制氢系统技术要求和变压吸附提纯氢系统技术要求等国家标准正在研制当中。有关专家认为氢能是下一个世纪的主要能源，氢气的生产、储运和应用技术的开发正得到各国政府、各大企业集团的广泛重视，为此应加大氢能标准化工作力度，加快组织制定安全、技术和管理方面的标准，以极大地推动氢能技术的全面开发与应用。

可再生能源和新能源服务体系

可再生能源和新能源的服务体系包括技术服务体系、质量监督体系、信息传播体系、行业活动组织体系等。目前，农村沼气的技术服务体系比较完善，全国大部分县都有农村能源办和农村能源技术推广站。小水电技术比较成熟，目前设备维修已经实现专业化，形成了商业化的技术服务体系。小型独立风力发电机的技术服务依靠生产厂家和农村能源服务站共同提供技术服务。并网风力发电机组的技术服务还依靠设备生产厂家，部分进口风电机组的制造厂委托中国的风电设备制造企业提供技术服务。太阳光伏发电户用系统的销售网络比较成熟，在需求集中的西北省、区，但技术服务主要依靠销售公司。

大部分可再生能源产品都已经纳入国家产品质量和技术监督管理体系，太阳能热水器、小水电水轮机发电机组、太阳光伏电池、风力发电机组等已经按国家标准生产和销售，但运行中的监督管理薄弱，有些产品进入使用过程中根本没有监督，容易引发安全事故，也容易降低产品的使用性能，影响可再生能源的开发利用效果。

目前，可再生能源的信息统计和传播缺乏固定渠道，在国家统计体系中基本未反映其利用情况，发展状况主要依靠各分管部门自行统计，相当多的信息来自个人统计和积累，信息收集和处理不规范。另外，可再生能源发展状况的信息发布也没有正常的机构，未形成规范的发布机构和发布时间，基本上由各部门在工作总结和会议发言中披露，既不完整，也缺乏权威性。

第十三篇 能源国际贸易与经济技术合作

INTERNATIONAL TRADE, TECHNOLOGICAL AND ECONOMIC COOPERATION IN THE ENERGY SECTOR

第一章

煤炭国际贸易与经济技术合作

煤炭出口总量

中国是世界煤炭出口大国。从1954年开始，年煤炭出口量已超过150万吨，1960年以后，年出口量长期保持在200万吨以上。从1979年改革开放以后，出口量稳步增长，到1994年首次突破2000万吨，达2419万吨，2000年增至5505万吨，2001年为9012万吨，2002年为8384万吨，2003年达9403万吨，创造历史记录，出口量仅次于澳大利亚，居世界第二位。

煤炭出口经营管理体制

建国以来，中国煤炭出口经营体制几经变迁，从集中到分散再到相对集中的演变历程，比较充分地反映了煤炭出口工作的复杂程度。

1949—1982年，中国煤炭出口由中国五金矿产进出口总公司统一经营。煤炭出口量由1949年的151万吨增长到1982年的644万吨，33年间增长了3.3倍，年均递增4.5%。

1982—1987年，中国煤炭出口由中国煤炭工业进出口总公司统一经营。1982年中国外贸体制进行改革，经国务院批准，成立中国煤炭工业进出口总公司，煤炭出口业务从五矿总公司移交给中煤公司。工贸结合，煤炭生产和出口统一协调，促进了中国煤炭出口的快速增长。到1987年，中国煤炭出口量已由1982年的644万吨提高到1338万吨，5年间出口量增加了一倍多，平均年递增15.7%，是1982年前年均递增速度的3.5倍，也大大高于同时期全国外贸出口总值年均递增9.73%的速度。

1988年，中国煤炭出口以中煤公司为主、多家公司共同经营。从1987年下半年开始，国内一些公司相继提出了煤炭出口经营权的问题，国家确定在1988年中煤公司出口煤计划中，划出240万吨，由工商经济开发公司、五矿、中信、新兴、康华等公司出口，实行以中煤公司为主、统一对外、多家经营的煤炭出口经营体制。国家实行新经营体制旨在发挥多方面的积极性，扩大煤炭出口。但实际情况却非如此，多家出口造成公司之间在国内争货源、争运力、争港口场地和泊位，抬价抢购；在国际争市场、争用户，低价竞销。原有正常的出口秩序受到冲击，中国煤炭出口的声誉受到严重影响。

1988 年下半年，多家出口煤炭所产生的混乱局面引起了有关政府部门的重视。国务院办公会议决定，从 1989 年起全国的煤炭出口继续由中煤公司统一经营。

1989—1992 年，中国煤炭出口由中煤公司统一经营。1989 年煤炭出口重新统一经营后，通过一年的努力，妥善处理了外方与工商联、康华、中信等公司的索赔问题，同时又向日本、韩国、西欧派出代表团作解释和善后工作，使中国煤炭出口又出现了新的局面。1992 年在国际市场供大于求的形势下再创记录，实现出口 1971 万吨，比 1988 年增长 26%。这一时期的煤炭出口年均递增速度为 5.95%，是中国煤炭出口的又一个高峰时期。

1993 年后，中国煤炭出口经营单位逐步扩大到四家，实行统一联合经营。1992 年 7 月，国务院批复山西省的报告，同意“八五”时期后三年，每年从国家计划出口的山西地方煤炭中划出 200 万吨，由山西省煤炭进出口公司自营出口；1996 年，神华集团获得自营煤炭出口权；1997 年 3 月，国务院办公厅同意恢复中国五金矿产进出口总公司煤炭进出口经营权。

至此，中国具有煤炭进出口经营权的企业增加到四家，即中煤集团、山西煤炭进出口集团、神华集团和五矿集团，也就是中国目前的煤炭出口体制。为了避免有可能出现的内部盲目竞争，有关部门对四家企业的煤炭出口业务开展和市场范围进行了具体规定和划分，明确指出，中煤集团可以代理国内任何生产企业的煤炭出口到世界任何国家或地区；山西省进出口集团公司只能代理山西省地方煤矿生产的煤炭出口，且不能进入台湾市场；神华集团只能代理本企业生产的煤炭出口；五矿公司可以代理国内任何生产企业的煤炭出口，但只能出口到南美地区的市场，不能进入目前由中国煤炭进出口总公司出口煤炭的日本、韩国、东南亚国家以及我国港澳台地区市场。

煤炭出口结构

中国出口煤炭的品种包括动力煤（烟煤）、无烟煤、炼焦精煤，其中动力煤比例最高。2003 年出口煤炭 9388 万吨，其中，动力煤 8081 万吨（无烟煤 737 万吨），占 86%，炼焦精煤 1307 万吨，占 14%。

目前中国煤炭主要出口到日本、韩国、朝鲜、菲律宾、马来西亚、泰国、印尼、印度、巴基斯坦、沙特、以色列、土耳其、英国、法国、比利时、意大利、西班牙、德国、丹麦、荷兰、希腊、罗马尼亚、芬兰、摩洛哥、澳大利亚、加拿大、美国、墨西哥、巴西等 30 多个国家以及中国的台湾省、香港特别行政区。其中，日本、韩国以及台湾省和香港特别行政区进口量最大，中国煤炭对这些国家和地区煤炭市场的影响力较大。

煤炭出口价格

与国际煤炭市场价格走势相类似，中国煤炭出口价格自 1982 年以来一直呈下降趋势。1994—1997 年期间曾出现短暂回升，但 1998—2000 年再次大幅度下滑，2001 年后开始上升。2003 年出口煤平均价格每吨 29.36 美元/吨，其中动力煤平均价格 27.87 美元/吨（无烟煤平均价格 34.53 美元/吨），炼焦精煤 38.48 美元/吨。

煤炭出口退税政策

纵观中国煤炭出口量的变化，包括国内市场供求状况、国际市场供求状况以及国家宏观经济政策等在内的多种因素，都对煤炭出口产生着重要影响。近期对中国煤炭出口影响最大的是出口退税政策等。

1995 年以前，中国对煤炭出口实行不征不退的零税率政策，积极支持煤炭出口。1989—1995 年，煤炭出口量增势平稳，年均增长率 10.31%，中国煤炭出口量仅 2000 万吨左右，对国内和国际市场的影响力非常有限。

1995 年新的煤炭出口退税政策出台，煤炭出口税收政策由不征不退的零税率调整为征 13% 退 3%，在当时，煤炭成为中国出口商品中退税率最低的产品。税收政策的变化，影响了企业出口煤炭的积极性。1996—1998 年，尽管中国煤炭出口的总量仍在持续增长，但增长速度明显放缓，年均增长率仅 5%。

20 世纪 90 年代中后期，主要受煤炭市场需求减少的影响，煤炭市场出现严重供过于求，煤价大幅下跌。中国政府针对煤炭工业及国内煤炭市场供求关系失衡的现实情况，出于调节国内煤炭市场供求关系的考虑，在实施总量调控、关井压产、淘汰落后生产能力的同时，作出了扩大煤炭出口的重要决策。

1998 年，国家调整了煤炭出口退税政策，煤炭出口退税率由 3% 提高到 9%；1999 年再次将煤炭出口退税率提高到 13%；同年 4 月 1 日又陆续出台了鼓励煤炭出口的一系列政策，包括减免大秦、京秦、丰沙大、京原等 4 条铁路的建设基金，每吨千米约减少了 0.033 元；调整了秦皇岛、天津等 7 个主要出口煤港口的装船费和港建费，使出口煤港口费用每吨调减了约 10 元人民币；改变过去的由出口煤产地和口岸的两次商检、两次收费为一次商检、一次收费；同时各出口煤炭企业亦相继下降了代理费以降低出口煤成本。

国家鼓励政策的出台，为煤炭出口提供了重要支持。调动了煤炭生产企业和出口企业的积极性，为扩大出口奠定了政策基础。也为中国煤炭工业尽快走出困境发挥了重要而积极的作用。在此期间，中国煤炭出口实现了历史性突破。1999—2003 年中国出口煤炭年均增长率 24%，增长速度超过了历史上任何一个时期。1999 年煤炭出口量达到 3743 多万吨，比 1998 年增长 18.11%；2000 年比 1999 年增长 50% 以上；2001 年又比 2000 年增长近 46%，煤炭出口量已达 9012 万吨。中国煤炭由此成为了国际煤炭市场上具有决定性的重要力量。

这一系列政策支持了中国煤炭扩大出口，但并未从根本上解决中国煤炭出口的可持续发展问题。一方面，煤炭出口量的增长促进了国内市场的供需平衡，而国内市场需求旺盛和煤炭价格不断走高的局面又反过来影响了出口；另一方面，中国煤炭出口量的迅猛增长又是导致国际煤炭市场价格走低的原因之一。在国际煤价下跌和国内煤价上涨的双重价格压力下，煤炭生产企业承担了较大的经济损失，使得当前煤炭出口面临极大困难。

焦炭出口总量

中国是世界上最大的焦炭出口国，焦炭出口量在世界焦炭贸易中具有举足轻重的地位。2001 年、2002 年和 2003 年中国焦炭出口量分别达 1384.6 万吨、1357.0 万吨和 1472.1 万吨。2003 年中国焦炭出口量占世界焦炭贸易量的 57%。

2003 年从中国进口焦炭量在 25 万吨以上的有 15 个国家和地区：日本 290 万吨、巴西 214 万吨、印度 118 万吨、意大利 117 万吨、美国 91 万吨、比利时 76 万吨、荷兰 72 万吨、法国 64 万吨、南非 61 万吨、德国 45 万吨、英国 44 万吨、韩国 42 万吨、瑞典 34 万吨、台湾省 33 万吨、哈萨克斯坦 29 万吨和伊朗 28 万吨。

2003 年中国焦炭出口创汇额达 16.723 亿美元。焦炭出口量较 2002 年虽仅增加 8%，而出口创汇额却增加 1.75 倍。这是世界对高炉炼铁和铸造用焦需求旺盛，缺口增大，焦炭价格持续走高所致。

煤炭国际合作与交流

2001 年 8 月 29 日，美国西北采矿协会与中国煤炭工业协会在美国华盛顿签署备忘录。双方以煤炭工业为重点，在科技合作，特别是在研究、技术开发与示范、信息交流、短期定向培训、长期人员交流、技术转让以及展览等领域开展合作。

2002 年，受国家计委委托，中国相关煤炭企业承担日本政府对华绿色援助计划项目（淄博矿务局和枣庄矿务局的循环流化床锅炉项目、兖矿集团东滩煤矿选煤厂项目、淮南望峰岗选煤厂项目、临沂矿务局汤庄煤矿植物质型煤项目、铁法煤层气回收利用示范项目和贵州盘江煤电集团选煤厂项目等 7 个项目）的实施、宣传和推广工作。

2003 年，中国国际商会煤炭行业商会对 1998 年以来煤炭行业引资项目和引资意向进行统计：全行业共有 24 家单位有引资项目，计 39 项；累计引资总额共计人民币 57.1 亿元，其中外国政府援赠款人民币 3.3 亿元，商业贷款人民币 6.8 亿元，融资 27 亿元人民币，外商直接投资人民币 20 亿元；全行业有 23 家单位有引资意向，意向引资项目 46 项。

2003 年 10 月 30 日，中国煤炭工业协会与德国采矿协会、采矿设备协会签署了合作协议。

第二章

电力国际贸易与经济技术合作

电力国际合作与交流

进入21世纪以来，中国电力企业积极实施"走出去"战略，大力开拓国际市场。形成了与世界各国全方位、多层次和多渠道的合作。在火电、水电、核电、电网及新能源设备制造、工程设计、施工安装、生产运行、管理等方面，中国与国际先进水平的差距正在缩小，有些已步入了世界先进行列。国家电网公司在大区联网、直流联网技术、大容量远距离超高压输电技术、抽水蓄能和大型循环流化床等清洁煤发电项目领域加强了国际交流，中国电网已成为国际电力市场的重要组成部分。

1. 利用外资，技贸结合，增强自力更生的能力

利用国外资金，进口发电、输电、变电设备，弥补了国内机电设备制造能力的不足，在一定程度上缓解了电力短缺的局面。如大唐托克托电厂一期工程分别由日本伊藤忠商事株式会社和哈尔滨电站工程有限公司提供2台60万千瓦亚临界机组，2003年6月9日和7月29日两台机组相继正式投产。邯峰电厂是中德合资的大型火电项目，一期工程2台66万千瓦超临界机组于2001年6月全部竣工完成，其安全、质量、进度、效益等各方面都创同期最好水平。邯峰工程竣工投产不仅有效缓解了河北南部电网缺电的局面，同时为中国制造、安装和运行60万千瓦等级W型火焰锅炉积累了经验。上海外高桥电厂二期利用世界银行贷款从阿尔斯通和德国西门子引进两台90万千瓦超临界燃煤机组，投产后缓解了华东电网的缺电局面。

采用技贸结合方式引进制造技术和合作生产，提高了中国制造厂家生产技术水平和产品质量。三峡电站70万千瓦大型水电机组通过技贸结合引进设备和制造技术，生产出第一批机组并已陆续投产。随着三峡机组制造技术的日趋成熟，中国

企业参与三峡机组的国产化率不断提高，由过去的30%提高到如今的60%以上，这有助于提升中国重大设备的生产跻身世界电机生产之林。中国发电设备企业已能批量生产供应整套国际水平的30万千瓦、60万千瓦等级亚临界火电机组和70万千瓦等级水电机组，并正在向生产60万千瓦、100万千瓦超临界、超超临界机组和大型燃气蒸汽联合循环机组迈进，为中国自力更生能力的提高，提供了强有力的支持。

2. 促进电力科技发展，提高电力工业的管理水平

电力设备和技术的引进有效地促进了中国机电制造业、电力设计、施工、运行水平的发展和提高。例如，超临界和超超临界电站设备、高效率环保设备、超高压直流输变电技术、超大型水轮发电机组和大型核电设备的引进和投产，使中国电力工业在技术上接近世界先进水平，电网发展进入大规模跨区送电和全国联网的新阶段。此外，电气设备、自控装置以及其他一些辅机设备，也在不同程度上取得了技术进步，中国已生产了一批与30万千瓦、60万千瓦主机相匹配的辅助设备。为了适应环保要求，许多循环流化床锅炉已在中国建成。2000年前后，利用引进技术，国内企业生产和建设了一批10万千瓦、13.5万千瓦循环流化床锅炉。自主知识产权的20万千瓦循环流化床锅炉已签合同。2002年，中国又用技贸结合方式引进了30万千瓦循环流化床锅炉及其全套技术，现已确定了后续建设项目。锅炉烟气脱硫，通过技术引进和技术合作，两年来已在一批大型机组上使用，有的已取得了良好业绩。

在引进先进设备的同时，注重引进和学习国外先进的生产运行和经营管理经验。随着大容量、高参数、高效率、自动化程度高的大型电力设备的引进，中国电力工业的管理水平不断提高，电厂千瓦人员数、厂用电、煤耗等各种经济指标都达到了较高水准。截止2003年底，发电设备平均利用小时数为5245小时，发电厂用电率为6.07%，线路损失率降为7.7%，发电标准煤耗降为355克/(千瓦时)，供电煤耗降为380克/(千瓦时)。电力工业管理水平与世界水平的差距大大缩小。

3. 培养和壮大电力行业技术力量

电力部门通过聘请外国专家进行现场指导和咨询，派人到国外考察、设计联络、设备检验和进修培训，培养和壮大了电力行业的技术力量。参与国际工程承包和劳务合作，也带动了国内企业、资金、技术、设备、劳务走向国际市场，提高了电力部门企业效益。吸收和利用国际工程承包的经验，促进了国内电力项目的建设和管理。现在，电力战线上科研、设计、施工、运行、管理和涉外工作等方面的骨干专业人才，大部分是通过引进项目工程和国际承包工程培养出来的。

4. 开拓创新，打入国际市场

随着中国改革开放的深入，电力行业的一批企业和建设单位也获得了国家批准的对外承包和劳务合作经营权，并有一批水电、火电设计研究院也随承包单位纷纷走出国门，从事设计、咨询和监理工作，少数设计单位还被有关国家聘请参加或主持流域规划工作，其设计能力和水平逐步得到外国政府和业主的认可和肯定。根据美国《工程新闻记录》评选的“2003年度全球225家最大国际承包商”评选结果，中国有6家电力企业榜上有名。中国水利水电建设集团位列排行榜第81位，中国水利电力对外公司列第97位，山东电力基建总公司列第99位，四川省电力进出口公司列第174位，中国葛洲坝水利水电工程集团有限公司列第182位，国电华北电力设计院工程有限公司列第224位。

5. 扩大国际交流合作，服务于中国电力市场

1996年经国家有关部门批准，中国电力企业联合会及六家电力集团公司申请参加亚太电协。亚太电协是一个区域性非政府间组织，成立于1975年。亚太电协的主要宗旨是推动国家和地区与电力业主之间的交流，促进电力工业会员组织之间的合作，解决该地区电力工业面临的问题，召开就供电及相关课题的国际性会议及学术研讨会，在国际、地区、国有及私营电力公司之间的相关领域开展合作，发展与电力工业相关的组织和个人入会。同年5月3日，亚太电协执委会和理事会通过决议，接纳中电联和华北、东北、西北、华中电力集团公司、华能集团公司共

7 个中国电力企业为亚太电协正式会员，中电联代表中国电力行业成为亚太电协理事会成员。1998 年 11 月，中电联当选为亚太电协常务理事。亚太电协主席轮流由会员国担任，每届任期两年。2002 年 11 月中国成为任期两年的亚太电协主席。

自 2001 年以来中国电力企业联合会和国家电力公司在北京、上海、广州、武汉等地与香港雅式展览公司和香港海岸展览公司分别举办了多次国际电力展览会和国际供电专业展览会以及国际水力发电设备展览会。参展的中外厂商十分踊跃，每次都有 20—40 多个国家和地区 200—300 多家中外著名厂商参展，较全面地展示了当前世界电力工业的新技术、新产品，包括火电、水电、核电、新能源发电，电力调度系统，电力自动化控制设备，输配电以及城乡电网建设与改造，配套设备与技术，电力仪器仪表，电工产品以及环保技术与设备等。每届展览会期间都举办多场技术座谈交流会。

中国电力部门与日本东京电力公司于 1986 年 6 月在东京签订了定期交流备忘录。从 1986 年开始双方每年都进行一次交流，轮流在北京和东京举行。截至 2003 年双方已举行定期交流 17 次。交流内容包括电力系统规划与运营，火电厂运营管理和安全管理，设备诊断，技术开发，火电新技术，大容量火电的建设、运行、维修，火电厂环境保护，热电厂供热，交直流输变电建设和运行，带电作业，供电可靠性管理，电网运行管理，通信调度，客户服务与电价，设备技术改造，水电开发、天然气发电、核电，电力体制改革，干部研修、财务管理等。

2003 年，国家有关部门正式确定中国南方电网公司作为大湄公河次区域经济合作中方电力合作的项目负责单位，此前由国家电网公司负责。作为中方主体，在国务院有关部门的指导下，中国南方电网代表国家积极参与大湄公河次区域国家的电力合作，主动与国家发展和改革委员会、财政部、外交部等有关部门以及亚洲开发银行和泰国、老挝、越南等国家开展交流与合作，寻求在电力开发、技术进步、经营管理能力、人才培训等方面的双边、多边合作。与亚洲开发银行在广州共同主办了大湄公河次区域电力贸易论坛第十次会议和第九次专家会议。

电力国际贸易

随着中国国际地位的提高和对外工作的发展，中国电力部门与世界许多国家和地区，以及众多国际机构和组织开展了广泛的交流与合作。电力部门由进口机组、引进技术，发展到自行设计和制造设备；由引进技术和装备，发展到借鉴国外管理经验与模式；由进口成套设备发展到与外国厂商合作生产，并带动设备出口；由利用国外资金办电，发展到在国外和境外发行股票债券和收购国外发电厂的股权；由国家垄断的一体化经营电厂，发展到各方投资电源建设，包括中外合作、合资、独资以及“建设—经营—转让”(BOT)方式办电；由外商从中国发电领域撤出，逐渐转向青睐中国电力市场继续投资办电；由竞标承揽国际工程，发展到融资或以 BOT 方式承包国外工程；由一般的国际科技交流，发展到与外国政府、企业、国际科研团体的双边和多边交流与合作。

宝泉、惠州、白莲河三个抽水蓄能电站采用统一招标和技贸结合的方式，引进抽水蓄能电站机组设备、设计和制造技术，逐步实现中国抽水蓄能电站机组设备制造的自主化。阿尔斯通公司已中标，按合同规定分别向上述三座抽水蓄能电站提供 16 台 30 万千瓦机组设备，向东方电机股份有限公司、哈尔滨电机厂有限责任公司转让抽水蓄能机组的研发和设计技术。设备采购合同总金额为 4.45 亿多美元，技术转让合同金额为 197 万多美元。两公司通过此次研发技术引进，将自主研发、设计、制造大容量抽水蓄能机组，并能够设计制造国内后续大容量、各种水头的抽水蓄能机组。

电力部门已有多家公司在国外和境外发行股票和可转换债券。大唐国际发电股份有限公司于 2003 年 9 月 3 日，成功完成了 5 年期 1.538 亿美元可转换债券发行，这是自 1997 年以来中国 H 股公司首次境外可转换债券发行，自 1999 年以来中国电力公司首次海外市场公开融资，同时亦是 2003 年第一支亚洲公用事业公司可转换债券发行。强劲的市场需求使该公司实现了预计发行，获得了历史上中国注册发行人的最高转换溢价和最低票息，被境外媒体称为一次真正的地标性中国海外融资项目。它的成功发行，在境外资本市场上进一步树立了中国H股公司，特别是中国电力体制改革后中国独立发电公司的良好形象，为中国公司今后在海外的融资奠定了良好基础。

华能国际作为中国华能集团公司控股的中外三地上市公司，在全球稳步发行股票，先后在纽约、香港和上海证券交易所挂牌上市，发行可转换债券，利用其他方式使用国内外资金，累计利用外资总额44.75亿美元，其中，在国际资本市场筹资近10亿美元。2003年，华能集团公司和中电国际有限公司分别收购了澳大利亚发电厂和澳门电力公司的股权。

中国电力技术进出口公司、中国水利水电建设集团公司、中国葛洲坝集团公司等单位积极贯彻落实"走出去"战略，开拓国际市场，承包国外工程呈现上升趋势。中国水利水电建设集团公司探索新的承包方式，向国际经营活动的深度和广度进军，在采用竞争性投标方式的同时，运用"设计—采购—施工"(EPC)形式成功获得伊朗塔里干水坝项目，合同额超过2亿美元，该项目以承包商融资方式开展竞标，85%的资金由中标承包商进行融资，15%由业主以现汇方式支付。该集团公司的国际经营规模持续增长，经营层次逐步提高，地域市场进一步拓展，在国际国内市场上牢固树立了中国水利水电建设第一品牌的良好形象，成为中国水利水电产业"走出去"的排头兵和中国企业"走出去"的一支重要力量。中国电力技术进出口公司第一个在国外以BOT方式承揽了柬埔寨水电站工程。

电力国际经济技术合作

2001—2003年，全国电力行业的国际经济技术合作取得长足进展。

国家电力公司系统2001年度实现进出口额9.33亿美元，同比2000年增长21.4%；其中进口额8.5亿美元，同比增长30.4%；出口额0.84亿美元，同比下降28.7%。2002年，经国家电力公司机电审查办公室审批进口的机电产品总值为9.781亿美元，其中自动进口许可产品7.675亿美元，特定配额产品2.106亿美元。受理焦炭出口计划9万吨，进口燃料计划30万吨，办理钢材进口4.43万吨，合计0.35亿美元。全年利用国外贷款签约额合计2.63亿美元。其中，泰安抽水蓄能电站利用日本国际协力银行贷款180亿日元，上海风电项目利用世行贷款0.13亿美元，安徽省琅琊山抽水蓄能电站利用奥地利政府贷款1亿美元。2003年，全系统出口额为0.22亿美元，进口额为8.5亿美元，国家电网公司机电办审批8.96亿美元，进出口总额为8.7亿美元。在进口设备时，电力行业始终注重扶植民族工业和引进制造技术，通过国际招标、国外厂商同国内的制造厂联合承包和从中标的国外厂商分包部分产品给国内厂家制造等办法，提高中国制造厂的技术和质量水平，达到国际标准，从而带动中国发电制造业的发展。目前，中国电力工业有近80%的发电、输变电设备是自行制造的。

南方电网公司组织贵广直流(贵州—广东)、平国串联补偿及电网稳定装置的技术引进，提升了南方电网的科技含量及技术水平。截至2003年底，南方电网公司系统各单位共签订对外合同38个，合同价值共计5.87亿美元，其中机电产品进口合同35个，合同价值共计4.2亿美元，占全部涉外合同总额的71.5%；与境外国家或地区的电力电量交易合同2个，合同价值共计1.3亿美元，占全部涉外合同总额的22%；其他涉外合同1个，合同价值共计0.37亿美元，占6.5%。

2001—2003年间，中国的核电工业与世界上几个大的核电集团，主要包括法国阿海珐(AREVA)集团，美国西屋、三菱集团，美国GE，日本东芝、日立集团，美国ABB－CE加韩国集团，加拿大原子能公司(AECL)，及俄罗斯自成体系的核电供应集团，在先进压水堆(APWR)技术、先进沸水堆(ABWR)技术、压水堆核电站数字仪控系统设计、核电设备制造、中国百万千瓦级压水堆核电站常规岛技术等领域进行了合作和交流。

大亚湾核电站与岭澳一期核电站均采用引进、消化、吸收国际先进核电技术，实现我国核电跨越式发展的技术路线。大亚湾核电站全面引进国际先进的核电技术和管理经验。核岛设备由法国法码通公司供货，常规岛设备由英法通用电气阿尔斯通公司供货，辅助设备由中、法、英、日等国公司供应。岭澳核电站以大亚湾核电站为参考电站，核岛设备由法国码通公司供应，常规岛设备由英法通用电气阿尔斯通公司，辅助设备由中、法、英、日等国家公司提供；设备的国产化比例核岛为11%，常规岛为23%，辅助设施为50%，整个电站设备制造的国产化率达到30%。设备本地化涉及17个省、市共181家制造厂家或供应商，有力地带动了我国相关制造产业的技术升级，提高了市场竞争力，促进了我国设备制造产业迈上新的历史台阶。

在秦山二期、秦山三期、田湾核电站的建设过程中，中国核工业集团公司(CNNC)与日本三菱集团、日立公司、韩国斗山重工集团、加拿大AECL、俄罗斯原子能部、德国西门子公司在压水堆核电站的设备制造、数字化仪控系统、输变电开关站(GIS)系统、人员培训、技术咨询及技术服务等方面开展了友好合作。

中国核工业集团公司与法国电力公司、AREVA集团、法马通核能等法国企业在核电标准化、核电工程管理、核电站设计、建设及运行等领域也进行了交流。

中国广东核电集团积极支持和参与国际原子能机构(IAEA)、世界核营运者协会(WANO)等国际组织开展的国际合作与交流活动，及时了解世界核电行业最新信息，为赶超世界一流核电站积累宝贵经验和知识财富。法国电力公司(EDF)、国际原子能机构(IAEA)、世界核营运者协会(WANO)等组织和机构经常在大亚湾核电基地举行培训和研讨活动，进行同行评审检查。截止2003年12月，大亚湾核电站、岭澳核电站(一期)与法国、韩国、比利时、南非等国家的核电站及一个中央实验室保持着密切的合作关系，定期安排互访和技术交流活动。

电力国际承包工程

中国电力部门已派遣许多工程技术人员和管理干部出国考察、培训以及出席国际会议或出国执行合同等，还聘请了大批外国专家来华进行技术指导、讲学和咨询，这些外国专家有些随设备进口时同时聘请的，有的是按国际金融组织的要求聘请来华进行项目咨询的，还有的是通过国际招标邀请外国公司来华承包水电工程的，外国专家把大量国际上通行的先进技术和经济信息注入到项目实施中。

原国家电力公司系统获国家批准具有对外经营权的企业已超过50家，境外机构总数已达45家，在泰国、印度、缅甸、巴基斯坦、尼泊尔、孟加拉、斯里兰卡、柬埔寨、蒙古、马来西亚、新加坡、菲律宾、叙利亚、伊朗、格鲁吉亚、苏丹、阿联酋、以色列、巴林、沙特阿拉伯、秘鲁、坦桑尼亚、津巴布韦、阿尔及利亚等40余个国家和地区开展以工程承包、设计咨询或外派劳务为主和尝试项目投资等境外业务工作。

2003年，国家电网公司系统共签订境外工程合同15个，合同金额约3亿美元。其中电站工程6个，输变电工程3个。山东省电力基本建设总公司以EPC方式承包了印度BALCO 4×13.5万千瓦电站工程，承包合同额为2.3亿美元。

中国电力技术进出口公司(简称中电技公司)，是全球最大225家国际承包商之一，最好排名为147名。公司从1997年到2003年共投标416项，投标总额约为38.29亿美元；签订项目合同95个，合同总额约为3.95亿美元；完成营业额约为19965万美元。公司每年派出劳务人员在800—1000人。

中电技公司经营项目主要有水利、水电、火电、核电、输变电、水务(污水处理、供水)、海水淡化、石油化工、钢结构加工、公路等专业。项目主要分布在亚洲、非洲、中东、南美洲等地区。2001年，中电技公司新签工程承包合同额1.28亿美元，完成营业额近4000万美元。其中：柬埔寨基里隆一级水电站项目由中电技公司以BOT方式对工程进行总承包。工程勘测设计部分由昆明勘测设计研究院分包，该工程装机容量为2台6000千瓦机组，特许经营期为30年，合同额为1942万美元，工程于2001年4月开工，2002年5月竣工并投入商业运行。该工程项目投产得到了中国、柬埔寨两国人民和领导人的高度重视和赞扬。中电技公司与阿尔及利亚签订了罗斯法水坝水利灌溉项目，合同额2920万美元，2001年5月开工，2004年9月竣工；与以色列签订了提供建筑劳务合同，合同额485万美元，2001年2月实施，2002年12月合同执行完毕。2002年，新签工程承包合同额2596万美元、营业额3209万美元；2003年新签工程承包合同额5061万美元，营业额2507万美元。

中国水利水电建设集团公司是在2002年底电力体制改革时在原中国水利水电工程总公司基础上建起来的集团公司，是大型综合性建设企业，具有国家施工总承包一级企业资质、对外工程承包经营权、进出口贸易权、AAA级信用等级。1999年、2000年连续两年位列全球最大225家国际工程承包商的第136位，2002年闯进全球225家最大国际承包商百强行列，位居第89位，2003年又上升至第81位。2001年以来中标的项目中，伊朗、印度、越南、吉尔吉斯斯坦、埃塞俄比亚是新的市场。在所参加的70个资审项目中，除了已有一定基础的孟加拉、尼泊尔、巴基斯坦等国，又涉足约旦、尼日利亚、蒙古、叙利亚等国家，集团公司提出的"巩固亚洲、发展非洲、进军南美洲"的市场战略取得了实质性进展，2002年在国际建筑市场竞争中，集团公司当年新签国外承包合同4.3亿美元。其中埃塞俄比亚特克泽水电站工程设计安装4台7.5万千瓦机组，装机总容量30万千瓦。电站建成后总库容达94亿立方米，工程兼有供水、灌溉、发电等功能，被埃塞俄比亚政府称为"东非的三峡工程"。该工程的建设将带动整个东非地区的社会经济发展、提高东非地区人民的生活质量。

中国水利水电建设集团公司1999—2003年签约国际工程承包合同38个，累计签订国外合同额达23亿美元，其中属于集团公司的份额17.5亿美元，完成营业额5.7亿美元。

中国葛洲坝集团公司具有水利水电工程施工总承包特级、公路工程总承包一级、市政公用工程施工总包一级、送变电工程专业承包一级、地基与基础工程专业承包一级、机场场道工程专业承包一级和对外承包国际工程等国家最高等级资质、资信，享有对外经贸业务权和国际招投标业务经营权。公司从1999—2003年分别与老挝、伊朗能源部，柬埔寨公共工程部，科威特、埃塞俄比亚国家电力公司等签订项目合同，总金额2.58亿美元。

农村水电国际合作与交流

1. 发展与国际组织的合作

国际小水电中心与联合国工业发展组织(UNIDO)、联合国开发计划署(UNDP)、拉丁美洲能源部长组织(OLADE)、欧洲小水电协会(ESHA)、国际水电协会(IHA)、七国集团电力环境委员会(E7)、国际能源总署(IEA)、国际山地中心(ICIMOD)、国际水电中心(ICH)、南太应用地理委员学会(SOPAC)等10多家国际组织展开了多种合作。

2. 与77国集团佩雷罗信托基金会(PGTF)的合作

77国集团项目由培训、咨询、推广、能力建设四个主要部分组成。在杭州、古巴、牙买加等国举行小水电培训班，传授中国水电经验，并前往委内瑞拉、牙买加、格鲁吉亚等国进行小水电咨询活动。

3. 在非邦交国家开展小水电民间外交活动

1996—1998年间，在国际网成员拉美能源组织的协助下，中心派员先后访问洪都拉斯、尼加拉瓜、危地马拉等非邦交国家，与这些国家的政府部门洽谈小水电合作，而且对推动双边关系的正常化也起到了积极的作用。

4. 开展以三方合作为基础的经济技术合作，完成了多项经济技术项目

主要有印度14个电站的规划设计，供货及安装；除给予77国集团项目中牙买加、危地马拉、格鲁吉亚小水电咨询之外，中心派队伍前往印度、尼泊尔、委内瑞拉、埃及、阿尔及利亚、津巴布韦和埃塞俄比亚提供小水电咨询；总计派遣38人次到亚洲、拉美及加勒比海地区15个国家提供专业技术咨询，执行了16个经济技术项目。

5. 其他一系列南南合作活动

(1) 培训：中心在杭州、厄瓜多尔、法国、牙买加、古巴和印度分别举办了15期小水电培训班，培训了来自40个国家的170多位工程师。

(2) 小水电设备捐赠：与加拿大自然资源部签约赠送价值四万加元的小水电站无人值班自动化设备。自1997年5月起，中心与自然资源部合作在贵州黔南自治州的小七孔电站引进、示范加拿大自动控制设备；并执行了外经贸部的援外项目，与尼加拉瓜水电部签订捐赠小水电水轮机协议。

(3) 信息交流与出版：参与执行国际能源总署小水电技术项目，建立世界小水电数据库；出版英文小水电专著，以及中文版《小型水轮机》、《历史选择了小水电》。

第三章

石油天然气国际贸易与经济技术合作

原油成品油进口

2003年，中国进口原油9102万吨，比上年增长31.13%；进口成品油2691万吨，比上年增长40%（见表13－1）。

其中，中石化全年原油加工总量1.24亿吨，其中加工进口原油0.76亿吨，进口原油占总加工量的61.19%。根据公司所属炼油企业生产装置的实际情况，在稳定中东、西非、东南亚资源市场供应量的同时，增加了对中东地区低硫、含硫原油资源的采购量，南美洲、大洋洲等地区的进口原油的采购数量大幅增加，2003年全年进口原油量与上年增长25.45%。进口原油分地区比例情况为：中东占53.67%，西非占19.48%，东南亚占13.02%，其他占13.83%。为进一步降低采购成本，公司进一步夯实基础工作，加大了进口原油计划和协调工作的力度，全年船只压港、滞期费用明显降低，为实现公司整体效益的最大化提供了有利的保障。根据国内成品油市场平衡情况，当年中石化没有安排汽油、煤油、柴油等成品油的进口。

中化公司的石油贸易是其经营多年的传统业务。公司与世界上主要大型跨国石油公司、国家石油公司和石油贸易公司及华尔街公司在石油进口、转口和风险管理方面保持着长期稳定的合作关系，具有较强的境外资源获取能力，并通过专业化的经营团队，运用各种专业技术手段，为国内外客户提供优质高效的服务。

目前，中化公司拥有的原油签约总量达到200万吨/年，涉及沙特阿拉伯、阿曼、伊拉克、巴林、阿联酋、也门、卡塔尔、越南、叙利亚、俄罗斯和印尼等国，原油和成品油进口、转口经营总量近3700万吨/年。遵循培养市场化盈利能力的理念和石油业务经营内涵蜕变的战略构想，中化公司石油贸易中市场化业务所占比例不断提高，技术含量不断增加，市场的开拓力度不断加大，向市场纵深延伸的战略取得了初步成果。

表13－1

中国原油和成品油进出口量

单位：万吨

指标＼年份	1991	1995	2000	2001	2002	2003
进口量						
原　油	597.30	3400.63	7027.00	6026.00	6941.00	9102.01
汽　油	11.20	15.88	0.03	0.02	—	—
柴　油	319.60	612.26	25.94	27.47	47.72	84.85
煤　油	2.60	76.13	255.47	201.89	214.53	210.27
燃料油	126.40	659.14	1480.00	1823.60	1659.66	2395.45
液化石油气	—	232.55	481.74	488.86	626.16	636.74
其他石油制品	11.50	95.68	161.46	201.31	384.32	432.14
出口量						
原　油	2259.80	1822.70	1031.00	755.00	766.00	813.33
汽　油	250.20	185.53	455.18	572.46	612.00	754.24
柴　油	121.00	130.63	55.48	25.62	124.00	224.00
煤　油	32.10	37.44	198.88	182.22	170.00	201.69
燃料油	69.50	27.79	33.37	44.09	64.00	76.14
液化石油气	1.10	7.08	1.60	2.09	5.60	2.40
其他石油制品	148.80	131.05	280.48	325.48	246.00	261.84

资料来源：国家统计局《中国能源统计年鉴》。

中化公司每年在承担国家1200万吨国营贸易进口原油任务的基础上，积极开拓第三国原油贸易2000万吨以上，数量上远远超过进口原油，在提升公司业绩、深化对国际市场了解的同时，有效地保障了不断增长的国家能源需求的安全供应。

原油成品油出口

2003年，中国出口原油813万吨，比上年增长6%；出口成品油1256万吨，比上年增长29%（见表13－1）。其中：

中石化按照充分利用国际国内两种资源、两个市场、优化资源配置的原则，积极开拓国际市场，努力扩大成品油出口。2003年出口成品油608.29万吨，同比增加106.44万吨，增长21.21%。在努力扩大出口总量的同时，灵活调整出口成品油的品种、结构，合理安排长期合同比例，努力提高区外市场比例和终端销售比例。2003年成品油出口以汽油为主，汽油出口量321万吨，占成品油出口总量的52.77%，其中出口东亚、东南亚等区内市场占70.02%，出口澳洲、中东、北非和美洲等区外市场占29.98%，区外市场比例同比提高5.83个百分点。煤油出口达到109.01万吨，其中出口香港54.87万吨，已成为香港机场航空煤油最大的供应商之一。在稳固香港、澳门、越南和朝鲜市场的同时，航空煤油出口新开辟了美国市场，两用煤油DPK出口量有较大增长。柴油出口量178.28万吨，是出口增长最快的品种，同比增长127.76%，出口目标市场有越南、香港、澳门、新加坡、菲律宾、缅甸、韩国等。

2003年，中石油根据国内原油市场平衡情况，没有安排原油的出口。

石油技术与装备引进

截至2003年底，中石化石油工程系统除钻机底座和井架以及部分钻机配套、部分综合录井仪实现了国产外，物探、测井、测试等专业的核心技术仍然主要靠进口。据不完全统计，2001—2003年，中石化石油工程系统在引进钻机关键配套设备、地震仪及处理解释软件、成像测井仪及相关软件、综合录井仪以及其他大型工程作业设备等方面共花费约2.5亿美元。中石化引进的主要装备有：油田用地震仪、海洋测井仪、沙漠车、水泥车、挖沟机、柴油机等，金额每年约3亿美元左右。甬沪宁、西南、鲁皖等几个原油、成品油管线工程，有的已完成对外招标采购，有的完成对外采购合同的签约。

2003年中石油技术装备引进项目有：西气东输管道压缩机组采购项目，进口钢管9.9万吨，热轧钢板2.5万吨，金额达到7979万美元。同时还完成了流量计量系统、小功率发电机组、SCADA系统、阀门等重要设备的进口合同签约任务。

石油物资装备出口

2003年，中石油技术开发公司作为中石油专门从事石油物资装备和技术出口的专业公司，石油物资装备出口签约额40671万美元，比上年增长35%；主营业务收入26亿元，比2002年增长156%；收汇21401万美元，比上年增长46%；利润6425万元，比2002年增长150%。出口产品结构不断改善，机电产品出口签约额3.58亿美元，占签约总额的88%。其中大型成套设备以及高附加值、高技术含量产品比重越来越大。2003年完成了苏丹723千米管线供货任务；出口哈萨克斯坦钻机8台，出口土库曼斯坦钻机4台，出口乌兹别克斯坦钻机7台，出口墨西哥钻机1台，全年累计出口钻机20台。市场规模不断扩大，产品已出口到全球55个国家和地区，在25个国家和地区设立了驻外机构，在世界主要产油区建立起了稳定的市场营销网络。出口供货资源体系不断完善，国内有上千家石油机械制造厂组成了品种齐全的资源体系；同时，资源向国外延伸，通过开展第三国采购，力求在全球范围内提供满足用户需求的石油物资装备。服务水平不断提高，已在海外建立了4个寄售库，4个维修中心，努力为用户提供更加专业化、全方位和及时快捷的服务。2003年，中石油技术开发公司在国外探索建立实业，在哈萨克建立了阿克纠宾石油机械联合（有限责任）公司，在苏丹建立了非洲中国摩托车自行车厂。通过合资公司，加强与出口国的合作，规避市场风险，提高市场竞争力，不断推动国产石油物资装备出口事业向前迈进。

2003年，中石化石油物资装备出口产品有：钻机、修井机、特种车辆、钻采工具、抽油机、抽油泵和配件等产品。产品出口国家和地区有：印尼、伊朗、古巴、美国、巴基斯坦、吉尔吉斯斯坦、委内瑞拉、苏丹、也门、新加坡、土库曼斯坦等。2001—2003年，每年的出口合同额平均在5000万美元以上。

海外油气勘探开发

1. 中石油海外油气勘探开发

中石油天然气勘探开发公司（CNODC）是中石油负责海外石油投资项目的管理与运作的全资子公司，已形成中东及北非、中亚及俄罗斯、南美等三个具有规模的投资区域，海外业务涵盖了油气田勘探开发、地面建设、长输管道、石油炼制、石油化工和油品销售等领域。2003年海外原油作业产量达到2300万吨，获得权益原油产量1202万吨、天然气产量16亿立方米。

CNODC除了在苏丹、哈萨克斯坦、委内瑞拉、秘鲁投资石油项目获得成功外，还先后在加拿大、泰国、缅甸、土库曼斯坦、阿塞拜疆、阿曼、伊拉克等10多个国家签署了包括产品分成、合资、租让、服务等石油合作项目协议。2003年，CNODC又在哈萨克斯坦、阿塞拜疆、叙利亚、阿尔及利亚、尼日尔、乍得等国，分别新获10个勘探开发项目合同。

历经10年的发展，中石油勘探开发公司的海外业务从无到有，从弱到强，不断壮大。截至2003年底，勘探开发公司的海外业务范围已扩展到世界四大洲18个国家，执行着42个石油合同。已初步形成了中东—北非、中亚—俄罗斯和南美三个海外油气生产基地，拥有勘探区块面积75.3万平方千米，海外原油和天然气的生产能力已分别达2800万吨/年和30亿立方米/年。2003年原油作业产量和权益产量较1997分别增长了23.3倍和16.7倍。截至2004年5月，累计生产原油9296万吨，累计获得权益原油4868万吨；累计生产天然气75.8亿立方米，累计获得权益天然气48.1亿立方米。

中石油天然气勘探开发公司的国际化经营现已形成了上下游一体化的业务体系，目前海外的炼油能力达350万吨/年、聚丙烯生产能力为1.8

万吨/年、加油站19座、成品油库2座、输油管线2684千米、年输能力3000万吨。

在储量规模和生产规模显著增强的同时，海外项目取得了良好的经济效益，部分油田开发投资已经回收，其他项目也已陆续进入投资回收期。海外项目的经济效益还体现在具有较强国际竞争力的成本优势方面，目前平均发现和平均操作成本分别为1.08美元/桶和2.1美元/桶。

通过CNODC在海外项目的投资和运营，带动了集团公司技术、装备和服务队伍走向国际市场，大大加快了CNPC技术服务队伍"走出去"步伐。到2003年底，中方在各海外项目承包工程、出口物资、装备共计52亿美元。

经过苏丹、哈萨克斯坦和委内瑞拉等大型项目锻炼，目前勘探开发公司拥有一批能胜任海外项目总经理、部门经理以上职务的高级经营管理人才，熟悉国际法律、经济、财务、采办业务的商务人才，以及技术过硬、实践经验丰富的石油各专业的技术人才。这支精干高效的人才队伍已成为中油集团海外业务进一步发展的宝贵财富。

2. 中石化海外油气勘探开发

2003年，中石化共有9个油田企业在海外14个国家执行65个项目，完成合同额1.51亿美元，新签合同额1.8亿美元。地区分布是：美洲地区完成合同额4301万美元，主要分布在厄瓜多尔和墨西哥等国家，约占合同总额的28%；非洲地区完成合同额3977万美元，主要分布在苏丹、埃及和阿尔及利亚等国家，约占合同总额的26%；中东地区完成合同额3474万美元，主要分布在伊朗、沙特阿拉伯、卡塔尔和也门等国家，约占合同总额的23%；中亚地区完成合同额1855万美元，主要分布在哈萨克斯坦、吉尔吉斯斯坦、土库曼斯坦等国家，约占合同总额的12%；南亚和东南亚地区完成合同额1638万美元，主要分布在印尼、泰国、巴基斯坦等国家，约占总额的11%。项目类别有：钻修测录类工程，完成合同额10798万美元，约占合同总额的71%；物探类工程(含处理和解释)，完成合同额2926万美元，约占合同总额的19%；地面建设及其他类工程，完成合同额1520万美元，约占合同总额的10%。装备和队伍：钻修测录类装备和队伍投入钻机27台、修井作业机19台、海上钻井平台1个、定向井服务队1个、录井设备4套、固井设备2套；物探类装备和队伍投入地震设备5套、处理站1个；地面建设及其他类装备和队伍投入油建队伍1个、运输队伍1个。

中石化2003年在东南亚、中东、北非、西非、南美、俄罗斯及独联体和澳大利亚等国家和地区研究并估评石油勘探与开发及油气田资产转让项目50余个，遍及31个国家和地区，取得了较大进展。中标"尼日利亚边际油田项目"，经过长时间的谈判和多方工作，油田转让方与受让方最终就有关协议条款达成了一致，并签署了《项目转让协议》；投标"尼日利亚64/66区块风险勘探项目"，与尼日利亚石油开发公司就该项目进行了谈判并签署了谈判纪要，与苏丹(GULF)公司签署了购买"苏丹3/7区6%股权转让项目"协议。

中石化国际石油勘探开发有限公司作为中石化上游业务对外窗口，负责海外石油勘探和生产项目的投资，通过受让或投标获得风险勘探区块、通过收购获得开发生产区块和油田资产等，同时还负责上游海外工程服务业务的开拓、管理和协调。2003年，中石化在中东签署了也门S2区块风险勘探项目的股权受让协议和伊朗卡山风险勘探服务合同。中石化各油田企业2001年在海外承担了35个油气施工工程项目，合同总额1.4亿美元。2002年，中石化国际石油勘探开发有限公司除继续实施伊朗卡山风险勘探服务和也门S2区块风险勘探参股项目外，新签了印尼宾迦区块风险勘探股权转让、阿尔及利亚扎尔则油田提高采收率、吉尔吉斯斯坦马利苏油田800口老井修复、马利苏四区块和伊兹巴斯肯特油田老区勘探开发、阿拉伊盆地勘探开发、丘伊盆地勘探开发和巴扎—卡尔高盆地勘探开发以及土库曼斯坦修井防沙等8个项目。2003年，中石化油田企业共完成海外油气工程技术服务合同额9960万美元，新签了41个海外油气工程技术服务项目，合同总金额达2.3亿美元。

中石化为加大实施"走出去"战略的工作力度，2003年7月对其国际勘探开发公司进行了重组，将海外油气工程技术服务业务从国际勘探开发公司分离出来，单独成立了中石化国际石油工程公司。重组后加强和充实了中石化国际石油勘探开发有限公司海外油气勘探开发力量，并对国际勘探开发公司重新定位：国际石油勘探公司是中石化上游海外投资与经营作业一体化的战略经营单位，是对集团公司承担海外投资和经营双重责任的利润中心，对海外油气资源的勘探开发和海外投资及项目实行统一经营管理，是集团公司从事上游海外投资经营的惟一专业化公司。同时，对中石化系统现有的有关海外勘探开发的投资经营事项实行归口管理。

3. 中海油海外油气勘探开发

中海油自2002年完成对印尼油气资产部分权益的收购以来，继续加大合同区内的勘探和研究力度，争取发现更多的油气储量。2003年，在印尼共钻探井9口(8口预探井，1口评价井)，在东爪哇海的西马都拉产品分成合同区获得3个油气商业发现：KE－32、KE－38和KE－54，为中海油在印尼进行油气勘探与开发活动打下了坚实的基础。

4. 中化公司海外油气勘探开发

中化公司从20世纪90年代开始对参股境外油气田勘探开发项目的研究，2000年公司明确地提出利用境外油气资源中长期发展战略。中化集团公司积极响应和实施中国政府“走出去”的能源发展战略，加快了大力开发海外油气资源的步伐。至2003年，公司已经在海外收购了两个油气田勘探开发项目，即阿特兰蒂斯(Atlantis)和厄瓜多尔16区块14%的权益，共计投资1.46亿美元，获得天然气可采储量139亿立方米，原油可采储量680万吨。

油气国际合作与交流

1. 中石油集团所属中油国际工程公司国际合作交流项目

(1) 钻井技术服务。中油国际工程有限责任公司所属长城钻井公司与地区公司密切合作，大力开拓国际市场，对外钻井技术服务取得新进展，钻机已分布在22个国家。2003年，完成钻井技术服务项目合同额32382万美元，完成年度计划指标的166%，同比增长23%；全年新带出国钻机24台，完成任务指标的240%；2003年末累计在国外钻机总数100台套；开钻339口，完钻328口，钻井进尺723190米，修井203井次。

(2) 测井、录井、测试。中油测井技术服务有限责任公司海外技术服务市场主要分布在苏丹、伊朗、委内瑞拉、哈萨克斯坦、巴基斯坦、阿塞拜疆、叙利亚等国家，2003年公司进一步加大市场开发力度，准确识别自身优势，及时调整市场运行体系，把精力集中在非洲、亚洲中东、美洲和独联体4个区域，派专人跟踪，实施重点市场战略和重点客户战略，成效明显，从而实现了海外市场的不断扩展。

(3) 地面工程建设服务。2003年，中国石油工程建设(集团)公司(CPECC)在建工程项目达20余项，以保工期、重质量、讲安全、创信誉、增效益为宗旨，强化项目管理，确保主要工程项目正常运行。

2. 中石化油气国际科技合作与交流

(1) 上游领域。与美国怀俄明大学能源研究所合作开展的Uinta盆地野外露头研究与储层建模项目，建立了Uinta盆地气候控制条件下的层序地层学模式，提出了一套新的地层学理论，取得阶段性成果。与美国康菲公司(COP)就油气勘探开发等进行了技术交流。与美国科罗拉多矿业学院签署了油藏表征项目协议，与德克萨斯农机大学就数模项目探讨开展基础研究合作签署了备忘录。

(2) 炼油领域。与康菲公司建立了策略联盟；与UOP公司召开了高层技术合作会议，制定了合作计划，并已开始实施；与润英联公司的润滑油及油品添加剂的科技合作项目，按照计划进行；与日本石油合作中心(JCCP)签署了燕山糠醛精制先进控制可行性研究协议备忘录。

(3) 石化领域。与美国ABB鲁玛斯公司在大型乙烯裂解炉合作技术开发上开展合作，已经转让了26台10万吨/年裂解炉，1台6万吨/年裂解炉。转让到燕山的2台10万吨/年大型乙烯裂解炉开车成功后达到满负荷运转，各项指标均达到设计要求；转让到扬子石化4台、上海石化4台10万吨/年大型裂解炉等已相继建成投产；用SL型炉技术在齐鲁石化和上海赛科建设的11台裂解炉已经完成设计。与ABB鲁玛斯合作开发的新乙烯回收技术在天津建设的中试装置已经开始试验，双方合作开发的大型SL裂解炉和乙烯分离工艺在茂名石化乙烯改扩建中得到采用。与安格公司签订了聚烯烃催化剂长期合作备忘录；与曼彻斯特理工大学(UMIST)就炼厂用氢网络集成优化技术和软件联合研究开发项目签订了协议。与美国ASPEN TECH公司合作的流程模拟技术试点项目，完成了17套装置的模型建立，培训788人次。

2003年，中石化已签约的境内油气企业对外合作项目执行顺利。组织实施与美国能源开发公司(EDC)合作的胜利埕岛西A区块开发项目进入开发阶段；与马来西亚云顶石油公司合作的胜利桩西油田提高采收率项目、与美国微生物能源公司合作的胜利罗家义64区块硫化氢油田开发项目、与美国BJ公司合作的胜利单井改造增产等合作区块累计生产原油163万吨；与中海油等共同签署东海西湖春晓气田石油合同，储量补偿费谈判已达成协议。

2003年对外技术交流共23次，涉及外国公司和组织12家，外方专家139人，中方40多个单位约400人参加交流。2003年共进行对外科技合作会见71次。

3. 中海油国际合作与交流

(1) 上游对外合作项目。2003年，中海油在中国海域共推出了10个可以与外国公司合作的对外开放区块及2个合作区，面积达30388平方千米，与外国石油公司签订了7个石油合同：6月17日，与科麦奇中国石油有限公司签订了渤海09/06合同区石油合同；8月19日，与派克顿东方有限责任公司、优尼科东海有限公司和中石化(委托方)签订了东海春晓、宝云亭、12/21、27/05和20/14合同区等5个石油合同；10月27日，与哈斯基石油中国有限公司签订了东海04/35合同区石油合同。截至2003年12月31日，中海油累计与18个国家和地区的71家公司签订了161个石油合同和协议。

(2) 中下游对外合资项目。与英荷壳牌集团于2000年开始合资建设中国最大的石化项目——中海壳牌石化项目。合资双方将在广东省惠州市大亚湾畔建造一座具有世界级规模的80万吨乙烯裂解装置、年产320万吨石化产品的联合化工厂，预计2005年底建成投产。

采用中外合资、中方控股的方式，与BP公司、香港电灯集团有限公司和香港中华煤气有限公司等合作方合资建设广东LNG液化石油气站线工程，其中中海油参股33%，广东5家发起方参股31%。该项目供气范围将覆盖珠江三角洲和香港地区，总投资约72亿元，2003年12月开工，计划于2006年6月投产。

2001年，中海油收购中山嘉明电力有限公司52.7%的权益，与另两家股东——香港山电股份有限公司(25%)和中山市冠中投资有限公司(22.3%)共同经营。

全资子公司——中海石油天然气及发电有限责任公司，与烟台市电力开发有限公司、香港盛科国际控股有限公司于2002年7月共同投资3.1亿元，组建中外合资烟台中世天然气有限公司，建设烟台市天然气输气干线项目。该项目开发利用中海油在渤海南部的天然气资源，将天然气供应到烟台市区及所辖各市，兼顾龙口调峰电厂储气和调峰，同时为将来引入西气和向威海市供气做好准备。

全资子公司——中海石油化学有限公司，与香港建滔化工集团合作建设60万吨甲醇项目。该项目以利用天然气为原料，合成甲醇及其副产品。项目自2003年11月开工建设，总投资预算14.7亿元，预计在2006年中期投产。

第十四篇 地区能源

ENERGY BY REGION

第一章

华北地区能源

北京市能源

1. 北京能源资源

北京属于能源资源短缺的地区，一次能源主要是储量较少的煤炭和少量的水力资源及地热。在已探明的10个低温地热田中，水温多数为50℃左右，只有少数达到70℃以上。石油和天然气尚未发现可供开采的工业储量，因此，北京的能源供应主要依靠从外地调入。

2003年北京煤炭全部地质储量为21.5亿吨，可开采储量约为5亿—6亿吨，目前已开采50%左右；地热水可采资源量折合52万吨标准煤，已利用量折合3万吨标准煤；每年接收太阳辐射量折合32.2亿吨标准煤，太阳能利用折合49.6万吨标准煤；生物质能资源量折合71.9万吨标准煤，利用量折合4.0万吨标准煤；位于延庆康庄镇及以西地区的康西风电场，可发电9.2亿千瓦时，折合30.1万吨标准煤；北京境内有大小河流100多条，全市可开发的小水电资源共计9万千瓦，目前已开发5.1万千瓦，占可开发资源的56%左右。

2. 北京能源供应和消费

（1）能源供应。2003年全市能源供应总量（包括本地能源生产量、外地调入量、进口量和在国外加油量）为5517.4万吨标准煤，其中调入量为4831.1万吨标准煤，占能源供应总量的87.6%，其中煤炭占31.8%，原油占18.7%，电力占15.7%，成品油占12.1%，天然气占5.2%。全市一次能源生产量仅有686.3万吨标准煤，比上年增长8.5%，其中原煤产量为957.3万吨，占能源生产量的99.6%。2003年从北京调往外地的一次能源与二次能源共计972.51万吨标准煤，其中原煤占36.6%，焦炭占6.1%，油制品占56.1%。

（2）能源消费。2003年全市能源消费总量（含终端消费、加工转换和输配损失）达到4709.6万吨标准煤。1990—2003年，全市能源总消费量年均增长率为4.3%，平均每年增加约150万吨标准煤。从能源消费总量的产业构成看，以工业为主的第二产业是能源消费的重点部门，占全市能源消费量的55.6%。从各产业部门的能源消费变化趋势看，1990—2003年间，第一产业能源消费比重呈下降趋势，下降了2.1个百分点；第二产业能源消费比重先升后降，总体下降了7.8个百分点；

第三产业能源消费量稳步上升，上升了9.2个百分点；生活用能源消费量缓慢上升，其比重呈缓慢下降的趋势。

2003年北京市终端能源消费量为4535.28万吨标准煤，比1990年增加了1941.6万吨标准煤，年均增长率约为4.4%。从终端能源消费的品种构成变化看，能源优质化趋势明显，以煤炭为主的固体能源的消费比重有逐年下降的趋势，1990—2003年下降了18.6个百分点，优质清洁能源的比重不断上升，其中除液体能源所占比重变化不大外，电力、热力和气体能源所占比重均有较大幅度提高。从各类能源的增长速度看，液体能源增长比较平稳，一直保持年均4%左右的增长率；气体能源和热力增长较快，1990—2003年年均增长率达到9%以上；电力一直保持较高的增长速度，1990—2003年年均增长率为7.1%，在能源消费中所占的比重不断提高。（见表14-1）

2003年北京燃料消费量为3417.73万吨标准煤，其中煤炭和焦炭所占比重仍然高达59.1%，大大高于其在终端能源消费结构中27.7%的比重。但从燃料构成来看，煤炭和焦炭的用量先升后降，1995年之后呈下降走势。在煤炭消费中，终端消费的煤炭最多主要是工业和民用，占煤炭总消费量的43%。1990—2003年期间，煤炭终端消费量呈现明显的递减趋势，发电和供热用煤比重持续上升，这一方面反映出经济增长带来终端用能优质化的发展趋势，另一方面则是北京市以天然气等清洁能源替煤成果的直接体现。（见表14-2）

(3) 能源供应和消费特点。能源消费平稳增长，节能效果明显。1990—2003年期间，全市经济保持稳定、快速地增长，按可比价计算，国内生产总值(GDP)年均增长率为11%，而同期能源增长率仅为4.3%，能源消费弹性系数平均为0.4。全市万元GDP综合能耗按2000年GDP不变价计算，由1990年的3.08吨标准煤/万元下降到2003年的1.40吨标准煤/万元，节能率为6.3%，高于全国3%—5%的平均水平。这一方面是技术革新带来的直接节能，另一方面来自产品、产业结构调整以及产品附加值增加带来的间接节能。虽然北京市的万元GDP综合能耗已经低于1.44吨标准煤/万元的全国平均水平，但与国内和国际先进水平还有相当差距。

能源消费的产业构成发生变化。2003年全市能源消费中，第二产业占55.6%。比2000年的60.9%下降了5.3个百分点。第三产业和生活消费则分别增加了4个百分点和1.8个百分点。第二产业中的工业一直占据能源消费的主导地位。控制工业的发展规模、调整结构、淘汰高耗能产品、降低产品单耗和提高节能率，是抑制北京能源消费需求过快增长的重中之重。近几年，全市加强工业结构调整，对高耗能行业一直采取限制发展的政策，关闭了一批耗能高、污染大的"五小企业"，工业能源消费量一直呈低速增长。2003年全市工业能源消费量为2518.9万吨标准煤，比上年增长2.5%，产值单耗为0.67吨标准煤/万元，比上年下降8.2%。特别是黑色金属冶炼及压延业、石油加工及炼焦业、化学原料和化学品制造业、非金属矿物制品业以及电力热力生产和供应业这五

表14-1

北京市终端能源消费分品种变化趋势

单位：万吨标准煤

指标＼年份	1990	1995	2000	2003	平均增长率(%)			
					1990—1995	1995—2000	2000—2003	1990—2003
总计	2594	3353	4014	4535	5.27	3.67	4.16	4.39
固体能源	1201	1471	1302	1258	4.14	-2.41	-1.15	0.36
液体能源	571	795	850	1039	6.84	1.37	6.91	4.72
气体能源	154	165	223	492	1.39	6.17	30.30	9.35
热力	116	144	312	366	4.42	16.75	5.45	9.25
电力	552	779	1193	1342	7.13	8.90	4.00	7.07

注：电力、热力按等价热值折算标准煤，其他能源品种均按其当量热值折算标准煤，以下各表相同。

表 14－2

2003 年北京市能源消费结构

能源类别	消费量（万吨标准煤）	比　重（%）
煤　炭	1600.1	46.8
其中：发　电	541.1	15.8
供热(热力)	227.5	6.7
终　端	831.6	24.3
焦　炭	419.4	12.3
天然气	256.3	7.5
人工煤气	229.6	6.7
汽煤柴油	697.7	20.4
燃料油	92.4	2.7
液化气	58.9	1.7
其他油品及炼厂干气	63.3	1.9
合　计	3417.7	100.0

大高耗能行业，2003 年能源消费量为 2121.4 万吨标准煤，占工业总消费的 84.2%，仅比上年增长 0.6%。

能源结构不断优化，优质清洁能源比重上升。近年来，煤炭、焦炭在总消费量中的比重持续下降，煤炭从 1999 年的 27% 下降到 2003 年的 18%，焦炭从 1999 年的 11% 下降到 2003 年的 9%。电力、成品油、天然气等优质能源不断上升，电力由 1999 年的 26% 上升到 2003 年的 30%；成品油由 1999 年的 10% 上升到 2003 年的 14%；天然气由 1999 年的 1% 上升到 2003 年的 5%。清洁能源比重的上升为北京市的大气污染治理贡献了力量。

(4) 能源供应和消费存在的主要问题。能源结构不够合理，大气污染严重。北京市的一次能源供应结构中，煤炭一直占据主导地位，在终端能源消费结构中，煤炭和焦炭所占比重也很高，不仅如此，还有大量的发电、供热和炼焦用煤，煤炭在燃料消费中所占比重约为 59%。以煤为主的能源结构，是造成北京大气严重污染的根源之一。

能耗水平高，能源浪费严重。虽然北京的能源自给率较低，但是在能源加工转换环节和终端利用环节的浪费仍然比较严重，主要表现在产业布局不合理、燃煤锅炉热效率较低、建筑采暖热能浪费严重、电机综合效率低、照明用电浪费比较普遍等方面。

能源供应体系安全可靠性不够。由于北京的能源供应对外依存度较高，供应安全存在先天不足。电力供应则主要依靠“西电东送”，其输送走廊过于集中在几个狭窄的断面上，而且距离很长，受外界干扰和外力破坏的可能性较大；天然气供应更是主要依赖陕北长庆气田一个气源，由一条长达 860 千米的长输管线向北京供气，鉴于天然气已经成为市区主要的炊事及采暖能源，一旦出现供应中断，后果将非常严重。随着能源需求量的不断增长，外地向北京的能源供应量日益加大，能源安全供应问题面临极大的挑战，急需完善能源供应体系，提高供应的安全可靠性。

3. 北京能源生产与环保

北京拥有较大规模的能源生产加工能力，主要是石油加工和发电供热。石油加工能力为 750 万吨，发电能力约 450 万千瓦。2003 年，主要能源生产量为：电力 189.14 亿千瓦时，热力 9616.61 万百万千焦，焦炭 361.92 万吨，汽煤柴油 321.24 万吨，燃料油 12.58 万吨，液化石油气 38.42 万吨，其他石油制品、炼厂干气和其他焦化产品共 397.97 万吨标准煤。

2003 年，北京市完成 158 项环境整治重点项目，环境总体水平又有新的提高。大气污染得到有效治理。第九阶段大气污染防治计划发布实施。全市空气质量达到二级和好于二级的天数为 224 天，占全年总天数的 61.4%，比上年增加 21 天。在生态治理方面，永定河、潮白河、大沙河、延庆康庄、昌平南口等五大重点风沙危害区的 20 万亩裸露土地全部“披绿”，京津风沙源治理工程使林草植被得到了快速的恢复和增加，为首都提供了绿色屏障。水环境治理取得新进展。肖家河、吴家村两座污水处理厂和酒仙桥中水处理厂正式运营，小红门污水处理厂近期投入使用，转河治理、凉水河流域污水截流工程基本完成。城市污水处理能力达到 188.6 万吨/日，其中城近郊区 160 万吨/日，城近郊区污水处理率达到 56%，比上年提高 9 个百分点。全年清运垃圾 361.4 万吨，比上年增长 12.6%。建成阿苏卫、高安屯、丰台垃圾综合处理场，高安屯垃圾焚烧厂开始动工，门头沟焦家坡垃圾卫生填埋厂已投入使用。城近郊区生活垃圾无害化处理率达 91.3%，比上年提高 4.8 个百分点。城八区共有 1900 多台燃煤锅炉改用清洁能源，超额28%完成改造任务，其中四个城区已基本完成对20吨以下燃煤锅炉改用清洁能源工作。全年汽车维修行业共免费检测汽车尾气180.4万辆次，治理尾气排放不合格车辆18.9万辆次。

天津市能源

1. 天津能源概况

天津属能源输入型城市，目前一次能源只生产原油和天然气，有少量煤炭资源储量，尚未开采。1995—2003年期间，全市GDP年均增长率达11.84%，一次能源消费量年均增加4.3%，能源弹性系数0.36，小于全国水平。按节能量计算，1995—2003年累计节约和少用能源2584.7万吨标准煤，实现了全市经济增长所需能源1/3靠开发、2/3靠节约的目标。能源利用效率按2000年不变价计算，全市每万元GDP能耗从1995年的2.55吨标准煤下降到2003年的1.46吨标准煤，每吨标准煤所创造的GDP由1995年的3920元(2000年价)提高到2003年的6830元。"九五"以来的八年间，单位产值能耗下降42.7%，年均节能率达10%。能源消费结构不断改善，结构一次能源消费结构中，煤炭比重由1995年的70.4%下降到2003年的67.2%，终端能源消费结构中，煤炭比重由1995年的48.3%下降到2003年的27.2%，电力、液体燃料、气体燃料及热力等清洁能源的比重由1995年的49.3%上升到2003年的66.6%。

2. 天津能源供应与消费

天津市一次能源生产有大港油田和渤海油田的原油和天然气。2003年全市生产原油1316.3万吨，生产天然气8.49亿立方米。全市全年发电量325.6亿千瓦时，煤制气11.21亿立方米，焦炭306.83万吨，原油加工量710.20万吨，液化石油气39.42万吨，供热9019.34万百万千焦(见表14-3)。

2003年天津市一次能源消费总量为3536.7万吨标准煤，其中煤炭2375.7万吨，原油1072.8万吨，天然气7.26亿立方米。一次能源消费结构中，煤炭比重为67.2%，原油为30.3%，天然气为2.5%(见表14-4)。天津市2003年终端能源消费量为3084.49万吨标准煤，其中煤炭1115.23万吨，电力293.85亿千瓦时，液体燃料677.01万吨标准煤，气体燃料165.01万吨标准煤，热力8933.89万百万千焦，石油制品和焦化产品190.22万吨标准煤。

表14-3

2003年天津市能源生产量及变化趋势

类别		1990	1995	2003	2003比1990增长(%)
一次能源生产	原油(万吨)	376.2	620.8	1316.3	255.5
	天然气(亿立方米)	48.7	7.6	8.5	304.9
二次能源生产	发电量(亿千瓦时)	94.9	133.4	325.6	444.0
	煤制气(亿立方米)	2.0	3.9	11.2	886.0
	焦炭(万吨)	135.1	174.8	306.8	75.6
	原油加工(万吨)	376.2	442.6	710.2	60.5
	液化石油气(万吨)	13.6	18.7	39.4	110.0
	供热(万百万千焦)	925.5	1520.8	9019.3	493.0

资料来源：天津市统计局《天津统计年鉴》。

3. 天津能源建设

(1)电力和供热。"十五"以来，天津市在完成城网和第一期农村电网改造工程76.9亿元基础上，投资14.2亿元进行农网二期和县城电网改造工程。"十五"期间全市建设的电源项目有：大港电厂2台30万千瓦"煤代油"机组改造、陈塘庄热电厂二期供热扩建总装机16万千瓦燃煤机组、山西神头第二电厂二期扩建2台30万千瓦燃煤机组。

(2)燃气。为实现能源结构调整目标，大幅度提高接收和利用天然气，从2001年开始，相继实施了滨海高压管道、北辰开发区高压管道、静海县高压管道、外环线北半环高压管道、津汉公路高压管道、咸水沽—津塘二线高压管线、大张坨储气库—津岐公路高压连接线等220千米气源输配管线及利用工程，高压管道输配能力增加到20亿立方米/年。在中心市区及周围各区县，更换及新

表 14－4

天津市一次能源消费及构成

类别 \ 指标 \ 年份	1990		1995		2003		2003 比 1995 增长(%)	1995—2003 年均增长(%)
	标准量（万吨标准煤）	比　重（%）	标准量（万吨标准煤）	比　重（%）	标准量（万吨标准煤）	比　重（%）		
合　计	1697.8	100.0	2421.5	100.0	3536.7	100.0	40.3	4.3
原　煤	1085.4	63.9	1776.1	70.4	2375.7	67.2	32.0	3.5
原　油	579.2	34.1	697.7	27.7	1072.8	30.3	53.8	5.5
天然气	33.3	2.0	47.7	1.9	88.2	2.5	84.7	8.0

注：原煤包括洗精煤在内。

建了 300 千米的中压管道，建设了静海、汉沽、宁河高中压调压站等相关配套工程。中心市区天然气中压系统和外围区域各区县总接气能力达 20 亿立方米/年。

（3）新能源和可再生能源。建设了 1 座日处理能力 1200 吨的垃圾焚烧厂，充分利用天津地热资源，采用对井和热泵技术，使地热资源得到合理的利用。结合天津的自然条件和人才技术优势，建成 5000 千瓦规模非晶硅太阳能电池厂。

河北省能源

1. 河北能源概况

河北省是中国矿产资源较为丰富的省份之一。据统计，全省已发现各类矿种 147 种，有探明储量的 109 种，其中保有储量居全国前十位的有 50 种，主要矿种保有储量潜在价值居全国第十四位。其中原煤探明储量 176 亿吨，保有储量 151 亿吨，可开采储量 40 亿吨。焦煤是该省的优势资源之一，储量占保有储量的 60%。水利资源蕴藏量 304.4 万千瓦，其中可开发量 156.0 万千瓦。该省沿海地区及张家口、承德坝上地区风力资源量十分丰富，初步估算可装机 500 万千瓦以上，目前开发利用的有 1 万多千瓦，潜力很大。油页岩资源量 11233.2 万吨。依托这些资源，全省形成了冶金、建材、石化、煤炭为主的矿业经济体系。

河北省沿海地区处于环渤海经济圈的中心地带，西临山西、内蒙古等全国主要煤炭生产基地，是全国重要的能源消费大省和能源集散通道，具有发展能源工业的便利条件。经过多年来的开发建设，该省已有以煤炭输出为主的沿海港口 3 个，有生产性泊位 58 个，其中万吨级及以上泊位 43 个，10 万吨级以上泊位 2 个。2003 年全省沿海港口完成吞吐量 17994 万吨，其中煤炭出口量 15393 万吨，占全部吞吐量的 88.5%。主要煤炭运输通道有大秦铁路（能力 1 亿吨/年）、丰沙大铁路（能力 7400 万吨/年）、石太铁路（能力 7500 万吨/年）、邯济铁路（能力 2000 万吨/年）、朔黄铁路（能力 10000 万吨/年）等。

2. 河北能源建设

“十五”以来，为了缓解能源供需矛盾，全省继续加大能源投资力度，加快能源项目建设，确保了一批能源重点建设项目建成投产，基本满足了全省国民经济和社会发展对能源的需求。据统计，“十五”前三年全省能源基本建设投资额达到 257.3 亿元，其中 2003 年投资额为 88.93 亿元，比上年增长 9.28%。

（1）煤矿项目建设稳定发展。重点加强了崔家寨矿井（180 万吨/年）、梧桐庄矿井（120 万吨/年）、大淑村矿井（90 万吨/年）、宣东二号井（90 万吨/年）等四对矿井的建设和收尾工作，新增生产能力 480 万吨/年。为了增强煤炭工业发展后劲，2003 年又规划了一批新建和改扩建矿井项目，计划新增煤炭生产能力 490 万吨/年。

（2）电力建设取得新成绩。2003 年，全省新增发电机组 96.3 万千瓦。全省在建重点电源项目共 7 个，即定洲电厂一期 2 台 60 万千瓦，衡水电厂二期 2 台 30 万千瓦，张河湾抽水蓄能电站 4 台 25 万千瓦，黄骅发电厂一期 2 台 60 万千瓦，邢台国泰发电有限责任公司六期工程装机 2 台 30 万千瓦，唐山热电厂“以大代小”改造工程 2 台 30 万千瓦，唐山西郊热电厂二期1台20万千瓦，总装机540万千瓦。另有龙山电厂一期2台60万千瓦，保定电厂八期扩建2台20万千瓦，西柏坡电厂三期工程装机2台60万千瓦，邯郸热电扩建工程1台20万千瓦，秦皇岛热电厂三期工程2台30万千瓦，这5个项目总装机380万千瓦，已批复立项。

(3) 电网建设进展顺利。2003年，全省农村电网建设与改造工程全部完成，累计完成投资146亿元，新建和改造110千伏变电站149座，容量518.9万千伏安，线路1873千米；35千伏变电站573座，容量379.8万千伏安，线路4268千米；新建和改造10千伏线路9万千米，新增和更换高耗能变压器8万多台；新建和改造低压线路超过18万千米。全省实现了城乡居民用电同价。

(4) 天然气管线建设取得突破。2001年河北省修建了北京至石家庄天然气长输管线，同年省天然气有限责任公司宣告成立，2002年石家庄至邯郸天然气长输管线建成投运。随着省级天然气干线的建成投运，全省各地天然气城网建设进程加快，涿州、徐水、保定、定州、新乐、正定、石家庄、高邑、邢台、沙河、邯郸等市县已经使用了天然气。2003年，这些地区的天然气使用量达到了1亿立方米。

(5) 能源工业的环保工作得到加强。电力建设推出了“四个一批”，即利用污水处理厂的中水做循环水建设一批，利用风冷技术建设一批，利用矿井疏干水建设一批，利用海水淡化技术建设一批，在大量节约水资源的同时，也大大减少了电厂的污水排放量。与此同时，全省新建电厂均同步安装了脱硫装置和采用了高效电除尘器，对原有机组有计划地分期分批进行脱硫改造。

(6) 能源工业改革和法律法规建设得到加强。“十五”以来，河北省陆续研究制定和起草了《河北省煤炭工业产业政策》、《发展热电联产的若干意见》等政策法规，有力地促进了全省能源工业的健康发展。全省国有重点煤炭企业按照建立现代企业制度要求，积极推进公司制度改革，峰峰矿务局、邯郸矿务局分别改制为峰峰集团有限公司和邯郸矿业集团有限公司。全省厂网分开和农电体制的各项改革已经基本结束，电力工业开始在新体制下健康运行。天然气工业在保持省内天然气干线由省统一规划、统一建设外，城市市网的建设已经引入了竞争机制。

3. 河北能源供应与消费

(1) 能源供应。“十五”以来，全省一次能源生产呈现平稳增长态势，改变了上一个五年计划时期逐年下降的趋势。2003年，一次能源生产量为5998万吨标准煤，同比增长2.5%。从实物量看，除水电生产下降外，其他一次能源生产均有不同程度的增长，原煤产量7253万吨，居全国第六位，同比增长2.6%；原油和天然气产量分别为510万吨和6.33亿立方米，分别居全国第九位和第十二位，同比分别增长1.4%和7.3%。

2003年，全省二次能源生产增长较快，二次能源生产量为8409万吨标准煤，同比增长9.4%。主要二次能源产量位居全国前列。火力发电1085亿千瓦时，比2000年增长29.3%，年均增长8.9%；成品油产量达520万吨，同比增长18.5%，居全国第十二位；焦炭产量1295万吨，同比增长4.8%，居全国第二位。近年来，全省大力发展热电联产和城市集中供热，热力生产增长较快。2003年，热力产量为1.13亿百万千焦，比上年增长9.6%。二次能源生产快速增长，为全省经济发展和人民生活提供了更多的优质能源。

(2) 能源消费。2003年，全省国民经济保持了11.6%的增长速度。与此相适应，全省全年能源消费总量达到1.35亿吨标准煤，同比增长16.4%。其中能源终端消费量为1.27亿吨标准煤，同比增长16.5%，是“十五”以来增幅最高的一年。从能源消费品种看，主要能源品种的消费均呈上升态势，上升幅度较大的有原煤1.26亿吨，同比增长10.7%；电力1099亿千瓦时，同比增长13.9%；焦炭2591万吨，同比增长43.3%。从能源终端消费构成看，第一产业能源消费量为399万吨标准煤，同比微降0.7%；第二产业为9816万吨标准煤，同比增长20.7%；第三产业为829万吨标准煤，同比增长6.8%；城镇及农村生活消费1683万吨标准煤，同比增长4.2%。

“十五”以来，全省加工转换投入量逐年增多，增幅较快。2003年，全省投入量达到9388万吨标准煤，同比增长12.8%，火力发电、原油加工和供热方面增幅较大，炼焦和洗精煤的投入量比较稳定。全年用于火力发电的原煤5482万吨，同比增长9.9%，占全省原煤消费量的35.9%；原油加工量790万吨，同比增长20.6%；供热原煤投入量677万吨，同比增长19%。

“十五”前三年，河北省工业企业消费能源年均增长14.7%。2003年，全省全部工业增加值实现3213亿元，同比增长13.9%，全部工业企业能源终端消费量9641万吨标准煤，占全省能源终端消费总量的75.8%，同比增长21.1%。全省38个工业行业大类中有33个能源消费增加，其中8个重点耗能行业(年综合耗能量达到或超过150万吨标准煤的行业)终端耗能量达到7738万吨标准煤，同比增长24.2%，占全部工业终端耗能量的80.3%。增长最快的是冶金行业，年耗能量达到4062万吨标准煤，同比增长了41.2%，其次是电力、蒸汽、热水生产和供应业，耗能406万吨标准煤，同比增长21.9%。

全省清洁高效能源的消费有较快增长，在消费中的比重不断上升。2003年，煤炭终端消费量为6185万吨标准煤，在能源终端消费中的比重为33.6%，比2000年下降6.3个百分点；焦炭消费量为2572万吨，同比增长43.4%，占能源终端消费的19.6%，比2000年提高6.9个百分点；电力消费量已达到1042亿千瓦时(不包括电损)，同比增长15.1%，占能源终端消费量的31.2%，比2000年提高1.4个百分点。

2003年，全省能源利用率下降，能源消费弹性系数为1.41，万元生产总值综合耗能1.9吨标准煤，同比增加4.2%，比2000年高2.6%。每吨标准煤创造生产总值5020元，比上年减少214元。全部工业企业万元产值综合耗能1.4吨标准煤，比上年上升6.1%，多耗费能源636万吨标准煤。工业企业万元产值耗原煤1.76吨，节煤率-0.57%，耗电926千瓦时，节电率-7.55%。

4. 河北能源供需平衡

河北省自1988年起由能源净调出省变为能源净调入省，能源调入量逐年增加。

(1) 可支配的能源资源总量有较大增长。2003年，全省可供支配的能源资源总量为1.58亿吨标准煤，同比增长11.9%。其中，年初库存量为957万吨标准煤，占资源总量的6.1%；一次能源生产量为5998万吨标准煤，占资源总量的38%；外省能源调入量为8459万吨标准煤，占资源总量的53.6%。

(2) 能源调入量逐年增加。“十五”前三年，全省能源调入量年均增长16%，2003年调入总量达到8459万吨标准煤，达历史最高水平。从实物量看，原煤调入8535万吨，同比增长12.8%；焦炭调入1445万吨，是上年的两倍多；原油调入157万吨，同比增长24.6%。

(3) 能源进出口增长较快。2003年全省能源进出口总量已达416万吨标准煤，比2000年增长48.6%。全省能源出口以洗精煤为主，2003年当年出口量为41万吨，是上年出口量的3.4倍；能源进口以原油为主，1999年首次进口36万吨，到2003年猛增到230万吨，是初次进口的6倍多。

山西省能源

1. 山西能源概况

能源工业是是山西经济发展的支柱产业。近年来，山西能源工业通过推动“限制总量，调整结构，提高效益，择优发展”的路线，依靠极为丰富的煤炭资源，建立了以能源工业为主导的区域经济运行体系。

(1) 能源资源。山西是中国产煤、输煤大省，煤炭资源储量大、分布广、品种全、质量优、易开采。全省含煤面积6.2万平方千米，占全国国土面积的40.4%；全省119个县(市、区)中，94个县(市、区)有煤炭资源。全省煤炭预测储量为6413亿吨，约占全国总量的1/3。截至2002年底，累计探明煤炭资源储量2725亿吨，现保有储量2574亿吨。其中生产、在建矿井已占用968亿吨。炼焦煤资源是山西的优势资源，炼焦用煤探明储量为1245.9亿吨，占全国炼焦用煤储量的51.8%。炼焦用的肥煤、主焦煤属等稀缺煤种共有348.11亿吨，占全省保有储量的15.9%。山西省煤层气储量约10.4万亿立方米，占全国总量的1/3。山西省新能源和可再生能源资源储量较为丰富，种类齐全。其中水能资源定点可开发装机容量总计达2162万千瓦，开发利用率仅为1.4%；太阳能资源年辐射总量每平方厘米为59万—67万焦，仅次于青藏高原和西北地区；全省有26个风能资源较好地区，风能资源可利用量为68.9万千瓦。

(2) 煤炭工业。改革开放以来，山西煤炭工业获得快速发展，已形成了勘探设计、矿井建设、生产经营、加工利用、煤机制造、教育科研、环境保护各方面协调发展的煤炭工业体系，建成了大同、平朔、阳泉、西山、晋城、潞安、汾西、霍州、华晋等大型矿区和一大批地方煤矿。到2003年底，山西有各类生产煤矿3867个，核定生产能力5亿吨，其中重点煤矿84个，核定生产能力1.7亿吨，占全省煤炭生产能力的34%。2003年，全省煤炭产量4.8亿吨，占全国总量的28.9%；外调量2.97亿吨，占全国省际外调量的75%；出口煤炭4558万吨。山西已经成为中国煤炭生产和外销量最大的省份。

（3）焦化工业。丰富的炼焦煤资源，使山西省成为中国最大的焦炭生产基地。2003全省焦炭产量6747万吨，占当年全国焦炭总产量的38%。焦炭产业是山西重要的支柱产业和最大的出口创汇产业，焦炭出口约占全国焦炭出口量的80%，占世界焦炭贸易量的48%。

（4）电力工业。山西是全国最大的火力发电基地之一，"八五"以来分别向京津唐、河北、江苏送电总装机容量达396万千瓦。2003年全省发电量完成了953亿千瓦时，同比增长13.3%，占全国的8.58%；省内自用电源建设装机总容量达到1581万千瓦；大同小营—运城和临汾—运城2项500千伏输变电重点工程投产，新增220千伏及以上线路352.5千米、变电容量213万千伏安，新增110千伏线路55千米、变电容量46万千伏安。

能源工业是带动山西区域经济发展的主导产业。改革开放20多年来，能源工业固定资产投资总额累计达932.3亿元，占全省固定资产投资总额的53.6%，年均增长幅度达16.5%。全省工业固定资产原值中，能源工业比重高达51.1%，原材料工业为25.8%，制造业为16.3%。能源工业职工人数占全省工业就业比重达38.9%，原材料工业为23.6%，制造业为19.6%，能源工业对山西经济发展的贡献率达35%左右。2003年，山西能源工业和高耗能工业实现增加值占全省工业的84.42%，能源工业增加值占全省工业增加值总额的50.02%，利税占工业利税总额的64.7%。

2. 山西能源生产与消费

（1）能源生产。2001—2003年，全省煤炭生产量由2.77亿吨增长到4.79亿吨，年平均增长率为31.6%，递增速度创历史记录。焦炭生产能力由2001年的4987万吨（统计产量）增加到2002年的5851万吨，约占全国总产量的42%，2003年增加到6747万吨，占当年全国焦炭总产量的38%。发电量2001年为710.3亿千瓦时，占全国的4.8%；2002年增加到842.2亿千瓦时，占全国的5.1%，排在第七位；2003年达到945.7亿千瓦时；2001—2003年年均增长幅度为15.5%。2001—2003年，山西省能源生产总值年均增长19.89%，相应地，山西省国内生产总值年均增长率也高达11%。

（2）能源消费。2001—2003年，全省能源消费值年均增长15.58%，其中，煤炭消费年均增长率为8.35%，电力消费年均增长率为12.59%。2001年山西煤炭消费量总计1.49亿吨，2002年增长到1.81亿吨，2003年达到1.88亿吨，其中生产建设消费1.82亿吨，其中发电消费4737万吨，炼焦消费9754万吨，生活用674万吨。2001—2003年，山西煤炭外调量从2.28亿吨增加到2.75亿吨，年均增长率为9.5%，2003年煤炭出省销量由1998年的2.08亿吨增加到2003年的近3亿吨，年均以近1500万吨的速度增长；山西煤炭出口量则从2001年的3966万吨增长到2003年的4230万吨，年增长幅度达6.7%。山西煤炭的重点订货量、出口量、净出省销量分别占全国的40%、50%和70%以上。2001年山西省焦炭消费总计2710万吨，2002年全省焦炭消费2762吨；2003年增长到3085万吨，比2002年增加11.7%，其中，工业生产用2828万吨，基建用8万吨。山西焦炭出口约占全国焦炭出口量的80%，占世界焦炭贸易量的48%，成为山西出口创汇最大的产业。2001—2003年山西全社会用电量分别为557.08亿千瓦时、628.83亿千瓦时、731.77亿千瓦时，分别比上年增加12.9%和16.4%，其中农业用电27.3亿千瓦时，工业用电605.7亿千瓦时。

3. 山西能源工业效益

全省煤炭工业实现的工业增加值、固定资产原值、上缴财政的税收，在全省工业企业中所占比例均为40%左右，加上煤焦产品的各项政策性专项基金收入，煤炭工业的收益约占到全省可用财力的50%。2003年，煤炭开采和洗选业销售收入555.7亿元，占全省工业的22.52%，在各行业中排位第一；实现利税96.15亿元，占全省工业的29.1%，排各行业第六；资产贡献率6.27%，比1999年提高3.43个百分点。2003年，国有重点煤炭企业吨煤综合平均售价为173.57元，同比提高11.28元。省煤运系统为161.28元，同比提高4.10元。截至2003年12月底，全省累计外欠煤款为40.51亿元，同比减少12.59亿元，减幅为23.71%。国有重点煤炭企业效益显著提高，累计外欠煤款减幅为29.24%；吨煤制造成本为85.46元，同比上升5.79元；实现利润6.28亿元，同比增加1.37亿元；在岗职工人均收入为1.5万元，同比增加2897元，增幅为23.7%。

2003年焦炭工业销售收290.83亿元，占全省工业销售收入的11.8%，实现利税43.59亿元，占全省工业的13.19%，资产贡献率6.54%。2003年焦炭价格持续飙升，焦炭出口价格平均涨幅在50%以上，焦炭出口量增长20%左右，出口金额同比增长一倍。

2003年电力工业销售收入306.86亿元，占全省工业销售比重为12.45%，占全国同行业的比重提高了0.6%，实现利税55.14亿元，占全省工业税收总额的比重为16.69%，占全国同行业的比重提高了28.4%，资产贡献率8.86%。

4. 山西能源投资

2001—2003年，山西能源工业固定资产投资累计达666.45亿元，其中2001年为166.11亿元，2003年为317.70亿元，比2001年增加了91.3%，是1999年固定资产投资额的2.23倍，增幅巨大，其中煤炭工业投资103.24亿元，占能源工业总投资的32.55%，电力和焦炭工业投资达到138.31亿元和76.15亿元，分别占能源工业总投资的43.5%和24%。

煤炭工业的重点煤矿新井接替建设进展顺利，地方和乡镇煤矿技术改造力度加大，乡镇煤矿全面推广采煤方法改革。国有重点煤矿非煤产业发展势头良好，2003年非煤产业在建项目32项，全年投资16.2亿元。非煤产业生产经营总额完成75.83亿元，同比增加36.3%，实现利润9364万元。焦炭工业中大型机焦及副产品综合利用项目投资猛增，全年固定资产投资新增生产能力1576万吨。电力工业新增装机容量122万千瓦，输电线路增加198千米，变电设备能力增加55万千伏安。

5. 山西能源企业改革

1999—2003年，山西全省共关闭各类非法开采、布局不合理和不具备安全生产条件的小煤矿5239余处，淘汰落后生产能力1亿吨左右。同时实施大公司、大集团发展战略，努力提高产业集中度。全省已有176个地方国有煤矿完成了公司制、股份制等形式的改造，一批区域性煤炭企业集团公司初具规模。根据区域分布、煤田资源、煤炭品种、销售市场同一或相近的特点，优先联合重组国有重点煤矿和国有地方煤矿，对区域内小煤矿进行资源、煤矿安全、销售等方面的整合。全省国有重点煤矿、地方煤矿及部分运销企业，在全省范围组建跨所有制、跨行业的大同煤矿集团公司、山西焦煤集团公司、山西无烟煤集团公司等大型煤炭企业集团。省煤炭运销总公司、省煤炭进出口集团公司等流通企业，则通过收购、兼并煤炭企业等途径，向产、运、销一体化经营的方向转变，争取在全省形成70%煤炭产量、销量由几个大型煤炭集团公司控制的格局。按照上述思路，山西煤炭销售集团和大同煤矿集团公司已于2003年12月10日和12月21日相继挂牌运作。山西焦煤集团的重组工作正在进行。

6. 山西能源存在的主要问题

山西能源工业发展中结构性、体制性问题及资源能力不足、生态环境恶化等矛盾仍十分突出。由于产业结构初级化和能源利用技术落后，使山西能源消耗居高不下。目前，山西省万元产值能耗4.08吨标准煤，为全国平均水平的2.85倍、世界平均水平的6.5倍。平均每消耗1吨标准煤向环境排放17.87千克二氧化硫、15.4千克烟尘、7.5千克工业粉尘、96.1千克工业固体废弃物。

煤矿安全状况未彻底扭转，重、特大事故仍未得到有效遏制，一般事故频发。尤其是一些中小煤矿，由于机械化水平低，开采工艺落后，安全基础设施薄弱，管理漏洞多，重、特大事故时有发生。全省煤矿安全欠账高达138.78亿元，其中国有重点煤矿欠账57.96亿元，地方煤矿欠账80.82亿元。

焦炭行业生产总量失控，现有焦炭生产能力明显过剩，过度投资和规模无序扩张的问题严重。焦化工业布局分散，资源利用效益低下，炼焦的副产品回收加工率低，污染排放超标。

电力建设滞后于全省经济社会发展的需要。2001年和2002年，山西省内用电没有新的大容量发电机组投入运行，电网输送能力不足、电源结构单一、调峰能力差的矛盾长期难以缓解。山西电力以火电为主，由于缺乏水电调峰，给发电机组设备的经济性、可靠性带来严重的影响，并造成运行成本增加、整体效益降低的被动局面。

生态恶化，环境损耗巨大。山西以能源、高耗能原材料工业为主的产业结构，造成了十分严重的环境污染和生态破坏。全省16个环境空气质量监测城市主要污染物浓度均高于国家二级标准。其中，有13个城市被列入全国30个空气污染最严重的城市。此外，煤炭开采已造成520平方千米地表塌陷，全省因采煤破坏水资源113.34亿立方米，人均水资源占有量不足全国平均水平的1/5，位居全国倒数第一。

资源浪费、破坏严重。经过20多年能源工业超强度开发，全省矿产资源、水资源、土地资源的浪费和破坏严重。据统计，在全省煤炭保有储量中，石炭纪—二叠纪煤占到98%，而优质侏罗纪煤仅占到1.6%。大同侏罗纪优质动力煤按目前的开采速度，不够10年开采。多年来，由于乡镇、地方煤矿采煤工艺落后，资源回收率只有10%—20%，每年损耗煤炭资源9亿吨左右。山西的主焦煤、肥煤是优质资源，按现有生产能力，只够山西开采50年左右。全省焦炭生产，每年浪费炼焦煤资源500万吨，煤焦油100万吨，高热值焦炉煤气80亿立方米。资源约束问题，已经成为制约全省经济社会可持续发展和实现全面建设小康社会目标的重要因素。

内蒙古自治区能源

1. 内蒙古能源资源

（1）煤炭资源。内蒙古煤炭资源丰富，到2003年底，内蒙古煤炭资源地质远景储量为1.2万亿吨，居全国第二位，煤炭保有地质储量2239亿吨，占全国保有储量的22.3%。内蒙古12个盟市均有煤炭资源，主要分布在呼伦贝尔市、赤峰市、通辽市、锡盟、鄂尔多斯市、乌海市和阿拉善盟。内蒙古亿吨以上的煤田28处，占全区煤炭资源储量的97.38%，其中1亿—5亿吨煤田9处，6亿—10亿吨煤田2处，11亿—25亿吨煤田5处，26亿—50亿吨煤田3处，51亿—100亿吨大型煤田3处，101亿—200亿吨煤田3处，200亿吨以上的特大型煤田3处。内蒙古不仅煤炭资源丰富，而且煤炭品种齐全，按照煤炭变质程度由低到高排列，各煤种所占比例分别为：褐煤占13.9%，长焰煤占10.8%，不黏煤占63.0%，气煤占8.8%，肥煤占0.1%，焦煤占2.9%，贫煤占0.2%，无烟煤占0.1%。

（2）天然气资源。探明的天然气资源主要包括鄂尔多斯盆地天然气资源和海拉尔盆地天然气资源。根据目前勘探结果，鄂尔多斯盆地天然气总资源量约11.14万亿立方米，占全国的22%，其中，内蒙古境内资源量占全盆地资源量的41%，即4.57万亿立方米。到2003年底，全盆地探明储量1.25万亿立方米，全区境内天然气探明储量7900亿立方米，占全盆地探明储量的63.2%。境内已发现苏里格、乌审、大牛地气田，其中苏里格气田是国内最大的陆路整装气田，探明储量6025亿立方米，乌审气田探明储量1012亿立方米，大牛地气田探明储量334亿立方米。目前，中国超千亿立方米的气田有5个，内蒙古占2个。到2003年底，区内探明天然气储量约2700亿立方米。

2. 内蒙古能源生产和建设

“十五”以来，全区能源工业快速发展。能源产品生产快速增长，除原油外，其他能源产品产量增长速度均超过“十五”计划指标。2001—2003年，全区煤炭产量年均增长26.6%，快于“十五”计划煤炭产量年均增长9.4%的速度；发电量达到647.73亿千瓦时，年均增长速度为13.8%，快于“十五”计划的发电量年均增长速度10.4%；由于受资源的限制，原油产量92.34万吨，低于2000年原油产量；天然气产量11.57亿立方米，完成了“十五”计划的46.3%。到2003年底，全区煤炭产量已达到1.47亿吨。2003年内蒙古能源产品产量大幅度增长，煤炭产量为1.47亿吨，同比增长28.2%；发电量为647.73亿千瓦时，同比增长25%；天然气产量为11.57亿立方米，同比增长36.3%。到2003年底，内蒙古煤炭综合生产能力达到1.5亿吨，发电装机容量达到1173万千瓦，分别比2000年提高了5000万吨和273万千瓦。

电力工业“十五”计划投产9个项目共计新增装机容量400万千瓦，其中西电东送项目5个，新增装机容量279万千瓦，区内用电项目4个，新增装机容量125万千瓦。到2003年底，已开工的项目7个，容量531万千瓦，其中西电东送开工建设

4个，容量426万千瓦，包括托克托电厂二期、达电三期、岱海电厂和正蓝电厂；区内用电项目3个，容量105万千瓦，包括海勃湾电厂二期和包头第一、第二热电厂。到2003年底，全区发电装机容量已达到1173万千瓦，"十五"前三年新增投产的项目5个，新增投产装机容量269万千瓦，包括托克托电厂一期工程2台60万千瓦、呼和浩特热电厂扩建工程2台20万千瓦、准噶尔电厂二期2台33万千瓦、海勃湾电厂二期2台20万千瓦和乌海热电厂2台1.2万千瓦等工程。

电网建设按照适度超前的原则，建设了一批输变电项目，重点建设了达拉特—永圣域Ⅱ回500千伏输变电和自治区内220千伏主网架工程，继续实施城乡电网建设与改造工程，提高了电网的供电能力和供电可靠性。

煤炭工业恢复建设大雁三矿项目，积极协助神华集团做好煤液化项目的前期工作，鄂尔多斯蓝天洁净煤项目已经开工建设。

石油天然气方面重点开工建设了长庆气田至呼和浩特天然气输气管道项目。同时，石油天然气勘探开发取得新进展，由中国石油天然气集团公司、中国石化集团公司勘探开发的鄂尔多斯盆地内蒙古自治区境内天然气，到2003年探明储量达到7900亿立方米，长庆气田第二净化厂已经建成投产。

新能源和节能行业重点进行了大型上网风力发电场和城市热电联产集中供热项目的建设，主要建设的项目有辉腾锡勒风电场、锡林浩特风电场等工程。同时，为解决农牧区通电，加快实施了光明工程，并争取国家中央预算内专项资金，用新能源方式解决了全区边远农牧区38个不通电乡、嘎查村的通电问题，到2003年底，光明工程已完成8400套户用风光互补系统到户安装工作。

能源工业管理体制改革不断深化。煤炭企业公司制改革已经全部完成，呼伦贝尔煤业集团、霍林河煤业集团已经按属地下放到呼伦贝尔市和通辽市。完成了自治区所属的电力公司厂网分开的电力体制改革，自治区的发电资产与华能集团、神华集团、中信泰富公司共同组建了北方联合电力有限责任公司，电网资产及辅业和三产由内蒙古电力(集团)有限责任公司负责经营管理。天然气长—呼管道项目业主已按照现代企业制度确定为内蒙古西部天然气股份公司，该公司已正式运行，长—呼管道项目已建成。

继续扩大对外开放，多渠道引进建设资金，促进能源工业的快速发展。"十五"以来，区外大型能源企业纷纷到内蒙古投资建设能源项目，主要有五大发电公司和神华集团公司、北京国际电力投资公司等企业投资建设的煤炭和电厂项目，实现了全区能源工业投资主体的多元化，促进了能源项目的建设步伐。

3. 内蒙古能源供应与消费

近年来，内蒙古工业化进程不断加快，能源生产和消费快速增长，增长速度均高于国民经济增长速度，2003年内蒙古能源生产总量1.08亿吨标准煤，其中原煤产量1.47亿吨，原油产量92.34万吨，汽油产量39.20万吨，柴油产量45.63万吨，天然气产量11.57亿立方米，发电量647.73亿千瓦时。在能源生产总量中，煤炭占主要地位，煤炭产量占能源生产总量的97.38%；发电量中火电发电量639.53亿千瓦时，占发电量的98.7%，水电7.07亿千瓦时，占发电量的1.1%。

2003年，内蒙古能源消费总量6052万吨标准煤，比上年增长16.6%，其中原煤消费8268万吨，原油消费129万吨，汽油消费83万吨，煤油消费2万吨，柴油消费118万吨，燃料油消费39万吨，天然气消费2亿立方米，电力消费407亿千瓦时。煤炭消费占能源消费总量的94.32%，主要用于发电、冶金及建材等行业。

内蒙古是能源富集区和能源输出区，能源除了满足自治区经济发展的需要外，多年来，一直向自治区外输出煤炭、电力，特别是近年来，由于全国能源市场由买方市场变为卖方市场以来，内蒙古煤炭、电力的输出量快速增长，区外能源市场份额不断扩大。2003年全区煤炭外运量达到8000万吨，比2000年增长167%，外送电力240亿千瓦时，比2000年增长41.2%。

第二章

东北地区能源

辽宁省能源

1. 辽宁能源概况

辽宁具有实施能源供给多元化战略的良好区位基础。通过十分发达的陆路交通以及管道输送渠道，北和西北可用黑龙江和内蒙东部煤炭、俄罗斯石油天然气；西和西南可用西气东输(陕京二线)天然气、俄罗斯等地区石油天然气。南部沿海亦可利用国内国外两种油气和煤炭资源。大连已建有30万吨原油码头，营口、锦州和葫芦岛等沿海城市也具备建设条件。

(1) 能源生产和消费总量平衡。随着50多年的能源建设和发展，以及全省工业化水平、城市化水平的迅速提高，辽宁能源生产和消费经历了20世纪50年代的略有盈余，到60年代初的基本平衡，再到之后的呈现缺口并逐步扩大等3个阶段。60年代后期，能源生产约能满足全省80%—90%的需求；70年代和80年代，满足70%—80%；90年代满足60%—70%；“十五”前三年仅满足55%。

(2) 主要能源品种供需平衡。煤炭。1960年以后原煤产量一直在3000万—5000万吨之间波动，其中1996年达到最高产量6040万吨。“十五”前三年，原煤年产量平均为5200万吨。建国以来，全省累计生产原煤20亿吨。全省原煤消费量逐年上升，目前接近亿吨规模。“十五”前三年，年均增长2.73%。“八五”末期，全省输入原煤2300万吨，“十五”前三年，年平均输入3800万吨。原煤主要来源于山西、陕西、黑龙江等地。

电力。1980年装机容量为510.6万千瓦，发电量299亿千瓦时，年均增长分别为8.3%和12.35%。2003年与1980年相比，年均增长分别为5.1%和4.5%；与2000年相比，年均增长分别为2%和8.3%。

全省用电量呈现大幅度增长。与1980年相比，年均增长5.7%；与2000年相比，年均增长6.9%。改革开放以前，全省电力供需基本平衡。1980年，全省发电量299亿千瓦时，用电量254.4亿千瓦时，净调出44.6亿千瓦时；到1985年净调入56亿千瓦时；1995年净调入46亿千瓦时；2000年净调入104亿千瓦时；2003年净调入89亿千瓦时，缺口呈现扩大趋势。电力主要输入渠道为内蒙东部和黑、吉两省。

石油和天然气。自20世纪70年代辽河油田投产以后，原油产量直线上升，到1995年产量达到1552万吨。“十五”前三年，平均年产量为1356万吨，比最高产量的1995年下降了12.6%。作为国家重要的石化工业基地，每年原油加工达4000万吨，全省长时期为原油净输入省份。“八五”末期，净输入约1000万吨；“九五”末期净输入约2200万吨。主要来源于大庆以及国外进口。辽河油田投产后，1970年天然气产量为2.1亿立方米，1993年达最高产量23.8亿立方米。“十五”前三年，平均年产量下降到13.8亿立方米，比最高年产量下降了44.1%。1998年开始，中国海油总公司海上气田开始供气，全省天然气供需紧张局面有所缓解。

但是，从总体上看，经过数十年的开发建设，全省化石能源生产已呈萎缩趋势。全省煤炭现有探明地质储量56亿吨，可采储量25亿吨，可采年限40多年；石油剩余可采储量约1.8亿吨，可采年限不足20年；天然气剩余可采储量228亿立方米，可采年限20多年。目前，全省能源消费自给率不足60%。随着全面建设小康社会，实施老工业基地振兴战略，特别是现代装备制造业和重要原材料工业两大基地建设进程的逐步加快，全省能源消费总量仍将稳步增长。预计到2010年，一半以上的能源要依靠省外输入；到2020年，省外能源输入量可能达到60%—70%。

（3）能源供应与消费。辽宁能源生产结构和消费结构呈现逐步改善趋势。在能源生产总量中，煤炭比重从改革开放以前的80%以上降到目前的60%左右，“十五”前三年为63.2%；原油比重基本维持在30%以上，“十五”前三年为33.4%；天然气比重在1980年曾占6.3%，随后逐年下降到目前的3%左右，“十五”前三年平均为2.9%；受水资源条件限制，全省水资源开发量已近80%，水电比重由1980年的3%左右下降到近年的不足1%，“十五”前三年为0.5%。

在能源消费总量中，煤炭比重从改革开放时的70%左右降到目前的50%左右，“十五”前三年为50.6%；原油比重逐步提高到40%以上，“十五”前三年为47.4%；天然气比重在1980年曾占4.5%，随后逐年下降，“十五”前三年为1.9%；水电比重由2%以上下降到近年的不足1%，“十五”前三年为0.2%。如考虑加工转换因素，煤炭比重仍达70%以上。

总体上看，特别是改革开放以来，全省以不足一倍的能源消费增加量，支撑了全省生产总值翻两番总体目标的实现。“九五”期间，全省生产总值增长了51%，而能源消费总量仅增长了5.3%；“十五”前三年，全省生产总值增长了33.9%，能源消费总量增长了12.2%，能源消费弹性系数一直低于0.5。

（4）能源效率。由于辽宁重工业比重较大，全省平均万元生产总值综合能耗一直高于全国平均水平。按现价计，1980年，全省每万元生产总值综合能耗18.76吨，比全国平均值高出40.6%，2003年高出28.4%，差距减少了12个百分点。按可比价计，2003年比1980年综合能耗下降了71.4%，快于全国同期下降69.5%的幅度；其中，与“九五”末期相比，下降幅度达16.3%。以2000年为基数，“十五”前三年累计节省能源2140万吨标准煤。

但是，从总体上看，由于受计划经济体制、重工业为主的经济结构以及能源矿产资源萎缩的影响，全省能源工业企业特别是煤炭企业仍面临着完善公司治理机制、减轻社会性负担及如何接续发展等诸多问题。尤其是其环境治理负担十分沉重。全省采煤沉陷区总面积380平方千米，仅受损居民住宅达700万平方米，涉及居民36万人，其中，急需搬迁的住宅占一半以上。还有达25亿立方米的煤矸石堆放，占用地达1000多平方千米。

与全国平均水平相比，辽宁万元生产总值综合能耗高出约30%；工业耗能比重高出10个百分点以上。2003年，全省工业增加值占GDP的比重为42.6%，但能源消费占总消费量的83.1%，煤炭消费占总消费量的93.5%。因此，经济结构调整、降低能耗水平的潜力较大，特别是降低煤炭消费量至关重要。

（5）农村能源。辽宁于1958年开始沼气开发试验，1978年正式启动农村能源工作，着重加强了机构队伍建设。几十年来，紧紧围绕转变农村能源利用观念、开发可再生能源、推广节能技术这个中心，并与农民脱贫致富、保护农村生态环境密切结合，积极探索和完善了“四位一体”、“组装架空炕连灶”、“太阳房”等一批具有较高推广价值的农村能源利用模式，推动了农村能源建设工作的较快发展。

(6) 可再生能源。辽宁可再生能源开发工作起步较早、发展较快。建国以来，年均水电装机容量增速为 3.7%，目前开发利用率达 80% 以上。1988 年，辽宁启动风电建设前期工作，1991 年大连东岗风电场安装全省第 1 台 55 千瓦风机。10 年来，装机容量年均增长速度达 62.3%。其间，沈阳工业大学大型风机设备国产化项目列入国家“863”计划。

辽宁中部及沿海的风能、辽东的水能、辽西的太阳能、沿海水域的海洋能、辽中及辽东的地热能等可再生能源种类齐全，资源丰富。全省陆地风能资源总量约 5400 万千瓦，可开发量约 1000 万千瓦；水能资源总量约 206 万千瓦，未开发量约 30 万千瓦；太阳能年辐射量大多超过 130 千卡/平方厘米，辽西超过 140 千卡/平方厘米；海洋能蕴藏量约 700 万千瓦，其中潮汐能 200 万千瓦、波浪能 150 万千瓦、温差能 150 万千瓦、海流能 100 万千瓦、盐度差能 100 万千瓦；地热天然放热量年均 5.8 万吨标准煤，可采量达 71.3 亿吨标准煤。

2. 2003 年辽宁能源发展

2003 年是党中央、国务院全面启动东北等老工业基地振兴战略的第一年，与辽宁经济快速增长相适应，能源发展取得新进展。

(1) 能源总量平衡。全省能源生产总量达到 6288.3 万吨标准煤，比上年增长 8.2%，是“七五”以来的最高增速，且连续两年增速超过 8%。全省能源消费总量再创新高，达到 1.11 亿吨标准煤，比上年增长 7.2%，比“九五”末期增长 12.2%，年均增长 3.9%。全省能源供需自给水平 56.7%，比上年提高 0.5 个百分点，比“九五”末期提高 2.2 个百分点。

煤炭。全年全省 5 个国家重点煤炭企业生产矿井共计 30 对，年生产能力约 4030 万吨；地方煤炭生产矿井年生产能力约 1500 万吨。全省原煤产量 5871 万吨，比上年增长 13.3%，比“九五”末期增长 31.9%。其中国有重点煤矿近 4400 万吨，地方煤矿约 1500 万吨。全省原煤消费量 9492 万吨，比上年增长 8%，比“九五”末期增长 8.4%。在原煤消费总量中，用于发电 3557 万吨，用于供热 1236 万吨，工业直接消费 1835 万吨，三项合计消费 6628 万吨，占原煤消费总量的 70%。省外净输入原煤总量约 3600 万吨，其中，经沈山、长大、集通和锦承等 4 条铁路调入 3100 万吨，经大连、鲅鱼圈和丹东等 3 个港口调入 400 万吨，经公路调入 100 万吨。原煤主要来源于山西、黑龙江、内蒙古和吉林等地区。

电力。全年全省发电装机总容量 1617 万千瓦，比上年增加 63 万千瓦，增长 4%；比“九五”末期增加 94 万千瓦，增长 6.1%。全省 6000 千瓦规模以上发电厂 134 个，其中火电厂 110 个，装机容量 1475 万千瓦，占 91%；水电厂 16 个，装机容量 130 万千瓦，占 8%；风电场 8 个，装机容量 12 万千瓦，约占 1%。全省已形成 30 万千瓦为主力发电机组、500 千伏和 220 千伏输电线路为主网架的现代化电网。共有 16 条 500 千伏输电线路，总长 2258 千米；6 座 500 千伏变电所，总变电容量 900 万千伏安；263 条 220 千伏输电线路，总长 8912 千米，比上年增加 850 千米；113 座 220 千伏变电所，总变电容量 2227 万千伏安，比上年增加 245 万千伏安。省间联络线共有 11 条，辽吉联络线有 2 条 500 千伏线路和 5 条 220 千伏线路；辽蒙东联络线有 2 条 500 千伏线路和 1 条 220 千伏线路；辽华北联络线有 1 条 500 千伏线路。

全年全省发电量 819 亿千瓦时，比上年增长 14.2%。其中火电 795.5 亿千瓦时，占 97.1%，增长 13.3%；水电 22 亿千瓦时，占 2.7%，增长 55.8%；风电 1.6 亿千瓦时，占 0.2%，增长 56.8%。发电设备平均利用小时数达到 5204 小时，其中火电设备达到 5516 小时。大连、营口、丹东、沈海等主力电厂设备利用均超过 6000 小时。

全年全省用电量 908 亿千瓦时，比上年增长 12.14%，增速提高了 6 个百分点。其中第一产业用电 15.86 亿千瓦时，比上年下降 6.6%，占 1.75%；第二产业用电 693.38 亿千瓦时，增长 13.26%，占 76.37%；第三产业用电 90.4 亿千瓦时，增长 11.19%，占 9.95%；居民生活用电 108.25 亿千瓦时，增长 9.14%，占 11.92%。

全年全省净输入省外电量 89 亿千瓦时，比上年增长 5.9%，其中辽吉联络线输入 71 亿千瓦时，辽蒙东联络线输入 60 千瓦时，辽华北联络线输出 42 亿千瓦时。

石油和天然气。中国石油辽河油田分公司 2003 年生产原油 1332 万吨，比上年下降 1.4%，比“九五”末期下降 4.9%；生产天然气 13.3 亿立方米，与上年持平，比“九五”末期下降9.5%。全省原油消费(含加工)总量为4560万吨，比上年增长8.8%，比“九五”末期增长16.6%，其中省外输入3228万吨。石化工业是辽宁省支柱产业，现有规模以上企业666家，2003年原油加工能力约5440万吨，实际加工4472万吨，比上年增长9.9%，居全国第一位。全年共生产汽油823万吨、柴油1566万吨，其中80%以上成品油供给省外。

全年全省天然气消费量20.7亿立方米，比上年增长10.1%，比“九五”末期增长2.7%。其中，化学工业用气11.1亿立方米，占53.6%；辽河油田自用7.1亿立方米，占34.3%；居民生活用气1.9亿立方米，占9.1%。

全年全省国有重点煤炭企业煤层气开发利用总量为1.26亿立方米。其中，抚顺矿业公司开发利用1.05亿立方米，铁法煤业公司0.1亿立方米，阜新矿业公司0.05亿立方米，沈阳煤业公司0.06亿立方米。

(2)能源生产及消费结构。全年能源生产总量中，原煤占66.7%，比上年提高3.1个百分点；原油占30.3%，比上年下降2.9个百分点；天然气占2.6%，比上年下降0.2个百分点；水电占0.4%，与上年持平。能源消费总量中，原煤占51.2%，比上年提高1.2个百分点；原油占46.9%，比上年下降1.1个百分点；天然气占1.6%，比上年下降0.2个百分点；水电占0.3%，比上年上升0.1个百分点。

在能源消费总量中，用于加工转换的能源达到3265.8万吨标准煤，占29.5%，比上年提高了2.3个百分点，比“八五”末期提高了13.7个百分点，比“九五”末期提高了2.1个百分点。第一产业消费144万吨，占1.3%，比上年下降0.1个百分点；第二产业消费9284.7万吨，占83.8%，比上年提高1.6个百分点；第三产业消费838.3万吨，占7.6%，比上年下降1.7个百分点；居民生活消费727.2万吨，占7.3%，比上年提高0.3个百分点。其中，冶金、电力和热力共消费5253.4万吨，占47.4%，比上年提高2.2个百分点。

(3)能源投资建设。全年能源建设工程共完成投资102亿元。电力完成投资77.5亿元，其中包括辽宁发电厂“以大代小”扩建工程、沈阳至大连500千伏输变电工程、锦西沙河营、北宁500千伏变电所、包东徐500千伏输变电工程、第二批农村电网建设与改造工程、县城电网建设与改造工程、农村电网66千伏输变电工程等重点电源和电网建设工程，同时，阜新发电厂“以大代小”扩建工程等一批重点电源工程前期工作取得较快进展。煤炭建设完成投资18.2亿元，其中包括国有重点煤矿“一通三防”安全技术改造工程、阜新矿业集团清河门矿及海州立井改扩建工程、九道岭煤矿恢复工程等。节能基本建设及可再生能源建设完成投资近6亿元。主要包括大连台山热电联产工程、沈阳康平和阜新彰武两个风电场建设等重点工程。

(4)节能工作。进一步调整和改善产品和产业结构、积极推进发展循环经济试点工作，结合企业综合技术改造，大力推广清洁生产。全省万元GDP综合能耗1.86吨标准煤，比上年下降2.4%，节约能源284万吨标准煤；综合能耗比“九五”末期下降12.7%，节约能源1618万吨标准煤。万元工业增加值综合能耗下降到3.6吨标准煤，比上年减少0.3%，节约能源21万吨标准煤；比“九五”末期减少7.2%，节约能源711万吨标准煤。与上年相比，主要工业产品能耗指标下降达70%以上，下降幅度平均为2.1%。其中，吨钢综合能耗为1.28吨标准煤，比上年下降5.9%，比“九五”末期下降14.1%。

(5)农村能源及可再生能源。截至2003年底，全省累计完成北方农村能源生态模式户31.1万户，比上年增长11.5%，年产沼气9330万立方米，年节约能源6.7万吨标准煤；高效预制组装架空炕连灶283万铺，比上年增长10.5%，年节约能源195.6万吨标准煤；被动式太阳能建筑325.9万平方米，比上年增长10.4%；生物质气化集中供气工程51处，比上年增长30.8%；畜禽养殖场能源环境工程84处，比上年增长50%；太阳能热水器72.3万平方米，比上年增长31.5%，年节约能源8.7万吨标准煤。

吉林省能源

1. 吉林能源资源

“七五”以来，吉林省石油、天然气、水利发电、风能利用等领域在探明储量及生产能力的增加等方面都有较大幅度的提高(见表14-5)。

表14－5

吉林省一次能源资源量

能源类别	资源量		分布地区
煤 炭	保有储量（亿吨）	20.3	东部的白山市、延边州等地区
	可采储量（亿吨）	10.4	
原 油	总资源量（亿吨）	40.0	中西部地区的白城、松原、长春等地
	地质储量（亿吨）	7.9	
	动用地质储量（亿吨）	4.0	
	含油面积（千平方米）	1300.0	
天然气	总资源量（亿立方米）	3100.0	中西部地区的白城、松原、长春等地
	地质储量（亿立方米）	300.0	
	含气面积（万平方米）	100.0	
可开发水电资源	理论可开发装机容量（万千瓦）	504	东部长白山区

截至2003年，吉林省探明的煤炭保有地质储量20.3亿吨，可采储量10.4亿吨，远景地质储量为35亿吨。其中1亿吨以上的煤田有8处，1亿吨以下、千万吨以上的煤田有10处。全省国营及省属矿可采贮量8.67亿吨，可采年限100年，地方和乡镇矿可采贮量1.7亿吨，可采年限19年。

吉林省油气资源较为丰富，经全国油气资源评价，预测吉林石油资源量为40亿吨，天然气资源量为3100亿立方米。至2003年底，全省累计探明石油地质储量为7.9亿吨，已动用地质储量4.0亿吨，探明含气面积100多平方千米；累计探明天然气地质储量300亿立方米。建成原油生产能力480万吨/年，2003年全省原油产量476万吨，天然气产量2.32亿立方米。目前全省共有炼油厂8家，原油加工能力830万吨/年。

吉林省水资源较丰富，理论可开发水电装机容量504万千瓦。到2003年末，全省水电装机容量345万千瓦，占可开发容量的68%，目前除正在开发的松江河梯级电站和规划中的临江界河电站，吉林省只有容量小于5万千瓦的部分小型水电站尚未开发。吉林省水电装机占东北电网水电装机的70%，同时承担东北电网的调峰任务。

吉林省风力资源丰富，风能有效蕴藏量为6920亿千瓦时/年，风能密度为60—70瓦/平方米。通榆风电一、二期工程总装机规模3万千瓦已投入运行。

吉林省油母页岩储量丰富，初步探明储量为174亿吨，占全国储量的56%，已开始建设用油页岩作为燃料的发电站，在“十五”和“十一五”期间，吉林省将大力开发应用油母页岩。

2. 吉林能源生产与消费

（1）一次能源生产量。2001—2003年，全省化石能源生产合计折标准煤6151万吨，其中煤产量合计5832万吨，原油产量合计1287万吨，天然气合计产量为7.74亿立方米，水电发电量合计为145.4亿千瓦时。2003年全省化石能源生产总量折标准煤2366万吨，其中煤炭生产量2256万吨，原油生产量476万吨，天然气生产总量2.32亿立方米，水电发电量37.5亿千瓦时。

吉林省的水电开发率很高，装机容量为345万千瓦，已达到可开发容量504千瓦的68%。

吉林省的风电装机容量为3万千瓦，发电量很少，只有0.6亿千瓦时，折0.7万吨标准煤。吉林省目前还没有核电。

（2）二次能源生产量。全省二次能源品种齐全，包括电力、焦炭、燃料油、燃料气、液化石油气和合成燃料等，除燃料油供应外省，其他均在本省消化，即为原油调入、成品油调出省份。

电力。全省共有6000千瓦及以上火电厂42个，总装机容量532.8万千瓦，其中容量在10万千瓦以上的火力发电机组占70%。2001—2003年吉林省发电总量为871亿千瓦时，当量折标准煤1070万吨。2003年发电296亿千瓦时，当量折标准煤363.8万吨。

汽油、柴油及燃料油生产。2001—2003年，全省汽油、柴油及燃料油的产量合计分别为477万吨、698万吨、179万吨，分别折标准煤为702万吨、1009万吨、257万吨。2003年全省汽油产量为172.93万吨，折标准煤254.45万吨；柴油产量289.98万吨，折标准煤414.12万吨；燃料油47.05产量万吨，折标准煤67.64万吨。

（3）一、二次能源调出调入。吉林省一、二次能源中，调入的主要是煤炭和原油，调出的主要是炼油产品的汽、柴油和燃料油。总量上是调入量大，调出量少。2001—2003 年净调入煤炭、石油等共折标准煤 6509 万吨，占全省消费量的 51.3%，其中煤炭净调入 7730 万吨，原油 1044 万吨。2003 年调入共 2375 万吨标准煤，其中煤炭净调入 2625 万吨，原油 411 万吨，调入量占全省消耗量的 50%。2001—2003 年调出的汽油分别是 59.1 万吨、54.1 万吨、70 万吨，合计 183 万吨；柴油分别是 115.8 万吨、133 万吨、198 万吨，合计净调出 443.8 万吨；燃料油分别是 33.6 万吨、41.4 万吨、22.3 万吨，合计 97.3 万吨。三年总共调出成品油 724.3 万吨，平均每年 242 万吨。

吉林省的能源调入，煤炭主要依靠内蒙古和黑龙江，原油主要依靠黑龙江，而从辽宁调入的很少。吉林省的煤炭、石油、天然气产量分别只有东三省的 15%，7.2% 及 6.3%，产量很少，是一次能源匮乏的省份之一。（见表 14－6）

（4）全省能源消费。吉林省是东北老工业基地之一省份，省内工业以石油、电力、化学、冶金、非金属矿物制品、车辆制造、医药等为主，原料型工业占很大一部分，虽然经过多年改造和调整，但总体上能源消费量仍较大，2003 年工业能耗为 3705 万吨标准煤，占总消费量的 78%，2003 年万元能耗为 1.53 吨标准煤。“十五”前三年能源生产、能源消费与 GDP 同步增长，逐年增长率同为 10.6%，能源生产和消费的弹性系数按 GDP 计时同为 1.00。按工农业总产值计时为 0.62。从工业能源消费上看，工业产值递增率为 19.4%，工业能耗递增率为 11.3%，工业生产的弹性系数为 0.58。

吉林省 2001—2003 年消费总量分别为 3713 万吨标准煤、4209 万吨标准煤、4768 万吨标准煤，合计为 1.27 亿吨标准煤，平均每年为 4230 万吨标准煤。

能源消费仍以煤为主，2001—2003 年煤炭消费比例分别是 73.7%、75.3%、73.6%，平均 74%，其中，有近一半用于二次能源转换，分别占总消费量的 41%、41%、46%，平均占 43%。2001—2003 年各年二次能源转换投入量分别为 2476 万吨标准煤、2803 万吨标准煤、3338 万吨标准煤，产出分别为 1478 万吨标准煤、1593 万吨标准煤、2025 万吨标准煤，转换损失分别为 998 万吨标准煤、1210 万吨标准煤、1313 万吨标准煤，转换效率分别为 59.7%、56.8%、60.7%，平均 59.1%。二次能源转换中煤炭投入量最多，主要是用于火力发电，2001—2003 年的投入量分别是 2406 万吨煤、2585 万吨煤、2849 万吨煤；原油的投入主要是供炼油，2001—2003 年的投入量分别是 651 万吨、670 万吨、767 万吨，所产出成品油的 43% 用于本省，调出 57%。

2001—2003 年的能源消费中，成品油（汽、柴、燃料油和商品原油）的消费总量分别是 244 万吨、258 万吨、339 万吨，折成标准煤量后分别占总消费量的 9.6%、8.9%、10.2%，平均占 9.6%；天然气的消费量分别是 2.43 亿立方米、2.85 亿立方米、2.90 亿立方米，只占总消费量的 0.7%—0.8%；电力消费量分别为 300 亿千瓦时、321 亿千瓦时、336 亿千瓦时，按当量折标后的消费比例分别是 9.9%、9.4%、7.9%，平均 9.1%；生活用能分别是 304 万吨、350 万吨、383 万吨，平均每人每年用能是 128 千克标准煤；热力消费主要是城市供热，投入量已计入二次能源转换量中，产出量是按热量折算，消费量分别是 273 万吨、315 万吨、377 万吨标准煤。能源生产弹性系数按 GDP 计，三年平均为 1.00；按工农业产值计，三

表 14－6

2003 年东北三省能源生产对比

能源类别	三省合计产量	吉林省		黑龙江省		辽宁省	
		产 量	占合计比重（%）	产 量	占合计比重（%）	产 量	占合计比重（%）
煤 炭（万吨）	14780	2256	15	6653	45	5871	40
石 油（万吨）	6648	476	7.2	4840	72.8	1332	20
天然气（亿立方米）	36.6	2.3	6.3	21	57.4	13.3	36.3

年平均为0.62，其中工业能源消费弹性系数三年平均为0.58。

（5）全省能源供需平衡。2001—2003年三年的生产量分别是1794万吨标准煤、1991万吨标准煤、2366万吨标准煤，净调入量分别是1919万吨标准煤、2221万吨标准煤、2375万吨标准煤；动用库存量分别是6万吨标准煤、-3万吨标准煤、27万吨标准煤；消费量分别是3713万吨标准煤、4209万吨标准煤、4768万吨标准煤。各年的调入量比例分别是51.5%、52.8%、50%，平均51.3%。

（6）产业能源消费。在三次产业中，第一产业能源消费最少，2001—2003年平均能源消费113万吨标准煤，占总能耗的2.9%；而GDP为453亿元，占总GDP的20%；万元GDP能耗仅为0.25吨标准煤，仅是平均单耗的13%。第二产业能耗最多，平均能源3240万吨标准煤，占总能耗76.6%；GDP为1122亿元，占总GDP的44%；万元GDP能耗为3.24吨标准煤，是平均单耗的1.74倍。第三产业三年平均能耗491万吨标准煤，占总能耗的11.6%；GDP为813亿元，占总GDP的35.9%；万元GDP能耗为0.60吨标准煤，是平均单耗的32%。生活消费量三年平均为346万吨标准煤，占总能耗的8.2%。贮运损失量三年平均为39万吨标准煤，占总能耗的0.9%。

（7）工业能源消费。2001—2003年工业能源消费平均为3240万吨标准煤，占总能耗的76.6%，产值平均为2046亿元，万元工业产值能耗平均为1.59吨标准煤。

在工业结构中，分为转换业、采掘业和制造业三大类。从单耗上看，转换业单耗最高，平均万元产值能耗为26.0吨标准煤，是平均单位的16.35倍，但产值却很少，只有49.5亿元，只占总产值的2.4%，因此转换业是耗能最大的工业户。

采掘业产值平均为57亿元，占2.8%，能耗平均为330万吨标准煤，占10.2%，单耗在三类结构中居中，万元产值单耗为5.85吨标准煤，是平均单耗的3.59倍。

制造业2001—2003年平均能耗1637万吨标准煤，占总能耗的50.5%，产值却达到1940亿元，是总产值的94.8%，单耗为0.85吨标准煤，仅为平均单耗的52%。制造业是能耗最低的工业，因此大力发展制造业，可以大幅度减少能源消费。

（8）能源库存储备量。吉林省的能源库存储备量平均量为363万吨标准煤，占总消费量的8.6%，其中主要是煤库存储备量，占总库存储备量的83%，2001—2003年之间库存量有所下降。（见表14-7）

表14-7

吉林省能源库存储备量

类别 \ 年份	2001	2002	2003	2001—2003年平均
原　煤（万吨）	470.0	470.0	405.0	448.0
原　油（万吨）	20.0	20.6	23.6	21.4
汽　油（万吨）	8.6	9.9	1.8	6.8
柴　油（万吨）	11.1	14.0	4.3	9.8
燃料油（万吨）	7.5	7.7	2.2	5.8
合　计（万吨标准煤）	370.0	373.0	346.0	363.0
占总消费量比例（%）	10.0	8.9	7.3	8.6

3. 吉林能源建设

2001—2003年，吉林省"十五"规划的矿井建设中，已建成投产的项目占总规划的34%，计有辽源矿务局东宝屯煤矿、通化矿务局道清煤矿胜利井和万宝煤矿团结井。正在建设的项目占总规划的50%，主要有珲春矿务局板石煤矿二井，八连城煤矿、羊草沟煤矿一期扩建。此外，规划末列的珲春矿务局板石煤矿一井和龙家堡矿区也在近两年开工，规模为240万吨/年。

"十五"规划的电源建设中，已投产的有辽源电厂20万千瓦火电机组和吉林新立10万千瓦火电机组，在建的项目：长春二热电厂二期60万千瓦的火电机组；松江河35万千瓦水力梯级电站和白山30万千瓦水力蓄能电站，共125万千瓦。"十五"前两年共完成363千米的220千伏输电线路，增加变电容量84.3千伏安。大中型电网基本建设完成投资18.39亿元，农网建设与改造完成投资42亿元，城网建设与改造完成投资18.38亿元。

黑龙江省能源

1. 黑龙江能源资源

黑龙江一次能源资源相对丰富，在国内占有

比较重要的地位。根据地质勘探成果，截至2003年底，黑龙江常规能源（包括原煤、原油、天然气和水能，水能为可再生能源，按使用100年计算）探明总资源储量259.97亿吨标准煤，其结构为：原煤67.84%，原油31.15%，天然气0.31%，水能0.70%，煤炭在黑龙江能源资源结构中占绝对优势地位。此外，黑龙江风能、生物质能、太阳能、地热能等可再生能源资源也较为丰富。

煤炭。黑龙江煤炭资源较丰富，品种齐全，煤质优良。截至2003年底，累计查明资源储量246.9亿吨，保有资源储量224.5亿吨，约占全国总量的2.25%，居全国第十一位，居东北地区首位。其中，炼焦用煤84.4亿吨，占37.6%，非炼焦用煤140.1亿吨，其中褐煤100亿吨，占62.4%。从资源储量分布看，92%集中分布在东部地区，6%分布在西北部地区，2%分布在中部地区。

石油。石油资源主要分布在松辽盆地北部，截至2003年底，资源量101亿吨，累计探明地质储量56.7亿吨，约占全国总量的25.11%；剩余可采储量5.68亿吨，约占全国的23.87%。

天然气。天然气资源较为丰富，截至2003年底，资源量2万亿立方米，累计探明地质储量603.3亿立方米，约占全国总量的1.77%。

水能。黑龙江境内水力资源比较丰富，黑龙江、乌苏里江、松花江和绥芬河四大水系具有蕴藏量大、分布面广、相对集中、开发较少的特点。全省流域面积5万平方米以上河流1918条，理论蕴藏量864.2万千瓦（其中500千瓦以上河流481条，理论蕴藏量838.5万千瓦），约占东北地区的50%，年可发电757.04亿千瓦时，技术可开发量832.8万千瓦，约占全国的1.6%，经济可开发量728.3万千瓦。其中小水电资源（装机容量5万千瓦以下）技术可开发量159.6万千瓦，约占全国的2.47%。

2. 黑龙江能源生产

2001—2003年，全省国内生产总值年均增长率9.97%，比全国同期高1.77个百分点。能源生产与能源消费亦呈现稳健的增长势头，年均增长率分别为1.42%和3.64%，远低于同期经济增长速度，能源生产弹性系数和能源消费弹性系数分别为0.14和0.37（见表14－8）。2003年，能源生产和消费总量分别为1.20亿吨标准煤和6309.8万吨标准煤，总趋势呈现自给有余、调出充足的态势，保证和促进了黑龙江省国民经济的持续快速增长。

随着经济持续增长和能源结构的调整优化，黑龙江能源生产和消费一改“九五“期间连年下降的状况，均呈现稳定的增长态势。2001—2003年，能源生产年均增长1.42%，能源消费年均增长3.64%，能源生产增长低于能源消费增长2.22个百分点，其主要原因有二：一是大庆油田战略性调低石油产量，二是局部区域供大于需导致省内能源需求对能源生产的拉动较小。

黑龙江能源生产以一次能源为主，石油和煤炭占一次能源生产总量的97.3%，居绝对主导地位。2003年，黑龙江一次能源生产结构为：煤炭39.6%，石油57.7%，天然气2.3%，水电0.4%。2001—2003年，能源生产结构总体呈现煤炭比例

表14－8

1980—2003年黑龙江省经济增长与能源生产、消费变化

指标＼年度	1980—1985	1986—1990	1991—1995	1996—2000	2001—2003
GDP增长率（%）	7.65	6.55	7.60	8.83	9.97
能源生产增长率（%）	2.92	1.39	0.54	－3.89	1.42
能源消费增长率（%）	4.30	3.87	2.48	－1.97	3.64
能源生产弹性系数	0.38	0.21	0.07	－0.44	0.14
能源消费弹性系数	0.56	0.59	0.33	－0.22	0.37

注：统计口径为规模以上企业。

资料来源：黑龙江省统计局《黑龙江统计年鉴》。

第十四篇　地区能源

上升，石油和天然气比例下降，水电比例基本持平的态势。2003年，全省一次能源生产总量为1.20亿吨标准煤，比上年增加274.7万吨标准煤，增长2.3%；约占全国能源生产总量的7.5%，占全国的比重数值呈下降趋势，其中原煤产量6652.5万吨，比上年增长14.2%，约占全国煤炭生产总量的4.0%，居全国第七位；原油产量4840.1万吨，比上年减少3.5%，约占全国石油生产总量的28.5%，居全国第一位；天然气产量21.0亿立方米，比上年增长0.4%，约占全国天然气生产总量的6.1%，居全国第四位。

煤炭、石油和天然气工业作为黑龙江的支柱产业，多年来对本地区的经济发展贡献巨大。建国以来，共生产煤炭22.4亿吨，占全国同期产量的7.2%，居全国第五位。石油和天然气工业经过44年开发建设，累计生产原油17.74亿吨，占全国同期产量的44.6%，居全国首位，创造了连续27年年产5000万吨以上的奇迹，为促进全国的经济发展和保证石油安全发挥了不可替代的作用；累计生产天然气876.2亿立方米（含石油伴生气），占全国同期产量的8.1%。

改革开放以来，黑龙江电力行业得到快速发展，为社会各界提供了充足的电力保障。2003年，全社会发电装机容量1198万千瓦，其中火电装机容量1114万千瓦，占总装机量的93%；水电装机容量84万千瓦（包括小水电），占总装机量的7%。全社会发电量495.7亿千瓦时，比上年增长6.3%，占全国同期发电量的2.6%。其中火电发电量484.4亿千瓦时，水电发电量11.3亿千瓦时。全省除大兴安岭地区外，基本形成统一电网。

3. 黑龙江能源消费

自2001年起，黑龙江能源消费呈现稳定增长态势。2003年，全省一次能源消费总量为6309.8万吨标准煤，比上年增加105.6万吨标准煤，增长1.7%，但远低于国内平均增长速度（见表14-9）。

2003年，黑龙江一次能源消费结构为：煤炭60.2%，石油35.3%，天然气3.7%，水电0.8%。2001—2003年，能源消费构成比例和能源生产构成比例变化趋势基本相同，总体亦呈现煤炭比例上升，石油和天然气比例下降，水电比例基本持平的态势，约占全国能源消费总量的3.76%，占全国比重数值亦呈下降趋势。其中原煤消费量5319万吨，比上年增长2.25%，约占全国煤炭消费总量的3.37%；原油消费量1561万吨，比上年增长2.29%，约占全国石油消费总量的6.19%；

表14-9

1995—2003年黑龙江省能源消费总量、增长率及占全国比重

年份	黑龙江消费总量（万吨标准煤）	增长率（%）	增加量（万吨标准煤）	全国消费总量（万吨标准煤）	增长率（%）	占全国比重（%）
1995	6261.3	8.5	490.5	131176	6.9	4.8
1996	6270.5	0.1	9.2	138948	5.2	4.5
1997	6635.5	5.9	365	138173	-0.6	4.8
1998	6695.4	0.9	59.9	132214	-4.3	5.1
1999	6378.0	-4.7	-317.4	130119	-1.6	4.9
2000	5668.0	-11.1	-710	130297	0.1	4.4
2001	5830.8	2.9	162.8	134914	3.5	4.3
2002	6204.2	6.4	373.4	148000	9.7	4.2
2003	6309.8	1.7	105.6	167800	13.4	3.8
1996—2000年均	6329.5	-2.0	-118.7	133950	-0.1	4.7
2001—2003年均	6114.9	3.6	213.9	150238	8.8	4.1

资料来源：国家统计局《中国统计年鉴》，黑龙江省统计局《黑龙江统计年鉴》。

天然气消费量17.6亿立方米，比上年减少5.38%，约占全国天然气消费总量的5.11%。

4. 黑龙江能源调出调入及进出口

作为全国重要的能源基地之一，黑龙江每年调出的能源量占能源产量的一半以上。2003年，能源调出总量为7874万吨标准煤，占生产总量的65.7%，调入总量为1064.3万吨标准煤，出口总量为360.1万吨标准煤，进口总量为310.9万吨标准煤。其中，原煤调出1759万吨，调入797万吨，出口70万吨；洗精煤调出593.9万吨，出口35.9万吨；其他洗煤调出525.5万吨；焦炭调出311.1万吨，调入111.9万吨，出口9.3万吨；原油调出3368.7万吨，调入124万吨，进口213.7万吨，出口188.1万吨。截至2003年底，已累计调出原煤5亿多吨，约占原煤同期产量的23.1%；调出原油13.3亿吨，占原油同期产量的74.7%，为东北地区和全国的经济发展作出巨大贡献。

5. 黑龙江农村能源

目前，黑龙江省广大农村地区仍以秸秆、薪柴、煤炭、柴草等为主要能源。作为农业、林业大省，黑龙江省有较丰富的秸秆、薪柴、柴草等资源。2003年，秸秆总产量4000万吨，折合标准煤1856万吨；薪柴合理开发量400万吨，折合标准煤228.4万吨；柴草合理开发量380万吨，折合标准煤179万吨。全年全省农村地区能源消费总量为3610万吨标准煤，其中，用于能源消费的秸秆量2586.2万吨，折合标准煤1200万吨，占秸秆总产量64.7%，占农村地区能源消费总量的33.3%，占农村地区生活用能消费量的52.8%，其中用于优质化能源的秸秆利用量为1951吨，全部用于秸秆气化；实际用于能源消耗的薪柴量为665.5万吨，折合380万吨标准煤，占农村地区能源消费总量的10.5%，消耗的薪柴量超过合理开发量62.4%，存在过量采伐或燃用可用材的问题；煤炭消费量459.57万吨，折合标准煤328.13万吨，占农村地区能源消费总量的9.09%；实际用于能源消耗的柴草量为230万吨标准煤，超过合理开发量28.5%，存在燃用牧草的问题。

借助生态省建设和实施生态家园富民计划的有利契机，黑龙江省加大生物质能优质化利用及新能源与可再生能源开发力度，积极发展畜禽粪便转化沼气的沼气综合利用工程和秸秆气化示范工程，取得了良好的经济效益和社会效益。截至2003年底，全省共有在建大型沼气工程一处，小型沼气工程8处，户用沼气池1.9万户，总产气量511.84万立方米，折合3655吨标准煤。在太阳能热利用方面推广利用也较为成功，共建成太阳房122万平方米，太阳能温室150万平方米，太阳能保温畜禽舍270万平方米，安装太阳能热水器4.59万平方米。此外，全省利用地热资源种植养殖达2.87万平方米。

6. 黑龙江能源环境

2000年，黑龙江成为继海南、吉林之后的第三个全国生态省建设试点省份，并制定了《黑龙江省生态示范省建设规划纲要》，2003年，省委将环境保护纳入《黑龙江省全面建设小康社会纲要》，为早日实现全面建设小康社会的宏伟目标，保证黑龙江资源、环境的可持续发展奠定了基础。

黑龙江城市空气污染特征为典型的煤烟型污染，采暖期的城市环境空气质量明显劣于非采暖期。2003年，全省二氧化硫排放量30.05万吨，较上年增排1.32万吨，其中工业排放量22.95万吨，占排放总量的76.4%，生活排放量7.1万吨，占排放总量的23.6%；烟尘排放量47.4万吨，较上年增排0.17万吨，其中工业排放量38.27万吨，占总量的80.7%，生活排放量9.13万吨，占总量的19.3%。

工业固体废物排放量略有下降。2003年，全省工业固体废物产生量3097.46万吨，比上年增加11.77万吨，其中煤矸石1375.89万吨，占44.4%；粉煤灰828.26万吨，占26.7%。工业固体废物排放量0.46万吨，比上年少排0.02万吨。

法制和执法能力建设进一步完善。《黑龙江省排污费征收使用管理办法》已修改完毕正待省政府批准颁布，《黑龙江省大庆油田石油勘探开发环境保护条例》已列入立法计划。加强环境监理标准化和污染源在线监控网络建设，提高了执法能力和快速反应能力。推行排污许可证制度，全省排污收费1.8亿元。

环保投入大幅度增加。2003年，全省环境污染治理投资约65.61亿元，占黑龙江国内生产总值的1.48%，比上年增加19%。

由于黑龙江能源生产和消费量较大、能源消费结构中以煤为主及粗放型的能源生产和消费方式等多方面不利因素的影响，黑龙江能源发展与环境保护之间的矛盾仍然十分突出，能源开采与环境保护矛盾加剧，煤炭大量直接燃烧造成的大气污染日益严重，黑龙江的能源消费结构中化石能源占99.2%，由此产生大量二氧化碳等温室气体，给经济社会发展带来不良影响。

第三章

华东地区能源

上海市能源

1. 上海能源概况

近年来，随着上海社会经济的较快发展，带动了能源需求持续增长，能源发展对国民经济持续协调健康发展起到了重要的保障作用。

能源需求持续增长。2003 年，全市能源消费总量6697.6 万吨标准煤，与2000 年相比，年均增长6.9%。其中第一产业用能占1.8%，第二产业占65.3%，第三产业占24.8%，居民生活占8%。

能源建设不断推进。以国家实施西气东输、西电东送工程为契机，不断加大能源建设规模和投入力度。上海建成了以500 千伏双回路环网为基础的较完善的城市电网主网架，外高桥电厂二期工程2 台90 万千瓦超临界发电机组投产。

能源结构逐步优化。通过加大清洁能源利用，大力削减分散燃煤，上海的能源品种趋向多元化，能源质量趋向清洁化，能源结构调整初见成效，煤炭在能源消费中的比重，从1996 年的72% 下降到2003 年的59%，大气环境质量明显改善。

能源利用效率不断提高。上海通过加快产业结构调整，大力发展低能耗、高附加值的高新技术产业，加大节能投入、加强节能监督管理等措施，2003 年，每万元上海市生产总值的综合能耗为1.07 吨标准煤，比1996 年下降了30%，能源利用率超过40%。

2. 上海能源消费

电力。2003 年全市用电量746 亿千瓦时，与2000 年相比，年均增长10%，最高用电负荷达到1362 万千瓦，年均增长9.3%。用电量按产业分，第一产业、第二产业、第三产业和居民生活用电分别占全市用电量的0.6%、69.0%、19.3%和11.1%。

燃气。2003 年全市人工煤气消费量达到25 亿立方米；天然气消费量4.97 亿立方米，2000—2003 年年均增长18.6%。

煤炭。2003 年全市煤炭消费总量为4953 万吨，与2000 年相比，年均增长3.2%。煤炭消费主要用于发电供热和炼焦制气，分别占消费量的57.9 %和22.8%。

成品油。全年全市成品油消费总量1176.7 万吨，与2000 年相比，年均增长11%，主要用于交通运输和发电。

3. 上海能源发展展望

随着经济和社会的进一步发展，上海城市对能源供应的数量和质量的要求将进一步提高。为此，上海将按照建设国际经济、金融、贸易、航运"四个中心"，筹办好2010年世博会的要求，根据国家的能源发展战略和政策，进一步加快能源建设，促进能源与经济、环境的协调发展。

继续加快电力建设。上海正在全力推进外高桥电厂三期工程、华能石洞口燃机电厂、上海化工区热电厂、闸北燃机电厂扩建工程等一批新电源项目，增加电力供应能力，确保电力供应。

扩大天然气来源和使用。加快建设液化天然气(LNG)项目，与西气东输、东海天然气形成多气源供气格局。同时，进一步完善天然气主干网构架，使之成为具有国际水平的天然气管网系统，保障城市供气需要，促进天然气利用，加快优化能源结构。

开发利用可再生能源。因地制宜地开发利用风力资源、太阳能、生物质能等可再生能源。研究、规划、建设崇明可再生能源综合开发示范区，推动太阳能利用、风力发电、生物质能等可再生能源的利用。

进一步提高能源利用效率。通过加快节能新技术应用、严格制定建筑物的设计和建造标准、优先建设智能交通系统等途径，进一步提高在建筑、交通等重点节能领域的能源利用效率。上海还将把产业政策与能源政策更紧密地结合起来，大力发展低能耗、高附加值的现代服务业和先进制造业，淘汰高耗能、高污染、低附加值的劣势产业，建设资源节约型城市。

江苏省能源

1. 江苏能源资源

江苏煤炭、石油、天然气等一次能源资源十分匮乏，现已探明的煤炭储量约41亿吨，其中可利用的工业储量仅28.4亿吨，为全国的0.58%。加之现有矿井开发强度过大，资源濒临枯竭，煤炭产量大体维持在每年2000万吨左右。太阳能、风能、生物质能、地热能等可再生能源资源较为丰富，但已开发利用的比重较小。2003年全省能源自给率仅为20.1%。从省外调入能源1.05亿吨标准煤，比上年增长17.3%，其中原煤调入8143.9万吨，原油调入1574.53万吨。能源供应与经济社会发展、环境保护之间的矛盾日趋突出。

(1) 一次能源自给率20.1%，原煤占近九成。2003年，全省一次能源生产量为2223.4万吨标准煤，比上年增长6.7%。其中：原煤生产量2760.4万吨，比上年增长6.5%，是近年生产量较高年份；原油生产量166.4万吨，比上年增长6%；天然气生产量0.3亿立方米，比上年增长43.5%。原煤、原油占生产总量的比重分别为88.9%和10.7%，一次能源生产结构依然以煤为主。全省一次能源自给率为20.1%，持续下跌到10年来的最低点。其中，原煤自给率为25.9%，比上年下降1.3个百分点；原油自给率仅为9.7%，比上年下降1.7个百分点。

(2) 能源加工转换效率有所提高。2003年，全省能源加工转换企业能源投入总量为8642.1万吨标准煤，比上年增长16.7%。二次能源生产总量为5359.2万吨标准煤，比上年增长17.3%。能源加工转换效率为62%，比上年提高1.8个百分点。

原煤用于加工转换的总量为7902.4万吨，比上年增长14.5%，占全省原煤消费总量的74.1%，其投入量的81.2%是作为电煤用于火力发电，产出电力1334亿千瓦时，比上年增长14.3%。

2. 江苏能源消费

2003年，全省能源消费总量首次突破1亿吨标准煤，是近10年来增长幅度最大的一年。能源消费总量达到1.11亿吨标准煤，比上年增长15.1%。

(1) 能源品种消费。从统计的21种大宗能源消费品种的分布看，消费量较大的是原煤和原油。2003年，全省原煤消费量超过1亿吨，为1.07亿吨，比上年增长11.9%，占全省能源消费总量的68.9%。原油消费量为1714.5万吨，主要用于原油加工，比上年增长21.8%，占能源消费总量的22.1%。此外，焦炭消费量为448.1万吨，比上年增长16.8%，其中75%用于黑色金属冶炼及压延加工业；汽油消费量为339.2万吨，比上年增长15.6%，其中76%是用于交通运输；电力消费量为1505.1亿千瓦时，比上年增长20.9%，70%用于工业生产。

(2) 部门能源消费及构成。2003 年，全省农业能源消费总量(不包括非商品能源)为 363.5 万吨标准煤，比上年下降 0.5 个百分点。农业部门能源消耗约占全省能源消费总量的 3.5%。其所消耗的能源主要是柴油、汽油、煤油、原煤和电。近年来，随着农村电网改造和农电体制改革的初步完成，农业机械和农产品加工机械拥有量增加，原煤的消耗量不断减少，到 2003 年原煤的消耗量比上年下降 13.2 个百分点，汽油消费增长 19.2%。城乡能源在消费方式、结构等方面差距大大缩小。全省农村非商品能源和可再生能源的开发与利用不断向前发展，对常规能源供应起到了补充作用。

2003 年全省工业能源消费 8692.6 万吨标准煤，占能源消费总量的 78.6%，比上年增长 16.4%。化工、冶金能源消费量占工业能源消费总量的 34.9%。采掘业能源消费量 231.7 万吨标准煤，比上年增长 11.6%。其中煤炭采掘业和非金属矿采选业消耗量较大，所耗能源占采掘业总消耗量的 2/3。制造业是工业部门能源消费的主力军，2003 年消费能源 7609.3 万吨标准煤，比上年增长 16.8%。制造业中，能源消耗最多的是化学原料及化学品制造业。其能源消费量 1921.7 万吨标准煤，约占全省工业能源消费总量的 22.1%，比上年增长 16.8%；其次是黑色金属冶炼及压延加工业，能源消费量 1110.7 万吨标准煤，占工业能源消费总量的 12.8%，比上年增长 12.4%。此外，非金属矿物制品业、纺织业和石油加工及炼焦业等行业的能源消耗量也较大，工业能源消费增长总量的 61% 是制造业中的高耗能行业，其经济总量约占全省工业产值的 30%，而能源消费总量则占全省工业能源消费总量的 60.6%，能源消费绝对量比上年增加 745.8 万吨标准煤。

交通运输部门能源消费增长幅度比上年大幅度提高。2003 年，全省交通运输部门能源消费总量 718.8 万吨标准煤，比上年增长 31.1%，增长幅度比上年提高 14.5 个百分点。运输部门所消费的能源主要是成品油，其中汽油消费 242.5 万吨，占全省汽油消费总量的 71.5%，比上年增长 25%；柴油消费 172.4 万吨，占全省柴油消费总量的 41.6%，增长 43.6%。随着私家车的快速增加，其对成品油的消费拉动和影响很大。

民用能源消费渐趋优质化，用电比重剧增。2003 年，全省民用能源消耗量 803.2 万吨标准煤，约占能源消费总量的 7.3%，比上年增长 12.7%。民用能源包括城市生活消费和乡村生活消费两个部分，分别占民用能源总量的 61% 和 39%。民用能源正逐步以电能为主，2003 年用电 149.5 亿千瓦时，约占民用能源消耗总量的 64.4%，比上年增长 41.4%；其次为液化石油气和城市煤气，全年消耗 88.9 万吨标准煤，比上年增长 12.5%，占民用能源消耗总量的 24.6%；原煤消费 119.8 万吨，占民用能源消耗总量的 10.6%，其比重比上年下降 2.6 个百分点，民用能源消费优质化程度越来越高。

(3) 全省每万元 GDP 能源消费量低于全国平均水平。2003 年，全省每万元 GDP(现价)能源消费量为 0.9 吨标准煤，低于全国每万元 GDP 能源消费量约为 1.4 吨标准煤的平均水平，但与上年相比，耗能量略有上升，多用能源约 250 万吨标准煤。从年耗能万吨标准煤以上的重点工业企业的节能情况看，2003 年重点耗能企业万元产值综合能耗为 1.05 吨标准煤，低于全国产值综合能耗 1.8 吨标准煤的水平。其中化学原料及化学品制造业、黑色金属冶炼及压延加工业、非金属矿物制品业、纺织业等四大行业和电力、蒸汽、热水的生产与供应业的能源消耗量均达 500 万吨标准煤以上，这五大行业全年消费能源 5660.4 万吨标准煤，占全省能源消费总量的 51.2%，万元工业产值综合能耗由 1996 年的 1.77 吨标准煤下降到 2003 年的 1.3 吨标准煤，年均节能率为 1.59%，年均节能量为 255 万吨标准煤。

(4) 能源消费存在的主要问题。煤炭消费量比重偏大，供应困难。作为煤炭消费大省，全省每年煤炭消费量约占全国煤炭产量约 7%，特别是 2000 年开始，受经济快速发展的影响，江苏能源消费总量增长幅度有所加快，到 2003 年全省煤炭消费量首次突破 1 亿吨，消耗煤炭的 80% 从山西、陕西、河南、安徽、山东等省调入，而这些省由于自身经济的发展，能源需求均在不断增长，煤炭调出量相对减少，山东、河南等省已由煤炭调出省转变为调入省，这使得江苏省煤炭供应的资源保障愈来愈小。

电力供应偏紧，电网调峰压力加大。近年来，江苏电力需求持续保持高速增长，2000 年用电量为971.8亿千瓦时，比上年增长14.5%，到2003年用电量达到1505.1亿千瓦时，比上年增长20.9%，年均用电量增长15.7%。虽然从2001—2003年江苏加大了电力建设投资，三年累积完成投资708亿元，其中电网项目517亿元，但全省缺电现象依然十分严重，已由过去的季节性、时段性缺电转变成全年性、全天性缺电，加之全省以燃煤发电为主，电煤告急加剧了电力供应的紧张局面。同时，随着装机容量和用电量的不断增加，调峰难度也随之加大，特别是用电结构发生的变化，使居民用电、第三产业用电及非工业用电大幅度增加，造成电网峰谷差呈逐渐加大的趋势，季节调峰和分时调峰问题日益突出。2003年全省最大峰谷差已超过770万千瓦，随着连云港核电站投产发电，山西、三峡等西电东输工程完工并投产送电，这些还将使江苏电网峰谷差矛盾进一步扩大。因此，电力供应紧张与电网峰谷差的问题，是江苏电力供应的当前问题，又是一个长期问题。

对石油进口的依存度较高。2003年，全省原油加工量与成品油的消费量均以16%以上的速度在增长，而原油加工量的94%来源于省外与国外，其中全省进口原油781.6万吨，比上年增长56.7%，对进口的依存度为46%，远高于全国的对外依存度。由于对石油进口的依赖程度加大，国际油价涨跌对国民经济的影响越来越大，将导致石油化工、精细化工、专用及家用化学品制造业等原油加工行业的生产成本大幅增加。

煤炭、石油的大量燃烧使生态环境负载加重。江苏煤炭消费中95%以上是原煤，由于大量直接或间接的燃烧使用，大气环境一直属于煤烟型污染，总悬浮颗粒物或可吸入颗粒物成为影响城市空气质量的首要污染物，2003年全省原煤消费量比上年增加1140.6万吨，全年排放烟尘38.8万吨，二氧化硫排放量124万吨，都比上年有所增长，全省酸雨发生率为30.5%。此外，石化企业排放的废气和机动车尾气对人体的危害正日益加深，燃油污染不断增长，煤消费与汽车尾气排放成为环境污染的主要来源，经济发展与环境之间矛盾问题越来越突出。

3. 江苏能源发展战略

（1）调整产业结构，适当控制高耗能行业的发展。调整产业结构计划分三个层次进行。第一层次，调整产业结构，大力发展第三产业，提高三产在GDP中的比重，压缩和减少二产的比重。第二层次，调整制造业的构成，制造业中电子、化工、纺织、机械、冶金、建材和电力热力供应业等是江苏省经济发展的支柱性行业，对全省工业增长贡献突出，这些行业同时也是耗能大户，其耗能总量约占全省能源消费总量的80%以上，必须适当控制这些高耗能行业的发展。第三层次，限制低附加值产品的生产，加速产品的更新换代，调整产品结构与企业生产工艺。化工、冶金、建材等行业是调整产品结构、推进产品更新换代、推行清洁生产的重点行业。

（2）降低煤炭在能源消费中的比重。江苏20世纪90年代初开始，已将能源品种结构调整列入议事日程，先后投资或参与了一些区外来电项目的建设，使煤炭在能源消费构成中的比重有所下降。目前煤炭在能源消费构成中的比重仍然高于全国5—6个百分点。煤炭与其他能源相比，虽然在价格上有一定优势，但从某种意义上讲，大量使用煤炭是以牺牲环境为代价的。必须采取强有力的措施，把煤炭在能源消费构成中的比重降下来，争取2005年降至70%以下，2010年降至65%以下，2015年降至60%以下，2020年降至55%以下。

（3）发展天然气、核能和可再生能源发电，优化电力电源结构。江苏电力装机总容量中97%以上是燃煤机组，优化电力电源结构是亟待解决的问题。根据江苏省电力发展规划，计划发展天然气、核能和可再生能源发电，争取2010年，燃煤机组在全省装机总容量中的比重降至85%左右，2020年燃煤机组在全省电力装机总容量中的比重下降至80%以下。

（4）调整电力布局。江苏社会经济发展存在着严重的地区不平衡。苏南发展速度快，苏北相对落后。煤炭、电力消费也和经济发展一样，存在着严重的地区的不平衡。苏南及长江沿岸八个市是酸雨发生频率较高的地区，是国家划定的酸雨控制区，也是控制煤炭消费量的重点地区。长江沿岸电厂密布，沿江可供建设燃煤电厂的厂址已十分有限。新建燃煤电厂应适当在沿海和苏北地区选点。在沿海建设燃煤电厂其煤炭供应可依靠海轮运输，燃煤对大气环境的污染，一半左右被海洋扩散吸收，对陆地的影响相对减少。在苏北和沿海地区建设电厂需要统筹规划电力输配设施建设，加快过江输送通道建设，增加过江输变电能力，为实施北电南送创造条件。鼓励地方和企业在西气东输主管道沿线建设以天然气为燃料的燃气—蒸汽联合循环发电厂。

（5）大力推进开源节流。对煤炭、石油、天然气、区外来电、核电、可再生能源等实施全面的“开源”。江苏人均消耗能源约为发达国家的1/5，人均用电量未达到世界平均水平的1/2，技术水平、管理水平和产业结构与先进国家相比差距较大，节能降耗潜力巨大。

浙江省能源

1. 浙江能源资源

浙江全省境内已探明的原煤储量约1亿吨，不到全国探明储量的0.01%。全省陆域迄今为止未发现有开采价值的油气资源。与邻近省、市资源共享的东海油气资源2000年底探明储量为474亿立方米。全省经济可开发水力发电资源约661万千瓦，其中水电资源为238万千瓦，小水电资源为423万千瓦。至2003年底，水力发电资源共已开发417万千瓦，其中小水电为230万千瓦。全省水力资源开发比例已达65%左右，水电的开发难度和成本越来越高。全省陆地可开发风能资源约100万千瓦，海上可开发风能资源预计为陆地的多倍。全省生物质能资源可开发总量约为863.4万吨标准煤。浙江太阳能资源属全国资源区域四类地区，年均日照时数为2000小时左右，年均辐射总量为418—485千焦耳/平方厘米。

2. 浙江能源生产与供应

2003年，全省一次能源生产总量为370万吨标准煤，其中原煤产量69.39万吨，水电、核电年发电量260亿千瓦时（包括浙江境内由华东电网直接调度水电站和秦山核电的全部发电量），火力发电量为757.98亿千瓦时，加工原油1421万吨。2003年，全省小水电发电量40亿千瓦时，风力发电总装机容量3.3万千瓦，发电量4471万千瓦时。至2003年底，全省已建成大中型沼气工程221处，年产沼气590.6万立方米，农村推广户用沼气池8.57万户，年产沼气1773万立方米，沼气产量相当于可替代商品能源1.85万吨标准煤；全省已建成秸秆气化集中工程7处，全年农村利用秸秆302万吨，相当于可替代商品能源130万吨标准煤，利用薪柴415万吨，相当于可替代商品能源237万吨标准煤；全省累计推广太阳能热水器122万平方米，年可替代商品能源22万吨标准煤；已开发建设潮汐电站2座，总装机3450千瓦，其中位于乐清湾的江厦潮汐试验电站是我国建成的最大潮汐电站，总装机量3200千瓦，年发电量600万千瓦时。

2003年，全年从省外净调入能源总量7161万吨标准煤，比上年增长12.2%，其中净调入煤炭6575万吨，比上年增长8.2%；统调口径调入电量283.15亿千瓦时，比上年增长51.2%；石油全部依靠外部调入，共调入原油1438万吨，比上年增长18.9%。

由于经济的持续快速增长，对能源尤其电力的需求迅速增长。2001—2003年全社会用电负荷增长710万千瓦，而6000千瓦及以上装机容量仅新增290.7万千瓦。2002年下半年缺电局面开始出现，2003年矛盾日益突出，全省出现严重的持续性缺电局面。

2003年底，全省电力装机容量1895.6万千瓦（不包括新安江、富春江水电站、天荒坪抽水蓄能电站、秦山核电站二、三期486.57万千瓦），其中6000千瓦及以上电厂装机容量1461.4万千瓦。在6000千瓦及以上电厂装机中，水电占13.6%，火电占84.3%，核电占2.1%。全年全省发电量912.8亿千瓦时（不包括新安江、富春江水电站、天荒坪抽水蓄能电站、秦山核电站二、三期486.57万千瓦），其中6000千瓦及以上电厂发电量878.9亿千瓦时。在6000千瓦及以上电厂发电量中，水电占3.7%，火电占93.6%，核电占2.7%。全年统调口径向省外购电283.15亿千瓦时，占统调用电量的28.5%，比2002年增长51.2%，全年统调口径最大购电负荷576.8万千瓦，比2002年增长42.8%，占统调最高负荷的36.8%。2003年在统调12.5万千瓦及以上燃煤机组平均设备利用小时达7131小时，并采取错峰和有序用电等一系列措施的情况下，全省各市仍出现严重的拉限电。全年累计拉电量34.09亿千瓦时，累计拉限电35.85万条次。

电力需求的迅速增长，带动了煤炭、油品需

求的大幅增长和能源运输的紧张。2003年，全省煤炭供应全面紧张，特别是电煤供应尤为紧张，煤炭价格居高不下。2003年电厂电煤库存量有很长时间在警戒线以下，部分电厂多次发生因缺煤而降出力运行的情况，用电高峰期间局部地区出现了线路"卡脖子"和主变超载现象。全年全省净调入煤炭6575万吨，比上年增长8.2%。煤炭通过铁路和水路调入，其中铁路约占43%，水路占57%。煤炭运力显出不足，主要是港口、码头煤炭接卸能力不足和铁路运力制约。全年全省消费成品油843万吨，比上年增长13.4%，其中60%从省外调入，40%由省内炼油厂供应。受铁路运力的制约，依靠铁路运输为主的内陆地区油品供应相对紧张。

3. 浙江能源消费

2003年，全省能源消费总量按当量热值计算达7618万吨标准煤，比上年增长13.7%。增幅为"九五"以来新高，比"九五"5.8%的年均增幅高出7.9个百分点，比1996—2003年平均增幅高6.9个百分点。消费煤炭(原煤和洗精煤)6626万吨、电力1240亿千瓦时、石油制品1395万吨；煤、电、油三大常规能源消费增幅与上年比分别增长10.2%、22%、14.7%。其中消费汽油262万吨、柴油570万吨，分别比上年增长13.4%和13.5%。

2003年，全省用电最高负荷1870万千瓦，比2002年增长20.6%，用电量1240.4亿千瓦时，比2002年增长22.0%。统调最高负荷1568.6万千瓦，用电量991.4亿千瓦时，分别占全省的83.9%和79.8%。

2003年，全省国民经济能耗强度为0.81吨标准煤/万元，电耗强度为1320千瓦时/万元，按GDP可比价格计算，能耗强度比上年下降0.6%，电耗强度比上年上升6.7%。全省每千克标准煤产出GDP12.3元，每千瓦时耗电产出GDP7.6元。

2003年，全省能源消费弹性系数为0.95，煤炭、电力、石油制品消费弹性系数分别为0.71、1.53、1.02，能源消费总量、电力、煤炭消费弹性系数均创"九五"以来新高。2001—2003年全省年均能源消费弹性系数为0.86，煤炭、电力、石油制品消费弹性系数分别为0.77、1.5、1.2。

2003年，全省人均GDP为20147元，比上年增长13.6%，全省人均年能源消费1.63吨标准煤，比"九五"末提高23%。人均年用电2659千瓦时，比"九五"末提高近一倍。

2003年，全省一次能源结构仍以煤炭为主，但比重比上年有所下降。其中，煤炭占63.9%，石油占28.9%，电力占6.6%。终端能源消费结构优化趋向越来越明显，煤炭终端消费比重明显下降。其中，煤炭、电力、石油比重分别为30.4%、26.3%和30.9%(见表14-10)。2003年煤炭终端消费量为2336万吨，占煤炭总消费量的35.3%。

表14-10

浙江省能源结构变动情况

单位:%

类别 \ 年份		1995	2000	2003
一次能源结构	煤炭	70.2	65.0	63.9
	石油	23.2	29.8	28.9
	电力	3.9	3.4	6.6
终端能源结构	煤炭	52.2	36.0	30.4
	石油	25.5	33.1	30.9
	电力	14.9	22.0	26.3

2003年，在全社会能源消费总量中，第一产业占3.9%，比上年下降1.3%；第二产业占77.8%，比上年增长14.6%，其中工业5889万吨，占77.3%，比上年增长14.5%；第三产业占12.5%，比上年增长15%；生活消费占5.7%，比上年增长11.2%。2003年电力消费中，第一产业占1.5%，与上年基本持平；第二产业占78%，比上年增长22%，工业占76%，比上年增长22%；第三产业占8.6%，比上年增长27.6%；生活用电占12.3%，比上年增长22.6%。

4. 浙江能源建设

根据《浙江省"十五"能源发展专项规划》并针对2003年全省由季节性、时段性缺电转为持续性的缺电，电力供应不足严重影响全省经济社会的发展的现实情况，省委、省政府做出重大部署，明确了电力建设为浙江能源发展的重点，提出了2003—2007五年间，电力建设要实现"三个1000万千瓦，一个500亿工程"的目标。

（1）电源建设。2001—2003 年，浙江新增 6000 千瓦及以上装机容量 290.7 万千瓦（包括华东三省一市合资建设由华东电网有限公司直接调度的秦山核电二、三期浙江分得的容量 110.5 万千瓦），其中，2003 年建成投产长兴电厂 1 台 30 万千瓦火电机组和华东电网直接调度的秦山核电三期 2 号机组 70 万千瓦，浙江分得 39.5 万千瓦，共新增 69.5 万千瓦。2003 年新开工大、中型电源项目共有 6 项，总装机容量 477 万千瓦，当年全省电力装机容量 1895.6 万千瓦（不包括新安江、富春江水电站、天荒坪抽水蓄能电站、秦山核电站二、三期 486.57 万千瓦），其中 6000 千瓦及以上电厂装机容量 1461.4 万千瓦。

（2）电网建设。2001—2003 年，浙江电网新增 500 千伏线路 16 条、1054 千米，建成投产 4 座 500 千伏变电所，扩建 3 座 500 千伏变电所，并对杭州瓶窑变进行了增容，共新增变电容量 575 万千伏安；新增 220 千伏线路 1602 千米，新建 220 千伏变电所 32 座，扩建 35 座，新增主变 67 台，容量 1068 万千伏安。基本完成了农网建设和改造任务，实际完成投资 146.66 亿元，全省 3.89 万个行政村的农村电网得到改造，占全省行政村的 93.9%。2003 年，建成双龙—福建联网线 100 万千伏安 183 千米，扩建天一变 1 台 75 万千伏安主变，杭州瓶窑变 1 号主变增容 25 万千伏安。2003 年底，浙江电网 500 千伏输电线路 28 条，长度 2282 千米，500 千伏变电所 7 座，主变 14 组，容量 1075 万千伏安。500 千伏葛沪直流在浙江境内的线路长度 142 千米。220 千伏输电线路 243 条，长度 7368 千米，220 千伏变电所 95 座，主变 177 台，容量 2572 万千伏安。2 座 220 千伏用户变，主变 4 台，容量 28.95 万千伏安。

（3）天然气设施建设。2003 年，西气东输配套工程杭州—湖州省级天然气输气管线建成通气，全线全长 81.5 千米，年输气量 20 亿立方米。杭州、湖州城市天然气管网配套工程同步建成通气，实现天然气利用零的突破。

安徽省能源

1. 安徽能源资源

安徽省境内煤炭资源蕴藏丰富，预测储量约占华东地区 50%，保有储量居华东地区之首；电力供应已和上海市、浙江省建立长期输电战略合作关系，皖电东送格局初步形成。

（1）煤炭资源。境内含煤面积 1.8 万平方千米，分布在 12 个市 44 个县（区），约占全省面积的 12.9%，集中蕴藏于淮北、淮南、沿江江南三大煤田。截至 2003 年底，据第三次全国煤田预测统计，全省境内地下 2000 米以上的煤炭资源总量约 895.44 亿吨；其中探明的保有储量为 280.87 亿吨，淮北、淮南两大煤田 279.06 亿吨，占全省保有储量 99.36%。在保有储量中，气煤、1/3 焦煤、焦煤等炼焦煤种 218.10 亿吨，占 77.65%；非炼焦煤种 62.77 亿吨，占 22.35%，煤质优良，低磷低硫高热质，是环保的优质工业动力用煤。

（2）电力。截至 2003 年底，全省境内社会装机容量 983.9 万千瓦（其中火电 919 万千瓦，占 93.4%；水电 64.9 万千瓦，占 6.6%）。单机装机容量 30 万千瓦及以上的机组 14 台，占总装机容量的 54.9%；矸石煤泥电厂 9 处，装机容量 1932 千瓦。全省 500 千伏变电站 3 座，总变电容量 360 万千伏安；500 千伏线路 9 条（其中省际联络线 3 条），总长 950 千米；220 千伏电网的变电站 63 座，变压器 100 台，总变电容量 1200 万千伏安；线路 137 条，总长 5480 千米。已形成了贯穿南北，覆盖全省的输电网络。

（3）煤层气。主要分布在淮北、淮南煤田。据初步预测，蕴藏煤层气面积约有 7191 平方千米，其中淮北煤田 4190 平方千米，淮南煤田 3000 平方千米。预测煤层气含量 9087 亿立方米，其中淮北煤田 3159 亿立方米，淮南煤田 5928 亿立方米。在深度小于 1500 米以内的煤层气含量 6319 亿立方米，其中淮北煤田 2081 亿立方米，淮南煤田 4238 亿立方米；深度在 1500—2000 米内的煤层气含量 2768 亿立方米，其中淮北煤田 1078 亿立方米，淮南煤田 1690 亿立方米。沿江江南煤田也含有少量煤层气。

（4）石油。目前境内探明的油田仅滁州市天长县内王龙庄和安乐两个油田，面积约 10.9 平方千米，储量约 1051 万吨。

2. 安徽能源开发与建设

由于境内煤炭和电力资源丰富，地理位置优越，又具备加快开发和建设的基础及条件，省政府在“十五”、“十一五”计划和 2015 年规划中，都把能源工业作为发展国民经济八大重点产业基地的支柱产业，采取有效措施，加快煤炭开发和皖电东送工程建设。

（1）煤炭。截至2003年底，全省有生产煤矿314处，其中国家重点煤矿26处，省属重点煤矿11处，市、县地方国有煤矿13处，小煤矿264处。核定生产能力7696万吨/年，其中国家重点煤矿5020万吨/年，省属重点煤矿1710万吨/年，市、县地方国有煤矿126万吨/年，小煤矿840万吨/年；在建煤矿10处，设计能力3710万吨/年。

煤炭产量逐年增长，2001年，生产原煤5401万吨，同比增长12.9％；2002年生产原煤6472万吨，同比增长19.8％；2003年生产原煤7100万吨，同比增长9.7％，居全国省区第九位。2003年，国家重点煤矿生产原煤4849万吨，占总量68.3％，同比增长11.2％；省属重点煤矿生产原煤1760万吨，占总量24.8％，同比增长12.9％；市、县地方国有煤矿生产原煤82万吨，占总量1.15％，同比减少10.3％；小煤矿生产原煤406万吨，占总量5.7％，同比减少12.09％。

（2）电力。“九五”期间，由于省内电力需求增长缓慢，电力供需状况由过去的供不应求逐步转化为供大于求。“十五”以来，由于在满足省内用电的基础上，积极拓展了省外电力市场，在华东区域内已初步形成皖电东送格局，电力建设有了发展，全社会装机容量不断增长。2001年，装机容量为956.1万千瓦，比上年增长9.6％；2002年增加到970.54万千瓦，增长1.5％；2003年增加到983.9万千瓦，增长1.4％。全社会发电量逐年增加，2001年为413.92亿千瓦时，比上年增长13.4％；2002年增加到465.66亿千瓦时，比上年增长12.5％；2003年增加到557.18亿千瓦时，比上年增长19.7％，其中火电545.67亿千瓦时，比上年增长19.9％，水电11.51亿千瓦时，比上年增长8.7％。全省统调装机容量2001年为904.2万千瓦，比上年增长10.1％；2002年增加到911.23万千瓦，比上年增长0.8％；2003年增加到913.73万千瓦，比上年增长0.3％。全省统调发电量2001年为391.8亿千瓦时，比上年增长13.66％；2002年增加到443.04亿千瓦时，比上年增长13.08％；2003年增加到524.36亿千瓦时，比上年增长18.35％。

2003年全省在建电源项目合计装机容量350万千瓦，其中火电290万千瓦，抽水蓄能电站60万千瓦。

（3）煤层气。2003年，全省煤层气的利用主要在民用方面，煤层气发电刚刚起步。建成储气罐1.18万立方米，铺设输气管路13.5万米，利用煤层气1000立方米。

（4）石油。截至2003年底，共有采油井105口，开井90口，年产油6.22吨，累计出油92.42万吨。

3. 安徽能源消费

全省能源消费随国民经济发展的需求逐年增长，结构不断变化。2001年，全省能源消费总量5215.1万吨标准煤，2002年增加到5443.3万吨标准煤，增长4.4％，2003年增加到6066.7万吨标准煤，增长11.5％。

（1）消费结构。全省煤炭消费，2001年为6292.1万吨，2002年增加到6611.9万吨，增长6.1％，2003年增加到7407.5万吨，增长12.0％。全省原油消费，2001年为288.3万吨，2002年增加到308.0万吨，增长6.9％，2003年增加到334.9万吨，增长8.7％。全省汽油消费，2001年为70.4万吨，2002年增加到73.9万吨，增长5.0％，2003年增加到76.7万吨，增长3.8％。全省煤油消费，2001年为2.7万吨，2002年维持2.7万吨，2003年增加到7.53万吨，增长1.79倍。全省柴油消费2001年为147.8万吨，2002年增加到155.9万吨，增长5.4％，2003年增加到173.7万吨，增长11.4％。全省燃料油消费，2001年为47.3万吨，2002年增加到47.52万吨，增长0.6％，2003年增加到53.8万吨，增长13.3％。全省电力消费，2001年为359.6亿千瓦时，2002年增加到389.9亿千瓦时，增长8.4％，2003年增加到445.4亿千瓦时，增长14.2％。全省生活用能源消费，2001年为415.5万吨标准煤，2002年增加到457.0万吨，增长10.1％，2003年增加到497.6万吨，增长8.9％；全省生活用能源人均年消费，2001年为64.9千克标准煤，2002年增加到71.40千克，增长10.0％，2003年增加到77.75千克，增长8.9％。

（2）主要耗能产业。第二产业用电占全省总量的70％以上，城乡居民能源消费占全省总量的15％左右。2001年，第一产业消费16.0亿千瓦时，占全省能源消费的4.4%；第二产业消费256.3亿千瓦时，占全省能源消费的71.3%；第三产业消费30.3亿千瓦时，占全省能源消费的8.4%；城乡居民消费57.0亿千瓦时，占全省能源消费的15.9%。2002年，第一产业消费14.4亿千瓦时，占全省能源消费的3.7%；第二产业消费284.2亿千瓦时，占全省能源消费的72.9%；第三产业消费32.5亿千瓦时，占全省能源消费的8.3%；城乡居民消费58.9亿千瓦时，占全省能源消费的15.1%。2003年，第一产业消费13.75亿千瓦时，占全省能源消费的3.1%；第二产业消费332.1亿千瓦时，占全省能源消费的74.6%；第三产业消费36.6亿千瓦时，占全省能源消费的8.2%；城乡居民消费63亿千瓦时，占全省能源消费的14.1%。在第二产业中，主要耗能行业主要是电力、冶金、建材、化工，用煤占全省70%以上。

江西省能源

1. 江西能源资源

江西省能源资源相对缺乏，一次能源资源主要是煤炭资源和水资源等常规能源，石油、天然气等其他能源尚在探测之中。风力资源有限，太阳能相对欠充足。此外，有丰富的铀矿资源，核能发展潜力很大。

煤炭资源是江西省的主要能源之一，是中国江南诸省最早开发的重要的产煤区之一。截至2003年底，全省累计探明储量17.8亿吨，保有储量13.56亿吨，可采储量4.05亿吨，主要分布在萍乡、宜春、高安、丰城及乐平、景德镇等地区，约占总探明储量的85%；次为上饶、安福、莲花及赣南地区，约占14.3%；九江、抚州地区分布最少，仅占0.7%。近年来全省能源消耗构成中煤炭占73%左右。预测2010年前全省能源消费量中煤炭仍将占68%以上。在今后较长的时期里煤炭仍将是江西省的基本能源。

江西境内水力资源丰富。全省各水系水能理论蕴藏量682.03万千瓦，装机500千瓦及以上技术可开发量的水电站976座，总装机容量5770.1万千瓦，其中经济可开发电站807座，装机容量463.73万千瓦。目前全省已开发或正开发的装机规模500千瓦及以上的水电站482座，总装机容量230.74万千瓦，年发电量70.22亿千瓦时，占可开发水力资源的40%。

江西是全国铀矿大省，也是全国的产铀大省。全省共拥有6条成矿带和6个铀矿田，已探明铀矿床95个，铀矿储量占全国1/3。

江西省地处环太平洋亚热带东南地区的西北缘，是中国温泉分布较多的省份之一。据统计，省内有地热温泉100多处，地下热水流量合计为5.80万立方米/日，地热温泉的天然放热量约为2亿万焦耳/年，折合标准煤为6.82万吨。但由于温泉水温不高，发电效益不大，主要用于疗养和旅游业及温室育秧、种养和养鱼越冬等。

江西省风能最佳区主要集中在鄱阳湖北部湖区，根据计算，鄱阳湖沿岸陆地风能最保守量为125万千瓦。此外，全省年太阳总辐射量为3976.5兆—4827.3兆焦耳/平方米，在全国太阳能资源利用区划中属太阳能可利用区。

2. 江西能源生产

2001—2003年，江西一次能源产量分别为1122.7万吨标准煤、1052.17万吨标准煤、1022.44万吨标准煤，其中原煤产量分别为1517.45万吨、1375.04万吨、1451.66万吨，发电量分别为216.16亿千瓦时、247.99亿千瓦时、320.94亿千瓦时，石油、天然气产量为零。能源外省调入量分别为1130.81万吨标准煤、1602.88万吨标准煤、2133.51万吨标准煤，其中原煤外省调入量分别为658.77万吨标准煤、1315.82万吨标准煤、1888.89万吨标准煤，石油外省调入量分别为402.79万吨、98.88万吨、141.94万吨，电力外省调入量分别为6.22亿千瓦时、3.71亿千瓦时、0.15亿千瓦时。

全省国有煤矿因资金贫乏，采掘关系失调，安全欠账严重，安全与生产的矛盾，安全与投入的矛盾，安全与效益的矛盾日愈加剧，矿井事故隐患多，抗灾能力低，安全形势很不稳定。各类小煤矿在安全意识、安全装备、技术与管理等方面都十分落后，甚至不具备基本安全条件，各类事故频繁发生，造成人员伤亡损失严重。省乡镇煤矿虽历经几年关井压产和停产整顿工作，关闭了约85%的矿点，但由于资源利用缺乏规划，生产建设缺乏技术，企业管理缺乏人才，生产布局仍然不尽合理，单井规模偏小、生产方式落后、技术装备简陋、从业人员素质低下、安全隐患严重等问题依然存在，治理整顿、规划协调任务仍然艰巨。2003 年全省煤矿共发生死亡事故 111 起，死亡人数同比上升 29.78%。

3. 江西能源消费

2001—2003 年，全省一次能源消费量分别为 2329.18 万吨标准煤、2599.11 万吨标准煤、3035.20 万吨标准煤，其中原煤消费量分别为 2584.96 万吨标准煤、2556.6 万吨标准煤、3088.6 万吨标准煤，电力消费量分别为 222.29 亿千瓦时、246.56 亿千瓦时、299.53 亿千瓦时，石油消费量分别为 273.32 万吨、387.22 万吨、471.42 万吨，天然气消费量为零；能源本省调出量分别为 234.56 万吨标准煤、285.64 万吨标准煤、213.36 万吨标准煤，其中原煤本省调出量为 87.11 万吨标准煤、108.19 万吨标准煤、80 万吨标准煤，电力调出量分别为 0.09 亿千瓦时、5.14 亿千瓦时、21.56 亿千瓦时。

全省人均生活用能平稳增长，但用能结构发生重大变化。2003 年全省人均生活用能总量为 94.68 千克标准煤，比 2000 年增加 21.61 千克标准煤，年均增长 9.02%。居民生活用能结构中优质能源的比重不断提高，2003 年人均居民生活用电 100.18 千瓦时，比 2000 年增加 44.07 千瓦时，年均增长 21.3%；液化石油气人均用量 11.92 千克，比 2000 年增加 6.99 千克，年均增长 34.2%；煤炭消费量人均 73.85 千克，比 2000 年增加 31.3 千克，年均增长 20.2%。“十五”前三年，全省能源消费结构发生的变化主要表现在：优质能源消费增长速度明显快于煤炭消费量增长速度；大力推广新能源和环保可再生能源；在农村大力推广沼气、秸秆气化和生物质能源利用新技术。

4. 江西能源建设

江西能源工业“十五”发展的指导方针是：稳定能源生产、保证能源供应，优化能源结构、提高能源利用效率，保护生态环境、加快能源发展。

（1）电源建设。“十五”期间计划续建井冈山电厂 2 号 30 万千瓦火电机组、九江电厂三期 2 台 35 万千瓦火电机组、柘林电厂 2 台 12 万千瓦水电机组、新建抱子石电厂 2 台 2 万千瓦调峰机组、地方小水电新建装机 5 万千瓦、万安水电站 1 台 11.3 万千瓦、分宜电厂 1 台 10 万千瓦循环流化床机组、景德镇电厂 1 台 15 万千瓦循环流化床机组。黄金埠电厂 2 台 60 万千瓦机组已批准立项。

（2）电网建设。加快建设 500 千伏骨干电网，2003 年建设南昌—乐万 50 万千伏线路，2005 年建设乐万 500 千伏变电站，2005 年配合湖北咸宁 500 千伏变投运，建设咸宁至南昌第二回 500 千伏线路。进一步完善全省 220 千伏输电网，新建扩建 220 千伏变电所 14 座，新建 500 千伏线路 905 千米。基本完成城乡配电网球建设。

（3）煤炭建设。续建曲江立井，设计能力 90 万吨/年，选择合适区域新建 2—3 处年产 10 万吨以上能力的小型矿井。建设设计能力为 150 万吨/年的江西配煤中心，设计能力为 20 万吨/年的英岗岭固硫型煤厂、设计能力为 45 万吨/年的上饶煤炭筛选厂和设计能力为 30 万吨/年的煤炭筛选厂。

（4）新能源及农村能源。全省农村能源建设以沼气为主线，以“猪—沼—果”等生态农业模式推广为重点，坚持农村能源建设与农业结构调整，发展效益农业和生态农业相结合；与推进农村城镇化，加快发展小城镇相结合；与改善农村生态环境，提高农民生活质量相结合，形成了具有江西特色的农村能源发展模式。截至 2003 年底，全省户用沼气池保有量 91.26 万户，总容积 547.55 万立方米，年产沼气 3.07 亿立方米，折合标准煤为 22.02 万吨。兴建城镇生活污水沼气净化池 1223 处，总容积 2.56 万立方米，年可处理生活污水 433 万吨；兴建大中型沼气池 139 处，总容积 2.78 万立方米，年可处理有机废水 110 万吨，年产沼气 183 万立方米。

5. 江西能源环保

江西省现有统调火电厂 9 座，装机总容量为 473.5 万千瓦，2002 年发电量为 170.6 亿千瓦时，发电耗用原煤量为 973 万吨；共有锅炉 25 台，主要以固态排渣煤粉炉为主，单台最大蒸吨为 1025 吨/时，最小蒸吨为 220 吨/时，锅炉除尘方式以静电除尘和水膜除尘为主。为了实现江西省酸雨控制区二氧化硫排放量削减 20% 的目标，江西省发电计划在 2005 年前完成的二氧化硫治理项目有：南昌发电厂脱硫工程；九江发电厂 35 万千瓦和 12.5 万千瓦机组烟气脱硫工程；贵溪电厂 2 号

12.5万千瓦机组简易湿法脱硫工程。上述项目实施后，每年可减少二氧化硫排放量1.75万吨。占目前统调火电厂二氧化硫排放总量的12.68%，占酸雨控制区内二氧化硫排放总量的18.76%。

山东省能源

1. 山东能源资源

（1）煤炭资源。山东省煤炭资源比较丰富，地下2000米以浅储量约700亿吨，全省含煤面积约1.65万平方千米，占全省国土面积的11.5%。除青岛、威海、日照、东营、滨州五个市外，其他12个市均有煤炭赋存，其中济宁、枣庄、菏泽和黄河北四个地区的储量约占全省储量的70%。山东煤炭品种齐全，以气煤、肥煤为主，煤质优良，气煤结焦性好，灰分、硫分低；肥煤黏结性强，融熔性好，煤的可选性属易选。截至2003年底，山东省累计探明煤炭储量311亿吨，剩余探明储量223亿吨，其中已被生产建设矿井占用174亿吨，占探明储量的78%，待利用49亿吨，占探明储量的22%。剩余探明储量中可采储量88亿吨，其中已被生产建设矿井占用63亿吨，占可采储量的75%，可待利用11亿吨，占可采储量的25%。

（2）石油、天然气资源。山东省油气比较丰富，拥有全国第二大油田——胜利油田。根据勘探，全省境内可供找油、找气的沉积盆地有济阳、昌潍、胶莱、临清、鲁西南等5个坳陷和无棣、沾化、东营等海滩及浅海，总面积约6.5万平方千米。胜利油田隶属于中国石油化工集团公司，是一个以油气生产为主，集勘探、开发、施工作业、后勤辅助生产和多种经营、社会化服务为一体，专业门类齐全的国有特大型企业。2000年5月其油气勘探开发主体部分重组改制为中国石化胜利油田有限公司，存续部分为胜利石油管理局。截至2003年底，全省共完成二维地震测线23万千米、三维地震资料面积近2.17万平方千米，在济阳坳陷的三维地震覆盖面已达64%。累计探明石油地质储量44.13亿吨，探明天然气地质储量382.39亿立方米。从1983年开始，已连续18年新增探明石油地质储量保持在1亿吨左右。经过近40年的开发建设，陆续发现了69个油田，原油最高年产量达3355.19万吨，到2003年累计生产原油7.99亿吨。

（3）其他能源资源。山东省水电资源极少，全省理论水电蕴藏量仅有44万千瓦，可供开发利用的有21.39万千瓦，年发电量约4.21亿千瓦时；其中可供装机500千瓦以上机组的水电站90处，装机容量10.82万千瓦，年发电量约2.36亿千瓦时。截至2003年底，全省水电装机容量5.08万千瓦，年发电量1869万千瓦时。

山东省风力资源丰富，年有效风能总蕴藏量达3100多亿千瓦时，可供开发利用的风能约1.5亿千瓦。根据全省98个气象站近5年的风场资料统计分析，全省年有效风速（3—20米/秒）小时数大多在5800小时以上，占全年总时数的66%以上，相当于每年有241天可用以发电；富风区主要分布在荣成成山头、东楮岛、长岛、威海、莱州刁龙嘴、乳山口、牟平、滨州埕口、东营孤岛等地，有效风能1000千瓦时/平方米以上。截至2003年底，全省风力发电装机容量0.54万千瓦，年发电量903万千瓦时。

山东省太阳能资源在全国属中等水平，全年日照时数在2200—3000小时，太阳总辐射量约120—140千卡/（平方厘米·年）；全省大部分地区全年可利用太阳能约8个月。

山东省海岸线长达3000多千米，海洋能资源比较丰富，但目前海流波浪及海洋温差利用还比较困难，主要是利用潮汐能发电。根据全省14个港湾的调查资料，可利用潮汐发电装机容量达1398万千瓦，年发电量约292亿千瓦时。

山东省是中国的农业大省，全省农业人口6000多万，生物质资源十分丰富。每年秸秆总量约5700万吨，其中秸秆还田及收集损耗850万吨，养殖饲料1600万吨，造纸及其他工业原料250万吨，尚有3000万吨左右可用作能源资源。另外，全省牧畜存栏量居全国首位，禽畜粪便干物质产量每年达2216万吨，其中大部分用于肥料还田。目前由于沼气应用规模较小，多用于居民炊事用气。

（4）二次能源资源。山东电网现为以省域为界的独立纯火电电网，最高电压等级为交流500千伏，已运行最大发电机组66万千瓦。“十五”以来，全省电力工业发展较快，电力供需基本平衡，形成了以30万千瓦和60万千瓦为主力机型，220千伏和500千伏为主网架，发、输、配电网协调发展，超高压、大容量、高参数、高自动化的大型电网。截至2003年底，全省500千瓦及以上电厂发电装机总容量达3054.5万千瓦，其中省网统调机组容量为2317.3万千瓦，30万千瓦、60万千瓦机组主力机型占全省装机总容量的43.8%，百万千瓦以上电厂已达8座；全省拥有500千伏变电所7座，变电总容量650万千伏安，线路总长度1718千米；拥有220千伏变电所136座，总容量达2979万千伏安，线路总长度1.06万千米。

2. 山东能源生产与建设

进入“十五”以来，山东省国民经济发展势头强劲，2003年全省国内生产总值达到12430亿元，较上年增长13.7%，为1996年以来增速最高的年份，其中一、二、三产业分别增长5.6%、17%和11.9%。与此同时，全省能源消费量增加迅猛。2003年全省一次能源的实际消费量为1.50亿吨标准煤，其中原煤占总消费量79.47%，原油占19.80%，电力及其他占0.73%；终端能源消费量9080.72万吨标准煤，其中原煤占总消费量38.59%，油品占20.19%，电力占18.89%，其他占22.33%。

（1）能源工业生产保持较快增长。

煤炭。2003年全省拥有各类生产矿井384处，年核定生产能力1.3亿吨，全年可供消费原煤量1.77亿吨，其中原煤生产量1.47亿吨，同比增长12.7%；年初库存量1023万吨；从省外调入5336万吨，省内调出2330万吨。

石油、天然气。2003年全省可供消费原油量2213.79万吨，其中原油生产量2665.51万吨，年初库存量115.67万吨，从省外及国外进口量881.60万吨，省内调出量1341.66万吨。可供消费的天然气量9.6亿立方米，其中生产天然气8.1亿立方米，从省外调入量1.50亿立方米。

电力。2003年全省完成发电量1395.65亿千瓦时，较上年同比增长12.39%，其中省网统调机组完成发电量1054.67亿千瓦时，同比增长8.61%；地方及企业自备电厂完成发电量340.98亿千瓦时，同比增长25.97%。省网统调最高负荷达1760.1万千瓦，最大峰谷差为682.6万千瓦。

2003年山东省全社会用电量1395.72亿千瓦时，较上年同比增长12.39%，其中：第一产业用电量45.03亿千瓦时，同比负增长12.37%；第二产业用电量1082.28亿千瓦时，同比增长14.24%；第三产业用电量113.82亿千瓦时，同比增长13.63%；居民生活用电量154.59亿千瓦时，同比增长8.06%。

（2）能源工业运行质量稳步提高。2003年，全省煤炭产量创历史最好水平。煤炭生产和销售持续增长，产销基本平衡。商品煤价格保持稳定，原煤单位成本继续下降，企业经济效益增幅较大，煤炭行业经济总量稳定增长；全省电力生产形势良好。

（3）重点项目建设进展顺利。2003年全省能源工业完成投资267亿元，其中煤炭36亿元，石油92亿元，电力139亿元。省重点建设项目聊城新电厂2号机组60万千瓦、莱城电厂4号机组30万千瓦、胜利电厂1台30万千瓦机组等陆续投入运营。全省新增大中型发电装机容量309万千瓦。新增煤炭生产能力210万吨。

福建省能源

1. 福建能源资源

福建省无油、无天然气，是常规能源短缺的省份，但新能源和可再生能源资源比较丰富，开发潜力巨大。2003年本省的能源自给率已降至43%。

（1）常规能源资源短缺。煤炭资源量少，品种单一。全省无烟煤资源累计探明储量13.9亿吨，其中工业储量6.7亿吨，远景储量7.2亿吨。2003年末全省实际保有储量约9亿吨，其中可利用储量约7.2亿吨，以年开采1200万—400万吨计，最多也只可采20—30年。目前在评估中的资源量约1亿吨。全省500千瓦以上的水力资源中，可开发利用的资源为968万千瓦，已开发的资源占70%，尚未开发的还有150万千瓦。

（2）新能源和可再生能源资源丰富。福建省地处台湾海峡狭管地带，大陆海岸线长达3324千米，沿海岛屿面积1324平方千米，全省沿海地区、沿海突出部和海岛风力资源丰富，风力理论蕴藏量约1000万千瓦，年发电量可达250亿千瓦时，居全国第三位，但已开发装机容量仅1.2万千瓦，年发电量2447万千瓦时。全省陆地风电场主要分布于沿海突出部和近海岛屿，靠近经济发达地区，具有良好的开发条件。可供近期开发的风电场有17处，总装机容量为156万千瓦，年发电量约43

亿千瓦时。2003年，全省已建风电场装机容量仅1.2万千瓦，发电量为2447万千瓦时。

福建省是地热资源较为丰富的省份之一。以天然温泉出露点数计，仅次于西藏、云南、四川、广东，位居第五。从已经揭露的最高温度计，则位于西藏、云南、台湾之后居第四位。全省地热已查明温泉出露190余处，80%的温泉点分布在闽清—永定一线以东地带。全省高于30℃的地热点总资源量为44.44艾焦耳，相当于15亿吨标准煤。2003年累计已开采资源量为2.63拍焦耳，相当于90万吨标准煤。目前可供开采利用的资源量为4.44艾焦耳，相当于1.5亿吨标准煤。

福建潮汐能理论蕴藏量约1000万千瓦，年发电量可达280亿千瓦时，居全国第一位，且大多分布在闽江口以北各港湾；福建地处南亚热带、中亚热带气候区，沼气年资源总量约20.4亿立方米，资源丰富的县(市)有35个。太阳能资源属中等水平，年日照1700—2300小时，年辐射总量大部分县(市)介于4000兆—5200兆焦耳/平方米之间，特别是中南部地区及近海岛资源条件较优越。2003年，全省累计推广太阳能热水器12.56万平方米，比2002年新增2.74万平方米。

2. 福建能源生产

2003年福建能源工业稳步发展，煤、电、油、气以及新能源的开发利用等均比上年有不同幅度的增长。2001—2003年，全省矿井生产能力(含3万吨以下)分别为1393万吨/年、1415万吨/年、1442万吨/年。2003年末，全省煤矿总生产能力为1442万吨/年，其中省属矿井23对，生产能力398万吨/年；市、县(区)属煤矿生产矿井33处，生产能力169万吨/年；乡镇个体煤矿406处，生产能力约875万吨/年。全年完成原煤工业总产值20.32亿元，比上年增长11.3%，实现工业增加值11.95亿元，比上年增长11.6%。全年生产原煤1740万吨，比上年增长5.45%，其中省煤炭工业(集团)公司441万吨，比上年增长3.9%；市县乡镇煤矿1299万吨，比上年增长66.75%。

电力生产成绩明显。2001—2003年全省发电量分别为446.06亿千瓦时、532.84亿千瓦时、610.45亿千瓦时，全社会用电量分别为439.98亿千瓦时、497.86亿千瓦时、585.35亿千瓦时，电力消费弹性系数分别为1.06、1.29、1.53。2003年人均消费电量1679千瓦时，比全国2003年平均1479千瓦时多200千瓦时，高出13.5%。由于用电量增长快，加上2003年下半年福建省遭遇严重干旱，水电出力大幅下降，全省缺电18亿千瓦时。2001—2003年全网电力装机容量分别为1261.7万千瓦、1352万千瓦、1386.6万千瓦。2003年全省电网全网总装机容量中，水电装机676.7万千瓦，占48.80%；火电装机708.7万千瓦，占51.11%；风电装机1.2万千瓦，占0.09%。拥有500千伏降压变4座，容量480万千伏安，线路972千米(不含福双线)；220千伏变电站46座，变电容量1170万千伏安，线路4403千米。2003年全省用电最高负荷951万千瓦，同比增长22.6%。全省全年累计发电量610.45亿千瓦时，同比增长14.6%，其中水电188.99亿千瓦时，同比下降15.8%；火电421.46亿千瓦时，同比增长36.6%。省电网日最大发电量为2.23亿千瓦时，同比增长20.72%；发电最高负荷达1058万千瓦，比上年增加212万千瓦，同比增长25.1%。全年累计输送华东的电量为32.8亿千瓦时，向华东、华中电网总共购入电量8.48亿千瓦时。

2003年全省全社会用电量585.35亿千瓦时，比上年同期增长17.9%。省电力公司所属供电企业完成省内售电量441.07亿千瓦时，同比增长21.2%，有力地支撑着福建经济的快速增长。

2003年全省石化工业加工转换消耗原油362.41万吨，生产汽油104万吨，煤油6.1万吨，柴油147.4万吨，燃料油19.27万吨，液化石油气21.87万吨，其他石油制品49.8万吨。据不完全统计，截至2003年底，福建省经贸委批准的成品油批发企业共有72家；在用油库76座，总库容约124万立方米；成品油零售企业(加油站)共2920家，在营业加油站2398座。

2003年福建省累计铺设供气管道1971.59千米，供气用户185万户，供气人口582万人，从业人员4991人。液化石油气储气能力3.59万吨，外购气量32.60万吨，供气总量30.40万吨，用气户数182万户，用气人口573万人，拥有液化石油气汽车加气站3座，从业人数4801人，工业总产值5.11亿元，财务亏损3393万元；人工煤气储气能力1800万立方米，供气总量1257.40万立方米，用气户数2.56万户，用气人口8.94万人，从业人数190人，工业总产值900万元，财务亏损329

万元。

2003 年全省累计开采地热能资源量 2.63 拍焦耳，日开采量合计 2.5 万立方米；农村户用沼气池累计达 23 万户，年产气约 9045 万立方米；城填生活污水净化沼气池工程 2567 处，池容 3.6 万立方米，大中型沼气工程 731 处，池容 21.83 万立方米。2003 年沼气综合利用南方生态模式户数 3.4 万户，面积 1.22 亿平方米。2003 年末，福建省累计推广省柴节煤炉灶 414 万户，其中当年推广 11 万户；推广太阳能热水器累计达 12.6 万平方米，其中当年推广 2.7 万平方米；小型风力发电机当年新增 46 千瓦，年末累计装机容量 500.4 千瓦，年发电量 37.6 万千瓦时；微型水电当年新增 4012 千瓦，年末累计 6496 千瓦；地热利用 156 点，其中用于种植面积 53 公顷，养殖面积 774 公顷。

3. 福建能源供应与消费

2001—2003 年全省商品能源消耗量分别为 3163 万吨标准煤、3490 万吨标准煤、3904 万吨标准煤，年平均增长 9.88%，与同期 GDP 年均增长率 10.3% 相比，能源消费弹性系数为 0.96，比“九五”期间能源消费弹性系数 0.43 高出 0.53，大大超过“十五”计划预测指标。特别是 2003 年能源消费弹性系数陡升至 1 以上，这是多年来所没有的。这说明进入“十五”之后，产业结构有所变化，能源消费大大增加，2003 年人均能源消耗达 1.12 吨标准煤。

2001—2003 年煤炭消费总量分别为 2140 万吨、2646 万吨、3205 万吨，增长速度均在 20% 以上。2003 年全社会原煤消费中，无烟煤消费量 1343 万吨，占 41.89%；烟煤消费量 1862 万吨，占 58.11%。电力用煤 1763.75 万吨，占 55.02%，建材用煤占 14.61%，轻纺用煤占 13.29%，民用煤占 7.17%，其他用煤占 9.91%。

2003 年全社会用电量为 585.35 亿千瓦时，比上年增长 17.89%，电力消费弹性系数为 1.53。2003 年人均消费电量 1679 千瓦时，比全国平均水平高出 13.5%。

根据不完全统计，福建省成品油消费量从 1996 年的 259 万吨增加到 2003 年的 451.96 万吨，年均增长率达 8.28%，油品市场需求旺盛。除机动车耗油外，其余主要被电厂、航运、渔业、运输、工业（包括陶瓷、玻璃、食品、纺织、印染、制鞋）、商业（酒店、餐厅）等行业用作发电、船用内燃机燃油或燃料。2003 年福建省全省成品油消费总量及各行业消费结构见表 14－11。

表 14－11

2003 年福建省成品油消费总量和各行业消费结构

单位：万吨

行业	合计	汽油	煤油	柴油
机动车耗油	228.71	124.76	0.00	103.95
铁路	5.53	0.00	0.00	5.53
农业	30.03	0.00	0.00	30.03
渔业	76.03	0.00	0.00	76.03
水运	9.49	0.00	0.00	9.49
民用航煤	17.53	0.00	17.53	0.00
灯煤＋军煤	5.31	0.00	5.31	0.00
发电用油	14.39	0.93	0.00	13.46
采掘	2.72	0.08	0.00	2.64
建筑	4.98	0.00	0.00	4.98
建材	20.62	0.32	0.00	20.30
其他工业用油	25.32	9.25	0.00	16.07
楼堂馆所	11.30	0.00	0.00	11.30
合计	451.96	135.34	22.84	293.78

据不完全统计，全省农村能源消费总量 2273.63 万吨标准煤，人均 0.87 吨标准煤。其中生活用能 2051.83 万吨标准煤，生产用能 221.80 万吨标准煤。从消费品种分类来看，煤炭 644.09 万吨标准煤，占 28.34 %；电力 94.27 万吨标准煤，占 4.14 %；成品油 48.09 万吨标准煤，占 2.12%；秸秆与薪柴 1477.27 万吨标准煤，占 64.97%。

4. 福建能源投资与建设

2003 年全省完成能源固定资产投资 79 亿元，其中电力 77 亿元，煤炭 2 亿元。煤炭矿井新增生产能力 27 万吨/年，现有省属煤矿主要靠挖潜改造提高资源回采率，新增矿井生产能力主要是县乡镇煤矿。基本建设新增水力发电 25.82 万千瓦，新增火力发电 1.6 万千瓦，110 千伏及以上的输变电线路新增 186.89 千米，新增变电设备能力 81.45 万千伏安。县城电网改造工程全面动工，完成投资 8.5 亿元。地方中小水电完成投资 12 亿元。电力建设投资中利用外资 33.2 亿元人民币。新建人工煤气供气管道 8 千米，新增液化石油气储气能力 680 吨，新增供气管道 162.33 千米。

5. 福建能源供应与储运

2003 年，福建全省能源供应基本平衡。

（1）煤炭。全年全省总调入煤炭 1871 万吨，其中烟煤 1681 万吨、焦炭 90 万吨、无烟煤 100 万吨。总调出煤炭 346 万吨，全部是无烟煤，其中运往浙江 193 万吨，运往广东 153 万吨。全省可供中转煤炭的码头约 20 个，其中 5 万吨级以上泊位仅 2 个，2003 年到货煤炭 1428 万吨。

全年省内自产煤炭全年调运 1470 万吨，比上年增长 10.6%。产销率全年平均达 102%。消费主要去向：销向省内电厂 350 万吨，比上年同期增长 27.3%；化工行业 245 万吨，比上年同期增长 6.5%；建材行业 420 万吨，比上年同期增长 21.5%；出省到广东、浙江等地 346 万吨，比上年翻番。运输以铁路为主，兼有汽车短途运输。

（2）电力。全年全省用电需求持续上升，用电最高负荷达 951 万千瓦，比上年同期净增负荷 175 万千瓦，同比增长 22.6%。全省全社会用电量 585.35 亿千瓦时，比上年同期增加 88.9 亿千瓦时，同比增长 17.9%。2003 年电力供应前松后紧。上半年水电发电量同比增长 46.0%；火电发电量仅同比增长 5.4%。而 6 月份后，全省出现罕见的持续高温天气，水力发电量大幅减少，下半年水电仅完成 58.24 亿千瓦时，同比下降了 56.8%，火电则完成 258.15 亿千瓦时，同比增长 68.1%。由于干旱少雨，全省出现季节性缺电，导致自 1996 年以来首次全网拉闸限电情况。2003 年全省共限电量 17.54 亿千瓦时，平均限荷 250 万千瓦。全年累计输送华东的电量为 32.8 亿千瓦时。向华东、华中电网总共购入电量 8.48 亿千瓦时。

（3）石油及气体燃料。中石化福建石油分公司成品油主要由福建炼化、镇海炼化、九江炼化供应。其中：福炼占总资源的 72%，镇炼占 19%，九炼占 4%，其他炼厂 5%。

第四章

中南地区能源

河南省能源

1. 河南能源资源

河南省能源资源比较丰富，已探明煤炭、石油、天然气资源储量较大。2003 年底，河南地下 2000 米以浅煤炭资源总量预计 1131 亿吨，其中已勘探的煤炭资源保有储量 245.55 亿吨，居全国第十位，占全国煤炭资源保有储量的 2.4%。保有储量中，已占用量 112.09 亿吨，占 49.7%，可供开采量 123.46 亿吨，占 50.3%。中原油田、河南油田已探明石油储量 8.06 亿吨，已开采 1.64 亿吨，尚可开采 7.42 亿吨。天然气储量 607 亿立方米，已开采 242 亿立方米，尚可开采 183 亿立方米。全省水力资源经济可开发量 271.1 万千瓦，已开发 243.8 万千瓦，开发强度较高。

2. 河南能源生产与建设

根据修订的《河南省"十五"能源发展规划》，河南省"十五"期间能源发展的指导思想是：调整结构，开拓市场，效益优先，提高能效，健康发展。发展方针为：以电力为重点，煤炭为基础，因地制宜开发水电资源，稳定石油天然气产量，积极发展新能源和可再生能源，不断提高能源生产和使用效率。总体目标为：到 2005 年全省煤炭产量预计 1.2 亿吨以上，全省发电装机达到 2500 万千瓦，原油生产量 500 万吨，天然气生产量 10 亿立方米。

"十五"前三年，全省能源工业立足满足国民经济社会发展需要，加快发展，优化结构，取得了显著成绩。

（1）煤炭工业发展加快。原煤产量从 2000 年的 7578 万吨增加到 2003 年的 1.1 亿吨，年均增长 17.6%。2003 年全省原煤生产量居全国第四位，创省煤炭产量历史最高水平。"十五"前三年新增煤炭生产能力 750 万吨，年均新增生产能力 250 万吨。新投产的大中型矿井主要有永煤集团城郊矿井 240 万吨/年、平煤集团十三矿 180 万吨/年等，目前在建的大中型矿井主要有平煤集团首山一矿 240 万吨/年、郑煤集团白坪矿井 180 万吨/年等。2003 年全省煤炭行业共完成销售收入 247 亿元，比上年增长 45%，煤炭销售率达到 100%；实现工业增加值 110 亿元，比上年增加 16.9 亿元。

（2）电力工业发展迅速。2000 年全省发电装机1531.7万千瓦，2003年全省发电装机增加到2007.35万千瓦，“十五”前三年新增装机共计476万千瓦，年均递增率为9.43%。“十五”前三年投产的主要电厂有小浪底水电站180万千瓦，许昌龙岗火电厂70万千瓦，信阳华豫火电厂60万千瓦等。2003年在建的重点项目有沁北电厂2台60万千瓦、登封电厂2台30万千瓦、永城电厂2台30万千瓦、鹤壁电厂2台30万千瓦、洛阳热电厂2台30万千瓦，新乡宝泉蓄能电站6台30万千瓦等。全省投产和新建机组以高参数、大容量机组为主，促进了电力工业结构的调整和优化。2003年底，全省单机600千瓦及以上电厂总装机容量为1993.78万千瓦，年发电量1005.95亿千瓦时，人均装机容量0.2千瓦，人均发电量1040千瓦时。

（3）电网建设步伐加快。2003年底，全省拥有500千伏变电所（开关站）7座，主变总容量675万千伏安，电网拥有500千伏线路14回，境内线路总长度1413千米。220千伏电网是河南电网各供电区的主干电网，随着500千伏电网的发展，220千伏电网将逐步由省主干电网发展为地区性输电网。2003年底河南电网拥有220千伏变电所81座，220千伏主变141台，主变总容量1911.6万千伏安。其中企业自备220千伏变电所2座，主变容量52万千伏安。220千伏线路总长度7515千米。

（4）石油、天然气生产稳定。2001—2003年全省原油产量分别为566.57万吨、568.06万吨和547.60万吨，天然气产量分别为17.36亿立方米、19.36亿立方米和20.14亿立方米，基本实现稳定生产。

3. 河南能源供应与消费

（1）能源供应。河南省能源供应以煤炭和电力为主。在一次能源生产中，煤炭的比重一直稳定在95%左右，石油、天然气、水电等其他一次能源生产处于辅助地位。

电力生产在二次能源中居于主导地位。2001—2003年全社会发电量分别为791.05亿千瓦时、909.68亿千瓦时、1025.10亿千瓦时，年均增长12.8%，2003年发电量居全国第六位。河南是以火电为主的省份，火电装机和电力发电量占很大比重。2003年底火电装机1759万千瓦，占总装机容量的88.23%，年发电量970.43亿千瓦时，占总发电量的94.75%；水电装机234.78万千瓦，占总容量的11.77%，年发电量54.67亿千瓦时，占总发电量的5.25%。

全省火电装机中统调电厂装机1249.9万千瓦，2003年发电量670.66亿千瓦时；非统调火电厂装机480.5万千瓦，年发电量251.1亿千瓦时。2003年火电机组年均利用小时数为5807小时，较2002年增加344小时。2003年全省水电装机中统调机组发电量48.58亿千瓦时。因河南省水能资源相对缺乏，水力发电受自然环境影响较大，水电年发电量较少，年均利用小时数仅为2171小时。

全省风能、沼气、秸秆等发电基础比较薄弱，目前正在加强研究，大力推进。同时也正在抓紧研究利用核能发电工作。

（2）能源消费。煤炭消费快速增长。2001—2003年原煤消费量分别为9325万吨、1.03亿吨和1.16亿吨，年均增长11.5%。全省煤炭资源在一次能源消费中以发电、煤化工和居民生活消费等为主，部分资源调出省外。2003年全省煤炭消费的1亿多吨中，燃煤发电消耗原煤5000万吨，煤化工和居民生活等消费5000万吨。据测算，“十五”前三年河南省共调出原煤约1亿吨，主要供应华中和华东地区的湖北、江苏、江西等省。调入原煤约5500万吨，主要来源为山西和陕西等省。“十五”前三年共销售原煤31.30亿吨，铁路运力不足，运输量仅为18.90亿吨。同时煤炭库存逐年下降，2001年、2002年、2003年年底存煤分别为410万吨、290万吨、210万吨，下降趋势明显。

电力消费增长加快。2000年全社会用电量718.52亿千瓦时，2003年全社会用电量1057.1亿千瓦时，“十五”前三年年均增长13.18%。同时，由于电力供应紧张，“十五”以来调入电量较多。2000年调入电量18.7亿千万时，调出电量2.9亿千万时。2003年调入电量35.54亿千万时，调出电量3.5亿千万时，净调入电量32.04亿千瓦时。

2003年全省第一产业用电量75.57亿千瓦时，较上年增长6.74%，占全省用电量的7.25%。第二产业用电量781.62亿千瓦时，同比增长14.94%，净增电量101.57亿千瓦时，占全省用电量中比重高达75.03%。全年工业用电增长较快的行业有冶金建材、机械加工、化工等，其中有色金属冶炼及压延加工用电量154.4亿千瓦时，比上年增长36.9%；黑色金属冶炼及压延加工用电量

54.7 亿千瓦时，比上年增长 19.4%；化学工业用电量 95.7 亿千瓦时，比上年增长 25%；机械工业用电量 25.7 亿千瓦时，比上年增长 18%。第三产业用电量 79.25 亿千瓦时，同比增长 13.2%，占全社会用电量的 7.6%。居民生活用电同比增长 10.56%，占全社会用电量的 10.12%。

“十五”以来，全省电力供需矛盾突出，出现了较为严重的拉闸限电情况。经多方努力，2003 年全省用电紧张局面有所缓解，全年拉闸 3627 条次，同比减少 1.04 万条次，拉限电量 2 亿千瓦时，同比减少 0.39 亿千瓦时。

“十五”以来全省原油、天然气消费稳定。2001—2003 年原油消费量分别为 598.2 万吨、601.64 万吨和 631.77 万吨，天然气消费量分别为 13.11 亿立方米、14.63 亿立方米和 16.77 亿立方米。

湖北省能源

1. 湖北能源资源

湖北省能源资源特点是缺煤、少油、乏气，水电、太阳能和生物质能资源相对丰富。到 1999 年底，全省煤炭探明保有储量 6.82 亿吨，已利用量 4.17 亿吨，未利用储量中可供建井的储量仅 0.545 亿吨。湖北省煤炭资源主要分布在黄石、咸宁、恩施、远安和当阳等地。煤炭资源的特点是：含煤地层多、分布面积广，煤层薄、变化大，煤种齐全，质量差，资源量少。2003 年全省煤炭消耗量在 5600 万吨左右，煤炭自给率仅为 14%。

湖北水能资源丰富，全省水能理论蕴藏量 3591 万千瓦，可开发水能资源约 3300 万千瓦，占全国的 8% 左右，居全国第四位；占华中的 64% 左右。湖北省的水力资源大部分集中在鄂西南和鄂西北地区，主要分布在长江干流和汉江、清江的干支流上。常规水电容量共计 278 万千瓦，预计到 2010 年开发率将达到 90% 以上。

湖北省石油和天然气资源极少，已探明的石油储量约 0.53 亿吨，主要分布在江汉平原；天然气储量为 50 亿立方米，主要分布在鄂西的利川建南地区。石油和天然气资源均由江汉石油管理局负责开采。近年来石油年开采量呈逐年下降趋势，从 20 世纪 80 年代的 100 万吨降到 2003 年的 77.53 万吨。天然气开采量为 1 亿方左右，主要通过管道运输供给恩施州部分县市民用。

湖北省属于内陆弱风区，经过多年的连续观测证明弱风区中存在强风点和大风带。现已探明，恩施州利川市齐跃山、咸宁市通山县九宫山的风力资源丰富，具备建设大型风力发电场的条件，初步测算两个风电场总装机在 80 万千瓦以上。

2. 湖北能源消耗及运输

湖北省工业结构偏重型，冶金、石化、建材是能源消耗大户。能源消费以煤炭为主。按照统计口径，2003 年湖北省全年能源消耗量为 7073.43 万吨标准煤，其中煤炭消耗量为 5600 万吨，86% 从省外调入；原油消耗量为 637 万吨，88% 从省外调入。

2003 年湖北省共计有 4800 万吨煤炭从省外调入，其中铁路运输 3800 万吨，公路运输近 800 万吨，水路运输 200 万吨。煤炭供应地主要是河南、山西和陕西，四川、山东、安徽等地也有少量供应。建立新的煤炭供应基地和提升铁路运输能力，是关乎湖北省未来能源安全供应和经济正常运行的一项重要课题。

3. 湖北能源生产与建设

（1）电力供应。2003 年，全省全社会用电量累计为 629.2 亿千瓦时，比上年同期增长 67.2 亿千瓦时。其中一、二、三产业用电分别为 13.73 亿千瓦时、458.41 亿千瓦时、69.11 亿千瓦时，分别增长 -36.99%、13.42%、13.10%。居民生活用电增幅为 17.42%，其中城镇居民用电 64.01 亿千瓦时，同比增长 19.74%，农村居民生活用电 23.93 亿千瓦时，同比增长 11.64%。全年全省发电量 783.07 亿千瓦时，比上年增加 161.52 亿千瓦时，增长 25.99%，超过年初 692 亿千瓦时的计划，发电量居全国第十位。全省水电厂发电量 387.75 亿千瓦时，比上年增加 109.21 亿千瓦时，增幅 39.21%；全省水电机组平均利用小时 4421 小时，比上年增加 539 小时。全省火电厂发电量 395.32 亿千瓦时，比上年增加 52.31 亿千瓦时，增幅 15.25%；火电机组平均利用小时 4846 小时，比上年增加 641 小时。电力生产企业效益有明显提高。

（2）电源建设。2003年6月，三峡电站提前5天完成135米高程蓄水，2号机组在6月24日成功进行并网发电试验，标志着三峡工程从施工阶段正式进入边施工边发电的新阶段。从7月10日首台机组(2号机组)并网发电开始，到11月22日共有6台机组投产运行，比计划提前3—4个月投产。继2002年一批大型电源点项目开工后，2003年利用世行和日元贷款的6个水电站相继开工。全省在建电力容量近400万千瓦，在建项目进展总体情况良好。蒲圻两台机组在2004年6月份前可投产发电，黄石西塞山、青山油改煤电厂和黄龙滩水电站扩机工程在年底前基本建成。

（3）电网建设。湖北省电网位于华中电网中部，是华中电网的核心和枢纽，目前最高电压等级为500千伏。截至2003年底，网内有葛洲坝电厂500千伏升压站、龙泉换流站、斗笠岗开关站、双河、玉贤、凤凰山和孝感500千伏降压站，形成了葛洲坝—双河—玉贤—凤凰山—葛洲坝的500千伏框架网络和一条玉贤—孝感的500千伏分支线。

湖北电网与华中地区的河南有二回500千伏联络线，与湖南、江西电网各有一回500千伏联络线，与川渝有一回500千伏联络线，并通过±500千伏直流线路与华东电网相连。

“九五”以来，湖北省建设投产了一批500千伏输变电工程，形成了葛洲坝—双河—玉贤—凤凰山—葛洲坝的500千伏骨架环网，加强了贯穿东西的500千伏骨干网架，大大提高了电网运行的安全、稳定水平。同时还建设投产了一批220千伏和110千伏输变电项目；另一方面，根据国家加强基础设施建设的安排，进行了大规模的城乡电网和县城电网建设改造，提高了全省电网的供电能力和可靠性。2003年7月，随着三峡电站首台机组发电试验成功，三峡电力外送通道正式贯通。三峡左岸500千伏高压开关站、龙泉换流站、万州变电站通过国家发改委组织的验收并正式投入运行，为电力严重短缺的华东和广东送去了三峡电力。2003年计划开工的22个三峡外送工程项目中，在湖北境内有包括宜昌、荆州500千伏换流站等11项，总投资约13亿元，大部分已经开工。国电华中公司投资的黄石和襄樊两个500千伏输变电工程已经正式开工，预计在2004年8月前可投入使用。

（4）天然气建设。川气出川工程2003年8月主管道工程正式动工建设。该工程在我省1条主线、3条支线，可以将川渝的天然气送向全省除十堰和咸宁外的所有大中型城市。截至2003年底，武汉、荆州、鄂州、宜昌、襄樊、仙桃等主要城市管网工程已开工。

（5）新能源开发。2003年，华中地区第一个风电项目九宫山风电场一期工程（1.44万千瓦）正式开工建设，利川齐跃山风电场测风工作被纳入联合国开发计划署（UNDP）测风项目，风能资源普查工作全面展开。湖北作为粮棉大省，秸秆发电具有较大的发展潜力。同时，小型化（0.3万—2.5万千瓦）秸秆发电，有助于提高小区域电网的稳定性、灵活性，保护环境，也有利于增加农民收入。

4. 湖北能源发展存在的主要问题

（1）能源自给率低，资源匮乏。目前湖北省每年消耗6000万吨左右的标准煤，能源自给率仅为20%，其中电煤的98%需要从外省购入。随着经济的发展，预计到2010年，全省能源消费总量将达到8000万吨标准煤以上，能源缺口将进一步加大。但湖北省能源资源相对匮乏。全省3172万千瓦的水电资源预计到2010年开发率将达到92.7%；保有储量6.82亿吨的煤炭资源，已利用4.17亿吨，可供建井的储量仅余0.545亿吨，且分布散、质量差、开发利用成本较高。

（2）电力供给和消费结构不合理。湖北省电力供给结构方面的主要问题是具有多年调节性能的水电比例过低。截至2003年底，全省电力总装机中水电装机占58.5%以上，达到1153.72万千瓦，除121.2万千瓦的隔河岩电站、90万千瓦的丹江电站具有多年调节性能外，其他大部分水电站都是径流式电站，丰枯期（夏冬季节）出力悬殊，导致湖北省经常出现丰水期弃水、枯水期缺电的现象。

电力消费结构不合理。一是电力消费偏重型。多年来第二产业用电占全社会用电比例均在70%左右，重工业用电占全省用电的65%左右。要加快发展第三产业和轻工业，改善偏重型电力消费结构。二是电力负荷季节性波动较大。“十五”以来，湖北省电力负荷年递增6.3%左右，2003年高达11.7%，远远高于电力装机增幅。

（3）电力消费整体水平偏低，电力需求有较大潜力。2003 年，全国平均用电增长 15% 以上，比湖北省同期增速高出 3 个百分点，湖北省用电增幅在全国仅排第二十六位，远远低于周边省份，差距非常明显。同时，湖北省人均用电量接近 1000 千瓦，仅相当于全国平均水平的 75% 左右，电力消费整体水平远远低于全国平均水平，也说明湖北省电力需求有较大发展潜力。

湖南省能源

1. 湖南能源资源

湖南省位于长江中下游洞庭湖南部，面积 21.18 万平方千米，全省总人口 6663 万人，一次能源总储量折标准煤约 21.87 亿吨，以水能资源、煤炭资源为主。

根据湖南省水利资源复查成果，湖南省水能资源理论蕴藏量为 1532.45 万千瓦，技术可开发容量为 1323.23 万千瓦，技术可开发电量为 532.65 亿千瓦时。水利资源主要集中在湘、资、沅、澧四大河流上，已有和正在开发的水电站装机容量为 741.22 万千瓦，占技术可开发容量的 56%。

湖南省累计探明煤炭储量 34.08 亿吨，保有储量 29.16 亿吨、已开发利用 16 亿吨，占保有储量的 54.9%。

湖南省核能矿产资源丰富，储量在全国名列前茅，并有一定的开采、冶炼能力，核电目前还处于前期规划阶段。

湖南省尚有部分地热和风能资源，拥有全国首座地热试验电站，风能正在开展资源普查。

2. 湖南能源生产与建设

湖南省缺煤无油，能源相对偏紧。随着工业化、农业产业化和城市化进程的不断加快，对电力的需求日益增强，电力供需矛盾将日益凸显。截至 2003 年底，全省发电总装机容量为 1304.997 万千瓦，其中水电 660.324 万千瓦，火电 644.673 万千瓦，水火电装机容量比为 50.6∶49.4。发电量 539 亿千瓦时，其中水电 244 亿千瓦时，火电 295 亿千瓦时。全省人均发电装机 0.2 千瓦。电网拥有 220 千伏变电所 59 座 1197 万千伏安，500 千伏变电所 5 座 425 万千伏安；220 千伏 7618 千米，500 千伏 1148 千米。全社会用电 548.5 亿千瓦时，其中生活用电占 15.0%，第一、二、三产业用电比重分别为 7.2%、67.5%、10.3%；全省统调最大负荷 719.6 万千瓦，测算全省最大负荷 980 万千瓦，平均日负荷率 0.85，人均用电量 823 千瓦时。

湖南省电力系统是华中电力系统的重要组成部分，处于华中系统的南部，目前全网分为 14 个供电区。2003 年全省用电量 548.53 亿千瓦时，其中统调供电量 397.2 亿千瓦时；华中主网净送湖南电网电量 17.4 亿千瓦时，贵州凯里电厂净送湖南电网电量 7.48 亿千瓦时；湖南电网统调最高负荷 719.6 万千瓦。

目前，全省电网供应尚存在的主要问题：

（1）电源布局受条件限制，受端系统薄弱。由于动力资源分布不均匀，湖南电网电源在西部地区较多，且水电比重较大。湖南省西部地区电源装机总容量约占全省的 60%，水电装机容量约占全省水电的 70%，而该地区全社会用电量不到全省的 40%，形成西电东送的格局，大量电力远距离输送至东部受端系统，系统运行损耗较大，经济性较差，给湖南电网运行带来较多困难。电力电量占全省 1/3 以上的长潭株地区，2003 年底发电装机容量仅占全省的 15%，由于受端系统不强，支撑能力小，承受故障冲击能力弱，高峰负荷时系统电压稳定也存在一定问题。

（2）系统电源装机容量不足。“十五”前三年，湖南省全社会用电量及统调最高负荷均维持较快增长，年均分别增长 10.5% 及 9.8%，由于“九五”以来电源建设速度的减缓，目前全省的电源装机水平已难以适应负荷增长的需要，2003 年由于高温酷暑和旱灾，全省电力供应紧张，全年拉闸限电次数达 67528 条次。

（3）电力供需平衡脆弱，电力发展水平和电气化程度仍然较低。全省人均装机容量、人均用电量大大落后于全国平均水平，2003 年分别为 0.2 千瓦/人和 823 千瓦时，分别为全国平均水平的 61% 和 57% 左右。随着湖南省经济的持续快速增长，工业化进程的加快，电力供需矛盾突出。

（4）系统电源出力丰枯差和负荷峰谷差较大。2003 年湖南省水电比重占 50.6%，除东江水电站(多年调节)、江垭水电站(年调节)外，其余水电站均为季、周、日调节或径流电站，调节性能差，因而造成水电在丰枯期出力和电量相差很大。1990—2003年，湖南统调水电站枯水期电量约为丰水期的34%(月发电量)，枯水期月平均出力仅为丰水期20%(平水年)—25%(枯水年)。非统调水电站调节能力更差。由于生活用电比重的不断提高，使系统峰谷差拉大，2003年最大峰谷差达228.4万千瓦，1992—2003年最大峰谷差年递增率8.0%。电网调峰手段不足，调峰问题日益突出。

(5)电网调相调压能力有待加强。在大负荷方式下，负荷中心和一些末端变电所容性无功补偿仍显不足。全网220千伏感性无功补偿仍较缺乏，随着城区电缆线路的逐渐增多，主网架加强，充电功率日益加大，特别是220千伏长线路集中的变电所感性无功补偿不足，造成小负荷方式电网电压偏高现象较为严重，从2003年的运行实际来看，无功设施的缺乏尤其是感性无功的缺乏仍然是进一步提高系统电压质量的障碍。

3. 湖南能源供应与消费

2003年湖南生产原煤2366.69万吨，发电量539.02亿千瓦时，其中水电244.01亿千瓦时，购外省电量41.32亿千瓦时。

2003年，工业生产高增长拉动了能源高消费，湖南省全部国有和年产品销售收入500万元及以上的非国有工业企业能源消费量合计达5579.18万吨标准煤，比2002年增长12.9%，其中工业生产消费占能源消费总量的98.8%。从各行业能源消费状况看，原煤和电力消费仍占主导地位，分别占能源消费总量的44.5%和22.0%。各行业按原煤消费量排位，排在前三位的行业是：电力、热力的生产和供应业、非金属矿物制品业和化学原料及化学制品制造业，分别占原煤消费总量的41.2%、16.1%和16.0%；按电力消费量排位，排在前三位的行业是：黑色金属冶炼及延压加工业、有色金属冶炼及延压加工业和化学原料及化学制品制造业，分别占电力消费总量的16.9%、16.3%和15. 9%。2003年湖南省工业企业主要能源消费量与库存量见表14－12。

表14－12

2003年湖南省工业企业主要能源消费量与库存量

单位：万吨

能源类别	年初库存量	年末累计消费量	年末库存量
煤　炭	184.73	3472.07	193.22
原　油	19.47	506.72	8.33
汽　油	1.92	5.45	1.24
煤　油	0.38	0.58	0.16
柴　油	2.79	16.21	2.05
燃料油	3.10	22.53	6.14

广东省能源

1. 广东能源资源

广东省一次能源资源贫乏，省内煤炭、水力、油页岩、石油和天然气等一次能源资源储量约25.7亿吨标准煤，人均资源占有量仅33吨，人均拥有资源储量不足全国的1/20。广东能源资源中，本省可支配并可规模开发利用的能源资源仅为有限的煤炭和水力，煤炭资源目前保有储量仅5.38亿吨，仅占全国煤炭储量的6/10000，且煤质较差，储藏深，仅适宜小井开采，煤炭年产量维持在500万吨左右；水电资源可开发装机容量约833万千瓦，到2003年底已开发水电装机570万千瓦，占全省可开发容量的68.4%，未开发的多为低水头或淹没大的水电资源，开发潜力不大。广东珠江口盆地有3亿—4亿吨的石油地质储量，由国家统一开发南海油气资源。广东有油页岩资源54亿吨，但目前技术水平尚缺乏经济开发价值，未被利用。广东风能资源丰富，岸上和近海风电可开发容量达2000万千瓦，由于开发成本比常规能源发电成本高，至2003年底仅开发8.34万千瓦，随着技术进步和设备国产化程度的提高，风电开发成本呈下降趋势，开发潜力较大。

2. 广东能源生产与建设

广东能源资源的特点决定了广东能源发展的方针，即坚持能源节约与开发并重，充分利用国内国外两种资源、两个市场，实现能源供应渠道、品种多元化；优化调整能源结构，增加西南水电、液化天然气等高效优质能源供应，提高能源利用效率，减少对环境的污染，实现能源可持续发展；能源发展以电力建设为中心，优化调整电源结构，充分接收西电，积极发展核电，合理建设沿海大型骨干脱硫煤电，加快发展气电和抽水蓄能发电，适当建设山区坑口煤电，充分开发省内水电、风电资源，加快淘汰小火电，形成以高参数、大容量骨干电源为主，煤、水、核、气、油、蓄能、风电并举的电源结构。

按照广东能源发展方针，“十五”以来广东积极推进能源建设，一是积极接收西电，二是加快省内电力建设，三是按国家统一部署推进广东液化天然气(LNG)试点项目，四是推进风电等新能源开发，五是全面开展火电厂脱硫治理工程建设。

(1) 接收西电。西电东送通道在“九五”建成两回500千伏交流线路的基础上，“十五”期间，又相继建成了天广500千伏输变电工程、贵广500千伏交流输电工程、湖南鲤鱼江电厂2台30万千瓦送广东500千伏专线工程、三峡—广东500千伏直流输电工程和贵广500千伏直流输电工程。至2003年底，西电东送通道“五交三直”500千伏输电线路建设进展如下：天广第一回500千伏交流输电线路1993年7月投产；天广第二回500千伏交流输电线路1998年12月投产；天广第三回500千伏交流输电线路2002年底投产；天广500千伏直流输电线路2001年6月投产；贵广500千伏交流输电线路2003年6月投产；三峡—广东500千伏直流输电线路2003年底投产；湖南鲤鱼江电厂—广东500千伏交流专线2003年7月投产。2003年广东购西电213亿千瓦时，比上年增长34%，西电东送电力达560万千瓦。

(2) 省内电源建设。2001—2003年，广东省内共建成投产发电装机容量730万千瓦，其中2003年新投产约360万千瓦，一批大型重点电源项目包括岭澳核电站2台100万千瓦、珠海电厂2号机60万千瓦、韶关电厂10号机30万千瓦、深圳西部电厂5号、6号机2台30万千瓦，台山电厂1号、2号机2台60万千瓦，以及一批13.5万千瓦机组继建成投产。到2003年底，省内电力装机容量达3920万千瓦，其中水电570万千瓦，抽水蓄能240万千瓦，核电378万千瓦，火电2721万千瓦，风电8.3万千瓦，人均电力装机约0.46千瓦。电源建设步伐虽然加快，但电力建设仍跟不上经济发展，缺电状况依然严重。2003年，广东全社会用电最高负荷达3400万千瓦，增长17.2%，采取错峰用电、峰谷电价、被迫鼓励小油机组顶峰发电等措施保证电力供应。

(3) 电网建设。进一步加大投资力度，“十五”期间省内电网投资计划达818亿元，“十五”前三年已完成366亿元，大批西电东送配套输电工程、电网“卡脖子”工程、电源送出工程建成投产。广东电网已形成以珠江三角洲双回路内环网为核心，向粤东、粤西、粤北双回路辐射的500千伏主干网络，并通过“五交三直”八回500千伏线路与西南电网互联，通过四回400千伏核电专线与香港电网相联。

广东LNG试点项目的站线项目于2003年12月28日正式开工建设，首期建设370万吨/年深圳坪头角LNG接收站，输气干线367千米，连接深圳、东莞、广州、佛山四个市，同步配套建设4个LNG电厂和四个城市燃气管网，计划2006年6月底前建成投运。

(4) 风电开发。至2003年底，广东风电装机容量达8.3万千瓦。

(5) 火电厂脱硫建设。2003年广东省制定了《燃煤燃油火电厂脱硫工程实施方案》。到2003年底，广东省已有妈湾电厂、连州电厂、瑞明电厂、恒运电厂、台山电厂等多家燃煤电厂的脱硫工程的建成投产，脱硫容量占全省火电机组容量的12%。广东火电厂烟气脱硫工作已进入全面实施阶段，计划到2007年全省现有13.5万千瓦及以上火电厂全部完成脱硫改造。

3. 广东能源供应与消费

(1) 能源供应。2003年全省煤炭总供应量8082万吨，其中原煤7824万吨，本省生产671万吨，占总供应量的8.3%；省外调入7151万吨，占总供应量的88.5%；进口320万吨，占总供应量的4%。煤炭运输，铁路直达1470万吨，铁海联运4380万吨，内河、公路1300万吨，进口海运320万吨。进口煤炭主要来自澳大利亚、越南。

2003年广东原油供应量达2095万吨，其中南海油产量1276万吨，进口1455万吨，调出和出口595万吨。广东省三大炼油厂(茂石化、广石化和湛江东兴，均为中央企业)需原油2067万吨。进口原油主要来自阿曼422万吨，伊朗418万吨，沙特阿拉伯322万吨。

2003年广东油品(包括汽油、煤油、柴油、燃料油及其他油品，下同)总供应量达3045万吨，其中省内三大炼油厂生产1879万吨，外省调进935万吨，进口1290万吨，调出和出口1112万吨。油品的进口主要来自新加坡、韩国和俄罗斯。

2003年广东液化石油气供应量452万吨，其中省内生产89万吨，省外调进79万吨，进口416万吨，调出和出口135万吨。进口来自沙特阿拉伯、阿联酋、马来西亚、泰国、科威特和澳大利亚。

2003年广东省发、购电量2138.8亿千瓦时，增长19.38%，其中省内发电量1895.8亿千瓦时，增长17.74%，其中水电149亿千瓦时、火电1433亿千瓦时、核电289亿千瓦时、抽水蓄能22亿千瓦时、风电1.59亿千瓦时；外购电量243亿千瓦时，增长34.3%，其中购西电(含三峡、鲤鱼江电)195亿千瓦时，增长22.2%；外送电量107.9亿千瓦时，增长1.9%。全社会用电量2031.29亿千瓦时，增长20.37%。人均用电2554千瓦时/人，电力弹性系数为1.5。全社会用电增长迅速，电力供应十分紧张，需要采取错峰用电、峰谷电价等多种措施。

(2) 能源消费。2003年广东省能源消费总量13099万吨标准煤，同比增长15.4%(见表14-13)。其中发电用煤4491.84万吨，占煤炭消费总量的55.6%；发电用油680.19万吨，占油品消费总量的20.9%。

表14-13

2003年广东省能源消费总量

能源类别	消费量	构　成(%)	增长率(%)
总　量(万吨标准煤)	13099.29	100.00	15.40
煤　炭(万吨)	8082.44	44.60	19.33
油　品(万吨)	3259.83	35.50	10.05
燃　气(万吨)	363.16	4.96	13.64
电　力(亿千瓦时)	613.91	14.20	34.33
其　他(万吨标准煤)	94.75	0.72	17.61

2003年广东能源消费弹性系数为1.13，电力消费弹性系数为1.32，全省人均用能1.65吨标准煤/人。1990—2003年13年间全省能源消费弹性系数为0.68，电力消费弹性系数为1.02。全省万元GDP能耗由1990年的1.65万吨标准煤，下降至2003年的0.97万吨标准煤(按2000年价计算)，年均节能率3.96%。

2003年广东终端能源消费总量1.24亿吨标准煤，增长14.29%(见表14-14)。终端煤炭消费占总用煤量的41.6%，大部分原煤经二次加工转换成电、热等优质能源；终端油品消费占总用油量的72.6%。2003年全省人均生活用能0.19吨标准煤/人，其中电和气的比例达到90.4%。

表14-14

2003年广东省终端能源消费

能源类别	消费量	构　成(%)	增长率(%)
总　量(万吨标准煤)	12414.48	100.0	14.29
煤　炭(万吨)	3362.76	19.9	39.00
油　品(万吨)	2366.21	26.2	20.61
燃　气(万吨)	447.73	7.2	15.19
电　力(亿千瓦时)	1828.54	44.5	16.82
热　力(百万千焦)	5590.98	2.2	0.19

2003年广东省一、二、三产业及生活用能结构为2.3:66.8:19.1:11.9。第二产业仍然是广东省终端能源消费的大户，工业用能占终端能源消费量的65.8%。其中工业用煤3220万吨，占终端煤炭消费量的96%，其中非金属矿物业1297万吨、造纸及纸制品业400万吨、食品业355万吨、黑色金属冶炼及压延加工业341万吨、纺织业301万吨；工业用油品1290万吨，占54.5%，其中非金属矿物制品业253万吨、纺织业114万吨；工业用电1166亿千瓦时，占64%。第三产业用能主要包括用油品886万吨，占油品消费量的37%，其中公路运输用油量为498.9万吨；用电348亿千瓦时，占19%。生活用能最多的是液化石油气342万吨，占液化气消费总量的76%；其次是用电257亿千瓦，占14%。

广西自治区能源

1. 广西能源资源

广西是能源缺乏省份。总体上看，广西水力资源比较丰富，开发程度较高。煤炭资源储量较少，开发难度较大；石油、天然气资源比较匮乏；风能、太阳能和核能等新型能源资源开发利用前景较好。

（1）煤炭资源。目前探明的煤炭储量约为23亿吨，其中保有储量20亿吨，占全国总储量的0.2%，居全国第二十位。煤种主要为高中硫、高灰分、低热值的褐煤、贫煤和瘦煤等。由于煤层普遍较薄，水文地质条件复杂、涌水量大，开采难度较大，近年全区开采量在400万—600万吨之间。

（2）水力资源。根据最新复查结果，广西境内拥有246条理论蕴藏量在1万千瓦以上的河流，技术可开发量1897万千瓦（简称可开发量，下同），年发电量811亿千瓦时，居全国第8位。水力资源主要分布在红水河、郁江和柳江等干流上。其中红水河技术可开发量1291万千瓦，占全区可开发总量的68%，规划建设10座大型梯级电站，全部建成后年发电约561亿千瓦时；郁江技术可开发量273万千瓦，年发电约107亿千瓦时；柳江技术可开发量191万千瓦，年发电约84亿千瓦时。

（3）石油、天然气资源。已探明的百色盆地石油储量约1400万吨，北部湾盆地石油储量约2256万吨。正在探查的石油资源主要分布在南海北部湾海上盆地及桂西南部的十万大山附近。北海市西南附近的浅海海域有一定的石油、天然气储量。

（4）海洋能源。广西海洋能源主要是潮汐能和波浪能。其中潮汐能开发利用条件良好，年发电能力可达10.8亿千瓦时；波浪能资源约52万千瓦，可供开发利用的约5万千瓦。

（5）太阳能资源。广西地处亚热带，各地每年接受的太阳辐射总量平均在每平方厘米90—130千卡之间。其中，右江河谷及其以西地区，梧州、玉林地区东南部以及十万大山北侧的宁明、上思、南宁等地，年接受太阳辐射总量在110千卡/平方厘米以上。

（6）风能资源。据气象部门分析结果，在大苗山、大明山、十万大山一线以东，与大瑶山至大容山一线以西的湘桂至黎湛铁路沿线两侧地带，地势较平坦开阔，是冬季风南下和夏季风北上的主要通道，是广西风能资源的高值地带，其中以钦州沿海和湘桂走廊较为丰富，具有利用风能发电的价值。此外，在一些山区的山隘或山顶等局部有利地形，风速较大，也具有一定的利用价值。

2. 广西能源生产与建设

（1）煤炭。20世纪90年代，广西煤炭产量基本稳定在1000万吨左右。近年来由于工业结构调整的需要，全区煤炭产量在逐步调减。2003年总产量在400万吨左右，开采量主要集中在合山矿务局、右江矿务局、百色矿务局等三个矿区。

2003年全区新建和改造矿井8对，在建规模为123万吨/年。其中，合山矿务局柳花岭2号井、石村2号井、上布井、168井等4对井在建规模共42万吨/年；右江矿务局保群矿、林场矿新建规模共36万吨/年；百色矿务局东怀1号井、那怀井扩建规模共45万吨/年。

（2）电源。广西境内骨干电源项目主要有岩滩、大化、西津等水电站以及合山、柳州、来宾A、来宾B等火电厂。“十五”以来，广西紧紧抓住国家扩大内需和实施西部大开发战略的机遇，加大了电力建设力度，建设电源项目的规模和投资量均为历史最好水平。2003年，全区境内发电装机容量772万千瓦，其中水电453万千瓦，火电319万千瓦，加上区外广西份额，总装机容量为906万千瓦，其中水电537万千瓦，火电369万千瓦。

（3）石油。广西现有两家炼油企业，原油加工能力仅78万吨，2003年加工原油64万吨，主要产品是汽油、柴油、煤油、溶剂油、重油、液化气等。

（4）其他新能源。到2002年底，广西累计建设微型水力发电机3.7万台，总装机容量5.2万千瓦，年发电量4985.4万千瓦时，用电户10.1万户；推广太阳能热水器安装面积达6万平方米；全区小型风力发电机装机1182台，总容量324.4千瓦，年发电量19.7万千瓦时，用电户1466户。2003年底已建设沼气池214万座，年可产沼气燃料8.6亿立方米，完成40多万户生态家园示范等项目建设。

3. 广西能源供应与消费

广西目前的能源构成主要是电力、煤炭、石油。在一次能源的生产中，以水电为主，比重占60%以上；煤炭次之，比重约占30%；石油比重不到1%。

（1）煤炭。2003年广西实际完成生产原煤443.47万吨，比年计划减少56.53万吨，减少11.3%；比2002年产量436.5万吨增加6.97万吨，增加1.6%。全区消耗原煤2463.71万吨，比

2002年增加330.62万吨，增加15.5%。

（2）电力。2003年全区境内电源全年发电量364亿千瓦时，比2002年317亿千瓦时增加47亿千瓦时，增长14.83%。其中，水电发电量193亿千瓦时，比2002年186亿千瓦时增加7亿千瓦时，增长3.76%；火电发电量171亿千瓦时，比2002年131亿千瓦时增加40亿千瓦时，增长30.53%。全年购入西电广西份额电量54.6亿千瓦时，比2002年42.67亿千瓦时增加11.93亿千瓦时，增长27.96%。全区全社会用电量415.83亿千瓦时，比2002年357亿千瓦时增加58.83亿千瓦时，增长16.5%。

（3）石油和成品油。2003年广西原油生产和加工能力没有增加，全年原油生产3.28万吨，从区外调入69.91万吨，加工73.19万吨，产出汽油15.84万吨，柴油24.16万吨、燃料油8.99万吨。

适应经济快速发展的需要，2003年广西成品油消耗增长较快。汽油、柴油和燃料油消耗总量达到48.99万吨，比2002年增加1.0万吨，增长2.1%。其中汽油消耗15.84万吨，比2002年减少0.03万吨，减少0.19%；柴油消耗24.16万吨，比2002年减少0.74万吨，减少3%；燃料油消耗8.99万吨，比2002年增加1.77万吨，增长24.5%。

海南省能源

1. 海南能源资源

海南能源资源开发前景广阔，但探明储量相当有限，生产能力远远不能满足社会需求，能源生产不仅品种少，而且产量低，省内能源消费主要来源于省外输入。2003年，海南天然气产量9.33亿立方米，其中作为能源使用的3.93亿立万米；原油产量8.85万立方米；发电量58.7亿千瓦时。

南海海域的天然气理论储量非常巨大，海南的天然气生产以海上开采为主。位于三亚市附近海域，1996年投产供气的崖13－1气田，2003年对海南供气量5.8亿立方米，其中供给中海能源公司南山电厂发电用气1.69亿立方米；供给中海石油化学有限公司富岛化肥厂用气4.11亿立方米。位于海南岛西部东方市附近海域，2003年8月投产供气的东方1－1气田，当年对海南供气3.53亿立方米，其中供给洋浦发电有限公司发电用气6246万立方米；供给省内工业、燃汽车和民用气4754亿立方米；供给中海油化学有限公司东方化肥厂用气2.43亿立方米。

2. 海南电力供应与需求

2003年，海南全社会用电量58.7亿千瓦时，同比增长13.1%。第一、二、三产业和居民生活用电量分别为4.4亿千瓦时、29.3亿千瓦时、15.8亿千瓦时和9.2亿千瓦时，分别增长17.9%、13.3%、9.9%和15.9%，分别拉动用电增长1.3个百分点、6.6个百分点、2.7个百分点和2.4个百分点。

2003年发电装机容量179.0万千瓦，其中，水电62.0万千瓦，火电116.2万千瓦，风电0.88万千瓦。电网统调发电装机148.4万千瓦，其中，水电32.2万千瓦，火电116.2万千瓦。全年完成发电量58.7亿千瓦时，比上年增长13.1%，其中，水电13.5亿千瓦时，火电45.1亿千瓦时，风电0.1亿千瓦时，分别比上年增长－16.6%、26.4%、0.0%。电网统调发电量预计完成52.1亿千瓦时，完成年计划的102.7%，比上年增长18.4%，其中，水电完成7.0亿千瓦时，火电完成45.1亿千瓦时，分别完成年计划的89.7%、105.0%，分别比上年增长－14.6%、26.3%。

3. 海南能源生产建设

（1）电网建设。2003年，海南省电力有限公司电网建设与改造完成投资10.28亿元，其中，主网建设工程1.16亿元，二期农网改造工程3亿元，三亚城网改造工程1.36亿元，其他工程1.16亿元，技改完成7050万元。

2003年底，一期农网建设与改造工程项目已全部完成，部分市县已完成了二期农网建设，整体验收工作正在进行。2003年新建220千伏线路2条，165千米；新增110千伏线路7条，132千米；新增35千伏线路19条，220千米。

截至2003年底，海南电网最高电压等级为220千伏，是海南电网主网架；110千伏及35千伏网架覆盖海南；共有220千伏变电站7座，110千伏变电站53座。已建成由海南北部经西部至南部的环线，沿西部工业走廊联结各主要电源和主要负荷区的220千伏输电网架。

（2）电源建设。截至2003年底，海南已将近10年没有开工建设新的发电机组，2003年仅有洋浦电厂联合循环技术改造8万千瓦机组建成投产。

（3）电力体制改革与电力资产重组。2003年，海南电力体制厂、网分开的改革取得实质性进展，8月13日，海南省人民政府与中国华能集团公司签订协议，将装机容量为35万千瓦，由海南省电力有限公司持有的海口火电股份有限责任公司的股权转让给华能集团。为适应电力体制改革的需要，2003年12月28日成立海南省电力行业协会。

（4）电力安全生产。2003年，海南电力坚持“安全第一，预防为主”的方针，牢牢把握安全生产这个关键环节不动摇，增强全员安全意识，采取各种有效措施强化安全生产，开展了“两票三制”、电力线、通信线、广播电视线交越和挂搭等专项整治活动以及春、秋季安全检查活动和安全月活动，积极做好迎峰度夏各项专项检查和电网安全稳定专项检查活动，对发生影响较大的事故进行调查处理。结合电网运行的实际，认真做好事故预想，制定预案，落实措施。2003年省电网频率合格率99.17%，电网综合电压合格率88.74%，全系统没有出现大面积电网瓦解事故。

第五章

西南地区能源

重庆市能源

1. 重庆能源资源

重庆市能源主要有煤炭、天然气和水能，此外还有一定量太阳能、风能、地热能等清洁能源。

（1）煤炭资源。重庆是我国最早开发利用煤炭的地区之一。全市有37个区县有含煤地层分布。截至2002年底，探明表内储量井田139处，累计查明资源储量30.49亿吨，保有资源储量23.07亿吨，其中可供炼焦用煤约4.16，占18%；可用作动力煤的无烟煤、烟煤、贫瘦煤约18.91亿吨，占82%，其中无烟煤12.02吨，占52.1%，主要分布在南桐煤田、永荣煤田、华蓥山煤田、红岩煤田、渝南含煤区、渝东含煤区、巴山含煤区。在保有储量中，除綦江县境内的张狮坝井田、梨园坝井田和万盛境内的兴隆井田等8处尚未开发处，其余均有矿井进行开采。按照现有的开采强度，重庆市煤炭资源已经探明的储量尚可维持50年。主要产煤矿井在老重庆范围，煤炭资源保有储量19.36亿吨，占全市保有资源储量的84%。靠近长江沿线的涪陵、开县、云阳、奉节、巫山、石柱等产煤大区县，生产原煤除保证本地区需求外，大部分通过长江水运外销湖北、江浙一带。其余产量不大的区县，生产原煤保证本地区需求，不足部分还需周边区县调剂。

（2）水能资源。重庆市境内河流众多，蕴藏着丰富的水力资源。东南部地区的乌江、芙蓉江、阿蓬江，东北部的任河、大宁河、汤溪河、磨刀溪等河流，落差大，水量丰沛，水力资源极为丰富；西部地区属丘陵地区，落差小，但长江干流（接三峡梯级）西南角山地的綦江、笋溪河等水力资源仍十分可观。根据全市水力资源复查，重庆市水力资源理论蕴藏量2298万千瓦，理论年电量201.3亿千瓦时。理论蕴藏量1万千瓦以上河流共124条。全市调查河流上，单站装机容量0.05万千瓦及以上的技术可开发电站共有421座，总装机容量985.3万千瓦，年发电量44.7亿千瓦时。其中，经济可开发电站323座，装机容量820万千瓦，年发电量380亿千瓦时，分别占技术开发量的83.6%和84.8%。

（3）天然气资源。重庆是我国天然气开发最早、目前产量最大的气区。累计探明气田38个，累计探明地质储量3650亿立方米，可采储量2678

亿立方米，剩余可采储量1885亿立方米，主要分布在忠县、开县、垫江等重庆东部地区。“十五”期间重庆气区天然气勘探计划新增探明储量为1130亿立方米、可采储量855亿立方米。

（4）石油资源状况。重庆市内无含油层分布，不出产石油，也无炼油厂，所需成品油全部靠市外调入。成品油对外依存度高。

2. 重庆能源工业发展

改革开放以来，重庆市能源工业取得了快速发展，能源供给能力明显增强，能源结构不断优化。在一次能源消费总量中，煤炭消费所占比重有所下降，油料、天然气、水电消费比重有所提高。能源工业技术水平也迈上了新台阶。能源工业对环境的污染也有所降低。重庆市能源工业取得的成就，支撑了重庆市经济和社会快速发展。

（1）煤炭工业。重庆市煤炭工业经过多年建设与发展，现有煤炭生产矿井1467对，年产量超过2000万吨。其中重点矿务局5个（南桐、天府、松藻、永荣、中梁山），设计生产能力1062万吨/年，年产量900万吨左右，成为重庆市大火电、钢铁用煤基地。重庆市生产的煤炭除满足本市需求外，高峰年还有约800万吨煤炭销往市外，同时煤炭工业的发展带动了地方经济和乡镇企业的发展，煤炭产业已经成为部分区县的支柱产业，成为贫困地区脱贫致富的重要途径。通过20多年建设，重庆市已成为西南地区重要的煤炭工业基地。

（2）天然气工业。重庆市的气源以重庆气矿为主，此外还有川南气矿、江汉油田的建南气田、垫江浅层气供应部分天然气。目前，重庆气矿已形成2000年生产天然气50.25亿立方米能力，其中重庆市境内36亿立方米，占75%以上。

重庆气矿天然气勘探、钻井和开采生产能力在全国首屈一指，有天然气集输装置400多套，其中有井场装置285套，集气站、增压站71座。天然气输气管网和净化设施已基本具备，已建成3个400万立方米/日、在建2个600万立方米/日脱硫厂，有遍布全市的总长约2500千米的天然气集输管线，输气管网遍布整个辖区，为重庆市各类建设项目用气提供了十分便利的条件。

（3）成品油。重庆市远离油源，是成品油纯销区。过去调入成品油主要依靠铁路、长江水路运输。国家西部大开发重点工程兰成渝输油管道工程于2002年全线贯通后，极大地增加了重庆市场成品油供应能力。

（4）电力工业。改革开放20年来，重庆市电力工业得到了较快发展，尤其是直辖以来，重庆市电力基础设施建设得到了极大加强，供给能力显著提高。先后建成了珞璜电厂二期工程、石板水水电站、大河口水电站等一批电源项目。总装机144万千瓦的珞璜电厂已成为我国西部最大的火力发电厂。2003年底，全市装机容量已达到452万千瓦，其中，火电装机容量303万千瓦，水电装机容量149万千瓦。同时，电力供给网络快速扩展，横贯重庆境内的500千伏超高压输电线路已联通了四川和三峡，构建起了西电东送的中通道，220千伏网络基本覆盖全市。基本满足了重庆经济快速发展的电力需求。

从总体来说，重庆市能源发展基础薄弱，特别是一次能源总量不足，能源的长远开发利用受到限制。主要表现在以下几个方面：

（1）煤炭资源总量不足，投入长期偏低。人均保有煤炭资源储量仅76吨/人，目前重庆市煤炭资源开发程度已达73.6%，尚未利用的资源储量仅3.9亿吨，后备资源储量不足，而且品质普遍不高，主要是高硫、高中灰分煤，多数煤炭的含硫量都在3%以上，煤炭资源的长远开发利用受到一定限制。

重庆矿井多、井型小、分布散。国有重点煤矿最大井型为150万吨/年，最小井型为10万吨/年；地方国有矿和乡镇矿井型为1万吨/年到30万吨/年。煤炭开采难度大，机械化程度低。万吨生产掘进率高达289米，为北方地区的3倍以上。煤炭资源开发利用存在投入大、产出低，用人多、成本高，效益差、亏损大的弊端。煤矿物质技术基础还较为薄弱，安全问题比较严重，水、火、瓦斯、煤尘、顶板五大自然灾害齐全，为全国7个重灾省区之一。

（2）境内水能资源有限。根据重庆市水力资源复查成果，理论蕴藏量2300万千瓦，其中经济可开发量仅820万千瓦。目前，已开发水电容量为155万千瓦，绝大部分为径流式小水电。规划在2010年前开发建设的水电项目完成后，重庆市经济可开发的水力资源绝大部分将得到开发利用。

（3）天然气发展仍面临较大障碍。重庆气矿天然气净化设施能力不足，日处理能力1640万立方米，全年实际处理能力50亿立方米，不能满足生产需要；天然气管道设施陈旧，存在安全隐患，无法确保安全平稳供气；天然气体制尚未理顺，天然气开发存在严重的体制约束。

（4）没有石油资源。市内不出产石油，也无炼油厂，所需成品油全部靠市外调入。随着重庆市经济社会的快速发展，人民生活水平不断提高，轿车消费持续升温，对成品油的需求不断增长。在我国石油进口量逐年攀高、石油安全问题日益严重的形势下，重庆市的成品油供应也潜伏着不稳定因素。

（5）电力工业正在面临新的挑战。重庆市属于典型的受端网络，自发电量不能满足重庆市经济发展的需要，将近1/4电量需从市外调入。电力工业发展水平较低。全市人均用电水平仅为全国的2/3，人均电力装机水平仅为全国的1/2。电力负荷峰谷差大，峰谷之间的最大差值高达40%，需要调峰的容量较大。电力管理体制复杂，地方电网与国家电网的体制关系一直未理顺，地方电网缺乏骨干电源支持，供电质量差，用电价格高，限制了经济发展和人民生活水平提高。

3. 重庆能源生产和消费

（1）电力。2003年，重庆市在罕见的持续连晴高温下，没有发生大面积拉闸限电现象。2003年全市最大用电负荷600万千瓦，同比增长10.1%；全年消费电量268亿千瓦时，同比增长11.7%。除网内机组生产电量196.5亿千瓦时外，全市从市外购入电量71.5亿千瓦时，同比增长27.6%。其中购三峡电量7.7亿千瓦时；购华中电量3.89亿千瓦时；购贵州电量2.50亿千瓦时，同比增长105%；购四川电量11亿千瓦时，同比增长16%；购二滩电量38.92亿千瓦时，同比增长4.9%；另外，地方电力购市外电量7.49亿千瓦时。

（2）煤炭。随着重庆经济快速增长，带动煤炭需求量逐年增长，特别是大规模电力建设对电煤的需求量大幅增加。2003年，全年煤炭生产2200万吨，全市原煤消费1710万吨，剩余的约500万吨原煤主要销往市外。

（3）天然气。重庆是天然气主产区，也是天然气的重要消费区。近年来，重庆市的天然气消费保持了10%的增长速度，天然气在全市能源结构中的比重超过了12%，远远高于全国2%的平均水平。工业企业是重庆市最大的天然气用户群，约有20%的工业企业直接使用天然气做原料或燃料，2003年工业用气量近20亿立方米，年用气量超过1亿立方米的企业2户，年用气量超过1000万立方米的企业30多户。全市共有400多万户居民使用天然气。2003年全市天然气消费量为26.4亿立方米。

（4）成品油。近年来，随着经济的发展，重庆市成品油消费呈逐年上升趋势。2003年全市成品油消费总量达203万吨，其中柴油136万吨，汽油67万吨。

4. 重庆能源建设

（1）电力项目建设。2003年，重庆市推进建设的电源项目有白鹤电厂二期工程、江口水电站、藤子沟水电站、鱼剑口水电站、梯子洞水电站，江口水电站、大溪河水电站共32万千瓦机组均已在2003年内建成投产发电。

2003年，重庆市规划的重大电源项目前期工作也取得了重大进展。彭水电站5台35万千瓦、珞璜电厂三期工程2台60万千瓦、合川双槐电厂一期工程2台30万千瓦、合川草街航电枢纽工程4台12.5万千瓦、松藻煤矸石电厂2台15万千瓦共435万千瓦装机规模的电源项目通过中国国际咨询公司评估，正式进入国家审批程序，这在重庆市电力发展史上是史无前例的。

（2）煤炭项目建设。2001—2003年，重庆市已先后向国家争取了1.1亿元国债资金，对国有重点煤矿"一通三防"三大系统（通风、瓦斯抽放、安全监测）进行了部分改造。目前大部分项目已实施或正在实施。张狮坝、梨园坝、兴隆、沥鼻峡井田开发前期工作也在2003年内抓紧推进。

（3）成品油项目建设。国家西部大开发重点工程兰成渝输油管道工程于2002年全线贯通，极大地增加了重庆市场成品油供应能力。兰成渝输油管道全长1240多千米，途经甘肃、陕西、四川、重庆等20个县（市）、区，总投资达40亿元人民币，年输送能力为500万吨。其中，成渝段最大输送能力为每年250万吨。2003年已通过兰成渝输油管通向重庆输送成品油70万吨。

（4）天然气项目建设。为了确保重庆市经济社会发展有长期稳定气源，正在积极配合中石油集团抓紧实施忠县—武汉天然气管线工程(年输送能力30亿立方米)和忠县天然气净化厂(600万立方米/日)。同时，继续推动在天然气主产区建设大型净化装置，增加天然气综合生产能力。

四川省能源

1. 四川能源资源

四川省能源资源蕴藏量丰富，品种较为齐全，其特点是煤少、油缺、气丰，水力资源得天独厚，水能是四川能源的最大优势。水能、天然气及煤在四川的一次能源生产总量中占99.96%，石油仅占0.04%。

(1) 水能。四川境内河流众多，径流丰沛，落差巨大，水能资源极为丰富。据2002年水力资源复查，全省水能资源理论蕴藏量为1.43亿千瓦，年发电量1.26万亿千瓦时；技术可开发量1.2亿千瓦，年发电量6121.6亿千瓦时；经济可开发量1.03亿千瓦，年发电量5232.9亿千瓦时。四川可开发水能资源的分布特点是西多东少。东部盆地地区，中小型电站居多，大型电站较少；西部金沙江、雅砻江、大渡河三大江河流域，大中小型电站众多，尤其大型电站特别集中，是四川也是全国的三大水电富矿。由于四川独特的地形地质，水能资源开发利用条件特别优越。

(2) 天然气。四川省是天然气资源比较丰富、探明程度较高的省份。四川盆地是中国天然气三大产区之一，也是中国气田气产区，是世界上最早发现和使用天然气的地方。据全国第二次油气资源评价，四川盆地天然气远景资源量为7.19万亿立方米。截至2003年底，全盆地已发现的天然气三级储量合计1.76万亿立方米，其中探明储量8181.92亿立方米，控制储量4005.46亿立方米，预测储量5397.96亿立方米。四川天然气资源总的特点是分布范围广、产出层系多，气藏类型复杂；资源总量虽大但单个气田规模较小；埋藏深度大，勘探开发难度大。

(3) 煤炭。四川省煤炭资源分布较广，全省除南充、遂宁、资阳外的18个市(州)94个县(市、区)境内均有煤炭资源分布。但分布极不均匀，主要分布在宜宾、泸州、攀枝花、广元、广安和达州市一带。煤种齐全，从不黏结煤至无烟煤均有分布，但以无烟煤为主，占全省探明储量的70%。无烟煤主要分布在川南的古叙和筠连矿区，川南煤田(芙蓉、筠连、古叙矿区)约占全省探明储量的60%以上。截至2003年底，全省累计探明储量135.34亿吨，保有储量120.98亿吨。探明储量约占全国总储量的1.35%，居全国第十三位，人均占有储量只有全国平均水平的1/7，属于煤炭资源贫乏省。全省煤炭预测储量为193.21亿吨。在已探明的煤炭储量中，炼焦煤约占22%，非炼焦煤78%；烟煤约占40%，无烟煤60%。

(4) 石油。四川省属贫油省份，石油资源严重缺乏。四川盆地累计探明新增石油地质储量6796万吨，剩余可采储量126.3万吨。

2. 四川能源生产与建设

(1) 电力。截至2003年底，全省发电装机容量为1858.96万千瓦，其中水电装机1227.26万千瓦，占66%，火电装机631.7万千瓦，占34%。总装机容量居全国第六位，水电装机容量居全国第一位。水电开发率已达11%。全省发电量817.62亿千瓦时，其中水电506.37万千瓦，火电311.25亿千瓦时。35千伏及以上输电线路长度5222万米，其中500千伏线路2353千米。35千伏及以上变电设备容量5063.97万千伏安，其中500千伏375万千伏安，220千伏1345.7万千伏安。据统计，2003年全省电力建设项目共完成投资143.46亿元，其中电源建设项目完成投资112.14亿元，其中火电项目23.00亿元，水电项目89.14亿元；电网建设项目31.31亿元，其中县城电网改造工程20.20亿元。

2003年电力新投产装机容量约70万千瓦，其中水电约60万千瓦，火电10万千瓦。全年实际新开工总装机容量约680万千瓦，其中重点大中型电力项目10个，装机容量612.4万千瓦，加上2002年结转的在建规模，到2003年底在建的大中型电源项目总装机容量达1000万千瓦，其中水电站736万千瓦，火电264万千瓦，新开工规模和在建规模均为历年最大。

四川电网已建成500千伏变电站3座、开关站1座，变电容量达300万千伏安，500千伏线路2119千米。在建电网项目有南充—成都、南充—万县的500千伏线路，通过华中与华东联网，建立了川电外送通道。目前，四川电网外送电量达到

73.2亿千瓦时，丰水期首次向华东送电14.7亿千瓦时，实现了川电外送零的突破。

全省农村电网一、二期和16个大中城市电网的建设与改造已经完成。一、二期农网改造完成投资157.61亿元，累计改造户表1656万户，占全省1960万农户总数的84.49%，收益面达95%。建成和改造了一大批输变电工程和低压配电网络，工程质量良好，累计建成35千伏及以上变电站612座，线路8836千米，10千伏线路和低压线路49.85万千米，改造配电台区9.3万个，改善了电网结构，降低了线变损，供电质量和供电可靠性明显提高，增强了农村供电能力，改善了农村居民的生产生活条件，促进了农村经济和社会发展。从2003年起全面启动总投资50亿元的县城电网建设与改造工程以及送电到乡工程和缺电县电源建设工程。

（2）天然气。2003年，四川盆地共生产天然气108.89亿立方米，其中中石油西南油气田分公司91.88亿立方米，中石化西南分公司17.01亿立方米。至2003年底，西南油气田分公司共有气田104个，含气构造71个；已经投入开发的气田98个，投入试采的含气构造35个，总共涉及天然气探明地质储量6102.67亿立方米，可采储量4016.95亿立方米；动用探明地质储量4811.52亿立方米，动用可采储量3250.59亿立方米，可采储量动用程度68.60%。2003年已开发气田和含气构造井口产气量92.61亿立方米，工业产量91.88亿立方米。据2003年底气井产能核实，西南油气田分公司共有定产工业气井683口，合计井口日产能力3253.8万立方米，折合年产气能力107.37亿立方米。其中，已经投入生产的定产工业气井581口，合计井口日产能力2697.4万立方米，折合年产气能力89.01亿立方米；未投产气井102口，合计井口日产气能力556.4万立方米，折合年产气能力18.36亿立方米。在已投入开发的98个气田中，“十五”期间将要建成年产规模1.0亿立方米以上的重点气田有20个，共有探明地质储量3384.99亿立方米，可采储量2302.93亿立方米，剩余可采储量1358.79亿立方米。2003年，重点气田年产气69.81亿立方米，占分公司年总产气量91.88亿立方米的75.98%。

截至2003年底，中石化探区拥有天然气探明储量为1113.77亿立方米，标定可采储量632.7亿立方米；已开发动用天然气储量536.81亿立方米，占总探明储量的48.2%，标定可采储量259.1亿立方米，标定采收率48.3%；目前累计生产天然气104.4亿立方米，剩余天然气可采储量154.7亿立方米。中石化探区目前已开发气田7个，其主力气田为新场和洛带气田。截至2003年底，共有气井749口，开井670口，单井平均日产气0.71万立方米，气田日产气474.6万立方米，采气速度3.23%；2003年生产天然气17.01亿立方米，累计生产天然气104.4亿立方米，采出程度20.0%，可采储量采出程度42.3%；剩余可采储量154.7亿立方米，剩余可采储量采气速度11.5%。年设计输油能力500万吨的兰州—成都—重庆的输油管道已建成投产。

全省有条件的县（市、区）和乡的气化工作取得进展，全省通气县达105个，占全省的58%，通气乡镇661个，约占全省的1/5，全省有28个县达到初级气化县标准。

（3）煤炭。截至2003年，全省有各类煤矿2301处，设计生产能力为6442万吨/年。其中重点煤矿23处，设计生产能力为1082万吨，占设计能力的16.8%；省属和市县属地方煤矿180处，设计生产能力为1025万吨，占设计能力的18.2%；乡镇煤矿2098处，设计生产能力为4254万吨/年，约占设计能力的65%。在保留的2098处乡镇煤矿中，设计能力21万吨/年及以上的只有2处，3万—15万吨/年的763处，低于3万吨/年的1333处。2001—2003年，全省原煤产量分别为4371.75万吨、5358万吨、7261.97万吨。2003年在建矿井2个，分别为龙滩矿井55万吨/年和鲁班山北矿45万吨/年项目。

（4）新能源。“送电到乡”一期工程进展顺利，已开工建设74个工程，建成41个，新增装机1.10万千瓦，有50个乡已经通电。其中光伏发电项目，已开工建设光伏电站35座，已建成29座，装机908千瓦，有29个乡已通电。小水电项目方面，已开工建设水电站39座，建成8座，有21个乡已经通电。送电到乡二期光伏发电工程即将展开，农村沼气工程已列入国家西部扶持发展的重要项目。

3. 四川能源供应与消费

（1）能源生产。2001—2003年，四川省能源生产呈现快速发展势头，能源生产总量年均增长分别为 2.7%、17.4%、26.5%，截至 2003 年底达到 7143.98 万吨标准煤，原煤、原油、天然气、水电在能源生产总量中所占比重见表14－15。

表 14－15

四川省能源生产及构成

年份	生产总量（万吨标准煤）	构成（%）			
		原煤	原油	天然气	水电
2001	4810.18	64.92	0.44	23.85	10.79
2002	5648.74	67.75	0.36	21.96	9.93
2003	7143.98	72.61	0.28	18.51	8.60

注：各种能源品种的标准量均按当量值计算。

四川能源生产结构发展的总趋势是：煤炭为四川第一主导能源，近两年呈增长势头，天然气成为四川第二主导能源，所占比重呈现持续下降走势，原油在能源生产结构中的比重微不足道，水电生产所占比重基本保持在10%左右。

（2）主要耗能产业。

电力。2003 年四川省全社会用电总计 759.8 亿千瓦时。其中第一产业用电量 13.6 亿千瓦时，占 1.79%；第二产业用电量 532.39 亿千瓦时，占 70.06%；第三产业用电量 82.4 亿千瓦时，占 10.84%；城乡居民生活用电 131.41 亿千瓦时，占 17.29%。全行业用电合计 628.4 亿千瓦时，其中，农林牧渔水利业用电量 21.9 亿千瓦时，占全社会用电 2.88%；工业用电量 524.97 亿千瓦时，占 69.09%；地质普查和勘探业用电量 1.16 亿千瓦时，占 0.15%；建筑业用电量 7.41 亿千瓦时，占 0.98%；交通运输邮电通讯业用电量 22.03 亿千瓦时，占 2.9%；商业饮食物质供销仓储业用电量 23.06 亿千瓦时，占 3.04%；其他事业用电量 27.8 亿千瓦时，占 3.67%。

天然气。四川省天然气主要用在化工、建材、冶金、机械、电子等行业。2003 年，全省化工、建材、发电以及其他工业共用气 53.06 亿立方米，占全省用气量的 78%；全省民用、商业和车用压缩天然气（CNG）用气量为 15 亿立方米，占全省用气量的 22%。

煤炭。四川省煤炭消费主要由工业消费和民用消费等两大部分构成，其中 76% 用于工业消费。工业消费主要集中在发电及供热、冶金工业、建材工业、轻工业、纺织工业和化工工业等几大部门。

（3）能源消费。近年来，全省能源的终端消费结构发生了一定的变化，2001—2003 年间，全省能源消费总量年增长率分别为 3.7%、13.7%、24.9%。2003 年能源消费总量达到 7477.49 万吨标准煤。其中，煤炭消费仍占主导地位，其次为天然气和水电消费（见表 14－16）。

表 14－16

四川能源消费及构成

年份	消费总量（万吨标准煤）	构成（%）			
		原煤	原油	天然气	水电
2001	5263.50	61.71	1.51	14.51	8.77
2002	5984.93	63.45	1.38	14.19	8.07
2003	7477.49	67.39	1.45	12.13	7.08

注：各种能源品种的标准均按当量值计算。

（4）能源调入调出。四川省水电资源丰富，水电是四川的主要调出能源，而且主要是在丰水季节。原油主要靠外省调入。2001—2003 年间，四川省原煤调入量分别为 317.50 万吨、291.12 万吨、220.18 万吨，调出量分别为 122.38 万吨、267.27 万吨、412.63 万吨；原油调入量分别为 41.72 万吨、43.34 万吨、61.62 万吨；汽油调入量分别为 140.75 万吨、165.15 万吨、170.28 万吨；煤油调入量分别为 36.07 万吨、60.18 万吨、77.89 万吨；柴油调入量分别为 170.34 万吨、189.12 万吨、202.66 万吨；燃料油调入量分别为 7.79 万吨、8.03 万吨、8.91 万吨；天然气调出量分别为 31.60 万吨、32.21 万吨、34.21 万吨；电力调入量分别为 9.01 亿千瓦时、9.92 亿千瓦时、13.74 亿千瓦时，电力调出量分别为 55.91 亿千瓦时、73.20 亿千瓦时、82.77 亿千瓦时。

云南省能源

1. 云南能源资源

云南省能源资源得天独厚，尤以水能资源为最。云南省境内有大小河流 600 多条，分属金沙江、澜沧江、怒江、红河、珠江和伊洛瓦底江六大水系，多为入海河流的上游，水流湍急，天然落差大。全省水能资源理论蕴藏量为1.04亿千瓦，占全国总蕴藏量的15.3%，居全国第二位。云南多数河道干流的径流洪枯倍比小，流量大而稳定，水库淹没相对较少，环境影响较小，技术经济指标优越，水能资源可开发利用程度高，可开发量为9800万千瓦。云南省水能资源的82.5%蕴藏于金沙江、澜沧江、怒江三大水系，尤以金沙江蕴藏的水能资源最大，占全省水能资源总量的38.4%。

云南省煤炭资源较丰富，煤类齐全，已探明煤炭资源总储量252.7亿吨，保有储量246.5亿吨，预测煤炭资源总量约为691亿吨。在保有储量中，精查储量为77.53亿吨，详查储量为117.27亿吨，普查储量为51.70亿吨。在保有储量中，褐煤153.26亿吨，占62%；无烟煤51.91亿吨，占21%；烟煤41.32亿吨，占17%；其他类不明的1.10亿吨，占0.4%。全省129个县(市、区)中有115个境内有煤炭资源，资源较丰富的地区有昭通市、曲靖市、红河州、文山州、昆明市、玉溪市、楚雄州和大理州。

2. 云南能源生产和建设

(1) 2003年生产计划完成情况。

煤炭。全年原煤生产完成产量4059.78万吨，比上年增长32.4%；洗精煤完成260.29万吨，增长5.9%；机焦煤产量394.02万吨，增长29.4%。原煤增长较多的原因：一是火电用煤增加，利用小时提高，宣威电厂五期扩建两台机组投入生产；二是部分整顿煤矿恢复生产。机焦增加是关停土焦生产，部分机焦炉投产。安全生产形势仍较严峻，百万吨死亡率7.37%左右。

电力。随着国家电力体制改革的不断深入，云南省电力工业发展的速度进一步加快。截至2003年底，云南省发电装机容量达1040万千瓦，其中水电679万千瓦，占65.3%，火电361万千瓦，占34.7%。全年发电474.8亿千瓦时，增长11.2%，其中水电280亿千瓦时，火电193亿千瓦时。全年全省电力工业增加值完成78.7亿元，比2002年增长12.9%，电力工业创造了3.3%的生产总值，9.1%的工业增加值，对工业增加值的贡献率达到16.8%，拉动工业增加值1.6个百分点。

新能源。全年新建小水电48座，装机容量16.0万千瓦。截至2003年底，云南省拥有小水电1471座，总装机容量达244.4万千瓦；完成中德可再生能源合作太阳能光伏发电一期建设项目，为边远贫困无电地区安装户用型光伏发电系统84套，12.6千瓦，农村新能源利用有了新的进展；新建沼气池数在全国排列第二位，约占当年全国新建总数的12%；累计数超过104万户，成为第四个跨入百万沼气户的省区。

(2) 基本建设计划完成情况。

煤炭。曲靖电厂一期配套煤矿全部投产；宣威电厂五期扩建配套煤矿24对矿井正在抓紧建设，大部分已投产出煤，可满足宣威电厂五期2台30万千瓦发电用煤；对曲靖电厂二期配套煤矿、羊场煤矿、田坝煤矿进行了改扩建；曲靖市焦化制气工程正式开工建设，煤层气开发项目正式启动；完成富源老厂矿区总体规划；完成白龙山煤矿可研报告，并已上报项目建议书。

电力。大朝山电站6台机组135万千瓦的装机全部建设投产；宣威电厂六期，曲靖电厂二期进展顺利，年内将各有1台30万千瓦机组并网发电；小湾电站进入第二年，工程进展顺利；景洪电站、糯扎渡水电站、金安桥水电站、溪洛渡水电站、滇东电厂五通一平前期工作已全面展开；李仙江、牛栏江、盘龙河、南盘江、槟榔江、苏帕河、硕多岗河、洒鱼河横江、藤条江、普渡河等流域梯级的近200万千瓦的中小水电项目陆续开工建设；云南省电网主网架等级已从220千伏过渡到500千伏，西电东送配套的500千伏输电工程已经建成投产，初步形成了覆盖中部负荷中心，西联漫湾、大朝山等大型水电群，东部吸纳主力火电电源并与西电东送通道相衔接的“日”字形主网架；西电东送通道已具备160万千瓦的送出能力；农网改造已全部完成，年内将完成验收工作；县城电网改造工作已开始启动。

3. 云南能源供应与消费

(1) 能源供应总量。2003年，云南省可供本地区消费的能源量为4159.61万吨标准煤，其中省内一次能源生产总量为3498.56万吨标准煤，首次突破3000万吨，比2002年增长24%，一次能源调入量为994.84万吨标准煤，调出量为331.7万吨标准煤。

(2) 主要耗能产业及能源消费结构。2003年，云南省能源消耗总量为4150.88万吨标准煤，其中煤炭占60.69%，石油占12.48%，天然气占1.64%，水电占23.58%。

主要行业消耗能源3410.77万吨标准煤，其中工业消耗2951.06万吨标准煤(轻工业275.38万吨标准煤、重工业2675.68万吨标准煤)，建筑业消耗48.03万吨标准煤，交通运输、仓储及邮电通信业消耗411.68万吨标准煤。

云南省的主要耗能产业包括煤炭开采和洗选业，农副产品加工业，石油加工、炼焦业，化工原料及化学品制造业，非金属矿物制品业，黑色金属冶炼及压延加工业，有色金属冶炼及压延加工业，电力、热力的生产和供应业。

(3)省间能源调出、调入情况。2003年，云南一次能源调入量为994.84万吨标准煤，其中原煤176.83万吨，焦炭132.48万吨，天然气5.36亿立方米，电力0.31亿千瓦时；调出量为331.7万吨标准煤，其中原煤32.17万吨，焦炭23.43万吨，电力65.32亿千瓦时。

随着电力体制改革的深入及南方电网公司的组建，使云南省“西电东送”战略实施迎来了新的机遇。2003年，云南省在电力紧张的情况下，仍按协议指标完成了云电送粤160万千瓦，电量61亿千瓦时。同时，积极实施“走出去”战略，通过多条地方电网通道向缅甸供电2863万千瓦时，并努力开辟新的送往泰国、越南等周边国家的“云电外送”通道。

(4)能源库存情况。2003年底，云南省全部国有及年产量销售收入500万元以上非国有工业企业能源库存总量为153万吨标准煤，其中原煤121万吨，洗精煤24万吨，其他洗煤3万吨，焦炭43万吨，其他焦化产品7760吨，汽油2188吨，煤油69吨，柴油5706吨，燃料油6232吨，液化石油气1吨，其他石油制品1065吨，其他燃料2.01吨标准煤。

4. 云南能源环境保护及治理

2003年，云南省通过实行总量控制和依法严格执行环境保护设施与主体工程的“三同时”制度、环境评价制度、排污许可证制度和排污收费制度，关、停、并、转能耗高、效益低、污染严重的“十五小”企业，实施工业污染源全面达标排放工程。同时，积极采用先进的技术和工艺，对污染超标和对环境影响严重的煤矿和火电厂进行了改造，并严格控制新建煤矿和火电厂的环保指标，努力减少废水、废气和废渣的排放，并加大环境治理投入，对已造成的污染进行治理，取得了显著的成效，使云南省的生态环境得到有效的保护和改善。

为解决农村生产、生活用能问题，有效保护农村生态环境，云南省组织实施了小水电代燃料生态保护工程，先后编制完成了腾冲等61个县的工程规划。在规划的基础上，根据国家发展和改革委员会和水利部的安排，云南省于2003年底正式启动了腾冲、剑川、潞西、玉龙、大姚和勐海等6个县(市)的试点工作。通过实施6县(市)的小水电代燃料生态保护试点工程，可解决近8万户农村居民生活燃料问题，使项目区内54万亩森林植被得到有效保护。

贵州省能源

1. 贵州能源资源

(1)水能资源。根据1981年《全国水能资源普查成果》资料提供，全省水能资源蕴藏量达1874万千瓦，水电可开发容量为1640万千瓦，居全国第六位，主要集中在乌江、南盘江、北盘江、清水河、赤水河。水电站建设大都具有淹没少、投资省、开发条件好的优点。其中乌江是长江南岸最大的支流，全长1037千米，集中落差2124米，多年平均水量534亿立方米，与黄河水量相当，是我国水电的富矿之一。乌江干流梯级开发方案按照普定、引子渡及洪家渡、东风、索风营、乌江渡、构皮滩、思林、沙沱、彭水等10个梯级考虑。除彭水外，其余九个梯级均在贵州境内，贵州省境内装机容量849.5万千瓦。截至2003年底，乌江流域规划梯级电站已经建成200万千瓦，仅占乌江流域贵州境内开发总量的23.54%。

(2)煤炭资源。贵州省含煤面积7万平方千米，占全省国土面积的40%，相对集中在六盘水、织纳、黔北三大煤田，约占全省探明储量的2/3以上。2002年末保有储量为499亿吨，居全国第五位，其中炼焦煤51亿吨居全国第四位。总量比江南11个省区之和476亿吨还多23亿吨，且后备储量大，预测全省埋深2000米以浅煤炭资源总量为2419亿吨。在探明储量499亿吨中，特低硫煤资源量为55亿吨，低硫煤为84亿吨，低中硫煤为45亿吨。低硫煤资源集中分布于省内西北部地区，总体上呈北东向展布，主要分布在盘江、水城、黔西北矿区。在测算的2419亿吨煤炭储量中，硫分小于1.5%的煤就达720亿吨。

在保有储量中，气肥煤45亿吨，占9%；焦煤32亿吨，占6%；瘦贫煤54亿吨，占11%；无烟煤361亿吨，占72%；未分7亿吨，占2%。优质烟煤主要集中在盘江、水城矿区，优质无烟煤主要集中在黔西北矿区。

2. 贵州能源生产建设

（1）电力。贵州是“西电东送”的重点省份之一。贵州省委、省政府多次明确提出：举全省之力，加快以西电东送为主的电力工业发展，进一步发挥贵州省水火互济能源优势的巨大潜力，强抓机遇，抢占先机，把握一切有利条件，在较短的时间内把贵州省建设成为在南方电力平衡中具有重要作用的能源基地。2001—2003年，电力建设投资分别为90.46亿元、109.47亿元、147.29亿元，分别占全社会固定资产投资的16.9%、17.3%、19.5%；电力工业拉动全省经济分别增长1.5个百分点、1.6个百分点、0.95个百分点，拉动全省固定资产投资分别增长2.6个百分点、2.7个百分点、6.0个百分点；三年共实现电力增值税38.76亿元，占全省同期增值税收入的近20%。大规模的电力建设，对贵州经济的发展实现了三个拉动：在上游、大规模的电源电网建设拉动了机械、运输、化工、建材、煤炭等行业的发展，培育壮大了新的支柱产业，带动了相关产业；在中游，电力直接为财政创收每年以两位数增长，已成为重要的税源；在下游，优质优价的电力支撑了全省工农业尤其是高能耗工业的发展。电力工业已成长为我省支柱产业。

从2003年开始，全省第一批4个水电站、4个火电站、8个电源项目陆续建成投产，全省装机总容量达到868万千瓦。2003年全省完成发电量539亿千瓦时，统调装机容量达870.9万千瓦，其中火电装机613.2万千瓦，水电装机257.7万千瓦；发电量477.82亿千瓦时。售电量完成425.46亿千瓦时，其中外送91.53亿千瓦时。第一批“四水四火”项目2003年开始陆续建成投产，第二批“四水六火”项目中盘南电厂、纳雍二电厂正在抓紧施工，省内500千伏“日”字形环网已经建成，贵州至广东500千伏“两交一直”输电工程正在按计划工期进行建设。“两交”2003年5月底建成投运，满足了向广东送电200万千瓦的需要。

（2）煤炭。“十五”以来，根据国家对煤炭行业继续加大结构调整的精神和要求，贵州省继续加大对非法和布局不合理煤矿的关井力度。在组织好电煤供应的同时，配合“西电东送”加快煤田地质勘探工作的力度和大中型矿井的建设进度，落实“大煤保大电”的各方面措施。2003年全省煤炭生产量7800万吨，其中煤炭外运3200万吨。

3. 贵州能源供应与消费

2003年是贵州向广东实现大规模送电的第一年，同时，随着全省经济社会的快速发展，省内用电需求旺盛。由于电网装机容量不足、电煤供应紧张、水库来水偏枯等因素，能源供需矛盾日益突出。能源生产量、消费量中，原煤继续以较快幅度增长，而天然气、水电则有一定下降。2003年贵州一次能源生产量5829.48万吨标准煤，较2002年增长51.4%。其中原煤5573.33万吨标准煤，增长51.4%。天然气5.59万吨标准煤，增长-4.1%；水电250.56万吨标准煤(折算值)，增长-8.0%。一次能源生产总量构成中，原煤占95.6%，天然气占0.1%，水电占4.3%。相比2002年的能源构成92.7%、0.2%、7.1%，原煤比重上升，而天然气、水电比重有所下降。同时2003年省外调入334.41万吨标准煤，较2002年298.68万吨标准煤、2001年291.98万吨标准煤有较大增长。

2003年分行业能源消费量，工业为3604.03万吨标准煤，建筑业为24.08万吨标准煤，交通运输、仓储和邮政业为173.67万吨标准煤，批发和零售业为154.38万吨标准煤，其他行业为225.71万吨标准煤，生活消费为831.05万吨标准煤。

4. 贵州能源运输

贵州地处内陆腹地，在全国沿海、沿边、沿江开放格局中处于不利位置。改革开放、发展外向型经济的大环境给贵州带来了新的机遇，特别是国家实施西部大开发战略以来，基础设施建设快速发展，铁路、公路和电力建设成为贵州当代发展史上最为耀眼的亮点，贵州正从边缘向经济开发前沿迈进，已相继建成了广西南宁至云南昆明铁路贵州段、湖南至贵州铁路复线、四川至云南铁路贵州段、贵州境内的水柏铁路等4条干线和联结线，目前正在建设重庆至湖南铁路贵州段。新建和在建的5条铁路，加上原有的川黔、湘黔、黔贵和黔滇4条铁路，在贵州经济最发达的中部及矿产资源最丰富的西北部，形成两个巨大的“铁十字交叉”和联结线，路网密度居西南前列，运输能力增长了175%，达到了1.1亿吨。公路建设按照北上四川，南下广西，东接湖南，西联云南，形成省会至各地州市高等级公路网的规划加紧进行，1/3的公路完成了改造，高等级公路正在向省境延伸，从四川经贵州至广西的西南出海高等级公路已经全线贯通。贵州现有26条通航河流，水运通航里程1899千米，北可达长江，南可顺珠江出海。以贵阳龙洞堡4D级航空枢纽为中心，支线机场贵州作为中国大西南出海通道和重要的路上交通枢纽，其作用日益显现。

5. 贵州能源环境保护及治理

贵州省以经济结构、产业结构调整为契机，从改善和提高环境质量出发，坚持控制污染物排放总量和生态环境“三区”保护原则，2003年全省环境状况总体上保持稳定，部分区域环境质量有所改善，污染治理取得实效，污染物排放总量得到进一步控制。全省两大流域八大水系水质总体良好，62.2%的监测断面水质达到或优于规定功能区类别，较上年有所提高，12个出境断面水质较好；37.8%的监测断面水质劣于规定功能区类别，其中V类和劣V类水质占24.3%。主要污染河段集中在人口密集区域和工业相对集中区域。城市空气质量趋于好转，满足国家二级标准的城市占统计城市数的41.7%。酸雨污染形势总体格局未变。全省噪声污染控制效果明显。辐射环境质量稳定，总体较好。综合治理水土流失、植树造林、建立自然保护区和森林公园等工作全面展开，生态保护与建设工作得到加强。

（1）能源工业污染物排放。全省废气中二氧化硫排放总量132.29万吨，比上年减少1.4%，其中工业废气中二氧化硫排放量57.02万吨，生活及其他废气中二氧化硫排放量75.27万吨。烟尘排放总量39.13万吨，比上年减少14.5%。

（2）能源工业污染治理。2003年全省工业废气中二氧化硫去除率17.47%，烟尘去除率94.65%，均比上年有所提高。当年完成工业废气治理项目95个，完成投资额1.19亿元，新增废气治理能力210.96万标立方米/时。至2003年底，全省各城市建成烟尘控制区79个，面积267.4平方千米。城市燃气普及率为49.54%。“十五”时期，贵州省国民经济发展随着国家政策向中西部地区的倾斜、改革的深化及产业结构的优化调整，将充分依托能源、矿产、生物及旅游四资源优势，进一步加强突出电力、原材料、矿产开采及两烟一酒、绿色产业等支柱产业。2003年贵州省的GDP为1356.11亿元，比上年增长10.1%。

西藏自治区能源

1. 西藏能源资源

西藏能源资源主要包括水力能源、太阳能、地热能、风能、薪草和畜粪等可再生能源，石油、天然气和煤炭等非可再生能源资源缺乏。全区水能资源理论蕴藏量为2亿多千瓦，占全国的29.7%，在全国各省中居首位，但其分布不均匀，中小型电站少，开发条件差。

西藏水能资源理论蕴藏量为2.01亿千瓦，可能开发的水能资源5975万千瓦，仅次于四川、云南两省，列全国第三。水能资源绝大部分集中在藏东南外流河流域，占全区理论蕴藏量的99.88%。全区可开发水能资源主要集中在国际大江干流上，装机总容量可达5449万千瓦，占全区的91.20%。

西藏是我国地热活动最强烈的地区，据不完全调查，已发现热泉、热水湖及热沼泽等1000余处，据中科院综考会估计，可发电800万千瓦时。

西藏的太阳能资源十分丰富，居全国第一，也是世界上最丰富的地区之一，年总辐射量在6000兆—8000兆焦耳/平方米之间，太阳总辐射的年际变化小，资源稳定。其年辐射量是我国东部沿海地区的1.5—2倍，是全国太阳能资源最丰富的地区，在世界上仅次于撒哈拉大沙漠。

西藏风能资源丰富，风能最大地区位于藏北高原，年均有效风能密度为130—200瓦/平方米，有效风力在4000小时以上；其次为喜马拉雅山脉地区，年均有效风能密度为100—140瓦/平方米。

综合分析，西藏能源资源具有4个主要特征：一是优质的化石能源少，如石油和煤炭，但可再生能源所占比重大；二是能源资源地区间分布极不平衡，总体上，藏东南部能源资源特别丰富，蕴藏全区绝大部分水力能源、森林和薪柴，而藏西北阿里、那曲两地区相对贫乏，以太阳能、风能和畜粪为主要能源，常规能源和新能源在地区分布上呈互补状态；三是资源勘探程度低，矿藏储量少，影响能源资源合理和有效地开发利用；四是开发条件差。

2. 西藏能源发展与建设

2003年，全区全口径发电量首次突破10亿千瓦时。地市以上电网实际完成发电量8.5亿千瓦时，同比增长24%，售电量6.69亿千瓦时，同比增长24%。其中，自治区电力公司系统实际完成发电量7.88亿千瓦时，同比增长24.9%，售电量6.21亿千瓦时，同比增长25.18%。实现年销售收入3.3亿元，同比增长14.93%，上缴税金4600万元。新开工建设直孔水电站、青藏铁路供电工程、昌都电网工程、日喀则至拉孜送电工程和羊湖5号机续建工程等5个项目。金河水电站建设进展顺利，藏中电网网架完善工程已建成投运，拉泽环网形成，二期农网建设与改造工程全部完成。8个重点电力建设项目完成投资10亿元，比上年增长15%。在建的电源项目18万千瓦，在建的电网项目110千伏线路700千米，110千伏变电站4座。全区“送电到乡”小水电建设进展顺利，第一批37个电站已开工建设。

2003年，西藏新成立的能源战略规划前期工作领导小组积极筹措资金，安排项目，使规划前期工作取得了积极进展。重点开展的规划前期工作是：四个规划，即“十五”计划调整和“十一五”发展规划准备，小康社会电力发展规划研究，雅江中游上段(拉孜至曲水)水电规划，拉萨河水电规划；三个查勘，即雅江中游下段(曲松至米林)水电查勘，那曲地区水电查勘，昌都地区水电查勘；二个研究，即林芝与藏中电网联网研究，火电电源研究；一个预可研，即林芝巴河老虎嘴水电站预可研。

2003年完成和基本完成的前期工作：一是阿里狮泉河水电站已经国务院批准立项，开工前的各项准备工作正在进行；二是昌都电网工程已批复立项；三是巴河雪卡水电站可研已上报国家发改委；四是基本完成了拉萨、山南和日喀则城网规划和藏中电网村村通电规划；五是全区农村电力规划编制完成。

3. 西藏能源供应与消费

全区拥有各类电站460余座，总装机容量40万千瓦，年发电量10亿多千瓦时，基本实现县县通电。全区用电人口150多万，为总人口的56%，乡(镇)、行政村通电率分别为71%和41%。

全区现有4个地市级电网，即藏中电网(拉萨、山南、日喀则和那曲)、昌都、林芝和阿里四地电网，总装机容量为31.78万千瓦，供电范围为30个县。其余都为分散电源，共有装机容量为8.22万千瓦。

全区电源结构以水电为主。至2003年底，水电装机34.82万千瓦，占总装机容量的87.05%；火电装机2.56万千瓦，占总装机容量的6.4%；地热电装机2.4万千瓦时，占总装机容量的6.05%；光电装机0.2万千瓦，占总装机容量的0.5%。

藏中电网和昌都电网最高电压等级为110千伏，其他地区最高电压等级为35千伏。110千伏变电站9座，总容量31.45万千伏安，110千伏输电线路长度1700多千米；35千伏变电站40座，总容量20.53万千伏安，35千伏输电线路长度2000多千米。

2003年，全区全口径发电量达10.16亿千瓦时。其中，地市以上电网发电量8.5亿千瓦时，较上年增长24%，售电量6.69亿千瓦时，同比增长24%，用电结构以居民生活为主。

2004年上半年全区地市以上电网完成发电量47242.65万千瓦时，售电量3.77亿千瓦时，同比分别增长25.43%和24.17%。

西藏自治区总体上为缺电状态。一是全区270万人口，用电人口仅为150万，尚有120万人未用上电；二是随着用电负荷的快速增长和电力建设的滞后，西藏藏中电网到2003年底已无备用容量，从2004年底起将出现电力缺口；三是林芝、阿里两地区已缺电多年，近期无电源投入，缺电局面将继续下去，直到新的电源投入。

4. 西藏能源发展战略与规划

西藏经过长期发展总结形成了加快能源建设的方针，即以水电为主，多能互补，积极开发利用太阳能、地热等新能源和可再生能源，重点建设骨干电源，同步建设输配电网，形成多元化能源结构。从长远发展看，在大力发展水电的基础上，要注重骨干电网、电源结构的协调和系统的协调。研究火电在网内的地位、作用和比例，从实际出发，慎重发展火电。要在加快骨干电源建设，加快中部电网联网，实现更大范围资源优化配置的基础上，实现高压输电、低压配电和二次系统的配套协调。要注重电力发展与技术进步的协调，注重与资源开发、环境保护协调。近期要优先发展当地具有资源优势的能源技术，特别是建设一批具有调节功能的水电站、光伏发电、地热发电。以开发可再生能源为主，贯彻西部大开发战略提出的地方资源优势转化为经济优势的思想。鉴于经济分析和环境影响的结果，燃油和燃煤电站作为当地资源的补充。中期将随着交通条件的改善，西藏与周边的经济联系会逐渐加强，区外的能源会大量入藏，从而为西藏的能源供应提供了更多的选择。远期要实现能源结构的多样化，这时可以考虑发展核电。进行核电发展规划时要特别慎重，要把西藏的政治因素考虑充分。

第六章

西北地区能源

陕西省能源

1. 陕西能源资源

（1）煤炭。到2003年底，陕西省境内煤炭探明储量1659亿吨，共有渭北石炭二叠纪煤田、黄陇侏罗纪煤田、陕北三叠纪煤田、陕北石炭二叠纪煤田和陕北侏罗纪煤田五大煤田，其中陕北侏罗纪煤田储量1368亿吨，占陕西总储量的80%以上，属于“三低一高”（低灰、低硫、低磷、高发热量）理想的环保煤、优质动力煤和化工原料煤。

（2）石油、天然气。石油主要分布在陕北榆林、延安两市。截至2003年底，石油探明储量为11.9亿吨。陕西省的安塞、靖安油田是鄂尔多斯盆地内含油面积最大、储量最丰富的油田。天然气主要分布在陕甘宁盆地中部，面积约5万平方千米，是中国陆上最大的整装气田，气源中心主储区位于陕西靖边、横山两县，截至2003年底，探明储量6391亿立方米。

（3）水力资源。主要分布在汉江干流上游和黄河北干流，境内水力资源总蕴藏量1275万千瓦，可开发容量550万千瓦。其中汉江上游干流221.75万千瓦，年发电量70亿千瓦时以上，可开发梯级电站7座，由上而下依次为黄金峡10万千瓦、石泉22.5万千瓦、喜河18万千瓦、安康85.25万千瓦、旬阳32万千瓦、蜀河27万千瓦、白河27万千瓦。目前已建成石泉、安康2座水电站，待开发的5座梯级水电站总装机114万千瓦，其中喜河水电站2003年6月已开工建设，其余四座水电站已经列入滚动开发计划。黄河北干流（内蒙古托克托县河口镇至陕西韩城禹门口段）陕晋河段长565千米，可开发梯级电站4座，自上而下依次是天桥12.8万千瓦、碛口180万千瓦、古贤256万千瓦、甘泽坡44万千瓦，总装机容量为492.8万千瓦，陕西可获得246.4万千瓦装机容量和每年76亿千瓦时电量，已建成一座水电站（天桥水电站12.8万千瓦）。

小水电可开发容量280万千瓦，陕南、汉中、陕北分别为218.4万千瓦、53.2万千瓦、8.4万千瓦，所占比例分别为78%、19%、3%，已开发容量分别为29.7万千瓦、19.25万千瓦、2.25万千瓦，分别占本地区可开发容量的16%、42%和25%。截至2003年底，全省已建成小水电装机为

51.2万千瓦，占可开发容量的21%，年发电量15亿千瓦时。

2. 陕西能源生产与建设

陕西省“十五”期间能源生产能力稳步增长，能源转化项目建设加快。“十五”前三年能源产量年均增长速度维持较高的水平，2001—2003年，能源生产总量分别为4930.63万吨标准煤、5848.52万吨标准煤、8407.00万吨标准煤，增长速度分别为29.58%、18.62%、43.75%，能源生产增长系数分别为3.25、1.92、4.01。

（1）原煤产能建设积极采用综合机械化采煤技术，发展高产高效矿井。2001—2003年全省原煤产量分别为4891.73万吨、5859.31万吨、8300.68万吨。“十五”前三年建成黄陵一号井400万吨，铜川玉华煤矿150万吨，象山煤矿120万吨，朱家河煤矿60万吨，新增煤炭生产能力730万吨。到2003年底全省煤炭生产能力达到1亿多万吨，其中神华3800万吨。开工建设黄陵二号矿井400万吨，大佛寺矿井600万吨，榆树湾矿井800万吨，神木锦界矿井600万吨，王峰煤矿300万吨和玉华煤矿扩建300万吨等生产能力，建成后可新增煤炭生产能力3000万吨。

（2）“十五”前三年电力基本满足了全省国民经济和社会发展需要，但陕北榆林缺电较为严重。2001—2003年，全省发电量分别为299.62亿千瓦时、322.61亿千瓦时、454.68亿千瓦时，电力生产增长速度逐年加快，分别为9.13%、12.31%、23.12%，电力生产增长系数逐步提高，分别为1、1.27、2.12。

电源建设坚持水火并举，以火为主的原则，积极发展煤电一体化大型燃煤坑口电厂，加快开发汉江干流梯级电站，积极准备开发黄河北干流水电资源。“十五”前三年全省新投产装机116万千瓦，其中，蒲城电厂2×33万千瓦，宝鸡二电厂30万千瓦，灞桥技改2×10万千瓦，全省装机年均增长率为5.43%。

（3）石油、天然气开采积极采用先进技术设备，提高开采能力和采收率。原油开采冶炼企业主要有长庆油田管理局（中央企业）和延长石油管理局（省属企业），2001—2003年，省属石油企业原油产量分别为340万吨、450万吨、553万吨。2003年陕西省属三家炼油厂加工能力为860万吨/年，实际年加工原油590多万吨。天然气主要由中石油长庆油田管理局开采，2001—2003年，天然气产量分别为34.40亿立方米、40.04亿立方米、51.85亿立方米，全省天然气消费量分别为5.5亿立方米、6.8亿立方米、8.5亿立方米。

3. 陕西能源供应与消费

2003年能源生产总量8407万吨标准煤，其中原煤生产8300万吨，占70.5%；原油生产1254.49万吨，占21.3%；天然气生产51.85亿立方米，占7.5%；水电生产56万吨标准煤，占0.7%。能源消费总量3919万吨标准煤，其中原煤消费2785万吨标准煤，占71.1%；原油消费897万吨标准煤，占23.9%；天然气消费222万吨标准煤，占5.7%；水电消费15万吨标准煤，占0.4%。2003年全社会用电393.68亿千瓦时，占全省能源消耗总量的23.8%。

全省能源终端消费总量中，工业能源消费比重有所下降，交通运输仓储邮电业和批发零售贸易餐饮业能源消耗去年增长较快，其他行业能源消耗增长率基本保持原有比例（见表14－17）。

表14－17

陕西省能源终端消费构成

单位：%

行业 \ 年份	2001	2002	2003
农林、牧、渔业	2.51	2.09	2.44
工　业	67.69	69.30	58.48
建筑业	3.77	3.45	3.85
交通运输仓储邮电通讯	7.02	7.14	11.54
批发零售贸易餐饮	1.76	1.90	5.36
居民消费	15.03	14.34	15.65
其　他	2.22	1.80	2.68
全省合计	100.00	100.00	100.00

全省用电结构基本没有大的变化，各行业用电保持同步增长（见表14－18）。

2001—2003年，向外省净调出能源总量分别为1752.18万吨标准煤、2331.33万吨标准煤、4421.61万吨标准煤，占全省能源生产总量的比例2556.65万吨、4718.47万吨，占全省煤炭生产量的比例分别为39.35%、43.63%、56.84%。

表 14－18

陕西省用电量及构成

行业＼年份	2001		2002		2003	
	用电量（亿千瓦时）	比　例（%）	用电量（亿千瓦时）	比　例（%）	用电量（亿千瓦时）	比　例（%）
全省用电总量	321.54	100.0	355.97	100.0	393.68	100.0
农林牧渔	25.11	7.8	26.45	7.4	25.84	6.7
工　业	211.85	65.9	234.60	65.9	263.64	67.0
交通运输通讯	17.48	5.4	20.27	5.7	21.99	5.6
城乡居民生活	35.77	11.1	39.89	11.2	43.91	11.2
其　他	31.35	9.7	34.76	9.8	38.31	9.7

陕西电网与西北电网的甘青宁等省区进行水火电容量交换，当前有一定的调出量，陕北则需要从相邻的山西、宁夏调入部分电力。2001—2003 年，全省净调入量分别为 23.58 亿千瓦时、9.76 亿千瓦时、33.17 亿千瓦时。

2001—2003 年，全省原油净调出量分别为 40.73 万吨、87.1 万吨、394.29 万吨；汽油净调出量分别为 64.18 万吨、60.57 万吨、70.73 万吨；煤油净调入量分别为 17.37 万吨、20.03 万吨、27.69 万吨；柴油净调出量分别为 66.09 万吨、88.23 万吨、120.12 万吨；燃料油净调入量分别为 21.88 万吨、15.35 万吨、61.39 万吨。

甘肃省能源

1. 甘肃能源资源

（1）矿产资源。甘肃矿产资源种类多，储量丰富。已发现各类矿产 156 种，占全国已知矿种的 91%。已探明储量的矿种有 82 种，其中能源矿产 8 种，金属矿产 34 种，非金属矿产 38 种，水气矿产 2 种。编入《甘肃省矿产资源储量表》的矿产地 636 处，大型矿床 59 个，中型矿床 133 个，小型矿床 444 个。在全国排序居第一位的矿产有 10 种，前五位的有 34 种，前十位的有 61 种。

（2）煤炭资源。甘肃省煤炭资源比较丰富，分布广泛，全省各地程度不同地蕴藏有煤炭资源，含煤地层分布面积约 4.7 万平方千米，第三次煤炭资源预测与评价获得预测资源量 1428 亿吨，其中可靠级 1185 亿吨，埋深在 1000 米以浅的预测资源量为 132 亿吨。截至 2003 年底，甘肃省已发现和探明煤炭储量 92.3 亿吨，保有资源储量 87.23 亿吨。

（3）水力资源。甘肃省水力资源理论总蕴藏量年发电量 1304.16 亿千瓦时，平均功率 1488.73 万千瓦。技术可开发装机容量 1062.54 万千瓦，年发电量 444.34 亿千瓦时。经济可开发装机容量 900.83 万千瓦，年发电量 370.43 亿千瓦时。目前开发利用率仅为 21.9%。

（4）风能、太阳能。甘肃省属全国风能和太阳能资源丰富区，可开发利用的风能资源总量 1950 万千瓦。甘肃省太阳能资源可开发量达 520 万吨标准煤，全省各地年日照时数在 1710—3320 小时之间，年太阳能总辐射量在 4800 兆—6400 兆焦/平方米之间。

（5）农村能源。甘肃省农村能源人均占有量只有 398 千克标准煤，比全国平均水平低 165 千克，按每年每人实际生活用能至少 455 千克标准煤的标准，全省农村能源供给需求平均短缺 2 个多月，其中干旱半干旱及贫困地区缺能在 4—5 个月以上，缺能 6 个月以上的乡镇有 584 个、710 多万人，约占全省农村人口的 1/3。据典型调查，目前全省农村生活用能中，秸秆占 35%，畜粪占 9%，薪柴占 14%，落叶、草皮等占 7%；煤炭占 30%，沼气、太阳能等新能源仅占 5%。南部山区和林区生物质能消费比例达 80% 以上。

2. 甘肃能源生产和建设

（1）2001—2003 年，全省国内生产总值年均增长达到9.6%，比“十五”计划力争达到9%的预期目标提高0.6个百分点，高于全国平均速度1.4个百分点，实现了国内生产总值增长速度高于全国平均水平的目标。2001—2003年，全省一次能源生产量年均增长17%，消费总量年均增长3%。其中煤炭生产量年均增长量16%，消费量年均增长6.7%；电力生产量年均增长9.5%，消费量年均增长7.8%。2003年甘肃省一次能源生产总量2854.55万吨标准煤，能源总消费量3375.08万吨标准煤；天然气消费量7.36亿立方米；煤炭产量2922.60万吨，年消费量3249.8万吨；电力总装机容量804万千瓦，其中水电327万千瓦，火电475万千瓦，风电2.1万千瓦；发电量达到404.02亿千瓦时，电力消费量398.33亿千瓦时。全省在实现乡乡通电的基础上，村、户通电率分别达到97.73%、96.32%。

全省微小水电550多座，装机容量达到40万千瓦，年发电量17.5亿千瓦时；太阳能发电装机容量达到70万千瓦，年发电量75万千瓦时；风力发电装机容量达到2.1万千瓦，年发电量3800万千瓦时。

（2）“十五”能源重点项目。

煤炭。华亭砚北煤矿年产原煤300万吨基本建设项目，2002年12月工程竣工，投入试生产，2003年生产原煤350万吨。窑街海石湾矿井年产原煤150万吨，2003年主要建设任务已完成，2004年可进行联合试运转。靖远王家山煤矿集中生产更新改造年产原煤300万吨项目进展顺利，2004年可投入运行。华亭华砚煤矿千万吨扩能改造等项目，2005年可建成投入运行。

电力。平凉电厂120万千瓦，2003年已全部投入运行，其中2003年6月3号机组投入商业运营，4号机组12月投入运营。小峡水电站23万千瓦、西流水电站15.7万千瓦、汉坪嘴水电站7.2万千瓦，城市电网改造、农村电网改造、县城电网改造以及张家台、临洮、兰州—金昌等330千伏等在“十五”期间可全部建成。2003年新开工的项目有：连城电厂二期工程60万千瓦、张掖电厂一期工程60万千瓦、靖远三期工程60万千瓦和青海官亭—兰州榆中750千伏输变电工程等。

石油、天然气。已经建成投产的项目有：兰成渝成品油输油管线和青海涩北—西宁—兰州的输气管线。正在建设的项目：西气东输天然气管线工程有已基本建成；西部原油、成品油管道工程和兰州—白银天然气管道工程“十五”期间开工并基本建成。

新能源。送电到乡风光发电工程995千瓦，中日合作风光发电工程212千瓦，中德合作风光发电工程约500千瓦等将在“十五”期间建成。

农村能源。2003年底国家发改委和农业部安排甘肃省农村沼气国债项目两批，共22个县61个乡镇、220个项目村，项目涉及2.88万户，项目总投资1.01亿元，这是自1986年以来甘肃省农村能源建设投入力度最大的项目。

3. 甘肃能源供应与消费

2003年，甘肃省一次能源生产量为2854.55万吨标准煤，能源消费总量为3375.08万吨标准煤。调入量为2387.96万吨标准煤，调出量为1644.21万吨标准煤。年末库存减少71.22万吨标准煤，全年能源总量平衡。全省煤炭生产总量为2922.6万吨，煤炭消费量为3249.8万吨。调入煤炭1291.07万吨，调出煤炭915.23万吨，年末库存减少80.93万吨。全年煤炭供需平衡。全省电力生产总量为404.02亿千瓦时，其中水电生产108.07亿千瓦时，火电生产295.95亿千瓦时。调入电量44.06亿千瓦时，调出电量49.74亿千瓦时，消费电量398.33亿千瓦时。全年电力供需平衡。

青海省能源

1. 青海能源资源

（1）水能资源。青海省水电资源主要集中在黄河干流、通天河及澜沧江干流上。根据已完成的水电资源普查成果，全省理论蕴藏量在1万千瓦以上的河流共108条，可建设0.5万千瓦及以上水电站共242座，规划总装机容量2314万千瓦，年发电量913亿千瓦时。其中30万千瓦及以上电站18座，装机容量1794万千瓦，中型电站5万千瓦至30万千瓦电站32座，装机容量368万千瓦，其他均为5万千瓦以下小型电站。黄河干流自河源到甘肃交界的寺沟峡河段，全长1983千米。从鄂陵湖至寺沟峡坝址，河段全长1793千米，总落差2543米，河段共规划布置了

26座梯级水电站，总利用落差2075米。其中龙羊峡以下至寺沟峡河段全长360千米，总落差865米，共规划了13座大中型梯级电站，总利用落差834米，总装机容量1142万千瓦。龙羊峡以上河段全长1360千米，总落差1670米，共规划布置了13个梯级电站，总利用落差1243米，总装机容量792万千瓦。

（2）煤炭资源。全省煤炭资源主要分布在祁连山、柴达木盆地北缘、昆仑山、唐古拉山、积石山五大含煤区，预测远景储量380.42亿吨，其中可靠级预测储量144.7亿吨，已探明的重要矿区有鱼卡、木里、江仓、热水、大通、默勒等，截至2003年底，全省累计探明地质储量49.85亿吨。已探明的煤种中，除褐煤外，其他煤种齐全，以焦煤为主，储量为32.1亿吨，占总探明储量的64.5%；探明保有煤炭储量48.27亿吨。经过“十五”期间的开发建设，全省累计探明精查储量约11亿吨将全部动用。

（3）石油天然气资源。青海省石油天然气资源主要分布在柴达木盆地，储量丰富，开发前景广阔。预测石油远景储量41.7亿吨，天然气2.5万亿立方米，现已累计探明石油地质储量2.89亿吨，探明加控制天然气储量3029亿立方米。天然气气田集中，丰度高，埋藏浅，质量好。经过“十五”期间的勘探，石油和天然气储量能够满足“十一五”期间开发的需要。

2. 青海能源生产和建设

青海省能源工业发展相对滞后，资源探明率低，开发规模小，技术落后。加强能源工业的基础地位，加快能源工业发展，扩大能源生产规模，满足国民经济发展的需求，是青海能源工业发展的当务之急。

（1）电力。截至2003年底，全省发电装机容量为424万千瓦，其中水电334万千瓦，占总装机容量79%；火电90万千瓦，占总装机容量的21%。青海电网覆盖面积38.4万平方千米，占全省总面积的53%，覆盖人口475万人，占全省总人口的90%。青海电网主网架330千伏线路东西向展开，近2000千米，变电所7座，总容量276万千伏安；南北向以110千伏线路展开，共3342千米，变电所54座，总容量255.5万千伏安。

2003年，全省发电量为129.5亿千瓦时，其中水电65.6亿千瓦时，火电63.9亿千瓦时。青海电网用电量为146.56亿千瓦时，上网发电量为125.26亿千瓦时，输入电量22.8亿千瓦时，输出7.22亿千瓦时，净输入15.58亿千瓦时，限电1.8亿千瓦时。青海电网上网电量116.39亿千瓦时，其中水电74.39亿千瓦时，火电42亿千瓦时。预计2005年，上网发电量172亿千瓦时，用电量225亿千瓦时，缺电量53亿千瓦时。

（2）煤炭工业。青海省煤炭工业基础薄弱，发展严重滞后。到2003年末，全省煤矿共56处，其中国有煤矿28处，民营煤矿28处。生产能力490万吨/年，其中国有316万吨，民营174万吨。2003年全省煤炭产量385万吨。消费量约750万吨，购进量360万吨左右。煤矿综合机械化程度很低，除成规模矿井青海煤业集团所属矿井、西海煤炭开发公司所属矿井实现了初级机械化外，其他多为土法生产，机械程度几乎为零。煤产品单一。截至目前，除门源已建成洗煤能力10万吨的洗煤厂外，其他矿井在简单分选后原煤直接出售，无煤炭深加工和综合利用项目。

2003年开工建设了柴达尔90万吨改扩建矿井、海塔尔60万吨矿井、鱼卡60万吨矿井等，“十五”期间计划开工木里一露天(240万吨)、大煤沟90万吨矿井等，新增生产能力400万吨左右。

（3）石油天然气。青海油田经过40多年来的开发建设，已初步形成开采勘探并举、油气并举、多元发展的格局。截至2003年底，累计探明石油地质储量2.9亿吨，天然气探明加控制地质储量3029亿立方米。2003年底形成原油生产能力220万吨/年，天然气生产能力16亿立方米/年，原油加工能力100万吨/年。2003年生产原油220万吨，天然气15.4亿立方米，原油加工量65万吨。

“十五”期间预计累计探明石油地质储量1.72亿吨，天然气探明加控制储量2425亿立方米。2002年建成了涩宁兰输气管道，年管输能力20亿立方米，加上涩格输气管道年管输能力8亿立方米，涩敦输气管道年管输能力3亿立方米，仙花输气管道年管输能力2亿立方米，形成了东至西宁、兰州，西至花土沟，南到格尔木，北至阿克塞、敦煌的天然气管网，到2003年末，具备了33亿立方米的管输能力。

3. 青海能源供应与消费

2003 年，可供本省的能源消费总量 1124.92 万吨标准煤，其中主要能源煤炭 480.59 万吨标准煤，原油 95.1 万吨标准煤，天然气 187.12 万吨标准煤，电力 321.89 万吨标准煤。消费量 1122.7 万吨标准煤，其中煤炭 322.44 万吨标准煤，石油 151.23 万吨标准煤，天然气 169.19 万吨标准煤，电力 479.84 万吨标准煤。外省区调入能源总量 412.73 万吨标准煤，其中煤炭 262.15 万吨标准煤，焦炭 31.08 万吨标准煤，电力 78.32 万吨标准煤。调出总量 268.41 万吨标准煤，其中原油 219.22 万吨标准煤，汽油 12.07 万吨标准煤，柴油 13.84 万吨标准煤，电力 23.28 万吨标准煤。调入调出相抵后，净调入 144.32 万吨标准煤。

一次能源实物生产量煤炭 310.57 万吨，原油 220 万吨，天然气 15.41 亿立方米，电力 75.64 亿千瓦时。消费量煤炭 672.65 万吨，原油 66.73 万吨，天然气 15.15 亿立方米，电力 158.51 亿千瓦时。调入原煤 367 万吨，焦炭 32 万吨，电力 22.2 亿千瓦时。

宁夏自治区能源

1. 宁夏能源资源

宁夏属陕甘宁能源资源集中区，是我国十大能源集中区之一。

（1）煤炭。宁夏是全国富煤省区之一，是我国重要的煤炭生产基地，也是煤炭净输出省。全区具有贺兰山、宁东、香山、宁南四大含煤区，含煤面积 1.17 万平方千米，探明储量 307.1 亿吨，远景储量 2027 亿吨，分别居全国第六位和第五位，人均占有储量位居全国第一位。在探明储量中，贺兰山煤田 21.52 亿吨，宁东煤田储量 269 亿吨，香山煤田 2.42 亿吨，宁南煤田 9.16 亿吨，其中宁东煤田探明储量占总探明储量的 87.6%。宁夏煤炭煤种齐全、质地优良，并以无烟煤、焦煤、不黏结煤为主，在我国所拥有的 14 种煤种中宁夏就拥有 11 种。无烟煤以低灰、低硫、中高发热量的特点独具环保优势，炼焦精煤品质优良，市场广阔，国内大型钢铁企业广泛采用。同时，地质条件简单，开采条件好，采掘成本低。

（2）石油。全区具有灵盐地区、银川盆地、六盘山盆地及卫宁盆地四个油气远景的地区。目前灵盐地区已获工业油流，其余三个地区勘探程度较低。灵盐地区预测石油储量 3.2 亿吨，探明石油储量 3700 万吨，可采储量 840 万吨。“十五”以来，随着油气资源勘察进一步深入，新增石油地质储量 1200 万吨，控制储量 1700 万吨，预测储量 1600 万吨。

（3）天然气。灵盐地区目前探明天然气储量 1.9 亿立方米，预测总气量 8000 亿立方米，为我国大气田之一。“十五”期间，新增天然气探明地质储量 200 亿立方米，控制储量 500 亿立方米，预测储量 200 亿立方米。

（4）水力资源。宁夏水力资源主要分布在黄河干流，蕴藏量占 95% 以上，其余 5% 分布在清水河、泾河等支流。全区水能资源理论蕴藏量大于 1 万千瓦的河流有 5 条，理论蕴藏年发电量为 187.4 亿千瓦时，平均功率 213.92 万千瓦。其中黄河干流年发电量 178.62 亿千瓦时，平均功率为 203.9 万千瓦；其他支流年发电量 8.78 亿千瓦时，平均功率 10.02 万千瓦。全区水利资源可开发年发电量为 98.44 亿千瓦时，装机容量 245.8 万千瓦。其中黄河干流年发电量 98.08 亿千瓦时，装机容量 244.5 万千瓦，其他支流年发电量 0.36 亿千瓦时，装机容量 1.29 万千瓦。

（5）风能。全区风能资源较为丰富，风能资源理论蕴藏量为 640 亿千瓦时，年平均风速一般为每秒 2—3 米/秒，吴忠市、固原市北部为 3 米/秒左右，贺兰山、六盘山年平均风速分别高达 7.3 米/秒和 6.5 米/秒。已开工建设的宁夏贺兰山风电厂利用小时预计达到 3000 小时左右，电厂规划总装机规模 50 万千瓦。

2. 宁夏能源生产与建设

“十五”期间，随着宁夏经济的迅速发展，宁夏能源工业，尤其是电力、煤炭工业得到快速发展，能源工业体系日趋完整，结构逐步趋向合理，基本形成了以煤炭、电力为主导，石油、天然气为辅助，风电等新能源为补充的能源格局。

2003 年全区能源生产总量达到 2120 万吨标准

煤，煤炭工业结构不断优化。为适应自治区煤炭工业的发展，2002 年，自治区原太西集团、亘元集团、灵州集团等组建成立宁夏煤业集团。宁夏煤业集团成立后，发挥大集团优势，在加快宁东煤田的开发进程中已起到积极的作用。全区煤炭工业已基本形成了以宁夏煤业集团为主，市县乡镇煤矿为辅的煤炭开发企业格局。全区原煤产量由2000 年的 1581 万吨/年增加到 2003 年的 2120 万吨/年。

电力工业发展迅速。截至 2003 年底，全区共有大坝电厂、石嘴山二电厂、石嘴山电厂、大武口电厂、中宁电厂及扩建工程、银川热电厂、贺兰山风电场及青铜峡水电厂，装机总容量达 328.2 万千瓦，其中水电 30.6 万千瓦，火电 297.6 万千瓦。全区电网主网电压为 220 千伏，最高电压为 330 千伏，通过青铜峡变—靖远电厂（双回）、大坝电厂—固原变（单回）共 3 回 330 千伏线路与西北电网联网运行。220 千伏主网北起石嘴山、南至中宁县、中卫县，覆盖全区大部分地区，现已形成南北 4 回线的 220 千伏网架。电网最大外送能力 65 万千瓦，最大受入能力 70 万千瓦。发电量由 2000 年的 131.9 亿千瓦时增加到 2003 年的 198 亿千瓦时。陕甘宁气田至银川第一条输气管线即将进行加压，加压后输气能力将达到 11 亿立方米/年，全区天然气用量大幅度增长。

目前和今后一个时期，宁夏能源生产和建设需要解决的主要问题是：

（1）煤炭。区内煤矿技术和装备水平低。煤矿机械化采煤占 60% 以上，多数矿井生产设备老化。生产矿井技术装备水平较低，煤矿用人多、效率低。产品结构单一。大量原煤未经加工直接外销，煤炭产业链短，高附加值产品少。老矿区资源枯竭，发展受限、挖潜困难。新开发的宁东煤田因诸多因素，探矿权大部分与中石油、中联煤层气公司等申请的石油、天然气、煤层气探矿权重叠。煤炭资源开发时因矿权问题等受到很大制约。矿区环境综合治理进展缓慢。煤矿地表塌陷面积日益扩大，煤矸石堆积占地增加，部分矸石山自燃，矿区瓦斯排放量大，粉尘浓度高，生态环境有待进一步改善。银北地区各矿区随着开采深度的增加，瓦斯、地压、水等一系列因素，造成矿井吨煤成本提高，地质构造趋于复杂，对采区的合理布置都带来了一定的难度。

（2）电力。由于黄河上游水电发电量减少，西北其他省用电也很紧张，从西北主网购入电量将会更加困难，加之近年宁夏电力市场又连续快速增长，电力供需矛盾突出。电源结构急需优化，火电主要发展 60 万千瓦及以上的大容量、高效率火电机组，严格限制火电小机组的发展。水电现有比例较小，待开发的有大柳树水电，应争取尽快开发。宁夏风力资源较好，应积极开发风电等可再生新能源。根据西北及宁夏电网规划，宁夏需结合向华北电网联网送电工程尽快建设高一级 750 千伏电网，以满足宁夏煤电基地电源的接入及西电东送需要。当前需加快宁夏南部 330 千伏主网架建设进度，并加强与西北主网的联络，以满足功率交换要求。同时大力加强区内各级电网建设，满足对负荷供电需要。

（3）石油、天然气。宁夏已建成比较完善的石油、天然气化工基地，而目前全区石油、天然气产量远不能满足其生产需要。银川盆地、六盘山盆地及卫宁盆地油气资源勘查程度比较低，尚不具备开发需要。因此，加速宁夏石油、天然气的勘查、开发和利用将会促使全区产业结构调整及地区经济的发展。

3. 宁夏能源供应与消费

（1）电力供应。电力供应紧张、电源点建设速度滞后已成为宁夏电力工业当前存在的主要问题，电力供应不足已制约了自治区经济的发展。近几年，随着国家西部大开发政策的深入实施，宁夏经济出现了强劲的增长态势，对电力的需求也快速增长，但宁夏自 1997 年 12 月大坝电厂二期工程建成后，至 2002 年底前，近 5 年的时间无新机组投产，电力建设滞后于经济发展，电力供需矛盾十分突出。宁夏全社会用电量已连续四年超过两位数增长，2001—2003 年，全区火电机组利用小时数不断攀升，分别为 6617 小时、7523 小时、7540 小时，远高于全国平均水平。2003 年宁夏电网全网累计发电量（统调机组）197.94 亿千瓦时，同比增长 22.83%；全社会累计用电量达 212.12 亿千瓦时，同比增长 18.66%；从西北电网购入电量

26.56 亿千瓦时，同比增长 2.83%；最大负荷 325 万千瓦，同比增长 26.45%。全区限电量在 6 亿千瓦时左右，限电已造成较大的经济社会影响。

（2）煤炭供应与消费。2003 年宁夏煤炭产量为 2120 万吨，其中宁夏煤业集团产量 1820 万吨，其他地方小型煤矿产量为 300 万吨，均创历史最高水平。煤炭市场用户主要为本区电力、化工及销往外省区，近几年每年向外省区输送煤炭 800 万吨左右，宁夏已成为全国煤炭生产和能源供应的基地之一，主要销往陕西、甘肃、青海、新疆、西藏、湖南、湖北、河南、河北、福建、浙江、江苏、上海、山东、北京、辽宁、吉林、内蒙古等省、市、自治区；出口煤炭 26 万吨，销往法国、德国、荷兰、比利时、日本等国。全区煤炭供需基本平衡。

2003 年宁夏煤炭消费结构为：电煤 775.65 万吨占 41.90 %，冶金占 12.10%，化工、化肥占 9.18%，其他用煤占 36.82%。

新疆自治区能源

1. 新疆能源资源

新疆是中国的能源资源富集区，资源储量丰富，品质优良。根据全国第三次资源预测与评价，新疆煤炭资源量 2.19 万亿吨，水能理论蕴藏量 4054.70 万千瓦，石油资源量 209.20 亿吨、天然气资源量 10.80 万亿立方米，风能理论蕴藏量 9100 亿千瓦时，太阳能理论蕴藏量（辐射总量）1450—1720 千瓦时/（平方米·年），目前生物质能年可开发量 2650 万吨标准煤。

2. 新疆能源生产消费结构

随着新疆经济和能源工业的快速发展，能源生产和消费结构发生了实质性的变化，逐步由单一型煤炭结构调整为复合型能源结构。2003 年，全疆能源生产总量 6657.4 万吨标准煤，能源消费总量 4064.4 万吨标准煤，形成了以煤、油为主，天然气和水、风电为辅，太阳能综合利用，多能互补的生产、消费结构（见表 14－19）。

表 14－19

2003 年新疆能源生产、消费及构成

能源类别	生产总量（万吨标准煤）	生产结构（%）	消费总量（万吨标准煤）	消费结构（%）
合　计	6657.4	100.0	4064.4	100.0
原　煤	2736.2	41.1	—	—
煤　炭	—	—	2450.8	60.3
原　油	3062.4	46.0	—	—
石　油	—	—	882.0	21.7
天然气	679.0	10.2	532.4	13.1
水风电	179.8	2.7	199.2	4.9

1978—2003 年，新疆一次能源生产总量年均增长率 6.40%，能源消费总量年均增长率 5.86 %，均低于同期国民经济 10.17% 的年均增长率（按 1990 年不变价计算，下同），基本实现了前行发展。

2003 年新疆能源工业产值 256.77 亿元，占全疆工业总产值的 39.17 %，其中石油天然气开采业和石油加工业占全疆工业产值的 32.28% 成为国民经济的支柱产业（见表 14－20）。新疆在大力发展能源的同时，认真贯彻开发与节约并重的方针，能源消耗大幅度下降，万元国内生产总值的能源消耗从 1978 年的 6.19 吨标准煤下降到 2003 年的 2.28 吨标准煤，万元工业总值的能源消耗从 1978 年的 10.42 吨标准煤下降到 2003 年的 3.55 吨标准煤，能源消费的低增长保证了国民经济的较高增长。

表 14－20

2003 年新疆能源工业产值及比重

行　业	工业产值（亿元）	占工业总产值比重（%）
合　计	256.77	39.17
煤炭开采和洗选业	17.01	2.59
电力生产和电力供应业	21.08	3.22
石油和天然气开采业	115.04	17.55
石油加工业	103.08	15.73
燃气生产和燃气供应业	0.56	0.09

注：按 1990 年不变价计算。

3. 新疆能源工业

新疆能源工业布局和生产规模业已形成。通过近五年的体制改革和结构调整，生产集中度进一步提高，能源工业步入了规模化、集团化、产业化的发展阶段，新疆已成为中国主要的能源（原煤、原油、成品油、天然气）外调省区。

（1）煤炭工业。

煤炭生产与供应。目前，新疆已建成了乌鲁木齐六道湾、乌鲁木齐艾维尔沟、哈密三道岭三大主体矿区，伊犁喀赞奇、塔城铁厂沟、昌吉硫磺沟、巴音郭愣塔什店、阿克苏铁力克等18个骨干矿区，形成了以自治区国有重点煤矿（乌鲁木齐矿业集团、哈密煤业集团、新疆焦煤集团）为骨干，区地（州）县国有（股份）煤矿为主体，乡镇（个体）煤矿为生力军的煤炭生产体系。全疆85个县（市）中，有76个县（市）办有煤矿。截至2003年底，全疆原煤开采能力3500万吨/年，洗选煤能力450万吨/年。全疆持有两证（采矿许可证、煤炭生产许可证）、生产能力1万吨/年以上的各类矿井652座，其中9万吨/年以上矿井占全疆矿井数量的20%，生产能力约占全疆原煤开采能力的43%。

2003年，新疆原煤总产量3482.86万吨，其中国有重点煤矿893.22万吨，占25.65%；国有（股份）煤矿921.26万吨，占26.45%；乡镇（个体）煤矿1668.38万吨，占47.90%。与2002年相比，原煤产量增长12.40%，其中国有重点煤矿增长20.90%，国有（股份）煤矿下降29.59%，乡镇（个体）煤矿增长43.09%。

2003年，新疆原煤外调区外（甘肃省）量295.83万吨，区内消费总量3184.06万吨，其中第一产业116.80万吨，占3.67%；第二产业2253.72万吨，占70.78%；第三产业188.5万吨，占5.92%；城乡居民生活消费625.04万吨，占19.63%。

2003年与2002年相比，原煤外调量增长25.76%，区内消费总量增长9.87%，其中第一产业增长2.46%，第二产业增长13.47%，第三产业增长0.30%，生活消费增长2.47%。

煤矿安全和技术指标。2003年，新疆各类煤矿百万吨死亡率4.29，其中国有重点煤矿0.46，国有（股份）煤矿3.79，乡镇（个体）煤矿6.60，比2002年下降20%。

2003年，新疆国有重点煤矿采煤机械化程度81.48%，其中综采84.18%，综掘44.16%，比2002年下降1.42个百分点。

地质勘探。2003年，新疆煤炭地质勘探35处，新增探明煤炭资源量115.55亿吨。其中，国家预算管理地质项目报告5件，通过国土资源部储量评审中心评审的报告1件。

基本建设。2003年，新疆煤炭建设完成固定资产投资7.88亿元。新增原煤开采能力374万吨，其中新建竣工投产矿井1座、生产能力150万吨/年；更新改造矿井生产能力224万吨/年。新建竣工投产洗煤厂1座，生产能力110万吨。正在更新改造矿井2座，生产能力180万吨/年；煤田（硫磺沟煤田）火区灭火1处。

（2）电力工业。

发电装机规模。截至2003年底，新疆建成装机容量0.60万千瓦以上水、火、风力发电厂（站）104座，发电装机总容量543.14万千瓦，其中水电89.84万千瓦，占16.54%；煤电385.49万千瓦，占70.97%；油电1.54万千瓦，占0.28%；气电55.81万千瓦，占10.28%；风电10.46万千瓦，占1.93%。

建成了以乌鲁木齐为中心的220千伏新疆主电网和伊宁、阿勒泰、阿克苏、喀什、和田五个相对独立的110千伏区域性电网，110千伏及以上输电线路总长1.15万千米，变电总容量3648.90万千伏安。

截至2003年底，新疆主电网发电装机容量413.27万千瓦，占全疆发电装机总容量的76.09%；110千伏及以上输电线路总长1.09万千米，变电总容量760.73万千伏安。电网覆盖地域的国内生产总值约占全疆国内生产总值的70%。

电力生产供应。2003年，新疆发电总量234.62亿千瓦时，其中水电36.20亿千瓦时，占15.43%；火电（包括油电、气电）196.28亿千瓦时，占83.66%；风电2.14亿千瓦时，占0.91%。与2002年相比，发电量增长10.54%，其中水电增长4.41%，火电增长11.69%，风电增长16.30%。

2003年，新疆全社会用电总量230.59亿千瓦时，其中第一产业用电20.40亿千瓦时，占8.85%；第二产业用电173.79亿千瓦时，占75.37%；第三产业用电16.03亿千瓦时，占6.96%；城乡居民生活消费用电20.37亿千瓦时，占8.83%。输配电损失量4.03亿千瓦时。

2003年与2002年相比，用电量增长9.59%，其中第一产业下降0.98%，第二产业增长13.67%，第三产业下降0.95%，城乡居民生活消费增长6.09%。

发供电指标。2003年，新疆火力发电煤耗428克/千瓦时，比2002年降低11克/千瓦时；火力发电供电煤耗435克/千瓦时，比2002年降低7克/千瓦时；输配电损失率1.08%，比2002年上升了0.22个百分点。

电源建设。2003年，新疆电力建设完成固定资产投资36.49亿元。投产电源新增发电装机容量70.08万千瓦，其中水电4.0万千瓦，火电65.3万千瓦，风电0.78万千瓦；在建电源发电装机容量170.78万千瓦，其中水电78.0万千瓦，火电90.50万千瓦，风电2.28万千瓦。建成投产110千伏及以上输电线路1131千米，变电总容量152.67万千伏安。

电力体制改革。2003年是新疆实施电力体制改革的一年，通过厂网分家，发电企业和电网资产重组，中国国电集团公司、中国华电集团公司、山东鲁能集团公司进入新疆电力市场，电源建设投资主体呈多元化，加快了电力行业的发展进程。同时也出现了电源的重复建设、无序竞争问题。

（3）石油工业。

油气生产与消费。截至2003年底，新疆形成原油开采能力2500万吨/年，天然气工业开采能力60亿立方米/年，原油加工能力（包括未投产的塔里木石化公司）1800万吨/年，建成石油（包括成品油）管道2890千米，输油能力4040万吨/年；天然气管道（不包括“西气东输”新疆境内段）2303千米，输气能力2270万立方米/日。

2003年，新疆原油总产量2141.39万吨，其中准噶尔油田1060.10万吨，占49.50%；吐哈油田235.00万吨，占10.97%；塔里木油田846.29万吨，占39.52%。与2002年相比，原油总产量增长5.17%，其中准噶尔油田增长4.93%，吐哈油田下降6.81%，塔里木油田增长9.21%。

2003年，新疆天然气总产量50.29亿立方米，其中准噶尔油田22.10亿立方米，占43.94%；吐哈油田12.30亿立方米，占24.46%；塔里木油田15.89亿立方米，占31.60%。与2002年相比，天然气总产量增长3.65%，其中准噶尔油田9.46%，吐哈油田增长7.89%，塔里木油田下降6.14%。

2003年，新疆原油外调区外量952万吨，区内消费量1189万吨，其中加工（炼油）量1134万吨，占95.37%；其他消费量55万吨，占4.63%。与2002年相比，原油外调量增长4.04%，区内消费量增长6.07%，其中加工量增长7.18%，其他消费量下降14.54%。

2003年，新疆天然气油田和石化企业消费36.87亿立方米，地方（自治区）工业、发电消费2.25亿立方米，城市居民、采暖、汽车加气消费2.57亿立方米，其他利用和油田排空8.60亿立方米。

石油、天然气勘探。截至2003年底，新疆累计探明石油地质储量29.78亿吨，其中准噶尔盆地19.08亿吨，占64.07%；吐哈盆地2.72亿吨，占9.13%；塔里木盆地7.29亿吨，占24.48%；其他0.69亿吨，占2.32%。截至2003年底，新疆累计探明天然气地质储量1.01万亿立方米，其中准噶尔盆地2463亿立方米，占24.40%；吐哈盆地381亿立方米，占3.77%；塔里木盆地7250亿立方米，占71.82%。

基本建设。2003年，新疆原油、天然气开采完成固定资产投资164.48亿元。新增原油开采能力406.60万吨/年，天然气开采能力7.25亿立方米/年；新建天然气管道（不包括西气东输新疆境内段）83千米，输气能力1.96亿立方米/年；新增探明石油地质储量3.35亿吨，天然气地质储量337亿立方米。

（4）可再生能源。

开发规模。新疆是中国可再生能源资源最丰富的省区，也是国内最早进行可再生能源开发应用的省区之一。截至2003年底，新疆建成微、小、中型水电站408座，发电装机容量99.97千瓦，水能已开发利用量约占全疆资源可开发量的2.5%；建成风电场4座，并网式风电装机容量11.10万千瓦，风能已利用量仅占全疆资源可开发量的0.1%；建成和推广太阳能光伏电源总功率2679千瓦；建成农村沼气池4000座，受益农民1.37万人。目前，已通过农村小水电、小（微）型风电、光伏电源、沼气池解决了农牧区150多万人的用能问题。新疆可再生能源的产业发展水平目前位于我国前列。

风能利用。新疆金风公司在引进、吸收世界

先进技术基础上，实现了600千瓦风电机组国产化，国产化率达到96%，国内市场占有率在50%以上，已形成年200台大型风机生产能力，正在开展750千瓦风机和1200千瓦无齿轮箱直驱风机国产化研制，成为我国目前最大的风机生产基地。

太阳能利用。新疆新能源公司研究开发的光伏电源控制器、逆变器、并网装置和太阳能直流照明电源技术水平与国内同步，其中太阳能扬水与照明综合应用系统、光伏电站的核心技术处于国际先进水平，目前已具备了年产和组装2万套户用电源系统、5000千瓦功率光伏电站能力。

新疆生产建设兵团能源

1. 新疆兵团能源工业

能源是新疆兵团国民经济的基础产业。充分利用新疆兵团丰富的能源资源，加快能源工业结构调整，使能源资源优势真正转化为经济优势，对保证国民经济健康、持续、快速增长，保障人民生活需要、促进新疆地区的稳定和发展，具有重要的作用。

(1) 电力工业。经过近50年的艰苦创业，目前新疆兵团电力系统总装机容量排在华电新疆公司、国电新疆公司和新疆电网公司之后。2003年全兵团完成发电量21.26亿千瓦时，其中水电6.49亿千瓦时，火电14.67亿千瓦时。

(2) 煤炭工业。煤炭是新疆兵团的主要能源，在新疆兵团一次性能源消费中占主导地位。煤炭工业作为基础产业，对兵团国民经济和社会发展起着重要的保障作用。经过多年的建设和发展，新疆兵团初步形成了农二师哈满沟、农四师铁厂沟、六师大黄山、八师南山、十师和什托洛盖等小型矿区和主要产煤基地，有力地保障了当地的能源供应和经济发展。由于资源和经济发展水平的制约，兵团煤炭工业生产力布局形成了北强南弱的历史格局。

2003年全兵团共生产原煤372万吨，占自治区总产量3482万吨的10.7%。全兵团煤炭工业持证矿井数59对，生产能力347.5万吨/年。其中9万吨/年以上的矿井15对，其中生产能力15万吨/年矿井4对，占持证矿井数的25%。单井生产能力5.9万吨/年。全兵团师属独立核算煤矿4个，拥有持证矿井12对；师属大型企业所辖煤矿4个，拥有持证矿井10对；团办煤矿26个，拥有持证矿井37对。

(3) 新疆兵团经济及产业结构。2003年兵团实现生产总值268.7亿元，增长12.9%。其中，第一产业109.1亿元，增长8.4%；第二产业70.7亿元，增长13.3%，工业43.5亿元，增长15.2%，建筑业27.2亿元，增长10.2%；第三产业88.9亿元，增长17.9%。第一、二、三产业增加值占兵团生产总值的比重分别为40.6%、26.3%和33.1%。人均生产总值突破万元，达到1.07万元，比上年增长10.9%。

2. 新疆兵团能源供应与消费

2003年兵团能源消耗原煤265.19万吨，电力395.78亿千瓦时，热力476.31万吉焦。其中，工业生产消耗原煤260.96万吨，电力22.28亿千瓦时，热力429.20万吉焦；非工业生产消耗原煤4.23万吨，电力17.30亿千瓦时，热力47.11万吉焦。兵团能源运输主要是煤炭的运输，除每年有20万吨原煤通过铁路运往内地以外，其余均为疆内用煤企业和居民用煤，运输方式为公路运输。

3. 新疆兵团能源工业发展思路

新疆兵团实施节能优先、效率为本，煤为基础、多元发展，立足兵团、开拓区内，统筹城乡、合理布局、技术进步、体制创新，保护环境、保障安全的发展战略，为全面建设小康社会提供稳定、经济、清洁的能源保障，以能源的可持续发展和有效利用支持兵团经济社会的可持续发展。

(1) 电力工业。坚持与兵团国民经济发展相适应，适度超前发展。一是电源超前发展，保证电力系统有比较充裕的备用容量；二是电网超前发展，推进各师电网联网工程，提高电网运行电压等级，建设220千伏输变电网架，提高区域间输变电能力，保证电网的安全性和经济性；三是在继续稳步发展火电的同时，积极开发水电和风电，提高洁净能源的发电容量比例；四是适时在煤炭基地建设大容量、高参数电站，逐步淘汰高耗能的小火电机组；五是整合兵团电力资源，先期组建北疆和南疆电力集团公司，条件成熟后，成立兵团电力集团公司，实现对兵团电网和电源的统一规划管理，为兵团的经济建设和社会发展提供强有力的能源保障；六是参与新疆电力市场竞争，按照国家西部大开发的战略部署，为西电东输工程做好电源建设储备；七是积极发展抽水蓄能电站，因地制宜地发展水电，满足系统调峰的需要。

(2) 煤炭工业。一是关闭非法和布局不合理以及浪费资源、没有起码安全生产条件的小煤矿，发挥国有大矿生产能力；二是调整煤炭生产结构和企业组织结构；三是发展与煤炭工业配套的非煤产业和煤炭深加工，调整煤炭产品结构。

注：本篇数据除注明外，均由各地发展和改革委员会提供。

第十五篇 能源重大建设项目

KEY ENERGY CONSTRUCTION PROJECTS

第一章

煤炭重大建设项目

煤炭项目

截至2003年底，在建大中型煤矿共计140处，设计生产能力1.8亿吨/年，占在建煤矿总规模的75%。其中新建85处，设计生产能力1.2亿吨/年；扩建55处，新增煤炭生产能力0.6亿吨/年。这些大中型煤矿大部分在2005年以前投产。

在1.8亿吨/年大中型煤矿中，按规划区分，晋陕蒙区1.13亿吨/年，占62.8%；华东区3300万吨/年，占18.3%；新甘宁青区700万吨/年，占3.9%；东北区500万吨/年，占2.8%；西南区800万吨/年，占4.4%；中南区800万吨/年，占4.4%；京津冀区600万吨/年，占3.3%。

2002—2003年煤炭重点建设项目主要有以下：

山西潞安屯留矿井一期工程

建设规模270万吨，总投资11.16亿元；

山西阳泉新元矿井一期工程

建设规模300万吨，总投资10.59亿元；

山东巨野矿区龙固矿井一期工程

建设规模300万吨，总投资16.18亿元；

山东济北矿区唐口矿井及选煤厂

建设规模300万吨，总投资13.8亿元；

安徽淮南顾桥矿井及选煤厂

建设规模500万吨，总投资20.0亿元；

安徽刘庄矿井及选煤厂

建设规模300万吨，总投资11.1亿元；

山西河曲矿区上榆泉矿井一期工程

建设规模300万吨，总投资6.2亿元。

第二章

电力重大建设项目

水电项目

长江三峡工程

长江三峡工程是世界最大的水利枢纽工程，是治理和开发长江的关键性骨干工程。坝址位于长江三峡西陵峡河段，控制流域面积达100万平方公里，年平均径流量4510亿立方米。

三峡工程是具有防洪、发电、航运等巨大综合效益的多目标开发工程。三峡工程由拦河大坝及泄水建筑物、水电站厂房、通航建筑物等组成，采用“一级开发，一次建成，分期蓄水，连续移民”的实施方案。拦河大坝为混凝土重力坝，泄洪坝段居中，两侧为电站厂房坝段和非溢流坝段。坝轴线全长2309.47米，坝顶高程185米，最大坝高181米。水库正常蓄水位高程175米，总库容393亿立方米，其中防洪库容221.5亿立方米。

三峡工程总工期为17年，按施工导流分三个阶段进行施工。第一阶段(1993—1997年)主要进行施工准备，开挖导流明渠，以实现大江截流为标志；第二阶段(1998—2003年)主要建设泄洪坝段和左岸电站厂房，以及双线五级船闸，以实现水库初期蓄水、第一批机组发电和双线五级船闸通船为标志；第三阶段(2004—2009年)主要任务是建设右岸大坝和厂房，以实现全部机组投产发电和枢续工程完建为标志。

国家正式批准的三峡工程初步设计静态概算(1993年5月末价格，不包括物价上涨因素及施工期贷款利息)为900.9亿元。其中枢纽工程投资500.9亿元，水库淹没处理及移民安置费用400亿元。由于三峡工程施工期较长，考虑物价上涨及施工期贷款利息等因素，估算动态总投资为2039亿元。工程资金采取国家注入资本金(三峡基金)、葛洲坝电厂发电收入、政策性银行贷款、发行企业债券和股票、商业银行贷款、出口信贷以及三峡电厂的发电收入等多种渠道筹集。

云南大朝山水电站

该项目位于云南省临沧地区的云县和思茅地区的景东彝族自治县交界的澜沧江上，装机6台单机容量22.5万千瓦，总容量135万千瓦，保证出力35.13万千瓦，多年平均发电量59.31亿千瓦时。总投资88.7亿元，注册资本17.7亿元，国投电力公司控股持有股份比例50%。

大朝山水电站是国家重点工程，1992年开始前期工程准备，1994年列入国家预备开工项目，1997年8月4日经国家批准正式开工，同年11月10日顺利完成大江截流。2001年已按计划实现首台机组建成投产，2002年提前实现3台机组投产，2003年投产2台机组，从而实现董事会确定的“1、3、2”发电的目标。大朝山水电站的建成投产，加快了西电东送和云电外送的进程，保证了国家西部大开发战略的实施。

二滩水电站

该项目位于四川省攀枝花境内的雅砻江上，装机6台，单机容量55万千瓦总容量330万千瓦，设计多年平均年发电量170亿千瓦时。工程1991年9月开工；1998年8月第一台机组发电，1999年12月6台机组全部投产。工程总投资285亿元，注册资本46亿元，国家开发投资公司持有股份比例48%，并列第一股东，董事长单位。

二滩水电站是20世纪中国建成的最大水电站，混凝土双曲拱坝坝高240米，总库容58亿立方米，二滩工程是中国实行国际竞争性招标并按国际通用的FIDIC合同管理建设的水电工程，也是中国使用世界银行贷款最大的工程。

棉花滩水电站

棉花滩水电站位于福建省永定县境内韩江上游汀江干流上，工程以发电为主，兼有防洪、航运等综合效益。棉花滩水电站总装机容量为60万千瓦，由四台15万千瓦的混流式水轮发电机组组成；年平均发电量15.2亿千瓦时；最大坝高111米，水库总库容22.14亿立方米，输电工程共设置220千伏输电线路五回，建成后主要向福建省电网的龙岩、漳州及厦门地区供电。按1997年价格水平计算的工程静态投资为37.09亿元，动态总投资为49.10亿元。工程1998年9月截流，2001年4月首台机组发电，2002年3月工程竣工，总工期4年2个月。该工程对减轻下游韩江三角洲的洪水灾害起到了重要作用。

贵州乌江洪家渡水电站

洪家渡水电站是西电东送的启动工程，是乌江梯级开发的龙头电站，位于贵州黔西县与织金交界的乌江干流上。电站总装机容量60万千瓦，总投资49.27亿元。设计大坝高179.5米，水库总库容49.47亿立方米，其中调节库容33.61亿立方米，是乌江梯级电站中惟一对水量具有多年调节能力的电站。2000年11月8日开工建设，2001年11月15日工程截流，预计于2004年底三台20万千瓦机组全部建成，将比初设工期提前两年建成。水电站建成后，不仅可以为西电东送提供优质可靠的电能，而且可极大地增强乌江下游多梯级电站的发电能力，经济效益和社会效益十分可观。

青海黄河公泊峡水电站

该项目是西部大开发西电东送北部通道的启动工程，是黄河上游龙羊峡至青铜峡河段梯级规划中的第四级百万千瓦以上的水电站。公泊峡水电站枢纽主要是由拦河大坝、右岸引水发电系统、左岸溢洪道、左岸底孔泄洪洞、右岸深孔泄洪洞等建筑物组成，拦河大坝为混凝土面板堆石坝，最大坝高133米，电站装有5台30万千瓦水轮发电机组，总装机容量为150万千瓦，设计多年平均发电量为51.4亿千瓦时。电站以发电为主，兼有灌溉、供水等综合效益。

公泊峡水电站工程投资概算为62.57亿元，工程总投资62.57亿元。首台机组计划于2004年9月发电。工程计划2006年全部建成。

电站工程于2001年8月正式开工建设，2002年3月18日实现截流，计划2006年竣工。装机容量30万千瓦一号机组于2003年9月20日并网发电。该机组正式运行后每天向西北电网输出电能720万千瓦时。

广西龙滩水电站

该项目位于红水河上游，广西天峨县境内，电站具有较好的调节性能。正常蓄水位初期按375米建设，装机7台，单机容量60万千瓦，总容量420万千瓦，年发电量156.7亿千瓦时，总库容162.1亿立方米；后期正常蓄水位400米时，装机9台，总容量540万千瓦，年发电量187.1亿千瓦时，总库容272.1亿立方米。施工准备期两年，第一台机组六年发电，总工期九年。按1998年价格水平，总投资247亿元。

龙滩水电站是红水河规划建设的10个梯级电站中的龙头电站，是一座以发电为主，兼有防洪、改善航运等综合效益的水电枢纽工程。水库具有多年调节性能，可增加下游各梯级电站保证出力83万千瓦，增加年发电量24亿千瓦时。当后期蓄水位达到400米时，装机容量9台，单机容量60万千瓦，总容量540万千瓦，年发电量187亿千瓦时，总库容达272.7亿立方米，可使下游各梯级电站增加出力24.2万千瓦，增加年发电量16.1亿千瓦时，发电效益巨大，是改善广西乃至华南地区能源结构的一项战略性工程。

云南小湾水电站

该项目是西电东送的标志性工程，位于滇西南涧县与凤庆县交界，是澜沧江中下游河段规划梯级中的第二级，电站建成后装机容量420万千瓦，年发电量189.9亿千瓦时。2005年大江截流，2010年底第一台机组发电。

小湾电站于2002年1月20日正式开工，2004年10月25日提前一年实现了大江截流。电站建成后将形成容量150.43亿立方米的水库，并以发电为主，兼有防洪、灌溉、拦沙及航运等综合利用的效益，是澜沧江中下游河段的龙头水库。这里坝址地形地质条件优越，适于修建高坝大库。坝高292米的小湾电站，具有多年调节水资源的能力，是所有中下游梯级电站中最高的一座，大坝由混凝土双曲拱坝、坝后水垫塘及二道坝、左岸一条泄洪洞及右岸地下引水发电站组成。

湖北清江水布垭水电站

湖北清江水布垭水电站位于湖北恩州巴东县境内，是清江流域梯级开发的龙头电站，也是华中地区未来重要的调峰电源。设计坝高233米，为当今世界第一混凝土面板堆石坝。水库正常蓄水位400米，总库容45.8亿立方米，为多年调节水库。总装机160万千瓦，安装4台40万千瓦水轮机组，年均发电量39.2亿千瓦时。总投资106亿元。工程建设期为2002年至2009年，计划于2008年底全部机组投产发电。2003年完成投资10.9亿元，大坝填筑至228米高程。电站建成后将有效促进华中地区的能源资源的优化配置。

浙江桐柏抽水蓄能电站

浙江桐柏抽水蓄能电站位于浙江省天台县栖霞乡百丈村，距杭州市约150千米。该工程最大坝高68米，总装机容量为120万千瓦，四台30万千瓦的水轮水泵发电机组，年发电量21亿千瓦时，年抽水电量为28亿千瓦时，平均发电水头260米。总投资43亿元。2002年2月开工建设，建设工期6年，计划于2007年12月竣工。

华东电网是全国最大的电网，但调峰能力严重不足。而桐柏抽水蓄能电站是华东电网的主力调峰电站，它的建成对华东地区的能源供应、经济和社会发展将发挥重要作用。

山东泰安抽水蓄能电站

山东泰安抽水蓄能电站位于泰山西南麓，距济南市70千米，是山东省第一个大型水电站。总装机容量为100万千瓦，四台25万千瓦水泵水轮发电机组，年发电量13.38亿千瓦时，年抽水电量17.84亿千瓦时。总投资42亿元。2002年4月开工建设，工期为6年6个月，计划于2005年底第一台机组发电，2008年全部建成投产。工程建成后将对提高山东电网的供电质量，保证电网安全运行发挥重要作用。

沅水三板溪水电站

沅水三板溪水电站位于沅水上游清水河段的贵州省锦屏县境内，是沅水干流规划的15个梯级电站的第二级电站。总装机容量100万千瓦，4台25万千瓦机组，年发电量24.28亿千瓦时。总投资61.5亿元。2002年7月开工建设，工期五年，预计2005年首台机组投产发电，2007年部全部工程竣工。工程建成后将具有发电、防洪、航运、旅游等综合效益。

广州抽水蓄能电站

该项目位于广东省从化市吕田镇境内，总装机容量240万千瓦安装8台30万千瓦机组，是中国第一座高水头、大容量的抽水蓄能工程，也是目前世界上最大的抽水蓄能电站。

电厂一期工程装机容量120万千瓦，安装4台30万千瓦的蓄能机组，转速500转/分，设计水头535米，综合效率76%，通过2回500千伏输电线并入广东电网，为大亚湾核电站的安全经济运行和提高电网供电质量服务。电厂一期工程于1989年5月25日开工，1993年6月29日第一台机组投入可靠性运行，历时49个月。电厂二期工程于

1994年9月开工，第一台机组于1998年12月并网运行，建设竣工庆典于2000年7月19日隆重举行，这标志着广蓄电厂两期工程建设的全面竣工，装机总容量达到240万千瓦。

该电厂由广东省电力集团公司、国家开发投资公司和核工业总公司合资兴建，内资由联营三方筹措，外资利用法国政府贷款(一期)和亚洲开发银行贷款(二期)，用于引进机电设备。广东抽水蓄能电站联营公司为业主单位，广东省水利电力勘测设计研究院负责设计，中国水利水电第十四工程局负责施工和安装，中国水利水电建设工程咨询公司中南公司负责监理。

四川锦屏一级水电站

该项目位于四川省凉山彝族自治州盐源县和木里县境内，总装机容量360万千瓦，是雅砻江干流下游河段(卡拉至江口河段)的控制性水库梯级电站，其下游梯级依次为锦屏二级(440万千瓦)、官地(180万千瓦)、二滩(330万千瓦，已投产)、桐子林水电站(45万千瓦)，下距河口约358千米。

锦屏一级水电站坝址以上流域面积10.3万平方米，占雅砻江流域面积的75.4%。坝址处多年平均流量为1220立方米/秒，多年平均年径流量385亿立方米。锦屏一级水电站规模巨大，主要任务是发电。电站总装机容量360万千瓦，枯水年枯期平均出力108.6万千瓦，多年平均年发电量166.2亿千瓦时。水库正常蓄水位1880米，死水位1800米，总库容77.6亿立方米，调节库容49.1亿立方米，属年调节水库。枢纽建筑由挡水、泄水及消能、引水发电等永久建筑物组成，其中混凝土双曲拱坝坝高305米，为世界第一高拱坝。建设总工期9年3个月，工程静态总投资183.7亿元，总投资232.3亿元。

锦屏一级水电站已经国家正式批准立项，可行性研究报告已编制完成并通过审查。计划2005年正式开工，2012年首台机组发电，2013年工程竣工。

惠州抽水蓄能电站

该项目位于广东省惠州市博罗县象头山，是广东省内兴建的第二座大型抽水蓄能电站，该电站分上下两库建设，设计总装机容量240万千瓦，安装8台30万千瓦机组，年发电量45.62亿千瓦时，年抽水蓄能电量60.03亿千瓦时。国投电力公司持有股份比例23%，并列第二股东。

该项目计划2004年开工建设，2007年7月1日上库开始蓄水，2008年5月1日下库开始蓄水，计划于2008年底首台机组投运，到2011年3月31日，8台机组全部投入商业运行。

惠州抽水蓄能电站建成后将有力支持广东电网调峰调压，并为地方经济做出贡献，它的建设是广东电源优化调整的必然选择，也是西电东送的必要配套工程。

碗米坡水电工程

该项目位于湖南保靖县境内，沅水支流酉水上游，距保靖县城25千米，控制流域面积10450平方千米，多年平均径流量94.3亿立方米，水库正常蓄水位248米，相应库容2.56亿立方米，总库容3.78亿立方米，具有不完全季调节性能，装机3台，单机容量8万千瓦，设计年发电量7.92亿千瓦时，工程投资概算20亿元，为建国以来湘西投资最大的工程项目。工程于2001年5月8日开工，当年实现截流，2004年2月首台机组投产发电，8月3台机组全部投产发电，2004年12月底，受国家发改委委托，由湖南省发改委在长沙组织召开的碗米坡水电站枢纽工程专项竣工验收会议，通过了验收委员会竣工验收。

红水河乐滩水电站

该项目位于广西忻城县红渡上游3千米，距已建的百龙滩水电站76.2千米，是红水河规划的第八个梯级电站。本电站对外交通方便，左右岸均有公路直通南宁、柳州，距离分别是192千米和137千米，施工条件较好，对促进广西区域经济和社会的全面发展具有重要的作用。

乐滩水电站工程控制流域面积11.8万平方千米，多年平均流量2180立方米/秒，正常蓄水位112米，水库总库容9.5亿立方米，为减少水库淹没损失，汛期限制水位110米，电站装机容量为60万千瓦，保证出力30.09万千瓦，多年平均发电量为34.95亿千瓦时，是一座以发电为主，兼有航运、灌溉等综合利用效益的水利水电工程。设计过坝船只吨位近期250吨，远期可达500吨，年货运量180吨，电站建成后，可渠化至百龙滩水电站的河段76.2千米，淹没险滩22处，改善航运条件，并可为库区提水灌溉农田 9.38 万亩(6252.7 万平方米)。

乐滩水电站现有装机为 1 台 6 万千瓦，本期工程在原有坝址上建设，扩建后电站总装机容量为 4 台 15 万千瓦，龙滩水电站建成前/后多年平均发电量 29.9/34.95 亿千瓦时，具有日调节能力。乐滩水电站技术经济指标优越，其装机 6 万千瓦的一期工程已于 1981 年建成发电，是目前广西区最具备建设条件的优越电源点。

平班电站(天生桥至广东第三回 500 千伏交流输变电工程)

该项目，是国家西电东送战略骨干电站，位于黔西南州册亨县、安龙县与广西隆林县境内，属于红水河综合利用规划的第三个梯级电站，上游与天生桥二级电站尾水相连，下游与龙滩水电站正常蓄水位衔接。工程总投资 20.73 亿元，总装机容量 40.5 万千瓦，由广西桂冠电力股份有限公司、广东能发集团有限公司、贵州黔西南州工业投资有限公司和广西隆林县电业公司分别出资 35%、28%、27% 和 10% 兴建。其坝型为混凝土重力坝，最大坝高 62.2 米，坝顶全长 395.5 米，坝顶高程 449.2 米。其水库正常蓄水位为 440 米，水库总容量 2.78 亿立方米，下游水位 400 米，水库具有日调节性能。

火电项目

河北邯峰电厂

河北邯峰电厂是河北南部电网主力发电厂，规划装机容量 240 万千瓦等级机组，一期工程建设 2 台 60 万千瓦燃煤汽轮发电机组，分别于 2001 年 3 月和 9 月投入商业运行。二期工程建设 2 台国产 60 万千瓦亚临界凝汽式燃煤发电机组，年发电量 72 亿千瓦时，售电量 68 亿千瓦时，由华能国际电力股份有限公司和河北省建设投资公司合资建设。

山西阳城电厂

山西阳城电厂一期工程总装机容量 210 万千瓦，安装 6 台 35 万千瓦燃煤机组。总投资 132.5 亿元。1997 年 1 月开始建设，2002 年 7 月正式投入商业运营。二期工程安装 2 台 60 万千瓦亚临界燃气式间接空冷发电机组，同步建设脱硫装置，并留有再扩建余地。总投资 47.3 亿元。计划于 2005 年 5 月开工建设，2007 年 6 月竣工。该项目建成后，总装机容量达到 330 万千瓦(含一、二期)，将成为华北地区大容量火力发电厂之一。所发电量通过专线专供方式输送江苏省，每年输送电量达 100 亿千瓦时，是全国第一座专厂、专线、专供跨大区域输电厂，对山西、江苏两省进一步实现优势互补、互惠互赢、促进经济社会发展将作出重要贡献。

内蒙古托克托电厂

内蒙古托克托电厂是“十五”期间的重点项目，规划装机容易 480 万千瓦，八台 60 万千瓦燃煤机组。一期工程为 2 台 60 万千瓦机组，其 1 号机组、2 号机组分别于 2003 年 5 月、11 月正式投产。二期工程为 2 台 60 万千瓦机组，将于 2004 年 9 月建成投产。三期工程为 2 台 60 万千瓦亚临界燃煤空冷机组，同步安装脱硫装置，将于 2005 年建成投产。四期工程 2 台 60 万千瓦亚临界燃煤空冷机组，同步安装胶硫装置，将于 2005 年建成投产。四期工程 2 台 60 万千瓦燃煤机组规划在“十一五”期间建成投产。该工程的投产(向北京送电)对缓解华北电网电力紧张的局面将起到重要作用。

上海外高桥电厂二期

该项目是国家“十五”重点建设项目和上海市重大工程，于 2001 年 7 月始建，总投资逾百亿元，是我国单机容量最大、技术能级最高的火力发电能源港，年发电量可达 100 亿千瓦时左右。

二期工程引进的超临界机组 2 台 100 万千瓦，代表国际最高水平，同类机组全球仅有 12 台。第一台已于 2004 年 4 月提前 71 天投入运营，第二台 90 万千瓦机组 2004 年 9 月 22 日顺利通过连续 168 小时满负荷运行试验，比原计划提前 84 天投入商业运行。至此，该工程全面建成投产，全市发电能力扩容近一成，达 1140 万千瓦以上。

山西大同第二发电厂空冷发电机组工程

该项目的扩建工程扩建规模为 120 万千瓦，拟安装 2 台 60 万千瓦国产空冷机组，项目总投资约为 53.28 亿元，由国电电力发展股份有限公司和北京国际电力开发投资公司分别按 60% 和 40% 的比例出资。该项目的建设不仅对转化煤炭资源，减轻铁路运输压力十分必需，而且对于大同调整、发展煤电延伸产业、建设电力基地有十分重要的意义。

浙江嘉兴电厂二期工程

浙江嘉兴电厂二期工程是我国火电建设史上最大的单个项目。总装机容量240万千瓦，4台60万千瓦燃煤发电机组，年发电量40亿千瓦时。总投资142亿元，其中引进外资10.35亿美元。2001年6月开工建设，首台机组将于2004年7月运行，2005年工程全部建成投产。工程建成后将有效缓解浙江省电力供应紧张状态。

河南华能沁北电厂一期工程

华能沁北电厂位于河南省济源市五龙口境内。一期工程总装机容量120万千瓦，2台60万千瓦国产超临界燃煤机组，年发电能力达60亿千瓦时。总投资46.6亿元。2002年10月开工建设，计划于2005年全部投产发电。沁北电厂项目是国务院确定的九项重大装备国产化项目之一，它的建成对于发展我国民族工业，提高重大装备的国产化水平具有重要意义。

厦门嵩屿电厂

该项目位于福建省厦门市，一期工程装机容量60万千瓦，安装2台30万千瓦机组，于1993年10月1日开工，1995年底和1996年12月18日2台机组分别竣工并投产发电。总投资32.26亿元，注册资本6.5亿元，国投电力公司持有股份比例35%，为第一股东。

电厂实行全过程的污染控制，率先通过厦门市“一控双达标”验收，于2002年初通过ISO14001环境管理体系论证，导入“学习型企业”等管理理念，实行“设备点检定修”、“首席工程师”等制度，从以组织机构为重点转向以人为重点，不断推进改革。机组健康水平良好，各项主要经济技术指标优于国家一流火电厂考核标准。

甘肃靖远电厂

该项目位于甘肃省白银市平川区境内，临近黄河和靖远矿区，是一座理想的坑口电站，现有装机容量60万千瓦，安装2台30万千瓦机组，工程总投资26.1576亿元人民币，注册资本7亿元，国投华靖电力控股股份有限公司控股持有股份比例50%。

靖远电厂1993年10月开工，1号、2号机组分别于1996年11月23日、1997年9月29日完成168小时试运行，并移交商业运行。

云南曲靖电厂

该项目位于云南省曲靖市境内，装机容量120万千瓦，安装4台30万千瓦机组，总投资48亿元，注册资本金9.8亿元，是目前云南省电力系统最大的中外合资企业，国投华靖电力控股股份有限公司控股持有股份比例44%。作为云南省首座百万千瓦级火力发电厂，投产以来一直承担着云南电网主力发电和西电东送任务。

曲靖电厂规划建设容量为4台30万千瓦燃煤火力发电机组，于1988年开始筹建，分两期建设。一期工程2台30万千瓦燃煤机组。1995年12月国家批准开工，1号、2号机组分别于1998年2月、12月投产；二期工程扩建2台30万千瓦机组，于2001年11月25日开工建设，3号、4号机组分别于2003年11月和2004年5月投产。

徐州彭城电厂

该项目位于江苏省徐州市，装机容量120万千瓦，安装4台30万千瓦机组，总投资53亿元，注册资本金10.6亿元，国投华靖电力控股股份有限公司持有股份比例30%（第二股东）。彭城电厂建设容量为4台30万千瓦燃煤火力发电机组，分两期建设。一期工程2台30万千瓦燃煤机组1994年底开工建设，1号、2号机组分别于1996年9月、1997年5月投产；二期工程扩建2台30万千瓦机组，于2003年2月开工建设，3号、4号机组分别于2004年6月和9月建成投产。

广西北海电厂

该项目位于广西壮族自治区北海市，一期工程60万千瓦，安装2台30万千瓦机组，总投资27亿元，注册资本金5.4亿元，是广西电网重要的电源点和西电东送的重要支撑点。工程于2003年5月12日开工建设，1号机组于2004年11月30日顺利通过168试运行，2号机组计划2005年投产，国投电力公司控股，持有股份比例55%。

江苏沙洲电厂（张家港燃煤电厂）

该项目位于江苏省张家港长江南岸，地处苏南负荷中心，一期工程120万千瓦，安装2台60万千瓦机组于2004年1月1日开工建设，预计2006年5月1号机组商业运行，2006年10月2号机组商业运行，开工报告已上报至国家发改委。工程执行概算43.4亿元，注资10亿元，三吉利能源股份有限公司占52%，北京国利能源投资有限公司占18%，江苏昆仑投资公司占20%，张家港市能源投资公司占10%。

江苏张家港燃气电厂

该项目位于经济发达的长江三角洲江苏省张家港市，规划2台29.3万千瓦，该项目建议书已获原国家发展计划委员会批准。该项目于2004年5月18日开工建设，计划2005年5月8日1号机组并网，2005年9月18日2号机组并网。工程静态总投资25.54亿元，注资5亿元，三吉利能源股份有限公司占75%，北京国利能源投资有限公司占25%。

白鹤二期1号机组扩建工程

该项目为2台30万千瓦燃煤发电机组，1号机组总投资为14.9亿元，于2004年6月投产发电；2台机组总投资为23.48亿元，计划2005年12月底投产。

九江电厂三期

该项目是江西省首家利用日本政府第三批海外协力基金贷款兴建的电力项目，工程建设规模为2台35万千瓦进口煤机组，该工程是在九江电厂一、二期基础上的扩建工程项目。项目总投资37.17亿元，其中外资约合人民币16亿元，内资31亿元，由国电集团公司与省投资公司按70%、30%的比例出资。1号机组已于2002年建成投产，2号机组2003年底建成投产。

石嘴山二期

该项目的扩建工程于2001年2月28日正式开工。该工程是宁夏“十五”发展规划及宁夏千万千瓦火电基地建设与西电东送的重点项目，是目前宁夏单机容量和装机总容量最大的火电厂，总投资42.54亿元，工程建设规模为4台33万千瓦燃煤发电机组，2002年底首台机组投产发电，2003年10月31日4台机组全部投产发电。

核电项目

浙江秦山核电站

该项目是中国第一座依靠自己的力量研究、设计、建造和管理的30万千瓦压水堆原型核电站。1991年12月首次并网发电，1994年4月投入商业运行，1995年7月通过国家验收。截至2003年12月底，秦山核电站已累计发电210多亿千瓦时。在第六循环中连续功率运行331天，核电机组发电量27.22亿千瓦时，创造了并网发电十多年来连续安全运行的最高记录，在第七燃料循环中又创造了安全运行443天的国内核电站的最好运行记录。

该工程于1996年2月经国家计委批准立项，主商务合同于1996年11月26日正式签署；1997年2月12日，主商务合同及相关融资协议正式生效。1998年6月8日1号核岛主厂房底板浇灌第一罐砼，工程正式开工建设。2002年12月31日，一号机组比中加主合同规定的55个月建设工期提前43天投入商业运行，2003年7月24日，二号机组比中加主合同规定的进度提前了112天投入商业运行，创造了国际33座重水堆建设周期最短的记录并实现了多项技术突破，创造了同类型核电站10多项施工和调试记录；工程造价节省25亿元人民币，增加效益15亿元人民币。

秦山核电二期工程是继秦山核电站和广东大亚湾核电站建成投产后，由我国自主设计、自主建造、自主运营、自主管理的第一座国产化商业核电建设项目。装机容量为2台60万千瓦级压水堆核电机组，工程建设计划总工期72个月。1996年6月2日1号机组反应堆厂房底板浇灌第一罐混凝土，2002年4月15日比计划提前47天投入商业运行。

秦山三期（重水堆）核电站是我国首座商用重水堆核电站，国家“九五”重点工程，是中国和加拿大两国迄今合作的最大贸易项目。工程采用加拿大成熟的坎杜6重水堆核电技术，建造2台70万千瓦级核电机组，设计寿命40年，设计年容量因子85%，重水堆核电站的主要特点是采用天然铀作核燃料、不停堆进行换料、固有安全性高、用重水作慢化剂和冷却剂、可大量生产同位素。国家批准概算总投资28.8亿美元。工程由加拿大原子能有限公司(AECL)总承包。秦山三期(重水堆)核电站工程提前全面建成投产，创造了良好的经济效益和社会效益。目前，秦山三期两台机组安全可靠经济运行，两台机组年计划发电量超过100亿千瓦时。2003年7月24日，位于浙江省海盐县的我国首座商用重水堆核电站秦山三期2号机组满功率连续运行100小时，并完成满功率甩负荷试验和相关性能试验，正式投入商业运行。至此，秦山三期核电站全面建成投产。

广东岭澳核电站

该项目是继大亚湾核电站投产以后，国务院决定在广东地区兴建的第二座大型商用核电站，规划建设4台100万千瓦级核电机组。首期工程为两台，由岭澳核电有限公司负责建设和营运，总投资约40.25亿美元。按照工程总体进度，两台机组原计划于2002年7月和2003年3月投入商业运行。在岭澳核电站工程全体建设者的努力下，岭澳核电站1号机于2002年5月28日比计划提前48天高质量地投入商业运行；2号机已于2003年1月8日比计划提前66天高质量地投入商业运行，并创造了从装料到投入商业运行整个调试期间无意外跳堆的世界记录。两台机组投产第一年的运行业绩均创下了世界核电机组运行的最好业绩——投产后首轮燃料循环连续发电、无意外跳堆运行。

岭澳一期核电站是中国广东核电集团继大亚湾核电站投产以后，按照“以核养核，滚动发展”的方针，在广东地区兴建的第二座大型商用核电站，是国家“九五”期间批准建设的我国最大的能源项目之一，规划建设2台100万千瓦级核电机组。岭澳核电站以大亚湾核电站为参考电站，结合经验反馈、技术进步和核安全发展要求，采用了多项重要技术改进。试运行结果表明技术改进进一步提高了电站的安全水平、技术和经济性能，电站总体性能达到了国际同类型在役核电站的先进水平。

江苏田湾核电站

江苏连云港建设的该项目，自1999年10月20日开工以来，目前已走过4年多，是迄今为止中俄两国间最大的技术经济合作项目。它的建设规模按4台100千瓦级核电机组规划，并留有再建2台到4台的余地，一期工程建设2台单机容量106万千瓦的俄罗斯AES－91型核电机组，单台机组建设工期为62个月。1号机组于1999年10月浇铸第一罐混凝土，1号、2号机组按计划分别于2004年和2005年建成投产。田湾核电站一期工程概算总投资32.04亿美元。项目资金来源除股东资本金外，主要利用俄罗斯政府贷款、国内融资贷款以及用于第三国采购的外国出口信贷和商业贷款。

田湾核电站采用的俄AES－91型核电机组是在总结WWER－1000/V320机组的设计、建造和运行经验基础上，按照国际现行核安全和辐射安全标准要求，并采用一些成熟的先进技术而完成的改进型设计，在安全标准和设计性能上具有起点高、技术先进的特点。其主要技术特点包括：反应堆厂房采用双层安全壳、安全系统采用完全独立和实体隔离的4通道(N＋3)、设置堆芯熔融物捕集与冷却系统等缓解严重事故后果的安全设施、使用铀—钆一体化全锆先进燃料组件、安全壳预应力张拉系统采用新型倒U形55束钢缆张拉方式、采用全数字化仪控系统等。田湾核电站发生堆芯严重损坏或熔化事故的概率小于10—5/(堆·年)，发生严重放射性泄漏事故的概率不超过10—7/(堆·年)，安全性、可靠性和经济性与西方正在开发的先进压水堆的目标一致，在某些方面已达到或接近国际上正在设计的新一代核电站的要求。

田湾核电站工程于1999年10月20日正式开工，目前，1号、2号机组土建施工基本完成；1号机组设备安装基本结束，正在进行全面系统调试；2号机组设备安装全面展开；辅助配套工程大部分子项已交工投用；生产准备和接产工作有序进行。

2003年是江苏田湾核电厂工程建设重要的一年，工程质量、进度、投资均得到有效控制，工程建设和各项管理工作稳步向前，并取得重要进展。至2003年底，1号、2号机组土建基本结束；1号机组核岛、常规岛设备安装已基本结束，单体调试基本完成，系统调试全面展开；2号机组土建施工接近尾声，核岛、常规岛安装全面展开；海工、气体绝缘开关设备(GIS)、电厂配套设施

(BOP)等辅助配套工程绝大部分子项已交工投运；生产准备和接产工作有序进行。工程进展总体符合二级进度计划要求，工程质量处于受控状态，满足标准规范和设计要求，工程投资控制在概算目标范围内。

广东大亚湾核电站

该项目位于深圳市东部大亚湾畔，由广东核电投资有限公司和香港核电投资有限公司共同投资组成，负责大亚湾核电站的建设和营运。大亚湾核电站是我国引进国外资金、设备和技术建设的第一座大型商用核电站，是我国改革开放以来建立的最大的中外合资企业之一，总投资40亿美元。核电站安装有两台单机容量为98.4万千瓦压水堆反应堆机组。1987年8月7日工程正式开工，1994年2月1日和5月6日两台机组先后投入商业营运。广东大亚湾核电站每年发电量超过100亿千瓦时，其中七成电力供应香港，三成电力供应广东电网。

大亚湾核电站是我国引进国外资金、设备和技术建设的第一座大型商用核电站，工程由中方与香港中华电力公司合资兴建，总投资40亿美元。核电站安装有2台单机容量为90万千瓦压水堆反应堆机组。工程于1987年8月7日正式开工，1994年2月1日和5月6日两台机组先后投入商业营运。大亚湾核电站每年发电量近150亿千瓦时，其中70%电力供应香港，30%电力供应广东电网。在引进全套国外技术的同时，还引进了先进的工程管理程序和经验，培养了一批大型商业核电站运营管理人材，为提升我国核电工程管理和运营水平创造了良好的条件。

辽长吉哈50万伏输变电工程

辽长吉哈50万伏输变电工程是东北电网建设历史上最大的一项输变电工程，并成为贯穿东北地区的第二条500千伏主干网架，其中辽长吉哈部分是第一个利用国际金融组织亚行贷款单独立项的输变电项目。辽长吉哈段采用架空地线复合光缆(OPGW)，全长共716.7千米，与12个站的光通讯设备组成规模较大、功能齐备的现代化东北电网调度通信保护及自动化系统。1998年6月开工建设，至2001年8月，总长1064千米计8段500千伏线路和2个新建变电站、2个新建开闭所和5个扩建变电站的变电容量总计230万千伏安的三组变压器已全部竣工投产。该工程建成后将满足东北电网内蒙古东部大电厂和黑龙江省域多余电力北电南送的需要，使有关省(自治区)电源建设与负荷增长不同步所造成的地区电力盈亏实现电网供需平衡；承担大机组抢修以及水电调峰的潮流串动；成为东北华北联网后安全稳定的支持网架。

全国农村电网建设与改造工程

1998年开始，农村电网建设与改造工作在全国范围内展开。一期工程总投资1893亿元。到2002年7月底，全系统累计完成投资1528亿元，建设与改造110千伏变电所1518座、线路2.5万千米，35千伏变电所5712座、线路5.7万千米，10千伏线路77万千米，低压线路244万千米，更换高耗能变压器63万台，完成配电台区改造89万个，10个省、自治区、直辖市实现全省、自治区、直辖市范围内的居民生活用电同价，800多个县实现了城乡居民生活用电同价。截至2002年底，一期工程目标基本实现。2001年11月，国家下达了2001年第二批农村电网建设与改造项目基本建设投资计划，计划投资992亿元，用两年时间全面完成农村电网建设与改造任务，实现城乡用电同价。

贵州至广东直流输电工程、贵州至广东交流输变电工程和三峡至广东直流输电工程

贵州至广东±500千伏直流输电工程、贵州至广东两回500千伏交流输变电工程和三峡至广东±500千伏直流输电工程，是西电东送第二批项目中的三个电网项目，建设总规模为交流线路1793千米、变电容量150万千伏安，直流线路1955千米、输电容量600万千瓦，总投资186.4亿元。这三个电网项目的开工建设，使我国朝“全国电网互联、西电东送、南北互供”的方向迈出了至关重要的一步，为跨区域送电的目标和全国范围的能源资源的优化配置打下了基础。

西电东送第二批项目于2001年11月开工，将于2005年底使云南、贵州两省输电至广东的能力增加到700万千瓦，加上三峡送至广东的300万千瓦能力，基本可以满足广东的电力需要。

第三章

石油天然气重大建设项目

石油天然气项目

东方 1-1 气田

该项目位于南海北部湾莺歌海海域，距海南省东方市 110 千米。该气田计划分两期开发，一期工程包括中心平台一座、井口平台一座、陆上终端一座，投产后形成年产 16 亿方天然气规模。一期开发工程于 2000 年 5 月启动，于 2003 年 8 月投产。一期开发实施后，根据生产井资料和新做的三维地震资料解释结果，重新计算了气田的地质储量，并根据用气市场的需求，拟将二期工程提前到 2005 年投产，最大供气能力将达 27 亿方。二期工程将建造两座井口平台，计划于 2005 年 11 月投产。

番禺 4-2/5-1 油田

该项目位于中国南海珠江口盆地 15/34 合同区北部，香港以南 200 千米处。作业者为美国丹文能源中国有限公司。其合作方除中海油(中国)有限公司外，还有美国百灵顿能源中国有限公司。番禺 5-1 油田位于番禺 4-2 油田东北 18.4 千米处，两油田联合开发，共用一艘浮式生产储油轮(FPSO)，高峰年产量将达到 293 万吨，两油田生产的油、气、水，通过海底管线输送到 FPSO 上进行处理、储存和销售。FPSO 由中海油下属的中海油南海西部公司负责承建，然后租给作业者用于油田的生产作业(总包作业)。FPSO 项目从设计启动到陆上交船仅用了 22 个月，从船体建造授标到陆上交船不到 19 个月，从船体建造开工到陆上交船仅用了 16 个月，项目进度之快，创造了世界同类 FPSO 建造史上的新记录。番禺 4-2/5-1油田开发于 2001 年 9 月启动，2003 年 10 月投产。

涠 12-1 北油田

涠 12-1 油田北块及 4 井区油田包括北块、中块 4 井区及 C 砂体，位于南海西部北部湾。油田开发充分利用涠西南油田群的涠 12-1 A 平台已有的注水、生产及处理能力，简化工程设施。主要工程设施包括一座 24 井槽的无人井口平台(涠 12-1B 平台)，钻井 22 口。高峰年产量将达 70 万吨。开发工程于 2002 年 4 月启动，于 2003 年 12 月投产。

胜利油田浅海产能建设地面工程

胜利油田浅海(埕岛油田)位于渤海湾南部老黄河入海口，西起四女寺河口，东至潍河口，海岸线长414千米，有利勘探面积4870平方千米。埕岛油田自1992年投入开发以来，累计生产原油1576.83万吨。2003年，新建产能25.2万吨/年，完成产量201.13万吨，建设海工建设项目76项，至2003年12月共完成60项，完成投资5.52亿元。

渤中25-1/25-1南油田

该项目地处渤海湾南部海域。整个油田西北距塘沽约150千米，由中海油与美国雪佛龙—德士古公司合作一体化开发，其中中方权益比例为83.8%，外方权益比例为16.2%，作业者为中海油(中国)有限公司。渤中25-1/渤中25-1南油田于2002年底开工建设，渤中25-1油田计划于2006年6月1日投产，渤中25-1南油田计划分期投产，第一批井于2004年8月31日投产，最后一批井于2005年8月31日投产。渤中25-1/渤中25-1南油田全部投产后，2006年达到高峰年产油315万吨。

渤南油气田群

该项目位于渤海南部海域，总体开发方案包括渤中28-1、渤中26-2、渤中13-1、曹妃甸18-2四个油气田，其中渤中28-1油气田为再启动老油气田，开发工程分两期实施。渤南油气田群供气项目工程设施以4亿立方米/年进行规划，按3亿立方米/年进行供气，在工程设施适应性方面，海上工程设施基本具备5亿立方米/年的产气能力。渤南油气田群项目向烟台等城市部分民用及工业用户供气。渤中28-1油气田计划2004年投产，渤中26-2油田计划2005年投产。渤中13-1油田、曹妃甸18-2油气田将根据市场情况陆续投产。

春晓气田群

该项目位于东海大陆架海域，西北方向距上海市450千米。气田群包括春晓、天外天、断桥3个气田和残雪油气田。天外天气田距已经投入开发的平湖油气田约60千米，距浙江宁波三山约350千米。气田2003年开工建设，计划于2005年6月投产。全部建成后将形成25亿立方米/年的生产能力，稳产期15—18年，经济采气期25年。

南堡35-2油田

该项目位于渤海中部海域，由南区和北区组成，属于高黏重质油油田。海上生产处理合格的原油，通过海底管道输至秦皇岛32-6油田浮式生产储油轮(FPSO)的储油舱，与秦皇岛32-6油田的原油一起销售。该油田2003年开工建设，计划于2005年第二季度投产。高峰年产油93万吨。

旅大4-2/5-2/10-1油田

该项目地处渤海辽东湾中部海域，为中海油自营油田。开发工程设施包括海上工程和绥中36-1陆上终端改扩建工程。海上工程主要包括：新建一座综合平台，一座中心平台(CEP)和两座井口平台。旅大4-2/5-2/10-1油田于2003年开工，旅大10-1油田计划于2005年3月投产，旅大4-2油田计划于2005年6月投产，旅大5-2油田计划于2005年8月投产，三油田合计高峰年产油197万吨。

惠州19-3/2/1油田

该项目位于南海珠江口盆地16/19合同区，惠州19-1油田位于16/19区块北部，作业者为CACT作业者集团(由中海油、AGIP China BV、Chevron Overseas Petroleum Ltd和Texaco China BV合资组成)。中海油(中国)有限公司的开发投资参股比例为51%。油田生产的原油在惠州19-2平台进行初步处理后，通过海底管道输送到位于惠州21-1油田的FPSO上进一步处理。该油田2003年开工建设，计划于2004年10月投产，高峰年产油约140万吨。

胜利油田电厂二期工程

胜利电厂位于黄河三角洲——东营市西城东南约7千米的万泉村东南侧。二期工程总投资26.63亿元，于2001年6月开工建设，7月3号锅炉点火一次成功，8月3号机组并网，11月完成168小时试运并移交试生产。2003年底，完成了主厂房及其配套工程的土建施工，累计完成投资21.05亿元。

海南洋浦电厂

该项目装机容量31.5万千瓦，目前已经完成油改气工程，改造后电厂的装机容量将增加到44万千瓦。电厂将利用东方1-1气田的天然气，用气量为7亿立方米/年。该电厂改造工程于2003年9月完成并投产。

广东惠州燃气电厂

该项目是广东液化天然气(LNG)项目的重点用户之一，一期工程计划装机容量约100万千瓦，计划2006年与广东LNG站线项目同时投产。中海油所属中海石油天然气及发电公司拥有35%的股份，是该电厂项目最大股东。

福建莆田燃气电厂

该项目是福建LNG项目的主要用户之一，一期工程计划装机容量180万千瓦。2007年计划投产2台机组，其余3台逐年建成投产。中海油所属中海石油天然气及发电公司拥有55%的股份。

石化项目

上海赛科90万吨/年乙烯工程

该项目已进入设备安装高峰阶段。该工程是中石化新世纪发展战略的重要组成部分，是截至2003年国内最大的中外合资一体化石化项目之一，也是中国"十五"规划的重点石化项目之一。项目总投资约27亿美元，由BP华东投资有限公司、中石化股份有限公司和中石化上海石油化工股份有限公司分别按50%、30%、20%的比例出资组建。项目主要由90万吨/年乙烯、50万吨/年芳烃抽提、9万吨/年丁二烯、50万吨/年乙苯/苯乙烯、30万吨/年聚苯乙烯、60万吨/年聚乙烯、25万吨/年聚丙烯和26万吨/年丙烯腈等8套世界级规模的生产装置组成。2002年3月正式开工。截至2003年12月工程总体进度完成53%，累计完成投资49.91亿元。

扬子石化—巴斯夫一体化石化基地项目

该项目是由中石化和德国巴斯夫公司双方各出资50%，共同发起建设的特大型石油化工基地。批准总投资243.74亿元。项目包括10套生产装置和与之相配套的公用工程、辅助设施及基础设施。基础化学联合装置包括60万吨/年乙烯装置、55万吨/年裂解汽油加氢装置、36万吨/年芳烃抽提装置、30万吨/年乙二醇装置、16/21.5万吨丙烯酸及脂装置、25万吨/年丁辛醇装置、40万吨/年高压聚乙烯装置、5万吨/年甲酸装置、3.6万吨/年甲胺装置、3万吨/年丙胺装置、4万吨/年二甲基甲酰胺装置、2.52万标准立方米/时合成气装置。辅助配套建设183兆瓦的自备电站。2002年7月实施建设，截至2003年底累计完成投资122亿元。

西安石化总厂清洁燃料技术改造项目

该项目是为塔河稠油开辟加工途径，调整企业产品结构，拓展西部成品油市场而建设的。项目总投资为4.39亿元。项目新建和改造的装置包括：催化裂化装置(MIP工艺50万吨/年)、柴油加氢精制装置(30万吨/年)、制氢装置(4000标准立方米/时)、硫磺回收(2000吨/年)等4套炼油装置，以及公用工程系统、储运系统、厂外工程。项目于2003年2月开工建设，至2003年底各装置基本完成，累计完成投资3.25亿元。

西北石油局塔河稠油处理技术改造项目

该项目厂址位于新疆自治区阿克苏地区库车县城以东1.8千米处。项目包括延迟焦化装置(120万吨/年)、汽柴油加氢精制装置(100万吨/年)、催化重整装置(含苯抽提装置)(15万吨/年)、制氢装置(8000标准立方米/时)及硫磺回收装置(2万吨/年)5套装置，以及储运系统和公用工程系统。总投资为10.51亿元。项目建成后将新增稠油处理能力120万吨/年及部分公用工程、储运设施等。项目于2003年8月开工建设，至2003年底基本完成了主要设备基础、管架、构架及建筑物基础工程，完成了部分炉体钢结构深度预制及装置区埋地管道焊接安装等工程。累计完成投资1.87亿元。

金陵炼油改造工程

该项目是为扬子石化—巴斯夫工程提供优质乙烯原料，生产新标准清洁燃料，满足环保要求。批复总投资13.48亿元(含外汇1245万美元)。工程主要包括：新建150万吨/年加氢裂化、新建80万吨/年延迟焦化、500万吨/年常减压改造到800万吨/年、硫磺回收从1万吨/年改造到5万吨/年

（及新增的7万吨/年尾气处理系统）、对相应的系统配套及公用工程进行改造。工程于2003年9月开始三通一平、打桩施工。

扬子炼油改造工程

该工程是在生产高品质的清洁燃料的同时，提供充足的化工原料。批复项目总投资13.97亿元（其中外汇1255.66万美元）。工程主要包括：新建120万吨/年加氢精制和100万吨/年中压加氢裂化联合装置、新建160万吨/年延迟焦化和3万标准立方米/时气体脱硫联合装置、新建7万吨/年硫磺回收和10万吨/年尾气处理装置、新建80吨/时酸性水汽提；改造第一套常减压，加工能力从250万吨/年改造到350万吨/年，改造第二套常减压，加工能力从250万吨/年改造到450万吨/年；相关的储运及公用工程配套改造和DCS控制系统扩容。各主要装置于2003年9月陆续开工建设，酸性水汽提装置基本建成。

齐鲁石化乙烯二轮改造工程

该工程享受国家财政贴息优惠政策，总投资46.67亿元（含外汇1.71亿美元）。工程主要包括：新建2台10万吨/年裂解炉；改造4台裂解炉能力从原来的4.5万吨/年到6.5万吨/年；引进美国Lummus公司技术改造乙烯分离部分，使得乙烯裂解装置生产能力由45万吨/年增至72万吨/年；引进日本旭化成株式会社、德国伍德公司、美国西方化学公司技术配套改造离子膜烧碱、氯乙烯、聚氯乙烯等装置；新建裂解汽油加氢装置17万吨/年；配套改造线性低密度聚乙烯装置增加年生产能力6万吨。2003年2月开工。

金陵化肥原料技术改造项目

该工程气化工艺采用美国雪佛龙—德士古水煤浆加压气化技术，日处理煤（高硫焦）2000吨，年产合成氨30万吨、尿素52万吨、氢气3万吨。主要改造内容：新建3台直径为3.2米的气化炉，气化压力40千克，两开一备，单台投煤量1050吨/日。变换单元采用耐硫中变串低变流程。净化单元采用NHD（聚乙二醇烷基醚或聚乙二醇二甲醚）配甲烷化工艺。配套建设5.6万标准立方米/时空分装置。原料煤（石油焦）的储存、运输由金陵分公司热电厂统一布置，新建制浆装置布置在热电厂，煤（焦）浆通过管道输送到化肥厂气化装置；对化肥厂的机修及备品备件库进行组合，拆除部分厂房用于建设3台气化炉。批准总投资为9.78亿元，2003年10月工程开工（打桩）。

巴陵洞氮“煤代油”改造工程

该工程是中石化进行化肥原料优化的重点建设项目。项目包括合资和配套建设两部分，合资部分与壳牌共同建设，双方各占50%的股份，配套部分由中石化建设。合资部分工程包括空分、粉煤气化及相应辅助公用工程。项目批准总投资16.59亿元（含外汇6959万美元），2003年8月正式开工。

湖北化肥“煤代油”改造工程

该工程是中石化进行化肥原料优化的重点建设项目，采用壳牌煤气化技术。该项目包括煤气化和配套建设两部分。项目总投资12.62亿元，其中含外汇3475.56万美元。主要工程内容：煤气化部分，煤处理量2000吨/日，空分4.8万标准立方米/时；配套部分，产合成氨39.6万吨/年，尿素57.09万吨/年。2003年8月正式开工。长周期设备订货工作基本完成，正在进行土建工程施工。

安庆化肥原料技改工程

该工程引进壳牌煤气化工艺技术，日处理原煤2000吨，年产合成氨30万吨、尿素52万吨、氢气1.38万吨。工程主要包括：新建粉煤气化单元，其中包括一套粉煤气化装置和一套空分装置，新建一套耐硫变换和酸性气体脱除装置，改造甲烷化装置和氨合成回路，配套公用工程和辅助工程系统。2003年12月，场地土方平整工作完成。

南海石化项目

中海壳牌南海石化项目是目前中国石化行业最大的中外合资项目之一，位于广东省大亚湾经济技术开发区，规划占地432公顷。合资公司比例为中外各50%，外方为英荷壳牌公司，中方为中海油、招商局集团有限公司和广东省联合组建的中海石油化工投资有限公司。1997年该项目可行性研究报告取得国家批准，2002年10月底通过最终决策后全面开工。目前项目正在按计划建设，计划2005年底投产。该项目一期工程总投资估算

44.6亿美元。南海石化项目一期建设规模为年产80万吨乙烯及相应产品的12套生产装置及配套的公用工程、辅助设施，最终年产230万吨石化产品的世界级的联合化工厂。

海南60万吨甲醇项目

该项目由中海化学有限公司和香港建滔化工各出资60%和40%。厂址位于海南东方市八所镇工业开发区。项目建设周期28个月，预计2006年8月机械完工，2006年12月进行性能考核。

油气管道项目

涩北—西宁—兰州输气管道工程

涩北—西宁—兰州输气管道(简称涩宁兰输气管道)是中国线路最长、海拔最高的天然气管道，由中石油投资建设，总投资22.5亿元，全线长930千米，设计年输气量20亿立方米。2000年5月1日开工建设，2001年12月12日全线竣工。管道工程投产后，预计每年可减少二氧化硫4.6万吨、粉尘2.4万吨、炉渣及粉煤灰123.4万吨，将极大地缓解西宁和兰州大气污染的严重局面。

西气东输管道工程

该管道是国家实施西部大开发战略的标志性工程，也是加快西北地区经济发展，促进长江三角洲地区能源结构调整、保护环境的幸福工程。管线起自新疆轮南首站，途经甘肃、宁夏、陕西、山西、河南、安徽、江苏省(自治区)，最后到达上海市白鹤镇末站，管线全长3900千米，其中东段靖边—上海长1498千米，西端轮南—靖边长2402千米。管径1016毫米，设计输气能力120亿立方米/年。2002年7月4日，在人民大会堂隆重举行西气东输管道工程开工典礼仪式，吴邦国副总理宣布工程正式开工。管道东段已于2003年10月投产运行，全线将于2004年10月正式投产运行。

兰州—成都—重庆输油管道工程

兰州—成都—重庆输油管道(简称兰成渝输油管道)是中国线路最长、口径最大、压力最高的成品油管道，由中石油投资建设，全线长1250千米，总投资38亿多元，年输送能力500万吨以上。1998年12月开工建设，2002年11月全线竣工，历时四年。兰成渝输油管道投入使用后，每年可节约运输成本1.5亿元以上，对发挥西北地区资源优势，提高西南地区经济效益具有重要意义。

大牛地—杭锦旗输气干线

大牛地气田开发先导性试验地面配套工程包括集气管线95.4千米，集气站一座，集气处理站一座，分输站一座，大牛地—杭锦旗输气干线138千米以及其他配套设施。

毛坝—达州天然气管道

毛坝—达州天然气管道及配气站，管道管径为219毫米，管长约90千米，年输气规模1.8亿立方米。工程地段山高坡陡，灌木茂密，通过四川达州市两县一区(宣汉、达县、通川区)十个乡镇，穿越210国道11处、铁路5处、河流4处、高速公路1处。

海南省东方—洋浦管线

配合东方1-1天然气利用，建设东方—儋州、儋州—海口、儋州—洋浦管线，线路总长度247千米，设计输气能力为24亿立方米/年。工程已于2003年8月18日正式向海口和洋浦供气，至12月31日总计供气135天，累计向用户供气1.18亿立方米。

忠县—武汉输气管道

该管道包括忠县—武汉干线和枝江—襄樊、武汉—黄石、潜江—长沙(株洲、湘潭)输气支线，全长约1375千米，其中干线长718.9千米，管径为711毫米，设计输量30亿立方米/年；枝江—襄樊支线238千米，管径406.4毫米；武汉—黄石支线78千米，管径323.9毫米；潜江—长沙—湘潭支线340千米，管径610毫米。管道工程于2003年8月开工建设，预计2004年底具备向湖北省供气的条件，2005年6月具备向湖南省供气的条件。

甬沪宁原油管道工程

该工程是为解决长江口地区石化企业进口原油供应而提出的，利用大榭岛码头油库中转进口原油配套管输工程。近期输量2000万吨/年，远期输量为4000万吨/年。总投资约30亿元(其中外汇8061万美元)。管道全长666千米，途经浙江、江苏省和上海市所辖地区。2002 年 9 月线路工程全线开工，至 2003 年底陆上管线施工完成，镇海中转油库一期、白沙湾油库也相继实现中交。2003 年 10 月开始海上铺管，12 月直径 711 毫米管线完成铺管 28 千米。

陕京二线输气管道

该管道工程是我国继西气东输工程之后的又一条大型输气管道，它既是向北京市安全、平稳供气的政治工程，也是北京市兑现 2008 年“绿色奥运”承诺的信誉工程，又是开拓京、津、冀、晋等地区天然气市场、促进这些地区经济发展的国家重点工程。管道线路起自陕西省榆林市，经陕西、山西、河北省，终于北京市，途经 28 个县、市(区)，全长约 862 千米，其中榆林—石家庄段长 589 千米、石家庄—安平—永清—北京段长 237 千米，管径 1016 毫米，设计输气能力 120 亿立方米/年，配套储气库容量 30 亿立方米/年。管道工程预可行性研究报告于 2004 年获国家发改委批复，可行性研究报告已上报待批。

俄罗斯—中国东北原油管道工程

该管道全长 2488 千米，其中俄境内 1638 千米，管径 1020 千米，中国境内 850 千米，管径 914 毫米，设计输量 2000 万—3000 万吨/年。管道工程预可行性研究报告已于 2003 年 5 月获得国家发改委批复。

西南成品油管道工程

该工程是为了解决西南三省区成品油稳定供应而兴建，它是中石化贯彻落实中央关于西部大开发决策的一项战略性工程，是振兴西南地区经济和社会协调发展的重点项目，同时也是继西气东输工程之后国家又一个东油西送的重点项目。管道近期输量 600 万—630 万吨/年，全线贯穿广东、广西、贵州、云南四个省区，途经 37 个市县。工程由线路工程、站场工程、控制系统、防护系统和配套的公用工程等组成。线路工程全长 1691 千米。批复总投资 35.2 亿元。2003 年 9 月开工建设。

广东 LNG 接收站和输气干线项目

该项目包括 LNG 接收站和输气干线项目，以及配套新建电厂、燃油电厂改造和城市管网等用气项目。其中 LNG 接收站和输气干线项目包括码头、接收站和至各用户门站的输气干线和支干线。一期每年进口 LNG370 万吨，计划 2006 年 9 月底投产；二期规模可能达到 800 万吨，计划 2009 年投产。供气范围覆盖珠江三角洲和香港地区。站线项目为中外合资项目，中海油所属中海石油天然气及发电公司参股 33%，广东五家发起方参股 31%，香港电灯集团有限公司和香港中华煤气有限公司各参股 3%，BP 公司持股 30%。

福建 LNG 接收站和输气干线项目

福建 LNG 接收站站址位于莆田秀屿，一期规模 260 万吨/年，计划 2007 年 6 月投产；二期规模预计 500 万吨/年。中海油所属中海石油天然气及发电公司参股 60%，作为投资控股方牵头运作该项目。福建投资开发总公司参股其余的 40%。

第十六篇 能源重点企业

KEY ENERGY ENTERPRISES

第一章

煤炭重点企业

神华集团有限责任公司

神华集团有限责任公司是由国家投资、按照现代企业制度组建的国有独资公司。公司注册资本金25.8亿元人民币，是国务院大型试点企业集团之一。

神华集团有限责任公司主要负责统一规划和开发经营神府东胜煤田的煤炭资源和与之配套的铁路、电站、港口、航运船队等项目，实行矿、路、电、港、航一体化开发，产运销一条龙经营；开展与上述业务有关的国内外投融资业务、贸易业务；开展煤炭及制品、矿产品、化工产品、建材、机械电子产品经营；开展房地产开发、物业管理经营等相关的实业。

神华集团有限责任公司在国家计划中实行单列，享有对外融资权、外贸经营权、煤炭出口权和外事权。

神华集团有限责任公司下设神华神府东胜煤炭公司、神华煤炭运销公司、神华神东电力公司、神华铁路公司、神华黄骅港务公司、神华国际贸易公司、神华国际(香港)公司、神华洁净煤技术开发公司、神华房地产公司、神华北京神东物资公司、神华北京综合开发服务公司等子公司，是一个以能源、交通为主，多元化经营，跨地区、跨行业、跨国发展的新型企业集团。

1998年9月，国务院决定将内蒙古西部的包头矿务局、乌达矿务局、海勃湾矿务局、准格尔煤炭公司、万利煤炭公司划归神华统一经营管理。1998年12月，北京军区呼和浩特企业局整体移交神华，进一步壮大了神华集团公司的实力。到2003年，神华集团公司已发展成国内最大的煤炭集团公司，原煤产量达到1.02亿吨，原煤生产效率达到19吨/工，主营业务收入292.1亿元，总资产规模达到1241.76亿元，净资产303.28亿元，固定资产规模达950.11亿元，实现利润总额35.55亿元。

中国中煤能源集团公司

中国中煤能源集团公司是国资委管理的国有重要骨干企业，前身是1982年7月成立的中国煤炭进出口总公司。1997年4月，以其为核心组建中国煤炭工业进出口集团公司。1999年5月，重组成为由中央企业工委管理的大型企业。2003 年在中煤建设集团公司并入后，更名为中国中煤能源集团公司，简称中煤集团公司。

中煤集团公司经营范围包括：组织所属企业煤炭开发开采、煤炭洗选加工、煤炭焦化和制气、煤层气开发、电力生产、电解铝生产和铝材加工、煤矿机械设备制造、科研、勘察、设计、工程和设备招投标、工程建设施工和监理；自营和代理各类商品及技术的进出口业务，包括煤炭出口，其他国家规定的专营进出口商品和国家禁止进出口等特殊商品除外；经营进料加工和“三来一补”业务，开展对销贸易和转口贸易；煤炭经营；矿产品和机械设备的国内销售；焦炭、煤炭制品的销售。

2003 年底，中煤集团公司注册资本金 45.4 亿元，总资产 415 亿元，净资产 108 亿元，在职职工 9.7 万人，所属全资子公司和控股公司 36 户、分公司 6 户、均股公司 2 户、境外机构和公司 7 户以及参股企业 12 户。旗下有神州股份、上海能源 2 只股票分别在深圳证交所和上海证交所上市。

中煤集团公司拥有煤炭储量 119 亿吨，其中炼焦煤 51.4 亿吨，动力煤 67.7 亿吨，煤炭生产能力 3790 万吨，在建煤矿规模 4540 万吨。2003 年煤炭产量 4432 万吨。中煤集团公司与 50 多个国家和地区建立了经贸往来和合作关系，2003 年实现煤炭贸易量超过 8000 万吨，其中出口 4470 万吨，是中国煤炭出口的龙头企业。同时，中煤集团公司煤机制造、煤矿建设的技术水平和市场份额均处于行业领先地位。

根据国家关于建设若干煤炭基地和发展亿吨级大型煤炭企业集团的指导思想，中煤集团公司以煤炭生产和贸易为主业，积极推进煤炭焦化、坑口发电、煤机装备、煤矿建设、煤层气和煤电下游产业的协调发展，把中煤集团公司建设成为煤炭产量和贸易量双过亿吨的具有国际竞争力的大型能源集团。煤炭产量保持国内行业排头兵的地位，2005 年煤炭贸易量过亿吨，2007 年煤炭产量过亿吨，实现煤炭生产和贸易量双过亿吨的战略目标。

山西省煤炭运销总公司

山西省煤炭运销总公司成立于 1983 年 10 月 25 日，经营范围主要包括煤炭及煤制品运销，是一个覆盖全省、全国及国外主要煤炭消费市场的国有大型一类企业，拥有资产总额 94 亿元，是中国最大的煤炭经销企业。

山西省煤炭运销总公司下属 12 个地市分公司，109 个县区公司及 361 个煤炭发运站和煤矿专用线，年发运能力达到 2.5 亿吨，拥有 43 个公路出省煤炭管理站、289 个公路煤焦营业站、29 个企业用煤管理站，61 个煤炭运输车队，总吨位达到 3 万吨。此外，还有一大批煤炭生产及加工转化企业和其他多种经营实体，年产值近 3 亿元。同时，总公司相继组建了天津、秦皇岛、华东、南方四大省外中心。以中心为基点，成立了 11 个省外公司，并开办了 3 个省外办事联络机构，两个中外合资企业，初步建成了面向全国的省外煤焦销售网络，形成了多层次、全方位，储、装、运、加工转化和管理配套的煤炭运销集团体系。

总公司系统共有职工 4.5 万人，拥有固定资产净值 12 亿元，煤炭销往全国 26 个省、市、自治区，已成为带动山西经济腾飞的龙头企业。公司成立以来，累计销售煤焦 22 亿吨，上缴煤炭专项基金 500 多亿元，缴纳税金 100 多亿元。在为全省乃至全国经济和社会发展做出贡献的同时，企业也获得了长足的发展。在中国企业 500 强中排名，2001 年为第 128 位，2002 年为第 94 位，2003 年为第 106 位。此外，总公司还拥有省外煤焦有限公司、国际贸易分公司等 9 个全资企业；有太原煤炭交易市场有限公司、三元煤业股份有限公司等 20 个控股企业；还有山西维群生物有限责任公司、霍州中冶有限责任公司等 9 个参股企业。公司经营范围涉及煤炭生产加工与销售、焦化、旅游、生物制品、信息技术等领域。

目前，全系统共拥有 167 个铁路发煤站(煤矿专用线)，年发运能力达 2 亿吨以上；拥有 43 个公路出省煤焦管理站，265 个公路煤焦营业站，29 个企业用煤管理站，53 个上站煤管理站；拥有煤炭资源总量 43 亿吨，现有独资、控股、参股等各种类型的煤矿 92 对，核定生产能力 2229 万吨。全系统已形成的煤炭洗选(筛)选、配煤、型煤等煤炭加工转化能力达 5000 多万吨。全系统已形成了内联煤矿，外联市场，内外呼应的多层次、全方位的，集煤炭产、储、加工、运输和管理一体化经营的煤炭运销体系。形成了覆盖全国 26 个省

(市)、五大区域，及电力、冶金、化工、建材四大重点用煤行业的煤炭营销网络。

山西焦煤集团有限责任公司

山西焦煤集团有限责任公司经山西省人民政府批准，于2001年10月16日正式挂牌成立。按照现代企业制度要求，以原西山煤电集团有限责任公司、汾西矿业集团有限责任公司、霍州煤电集团有限责任公司三大焦煤企业为主体组建的国有独资公司。

集团公司位于山西省中部，总部位于省会太原，公司地跨太原、临汾、吕梁、晋中四个地方，同蒲、石太、侯月、太焦铁路以及大运公路、太旧高速公路等交通干线纵贯矿区，交通十分便利。作为中国焦煤代表企业的山西焦煤集团，是目前中国规模最大、品种最全的炼焦煤生产企业，拥有西山、汾西、霍州、离柳、乡宁五大焦煤基地，主要开采西山、霍西、河东、沁水四大煤田，公司井田面积3276平方千米，保有储量326亿吨，其中焦煤储量265亿吨。主要煤种有焦煤、肥煤、气肥煤、动力煤等，其中强黏焦煤、肥煤均为世界稀缺资源，具有低灰、低硫、低磷、黏结性强、结焦性好等特性。产品销往全国20多个省市、并出口日本、韩国、巴西、印度、德国等国家和地区。拥有焦炭和机电设备等进出口经营权。

集团公司是以煤为主，多业并举。主要经营煤炭开采、加工、销售、发供电、建筑安装、建材、机电设备制造修理、化工、运输、进出口贸易以及三产服务业等。公司实行母子公司体制，母公司由原山西焦煤集团有限责任公司改组而成，子(分)公司主要有山西焦煤股份有限公司、汾西矿业集团有限责任公司、霍州煤电集团有限责任公司、山西焦煤集团销售总公司、山西焦煤集团多种经营总公司、山西煤矿机械厂、山西庆恒建设集团有限责任公司等，并持有华晋焦煤有限责任公司50%的股份。

集团公司发展潜力巨大、前景广阔，正以“全国百强、行业第一”为目标，充分发挥集团化经营和上市公司优势，以科技为动力，突出主业，高效生产，集约经营，滚动发展。通过联合、兼并、控股、参股等方式吸纳省内外焦煤产销企业以及高科技产业项目，开发离柳、沁安等优质煤炭资源，实现规模效益；大力发展煤化工，建设4台30万千瓦古交电厂等大型坑口电厂和离柳焦化厂等焦化基地，延伸煤焦气化、煤电铝材两条产业、产品链，实现煤炭资源的综合开发利用。到“十五”期末，煤炭产量将达到5000万—7000万吨，冶炼精煤产量1800万吨，焦炭产量125万吨，电力40亿度；到2010年，煤炭产量将达到1亿吨，力争占到全国焦煤产量的一半，使公司成为经济实力雄厚、市场竞争力强的现代化大型企业集团。

大同煤矿集团有限责任公司

公司总部位于山西省大同市西南，是全国煤炭行业的特大型企业、国家512户重点企业之一，1997年国务院批准列入国家120家企业集团试点单位，是山西省34户优势企业之一。企业成立于1949年8月30日，2000年改制成立大同煤矿集团有限责任公司。2003年12月21日，重新组建大同煤矿集团公司。新公司跨越山西北部大同、朔州、忻州三市，6家股东出资，以大同、宁武煤田和河东煤田900多亿吨储量为资源基地，拥有49对矿井，职工近20万人，总资产225亿元，年产销能力近8000万吨。经过50多年的艰苦奋斗，大同煤矿造就了一支勇于奉献、争创一流、特别能战斗的职工队伍。企业从成立到2003年，共生产煤炭11亿吨，上缴利税142亿元，为国民经济的发展做出了巨大的贡献。曾经荣获过金马奖、全国“五一”劳动奖状等，连续13年荣获全国思想政治工作优秀企业称号。

集团公司的规划目标是：2010年前实现煤炭年产销量达到1.5亿吨，其中原煤入选能力达到1.18亿吨；电力建设先期投产和在建电厂装机容量达到300万千瓦；年销售收入达到400亿元，其中煤与非煤比例力争达到6∶4；员工人均年收入达到2.5万元以上。

集团公司将以邓小平理论和“三个代表”重要思想为指导，以人为本，树立科学的发展观，走现代化、集团化、洁净化、多元化、国际化的道路，建成商品煤基地、出口煤基地、煤炭深加工基地和市场投资主体，成为具有国际竞争力的特大型煤、电能源集团，实现“绿色同煤，科技同煤，诚信同煤，小康同煤”，为国民经济发展做出更大贡献。

平顶山煤业集团有限责任公司

平顶山矿区1952年被列为国家“一五”计划的重大建设项目，1953年被列为全国10个矿区建设项目之一，是新中国开发建设的第一个大型矿区。1954年4月，平顶山煤矿筹备处成立，1955年9月，平顶山第一对矿井二矿动工兴建，1957年河南省平顶山矿务局成立，1985年2月平顶山矿务局划归煤炭工业部直接领导，1996年1月改制为国有独资的有限责任公司，1998年9月平煤集团公司下放河南省管理，2002年12月改制为多元投资主体的有限责任公司。

以1955年9月二矿的动工兴建为标志，平顶山矿区进入全面开发建设时期，到1958年底已有11对矿井动工建设，到1960年，平顶山矿务局原煤产量突破500万吨，对缓和全国煤炭供应紧缺起到了十分重要的作用。1975实现了“双千万”，即年产量突破1000万吨，利润突破1000万元，跨入全国千万吨大局行列，1996年煤炭产量突破2000万吨，成为全国具有重要影响的特大型煤炭企业。

2003年原煤产量达到2669万吨。生产矿井14个，选煤厂3座，精煤产量达到年产500万吨的能力。资产总额114.7亿元，年销售收入76亿元，职工12.7万人。先后荣获全国重合同守信用企业，煤炭行业质量信得过单位、全国“五一”劳动奖状等荣誉。在2003年中国企业500强中排名第222位。企业设立有国家级技术中心、国家级矿山救护中心、国家安级劳动安全卫生评价咨询中心。

平顶山煤业集团以“以煤为主、相关多元化”为发展战略，走新型工业道路，将建成煤炭主业突出、核心竞争能力强、可持续发展能力强，煤电化一体，在全国有重要影响的特大型能源企业，成为全国重要的火电基地、煤化工基地和冶金用煤基地，步入全国企业百强行列。

平顶山煤业集团提出的三步走发展战略目标是：第一步到2005年实现原煤产量3000万吨、精煤产量600万吨、销售收入90亿元；第二步到2010年原煤产量5000万吨以上、精煤1500万吨、销售收入150亿元；第三步到2020年原煤产量达到1亿吨。

平顶山煤业集团具有广泛的发展空间和巨大的潜力。通过已签订的合作协议，煤田面积达3000平方千米，煤炭储量150亿吨，为企业快速发展提供了充足的战略资源。煤种齐全，焦煤、电煤、瘦煤、无烟煤资源充足，特别是中国稀缺的焦煤资源充足，是中国具有重要影响的焦煤基地。经济地理位置优越，是国家规划建设的13家大型煤炭基地之一，是铁道部拟建的全国十大煤运通道之一。

新汶矿业集团有限责任公司

新汶矿业集团有限责任公司是年产煤千万吨的国有特大型企业、全国500家最大工业企业之一。集团公司地处山东泰安、莱芜两市的四个县市区境内，共有12个生产矿井，还有地面单位和医院、学校等，共29个直属单位，在册职工6.6万人，矿区总人口20万人。现有矿井设计能力800万吨/年，核定能力935万吨/年，自1988年以来，原煤产量已连续10年保持在千万吨以上。矿工累计探明地质储量9.5亿吨，汶宁、巨野煤田正在勘探开发，具有良好的发展前景。矿区煤种齐全，主要有气煤、气肥煤、肥煤等。煤炭产品有冶炼精煤、动力精煤、洗混煤、块煤等，畅销十几个省市，并出口国外。非煤产业形成了机械制修、建筑建材、轻纺加工、制药、电力、运输、养殖、商饮服务等20个行业、千余种产品的生产经营规模。

新汶矿业集团公司非煤产业发展迅速，年产值经营额14亿元，形成了机械制修、建筑建材、轻纺加工、交通运输、种植养殖、商饮服务和电力、石膏、制药等10余个行业、上千种产品的生产经营规模，部分产品享有自营进出口业务经营权，一些产品远销欧美、日本、韩国、东南亚等国家和地区。

集团公司被国务院和山东省分别列为全国520家重点国有企业、山东省136家重点企业集团之一。全部资产总额52.8亿元，资产负债率45.38%。企业信贷信誉被中国工商银行、建设银行确认为安安安级。先后被上级命名为质量标准化局，现代化局，生活福利达标局，多种经营集体经济样板局，教育达标局，国家二级企业和全国尊师重教、计划生育、群众体育、节能工作先进单位，有60多项科技成果获国家和省部级奖励，并荣获首届中国煤炭工业优秀企业管理奖和山东省思想政治工作优秀企业。

淮北矿业集团有限责任公司

淮北矿区大规模开发建设始于1958年。1998年3月淮北矿务局改制为淮北矿业集团有限责任公司。公司有闸河、宿州、临涣和涡阳4个矿区，横跨淮北、阜阳、宿州三市，东西南北跨度约100千米，总面积9600平方千米，含煤面积6912平方千米。矿区煤炭资源保有储量67亿吨。煤种齐全，有气煤、肥煤、焦煤、1/3焦煤、瘦煤、贫煤、天然焦等八大类，其中肥煤、焦煤占总储量50%以上；煤炭发热量5000—8000大卡/千克(1大卡=4.1868千焦)，含硫量很低，磷、砷、氯等有害元素含量极少；另有3000多亿立方米煤层气、1.5亿吨天然焦和4.8亿吨优质高岭土等矿产资源。

集团公司拥有子公司等二级单位35个。至2000年底，集团公司总资产75.2亿元，负债总额46.1亿元，所有者权益29.1亿元，资产负债率61.25%。在册职工总数86245人。

矿区自1958年大规模开发建设以来，经过40年艰苦创业，现已发展成为华东地区主要冶炼精煤生产基地。

阳泉煤业集团有限责任公司

阳泉煤业集团有限责任公司由始建于1950年的阳泉矿务局改制而成，是全国最大的无烟煤生产基地，位于山西省沁水煤田东北部，现有5个矿藏12对生产矿井，年产量1600万吨。驰名中外的阳优洗大中小块、冶金喷粉煤、优质末煤等23个品种，已有14个获国家、部、省优质产品称号，是电力、冶金、化工、化肥、建材、市场民用的上好燃料，行销全国16个省市，部分出口，深受青睐。阳泉煤业集团的煤层气开发利用，已被确定为煤炭部和中煤第十一煤层气有限责任公司的实验区，前景广阔。

阳泉煤业集团现有员工10万，总资产供销51.62亿元，是国家首批的特大型企业和全国500家最大工业企业之一，也是国务院批准的212户重点国企和重点扶持的千家国企之一。

阳泉煤业集团的产业体系是：一个主导产业——煤炭；三个支柱产业——煤电铝、煤气化、建筑建材；四个支持产业——磁材、商贸、轻工、矿机制造。集团已经拥有与国内外商家合资的控股子公司10个，参股公司10个。阳泉煤业集团的部分优质资产将组建股份有限公司。实力雄后的山西煤炭第一工程建设总公司、多种经营总公司、实业开发总公司，是集团公司的全资子公司。集团公司下属的分公司有升华实业总公司等22个。通过大规模的资产重组和产业结构调整，阳泉煤业集团将以开放的雄姿开创企业未来发展的新局面。

丰城矿务局

丰城矿务局建于1957年，是原国家煤炭工业部直属的94家国有大型煤炭企业之一，也是1992年国务院六部委批准的全国500家大型企业之一。1998年8月经国务院批准划归江西省管理，现有固定资产总值15.5亿元，年总产值达8亿元，税费7700万元，共有职工2.6万人，离退休职工0.9万人，矿区总人口10万。丰城矿投产以来，共为国家生产原煤7760余吨，累计上缴利税超过14亿元。

矿区面积约200平方千米，现已探明煤炭地质储量超过5亿吨，煤层气储量超过50亿米，可开发的资源在全省煤炭行业占绝对的优势。长期以来，丰城矿区是中国江南最大的优质主焦煤生产基地之一，不久的将来又将成为江南最重要的煤层气开发基地。全局共有主力生产矿井4对，2004年生产能力达240万吨，煤炭生产规模列江西省首位。

丰城局将坚持发挥资源优势做强煤炭主业、发展非煤产业不动摇，坚持改革改制开拓创新，全力打造江西煤炭生产领头企业，力争2007年产煤300万吨，产值突破10亿元，再造一个丰矿，不断开创企业改革发展新局面。

第二章

电力重点企业

国家电网公司

国家电网公司是在原国家电力公司部分企事业单位基础上组建的主营实业投资及经营管理，电力购销及所辖区域电网之间电力交易和调度，经营输电、变电、配电等电力资产的特大型企业，是国务院同意进行国家授权投资的机构和国家控股公司的试点。领导班子由中央管理，公司实行总经理负责制，总经理为公司的法定代表人。

国家电网公司目前共拥有72.8万职工，其中工业企业职工52.2万人，占全部职工的比重为71.7%；建筑业职工15.7万人，占全部职工的比重为21.6%；科研设计单位职工1.46万人，占全部职工的2%。

国家电网公司负责华北、东北、华东、华中和西北地区电网的建设、发展和生产运营管理，以及全国区域间跨区电网的建设和发展。其业务内容主要包括：拟订电网发展规划，全国联网规划；负责电力行业发展规划、电力需求预测及国内外电力市场的研究工作；区域电网之间的电力交易，运行调度。

国家电网公司负责运营的电网覆盖北京、天津、河北、山西、内蒙古、黑龙江、吉林、辽宁、山东、江苏、上海、浙江、福建、陕西、河南、江西、安徽、湖北、湖南、四川、重庆、甘肃、宁夏、青海、新疆等25个省(自治区、直辖市)。

1. 国家电网公司组织体系

国家电网公司下设五个区域电网公司，各区域内的省(自治区、直辖市)电力公司将按照国务院文件精神逐步改组为区域电网公司的分公司或子公司。

2. 国家电网公司的调峰调频电厂及保留待出售电厂

东北电网：中朝界河发电厂(云峰、太平湾、水丰、渭源)、丰满发电厂、松江河发电厂、白山发电厂、黑龙江莲花水电公司、镜泊湖水电厂；华北电网：十三陵抽水蓄能电厂、天津大港发电厂、潘家口抽水蓄能电厂、秦皇岛发电公司、神头第二电厂、山东中华发电公司、石横电厂(1—4号机)；华东电网：上海闸北电厂、上海闸电燃气轮机公司、紧水滩水电厂、新安江水电厂、天荒坪抽水蓄能公司、富春江水电厂、水口发电公司、安徽响洪甸抽水蓄能电厂；华中电网：江西拓林水电公司、河南焦作电厂、黄龙滩水电厂、湖北白莲河水电厂、湖南拓溪水电站、凤滩水电厂、东江水电厂、重庆发电厂、四川映秀湾水电厂；西北电网：安康水电厂、刘家峡水电厂、玛纳斯发电公司。

3. 国家电网公司主要输电设施

国家电网公司所属东北电网、华北电网、华东电网和华中电网采用500千伏、220千伏输电设施及部分110千伏输电设施；西北电网采用330千伏、110千伏输电设施及部分220千伏输电设施。（见表16－1）

国家电网公司拥有的4条直流输电线路如下：（1）±500千伏葛上直流输电线路，由华中电网的葛洲坝至华东电网的上海南桥，线路长度1045.7千米，输送容量120万千瓦；（2）±500千伏三常直流输电线路，由华中电网的三峡至华东电网的江苏常州，线路长度860千米，输送容量300万千瓦；（3）±500千伏三广直流输电线路，由华中电网的三峡至南方电网的广东惠州，线路长度975千米，输送容量300万千瓦；（4）±100千伏舟山直流输电线路，由浙江省宁波至舟山本岛，线路长度54.1千米，其中架空线42.1千米，海底光缆12千米，输送容量共10万千瓦。

2003年，国家电网公司售电量完成11202亿千瓦时，同比增长15.6%；跨区互供电量完成387亿千瓦时，同比增长92.3%；固定资产投资完成811亿元；销售收入4829亿元；实现利润59.7亿元；资产总额10523.6亿元。

华北电网有限公司

华北电网有限公司是国家电网公司出资设立的全资子公司，负责管理华北电网，直接经营京津唐电网。华北电网内的河北北部唐山、秦皇岛、廊坊、张家口、承德5个地区供电公司为直属公司；北京电力公司、天津市电力公司为分公司；河北省、山西省电力公司和山东电力集团公司为全资子公司；内蒙古电力集团有限责任公司华北电网有限公司有生产纽带关系。2003年末，华北电网有限公司总资产2198亿元，其中华北电网有限公司直接经营的资产1173亿元，净资产776亿元。

华北电网已经形成以500千伏为主干网架、220千伏为基本网架的环型输电网络，供电面积156万平方千米，供电人口约2.3亿。华北电网的主要特点是负荷中心在东部的京津唐地区，电源主要分布在西部的山西和内蒙古西部地区，电网呈西电东送的基本格局。目前，西部向北京送电共有山西大同—北京房山、河北沙岭子—北京昌平、内蒙古丰镇—河北万全—北京顺义3个500千伏通道，最大输送电力490万千瓦。此外，东北电

表16－1

2003年底国家电网公司的各级输电线路长度

单位：千米

区域电网	500千伏	330千伏	220千伏	110千伏	35千伏（含66千伏）
华北电网	5997	—	26792	31082	25116
东北电网	032	—	24629	3495	27402
华东电网	9994	—	25650	28627	29639
华中电网	9191	—	34779	50185	44466
西北电网	—	10391	6850	31971	24700
总　计	30215	10391	118701	145360	151324

注：不含内蒙古自治区、西藏自治区。

资料来源：国家电网公司。

网通过辽宁绥中—河北姜家营500千伏输电线路向京津唐电网最大输送电力60万千瓦，华中电网通过河南获嘉—河北辛安500千伏输电线路与华北电网联网。

华北电网有限公司以500千伏主网架为依托，不断加快主网的建设，保证公司的可持续发展。仅2003年，相继投产了500千伏托克托—浑源—安定输变电工程，500千伏丰镇—万全—顺义加装串补工程以及500千伏房山变电站改扩建工程，500千伏保北—霸州—吴庄输变电工程，500千伏滨海—吴庄输电线路工程；配合国家电网公司在全国范围内推动资源的优化配置，完成了华北—华中联网工程，2004年将加强与东北电网联网的第二期工程，实现与山东电网的联网。

华北电网有限公司长期以来致力于北京电网的建设与改造，为了加快北京电网建设，在公司编制的“十五”和“十一五”电网发展规划基础上，以北京2008年奥运会为契机，提出《北京奥运电力行动计划》。该工程总规模231亿，目前部分项目已进入前期准备和具体实施阶段，到2008年北京电网将会更加强大。

华北电网有限公司将以深化改革为动力，以公司“十五”期间改革与发展的战略为目标，以安全生产为基础，以经济效益为中心，以优质服务为宗旨，以实施《北京奥运电力行动计划》为契机，统一思想，开拓创新，进一步加快华北电网发展。

东北电网有限公司

东北电网有限公司是国家电网公司依法投资设立的国有独资有限责任公司，2003年9月25日率先在全国组建成为具有独立法人地位的区域电网公司。公司注册资本272亿元人民币，供电区域包括黑龙江省、吉林省、辽宁省及内蒙古自治区二市二盟，电网覆盖面积124万平方千米，供电服务1.15亿人口。全网统调最大负荷2617万千瓦，最大峰谷差818万千瓦，公司拥有直管电厂发电设备容量572.25万千瓦；500千伏线路27条，送电线路3758.35千米，总变电容量1277.2万千伏安；220千伏线路28条，总长度达2957.91千米，总变电容量186.7万千伏安。

目前东北电网以500千伏线路为骨干的网架北起呼盟的伊敏，南至大连的南关岭，西自赤峰的元宝山，东达黑龙江的佳木斯、七台河，500千伏主网架已经覆盖了东北地区的绝大部分电源基地和负荷中心；辽吉、吉黑省间500千伏联络线均已达到两回；东北与华北电网实现了跨大区交流联网。辽长吉哈佳500千伏输变电工程投产，使北电南送形成了第二回主要通道。目前南北输电通道正在加强，吉黑省间第三回和第四回500千伏线路方案正在进行可研工作；冯屯—大庆—哈尔滨第二回500千伏线路已经通过可研审查，进入设计阶段；500千伏北宁变、沙河营变和辽吉省间第三回500千伏线路包家—东丰—徐家工程和沈阳—大连二回线正在施工建设。东北电网结构将进一步得到加强和完善。

在改革中成长的东北电网有限公司，以自觉纳入国家电网公司战略体系、主动融入东北地区经济、积极汇入世界发展主流作为面向未来思考问题的基点，加快电网建设发展步伐，尽快形成结构合理、技术先进、安全可靠、管理科学的东北区域电网。公司的主要职责是执行国家法律、法规和产业政策，在国家宏观调控和行业监管下，贯彻和实施国家电网公司的整体发展战略，以市场需求为导向，依法自主经营；根据国民经济中长期发展规划、国家产业政策，电力工业发展规划和市场需求，制定并组织实施公司的发展战略、中长期发展规划、年度计划和重大生产经营决策；负责规划东北区域电网发展，并受国家有关部门委托，提出东北地区电力行业发展规划的建议；负责经营管理东北电网，参与投资、建设和管理区域内的输变电工程和调峰调频电源工程；依法对东北电网实施调度管理，按照统一调度、分级管理的原则，组织、指挥、指导和协调东北电网安全、稳定、优质和经济运行。

华东电网有限公司

华东电网覆盖的上海、江苏、浙江、安徽、福建地区，历来是物华天宝、人杰地灵之地。华东地区四省一市以占全国5%的土地资源创造了占全国30%多的国民生产总值。随着1882年上海外滩弧光灯的点亮，中华民族电力工业即由此发轫。这里投产了中国自己设计、自制设备的第一座大型水电站——新安江水电站；中国自行设计、建造、调试和运行的第一座原型堆核电站——秦山核电站。进入20世纪90年代以来，华东电网建设得到了蓬勃发展，江苏—浙江—安徽—江苏和江苏—上海—浙江—江苏2个500千伏跨省市环的建设标志着华东电网以500千伏为主网架的形成。2003年底，全网装机容量为7948.58万千瓦，全社会用电量为4530亿千瓦时，最高负荷达到7090万千瓦。共有500千伏厂站45座，交流线路9266千米；500千伏变电站30座，交流变压器58台，降压变容量4315万千伏安；220千伏变电站448座，变压器848台，总容量1.19亿千伏安，线路1084条，总长2.93万千米。此外华东电网还通过总输电容量为420万千瓦的500千伏葛洲坝—上海南桥、龙泉—江苏政平直流输电线路接受华中和三峡来电。

华东电网有限公司于2003年9月28日在上海成立，前身是1962年成立的华东电业管理局，之后曾为中国华东电力集团公司、国家电力公司华东公司等，几经变革。目前的华东电网有限公司是国家电网公司出资设立的国有独资有限责任公司。公司注册资本为人民币800亿元，总资产2912亿元，2003年实现销售收入1735亿元，利润25.1亿元。公司的主要职责是：规划华东电网发展，经营管理华东电网，参与投资、建设和经营电网内的输变电工程和调峰、调频电源工程；对华东电网实施调度管理，组织、指挥、指导和协调华东电网安全、稳定、优质和经济运行；培育华东电力市场，管理华东电力调度交易中心；优化配置生产要素，组织实施投资活动，促进公司持续、快速、健康发展。

为满足日益增长的电力需求，华东电网有限公司将以“国内最佳、国际先进”为战略目标，充分发挥作为区域战略规划中心和电力调度交易中心的作用，和四省一市电力公司一起，坚持团结治网，以深化改革和科技进步为动力，加快华东电网调峰电源建设，积极落实西气东输天然气下游市场，加快电网发展，促进区域电力市场发展，努力实现最大范围内的资源优化配置。预计国家“十五”发展计划期间，华东电网将建成500千伏输电线路6681千米，增加交流变电容量5090万千伏安。

华东电网有限公司“国内最佳、国际先进”的战标目标，必将随着以长三角电网为核心网架的结构优化、技术先进、安全可靠、运行灵活的现代化华东电网的建设，随着华东电网有限公司尽心服务地区经济发展和人民生活的实践中实现。

华中电网有限公司

华中电网有限公司位于中国中西部地区的湖北、河南、湖南、江西、四川五省和重庆直辖市。从20世纪80年代起，随着长江葛洲坝电站的兴建和中国中西部地区国民经济的发展，地处中国东西结合、南北交汇枢纽位置的华中电网，以区域内丰富的煤炭和水能资源为基础，覆盖面积由湖北、河南、湖南、江西四省扩大为湖北、河南、湖南、江西、四川、重庆六省(直辖市)，形成了以500千伏线路为骨干，并以500千伏线路与华东、华北、川渝电网相联的强大电网。

位于湖北武汉东湖之滨的华中电网有限公司，是在原华中电业管理局、中国华中电力集团公司、国家电力公司华中公司基础上，于2003年11月5日改组成立的。华中电网有限公司是国家电网公司出资设立的国有独资公司，注册资本为360亿元人民币。其主要职责是：经营管理电网和本区域内保留给电网企业的调峰、调频和事故备用电源，保证电力安全，规划区域电网发展，培育区域电力市场，统一优化配置区域电力资源，管理电力调度交易中心，统一调度区域电网。作为中国五大区域电网公司之一，华中电网有限公司管辖的电网范围达129.8万平方千米，供电人口达3.82亿人。华中电网因此成为中国供电人口最多的区域电网。至2003年底，华中区域电网全口径发电装机容量8348.3万千瓦，占全国总装机容量的25%，年发电量3669亿千瓦时，华中区域电网总资产2099亿元，年销售收入1048亿元。

作为华中地区的区域战略规划中心，华中电网有限公司已同世界上许多著名的电力公司和机构建立了密切的联系。到2003年11月底，华中电网经国家批准利用外资建设的大型电力项目共33个，总装机规模1461万千瓦，利用外资总额62.74亿美元。同时，一些电力企业纷纷走出国门，挺进和开拓国际市场，在东南亚、中东地区和非洲参与了24个电力工程项目的设计和建设，取得了良好的效益和信誉。

随着举世瞩目的长江三峡水电工程的建设和

投产，华中电网将在全国电网互联的战略格局中处于重要地位，并将向着“结构优化、技术先进、安全可靠、运行灵活”的现代化大电网的目标迈近。“十五”期间，华中电网将新建500千伏交流输电线路7902千米、500千伏直流输电线路1000千米；新建、扩建500千伏变电站(开关站)35座、总容量2525万千伏安，500千伏换流站3座、总容量636万千瓦；到2010年，一个以500千伏电网为主体，采用远距离、大容量、特高交直流向区域内外输电的现代化大电网初具规模，并成为全国电网的中心和全国电能集散中心。2020年以前，华中电网将实现区域内全社会用电量、发电装机容量以及电网总资产三个“翻两番”。借助这些令人激动的电力传输平台，日新月异的华中电网将为中国全面建设小康社会、为中国中西部地区的经济腾飞以及东部地区的高速发展，作出巨大的贡献。

西北电网有限公司

长江、黄河、澜沧江三大江河都发源于西北的青海高原。西北地区又是我国钢铁、化工、煤炭和有色金属加工基地，同时军工、航空、纺织业等在全国处于重要地位。西部大开发战略的实施，为西北地区经济社会实现大跨越提供了难得机遇。电力不仅为西北经济社会发展提供了光明之源，也提供了强大的动力支持。

西北电力对中国电力工业发展作出了重要贡献。20世纪60年代建设的国内第一座超百万千瓦的大型水电站，70年代建成的国内第一条330千伏超高压线路，2003年9月11日开工建设的国内最高电压西北750千伏输变电示范工程，在中国电力工业发展史上都具有里程碑意义。

2003年11月6日成立的西北电网有限公司，是国家电网公司在西北地区投资设立的国有独资有限责任公司，主要成员单位有：陕西电力公司、甘肃电力公司、青海电力公司、宁夏电力公司、新疆电力公司等五个全资企业以及三家保留的发电企业和三家暂保留并待转让的发电企业。公司注册资本220亿元人民币。公司主要职责是：负责规划西北电网发展，提出西北地区电力行业发展规划的建议；负责经营管理西北电网，参与投资、建设和经营电网内的输变电工程和调峰、调频电源工程；依法对西北电网实施调度管理；按照统一调度、分级负责的原则，组织指挥电网安全稳定运行；培育西北电力市场，管理西北电力调度交易中心；优化配置区域电网生产要素，促进公司持续、快速、健康发展。

西北电网有限公司是国内覆盖面积最大的区域电网公司，又是区域电网公司中惟一的一家全部在西部地区经营的电网企业。目前西北地区有两大电网即西北电网(亦称陕甘青宁电网)和新疆电网。西北电网为跨省电网，主网架为330千伏；新疆电网最高电压为220千伏，暂时还没有与西北电网联网。截至2003年底，西北电网发电设备总装机为2158万千瓦，统调发电厂49座，其中火电厂36座，装机1452万千瓦，占总装机容量的67%；水电厂13座，装机713万千瓦，占总装机容量的33%。已建成投运330千伏输电线路104条，总长度10514.8千米；330千伏变电站47座，变电容量1938万千伏安。新疆电网220千伏线路24条，2540千米；220千伏变电站24座，变电容量233.6万千伏安。

西北地区具有丰富的能源和矿产资源，其中煤炭、石油、天然气、有色金属和盐湖资源在全国占有十分突出的地位。尤其是黄河上游水力资源被称为我国著名的“水电富矿”。西北地区煤炭资源约占全国一半，主要集中在陕北、宁夏和新疆，煤炭开发地多适合建设坑口电站，各自都具有建设1000万千瓦以上火电基地的条件。

西北电网有限公司把发展作为第一要务，坚持适度超前建设电网，电网与电源统一规划、协调发展的原则，加快区域电网和省域电网及城乡电网建设。在近期和中期发展目标中，加快发展750千伏骨干网架，改造完善330千伏主电网，2005年实现西北与华中背靠背联网，逐步实现西北与华北、西北与四川联网，在满足地区经济社会发展用电需求的基础上，增强在西电东送、南北互供、全国联网战略中的竞争力。

中国南方电网有限责任公司

中国南方电网有限责任公司是根据国家电力体制改革方案，于2002年12月29日正式挂牌成立的特大型国有电网企业。公司注册资本为600亿元，由中央直接管理，在国家计划中实行单列，经营范围覆盖广东、广西、云南、贵州、海南等南方五省(自治区)。公司是以电网为主营业务的运营商，是南方区域电力市场交易的主体，肩负着规划、建设、经营、管理南方区域电网、促进西电东送、推进全国联网、实现南方区域能源资源优化配置的重任，负责南方区域电网电力的交易与调度。秉承对中央负责、为南方五省(自治区)服务的宗旨，努力实践国家“西部大开发”、“西电东送”的战略任务。至2003年底，公司资产总额达2172亿元，售电量2537亿千瓦时，主营业务收入1237亿元。

1. 南方电网

南方电网是国内第一个远距离、大容量、超高压输电、交直流并联运行的现代化大电网，覆盖南方五省(区)，东西跨度近2000千米。云南、贵州电网经天生桥通过天生桥—广东、贵州—广东五回500千伏交流线路和两条±500千伏直流线路与广西、广东电网相连，形成了五条交流、两条直流“西电东送”大通道；广东电网通过三峡—广东、鲤鱼江—广东两回±500千伏直流线路与华中电网相连，通过四回400千伏线路与香港中华电力系统相连，通过两回110千伏线路与澳门电网互联；广西电网、云南电网通过110千伏线路与越南电网互联。至2003年底，南方电网220千伏及以上输电线路总长3.64万千米，变电容量1.25亿千伏安。

南方电网网内拥有水、煤、核、抽水蓄能、油、气、风力等多种电源，2003年底总装机容量6902万千瓦，全网水、火、核电比例分别为35.2%、59.3%、5.5%。

2003年，南方五省(自治区)全社会用电量3278亿千瓦时，比上年增长16.4%。五省(自治区)全社会最高负荷达到5194万千瓦，增长12.4%。全网统调最高负荷达到3851万千瓦，增长22%。

2. 西电东送

至2003年底，西电送广东极限能力达到580万千瓦(含湖南鲤鱼江60万千瓦)。三峡至广东直流工程拟于2005年2月单极送电，6月全面建成。贵州至广东直流工程将于2005年6月底提前4个月单极投产，年底全面建成。到2005年，南方电网主网架将形成“六交三直”九条西电东送大通道，送电能力达到1100万千瓦。

截止2003年，西电东送完成电量1031亿千瓦时，其中广东受西电734亿千瓦时，广西受西电297亿千瓦时。云南送出电量150亿千瓦时，贵州送出电量222亿千瓦时，天生桥一、二级电站发电689亿千瓦时。西电东送使五省(自治区)实现了电力资源优化配置，互利互惠、东西双赢。省网之间互为备用，不仅减少了各省(自治区)的事故备用，而且增强了四省(自治区)电网运行可靠性。1997年以来，各省网出现了560多次大容量机组跳闸，南方电网都及时给予了事故支援，支援容量占广东、香港跳闸容量的1/3以上，占云南、贵州、广西跳闸容量的2/3以上，保持了各省网的安全稳定。

中国华能集团公司

中国华能集团公司是经国务院批准成立的以电为主、综合发展的国有重要骨干企业，由中央管理，是经国务院批准同意进行国家授权投资的机构和国家控股公司的试点。注册资本金200亿元人民币。主要从事电源的投资、建设、经营和管理，组织电力(热力)的生产和销售，以及金融、能源交通、信息、新能源、环保、贸易等相关产业、产品的投资、建设和生产经营，国内外投资、融资和自主开展外贸流通经营、国际合作等业务。

中国华能集团公司1985年创立，历经十几年的发展历程，为国民经济建设和电力工业的改革与发展做出了积极贡献。截止2003年底，中国华能集团公司拥有全资、控股电厂容量为3166万千瓦，约占全国发电装机容量的8.2%。集团公司所属主要成员单位是：华能国际电力开发公司，华能国际电力股份有限公司，云南华能澜沧江水电有限公司，华能资本服务有限公司，华能能源交通产业控股有限公司，华能信息产业控股有限公司，华能新能源环保产业控股有限公司，华能国际经济贸易公司，华能综合产业公司，华能集团香港有限公司，西安热工研究院有限责任公司。

装机规模和发电量：拥有全资、控股电厂51家、装机容量3166万千瓦，分布在全国22个省(自治区、直辖市)，2003年完成发电量1744亿千瓦时，装机容量和发电量分别是1986年的28倍和

35 倍，年均增长 21% 和 24%。

资产规模：2003 年总资产为 1460 亿元，为 1989 年华能集团公司组建时的 7 倍多，年均增长 14%；华能权益 220 亿元，为 1989 年的 11 倍，年均增长 17%。

盈利能力：2003 年销售收入 451 亿元，为 1989 年的 28 倍，年均增长 25%；实现利润 64 亿元，为 1989 年的 23 倍，年均增长 23%。2003 年华能的发电装机容量、发电量、销售收入、利润、人均劳动生产率等指标，在国内发电企业集团中均名列第一。在 2003 年全国企业 500 强中，华能的销售收入、资产、利润分列第 36、20、12 位。

中国华能集团公司根据国民经济发展规划、国家产业政策以及市场需求，确定了在新世纪前 20 年的发展奋斗目标：2010 年，实现可控装机容量 6000 万千瓦，占全国发电装机容量的 10%，销售收入 100 亿美元，进入世界 500 强；2020 年，实现可控装机容量 1.2 亿千瓦，占全国发电装机容量的 12%，销售收入 200 亿美元，把公司建设成为实力雄厚、管理一流、服务国家、走向世界，具有国际竞争力的大企业集团。

中国大唐集团公司

中国大唐集团公司经国务院批准于 2002 年 12 月 29 日成立，是在原国家电力公司部分发电企业基础上组建的特大型电力企业集团，是中央直接管理的国有独资公司，是国务院批准的国家授权投资的机构和国家控股公司的试点。

公司注册资本金为人民币 120 亿元。截至 2003 年 6 月底，拥有固定资产 943.91 亿元。2003 年上半年销售收入 145.38 亿元。职工人数 7.8 万余人。包括在建项目在内的可控装机容量 3249 万千瓦，权益装机容量 2121 万千瓦。在 3249 万千瓦的可控装机容量中，火电机组 2533.8 万千瓦，占 78%；水电机组 715.2 万千瓦，占 22%。

集团公司所属成员单位共 94 个，包括内部核算单位 33 个、全资子公司 2 个、控股公司 48 个（含控股公司下属企业）、参股公司 11 个。这些单位分布在北京、天津、河北、山西、内蒙古、吉林、黑龙江、安徽、江苏、河南、湖南、陕西、甘肃、广西等 14 个省（自治区、直辖市）。

至 2003 年底，集团公司资产总额达到 1073 亿元；同比增加 181 亿元；发电量完成 1427.53 亿瓦时（直属、全资和控股口径），同比增长 21.55%，比全国平均增长率 15.3% 高出 6.25 个百分点；销售收入完成 328 亿元，同比增长 19.65%；实现收入 24.9 亿元；净利润 3.1 亿元。

集团发展战略是：把中国大唐集团公司建设成经营型、控股型，市场化、集团化、现代化、国际化，具有较强发展能力、盈利能力和国际竞争能力的大型电力企业集团。利用“十五”后三年的时间，努力使经营性亏损企业全部扭亏为盈，确保在企业经济效益稳步增长的基础上，保持员工收入水平稳步提高。经过八年的持续发展，集团公司可控装机容量、销售收入、净利润全部实现翻一番，做到规模和效益的同步增长。

集团公司以 2002 年末为基准年，分三个阶段制定未来八年的战略目标：到 2005 年末，在役可控装机容量增加 1000 多万千瓦，达到 3500 万千瓦，总资产从 879 亿元增加到 1150 亿元左右，水电、风电等清洁能源所占比重基本保持现在的 12% 水平，30 万千瓦及以上机组比重由 53% 增加到 58%，销售收入由 270 亿元增加到 360 亿元，净利润由 3 亿元增加到 4 亿—5 亿元。

到 2008 年末，力争可控装机容量再增加 1300 万千瓦，达到 4800 万千瓦，总资产达到 1550 亿元左右，水电、风电等清洁能源所占比重达到 14%，30 万千瓦及以上机组比重达到 66%，销售收入达到 480 亿元，净利润达到 6 亿—8 亿元。

到 2010 年末，力争可控装机容量再增加 900 万千瓦，达到 5700 万千瓦，总资产达到 1800 亿元左右，水电、风电等清洁能源所占比重达到 17%，30 万千瓦及以上机组比重达到 69%，销售收入达到 550 亿元，净利润达到 8 亿—10 亿元。

中国华电集团公司

中国华电集团公司是按照 2002 年《国务院关于深化电力体制改革的方案》，在原国家电力公司部分企事业单位基础上组建的全国五大发电企业集团之一，是经国务院同意进行国家授权投资的机构和国家控股公司的试点，在国家计划中单列，财务计划在国家财政中单列，依法经营集团公司及有关企业中由国家投资形成并由集团公司拥有的国有资产，2002 年 12 月 29 日在人民大会堂挂牌成立，2003年4月1日正式注册。

中国华电是主要从事电源及与电力相关产业的开发、投资、建设、经营和管理，组织电力(热力)生产和销售；从事新能源、科技开发，国内外工程建设、承包与监理，设备制造；从事国内外投融资业务，自主开展外贸流通经营、国际合作等业务以及国家批准或允许的其他业务。公司实行总经理负责制。

电力改革划转中国华电运行及在建可控装机容量3133.5万千瓦，权益装机容量2116万千瓦，其中火电机组2494.7万千瓦，占公司可控装机容量的79.6%；水电机组638.8万千瓦，占公司可控装机容量的20.4%。资产分布在北京、河北、山东、辽宁、黑龙江、浙江、江苏、福建、湖北、四川、陕西、新疆、云南、贵州等14个省(自治区、直辖市)。截至2002年12月31日，中国华电资产总额835亿元，负债总额562亿元，所有者权益168亿元，资产负债率67.31%。

中国华电主营业务是电力、热力生产和销售。2002年总发电量为1160.64亿千瓦时，其中水电130.11亿千瓦时、火电1030.53亿千瓦时，这三个数分别占全国总发电量的7%、0.7%和6.2%。

截至2003年12月31日，中国华电资产总额958亿元，运行及在建可控发电装机容量3798万千瓦。公司运行容量2794万千瓦，其中火电占83%，水电占17%。

中国华电发展战略是，以改革为动力，以市场为导向，以发展为主题，以效益为中心，坚持生产经营和资本经营并重，坚持企业发展与员工发展协调，坚持走集团化、多元化、国际化、现代化的路子，努力把公司建设成为以电为主，综合发展，国内先进、国际一流，具有可持续发展能力和国际竞争力的现代企业集团。中长期发展目标是，到2010年包括在建工程控股装机容量在2002年的基础上翻一番，达到0.6亿千瓦以上，到2020年突破1亿千瓦。

截至2003年底，按照劳资统计口径，中国华电管理的单位112家，其中分支机构11家，内部核算企业32家，全资及控股子公司69家(其中新建项目公司27家)。集团公司参股企业23家。公司系统职工总人数为8.6万余人，其中公司本部100人，分公司(代表处)百余人。

中国华电控股业绩优良的华电国际电力股份有限公司(原山东国际电源开发股份有限公司)、黑龙江电力股份有限公司、国电南京自动化股份有限公司等上市公司，控股乌江水电开发有限责任公司。所属电厂中，原国家电力公司命名的全国一流电厂18家，装机容量百万千瓦以上的电厂9家。

中国华电本部设11个职能部门，在资产相对集中的地区设立分公司(代表处)等11个分支机构。中国华电基本建立以产权关系为纽带的母子公司和以授权委托为基础的总分公司相结合的复合型管理体制。

截至2003年底，中国华电内部核算、全资和控股电厂累计完成发电量1248.22亿千瓦时，同比增长7.55%。其中，火电完成1130.63亿千瓦时，同比增长9.71%；水电完成117.59亿千瓦时，同比下降9.62%。完成供热量4712.1万百万千焦，同比增长5.08%。完成售电量1141亿千瓦时，同比增长8.56%。投产容量329.5万千瓦，开工电源项目759万千瓦。公司系统完成资本性支出179亿元，其中基本建设项目122亿元。集团公司完成资本性支出62.2亿元，其中电源项目资本金5.84亿元。集团公司实现销售收入300.13亿元，同比增长9.86%，实现利润9.85亿元。

2003年新投产机组：河北热电21号、22号2台20万千瓦机组，莱城电厂4号30万千瓦机组，州新源热电1号、2号2台13.5万千瓦机组，淄博热电3号、4号2台13.5万千瓦机组，乌江渡4号、5号2台25万千瓦机组，引子渡1号、2号、3号3台12万千瓦机组，蒲城3号、4号2台33万千瓦机组，红雁池州3号、4号2台20万千瓦机组，哈密天光5号2台20万千瓦机组13.5万千瓦。

中国国电集团公司

中国国电集团公司是在原国家电力公司部分企事业单位基础上组建的国有企业，是电力体制改革后国务院批准成立的五大全国性发电企业集团之一，是经国务院同意进行国家授权投资的机构和国家控股公司试点企业，注册资本金120亿元人民币。

中国国电集团公司从事电源的开发、投资、建设、经营和管理，组织电力(热力)生产和销售；

从事煤炭、发电设施、新能源、交通、高新技术、环保产业、技术服务、信息咨询等电力业务相关的投资、建设、经营和管理；根据国家有关规定，经有关部门批准，从事国内外投融资业务；经国家批准，自主开展外贸流通经营、国际合作、对外工程承包和对外劳务合作等业务；经营国家批准或允许的其他业务。

截至 2003 年底，公司拥有 3 个全资企业、33 个内部核算单位、43 个控股企业和 14 个参股企业；公司拥有运行和在建可控装机容量 3666 万千瓦。其中，运行和在建火电装机容量 2916 万千瓦，占 79.5%；水电装机容量 727 万千瓦，占 19.8%；风电装机容量 23.1 万千瓦，占 0.63%。目前在全国 21 个省(自治区、直辖市)中拥有电源点，加上规划电源点，则在全国 25 个省(自治区、直辖市)拥有电源点。公司资产总额 753 亿元，负债总额 537 亿元，所有者权益 128 亿元，其中少数股东权益 87 亿元。

中国国电集团公司实行两级法人、分层授权、垂直管理的管理体制。集团公司目前设立了华北、东北、华东、华中、西北、四川、山东、云南、贵州、广西 10 个分公司。拥有国电电力发展股份有限公司、湖北长源电力发展股份有限公司 2 家国内 A 股上市公司。

集团公司的发展战略构想和远期目标是：以改革和创新为动力，以市场需求为导向，以安全生产为基础，以经济效益为中心，不断提高劳动生产率和资产收益率，坚持以电源建设和运营为核心竞争力，重视发展电力关联产业，适度开展多元化经营，积极开拓电力市场，大力开展资本运作，充分发挥核心企业的竞争优势和上市公司的融资功能，多方筹集发展资金，充分利用各种资源，积极走向国际，把集团公司建成要素组合合理、资源配置优化、经营状况良好、综合实力较强、管理机制先进，具有规范的法人治理结构的复合控股型、规模效益型、集团化、市场化、国际领先的现代企业集团。

根据集团公司发展目标和战略构想，“十五”后三年及“十一五”期间内，集团公司平均每年在建 400 万千瓦、开工 400 万千瓦、拟建 400 万千瓦的目标，争取到 2005 年集团公司发电机组可控容量超过 4000 万千瓦，到 2010 年超过 6000 万千瓦。

集团公司在发展方向的选择将以市场为导向，充分利用目前电力市场带来的有利发展机遇，注意长期目标与短期目标的结合、企业发展目标与地区发展目标的结合，既在经济比较发达、电力市场前景较好、资源比较丰富的地区，也在国家鼓励实施西电东送的地区选择并建设电源项目。在西部的大渡河流域水电开发中，在大渡河流域到 2020 年实现“装机一千五、流域统调度、沿江一条路、两岸共致富”的发展目标，为发展西部经济、改善民生、保护环境做出贡献。在振兴东北老工业基地的建设中，按照“辽宁新建、龙江扩建、吉林重组”的战略，积极开展电力建设，为促进东北老工业基地振兴提供坚强的动力保障。

中国电力投资集团公司

中国电力投资集团公司是在原国家电力公司部分企事业单位基础上组建的国有企业，经国务院同意进行国家授权投资的机构的试点和国家控股公司的试点。根据国务院批复的方案：集团公司成员包括全资企业 2 个，内部核算电厂 31 个，控股企业 48 个，参股企业 20 个，尚未建立资本组带企业 1 个，共 102 个单位；控股容量 3015 万千瓦，权益发电容量 2222 万千瓦；职工总数近 7.4 万人；注册资本金人民币 120 亿元，拥有可控资产 801 亿元，权益资产 589 亿元。

截至 2003 年 12 月 31 日，中国电力投资集团公司资产总额 877 亿元，可控装机容量为 2803.5 万千瓦，权益装机容量为 2233.6 万千瓦。可控装机容量中，火电机组 1880.1 万千瓦，占集团公司可控装机容量的 67.06%；水电机组 788.4 万千瓦，占集团公司可控装机容量的 28.12%；核电机组 135 万千瓦，占集团公司可控装机容量的 4.82%。

集团公司采取母子公司与总分公司相结合的管理模式，目前已成立了东北、江西、湖南、河南、华东 5 个分公司，还将在资产相对集中的华北、西北、川渝等地区设立分公司；包括 97 家成员企业，其中 36 家全资企业，46 家控股企业，15 家参股企业；职工总数为 75795 人。

此外，集团公司参股企业 15 个，其中火电 10 个，水电 1 个，核电 4 个。

集团公司资产分布在全国 17 个省、自治区、直辖市，有上海电力、山西漳泽和重庆九龙 3 家上市公司，有在香港注册的中国电力国际有限公司，有电力设备成套服务的中国电能成套设备有限公司，有开发黄河上游流域的黄河上游开发有限责任公司和开发湖南沅水流域的湖南五凌水电开发有限责任公司，100万千瓦以上的大型电厂有12个，同时还拥有原国家电力公司全部的核电资产。

集团公司实行总经理负责制，总经理是集团公司的法定代表人。集团公司设副总经理5名，总工程师1名。

2003年集团公司完成发电量1226亿千瓦时，比上年增长9.09%；实现销售收入251.81亿元，比上年增长8.81%；实现利润13.86亿元，比上年增长8.19%；投产容量59.5万千瓦；开工容量145万千瓦。

中国电力工程顾问集团公司

中国电力工程顾问集团公司是经国务院批准在原中国电力工程顾问集团有限公司及所属企事业单位的基础上组建的国有企业。电力顾问集团公司由中央管理，下设七个全资企业和一个事业单位，分别为东北、华东、中南、西北、西南电力设计院，国电华北电力设计院工程有限公司、中国电力建设工程咨询公司和电力规划设计总院。集团公司现有员工8000余人，其中勘察设计大师12人，享受政府特殊津贴的专家136人，高、中级工程技术人员4270人，按照ISO 9001：2000标准建立了质量管理体系，并通过了认证注册。

集团公司是面向国内外市场，为政府部门、金融机构、投资方、发展商和项目法人提供电力工程建设综合服务的中介机构，已取得国家外经贸部批准的对外经济技术合作权，具有进行项目评审咨询的资格，咨询评审结果作为项目审批、决策的依据或参考，其主要服务范围包括电力发展规划，发电、输变工程的勘测、设计、咨询、监理、总承包，项目融资和建设管理。

2002年，集团公司首度入选美国《工程新闻记录》(ENR)“2001年全球最大的150家工程设计公司”、“2001年世界最大的200家国际工程设计公司”和“世界225强承包商”，分别名列第109位、第147位和第190位；被评为2001年度世界电力工程勘察设计行业500强，列中国入选企业的第一名；列入2001年度中国最具竞争力的大企业集团行列。东北、华北、华东、中南、西北、西南电力设计院从1993年至2002年连续被评为中国勘察设计综合实力百强单位。

集团公司系统2002年共签订总承包项目合同11项，总合同额为12.07亿元。2002年集团公司系统共签订境外项目6项，合同额5266万元。

质量管理工作取得新的成绩。集团公司系统已全部通过2000版ISO 9001标准认证注册。集团公司本部开展了ISO 19004的研究调研工作。人力资源管理进一步加强，集团公司系统领导干部平均年龄46.4岁，其中45岁以下占55%。

中国水电工程顾问集团公司

中国水电工程顾问集团公司是经国务院批准在原国家电力公司所属中国水电顾问有限公司及有关企事业单位基础上组建的国有企业，主要成员单位包括中国水利水电建设工程咨询公司，北京、华东、西北、中南、成都、贵阳、昆明勘测设计研究院等8个全资企业和水电水利规划设计总院1个事业单位。公司主要从事水电和新能源等发电项目的勘测设计、咨询、监理、施工、项目管理、总承包及相关技术和中介业务等，以及河流（河段）水电规划；从事水电站、新能源及相关产业的开发、投资、经营和管理等业务。公司现有员工10657人，技术力量雄厚，专业配套齐全，具有坚实的综合管理能力和丰富的实践经验，拥有先进的生产设备及专有的技术工艺和覆盖广泛的信息资源。

集团公司在重组前的数十年中，一直代表政府行使行业管理的职能，承担国家水电发展规划和流域、河段水电开发规划，项目审查、规程规范及技术标准的编制，水电水利项目的勘测、设计、咨询、监理、科研、安鉴、工程验收等业务，完成长江水系、黄河水系、淮河水系、珠江水系及其他内陆水系和边境河流的流域水电规划，规划装机总容量约3亿千瓦。据1980年以来统计，集团公司承担了中国大中型水电项目80%的前期工作，完成或正在进行水电水利工程前期工作的水电装机容量1.98亿千瓦。设计完成已建、在建大中型水电站220座，其中装机容量在100万千瓦以上的水电站25座，50万千瓦以上的40座，坝高在100米以上的大坝55座，建成总长度超过

500千米水工隧洞，装机容量10万千瓦以上的地下厂房水电站有25座。成功设计修建了147米高的刘家峡重力坝、129米高的湖南镇梯形支墩坝、112米高的凤滩空腹重力坝、240米高的二滩双曲拱坝、178米高的天生桥一级混凝土面板堆石坝、178米高的龙羊峡重力拱坝、162米高的东风薄拱坝、180万千瓦装机的天荒坪抽水蓄能电站、80万千瓦装机的十三陵抽水蓄能电站等世界著名的水电工程及广东汕尾风电场。“十五”开工建设的水电项目80%的在建工程施工图设计及80%工程监理和移民监理工作由集团公司承担。自1995年水电建设工程实行安全鉴定制度以来，集团公司承担并完成了“九五”、“十五”水电建设20余个项目的安全鉴定工作，约占安全鉴定项目70%，为中国水电建设做出了卓越贡献。

集团公司是中国最重要的水电建设技术标准和规程规范的编制修订单位，承担了水电建设从工程技术等级、勘测、规划、水库、水工、施工、造价、机电一整套规程规范的制修订工作，形成了比较完备的有中国特色的水电建设技术标准体系。包括风力发电的技术标准在内，现有101项国家及行业技术标准在规范着水电工程建设，有力地保证了工程建设的科学性、经济性、安全性，促进了电力工业的健康发展。

多年来，集团公司工程技术人员开展关键性技术攻关，取得了丰硕成果。高混凝土坝技术、高拱坝关键技术、碾压混凝土拱坝筑坝技术、混凝土面板堆石坝技术等研究成果，均居国际先进和国际领先水平，拥有一批自主知识产权的技术发明和专有技术专利。“九五”以来，完成重大科研技术成果12项、重大课题研究和专题研究技术成果51项，有力地支持了新世纪水电建设的大发展。

中国水电顾问有限公司及7个直属勘测设计研究院承担着国内大中型水电建设工程的规划、勘测、设计、咨询、审查、监理、安全鉴定、科研开发及项目管理等全方位技术服务工作。目前公司系统承担勘测设计任务的一批水电工程，都是国家经济发展计划中的骨干项目和西电东送战略性工程，是国民经济的增长点，对促进国民经济和社会发展，促进电力结构调整，实施可持续发展战略，具有极其重要的意义。勘测设计质量是工程建设质量的基础。顾问公司严格执行国家电力公司《水电建设工程质量管理办法(试行)》和《水电建设工程安全文明生产管理规定》，按照工程勘测设计的规程、规范、标准要求，严格工作程序，建设“西电东送”精品工程。真正体现兴一方水利，造福一方百姓的愿望，最大限度维护工程区广大人民的利益。

中国水利水电建设集团公司

中国水利水电建设集团公司始建于20世纪50年代。1988年10月，成立中国水利水电工程总公司，是原国家电力公司的全资子公司。2002年12月，在国家电力体制改革中，经国务院批准组建为中国水利水电建设集团公司，由中央直接管理。

集团公司主要从事国内外水利水电及相关工程总承包、机电设备制造、投资开发及进出口贸易业务等。注册资本金20亿元，截至2003年底，所有者权益33亿元，资产总额207亿元。集团公司成员企业包括下属的中国水利水电第一至第十四工程局、闽江工程局、基础工程局、富春江水电设备总厂、夹江水工机械厂等18个全资子公司。公司总部设有13个职能部门、2个分公司、2个直属全资子公司和4个控股子公司。集团公司共有员工12万余人。

在丰富的工程实践中，集团公司取得了丰硕的技术成果。在坝工技术领域，掌握了各类坝型的成套建造技术和在复杂条件下建造水库大坝的技术；在机电设备安装及金属结构制作安装领域，掌握了大容量、超高压成套机电设备的安装和调试技术，以及超大型金属结构和大直径压力钢管的制作安装技术；在地下工程施工领域，掌握了大断面、长洞深、复杂地质条件下的地下工程施工技术；在岩石开挖和基础处理领域，掌握了各种先进的爆破技术、高坝地基处理和对复杂地质进行基础处理的先进技术；在抽水蓄能电站建设领域，具备了自主完成大型抽水蓄能电站施工和机电设备安装调试的技术能力。

在工程项目管理方面，在20世纪80年代中后期大力推行项目法施工，采用科学的动态平衡管理体系，引入市场化手段调配项目生产要素，优化资源配置，实现了管理上的质的飞跃，并由此带动了企业各项管理向现代化、国际化方向转变。在经历了改革开放初期至20世纪90年代中期的徘徊波动阶段和低速增长阶段后，到90年代末，集团公司进入持续快速健康发展阶段，经营规模大幅增长，国际经营连续取得突破，经济增长方式不断转变，产业结构明显优化，管理体制发生重大变化，企业综合实力、国际竞争力和抗御风险能力显著增强，发展成为跨国经营的大型企业集团。1999 年至 2003 年，企业总产值年均增长 14.3%，新签工程合同额年均增长 42.9%；全员劳动生产率年均增长 16.3%。2003 年与 1988 年相比，企业总产值增长 11.7 倍，全员劳动生产率增长 16.5 倍。在国家统计局排名的 2003 年中国 500 家大企业集团中进入前 80 名。

集团公司大力实施国际化战略，国际经营规模持续扩大，经营层次逐年提高，地域市场不断拓展，品牌形象稳步上升，取得了丰硕成果。近 5 年共完成国际工程营业额约 5.7 亿美元，签订国际工程合同金额按公司股份核计 17.5 亿美元。

中国长江三峡工程开发总公司

经国务院批准，中国长江三峡工程开发总公司(简称中国三峡总公司)于 1993 年 9 月 27 日正式成立。中国三峡总公司是三峡工程的项目法人，全面负责工程建设的组织实施和所需资金的筹集、使用、偿还以及工程建成后的经营管理。1996 年，装机容量 271 万千瓦的葛洲坝电厂划归中国三峡总公司。2002 年，中国三峡总公司成为国家授权投资的机构。

中国三峡总公司按照社会主义市场经济原则管理三峡工程建设，实行项目法人负责制、招标投标制、建设监理制、合同管理制。在工程施工及项目所需物资、设备采购中充分引入竞争机制，采用公开招标方式；在建设过程中严格合同管理，严格工程监理，严格控制工程质量、建设进度和成本，同参与工程建设的设计、施工、监理单位一道，确保三峡工程一流的工程质量，一流的现代化管理，一流的文明施工。

三峡工程建成后，中国三峡总公司将控有 2100 万千瓦的发电能力，年发电量约 1000 亿千瓦时。中国三峡总公司还将利用其经济实力和技术能力继续开发长江上游干支流的水力资源，并开展水电科学研究、技术咨询及其他多种经营活动。中国三峡总公司将在长江上游金沙江相继建设溪洛渡、向家坝、乌东德、白鹤滩等四个梯级电站，装机容量 3850 万千瓦，相当于两个三峡工程。2002 年 9 月，中国三峡总公司作为主发起人，设立了中国长江电力股份有限公司，经营管理葛洲坝电厂和三峡电厂发电资产。2003 年 10 月，长江电力安股发行成功。11 月 18 日，长江电力安股在上海证券交易所上市。

1997 年 11 月，经中国人民银行批准，由中国三峡总公司控股的非银行金融机构三峡财务有限责任公司成立，专门服务于中国三峡总公司及其成员单位和三峡工程建设。

2002 年，中国三峡总公司成立了长江三峡实业投资公司，作为总公司多经产业的出资人代表，对多经产业实施产权管理。中国三峡总公司多经产业子公司共有 8 家，初步形成了以旅游、工程监理咨询、电力高科技和工程物业等优势产业为核心的产业格局。

中国三峡总公司实行总经理负责制，设有技术委员会，负责重大工程技术问题的研究和审查。中国三峡总公司在本部设有总经理工作部、资产财务部、计划发展部、人力资源部、党群工作部等职能部门，在大坝施工区设有工程建设部，对工程施工进行总体协调，在北京设有代表处。

中国葛洲坝集团公司

中国葛洲坝集团公司的前身是 1970 年为建设葛洲坝水利枢纽和为三峡工程做准备，从全国各地水电施工队伍中抽调精英组建的“三三〇指挥部”，之后企业名称几经变迁。1994 年，经国务院批准改制为中国葛洲坝水利水电工程集团公司，并以其为核心组建葛洲坝集团，是国务院第 56 家试点企业集团，在国家计划中实行单列。2001 年实施债转股改制为有限公司，2002 年在国家电力体制改革后组建中国葛洲坝集团公司并划归中央企业工委管理，之后划归国务院国资委管理。

中国葛洲坝集团公司是一个以水利水电工程为主业的大型施工企业。截至 2003 年 12 月底，公司注册资本 9.6 亿元，资产总额 120 亿元，资产负债率 63%，所有者权益 12 亿元，拥有 16 个全资和控股子公司。

集团公司拥有水利水电工程施工总承包特级资质，并拥有七个增项资质，其中公路工程、市政公用工程为总承包一级资质，通航建筑工程、机场场道工程、土石方工程和起重设备安装工程等四项是专业承包一级，房屋建筑工程是总承包二级资质。所属子公司中，六个公司具有水利水电工程施工总承包一级资质，一个公司具有市政公用工程总承包一级资质。另外，子公司还拥有土石方工程、爆破与拆除、地基与基础工程、送变电工程、城市及道路照明工程、钢结构工程、起重设备安装工程、水工金属结构制造与安装等13个专业承包一级资质和一批二级、三级资质。公司现有机械设备2.67万多台(套)，原值37.3亿元，净值18.7亿元。具有土石方挖填6000万立方米、混凝土浇筑400万立方米、机组安装250万千瓦的年施工能力，并具有制作人字门、平板门、弧形门、迭梁门等水工闸门，以及超大型拦污栅、大型压力钢管、门式启闭机、液压启闭机、升船机等各种金属结构3万吨的年生产能力。

集团公司现有员工3.8万人，其中专业技术人才1.2万余人。公司党委下辖43个直属党委(党工委、总支)，在职党员7800余人。

中国葛洲坝集团公司在水电施工业界和建筑市场上拥有良好的形象和信誉，2003年被国家工商行政管理总局授予“全国守合同重信用企业”，被中国施工企业协会授予“全国用户满意施工企业”称号，在中国企业联合会、中国企业家协会联合发布的2003年中国企业500强中位列第276位。在国际上亦有较高的知名度。公司1999年、1996年被中国企业管理协会授予“全国最佳施工企业”称号，1998年被国家建设部授予“八五”期间“全国工程建设管理先进单位”称号，并且是湖北省工商行政管理局认定的“重合同守信用”企业。在1994年国务院发展研究中心、中国企业评价中心、建设部建筑业司评定的全国“堤坝、电站、码头建筑行业100家最大经营规模企业”、“500家最大经营规模建筑企业”、“堤坝、电站、码头建筑行业100家最佳经济效益企业”中分别名列第一位、第五位和第十三位。

根据葛洲坝集团公司2000年制定的《集团发展战略》，依照“管理型、现代化、多元化、国际化”的战略目标，根据突出主业和做强做大主业，提高企业核心竞争力的定位，集团确立了“中标是硬道理”的思想和“干一项工程、树一座丰碑、交一批朋友、拓一片市场、育一批人才”的“五个一”的经营理念，企业形象不断提升，主营业务份额不断扩大。2000年中标30亿元，2001年增长到36亿元，2002年增长到66亿元，2003年签约82亿元。

中国核工业集团公司

中国核工业集团公司(简称中核集团公司)是1999年7月1日经国务院批准组建的特大型国有独资企业，其前身是中国核工业总公司。

中核集团公司拥有完整的核科技工业体系，主要承担核动力、核材料、核电、核燃料、乏燃料和放射性废物的处理与处置，铀矿勘查采冶，核仪器设备，同位素、核技术应用等核能及相关领域的科研开发、建设与生产经营，对外经济合作和进出口业务，与世界上40多个国家和地区有科技经济往来。

中国核工业的发展取得了一系列辉煌成就。研制成功了“两弹一艇”，为加强综合国力和提高中国的国际地位作出了贡献。大力开发核能的和平利用，继秦山、大亚湾两座核电站建成后，又进行了4个项目8台机组的核电工程建设，截至2003年底，其中5台机组已建成并网发电，核电正在成为国家重要的高技术产业。核燃料形成了军民两用与核电相配套的工业体系。民用核技术和各类民品生产在国民经济建设中正在发挥着重要作用。中国核工业集团公司拥有一支具有较高水平的核科技开发设计队伍，这支队伍致力于开拓创新，积极进取，不断为核工业的发展注入新的活力，努力攀登世界核科技高峰。

中国核工业建设集团公司

中国核工业建设集团公司是经国务院批准在原中国核工业总公司所属部分企事业单位基础上组建、由中央管理的大型国有重要骨干企业，是国家授权投资机构。公司正式成立于1999年7月1日，拥有全资和控股的企事业单位17家。

中国核工业建设集团公司多年来保持了国防工程与民用工程相结合、工程建设与科研设计相结合，以核电工程、核工程、国防工程建设为主导的产业体系。集团公司的核心业务包括三个方面：第一，以核电工程、核工程和国防工程为核心并辐射其他领域的工程建设；第二，以低温核供热堆技术进行海水淡化和城市集中供热为发展方向的核能科技产业化；第三，以投资和资产经营为龙头、涵盖房地产和外经外贸等领域的多元化经营产业。

集团公司的全资子公司、控股企业、参股企业包括国家大型施工企业、甲级研究设计院、工程勘察院、机械制造厂、投资公司、核能科技公司、外经贸公司、房地产公司、财务公司、软件公司等。集团公司及成员企业以核电工程、核工程和国防工程建设为首要任务，承担国防科技工业军工建设任务，完成国家赋予的保军责任；同时面向市场，承揽工业与民用工程建设，从事国内外进出口贸易等多项业务，开展多元化经营。

在和平利用原子能方面，集团公司承建了中国全部6座核电站、11台核电机组的工程建设，主要承担了11台核电机组反应堆工程的建筑、安装和系统调试任务以及配套发电、辅助设施的建设。完成了中国自主设计和建造的第一座核电站——秦山核电站、引进国外先进技术和设备建造的第一座大型商用核电站——广东大亚湾核电站以及出口巴基斯坦的恰希玛核电站的工程建设。秦山核电二期1号机组、广东岭澳核电站两台机组、秦山核电三期两台机组目前已经相继优质、安全、高效地建成并投产发电，发挥了巨大的经济效益和社会效益，江苏田湾核电站的工程建设正在按进度计划顺利推进。通过这些核电站工程的建设，集团公司积累了多种核反应堆工程的建造经验，取得了多项建造技术的突破，形成了一批自有知识产权，掌握了一定规模核电站的建造能力。

中国广东核电集团有限公司

中国广东核电集团公司（简称中广核集团）是经国务院批准，以中国广东核电集团有限公司为核心企业组建的国家特大型企业集团，在国家计划中实行单列。中广核集团已拥有400万千瓦的核电装机容量，年发电能力近300亿千瓦时，拥有约100万千瓦的常规电力权益容量，年发电能力近30亿千瓦时。至2003年底，中广核集团拥有总资产553.01亿元，净资产183.2亿元。

1994年9月29日，中国广东核电集团有限公司注册成立，注册资本102亿元人民币。截止2003年底，中国广东核电集团总资本达到553.01亿元，净资产达到183.22亿元。中广核集团公司控股的广东核电合营有限公司建造和运营的广东大亚湾核电站拥有两台百万千瓦级压水堆核电机组，电站主体工程于1987年8月7日开工，电站70%的电量输往香港，30%供应广东。大亚湾核电站自1994年投入商业运行以来，实现了安全稳定运行，各项经济技术指标已进入世界先进行列。到2003年12月底，大亚湾核电站已累计完成上网电网1268.6亿千瓦时，已还本付息47.48亿美元，占应还贷款本息总额的89.14%。广东核电合营有限公司的资信等级一直保持在“AAA”，被美国《财富》杂志列为“中国财务状况良好企业”。连续多年被评为全国外商投资双优企业，十大高出口创汇企业、十大高营业额企业和十大人均高利税企业。

继广东大亚湾核电站成功投产后，中广核集团贯彻执行国务院“以核养核，滚动发展”的方针，充分利用广东大亚湾核电站在资金、技术、人才、管理等方面形成的优势，在广东地区建造第二座大型商用核电站——岭澳核电站。1997年5月15日，岭澳核电站主体工程开工。

岭澳核电站两台机组投入商业运行以来，安全运行状态良好，达到了世界核电新机组的最好运行水平。1号机组自2002年5月28日投产后，至2003年4月21日进行停堆换料，创造了投入运行后第一个燃料循环连续运行332天、无非计划停堆的最好记录；2号机组除在调试期间实现了无非计划停堆外，自2003年1月8日投运至2003年11月28日停机解列，创造了投入商运后第一个换料循环无非计划停堆停机的世界最好运行记录。到2003年12月底，岭澳核电站已累计完成上网电量177.7亿千瓦时。岭澳核电站两台机组自商运以来所取得的优良运行业绩得到了来自国际原子能机构（IAEA）和国际同行的高度赞许和肯定。岭澳核电站的主要技术经济指标均超过大亚湾核电站历史同期水平，实现了工程管理自主化、建筑安装自主化、调试和生产准备自主化及部分设计自主化、部分设备制造国产化，工程建设周期比大亚湾缩短一年，工程总投资比预算降低15%以上。

中国广东核电集团已拥有约400万千瓦的核电装机容量，年发电能力近300亿千瓦时，拥有约100万千瓦的抽水蓄能等常规电力权益容量，年发电能力近30亿千瓦时。在发展核电主业的同时，中国广东核电集团在环保型常规电力项目开发等方面也取得了可喜的进展。

第三章

石油天然气重点企业

中国石油天然气集团公司

中国石油天然气集团公司（简称中石油）是1998年7月根据九届全国人大一次会议通过的国务院机构改革方案，按照政企分开和上下游、内外贸、产销一体化原则，在原中国石油天然气总公司和中国石油化工总公司的基础上，重组设立的特大型石油石化企业集团。重组后的集团公司是国家独资设立的国有公司，是国家授权投资的机构、国家控股公司。在国家宏观调控和监督管理下，中石油主要从事石油天然气勘探开发、炼油化工、管道运输，以及石油贸易和工程技术服务等业务。经国家批准，还从事海外油气资源勘探开发、炼油化工、管道运输、贸易、工程技术服务等业务。

为了建立具有较强市场竞争力的国际一流大公司，1999年，中石油借鉴国外大石油公司的组织模式和先进运作经验，按照“分开、分立、分流、分离”的原则，将集团所属石油企业、炼化企业、销售企业、管道运输企业和科研单位中的油气勘探开发、炼油化工、销售、管道等核心业务，以及相关的资产、人员，全部分离出来，以独家发起方式，于1999年11月创立中国石油天然气股份有限公司，并于2000年4月在纽约和香港成功上市，筹集资金33.2亿美元。至此，中石油正式进入国际资本市场。未上市的业务及其相关资产、人员，全部留在原企业，实行核心业务与非核心业务分立、分离，分开管理，独立核算，独立运作。

集团公司的重组改制和境外上市，初步实现了解体“大而全”、“小而全”，建立油公司体制的改革目标。石油企业开始从过去“大而全”、“小而全”的全能企业，变为主辅分开、分立，各自独立运营；从过去主辅业同在一个企业里统负盈亏，变成各自独立核算、自负盈亏；从过去一个企业内部分工合作和计划安排，变为两个经济实体之间以合同、契约为主的市场交易；无论是上市公司还是未上市企业，都必须按照建立现代企业制度的要求进行规范化管理和运作。企业管理体制、经营机制发生了重大转变。

为了按照现代企业制度要求，建立规范的集团管理体制，中石油根据重组改制后的新情况、新任务，重新明确了集团公司的定位和以母子公司体制为核心的集团管理体制构架。集团公司的各成员企业，总体上分为以下四种类型：

——股份公司，即由集团公司控股、在境外上市的子公司和上下游一体化的油公司，主要任务是集中精力发展石油集团的核心业务。集团公司对股份公司主要进行战略管理和股权管理，通过股份公司的法人治理结构，依法行使控股大股东和母公司权利。

——地区服务公司，即原油气田、炼化、销售企业中未进入股份公司的部分，主要从事工程技术服务、生产服务、物业管理及多种经营等业务，服务对象面向当地油田的同时，还面向社会市场，与集团公司之间既有所有者的产权关系，也有行政隶属关系。

——直属专业公司，即没有参与集团公司内部重组改制的原物探局、管道局、物资装备公司、工程建设公司等直属单位，是集团公司开拓国际市场和社会市场的主力军。

——海外公司，即代表集团公司专门在海外直接投资，从事油气资源勘探开发的石油公司，是集团公司进行跨国经营的骨干力量。

集团公司作为中石油的总部和母公司，对所属企业主要实行四项管理职能，一是战略管理，研究制定集团公司整体协调可持续发展的战略目标、方针及其战略规划，并负责监督实施；二是资本经营管理，通过投资、兼并、出售等多种方式，盘活存量，优化增量，实现国有资产保值增值；三是协调监督，协调石油集团成员企业之间的经济关系，监督各成员企业的经营行为；四是社会责任和义务，在完成公司经营目标的同时，承担必要的社会责任和义务，奉献能源，创造和谐。

中石油重组改制、在海外成功上市后，按照《公司法》和上市地规则，对股份公司实行了一级法人集中决策、两级行政管理、三级业务管理的体制。其股份公司总部机关作为股份公司的决策中心，所属专业公司作为经营实体和利润中心，地区公司作为专业公司下属的生产经营单位和成本控制中心，管理层次清晰，权责明确，同时实行严格的投资决策管理和“一个全面、三个集中”的财务运行体制，坚持规范管理、规范运作，在国际资本市场上树立了良好形象。公司股票市值稳步上升，在纽约上市的ADS和香港H股均比发行时增长数倍，显示出公司良好的成长性。

未上市企业坚持以发展为主题，加大结构调整，做强做大主营业务，积极开拓国内外市场，不断拓展生存和发展空间，各项改革稳步推进，焕发出企业的生机和活力，实现了平稳过渡的改革目标。

经过这几年的努力，中石油基本形成了发展速度提升、经济效益提高的良好局面，主要经济指标位居中央企业前列，2003年实现销售收入4300亿元，实现利润总额超过700亿元，实现税费760亿元。公司综合实力、竞争能力显著增强。

中国石油化工集团公司

中国石油化工集团公司（简称中石化）是国家在原中国石油化工总公司基础上，于1998年7月成立的特大型石油石化企业集团，是国家独资设立的国有公司、国家授权投资的机构和国家控股公司。中石化注册资本1049亿元人民币，总经理为法定代表人，总部设在北京。

中石化对其全资企业、控股企业、参股企业的有关国有资产行使资产受益、重大决策和选择管理者等出资人的权力，对国有资产依法进行经营、管理和监督，并相应承担保值增值责任。中石化控股的中国石油化工股份有限公司先后于2000年10月和2001年8月在境外境内发行H股和A股，并分别在香港、纽约、伦敦和上海上市。2003年底，中国石化股份公司总股本867亿股，中石化持股占55.06%，国有资产管理公司和国家开发银行持股占22.35%，外资股占19.36%，国内公众股占3.23%。

中石化主营业务范围包括：实业投资及投资管理；石油、天然气的勘探、开采、储运（含管道运输）、销售和综合利用；石油炼制；汽油、煤油、柴油的批发；石油化工及其他化工产品的生产、销售、储存、运输；石油石化工程的勘探设计、施工、建筑安装；石油石化设备检修维修；机电设备制造；技术及信息、替代能源产品的研究、开发、应用、咨询服务；自营和代理各类商品和技术的进出口。

2003年，中石化新增石油控制储量3.43亿吨、预测储量4.17亿吨，新增天然气控制储量2776亿立方米、预测储量3367亿立方米，资源序列结构得到改善；生产原油 3816 万吨，同比增长 0.4%，生产天然气 53 亿立方米，同比增长 5%；加工原油 1.24 亿吨，同比增长 10.7%；生产乙烯 415 万吨，同比增长 18.2%；合成树脂、合成橡胶、合成纤维等产量相应增长；国内销售成品油 7592 万吨，同比增长 8.3%，出口成品油 608 万吨，同比增长 21%；主要生产经营指标创历史最好水平。工程建设、公用系统、仓储运输等辅助生产和作业量相应增长，满足了主业生产建设的需要。全年合并报表实现销售收入 4666.7 亿元，同比增长 23.5%；实现利税 708.1 亿元，同比增长 30.4%，其中利润 289.7 亿元，同比增长 58.8%。

中石化按 2003 年营业收入在《财富》全球 500 强企业中排名第 54 位。

中国海洋石油总公司

中国海洋石油总公司(简称中海油)，于 1982 年 2 月成立，是国务院直属特大型企业，注册资本 500 亿元人民币，现有职工 2.4 万人，总部设在北京。

依据《中华人民共和国对外合作开采海洋石油资源条例》，中海油负责在中国海域对外合作开采海洋石油、天然气资源，是中国海上石油和天然气的最大生产者。公司主要从事油气勘探开发的上游业务、中下游业务、专业技术服务、后勤服务和金融业务。目前控股或全资拥有 1 家独立油气勘探生产公司、1 家研究中心、1 家化学公司、1 家油气开发公司、2 家专业技术服务公司、5 家基地公司、1 家财务公司、1 家信托投资公司，以及与壳牌公司合营 1 家石油化工公司。

经过 20 多年的发展，中海油已成长为全球最大的石油和天然气勘探与生产企业之一，经营绩效连续多年在中国大型国企中名列前茅。2003 年实现销售收入 538.6 亿元，利润 149.8 亿元，纳税 67.8 亿元。至 2003 年底，公司总资产达 1198.4 亿元，净资产达 684.7 亿元。

截至 2003 年底，中海油在中国近海在生产油气田 29 个，分布在渤海湾、南海东部、南海西部和东海；海外在印尼、澳大利亚拥有作业区块或油气田权益。2003 年公司国内外油气总产量达 3336 万吨油当量，其中国内产量 2601 万吨，海外权益产量 735.4 万吨。

除了上游核心业务的稳步增长外，近年来中海油大力拓展中下游领域，通过实施一批世界级规模的项目来构建上下游一体化、综合型能源公司的新型产业布局。与英荷皇家壳牌集团共同投资 43 亿美元，建设国内最大的石化企业——中海壳牌项目。率先涉足进口液化天然气(LNG)项目，在开工建设广东、福建两大 LNG 项目的同时，继续积极开拓沿海液化天然气市场。

在持续快速发展的同时，中海油成功登陆国内外资本市场。其负责海上油气勘探开发的控股企业中国海洋石油有限公司于 2001 年在香港和纽约成功上市，2002 年下属专业技术公司海洋石油工程股份公司和中海油田服务股份公司分别在上海和香港上市，三种股票在资本市场表现优异。

中海油的高速高效发展得到了国内外的广泛认可。国际权威资信评定机构标准普尔和穆迪公司近期分别将总公司和有限公司的评级调高至 BBB + 和安 2，等同于中国国家主权级。中海油有限公司荣获国际知名财经杂志《财资》杂志评出的 2003 年度“中国最佳治理公司”、“中国信誉最佳公司”和“中国发债最佳公司”三项第一名，并荣膺《欧洲货币》杂志评选的 2003 年度最佳公司排行榜“亚洲最佳油气公司第一名”和“亚洲最佳公司中国第一名”两项桂冠。

中国中化集团公司

作为中国四大国家石油公司之一，中国中化集团公司(简称中化公司)具有 50 多年的国际石油经营历史，一直致力于促进中国能源安全和经济发展，在国内外石油业界享有良好的声誉。近年来，中化公司在加强与业界合作、巩固石油贸易业务规模和市场地位的基础上，积极贯彻落实国家“走出去”的能源发展战略，大力开发国内外两个市场、两种资源，加速向石油产业链上下游延伸，初步形成了集勘探开发、贸易、炼制、物流服务和分销于一体，全球协同运作的较为完整的石油产业价值链。同时，中化公司发挥自身优势，积极参与中国石油战略储备和能源发展规划的研究，在国家能源安全战略中发挥着日益重要的作用。

中化公司的石油业务实行全球一体化经营，

主要经营原油、汽油、柴油、航煤、燃料油及液化气等商品，业务涵盖石油和天然气的勘探开发、石油和石油产品的进出口、转口、国内分销、仓储中转、炼制加工等诸多领域，建立了完整的石油产业链，在石油经营的人力资源、经营渠道、市场份额、客户服务等方面拥有独特的优势。

中化公司的石油业务由勘探开发、原油、成品油、实业投资四大经营板块组成，分别从事海外油气田项目的开发建设、原油和成品油贸易及分销、炼厂和仓储物流设施的开发与经营。主要经营单元包括中化石油勘探开发有限公司、中化国际石油公司、中化国际实业公司、中化国际石油伦敦有限公司、中化新加坡国际石油有限公司、中化香港石油国际有限公司、中化巴哈马国际石油公司、阿特兰蒂斯挪威控股有限公司、中化兴中石油转运(舟山)有限公司、上海东方储罐有限公司、中化浦东贸易有限公司、中化深圳实业有限公司和中化国际石油广东有限公司等多家公司。

2003年，中化公司石油业务的赢利结构进一步优化，经营内涵正在发生积极变化，形成了效益比较好、发展比较快的可喜局面。

1. 海外油气田开发：实施“走出去”的能源发展战略

在2002年获得国家对中化公司从事海外油气田勘探开发业务资质的认可之后，2003年年初，公司完成了阿特兰蒂斯挪威控股有限公司的实际交割，并于当年形成规模生产能力，从而使公司在海外拥有了自己的油气田；下半年，公司又完成了对厄瓜多尔16区块项目的收购，在南美地区拥有了第一个非作业者项目。公司的石油上游业务得到了国家开发银行首次为国内企业开发海外油气资源提供的外汇贷款支持。上述两个项目使公司取得了分布在突尼斯、阿联酋和阿曼的共13个区块的5%—100%权益，以及厄瓜多尔16区块的14%权益。

2. 石油贸易：具有较强的境外石油资源获取能力，通过专业化团队，为客户提供优质服务

石油贸易是中化公司经营多年的传统业务。公司与世界上主要大型跨国石油公司、国家石油公司和石油贸易公司及华尔街公司在石油进口、转口和风险管理方面保持着长期稳定的合作关系，具有较强的境外资源获取能力，并通过专业化的经营团队，运用各种专业技术手段，为国内外客户提供优质高效的服务。

目前，中化公司拥有的原油长约总量达到2000万吨/年，品种涉及沙特阿拉伯、阿曼、伊拉克、巴林、阿联酋、也门、卡塔尔、越南、叙利亚、俄罗斯和印尼原油。原油和成品油进口、转口经营总量近3700万吨/年。遵循培养市场化盈利能力的理念和石油业务经营内涵蜕变的战略构想，中化公司石油贸易中市场化业务所占比例不断提高，技术含量不断增加，市场的开拓力度不断加大，向市场纵深延伸的战略取得了初步成果。

3. 石油炼制：拓展石油炼制业务，致力于为国内稳定供应成品油

中化公司涉足石油炼制业务始于20世纪80年代末期，是中国第一家中外合资炼厂——大连西太平洋石油化工有限公司(WEPEC)的最大股东。近年来，中化公司还以新的业务模式同海内外炼化企业开展原油委托加工业务，并积极开展海内外炼厂项目的并购工作，不仅为公司石油业务的发展提供了新的平台和更大的发挥空间，还对构建多元化的石油供应体系、保障我国石油供应安全具有积极意义。

4. 仓储物流：积极发展油气物流服务

在石油业务发展过程中，中化公司积极发展石油物流服务，不断扩大在国内沿海、沿江地区石油仓储物流设施的建设规模。目前，公司拥有多个原油、成品油、液化气仓储中转基地，总罐容达200多万立方米，拥有从1万吨级到25万吨级多种规模的码头，具有开展石油仓储中转业务的良好条件。

在中化公司的石油仓储中转基地中，岙山石油基地地理位置优越，总罐容达160万立方米，是国内最大的商用原油和成品油中转基地。

5. 对外交流：四大国家石油公司之一的地位日益巩固

中化公司通过参与国家发改委能源中长期规划制定和工程院可持续发展油气资源战略研究，

承建国家石油储备岙山基地以及承担国家战略储备石油采购课题研究，进一步确立了国家石油公司的地位。

大庆石油管理局

大庆石油管理局是中石油所属的大型石油企业。其经营管理范围包括地球物理勘探、钻井、基建、油气生产服务、供排水、发供电、物业管理、房地产开发、精细化工、机械制造、农副产品生产加工以及文化教育、卫生、公共汽车、消防等诸多领域，其中，钻探、基建、供排水、发供电为主营业务。截至2003年末，管理局共有职工11.5万人，局属单位51个，拥有资产总额391.7亿元，国有固定资产原值267.4亿元，净值171.6亿元，资产负债率27.81%。2003年大庆石油管理局各项事业竞相发展，取得较好成绩。在部分关联交易价格降低、返哺递减、职工增资的情况下，全局实现主营业务收入274.41亿元，同比增长8.25%，实现利润3.02亿元，为实现管理局“十五”预期目标争得了主动。

企业改革。2003年，管理局按照中央关于国企改革的要求和集团公司的安排部署，加大改革调整的力度，不断强化改革，加快企业改制步伐，稳步推进主辅分离辅业改制。编制了管理局主辅分离辅业改制总体方案，部分多种经营单位和辅业单位实现了“四分开”，企业办社会部分条件成熟的单位顺利移交。通过持续的改革调整，全局管理体制和运行机制进一步理顺，资源配置更趋合理，为继续深化改革，加快调整奠定了坚实基础。

外部市场。2003年，管理局围绕拓展外部市场，组建了国际工程公司，强化了驻外机构市场开发功能，完善了市场开发网络和信息系统。钻探、基建等工程技术服务业务，在巩固原有市场的基础上，积极开辟新的目标市场，中标了委内瑞拉奥里乳化油、沈大高速公路等一批国内外工程项目，化工、机加、建材等产品外部市场占有率不断提高。全局外部市场完成合同额82.4亿元，实现收入74.62亿元，同比增长15.03%，创历史最好水平。在开拓外部市场的同时，以提高服务质量和服务水平为重点，巩固油田内部市场，全年实现关联交易收入147.18亿元。

大庆油田有限责任公司

大庆油田有限责任公司是中国石油天然气股份公司下属的全资子公司，是以石油、天然气勘探开发为主营业务的国有控股特大型企业。1999年11月与大庆石油管理局分开分立，2000年1月正式成立，注册资本475亿元，资产总额858亿元，员工9万余人。

2003年，大庆油田有限责任公司以经济效益为中心，以勘探开发两大工程为龙头，坚持科技和管理创新，实施企业可持续发展战略，继续保持了良好的经营态势。全年预测石油地质储量11054万吨，控制石油地质储量9289万吨，探明石油地质储量6726万吨；预测天然气地质储量352.12亿立方米，探明天然气地质储量65.18亿立方米，均超额完成了计划指标。生产原油4840.03万吨，超产10万吨；生产天然气20.3亿立方米，油气当量继续保持5000万吨。实现总收入855.52亿元，总支出312.05亿元，利润543.47亿元，利税总额688.31亿元。

勘探开发两大工程成果。大庆油田勘探开发两大工程是旨在缓解资源紧张矛盾，深化控水挖潜的事关全局的系统工程。2003年是这两大工程的开局之年，油气勘探捷报频传。松辽盆地北部中浅层石油、深层天然气和海拉尔盆地三大勘探领域均取得重大突破，新发现3个5000万吨级储量区块，徐家围子地区呈现出1000亿立方米的天然气资源前景，全年提交的油气总储量创公司历史之最。控水挖潜成效显著。全油田年底综合含水88.72%，控制含水上升速度创“十五”以来最好的水平；全油田水驱自然递减率9.45%，聚合物驱年产油量1234万吨。两大工程初见成效，不仅为2004年的工作赢得了主动，而且为“十一五”的勘探开发奠定了坚实基础。

科技攻关步伐加快。大庆油田有限责任公司通过试行课题制管理，配套完善有关激励政策，特别是重奖有突出贡献的科技人员，构建起有利于多出成果、快出成果的技术创新体系，营造出攻大难关、克大难题、做大贡献的浓厚氛围，加快了重点项目的攻关进程。此外，在多学科油藏研究、数字化油田建设、树脂砂压裂解堵技术、螺杆泵举升工艺等方面，也都取得了许多新成果，企业核心技术能力进一步提升。

大港油田集团有限责任公司

截至2003年底，大港油田集团有限责任公司在职职工3.8万余人。油田集团公司设职能部室19个，拥有二级单位32个、直属处级单位12个，拥有全资子公司6个、控股子公司10个及一批参股公司。油田集团公司资产总额达到78.80亿元，其中流动资产41.58亿元，固定资产原值59.50亿元，净值32.44亿元；资产总额中负债34.52亿元，资产负债率43.81%，所有者权益43.85亿元。2003年，全年实现营业收入40.5亿元，在中石油费用化补贴到位的基础上，实现盈利339万元，全年完成固定资产投资5.87亿元。

市场开发。2003年，在中国石油天然气股份有限公司大港油田分公司的大力支持下，团结协作，努力克服油区工作量减少的困难，进一步规范关联交易，全年油区市场收入实现24.29亿元。同时，及时调整部署，加大了外部市场开拓的力度，全年外部市场创收达16.16亿元，比2002年增长40%，有效弥补了油区市场的损失。行业市场又有新拓展，集中力量主攻西部重点市场和东部冀东市场，分别进入队伍16支和15支，使市场布局进一步得到优化；国际市场连创好成绩，开辟和扩大了阿塞拜疆、印尼和哈萨克斯坦三个市场，钻井、井下、定向井、录井、测井以及中成和新世纪等公司在国际市场开拓中均有建树，全年新出国队伍10支，中标额同比翻番，超额完成预定的创收指标；社会市场创效额大幅攀升，工程建设公司和路桥工程公司市场覆盖面得到迅速扩大。

科技进步。2003年，油田集团公司加强调研，精心筛选，科学论证，推进了一批新项目的实施。抽油泵和抽油杆生产线改造两个项目建成投产；螺杆钻具技术改造、石油钢管加工生产技术改扩建、PDC钻头技术改造、防砂技术产业化升级改造等项目完成立项批复，高频直缝焊石油专用管生产线、直线电机驱动抽油机生产线等项目进行了前期可研论证。难采储量合作开发范围扩大到长芦区块。油田集团公司制定了推动加快发展新产业项目的政策，组织相关单位编制了以发展新产业项目为主的远景规划，为新产业项目的加速发展奠定了良好的基础。

新产业项目开发。油田集团公司加强调研，精心筛选，科学论证，推进了一批新项目的实施。抽油泵和抽油杆生产线改造两个项目建成投产；螺杆钻具技术改造、石油钢管加工生产技术改扩建、PDC钻头技术改造、防砂技术产业化升级改造等项目完成立项批复，高频直缝焊石油专用管生产线、直线电机驱动抽油机生产线等项目进行了前期可研论证。难采储量合作开发范围扩大到长芦区块。油田集团公司制定了推动加快发展新产业项目的政策，组织相关单位编制了以发展新产业项目为主的远景规划，为新产业项目的加速发展奠定了良好的基础。

中国石油天然气股份有限公司大港油田分公司

2003年，大港油田分公司在调整理顺各种关系的基础上，立足当前，着眼未来，确立了可持续发展思路。以多渠道增加可采储量、多途径提高采收率、大力推进技术进步为重点，努力实现生产经营良性循环，各项工作取得了新的进展。其中新增控制石油可采储量520万吨，新增探明石油可采储量259.5万吨，分别为年计划的130.1%和105.9%；生产原油421万吨、天然气3.57亿立方米，分别完成年计划的103.7%和104.9%。全年油气单位勘探、开发、操作成本分别为1.62、5.01和5.75美元/桶当量，均控制在股份公司下达指标之内。按照国际准则，全年实现主营业务收入68亿元，实现利润26.4亿元。用电总量连续4年保持负增长。安全生产管理取得了四大控制类事故为零的好成绩。

油气预探和油藏评价。大港油田分公司2003年预探工作共完成王徐庄、舍女寺、钱圈、张巨河等三维地震采集430.53平方千米。完成乐陵、南方新区二维地震采集和王徐庄、张巨河等三维地震二维实验线采集共计670千米。全年共计完钻探井25口，完成进尺6.28万米。完成试油井21口，新获工业油气流井14口，成功率66.7%。全年新增控制含油面积19.7平方千米，控制石油地质储量2256万吨，控制可采储量520万吨，新增控制天然气地质储量7.99亿立方米，控制天然气可采储量4.79亿立方米，折合新增控制油气可采当量558.7万吨，完成年计划的139.7%，新增预测含油面积11平方千米，预测石油地质储量1509万吨，为年计划的100.6%。

2003年全年完成三维地震采集100平方千米，部署实施评价井位21口。在北大港、孔店等7个油田19个断块新增探明地质储量942万吨、可采储量213.8万吨，分别完成年计划的117.8%和125%。未动用储量评价落实可动用地质储量256万吨、可采储量45.7万吨，均完成年计划的100%。全年投产油井175口、投注23口，建成生产能力45.1万吨。2003年新井累计生产原油23.2万吨。

截至2003年底，大港油田分公司共有油气水井4304口。油气井开井2100口，日产油水平12517吨，油田综合含水86.36%，年产油421万吨，累计产油12233万吨，地质储量采油速度0.71%，采出程度20.54%，可采储量采油速度2.98%，可采储量采出程度79.75%，剩余可采储量采油速度11.9%；工业天然气日产水平92.2万立方米，年产气3.57亿立方米，累计产气157.8亿立方米，天然气采气速度0.7%，采出程度32.7%。

2003年全年投产油井175口、投注23口，建成生产能力45.1万吨。

开发生产。截至2003年底，大港油田分公司共有油气水井4304口。油气井开井2100口，日产油水平12517吨，油田综合含水86.36%，年产油421万吨，累计产油12233万吨，地质储量采油速度0.71%，采出程度20.54%，可采储量采油速度2.98%，可采储量采出程度79.75%，剩余可采储量采油速度11.9%；工业天然气日产水平92.2万立方米，年产气3.57亿立方米，累计产气157.8亿立方米，天然气采气速度0.7%，采出程度32.7%。油田注水井开井820口，日注水平76214立方米，月注采比0.71，年注水2756万立方米，累计注水49672万立方米，累计注采比0.72。老油田控水稳油及综合治理，以解决注采矛盾为重点，共在20个区块实施油水井措施877井次，综合递减下降8.7个百分点，自然递减下降6个百分点，增油18万吨。

安全生产。贯彻"质量为本，健康至上，安全第一，环境达标"的QHSE方针，以细化管理为主旨，融合四个延伸，深化体系运行，加强风险管理，提高监督管理水平，责任事故死亡率为零，百万元以上责任事故为零，特大环境污染责任事故为零，废水外排达标率97.7%。

中国石油天然气股份有限公司塔里木油田分公司

2003年，油田公司生产原油525.28万吨，生产天然气10.89亿立方米，生产液化气8.39万吨，加工原油32.22万吨，生产汽油11.81万吨，生产柴油16.45万吨，生产尿素42万吨。

油气勘探。2003年，塔里木油田分公司新增探明石油地质储量4734.5万吨(含凝析油336.5万吨)，完成年计划的215.2%，累计探明石油地质储量33044万吨、凝析油地质储量7054.6万吨；新增控制石油地质储量9735.8万吨(含凝析油496.8万吨)，完成年计划的162.26%；新增预测石油地质储量6381万吨，完成年计划的67.2%。新增探明天然气地质储量116.43亿立方米，完成年计划的58.22%，累计探明天然气地质储量6224.07亿立方米，溶解气地质储量355.23亿立方米；新增控制天然气地质储量141.7亿立方米(含溶解气37.95亿立方米)；新增预测天然气地质储量1108.75亿立方米，完成年计划的110.9%。2003年，塔里木油田分公司共钻油气勘探井50口，其中预探井29口，评价井21口；当年开钻井41口，跨年度钻井9口。当年完钻井37口，完井35口，获工业油气流井16口。

油气生产开发。2003年，塔里木油田实施科学管理，大打原油生产攻坚仗和科技攻关仗取得显著成绩。一是油气生产迈上新台阶。原油产量525.28万吨，比2002年增长4.43%；液化气产量8.39万吨，比2002年增长2.95万吨。二是通过实施结构调整，改善了老区开发效果。三是加快新区产能建设。2003年，投产新井50口，产油41.58万吨。四是科学管理开创新局面。2003年完成油气单位考核操作成本为2.19美元/桶，钻井单位考核成本为4044元/米，成本管理成效显著。

西气东输上游建设情况。截至2003年底，塔里木已发现克拉2、吐孜洛克、迪那2、牙哈、英买7、羊塔克、玉东2、红旗、吉拉克、吉南4、提尔根、塔中6、和田河、柯克亚等14个气田，累计探明天然气储量6579.3亿立方米，三级储量

1.38万亿立方米。2003年8月27日，西气东输上游产能建设工程——克拉2气田产能建设开工，主要工程有：克拉2气田中央处理厂场平、克孜尔河大桥、盐水沟隧道、110千伏和10千伏输电线路、外输管线伴行路及生活公寓等。截至2003年底，已建设完成克孜尔河大桥和克拉气田中央处理厂场平工程。

中国石油天然气管道局

2003年，中国石油天然气管道局以市场经济为导向，努力抓好市场开发、结构调整、科技创新、人才队伍建设和管理增效，把创新精神作为企业的灵魂，推进各项改革，促进企业跨越式发展。管道局获得建局以来最高荣誉“全国五一劳动奖状”，企业走上良性发展的轨道，经济效益大幅度提高。全年实现总收入47亿元，比2002年增加47%；实现利润1亿元，是2002年的2.7倍；职工实际收入比2002年增加15%以上。年末全局资产总额80.96亿元，负债30.68亿元，资产负债率37.9%；全局在册职工1.8万人，下属二级单位42个。管道局通过了国家ISO9001质量管理体系和ISO14001、HSE、OSH三标一体化管理体系的认证审核；取得英国UKAS质量认证；获得建设部颁发的建筑企业特级资质证书，同时取得了外经外贸权。

企业改革。建立和完善了公司体制，通过强化市场开发、生产指挥协调和经营管理职能，使管道局成为国内外市场开发和对外经营的主体。为适应公司管理体制的变化，对局机关职能进行调整，重点加强市场开发，成立了工程部、国际部，对局本部的管理流程、管理模式和管理标准进行改造，制定了配套政策和管理办法，局本部的经营行为能力得到进一步提高。

继续实施专业化重组。在做大做强主营业务的基础上进一步做专做精，把具有发展潜力的业务独立出来组建专业化公司，实现优势互补，资源共享，不断增强市场竞争和整体赢利能力。

生产建设。管道工程有限公司2003年开展各类项目279项，涉及长输管道、城市配气、大型储罐、市政建设等多个领域。(1)国内重点工程建设：完成西气东输管道1000多千米主体焊接，900千米管线试压，800千米空气干燥，9个站场、23个阀室土建施工和工艺安装；完成忠武线70%主体焊接和号称中国石油第一盾的红花套长江盾构工程；首次进入中国海洋输油气技术服务市场，完成中海油第一条陆上输气管道东方—洋浦—海口输气管道；完成部分城市管网和社会工程。(2)国际工程建设：苏丹6区块原油管道工程，承担了P米C管理咨询和EPC总承包，利比亚全长1054千米油气管道工程，为管道局独立开发的第一个EPC总承包国际项目。(3)西气东输管道工程：充分发挥管道建设产业链优势，全方位参与工程建设。管道局是惟一参与全线工程的建设单位，承担了全线施工难度最大的水网地段、太行山区、百里风区、无人区的工程建设任务，以及长江、黄河、沁河的穿越施工；承担了70%以上的综合工作量；承担了全线的勘察和初步设计任务及大部分施工图设计；承担全线27个标段中的14个标段的施工，占总量的52%；承担38条大型江河穿跨越中的32条，占84%；承担84个站场和阀室的安装，占45%；承担100%的通信光缆硅管敷设，50%的工程监理，60%的物资配送，63%的无损检测，80%的进口钢管防腐，60%的东段干燥；承担了制管、弯管、质量监督等业务上相当的工作量。为把西气东输管道工程建成世界一流工程，在工程准备、投标报价、现场管理、工程索赔等环节按国际标准进行操作。

科技工作。全年开展研究的延续和新立科研项目有114项，其中国家经贸委科研项目5项，中石油科研项目22项，管道局科研项目37项，二级单位自行立项50项。共投入科研经费3850多万元，比2002年增加28%。

关联交易运行情况。共签订33大类，240份分项合同，总金额5.04亿元，合同签约率为100%。继续推行关联交易服务业主考评制，并将关联交易服务质量优良率纳入经营责任制，加大考核力度。与管道公司联合下发《管道公司与管道局关联交易联席会议制度》，使关联交易工作更加标准化、制度化、规范化。全年关联交易服务质量评价优良率高达98.85%，比2002年提高1.45个百分点。

工程质量监督工作。石油天然气管道工程质量监督站成为国家压力管道安全技术委员会12个委员之一，并获得国家压力管道资格评审资质，是目前中石油惟一的压力管道安装单位资格评审机构，同时也是全国具备G安、GB、GC全类别评审资格的三家机构之一。

安全环保。建立与实施 HSE、OHS 和 ISO 14000 管理体系，构筑管道局管理层的体系管理模式。

2003 年，管道局在国内外共建设输油气管道 3000 千米。不同地区的管道工程，环境各不相同，地形地貌有很大差异，气候变化呈多样性，为搞好环境保护工作，管道局始终遵循清洁生产的原则，针对不同情况，采取不同的控制措施。

胜利石油管理局暨胜利油田有限公司

胜利石油管理局和胜利油田有限公司隶属于中石化，统称胜利油田。胜利油田工作区域主要分布在山东省东营、滨州、德州、济南、潍坊、淄博、聊城、烟台等 8 个市的 28 个县(区)内，主体位于黄河下游的东营市。按地质构造区划，山东省境内可供找油、找气的勘探区域属于渤海湾盆地，主要有济阳、昌潍、胶莱、临清、鲁西南等 5 个坳陷，总面积约 6.1 万平方千米，油田已取得探矿权面积 4.5 万平方千米，其中济阳坳陷和浅海地区是胜利油田勘探开发的主战场。截至 2003 年，胜利油田取得探矿权的勘探面积达 17 万平方千米，其中国外风险勘探面积近 1 万平方千米，国内探矿区域扩大至全国 5 个盆地中的 4 个。油气资源总量达 170 亿吨。

2003 年，胜利油田固定资产和油气资产原值 1323.83 亿元，净值 587.45 亿元；主营业务收入 421.61 亿元。

胜利油田拥有科研院(所)11 个，各类专业技术人员 6.17 万人，高级职称 6447 人，中国工程院院士 1 人。自 1978 年全国科学大会以来，胜利油田累计取得各类科研成果 4586 项，其中 95 项获国家级奖励，453 项获省部级奖励，共取得专利 986 件。“关于渤海湾盆地复式油气聚集(区)带勘探的研究”荣获国家科技进步特等奖；“胜利 2 号步行式浅海钻井平台”荣获 1992 年国家十大科技成就奖。每年科技直接增油量 300 万吨，科技成果推广率 85%。

勘探工作取得突破性进展。2003 年新增预测储量 1.3 亿吨，控制储量 1.16 亿吨，探明储量 1.13 亿吨，首次实现三级储量同时“过亿吨”，改善了资源序列结构。勘探区域进一步扩展，在辽东湾拿到 6500 平方千米的勘探区块，实现了油田海上勘探由滩海和浅海向深海的新跨越。在胜利老区，阳信洼陷、桩海潜山、郑家—王庄地区、东营凹陷南坡深层取得突破，发现了一批新层、新带、新构造；外围新区勘探有重大突破，新疆准噶尔探区的董 1 井、排 1 井，海外伊朗卡山探区的 Arn-1 井均见到油气显示，Arn-1 井试油日产 791 吨，伴有天然气显示，有望在海外发现较大规模的背斜构造。储量规模有较大改善，在连续勘探开发 40 年的情况下，胜利老区发现了郑家—王庄、东营南坡、罗家垦西和桩海潜山等 4 个 5000 万吨级的整装区块。

油气开发工作着眼老区稳产，加强油藏经营管理。实施套损井预防与治理、分层注水示范和提高系统效率“三大工程”，油气生产平稳运行，全年生产原油 2665.5 万吨，超计划 5.5 万吨。开发指标和开发水平进一步好转，自然递减 14.19%，综合递减 6.13%，综合含水连续 7 年控制在 90% 以下，连续第 7 年实现年度储采平衡。

科技兴油战略向纵深发展。理论创新和科技进步突出资源战略接替和提高采收率两大主题，在隐蔽油气藏成藏理论、老油区提高采收率理论、西部和海外新区找油理论等方面取得进展，2003 年油田承担科研课题 503 项，完成各类科技成果 312 项，取得专利 120 项，科技成果转化率达 80%，科技进步贡献率为 46.3%。

油田经营管理水平有新提高。利用信息化手段整合业务流程，改造传统产业，加快信息化建设步伐。地震资料处理速度达到每秒万亿次，年处理能力达到 5000 平方千米，均居国内领先水平。勘探开发数据库的整合提升，重点生产环节和设施的自动化改造，采油、作业、联合站库、钻井、地震等 5 类基层队的信息化系统建设，促进了油田生产运行效率的提高。依托全球财务管理信息系统和 VPN 技术，实现了外部市场核算与外闯市场队伍管理的同步运行。物资系统“三流合一”实现了日清日结，每年利息支出可减少近千万元。加强施工监督和项目预结算过程管理，投资结构进一步优化。财务管理依靠信息技术努力实现成本的精细化管理和全过程管理，节约财务费用 4000 万元。

中原石油勘探局暨
中原油田分公司、
中原油气高新股份有限公司

中原石油勘探局、中原油田分公司和中原油气高新股份有限公司隶属于中石化，统称中原油田。中原油田地处冀鲁豫三省交界处，在地质构造上属于渤海湾沉降带的南部，由于凹陷主体位于河南省濮阳县和山东省东明县一带，故称东濮凹陷。东濮凹陷为中原油田的主要开发区域，横跨河南、山东两省的6个地市12个县区，面积5300平方千米；此外，中原油田在国内还有陕北富县、新疆伊犁、内蒙古白音查干、青海民和盆地等探区，登记地质调查面积6.99万平方千米，登记探矿面积1.76万平方千米，并在国外取得了一个区块的风险勘探开发权。

2003年，中原油田拥有固定资产原值377.47亿元，固定资产净值162.15亿元；实现销售收入148.42亿元。

截至2003年底，中原油田用工总量9.25万人。中原油田共有直属单位92个，其中，中原石油勘探局53个、中原油田分公司39个(含中原油气股份公司3个)，股份制企业7个。

油气主业生产取得良好业绩。2003年，中原油田按照“立足东濮、突破富县、探索新区、加大天然气勘探力度”的指导方针，新增探明石油地质储量1732万吨、天然气地质储量20.33亿立方米、凝析油地质储量74.1万吨。完成钻井1094口，钻井进尺248.16万米。生产原油361.57万吨，生产天然气17.01亿立方米，同比增加0.80亿立方米，商品气量13.45亿立方米，外销商品气11.91亿立方米，保证了向重点用户的平稳供气。油田开发指标进一步好转，分注率提高5.1个百分点，水驱动用程度提高3.8个百分点，老井自然递减下降0.93个百分点，2003年老区自然产量超产3.8万吨，改写了老区自然产量连年欠产的历史。

科技攻关会战取得积极进展。围绕四项瓶技术和四项综合配套技术，中原油田新一轮三年科技攻关会战全面打响，部分重点项目攻关已初见成效。分层注水工艺技术有了较大进步，油田分注率达到50.5%，分层注水增加水驱动用储量238万吨；低渗油气藏压裂改造技术得到广泛运用，平均单井当年增产原油639吨；油水井套管损坏防治技术配套实施效果明显；钻井工程综合配套技术有新的进展，多项钻井指标均有提升。

外部市场份额进一步扩大。各专业化公司在确保油气主业生产的基础上，实现外部市场收入30.06亿元，同比增加9.35亿元。在国内市场上，新增外闯市场队伍80多个，实现收入23.72亿元，同比增长53.52%；在国际市场上，新上钻井队和物探队6个，在国外的专业化队伍达到40个，形成了非洲、中东和拉丁美洲三大市场连片发展的良好态势，实现收入7.05亿元，同比增长27.5%。对外贸易全年实现收入3500万元；机械制造市场领域进一步拓展，产品出口已达12个国家。

河南石油勘探局暨
河南油田分公司

河南石油勘探局和河南油田分公司隶属于中石化，统称河南油田，是以油气生产为主，集油气勘探、开发、炼油化工、施工作业、辅助生产和多种经营、社会服务于一体的专业门类齐全的国有大一类企业。河南油田地跨河南省南阳、驻马店、平顶山和新疆巴音郭楞蒙古族自治州4个地(市)，分布在新野、唐河、桐柏、卧龙、宛城、镇平、泌阳、叶县和新疆博湖、焉耆等10个县(区)境内，占地面积33.94平方千米。1993年全国油气勘探市场开放后，油田开始参与新疆塔里木探区风险勘探，先后中标三塘湖盆地和焉耆盆地勘探项目，并在库尔勒市、焉耆、博湖等县展开油气地质勘探开发等工作。1997年取得内蒙古巴彦浩特盆地的勘探权。2000年，又在塔里木盆地取得了3个区块的勘探权。截至2003年底，共探明15个油气田，含油气面积163.5平方千米，探明石油储量2.56亿吨、天然气储量161.01亿立方米，累计生产原油5650.62万吨，建成62万吨的原油年加工能力。在油气勘探过程中，在泌阳凹陷发现安棚碱矿，地质储量4849万吨，1979年发现舞阳盐田，地质储量2300亿吨。

2003年，河南油田拥有固定资产原值110.92亿元，净值52.77亿元；主营业务收入57.34亿元。

2003年，河南油田全面实施发展战略，生产经营实现了“三超、两突破、一提高”的新业绩，自1988年起连续16年保持“全国思想政治工作优秀企业”称号。

经济效益指标超额完成。合并报表实现利润2.58亿元；成本费用控制在计划之内；多种经营实现销售收入5亿元、利润100万元。

储量指标超额完成。新增探明石油地质储量1276万吨、控制1078万吨、预测1106万吨，分别为年计划的116%、108%、111%。王集一新庄油气勘探取得突破，5000万吨储量规模已趋明朗。

原油产量指标超额完成。生产原油186万吨，商品量171.12万吨。在老区优化调整井位部署提高采收率，同时加快新井产能建设，新建产能34.73万吨；新增可采储量189.2万吨，实现了采储平衡，累计采储比达到10.1；开发指标继续保持较好水平，自然递减控制在16.74%，综合递减控制在6.93%。

外闯市场取得新突破。对外创收7.5亿元，超收1亿元，为年计划的116%。市场领域不断扩大，外出施工队伍分布在3个国家、21个省区、76个市场，同比扩大8个省区6个市场。

建立长效激励机制取得突破。内部分配制度改革全面完成，人力资源结构逐步优化，人才能力向生产力转化步伐加快。

科技进步作为第一生产力的作用得到充分发挥。2003年科技投入2800万元，实现科技增油11.3万吨，科技增效1.54亿元，新产品产值达到2亿元。完成科技项目114项，申请专利技术14件，其中发明专利4件，获权专利13件，实施专利30件。13项科技成果通过石化集团公司验收鉴定，1项获国家级科技进步二等奖，有2项获石化集团公司科技进步二等奖，6项获石化集团公司科技进步奖三等奖。

石油化工全面实施特色发展战略。2003年加工原油56.27万吨；深加工产品与燃料产品销售收入比达到5:5，特色产品达到17个品种26个牌号。

江汉石油勘探局暨江汉油田分公司

江汉石油管理局和江汉油田分公司隶属于中石化，统称江汉油田，主要从事油气勘探开发、机械制造、油盐化工、多种经营。江汉油田地处江汉平原腹地，总面积54.07平方千米，矿区位于湖北省潜江市。油气生产区主要分布在湖北省潜江、荆门、荆州、天门、仙桃、利川等市，山东省寿光市、广饶县，陕西省安塞县。截至2003年末，江汉油田有职工2.33万人，各类专业技术人员12130人，其中高级技术职称近1500人，中级技术职称4600多人；资产总额103.63亿元，其中固定资产净值62.61亿元。

油气勘探取得新进展。2003年完成二维地震529.63千米，三维地震420.73平方千米，完钻探井37口，有16口井获工业油流，新增探明石油地质储量1390万吨，连续5年超1000万吨。

原油生产保持基本稳定。2003年共生产原油165.1万吨；新建产能29万吨/年，新井产油9.9万吨；实施油井措施作业312井次，增油10.2万吨，措施有效率比上年提高6.8个百分点。

天然气滚动勘探开发和产品销售形势向好。2003年生产天然气7016万立方米；外销气4330万立方米，其中民用气销量2161万立方米。

对外经济技术合作深入展开。与吉尔吉斯斯坦国博泰石油公司签订合作开发石油资源协议，并与乌兹别克斯坦、哈萨克斯坦等国达成多项合作意向，首次进入海外油气勘探开发市场。

科研攻关和新技术推广取得新成果。2003年江汉油田开展局级以上科研项目191项，取得局级以上成果50项，获国家专利38项。海相钻井技术研究、石油钻头并行工程应用等成果达到国内先进水平。推广应用的陆相富油凹陷隐蔽油气藏勘探、复杂断块油气藏勘探、地震叠前偏移成像、油藏精细描述、油气层系统保护等10项新技术在油气勘探开发中发挥了重要作用。

2003年，江汉油田共完成项目投资14.9亿元。实现企业总产值63.3亿元；实现主营业务收入58.74亿元；按新会计制度计提损失后，实现整体盈利2.53亿元。

江苏石油勘探局暨江苏油田分公司

江苏石油勘探局和江苏油田分公司隶属于中石化，统称江苏油田，组建于1975年4月23日。江苏油田主要从事油气勘探开发。经营范围是：石油和天然气勘探、开发、销售；石油化工、化纤及其他化工产品的生产、销售、储运；石油、天然气管道运输；盐化工采输卤；技术及信息的研究、开发、应用。其对外经济技术合作经营权范围为：承包境外石油天然气行业工程及境内国际招标工程；上述境外工程所需的设备、材料出口；对外派遣实施上述工程所需的劳务人员。江苏油田是中国南方最大的陆上石油工业企业。1998年11月，安徽油田并入江苏油田。2003年，江苏油田有探矿权、采矿权项目50个，区块面积52437平方千米。其中苏皖境内19个，面积32392平方千米，分布在江苏和安徽两省的8个地区17县(市)76个乡镇，主力油区在江苏省扬州市、泰州市、淮安市、盐城市和安徽省滁州市境内。

江苏油田实行勘探局、分公司—二级厂处—基层队站三级管理体制。2003年底，江苏油田共内设厂(处)二级单位29个，机关处室30个，职工总数21024人。

2003年，江苏油田固定资产原值99.96亿元，净值49.08亿元。全油田共有主要设备4774台(套)。

2003年，江苏油田综合经济效益持续增长。江苏油田分公司实现销售收入26.9亿元，税前利润6.5亿元；江苏石油勘探局实现生产总值22.12亿元，亏损额度控制在1.48亿元之内。全年销售原油150.1万吨，原油商品率94.96%，配置率94.07%，油款回笼率100.48%。全油田完成总投资规模12.78亿元。

2003年，江苏油田两个精神文明建设协调发展。油田始终坚持"两手抓、两手都要硬"的方针，不断加强和改进思想政治工作，丰富和完善了一套"进班子、到成员、出思路，进班组、到人头、出干劲，进市场、到客户、出效益，进邻里、到家庭、出氛围"的立体式思想政治工作运行机制，保证了油田在改革发展的关键时期队伍稳定、产量递增、效益攀升。江苏油田继续保持和创新了"全国思想政治工作优秀企业"、江苏省"文明单位"、先进基层党组织、企业廉政工作先进单位、全国守合同重信用企业、全国模范职工之家等光荣称号；厂务公开工作作为先进典型在全国国有大中型企业推广。

西北石油局暨西北分公司

西北石油局暨西北分公司，隶属于中石化，原为地质部新疆石油普查勘探指挥部，2002年4月，完成油气分公司体制改革，并于2003年6月整体划归中石化直属，主要从事新疆塔里木盆地油气勘探开发和油气销售业务。2003年有职工近3000人，专业技术人员1300多人，高级专业技术职务人员300人。

组成西北石油局、西北分公司的这支队伍，曾转战南北，为大庆、下辽河、胜利、华北、大港等油田的发现立下头功。1978年开赴塔里木盆地，筚路蓝缕，历尽艰辛，于1984年走出盆地五上五下的低迷困境，打出沙参2井高产油气流，实现了我国古生代海相碳酸盐岩油气田的首次重大突破，开创了塔里木盆地找特大型油气田的新局面。1997年发现塔里木盆地第一个超亿吨级大油田——塔河油田，扭转了塔里木盆地石油勘探多年徘徊不前的局面，掀起了塔里木盆地又一轮石油勘探高潮。

塔河油田位于新疆维吾尔自治区轮台县与库车县交界处，地质构造上属塔里木盆地沙雅隆起阿克库勒凸起中南端。随着油田勘探、开发规模的不断扩大，以及综合研究工作的逐步深入，至2003年西北分公司已相继在塔河油田2、4、6、7、8区奥陶系油藏，1、2、9区三叠系油藏，塔河油田石炭系油藏，实现油气重大突破。由1997年的年产原油5万吨，到2003年的288万吨，塔河油田从小型油田，逐步迈入全国特大型整装油气田的行列。

截至2003年，塔河油田探明区块叠合面积422.8平方千米，探明原油地质储量3.12亿吨，天然气303.88亿立方米；保有控制石油储量1.93亿吨、天然气储量548.88亿立方米；保有预测石油储量1.69亿吨。总生产井数290口，累计生产原油1044万吨。

截至2003年底，西北分公司拥有探矿区块9个，面积1.24万平方千米，主要分布在库车坳陷的东南部，沙雅隆起的雅克拉、阿克库勒凸起。拥有已探明的油气田(藏)14个，累计探明原油地质储量3.21亿吨，溶解气地质储量277.3亿立方米，天然气地质储量350亿立方米，凝析油地质储量1021.6万吨；动用原油地质储量1.84亿吨，动用溶解气地质储量138.61亿立方米，动用天然气地质储量13.81亿立方米，动用凝析油地质储量46万吨；可采储量2541.8万吨，采收率13.8%。

截至2003年底，全油田累计产油1298.2万吨，剩余可采储量1243.6万吨。2003年产油300.86万吨。

2003年，西北石油局、西北分公司全年实现总收入42.95亿元，实现利税总额14.93亿元，利润总额12.38亿元。其中：西北分公司实现收入29.75亿元，实现利润11.98亿元，实现利税总额12.83亿元，人均创利税53万元，总资产71.59亿元，工业增加值19.69亿元。西北石油局实现生产经营收入13.20亿元，实现利润总额3975万元，实现利税总额2.10亿元，人均创利税44.89万元，工业增加值3.23亿元。

中国海洋石油有限公司

中国海洋石油有限公司(简称中海油有限公司)于1999年8月在香港注册成立，并于2001年2月27日和28日分别在纽约证券交易所和香港联合交易所挂牌上市。2001年7月，公司股票入选恒生指数成份股。公司共有员工近2500名，总资产约735亿元人民币。母公司中国海洋石油总公司拥有其约70.64%股权。

中海油有限公司是中国最大的海上石油及天然气生产商，也是全球最大独立油气勘探及生产公司之一。公司主要业务为勘探、开发、生产及销售海上石油及天然气。

中海油有限公司在中国海上拥有四个主要产油地区：渤海湾、南中国海西部、南中国海东部和中国东海，并是印度尼西亚最大的海上原油生产商，同时还在澳大利亚等地拥有部分上游资产。

截至2003年12月31日，中海油有限公司拥有净探明储量21亿桶油当量，全年平均日净产量达356729桶油当量。2003年公司实现油气销售收入281亿元人民币，比2002年增长了43亿元人民币，增幅达18.2%。

能源企业风采

SDIC 国家开发投资公司

STATE DEVELOPMENT & INVESTMENT CORP.

国家开发投资公司成立于1995年，是大型国有投资控股公司。截至2004年底，公司资产总额799.24亿元，所有者权益183.93亿元，当年实现利润26.20亿元。

国家开发投资公司不断优化业务选择，以实业投资、金融服务、资产管理和咨询服务为业务发展方向。在实业投资方面，重点投向电力、煤炭、港航、化肥等基础性和资源性产业，以及汽车零部件和生物制药等高科技产业中有前景的项目。其中，截至2004年底，投资水、火电站及相关项目48个，投产装机容量1671万千瓦，全年累计发电746亿千瓦时，控股的国投华靖电力公司、二滩水电公司、国投大朝山水电公司、华夏电力公司等成为利润超亿元的企业；拥有16个煤炭投资项目，煤炭资源总储量135亿吨，年生产能力1700万吨，同时积极探索煤电一体化的运作模式，以独有的优势，发挥煤电运协同效应，控股的国投新集能源、微山崔庄煤矿、国投郑州能源等投资企业当年实现利润均超过亿元。在金融服务方面，参股、控股信托投资公司、基金管理公司、证券公司和银行。资产管理业务，立足内部资产管理，努力提高专业化资产管理水平，拓展外部受托资产管理业务，逐步走向市场。咨询服务主要开展投资咨询、工程咨询、管理咨询和工程监理业务。国家开发投资公司通过不断完善功能和手段，壮大经济实力，为增强国家宏观经济调控能力，促进国有经济布局和结构的战略性调整做出了应有的贡献。

国家开发投资公司始终把发展作为第一要务，以人为本，坚持科学发展观，促进公司持续健康快速发展，努力把国家开发投资公司建设成为有实力、有影响、有凝聚力的国际一流投资控股公司。

公司投资的厦门华夏国际电力发展有限公司嵩屿电厂

公司投资的国投煤炭郑州能源开发有限公司教学煤矿。

公司投资的靖远第二发电有限公司。

中国煤炭战线上的一面红旗——国投新集能源股份有限公司，工期短、投资省、工效高、达产快、效益好、还贷能力强，创造了煤炭建设中史上的奇迹。

公司投资项目——四川二滩水电站，位于雅砻江流域，装机容量330万千瓦，在中国目前建成投产的水电站中名列前茅，是世界银行样板工程。

SHENHUA GROUP CORPORATION LIMITED

神华集团有限

神华集团有限责任公司（简称神华集团）是1995年10月经批准、按《公司法》组建的国有独资公司，是以煤炭生产、销售、电力生产、热力生产和供应，煤制油及煤化工，相关铁路、港口等运输服务为主营业务的综合性能源企业，主要负责统一规划和开发经营神府东胜煤田的煤炭资源和与之配套的铁路、电厂、港口、煤制油等项目，实行矿、路、电、港、油一体化开发，煤炭产、运、销一条龙经营。

2004年，神华集团认真落实科学的发展观，坚持走新型工业化道路，积极开展质量效益年活动，商品煤销售超过1.3亿吨，煤炭产销量连续3年稳居国内领先地位，位列世界煤炭企业前列，煤炭生产各项经济技术指标在全国同行业领先。发电量超过420亿千瓦时。煤直接液化实验一次投煤成功，直接液化项目正式开工建设。

按照有关要求，大胆创新，锐意改革，组建中国神华能源股份有限公司，完成神华集团和中国神华能源股份有限公司总部机构改革和员工竞争上岗工作。主辅分离、辅业改制、分离企业办社会职能工作取得新的突破。

截至2004年底，神华集团拥有1.3亿吨能力的煤炭生产基地，1300千米的铁路，4500万吨装船能力的港口，700万千瓦装机容量的电厂，在册员工85920人，资产总额1394亿元。

神华集团确立了“开疆拓土、重整河山，做大做强、打造辉煌”的发展思路。将建成一个以煤炭为基础，实力较强的、具有国际竞争力的跨地区、跨行业的大型能源企业。

神华煤直接液化项目鸟瞰图

责任公司

绿色、环保、现代化的发电厂

花园式的矿区住宅小区
——神东大柳塔小区

神东矿区千万吨矿井综采工作面

ChinaCoal

中国中煤能源集团公司

CHINA NATIONAL COAL GROUP CORPORATION

大型高产高效露天煤矿

高产高效井工矿综采工作面

井巷工程机械化施工

中国中煤能源集团公司是中央管理的两家大型煤炭企业之一，前身是1982年7月成立的中国煤炭进出口总公司。1999年5月重组，2003年更为现名，简称中煤集团公司。中煤集团公司重组以来，经过持续不断的结构调整和资产重组，实现了由单一贸易型企业向以煤炭生产与贸易、煤化工、煤机制造、煤矿建设、坑口发电、煤层气开发及相关工程技术服务为主业的大型煤炭集团的转变。2004年，中煤集团公司按照国家关于建设煤炭大基地和煤炭大集团的要求，抓住国民经济快速发展和煤炭市场好转的机遇，确定企业定位和发展战略，明确主营业务，编制中长期发展规划，进一步深化企业改革，加快结构调整，推进主业发展，加强生产经营，实现了连续六年的持续快速发展，进入行业领先地位。中煤集团公司总资产为455亿元，在册职工9.7万人，所属全资子公司和控股公司19户、均股公司2户、境外机构和公司6户以及参股企业10户，旗下有两户企业在境内上市。中煤集团公司列2005中国企业500强、全国煤炭行业100强前列。

中煤集团公司认真贯彻落实《国务院关于促进煤炭工业健康发展的若干意见》，树立和落实科学发展观，突出做精做强做大主业，把建设亿吨级和节约资源、提高效率、实现持续健康发展作为战略目标，努力将中煤集团公司打造成新型的、先进的、具有国际竞争力的煤炭大集团，为构建新型煤炭工业体系发挥积极的作用。

中煤集团公司坚持和发扬“爱国、敬业、求实、奉献”的企业精神，以发展民族工业为己任，期待与各界建立更加广泛更加紧密的互惠合作关系。

露天煤矿作业现场

现代化洗煤厂

能源企业风采

出口煤在港口装船

大型煤焦化装置

煤矿综采设备出厂调试

环保型坑口电厂

煤层气排采现场

中国石油

CHINA NATIONAL

中国石油天然气集团公司（简称中国石油）是按照现代企业制度运作的跨地区、跨行业、跨国经营的特大型石油石化企业集团。业务涉及石油天然气勘探开发、炼油化工、管道运输、油气炼化产品销售、石油工程技术服务、石油机械加工制造、石油贸易等领域，在我国石油天然气生产、加工和市场中占据主导地位。截至2004年，中国石油拥有资产总额9137亿元。2004年实现销售收入5707亿元，实现利润总额1289亿元、税费1070亿元。中国石油在《财富》杂志2005年公布的世界500强企业排名中名列前茅。

奉献能源

天然气集团公司
PETROLEUM CORPORATION

中国石油天然气集团公司
CHINA NATIONAL PETROLEUM CORPORATION

创造和谐

中国石油

CHINA PETROLEUM

中国石油化工集团公司（简称中石化，英文缩写Sinopec Group）是1998年7月国家在原中国石油化工总公司基础上重组成立的特大型石油石化企业集团，是国家独资设立的国有公司、国家授权投资的机构和国家控股公司。中石化注册资本1049亿元，总经理为法定代表人，总部设在北京。

中石化对其全资企业、控股企业、参股企业的有关国有资产行使资产受益、重大决策和选择管理者等出资人的权力，对国有资产依法进行经营、管理和监督，相应承担保值增值责任。中石化控股的中国石油化工股份有限公司先后于2000年10月和2001年8月在境外境内发行H股和A股，并分别在香港、纽约、伦敦和上海上市。2004年底，中国石化股份公司总股本867亿股，中石化持股占67.92%，国家开发银行和国有资产管理公司持股占9.50%，外资股占19.36%，国内公众股占3.23%。

中石化主营业务范围包括：实业投资及投资管理；石油、天然气的勘探、开采、储运（含管道运输）、销售和综合利用；石油炼制；汽油、煤油、柴油的批发；石油化工及其他化工产品的生产、销售、储存、运输；石油石化工程的勘探设计、施工、建筑安装；石油石化设备检修维修；机电设备制造；技术及信息、替代能源产品的研究、开发、应用、咨询服务；自营和代理各类商品和技术的进出口（国家限定公司经营或禁止进出口的商品和技术除外）。

化工集团公司

AND CHEMICAL CORPORATION

CHINA NATIONAL

中国海洋石油总公司（CNOOC，简称中海油）是1982年成立的国家石油公司。依据《中华人民共和国对外合作开采海洋石油资源条例》，负责在中国海域对外合作开采海洋石油及天然气资源。中海油注册资本500亿元人民币，总部设在北京。

中海油以上游产业为核心，积极拓展、不断完善产业链条，正在从一家纯上游业务公司，发展成为上下游一体化的综合型能源公司。中海油现已形成石油勘探开发生产、专业技术服务、基地服务、化工化肥、天然气及发电、金融服务六大业务板块，呈现出各板块良性互动的良好发展态势。

2004年，中海油的产量持续增长，全年共实现销售收入709.2亿元人民币，利润242.2亿元人民币，上缴税金120.9亿元人民币，分别比上年度增长32%、62%和80%。截至2004年底，公司总资产增至1532.6亿元人民币，净资产达830.6亿元人民币，分别比年初增长28%和21%。中海油良好的发展业绩赢得了资本市场的充分肯定，国际权威资信评定机构标准普尔及穆迪分别给予公司BBB+和A2的评级，均等同于中国主权评级。

2004年，中海油的油气勘探、生产继续保持稳步发展。公司2004年油气总产量达到3648万吨油当量，比2003年增长312万吨，增幅9%。其中国内原油产量2472万吨，较去年增长11%，快于全国3%的增长速度。渤海地区年产量首次突破一千万立方米油当量大关，渤海

石油总公司

OFFSHORE OIL CORPORATION

油田由此成为中国海上产量跃上千万立方米台阶的大型矿区，成为了我国北方重要的能源生产基地。

在上游业务稳定增产的同时，中海油的中下游业务也喜获丰收。在国内LNG市场竞争日趋激烈的情况下，公司全部签下广东、福建LNG项目的中下游商务合同，为项目建成后的顺利运营奠定了坚实的基础。浙江和上海的LNG项目也步入了正式实施阶段，公司还与辽宁、天津、河北、海南、江苏等地签署了LNG项目的合作框架。至此，公司已初步完成了长江以南的沿海天然气产业的战略布局。

2004年4月，中海油中石化联合国际贸易有限责任公司获国家正式批准，被授予原油国营贸易进口经营权。5月至6月，在相隔一个月的时间内，“海洋石油112”号与“海洋石油113”号两艘15万吨级的浮式生产储卸油装置（FPSO）相继建成交付使用，在建造工期、成本控制和质量上创造了新的世界纪录。7月，1200万吨规模的南海石化炼油项目喜获国家批准，中海油正式进入炼油领域，公司上下游一体化的产业布局变为现实。

2004年，中海油旗下的三家上市公司表现优异。中国海洋石油有限公司股票当年上涨37%，市值达到1816.8亿元人民币，海油工程股票全年涨幅66.11%，中海油服总市值达到101亿元人民币。截至2004年底，三家上市公司的总市值接近2000亿元人民币，是净资产的3.3倍，国有资产得到了有效保值增值。

中海油将继续努力完成勘探开发任务，积极拓展海外资源，稳健发展中下游业务，进一步推进现代企业制度建设，努力实现“以较快的发展速度、较强的盈利能力和较好的发展质量，在2008年建成具有国际竞争力的综合型能源公司，全面建成现代企业制度。在此基础上，建设一个国际一流的综合型能源公司”的战略目标。

中国中化集团公司

SINOCHEM CORPORATION

中国中化集团公司（简称中化公司）的前身为中国化工进出口总公司，经过50余年的努力，已逐步发展成为在石油、化肥、化工领域实施全球化运作的国际企业集团。特别是1998年以来，中化公司按照市场经济发展的要求，努力探索传统外贸企业转型道路，大力实施管理改善与创新，着力培育和发展石油、化肥、化工三大核心业务，企业立足市场的核心竞争能力和可持续发展能力不断增强，经营业绩连年快速增长。公司已先后15次入围《财富》全球500强，并连续在中国企业500强排名中名列前茅。

作为中国四大国家石油公司之一，中化公司具有50多年的国际石油经营历史，一直致力于促进中国能源安全和经济发展，“中化”（SINOCHEM）品牌在国内外石油石化业界享有良好的声誉。近年来，中化公司在加强与业界合作、巩固石油贸易业务规模和市场地位的基础上，积极贯彻落实国家“走出去”的能源发展战略，大力开发国内外两个市场、两种资源，加速向石油产业链上下游延伸，初步形成了集勘探开发、贸易、炼制、物流服务和分销于一体，全球协同运作的较为完整的石油产业价值链，石油业务稳步扩张。同时，中化公司发挥自身优势，积极参与中国石油战略储备和能源发展规划研究，在国家能源发展战略中发挥着日益重要的作用。

中化公司石油业务实行全球一体化经营，主要经营原油、汽油、柴油、航煤、燃料油及液化气等商品，业务涵盖石油和天然气的勘探开发、石油和石油产品的进出口、转口、国内分销、仓

储中转、炼制加工等诸多领域，在石油经营的人力资源、经营渠道、市场份额、客户服务等方面拥有独特优势。

向石油上游延伸既是国家能源产业“走出去”战略的要求，也是中化公司向产业服务型企业战略转型的需要。目前，公司在中东、北非和南美分别拥有CRS和Atlantis两个油气资源公司，已获得天然气可采储量139亿立方米，原油可采储量680万吨，跨进了国际石油公司的行列。

在石油贸易方面，中化公司依靠较强的境外石油资源获取能力，通过专业化团队，为客户提供优质服务。公司与世界上主要大型跨国石油公司、国家石油公司和石油贸易公司及华尔街公司在石油进口、转口和风险管理方面保持着长期稳定的战略合作关系。目前，中化公司拥有的原油长约总量达2000万吨/年，品种涉及沙特、阿曼、伊拉克、巴林、阿联酋、也门、卡塔尔、越南、叙利亚、俄罗斯和印尼等国家的原油。2004年，公司原油和成品油进口、转口经营总量近3700万吨，燃料油进口经营量全国领先。同年，公司与法国道达尔等签署合资建设加油站协议，开发华北等地区成品油终端销售市场。

中化公司涉足石油炼制业务始于20世纪80年代末期，目前是大连西太平洋石油化工有限公司(WEPEC)的大股东。该炼厂具有1000万吨原油加工能力，已发展成为一家管理先进、加工效益和效率显著的大型炼化企业。在推动WEPEC业务不断发展的同时，近年来中化公司还以新的业务模式同海内外炼化企业开展原油委托加工业务，并积极开展海内外炼厂项目的并购工作。

石油物流服务是中化公司石油业务的重要组成部分。近年来，中化公司不断扩大在国内沿海、沿江地区石油仓储物流设施的建设规模，在舟山、上海、南通等地建有多个原油、成品油、液化气仓储中转基地，总罐容达200多万立方米，拥有从1万吨级到25万吨级多种规模的码头。其中，位于浙江舟山群岛的岙山基地已发展成为中国大型商用石油转运基地。同时，岙山基地因管理先进、地理位置优越而正在承建一期国家石油战略储备库。

展望未来，中化公司将发挥多年来在国内外石油市场运作的经验与优势，继续加快向石油上下游领域延伸，不断完善和强化石油产业链，提高中化石油业务的竞争能力和市场地位，为保障国家能源安全和促进中国经济可持续发展做出贡献。同时，中化公司也愿意与国内外石化企业进一步加强合作，共同成长，促进全球经济与社会、资源与环境协调发展，造福人类社会。

国家电网公司

STATE GRID CORPORATION OF CHINA

一、公司基本情况

国家电网公司是以建设、运营国家电网为核心业务的国有重要骨干企业，承担着为国民经济和人民生活提供电力供应与服务的基本使命。

国家电网公司成立于2002年12月29日，经营电网和供电服务覆盖全国26个省、市、自治区。公司售电量占全国电力销售的四分之三以上，各类供电客户1.17亿户。

公司注册资本金2000亿元。截至2004年底，公司资产总额11115亿元，拥有35千伏及以上输电线路47.9万公里，35千伏及以上变电容量9.3亿千伏安。员工总数72.9万人。

公司拥有华北、东北、华东、华中和西北5家区域电网公司，拥有北京、天津、河北、山西、山东、辽宁、吉林、黑龙江、上海、江苏、安徽、浙江、福建、湖北、湖南、河南、江西、四川、重庆、陕西、甘肃、宁夏、青海和新疆等省、市、区电力公司，代管西藏自治区电力公司，拥有6家科研院所及多家直属公司。

二、公司2004年工作情况

2004年，公司以邓小平理论和“三个代表”重要思想为指导，认真贯彻国家的各项决策和部署，落实科学发展观，确保了电网安全稳定运行和电力供应；积极加快电网建设，加大跨区跨省送电规模，优化配置电力资源；加强经营管理，提高经营效益。公司各项工作取得了新的成绩，公司呈现出崭新的风貌和良好的发展态势。

安全生产保持良好局面。坚持“安全第一、预防为主”的方针，严格落实安全生产责任制，确保了电网安全稳定运行和可靠供电，电网事故和设备事故下降，没有发生人员责任的重大停电事故。

电力供应和服务成效显著。需求侧管理继续加强，优先保证居民生活和重要客户用电，合理安排和引导企业错峰、避峰，周密制定供电应急预案，最大限度地缓解了供电紧张矛盾。严格执行“三公”调度，加强调度信息发布。推进优质服务常态机制，深入开展供电营业规范化服务窗口建设，不断提高服务水平。公司系统在地方民主评议行风活动中成绩显著。

电网规划和建设得到加强。公司党组集中各方面智慧，研究确立了国家电网特别是特高压骨干网架规划。西北电网750千伏示范工程进展顺利。一批跨区、跨省输电工程相继投产和开工。三广直流工程通过国家验收，三沪直流工程开工建设。区域电网和省级电网网架得到加强，城乡电网建设进一步加快。公司330千伏及以上交流线路投产8466公里，开工6360公里；变电容量投产4358万千伏安，开工4017万千伏安。直流线路投产975公里，开工1075公里，换流容量投产和开工各600万千瓦。完成固定资产投资925亿元，其中电网投资825亿元，同比增长12.7%。

跨区资源优化配置能力增强。加强负荷预测，优化电力调度，通过技术创新提高输电能力，加大电网间电力输送规模，跨区跨省平衡电力供需，国家电网资源优化配置的能力进一步增强。公司跨区跨省互供电量完成1798亿千瓦时，同比增长30.1%。

经济效益保持稳定。坚持依法治企、规范经营，强化预算约束，加强成本控制，加大电费回收力度，实现增收节支。落实审计决定，促进经营管理水平提高。公司售电量完成12838亿千瓦时，同比增长14.5%；主营业务收入净额5810亿元，同比增长21.2%；实现利润97亿元，同比增长62.5%；全员劳动生产率17.1万元/人·年。

中国
CHINA
中国华能集团公司是由中央管理的国有重要骨干企业，是进行国家授权投资的机构和国家控股公司试点企业。
公司注册资本200亿元人民币。主要从事电源的投资、建设、经营和管理，组织电力（热力）的生产和销售，以及金融、能源交通、新能源等相关产业、产品的投资、建设和生产经营，国内外投资、融资和自主开展外贸流通经营、国际合作等业务。
中国华能集团公司初步构建了一个主业、两个支撑、三支战略性力量的产业架构。一个主业是电力产业，包括华能国际电力开发公司、华能国际电力股份有限公司、北方联合电力有限责任公司、云南华能澜沧江水电有限公司、华能四川水电开发有限责任公司、华能新能源产业控股有限公司。两个支撑，一是能源交通产业的华能能源交通产业控股有限公司，二是金融产业的华能资本服务有限公司。三支战略性力量分别是，科技进步的战略力量——西安热工研究院有限公司，实施“走出去”的战略力量——中国华能集团香港有限公司，资产管理、清理的战略力量——华能综合产业公司。
到2005年6月底，华能在全国23个省市拥有运营的全资、控股电厂76个，总装机容量4099万千瓦。

有限责任公司

COMPQNY LIMITED

公司的宗旨	对中央负责，为五省（区）服务
公司的战略总体目标	打造经营型、服务型、一体化、现代化的国内领先、国际著名企业
发展目标	把南方电网建设成为统一开放、结构合理、技术先进、安全可靠的现代化大电网
公司"六个更加注重"的工作方针	更加注重依靠科技进步；更加注重树立科学发展观；更加注重社会效益；更加注重管理出实力；更加注重深化改革；更加注重人的发展。

2004年中国南方电网30亿元建设债券正式发行，发行仪式在人民大会堂举行。

中国南方电网

CHINA SOUTHERN POWER GRID

一、公司基本情况

根据《电力体制改革方案》，中国南方电网有限责任公司于2002年12月29日正式挂牌成立并开始运作。公司经营范围为广东、广西、云南、贵州和海南五省（区），负责投资、建设和经营管理南方区域电网，经营相关的输配电业务，参与投资、建设和经营相关的跨区域输变电和联网工程；从事电力购销业务，负责电力交易与调度；从事国内外投融资业务；自主开展外贸流通经营、国际合作、对外工程承包和对外劳务合作等业务。

公司总部设有11个部局，以及南方电网电力调度通信中心、电力交易中心、技术研究中心、信息中心。下设超高压输电公司分公司，广东、广西、云南、贵州、海南电网公司五个全资子公司，以及控股南方电网财务公司。至2004年底，公司资产总额2460亿元，职工总数13万人。2004年主营业务收1567亿元。

二、南方电网基本情况

公司辖属的南方电网覆盖五省（区），面积约100万方公里，2004年供电总人口2.2亿人，占全国总人口的17.2%，GDP总量24701亿元，占全国总量的18.1%，人均GDP11200元，为全国人均GDP的106.2%，是我国经济发展较快的区域之一。南方电网东西跨度近2000公里，网内拥有水、煤、核、抽水蓄能、油、气、风力等多种电源，2004年底总装机容量8027万千瓦。目前西电东送已经形成“六交三直”九条500千伏大通道，输电能力达到1175万千瓦。网内220千伏及以上输电线路总长39283公里，变电容量14005万千伏安。

南方电网远距离、大容量、超高压输电，交直流混合运行，既有电触发直流技术，又有光触发、可控串补、超导电缆等世界顶尖技术。从2004年9月起，南方电网开始向越南送电，成为国内率先“走出去”的电网。南方电网是国内结构最复杂、联系最紧密、科技含量最高的电网，也是西电东送规模最大、效益最好、发展后劲最强的电网。

截至2004年底，南方电网西电东送累计完成电量1397亿千瓦时，其中广东受西电1032亿千瓦时，平均落地电价0.309元/千瓦时；广东受西电365亿千瓦时；云南送出电量219亿千瓦时，贵州送出电量338亿千瓦时。西电东送对保证广东电力供应，促进经济和社会全面发展起到了重要作用，也为西部省（区）把资源优势转化为经济优势做出了积极贡献。

2004年12月10日袁懋振董事长（中）参加深圳市人民政府举行的答谢会。

中国第一组实用型超导电缆在云南电力集团有限公司普吉变电站举行并网仪式。

三、公司理念

◆（一）公司宗旨

服务党和国家工作大局，服务电力客户，服务发电企业，服务社会发展。

◆（二）发展战略目标

努力建设“一强三优”现代公司。

电网坚强：电网规划科学，结构合理，技术先进，安全可靠，运行灵活，标准统一，经济高效。

资产优良：资产结构合理，盈利和偿债能力强，不良资产少，成本费用低，现金流量大，客户欠费少。

服务优质：事故率低，可靠性高，流程规范，服务高效，社会满意，品牌形象好。

业绩优秀：安全、质量、效益指标国内外同业领先，企业健康发展，社会贡献大。

建设现代公司：建立健全现代企业制度，充分利用先进技术，推行现代化管理，具有较高的国际化水平。

◆（三）工作思路

公司工作的思路是“三抓一创”。

抓发展：以科学发展观为指导，以加快公司发展为目标，建设以特高压电网为核心的坚强国家电网，实现各级电网协调发展。

抓管理：依法经营企业，严格管理企业，勤俭办企业，健全企业内部管理机制，加快信息化建设，实现公司工作效率和经济效益的全面提高。

抓队伍：坚持以人为本，以加强领导班子和干部队伍建设为重点，以作风建设和能力建设为突破口，实施人才强企战略，健全激励约束机制，实现员工与企业共同进步。

创一流：以国际国内先进水平为导向，以同业对标为手段，以内质外形建设为载体，促进公司创新和发展，建设世界一流的电网，建设国际一流的企业。

◆（四）企业精神

努力超越　追求卓越

◆（五）总部定位

把公司总部建设成为“三个中心”：战略决策中心、管理调控中心、电网调度中心。

◆（六）内质外形建设

提高“五方面素质”，塑造“五方面形象”。五方面素质是：安全素质、质量素质、效益素质、科技素质、队伍素质；五方面形象是：认真负责的国企形象、真诚规范的服务形象、严格高效的管理形象、公平诚信的市场形象、团结进取的团队形象。

◆（七）电力市场建设

完善省级市场，发展区域市场，培育国家市场。

◆（八）电网服务

坚持服务理念追求真诚，服务内容追求规范，服务形象追求品牌，服务品质追求一流；推广“国家电网”服务品牌，推广“95598”客户服务系统；落实“三个十条”，即：《员工服务“十个不准”》、《“三公”调度“十项措施”》、《供电服务“十项承诺”》，不断提高服务质量和服务水平。

◆（九）领导班子和干部队伍建设

建设政治素质好、经营业绩好、团结协作好、作风形象好的领导班子；建设政治坚定、业务精通、勇于开拓、作风优良的干部队伍。不断提高领导干部战略决策的能力、经营管理的能力、市场竞争的能力、推动企业创新的能力、应对复杂局面的能力。

◆（十）奋斗方向

建设世界一流电网，建设国际一流企业。

华能集团公司
HUANENG GROUP

企业宗旨 ←一个为中国特色社会主义服务的"红色"公司；一个注重科技、保护环境的"绿色"公司；一个坚持与时俱进、学习创新、面向世界的"蓝色"公司。

核心价值观 ←坚持诚信、注重合作、不断创新、积极进取、创造业绩、服务国家。

战略定位 ←以电为主的能源公司，以国内为主的跨国公司。

战略目标 ←2010年，实现可控装机容量超过6000万千瓦，进入世界500强；2020年，实现可控装机容量达到1.2亿千瓦；成为实力雄厚、管理一流、服务国家、走向世界，具有国际竞争力的大企业集团。

◆中国大唐集团公司首批风电机组在内蒙古赤峰赛罕坝投产。图为大唐赤峰赛罕坝风电场风机。

中国大唐

CNINA DATANG

中国大唐集团公司是以电力为核心业务的特大型企业集团。大唐集团公司的发展是在科学发展观统领下的发展。2003年12月29日组建以来，集团公司认真贯彻科学发展观，积极推进节约型企业建设，保持了规模和效益的快速增长，为国民经济发展作出了突出贡献。

在选择发展项目时，中国大唐集团公司坚持重点发展技改和“以大代小”老厂改造项目，“西电东送”项目，坑口、港口、路口项目，热电联产项目，煤电运一体化项目以及新能源开发项目。截至2004年底，集团公司发电机组中，30万千瓦及以上机组比例由组建时的49.9%上升到58.8%，在建水电项目增加了181.5万千瓦。2005年，风电项目实现了零的突破。

大唐集团公司注重质量、效益、协调、可持续发展。对现有设备，加强安全管理，提高设备健康水平，降低非停，提高利用小时；在外延扩大再生产方面，坚持以市场为导向，高度关注和分析市场变化，不盲目追求规模；对于在建项目，在设备大幅度涨价的情况下，牢固树立“大成本”的意识，全面推行造价倒逼机制，严格控制工程造价，力争实现当年投产当年盈利，坚持高标准的环保要求。2004年投产的机组和在建项目全部采用了脱硫和电除尘技术，在役机组全部都安排进行脱硫改造。

在科学发展观的统领下，中国大唐集团公司实现了规模、效益同步增长。

集团公司发电装机容量迅速增加，规模不断扩大。两年半合计投产801.5万千瓦；加上资产重组和技改增容260.65万千瓦，到2005年6月底，大唐在役装机容量（直属、全资、控股口径）达到3462.4万千瓦，比组建时的2385万千瓦增加了1077.4万千瓦，增长了45.17%。

在规模扩大的同时，集团公司的经济效益同步增长。2003年、2004年发电量增长连续两年超过21%，销售收入在2003年增长20.15%的基础上，2004年实现412亿元，同比增长25.61%；利润总额在2003年增长24.7%的基础上，2004年实现31.14亿元，同比增长16.63%。2005年上半年，大唐集团公司发电量完成993.1亿千瓦时，比上年同期增加181.14亿千瓦时，增长22.31%。

◆大唐集团公司总经理翟若愚（中）与赤峰市人民政府领导共同规划赤峰风电蓝图。

◆中国大唐集团公司在建项目——龙滩水电站建设工地鸟瞰。该工程是国家实施西部大开发和“西电东送”战略的标志性工程，其装机规模在国内仅次于长江三峡工程。

集团公司

C O R P O R A T I O N

◆烟气脱硫环保工程——安徽电力股份有限公司淮南田家庵发电厂烟气脱硫吸收塔封顶。该脱硫岛项目是为正在建设中的该厂技改二期1台30万千瓦机组配套建造的，该系统设计在满负荷运行工况脱硫效率可达95%以上。

◆60万千瓦发电机组——大唐韩城第二发电公司1号机组正式投入商业运营。该机组的投产对缓解西部地区，尤其是填补陕西电力缺口、促进陕西经济发展和人民生活水平的提高将发挥积极的作用。

◆大唐集团所属内蒙古大唐托克托发电公司外景。该公司规划容量为8台60万千瓦火电机组，是国家“西电东送”重点工程之一。

中国华电集团公司
CHINA HUADIAN CORPORATION

中国华电集团公司是中央直接管理的全国性发电企业集团之一，经国务院同意进行国家授权投资的机构和国家控股公司的试点。公司主要从事电源、煤炭及与电力相关产业的开发、投资、建设、经营和管理，组织电力（热力）生产和销售等业务以及国家批准或允许的其他业务。

截至2004年底，中国华电集团公司总资产1200亿元，运行装机容量3100万千瓦，在建2500万千瓦，分布在全国二十四个省（市、区），其中火电占78%，水电占22%。拥有百万千瓦以上的电厂11家；控股业绩优良的华电国际、华电能源、国电南自和黔源电力等上市公司；拥有华电福建发电有限公司、华电四川发电有限公司、华电云南发电有限公司以及乌江水电开发有限责任公司等大型发电公司。在优化发展火电、大力开发水电的同时，华电集团积极拓展核电和风电等新能源。根据公司发展规划，2010年公司装机容量将达到6000万千瓦，2020年将达到1亿千瓦以上。

中国华电集团公司认真落实科学发展观，坚持弘扬“创业创新、图强报国”的企业精神，努力实践“诚信、高效、合作、服务、环保”的理念，以市场为导向，以发展为主题，以效益为中心，坚持生产经营和资本经营并重，坚持企业发展与员工发展协调，坚持走集团化、多元化、国际化、新型工业化的路子，加快建设以发电为主体，煤炭、金融为两翼，国内先进、国际一流，具有可持续发展能力和国际竞争力的现代企业集团，努力为国民经济发展和人民生活水平的提高不断作出新的贡献。

福建华电可门发电有限公司一期工程施工现

控股建设的印尼南苏门答腊4×600MW电厂效果图

贵州乌江水电开发有限责任公司乌江渡发电厂

构皮滩水电站建设现场

杭州半山发电有限公司3×390MW燃气—蒸汽联合循环发电机组

华电能源股份有限公司哈尔滨第三发电厂600MW机组

华电国际邹县发电厂全景

福建棉花滩水电站

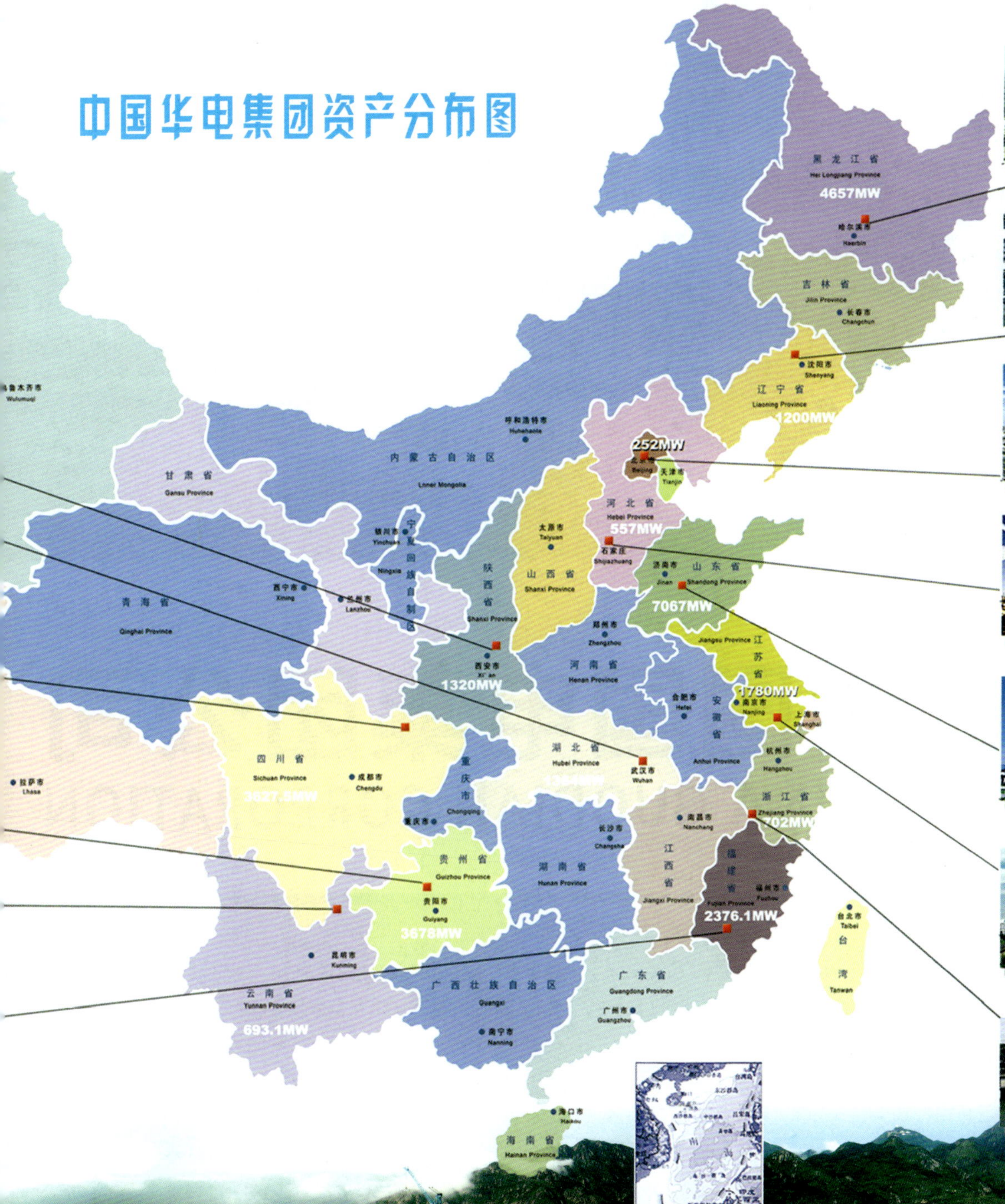

中国华电集团资产分布图

黑龙江省 Hei Longjiang Province 4657MW 哈尔滨市 Haerbin
吉林省 Jilin Province 长春市 Changchun
辽宁省 Liaoning Province 1200MW 沈阳市 Shenyang
北京 Beijing 252MW
天津市 Tianjin
河北省 Hebei Province 557MW 石家庄 Shijiazhuang
山东省 Shandong Province 7067MW 济南市 Jinan
江苏省 Jiangsu Province 1780MW 南京市 Nanjing
上海市 Shanghai
浙江省 Zhejiang Province 702MW 杭州市 Hangzhou
福建省 Fujian Province 2376.1MW 福州市 Fuzhou
江西省 Jiangxi Province 南昌市 Nanchang
安徽省 Anhui Province 合肥市 Hefei
河南省 Henan Province 郑州市 Zhengzhou
湖北省 Hubei Province 武汉市 Wuhan
湖南省 Hunan Province 长沙市 Changsha
山西省 Shanxi Province 太原市 Taiyuan
陕西省 Shanxi Province 1320MW 西安市 Xi'an
内蒙古自治区 Inner Mongolia 呼和浩特市 Huhehaote
宁夏回族自治区 Ningxia 银川市 Yinchuan
甘肃省 Gansu Province 兰州市 Lanzhou
青海省 Qinghai Province 西宁市 Xining
四川省 Sichuan Province 成都市 Chengdu
重庆市 Chongqing
贵州省 Guizhou Province 3678MW 贵阳市 Guiyang
云南省 Yunnan Province 693.1MW 昆明市 Kunming
广西壮族自治区 Guangxi 南宁市 Nanning
广东省 Guangdong Province 广州市 Guangzhou
海南省 Hainan Province 海口市 Haikou
台湾 台北市 Taibei
拉萨市 Lhasa
乌鲁木齐市 Wulumuqi

中国国电集团公司

CHINA GUODIAN CORPORATION

中国国电集团公司是电力体制改革后成立的五大全国性发电企业集团之一，是经国务院同意进行国家授权投资的机构和国家控股公司试点企业，注册资本金120亿元人民币。

中国国电集团公司在国家综合部门的指导和各地方政府的支持下，坚持以邓小平理论和“三个代表”重要思想为指导，深入贯彻党的十六大、十六届三中全会精神，认真落实“做实、做新、做大、做强”的八字方针，以可持续发展为主线，以深化改革为动力，认真开展“管理效益年”活动，努力实现存量资产的科学管理和集约经营，大力推进增量资产的理性扩张和健康发展，实施“主辅分离、辅业改制”，积极稳妥推进改革重组，企业现代化管理水平和集团公司总体经济效益与综合实力得到有效提高。2004年全年全口径发电量完成1681亿千瓦时；实现产品销售收入340亿元；实现利润总额18.6亿元，净资产收益率、流动资产周转率也得到进一步优化。到2004年底，公司资产总额1007亿元。

截至2004年底，中国国电集团公司拥有3个全资企业、27个内部核算单位、54个控股企业和13个参股企业。公司可控装机容量为2930.39万千瓦；其中，火电装机容量2583.5万千瓦，占88.2%；水电装机容量323.53万千瓦，占11%；风电装机容量17.76万千瓦，占0.6%；其他5.6万千瓦，占0.2%。公司在全国21个省（自治区、直辖市）中拥有电源点，加上规划电源点，则在全国25个省（自治区、直辖市）拥有电源点。

↑总装机232万kW的国电谏壁发电厂，是华东电网的骨干电厂。

←国电大渡河流域水电开发有限公司负责建设的瀑布沟水电站是国家“十一五”重点工程、“西部大开发”标志性工程。

→国电龙源电力集团公司控股的内蒙辉腾锡勒风电场2008年将为北京奥运会提供绿色电力。

中国电力

CHINA POWER

中国电力投资集团公司成立于2002年12月29日，是在原国家电力公司部分企事业单位基础上组建的国有企业，是进行国家授权投资的试点机构和国家控股公司的试点。集团公司注册资本金人民币120亿元，实行总经理负责制，总经理是集团公司的法定代表人。

截至2004年底，中国电力投资集团公司资产规模达到1029亿元，可控发电装机容量为27958.9兆瓦（MW），权益装机容量为22257.2兆瓦；其中火电机组18723.3兆瓦，占集团公司可控装机容量的66.97%；水电机组7884.8兆瓦，占其可控装机容量的28.2%；核电机组1350.8兆瓦，占集团公司可控装机容量的4.83%；煤炭产量为1200万吨。

中国电力投资集团公司包括130家成员单位，15家参股单位。职工总数约为79000人。

中国电力投资集团公司现有资产分布在全国23个省、自治区、直辖市。在香港注册的中国电力国际有限公司和中国电力国际发展有限公司，搭建了集团公司境内外资本运作和国际化发展的平台；所拥有的“中国电力”红筹股业绩优良。上海电力股份有限公司、山西漳泽电力股份有限公司和重庆九龙电力股份有限公司、吉林电力股份有限公司健康发展；拥有在电力设备成套服务领域中业绩突出的中国电能成套设备有限公司；拥有流域开发的黄河上游水电开发有限责任公司和湖南五凌水电开发有限责任公司；拥有12个已建成的1000兆瓦以上的大型电厂；拥有中电投霍林河煤电集团有限责任公司，拥有原国家电力公司全部的核电资产。

中国电力投资集团公司倡导“策划、程序、修正、卓越”的工作精神，秉承着"奉献绿色能源，服务社会公众"的企业精神，不断提升企业价值，促进集团公司全面协调持续发展，为国民经济和社会发展做出新的贡献。

平圩发电公司新厂景

投资集团公司

INVESTMENT CORPORATION

公伯峡水电站

辽宁核电站鸟瞰效果图

霍林河煤矿

□ 中国电力工程顾问集团公司

CHINA POWER ENGINEERING CONSULTING GROUP CORPORATION

集团公司总部(北京)

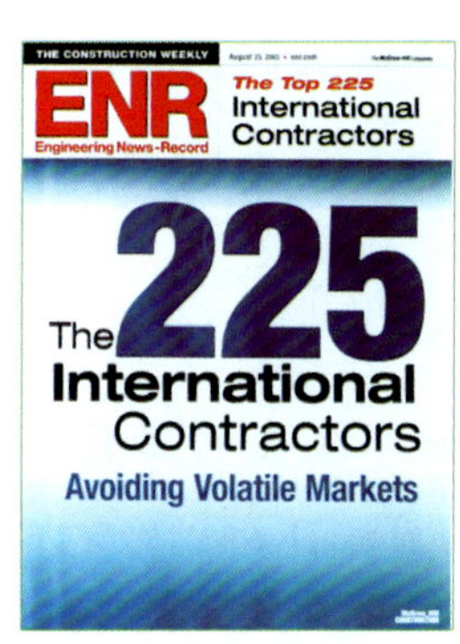

集团公司入选美国工程新闻记录(ENR)世界200强工程设计商和225强工程承包商，在中国工程设计企业60强中名列前茅。

中国电力工程顾问集团公司是2002年依据国家有关政策，在原国家电力公司所属中国电力工程顾问（集团）有限公司基础上组建的国有大型企业。

公司下属六家大区电力设计院（东北、华东、中南、西北、西南电力设计院、华北电力设计院工程有限公司）、一家咨询公司（中国电力建设工程咨询公司）和一家事业单位（电力规划设计总院）。公司主要从事电力发展规划研究、电力工程设计评审；电力工程勘测设计、工程咨询、工程监理和工程总承包等业务，是具有火电项目评估资格的咨询机构。

公司技术力量雄厚，专业配套齐全，具有丰富的工程实践经验，拥有先进的技术装备和专有技术。截止2004年底，公司在职职工7858人，其中国家级勘察设计大师11人，享受政府特殊津贴的专家138人，高中级职称工程技术人员4623人，具有各类注册职业资格的人员1450人。

公司是目前我国具有实力的电力规划研究、勘测设计企业。在电力勘测设计技术上处于国内领先地位。在核电常规岛、洁净煤燃烧、百万千瓦级超超临界机组、空冷机组、特高压交直流输变电等勘测设计前沿技术方面具有国内领先优势。公司承担了全国电力市场分析、电能消纳、电源电网规划、西电东送、全国联网，电力产业结构优化升级等电力发展规划研究任务；完成了国内大量发电工程和输变电工程的勘测设计工作，承接了十几个国家的170余项电力工程。公司在我国电力勘测设计行业的科研、标准化工作中发挥着主导作用，承担了全国约90%左右的电力勘测设计科研、标准化任务，承担着电力新技术研究和国外先进技术的引进、消化和创新等工作。

公司所属六家电力设计院连续十年名列中国勘察设计综合实力百强。自2001年以来，公司连续进入全球150强工程设计商、国际200强工程设计商和世界225强工程承包商行列。2004年度，在“全球150强工程设计商”、“中国工程设计企业60强”中名列前茅。

中国水电工程

CHINA HYDRO POWER ENGINEERING

中国水电工程顾问集团公司是从事水电工程建设技术服务的国有企业。主要成员单位包括北京、华东、西北、中南、成都、贵阳、昆明等勘测设计研究院和中国水利水电建设工程咨询公司共8个全资企业及水电水利规划设计院1个事业单位。主要从事水电和新能源等发电项目的勘测设计、咨询、监理、施工、项目管理、总承包及相关技术和中介业务等；河流（河段）水电规划；水电站、新能源及相关产业的开发、投资、经营和管理。集团公司具有强大的人才、技术和信息优势。拥有中国工程院院士1人，国家工程设计大师5人，国家勘测大师1人，享受政府特殊津贴的专家131人，国家有突出贡献的中青年科学技术管理专家5人，教授级高级工程师577人，高级工程师2239人，工程师1730人。

在55年的发展历程中，中国水电工程顾问集团公司承担着国家水电发展规划和流域（河段）水电开发规划，项目审查、规程规范及技术标准的编制，水电水利及风电项目的勘测、设计、咨询、监理、科研、安鉴、工程验收等业务；成功地设计修建了178米高的龙羊峡重力拱坝、178米高的天生桥一级混凝土面板堆石坝、147米高的刘家峡重力坝、129米高的湖南镇梯形支墩坝、112米高的凤滩空腹重力坝、240米高的二滩双曲拱坝等世界著名工程。完成了全国水力资源普（复）查及重要河流的流域水电规划。正在设计建设的世界级高坝有：292米高的小湾拱坝、278米高的溪洛渡拱坝、216米的龙滩碾压砼坝、305米高的锦屏一级拱坝等。

随着我国一批世界级水电工程相继设计完成，集团公司拥有当今世界最先进的水电工程设计技术和人才，能够胜任未来中国水电建设的技术需要。

集团公司坚持“为政府服务，为社会服务，为业主服务”的理念，秉承“诚信、公正、科学、合理”的工作作风，为社会各投资方和项目业主开拓水电市场，共同促进中国水电事业发展。

中国特大型水电站

广东南澳第4期竹笙山风电场

中国长江三峡工程开发总公司

CHINA THREE GORGES PROJECT CORPORATION CTGPC

三峡大坝泄洪

长江三峡二期工程船闸通航(135m–139m水位)
验收会议

三峡工程右岸电站水轮发电机组招标采购合同签字仪式
Contract Signing Ceremony for TGP Right Bank Power Station Procurement of Hydropower Generating Units

三峡工程全景

三峡总公司简介

为兴建长江三峡工程，开发长江上游水电资源，中国长江三峡工程开发总公司（简称中国三峡总公司）于1993年9月27日正式成立。

中国三峡总公司是三峡工程的项目法人，全面负责工程建设的组织实施和所需资金的筹集、使用、偿还以及工程建成后的经营管理。1996年，装机容量271万千瓦的葛洲坝电厂划归中国三峡总公司。2002年，中国三峡总公司成为国家授权投资的机构。

中国三峡总公司按照社会主义市场经济原则管理三峡工程建设，实行项目法人负责制、招标投标制、建设监理制、合同管理制。在工程施工及项目所需物资、设备采购中充分引入竞争机制，采用公开招标方式；在建设过程中严格合同管理，严格工程监理，严格控制工程质量、建设进度和成本，同参与工程建设的设计、施工、监理单位一道，确保三峡工程"一流的工程质量，一流的现代化管理，一流的文明施工"。

三峡工程建成后，中国三峡总公司将拉有2100万千瓦的发电能力，年发电量约1000亿千瓦时。中国三峡总公司还将利用其经济实力和技术能力继续开发长江上游干支流的水力资源，并开展水电科学研究、技术咨询及其他多种经营活动。三峡总公司作为以大型水电开发和运营为主的清洁能源集团，围绕"建设三峡，开发长江"的历史使命，积极倡导和履行一种新型的水电持续开发文化，致力于"建好一座电站，带动一方经济，改善一片环境，造富一批移民"的综合开发目标，实现经济效益、社会效益和生态效益的协调统一。三峡工程建成后，中国三峡总公司将在长江上游金沙江相继建设溪洛渡、向家坝、乌东德、白鹤滩等四个梯级电站，装机容量3850万千瓦，相当于两个三峡工程。

中国三峡总公司总部大楼

三峡工程简介

三峡工程是世界最大的水利枢纽工程，是治理和开发长江的关键性骨干工程。坝址位于长江三峡西陵峡河段，控制流域面积达100万平方公里，年平均径流量4510亿立方米。

三峡工程是具有防洪、发电、航运等巨大综合效益的多目标开发工程。三峡工程由拦河大坝及泄水建筑物、水电站厂房、通航建筑物等组成，采用"一级开发，一次建成，分期蓄水，连续移民"的实施方案。拦河大坝为混凝土重力坝，泄洪坝段居中，两侧为电站厂房坝段和非溢流坝段。坝轴线全长2309.47米，坝顶高程185米，最大坝高181米。水库正常蓄水位高程175米，总库容393亿立方米，其中防洪库容221.5亿立方米。

三峡工程总工期为17年，按施工导流分三个阶段进行施工。第一阶段（1993～1997年）主要进行施工准备，开挖导流明渠，以实现大江截流为标志；第二阶段（1998～2003年）主要建设泄洪坝段和左岸电站厂房，以及双线五级船闸，以实现水库初期蓄水、第一批机组发电和双线五级船闸通航为标志；第三阶段（2004～2009年）主要任务是建设右岸大坝和厂房，以实现全部机组投产发电和枢纽工程完建为标志。

国家正式批准的三峡工程初步设计静态概算（1993年5月末价格，不包括物价上涨因素及施工期贷款利息）为900.9亿元。其中枢纽工程投资500.9亿元，水库淹没处理及移民安置费用400亿元。由于三峡工程施工期较长，考虑物价上涨及施工期贷款利息等因素，估算动态总投资为2039亿元。工程资金采取国家注入资本金（三峡基金）、葛洲坝电厂发电收入、政策性银行贷款、发行企业债券和股票、商业银行贷款、出口信贷以及三峡电厂的发电收入等多种渠道筹集。

机组转轮安装

三峡右岸三期工程施工全景

双线五级船闸鸟瞰

中国核工业

CHINA NATIONAL

中国核工业集团公司（以下简称中核集团公司）是特大型国有独资企业，由100多家企事业单位和科研设计院所组成，拥有21名两院院士。主要从事核电、核动力、核材料、核燃料、乏燃料和放射性废物处理与处置，铀矿勘查采冶，核仪器仪表、同位素、核技术应用等核能及相关领域的科研开发、建设与生产经营，以及对外经济合作和进出口业务。

经过50年的发展，中核集团公司建立了完整的核科技工业体系。自主设计和建造了秦山核电站、秦山二期核电站；与国外合作建造了秦山三期核电站、田湾核电站；控股建造了大亚湾核电站、岭澳核电站。中核集团公司是核电发展的技术开发主体，国内的核设计供应商和核燃料供应商，是重要的核电运行技术服务商，承担着核电站运行和安全技术保障的重要任务。在新的发展阶段，中核集团公司研究制定了2020年战略规划，经济效益将较2000年实现翻3番。

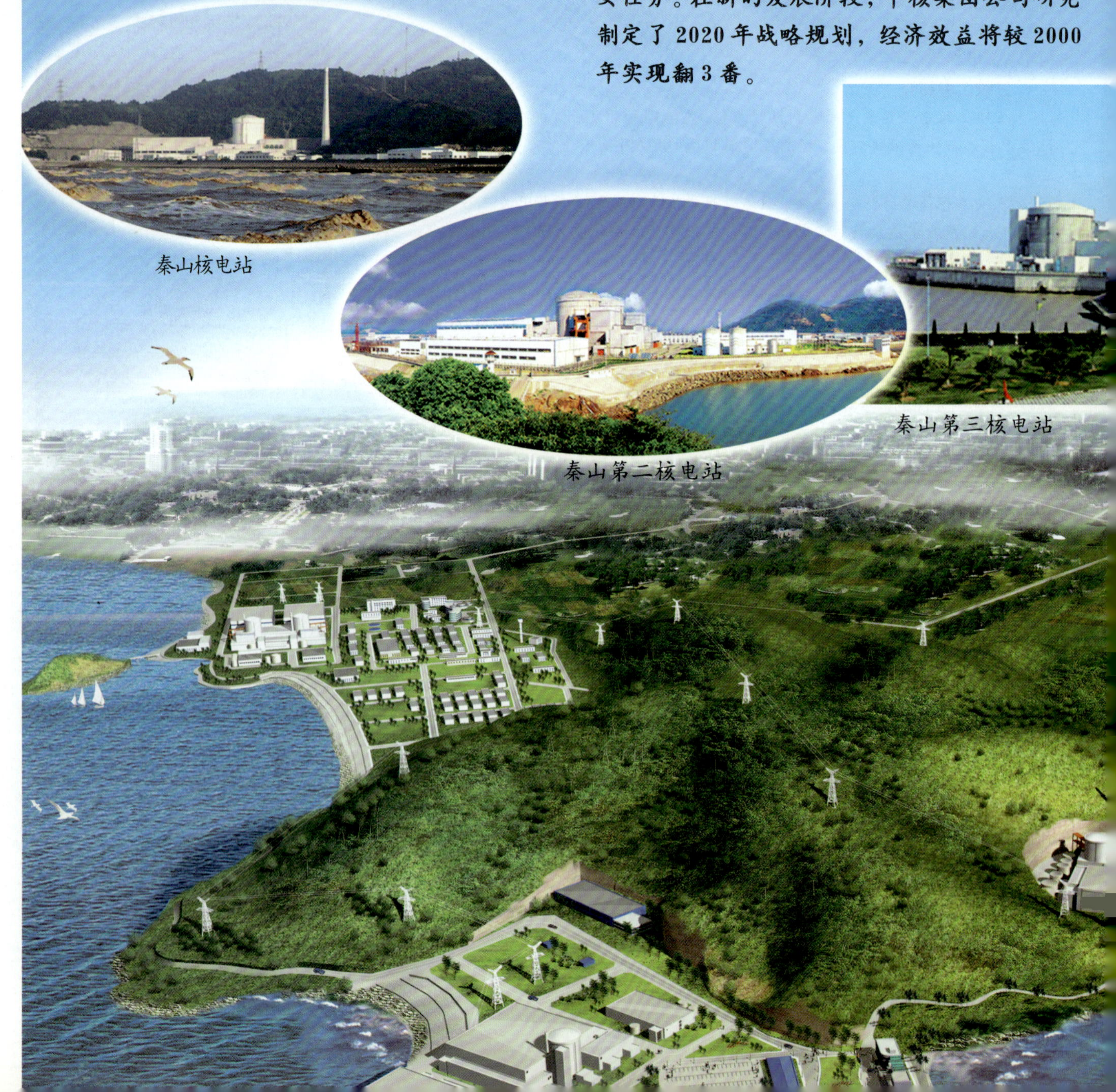

秦山核电站

秦山第二核电站

秦山第三核电站

集团公司

NUCLEAR CORPORATION

生产放射性同位素的回旋加速器

田湾核电站

核聚变实验研究装置——环流器二号A

压水堆核电站燃料组件生产线

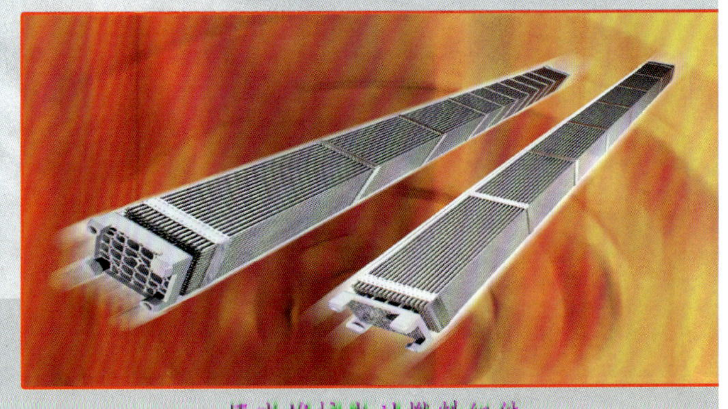

压水堆核电站燃料组件

秦山核电基地

中国广东核电集团有限公司

CHINA GUANGDONG NUCLEAR POWER HOLDING CO.,LTD.

集团总部大楼

中国广东核电集团有限公司是国有大型企业，1994年9月注册成立，注册资本102亿元人民币。

中国广东核电集团拥有大亚湾核电站和岭澳核电站一期约400万千瓦的核电装机容量；岭澳核电站二期和阳江核电站一期超过400万千瓦核电机组正在建设；拥有约100万千瓦的常规电力权益容量。截至2005年8月，中国广东核电集团拥有总资产约569亿元人民币，净资产约228亿元人民币。

中国广东核电集团坚持“安全第一，质量第一”，在成功建设大亚湾核电站的基础上，通过将已投产核电站产生的效益作为资本金投入，开发新的核电项目，形成了“以核养核，滚动发展”的良性循环机制，培养了一支专业化的核电工程建设和运营管理队伍，建立了与国际接轨的核电工程建设和生产运营管理体系，具备了同时开工建设和运营管理多个核电站的能力；在核电站运行、维修、技术支持、安全监督、质量管理等方面达到了世界先进水平；在资金、技术、人才、管理等方面为按照国际标准，实现我国百万千瓦级商用核电站自主化、国产化奠定了坚实的基础。

大亚湾核电站、岭澳核电站一期自1994年和2003年分别建成投产以来，安全运行业绩优良。截至2005年8月，大亚湾核电站累计实现上网电量1511.94亿千瓦时，其中输往香港1026.59亿千瓦时；岭澳核电站累计实现上网电量411.28亿千瓦时，为粤港两地的经济发展作出贡献。

遵照国家“积极推进核电建设，提高核电自主开发能力，加快核电产业本地化”的决策，为实现2020年我国核电装机容量4000万千瓦的目标，中国广东核电集团在确保已投运机组安全运行的同时，积极推进岭澳核电站二期、阳江核电站等新项目建设，按照国际标准，全面提高我国核电自主化水平。为加快核电建设步伐，中国广东核电集团面向全国开展了核电新项目的开发工作。目前，广东沿海和内陆河口地区核电新厂址开发和项目前期工作正在稳步推进；辽宁、福建等省的核电新项目开发工作也迈出了坚实的步伐。

优美的厂区环境

大亚湾核电基地全景

岭澳核电站一期穹顶吊装

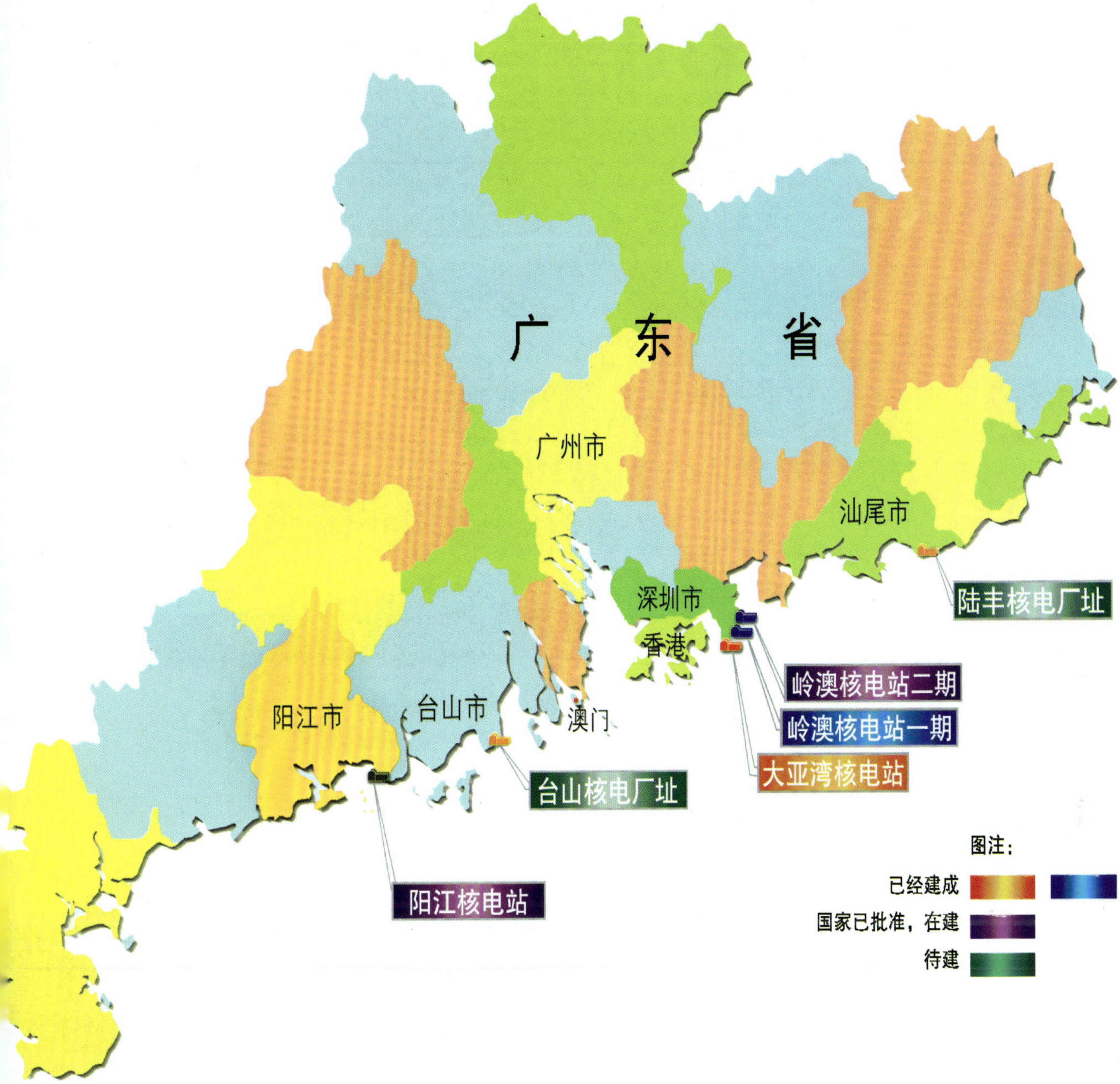

广东省
广州市
汕尾市
深圳市
香港
阳江市
台山市
澳门
陆丰核电厂址
岭澳核电站二期
岭澳核电站一期
大亚湾核电站
台山核电厂址
阳江核电站

图注：
已经建成
国家已批准，在建
待建

岭澳核电站二期负挖现场

阳江核电站工程建设现场

山西省煤炭

山西省煤炭运销总公司于1983年成立，其主要职能是根据授权，统一管理全省地方煤炭运销工作，并根据国家政策规定，负责全省地方煤炭专项基金收缴工作，属省管国有大型煤炭企业。公司成立22年来，累计销售煤焦22亿吨，上缴煤炭专项基金500多亿元，缴纳税金100多亿元，为全省的经济建设和社会发展作出了突出贡献。多年来，在为全省乃至全国经济和社会发展作出贡献的同时，企业也获得了长足的发展。已发展成为年销售煤炭1.5亿吨，下辖11个地市分公司，98个县、区公司的大型煤炭运销企业。此外，总公司还拥有省外煤焦有限公司、国际贸易分公司等9个全资企业；有太原煤炭交易市场有限公司、三元煤业股份有限公司等20个控股企业；还有山西维群生物有限责任公司、霍州中冶有限责任公司等9个参股企业。公司经营范围涉及煤炭生产加工与销售、焦化、旅游、生物制品、信息技术等领域。目前，全系统共拥有167个铁路发煤站（煤矿专用线），年发运能力达2亿吨以上；拥有43个公路出省煤焦管理站，265个公路煤焦营业站，29个企业用煤管理站，53个上站煤管理站；拥有煤炭资源总量43亿吨，现有独资、控股、参股等各种类型的煤矿92对，核定生产能力2229万吨。到2004年底，全系统已形成的煤炭洗选（筛）选、配煤、型煤等煤炭加工转化能力达5000多万吨。目前，全系统已形成了内联煤矿，外联市场，内外呼应的多层次、全方位的，集煤炭产、储、加工、运输和管理一体化经营的煤炭运销体系。形成了覆盖全国26个省（市），五大区域，电力、冶金、化工、建材四大重点用煤行业的煤炭营销网络。

铁路发煤站装车

煤炭配送中心

煤炭洗选

运销总公司

港口装卸

晋煤公路外运

烟台龙源电力技术有限公司

YANTAI LONGYUAN ELECTRIC POWER TECHNOLOGY CO.,LTD

Http://www.lypower.com

完全拥有自主知识产权的先进节能技术——

煤粉锅炉等离子点火及稳燃系统

完全拥有自主知识产权的等离子点火及稳燃技术，是一项可以在燃煤锅炉点火和稳燃过程中以煤粉燃烧替代燃油的有效节能技术。

应用业绩

目前签约改造电站燃煤锅炉近200台，应用总装机容量达70000MW

- 适用于贫煤、烟煤、褐煤；
- 基本涵盖大型电站燃煤锅炉的燃烧方式和制粉方式的各种炉型。

等离子燃烧器在炉膛中燃煤的实景照片

新建机组的节油效益

在大型新建燃煤机组上使用等离子点火及稳燃技术，不仅每台机组可以节约数千吨的调试用油，同时还能简化燃油系统，减少燃油系统占地和节约建设投资，同时也为将来建设无燃油电站积累了经验。

在役机组改造的节油效益

据统计，在役燃煤机组改造后可以节约燃油90%以上，甚至做到完全不用燃油。特别是调峰机组的节油效益更加明显。如果对全国现有的50%燃煤机组进行等离子技术改造，则每年可以节约燃油500万吨以上，相当于一座中型油田的产量，节约燃煤电站运行成本上百亿元。

企业简介

烟台龙源电力技术有限公司主要从事电力领域燃烧控制设备及系统的研究开发、设计制造、现场调试、人员培训、技术咨询等业务，是较早开发和推广应用电站燃煤锅炉等离子点火及稳燃技术的高科技企业。

1:1试验台

建立了国内大型的燃烧器点火冷态、热态试验台，可进行1:1模拟试验。

烟台龙源公司全貌

特点

- 节油：以煤替代油，预计每年可节约数百万吨燃油；
- 经济：运行成本仅为燃油稳燃运行成本的10%～20%；
- 投资：新建机组在调试期间、在役机组改造后1～2年内稳燃运行而节省的燃油费用即可收回投资成本；
- 安全：消除了因燃油和有油系统而可能造成火灾和人身伤亡的事故隐患；
- 环保：避免了燃油点火及稳燃时静电除尘器不能投运而造成的环保问题；
- 先进：实现电站燃煤锅炉单一燃料运行。

bp

BP是世界上最大的能源公司之一。2004年，BP在《财富》杂志全球500强企业中排名中名列前茅，并在《福布斯》世界“最佳大型企业”排行中位居榜首。

目前的BP公司由前英国石油、阿莫科、阿科和嘉实多四家公司为主整合重组而成，业务遍及全球105个国家，有一套完善的业务体系。主要业务板块分为油气勘探和生产，天然气、发电及可再生能源，炼油、营销及石油化工。截至2004年12月31日，BP在全球各主要资本市场的总值已超过2000亿美元。

BP公司的最大特点在于能够在重大的商业活动中不拘陈规，勇于创新，敢于实践，以其敏锐的洞察力最先抓住机遇，最先进入市场，或者最先创造价值。如在1997年率先进军俄罗斯并于2003年与秋明（TNK）合资成立俄罗斯的第三大石油公司；1998年率先与阿莫科公司合并，由此引发了全球能源行业的重组浪潮；1999年率先成立天然气和发电业务部门等。BP的这些重大的商业举措使其能够在当今风云变幻的市场中引领潮流，重塑行业格局。BP公司亦是世界能源贸易的佼佼者，基于对世界能源市场的透彻了解，运用一整套成熟的市场操作手段，通过优化其全球的流通体系来规避风险，获取最大的价值。BP公司多年从事大型的国际能源投资，了解世界主要油气资源国复杂的经济、政治和社会背景，与资源国政府保持良好关系，注重合作互利，也具有成功管理跨国境、复杂的超大型商务项目的经验和能力。另外，BP公司在信息统计、风险预期与管理、企业良治、健康、安全与环境（HSE）等方面都具有独到的优势，并积极参与全球重大热点问题（如全球气候变化和温室气体排放等）的探讨和实践。

BP自1973年起在中国开展业务，在华的发展经历了三个主要阶段：20世纪70年代，主要从事化工技术转让和营销。进入80年代，开始从事海上及陆上油气勘探和生产。自90年代中期以来，其在华业务进入了大规模的资本投资和合作生产。迄今在华投资总额已达30亿美元，是目前在华投资额最大的外资企业之一。BP在华拥有合资及独资企业共20多家，员工总数超过3000人。其核心业务集中于长江三角洲和珠江三角洲，也是较早在中国西部（重庆）建立大规模合资企业的外国公司。BP在华业务包括天然气的生产和进口，航空燃油供应，液化石油气（LPG）和液化天然气（LNG）的进口及营销，燃油零售，润滑油，太阳能装置，化工合资企业及化工技术转让。

除了上述业务外，BP还与中国科学院和清华大学合作投资1000万美元协助推动中国清洁能源技术的研发。作为该项目的组成部分，在清华大学成立了“BP清华清洁能源研究与教育中心”。另外，BP目前正在与中国科技部合作，在北京和上海建造氢燃料汽车加氢示范项目。通过与中国科学院合作，BP在深圳设计并建造了一个发电容量达1兆瓦的太阳能光伏并网发电系统。BP一直以来注重社会公益活动，到2004年底，BP在中国的社会公益投资总额已超过了700万美元。BP公司广泛的社会公益活动实践使其获得了由《21世纪经济导报》和《21世纪商业评论》共同组织评选的“2004年中国最佳企业公民行为奖”。

壳牌集团

SHELL GROUP OF COMPANIES

The Royal Dutch/Shell Group of companies is the one of the world's leading international energy companies. It has operations in more than 130 countries and employs some 100000 people. Together, these operations generated in 2004 an after-tax income of $18.5 billion, making the Royal Dutch/Shell Group one of the world's top 10 business organisations. Shell's core businesses are exploration and production of oil and natural gas, gas and power, oil products, petrochemicals, and renewable energy.

Shell's aim in mainland China is to work in partnership with China helping to provide clean energy solutions that are sustainable over the long term to support the country's growth in a sustainable way. Its current investment on the mainland is about US $3 billion. It has 16 wholly owned or joint venture companies and more than 10 offices, employing about 1900 staff.

荷兰皇家/壳牌集团是由荷兰皇家石油公司和英国运输贸易有限公司于1907年合并而成，是世界上最大的能源企业之一。壳牌公司的业务遍及全世界130多个国家，雇员人数约10万人。2004年，壳牌集团的净收入为185亿美元，是全球最大的10家公司之一。壳牌集团经营五大核心业务，分别是石油和天然气的勘探和生产、天然气及发电、油品、化工、可再生能源。

壳牌旨在以合作的方式为中国大陆提供清洁能源，从而实现国家长期的、可持续的增长。至今在中国大陆的投资已达30亿美元，拥有16家独资、合资企业和十多个办事处，共有雇员1900多人。上述五大核心业务在中国都有开展。

Shell

第十七篇 中国能源统计摘要

ABSTRACT OF CHINA ENERGY STATISTICS

表 17－1

2000—2003 年中国国民经济和能源经济主要指标

指标 \ 年份	1995	1999	2000	2001	2002	2003
1. 年底人口总数	121121	125909	126743	127627	128453	129227
城镇(万人)	35174	38892	45906	48064	50212	52376
乡村(万人)	85947	87017	80837	79563	78241	76851
2. 国内生产总值 (亿元)	58478	81911	89468	97315	104791	117252
第一产业(亿元)	11993	14457	14628	15412	16117	17092
第二产业(亿元)	28538	40418	44935	48750	53541	61274
工业(亿元)	24718	34975	39047	42375	46536	53093
建筑业(亿元)	3820	5443	5888	6375	7005	8181
第三产业(亿元)	17947	27036	29905	33153	35133	38886
3. 全社会固定资产投资总额(亿元)	20019	29855	32918	37214	43500	55567
能源工业(国有经济)(亿元)	2025	2963	2840	2622	2626	2876
煤炭采选业(亿元)	282	213	199	199	233	310
石油和天然气开采业(亿元)	500	706	365	375	158	236
电力蒸汽热水生产和供应(亿元)	1043	1833	2130	1861	2082	2158
石油加工及炼焦业(亿元)	162	146	95	127	93	90
煤气生产和供应业(亿元)	39	65	60	58	60	82
4. 进出口总额(亿元)	23500	29896	39273	42184	51378	70484
出口总额(亿元)	12452	16160	20634	22.024	26948	36288
进口总额(亿元)	11048	13737	18639	20159	24430	34196
5. 煤炭保有储量(亿吨)	9668	10087	10084	10202	—	—
6. 水利资源蕴藏量(亿千瓦)	6.76	6.76	6.76	6.76	6.76	6.76
可开发量(亿千瓦)	3.78	3.79	3.79	3.79	3.79	3.79
7. 海洋能源理论蕴藏量(亿千瓦)	6.30	6.30	6.30	6.30	6.30	6.30
8. 一次能源生产总量(发电煤耗计算法)(万吨标准煤)	129034	109126	106988	120900	138369	159912
一次能源生产总量(电热当量计算法)(万吨标准煤)	101490	123519	101130	113997	130623	152018
9. 能源消费总量(发电煤耗计算法)(万吨标准煤)	131176	130119	130297	134914	148222	170943
能源消费总量(电热当量计算法)(万吨标准煤)	100413	125763	124646	128452	140654	163226

注:1. 发电煤耗计算法是指电力按当年平均火力发电煤耗换算成标准煤。

2. 电热当量计算法是指电力按自身的热功当量换算成标准煤。采用的折标系数为 1 万千瓦时 =1.229 吨标准煤。

第十七篇 中国能源统计摘要

表17－2

2000—2003年中国能源生产、消费与国民经济增长速度

指标 \ 年份	1991	1995	2000	2001	2002	2003
国内生产总值增长速度(%)	9.20	10.50	8.00	7.50	8.30	9.30
能源生产增长速度(%)	0.90	8.70	-2.00	13.00	14.40	15.60
电力生产增长速度(%)	9.10	8.60	9.40	8.60	11.50	16.50
能源消费增长速度(%)	5.10	6.90	0.10	3.50	9.90	15.30
电力消费增长速度(%)	9.20	8.20	9.50	8.60	11.60	16.50
能源生产弹性系数	0.10	0.83	—	1.73	1.73	1.68
电力生产弹性系数	0.99	0.82	1.18	1.15	1.39	1.77
能源消费弹性系数	0.55	0.66	0.01	0.47	1.19	1.65
电力消费弹性系数	1.00	0.78	1.19	1.15	1.40	1.77

注：国内生产总值增长速度按可比价格计算。

表17－3

2000—2003年全国平均每万元国内生产总值能源消费量

年份	能源消费总量(吨标准煤/万元)	煤炭(吨/万元)	焦炭(吨/万元)	石油(吨/万元)	原油(吨/万元)	燃料油(吨/万元)	电力(万千瓦时/万元)
1991	5.12	5.46	0.35	0.61	0.61	0.17	0.34
1995	4.01	4.21	0.33	0.49	0.46	0.11	0.31
2000	1.46	1.39	0.12	0.25	0.24	0.04	0.15
2001	1.40	1.31	0.11	0.24	0.22	0.04	0.15
2002	1.42	1.31	0.12	0.24	0.22	0.04	0.16
2003	1.50	1.44	0.13	0.24	0.22	0.04	0.17

注：2000年起国内生产总值增长速度按2000年可比价格计算。

表17－4

2000—2003年全国能源加工转换效率

单位：%

年份	总效率	发电及电站供热	炼焦	炼油
1991	65.90	37.60	89.90	98.10
1995	71.05	37.31	91.99	97.67
2000	70.96	39.91	96.28	97.32
2001	70.41	39.40	97.17	97.83
2002	69.78	39.41	97.96	96.71
2003	69.79	39.25	97.47	96.80

表17－5

2000—2003年全国人均能源生产量和消费量

年份	人均能源生产量				人均能源消费量			
	能源总量(千克标准煤)	原煤(千克)	原油(千克)	电力(千瓦时)	能源总量(千克标准煤)	煤炭(千克)	石油(千克)	电力(千瓦时)
1991	905.2	944.0	122.5	588.8	901.8	959.6	107.6	591.3
1995	1065.3	1129.6	124.5	835.8	1088.7	1142.7	133.3	831.9
2000	847.3	790.4	129.1	1073.6	1031.9	986.3	177.7	1066.9
2001	950.6	912.7	128.9	1157.1	1060.8	992.3	179.6	1150.6
2002	1080.7	1077.8	130.4	1281.2	1157.6	1066.9	193.5	1275.5
2003	1241.2	1293.9	131.6	1482.9	1326.8	1270.8	210.5	1477.1

注：本表按年平均人口数计算。

表 17－6

2000—2003 年全国人均生活用能量

年　份	合　计（千克标准煤）	煤　炭（千克）	电　力（千瓦时）	煤　油（千克）	液化石油气（千克）	天然气（立方米）	煤　气（立方米）
1991	138.1	142.0	46.9	0.8	1.7	1.6	3.1
1995	130.8	112.3	83.5	0.5	4.4	1.6	4.7
2000	118.3	62.6	132.4	0.5	7.8	2.6	10.0
2001	121.3	61.6	144.6	0.6	7.9	3.5	9.4
2002	133.0	59.4	156.3	0.4	9.1	4.0	9.8
2003	149.5	63.4	173.7	0.4	10.0	4.4	10.2

表 17－7

2000—2003 年全国重点工业企业主要技术经济指标

指　标 ＼ 年　份	1995	2000	2001	2002
煤炭工业				
煤炭综合电力单耗（千瓦时/吨）	52.63	—	—	—
电力工业				
发电标准煤耗（克/千瓦时）	369.00	363.00	357.00	356.00
供电标准煤耗（克/千瓦时）	403.00	392.00	385.00	383.00
发电厂用电率（%）	6.78	6.28	6.24	6.15
火电厂用电率（%）	0.37	0.49	0.46	0.49
水电厂用电率（%）	7.95	7.31	7.25	7.10
线路损失率（%）	8.77	7.70	7.55	7.52
石油工业				
原油（气）生产用电单耗（千瓦时/吨）	135.47	137.61	136.06	141.14
加工吨原油综合能耗（标油）（千克/吨）	82.99	82.91	82.32	82.56
加工吨原油耗电（千瓦时/吨）	59.64	59.71	62.85	62.82
加工一吨原油耗燃料油（千克/吨）	21.01	11.58	10.10	9.05
油田原油生产自用率（%）	1.77	1.81	1.73	1.54
油田原油生产损耗率（%）	1.82	1.93	2.03	2.00
原油加工损失率（%）	1.54	1.15	1.12	1.08
钢铁工业				
入炉焦比（千克/吨）	553.00	429.22	422.43	416.96
电炉钢冶炼耗电（千瓦时/吨）	617.00	504.03	488.54	422.69
有色金属工业				
铜冶炼综合能耗（折标准煤）（千克/吨）	1184.00	1277.22	1079.45	1016.10
铅冶炼综合能耗（折标准煤）（千克/吨）	728.00	720.98	685.37	607.05
电锌综合能耗（折标准煤）（千克/吨）	1776.00	2306.93	2050.20	187.71
氧化铝综合能耗（折标准煤）（千克/吨）	—	1212.39	1179.96	1154.68

注：由于统计指标调整，2003 年以后不再统计。

表17－8

2000—2003年年末全国交通运输设备拥有量

指标＼年份	1991	1995	2000	2001	2002	2003
铁路机车合计(辆)	14295	15535	15253	15756	16026	16320
蒸汽机车	6250	4607	911	699	374	343
内燃机车	6236	8411	10826	11081	11312	11355
电力机车	1809	2517	3516	3976	3918	4622
铁路客车(辆)	27612	32404	35989	37214	37942	38972
铁路货车(辆)	370054	432731	439943	449921	446707	503868
民用汽车合计(万辆)	606.11	1040.00	1608.91	1802.04	2053.17	2382.93
载客汽车(万辆)	185.24	417.90	853.73	993.96	1202.37	1478.81
载货汽车(万辆)	398.62	585.43	716.32	765.24	812.22	853.51
其他机动车(万辆)	557.02	1494.62	4168.06	4724.05	6174.09	7108.90
公路部门营运车辆(万辆)	31.67	27.49	702.82	764.39	826.34	924.64
私人汽车(万辆)	96.04	249.96	625.33	770.78	968.98	1219.23
民航飞机合计(架)	438	720	982	1031	1112	1160
民用运输船舶合计(艘)	400594	364968	229676	210786	202977	204270
机动船	307127	299717	185018	169329	165936	163813
驳　船	78410	57998	44658	41457	37041	40457
帆　船	15057	7253	—	—	—	—
私人运输船舶(艘)	224224	196736	142117	121721	115108	114297

表17－9

2000—2003年全国国有经济能源工业分行业固定资产投资

单位：亿元

行业＼年份	1991	1995	2000	2001	2002	2003
能源工业	956.75	2025.28	2839.59	2621.60	2626.17	2876.44
煤炭采选业	177.07	282.26	198.90	199.22	233.17	310.05
石油和天然气开采业	273.43	499.68	355.55	375.19	157.57	236.37
电力、蒸汽、热水生产和供应业	410.19	1042.71	2130.30	1861.44	2082.18	2158.03
石油加工及炼焦业	96.05	161.64	94.81	127.36	93.16	89.74
煤气生产和供应业	—	38.99	60.03	58.39	60.09	82.25

表17－10

2000—2003年全国国有经济能源工业分行业固定资产投资构成

单位：%

行业＼年份	1991	1995	2000	2001	2002	2003
能源工业	100.00	100.00	100.00	100.00	100.00	100.00
煤炭采选业	18.51	13.94	7.00	7.60	8.88	10.78
石油和天然气开采业	28.58	24.67	12.52	14.31	6.00	8.22
电力、蒸汽、热水生产和供应业	42.87	51.48	75.02	71.00	79.29	75.02
石油加工及炼焦业	10.04	7.98	3.34	4.86	3.55	3.12
煤气生产和供应业	—	1.93	2.11	2.23	2.29	2.86

表 17－11

2000—2003 年全国一次能源生产量和构成

指标 \ 年份	1991	1995	2000	2001	2002	2003
一次能源生产量(万吨标煤)(电热当量计算法)	101490	123519	101130	113997	130623	152018
一次能源生产量(万吨标煤)(发电煤耗计算法)	104844	129034	106988	120900	138369	159912
原　煤(万吨)	108741	136073	99800	116078	138000	119074
原　油(万吨)	14099	15004	16300	16396	16700	24229
天然气(亿立方米)	161	179	272	303	327	4657
水　电(亿千瓦时)	1251	1906	2224	2774	2880	2837
核　电(亿千瓦时)	—	128	167	175	251	433
构成(％)(电热当量计算法)						
原　煤	76.53	78.69	70.49	72.63	75.46	78.33
原　油	19.85	17.35	23.03	20.55	18.26	15.94
天然气	2.11	1.93	3.58	3.54	3.33	3.06
水　电	1.51	1.90	2.70	2.99	2.71	2.32
核　电		0.13	0.21	0.19	0.24	0.35
构成(％)(发电煤耗计算法)						
原　煤	74.10	75.30	66.63	68.55	71.24	74.46
原　油	19.20	16.60	21.77	19.40	17.24	15.15
天然气	2.00	1.90	3.38	3.34	3.14	2.91
水　电	4.70	5.85	7.65	8.17	7.71	6.49
核　电	—	0.39	0.57	0.54	0.67	0.98

表 17－12

2000—2003 年全国能源消费总量和构成

指标 \ 年份	1991	1995	2000	2001	2002	2003
能源消费总量(万吨标煤)(电热当量计算法)	100318	123519	124646	128452	140654	163226
能源消费总量(万吨标煤)(发电煤耗计算法)	103783	129034	130297	134915	148222	170943
煤　炭(万吨)	110432	137677	124537	126211	136605	163732
石　油(万吨)	12384	16065	22439	22838	24780	27126
天然气(亿立方米)	159	177	245	274	292	339
水　电(亿千瓦时)	1251	1906	2224	2774	2880	2837
核　电(亿千瓦时)	—	128	167	175	251	433
构成(％)(电热当量计算法)						
煤　炭	78.70	78.69	69.23	68.84	69.24	70.94
石　油	17.70	17.35	25.80	25.50	25.26	23.81
天然气	2.10	1.93	2.61	2.84	2.76	2.76
水　电	1.50	1.90	2.19	2.65	2.52	2.16
核　电	—	0.13	0.17	0.17	0.22	0.33
构成(％)(发电煤耗计算法)						
煤　炭	76.10	75.30	66.07	65.28	65.59	67.64
石　油	17.10	16.60	24.68	24.27	23.97	22.74
天然气	2.00	1.90	2.50	2.70	2.62	2.64
水　电	4.80	5.85	6.28	7.27	7.20	6.07
核　电	—	0.39	0.47	0.48	0.62	0.92

表17－13

2000—2003年全国分地区原油、汽

地区＼品种＼年份	原油				汽油				煤	
	2000	2001	2002	2003	2000	2001	2002	2003	2000	2001
全国总计	16300.00	16395.87	16700.00	16959.98	4134.67	4154.66	4320.76	4790.86	872.29	789.35
北京	—	—	—	—	146.20	146.69	154.12	151.44	—	—
天津	763.99	970.29	1215.94	1316.30	122.02	131.30	110.44	124.61	32.57	22.37
河北	518.26	513.22	503.26	511.01	159.04	134.88	135.22	173.76	12.69	9.15
山西	—	—	—	—	—	—	—	0.00	—	—
内蒙古	0.00	81.55	3.73	5.00	—	28.99	30.44	39.20	—	—
辽宁	1401.12	1385.01	1351.15	1332.22	683.88	747.33	766.86	823.04	231.53	205.39
吉林	348.46	388.83	477.01	476.40	159.45	160.44	160.43	172.93	1.28	1.23
黑龙江	5306.73	5161.13	5029.35	4840.12	347.46	378.34	391.27	395.43	23.27	24.05
上海	52.73	58.93	47.32	38.02	263.69	240.38	268.01	297.94	48.38	53.12
江苏	155.02	157.02	162.97	166.35	171.53	172.03	184.94	215.18	67.21	55.10
浙江	—	—	—	—	178.98	174.52	198.94	245.05	107.28	85.35
安徽	—	—	—	—	79.38	63.29	66.86	71.90	—	—
福建	—	—	—	—	102.22	98.34	96.48	103.48	8.64	5.61
江西	—	—	—	—	82.51	71.38	73.99	78.46	4.44	2.21
山东	2675.69	2668.01	2671.51	2665.51	280.15	273.79	291.65	361.76	44.96	45.10
河南	562.18	566.57	568.06	549.77	136.86	123.16	129.49	139.37	17.04	19.32
湖北	75.11	77.20	78.30	77.53	154.97	130.38	144.65	166.99	16.38	17.66
湖南	—	—	—	—	120.19	108.65	116.33	124.27	8.57	4.03
广东	1393.17	1238.11	1264.46	1275.70	331.50	323.81	356.64	371.44	147.68	155.83
广西	3.29	3.25	3.52	3.28	15.64	15.02	15.87	15.84	0.05	0.05
海南	0.00	2.96	4.64	7.57	—	—	—	0.00	—	—
重庆	—	—	—	—	—	—	—	0.00	—	0.02
四川	17.32	14.68	14.05	13.92	8.42	10.61	11.52	13.24	4.23	5.50
贵州	—	—	—	—	—	—	—	0.00	—	—
云南	—	—	—	—	—	—	—	0.00	—	—
西藏	—	—	—	—	—	—	—	0.00	—	—
陕西	746.44	918.94	1063.77	1267.43	180.13	197.33	199.40	229.59	8.46	8.29
甘肃	55.25	53.66	63.24	73.44	150.92	166.42	168.50	193.71	55.88	49.17
青海	200.01	206.03	214.02	220.02	20.78	21.77	20.89	22.57	—	—
宁夏	139.01	4.29	0.00	0.00	26.91	35.36	29.06	38.77	—	—
新疆	1848.24	1926.19	2015.19	2120.39	211.86	200.45	197.87	220.88	31.75	20.80

油、煤油、柴油和燃料油生产量

单位：万吨

油		柴　油				燃料油			
2002	2003	2000	2001	2002	2003	2000	2001	2002	2003
826.11	855.30	7079.62	7485.66	7706.10	8532.78	2053.67	1864.39	1845.50	2004.84
—	—	183.92	186.74	174.05	170.17	78.95	70.80	68.32	69.21
26.90	27.07	246.82	274.00	259.89	278.71	40.60	41.33	32.60	50.17
8.71	11.43	271.19	228.46	230.85	293.59	30.17	34.99	63.88	41.46
—	—	—	—	—	—	—	—	—	0.00
—	—	—	45.14	42.62	45.63	—	23.43	21.93	16.32
200.21	214.19	1202.07	1304.15	1350.79	1567.72	413.40	390.50	394.37	338.28
0.22	0.31	178.81	199.92	226.89	290.52	95.59	75.35	73.21	47.42
22.61	22.07	532.61	609.19	593.85	596.76	120.56	100.65	70.88	63.97
65.62	105.06	401.30	448.19	452.46	571.35	139.03	112.50	80.20	94.75
66.94	59.16	408.69	383.83	369.26	433.99	136.29	74.47	113.84	156.43
100.40	110.31	387.40	437.89	488.88	549.69	123.40	74.99	57.62	75.41
—	—	151.85	129.15	134.89	146.31	10.68	5.67	7.44	2.19
4.93	5.24	161.49	161.26	147.08	147.38	10.01	3.75	11.56	19.27
4.08	5.08	127.09	111.01	112.82	116.62	54.27	53.78	42.25	52.10
46.73	50.85	540.04	564.04	609.13	669.78	274.66	323.72	338.73	421.08
17.55	15.88	213.42	209.94	202.79	215.96	30.42	24.94	23.58	37.96
17.47	12.93	247.01	219.31	227.27	245.88	40.24	28.96	26.59	20.03
8.25	7.17	215.53	192.33	185.83	178.87	33.95	29.60	18.04	23.42
160.45	145.23	654.02	685.33	685.59	716.37	186.13	171.12	181.65	246.04
0.01	0.01	24.92	26.44	25.36	24.15	4.37	4.24	7.22	10.58
—	—	—	—	—	—	9.45	4.10	7.73	7.20
0.04	0.04	—	—	0.01	0.01	—	—	—	0.00
2.76	1.41	11.14	14.02	16.41	27.07	4.10	3.93	4.36	1.87
—	—	—	—	—	—	—	—	—	0.00
—	—	—	—	—	—	—	—	—	0.00
—	—	—	—	—	—	—	—	—	0.00
10.24	6.87	223.19	277.59	308.00	358.03	41.54	66.63	90.02	103.93
42.44	35.39	276.23	303.78	336.94	364.34	91.65	70.94	66.33	71.48
—	—	22.63	24.96	25.27	26.41	6.39	4.27	2.50	1.97
—	—	33.44	41.17	33.10	50.73	10.54	6.25	2.03	5.28
19.55	19.60	364.79	407.82	429.40	446.78	67.26	63.48	38.62	27.02

表 17－14

2000—2003 年全国分地区原煤、原油、天然气生产量

地区 \ 年份 \ 品种	原煤(万吨)				原油(万吨)				天然气(亿立方米)			
	2000	2001	2002	2003	2000	2001	2002	2003	2000	2001	2002	2003
全国总计	99800	116078	138000	166700	16300	16396	16700	16960	272.00	303.29	326.61	350.15
北京	553	690	881	823	—	—	—	—	—	—	—	—
天津	—	—	—	—	764	970	1216	1316	9.10	8.95	8.88	8.49
河北	5781	5866	6084	6600	518	513	503	511	5.14	5.21	5.90	6.34
山西	19603	27615	24361	29509	—	—	—	—	1.14	1.58	2.06	2.50
内蒙古	7247	8163	8880	11959	0	82	4	5	4.55	7.01	8.49	0.00
辽宁	4455	4468	5181	5871	1401	1385	1351	1332	14.70	14.71	13.31	13.28
吉林	1637	1762	1685	2038	348	389	477	476	2.05	2.05	2.41	2.32
黑龙江	4974	5687	5883	6669	5307	5161	5029	4840	23.04	22.03	20.22	20.96
上海	—	—	—	—	53	59	47	38	2.60	3.30	4.33	4.97
江苏	2479	2505	2594	2760	155	157	163	166	0.24	0.23	0.23	0.33
浙江	73	121	74	69	—	—	—	—	0.04	0.05	0.05	0.00
安徽	4678	5525	6138	6726	—	—	—	—	—	—	—	—
福建	375	1063	645	778	—	—	—	—	—	—	—	—
江西	1814	1515	1375	952	—	—	—	—	—	—	—	—
山东	8039	10825	13066	14667	2676	2668	2672	2666	6.88	8.50	7.50	8.10
河南	7578	9171	9921	11871	562	567	568	550	14.95	17.36	19.36	20.14
湖北	389	1017	373	366	75	77	78	78	0.91	0.76	0.91	0.94
湖南	1491	3673	1845	2367	—	—	—	—	—	—	—	—
广东	162	463	169	202	1393	1238	1264	1276	34.60	32.87	31.55	26.88
广西	707	614	464	417	3	3	4	3	—	—	—	—
海南	2	2	1	2	0	3	5	8	—	—	—	—
重庆	1150	1918	1212	1484	—	—	—	—	1.94	1.45	1.94	2.23
四川	2062	4372	2754	3134	17	15	14	14	88.60	94.50	100.06	113.43
贵州	3677	4899	5001	7803	—	—	—	—	0.70	0.68	0.48	0.52
云南	994	2394	1219	1399	—	—	—	—	0.05	0.09	0.15	0.24
西藏	2	3	2	2	—	—	—	—	—	—	—	—
陕西	1984	5282	5859	7393	746	919	1064	1267	21.10	34.40	40.04	52.86
甘肃	1633	1819	2089	2603	55	54	63	73	0.20	0.37	0.87	0.21
青海	145	192	250	311	200	206	214	220	3.91	5.87	11.51	15.57
宁夏	1581	1636	1707	2048	139	4	0	0	0.15	0.08	0.00	0.00
新疆	2746	2820	1582	1846	1848	1926	2015	2120	35.38	41.24	46.08	49.84

表 17－15

2000—2003 年全国分地区发电量及水力、火力发电量

单位：亿千瓦时

地区 \ 年份 \ 发电量	发电量				其中：水电				其中：火电			
	2000	2001	2002	2003	2000	2001	2002	2003	2000	2001	2002	2003
全国总计	13556	14808	16540	19106	2224	2774	2880	2837	10885	11768	13274	15804
北　京	145	133	142	192	9	2	4	7	137	130	136	186
天　津	211	217	269	320	0	—	—	0	211	217	269	320
河　北	844	902	1014	1088	5	4	4	3	840	898	1010	1085
山　西	620	710	842	965	13	17	19	19	607	691	823	946
内蒙古	439	465	515	648	6	6	7	7	432	457	507	640
辽　宁	646	662	725	837	15	23	14	23	628	639	709	812
吉　林	314	330	296	339	48	58	45	41	265	271	250	297
黑龙江	427	438	459	494	13	13	15	12	414	425	444	483
上　海	553	575	609	688	—	—	—	0	553	573	609	688
江　苏	910	987	1117	1337	0	0	1	4	910	986	1116	1333
浙　江	625	735	778	1102	65	86	95	125	539	614	630	828
安　徽	355	399	466	557	5	8	11	16	351	381	455	542
福　建	404	501	533	611	195	288	224	189	208	212	309	421
江　西	203	217	248	321	54	55	62	48	150	162	186	273
山　东	1005	1104	1221	1397	0	0	0	0	1005	1069	1221	1397
河　南	695	793	877	1025	16	36	16	54	678	754	859	968
湖　北	559	598	607	780	281	275	273	381	278	323	334	395
湖　南	354	402	426	538	191	212	228	243	163	189	198	295
广　东	1293	1418	1526	1883	106	190	109	180	1039	1075	1210	1399
广　西	289	292	308	363	169	176	184	193	120	116	124	170
海　南	39	44	50	59	12	15	14	13	28	29	36	45
重　庆	168	178	185	204	38	41	37	46	130	137	147	158
四　川	500	633	696	849	315	422	410	480	185	209	286	368
贵　州	405	491	547	641	183	222	222	208	221	269	326	433
云　南	298	360	373	475	197	216	209	281	101	143	164	194
西　藏	7	7	8	0	6	6	7	0	0	0	0	0
陕　西	272	424	344	419	35	149	26	47	237	275	318	373
甘　肃	254	303	340	405	103	118	106	108	151	184	234	296
青　海	134	142	139	130	108	95	89	67	26	45	51	64
宁　夏	137	150	171	206	8	8	8	7	128	143	163	199
新　疆	182	198	195	234	31	34	29	36	149	151	164	195

表 17－16

2003 年全国分地区天然气、人工煤气、液化石油气及集中供热供应情况

地　区	天然气（万立方米）	人工煤气（万立方米）	液化石油气（吨）	集中供热		集中供热能力	
				蒸　汽（万百万千焦）	热　水（万百万千焦）	蒸　汽（吨/时）	热　水（兆瓦/时）
全国总计	1416415	2020883	11264000	171472	128950	92590	59136
北　京	238471	27287	384000	22646	11565	3816	3406
天　津	48004	25896	80000	9390	6191	3234	1486
河　北	12059	70348	337000	11218	7882	6881	6119
山　西	3874	89706	49000	5642	4753	3397	929
内蒙古	33	9043	134000	9536	7557	874	532
辽　宁	30338	69121	432000	30874	19719	10975	3999
吉　林	19109	20562	203000	17478	11555	4450	1570
黑龙江	18175	36183	222000	20493	20814	5993	2524
上　海	49682	250874	429000	—	—	—	—
江　苏	1677	802430	1358000	68	2	13372	9637
浙　江	1008	33721	1185000	388	242	3333	2969
安　徽	32	20148	333000	—	—	1798	2325
福　建	—	1257	301000	13	76	—	—
江　西	0	39984	150000	—	—	—	—
山　东	83721	47187	545000	22663	17472	18754	9636
河　南	43136	84776	175000	1494	1115	3899	2348
湖　北	892	15593	313000	78	16	1404	596
湖　南	—	43530	231000	—	—	105	5
广　东	2178	128836	334000	—	—	—	—
广　西	—	3903	250000	—	—	—	—
海　南	2309	—	80000	—	—	—	—
重　庆	110438	336	63000	—	—	—	—
四　川	559452	120233	142000	—	—	160	134
贵　州	6199	14411	57000	—	—	—	—
云　南	14500	17330	94000	—	—	—	—
西　藏	—	—	1000	—	—	—	—
陕　西	50336	1258	107000	1494	1266	2258	1711
甘　肃	9687	3433	55000	4777	5808	5845	8113
青　海	38126	—	15000	158	70	—	—
宁　夏	50464	2848	22000	4111	4247	646	241
新　疆	22515	40650	172000	8951	8600	1396	856

表 17－17

2000—2003 年全国主要能源品种进、出口量

指标 \ 年份	1991	1995	2000	2001	2002	2003
进口量						
煤(万吨)	136.80	163.51	212.00	249.00	1081.00	1109.77
焦　炭(万吨)	—	0.12	—	—	—	0.17
原　油(万吨)	597.30	3400.63	7027	6026.00	6941.00	9102.01
汽　油(万吨)	11.20	15.88	0.030	0.020	—	—
柴　油(万吨)	319.60	612.26	25.94	27.47	47.72	84.85
煤　油(万吨)	2.60	76.13	255.47	201.89	214.53	210.27
燃料油(万吨)	126.40	659.14	1480	1823.6	1659.66	2395.45
液化石油气(万吨)	—	232.55	481.74	488.86	626.16	636.74
其他石油制品(万吨)	11.50	95.68	161.46	201.31	384.32	432.14
电　力(亿千瓦时)	31.10	6.39	15.46	17.98	23.00	29.80
出口量						
煤(万吨)	2000.10	2861.70	5505.00	9012.00	8384.00	9402.89
焦　炭(万吨)	108.30	886.12	1520.00	1385.00	1357.00	1472.11
原　油(万吨)	2259.80	1822.70	1031.00	755.00	766.00	813.33
汽　油(万吨)	250.20	185.53	455.18	572.46	612.00	754.24
柴　油(万吨)	121.00	130.63	55.48	25.62	124.00	224.00
煤　油(万吨)	32.10	37.44	198.88	182.22	170.00	201.69
燃料油(万吨)	69.50	27.79	33.37	44.09	64.00	76.14
液化石油气(万吨)	1.10	7.08	1.60	2.09	5.60	2.40
其他石油制品(万吨)	148.80	131.05	280.48	325.48	246.00	261.84
电　力(亿千瓦时)	2.60	60.25	98.78	101.92	97.00	103.39

表 17－18

2000—2003 年全国主要高耗能产品表索引进、出口量

指标 \ 年份	1991	1995	2000	2001	2002	2003
进口量						
钢　材(万吨)	356	1377	1596	1722	2449	3717
钢铁丝(吨)	21749	321531	336300	353771	427554	465540
铜及铜合金(吨)	113966	187504	812126	954167	1330146	1562152
铝及铝合金(吨)	43711	387925	914099	529419	581757	880735
锌及锌合金(吨)	11705	66703	129974	141159	211722	310221
烧　碱(吨)	3631	8768	46458	27357	114834	104686
纯　碱(吨)	54220	1793	134953	68665	293685	301277
化学肥料(万吨)	1818	1991	1189	1092	1682	1213
纸　浆(万吨)	129	82	335	490	526	603
纺织用合成纤维(万吨)	50	76	100	92	104	106
出口量						
水　泥(万吨)	1074	819	605	621	518	533
平板玻璃(万平方米)	4194	5645	5592	6123	11359	12427
钢　材(万吨)	214	567	621	474	545	696
钢铁丝(吨)	231439	209275	190122	224484	310992	401235
铜　材(吨)	33655	87344	144484	123790	171710	232880
铝　材(吨)	27300	65436	130052	135630	188744	273293
锌及锌合金(吨)	6284	191535	593336	562021	495987	484231
纸及纸板(万吨)	23	49	65	68	74	114

表17－19

2000—2003年全国分行业能源消费总量

行业 \ 消费量 年份	能源消费总量(万吨标准煤)				煤炭消费总量(万吨)			
	2000	2001	2002	2003	2000	2001	2002	2003
能源消费总量	130296.9	134914.8	148221.1	170942.6	124537.4	126211.3	136605.5	163732.1
农、林、牧、渔业	5787.1	6232.8	6514.3	6602.9	1647.7	1599.6	1622.9	1683.3
工业合计	89633.7	92346.7	102181.2	119626.6	111730.0	113608.0	124195.4	150568.5
采掘业	9305.2	9619.1	10406.2	12122.8	8147.2	8430.5	8921.1	12634.1
煤炭采选业	4080.9	4053.1	4242.4	5395.8	6727.3	6872.7	7273.8	10370.4
石油和天然气开采业	3748.8	4006.0	4517.7	4618.4	754.6	797.6	898.3	1139.0
黑色金属矿采选业	333.8	351.2	399.8	554.2	65.1	64.1	60.7	98.8
有色金属矿采选业	376.0	408.2	427.5	570.6	83.4	88.5	82.6	85.0
非金属矿采选业	576.0	621.6	654.5	777.6	402.8	482.7	505.2	730.1
制造业	69516.5	71958.2	79533.0	93163.9	47523.5	46720.3	48996.4	58661.0
食品饮料加工制造业	2879.9	2991.7	3214.7	3113.0	2533.0	2630.0	2480.6	2621.2
食品加工业	1403.8	1478.7	1604.6	—	1349.8	1406.9	1337.1	—
食品制造业	858.5	878.7	947.4	—	606.7	609.1	572.5	—
饮料制造业	617.7	634.3	662.6	—	576.4	614.0	571.0	—
纺织业	2497.0	2679.3	2984.4	3469.0	1314.3	1334.2	1266.9	1422.8
造纸及纸制品业	1826.8	1937.3	2180.5	2371.5	1715.9	1691.2	1747.3	1835.9
石油加工及炼焦业	7410.9	7837.3	8478.7	8991.3	7709.6	8444.0	9843.3	12497.0
化学原料及化学制品制造业	12700.7	12886.5	14507.7	17108.2	7639.7	7152.4	7530.9	8580.1
非金属矿物制品业	10100.6	9980.9	10624.6	12656.1	9939.6	9099.4	8868.9	11075.0
黑色金属冶炼及压延加工业	16791.6	17136.3	19327.5	24069.7	11132.5	10757.2	11845.4	14690.7
有色金属冶炼及压延加工业	3605.2	3892.8	4373.0	5408.8	1190.9	1266.8	1307.1	1430.7
电力煤气及水生产供应业	10811.9	10769.4	12242.1	14339.4	56059.3	58457.2	66277.9	79273.5
电力蒸汽热水生产供应业	9689.5	9727.4	11150.5	13276.9	54954.6	57472.2	65173.6	78153.0
建筑业	1433.0	1452.8	1610.1	1771.9	536.8	538.0	553.5	577.2
交通运输、仓储及邮电通信业	9916.1	10257.1	11086.5	12740.1	1139.9	1050.9	1055.0	1067.3
批发和零售贸易餐饮业	2893.2	3164.5	3464.0	4116.4	814.6	809.9	809.1	860.4
其他行业	5722.0	6034.3	6333.3	6816.2	761.2	774.7	767.1	800.6
生活消费	14911.8	15426.6	17031.8	19268.4	7907.1	7830.3	7602.6	8174.7

注：工业能源消费量包括村办工业。

以及煤炭、原油、天然气和电力消费总量

原油消费总量(万吨)				天然气消费总量(亿立方米)				电力消费总量(亿千瓦时)			
2000	2001	2002	2003	2000	2001	2002	2003	2000	2001	2002	2003
21232.0	21342.7	22541.1	24922.0	245.1	274.3	291.8	339.1	13471.4	14633.5	16331.5	19031.6
—	—	—	—	—	—	—	—	673.0	762.4	776.2	773.15
21052.1	21168.3	22357.5	24768.4	202.0	217.8	227.5	267.8	9653.6	10444.7	11793.2	13899.68
3196.4	3206.0	3378.9	3909.7	73.0	79.5	80.0	81.3	955.3	1051.6	1127.9	1248.87
2.3	2.3	1.2	1.3	0.1	—	—	—	401.0	448.0	498.8	522.82
3194.0	3203.7	3377.7	3908.4	72.9	79.5	80.0	81.3	309.2	340.8	349.5	349.34
—	—	—	—	—	—	—	—	61.0	65.0	75.6	109
—	—	—	—	—	—	—	—	77.7	85.8	88.0	127
—	—	—	—	0.0	0.0	0.0	—	81.6	89.3	95.6	112.51
17779.1	17886.1	18909.4	20793.8	120.8	129.1	138.7	175.0	6470.9	7031.1	8011.6	9517.04
1.4	1.4	1.3	1.4	0.3	0.3	0.3	—	306.7	324.2	376.7	328.6
0.4	0.4	0.3	—	0.2	0.2	0.2	—	155.0	170.0	195.2	—
0.5	0.5	0.4	—	0.1	0.1	0.1	—	95.0	94.1	113.7	—
0.5	0.5	0.6	—	0.0	0.0	0.0	—	56.7	60.1	67.8	—
0.1	0.1	0.1	0.0	1.1	1.1	0.8	0.9	356.1	385.9	454.1	544.8
0.5	0.5	0.5	0.6	0.3	0.3	0.3	—	228.2	251.4	285.0	311.62
15305.8	15383.5	16317.9	18008.3	13.4	15.3	15.3	19.9	236.1	266.3	330.6	335.61
1809.8	1823.3	1877.0	2002.5	90.3	95.5	102.0	132.0	1109.1	1184.8	1355.6	1630.34
53.5	53.2	49.6	55.8	2.5	2.8	3.5	3.9	734.2	793.1	879.6	1030.93
10.3	9.9	13.5	8.4	1.7	1.7	2.3	3.3	1077.7	1164.1	1323.1	1648
0.8	0.8	1.0	1.0	0.5	0.5	0.7	0.8	670.6	716.9	823.8	1071.66
76.6	76.3	69.3	64.9	8.2	9.2	8.9	11.5	2227.5	2362.0	2653.7	3132.77
76.6	76.3	69.3	64.9	6.4	7.3	6.9	7.6	2049.3	2178.5	2476.9	2959.16
3.3	3.3	4.2	4.0	0.8	0.7	0.7	0.7	154.8	144.9	164.1	189.78
175.0	169.8	177.9	148.3	5.8	6.0	6.4	6.8	281.2	309.3	338.0	396.94
0.2	0.2	0.1	0.1	3.4	5.0	6.1	6.9	393.7	444.9	500.0	622.97
1.4	1.2	1.3	1.2	0.6	0.7	0.0	—	643.2	688.1	758.5	911.04
—	—	—	—	32.3	44.1	51.2	56.9	1672.0	1839.2	2001.4	2238.4

表17－20

2000—2003年全国分行业原油以及

行业 \ 年份 \ 消费量	原油消费量				汽油消费量			
	2000	2001	2002	2003	2000	2001	2002	2003
消费总量	21232.0	21342.7	22541.1	24922.0	3504.93	3597.75	3749.70	4072.02
农、林、牧、渔业	—	—	—	0.0	184.51	190.60	187.93	195.00
工　业	21052.1	21168.3	22357.5	24768.4	601.98	618.14	632.14	617.88
采掘业	3196.4	3206.0	3378.9	3909.7	106.59	102.26	104.10	103.61
煤炭开采和洗选业	2.3	2.3	1.2	1.3	32.05	30.93	30.10	32.26
石油和天然气开采业	3194.0	3203.7	3377.7	3908.4	40.05	38.24	39.10	38.14
黑色金属矿采选业	—	—	—	0.0	6.01	5.17	6.18	5.84
有色金属矿采选业	—	—	—	0.0	5.18	4.90	4.87	4.87
非金属矿采选业	—	—	—	0.0	8.00	8.20	8.57	8.19
其他采矿业	—	—	—	0.0	15.30	14.82	15.28	14.30
制造业	17779.1	17886.1	18909.4	20793.8	466.65	487.47	499.79	484.60
农副食品加工业	0.4	0.4	0.3	0.3	30.04	31.87	30.66	21.23
食品制造业	0.5	0.5	0.4	0.4	12.02	12.80	13.18	8.15
饮料制造业	0.5	0.5	0.6	0.6	10.02	9.35	8.46	8.00
烟草制品业	—	—	—	0.0	30.04	30.00	30.54	27.31
纺织业	0.1	0.1	0.1	0.0	35.02	37.05	35.44	25.62
纺织服装、鞋、帽制造业	0.2	0.2	0.1	0.4	7.01	8.17	8.06	9.08
皮革、毛皮、羽毛(绒)及其制品业	—	—	—	0.0	5.01	4.94	4.81	3.96
木材加工及木、竹、藤、棕、草制品业	—	—	—	0.0	3.25	4.00	3.00	3.00
家具制造业	—	—	—	0.0	3.50	3.57	3.87	4.46
造纸及纸制品业	0.5	0.5	0.5	0.6	12.02	12.20	15.65	18.65
印刷业和记录媒介的复制	—	—	—	0.0	6.01	6.17	6.51	6.12
文教体育用品制造业	0.1	0.1	0.1	0.1	2.25	2.73	2.86	2.72
石油加工、炼焦及核燃料加工业	15305.8	15383.5	16317.9	18008.3	14.70	15.46	15.98	22.15
化学原料及化学制品制造业	1809.8	1823.3	1877.0	2002.5	45.05	50.01	55.03	44.11
医药制造业	—	—	—	0.0	9.02	10.35	10.65	13.24
化学纤维制造业	594.7	611.3	646.4	712.8	3.80	3.55	3.64	2.95
橡胶制品业	0.1	0.1	0.1	0.1	8.55	8.04	8.29	8.73
塑料制品业	0.4	0.4	0.5	0.9	12.12	11.35	11.68	9.73
非金属矿物制品业	53.5	53.2	49.6	55.8	45.66	47.38	55.70	57.74
黑色金属冶炼及压延加工业	10.3	9.9	13.5	8.4	30.04	30.87	31.22	35.97
有色金属冶炼及压延加工业	0.8	0.8	1.0	1.0	11.02	11.20	11.02	11.65
金属制品业	0.0	0.0	0.0	0.0	18.02	21.52	19.78	21.47
通用设备制造业	0.1	0.1	0.1	0.0	21.02	21.70	22.14	27.97
专用设备制造业	0.3	0.3	0.3	0.3	30.11	28.87	27.48	23.66
交通运输设备制造业	0.1	0.1	0.1	0.3	20.03	18.70	19.79	21.00
电气机械及器材制造业	0.5	0.5	0.5	0.5	16.02	17.52	18.19	22.59
通信设备、计算机及其他电子设备制造业	—	—	—	0.0	8.00	9.35	9.70	11.48
仪器仪表及文化、办公用机械制造业	—	—	—	0.0	3.00	3.30	3.03	6.24
工艺品及其他制造业	0.6	0.5	0.4	0.4	14.30	15.45	13.43	5.63
废弃资源和废旧材料回收加工业	—	—	—	0.0	—	—	—	0.00
电力、煤气及水生产和供应业	76.6	76.3	69.3	64.9	28.74	28.41	28.25	29.67
电力、热力的生产和供应业	76.6	76.3	69.3	64.9	24.97	24.31	24.34	25.21
燃气生产和供应业	—	—	—	0.0	1.72	1.60	1.47	1.08
水的生产和供应业	—	—	—	0.0	2.05	2.50	2.44	3.39
建筑业	3.3	3.3	4.2	4.0	115.56	116.70	122.32	123.66
交通运输、仓储和邮政业	175.0	169.8	177.9	148.3	1387.79	1419.37	1503.00	1861.64
批发、零售业和住宿、餐饮业	0.2	0.2	0.1	0.1	209.84	214.04	224.22	238.09
其他行业	1.4	1.2	1.3	1.2	877.67	904.30	916.29	837.00
生活消费	—	—	—	0.0	127.58	134.60	163.80	198.75

注：工业能源消费量中包括村办工业。

汽油、煤油、柴油和燃料油消费量

单位：万吨

煤油消费量				柴油消费量				燃料油消费量			
2000	2001	2002	2003	2000	2001	2002	2003	2000	2001	2002	2003
870.10	890.27	919.19	921.61	6774.29	7108.41	7667.89	8409.76	3872.78	3850.22	3873.87	4220.53
1.50	1.52	1.40	1.35	1310.14	1375.64	1484.31	1484.40	0.40	0.42	0.41	0.60
83.94	86.00	87.35	87.77	1596.48	1637.55	1732.08	1830.51	2975.08	2949.32	2950.86	3236.76
7.44	7.59	8.15	8.09	270.13	279.49	317.02	309.82	209.96	212.02	197.44	201.41
5.37	5.50	5.99	6.37	50.75	50.86	54.80	50.06	5.77	—	—	0.00
0.42	0.43	0.40	0.28	155.62	161.79	187.36	169.13	202.77	210.52	196.30	176.32
0.04	0.03	0.03	0.00	11.69	12.14	15.52	19.38	—	—	—	0.00
1.26	1.29	1.31	1.32	12.78	12.00	13.72	15.92	0.22	0.20	0.11	0.00
0.34	0.34	0.42	0.13	27.39	31.50	34.11	44.01	1.20	1.30	1.03	14.88
0.01	—	—	0.00	11.90	11.20	11.51	11.31	—	—	—	10.21
76.04	77.92	78.66	79.14	1064.02	1085.60	1150.46	1208.61	1928.46	1895.59	1851.46	1986.79
0.25	0.26	0.29	0.40	37.56	30.61	33.07	32.35	13.32	8.49	8.38	7.88
0.08	0.09	0.07	0.10	16.67	16.72	19.84	21.19	9.04	8.45	9.11	9.56
0.08	0.09	0.08	0.14	10.02	11.00	11.84	9.02	8.08	9.08	8.08	9.09
0.08	0.09	0.10	0.00	4.00	3.55	4.55	5.14	3.00	2.70	1.47	2.87
3.78	3.87	4.34	3.71	43.75	44.64	43.94	42.08	66.61	64.64	65.16	52.97
0.42	0.43	0.51	0.50	13.69	14.50	15.35	18.34	12.44	13.87	14.67	11.77
0.17	0.17	0.15	0.18	14.55	17.11	14.05	18.50	3.50	3.65	3.35	3.65
0.08	0.09	0.10	0.21	6.50	6.80	6.09	7.00	2.82	3.12	3.04	3.20
0.04	0.05	0.05	0.00	2.40	2.70	3.29	4.00	0.67	0.60	0.74	0.54
3.61	3.70	2.93	1.90	22.54	22.20	29.73	35.81	19.72	21.67	21.85	22.56
5.71	5.85	5.96	6.00	7.18	7.68	7.89	6.84	2.30	2.39	1.65	1.61
1.26	1.29	1.20	1.63	11.37	14.25	15.68	17.08	1.04	1.07	1.14	1.00
18.06	18.47	17.00	16.79	69.18	71.13	76.51	88.46	510.63	508.74	479.59	535.81
8.73	8.94	10.25	9.68	115.21	118.11	125.34	132.62	372.50	358.35	370.39	385.22
0.15	0.14	0.10	0.08	6.69	7.00	6.81	5.00	5.53	5.38	4.63	4.87
0.42	0.43	0.37	0.42	9.70	10.08	10.55	9.90	89.86	88.30	87.72	84.12
0.07	0.08	0.05	0.08	7.69	7.10	7.34	8.63	12.44	13.10	12.40	13.72
0.42	0.43	0.49	0.67	39.44	43.41	40.55	42.74	10.77	11.14	9.17	11.17
2.43	2.49	1.72	1.52	298.33	296.18	301.64	292.03	314.36	323.82	339.18	383.63
5.37	5.50	6.46	3.00	68.95	73.53	81.10	95.27	332.01	307.78	263.11	282.89
0.59	0.60	0.63	1.14	41.09	41.83	42.81	52.18	55.43	61.77	69.30	74.16
1.68	1.72	2.17	2.40	37.15	40.89	43.63	44.24	12.93	11.80	12.76	9.64
3.27	3.35	3.53	5.72	31.23	26.01	31.83	35.00	7.05	8.00	8.41	12.00
1.34	1.38	1.18	1.64	12.69	10.96	11.18	18.18	11.56	9.12	9.79	10.10
6.30	6.45	6.64	7.18	47.81	51.09	42.20	48.20	14.22	13.54	11.93	12.86
0.25	0.26	0.32	0.49	24.12	24.20	27.44	31.07	12.67	13.06	12.19	14.36
0.18	0.17	0.25	0.30	35.26	41.82	60.94	50.14	12.57	14.79	15.49	19.90
0.15	0.17	0.33	0.42	9.69	10.10	11.46	17.18	0.15	0.12	0.14	0.10
11.07	11.36	11.39	12.85	19.56	20.40	23.81	20.09	11.24	7.05	6.62	5.56
—	—	—	0.00	—	—	—	0.33	—	—	—	0.00
0.46	0.49	0.54	0.53	262.33	272.46	264.60	312.08	836.66	841.71	901.96	1048.56
0.42	0.44	0.50	0.53	253.03	262.46	251.24	297.49	812.31	820.09	883.38	1028.04
0.01	0.01	0.00	0.00	6.69	7.60	11.00	12.00	24.34	21.60	18.56	20.49
0.03	0.04	0.04	0.00	2.61	2.40	2.36	2.58	0.01	0.02	0.02	0.02
4.00	3.50	0.00	0.00	195.86	223.08	251.99	276.23	16.71	16.18	19.10	17.80
536.40	560.69	616.74	621.68	2543.81	2671.01	2964.80	3485.20	850.00	855.00	872.10	940.29
12.00	12.47	13.00	11.24	255.94	268.07	280.79	355.53	11.59	12.28	12.30	13.00
160.09	151.09	140.00	143.19	803.70	853.89	870.00	890.00	19.00	17.02	19.10	12.08
72.17	75.00	60.70	56.38	68.36	79.17	83.92	87.89	—	—	—	0.00

表 17－21

2003 年全国工业分行业终

行　业	终端消费合计		煤合计	其　中	
	发电煤耗计算法	电热当量计算法		原　煤	焦　炭
工业合计	111872.99	80398.59	25080.82	21428.99	13572.40
采掘业	9862.26	6809.45	2244.45	1951.63	152.51
煤炭开采和洗选业	3876.24	2620.90	1759.70	1477.08	41.79
石油和天然气开采业	3877.48	2995.97	95.19	93.87	6.83
黑色金属矿采选业	554.15	293.59	67.68	60.92	55.13
有色金属矿采选业	570.61	266.93	50.62	50.59	27.56
非金属矿采选业	777.56	497.85	218.74	216.64	21.04
其他采矿业	206.23	134.22	52.53	52.53	0.16
制造业	92381.21	68517.35	20893.28	17741.90	13419.89
农副食品加工业	1548.28	1125.17	611.07	553.56	14.14
食品制造业	859.98	618.43	360.38	316.69	11.66
饮料制造业	703.05	535.74	372.99	369.28	3.57
烟草制品业	265.01	188.57	94.74	94.69	0.78
纺织业	3468.96	2087.38	918.92	908.52	2.96
纺织服装、鞋、帽制造业	399.44	238.61	84.46	84.13	1.33
皮革、毛皮、羽毛(绒)及其制品业	243.16	140.84	46.90	46.87	2.49
木材加工及木、竹、藤、棕、草制品业	420.51	286.40	174.81	174.68	2.29
家具制造业	108.30	70.95	33.02	33.02	0.84
造纸及纸制品业	2371.45	1566.96	844.77	807.92	1.94
印刷业和记录媒介的复制	365.09	176.66	42.38	41.83	0.00
文教体育用品制造业	147.44	78.00	12.29	12.29	1.36
石油加工、炼焦及核燃料加工业	8769.93	7775.05	616.17	454.55	54.59
化学原料及化学制品制造业	17020.89	12815.36	3872.64	3668.85	1084.51
医药制造业	1025.78	686.59	319.49	307.85	0.97
化学纤维制造业	1977.81	1418.57	197.77	196.19	29.14
橡胶制品业	738.49	425.79	190.64	189.37	1.94
塑料制品业	818.61	408.36	95.17	93.22	1.39
非金属矿物制品业	12611.74	10134.86	7229.79	5580.22	276.79
黑色金属冶炼及压延加工业	23997.99	19932.40	3051.70	2274.67	11191.50
有色金属冶炼及压延加工业	5321.63	2678.32	530.11	438.95	218.77
金属制品业	1699.29	846.82	136.96	128.23	123.37
通用设备制造业	1520.95	921.16	220.01	180.66	239.02
专用设备制造业	920.87	621.45	240.92	203.65	51.81
交通运输设备制造业	1643.66	942.50	282.58	278.48	50.98
电气机械及器材制造业	886.55	474.55	89.59	86.72	15.36
通信设备、计算机及其他电子设备制造业	1043.56	520.92	43.29	42.65	0.00
仪器仪表及文化、办公用机械制造业	199.21	112.59	21.71	21.68	7.27
工艺品及其他制造业	1245.22	673.92	155.84	150.31	29.14
废弃资源和废旧材料回收加工业	38.36	14.46	2.17	2.17	0.00
电力、煤气及水生产和供应业	9629.52	5071.79	1943.09	1735.45	0.00
电力、热力的生产和供应业	8668.69	4530.12	1794.94	1603.74	0.00
燃气生产和供应业	411.32	337.81	132.05	115.62	0.00
水的生产和供应业	549.50	203.86	16.10	16.10	0.00

第十七篇　中国能源统计摘要

端能源消费量(标准量)

单位：万吨标准煤

油品合计	其中					天然气	热 力	电 力
	原 油	汽 油	煤 油	柴 油	燃料油			
15058.89	1132.88	908.44	129.14	2271.96	2711.92	3178.73	4633.68	15533.33
1765.24	790.25	152.44	11.91	437.05	179.88	847.08	239.02	1536.09
134.22	1.91	47.47	9.37	72.86	0.00	0.00	20.46	642.55
1446.96	788.34	56.12	0.41	232.57	178.42	847.08	170.58	429.33
36.83	0.00	8.59	0.00	28.23	0.00	0.00	0.00	133.96
32.32	0.00	7.17	1.94	23.20	0.00	0.00	0.34	156.08
77.39	0.00	12.05	0.19	63.69	1.46	0.00	39.52	138.27
37.53	0.00	21.04	0.00	16.49	0.00	0.00	8.12	35.89
12903.07	340.66	712.92	116.45	1711.36	2339.86	2275.22	4091.28	11696.44
104.67	0.49	31.23	0.59	46.99	10.00	0.00	56.59	209.61
60.23	0.57	11.99	0.15	30.44	13.65	0.00	70.28	114.35
35.47	0.87	11.77	0.21	13.11	9.40	0.00	43.82	79.89
49.12	0.00	40.18	0.00	7.49	1.43	0.00	5.38	38.55
185.39	0.04	37.70	5.46	51.12	74.24	12.36	291.13	669.56
59.41	0.58	13.37	0.74	26.72	16.82	0.00	12.46	80.95
36.30	0.00	5.82	0.27	24.77	5.22	0.00	2.97	52.19
19.21	0.00	4.41	0.30	10.20	4.29	0.00	24.58	65.51
13.49	0.00	6.56	0.00	5.83	0.77	0.00	5.12	18.48
118.41	0.89	27.44	2.80	51.00	30.07	0.00	218.84	382.98
31.15	0.00	9.00	8.83	8.74	2.30	0.00	7.27	95.86
28.27	0.14	4.01	2.40	19.75	1.43	0.00	0.43	35.64
5609.74	191.90	32.47	24.71	127.06	461.37	212.80	707.47	412.46
2782.90	104.93	64.90	14.24	186.20	477.15	1755.60	1132.31	2003.69
36.62	0.00	19.48	0.12	7.29	6.95	13.09	157.10	152.40
702.60	9.64	4.34	0.61	13.40	70.48	0.00	231.84	255.07
48.91	0.14	12.84	0.12	12.28	19.60	0.00	27.35	156.94
96.16	0.79	14.31	0.98	57.83	15.96	0.00	5.48	210.16
1184.88	14.18	84.96	2.23	418.23	533.77	51.30	45.94	1267.01
574.94	11.98	52.93	4.41	137.66	364.44	43.33	463.31	2025.39
251.63	1.43	17.15	1.68	75.74	102.20	10.96	299.58	1317.07
129.11	0.00	31.58	3.53	64.46	13.77	13.30	6.74	437.34
123.81	0.00	41.16	8.41	51.00	17.14	0.00	25.58	304.79
83.68	0.39	34.82	2.41	25.62	14.29	32.33	46.17	147.48
136.29	0.39	30.90	10.56	69.94	17.38	25.20	94.94	347.20
115.57	0.76	33.24	0.72	42.36	20.51	16.88	29.44	207.70
121.79	0.00	16.89	0.44	71.83	27.14	74.77	14.38	266.69
36.16	0.00	9.18	0.61	25.03	0.14	0.00	3.41	44.05
127.14	0.57	8.28	18.91	29.28	7.94	13.30	61.38	285.13
0.00	0.00	0.00	0.00	0.00	0.00	0.00	0.00	12.29
390.58	1.96	43.07	0.78	123.56	192.19	56.43	303.37	2300.80
336.01	1.96	36.50	0.78	102.31	190.62	3.69	288.13	2087.43
45.79	0.00	1.59	0.00	17.49	15.3	52.74	13.77	35.87
8.78	0.00	4.98	0.00	3.77	0.03	0.00	1.48	177.50

表 17－22

2003 年全国工业分行业终

行业	煤合计（万吨）	其中		油品合计（万吨）	原油（万吨）
		原煤（万吨）	焦炭（万吨）		
工业合计	35781.21	29653.00	13972.00	10758.71	793.00
采掘业	3147.93	2700.63	157.00	1220.11	553.17
煤炭开采和洗选业	2473.64	2043.96	43.02	91.96	1.34
石油和天然气开采业	132.40	129.90	7.03	1002.14	551.83
黑色金属矿采选业	96.80	84.30	56.75	25.22	0.00
有色金属矿采选业	70.04	70.00	28.37	22.12	0.00
非金属矿采选业	302.37	299.78	21.66	53.05	0.00
其他采矿业	72.69	72.69	0.17	25.61	0.00
制造业	29860.79	24550.89	13815.00	9270.29	238.46
农副食品加工业	870.09	766.00	14.55	72.54	0.34
食品制造业	488.23	438.23	12.00	41.10	0.40
饮料制造业	515.32	511.00	3.67	24.39	0.61
烟草制品业	131.09	131.04	0.80	33.46	0.00
纺织业	1274.78	1257.20	3.05	127.41	0.03
纺织服装、鞋、帽制造业	116.78	116.41	1.37	40.80	0.40
皮革、毛皮、羽毛(绒)及其制品业	64.89	64.85	2.56	24.92	0.00
木材加工及木、竹、藤、棕、草制品业	241.86	241.72	2.35	13.21	0.00
家具制造业	45.70	45.70	0.86	9.19	0.00
造纸及纸制品业	1179.63	1117.99	2.00	81.56	0.63
印刷业和记录媒介的复制	58.48	57.88	0.00	21.41	0.00
文教体育用品制造业	17.01	17.00	1.40	19.33	0.10
石油加工、炼焦及核燃料加工业	825.20	629.00	56.20	4096.90	134.33
化学原料及化学制品制造业	5395.53	5076.88	1116.44	2032.56	73.45
医药制造业	446.67	426.00	1.00	25.23	0.00
化学纤维制造业	274.49	271.49	30.00	516.65	6.74
橡胶制品业	264.03	262.05	2.00	34.05	0.10
塑料制品业	132.13	129.00	1.43	65.94	0.55
非金属矿物制品业	10763.06	7721.80	284.94	811.85	9.93
黑色金属冶炼及压延加工业	4367.67	3147.64	11521.00	399.34	8.39
有色金属冶炼及压延加工业	751.45	607.41	225.21	177.59	1.00
金属制品业	187.44	177.44	127.00	87.41	0.00
通用设备制造业	295.40	250.00	246.06	85.19	0.00
专用设备制造业	327.69	281.80	53.33	57.33	0.27
交通运输设备制造业	391.12	385.36	52.48	93.47	0.27
电气机械及器材制造业	124.00	120.00	15.82	77.97	0.53
通信设备、计算机及其他电子设备制造业	59.72	59.02	0.00	83.29	0.00
仪器仪表及文化、办公用机械制造业	30.03	30.00	7.48	24.82	0.00
工艺品及其他制造业	218.30	208.00	30.00	91.38	0.40
废弃资源和废旧材料回收加工业	3.00	3.00	0.00	0.00	0.00
电力、煤气及水生产和供应业	2772.49	2401.49	0.00	268.32	1.37
电力、热力的生产和供应业	2572.22	2219.22	0.00	233.13	1.37
燃气生产和供应业	177.99	159.99	0.00	29.20	0.00
水的生产和供应业	22.28	22.28	0.00	5.99	0.00

端能源消费量(实物量)

其中				天然气 (亿立方米)	热 力 (万百万千焦)	电 力 (亿千瓦时)
汽 油 (万吨)	煤 油 (万吨)	柴 油 (万吨)	燃料油 (万吨)			
617.40	87.77	1559.23	1898.31	239.00	135885.00	12639.00
103.61	8.09	299.94	125.91	63.69	7009.41	1249.87
32.26	6.37	50.00	0.00	0.00	600.00	522.82
38.14	0.28	159.61	124.89	63.69	5002.41	349.34
5.84	0.00	19.38	0.00	0.00	0.00	109.00
4.87	1.32	15.92	0.00	0.00	10.00	127.00
8.19	0.13	43.71	1.02	0.00	1159.00	112.51
14.30	0.00	11.31	0.00	0.00	238.00	29.20
484.52	79.14	1174.50	1637.87	171.07	119979.00	9517.04
21.23	0.40	32.25	7.00	0.00	1659.42	170.56
8.15	0.10	20.89	9.56	0.00	2061.03	93.04
8.00	0.14	9.00	6.58	0.00	1285.19	65.00
27.31	0.00	5.14	1.00	0.00	157.87	31.37
25.62	3.71	35.08	51.97	0.93	8537.57	544.80
9.08	0.50	18.34	11.77	0.00	365.37	65.86
3.96	0.18	17.00	3.65	0.00	86.98	42.46
3.00	0.21	7.00	3.00	0.00	720.92	53.30
4.46	0.00	4.00	0.54	0.00	150.00	15.04
18.65	1.90	35.00	21.05	0.00	6417.68	311.62
6.12	6.00	6.00	1.61	0.00	213.14	78.00
2.72	1.63	13.56	1.00	0.00	12.60	29.00
22.07	16.79	87.20	322.95	16.00	20747.00	335.61
44.11	9.68	127.79	334.00	132.00	33205.63	1630.34
13.24	0.08	5.00	4.87	0.98	4607.00	124.00
2.95	0.42	9.20	49.34	0.00	6798.88	207.54
8.73	0.08	8.43	13.72	0.00	802.00	127.70
9.73	0.67	39.69	11.17	0.00	160.58	171.00
57.74	1.52	287.03	373.63	3.86	1347.12	1030.93
35.97	3.00	94.47	255.10	3.26	13586.88	1648.00
11.65	1.14	51.98	71.54	0.82	8785.31	1071.66
21.47	2.40	44.24	9.64	1.00	197.61	355.85
27.97	5.72	35.00	12.00	0.00	750.18	248.00
23.66	1.64	17.58	10.00	2.43	1354.00	120.00
21.00	7.18	48.00	12.17	1.89	2784.06	282.51
22.59	0.49	29.07	14.36	1.27	863.37	169.00
11.48	0.30	49.30	19.00	5.62	421.60	217.00
6.24	0.42	17.18	0.10	0.00	100.00	35.85
5.63	12.85	20.09	5.56	1.00	1800.00	232.00
0.00	0.00	0.00	0.00	0.00	0.00	10.00
29.27	0.53	84.80	134.53	4.24	8896.60	1872.09
24.81	0.53	70.21	133.43	0.28	8449.59	1698.48
1.08	0.00	12.00	1.07	3.97	403.70	29.19
3.39	0.00	2.58	0.02	0.00	43.30	144.43

表 17－23

2000—2003 年全国分地区能源消费总

地区 \ 年份 \ 消费量	能源消费量(万吨标准煤)				煤炭消费量(万吨)				原油消费	
	2000	2001	2002	2003	2000	2001	2002	2003	2000	2001
北 京	4212	4313	4503	4708	2720	2675	2531	2674	755	701
天 津	2794	2918	3022	3215	2473	2635	2929	3205	710	749
河 北	9893	10391	11588	13477	12115	12641	13739	14851	747	671
山 西	6735	7968	9339	10387	14262	14856	18055	20502	—	—
内蒙古	3540	4073	4560	5218	5908	6265	6864	8330	126	133
辽 宁	10766	10656	10599	11449	9582	9084	9355	10454	3939	4046
吉 林	3655	3863	4353	4991	4213	4484	4664	5202	703	709
黑龙江	6166	6037	6004	6714	5815	5537	5543	6490	1601	1616
上 海	5492	5818	6119	6698	4496	4610	4685	4953	1310	1355
江 苏	8612	8881	9609	11060	8770	8963	9663	10849	1377	1318
浙 江	5967	6530	7386	8525	5051	5527	6018	6626	1112	1124
安 徽	4879	5118	5316	5842	5909	6366	6679	7489	345	288
福 建	2943	3163	3490	3925	2160	2205	2711	3272	358	348
江 西	2220	2329	2599	3035	2469	2584	2557	3089	331	300
山 东	8203	9955	11048	13034	8698	11098	12938	15166	1771	1778
河 南	7876	8244	8603	9562	8725	9325	10333	11420	611	598
湖 北	6269	6052	6713	7645	6051	6096	6483	7238	670	570
湖 南	4071	4622	5045	5562	3335	4100	4287	4984	541	440
广 东	9448	10179	11355	13099	5890	6088	6649	7910	1956	1943
广 西	2669	2669	2982	3421	2228	2228	2133	2621	61	61
海 南	480	520	—	796	192	—	—	338	15	13
重 庆	4023	3016	3204	2972	2942	2736	3053	2646	—	0
四 川	—	6810	7510	9204	4862	4650	5462	7254	39	56
贵 州	4325	4438	4470	5542	5146	4946	5199	6794	—	—
云 南	3207	3490	3939	4151	2828	3101	3352	4349	—	—
陕 西	2731	3257	3713	3952	2766	3133	3451	3961	522	618
甘 肃	3012	2905	3018	3525	2480	2551	2798	3219	881	887
青 海	879	930	1019	1123	522	642	620	675	62	65
宁 夏	—	—	—	2598	1042	—	—	2965	93	—
新 疆	3316	3496	3622	4037	2702	2734	2898	3184	1071	1076

注：由于折算系的不同，故各地区相加数与全国数不等。

第十七篇 中国能源统计摘要

量以及煤炭、原油、天然气、电力消费量

量(万吨)		天然气消费量(亿立方米)				电力消费量(亿千瓦时)			
2002	2003	2000	2001	2002	2003	2000	2001	2002	2003
748	727	10.90	16.74	21.00	21.19	384	398	436	461
676	751	5.40	7.89	6.48	7.26	237	250	281	313
698	835	7.72	6.97	7.74	8.28	809	870	965	1099
—	—	1.14	1.58	1.92	2.50	506	557	629	732
126	129	0.01	0.14	0.22	2.04	256	280	320	407
4219	4560	20.15	18.93	18.81	18.82	797	809	859	887
731	885	2.98	3.02	3.02	3.08	301	323	345	359
1586	1619	23.04	22.03	20.22	20.96	397	468	463	504
1425	1738	2.54	3.30	4.33	4.97	559	593	646	746
1408	1715	0.24	0.23	1.01	0.62	972	1078	1245	1505
1241	1425	—	—	—	—	743	855	1016	1240
308	335	—	—	—	—	339	360	390	445
334	362	—	—	—	—	403	440	498	585
297	314	—	—	—	0.00	209	222	247	300
1628	2214	4.53	4.93	4.63	9.61	1000	1560	1230	1396
602	37	11.23	13.11	14.63	16.77	718	808	928	1055
595	637	0.91	0.76	0.91	0.94	503	526	567	629
471	508	—	—	—	—	406	440	476	547
1962	2095	1.43	—	—	1.26	1335	1458	1688	2031
70	73	—	—	—	—	322	322	357	415
—	32	5.28	6.56	—	24.08	42	45	49	59
0	0	33.26	26.56	27.33	28.75	308	280	284	294
58	76	58.67	63.07	69.96	74.68	462	586	671	759
—	—	5.72	6.00	5.48	5.45	335	449	492	551
—	—	5.17	5.29	5.14	5.60	317	347	393	410
704	870	6.67	10.84	14.01	18.26	314	345	374	422
935	1018	0.85	1.19	2.76	7.37	295	306	342	398
62	67	3.91	5.85	11.27	15.15	116	112	133	159
—	200	0.12	—	—	10.10	115	152	179	212
1128	1189	23.44	34.64	34.57	40.55	183	198	212	235

表17－24

2000—2003年全国分地区原油及汽

消费量 年份 地区	原油消费量				汽油消费量				煤油消	
	2000	2001	2002	2003	2000	2001	2002	2003	2000	2001
北　京	754.71	700.50	748.00	726.68	106.60	138.69	152.00	165.22	117.60	129.25
天　津	709.76	749.35	675.58	750.95	112.43	116.27	94.76	106.42	18.82	11.42
河　北	747.37	670.55	697.59	835.19	136.44	141.85	147.41	157.00	3.23	3.00
山　西	—	—	—	—	88.84	88.77	89.23	89.27	6.36	6.34
内蒙古	126.26	133.07	126.05	128.83	64.81	72.10	79.35	83.12	1.55	1.56
辽　宁	3938.74	4046.30	4218.81	4560.41	149.47	235.79	236.10	227.94	18.55	18.17
吉　林	702.63	709.33	731.42	885.24	90.67	93.61	96.99	103.41	3.28	3.62
黑龙江	1601.27	1615.50	1586.16	1619.14	244.04	269.84	258.57	310.17	8.74	7.91
上　海	1309.70	1355.03	1424.91	1737.52	132.25	137.33	160.09	173.24	55.71	59.57
江　苏	1376.65	1317.61	1407.68	1714.54	187.30	247.71	293.39	339.17	38.94	6.08
浙　江	1112.48	1123.85	1241.04	1425.16	196.19	212.87	231.44	262.15	11.25	9.92
安　徽	345.06	288.27	307.99	334.92	68.54	70.35	73.90	76.70	2.56	2.70
福　建	358.43	347.54	334.15	362.41	105.11	106.35	132.76	138.66	7.60	7.96
江　西	331.18	299.57	297.27	314.07	58.46	60.37	82.19	59.63	2.81	0.77
山　东	1771.22	1777.97	1628.23	2213.73	188.52	188.92	176.83	209.51	48.25	49.53
河　南	610.58	598.20	601.64	37.12	120.86	124.03	119.50	121.99	14.34	13.16
湖　北	669.77	570.06	595.43	637.14	169.17	185.55	232.78	292.86	18.29	14.51
湖　南	541.05	440.43	470.92	507.82	115.40	113.70	134.63	135.93	8.08	4.93
广　东	1956.41	1943.03	1961.91	2095.15	301.16	324.82	344.58	375.04	89.51	95.98
广　西	61.41	61.41	70.24	73.19	65.87	65.87	84.37	116.70	3.79	3.79
海　南	14.69	13.49	—	31.60	30.93	31.37	—	19.79	28.13	30.49
重　庆	—	0.19	0.25	0.27	65.66	64.14	65.41	65.87	8.34	8.33
四　川	38.89	55.80	57.78	75.67	143.65	157.96	171.47	181.66	36.04	43.62
贵　州	—	—	—	—	46.46	47.83	50.48	58.94	9.37	2.36
云　南	—	—	—	—	90.79	111.47	97.60	106.10	19.24	20.55
陕　西	521.61	618.26	704.25	869.97	103.51	78.16	95.00	105.43	19.49	18.48
甘　肃	880.88	887.10	935.32	1017.98	98.41	103.96	97.37	97.82	3.73	5.28
青　海	62.17	65.40	62.43	66.73	16.31	17.61	16.10	17.16	0.06	—
宁　夏	92.62	—	—	200.40	10.50	—	—	22.60	0.04	—
新　疆	1071.29	1076.34	1128.01	1189.14	101.93	86.35	86.70	91.35	21.31	23.73

注：由于折算系的不同，故各地区相加数与全国数不等。

油、煤油、柴油和燃料油消费量

单位：万吨

费量		柴油消费量				燃料油消费量			
2002	2003	2000	2001	2002	2003	2000	2001	2002	2003
145.00	137.94	81.17	103.52	109.00	110.41	89.62	78.39	71.00	66.10
15.63	18.61	197.60	183.42	183.81	193.79	79.51	87.46	88.98	113.48
2.83	2.71	181.28	168.08	169.52	173.82	49.39	55.37	61.08	62.68
6.66	5.20	80.67	110.77	127.33	141.05	12.42	12.62	9.07	10.66
1.58	1.76	68.73	87.77	96.87	117.91	30.99	33.48	39.06	39.37
20.27	18.42	197.22	279.75	273.24	267.70	296.73	293.20	237.58	192.54
3.89	4.07	73.74	76.59	85.49	92.53	50.96	41.53	32.03	28.95
10.61	7.06	409.71	391.02	403.39	419.58	135.38	88.74	76.77	63.32
103.62	103.44	171.94	231.80	236.78	251.32	494.20	492.61	519.71	648.74
6.52	14.92	345.02	355.95	379.28	413.94	202.44	170.64	181.52	216.31
9.37	10.40	434.22	471.67	502.15	569.98	182.52	193.19	192.42	261.60
2.70	7.53	142.12	147.77	155.89	173.71	46.91	47.26	47.52	53.81
5.30	25.54	213.50	214.79	250.13	266.38	53.23	49.87	74.77	94.59
0.82	5.32	104.78	130.84	163.87	251.60	34.20	27.28	46.15	39.73
41.97	14.23	343.87	332.65	248.72	521.01	344.25	271.37	270.54	241.19
13.28	12.74	155.02	157.87	156.27	168.68	57.55	65.87	70.24	78.36
17.47	12.93	261.30	263.88	308.28	370.96	106.69	58.45	57.00	90.77
8.74	8.91	140.18	124.10	182.36	184.89	46.38	45.62	43.55	42.79
103.15	119.64	766.23	816.33	848.12	935.87	941.95	1039.50	1154.19	1241.65
11.17	10.43	147.44	147.44	214.48	217.73	7.67	7.67	13.13	20.85
—	52.20	46.20	48.24	—	50.73	9.39	9.99	—	5.24
8.53	8.58	61.44	64.31	68.91	73.15	2.68	4.10	3.24	2.99
56.13	72.14	161.61	194.86	196.43	226.98	13.32	11.74	12.42	11.13
2.29	2.55	57.81	82.85	89.23	104.41	7.51	7.46	7.67	9.94
18.95	20.02	55.46	114.45	179.35	207.45	11.17	8.68	8.53	5.69
28.03	36.01	94.76	120.77	147.38	162.56	80.05	91.39	120.19	57.15
5.30	5.34	91.82	100.80	71.17	82.33	58.00	50.12	30.39	19.95
—	—	19.29	18.59	18.64	22.63	6.93	4.86	4.20	3.90
—	—	11.22	—	—	53.04	33.13	—	—	12.00
16.61	15.61	155.28	166.63	169.55	181.55	56.59	52.04	34.21	46.52

表 17－25

2003 年全国能源

行 业	能源合计		煤炭合计	其 中				
	发电煤耗计算法	电热当量计算法		原 煤	洗精煤	其他洗煤	型 煤	焦 炭
一、可供本地区消费的能源量	168487.4	160769.7	112581.5	113691.4	－1051.3	－55.9	－2.6	－1792.1
1. 一次能源生产量	159911.7	152018.2	119073.8	119073.8	0.0	0.0	0.0	0.0
水 电	10267.7	3486.4	0.0	—	—	—	—	—
核 电	1568.7	532.7	0.0	—	—	—	—	—
2. 回收能	2042.8	2042.8	0.0	0.0	0.0	0.0	0.0	0.0
3. 进口量	19574.0	19502.7	839.3	587.7	237.7	13.9	0.0	0.2
4. 我轮机在外国加油量	474.1	474.1	0.0	0.0	0.0	0.0	0.0	0.0
5. 出口量(－)	－12401.2	－12154.1	－6975.4	－5771.0	－1198.7	－3.1	－2.6	－1430.0
6. 外轮机在我国加油量(－)	－299.8	－299.8	0.0	0.0	0.0	0.0	0.0	0.0
7. 库存增(－)减(＋)量	－814.2	－814.2	－356.2	－199.2	－90.3	－66.8	0.0	－362.2
二、加工转换投入(－)产出(＋)量	－3089.8	－42513.6	－82664.2	－88247.4	1616.3	3361.6	605.4	17094.6
1. 火力发电	0.0	－37777.6	－54338.8	－53411.5	－113.0	－814.3	0.0	0.0
2. 供 热	0.0	－1646.1	－6675.3	－6544.4	－3.7	－127.3	0.0	0.0
3. 洗选煤	－1149.5	－1149.5	－1149.5	－20372.5	14892.7	4330.3	0.0	0.0
4. 炼 焦	－495.1	－495.1	－19587.8	－6924.6	－12649.7	－13.5	0.0	17039.1
5. 炼 油	－1091.6	－1091.6	0.0	0.0	0.0	0.0	0.0	0.0
6. 制 气	－132.1	－132.1	－864.0	－345.6	－510.1	－8.3	0.0	228.2
焦炭再投入量(－)	－172.8	－172.8	0.0	0.0	0.0	0.0	0.0	－172.8
7. 煤制品加工	－48.7	－48.7	－48.7	－648.9	0.0	－5.3	605.4	0.0
三、损失量	4970.9	1938.5	0.0	0.0	0.0	0.0	0.0	0.0
四、终端消费量	162881.8	118774.2	34249.9	29391.2	1026.0	3227.6	605.2	13916.2
1. 农、林、牧、渔、水利业	6602.9	4754.1	1211.9	1199.6	0.0	12.3	0.0	136.9
2. 工 业	111873.0	80398.6	25080.8	21429.0	1019.6	2628.6	3.7	13572.4
用作原料、材料	9737.9	9737.9	752.4	731.9	13.7	6.8	0.0	837.5
3. 建筑业	1771.9	1316.2	415.3	406.4	2.8	6.2	0.0	20.2
4. 交通运输、仓储和邮政业	12433.0	11476.2	769.1	757.7	3.5	7.6	0.3	10.5
5. 批发、零售业和住宿、餐饮业	4116.4	2612.9	618.5	606.6	0.1	5.8	5.9	46.1
6. 生活消费	19268.4	13606.0	5609.1	4536.0	0.0	479.6	593.5	119.0
城 镇	11884.8	8327.5	1996.8	1434.7	0.0	205.2	356.9	60.4
乡 村	7383.7	5278.5	3612.3	3101.3	0.0	274.4	236.6	58.6
7. 其 他	6816.2	4610.2	545.3	455.8	0.0	87.7	1.8	11.1
五、平衡差额	－2455.2	－2456.6	－4332.6	－3947.2	－461.0	78.0	－2.4	1386.3
六、能源消费总量	170942.6	163226.3	0.0	0.0	0.0	0.0	0.0	0.0

平衡表（标准量）

单位：万吨标准煤

油品合计	其中					天然气	热力	电力	其他能源
	原煤	汽油	煤油	柴油	燃料油				
39473.0	35982.3	-1057.3	87.1	-95.1	3266.2	4407.9	0.0	3967.9	661.2
24229.0	24229.0	0.0	0.0	0.0	0.0	4657.0	0.0	4058.3	0.0
0.0	—	—	—	—	—	—	0.0	3486.4	—
0.0	—	—	—	—	—	—	0.0	532.7	—
0.0	0.0	0.0	0.0	0.0	0.0	0.0	0.0	0.0	661.2
18516.3	13003.1	0.0	309.4	123.6	3422.1	0.0	0.0	36.6	0.0
474.1	0.0	0.0	157.6	39.0	277.5	0.0	0.0	0.0	0.0
-3351.0	-1161.9	-1109.8	-296.8	-326.4	-108.8	-249.1	0.0	-127.1	0.0
-299.8	0.0	0.0	-109.2	-29.7	-160.9	0.0	0.0	0.0	0.0
-95.8	-88.0	52.5	26.1	98.4	-163.8	0.0	0.0	0.0	0.0
-3792.3	-34213.5	7048.6	1258.5	12037.8	952.0	-362.3	6045.9	19422.6	-352.7
-2135.5	-134.3	-0.6	0.0	-395.3	-1509.6	-176.1	0.0	19422.6	-191.7
-611.2	-15.7	-0.1	0.0	0.0	-372.6	-186.2	6045.9	0.0	-85.0
0.0	0.0	0.0	0.0	0.0	0.0	0.0	0.0	0.0	0.0
0.0	0.0	0.0	0.0	0.0	0.0	0.0	0.0	0.0	0.0
-1015.6	-34063.5	7049.3	1258.5	12433.1	2864.1	0.0	0.0	0.0	-76.0
-29.9	0.0	0.0	0.0	0.0	-29.9	0.0	0.0	0.0	0.0
0.0	0.0	0.0	0.0	0.0	0.0	0.0	0.0	0.0	0.0
0.0	0.0	0.0	0.0	0.0	0.0	0.0	0.0	0.0	0.0
231.6	229.7	0.0	0.0	0.0	0.0	88.4	69.1	1549.4	0.0
34845.9	1160.3	5990.9	1356.1	11858.6	4117.3	4059.0	5976.7	21840.5	308.4
2452.7	0.0	286.9	2.0	2162.9	0.9	0.0	2.4	950.2	0.0
15058.9	1132.9	908.4	129.1	2272.0	2711.9	3178.7	4633.7	15533.3	308.4
6870.7	211.7	15.4	4.6	51.4	186.9	888.2	0.0	0.0	308.4
630.8	5.7	182.0	0.0	402.5	25.4	9.3	7.4	233.2	0.0
10155.4	19.9	2739.2	914.7	5078.3	1343.3	23.3	29.1	487.8	0.0
1014.0	0.1	350.3	16.5	518.0	18.6	91.1	52.6	765.6	0.0
2719.6	0.0	292.4	83.0	128.1	0.0	756.6	1148.0	2750.6	0.0
2197.2	0.0	211.7	8.8	92.3	0.0	756.6	1148.0	1668.2	0.0
522.4	0.0	80.7	74.1	35.8	0.0	0.0	0.0	1082.3	0.0
2814.5	1.7	1231.6	210.7	1296.8	17.3	0.0	103.5	1119.7	0.0
603.3	378.7	0.4	-10.4	84.2	100.9	-101.9	0.1	0.7	0.1
0.0	0.0	0.0	0.0	0.0	0.0	0.0	0.0	0.0	0.0

表17－26

2003年全国能源

行 业	煤合计（万吨）	其中				
		原 煤（万吨）	洗精煤（万吨）	其他洗煤（万吨）	型 煤（万吨）	焦 炭（万吨）
一、可供本地区消费的能源量	157902.0	159164.7	－1152.0	－106.5	－4.3	－1844.8
1. 一次能源生产量	166700.0	166700.0	0.0	0.0	0.0	0.0
水 电	0.0	0.0	0.0	—	0.0	0.0
核 电	0.0	0.0	0.0	—	0.0	0.0
2. 回收能	0.0	0.0	0.0	—	0.0	0.0
3. 进口量	1109.8	822.8	260.5	26.5	0.0	0.2
4. 我轮机在外国加油量	0.0	0.0	0.0	—	0.0	0.0
5. 出口量（－）	－9402.9	－8079.2	－1313.5	－5.9	－4.3	－1472.1
6. 外轮机在我国加油量（－）	0.0	0.0	0.0	0.0	0.0	0.0
7. 库存增（－）减（＋）量	－504.9	－278.9	－98.9	－127.1	0.0	－372.9
二、加工转换投入（－）产出（＋）量	－114787.3	－123955.9	1771.1	6400.6	997.0	17597.9
1. 火力发电	－77976.5	－76302.1	－123.8	－1550.6	0.0	0.0
2. 供 热	－9595.5	－9349.1	－4.0	－242.3	0.0	0.0
3. 洗选煤	－2599.3	－27163.3	16319.0	8245.0	0.0	0.0
4. 炼 焦	－23639.9	－9753.0	－13861.1	－25.7	0.0	17540.8
5. 炼 油	0.0	0.0	0.0	0.0	0.0	0.0
6. 制 气	－1054.8	－480.0	－559.0	－15.8	0.0	234.9
焦炭再投入量（－）	0.0	0.0	0.0	0.0	0.0	－177.9
7. 煤制品加工	78.6	－908.4	—	－10.0	997.0	0.0
三、损失量	0.0	0.0	0.0	0.0	0.0	0.0
四、终端消费量	48944.8	40670.9	1124.2	6145.5	1004.1	14325.9
1. 农、林、牧、渔、水利业	1683.3	1660.0	0.0	23.3	0.0	141.0
2. 工 业	35781.2	29653.0	1117.3	5004.9	6.1	13972.0
用作原料、材料	1040.8	1012.8	15.0	13.0	0.0	862.2
3. 建筑业	577.2	562.4	3.0	11.7	0.0	20.8
4. 交通运输、仓储和邮政业	1067.3	1048.5	3.8	14.5	0.5	10.8
5. 批发、零售业和住宿、餐饮业	860.4	839.5	0.1	11.1	9.7	47.5
6. 生活消费	8174.7	6276.9	0.0	913.1	984.8	122.5
城 镇	2968.1	1985.4	0.0	390.6	592.2	62.2
乡 村	5206.6	4291.5	0.0	522.5	392.6	60.3
7. 其 他	800.6	630.7	0.0	166.9	3.0	11.4
五、平衡差额	－5830.1	－5462.1	－505.2	148.5	－11.4	1427.1

平衡表(实物量)

其中					天然气（亿立方米）	热力（万百万千焦）	电力（亿千瓦时）	其他能源（万吨标准煤）
原油（万吨）	汽油（万吨）	煤油（万吨）	柴油（万吨）	燃料油（万吨）				
25187.1	-718.6	59.2	-65.3	2286.3	331.4	0.0	3228.6	661.2
16960.0	—	—	—	—	350.2	0.0	3302.1	0.0
—	—	—	—	—	—	0.0	2836.8	—
—	—	—	—	—	—	—	433.4	—
—	—	—	—	—	0.0	0.0	0.0	661.2
9102.0	—	210.3	84.9	2395.5	0.0	0.0	29.8	—
—	—	107.1	26.8	194.3	0.0	0.0	0.0	—
-813.3	-754.2	-201.7	-224.0	-76.1	-18.7	0.0	-103.4	—
	0.0	-74.2	-20.4	-112.6	0.0	0.0	0.0	—
-61.6	35.7	17.7	67.5	-114.7	0.0	0.0	0.0	0.0
-23949.0	4790.4	855.3	8261.5	666.4	-27.2	177300.0	15803.6	-352.7
-94.0	-0.4	0.0	-271.3	-1056.7	-13.2	0.0	15803.6	-191.7
-11.0	-0.1	0.0	0.0	-260.8	-14.0	177300.0	0.0	-85.0
—	0.0	0.0	0.0	—	0.0	—	0.0	—
—	0.0	0.0	0.0	—	0.0	—	0.0	—
-23844.0	4790.9	855.3	8532.8	2004.8	0.0	—	0.0	-76.0
—	0.0	0.0	0.0	-20.9	0.0	—	0.0	—
—	0.0	0.0	0.0	0.0	0.0	—	0.0	—
—	0.0	0.0	0.0	0.0	0.0	—	0.0	—
160.8	0.0	—	0.0	0.0	6.7	2026.1	1260.7	0.0
812.2	4071.5	921.6	8138.5	2882.1	305.2	175269.7	17770.9	308.4
0.0	195.0	1.4	1484.4	0.6	0.0	70.8	773.2	0.0
793.0	617.4	87.8	1559.2	1898.3	239.0	135885.0	12639.0	308.4
148.2	10.5	3.1	35.3	162.0	66.8	—	0.0	308.4
4.0	123.7	0.0	276.2	17.8	0.7	215.9	189.8	0.0
13.9	1861.6	621.7	3485.2	940.3	1.8	853.3	396.9	0.0
0.1	238.1	11.2	355.5	13.0	6.9	1543.7	623.0	0.0
0.0	198.8	56.4	87.9	0.0	56.9	33666.0	2238.0	0.0
0.0	143.9	6.0	63.4	0.0	56.9	33666.0	1357.4	0.0
0.0	54.9	50.4	24.5	0.0	0.0	0.0	880.7	0.0
1.2	837.0	143.2	890.0	12.1	—	3034.9	911.0	0.0
265.1	0.3	-7.1	57.8	70.6	-7.7	4.3	0.6	0.1

表17－27

2000—2003年全国分地区农村非商品能源(沼气、秸秆、薪材)生活消费情况

单位：万吨标准煤

地区 \ 品种 / 年份	沼气			秸杆			薪柴		
	2000	2002	2003	2000	2002	2003	2000	2002	2003
全国总计	162.29	267.69	330.21	12360.35	14147.77	14284.10	8051.68	11401.27	11634.50
北京	0.83	0.68	0.65	78.41	77.74	59.14	23.15	23.91	24.99
天津	0.05	0.05	0.05	95.88	89.37	84.68	0.36	0.35	0.33
河北	4.41	5.75	13.52	742.85	729.66	769.32	405.14	604.76	763.22
山西	0.55	0.43	0.77	131.92	399.18	407.55	42.96	123.91	125.62
内蒙古	0.03	0.01	0.01	340.66	373.70	604.88	74.19	89.70	101.33
辽宁	4.30	4.86	5.39	559.32	545.69	554.35	305.38	308.91	325.65
吉林	0.22	0.52	0.46	591.89	524.80	534.70	185.47	161.44	161.65
黑龙江	0.00	0.01	0.30	740.07	910.73	954.47	212.33	168.39	173.82
上海	0.00	0.31	0.00	0.00	0.00	0.00	0.00	0.00	0.00
江苏	5.81	6.07	5.91	1352.16	1120.29	1094.12	125.17	124.52	114.36
浙江	1.63	1.39	1.68	195.28	214.06	129.55	334.10	354.18	237.23
安徽	1.45	2.66	4.41	1026.62	1189.56	1098.82	455.01	419.90	401.38
福建	3.11	6.99	8.08	16.75	86.63	89.31	18.53	1171.29	1372.19
江西	13.99	19.66	19.91	195.70	225.20	211.17	471.21	447.96	430.15
山东	6.90	7.79	8.38	1438.52	1340.38	1284.29	262.52	266.22	286.20
河南	1.73	4.72	7.94	785.17	865.03	767.47	251.36	234.16	249.72
湖北	13.97	16.44	19.00	752.64	622.26	640.94	641.10	647.55	669.54
湖南	21.66	32.96	41.72	306.26	334.16	321.69	783.62	756.18	623.93
广东	4.98	8.71	8.87	310.46	641.34	645.48	464.28	424.58	441.30
广西	30.22	43.18	59.78	395.57	355.56	376.45	659.08	547.55	600.03
海南	0.84	3.74	5.15	355.51	243.24	111.56	139.21	78.80	145.11
重庆	6.40	10.02	10.66	271.43	463.01	370.68	250.57	421.92	420.61
四川	21.88	49.96	51.56	615.60	1610.27	1617.46	483.99	1745.28	1725.03
贵州	1.80	8.55	12.30	143.48	181.32	318.99	454.25	969.93	1047.51
云南	12.50	27.63	36.54	127.98	195.26	262.80	527.16	658.79	637.63
西藏	—	—	—	—	—	0.00	—	0.00	0.00
陕西	2.32	2.91	4.83	263.50	319.21	405.37	289.10	431.74	311.18
甘肃	0.67	1.06	1.36	271.43	295.93	303.49	106.50	128.30	122.60
青海	0.00	0.02	0.12	54.71	54.71	54.71	19.07	19.07	19.07
宁夏	0.04	0.61	0.84	34.67	103.23	103.24	0.00	0.00	0.00
新疆	0.00	0.00	0.02	165.91	36.25	107.42	66.87	71.98	103.12

资料来源：农业部。

表 17－28

2000—2003 年全国综合能源平衡表

单位：万吨标准煤

项目 \ 年份	1995	2000	2001	2002	2003
可供消费的能源总量	129535.00	115149.81	125309.78	144318.71	168487.39
一次能源生产量	129034.00	106988.20	120900.00	138368.81	159911.73
回收能	2312.00	1759.74	1858.54	1907.98	2042.76
进口量	5456.00	14331.17	13471.05	15769.27	20048.12
出口量(－)	6776.00	9025.97	11144.71	11017.01	12701.00
年初年末库存差额	－491.00	1096.67	224.90	－710.34	－814.22
能源消费总量	131176.00	130296.57	134914.75	148221.53	170942.60
在总量中					
1. 农、林、牧、渔、水利业	5505.00	5787.12	6232.83	6514.29	6602.94
2. 工　业	96191.00	89633.70	92346.68	102181.18	119626.63
3. 建筑业	1335.00	1432.98	1452.80	1610.13	1771.91
4. 交通运输、仓储和邮政业	5863.00	9916.55	10257.08	11086.49	12740.10
5. 批发、零售业和住宿、餐饮业	2018.00	2893.16	3164.51	3464.02	4116.37
6. 其　他	4519.00	5722.04	6034.25	6333.27	6816.20
7. 生活消费	15745.00	14911.83	15426.60	17031.75	19268.42
在总量中					
(一) 终端消费	124252.00	124031.78	128950.63	140846.56	162881.85
其中：工　业	89473.00	83707.35	86710.88	95143.39	111872.98
(二) 加工转换损失量	3634.00	2371.41	2011.03	2611.91	3089.85
其中：炼　焦	—	487.29	386.71	322.39	495.08
炼　油	—	780.55	635.67	1015.43	1091.65
(三) 损失量	3289.00	3893.38	3953.09	4763.06	4970.91
平衡差额	－1641.00	－15146.76	－9604.97	－3902.82	－2455.21

注：1. 村办工业包括在工业中。

2. 电力、热力按等价热值折算，因此加工转换损失量中不包括发电、供热损失量。

3. 进口量包括我国飞机、轮船在国外加油量；出口量包括外国飞机、轮船在我国加油量。

表 17－29

2000—2003 年全国电力平衡表

单位：亿千瓦时

指标 \ 年份	1995	2000	2001	2002	2003
可供量	10023.4	13472.7	14632.6	16330.7	19032.2
生产量	10077.3	13556.0	14716.6	16404.8	19105.8
水　电	1905.8	2224.1	2774.3	2879.7	2836.8
火　电	8043.2	11164.5	11767.5	13273.8	15803.6
核　电	128.3	167.4	174.7	251.3	433.4
进口量	6.4	15.5	18.0	23.0	29.8
出口量(－)	60.3	98.8	101.9	97.0	103.4
消费量	10023.4	13471.4	14633.5	16331.5	19031.6
在消费量中					
1. 农、林、牧、渔、水利业	582.4	673.0	762.4	776.2	773.2
2. 工　业	7659.8	9653.6	10444.7	11793.2	13899.7
3. 建筑业	159.6	154.8	144.9	164.1	189.8
4. 交通运输、仓储和邮政业	182.3	281.2	309.3	338.0	396.9
5. 批发、零售业和住宿、餐饮业	199.5	393.7	444.9	500.0	623.0
6. 其　他	234.2	643.2	688.1	758.5	911.0
7. 生活消费	1005.6	1672.0	1839.2	2001.4	2238.0
在消费量中					
(一) 终端消费	9278.9	12534.7	13600.0	15162.8	17770.9
其中：工　业	6915.3	8716.9	9411.2	10624.5	12639.0
(二) 输配电损失量	744.5	936.7	1033.5	1168.7	1260.7

注：本篇数据除注明外，均来源于国家统计局。

第十八篇 能源重要文献

IMPORTANT ENERGY DOCUMENTS

第一章

党和国家领导人论能源

邓小平论能源

1980年4月2日，邓小平同中央负责人谈长期规划问题。在谈到能源和交通问题时，他说：长期规划第一位的问题是能源，把它规划好了，使它真正走在前面，就解决了长期规划一半的问题。这个问题不解决，各项事业寸步难行。各国解决能源问题，都有各自的侧重点。我们的侧重点，应该是煤的开发和利用。

《邓小平思想年谱》（1975—1997），中央文献出版社，1998年版

1980年5月21日，邓小平同有关方面负责人谈编制长期规划问题。他说：日本学者对我们编制长期规划提了一些意见，中心是两条。第一，在最近几年内不要追求速度，而是集中力量打好基础，其中包括能源、交通运输、公用设施，也包括现在所说的欠账，还包括教育。第二，认为我们煤炭价格太低，石油的价格也低。这样，人们使用煤、油就不注意节约。要提高煤、油的价格，促使使用单位节约，这实际是保护能源的政策。他们还提出，我们的能源应该主要搞水电。水电建设虽然周期长一些，但不用煤，成本低，利润高。日本学者讲的这两条意见不错，在编制长期计划时应该考虑。现在看来，最近几年内速度快不了，应该把主要力量用在打基础上。

《邓小平思想年谱》（1975—1997），中央文献出版社，1998年版

战略重点，一是农业，二是能源和交通，三是教育和科学。

《一心一意搞建设》（1982年9月18日），《邓小平文选》第三卷

我们整个经济发展的战略，能源、交通是重点，农业也是重点。

《前十年为后十年做好准备》（1982年10月14日），《邓小平文选》第三卷

煤、电、油这些能源项目，还有交通项目，前期工作要抓紧，晚了不行。能源不够，不仅是“六五”期间的问题，也是今后相当长时间的问题。火电上不去，要在水电上打主意。水电大项目上去，能顶事。

《前十年为后十年做好准备》(1982年10月14日),《邓小平文选》第三卷

1982年11月15日，邓小平会见前来北京参加中美能源、自然资源和环境会议的美国前驻华大使伍德科克。指出：中国正在解决能源问题。要搞四个现代化，能源方面搞不好就会耽误。所以这次会议对我们很有益处。中国最多的资源第一是水力。第二大资源是煤，但是开采起来要花钱。

《邓小平思想年谱》(1975—1997),中央文献出版社，1998年版

1983年6月7日，邓小平在中共中央政治局常委、书记处书记讨论国家计委、财政部提出的“七五”基本建设规模的初步测算和财政问题的会议上发言。在谈到重点建设问题时说：要搞重点。特别是能源、交通，现在不抓，以后其他别的事情想干也干不成。

《邓小平思想年谱》(1975—1997),中央文献出版社，1998年版

1983年6月30日，邓小平在中共中央工作会议上讲话。这次会议主要讨论集中财力物力保证重点建设问题。在谈到集中资金保证重点建设时说：我们提出翻两番，每年增长多少，都必须是没有水分的。如果“六五”达到百分之六以上的速度，“七五”达到百分之七以上，而且在能源、交通、原材料工业等方面为今后十年打好基础，集中资金保证重点建设，那我们就能更有把握地说，后十年达到百分之八以上是可能的。这并不是冒险的计划，而是讲求实际的可行的能够达到的计划。但是，搞得不好，有可能改变十二大的决议。那就严重了！这不但在国内是个政治问题，在国际上也是个大的政治问题。不搞重点建设没有希望。能源、交通等重点项目，都是十年八年才见效的。比如三峡工程、长江上游的二滩工程，应该搞哪个，不要再犹豫了，犹豫一年就多耽误一年。外国人说我们翻两番靠不住，为什么？因为我们的计划中电力只能翻一番多，光这条就断言我们翻两番要落空。

《邓小平思想年谱》(1975—1997),中央文献出版社，1998年版

翻两番分成前十年和后十年，前十年主要是为后十年的更快发展做准备。这种准备包括四个方面，一个是能源，一个是交通，一个是原材料，一个是智力。这需要大量的资金，我们很缺乏，所以必须坚持开放政策，欢迎国际资金的合作。

《发展中日关系要看得远些》(1986年3月25日),《邓小平文选》第三卷

1987年10月16日，邓小平在会见联邦德国巴伐利亚州州长施特劳斯时谈到：我们现在要注意的是发展速度不要太快，要适当控制速度。否则配套跟不上，能源、原材料、资金都跟不上，特别是不能为下个世纪发展的后劲打下很好的基础。我们计划连续几十年的发展，要避免曲折，更要避免倒退。总的是要加快步伐，在加快步伐中，头脑要冷静，步子要稳妥。

《邓小平思想年谱》(1975—1997),中央文献出版社，1998年版

我赞成加强基础工业和农业。基础工业，无非是原材料工业、交通、能源等，要加强这方面的投资，要坚持10到20年，宁肯欠债，也要加强。

《在接见首都戒严部队军以上干部时的讲话》(1989年6月9日),《邓小平文选》第三卷

江泽民论能源

当前世界范围内蓬勃发展的新科技革命，对我们既是机遇，也是挑战。为此，90年代我们的科技工作必须在以下几个方面取得重大进步：一是面向经济建设主战场，运用现代科学技术，特别是以电子学为基础的信息和自动化技术改造传统产业，使这些产业的发展实现由主要依靠扩大外延到主要依靠内涵增加的转变，建立节耗、节能、节水、节地的资源节约型经济；二是有重点地发展高科技，实现产业化；三是要在调整人和自然关系的若干重大领域，特别是人口控制、环境保护、资源能源的保护和合理开发利用等方面取得扎实的成果；四是要在基础性研究方面取得显著的进展。

《在中国科学技术协会第四次全国代表大会上的讲话》(1991年5月23日)

要坚持把能源、交通、原材料、通信等基础

产业和基础设施摆在优先发展的战略地位，持续不懈地抓下去。

1992年8月视察甘肃时的讲话

加快交通、通信、能源、重要原材料和水利等基础设施和基础工业的开发与建设。这是当前加快经济发展的迫切需要，也是增强经济发展后劲的重要条件。集中必要的力量，高质量、高效率地建设一批重点骨干工程，抓紧长江三峡水利枢纽、南水北调、西煤东运新铁路通道、千万吨级钢铁基地等跨世纪特大工程的兴建。

《加快改革开放和现代化建设步伐　夺取有中国特色社会主义事业的更大胜利》(1992年10月12日在中国共产党第十四次全国代表大会上的报告)

高度重视节约能源和原材料，提高资源利用效率。

《加快改革开放和现代化建设步伐　夺取有中国特色社会主义事业的更大胜利》(1992年10月12日在中国共产党第十四次全国代表大会上的报告)

我国石油后备资源不足，与经济和人口增长的需要不相适应，必须未雨绸缪，做到有备无患。从目前世界石油市场急剧变化的情况看，这个问题更需要引起我们的高度重视。稳定东部、发展西部，挖掘东部老油田潜力，加强西部和海上勘探，增加油气资源储备；从战略安全考虑，要“走出去”，采取多种形式积极开发利用国外资源，实施进口多元化；合理调整能源结构，充分利用我国丰富的煤炭资源和水能资源，在技术可行和经济合理的前提下，研究开发替代石油的能源，多方面采取措施，努力节约石油。这里我还要强调，要十分重视生态建设和环境保护，经过长期的努力，使我国青山常在，绿水长流，资源永续利用。总之，我们必须从中华民族的长远发展考虑，从应付世界上的突发事件考虑，从为子孙后代考虑，坚持实施可持续发展战略。

《在中国共产党第十五届中央委员会第五次全体会议上的讲话》(2000年10月)

材料、能源和信息，是现代社会发展的三大资源。

《加快我国的信息化建设》(2001年8月25日为胡启立同志《中国信息化探索与实践》一书作序)

推广清洁能源，切实改善城市环境质量。

《在中央人口资源环境工作座谈会上的讲话》(2002年3月10日)

西气东输是一项举世瞩目的宏大工程，是实施西部大开发战略的重要举措。我代表党中央、国务院，对工程的全面开工建设表示热烈的祝贺！向广大工程建设者表示亲切的慰问！

这项工程的建设，对加快西部地区的发展步伐，对提高新疆及沿线各族人民的生活水平，对推进沿线特别是长江三角洲地区能源结构和产业结构的调整，具有重大的意义。希望沿线各省区市党委和政府、参与工程建设的全体员工，大力弘扬艰苦奋斗的精神，精心组织，加强协作，群策群力，科学施工，认真借鉴国外先进技术和管理经验，把西气东输工程建成一流工程，为社会主义现代化建设作出新的贡献。

《致西气东输工程开工的贺信》(2002年7月3日)

胡锦涛论能源

为探索和走出新型工业化道路，提高经济增长的质量和效益，实现全面、协调、可持续发展提供科技支撑，是我国科技界和广大科技人员的一项重要任务，也是贯彻科学技术工作面向经济建设、经济建设依靠科学技术的战略方针的必然要求。要大力发展高新技术和先进适用技术，促进经济结构的调整，推动高新技术产业发展和传统产业改造，促进产业结构优化升级，增强企业的开发创新能力、核心竞争力和国际竞争力，加快经济增长方式由粗放型向集约型转变。要大力加强能源领域的科技进步和创新，提高我国资源特别是能源和水资源的使用效率，减少资源浪费，寻找和开发替代资源，发展可再生资源，为建立节约型社会提供技术保证。要大力加强生态、环境领域的科技进步和创新，降低污染物的排放，加强对废弃物的再次利用，加快治理环境污染和促进生态修复，保护生物多样性，遏制生态退化现象，发展循环经济。

《在中国科学院第十二次院士大会、中国工程院第七次院士大会上的讲话》(2004年6月2日)

作为一个发展中国家，中国将努力保持经济持续快速协调健康发展，为促进亚太及世界经济发展做出贡献。为消除能源问题对亚太和全球经济增长的制约，我建议亚太经合组织加强这一领域的工作，开展政策对话，就提高能效、开发新能源和解决贫困人口的能源供应等问题深化合作。

《在亚太经合组织第十二次领导人非正式会议上的讲话》(2004年11月21日)

西气东输工程的建成，开通了中国横贯东西的一条能源大动脉，对于推进西部大开发、加快中西部地区发展、造福新疆及沿线各族群众，对于推进产业结构调整和能源结构优化、保障国家能源安全，必将发挥重大作用。

《致西气东输工程全线建成并正式运营的贺信》(2004年12月30日)

李鹏论能源

能源为国民经济发展提供动力，也是人民生活的必需品，煤炭和石油天然气还是重要的工业原料。国际上往往以能源人均占有量、能源构成、能源使用效率和对环境的影响，来衡量一个国家的现代化程度。建国以来我国能源工业有很大发展，1996年生产的一次能源，包括原煤、原油、天然气、水电，不包括农家用的薪柴、沼气、风力等类能源，折合标准煤12.6亿吨，居世界前列。但是，我国人口众多，按人口平均每人每年消耗的能源折合标准煤为1.14吨，仍低于世界平均水平。能源使用效率不高，存在许多浪费现象。

我国有丰富的能源资源，但结构不尽合理，地域分布很不平衡。我国煤炭资源十分丰富，水电资源居世界第一位。但是，从已探明的储量看，石油和天然气资源相对不足。随着经济发展和人民生活水平的提高，对油气的需求必将大幅度增加。我们在努力开发本国石油天然气资源的同时，还要利用部分国外资源。

电力是一种先进的和使用方便的能源。过去电力经常供应不足，“拉闸限电”、“停三开四”，是长期困扰我国经济发展和人民生活的问题。改革开放以来，电力工业得到较快发展，现已拥有二亿三千多万千瓦装机容量，居世界第二位。大部分地区供电紧张状况已经缓解，一些地区电力仍然不足，也有少部分地区出现了电力供大于求的暂时现象。

我们已经制定了“九五”计划和2010年远景发展规划。“九五”计划开局不错。纵观国内和国际条件，我国经济将会保持长期稳定发展的势头。其中一个重要因素，是能源工业能否适应国民经济发展的需要。回答是肯定的，因为我国有丰富的能源资源，已经建立起开发各种能源资源的完整体系，有一支经验丰富，素质较高的从科研、勘探、设计、建设到生产经营的能源大军，已经摸索出一套合乎中国国情的能源政策。在前进的道路上虽然还会遇到困难，但我们对中国的能源发展前景充满信心。

一、煤炭工业要坚持大中小并举的方针

煤炭工业是支持经济发展和保障人民生活的基础产业。中国百分之七十以上的能源来自煤炭，在相当长时期内，这种能源构成状况不会发生大的变化。但煤炭将更多地转化为电力和煤气，甚至转化为水煤浆和液化油等液体燃料，为社会提供更清洁的能源。

改革开放前我国经济出现过几次大的波动，原因是多方面的，但每次经济增长速度下滑都与煤炭生产供不应求有直接关系。“以煤定电、以电定产”，整个经济工作整天忙于煤电的运输与调度。改革开放以来，煤炭工业得到快速发展，逐渐改变了这种状况。“七五”期间煤炭产销已基本达到平衡。“八五”期间产略大于销，而且有一定数量出口。国民经济由“以煤定产”转变到煤炭“以销定产”，这是多么大的变化啊！1996年我国原煤产量13.8亿吨，是世界第一产煤大国。这主要得益于执行一条适合中国国情的发展煤炭工业的方针，就是发挥中央和地方两个积极性，实行大中小并举。

现在中央和地方煤矿的产量，比例大体上是

四六开，地方占大头。在地方煤矿中，又以中小型为主，以乡镇办的集体煤矿为主。中小型乡镇煤矿可以利用零星分散的煤炭资源和丰富的农村劳动力，还具有农民自己出资办矿，投资省、投产快、投入产出比高的特点，有利于农村经济发展和农民脱贫致富。现在乡镇煤矿的总产量已达到6.1亿吨，约占全国煤炭总产量的百分之四十七。乡镇中小煤矿也有弱点，有的甚至是严重的。这主要表现在恶性事故多，煤炭资源回收率低，资源浪费比较大，环境保护意识差，环境污染严重。有些中小乡镇煤矿还与国有大矿争资源，在大矿井田范围内开小矿，对大矿的安全生产造成威胁，有的大矿甚至由此而发生过淹井和巷道、矿井塌方等严重事故。各级地方政府对中小矿的无序开采问题已经引起重视，通过制定管理条例，划分开采范围，整顿采矿秩序，情况已经有所好转。去年颁布了《煤炭法》，要引导乡镇煤矿增强法制观念，依法办矿。根据我国具有零星分散煤矿资源的国情，相当长时期内还有条件保持中小煤矿的发展，继续发挥它们的作用。对于它们的不足，要给予足够的重视，主要通过规模经营和技术改造加以解决。在“九五”时期，各级地方政府要制定规划，抓好重点地区重点中小煤矿的改造，使单井的经营规模逐步达到年产10万—15万吨以上。要大力改善安全生产条件，使技术装备逐步达到半机械化水平，提高煤炭资源回收率，培训一批具有较高水平的管理人才和技术骨干，把乡镇煤矿提高到一个新的水平。就全国而言，在“九五”期间要求有一半以上的乡镇煤矿能达到半机械化和一定的经营规模。现在有些地方对乡镇煤矿乱收费、乱摊派，四面八方吃煤矿的情况相当严重。也有的煤矿对盈利采取吃光分净的办法，不注意积累资金，不重视技术改造。这些不好的做法阻碍了中小煤矿的进步。各级地方政府对乡镇煤矿要采取保护政策，取消那些不合理的收费，切实减轻它们的负担，同时建立必要的乡镇煤矿发展基金，以利于乡镇煤矿的健康发展。

国有大中型煤矿是煤炭工业的主力军，为国民经济的发展作出了重大贡献，是煤炭工业先进生产力的代表，煤矿工人是一支特别能战斗的队伍。虽然由于乡镇煤矿的崛起，国有重点煤矿在煤炭生产总量中的比重有所下降，但是去年产量仍达到5.3亿吨，占全国煤炭总产量的百分之三十九，仍具有举足轻重的地位。国有大中型煤矿设备比较先进，安全措施比较齐全，有较高的劳动生产率，煤炭质量较高，品种较全，生产也比较稳定。它们生产的煤炭是跨省区外调和出口的主要来源，是国家进行宏观调控的一种重要物质手段。由于先进综合采煤设备的广泛应用，许多大型煤矿生产效率和安全水平有了很大的提高。一台综采设备由100多名矿工操作，年生产原煤可以达到100万—200万吨，个别已达到300万吨。现在我国已具备制造全套综采设备的能力，今后可以更多地装备煤矿，更有力地推进煤炭工业的技术改造。

国有大中型煤矿也遇到不少困难。原因是多方面的：有些煤矿，或者因为资源枯竭，或者因为退休人员多、富余人员多、社会负担重，或者因为经营管理不善，或者因为受到国家限制煤炭价格的影响，处于亏损状态。煤炭部直属国有大中型煤矿一度全行业亏损，1992年全行业亏损达到57.5亿元之多。为了帮助煤矿企业摆脱困境，国家采取亏损补贴、转产贴息贷款、增值税返还和增加技术改造资金等一系列政策措施，为扭亏增盈创造了必要的外部条件。但煤矿企业的根本出路，在于深化改革。煤炭部实行了以经济效益为中心，以扭亏增盈为目标和以煤为本、多种经营、综合发展的方针，实行以产定人、减人增效、转产分流、优化结构、强化管理等措施。实践证明，这些方针和措施是行之有效的。1992年国家给煤炭行业亏损包干款58亿元，1996年实际亏损额下降到4亿元，预计今年全行业将扭亏为盈。这种转变充分说明，国有煤矿企业是可以搞好的，其他目前尚有困难的国有企业也是可以搞好的。

国有大中型煤矿生产必须保持一定的增长速度，但更重要的是实行两个根本性的转变。现有矿井要通过技术改造，挖掘潜力，提高劳动生产率，来增加产量。煤炭供销体制要进行彻底改革，实行产销直接见面，减少中间环节，降低流通费用。铁路运输掌握在国家手中，绝大部分外调出省煤源掌握在国有煤矿手里，加上国家和地方在用煤地区建立必要的储备，就能够调节市场煤炭的价格，保持煤矿和广大用户的利益。煤矿要增加品种，提高质量，多生产优质煤、无烟块煤和洗精煤，大幅度增加煤炭的附加值和企业的效益。发电厂是煤炭的主要用户，要积极发展坑口电站，变输煤为输电，这样可以节约铁路运输能力，又能够改变产煤地区经济结构单一的状况，成为新的经济增长点。

为了保持经济发展的后劲，国家要加大大型煤矿建设的力度，但必须树立适合社会主义市场经济体制的新思路，建立符合现代企业制度的新体制。要采用先进的生产技术，实行严格的成本核算，用人要少，分配要向生产第一线职工倾斜，实现高效率、高效益，走出一条煤矿自我发展、良性循环的路子。新建成的安徽新集煤矿为建设现代化煤矿提供了经验。这个矿建设周期只有5年，三年半就开始出煤，滚动发展，全矿只有800名职工，形成年原煤生产能力300万吨，总投资5.7亿元，吨煤单位造价191元。这是煤矿建设中投资省，造价低，建设快的范例。

我国煤炭工业将继续得到发展。根据预测，“九五”期间煤炭年平均增长速度为百分之二点三，到2000年总产量达到14.5亿吨，其中出口5000万吨。由于技术的进步，煤炭使用上的节约，其他类型能源的替代，以及环境保护的要求，煤炭在一次能源中的比重将有所下降。煤炭增长的弹性系数，即煤炭增长与国内生产总值增长的比例，由现在的0.38将下降到0.32。这无疑是一个巨大的进步。

二、石油工业要坚持稳定东部、发展西部的方针

我国的石油和天然气工业基础薄弱，建国以后几乎是从无到有发展起来的。1996年我国原油产量达到1.58亿吨，天然气产量达到201亿立方米。大庆油田的“三老四严”、“四个一样”的工作作风和艰苦奋斗的精神，是我们全民族宝贵的精神财富。石油战线广大职工为我国现代化建设做出了突出的贡献。

但是，必须清醒地看到，随着国民经济的迅速发展，社会需求不断增加，原油和天然气的增长跟不上经济发展的需要。现在我国已经成为石油进口国，估计在“九五”期间，进口数量将进一步增加。解决油气供应不足的问题，首先要立足于开发利用自己的油气资源。根据我国已探明的石油、天然气资源状况和油田生产布局，石油工业应该坚持“稳定东部、发展西部”的方针。从1996年生产情况来看，东部大庆、胜利、辽河等油田产量合计一亿二千万多吨，西部新疆克拉玛依、塔里木等油田产量合计2000万吨，海上石油产量为一千五百多万吨。大庆是中国最大的油田，稳产原油5000万吨以上已达21年之久。油田虽已进入中后期开采阶段，由于采用先进技术，并不断发现新的储量，大庆人有志气有决心，也有充分的科学依据，争取在5000万吨水平上再稳产15年。其他东部油田也要依靠技术进步，提高资源采收率，并不断寻找新的储量，努力保持现有的产油能力，达到稳产的目标。为此，石油职工特别是工程技术人员需要付出极大的努力，石油生产成本也会相应有所增加。

在我国西部已经发现丰富的油气资源。新疆塔里木、准噶尔、吐鲁番和青海柴达木等盆地都有良好的前景，现已形成一定油气生产能力，是未来石油增产的希望所在。兰新铁路复线的修通，为西部原油外运创造了良好条件。产量增加到一定程度，就可以修建输油输气管道，除满足当地需求外，把油气输送到东部和南方地区。西部油田的开发，将给西部欠发达地区和少数民族地区带来新的发展机遇。

天然气是一种高效、清洁的燃料和优质化工原料。我国天然气开发程度比较低，生产规模比较小，油气产量之比远远低于世界平均水平。经过几年的努力，现已在陆上基本形成重庆、陕甘宁和新疆三个新气区，累计已探明天然气储量1.3万亿立方米，具备了加快发展的基础。要坚持油气并举的方针，加大对开发天然气的投入，搞好天然气的勘探、开发和加工利用，促进天然气工业的发展。陕北至北京输气管道正在紧张施工，今年可望把气送到北京，这将极大地方便群众生活，改善首都环境。用天然气代替汽油、柴油做汽车的燃料，技术上已比较成熟，只要在产气地区建立起分布在城市和公路两旁的换气站系统，以气代油逐步可以推广利用。

我国海洋石油和天然气的开发，是改革开放的产物。80年代中期实行海上石油对外开放，引进国外资金和技术，采用风险勘探方式，与外国公司合作开采中国海洋油气资源。外国石油企业在中国，有的成功了，有的运气不佳，没有找到油气资源。中国海洋石油天然气事业在与国外合作中，学到了技术，积累了经验，逐步成长起来，并且按照国际通行的现代企业制度，建立起自己的海上油气企业，走上了良性循环的发展道路。

无论是陆上或海上石油天然气企业，都应该根据实际情况，因地制宜地适当建立一些石油加工和石油化工企业，搞一些下游加工产品。这样做，一方面是为了充分利用当地油气资源，同时也可增加油气企业的实力，为扩大勘探开发积累必要的资金。由于油气化工项目投资巨大，这项工作必须在国家统一规划下，严格按照基本建设程序进行，避免搞盲目建设和重复建设。

发展石油工业要立足国内，走向世界，利用好两种资源、两个市场。在平等互利的基础上，积极与国外实行多种形式的合作，如参与国外油气资源的勘探与开发，承包对外工程或劳务服务，建立稳定的进出口原油市场，以保障国家油气的长期稳定供应。

三、多家办电，多渠道筹资办电

电力工业是国民经济的先行，现代社会生活的标志。根据我国能源资源分布的状况，电力工业应实行因地制宜、水火(电)并举，适当发展核电，同步发展电网的方针。1979—1996年，我国发电量平均每年递增百分之八点三，大体上与国民经济保持了同步增长。“八五”期间，每年增加装机容量1500万千瓦以上。发展速度之快，在世界电力发展史上也是少有的。我国电力工业能够保持较快的增长速度，根本原因是执行了一整套发展电力工业的正确政策。集中到一点，就是改变了过去独家办电的格局，调动了中央、地方、企业，内资和外资等各个方面办电的积极性，形成多家办电，多渠道集资办电的新格局。这是符合社会主义市场经济原则的，是改革开放的一个明显成果。

电力工业有其自身的客观规律。电力工业是带有一定垄断性的社会公益性事业，电力产品具有产供销同时完成的特点。单独运行的发电厂很难有效完成向用户稳定供电的任务，必须通过电网向广大用户供电。因此，在鼓励大家办电厂的同时，必须由国家办电网，集中管理电网。要依法办电，依法管电，不断提高电网的安全可靠程度，保护电力投资者、经营者和用户的合法权益。

这些年电力工业的发展，也得益于电力建设基金的建立。经中央批准，“七五”开始每千瓦时电费中加收2分钱(约占平均电价的百分之七)，作为电力建设的资金来源，缓解了电力建设资金不足的矛盾。但是有个别地方，擅自加大电力建设资金的征收标准，增加企业和居民的负担，甚至把这笔基金挪作他用，这种状况亟待整顿和规范。

在“九五”期间和下世纪头十年，电力工业仍然应该保持一定的增长速度。考虑到经济增长方式的转变，节约用电措施的广泛采用，电力的弹性系数(即电力增长速度与国内生产总值增长速度的比例)可略低一些，“九五”期间预计将保持在0.8左右。按此推算，“九五”期间需要新增装机容量8000万千瓦，每年1600万千瓦左右，才能基本适应国民经济、社会发展和人民生活对电力的需求。发展电力工业应该采取以下方针：

继续实行水火(电)并举的方针。火电建设投资省、周期短，“九五”期间火电仍将占有百分之七十五的比例。但火电带来环境污染，又需要大量运输煤炭，今后不宜在大中城市继续大量发展。应该多建设坑口电站，同时研究和开发洁净煤发电技术。我国有极其丰富的水力发电资源，水电又是一种清洁的再生能源，应该充分开发利用。由于水电建设周期长，投资大，往往伴随复杂的移民搬迁问题，以致一段时期以来水电在我国电力工业中的比重不断下降，这种状况必须改变。发展水电的关键，是实行合理的电价政策，实行新电新价和同电同价，即水电与火电实行相同的上网电价，这样水电不但具有还款能力，而且可以做到滚动开发。三峡水电站全部建成之日，就是还清贷款之时，之后的利润就可作为其他大型水电站的开发资金。要逐步提高水电的比重，逐步使水电的比重达到百分之三十左右。

国家办电网，大家办电厂。大电网的形成和不断发展是电力工业现代化的必然趋势。现在我国已经形成六个跨地区电网和若干独立的省级电网。在部分跨地区电网之间及省级电网之间要建立输电线的联系，以增加电力供应的安全可靠程度和取得联网的经济效益。以三峡水电站的建设为契机，将逐步形成建立全国统一联合电网的局面。大电网的建设有许多优越性，可以统一规划合理布局，避免电力建设“大而全”、“小而全”的局面。采用大容量高参数的机组，具有单位投资省、效率高、建设周期短的优势。大电网是电力工业规模经营的体现，合乎增长方式转变的要求。大电网的形成也带来管理上的难度，需要用先进的技术装备来管理电网，以保证安全。信息工程必将在电网管理上得到广泛应用，对保证电网的安全和提高经济效益发挥重要的作用。

大规模电力建设需要大量资金。办法还是多渠道筹集资金办电，国家出一点，地方出一点，企业(包括电力以外的企业)出一点，银行贷一点。由于电力企业有良好的信誉和稳定的市场，可以进入国内外资金市场筹集资金。欢迎国外和境外资金来办电厂，方式灵活多样，可以是合资企业，也可以是合作企业，也可以用BOT方式。电力工业是国家的基础产业，又有比较稳定的投资回报率，对于中外合资的大型电站，中方一般要保持必要的控股权。

今后利用外资办电，特别是利用国际金融组织的资金或市场筹集的资金，要尽可能购买国产发电设备。同时，国产设备要努力提高质量和配套能力，做好售后服务，提高竞争能力。

在电力建设中，存在不重视输变电建设，“重发、轻供、不管用”的毛病。建了电厂，输电线路不能同步建设，有电送不出来。供电设备是一个系统工程。许多地区电网的发电能力充足，但城乡供电设备的建设不配套，使供电受到限制。有的供电网络可靠性不高，存在单路供电的情况。因为一个用户或一条线路发生意外事故造成大面积停电的事，时有发生。用户内部的配电设备和线路不能满足日益增长的电力需求，是一个很普遍的问题，在一些老的居民区、居民楼更为突出。人民生活水平提高了，家用电器增加了，空调和电冰箱都是用电较大的装置，原有的线路容量不足或设备老化，经常发生用户内部的停电事故。今后除重视增加发电能力外，必须采取国家、单位、个人共同负担的办法，加强电网建设和供配电设备的配套建设。

目前电价还比较混乱，不太合理。也存在腐败现象，有些供电部门利用手中掌握的权力，向用户索取高价电费、价外加价，增加了用户负担。由于电源结构不同，输电距离不同，不能要求全国只有一种电价。由于各行各业用电性质不同，所收取的电费也应该有所不同，应该实行合理的电费差价。为了整顿目前电力收费的混乱现象，国家要根据合理成本，合理收益，计人税金和公平负担的原则制定电价，任何地方和电力部门都不得随意加价。为提高电力利用效率，应该逐步实行用电的峰谷差价、季节差价和节日差价。电力是一种公益事业，电力行业要加强精神文明建设，发扬人民电业为人民的良好职业道德，纠正行业不正之风，推广对用户的承诺制，提高服务水平和质量，接受广大用户的监督。

国家已对电力工业管理体制进行了重大改革，成立了国家电力公司，实行政企分开，逐步把政府管电的职能转交给综合部门。国家电力公司是国务院授权的投资主体和资产经营主体，是经营跨区送电的经济实体和统一管理国家电网的企业法人。要发挥中国电力协会作为电力企业自愿参加的行业联合组织的作用。由于水电和煤炭资源多在西部，而用电负荷多在东部，将长期存在西电东送的格局。进一步形成全国电网是一种必然趋势，国家电力公司要承担起这个任务。对于所属跨区电网和省电力公司，要放手让它们独立经营，自负盈亏，不能收回电网已有的管理权力和承担的责任。电网和省电力公司对所属电厂和供电局，包括自备电厂、合资电厂在内，都要按经济原则实行管理，在服从电网统一调度的前提下自主经营。

小水电是边远山区一种重要的能源资源。改革开放以来，按照“自建自用自营”的原则，小水电有了快速发展，为发展农村和地方经济，帮助农民脱贫致富，发挥了重要作用。目前已完成了两批以小水电供电为主的200个初级电气化试点县任务，“九五”期间将继续完成第三批300个试点县任务。这项试点计划是由水利部门负责，电力部门配合实施的。今后各级电力部门仍然要大力支持小水电的建设，在小水电联网方面给予大力支持，双方按合同办事，以促进小水电事业进一步发展。

四、核电是一种安全可靠清洁的能源

世界核电运行记录证明，有几种核电堆型，如压水堆、沸水堆、重水堆都是安全可靠的。有的国家或从资源考虑，或从环境保护考虑，核电所占的比重已经很大。如法国核电已占总发电量的百分之七十六，日本占百分之三十三，美国占百分之二十以上。中国是一个有核国家，但核电站建设起步比较晚，已选择世界各种核电堆型中占比例较大的压水堆作为主要堆型，目前已有秦山、大亚湾三套核电机组在运行，总装机容量210万千瓦，只占全国发电总量的百分之一左右。“九五”期间，由于受资金的限制，核电不可能有大的发展。正在建设和准备建设的4个核电项目、8台机组，总装机容量约660万千瓦，将在“十五”期间建成。到那时，核电在中国电力总量中的比重，大体上占百分之二。从近期来看，核电在电力工业中只是一个适当的补充。

我国有丰富的核能资源。中国的天然铀及其加工能力已初具规模，核燃料循环工业的各个环节相互配套，有一批经验丰富的核能科研技术人才，能够自行设计制造30万千瓦压水堆核电站的成套设备，正在建造60万千瓦的核电站。这为我国核电的设计自主化和设备国产化打下了基础，目前采用30万千瓦一个环路，便于扩大到90、120万千瓦。从长远看，我国的核电事业具有广阔的发展前景。

发展核电事业要稳定前进，采取以下措施：一是利用国外的资金购买国外的设备和技术，作为中国核电的起步。中外合资的广东大亚湾核电站是一个成功的范例。它的发电量百分之七十输往香港，既有较好的经济效益，又学习了大型核电建设技术。二是核电站采取滚动发展的方针。核电站投资大，建设周期长，但发电成本不高，在还本付息后期就可以产生较多的利润，还本付息之后利润更多，可以利用所获取的利润，进行核电滚动发展，这与水力发电有相似之处。三是实行规模经营。核电站址的选择要适当，既要选择在靠近用电负荷中心的地方，又要与城市保持适当距离。这并不是对核电安全可靠性有什么怀疑，而是考虑到建设期和运行期核电站能实行封闭式管理，以防止意外的干扰与破坏。站址要留有发展的余地，尽可能有进行二期、三期扩建的条件，以便利用已形成的公用设施，最大限度地降低造价，缩短工期，简化管理机构。四是在建设中一定要贯彻安全第一的方针，实行严格的质量管理，如果发现有质量不合格的地方，宁可推倒重来，延长工期，也不马虎迁就。要注意核电运行人员的培养与训练，从严治厂，树立一丝不苟的工作作风。五是通过引进外资和技术，密切跟踪下世纪国际核电技术发展趋势，增强自我发展能力。充分利用我国现有的核电科研、设计、建设、管理和设备制造能力，通过学习、消化、吸收、创新，努力实现设计自主化和设备国产化，以迎接下世纪中国核电较大发展局面的到来。

我国还有其他发电资源，如风力发电、太阳能发电、潮汐发电和地热发电等，有的项目尚处于试验阶段，有的项目已正式投入运营。虽然目前还是属于局部性质的，只能因地制宜，根据经济效益加以应用，但不可忽视它们的作用，要给予适当的扶持。

五、能源开发与节约并重，把节约放在优先地位

这是中国能源政策中一条重要的方针。随着经济发展和人民生活水平的提高，能源消耗必然随之增加。如何节约能源，提高能源使用效率，是摆在我们面前的重要课题。以较少的能源消耗，产生更多的物质财富，是转变经济增长方式的一项重要内容。

近十年来，我国节能工作取得明显成效。能源消耗的弹性系数由0.59下降到0.39，累计节约标准煤4.7亿吨。但是，我国能源利用效率与国际先进水平相比，还有很大差距。由于产业结构和产品结构不合理，许多行业生产设备和工艺落后，管理不善，这种差距弄不好还有可能进一步加大。目前我国能源利用效率只有百分之三十二左右，比国际先进水平平均低百分之十以上。每消耗一吨标准煤所创造的国内生产总值，只有发达国家的二分之一—四分之一。由此可见，我国节约能源的潜力是巨大的。节约能源需要对现有的落后设备进行技术改造，需要投入资金，但往往能够收到投资省、见效快，事半功倍之效。实行能源节约与开发并重、把节约放在优先地位的方针，最重要的是各级政府和企业领导者提高认识，加强对节能工作的领导，并从政策上给予引导和鼓励。

工业节能潜力很大。火力发电是用煤第一大户，要进一步提高煤耗低的高效大型机组的比重，淘汰和禁止那些已建和在建的煤耗高的中小机组，鼓励发展供热机组，实行热电联产，进一步降低煤耗。钢铁节能也大有可为，我国每生产一吨钢综合煤耗为976公斤标准煤，而国际先进水平仅650公斤左右。节约炼钢能耗主要是采用先进技术，以转炉代替平炉炼钢，提高钢材连铸连轧的比例。水泥由炉外分解工艺代替传统的湿法，可以节能百分之四十。在所有工业生产行业，都应该采用高效节能的风机、水泵和锅炉。用计算机技术来控制生产流程以求得最佳耗能效益。对能源的消耗实行严格的科学管理，把能耗作为考核企业管理水平的一项重要指标。在交通运输方面，节能的潜力也很大。我国汽车运输每百吨公里的综合耗油量为4.4公升（柴油车），比国际先进水平高百分之二十五左右。大家都懂得“要想富，先修路”的道理，却很少考虑节约用油、降低运输成本的问题。拖拉机和农用运输车每吨公里的油耗，比同类型柴油汽车的油耗，平均高百分之四十五和百分之三十六。今后要逐步对高耗能的交通工具实行限制。农村是交通运输业的广阔市场，大力降低运输油耗，是我国交通运输业节能的重要方向。

以煤代油工作已经取得很大成绩，累计压缩用油2亿吨。这不仅是对宝贵的石油资源的合理使用，也降低了企业的燃料成本。目前还有4000万吨烧油量，以煤或以天然气代替油的工作，要在巩固成绩的基础上坚持下去。

我国在节约人民生活用燃料方面，采取因地制宜方针，取得一定的成绩。在全国农村普遍推广了省柴灶，热效率比传统炉灶高出一倍。以燃烧型煤代替散煤，效率一般可以提高百分之二十，现在型煤已成为城乡居民生活用煤的主要来源。节约生活用煤的工作还要进一步提高。

提高电力在终端能源消耗中的比重，是工农业生产和社会生活现代化的重要标志，也是节能的重要措施，在这方面我国与国际先进水平相比差距很大。大力发展电力作为终端能源，是节能的一条不可忽视的途径。

六、能源开发与可持续发展战略

能源大量消耗带来环境污染和生态破坏。以煤炭为燃料的工业锅炉和民用炉是大气中产生二氧化碳、烟尘排放的主要来源。各种机动车的废气污染空气。燃用高硫煤和高硫油形成酸雨。锅炉排放的粉煤灰污染江河与大地。煤炭和石油的开采给周围的生态环境带来影响。因此，在开发和利用能源的同时，必须重视污染的治理，实行能源开发、利用与环境治理同步发展的方针。

治理污染已经有许多成熟的经验。使用高效率电气除尘装置可以把锅炉除尘效率提高到百分之九十九。粉煤灰可以作为建筑材料、公路以及填海造地的材料。高硫油和高硫煤在使用前或使用中经过处理可以减少硫的排放。这样做，可能增加发电厂和石化厂的建设投资，为了保护环境，是必要和值得的。机动车要使用无铅汽油，同时要研制和采用对环境危害较小的电动汽车。要大力开展治理能源污染的科研工作，促进能源环保技术装备的配套和产业的形成。

能源资源是宝贵的财富，必须十分珍惜。矿产资源即使地下蕴藏量丰富，也要注意节约使用。何况，我国有的矿产资源至今发现的蕴藏量有限，更要注意节约使用。对于可再生资源，如水力发电、风力发电、太阳能等，应加大科研开发和使用的力度。在开发和使用能源的时候，必须兴利除弊，保护环境和生态平衡，实行可持续发展战略。我们不仅要考虑当代人对能源的利用，而且要把一个可持续利用能源的条件留给子孙后代。我们相信，随着科学技术的进步，一些新的能源将会得到发现和利用。

《中国的能源政策》(1997年5月29日)，《求是》1997年第11期

温家宝论能源

为在新世纪实现现代化创造良好的条件，加强水利、能源、交通等基础设施建设，仍然是今后五到十年十分重要的任务。要充分发挥社会主义制度的优越性，集中力量办大事。在“十五”期间，抓好具有战略意义的若干重大项目建设。要抓紧西气东输、西电东送、交通网络干线等基础设施建设。对南水北调等关系全局的项目，要加紧论证，尽早实施。

《在全国计划会议上的讲话》(2000年12月)

石油天然气是重要的战略资源，关系国民经济和社会发展，关系国家安全。党和政府高度重视油气资源发展战略，国务院把石油天然气资源战略研究和规划列入重要议事日程。国务院有关部门正在着手草拟规划，同时由中国工程院组织有关院士、专家开展专题研究，为规划的制定提供依据。

中国可持续发展油气战略研究的重点是：资源和供需状况、国内油气资源开发、油气资源进口和参与国际油气资源开发、石油安全和储备、石化工业发展、油气资源节约和替代、油气资源发展的有关政策措施。

做好这项战略研究，要以党的十六大精神和“三个代表”重要思想为指导，既考虑当前实际，又着眼长远；打破部门、地方界限，一切从国家整体利益出发；坚持理论联系实际，贯彻“双百”方针，发扬科学民主；从政治、经济、技术等方

面综合分析研究；制定总体战略、规划和政策措施。

在听取中国工程院课题研究组的汇报时的讲话(2003年5月26日)

党中央、国务院非常重视可持续发展油气资源战略的研究。《中国可持续发展油气资源战略》阶段报告(纲要)科学地分析了我国和世界油气资源的现状及供需发展趋势，提出了我国油气资源可持续发展的总体战略和指导原则、措施和政策建议。在这么短的时间内，课题组便形成了内容丰富的科研成果，参与研究的科学家付出了大量心血。这次研究集中和反映了科学家、政府部门和企业的意见。这种集成研究方式是一个创举，是科学民主决策方法的一种新的尝试，也是我国科研体制改革的一次重要的实践。

在听取中国工程院课题研究组关于中国可持续发展油气资源战略研究阶段性报告的汇报时的讲话(2003年10月30日)

加强能源合作是保障亚洲能源安全和促进各国经济发展的需要。为此，中国政府积极推动发表《青岛倡议》。在能源开发与合作上，中国政府主张顾全大局，既要维护本国权益，也要照顾他国利益，通过协商合作实现共同发展。我们愿本着平等互利的原则，开展同亚洲及世界各国的能源对话与合作。中国是人口大国、经济持续快速增长，能源的生产和消费不断扩大。我们将立足开发国内资源，进一步加快煤炭、石油、天然气、核能和各种新能源的开发利用。我们还要把节约能源，建设节约型社会作为一项重要国策，通过调整经济结构，促进技术进步和引导合理消费。

《共同推进新世纪的亚洲合作》(2004年6月22日在亚洲合作对话第三次外长会议开幕式上的讲话)

油气资源是关系我国现代化建设全局和国家安全的重要战略资源，要抓紧研究制定和实施国家可持续发展油气资源战略，把节约和合理使用油气资源放在更加突出的位置，保证油气资源的长期稳定供给和有效利用，为我国经济发展、国家安全和全面建设小康社会目标的顺利实现提供保障。

建国以来，我国石油天然气工业取得了巨大成就，为经济社会发展做出了重要贡献。但是，随着国民经济持续快速发展，石油天然气供求矛盾越来越突出。我们必须牢固树立和认真落实科学发展观，正确处理经济与能源、国内与国外、开发与节约、消费与储备、当前与长远等方面的关系。一是坚持立足国内，积极加强国际合作，利用两个市场、两种资源，建立经济、稳定的油气供应渠道和石油安全保障体系。二是坚持开发与节约并重，把节约放在优先位置。既要加强石油勘探开发，搞好储量和产量接替，更要注重节约使用油气资源，发展替代能源。三是坚持依靠科技进步，加快体制创新，大力提高油气资源开发、加工和利用效率。

要正确制定和实施国家可持续发展油气资源战略。努力增加国内石油天然气的供给能力；大力开展石油天然气节约和合理使用；继续发展国际石油贸易和合作开发；加快发展石化工业，有效利用油气资源；逐步建立石油储备制度和风险规避体系；完善石油天然气开发、节约和有效利用的保障措施。

要密切跟踪分析国际油价的走势，认真研究对策。当前特别是要切实抓好石油天然气的节约和合理使用。要运用经济杠杆和市场机制，抑制油气消费，节约和合理使用油气资源。广泛运用技术手段和加强科学管理，努力降低油气消耗，提高利用效率。各行各业都要制定节约使用油气的具体目标和措施。生产、建设和消费等领域都要挖掘节能潜力，全面厉行节约。真正把开发特别是节约能源作为制定国民经济和社会发展中长期规划的重要内容，采取切实有力的政策措施，加快建立有利于节约石油天然气的生产模式、消费模式和经济体系，发展节能型经济，建设节约型社会。

在国务院第四次学习讲座上听取关于《中国可持续发展油气资源战略研究》成果的报告时的讲话(2004年8月24日)

第二章

国家五年计划能源部分节选

中华人民共和国国民经济和社会发展第六个五年计划(节选)

第十章 能 源

能源紧张是制约我国经济发展的一个重要因素。第六个五年计划期间，要大力抓好能源的节约，加强能源的开发，以适应国民经济增长的需要，并为第七个五年计划的发展做准备。

第一节 能源节约

大力降低能源消耗，是实现“六五”计划生产任务的关键，也是提高社会经济效益的一个重要途径。

1985 年，全国一次能源(煤炭、石油、天然气、水电)生产总量为 68290 万吨标准煤，比 1980 年增加 4570 万吨，平均每年增长 1.4%。“六五”期间工业生产平均每年增长 4% 的速度，主要要靠节约和少用能源来实现。

五年内，全国节约和少用能源要求达到 7000 万—9000 万吨标准煤。节能的重点，是华东、东北以及北京、天津、四川等耗能多的地区，电力、冶金、化工、建材、石油、铁道、交通等耗能多的部门。

工业交通部门节约和少用能源的主要措施是：

一、加强能源管理。搞好全国和地区、部门以及重点企业的能源平衡，加强能源标准化和计量管理，建立健全单项能源消耗定额制度和综合能耗考核制度，以及相应的奖惩制度。

二、调整工业结构、企业结构和产品结构。根据企业能耗和产品、质量、成本等情况，关停并转一批企业。同时，努力降低铁钢比，改变化肥品种构成，以空心砖代替实心砖，以水泥压力管代替铸铁管，发展拼焊结构，少用生铁，限制土焦的生产和使用。

三、开展以节能为重点的技术改造。五年内

国家安排节能资金85亿元，加上各地区、各部门用于这方面的资金38亿元，全国共为123亿元。安排节能措施项目1303个，其中投资1000万元以上的重大技术改造项目195个。主要有三类：第一类是生产量大、使用面广的节能措施项目，其中，更新改造热效率低的工业锅炉2.6万台、各种工业窑炉1.6万台(座)、风机和水泵等通用设备10万台，耗能多的汽车28万辆。第二类是比较重大的技术改造项目，其中，新建、扩建热电站200万千瓦。建成投产100万千瓦；改造中低压汽轮发电机组150万千瓦，建成投产50万千瓦；增加煤炭洗选加工能力1000万吨；增加连铸连轧能力250万吨；回收轻烃69万吨。第三类是节能新技术、新工艺、新产品项目，其中生产各种省能设备600多种，完善水泥窑外分解新工艺和干熄焦、高炉炉顶压差发电等新工艺的试点。

四、调整能源消费结构，搞好以烧煤代替烧油的工作，提高能源利用的经济效益。要求1985年比1980年压缩烧油1000万吨左右。为了更换烧油的电站锅炉、增加煤炭供应，五年内安排专项资金65亿元，用于建设有关工程。

城镇民用和其他方面节约能源的主要措施是：

1. 因地制宜改革炉灶，大力推广使用成型煤。

2. 利用现有气源，增加城市煤气供应350万立方米/日左右。

3. 在东北、华北等地区的一些城市，发展集中供热3000万平方米。

1985年实现上述节能措施后，将会收到下列明显的经济效益和社会效果：

单位工业产值消耗能源，平均每年下降2.6%—3.5%。

钢、发电量等17种主要工业产品的单位能耗五年内分别下降3%—12%。其中：吨钢综合能耗下降9.8%；供电耗标准煤下降5.1%；小化肥厂吨氨能耗下降12.3%；平板玻璃每标箱耗标准煤下降12.3%；原油加工每吨耗标准煤下降11.5%。

城市使用成型煤的比重，将从1980年的18%提高到46%；城市人口使用煤气的比重，将由1980年的17%提高到26%。

第二节 煤炭工业

一、煤炭生产

计划安排，1985年全国原煤产量达到7亿吨，比1980年的6.2亿吨增加8000万吨，平均每年增长2.5%。其中：统配煤矿生产3.85亿吨，比1980年的3.44亿吨增加4100万吨；地方煤矿生产3.15亿吨，比1980年的2.76亿吨增加3900万吨。山西煤炭产量达到1.6亿吨，比1980年的1.2亿吨增加4000万吨，占全国煤炭增加产量的50%。

增加煤炭生产的主要措施是：

1. 加快现有矿井的技术改造，充分发挥生产潜力。对条件好的矿井进行扩建或改建，使之达到和超过设计能力；对衰老减产矿井采取措施，尽量延长服务年限和稳产时间。力争到1985年，抵消衰老、报废矿井减少的产量后，现有矿井净增产量1800万吨。地方煤矿，五年内对150处尚未达到设计能力的矿井进行收尾配套，对350处矿井进行改造，对1000处矿井进行完善工作。

2. 计划在“六五”期间建成的新矿井，要如期投产，到1985年增加煤炭产量2300万吨。

3. 抓好煤矿企业的整顿工作，提高煤炭生产的全员效率，提高商品煤质量，降低物资消耗。计划要求，1985年统配煤矿的全员效率由1980年的每工日产0.912吨提高到0.965吨。进一步发展煤炭洗选加工，1985年全国原煤入洗率由1980年的18%提高到22%左右。工作面单产、巷道掘进进度和矿井资源回收率等技术经济指标都要有显著提高。

4. 积极发展开采、掘进、运输的机械化和坑木代用。统配煤矿，要重点发展高档普通机械化采煤，积极稳步地发展综合机械化采煤。1985年，全国统配煤矿采煤机械化水平由1980年的37%提高到44%。地方煤矿，要大力发展金属支柱，减少坑木消耗，并有计划有步骤地提高机械化水平。

5. 切实改善安全生产条件，加强安全生产教育，健全和坚持各项科学的管理制度和操作规程。

二、煤炭建设

“六五”期间全国煤炭建设总规模，包括1980年结转的续建矿井8000万吨在内，达到2.2亿吨。其中，“六五”期间内建成8000万吨，结转到“七五”期间续建1.4亿吨。

几个重点地区的主要部署是：

1. 华北的山西、河北：矿井建设总规模9300万吨，其中，山西7800万吨，河北1500万吨。重大的新建项目，有设计能力1500万吨的山西平如大型露天煤矿，设计能力各为400万吨的山西大同四台沟、古交马兰、东曲、潞安常村、晋城成庄、阳泉贵石沟6个煤矿。五年内，山西、河北建成投产的矿井2900万吨，结转到“七五”期间续建的矿井6400万吨。

2. 东北和内蒙古东部地区：矿井建设总规模5080万吨，其中，内蒙古东部地区2500万吨，辽宁1140万吨。重大的新建项目，有设计能力为800万吨的元宝山露天煤矿，设计能力为600万吨的霍林河露天煤矿，以及伊敏河露天煤矿和铁法大兴煤矿。五年内建成投产的矿井1650万吨，结转到“七五”期间续建的矿井3430万吨。

3. 华东地区：矿井建设总规模5200万吨，其中，山东2150万吨，安徽2140万吨。重大新建项目，有设计能力为400万吨的淮南谢桥煤矿，设计能力为240万吨的兖州济宁二号井。五年内建成投产的矿井2200万吨，结转到“七五”期间续建的矿井3000万吨。

中南、西北、西南地区也安排了适当的建设规模、其中：中南地区1300万吨，西北地区820万吨，西南地区770万吨。

上述建设任务的完成，对改善我国煤炭工业布局，弥补华东、东北和中南地区煤炭供应不足，将起到一定的作用。特别是转入“七五”时期续建的一大批骨干项目完成以后，将进一步提高我国的煤炭生产水平。

计划要求，煤炭建设必须在提高投资效果上取得显著进步，力争1985年每工的年成巷进尺比1980年提高50%以上。大型矿井要采取一次设计、分期建设、分期投产的办法，争取早出煤。矿井建设要逐步实行包投资、包工期、包达产的经济责任制。

在加强大中型煤矿建设的同时。各地区要根据资源条件发展一些小煤矿。

第三节　石油工业

计划要求，1985年原油产量保持年产1亿吨的水平。1985年天然气产量100亿立方米，其中四川气田50亿立方米。五年内，钻井进尺共3500万米。其中：探井1200万米，生产井2300万米。五年内作地震测线30万公里。新增原油开采能力3500万吨，天然气开采能力25亿立方米。

为了完成上述任务，采取的主要措施是：

一、努力搞好油田调整、改造、挖潜，提高油田采收率，提高开发效果，降低原油综合递减率，减少油气损耗。积极开发稠油、低产油藏，提高采油速度。

二、大力加强陆上石油和天然气的地质勘探。石油的勘探，重点放在东北松辽盆地、渤海地区、河南濮阳和内蒙古二连盆地，并适当加强新疆准噶尔、青海柴达木盆地的勘探，争取尽快发现一批新油田。继续开展新疆塔里木盆地的地震普查，准备后备勘探基地。天然气的勘探，重点放在四川地区。同时积极开展煤成气的研究和勘探，把华北平原南部和内蒙古鄂尔多斯、山西沁水等巨型成煤盆地作为勘探重点。

三、积极开展海上石油的对外合作勘探和开发。对渤海、南海北部湾几个已经发现石油的构造进行详细勘探，争取早日投入开发。对南海珠江口盆地、莺歌海盆地等已进行物探的海域，做好同外商合作勘探开发的招标工作，加紧勘探，争取发现一批新油田。同时，做好海上钻井和采油平台建造、港口基地建设海上运输、通讯服务等各项准备工作，以适应对外合作勘探开发海上油田的需要。

四、加强石油勘探和开发的科研和管理工作。积极开展油气藏形成与分布规律的综合研究和资源评价；学习国外先进的勘探、开发技术和管理经验，充实必要的先进勘探设备；加强职工技术培训，提高地震队、钻井队的技术水平和工作效率。

在增加石油、天然气生产的同时，要合理利用油气资源，提高经济效益。对炼油企业有计划地进行技术改造，努力提高加工深度，多产轻质油。增加品种，提高质量，降低消耗。通过企业调整，组织炼油企业和石油化工企业的联合，使石油得到合理利用。

第四节　电力工业

一、电力生产

计划要求，1985年全国发电量达到3620亿千瓦时，比1980年增加614亿千瓦时，平均每年增长3.8%，在执行中争取超过4%。其中，水电700亿千瓦时，比1980年增加118亿千瓦时，平均每年增长3.8%。

电力增产节约的主要措施是：

1. 抓紧进行已投产设备的完善化。做好主机、辅机和公用工程的配套，以及发电、送电、变电、无功补偿的配套。进一步提高检修质量，提高电网可调出力和安全发电水平。

2. 加快电力建设，增加装机容量。

3. 加强用电管理，严格实行计划用电和节约用电，提高电能利用效果。

4. 努力降低发电煤耗，降低线路损耗，压缩烧油量。进一步搞好水电站水库运行调度，严格控制水位，提高水能利用率。

二、电力建设

“六五”期间，水电建设重点是继续开发黄河上游、长江中上游干支流和红水河流域，建设一批大型水电站。安排一批离负荷中心较近、淹没较少、工程较小、投资省、见效快的中型水电站。因地制宜地开发东北、华东、广东等缺能地区的小型水电站。火电建设，主要是在煤炭资源丰富的山西、内蒙古东四盟、两淮、豫西、渭北、贵州等地，结合煤炭开发，建设一批坑口电站，逐步形成一批火电基地。对煤炭资源不足而用电负荷又比较大的辽宁、上海、江苏、浙江、广东、四川等地区，根据运输条件，建设必要的火电厂。

计划安排，五年电站建设总规模3660万千瓦，其中水电1560万千瓦。竣工投产发电装机1290万千瓦，其中水电320万千瓦。结转到“七五”期间续建的电站规模2370万千瓦，其中，水电1240万千瓦，火电1130万千瓦。

1. 华北电网。建设总规模为485万千瓦，建成投产232万千瓦。部分建成河北唐山陡河（40万千瓦）、山西大同（60万千瓦）和神头等火电厂。

2. 东北电网。建设总规模为593万千瓦，其中水电133万千瓦，火电460万千瓦。建成投产270万千瓦，其中水电90万千瓦，火电180万千瓦。主要建成吉林桦甸白山水电站（90万千瓦）和辽宁锦州（60万千瓦）、黑龙江富拉尔基二厂（60万千瓦）等火电厂；建设内蒙古通辽（40万千瓦）和赤峰元宝山（60万千瓦）等火电厂。

3. 华东电网。建设总规模为609万千瓦，其中水电160万千瓦，火电449万千瓦。建成投产火电199万千瓦。主要建设福建闽清水口水电站（140万千瓦）；建设安徽淮南（洛河、平圩各60万千瓦）和淮北（40万千瓦）、山东肥城（60万千瓦）和邹县（60万千瓦）、江苏谏壁（60万千瓦）、浙江镇海等火电厂。

4. 华南电网。建设总规模为393万千瓦，其中水电281万千瓦，火电112万千瓦。建成投产97万千瓦，其中水电55万千瓦，火电42万千瓦。主要建设红水河天生桥坝索（80万千瓦）、广西巴马岩滩（110万千瓦）和都安大化等大型水电站；建设广东东莞沙角（60万千瓦）、广西合山等火电厂。

5. 华中电网。建设总规模为627万千瓦，其中水电467万千瓦，火电160万千瓦。建成投产194万千瓦，其中水电102万千瓦，火电92万千瓦。主要建设湖北宜昌葛洲坝（271万千瓦）、湖南资兴东江（50万千瓦）等大型水电站；建设河南平顶山姚孟（60万千瓦）、江西贵溪（50万千瓦）等火电厂。

6. 西南电网。建设总规模为396万千瓦，其中水电261万千瓦，火电135万千瓦。建成投产88万千瓦。其中水电63万千瓦，火电25万千瓦。主要建设四川铜街子（60万千瓦）、云南罗平黄泥河（66万千瓦）、贵州息峰乌江渡（63万千瓦）等大型水电站，建设四川重庆（40万千瓦）、贵州盘县（60万千瓦）、云南小龙潭等火电厂。

7. 陕甘青宁电网。建设总规模为358万千瓦，其中水电208万千瓦，火电150万千瓦。建成投产112万千瓦，其中火电80万千瓦，水电32万千瓦。主要建设陕西安康（80万千瓦）、青海共和龙羊峡（128万千瓦）大型水电站；建设陕西秦岭（80万千瓦）和宁夏大武口（40万千瓦）等火电厂。

8. 新疆。建设乌鲁木齐红雁池电厂，总规模15万千瓦，建成5万千瓦。

9. 西藏。建成羊八井地热电站，并对羊卓雍湖水电站进行勘察设计。

核电建设方面，建设30万千瓦核电站；同时在辽宁、华东、广东地区进行核电站前期勘察设计工作。

继续加强输变电工程建设。五年内建设50万伏超高压输变电工程5640公里，建成2700公里。根据我国煤炭和水力资源分布不匀的特点，研究超高压长距离送电和扩大电网的规划。

第五节　农村能源

“六五”期间，根据因地制宜、多能互补、综合利用、讲求实效的方针，努力搞好农村能源的合理使用和节约。

五年内，解决农村能源问题的主要措施是：

一、推广省柴、省煤的炉灶 2500 万个，使全国七分之一的农户采用这种炉灶。

二、在整顿现有 650 万个沼气池的基础上，稳步发展 350 万个新的沼气池。

三、新造薪炭林 5000 万亩。

四、整顿现有的小水电和农村电网，在有水力资源的农村多发展一些小水电。

五、根据资源条件和经济效益，积极搞好太阳能、风能以及地热的利用。

农村能源节约和开发所需的资金，除国家少量补助外，主要依靠地方、社队和农民集资来解决。

中华人民共和国国民经济和社会发展第七个五年计划(节选)

第六章　调整产业结构的方向和原则

（二）加快能源、原材料工业的发展，同时适当控制一般加工工业生产的增长，使能源、原材料工业同加工工业之间的比例关系逐步趋向协调。

第九章　能　源

坚持开发和节约并重的方针，集中必要的财力、物力，并在价格、税收、信贷等方面采取措施，加快能源的生产建设，大力降低能源消耗，争取使能源紧张状况逐步有所缓和，并为 90 年代经济的发展准备必要的后续能力。到 1990 年，全国一次能源生产总量达到 9.91 亿吨标准煤，比 1985 年增加 1.5 亿吨，平均每年增长 3.4%。五年内，全国共节约和少用能源 1 亿吨标准煤。

第一节　电力工业

电力的开发，是“七五”期间能源工业发展的中心环节。1990 年，全国发电量达到 5500 亿度，比 1985 年增加 1427 亿度，平均每年增长 6.2%。五年内，电站建设总规模为 6000 万—6500 万千瓦，其中水电 1880 万千瓦；竣工投产发电装机 3000 万—3500 万千瓦，其中水电 800 万千瓦。结转到“八五”期间的电站规模为 3000 万千瓦。“七五”期间，电力建设将从以下几方面展开：

（一）积极发展火电。在山西、内蒙古、黑龙江、安徽、山东、河南、贵州、陕西、甘肃、宁夏等主要煤炭产区，建设一批矿区电厂，向本地区和负荷中心送电。主要建成山西大同和神头、内蒙古通辽、黑龙江双鸭山、安徽平圩、山东石横、河南姚孟、甘肃靖远、宁夏大武口等电厂。在沿海地区，建设辽宁大连、江苏南通、浙江北仑港、福建福州、广东沙角等港口电厂。在用电负荷中心，建设天津军粮城、北京石景山、黑龙江哈尔滨三厂、河南焦作、四川重庆、江苏谏壁等电厂。同时一些大中城市和工业中心建设一批热电厂，在有煤运不出来的缺电地区，可以由地方自建少量凝气式小火电。

（二）大力开发水电。重点是继续开发黄河上游、长江中上游干支流和红水河流域水力资源，建设一批大型水电站；在东北、华东等地区，建设一批中型水电站。主要建成湖北葛洲坝、湖南东江、云南鲁布格、青海龙羊峡等水电站；建设福建水口、湖南五强溪、红水河天生桥坝索、广西岩滩、四川铜街子和宝珠寺、云南漫湾、青海李家峡等水电站。继续进行三峡水利枢纽工程的建设前期工作。同时积极扶持地方发展小水电。

（三）有重点、有步骤地建设核电站。续建广东核电站；建成浙江秦山核电站一期工程，并着手进行二期工程的建设。

（四）加强区域电网建设。在华北、东北、华东逐渐形成以 50 万伏为骨干的输电线路网架，并建成葛洲坝至上海 50 万伏直流输变电工程（1080 公里），实现华中与华东联网，将葛洲坝水电站的电力直接送往上海。同时，加强西北电网 33 万伏输电线路的建设。

实现电力建设计划的主要政策措施是：

1. 鼓励地方、部门和企业集资办电，实行“谁投资、谁用电、谁得利”的政策，用电权20年不变。各电网在分配用电指标时，不因集资办电而调减投资单位的原用电分配基数。

2. 逐步完善电价管理制度。在少数城市试行对高峰期和低谷期、水电站丰水期和枯水期的电量，实行不同的电价，发挥价格杠杆对电力供求的调节作用。

3. 对国家安排的电力基本建设，实行部门投资包干办法，水电部包发电量、包投资产容量、包建设规模、包建设进度。

4. 加强用电管理和电网调度，坚持按计划检修设备，使电力生产做到安全满发，使电力得到经济合理的分配和使用。

第二节　煤炭工业

1990年全国煤炭总产量达到10亿吨，比1985年增加1.5亿吨，平均每年增长3.3%。五年内，煤炭建设总规模为3.18亿吨，建成投产1.67亿吨，结转到“八五”时期1.51亿吨。主要是加快以山西为重点，包括内蒙古、河南、陕西西部以及宁夏自治区的煤炭基地的建设，同时抓好东北、华东地区老矿区的改建扩建。具体部署是：

华北地区，建设总规模11150万吨，建成投产7085万吨。主要建设山西晋城凤凰山矿、西山官地矿，河北开滦唐山矿和东欢坨矿，山西晋城成庄矿等。

东北、内蒙古东部地区，建设总规模6565万吨，建成投产3686万吨。主要建设内蒙古霍林河和伊敏河两个露天煤矿；新建辽宁铁法三台子一井、二井，黑龙江双鸭山东荣二井、三井等。

华东地区，建设总规模6296万吨，建成投产2626万吨。主要新建山东济宁二井、三井，安徽淮南谢李深部井和淮北许町矿等。

中南地区建设总规模为2026万吨，西南地区为1050万吨，西北地区为1665万吨。

加快煤炭工业发展的主要政策措施是：

1. 对统配煤矿实行投入产出总承包，鼓励煤矿分挖掘生产潜力，以较少的投入取得较多的产出。1990年，统配矿原煤产量达到5亿吨，比1985年增加8328万吨。

2. 把煤矿建设重点放到现有矿井技术改造和改扩建上，提高投资效果。五年内，安排改扩建井开工规模4910万吨，占全国开工总规模的32.6%。新井建设继续实行大中小并举，以中小为主。

3. 鼓励地方、部门集资办煤矿。

4. 煤炭部拿出一部分基本建设投资，择优扶持一批地方中小煤矿的建设。

5. 依靠技术进步，提高煤矿生产效率和资源回收率，并实现安全生产。

第三节　石油工业

1990年全国原油产量达到1.5亿吨，比1985年增加2500万吨，平均每增长3.7%；天然气产量达到150亿立方米，比1985年增加21.4亿立方米，平均每年增长3.1%。五年内完成钻井进尺6000万米，新增原油开采能力6000万吨，新增天然气开采能力30亿立方米。

加快石油、天然气勘探开发的主要政策措施是：

1. 继续实行原油产量递增包干。按照规定上交国家以外的超产油和节约用油，作为石油工业的勘探开发资金。

2. 搞好老油田的完善配套和改建扩建。对大庆、胜利、华北、辽河等主要油田，采用先进技术和有效措施，控制和减缓原油综合递减率，提高开发效果。同时，积极开发稠油和低产油田，充分挖掘石油资源潜力，努力增加产量。

3. 积极引进、吸收国外先进的管理经验和技术，特别是总结和推广上海对外合作开发的经验。加强陆上油气勘探和开发的科研和管理工作。积极进行油气藏形成、分布规律的综合研究和资源评价。努力提高地震勘探、数据处理技术及测井技术。

4. 加强天然气的勘探和开发，逐步改变油气发展不平衡的状况。搞好油气的综合利用，提高资源利用率。

第四节　能源节约和压缩烧油

（一）能源节约

1. 进一步推动节能的技术改造。重点是：热电结合、集中供热，改造工业锅炉，提高供热系统效率；改造量大面广能耗高的工业窑炉和机电设备；回收各种放散可燃气体，发展城市煤气；搞好冶金、化工、建材、石油、石化、轻纺等行业的工艺能技术改造，合理利用能源；积极推广省能机电产品，推动合理用电和节约用电。五年内，国家建设一批骨干节能项目以及技术先进、节能效果和经济效益好、有普遍推广意义的示范项目。地区、部门和企业的折旧资金，要有一定比例用于节能技术改造和设备更新。

2. 继续加强能源使用的管理工作。各有关部门和企业都要认真贯彻执行《节约能源管理暂行条例》，做好各项基础工作，逐步做到节能管理科学化、经常化。

3. 发挥经济杠杆的作用。建立和健全能源择优供应、超用加价、节能奖励、省能机电产品优质优价等办法。对地方、部门和企业用自有资金进行建设的纳入国家计划的节能基本建设项目，国家按建设规模给以不同的定额投资。对社会效益好、但企业受益小的节能基本建设项目，对信贷计划内用于节能的贷款，实行优惠政策。

4. 加强节能应用科研工作，加快量大面广和节能效益显著的节能新工艺、新技术、新设备、新材料的试验和推广。

5. 继续调整行业结构、企业结构和产品结构，进一步减少能源的使用。

（二）压缩烧油

以煤代油，改变能源消费结构，是国家的一项重要能源政策，也是合理利用能源的一个重要方面。“七五”期间，要在“六五”期间压缩烧油1000万吨的基础上，再压缩烧油1000多万吨，实现十年压缩烧油2000万吨的目标。1990年全国烧油量占原油产量的比重，由1980年的40%下降为18%左右。

“七五”期间，国家共安排煤代油基本建设投资150亿元，重点用于能源交通建设。五年内，建成煤代油发电机组500万千瓦，新增加采煤能力3900万吨，重油加工能力690万吨、港口吞吐能力640万吨，并对若干条铁路进行电气化改造。继续贯彻执行国务院确定的油改煤的有关方针、政策，保证以煤代油专用资金的稳定来源。改进以煤代油的工作，变管理型为经营型，提高经济效益。

第五节　农村能源

继续贯彻因地制宜、多能互补、综合利用、讲求实效的方针，努力搞好农村能源的合理使用和节约。积极推广省柴、节煤炉灶，稳步发展农户用沼气池，大力营造薪炭林。在资源条件比较好的地区，多发展一些小水电，并积极搞好太阳能、风能、地热等新能源的开发利用。

农村能源节约和开发所需的资金，除国家在科研、试点、示范等工作中给予少量补助，银行适当安排一些贷款给予支持外，主要靠地方、乡镇和农民集资解决。

中华人民共和国国民经济和社会发展十年规划和第八个五年计划纲要(节选)

一、1991—2000年的主要目标和指导方针

加强能源、交通、通信、重要原材料和水利等基地工业和基础设施的建设，同时积极改组改造和提高加工工业，使基础工业和基础设施与加工工业长期失调的状况基本得到扭转。要对基础工业和基础设施实行适度的投资倾斜政策，坚持开发与节约并重的方针，在搞好现有企业填平补齐、挖潜改造的同时，有计划地新建、扩建和改建一批大中型电站(包括水电、火电和核电)、煤矿、油田、铁路和公路干线、港口、机场、通信干线、水利等骨干工程，以及冶金、化工项目。到2000年，原煤产量达到14亿吨左右，原油产量有较大增长，发电量达到11000亿千瓦时左右，钢产量达到8000万吨以上，乙烯产量达到300万吨左右，化肥产量达到1.2亿吨左右(标准肥)，铁路货运量达到19亿吨左右。切实加强地质勘查工作，使之与基础工业和基础设施的发展相适应。

三、“八五”期间主要经济部门发展的任务和政策

能源工业坚持开发与节约并重的方针，把节约放在突出位置。1995年，全国一次能源生产总量达到11.72亿吨标准煤，比1990年增加1.32亿吨，平均每年增长2.4%。五年内，全国共节约和少用能源1亿吨标准煤。

煤炭。加快统配煤矿的建设，同时促进地方矿、乡镇矿的改造和提高。1995年煤炭产量达到12.3亿吨，比1990年增加1.5亿吨。建设的重点是，继续建设内蒙古霍林河、伊敬、元宝山、准格尔等大型露天矿，建设大同矿区、神府东胜矿区以及东北地区的铁法、双鸭山矿区和华东、中南地区的兖州、淮南、永城矿区等一批在建项目；新开工建设陕西黄陵矿区、宁夏灵武矿区和山西平朔安家岭露天矿区等项目。同时，加强现有煤矿的技术改造，提高煤炭生产机械化程度。

电力。实行因地制宜、水火电并举和适当发展核电的方针。要重视水电建设，认真贯彻大中小相结合、梯级开发和综合利用的方针。要在水力资源丰富的黄河上游、长江干支流和红水河流域加快水电的开发。火电建设，积极建设矿区电厂、沿海沿江港口电厂、铁路沿线和负荷中心电厂，并积极发展热电联产。五年内，重点建设四川二滩、广西岩滩、云南漫湾、湖北隔河岩、湖南五强溪、西藏羊卓雍湖、青海李家峡等水电站，以及伊敏、元宝山、绥中、上海外高桥、常熟等火电厂和秦山核电二期工程。在安排好电源建设的向时，搞好电网工程的建设。努力加强农村电力建设。1995年，发电量达到8100亿千瓦时，比1990年增加1920亿千瓦时。

石油和天然气。石油，贯彻稳住东部地区、发展西部地区的方针。重点抓好大庆、胜利、辽河等全力油田的勘探和开发，保证东部地区原油的稳定增产。集中力量加强以塔里木为重点的西部地区的油气资源勘探和开发，并积极创造运输条件，努力增加产量。同时，积极进行海上和极浅海、滩涂地区油气田的勘探和开发。天然气的生产建设，要以四川地区为重点，并进一步加强陕甘宁盆地、河南中原地区、东北松辽盆地和南海海域等地区的勘探与开发。1995年，全国原油产量达到1.45亿吨(其中海上500万吨)，比1990年增加700万吨。天然气产量达到200亿立方米，比1990年增加48亿立方米。

五、“八五”期间科学技术、教育发展的任务和政策

(2) 资源勘探，主要是塔里木盆地油气资源的系统研究，东海气田的勘探研究，西南金沙江、怒江和澜沧江上游以及新疆地区有色金属后续资源基地的研究等。

(3) 大型成套设备研制，主要是2000万吨级大型露天矿成套设备，60万千瓦核电机组，50万伏直流输变电成套设备，重载列车成套设备，30万吨乙烯成套设备等。

(4) 能源技术，主要是东部油气田的稳产高产技术体系，煤炭综合开采和安全生产技术体系，煤炭清洁燃烧技术，水电使用的新坝型和筑坝技术，200兆瓦核供热堆工程技术，以及节约能源新技术等。

中华人民共和国国民经济和社会发展“九五”计划和2010年远景目标纲要(节选)

四、保持国民经济持续快速健康发展

(二) 继续加强基础设施和基础工业

基础设施和基础工业建设，要统筹规划，合理布局，突出重点，兼顾一般，集中力量有计划地建设一批重点骨干工程，避免盲目发展和重复建设。

1. 能源工业

能源工业要适应国民经济增长的需要，逐步缓解瓶颈制约。2000年，全国一次能源生产总量由1995年的12.4亿吨标准煤增加到13.5亿吨标准煤。

坚持节约与开发并举，把节约放在首位；大力调整能源生产和消费结构；推广先进技术，提高能源生产效率；坚持能源开发与环境治理同步进行，继续理顺能源产品价格。

能源建设以电力为中心，以煤炭为基础，加强石油天然气的资源勘探和开发，积极发展新能源。

（1）电力。坚持开发与节约并重，依靠技术进步，提高电能利用效率。继续贯彻政企分开、省为实体、联合电网、统一调度、集资办电的方针。贯彻因地制宜、水火并举、适当发展核电的方针，同步发展电网，加快城乡电网改造和建设。

积极发展坑口电站，变输煤为输电。火电发展要与环境保护紧密结合，加快开发煤炭洁净技术，推广应用烟气脱硫技术。积极研究和应用远距离超高压输变电技术，促进水电西电东送和坑口电站跨区送电。水电要实行流域梯级滚动开发，大中小结合、高低水头并举、综合利用的原则。积极发展风能、海洋能、地热能等新能源发电。加强电源结构调整，限制小火电发展。从“九五”开始，新建火电厂一般都要使用单机容量在30万千瓦以上的高参数、高效率机组。

“九五”期间每年新增发电装机密量1600万千瓦，发电量年均增长7%左右。2000年全国发电装机总容量达到2.9亿千瓦，发电量1.4万亿千瓦时。

（2）煤炭。贯彻执行中央和地方并举、大中小结合的方针，在保持合理开发强度的前提下，稳定东部煤炭产量，重点加速山西、陕西、内蒙古煤炭开发，积极建设一批用人少、效率高、效益好的骨干矿井。国有煤矿要努力提高经济效益，转换经营机制，依靠技术进步增加产量和提高效益，结合矿区的资源条件，发展多种经营，搞好综合开发出现有矿区实行分类指导，对乡镇煤矿要采取扶持、改造、整顿、联合、提高的方针，实现正规合理开发，走上有序健康发展的轨道。2000年，煤炭产量达到14亿吨左右。

（3）石油天然气。加强资源勘探，增加后备储量，保持石油天然气稳步增产，并利用部分国外资源。陆上坚持“稳住东部、发展西部、油气并举、扩大开放”的方针。海上实行“继续开放、扩大自营、油气并举、稳步提高”的方针。五年新增石油探明储量38亿吨，天然气探明储量8000亿立方米。2000年，原油产量达到1.55亿吨，天然气产量250亿立方米。改造和完善现有原油、天然气管道网络，建设新的油气输送管线。加强石油储备。

（4）能源节约和农村能源开发。加强节能立法和执法监督，制定节能标准和规范，强制淘汰高耗低效产品，大力推广高效节能产品。重点对冶金、有色、化工、建材及交通等行业进行节能技术改造。

加快农村能源商品化进程，推广省柴、节煤炉灶和民用型煤，形成产业和完善服务体系。因地制宜，大力发展小型水电、风能、太阳能、地热能、生物质能。

中华人民共和国国民经济和社会发展第十个五年计划纲要（节选）

第二篇　经济结构

第七章　加强基础设施建设，改善布局和结构

第三节　优化能源结构

能源建设要发挥资源优势，优化能源结构，提高利用效率，加强环境保护。以煤炭为基础能源，提高优质煤比重。推进大型煤矿改造，建设高产高效矿井，开发煤层气资源。加大洁净煤技术研究开发力度，通过示范广泛推广使用。实行油气并举，加快天然气勘探、开发和利用，统筹生产基地、输送管线和用气工程建设，引进国外天然气，提高天然气消费比重。开发燃料酒精等石油替代产品，采取措施节约石油消耗。加强石油资源勘探，合理开发石油资源，努力发展海洋石油。积极利用国外资源，建立海外石油、天然气供应基地，实行石油进口多元化。建立国家石油战略储备，维护国家能源安全。加强城乡电网建设和改造，建设西

电东送的北、中、南三条通道，推进全国联网。进一步调整电源结构，充分利用现有发电能力，积极发展水电、坑口大机组火电，压缩小火电，适度发展核电，鼓励热电联产和综合利用发电。开工建设龙滩、小湾、水布垭、构皮滩、三板溪、公伯峡、瀑布沟等大型水电站，抓紧长江上游溪洛渡或向家坝水电站开发的前期论证工作。在山西、陕西、内蒙古、宁夏、贵州、云南建大型坑口电站。深化电力体制改革，逐步实行厂网分开、竞价上网，健全电价形成机制。积极发展风能、太阳能、地热等新能源和可再生能源。推广能源节约和综合利用技术。

第三章

“十五”能源专项规划

国民经济和社会发展第十个五年计划能源发展重点专项规划

国务院

（2001 年 10 月 18 日）

前　言

能源是国民经济的基础产业，对经济持续快速健康发展和人民生活的改善发挥着十分重要的促进与保障作用。继续加强能源、交通等基础设施建设是国民经济和社会发展“十五”计划的重要内容。我国是能源生产和消费大国，面对新世纪，如何保持能源、经济和环境的可持续发展是我们面临的一个重大战略问题。

本规划是国民经济和社会发展“十五”计划的重要组成部分，是落实加强能源基础设施建设、调整能源结构的重点专项规划，是指导“十五”能源发展的纲领性文件。本规划内容包括发展现状和未来形势的分析、“十五”发展战略和目标、发展重点以及政策措施。

一、能源发展现状及“十五”面临的形势

（一）能源发展取得了巨大成就

经过五十年，特别是改革开放以来的快速发展，我国能源建设取得了巨大成就，长期困扰国民经济和社会发展的能源“瓶颈”制约大大缓解，实现了历史性的跨越，基本适应了当前国民经济和社会发展的需要。

1. 能源产量迅速增加。2000 年全国一次能源生产量预计为 10.89 亿吨标准煤，居世界第三位。

原煤产量1996年曾达到13.97亿吨，国家对小煤窑进行压产后，2000年的产量为9.98亿吨；原油、天然气产量分别由1990年的1.38亿吨和153亿立方米增加到2000年的1.63亿吨和270亿立方米；发电量由1990年的6212亿千瓦时上升到2000年的13500亿千瓦时，其中水电由1990年的1267亿千瓦时上升到2000年的2400亿千瓦时。核电从无到有，2000年核电发电量164亿千瓦时；太阳能、风能、地热等新能源的生产能力也有不同程度的提高。能源产量的迅速增长，使我国能源供需矛盾总体上趋于缓和。

2. 能源结构不断优化。在一次能源消费总量中，煤炭消费量所占比重由1990年的76.2%降为2000年的61.03%；石油、天然气和水电等的比重逐步提高，由1990年的23.8%上升为2000年的38.97%。在一次能源生产总量中，石油、天然气和水电生产量所占比重由1990年的19.0%、2.0%、4.8%上升为2000年的20.94%、3.3%和9.64%，新能源和可再生能源发展迅速，优质能源生产比重有所提高。能源结构的调整，为提高我国能源质量和能源利用效率以及改善大气环境等做出了一定的贡献。

3. 能源工业重大项目建设进展顺利。“九五”时期我国煤炭工业基本建设速度虽然较“八五”时期放缓，但仍然开工建设了山西平朔安家岭1500万吨大型露天煤矿等一批矿井；天然气建设步伐加快，投产了南海崖城13－1气田及至香港管线，陕甘宁气田及至北京、西安、银川管线等项目；电力建设继续保持较快增长，长江三峡水电站建设进展顺利，四川二滩水电站投产，城乡电网建设和改造大规模展开；以国产化率不断提高的大型风力发电机组为依托的“乘风计划”和为解决偏远地区无电人口用电问题的“光明工程”都取得了初步进展。

4. 现代化程度进一步提高，技术水平不断迈上新台阶。

煤炭工业已具备设计、施工、装备及管理千万吨级露天煤矿和大中型矿区的能力。综合机械化采煤和运输设备以及强力胶带输送机等现代化成套设备大量使用，并拥有世界先进水平的年产500万吨以上的工作面。

石油工业已形成从科学研究、勘探开发、地面工程建设到装备制造的完整体系。复杂断块油气勘探、油田早期注水分层开采、高含水油田稳油控水开发、聚合物驱提高采收率、复杂断块油田滚动勘探开发等技术达到国际领先水平。原油加工技术水平也在不断提高。

电力工业已基本掌握60万千瓦亚临界火电机组和500千伏交直流输变电工程的设计、施工、调试及运行技术；具备了修筑240米双曲拱坝、180米级各类大坝及施工大型抽水蓄能电站的能力；电网运行初步实现了自动化、现代化管理。我国电力工业发展进入了以大机组、大电厂、大电网、超高压和自动化为主要特征的新阶段。

能源工业现代化水平的提高，不仅为社会经济发展提供了能源保证，而且有力地带动了国内机械制造、电子工业等相关产业的发展，为民族工业进步做出了贡献。

5. 能源工业管理体制改革取得不同程度的进展。

煤炭工业将九十四个原国有重点煤矿以及企事业单位全部下放地方政府管理。煤价基本放开，煤炭生产、运输和销售全面进入了市场。煤炭工业企业改革取得进展，国有重点煤矿以建立现代企业制度为目标的公司制改革已经全面展开，一批企业完成了公司制改造。国有煤炭企业关闭破产工作开始实施。

石油天然气工业重组了石油、石化两大公司，实行勘探开发、加工利用、内外贸一体化，两大公司核心业务和非核心业务进行分离，并成功地在海外上市。原油、成品油价格实现了与国际市场的接轨。

电力工业初步实现了政企分开，确立了“厂网分开、竞价上网、国家监管”的改革目标，并在部分省市进行改革试点。

通过改革，中国能源行业市场化程度进一步提高，市场机制的作用越来越明显，管理体制和价格体制逐步与国际接轨，为今后发展创造了条件。

6. 节能工作成绩显著。在“开发与节约并举，把节约放在首位”方针指导下，我国节能工作取得了巨大成就。“九五”时期，万元国内生产总值能耗下降了30%，预计由1995年的3.97吨标准煤下降到2000年的2.77吨标准煤；年节能率达到7.2%，节能率居世界前列，节约和少用能源4.1亿吨标准煤左右。

（二）能源发展中仍存在许多亟待解决的问题

我国能源发展虽然获得了长足进步，成为世界能源生产和消费大国，但仍存在着许多深层次的问题，有些矛盾在新的形势下显得更加突出。

1. 随着能源供求总量矛盾的缓和，结构性问题上升为主要矛盾，成为制约能源工业进一步发展的关键因素。

能源品种结构不合理，优质能源供应不足。由于长期能源紧张的历史状况，造成了能源工业发展"重能力增长，忽视质量结构优化"的倾向。煤炭在一次能源结构中所占比重过高，特别是煤炭直接用于终端消费的比例过大；石油受资源条件限制，近年来产量徘徊不前，国内供需缺口越来越大，1993年起我国由石油净出口国转变为净进口国；天然气在能源结构中所占比重过低；水电开发程度低，只有18.5%，西部丰富的水能资源尚未得到充分利用；煤层气、风能和太阳能发电等清洁能源刚刚起步，其地位和作用尚未得到应有的重视。

能源行业内部发展不平衡，结构失调。煤炭工业采掘能力很大，但洗选、型煤、配煤和水煤浆等发展缓慢。石油工业新增可采储量无法满足产量增长的需要，储采比下降。天然气探明储量增长较快，但下游市场开发缓慢，生产及输送管道能力不能充分发挥。电力工业发电、输电和配电结构矛盾突出，高压输电网发展滞后于电源建设，导致网架结构弱、输电能力不足、运行可靠性低；城乡配电网建设滞后，制约了生产用电的合理增长，影响了居民生活水平的提高；小火电无序发展，火电设备单机容量过小，造成能源效率低下。

2. 能源工业技术水平有待进一步提高。尽管我国能源工业现代化程度比过去有了显著的提高，但与国际先进水平相比还有很大的差距。特别是鉴于我国以煤为主的能源资源特点，洁净煤技术开发和应用落后的问题显得尤为突出。如煤层气地面开采、大型循环流化床锅炉、加压流化床锅炉及煤气化整体联合循环发电技术等刚刚起步，急需加快开发利用步伐。

3. 能源工业管理体制还远远不能适应完善社会主义市场经济体制的总体要求，改革的任务仍然十分艰巨。国有煤炭企业历史形成的人员多、包袱重、效率低和竞争力差的问题依然存在，现代企业制度的运行机制尚未真正确立。石油天然气工业独家垄断的格局虽然已经打破，但竞争机制还远未形成。电力工业垄断体制没有打破，地方和行业保护主义造成的市场壁垒还十分严重，公平竞争难以实现，电力资源得不到合理配置。另外，在管理方面，电价过高且管理混乱，层层加价收费等现象还没有完全纠正，电力紧张时期制定的一些限制和惩罚用电的措施还没有及时改变，抑制了电力市场的开拓。

4. 节能提效工作亟待加强。尽管节能工作取得了很大成绩，但必须看到：我国能源生产和利用效率、效益与世界先进水平相比还存在着较大差距，高耗能产品能源单耗比发达国家平均水平高40%左右，单位产值能耗是世界平均水平的2.3倍。而目前节能提效工作在思想观念、政策引导和宏观管理等方面还比较薄弱，难以适应可持续发展战略的要求。

（三）"十五"能源发展面临的形势

1. 经济全球化趋势，特别是加入WTO将给我国能源发展带来新的机遇和挑战。和平与发展仍是时代的主流，为我们利用国际能源资源和市场提供了更多的机会，随着我国加入WTO，开拓海外能源市场的外部阻力会逐步减小，发展的机遇增多、空间扩大。同时，随着我国进口石油数量的不断增加，国际突发事件和国际石油市场的剧烈波动对我国石油的安全供应将产生重大影响。此外，随着国内市场的进一步开放，我国能源勘探、设计、生产、设备制造和服务等方面的企业将承受更大的国外竞争压力。

2. 国民经济变化趋势将对能源发展产生重大影响。随着经济增长和人民生活水平的不断提高，预计"十五"期间，我国能源需求总量将稳定上升；另一方面，由于今后经济增长的主要方式是结构调整和技术进步。所以，未来一段时期，能源需求弹性系数将处于较低水平，预计"十五"期间为0.4左右，我国能源需求增长的压力相对减小，为能源结构的调整提供了较大空间。

3. 实施可持续发展战略对能源发展提出了更高的要求。长期以来，粗放型的增长方式使能源发展与保护环境、资源之间的矛盾日益尖锐。未来能源发展中，如何充分利用天然气、水电、核电等清洁能源，加快新能源与可再生能源开发，推广应用洁净煤技术，逐步降低用于终端消费煤炭的比重，实现能源、经济、环境的可持续发展将是“十五”能源发展面临的重要选择。

二、“十五”能源发展的战略和主要目标

（一）“十五”能源发展战略

“十五”期间我国综合国力进一步增强，社会主义市场经济体制将更加完善，产业结构不断升级，科技创新和体制创新对社会经济发展的贡献加大。与国民经济和社会发展相适应，“十五”能源发展战略是：“在保障能源安全的前提下，把优化能源结构作为能源工作的重中之重，努力提高能源效率、保护生态环境，加快西部开发。”

保障能源安全：能源安全是国家经济安全的重要组成部分。根据我国的具体国情，从发挥资源优势的原则出发，在“十五”乃至更长的历史时期内，必须继续坚持基本立足国内供应的方针，煤炭作为能源主体的地位不会发生变化。在此基础上，“十五”期间应积极贯彻“走出去”战略，充分重视建立与国力相适应的石油战略储备，实现进口能源渠道多元化，开发石油替代和节约技术，保证油气供应。

优化能源结构：面对经济结构调整和人民生活水平提高对清洁能源的迫切要求，必须充分利用国内、国际“两种资源、两个市场”，优化我国一次能源结构，提高天然气和水电等清洁、高效的优质能源的比重，减少煤炭终端消费的数量。同时，要抓住能源供应缓和的历史机遇，不失时机地推进能源各行业的结构调整工作，实现均衡发展，提高能源工业总体发展水平。

提高能源效率：针对我国能源利用效率低、人均资源贫乏的现实，要在继续坚持合理利用资源的同时，把提高能源效率放到重要位置，加大产业结构调整力度，推进技术进步，发挥市场作用，促进提高能源效率。

保护生态环境：面对我国生态环境恶化、能源发展对大气环境带来的负面影响，必须开发清洁能源，大力发展洁净煤技术，避免和减少能源开发利用引起的环境污染，促进能源、经济与环境的协调发展。

加快西部开发：结合国家西部大开发战略，充分发挥西部能源资源优势，在有利于带动当地经济和社会发展的前提下，积极推进“西气东输”、“西电东送”和“光明工程”等的实施。

分行业发展方针是：

煤炭工业：大力调整煤炭工业结构，加快开发和推广应用洁净煤技术，调整煤炭建设布局，加大煤层气开发力度，提高煤炭工业整体素质，积极扩大煤炭出口。

大力调整煤炭工业结构：调整生产企业结构，继续关闭非法开采和布局不合理以及资源浪费严重、缺乏安全生产条件的小煤矿，破产一批资源枯竭、扭亏无望的煤矿，充分发挥大矿生产能力；调整产品结构，积极发展煤炭深加工与非煤产业，限制和淘汰高灰高硫煤炭生产。

加快开发和推广应用洁净煤技术：通过大力发展煤炭洗选、型煤、动力配煤、水煤浆、煤炭气化和液化等洁净煤技术，逐步提高煤炭清洁利用水平和利用效率，从而更好地保护环境，走可持续发展道路。特别需要强调的是，要把推动煤炭液化技术产业化，开发石油替代资源作为“十五”乃至更长时期的一项战略任务抓紧抓好。

调整煤炭建设布局：坚持以经济效益为中心，以市场为导向，利用关闭非法和布局不合理小煤矿，关闭资源枯竭、扭亏无望和高硫煤矿所腾出的市场空间，重点安排好有效益的在建项目。考虑到煤矿建设周期长，为保证“十一五”及以后的煤炭供应，同时防止小煤窑的再度扩张，要适时开工建设一些资源条件优越、预期经济效益高的能力接续和人员安置型项目，以改善老矿区的经济效益，维护矿区社会稳定。

加大煤层气开发力度：增加煤层气资源勘探开发投入，积极扩大对外合作，建立和完善支持煤层气发展的产业政策，使煤层气开发有较大的突破，初步形成新兴的煤层气产业。

全面提高煤炭工业整体素质：通过大规模的资产重组、联合以及技术改造提高单井规模、技术装备水平和管理水平。

积极扩大煤炭出口：努力保持现有出口规模和稳定传统用户，大力开拓新的国际市场，增加煤炭出口。

石油天然气工业：加强勘探、经济开发、油气并举、扩大开放、建立储备。

加强勘探：继续加大石油天然气勘探工作力度，保证石油天然气探明储量的持续增长，为石油天然气工业发展奠定良好的资源基础。

经济开发：加强管理，运用新技术，降低成本。对新油气田开发要优化总体开发方案，加强技术经济论证，切实把“以经济效益为中心”的原则落到实处。

油气并举：在继续加强石油勘探开发的同时，进一步加大天然气勘探开发力度，增加天然气探明储量和产量；同步加快输气管道和下游利用项目建设及市场开拓工作。

扩大开放：继续扩大石油天然气对外合作，吸引外资来我国进行风险勘探和合作开发；同时，积极稳妥地推进海外石油天然气开发和进口石油天然气工作，逐步形成“两种资源、两个市场”的战略格局。

建立储备：为保证石油安全供应、提高政府调控国内石油市场的能力，要加快建立国家石油储备制度，逐步形成我国完备的石油储备体系。“十五”期间要争取建成一定规模的国家战略储备能力，同时，鼓励企业扩大储备。另外，油气进口要做到方式多样化、地域多元化，提高抗风险能力。

电力工业：加快体制改革，重点加强电网建设，积极发展水电，优化火电结构，适当发展核电，因地制宜发展新能源发电。

加快体制改革：从中国国情出发，借鉴国外成功经验，引入竞争机制，由市场配置资源，由供需决定价格。进一步加快体制创新步伐，为电力工业乃至整个国民经济的发展注入新的活力。

重点加强电网建设：“十五”期间，在继续安排好农网城网建设的同时，集中力量做好以下工作：一是抓紧建设北、中、南三个输电通道，形成“西电东送”的基本格局；二是重点发展跨省、跨地区输电线路，积极推进区域电网互联和全国联网进程，初步完成不同来水特点流域电网之间、不同峰谷时段电网之间的联系，实现电量补偿调度，装机互为备用，提高供电质量，优化电力资源配置；三是加强区域内主干电网建设；四是同步建设电网二次系统。

积极发展水电：水电是清洁的可再生能源，在水能资源丰富的中西部地区，根据西部大开发和电源结构调整的需要，优先安排调节性能好、水能指标优越的大中型水电站和流域综合开发项目的建设；在电网供电能力不足的地区，因地制宜开发小型水电站；在水能资源缺乏、电网调峰困难的地区安排一些抽水蓄能电站的建设。

优化火电结构：根据我国以煤为主的电力结构特点，“十五”期间要高度重视火电结构调整工作。首先有计划按步骤地关停超过经济寿命的小火电，提高大机组的比重。第二，推进超临界国产化、洁净煤发电示范工程建设，以促进电力产业技术升级；第三，对已运行的燃煤机组逐步安装环保设施，减少对大气的污染；第四，在有条件的地区，根据天然气资源的开发进展，适当建设天然气发电项目；第五，在缺水地区，研究启动大型空冷机组试点工程。

适当发展核电、加快核电国产化：充分利用我国已经形成的核电设计、制造、建设和运营能力，以我为主、中外合作，以有竞争力的电价为目标，实现核电国产化。同时，积极支持我国自行开发新一代核电站工作，为“十一五”及以后核电的发展奠定基础。新能源和可再生能源：把新能源开发当作实施能源工业可持续发展的长远战略，在资源条件好、具备并网条件的地区，发展大型并网风力发电、太阳能热利用、太阳能光伏发电等。同时，以“乘风计划”为龙头，通过多种方式引进国外先进技术，努力实现风电设备国产化并形成产业。

继续加快农村能源商品化进程，在资源条件具备的地区，特别是偏远地区，大力推广太阳能光伏发电、风柴蓄独立供电系统和生物质能转化、地热、小水电、薪炭林等。

能效：“十五”期间，要在继续坚持合理使用资源的同时，把工作重点放到提高能源生产和消费效率，从而促进经济增长和提高人民生活水平上来。要不断完善节能提效法规体系建设，加强执法监督；制定能效标准和规范，强制淘汰高耗低效产品，大力推广高效节能产品；重点抓好高耗能产业和产品的节能工作，系统更新落后的高耗能装备。特别需要强调的是，要把节约石油作为一项战略任务抓紧抓好，采取各种措施，抑制不合理的石油消费。

（二）“十五”能源发展的主要目标及2010年远景设想

1.“十五”能源发展的主要目标

在能源总量基本满足国民经济和社会发展需要的前提下，能源结构调整取得明显进展；能源效率、效益进一步提高；初步建立起与社会主义市场经济体制相适应的能源管理体制；逐步形成具有国际竞争能力的能源设计、装备制造、建设和运营体系；中西部能源开发取得明显进展。

预计到2005年，全国一次能源生产量达到13.2亿吨标准煤，比2000年增加2.28亿吨标准煤。其中煤炭11.7亿吨，增加约1.72亿吨，年均增长3.23%；石油1.65亿吨，与2000年基本持平；天然气500亿立方米，增加230亿立方米，年均增长13.19%；水电3558亿千瓦时，增加1158亿千瓦时，年均增长8.38%；核电等600亿千瓦时，增加436亿千瓦时，年均增长29.67%。

到2005年，全国发电装机达到3.7亿千瓦、年发电量17300亿千瓦时，年均增长速度分别为3.2%和5.08%。

能源结构　2005年与2000年相比，煤炭在一次能源消费中的比重下降3.88个百分点；天然气、水电等清洁能源比例达到17.88%，提高约5.6个百分点。

煤炭结构　到2005年全国原煤入选率达到50%，比2000年预计提高20个百分点。

石油天然气结构　到2005年，力争使石油储采比稳中有升；天然气市场开发取得显著进展，使上游生产和输送能力基本上得到发挥。

电力结构　发输配比例趋于合理，农网、城网的建设与改造基本完成，跨区送电以及区域电网互联取得明显进展。在发电环节，水电、气电、核电和洁净煤发电等清洁电力在总装机容量的比重达到31%，比“九五”末提高5个百分点。火电装机中，完成对超期服役，特别是单机容量5万千瓦及以下凝汽常规燃煤、燃油机组的关停工作，争取“十五”期间完成1420万千瓦的关停目标，使30万千瓦及以上的大机组占总装机容量的比例由2000年的38%，提高到“十五”末的50%左右，使每千瓦时供电煤耗从2000年的394克标准煤，减少到2005年的380克标准煤。

能源效率、效益　到2005年全国能源效率达到36%，比1997年提高4个百分点。“十五”期间，单位产值能耗下降15%—17%，总节能量3.0亿—3.4亿吨标准煤，相当于减排二氧化碳(以碳计算)1.5亿吨左右。

体制改革　到2005年，电力工业在“政企分开”的基础上，基本实现“厂网分开、竞价上网、国家监管”体制；煤炭、石油天然气企业基本完成向以“产权清晰、权责明确、政企分开、管理科学”为主要特征的现代企业制度的过渡。

中西部开发　“十五”期间要结合西部大开发的总体部署，制定西部能源发展专项规划。力争在“西部油气基地”和“西部电力基地”建设方面取得明显进展；同时，结合资源条件，通过大力发展小水电、风力及太阳能发电，基本解决偏远贫困农村无电乡镇用电问题。

2.2010年能源发展远景设想

在“十五”发展的基础上，到2010年，我国能源工业在充分满足国民经济和社会发展需要的基础上，能源结构调整将取得历史性进步；能源效率、效益达到90年代国际先进水平；基本形成具有国际竞争能力的能源设计、制造、建设和运营体系；与社会主义市场经济体制相适应的能源工业管理体制更加完善，实现能源、经济和环境的协调发展。

三、“十五”能源发展重点

(一)煤炭

煤矿建设　按照产需基本平衡的原则，“十五”期间煤矿建设的主要考虑是：对保留的小煤矿进行技术改造，使其上规模、上档次。重点建设好在建大中型煤矿项目，抓好神府东胜、平朔、平顶山和盘江等6455万吨续建煤矿项目的建设，使其尽快建成投产。对现有大中型煤矿中部分资源较丰富、煤质优良的矿井，实施技术改造。预计“十五”期间，续建煤矿全部建成投产和部分现有煤矿经过改造后，2005年大中型煤矿生产能力可达到9亿吨左右。

考虑到煤矿建设周期较长和“十五”后期部分煤矿将出现衰老报废的因素，为了满足“十一五”及以后的煤炭增长需求，增强煤炭工业发展后劲，“十五”期间要切实做好一批大中型项目的前期准备工作，适时开工建设一批有市场、经济效益好的能力接续和人员安置型矿井。初步安排重点准备适时开发的大中型煤矿项目8505万吨，主要分布在山西、内蒙、陕西、河南、贵州、黑龙江、安徽和山东等省区。

选煤厂建设　按照市场需求情况，“十五”期间，初步考虑在山西、陕西、山东、内蒙、河南、安徽和云南等煤炭生产大省安排建设选煤厂40座，能力1亿吨左右。同时，对现有的部分选煤厂进行技术改造，扩大原煤入洗比例，以适应煤炭市场需求。

洁净煤技术开发“十五”期间应对先进的洁净煤技术抓好典型示范，作好技术储备及商业化推广。根据项目前期工作进度和技术经济条件，“十五”时期初步考虑建设陕西神东、云南先锋和黑龙江依兰等煤炭液化工厂，同时还要在辽宁抚顺、河南鹤壁、甘肃华亭和山东新汶等建设煤炭地下气化示范工程。

此外，根据资源和市场情况，“十五”期间，重点开发建设辽宁抚顺、铁法矿区，山西沁水、河东煤田，以及安徽两淮煤田等18个煤层气项目，力争地面抽取煤层气产量达到30亿立方米。

（二）石油天然气

勘探　在东部老油区要进一步加强地质综合研究，力争发现新层系和地区，增加石油天然气探明储量；在西部地区，要继续努力寻找大中型油气田，力争实现石油工业的战略接替，特别是要配合“西气东输”工程重点做好塔里木、鄂尔多斯、柴达木盆地和川渝地区的天然气勘探工作，增加探明天然气储量，为实施“西气东输”工程、确保长期稳定供气和天然气市场的进一步开拓打下坚实的资源基础；在南方地区，要继续坚持对海相碳酸盐岩的评价勘探工作，力求获得突破；在海域地区应主要抓好东海盆地、渤海和南海海域的石油天然气勘探工作，力争寻找大中型油气田，努力增加石油天然气探明储量。

开发建设　按照经济开发的原则，搞好油气田的开发调整工作。“十五”期间，力争新建9630万吨左右的原油生产能力和400亿立方米的天然气生产能力。为此，要做好塔里木、鄂尔多斯、柴达木盆地、川渝等陆上大型油气田的开发和渤海蓬莱19-3油田等海上油气田的建设；对大庆油田“三元”复合驱等三次采油工程做进一步论证，以最大限度地提高采收率。同时，大力开拓天然气市场，建设“西气东输”、重庆—武汉、涩北—西宁—兰州等天然气管道工程和下游利用项目，做好广东引进LNG试点工作。

海外油气供应基地　进一步总结90年代初期以来我国到境外勘探开发石油取得的经验教训，加大建立海外油气供应基地的步伐，促进我国石油天然气供应渠道的稳定和多元化。

国内石油储备　“十五”期间，着手国家和企业两级石油储备体系的建设工作，逐步形成一定规模的国家原油战略储备，初步具备抵御国际突发事件对国内经济影响的能力。

（三）电力

城乡配电网建设与改造　“十五”期间，要继续按照国家批准的规划方案，完成全国2400个县、1900亿元的农村电网建设与改造工程。理顺农电管理体制，降低损耗，提高供电能力与质量，实现城乡用电同价，在此基础上，“十五”期间还要根据小城镇建设的需要，进一步作好县城和乡镇电网的规划与建设。

城网建设与改造工作要在作好规划的基础上，完成全国270个地级以上城市、1280亿元的城网改造工程，逐步在重要城市实现电网的双环网结构，不断提高城市中心区电缆化比例，同时，要加强中低压配电网络的改造，基本实现一户一表。

输电网建设与改造　根据逐步形成北、中、南三个跨区互联电网的总体设想，结合近期西电东送的需要，“十五”期间，跨区送电和联网工程建设计划新增500千伏交流线路2500公里、直流线路4345公里。

水电建设　根据西部大开发的需要，在确保不恶化生态环境和电力市场落实的前提下，优先发展西部地区调节性能好、水能指标优越的大中型水电站和流域综合开发项目，如南部通道的澜沧江小湾水电站、红水河龙滩水电站，中部通道的长江三峡水电站，北部通道的黄河上游公伯峡水电站等。在水能资源贫乏、系统峰谷差大和电网调峰能力弱的华东及华北等地区，选择经济技术条件好的站址适当建设抽水蓄能电站。安排好水能资源的普查和河流资源规划等前期工作，为水电资源的进一步开发创造条件。“十五”期间，水电新开工规模约为2730万千瓦，其中抽水蓄能电站740万千瓦；共计投产1274万千瓦，其中抽水蓄能电站110万千瓦。

火电建设　根据电力平衡测算，尽管个别地区到“十五”末期电力仍会相对富裕，但从全国来看，在消化了在建项目投产能力和关停1420万千瓦小火电的前提下，仍需开工并投产火电约2570万千瓦。优先建设大型超临界机组国产化和洁净煤发电依托项目，“西气东输”燃气电站及“西电东送”坑口电站项目等。为“十一五”及以后电力增长需要，必须做好前期工作并适时在“十五”后期开工的项目主要有山西、内蒙和贵州等地的“西电东送”项目，天然气开发配套燃气电站项目，以及必要的水火调剂和调峰项目等。这些项目将根据未来电力市场变化情况，在“十五”执行过程中适时进行调整。

核电建设　在抓好在建核电项目的基础上，“十五”期间，择机开工建设核电国产化依托项目。

（四）新能源与可再生能源

继续实施“乘风计划”，加速风电设备国产化步伐。主要安排建设新疆、内蒙、河北、吉林、辽宁、湖北和广东等地的风电场，建设规模约50万千瓦。选择条件适宜的大型风力田，实施国际招标，建设大型风电场示范工程。同时，结合“乘风计划”的实施，千方百计提高我国大型风机自主研制开发能力，努力降低风电成本，使风机国产化率从目前的40%提高到“十五”末期的70%。

加速推进“光明工程”，基本解决无电地区的人民用电问题。“十五”期间，要根据“中央扶贫工作会议”精神，通过风力和太阳能发电设施的建设，力争使800万无电人口的人均装机容量达到100瓦的水平。

加强农村能源综合建设工作。“十五”期间，要继续加大农村能源综合建设力度，为促进农村能源与经济社会的同步发展做出贡献。

（五）能效

实施“电机系统节能”计划。目前，我国有70%的电机只相当于国际20世纪50年代的技术水平，电机驱动系统能效比国外低20%左右，节能潜力巨大。“十五”期间，要通过“电机系统节能”计划的实施，实现年节电1000亿千瓦时。

实施重点耗能行业节能示范工程。计划在冶金、有色、建材、化工和石化等行业创办节能示范工厂，通过对工艺、技术和设备的全面改造和大量使用节能材料，实现系统节能，带动全国节能提效工作的进一步发展。

在城市推广“以热定电”的热电联产、热电冷三联产和热电煤气三联供。在北京、上海和成都等有条件的城市开展燃气蒸汽联合循环热电联产试点，以提高能源利用效率，改善城市环境。

四、“十五”能源发展的主要政策和措施

（一）加快改革步伐，逐步建立与社会主义市场经济相适应的能源工业管理体制，为能源工业发展提供体制保证

不断改革和完善管理体制，是当前保证和促进能源工业进一步发展的根本措施之一。“十五”期间，要在继续深化煤炭、石油天然气工业改革的同时，把电力体制改革作为能源发展的中心工作之一，力争取得实质性突破。

根据国际上电力体制改革的成功经验，结合中国的具体情况，尽快完成电力行业的资产重组，形成“厂网分开、竞价上网、国家监管”的基本格局。“十五”期间，初步建成竞争开放的区域电力市场，健全合理的电价形成机制。

（二）建立和完善以经济法律手段为主、辅以必要行政措施的能源发展宏观调控体系

环境保护法规体系　建立健全并适当提高现有与能源生产和消费有关的排污收费标准，引导企业积极采用先进设备和生产工艺，淘汰小火电等技术陈旧、效率低下的产能、用能设备；加大执法力度，做到令行禁止。

价格及收费政策　电力方面，由于国内电价已接近或超过国际平均水平，严重影响我国企业特别是高耗能企业产品的国际竞争力，因而应采取措施降低我国电价水平。在实行竞价上网办法之前，要及时对已完成还本付息的电厂重新核定电价；违反国家建设程序的电厂不能享受还本付息电价政策；不再批准任何以资产重组名义涨价筹资的项目；推广丰枯、峰谷分时电价；取消各种限制用电的措施；继续清理整顿电价中的乱摊派、乱加价、乱收费，降低电价水平，开拓电力市场。另外，对新能源发电要实行优惠上网电价，适时开展可再生能源发电配额制，支持其尽快发展。在煤炭方面，要降低煤炭出口的铁路运输费用和港杂费用，统一出口煤和内销煤的收费标准，调动企业出口煤炭的积极性。在石油天然气方面，对进入开发后期的老油气田实施税费优惠政策；对天然气价格机制进行改革，取消双轨制，实行气价并轨，同时根据市场经济发展的需要，认真研究天然气价格改革方案。

税收及贴息政策　根据税收政策要有利于体现国家产业政策、促进经济结构调整的精神，要研究制定促进水电和新能源产业发展的税收和贴息政策，如将生产型增值税改为消费型增值税等。

行政措施　在社会主义市场经济体制尚未完全建立的情况下，特别是在那些市场机制失灵的领域，仍需保留一些行政手段。如强制关闭小火电、小煤窑，强制淘汰高耗低效用能产品等。

（三）积极研究制定加快中西部能源开发的政策措施，保证和促进中央“西部大开发”战略部署的实现

促进中西部能源先行的关键是政策倾斜和市场培育，“十五”期间国家要研究制定针对中西部地区的具体优惠政策，如税收减免、延长贷款期限、对贷款进行贴息和增加中央资本金注入等一整套鼓励扶持政策，吸引外资和东部地区的资金向中西部转移。同时，要运用经济和行政手段促进中西部能源向东部地区的输送。

（四）积极支持海外油气基地的开发建设

随着国民经济的持续发展，我国进口石油的数量将持续增加，积极支持和鼓励中国企业开发海外油气基地是保证我国能源供应安全的重要举措。为此，国家应当对海外石油勘探开发给予积极的扶持政策，如对运往国内加工利用的海外份额油应取消或优先获得进口配额和许可证，建立海外石油勘探开发基金和信贷支持等。

（五）进一步落实《节能法》，提高能源效率

加大科研投入，对那些量大面广的节能技术进行研究、示范与推广。明确制定和实施新增能力的设备能效标准，出台主要民用耗能产品的能效标准。实施大型的节能示范工程，引导消费行为，对节能成效比较显著的设备和产品推行政府采购。

煤炭工业质量振兴实施计划

煤炭工业部

（1997 年 9 月 5 日）

为贯彻执行国务院颁发的《质量振兴纲要（1996 年—2010年）》，根据《煤炭工业“九五”计划和 2010 年远景目标规划》，特制定《煤炭工业质量振兴实施计划（1996 年—2010 年）》，以加速实现煤炭工业由粗放型向集约型经济增长方式的转变，提高煤炭工业企业产品质量、工程质量和服务质量的总体水平，指导煤炭工业的质量工作。

一、现状与形势

1. 改革开放以来，随着国家质量法律、法规不断建立和完善，质量工作逐步走上法制化轨道。煤炭工业企业依靠技术进步，改善技术装备水平，企业技术素质有很大提高，为提高质量打下了一定的物质基础。通过加强管理，开展全面质量管理和紧密结合煤矿特点的质量标准化工作，建立健全规章制度，进行广泛质量宣传教育和职工培训，煤炭工业的质量工作取得很大进步，表现在：煤炭产品各个品种基本能满足用户需要，国有重点煤矿的商品煤灰分和硫分已分别接近历史最低水平和达到历史较好水平；煤矿机械产品、爆破器材产品和工程建设质量基本满足煤矿生产建设的需要；作为质量工作的技术基础，标准化和计量工作有了很大发展；质量监督执法机构已基本形成合理布局。

2. 目前，煤炭工业的产品质量，工程质量和服务质量总体水平仍不能适应国民经济和煤炭工业生产建设发展的需要，与发达先进采煤国家相比仍有较大差距，表现在：煤炭入选比重仅为 23%（世界主要产煤国为 55%—95%）；煤炭产、供、销环节多，管理较乱；煤矿专用设备产品的耐用性和可靠性差，特别是重要元部件质量不佳，易耗品消耗量大；工程不合格品较多；标准复盖面还不能满足煤炭工业发展和市场经济的需要，标准的水平不高；计量工作起步较晚；在煤矿开展的质量标准化工作有待进一步向全面质量管理模式过渡，并逐步引导企业贯彻国家标准 GB/T19000GB - ISO9000，建立质量管理的质量保证体系；全行业尚未形成健全的自上而下的质量工作管理体系。

二、主要目标

经过 5 至 15 年的努力，要从根本上提高煤炭工业的整体素质和企业的质量管理水平，使煤炭工业的产品质量、工程质量和服务质量跃上一个新台阶。

1. 企业的整体素质有显著提高。加速技术进步，提高装备水平，强化职工培训，特别是加大乡镇煤矿联合改造的力度，增加其单井生产能力，

以规模经营确保企业素质提高。到2000年，国有煤矿建成100个在技术素质和产品质量上处于国内先进水平的高产高效矿井。其中有15个达到世界先进水平的高产高效矿井；乡镇煤矿有部分矿井建成省级先进矿井。到2010年，建成150个高产高效矿井，其中国有煤矿建成30个具有世界先进水平的高产高效矿井，乡镇煤矿有一批建成省级先进矿井。

到2000年，质量标准化矿井的达标率，国有重点煤矿达到75%，国有地方煤矿达到30%；有300个以上的乡镇煤矿达到省级质量标准化矿井的标准；在矿井质量标准化的基础上，在国有重点煤矿和部分国有地方煤矿中推行全面质量管理；鼓励企业加强基础建设，创造条件按照国家标准GB/T19000－ISO9000建立质量管理和质量保证体系，以适应国内国际竞争的需要。到2010年，在全部国有煤炭企业推行全面质量管理，一批煤矿和设计、施工单位按照国家标准GB/T19000－ISO9000建立起质量管理和质量保证体系；骨干煤炭企业的整体素质基本适应市场竞争的需要。

到2000年，主要煤机和爆破器材生产企业整体素质有明显提高。有3—5个煤机企业通过质量体系认证，并形成5—10个具有国际竞争能力的重点煤机企业。到2010年，有5—10个煤机企业通过质量体系认证；主要煤机和爆破器材生产企业的整体素质基本适应国际经济竞争的需要。

2. 煤炭产品质量。到2000年，煤炭入选比重达到25%；国有重点煤矿的商品煤灰分力争降至20.5%以下，硫分降至0.75%；炼焦洗精煤灰分降至9.8%，动力洗精煤灰分降至16%。到2010年，煤炭入选量达6亿—7亿吨，入选比重达到35%—40%；商品煤灰分降至18.5%，硫分降至0.7%；炼焦洗精煤灰分降至9%，动力洗精煤灰分降至15%，洗精煤的硫分降至0.6%。明显缩小我国煤炭产品质量与国际煤炭产品质量先进水平的差距。

3. 煤机产品质量。到2000年，主要煤机产品（综采、综掘设备）有75%以上按国际标准或国外先进标准组织生产，达到国际先进水平的优等品率有明显提高，产品售后服务有明显改善；国家重点产品可比性跟踪监督抽查的合格率达到90%以上；出口产品的出厂合格率达到100%；按照国家创名牌产品的战略思想努力创立煤机名牌产品；煤机产品质量和服务水平基本达到国家标准。到2010年，主要煤机产品有85%以上按国际标准或国外先进标准组织生产，达到国际先进水平的优等品率有较大幅度提高，形成规范化的售后服务网络；国家重点产品可比性跟踪监督抽查的合格率稳定在95%以上；形成3—5个具有国际竞争能力的名牌产品；主要煤机产品服务质量水平接近或达到国际先进水平。

元部件质量。到2000年，力争达到发达国家20世纪90年代初的水平，其可靠性有较大幅度提高。到2010年，元部件的质量水平力争接近发达国家的平均水平。

重大装备质量。到2000年，综采设备、综掘设备、安全仪器及装备全部达到国家强制性标准。到2010年，上述装备的整机可靠性接近或达到发达国家的平均水平。

煤矿爆破器材产品质量。到2000年，在加速产品更新换代的基础上，进一步优化产品结构。乳化炸药、水胶炸药占炸药总产量的60%，煤矿许用毫秒延期雷管占雷管总产量的70%，使全国所有高突矿井全部淘汰铵梯炸药和纸壳雷管，使用煤矿许用含水炸药和具有一定抗水、抗静电能力的毫秒延期电雷管；爆破器材产品水平接近国际先进水平。

综合利用和多种经营产品质量。随着综合利用和多种经营产值的增加；其产品质量不断提高。到2000年，主要综合利用和多经产品按国家标准或行业标准组织生产。到2010年全部综合利用和多经产品按国家标准或行业标准组织生产，主要产品半数以上按国际标准或国外先进标准组织生产。

4. 产品售后服务质量。到2000年，全面建立售后服务制度和服务体系，实现售后服务制度化，提高服务质量。到2010年，售后服务质量基本达到国际标准。

5. 工程质量。到2000年，竣工交付使用的单位工程质量，必须达到国家标准或规范要求。单位工程一次验收合格率；井巷工程达90%，土建工程达95%，安装工程达96%；单位工程优良品率达到38%，单项工程合格率100%，优良品率8%，其中，国家重点建设项目单位工程优良品率达45%，单项工程优良品率达10%；大中型项目、选煤厂联合试运转和投产一次合格，并确保矿井正常生产。到2010年，竣工交付使用的工程质量，全部达到国家标准或规范。一次验收合格率：井巷工程达到96%，土建和安装工程均达到98%；单位工程优良品率达到45%，单项工程优良品率达到15%，其中，国家重点建设项目单位工程优良品率达55%，单项工程优良品率达20%，建成一批部级、国家级优质工程。

三、重点任务与措施

（一）增强煤炭职工质量意识，提高劳动者素质

1. 加强质量法制教育，增强法制观念。采取多种形式，以贯彻《产品质量法》、《标准化法》、《计量法》和《国务院关于进一步加强质量工作的决定》为中心，在煤炭系统特别是地方和乡镇煤矿普及质量法律、法规知识教育，增强煤炭职工特别是领导者的质量意识和法制观念，切实履行法定的质量义务，做到依法生产，依法经营。

2. 把提高劳动者的素质作为提高质量的重要环节。切实加强对煤炭工业企业经营者和职工的质量意识和质量管理知识教育，积极开展职工劳动技能培训。在煤炭大中专院校开设质量管理课程，培养从事质量工作的人才；充分利用现有煤炭教育资源，实施不同层次的质量教育与培训；煤炭职业学校和煤炭在职职工培训，要把质量教育作为培训和提高职工素质和劳动技能的重要内容，使煤炭行业职工在达到应有的文化素质及劳动技能要求的同时，也具有必备的质量知识；特别要加强对国有煤矿和乡镇煤矿煤质检测和管理人员的培训工作。

3. 充分发挥《煤炭报》、《煤炭信息报》等舆论工具的宣传和监督作用。配合国家开展的“质量月”、“质量万里行”、“3·15保护消费者权益日”和煤炭行业开展的“质量标准化、安全创水平”活动，大力宣传国务院《质量振兴纲要》和煤炭行业的质量振兴实施计划，宣传普及科学的质量管理知识和方法，动员煤炭职工投身质量振兴事业，在煤炭行业形成重视质量的环境和风气。

（二）通过技术进步提高产品质量和工程质量

1. 加大技术改造力度，增加技术含量，促进产品质量上水平。2000年前，国有煤矿完成300处生产矿井、100座选煤厂和一批重点煤机厂的技术改造和改扩建任务。煤机厂的技术改造和技术进步要与提高产品质量相结合，引进先进生产技术与引进先进检测手段相配套，利用引进技术或进行技术改造后的产品要达到国际标准或国外先进标准。要密切跟踪国际先进技术，积极采用新技术、新工艺、新材料，加快新产品开发。新开发的产品，要达到国际标准或国外先进技术水平。要根据用户需要，围绕提高产品质量，增加必要的人力、财力、物力的投入，保证产品性能和档次的提高。年产15万吨以上（南方各省为9万吨）的地方煤矿或乡镇煤矿和年运量为30万吨以上（南方各省为15万吨以上）的集运站应设置煤质化验室，建立商品煤检验制度。

2. 积极组织对产品质量和工程质量薄弱环节的科技攻关，提高其质量水平。2000年前，重点进行采掘设备关键元部件提高可靠性、耐久性和工况监测、故障诊断技术的攻关，以及安全仪器及装备中传感器寿命和稳定性的攻关。发展洁净煤技术。关于选煤技术，在进行高效选煤设备可靠性攻关的同时，研究解决细粒煤深度脱硫、降灰、脱水技术、经济型选煤技术和干法、省水型选煤技术，为提高原煤入选比重、改善商品煤总体质量提供技术手段。

采用先进的煤田地质勘探方法和手段，对井田内的地层、煤层、煤质、储量、地质构造，尤其是在对矿井建设生产造成威胁的矿井涌水、瓦斯、煤尘、煤自燃等方面，提高完整、准确的资料和数据，确保矿井设计、施工质量。

积极组织推广施工新技术、新工艺、新材料、新设备，研究解决软岩支护、井壁断裂等施工技术难题，提高工程质量检测技术水平，为提高工程质量提供施工技术保障。

多渠道增加科技开发的攻关经费，除煤炭全行业的科技开发基金外，煤炭企业要根据经济效益增长情况，努力增加科技投入，近期力争使研究开发经费达到企业销售额的1%，为提高产品质量和工程质量提供资金保障。

3. 调整煤炭产品品种结构，提高煤炭质量。在积极增加优质无烟块煤产量的同时，根据用户需要和合理利用煤炭资源的原则，进一步调整煤炭产品品种结构，生产适销对路的煤炭产品，实现煤炭产品质量品种的对路供应。为改善商品煤总体质量，要加快中西部地区低灰、低硫煤的开发（包括配套的贮、运设施的建设），限制高灰、

高硫煤的产量。为提高全国洗精煤的平均质量水平，对于焦煤、肥煤、瘦煤等资源紧缺的煤种，在保证精煤质量的情况下，重点提高精煤的产率，而对于资源丰富的气煤、1/3 焦煤则应采用先进技术，较大幅度脱灰降硫。

（三）强化技术监督工作

1. 坚持“以质量为中心，以标准化、计量为基础”的技术监督工作方针，强化技术监督工作依法监督管理的职能。建立和完善由行政管理体系、技术保障体系和中介服务体系组成的煤炭工业技术监督工作体系。各级管理部门要对标准化、计量、质量工作实行归口管理，统一组织协调。强化技术监督部门的权威性。

2. 建立和完善煤炭工业标准体系。2000 年前，每年制定、修订 100 项标准，使国家标准和行业标准总数达到 1000 项，标准覆盖面达到 90% 以上；积极采用国际标准和国外先进标准，有关的国际标准，除因地理、气候及基本技术等原因不能采用的以外，都要转化为国家标准或行业标准，使煤炭行业的标准水平基本达到国际先进水平。随着科学技术的发展和施工工艺的完善，进一步完善煤矿建设工程的标准和规范。跟踪国际先进标准，加快标准和规范的更新速度。

3. 国有煤炭企业逐步建立和完善由技术标准、工作标准和管理标准相配套的企业标准化体系。鼓励骨干企业对重点产品制定高于国标和行标的企业内控标准。尚未制定供工业用煤质量标准的矿区，要根据工业用煤质量的国家标准，制定本矿区的供煤质量标准。

4. 加强煤炭部各煤质监督检验站的建设。各省级煤炭管理部门要重视对煤质监督检验站工作的领导，加大投入力度，提高其检测能力和技术水平，保证技术队伍的稳定性，充分发挥其在本省（区、市）的依法监督功能。

加大工程质量监督力度和投入力度。建立健全煤矿工程质量监督站和监督检测站，对建设项目工程质量进行监督。矿井建设项目年投资规模在6000 万元以上的矿区，必须设置独立的工程监督站；建设规模较小的矿区，要有足够的专职质量监督人员；对国家重点项目要进行重点监督；必须建立或认定与建设规模相适应的监督检测站，实现监督工作科学化、标准化、规范化和正规化。

5. 强化对企业质量行为、产品质量的监督力度。按照国家和行业的统一部署，加强对煤矿重点产品和工程的质量监督工作，作好产品和工程的日常检验和抽查工作。凡执行生产许可证管理的产品，企业必须持证生产。到 2000 年，年产量 15 万吨以上（南方各省为 9 万吨以上）的地方煤矿和乡镇煤矿或年运量为 30 万吨以上（南方各省为 15 万吨以上）的煤炭集运站，没有灰分和硫分质量指标的不得生产或发运；凡未办理工程质量监督手续的工程不准开工建设；未经质量认证的工程不准决算，不准交付使用。要加强质量监督专业队伍的建设，增加投入力度，完善对质量检验机构（包括工程质量监督站）的监督手段，保证质量检验机构的公正性、科学性、权威性。

（四）加强宏观管理

1. 各级管理部门要切实履行管理职责，做到依法行政。健全质量工作的管理机构，加强对质量工作的领导和管理，增强质量管理的科学性和有效性。在培育市场经济进程中，通过引导、协调、监督、服务，为质量振兴创造良好的外部环境。

2. 各级业务主管部门要加强对现行标准的宣传贯彻工作，强化对企业实施标准的监督检查，严格对无标生产企业的管理和查处。

3. 继续抓好矿井标准化建设工作。逐步使国有地方煤矿和国有重点煤矿的标准并轨，并提高乡镇煤矿标准的水平。同时，积极宣贯全面质量管理和国家标准 GB/T19000—ISO9000。

4. 加强对煤炭建筑市场的管理，完善建筑市场管理的规章体系；推行并完善政府监督、社会监理、企业自控的质量管理体系，强化、完善招投标制、工程合同制、项目法人责任制及工程监理制和工程质量监督制。试行并逐步推广工程优质优价和工程质量保证金制度；建立和严格执行工程材料用品准用证制。在地质勘探工作中，引入质量竞争制约机制，推行质量监理制等，以保证精度，提高勘探质量。

5. 为使煤炭用户能直接使用到符合质量要求的煤炭，必须加强煤炭生产和流通领域的煤质管理，鼓励用煤量大的大中型企业逐步实现由煤矿直接定点供煤。

6. 加强对煤炭物资市场管理，规范采购行为，建立对产品、配件等采购质量责任制，加强对采购产品的质量检验，严防假冒伪劣产品流入煤矿，确保采购产品质量；对事关煤矿安全生产的产品严格实行“安全标志”制度，对进口煤机产品进行产品安全审查，确保煤矿安全。对由于产品质量问题造成重大伤亡事故的要严肃查处。

7. 将产品质量和工程质量指标列入对企业的考核范围，在对企业的资质评价中实行质量否决制度。

8. 配合国家对质量认证的统一部署，建立和完善质量认证机构，推动煤炭行业的质量认证工作。当前首先要推进产品安全认证工作。通过市场机制的完善，根据企业自愿的原则，逐步开展企业质量体系认证工作，要统一规划、注重实效、树立典型、以点带面，引导企业提高质量管理水平。

（五）加强企业基础工作，严格内部质量管理

1. 要牢固树立“质量第一”的观念，积极开展“转机制、抓管理、练内功、增效益”和“质量兴业”、“质量兴厂”、“质量标准化、安全创水平”等活动，努力提高产品质量、工程质量和服务质量。

2. 生产企业是产品质量的责任者，地质勘探、设计单位和施工企业是工程质量的责任者。厂长、经理、院长（设计院长）是质量工作的第一责任者，要将改进质量作为质量管理的中心，负责组织制定企业质量管理目标，采取旨在提高企业效益和效率、能为企业和用户提供更多收益的各种质量改进措施，组织建立企业质量保证体系并使其有效运行。

3. 企业质量工作要与深化改革和加强管理相结合。企业要建立权责明确的质量责任制，健全质量管理规章制度和管理机构，进一步加强质量检验工作，切实保证检验机构和检验人员独立依照产品标准和规章制度行使检验职能。建立健全工艺管理体系，制定各种工艺管理制度；不断改进产品和工艺设计；严格把好原材料、基础元器件、外购件、外协件入厂质量验收关；严格工艺纪律，严格生产全过程的质量控制；严格把好产品出厂质量检验关；加强售后服务工作。树立质量成本观念，积极开展降低不良品损失率活动，向质量要效益。

4. 产品要严格按标准组织生产，没有标准不得进行生产；工程要严格按设计和规范施工。要建立和完善计量检测体系，积极采用先进的计量测试方法，严格对计量和测试设备的管理。计量器具，特别是煤矿安全计量器具的强检率要达到100%。

5. 企业要积极采用科学的质量管理方法，建立全面的、科学的质量管理制度。要积极宣传贯彻国家标准GB/T19000—ISO9000及其他国际通行的先进管理标准，结合企业实际，继续推行全面质量管理，建立健全质量体系，积极开展QC小组等群众性质量管理活动，尊重群众的首创精神，开展合理化建议活动。

6. 建立和完善鼓励质量改进的激励机制。要制定和完善岗位的质量规范、质量责任及相应的考核办法，并将考核结果作为职工调动、提升、晋级、奖励或者处罚的重要依据。建立健全设计、工艺、标准、计量、质量工作人员晋级考核制度。内部分配应实行以“质量否决”为主要方式的个人收入分配与质量挂钩制度。对连续两次国家监督抽查质量不合格的企业，要按有关规定追究企业法人代表的责任。对问题严重的，要给予严肃处理。

7. 企业要加强精神文明建设，努力培育企业质量文化。要把职业道德、敬业精神作为培育企业质量文化的重要内容。注重企业质量信誉的形象建设，形成生产经销优质产品光荣，生产经销假冒伪劣产品耻辱的风气。

煤炭工业“十五”规划

国家经济贸易委员会

（2001年1月1日）

煤炭工业是我国重要的基础产业。长期以来，煤炭在我国一次能源生产和消费构成中均占2/3以上。实现我国第三步发展战略目标，人均国民生产总值达到中等发达国家水平，人民过上比较富

裕的生活，能源消费量将有较大幅度增长。我国煤炭资源丰富，在未来相当长的时期内，以煤为主的能源供应格局不会改变。随着加工转换和利用技术水平的提高，煤炭可以成为高效、清洁利用的能源。为保障我国能源供应安全，保证国民经济和社会持续、稳定、健康发展，必须加强煤炭的基础能源地位。“十五”时期是我国煤炭工业结构调整的重要时期，要通过实施大集团、科教兴煤、洁净煤、综合经营四大战略，促进煤炭工业健康发展。

一、“九五”发展状况

（一）取得的主要成就

1. 煤炭工业技术水平进一步提高。“九五”期间，实施了科教兴煤战略和技术创新工程，综采及综采放顶煤开采技术取得重大突破，已建成世界先进水平的特大型矿井及采煤工作面。国家安排煤炭企业技改投资50亿元，重点对矿井、选煤厂和劣质煤电厂等154个工程进行技术改造。建成了一批高产高效矿井。2000年与1995年相比，国有重点煤矿全员效率由每工1.8吨提高到2.5吨；采煤机械化程度由72%提高到75%。

2. 煤炭行业综合经营的格局初步形成。为调整结构和安置富余人员，煤炭行业大力发展综合利用、多种经营，涉及农业、工业和服务业三大产业中20多个行业。2000年，多种经营的生产经营总额达到582亿元，比1995年增加了146亿元，从业人员近200万人，多种经营开始由人员安置型向经济效益型转变。

3. 煤炭工业对外开放步伐加快。“九五”期间，煤炭工业利用外资11.4亿美元，其中，煤层气开发利用外资近1亿美元，技术装备进口总额4.8亿美元。通过技贸结合，引进了国外先进的采煤、掘进、洗选等技术和设备，经过消化、吸收，促进了我国煤矿机械制造技术水平的提高。2000年煤炭出口比1995年增加了1倍左右，在世界煤炭贸易市场中的份额由6%提高到11%。

4. 国有煤炭企业改革取得进展。国有煤炭企业以建立现代企业制度为目标的公司制改革全面展开，94户原中央财政企业中，已有35户完成了公司制改造，其中5家公司在境内、境外上市。国有煤炭企业关闭破产工作开始实施，到2000年底，已批准65个关闭破产项目，其中已实施11个，进入破产法律程序33个。债转股工作取得进展，确定了对62户国有煤炭企业实施债转股，到2000年末，已实施39户，金额392亿元。

5. 依法取缔非法开采和关闭布局不合理的小煤矿取得阶段性成果。1998年底，国务院决定关闭非法和布局不合理煤矿，到2000年底，全国已累计关闭各类小煤矿4.7万处、压产3.5亿吨，淘汰了一批落后生产能力。小煤矿随意布点、越层越界、乱采滥挖现象得到初步遏制，办矿秩序和生产经营秩序趋于好转。

（二）存在的主要问题

1. 组织结构不合理。2000年，全国矿井平均每处产煤只有3万多吨。国有重点煤矿矿井平均年生产能力80万吨，是先进采煤国家的1/3左右。产量位居前4家的煤炭企业，市场占有率仅为9%，前8家为13%；119家国有重点煤矿平均每个企业年销售煤炭440万吨，市场占有率不到0.5%。没有形成产、运、销一体化综合经营体系，经营效益受外部条件制约严重。

2. 技术和装备水平低。全国煤矿非机械化采煤占60%以上，大中型矿井生产设备老化，小型矿井生产技术装备水平极低。煤矿用人多、效率低。乡镇煤矿生产工艺落后，破坏和浪费资源现象十分严重。

3. 产品结构单一。2000年全国原煤入选比重只有35%左右，大量原煤未经加工直接燃烧，洁净煤技术开发和应用进展缓慢。煤炭产业链短，高附加值产品少。

4. 煤矿安全事故居高不下。“安全第一”的思想意识淡薄，安全生产责任制不落实，管理不到位，安全技术与装备水平低，事故隐患多，矿井防灾抗灾能力差。部分地区煤矿，特别是不具备安全生产基本条件的小煤矿，重大、特大事故频繁发生，造成人民生命、财产重大损失。

5. 国有煤炭企业尚未摆脱困境。受煤炭市场供大于求以及煤价下滑的影响，2000年国有重点煤矿整体亏损，煤款拖欠严重。由于资金短缺，导致部分矿井采掘失调，生产接续紧张，拖欠职工工资和下岗职工基本生活费。国有重点煤矿社会负担重。

6. 资源枯竭矿区转产困难。长期以来，大部分煤炭企业靠国家财政补贴维持生产及职工生活，没有资金积累，资源枯竭煤矿自身难以退出或进行结构调整，实现产业转移。绝大多数煤矿处于经济不发达地区，且远离城市，富余人员就业困难，影响社会稳定。

7. 矿区环境综合治理进展缓慢。煤矿地表塌陷面积日益扩大，煤矸石堆积占地增加，部分矸石山自燃，矿区瓦斯排放量大，粉尘浓度高，生态环境恶化的势头没有得到遏制。

二、面临的形势和市场需求

（一）世界煤炭工业发展趋势和煤炭需求展望

近年来，世界煤炭工业发展主要呈现以下趋势：一是通过兼并联合，企业向大型化、集团化发展，竞争力增强。主要产煤国家中，前三四家煤炭企业市场占有率提高到40%以上。美国、德国、英国、澳大利亚等国家的煤炭公司，通过合并或购买煤矿股份等方式，实现了跨国经营。主要石油跨国公司拥有煤矿股份，发展煤化工、煤路港航等综合经营，企业迅速发展壮大。二是拥有世界先进采煤技术和设备的国家，通过技术改造，实现了集中高效生产。德国矿井平均生产规模达到280万吨，波兰200万吨，英国180万吨。高新技术的应用改变了煤炭工业的面貌，发达国家在实现煤炭生产工艺综合机械化的基础上，向遥控和自动化发展，煤炭工业由劳动密集型向资本及技术密集型转化。20世纪80年代以来，美国、澳大利亚、南非、加拿大等国劳动生产率提高了1—2倍。三是洁净煤技术的开发和推广应用，受到各国越来越广泛的重视。日本、美国和欧盟国家先后研究开发洁净煤技术，已进入工业化应用阶段。四是欧洲的主要产煤国家煤炭开采成本越来越高，政府采取关闭经济效益差的煤矿及减少财政补贴等措施，导致煤炭产量下降。

世界煤炭需求量将继续增长。据国际能源机构发表的《1998世界能源展望》预测，到2020年，世界石油消费量年均增长1.9%，天然气消费量年均增长2.6%，煤炭消费量年均增长2.2%。在世界煤炭需求增长中，亚洲呈较强增长势头，大部分国家年均增长3.8%左右，北美年均增长2.1%，西欧和北欧煤炭需求呈下降趋势，年均下降0.6%。世界煤炭需求增长带动贸易量增加，未来5年，世界煤炭贸易量将以年均3.6%的速度增长。世界煤炭进口量最大的是亚洲，其次是欧洲。由于亚洲新建燃煤电厂用煤量增加和欧洲煤炭生产规模萎缩，两地区的煤炭进口量将有所增加。

（二）加入世界贸易组织面临的机遇和挑战

随着经济全球化和贸易自由化进程的加快，特别是我国加入世界贸易组织，为煤炭工业发展带来机遇。一是与国际经济接轨，有利于引进国外资金、技术和管理，促进煤炭工业结构调整。二是我国具有煤炭资源丰富、品种齐全、靠近主要进口国家和地区的优势，特别是目前我国在亚洲煤炭贸易市场中仅占有20%的份额，煤炭出口增长潜力较大。

加入世界贸易组织后，我国能源供应将在一个更加开放的体系中配置，国外石油、天然气等优质能源进口量和价格的变化，将直接影响国内煤炭市场的供求关系。钢铁、建材、化工等高耗能产品关税下降，国外同类产品以价格、质量优势进入国内市场，进口量可能增加，将间接减少国内煤炭消费。我国外贸体制将逐步与国际接轨，实行外贸经营资格登记注册制度，逐步对各类企业进出口贸易的放开经营，对我国现行的煤炭出口贸易管理体制将产生重要影响。

（三）国内发展环境和煤炭需求预测

“十五”期间，国民经济增长速度预期为年均7%左右，煤炭需求量稳步上升。但随着产业结构、地区结构、能源消费结构的调整和节能技术的发展，煤炭需求增长速度趋缓，煤炭消费和生产格局将发生变化。一是实施西部大开发战略将促进西部地区经济和社会的发展，特别是大型坑口火电站的建设，将带动西部地区煤炭生产和消费的增长。二是交通运输等基础设施的加快建设，铁路实行“网运分离”，将进一步改善煤炭运输条件，促进中西部地区煤炭开发，有利于煤炭开发布局重点向西部转移。三是随着污染物排放标准的提高和石油、天然气价格变动，将推动洁净煤技术的开发和应用，并带动煤炭消费增长。四是“西电东送”、“西气东输”及三峡工程等项目的建设投产，将改善华东和中南地区能源供应状况，东南沿海地区煤炭消费增长速度放慢。

“十五”期间，随着国民经济持续快速发展及工业结构调整，能源需求总量增加，但增长速度趋缓。能源及煤炭需求趋势是：石油、天然气、水电和核电等清洁能源增长速度加快，煤炭在一次能源中的比重将有所下降；全社会技术进步加快，将进一步提高能源利用效率，节能效果更加明显；电力工业火力发电仍以较快速度增长，对煤炭需求持续增加；冶金、化工、建材等主要耗煤行业生产稳步发展，但在结构调整、产业升级及技术进步的推动下，煤炭消费量变化不大；居民生活用能向天然气、石油液化气、电能等方面转变，用煤量将逐步减少。综合考虑各方面因素，预测“十五”期间，国内煤炭需求量年均增长2000万吨左右。

三、发展思路及主要目标

（一）发展思路

认真贯彻党的十五届四中、五中全会精神，以发展为主题，以市场为导向，以企业为主体，以改革开放和科技进步为动力，大力调整煤炭工业结构。实施大集团战略，以资产为纽带，发展一批对全国煤炭供需平衡和参与国际竞争起关键作用的大公司和企业集团，稳定国内市场，扩大煤炭出口。实施综合经营战略，以煤为基础，依托矿区资源，发展高附加值产品，提高企业经营效益。实施科教兴煤战略，采用先进适用技术和高新技术，推进大型煤矿改造，建设高产高效矿井。实施洁净煤战略，加强政策引导，注重加工转换，强化清洁利用，推进洁净煤技术产业化。完善有关法规和标准，淘汰落后生产能力，提高安全生产管理及装备水平，加强安全监察，实现安全生产。推进企业节能降耗，保护矿区生态环境，促进煤炭工业可持续发展。

（二）主要目标

煤炭工业发展和结构调整的总体目标是：煤炭企业建立现代企业制度取得重大进展，产业集中度明显提高，经济运行质量明显好转。洁净煤技术开发和产业化取得实质性进展，优质煤炭和煤炭转化的优质能源产品比重明显增加。煤炭产品在国际市场上的占有率进一步提高。矿区综合利用、环境治理工作取得显著成效。

1. 组织结构调整目标

到2005年，产业集中度明显提高，煤炭产量位居前8家的企业，市场占有率达到35%以上。形成2—3个煤—电—路—港—航综合经营、具有国际竞争力的特大型公司和企业集团。

2. 技术结构调整目标

到2005年，煤矿生产技术和装备水平进一步改善，安全生产可靠性明显增强。大型煤矿采掘机械化程度达到90%以上，中型煤矿达到60%以上，小型煤矿机械化、半机械化开始起步。大中型煤矿科技进步贡献率达到40%以上。

3. 产品结构调整目标

到2005年，全国原煤入选率达到50%以上，动力配煤量达到7000万吨左右，煤层气产量30亿—40亿立方米，水煤浆产量1000万吨左右，煤炭液化产油250万吨以上。煤炭出口8000万吨左右。

四、发展和结构调整重点

（一）深化企业改革，实施大集团战略

深化国有煤炭企业改革，建立现代企业制度。组建大型煤炭公司和企业集团，提高产业集中度。延伸煤炭产业链，组建一批综合经营的特大型企业或企业集团。

1. 按照现代企业制度的要求，推动煤炭企业改制。大型煤炭企业要通过规范上市、中外合资、互相参股等形式，改制为多元持股的有限责任公司或股份有限公司，建立规范的法人治理结构。对国有中小煤矿采取改组、联合、兼并、租赁、承包经营和股份合作制、出售等形式，进行产权制度改革。

2. 按照市场取向和规模经济的原则，组建大型煤炭公司和企业集团。发挥优势企业的龙头作用，通过兼并、联合、参股等方式，推动资产重组，提高规模经济效益，更好地满足市场需求和维护公平竞争秩序。鼓励各类煤炭企业通过资产重组，按地域、煤种、运输通道和市场组建大公司和企业集团。“十五”末，形成1—2个煤炭年生产能力在1亿吨以上、5—6个5000万吨以上的大公司和企业集团。

3. 按照产业关联度，培育特大型公司和企业集团。根据煤炭资源和市场分布特点，抓好煤矿、铁路、港口和水运等环节的衔接，着力培育和发展对全国煤炭供求平衡起关键作用和以煤炭出口为导向的跨地区、跨行业、跨所有制和跨国经营的煤—电—路—港—航特大型公司和企业集团。优化资源配置，降低环节费用，实现国内煤炭有效供给和产需平衡，提高企业在国内外市场上的竞争力。

（二）加快煤炭企业技术改造步伐，促进产业升级

紧紧围绕满足市场需求，优化产品结构，提高产品质量。注重提高效率、保障安全、节能降耗和防治污染。通过采用高新技术和先进适用技术，在矿井开发、煤炭加工、安全生产和信息管

理等领域提高技术与装备水平，促进产业升级。

1. 建设一批大中型现代化矿井。“十五”期间，要加快建设25处、年生产能力6000多万吨的在建矿井。同时，要按照西部地区煤电同步建设、“三西”(山西、陕西、内蒙古西部)地区调节全国供需平衡、东部地区稳定生产规模的煤炭开发布局原则，重点做好建设低灰、低硫、高发热量的优质动力煤基地的前期准备工作。加强煤田地质勘探，提高勘探程度，满足建井条件，适时开工建设一批有市场、经济效益好的接续型矿井，增强煤炭工业发展后劲。

2. 对现有大中型矿井进行技术改造。通过增加储量、集中生产、简化工艺、减少环节、优化装备、科学管理等措施，对现有大中型矿井进行技术改造，实现矿井生产、管理现代化。到2005年，建成140处高产高效现代化矿井，其原煤工效达到10吨以上。

3. 改造小煤矿。按照统一规划、合理集中、正规开采、保障安全、依法监管的方针，对依法开办的小煤矿进行改造，减少生产矿井数，扩大单井生产规模；改进采煤方法和回采工艺，提高矿井回采率；制定和实施小煤矿生产强制性标准，促进安全生产。

4. 改造煤矿安全技术装备。一是对矿井通风系统进行技术改造。二是完善高突矿井瓦斯抽放系统和通风安全监测、监控系统。三是提高矿井防灭火和防尘技术与装备水平。四是用先进的救护设备装备矿山救护队伍，提高抢险救灾能力。

5. 改造和建设企业信息系统。加强企业信息系统建设，提高信息传输速度和准确性，为企业科学决策提供依据。大力发展电子商务，推动营销、运输和服务方式的变革，降低采购成本和销售费用。发展先进的安全生产监测、监控系统，提高矿井自动化生产水平。建设连接国家、省、处三级煤矿安全监察网络，建立专家灾害事故处理和救护会商远程视频系统。

（三）限制、淘汰落后生产能力，完善退出机制

制定和实施产业政策，制止低水平重复建设，淘汰落后生产能力，完善退出机制。

1. 制止低水平重复建设。通过实施产业政策，停止建设以下四类煤矿。一是单井井型低于以下规模的煤矿项目：山西、陕西和内蒙古地区年产15万吨，新疆、甘肃、宁夏、青海、北京、河北、东北以及华东地区9万吨，西南和中南地区6万吨，开采极薄煤层及不稳定煤层3万吨；二是采用手工开采和穿洞式巷采等落后开采方法的煤矿；三是商品煤达不到国家环保法规要求的各类高硫煤矿；四是矿井回采率低于50%的煤矿。

2. 淘汰落后生产能力。严格采矿许可证、煤炭生产许可证管理，加强煤矿生产安全监察。通过制定和实施有关法规、产业政策和技术标准，关闭非法开采、矿井回采率低、威胁大矿生产安全、不具备安全生产基本条件、破坏生态环境和污染严重的小煤矿。

3. 加大关闭破产力度。按照国家煤矿关闭破产政策，对资源枯竭的国有煤矿依法关闭。对资源及开采条件较差、产品无市场、长期亏损且扭亏无望的国有煤矿依法实施破产。

（四）实施科教兴煤战略，推进技术创新

完善以大型企业为主体，高等院校、科研实体为依托的技术创新体系。加快建立具有较强技术创新能力的企业技术开发中心，提高研发费用在销售收入中的比重。高等院校和科研机构要积极探索和建立新型的科技服务体系和机制，逐步形成基础研究与高新技术研究相结合，产、学、研相结合的技术创新体系，在涉及煤炭工业共性技术和关键技术的领域，瞄准世界先进水平组织科技攻关。全面提高职工队伍技术素质。

1. 组织行业共性技术和关键技术的攻关研究。在抓好现有科技成果转化为生产力的同时，围绕煤炭的开发、生产、加工、安全和可持续发展等方面的重点技术，组织科技攻关。一是开展煤炭地质勘探及深部矿井开发技术的攻关研究，主要包括：西部地区煤炭开采及相关的水资源、生态环境保护的综合研究；东部地区深部找煤、资源潜力评价以及煤炭深部开采的关键技术研究；600米以上深厚表土层冻结施工技术、大型矿井深部开采技术以及千米深井井筒装备技术研究。二是开展高产高效现代化矿井关键技术攻关研究和建设示范项目，主要有：年产600万吨综采放顶煤工作面的配套技术项目；年进8000米以上煤巷、半煤岩巷快速掘进成套技术项目；年提升能力700万吨以上的交流提升机变频调速控制系统和自动化采煤工作面的技术项目。三是开展煤矿安全技术研究，主要包括：重大瓦斯煤尘爆炸事故的预防

与控制、煤矿突发性灾害监测及防治、煤矿快速救援抢险以及安全信息管理等技术研究。四是开展洁净煤技术的攻关研究，重点开展机电一体化大型高效选煤关键技术、细粒煤高效脱水脱硫降灰技术、煤炭直接液化技术、地下煤炭气化及应用等技术研究。五是煤炭工业可持续发展和综合信息化技术研究，主要包括：开展煤炭资源型城市生态环境控制与可持续发展的研究，煤炭综合信息化技术研究。

2. 加强人才培养和职工培训。充分发挥重点院校的作用，培养适合煤炭工业发展的技术人才。采取切实措施，以多种形式吸引煤炭行业内外、海内外优秀人才，形成留住人才、吸引人才、调动人才积极性的激励机制，充分发挥人才的作用。注重科技人员的知识更新。鼓励建立以大公司和企业集团为主体的职业教育体系，积极开展多层次、全方位的岗位培训。大力发展职业培训，逐步提高工人职业培训率。

（五）实施洁净煤战略，推进洁净煤技术产业化

发展和推广洁净煤技术是保证我国能源安全和可持续发展的战略选择。在大力推广成熟技术的基础上，积极开发与引进大型先进技术，加快推动洁净煤技术产业化。

1. 改造和建设选煤厂。采用先进的洗选技术和设备改造现有选煤厂，充分发挥选煤厂的能力利用率，优化产品结构，提高质量和效益。大中型煤矿要有配套的选煤厂，小型煤矿要依托大矿的选煤厂或建设群矿集中选煤厂。重点在山西、陕西、山东、内蒙古、河南、安徽等省（区）建设一批先进的选煤厂。2005 年，选煤厂平均工效达到 40 吨。

2. 发展配煤一条龙服务体系。在煤炭中转港口和主要集散地建设配煤厂，为用户提供质量稳定、价格合理、环保型动力配煤。制定配煤质量标准和相应的政策，由耗煤集中的大用户到分散的小用户，逐步推广使用动力配煤。建设 3—5 个大型动力煤配煤基地。2005 年，初步形成产、配、销、送及售后服务一条龙体系。

3. 完善水煤浆制备和应用技术。研究开发水煤浆新型添加剂，提供质量稳定、满足市场需求的水煤浆。在总结白杨河电厂、燕山石化应用水煤浆的基础上，重点研究提高燃烧器效率和水煤浆在炉内燃烧过程中的固硫、脱硫技术。进一步降低燃油锅炉改造费用，建设 10 万千瓦以上机组改造示范工程。在集中改造燃油锅炉的地区，鼓励煤矿与用户合资建设水煤浆制备、配送公司，发展集中洗选、制浆、管道输送、燃烧发电一体化工程。

4. 大力发展煤层气产业。实行地面开发和井下抽放并举的煤层气开发方针，重点加快山西沁水煤田、河东煤田、安徽两淮煤田、辽宁铁法、抚顺矿区、贵州六盘水等地区煤层气的勘探评价及开发利用。2005 年，大中型煤矿瓦斯利用量达到当年抽放量的 80%，建成 2—3 个煤层气地面开发及利用示范基地，煤层气产量达到 30 亿—40 亿立方米。积极支持煤层气产业发展，使其成为煤炭工业新的经济增长点。

5. 推进煤炭液化和气化技术的开发和应用。在完成神华神东、云南先锋和黑龙江依兰煤炭直接液化示范厂可行性研究的基础上，通过经济技术合作建设 1—2 个煤炭液化示范厂，2005 年煤炭液化产油 250 万吨以上。引进国外先进的煤炭气化技术，建设大型煤炭气化与煤化工示范项目。继续做好煤炭地下气化试验，探索煤炭开发和利用的新途径。

（六）实施综合经营战略，促进矿区可持续发展

因地制宜地利用矿区各种资源，实施综合开发经营，延伸产业链，促进矿区资源合理开发，提高资源和废弃物的综合利用水平，保护矿区生态环境。

1. 延伸产业链。依托煤炭资源优势，通过吸收外资、多元持股和与下游产业的企业联营等多种方式，大力发展煤—电、煤—化工、煤—焦、煤—建材等高耗能、高附加值产业，实行多元化经营。推动单一煤炭资源矿区发展接续产业和替代产业，把资源优势转化为经济优势，研究探索矿区开发的新模式。

2. 抓好劣质煤的综合利用。根据原煤生产及洗选加工过程中劣质煤的品种和数量，发展与之相匹配的综合利用项目。选择先进适用的锅炉燃烧技术，建设和改造劣质煤电厂，发展热电联产，配建区域电网，以自用为主，余电上网。扩大煤矸石在建材产品生产和在筑路、复垦、回填等方面的利用。

3. 开发利用与煤共伴生矿物。加强煤系地层中共伴生矿产资源，如高岭土(岩)、膨润土、油母页岩、蒙脱石、石膏、硫铁矿、硅藻土、耐火黏土等矿物的开发和利用，合理配置矿区生产力要素，发展共伴生资源的深加工，开拓新的经济增长点，提高企业经济效益。

4. 加强矿区环境综合治理。以土地复垦为重点，协调各方面力量，建立各种类型的矿区生态重建示范基地，逐步形成与生产同步的生态恢复建设机制。“十五”期间，矿区土地复垦、生态建设工作要取得明显成效。对矿井水、生活污水进行处理，提高复用率，实现达标排放。到2005年，大中型煤矿矿井水复用率达到60%以上，外排水达标率100%。

五、主要政策措施

(一) 完善煤炭工业宏观调控体系

适应社会主义市场经济发展要求，充分发挥市场配置资源的基础性作用，综合应用经济、法律和必要的行政手段，加强宏观调控。修订和制定行业规范、规章和技术标准，及时发布煤炭工业鼓励、限制、淘汰的生产工艺和产品目录，规范企业生产经营活动。研究制定有关经济政策，促进煤炭行业摆脱困境，步入健康发展的轨道。

(二) 进一步规范市场竞争秩序

打破部门、行业垄断和地区封锁，完善全国统一、公平、规范有序的市场体系。实施矿业权制度，逐步对煤炭资源实行资产化管理，为各类煤炭企业参与市场公平竞争创造条件。对具有重要价值的稀缺煤种实行保护性开采。鼓励有条件的煤炭企业建设大型坑口电站、铁路货运公司，或通过资产重组等形式与电力、铁路等企业联合经营，进一步降低成本，提高煤炭产品在国内外市场上的竞争力。

(三) 培育大公司和企业集团

优先支持主业突出、核心能力强、经营机制健全、经济效益好、发展潜力大的大公司和企业集团的发展，在股票上市、财政贴息、高新技术开发等方面给予政策倾斜，优先分离企业办社会职能，为大公司和企业集团的发展创造良好的外部环境。引导和支持大公司和企业集团跨行业发展，组建综合经营的特大型企业集团。

(四) 支持煤矿建设和技术改造

落实新建煤矿资本金和银行贷款，支持煤矿建设和前期准备工作，提高煤炭资源勘探程度。国家采取财政债券贴息等政策，引导和扶持煤炭企业对矿井、选煤厂等项目进行技术改造，提高装备水平及防灾抗灾能力，促进安全生产。支持煤炭企业发展综合利用项目，保护生态环境，研究制定劣质煤电厂上网及电价的优惠政策。

(五) 推动洁净煤技术产业化

制定有利于煤炭清洁生产及利用的法规和技术经济政策，在注重生产洁净煤产品的同时，逐步限制直接销售和使用原煤，扩大工业锅炉和窑炉燃用洗选煤、固硫型煤、固硫配煤等清洁燃料的比重。为保障我国能源供应安全，制定有利于煤炭液化项目发展的政策。

(六) 提高国际化经营水平

煤炭出口重点企业要在巩固市场、提高产品质量和售后服务水平的基础上，提高市场占有率。扶持有条件的矿区，建立出口煤生产基地，实行必要的鼓励政策，提高我国煤炭在国际市场上的竞争力。鼓励企业到境外投资建矿、办厂，简化审批程序，赋予海外融资权，政策性银行优先提供信贷。

(七) 减轻煤炭企业负担

采取有效措施，加快分离国有煤炭企业办社会的职能，切实减轻企业负担。研究解决煤炭企业税赋过重的问题。依据煤炭法，并借鉴国外主要产煤国家的经验，研究制定衰老报废矿区和煤炭资源型城市的转产配套政策，通过政府转移支付或从其他渠道筹集资金，建立衰老报废矿区和煤炭城市的转产基金，用于发展接续产业和替代产业，安排煤炭企业职工转岗培训。

(八) 发挥中介组织作用

充分发挥行业协会等中介组织在行业统计、技术服务、市场开发、信息咨询等方面的作用，为政府制定法规、政策提供依据，为企业提供优质服务。发挥协会在行业自律方面的作用，规范企业的市场行为，维护市场公平竞争秩序。组建出口煤炭企业商会，加强企业自律，避免恶性竞争，提高企业抵御国际市场风险的能力。

(九) 加强企业内部管理

进一步优化开采设计，提高资源回收率。处理好采煤与掘进关系，实现煤矿正常接续。加强煤矿安全生产管理，加大资金投入，提高安全装备水平，避免发生重大、特大安全事故。进一步改善劳动环境，加强劳动保护，建立和完善特殊工种社会保险。抓好节能、节水、降耗和环保工作，提高职工生活质量和水平。

(十) 加强企业经营者队伍建设

建立经营管理者和企业家队伍健康成长的激励、考核、监督机制，并逐步制度化、规范化。提高经营者依法办事、合法经营的自觉性。实行经营管理者收入与企业的经营业绩挂钩，继续搞好经营者年薪制、股份期权等分配方式的试点。建立具有创新精神和创业能力，适应国内外市场竞争需要的企业家队伍。

电力工业“十五”规划

国家经济贸易委员会

(2001 年 1 月 1 日)

前　言

电力工业既是国民经济和社会发展的基础产业，又是公用事业。电气化程度是衡量一个国家现代化水平的一个重要标志。改革开放以来，我国电力工业快速发展，使长期困扰国民经济发展的严重缺电局面得到基本缓解。

但是，与发达国家相比，我国人均拥有发电装机容量和电力消费占能源消费的比重还很低；电力工业快速发展中多年积累的结构性矛盾和体制性障碍开始显现；电力使用者对降低价格、改善服务的要求日益提高。电力工业发展的任务仍然十分艰巨。

为了满足新时期国民经济和社会发展对电力的要求，电力工业要按照《国民经济和社会发展第十个五年计划纲要》，适当加快电力发展，以保证充足可靠的电力供应；突出结构调整，加强电网建设，促进西电东送，保护环境，节约资源，坚持走可持续发展的道路；深化以市场化为取向的电力体制改革，加快技术进步和技术改造的步伐，依靠体制创新和科技创新，促进电力工业的健康发展。

一、基本情况

(一) “九五”期间取得的成就

1. 生产能力持续增长，消除了电力“瓶颈”的制约

“九五”以来，电力工业继续保持快速发展势头，发电装机容量年均增长 8%，长期存在的严重缺电局面得到了基本缓解，消除了电力对国民经济和社会发展的“瓶颈”制约。到 2000 年底，全国发电装机容量达到 31932 万千瓦，其中水电 7935 万千瓦，占 24.9%；火电 23754 万千瓦，占 74.4%；核电 210 万千瓦，占 0.7%；风力、太阳能等新能源发电约 33 万千瓦。全年发电量达到 13685 亿千瓦时。发电装机容量和发电量均居世界第二位。全国 220 千伏及以上输电线路达 16.4 万公里，其中 500 千伏输电线路 2.7 万公里；220 千伏及以上变电容量 41000 万千伏安，其中 500 千伏变电容量 9400 万千伏安；500 千伏直流线路 1045 公里，额定换流容量 120 万千瓦。

2. 形成了比较完备的电力工业体系，技术装备水平不断提高

除台湾、香港、澳门地区外，我国已经形成华北、东北、华东、华中、西北、川渝和南方互联等 7 个跨省区电网，以及山东、福建、海南、新疆、西藏等 5 个独立的省级电网。除西北电网主网架电压等级为 330 千伏外，其他跨省电网和山东电网均已建成 500 千伏主网架。华东电网装机容量已超过 5000 万千瓦。全国最大的火电厂装机容量为 240 万千瓦，最大的水电站装机容量为 330 万千瓦，最大的核电站装机容量为 180 万千瓦。随着三峡输变电工程、东北和华北联网等工程的实施，电网发展已开始进入大区电网、独立省(区)电网互联的新阶段。目前，我国已初步掌握 60 万千瓦火电机组和 500 千伏交流输变电工程的设计、施工、调试及运行技术；核电、直流输电技术的国产化已经取得初步进展；已经具备修筑 240 米高双曲拱坝、180 米级各类大坝和大型抽水蓄能电站的

施工能力。

在电力规模不断扩大的同时，工程安装质量、工艺及机组投产移交水平大幅度提高。各大电网的计算机监控调度系统进入了实用化阶段，电网运行基本实现了自动化、现代化管理，电网运行的可靠性、稳定性和经济性得到了显著的提高。华东等电网主网稳定性达到了三相故障不失稳、不损失负荷的水平，全国各主要电网频率合格率均达到99.9%以上。2000年全国供电煤耗为394克/千瓦时，比1995年的412克/千瓦时下降了18克/千瓦时；线损率从1995年的8.8%下降到7.7%。

3. 电力体制改革取得一定成效

根据社会主义市场经济体制改革的总体要求，从电力工业的实际出发，国家采取了一系列的改革措施，有力地推动了电力工业的发展。通过实行集资办电和利用外资政策，发电环节基本形成了多元化的投资格局；电力企业加强管理、转变经营机制、建立现代企业制度的工作稳步推进；电力工业政企分开、农电体制和厂网分开、竞价上网试点三项改革取得了一定成效，为进一步深化电力体制改革积累了经验、创造了条件、奠定了基础。

4. 电力法规框架初步形成

《中华人民共和国电力法》从1996年4月1日起开始施行。目前，以《电力法》为基础，以《电力设施保护条例》、《电网调度管理条例》和《电力供应与使用条例》为骨干，以相关配套的电力行政规章和地方性电力法规为补充的电力法规框架初步形成。电力工业初步做到了有法可依、有章可循，开始步入法制化轨道。

5. 电力结构调整取得初步成效

小火电无序蔓延的状况得到初步遏制，关停小火电机组约1000万千瓦，高效大容量机组比重逐步上升。水电发展更加受到重视，三峡等大型水电站的建设按计划稳步推进。电网建设投入显著增加，西电东送通道进一步加强和完善，送电能力不断增加。1998年以来在全国进行的城乡电网建设与改造工程，使城乡电网供电质量和供电可靠性得到提高。

6. 环境保护工作取得积极进展

全国火电厂基本实现了烟尘和废水达标排放，2000年烟尘排放总量与1995年相比下降了约25%，废水排放总量下降了约35%，废水回收利用量增加了约一倍；二氧化硫排放总量开始呈现下降趋势，脱硫技术国产化和产业化取得了实质进展；年粉煤灰综合利用量超过6000万吨；水电和输变电工程水土保持和生态环境保护工作逐步规范化。

（二）存在的主要问题

1. 电力工业内部结构性矛盾突出

电网建设滞后于电源建设，电网结构薄弱，对局部地区的资源优化配置还存在“瓶颈”制约；电网的输电与配电、高压与低压，一次与二次环节之间的配置还不够协调，不同程度地影响着电网的安全稳定和经济运行。水能资源没有得到充分的开发利用，开发利用率只有20%左右，尤其是调节性能好的大型水电站比重偏小；有效抑制小火电机组生产和建设的宏观调控、环境保护等有关制度尚不健全，常规小火电机组比例仍然过大；电网调峰能力普遍不足；火电电源布局不尽合理，西部矿区、坑口电站的开发建设相对迟缓。

2. 电力发展水平和电气化程度仍然很低

30万千瓦及以上机组占火电装机容量的比重仅38%，洁净煤发电、核电、超临界机组、高压直流输电等先进技术应用甚少。供电煤耗、线损率分别比先进国家高60克左右和2—3个百分点。我国人均拥有发电装机只有0.25千瓦，人均发电量只有1078千瓦时，均不到世界平均水平的一半，仅为发达国家的1/10—1/6。全国还有574万户家庭没有用上电。电能消费占终端能源消费的比例为11%左右，远低于17%的世界平均水平。电煤消费占煤炭总产量的比重约50%，低于发达国家70%—80%的比重。

3. 环境保护的任务十分繁重

我国能源资源以煤炭为主，在电源结构方面今后相当长的时间内将继续维持燃煤机组为主的基本格局。目前已采取烟气脱硫措施的火电机组容量仅500万千瓦左右，绝大多数火电厂还没有采取脱硫措施。“九五”期间二氧化硫排放的减少，主要是通过关停小火电机组和“两控区”内的火电厂换烧低硫煤实现的，火电厂的二氧化硫污染排放尚未得到有效控制，这已成为电力工业实施可持续发展战略的制约因素。

4. 电力工业管理体制还不能适应新时期发展的需要

随着我国社会主义市场经济体制的逐步形成，

以及电力供需矛盾的基本缓解，电力工业在缺电时期形成的一些管理体制、运行机制和规章办法已经不能适应新的形势要求。由于电力工业的体制性缺陷，电力企业在经营管理上存在着效率低、服务差的问题；电力市场壁垒阻碍着电力资源的优化配置；电价形成机制不能充分反映市场的供需关系，制约了电力消费的有效增长和电网的发展，也妨碍了节约用电和环境保护技术的推广应用，影响了农村经济的发展和农民生活水平的提高。

二、“十五”期间面临的形势和市场环境

（一）面临的形势

1. 国民经济和社会发展对电力工业提出更高的要求

今后五年，我国经济将保持较快发展速度，经济结构战略性调整将取得明显成效，技术进步和创新能力明显增强，经济增长的质量和效益显著提高。在新的形势下，传统的产业结构将发生很大的变化，高附加值、低消耗的产业将得到发展，大量设备、技术、工艺落后和浪费资源的企业将被淘汰，单位产值的电耗将趋于下降，为此对电力工业的增长方式将提出新的要求。电力工业发展在保持适度增长的同时，必须切实转变电力增长方式，实现从重视增加数量和规模到重视提高质量和效率的转变。

2. 经济全球化对电力工业将带来积极的影响

目前，我国与境外电力贸易数量甚小，加入世界贸易组织不会对电力行业造成明显的直接影响，但是会带来一定的间接影响。总体上看，利大于弊，有利于电力工业的改革与发展。加入世界贸易组织以后，电力工业面对国际、国内两个市场，对所需先进设备和先进技术的引进会有所增加，既可弥补国内某些设备品种和数量的不足，又可通过消化、吸收，逐步增强国内制造先进设备的能力，推动国内电力设备生产技术水平的提高，从而提高电力行业整体的技术装备水平。随着经济全球化趋势的加快，外商在我国电力领域的投资将会进一步扩大，由外商投资经营的发电企业的数量会不断增加，从而促进我国加快电力工业的市场化改革进程、提高电力工业整体的经营管理水平。

3. 科技进步和国民经济信息化对电力工业的促进作用日益增强

加强技术创新，发展高科技，实现产业化，推动社会生产力跨越式发展是我国在新世纪发展的重大任务。当前，科学技术日新月异，知识经济初见端倪，以互联网为基础的网络经济作用越来越大，国民经济信息化将促进电力工业的信息化进程。电力工业必须加快两个根本性转变，加快技术创新及其在结构调整中的贡献率，建立、发展电力工业的信息网络和体系。

4. 电力工业实施可持续发展战略的任务十分艰巨

电力是清洁高效的能源转换利用形式。我国正处于工业化发展阶段，提高电力消费在终端能源消费中的比重，不断提高电气化程度，是我国充分利用资源、改善环境质量、提高生产效率的一项根本措施。电力工业也是资源消耗大户，提高电力的生产和使用效率、降低消耗，特别是节约和降低水资源、石油资源的消耗，对我国重要战略资源的节约和优化配置具有重大意义。因此，电力工业在努力扩大市场有效需求、提高电气化程度的同时，要加大对水电等清洁能源的开发利用，加大环境保护力度，按照国家环保法规和标准，积极采用环保新技术，特别是煤炭的洁净燃烧技术，加快环保达标治理的步伐。

5. 电力工业要与装备制造业协调发展

电力工业的发展，离不开国内其他行业的支持，同时也带动国内机械制造等相关产业的发展。我国已具备60万千瓦级及以下发电设备制造能力，其中30万千瓦级机组的产量已能够满足电力发展的需求，但火电机组的设备质量和调峰技术指标有待提高。超临界机组、洁净煤发电机组、大型联合循环机组以及大型抽水蓄能机组、大型灯泡式水电机组、高于75万千伏安的大容量变压器和高电压等级直流输电设备等国内尚不能完全自主制造，需要通过技贸结合方式，引进技术，逐步消化吸收。同时要努力增强自主开发能力，加快国产化的步伐。

6. 西电东送是实施西部大开发战略的重要内容

我国能源资源主要集中在西部地区。煤炭资源的60%集中在山西、陕西和内蒙古，其余也主要分布在河南、贵州等中西部省份；尚未开发的水电资源绝大部分集中在西南和黄河中上游地区。但是，我国的经济、人口和用电负荷主要集中在东部沿海地区。开发西部电力资源，尤其是开发西部水能资源，实施西电东送，不仅可以促进西部经济的发展，而且可以缓解东部地区的能源短缺问题和“两控区”范围内的环保压力。

党中央、国务院提出的西部大开发战略，是实施我国经济结构调整的一项重大举措。扩大西电东送，是实施西部大开发战略的一个重要内容。西部大开发战略的实施，也是电力工业调整战略布局、加快发展的重大机遇，将对未来我国电力工业的产业结构和布局带来重大影响，随着西电东送规模的扩大和全国联网进程的加快，东西部之间的电力联系将更加紧密。

（二）电力需求预测及分析

1. 电力需求将保持稳步增长

“九五”期间，全国发电量年均增长6.3%，各年增长速度呈先降后升的趋势。1996年发电量增长速度为7.2%，1997年为5.1%，1998年下降到2.1%，1999年回升到6.5%，2000年达到11%。

根据九届全国人大四次会议审议通过的《国民经济和社会发展第十个五年计划纲要》，“十五”期间我国经济增长速度预期为年均7%左右。分析、综合各方面的研究结果，预计“十五”期间全国电力需求的平均增长速度为5%，实际增长速度可能略高一些，但相对“九五”各年的增长速度，“十五”期间将比较平稳，电量的总供给与总需求基本平衡。2005年全国年发电量将达到17500亿千瓦时以上。

2. 用电构成将继续发生变化

经济结构调整使得电力需求结构发生较大变化，突出表现在：第二产业用电比重减小，第三产业和居民生活用电比重相应提高；工业内部高耗电行业（冶金、化工、建材等）和传统行业（纺织、煤炭等）用电比重减小，低电耗、高附加值产业的用电比重相应提高。

综合考虑经济全球化进程的加快和我国加入世界贸易组织、及经济结构调整和产业升级的逐步推进，预计第一产业用电将稳定增长；第二产业随着结构调整和增长方式的转变，单位产值电耗将进一步降低，在全社会用电中的份额会逐步下降；第三产业用电在全社会用电中的份额将逐步上升；城乡居民用电将继续保持快速增长。

3. 各地区供需平衡的差异将逐步缩小

在总量基本平衡的同时，当前各地区的电力供需情况存在明显差异。东北电网、福建电网和海南电网电力装机过剩较多。华中电网和川渝电网由于水电比重较大、调节性能差，丰水期电力过剩。华北电网、华东电网、山东电网和广西、贵州、云南电网电力供需基本平衡，电网中的局部地区存在短时供应不足的情况。广东电网2000年以来，在用电高峰期出现了电力供应紧张的局面。

“十五”期间，随着进一步实施宏观调控和电网之间的互联，各电网之间的供需平衡差异将逐步缩小。初步分析，东北电网、海南电网供过于求的情况还将延续一段时间；广东、浙江、河北南部等局部地区供应不足的问题在“十五”初期有可能加剧；其他地区将基本保持供需平衡。

4. 电价对电力需求的影响将趋于明显

随着我国经济体制改革的不断深入，以及各行各业市场化程度的不断提高，电价对电力需求的影响日趋明显。主要表现在两方面：一是影响企业的用电水平。电价高于企业的承受能力时，用电量明显减少；二是影响高耗电产业发展的地区分布和现有布局。高耗电产业将纷纷由电价高的地区转移到电价低的地区，致使各地区电力需求增长格局发生明显变化。随着电力工业市场化改革的逐步推进，电力市场的供需状况将更多地受到电价水平的影响。

5. 负荷增长速度将持续超过用电量增长速度

随着经济的发展和人民生活水平的提高，近几年电力负荷特性发生了较大变化。特别是随着空调拥有量的不断增加，气温对用电负荷的影响越来越大，部分省份全年最高负荷逐步由冬季向夏季转移，导致年最大负荷增长的波动性增大，各电网日负荷率、年负荷特性值均呈逐年下降趋势。今后负荷的增长将继续高于用电量的增长，调峰矛盾日趋突出，电网需要的调峰容量逐年增加。“十五”电力供需的矛盾将主要表现在调峰能力不足，或是调峰的技术手段不能满足电网安全、稳定和经济运行的需要。

三、发展和结构调整的指导思想及目标

（一）指导思想及基本原则

1. 指导思想

坚持以邓小平理论和党的“十五大”精神为指导，按照《国民经济和社会发展第十个五年计划纲要》的要求，适应社会主义市场经济的发展，转换经营机制、转变增长方式，促使电力工业与经济、

社会和环境协调发展。深入贯彻国家能源、产业、环保等各项方针政策，坚持统一规划、优化布局、控制总量、调整结构的原则。加强电网建设，推进全国联网。进一步调整电源结构，充分利用现有发电能力，积极发展水电、坑口大机组火电，压缩小火电，适度发展核电，鼓励热电联产和综合利用发电。积极发展新能源和可再生能源发电。积极开发和推广资源节约和综合利用技术，节约资源，保护环境。深化电力体制改革，逐步实行厂网分开、竞价上网，健全合理的电价形成机制。

2. 基本原则

坚持以国民经济和社会发展为基础，搞好电力综合平衡、地区平衡，提高质量、降低价格、改善服务，保证国民经济和社会发展对电力的需求。

坚持以市场为导向，积极开拓和利用国内外两种资源、两个市场，打破行政区域界限，优化地区布局，充分发挥市场对资源配置的基础性作用，实现更大范围内的电力资源优化配置。

坚持以结构调整为重点，注重电源结构和地区布局的统筹、协调、合理安排。实现东、中、西部地区协调发展，充分利用西部地区丰富的能源资源，加大西部地区电力开发力度，促进西部地区经济和社会发展。

坚持以科技为先导，大力推进技术进步，促进电力发展，提高科技进步对电力工业发展的贡献率，重视环境保护和资源节约。

（二）电力发展与结构调整目标

1. 电源

努力改善电力投资环境，保持相应的电力建设规模，保持电力供需的平衡。“十五”末期，全国发电装机容量预计达到3.9亿千瓦，其中水电9500万千瓦，火电28600万千瓦，核电870万千瓦，风力、太阳能等新能源发电120万千瓦。

2. 电网

“十五”期间，全国联网取得实质性进展。到2005年末，除新疆、西藏和海南外，各相邻电网基本实现互联，电网结构更加合理，具备防止发生大面积停电事故的能力；全国220千伏及以上交直流线路达到23万公里，变电容量达到6.7亿千伏安；二次系统与一次系统协调发展，通信网络整体能力大幅度提高；城市电网供电可靠性平均达到99.9%，部分重点地区达到99.99%；电网综合线损率控制在7%以下。

3. 技术装备

继电保护、电网稳定控制、超高压输变电、水电筑坝等技术处于国际先进水平；加快大型超临界火电机组、空气冷却机组、洁净煤发电机组、大型抽水蓄能机组、大型燃气蒸汽联合循环机组、核电机组、风力发电机组和电力环保装置等设备的国产化步伐；直流输电、500千伏大容量变压器、电力环保技术等，具备独立的设计、建设和设备供应能力；建立和完善适应电力工业发展需要的技术研究与开发体系、检测与质量保证体系；加强有关电力节能环保技术以及迫切需要的难点技术的研究与开发，掌握占据未来电力科技制高点的技术。

4. 环境保护

按照国家环保法规和标准要求，加强环境保护治理工作，全国火力发电厂主要污染物年排放总量基本维持在2000年的排放水平，并力争有所降低。二氧化硫排放得到有效控制，废水回收利用率达到60%以上。

5. 农村电气化

在农村电力“两改一同价”的基础上，力争通过十年左右的时间，使我国农村电气化水平上一个新台阶，为全面实现农村电气化打下坚实基础。全面完成农村电力体制改革，实现一县一公司。县及县以下人均年用电量及人均生活用电量有较大增长；结合农村经济发展和富裕程度，建成一批电气化县、电气化乡（镇）和电气化村。到2005年，全国基本实现村村通电，进一步减少无电农户。

四、发展和结构调整的重点

（一）加强电网建设，推进全国联网

1. 加强电网建设与改造

电网要实行统一规划、统一建设、统一管理和统一调度。继续加大对电网建设的投入，扭转电网建设滞后于电源建设的局面，实现电网与电源的协调发展，实现西电东送、电网互联和受电端网架的协调发展。同步做好二次系统的规划与建设。

重视配电网建设，继续做好城乡电网建设与改造。优化配电网络，城网发展与城市建设相协调，提高配电网运行监控水平，提高电能质量。加强和优化农村电网结构，提高农村电网的供电质量和安全水平，降低损耗，以适应小城镇建设、农村经济发展和人民生活水平提高的需要。

2. 努力推进全国联网

继续高标准、高质量地建设三峡输变电工程；继续加强南部、中部和北部三大西电东送通道；建成七项电网互联互供工程，即：东北与华北联网、福建与华东联网、西北与华中联网、华中与华北联网、川渝与西北联网、山东与华北联网以及三峡送电广东；做好山东与华东联网的前期工作。同时，进一步改造和完善各电网主干网架。

（二）充分利用现有发电能力

加强技术改造，努力提高现有发电设备的利用效率。利用现已成熟的技术手段，对国产20万千瓦和30万千瓦级火电机组继续进行更新改造，使平均供电煤耗降低10—15克/千瓦时，主要火电机组的调峰能力达到50%左右，提高机组等效可用系数，合理延长机组寿命，电厂自动化达到集控水平。对部分水电站进行技术改造，实现水电站无病、险坝，提高水电站自动控制水平，保持大中型水电机组平均等效可用系数的稳定；对部分水电站进行扩机增容改造，提高出力和调节能力。

（三）进一步调整电源结构

积极发展水电。重点开发长江中上游及其干支流、红水河、澜沧江中下游、乌江和黄河上游等流域的水电资源。调峰能力不足、系统峰谷差大的电网，在对各种调峰手段进行充分论证的基础上，选择技术经济性较好的站址，适当建设抽水蓄能电站。“十五”期间，开工建设龙滩、小湾、水布垭、构皮滩、三板溪、公伯峡、瀑布沟等调节性能好的大型水电站，改善水电电源结构。同时做好水电河流规划和重大水电项目的前期论证工作，保持必要的前期储备。

优化发展火电。不断优化火电的机组结构、技术结构和地区结构，实现火电技术的产业升级和更新。要继续按照国家现行政策，压缩小火电，努力实现“十五”期间关停小火电和替代老旧机组共2500万千瓦的目标；严格限制常规小火电的发展，不断提高大机组和高性能机组的比重；积极推进热电联产和综合利用发电，以改善城市环境、提高能源利用效率。新建的燃煤电厂主要采用单机容量30万千瓦及以上的高参数、高效率、调峰性能好的机组。在山西、陕西、内蒙和西南等能源基地建设矿区、坑口电厂，向东部及沿海缺能地区送电，促进更大范围的资源优化配置，推动全国联网。积极引进和发展超临界机组，推进循环流化床等洁净煤发电示范工程。通过引进、消化、吸收国外先进的技术，加快循环流化床锅炉和脱硫设备的国产化步伐。

适量建设天然气电站。在沿海缺能地区及大城市，根据国内天然气资源开发、西气东输工程的进展，以及国际天然气市场的情况，因地制宜地适量发展燃气蒸汽联合循环机组，促进国内天然气资源的开发利用，增加电网调峰能力。

适当发展核电。适当开工建设核电国产化驱动项目，逐步实现核电自主设计、制造、建设和运营的目标。

因地制宜发展新能源发电。加快以风力发电为主的新能源发电项目的建设，在新疆、内蒙、东北、华北和东南沿海地区开发规模较大的风力发电场。继续开发利用太阳能、地热能等新能源发电。

（四）促进西电东送

调整东西部电源建设的布局，进一步扩大西电东送规模。在加快西部地区电力资源开发进度的同时，合理控制东部地区常规燃煤电厂的建设，为西电东送提供市场空间。

在南方互联电网重点做好向广东送电1000万千瓦工程。开工建设龙滩、小湾和构皮滩等大型水电站，在煤炭资源丰富的地区适当建设燃煤电厂。主要建设天生桥至广东第三回、昆明经罗平至天生桥、贵州经广西至广东三项500千伏交流输变电工程，以及贵州至广东、三峡至广东两项500千伏直流输电工程。

在中部电网配合三峡水电站的建设，重点配套建设三峡输变电工程，总规模为交流500千伏输电线路6900公里，直流500千伏输电线路2200公里，交流500千伏变电容量2475万千伏安，直流换流站总容量1200万千瓦。其中约60%的三峡输变电建设工程在“十五”期间完成。疏通四川电力外送的电网通道，为四川电力东送创造条件。

北部电网在现有山西大同至北京房山、内蒙丰镇经张家口至北京昌平三回500千伏西电东送输电线路的基础上，加大蒙西、山西向京津唐送电力度。到2005年，京津唐地区接受蒙西送电容量超过270万千瓦。加快开发西北黄河上游水电站、建设陕北和宁夏煤炭基地坑口电站的步伐，努力实现向华北电网送电。

（五）高度重视环境保护

在继续做好对各种污染物的排放控制及回收利用的基础上，加大对火电厂二氧化硫污染控制的力度。严格执行“两控区”政策，位于“两控区”范围内的新建、改建或在建燃煤含硫量大于1%的火电厂，必须安装脱硫设施；位于“两控区”范围内已建燃煤含硫量大于1%的火电厂，分期分批建成脱硫设施或采取其他具有相应效果的减排二氧化硫的措施；除以热定电的热电厂外，在大中城市的城区及近郊区不再新建燃煤电厂；其他地区的火电厂，也要按照国家环保法规和标准，采取切实可行的环境保护措施。

采取有效措施，促进各项电力环境保护技术的开发和应用，力争在“十五”末期我国烟气脱硫产业初具规模，30万千瓦及以上的国产湿法脱硫机组投入运行。

（六）大力开展电力工业节水、节油工作

加强火电厂的节水管理，在新建火电厂推广应用成熟的节水和废水回收技术，加大对现有火电厂节水技术改造的投入，加强对新的节水技术和工艺的研究开发。在长江中下游、沿海等丰水地区新建的火电厂，推广直流或半直流供水技术；在严重缺水地区新建的火电厂，推广空冷技术；在其他地区的火电厂，推广使用提高循环水浓缩倍率的稳定剂，以减少用水消耗；在供热电厂，推广供热回水处理与利用技术。全面推广高浓度水力冲灰和干除灰、除渣技术。

对燃油电厂实施燃煤和水煤浆代油技术改造，或结合我国天然气资源的开发实施天然气代油技术改造；对仍在使用大油枪的燃煤机组全部完成采用小油枪的技术改造；通过改造提高锅炉在低负荷下的稳燃能力，减少助燃用油；积极开展等离子无油点火技术的研究和推广应用，同时加强管理，降低机组停运次数，以减少火电厂点火用油。

（七）推进农村电气化事业

农村电气化是实现农业现代化的基础和保证，大力推进我国农村电气化事业是电力工业发展的重要内容。按照建立现代企业制度和深化电力体制改革的要求，对县级供电企业实施公司制改革。优化发展小水电，支持有调节性能的小水电发展；改善农村电网结构，防止重复建设，提高供电质量和服务质量，着力降低农村电价水平，减轻农民负担；开发建设小型分散供电系统，解决电网覆盖不到地区无电农户的用电问题。

五、促进发展与结构调整的政策措施

（一）加强电力法制建设

适应我国电力体制改革进程，按照新时期电力发展的总体思路，修改《电力法》，制定电力市场运营和监管的基本规则，合理界定电力管理部门及有关部门的职责，明确电力企业的权利、义务，维护电力投资者、经营者和使用者的合法权益；补充和修改电力营销和服务规则，以及电力公开、公平、公正调度的有关规定；在推进电力管理体制改革的同时，改革和完善我国电力行政执法体系，抓紧研究制定《电价管理条例》和《农村电力管理条例》，形成依法管电、办电、用电的法制环境和市场秩序。

（二）深化电力体制改革

按照建立社会主义市场经济体制的总体要求，深化以市场化为取向的电力体制改革，逐步实行厂网分开、竞价上网，促进电力企业体制创新、机制创新和管理创新，建立现代企业制度。打破垄断、引入竞争，建立和完善公平竞争、规范有序的电力市场运行机制和有效的政府监管体制，充分发挥市场配置资源的基础性作用，促进电力工业的持续健康发展。

（三）积极合理有效利用外资

继续扩大对外开放，坚持积极合理有效的利用外资方针。积极利用国外贷款，引进先进技术和设备，促进电力工业整体技术装备水平的提高。结合厂网分开、竞价上网和国家投融资体制改革的进程，进一步规范利用外资项目管理办法，改革和简化行政性审批程序，不断改善国外投资者在发电领域的投资环境，促进外资项目参与公平的市场竞争。

（四）改革电价、开展电力需求侧管理

进一步深化电价改革，改革电价审批制度。根据厂网分开、竞价上网的要求，健全合理的电价形成机制，全面实行丰、枯和峰、谷电价，加强对电价的法制化监督和管理。充分发挥价格机制和其他有关政策的作用，大力开展电力需求侧管理工作，鼓励合理有效地利用电力资源，改善能源消费结构。

（五）加快科技进步

依靠科技进步，提高电力行业技术创新能力。

以科技创新为先导，紧密结合电力工业发展的需要，坚持自主研究开发与引进消化吸收相结合的原则，进行具有自主知识产权的技术开发，力争在部分电力技术领域处于国际领先地位。建立多元化科技投入的机制，促进科技产业化进程，用高新技术对传统技术进行改造和更新换代，迅速提高电力行业的整体技术水平和经济效益，实现技术发展的战略性跨越，提高科技在电力行业经济效益中的贡献率。

（六）加快电力工业信息化进程

适应电力工业改革与发展的需要，充分发挥电力工业的技术特点和优势，努力推进电力工业的信息化进程，同时通过电力信息系统向全社会提供服务，参与竞争、打破垄断，推动整个国民经济的信息化进程。制定出台推进电力工业信息化的优惠政策，完善有关的法规标准，促进电网二次系统设备的国产化，加强技术开发和人才培养，努力建成功能齐全的全国电力信息网络和基础设施。逐步建立完善有关电力工业的电子商务运营系统，全面提高电网调度自动化系统的应用水平。结合电力工业市场化改革进程，加强电力市场技术支持系统的开发、建设和管理。

石油工业“十五”规划

国家经济贸易委员会

（2001 年 8 月 3 日）

新中国的建立为我国石油工业的发展创造了根本条件。20 世纪，我国石油工业经历了 50 年代恢复和探索、60—70 年代高速发展和 80 年代以后稳定发展的三大历史阶段。1959 年大庆油田的发现，从根本上改变了我国石油工业的面貌，1965 年结束了对进口石油的依赖，实现了自给；在 60—70 年代，胜利、辽河、长庆、华北等油气田的相继发现和开发使全国原油产量迅速增长，1978 年产量突破 1 亿吨大关，从此我国跨入了世界产油大国的行列；自 80 年代以来，由于国民经济的快速增长和对环境保护要求的提高，对石油天然气的需求逐步加大，我国从 1993 年起成为石油净进口国，天然气供求矛盾也较突出。我国石油工业继续发展面临的形势是复杂而富挑战性的，回顾以往，分析现状，展望未来，制定前瞻性的石油工业“十五”发展计划和远景规划，尽早做好全局性战略部署，有利于使我国资源、环境、人口、经济相互协调，形成健康有序的发展格局。

一、现状分析

（一）石油工业已成为国民经济的重要基础产业

新中国成立 50 年来，我国石油工业取得了巨大进步，为国民经济发展做出了重大贡献。到目前为止，全国 25 个省、市、自治区和近海海域发现了 688 个油气田，形成了六大油气区，建成了大庆、胜利、辽河、新疆、四川、长庆、渤海和南海等 24 个油气生产基地。全国原油产量从 1949 年的 12.1 万吨增至 2000 年的 1.6 亿吨，列世界第 5 位；2000 年天然气产量 277 亿立方米，列世界第 15 位；截至 1999 年底，建成长距离输油管线 1.13 万千米、输气管线 1.18 万千米，基本形成了东北、华北、华东地区的输油管网和华北、川渝地区的输气管网。全行业形成了油气勘探、开发、设计、施工、科研和技术服务配套的工业体系。

石油工业的发展带动了地方经济和机械制造、钢铁、交通、石化、纺织工业等相关产业的发展，壮大了国家的经济实力。目前，以油气为主要燃料和原材料的工业部门的产值约占全国工业总产值的六分之一。

石油工业的发展也促进了我国能源结构的改善。我国石油消费量从 1949 年占全国能源消费总量的 3.8% 上升到 1998 年的 19.8%；天然气消费量从 1953 年占全国能源消费总量的 0.02% 上升到 1998 年的 2.1%。北京、天津、重庆、成都等大中城市把天然气作为清洁燃料用于工业和居民生活，并已开始使用天然气汽车，在一定程度上遏制了大气环境的恶化。由于工业结构调整力度进一步加大和国家对环保要求的提高，1999 年国内煤炭比1998年减产16.4%，使油气在整个能源消费结构中所占比例明显提高。预计2000年石油和天然气在一次能源消费中的比例将分别达到25%和3%左右。

到1999年底，我国油气开采行业已形成了1860亿元的固定资产，年销售收入1876亿元，实现利润总额290亿元，占全国国有及国有控股企业利润的30%，成为国民经济中的重要基础产业。

（二）石油储量和原油产量保持稳中有升

1. 我国石油资源仍有潜力，正进入稳定增长阶段

全国第二轮油气资源评价结果表明，我国石油地质资源量为940亿吨，结合目前技术经济条件分析，最终石油可采资源量为140亿吨左右。截至1999年底，累计探明石油地质储量205.6亿吨，可采储量为59.3亿吨，石油可采资源探明率为42.4%，剩余可采资源量为80.7亿吨，仍有较大勘探潜力。世界主要产油国140年来的石油发展史表明，当资源探明率达到40%—60%时，其储产量将进入一个相对较长的稳定时期。总体上看，我国石油储产量开始进入稳定增长期，1986年以后，我国新增探明石油地质储量进入稳定增长阶段，"七五"和"八五"期间年均增长5亿吨左右。

2."九五"以来石油新增探明储量保持稳定增长

"九五"期间，随着石油地质理论的深化和勘探技术的提高，勘探成果不断扩大。在松辽、渤海湾、鄂尔多斯和塔里木盆地以及渤海海域，先后发现和控制了永乐、月海、秦皇岛32－6、蓬莱19－3、蓬莱9－1、渤中25－1、曹妃甸11－1、曹妃甸12－1、靖边、塔河等10个亿吨级油田和石南、莫北、小拐、南堡35－2、龙虎泡5个500万吨级油田。埕岛、曙光、安塞、石西4个老油田储量进一步扩大，新增储量均超过500万吨。大油田的不断发现和扩大，使全国新增储量保持稳定增长，年均增幅7亿吨以上。

"九五"期间，我国东部地区油气勘探继续稳定发展。松辽盆地高效勘探低渗透油藏取得重大进展，相继发现并控制了龙虎泡、葡西、齐家、他哈拉英台、大情字井5个亿吨级储量区，具备了800万吨低渗透油气生产能力。渤海湾盆地随着滩海地区油气勘探的不断深入，自北而南在月海、赵东、埕岛、垦东等地先后控制了多个大型含油构造带；盆地内勘探老区在千米桥潜山及火成岩油藏有重大突破，进一步扩大了勘探领域。两大盆地老区新带和老区新层的不断发现为东部地区油田稳定发展作出了重要贡献。

在"发展西部"方针的指导下，"九五"期间加大了西部地区勘探力度，成效显著。以靖安油田为代表的富油区块的连续发现，使鄂尔多斯盆地连续5年新增储量超亿吨。在准噶尔盆地腹地，先后探明和控制了石西、石南和莫北3个亿吨级油田。在塔里木和吐哈盆地，分别发现了塔河油田和吐玉克稠油油田。四大盆地勘探不断取得新突破，使西部原油产量快速增长。

以蓬莱19－3、秦皇岛32－6油田和春晓、乐东22－1气田为代表的海上油气田的不断发现，为"十五"海上油气产量翻番提供了坚实的储量保证。

3. 原油产量超过1.5亿吨并保持稳中有升

全国原油产量自1996年突破1.5亿吨以后，生产保持稳定，已连续5年产超过1.6亿吨。

（三）天然气勘探连续取得重大突破，产量处于快速增长期

1. 天然气资源丰富，探明率低，勘探潜力大

全国天然气地质资源总量为38万亿立方米，预计天然气可采资源量约10.5万亿立方米。到目前为止，累计探明天然气地质储量2.3万亿立方米，探明可采储量1.48万亿立方米，可采资源探明程度仅为14%，我国天然气勘探仍处于勘探初期阶段。

我国煤层气资源比较丰富，初步预测陆上埋深2000米以浅的煤层气地质资源量为30万亿—35万亿立方米。从全国范围内看，煤层气勘探仍处于起步阶段。

2. 天然气勘探连续取得突破，"九五"新增储量突破万亿立方米

"九五"期间，认真贯彻"油气并举"方针，加大勘探力度，以中西部地区为重点的天然气勘探连续取得重大突破，累计新增大中型气田28个。鄂尔多斯盆地上古生界、柴达木盆地三湖地区、塔里木盆地库车地区、四川盆地川东和川西地区的天然气勘探突破和成果的不断扩大，形成了陆上四大气层气资源区，尤其是库车坳陷克拉2气田的发现和陕北上古生界勘探成果不断扩大，为西气东输奠定了资源基础。准噶尔盆地南部、大港千米桥、苏北盐城地区天然气勘探的突破，扩大

了陆上含油盆地找气领域。南海和东海西湖凹陷勘探的新进展，构成了海域油气工业发展的新的增长点。

世界主要油气生产国石油天然气储产量大幅度增长的历程表明，一般天然气储产量大幅度增长期滞后于石油30—40年。我国也存在同样规律，天然气从1990年开始进入储量增长高峰期，比石油滞后30年。“八五”期间新增储量为7005亿立方米；“九五”期间新增储量超过10000亿立方米，下世纪初将继续保持这一快速增长势头。

煤层气勘探开发试验取得进展。“九五”在沁水盆地南部晋城地区开展了两个区块的开采试验，最高单井日产量超过10000立方米，初步控制可开发地质储量1000亿立方米。

3.“九五”期间天然气产量保持年增10%的快速发展势头

随着天然气储量的增加和国民经济发展对洁净能源需求的快速增长，天然气产量也在快速增长。1996年产量突破200亿立方米大关，开始进入产量快速递增期。“九五”期间天然气产量年均增幅达到10%，2000年天然气产量超过277亿立方米，是1995年的160%。在西气东输干支线和海气登陆海底管线相继建成后，我国天然气产量的增幅将更大。

（四）对外开放稳步发展

20世纪80年代以来，我国采取多种灵活的合作合资方式引进国外资金、先进技术和管理经验，加快了国内油气资源勘查速度，提高了油气田开发水平；90年代开始到国外合资合作勘探开发油气资源，不断扩大我国在国外的资源份额。

1. 对外开放引进外资70多亿美元

1982—2000年，中国海洋石油总公司先后同18个国家的70家油公司签订了140个石油合同，在中国海域进行勘探和开发，直接利用外资64.5亿美元，合作钻探发现了19个油气田和62个含油气构造，探明石油地质储量8.7亿吨，天然气地质储量1302亿立方米。

截至1999年底，中国陆上石油对外开放167个区块，签订合同52个，引进外资11亿美元。陆上石油对外开放有力地促进了大庆、胜利、辽河、中原等油田深层油气藏、稠油油藏、低渗透油藏及裂缝性油藏的开发，使我国复杂油气藏开采技术得到了明显的改进，提高了采收率。大港油田赵东地区和四川盆地川东地区的合作钻探成功，使我国以井筒技术为代表的勘探技术进一步提高。

“九五”期间，煤层气项目已签订了7个产品分成合同，引进外资近亿美元，促进了我国煤层气勘查评价技术的提高，加快了勘查步伐。

2. 实施走出去战略初见成效

近年来，我国加强与世界石油生产国和消费国政府、国际能源组织和跨国石油公司间的交流与合作，境外油气勘探开发取得了明显成效。海外勘探开发在苏丹、马六甲、南美、墨西哥湾和中亚等地区取得控股、参股和独立勘探开发权益，控制海外份额油剩余可采储量超过4亿吨，建成原油生产能力1300万吨，天然气生产能力8亿立方米。

国内三大石油公司在参与境外油气勘探开发的同时，境外技术服务范围不断扩大，积极开拓物探、钻井、测井、录井和管道建设等工程技术服务市场，带动了技术、装备和材料的出口及劳务输出。

（五）石油工业经过重组改制，提高了竞争力

1. 具有较强的规模优势和上下游一体化优势

1998年石油行业进行战略性重组和结构调整，按照上下游、内外贸和产销一体化的原则，分别组建了中国石油天然气、中国石油化工两大集团公司。在世界50家大石油公司中，按油气储量、油气产量、石油炼制能力、油品销售量等六项综合指标，中国石油天然气集团公司名列第11位，中国石油化工集团公司名列第20位，两大集团均具有较强的规模优势和上下游一体化优势。重组改制实现了政企分离，打破了行业垄断，引入了竞争机制，特别是省市石油公司分别划入两大集团后，不仅增强了两大集团公司实力，加强了产销一体化优势，而且通过上下游生产自行调节，降低了市场的价格风险，增强了抵御市场波动和参与市场竞争的能力，为石油石化工业的健康持续发展奠定了基础。

中国石油天然气、中国石油化工和中国海洋石油三大公司通过重组改制，先后创立了股份公司，不仅进一步突出了主业，而且拓宽了国际融资渠道，开始按国际油公司经营模式运作，国际竞争力明显增强。

2. 增强了产研结合的科技优势

我国石油行业拥有勘探、开发、管道输送等研究机构，技术力量雄厚。重组改制后实行产研一体化，科研管理体制进一步理顺，创新机制进一步完善，广大科研人员以面向生产、贴近生产为科研指导思想，促进了科研成果的转化。近年来，地质认识的深化和勘探主导技术的发展成为油气勘探开发的强大推动力。如山地地震资料采集处理与成像技术的突破、欠平衡钻井为主导的配套井筒技术以及地震资料反演为主体的工业化储层预测技术带来了克拉2气田、千米桥潜山油气田的发现和鄂尔多斯油气勘探的大发展；陆相沉积砂岩多层油田研究并推广应用早期注水分层开采技术，使大庆油田已连续25年稳产5000万吨以上。

目前在油气勘探开发领域，具有国际领先水平的技术有：陆相石油地质理论，陆相盆地隐蔽油气藏勘探技术；多层砂岩油田早期注水分层开采技术，高含水油田控水稳油综合治理开发技术，聚合物驱提高采收率技术，复杂断块油田滚动勘探开发技术。达到或接近国际先进水平的技术有：盆地模拟技术，油气藏描述技术，稠油蒸汽吞吐开发配套技术，低渗透油田注水开发技术及一些特殊类型油田开发配套技术。这些配套技术在“九五”期间发挥了主导作用，“十五”期间将在科技创新、降低成本提高效益等方面做出更大贡献。

（六）超额完成“九五”计划

“九五”计划2000年原油产量为1.55亿吨、天然气产量为250亿立方米。2000年实际生产原油1.62亿吨、天然气277亿立方米，油、气产量均超额完成“九五”计划目标。

“九五”计划新增探明石油地质储量38亿吨、天然气地质储量8000亿立方米。5年间实际新增探明地质储量石油超过43亿吨、天然气超过12800亿立方米。

二、“十五”发展面临的环境

（一）石油储量和产能接替困难的矛盾尚未缓解

随着勘探程度不断提高，新发现油田规模总体呈变小趋势，而且新增探明储量中的低渗透与稠油储量所占比例逐年加大，储量品质变差，新增及剩余储量可动用性较差。目前，全国剩余可采储量为23.8亿吨，储采比为14.8，已开发油区储采比只有10.9，储采结构与“八五”相比没有明显改善。根据国内外油田开发规律，在这样的储采比配置下，稳产处于临界状态，上产难度较大。

与此同时，在役油田稳产难度加大。主要产油区目前已进入中后期开发阶段，主力老油田进入高采出程度、高含水率的双高开采阶段，主力油田挖潜效果变差，稳产难度加大，采油成本上升。

（二）石油供需矛盾加剧，更加依赖资源进口

我国能源消费居世界第二位，在一次能源消费结构中，1998年原油占19.8%。近十年来我国国民经济按年均9.7%的速度增长，原油消费量按年均5.77%的速度增加，而同期国内原油供应增长速度仅为1.67%。这种石油供求矛盾使我国自1993年成为石油净进口国以来，进口量逐年增大，尤其是“九五”期间，石油净进口量从1996年的1348.5万吨增加到1999年的2858万吨，2000年净进口量超过6000万吨。

未来15年内，我国国民经济将以7%左右的速度发展，原油需求将以4%左右的速度增加；同期国内原油产量增长速度只有2%左右，低于原油需求增长速度，国内原油供需缺口逐年加大。预计2005年原油需求2.45亿吨左右。

（三）天然气需求较大，但市场开拓难度大

1. 天然气市场发展空间广阔，消费潜力较大

目前天然气在我国一次能源消费结构中所占比例远低于24%的世界平均水平和8.8%的亚洲平均水平。国内天然气市场有较大的发展潜力，天然气发电和工业用气以及城市燃气等消费需求将快速增长。2000年天然气需求量为260亿立方米以上，2005年达到600亿—700亿立方米。天然气在一次能源消费结构中所占的比例将逐步增加到5%。

2. 天然气具备快速发展的资源基础

我国基本形成了以四川、鄂尔多斯、塔里木、柴达木、莺琼、东海六大盆地为主的气层气资源区和渤海湾、松辽、准噶尔三大盆地气层气与溶解气共存资源区的格局。

另外，我国周边国家俄罗斯、乌兹别克斯坦、土库曼斯坦、哈萨克斯坦天然气资源丰富，占世界天然气总地质资源量的32.7%，剩余可采储量54.51万亿立方米。这些国家每年尚有400亿—600亿立方米产能的天然气需寻找新市场。我国已

与上述各国进行了多年的有关向我国输送天然气的可行性研究工作。

3. 市场开拓难度大

天然气市场的开拓主要取决于气价及天然气消费结构等因素。我国天然气价格偏高，而消费者价格承受能力差，因此市场开拓难度大。

天然气价格主要受制于上游成本和中游管输费。一方面，我国绝大多数天然气产区地质条件复杂，如产层薄、含气丰度低和埋深大及地表条件恶劣，决定了天然气上游成本投入较高；另一方面，我国天然气资源主要分布在中西部地区，远离东部经济发达的天然气主要消费市场，管输费用高，占气价比例较大。由于这两方面因素的影响，造成我国天然气价格偏高。从天然气消费结构上看，目前我国天然气主要用于化工、油气田开采和发电等工业部门，它们在天然气消费中所占比例在87%以上，其中化肥生产就占38.3%。但化肥用气的气价和天然气作为工业燃料的气价承受能力差。价格承受能力最大的居民用气在天然气消费结构中所占比例不到11%，且目前全国有配气管网的城市很少。建设城市配气管网、新建用气项目、改扩建用气设施等用气工程都需要投入大量的资金，这些都进一步加大了天然气市场的开拓难度。

（四）经济全球化和石油行业大规模重组，使我国石油公司面临严峻挑战

1. 面临全球化和市场化运行机制的严峻考验

随着经济全球化和信息网络化进程的加快，全球统一大市场正在形成。进入20世纪90年代，拉美、东欧、亚太和前苏联各国都对油气工业进行了民营化改革，颁布了一系列新的石油法律和政策，积极鼓励引进外资和对外合作，进行油气资源勘探开发，这为我国走向国际油气资源市场提供了契机。随着我国加入WTO的临近，我国石油工业的发展既受益于经济全球化，也越来越受到市场竞争的直接冲击。国内外的竞争将更加激烈。

2. 面对国际石油公司联合、兼并和重组形成的巨大竞争压力

为增强整体实力，降低成本，提高市场竞争力，近年来一些国际大石油公司纷纷调整战略，进行了大规模的企业兼并、联合和重组，形成优势互补、强强联合的巨型石油公司，如埃克森莫比尔、BP－阿莫科阿科、英荷壳牌、埃尔夫菲纳道达尔等四个超大规模石油石化公司。这种发展态势增强了这些国际大石油公司的竞争实力，对我国石油公司形成了巨大的国内外市场竞争压力。

3. 国际石油市场价格波动的影响依然存在

1998年由于世界金融市场和经济形势动荡，国际油价暴跌，国际原油价格从1996年的25美元/桶下跌到1998年底的10.39美元/桶，为20年来的最低点；1999年9月原油价格开始回升，年底至30多美元/桶，达到近10年来的最高点。国内石油市场受到国际油价急剧涨落的巨大冲击。今后原油价格波动周期也可能拉长，但不排除在短期内再发生油价的下跌和攀升。如何在低油价条件下生存和图发展，这是我国石油公司需要长期面对的问题。

（五）国际环境有利于我国走向世界油气资源市场

1. 世界石油资源分布与消费地区分布不均衡

世界常规石油可采资源量为3113亿吨，常规天然气资源量为328.3万亿立方米。油气资源主要分布在中东、北美和前苏联三个地区。其中，中东拥有世界油、气资源的39.6%和22.4%，北美拥有17.7%和18.6%，前苏联拥有15.1%和32.7%。截至1999年底，世界剩余石油可采储量为1386亿吨，中东北非、中亚俄罗斯和北美三个地区占82.2%。1999年底剩余石油可采储量大于100亿吨的5个国家都在中东，依次为沙特阿拉伯(356亿吨)、伊拉克(153亿吨)、科威特(128亿吨)、阿联酋(126亿吨)和伊朗(122亿吨)，占世界剩余石油可采储量的63.9%。

占世界石油剩余可采储量72%的中东和前苏联地区，1999年石油消费量仅占世界同期石油消费总量的12%；而占世界石油消费量78%的北美、亚太和欧洲石油剩余可采储量仅占世界的12%。世界油气资源与石油消费地区的这种不均衡性有利于我国走向世界油气资源市场。

2. 未来15年世界石油供求关系有利于我国开拓国际市场

近几年世界石油产量年均增长速度在1.4%左右，1998年原油产量为35.2亿吨；石油消费增长为1.2%左右，1998年消费量为34亿吨，供略大于求。今后几年或更长时期内，预计世界石油消

费将以年均1.8%的速度增加，石油产量将以年均1.7%的速度增长，2015年左右预计达到年产45亿吨的高峰。

2015年前世界石油供需大致保持平衡，因此目前国际上资源实行开放政策，大多数国家制定优惠政策吸引外资勘探开发石油资源，为我国石油企业进入国际勘探开发市场提供了良好的机遇。

3. 有利的国际环境

自改革开放以来，我国积极开展各类外交活动，与俄罗斯、中亚等一些富油国家建立了战略合作伙伴关系；与伊朗、伊拉克以及非洲广大发展中国家保持着长期的友好往来。同时，同处东北亚地区的日本、韩国等，在保持地区石油市场稳定方面也与我们有共同的利益。这为我国参与分享世界油气资源的竞争提供了一个良好稳定的国际环境。

(六) *石油工业增长方式的转变要求加快科技进步*

全球石油工业的增长方式发生了根本性的转变，过去靠高投入拉动增长的经营方式已不再适应新的形势，目前科技创新、技术进步已成为带动石油勘探开发发展的主要动力。近几年来，世界各石油公司管理理念和经营策略逐步转变，纷纷采取加大科技投入的低成本发展战略，在地震、钻井、油气开发、地面工程建设等方面取得了一批举世瞩目的成果。近10—20年来，世界石油工业以降本增效为核心的技术进步所创造的经济效益十分显著，主要表现有：提高了勘探辨识能力和解释能力，使世界石油储量不断增长(1982—1992年增加储量470亿吨)；提高了油田采收率(北海达50%，美国本土为60%—80%)；拓展了海洋石油新领域(1990年占19.3%，1995年升到36.4%)；降低了油气成本，即使在低油价时还有较大利润。

我国石油行业经过1998年改革重组，以经济效益为中心，由计划经济体制下实行的速度发展型经营模式转向靠技术进步、科技创新带动石油勘探开发稳步发展。“九五”期间，我国石油工业科技进步贡献率达50%，在勘探、开发投资没有大幅度增加的情况下，各项经济指标有了明显好转，但与国外先进水平比较仍有明显差距。尽快提高科技水平，努力缩短与国外的差距，是我国石油工业“十五”期间的重要任务之一。

三、“十五”发展方针和目标

(一) *发展方针*

“十五”期间，我国石油工业将实施市场化、国际化、低成本、科技创新和持续重组战略；进行以改善石油储采结构，提高天然气对原油产量的比例、境外份额油与国内原油的比例及油气在我国一次能源消费结构中的比例为重点的结构调整。以较小的经济代价换取石油的长期稳定供应，实现保障国民经济持续稳定健康发展的目标。为此，要贯彻“立足国内、开拓国际，加强勘探、合理开发，厉行节约、建立储备”二十四字发展方针。

立足国内、开拓国际　立足国内油气生产，保障市场基本需求；大力拓展海外业务，扩大海外份额油产量和储量，积极有效利用国外油气资源。

加强勘探、合理开发　大力加强油气勘探，合理有效开发利用有限资源，加速发展天然气工业，积极改善储采结构和消费结构。

厉行节约、建立储备　大力实施厉行节约的法规，抑制不合理消费；逐步建立和完善国家战略储备体系，提高应对突发事件的能力，保障国家石油供应安全。

(二) *发展目标*

1. 油气探明储量

探明石油地质储量38亿吨以上、可采储量8.5亿吨以上；探明天然气地质储量1.2万亿—1.4万亿立方米、可采储量7000亿—8000亿立方米；探明煤层气可开发地质储量约1000亿立方米。

2. 油气产量

2005年，原油产量达到1.7亿吨以上，天然气(含煤层气)产量达到500亿立方米以上，海外份额油达到1500万—2500万吨。

3. 重点储运设施建设

“十五”期间，建设油气管道总长约14500千米，国家原油储备库800万立方米、地下储气库11.4亿立方米。

4. 油气占一次能源比例

在5年内提高3个百分点以上。

5. 技术进步与创新

石油天然气勘探开发科技贡献率由目前的平均50%提高到55%以上。

6. 主要经济技术目标

油气探井成功率较“九五”提高2%，原油采收率提高1%，钻井完井周期缩短1/3，原油和天然气成本下降15%—20%。

四、“十五”发展重点

“十五”期间，石油工业发展重点：一是加强国内石油勘探，增加后备储量，实现东部稳产、西部和海域有较大发展的目标；二是加快天然气基础设施建设，改善能源结构；三是坚持利用国内外两种资源的战略方针，积极拓展海外油气勘探开发业务；四是加快建设国家战略储备库，保障国家石油供给安全。

（一）加强勘探、合理开发，实现老区稳产、新区增储上产，保持原油产量稳定增长

1. 通过深化勘探和提高采收率，保持东部地区原油生产稳定

东部地区是我国最重要的石油生产基地，1999年石油年产量为11678万吨，占全国总产量的73%；截至1999年底，已累计产油30.83亿吨。东部地区大多数油田已进入开发的中后期，尤其是主力油田都已进入高采出程度、高含水率的双高开发阶段，稳产难度很大。

根据目前勘探开发成果分析，东部地区石油资源量较全国第二轮油气资源评价结果有明显增加，资源勘探潜力仍然巨大。东部地区仍是我国今后主要的产油区。

今后的重点工作是深化老区勘探和提高原油采收率，提高未动用储量动用率。在深化老区勘探方面，以富油气凹陷为主要勘探对象，以寻找可动用优质储量为目标，采用新理论、新技术、新方法寻找新的含油区块、含油层系，通过滚动勘探开发扩大其含油面积，进行精细深化勘探，增加油气储量和产量；在提高原油采收率方面，认真做好已开发油田的综合调整和提高采收率工作，以改善二次采油和三次采油为手段，努力增加经济可采储量，力争“十五”期间在2000年动用探明储量的基础上提高采收率1.5%—2.0%，增加可采储量2.25亿吨以上，并提高难采储量的动用率，延长油田稳产期。大庆油田应加快攻关和完善三元复合驱等三次采油技术，适时建设相关配套工程，保持原油产量在5000万吨以上，为减缓东部地区产量递减起到重要作用。

2. 加快西部石油资源勘探开发，早日实现油气战略接替

西部地区主要指西北和西南十省区，包括中部、西北和青藏三大油气资源区。据全国第二轮油气资源评价结果，西部地区有石油资源量295.4亿吨，截至1999年底，已在8个盆地内累计探明石油地质储量32.9亿吨。目前西部地区仍有250亿吨以上石油资源有待探明，整体上资源探明程度比较低，是我国石油工业增储上产的主战场以及国家安全的战略后备基地。应加快西部石油勘探开发，增储上产，早日实现油气战略接替。

西部地区1999年产原油2668万吨，占全国总产量的17%。截至1999年底，西部地区已累计产油3.11亿吨，总体上属于开发中期阶段。预计到2005年，西部地区原油产量占全国总产量的比重将从目前的17%提高到20%。

西部地区的油气资源勘探开发要充分利用国家政策支持，吸引国内外资金、技术和人才，以市场为导向，以重大发现为目标，加大勘探力度，查明资源分布，择优强探。在勘探方面，要突破复杂地表及地下构造条件的综合勘探技术，寻找规模油气储量和产量接替区；在开发方面，要应用深层和特殊类型油气藏的开采技术，适时扩大建设油气生产能力。

3. 加强海域勘探开发，实现海洋油气快速发展

我国近海海域油气资源丰富，10个大中型含油气盆地石油资源量为245亿吨左右。截至1999年底，累计探明石油地质储量12.2亿吨。近十年来由于技术进步，海域勘探开发得到长足发展，但整体上看勘探程度比较低，具有十分广阔的勘探前景，将是我国21世纪油气工业重要的战略接替区之一。

近期重点工作是在加强渤海、南海和东海海域油气勘探开发的同时，合理有效地动用现有探明储量，尤其是通过加速蓬莱19－3等油田的开发，迅速提高原油产量，由目前的1617万吨提高到2005年的3000万吨以上，增幅达85.5%，原油产量由目前占全国产量的10%提高到17%。

4. 坚持南方含油气区评价勘探工作

我国南方含油气区古生代海相碳酸盐岩层系和中、新生代陆相盆地具有广阔的勘探领域，但石油地质条件复杂。应精心选择适用的评价方法

和勘探技术，继续坚持评价勘探工作，力求尽早突破。

（二）抓住西气东输、海气登陆机遇，实现天然气工业快速发展

开发利用天然气对改善我国能源结构、缓解石油供需压力具有重大现实意义。为实现我国经济、社会和环境的协调发展，力争在今后10—15年内建成全国天然气工业体系，实现天然气工业的快速发展。

在加快上游建设的同时，要组建强有力的营销体系。对迫切需要开发利用天然气的长江三角洲地区、环渤海地区和珠江三角洲地区加大市场开拓力度，根据不同用户的需求，落实用气计划。

“十五”期间，重点加快建设新疆轮南上海的“西气东输”管道干线和涩北西宁兰州等陆上输气管道，以及东海气田春晓宁波、南海气田东方1－1－东方市海底输气管道。还要加快建设地下储气库及引进液化天然气基础设施。

经过“十五”或更长一点时间的努力，建成西气东输管道干线、实施海气登陆管道工程，促进天然气上下游协调发展，在全国形成四川、鄂尔多斯、塔里木和海域四个累计探明储量在万亿立方米以上、年产量在100亿立方米以上的天然气生产基地。

同时要加快发展煤层气产业，重点是加快沁水盆地、河东煤田、两淮地区、韩城及六盘水地区等含煤盆地的煤层气勘探开发，建成3—5个煤层气开发利用示范基地。

（三）拓展海外油气勘探开发，弥补国内油气资源不足

鼓励国内石油公司按照“积极开拓、慎重决策、稳步发展”的方针，积极实施“走出去”战略，努力开拓国外油气资源合资合作勘探开发领域，不断扩大我国在国外的油气资源份额；同时积极研究并落实油气进口的来源、品种、方式、渠道，尽早实现国内外两种油气资源战略互补。

海外油气勘探开发应本着“减少和分散风险、确保投资安全和获得最大回报效益”的原则，确定勘探开发方式，扩展战略选区。“十五“期间要立足中亚俄罗斯、中东北非及南美三大战略区，重点扩大和巩固在俄罗斯、哈萨克斯坦、土库曼斯坦、伊朗、伊拉克、苏丹、委内瑞拉、印尼等国的油气勘探开发业务，扩大占有的产量和储量份额，建成几个稳定的生产基地；建设伊尔库茨克满洲里大庆的跨国输油管道。实现原油进口多源化。

到2005年，海外份额油要达到1500万—2500万吨。

（四）加快建立国家石油储备体系，保障国家石油安全

石油储备是稳定供求关系、平抑市场价格、应对突发事件、保障国家石油安全的重要手段。目前，我国尚未建立石油储备体系，现有原油、成品油储罐多属生产和流通的配套设施，难以发挥储备功能，一旦遇到突发事件，处境将十分被动。国外研究机构普遍认为，未来20年国际油价呈上涨趋势。及早建立我国石油储备体系，可以减少经济代价，有利于我国在国际政治、经济角逐中处于主动地位。

“十五”期间，按照国家储备与企业储备相结合、以国家储备为主的方针，统一规划，分批建设国家石油储备基地，到2005年储备能力达到800万立方米。

五、主要措施政策

（一）鼓励石油企业加快科技创新，加大对石油科技的投入

21世纪初期，我国石油工业将进入以“总体效益”为中心、以“自主创造”为主的科技产业化发展阶段，技术创新和技术进步将成为石油工业发展的强大推动力。“十五”期间要按照有所为有所不为的原则，集中优势科研力量，选择制约石油工业发展的关键勘探开发技术，力争在理论上和技术上取得突破。

优先发展关系石油工业可持续发展的关键技术。在油气勘探方面包括：建立油气勘探快速评价决策系统，以含油气系统动态模拟技术为主线的海相碳酸盐岩成烃机理、深部油气成藏机理的研究和评价系统；研制开发适用于复杂地质条件的复杂结构井、多分枝水平井、大位移井钻井技术；研究成像测井、核磁共振测井技术。在油气田开发方面包括：优先发展注水油田高含水后期油藏描述、剩余油监测、稳油控水配套技术，聚合物驱工业化应用技术，低渗透油藏、稠油油藏、凝析气藏提高采收率技术。在煤层气勘探开发方面包括：开展高、低煤阶煤层气基础理论及评价研究，煤层气勘探开发技术研究，煤层气技术、规范和经济评价方法研究。在油气储运方面包括：

开展寒冷地区油气集输技术、天然气高效除砂设备研究，管道风险管理和管道系统可靠性技术研究，地下储气库设计建造技术研究。

完善和提高一批已具备先进水平的技术，包括：完善和提高以山地、黄土塬及深层地震勘探为主线的高精度地球物理方法技术系列；全三维地震和四维地震技术以及油藏动态经济评价技术；海上平台设计技术；海底管线结构设计、铺设及泄露监测技术；水下自动生产技术；海洋环境调查及预报技术；高含水油田节能降耗系统配套技术；三次采油油气水处理工艺配套技术；复杂油田地面工程简化工艺配套技术。

为石油工业长远发展，探索研究一批储备技术，主要包括：非常规资源的评价勘探技术，提高采收率的新理论、新方法，深水勘探、开发、管输技术。

科学技术发展是提高石油企业竞争力的核心所在，也是振兴我国石油工业的必然选择。鼓励企业对科技开发的投入，加快科研成果转化，提高科技贡献率，促进增长方式的根本转变；进一步加大协调力度，在宏观上对科技资源配置进行总体指导，组织重大科技攻关，真正形成由国家行业主管部门协调下的各企业所属研究院所和社会科研力量组成的科技创新网络体系和集成系统。

（二）积极运用经济手段，鼓励国内油气勘探，增加后备储量

研究制定相关政策，充分发挥各方面的人才、技术和资金优势，引导企业增加勘探投入，加大勘探力度。研究集中利用国家石油地质事业费和资源补偿费，设立专项风险勘探基金，开展国内石油勘查，打破目前石油企业海、陆划界和区域垄断的局面，促进竞争，加快摸清国内整体资源状况，逐步改善储采结构，形成一定程度的国家石油资源储备。

本着"优势互补、双赢互利"的原则，进一步完善我国陆上、海上石油资源对外合作条例，扩大对外合作勘探开发石油天然气的范围和领域。鼓励外国公司投入勘探油气资源潜力较大、风险也较大的地区；投资开发未动用储量和提高老油田采收率；参与天然气基础设施建设，推进天然气上下游一体化发展。

对达到经济极限含水和极限产量的老油气田，制定尾矿政策。研究通过减免税费等政策，提高企业开采边际储量的积极性，延长油气田的有效开采期，提高资源利用率。

（三）大力发展天然气工业，优化能源结构

加大天然气勘探开发力度，适当提高天然气投资在油气总投资中的比例，尽快增加储量和提高产量。

鼓励多渠道筹集天然气勘探、开发、管道运输及其利用项目的建设投资。充分调动地方、社会、企业各方面的积极性，把天然气推向市场，本着谁用气，谁投资，谁受益的原则，多方面筹集建设投资。同时，积极提倡石油工业扩大开放，鼓励合作或利用外资参与天然气管道运输和发电、化工等下游项目。

对天然气项目在贷款等方面予以一定的优惠政策。在天然气价格、税收、环境保护和利用方面研究和制定有利于天然气工业发展的法规，支持天然气工业的发展。

加大煤层气勘探开发资金投入，减免税种和降低税率，促进我国煤层气产业的快速发展。

（四）鼓励石油企业积极开展国际化经营，实施油气进口多元化

进一步加强与世界石油生产国和消费国政府、国际能源组织和跨国石油公司间的交流与合作，建立稳定的协作关系和利益纽带。通过政治、外交途径，改善与石油出口国，特别是中东、中亚、俄罗斯等国的关系，争取签定政府间长期石油合作与贸易协议，改善进出口结构，形成稳定供应的多元化油气进口渠道，完善我国的石油贸易体系。

充分利用市场优势和当前的良好时机，积极实施"走出去"战略。研究采取积极的财政、税收和放宽境外油气项目投资限额，简化审批程序，建立国家专项基金等政策措施，鼓励并协调石油公司联合起来参与国际竞争，开展国际化经营，从事境外油气勘探开发，形成一定规模的境外油气生产基地，同时带动国内技术、装备、物资出口和劳务输出。鼓励境外份额油进入国内市场。

在鼓励石油企业"走出去"开展国际经营的同时，研究制定有关条例或规定，对于"走出去"合作开发资源，合作建厂、加工企业、技术服务、劳务输出等一律实行登记备案。加强对各石油公司在境外的活动的协调。

（五）统筹安排，加快建立国家石油储备体系

根据我国国情并借鉴国外经验，建立我国的国家石油储备体系必须遵照国家储备与企业储备

相结合、以国家储备为主的方针。国家储备由中央政府直接掌握，主要功能是防止和减少因石油供应中断、油价大幅度异常波动等事件造成的影响，保证稳定供给。

建立国家石油储备，要坚持统一规划、合理布局、规范管理、循序渐进的原则，充分利用现有设施进行改建、扩建。储备的石油可在国家的调控下，按一定比例进行商业运作，通过低收高出，筹集运行和维护资金。起步阶段宜加大商业运行比例，以减轻国家负担。储备设施的建设资金应以国家投资为主，广开融资渠道，利用政策性贷款、发行债券等多种方式予以解决。

企业储备是在与其生产规模相匹配、正常周转库存的基础上，按有关法规承担社会义务和责任必须具有的储存量，主要功能是稳定市场价格，平抑市场波动。要通过制定相关法规，国家给予财税等政策支持，加快建立企业储备。

（六）坚持厉行节约，抑制石油消费过度膨胀，促进可持续发展

坚持“开发与节约并重，把节约放在首位”的原则，一方面要依靠科技进步，挖掘资源潜力，实现资源保护和可持续利用的统一，实现资源开发、资源保护与经济建设同步发展；另一方面通过节约能源、提高能源利用效率，充分利用市场机制有效配置资源，改善能源供应结构和布局，提高清洁能源比例，加快建立节约型的石油消费模式。

从以下三方面入手提高石油利用效率：贯彻《节能法》，综合运用投资、财税、价格等经济杠杆，鼓励节油，杜绝和抑制无效、低效的石油消费；大力推广应用新工艺、新技术，改善产业结构和产品结构，压缩高耗能设备，开发节油型产品；以立法为基础，修订和健全技术标准体系，完善节能、环保等测评指标，建立全国性宏观节油监控网络，定期发布监控信息，对相关设备和产品进行定期的抽检。

（七）改革石油投融资体制，加强监管，完善政策和组织保障

改革目前逐个项目投资审批制度为企业自主决策、自担风险，银行独立审贷，政府宏观调控的新的投资体制。按照“谁投资、谁决策、谁受益、谁承担风险”的原则，改革投资管理模式。

参照国际惯例，必须通过立法和行政的手段，健全管理主体，规范市场运作。进一步划分政企职责，加强政府对石油工业的宏观管理，明确石油工业政府管理部门的作用和职能，将政府的政策制定职能与监管职能分离，相对集中行业监管职能，形成健全的石油市场经济管理体制。国家综合管理部门侧重制定政策、规划，负责综合平衡。监管机构在政策法规框架下，对油气资源、市场准入、价格调控、服务标准、信息以及质量、安全、环保等实行统一监管。通过系统化地建立和完善石油政策法规，把石油资源管理及石油业务活动纳入法制化轨道。

（八）深化改革，加强管理，提高企业竞争力

为了适应国际竞争，各石油公司在已有改组、改造、改制的基础上，以存量资产的优化重组和结构调整为主要手段，以资产为纽带，对管理体制、业务划分、生产布局、产品结构、组织结构、技术与人员结构等进一步深化改革，连动和带动一批企业的改组和发展，逐步建立和完善现代企业制度。在上下游一体化、内外贸相结合、产销一条龙的企业组织结构条件下，通过进一步的改革、重组和上市融资，不断壮大整体实力，通过加强管理和实施低成本战略，形成能够与国外大公司相抗衡、可以担当起国民经济支柱产业发展重任、能够确保国家经济安全的综合性的特大型跨国集团公司。

能源节约与资源综合利用“十五”规划

国家经济贸易委员会

（2001年10月10日）

能源节约与资源综合利用是我国经济和社会发展的一项长远战略方针。为了全面贯彻落实党

的十五大、十五届五中全会精神和《中华人民共和国国民经济和社会发展第十个五年计划纲要》，推动全社会开展节能降耗和资源综合利用，促进经济增长方式转变和可持续发展，特制定能源节约与资源综合利用"十五"规划。

一、现状及存在的问题

"九五"时期，在"资源开发与节约并举，把节约放在首位，提高资源利用效率"的方针指引下，我国能源节约与资源综合利用取得显著成绩，为缓解资源短缺，减少环境污染，提高经济增长的质量和效益，保障国民经济持续、快速、健康发展发挥了重要作用。

节能取得显著的经济和社会效益。"九五"期间，我国每万元国内生产总值(GDP)能耗(1990 年价)由 1995 年的 3.97 吨标准煤下降到 2000 年的 2.77 吨标准煤，累计节约和少用能源达 4.1 亿吨标准煤；主要耗能产品单位能耗均有不同程度下降。按"九五"期间直接节能量计算，节约的能源价值约 660 亿元；节约和少用能源相当于减排二氧化硫 800 万吨、二氧化碳(碳计)1.8 亿吨。

资源综合利用规模不断扩大，利用水平逐年提高。"九五"期间，我国工业"三废"综合利用产值达 1247 亿元，年均增长 16.4%。在工业废渣产生量逐年增加的情况下，工业废渣综合利用率由 1995 年的 43% 提高到 2000 年的 52%，年综合利用量达到 3.55 亿吨，其中，煤矸石综合利用量由 1995 年的 5600 万吨增加到 2000 年的 6600 万吨，利用率由 38% 上升到 43%；粉煤灰综合利用量由 1995 年的 5188 万吨增加到 2000 年的 7000 万吨，利用率由 43% 上升到 58%。

能源节约与资源综合利用技术进步取得较大进展。"九五"期间，节能降耗、资源综合利用作为技术开发和技术改造的重点，在企业技术创新、新产品开发和"双高一优"技改专项、国债技改专项中，加大了支持的力度。重点开发的溅渣护炉、蓄热式加热炉、75 吨/时干法熄焦、大型铝电解槽、130 吨/时和 220 吨/时大型循环流化床锅炉、水煤浆代油燃烧等节能技术取得重大突破，在相关行业得到推广。化工碱渣回收技术、磷石膏制硫酸联产水泥技术、煤矸石硬塑和半硬塑挤出成型砖技术和装备、煤矸石和煤泥混烧发电、纯烧高炉煤气发电等资源综合利用技术和装备水平不断提高，有的已实现产业化。

宏观管理取得重大突破。"九五"期间节能法制建设取得重大进展，1998 年 1 月 1 日《中华人民共和国节约能源法》(以下简称《节能法》)正式颁布实施，并出台了一系列配套法规。资源综合利用政策框架初步形成，1996 年国务院印发了《国务院批转国家经贸委等部门关于进一步开展资源综合利用的意见》(国发[1996]36 号)，制定了一系列鼓励开展资源综合利用的优惠政策，极大地调动了企业开展资源综合利用的积极性。"九五"期间，经济体制改革进一步深化，市场在资源配置中的基础性作用日益显现，以市场定价为目标的能源价格改革，如煤价放开，油价与国际接轨等对促进企业自觉节能产生了明显的效应。

目前，我国能源节约与资源综合利用存在的主要问题，一是从总体上看，人们对能源节约与资源综合利用的重要性和迫切性还缺乏足够的认识，重外延，轻内涵，在发展思路上还没有转到通过存量调整，挖潜改造，提高企业经济效益的轨道上来，务虚多，落实少，"资源意识"、"节约意识"有待加强。二是法规政策不完善，缺乏促进企业节能的激励政策，资源综合利用的优惠政策在某些地区难以落实。三是部分能源产品价格扭曲，企业缺乏竞争压力，能源节约与资源综合利用的内在动力不足。四是技术装备落后，总体水平比发达国家落后 10—15 年。五是投入不足，绝大多数企业融资困难，各级政府对节能的支持力度不够。

二、面临的形势和任务

"十五"期间，国家把实施可持续发展战略放在更加突出的位置。实施可持续发展战略要求节约资源、保护环境，正确处理好经济发展与资源、环境的关系。

解决资源战略问题必须下大力节约能源，提高资源利用率。目前，我国主要矿产资源人均占有量不足世界平均水平的一半，特别是石油资源，国内石油开发和生产不能适应经济和社会发展的需要，供需矛盾日益突出，进口量逐年上升。随着工业化和城镇化进程的加快，石油需求将呈强劲增长态势。如不采取积极有效的措施，到 2020 年，我国对国际石油市场的依存度将达到 50% 左右。除石油资源外，一些重要矿产资源不足的矛盾日益突出；某些重要原材料长期进口；我国人均用电量只有 1038 千瓦时，仅相当于发达国家的

1/10。要解决资源战略问题，必须大力开展能源节约与资源综合利用，特别是要把节约和替代石油放在突出位置，这是保障国家经济安全和长远发展的重大战略措施。

保护环境迫切需要加强能源节约与资源综合利用。目前，我国环境污染严重，生态破坏加剧的趋势尚未得到有效控制，年排放二氧化硫近2000万吨，酸雨面积已占国土面积的30%，空气质量达标城市仅占1/3，流经城市的河段70%受到不同程度污染，固体废弃物堆存量已达70多亿吨。尽快遏制生态环境恶化状况，改善环境质量已成为我国可持续发展亟待解决的问题。据测算，我国能源利用率若能达到世界先进水平，每年可减少3亿吨标准煤的消耗，这将使大气环境质量得到极大地改善；我国固体废弃物综合利用率若提高1个百分点，每年就可减少约1000万吨废弃物的排放。能源节约与资源综合利用是解决环境污染的重要途径之一。

加入WTO要求企业自觉开展能源节约与资源综合利用，增强竞争力。加入WTO将会大大改变我国经济发展的市场环境，国内企业不仅要立足于国内市场，而且必须遵循国际惯例，参与国际竞争。目前，我国绝大多数企业经营粗放，消耗高，浪费大，经济效益差，缺乏竞争力。我国矿产资源总回收率为30%—50%，比世界平均水平低10—20个百分点；单位产值能耗为世界平均水平的2.3倍，主要用能产品单位能耗比国外先进水平高40%；每年可综合利用的固体废弃物和可回收利用的再生资源，没有利用的价值达500多亿元，这是造成企业成本上升，经济效益差的重要原因之一。据调查，我国工业产品能源、原材料的消耗占企业生产成本的75%左右，若降低1个百分点就能取得100多亿元的效益。大力开展能源节约与资源综合利用，是企业降低成本，提高效益，增强竞争力的必然选择。

三、“十五”的指导思想、主要目标和发展重点

（一）指导思想

认真贯彻落实可持续发展战略，坚持“资源开发与节约并举，把节约放在首位，依法保护和合理使用资源，提高资源利用率，实现永续利用”的方针，以市场为导向，以企业为主体，以提高能源效率和资源综合利用率为核心，加强法制建设，强化政策导向，依靠技术进步，加强科学管理，建立和完善与社会主义市场经济体制相适应的能源节约与资源综合利用宏观管理体系和运行机制，促进经济与资源、环境的协调发展。

（二）主要目标

节能：到2005年，每万元国内生产总值能耗降至2.2吨标准煤（1990年不变价），累计节约和少用能源3.4亿吨标准煤，年均节能率为4.5%。节约和替代燃料油1600万吨、成品油500万吨。

主要耗能产品单位综合能耗有较大幅度降低，到2005年，大中型钢铁企业吨钢综合能耗下降到0.8吨标准煤以下；火电厂供电煤耗下降到380克标准煤/千瓦时；10种有色金属吨产品综合能耗下降到4.5吨标准煤；大型合成氨综合能耗下降到37吉焦；水泥、玻璃等主要产品平均能耗降低20%；各种车型汽车百公里油耗平均降低10%—15%。

到2005年，建筑行业新建采暖居住建筑节能50%；新建公共建筑力争节能50%。

资源综合利用：到2005年，工业“三废”综合利用实现产值400亿元；废旧物资回收利用总值550亿元；工业废渣综合利用率达到60%，其中，煤矸石综合利用率提高到60%，粉煤灰综合利用率提高到65%。

（三）发展重点

重点发展技术：

节约和替代石油技术。重点发展洁净煤、天然气替代燃料油技术、甲醇和乙醇替代汽油技术以及过程能量优化、等离子无油点火、燃油乳化、燃油添加剂等节油技术。

洁净煤技术。重点发展大型、先进的煤炭洗选加工技术、煤炭液化技术、大型煤气化技术、水煤浆制备和应用一体化技术、410吨/时及以上大型循环流化床技术、整体煤气化联合循环发电（IGCC）技术、高效低污染燃煤发电技术等。

节电技术。重点发展高效电动机、高压大功率变频调速技术、高效电光源及镇流器技术、S9以上变压器和非晶态合金铁芯变压器技术、蓄冷蓄热技术，以及家用电器、电解电镀电源、输变电网系统、工业电炉等先进节电技术。

多联供技术。重点发展热电联产、集中供热及热能梯级利用技术，推广热电冷联供和热电煤气三联供等多联供技术。

余热余压回收技术。重点发展和推广75吨/时及以上等级干法熄焦技术、大容量全高炉煤气发电技术、1000立方米以上高炉炉顶压差发电技术、高炉热风炉余热回收技术、转炉煤气回收技术、油田放散气集中回收技术及大型余热锅炉和先进热交换技术。

建筑节能技术。重点发展门窗密封条、多层保温窗、外保温复合墙体、热量按户计量及控温、供热管网调节控制、热反射保温隔热、太阳能建筑、高效照明系统和计算机模拟等技术。

"三废"综合利用技术。重点发展大容量煤矸石发电技术、全煤矸石一次码烧生产空心砖技术、煤矸石代替黏土生产水泥生料、筑路、复垦和回填技术，高附加值粉煤灰综合利用技术，以及有机废水综合利用技术、冶炼废液回用技术、落地原油、污油和泥浆回用技术、石油化工废气回用技术等。

共伴生矿产资源综合回收利用技术。重点发展煤层气、煤系共伴生矿、稀土、钒钛磁铁矿、金属矿高附加值利用和精深加工技术。

再生资源回收利用技术。重点发展废橡胶、废塑料、废家电、废电脑、废电池等再生资源回收、分选和处理的实用技术。

重大示范工程：

节代油示范工程。包括重点用油行业以水煤浆、煤炭气化等洁净煤和天然气为主要内容的替代燃料油示范工程；以过程能量优化、等离子无油点火等为主要内容的节约燃料油示范工程；以甲醇和乙醇为主要内容的替代成品油示范工程。

洁净煤示范工程。包括以洗选、型煤、配煤、水煤浆、筛分、粉碎等加工技术为主的动力煤优质化加工示范工程；以燃用优质煤、筛选块煤、固硫型煤和采用循环流化床、粉煤燃烧等先进技术为主要内容的中小型燃煤工业锅炉技术改造示范工程；以410吨/时以上循环流化床锅炉完善化和提高整体运行效率为主要内容的大型循环流化床锅炉示范工程；以洗选脱硫、燃烧中固硫、烟气脱硫等污染治理技术为主的全过程二氧化硫减排示范工程，推动洁净煤技术产业化。

电机调速示范工程。包括以元器件、电工技术变频装置制造、相关配套设备一体化开发为主要内容的高压大功率变频调速示范工程；以结构简化型专用变频装置为主要内容的低压中小功率变频调速示范工程；以高效电动机及其拖动风机、水泵和调速器系统优化匹配的硬件与软件结合为主要内容的风机、水泵系统优化示范工程，促进电机系统效率提高10—12个百分点。

绿色照明示范工程。包括在北京2008年奥运会重点建设工程中推广经认证的高效节能照明系统；在各种建筑工程中开展大宗或政府采购，推行质量承诺，扩大优质照明电器产品的市场份额。

煤层气资源综合利用示范工程。选择煤层气勘探取得突破的地区，建成2—3个煤层气地面开发和利用示范基地，提高瓦斯利用率，推进煤层气勘探、开发、生产、利用的产业化建设。

矿区煤矸石综合利用示范工程。在有条件的重点矿区，建设大容量煤矸石发电工程、利用煤矸石生产新型墙体建材工程和矿区复垦工程。

共伴生矿资源综合利用示范工程。围绕攻克高岭土超细、增白、改性等技术难关，组织一批铝钒土、耐火黏土、硫铁矿、膨润土、硅藻土等综合利用深加工项目，对煤系共伴生资源进行深加工和利用。选择攀枝花、包头、金川三大资源综合利用基地，开展钒钛磁铁、稀土和有色金属共伴生矿产综合利用。

再生资源回收利用产业化示范工程。建立社区回收、市场集散和加工利用三位一体的废旧物资回收利用体系，建立废塑料、废橡胶、废轮胎、废家电、废电脑、废电池回收处理和报废汽车回收、拆解、处理产业化基地。

节约型清洁型企业示范工程。在重点行业选择若干企业，通过系统技术改造，加强管理，实现系统能源效率达到同行业最高或接近世界先进水平，污染物接近或达到"零"排放。

节能技术服务体系市场化示范工程。在"九五"对节能技术服务市场化试点的基础上，选择若干节能技术服务中心通过改组、改制，推行合同能源管理服务新机制，提高节能技术服务水平，促进先进实用技术在中小企业的推广应用。

四、政策与措施

（一）加强法制建设，完善落实政策

认真贯彻落实《节能法》，加快制定《节能法》配套法规，引导和规范用能行为。重点组织制定《节约石油管理办法》、《能效标识管理办法》。加快资源综合利用法规体系建设，研究制定《再生资源回收利用法》、《金属尾矿综合利用管理办法》、

《废旧家电、废旧电脑回收利用管理办法》等法律、法规。在完善法规的基础上，要健全执法体系，加强监督检查，依法实施管理。

贯彻落实《国务院批转国家经贸委等部门关于进一步开展资源综合利用的意见》(国发[1996]36号)，落实好国家对资源综合利用的优惠政策，充分发挥政策的导向作用，引导和促进企业积极开展资源综合利用和再生资源回收利用。组织修订《资源综合利用目录》，完善减免税的优惠政策。

(二) 制定和实施能源效率标准和认证标识制度，规范节能产品市场

制定和完善主要用能产品能源效率标准。包括工业锅炉、电动机、风机、水泵、变压器等主要工业耗能设备和家用电器、照明器具、建筑、汽车的能源效率标准，为实施淘汰高耗能产品，开展节能产品认证和能源效率标识制度提供技术依据。

规范开展节能产品认证。在实施家用电器、照明器具节能产品认证的基础上，扩大节能产品认证范围，探索建立认证产品国际互认制度，提高认证产品的知名度。

建立能源效率标识制度。在借鉴国外实施能源效率标识制度成功经验的基础上，按照“先自愿、后强制，先试点、后推行”的原则，启动和实施主要家用电器能源效率标识，并逐步扩大到照明器具、办公设备等用能产品。

(三) 大力调整结构，促进结构节能和能源结构优化

合理调整产业结构和产品结构，大力发展低耗能的第三产业和高新技术产业，并用高新技术改造传统产业，提高产品的附加值；加快淘汰能耗高、效率低、污染重的工艺、技术和设备。大力调整能源消费结构，提高发电用煤在煤炭消费中的比重，增加电力在终端能源消费中的比重；发展洁净煤技术，扩大天然气利用，开发新能源和可再生能源，促进能源利用向高效化、清洁化方向发展。

(四) 推进技术进步，提高能源节约与资源综合利用整体技术水平

加快建立以企业为主体的技术创新体系，组织重大技术开发，推动“产学研”联合，促进能源节约与资源综合利用科技成果的产业化；组织实施能源节约与资源综合利用重大示范工程，加大支持力度；积极培育和发展技术市场，运用市场机制促进新技术、新工艺、新产品、新设备的推广应用。为促进能源节约与资源综合利用技术进步，组织修订《中国节能技术政策大纲》，制定《中国资源综合利用技术政策大纲》；发布国家鼓励发展的能源节约与资源综合利用工艺、技术和设备目录及淘汰的落后工艺、技术和产品目录。

(五) 研究制定适应市场经济要求，促进能源节约与资源综合利用的激励政策

会同有关部门研究制定抑制资源过度消费，有利于企业开展能源节约与资源综合利用的税收及税负转移政策；研究制定能源节约与资源综合利用公共财政支持政策；研究进一步深化能源价格改革和能源价格形成机制，建立能源价格预报制度；研究制定能源节约与资源综合利用技术改造项目纳入政策性银行支持范围，并在贷款方面给予优惠的政策；对能源消耗高、污染重的产品和设备课以重税，强制实施高耗能产品淘汰的政策。

(六) 探索建立市场经济条件下推动能源节约与资源综合利用的新机制

转变政府职能，必须探索建立适应市场经济要求的推动能源节约与资源综合利用的新机制，包括：基于市场的节能信息传播机制，通过制作和发布节能案例，促进节能新技术、新工艺、新设备的推广应用，引导企业进行节能技术改造；合同能源管理的技术服务机制，以克服节能新技术、新产品推广中的市场障碍；综合资源规划和需求侧管理方法，以引导资源利用的合理规划和配置；节能产品政府采购机制，以实现节能产品进入政府采购目录，加速节能新技术、新产品的推广应用；政府机构自身节能，以减少政府在能源消费方面的巨大开支，率先示范以推动全社会的节能；企业自愿协议，以引导企业与政府或协会之间采取自愿方式实现节能目标。

(七) 加大信息、宣传和培训力度

强化信息服务。加快建立能源节约与资源综合利用信息和情报网络系统，充分利用现代信息技术手段，丰富信息资源，搞好信息交流，为企业提供先进的技术与管理信息，促进企业能源节约与资源综合利用上水平、上台阶。

组织好每年的“全国节能宣传周”活动，努力

提高宣传效果。加大经常性宣传和培训教育力度，增强全民的“资源意识”、“环境意识”和“节约意识”。

深入实际调查研究，发现和总结能源节约与资源综合利用的先进典型和经验，及时组织交流和推广，发挥典型的示范和引导作用。

新能源和可再生能源产业发展“十五”规划

国家经济贸易委员会

(2001 年 10 月 11 日)

大力开发利用新能源和可再生能源，是优化能源结构，改善环境，促进经济社会可持续发展的重要战略措施之一，尤其是对解决边疆、海岛、偏远地区以及少数民族地区的用能问题，具有十分重要的作用。为贯彻落实国民经济和社会发展“十五”计划纲要，促进新能源和可再生能源产业化发展，特制定新能源和可再生能源产业发展“十五”规划。

一、现状与问题

在过去几十年研究开发和产业化工作的基础上，“九五”时期，我国新能源和可再生能源产业初具规模，技术水平不断提高，取得长足进展。

新能源和可再生能源产业初具规模。到 2000 年底，全国从事太阳热水器研制、生产、销售和安装服务的企业有 1000 多家，年生产量达 610 万平方米，产值超过 60 亿元；全国太阳热水器拥有量达 2600 万平方米，居世界第一位。全国太阳光伏电池组件的年生产能力达到 5 兆瓦，生产企业(含组装及销售企业)40 余家，累计用量已超过 15 兆瓦。“九五”期间，我国大型并网风力发电发展迅速，年均增长率约为 50%；到 2000 年底累计建成 26 个风电场，形成了 34 万千瓦的发电能力，使我国风力发电迈上了一个新台阶；全国累计安装使用小型风力发电机 19 万多台，为解决西部无电地区农牧民生产生活用电发挥了重要作用。到 2000 年底，全国共建成近 1000 座工业废水和畜禽粪便沼气工程，形成了约 6 亿立方米/年沼气生产能力。全国累计开发利用地热资源 1300 多处，其中地热采暖面积已逾 1000 万平方米；地热电站总装机容量约 30 兆瓦。

新能源和可再生能源技术水平不断提高。在太阳能技术方面，国产晶体硅电池效率达到了 11%—14%，比“八五”时期提高了 2 个百分点；太阳能热利用技术中，太阳热水器技术性能得到进一步改善，其应用方式已由季节性、间歇式应用发展到全天候、连续性应用；中温集热器、太阳能热利用与建筑一体化技术开发取得实质进展。在风力发电方面，我国自主开发的 200—300 千瓦级风电机组的国产化率已超过 90%；600 千瓦机组样机的国产化率达到 80% 左右。我国具备了自行研制开发容量从 100 瓦到 10 千瓦的 10 多种小型风力发电机的能力；还开发了一批风光、风柴联合发电系统。大中型工业沼气工程和农村户用沼气池技术应用不断拓展，已成为改善城乡居民生活条件和环境质量的一项有效技术措施。秸秆等生物质高效利用试点工程取得阶段性的进展。地热采暖越来越受到人们的青睐，热泵等新技术的引进进一步提高了地热利用的价值。

尽管“九五”期间我国新能源和可再生能源产业得到了较快发展，但从总体上看，产业整体实力不强，市场竞争能力弱，一些阻碍产业发展的关键问题并未从根本上解决，产业化发展面临技术、资金、市场、机制等各方面的障碍。

总体技术水平不高。新能源和可再生能源是新兴产业，与常规能源技术相比，仍处于发展初期，企业生产规模小，工艺技术落后，一些原材料和产品国产化程度低，加大了产品的生产成本，迫切需要采取有效措施，提高新能源和可再生能源技术发展水平。

市场发育不成熟。目前，我国新能源和可再生能源产品大多缺乏系统的技术规范，产品质量标准不完善，质量检测和监督体系还没有建立起来，产品质量良莠不齐、地方保护、恶性竞争等影响了市场的健康发展。

缺乏有效的激励政策。在当前技术条件下，新能源和可再生能源还不完全具备与常规能源进行竞争的能力。以风力发电为例，尽管“九五”期间风电场建设平均单位投资已由10000—10500元/千瓦下降到8000—8500元/千瓦，但上网电价（含增值税）平均水平仍然在0.60—0.70元/千瓦时之间，远高于常规能源发电成本。新能源和可再生能源的发展需要建立和完善投资、税收、价格、财政等方面的激励政策。

融资渠道不畅。新能源和可再生能源是一个新兴产业，资金短缺又缺乏融资机制是产业化发展的重要障碍，迫切需要建立有效的融资渠道和探索各种融资方式。

二、面临的形势和任务

（一）实施可持续发展战略要求加快新能源和可再生能源产业发展

我国是世界上少数几个能源以煤为主的国家之一，也是世界上最大的煤炭消费国，燃煤造成的环境污染日益突出。我国未来的能源发展战略要求提高能源效率，清洁使用化石能源；调整能源结构，增加替代能源，实现能源的可持续发展。在实施可持续能源战略中，新能源和可再生能源是重要的战略选择。开发利用新能源和可再生能源资源，提高技术水平，推动产业发展，已成为实施可持续能源战略的重要措施。

（二）新能源和可再生能源开发利用是实施西部大开发战略的重要选择

西部大开发是党中央和国务院制定的重大战略决策。我国西部地区不仅常规能源资源丰富，而且可再生能源资源如太阳能、风能、地热等也非常丰富。发挥西部地区的资源优势，在加强常规能源资源开发的同时，大力开发新能源和可再生能源是实施西部大开发战略的重要方面，这不仅可以缓解西部边远地区能源短缺问题，逐步改变沿袭千百年的传统的用能方式和炊事方式，而且可以从源头上改善生态环境，为西部地区经济和社会发展做出贡献。

（三）加入WTO为新能源和可再生能源产业发展带来机遇和挑战

我国即将加入世界贸易组织，新能源和可再生能源产业发展在面临新机遇的同时，也面临巨大的竞争和挑战。由于我国新能源和可再生能源产业整体实力不强，仍然处于产业发展的初级阶段；面对国外强有力的竞争对手，新能源和可再生能源产业将面临更严峻的挑战，如太阳能光伏工业整体技术水平仅相对于国际20世纪80年代水平，客观上处于劣势。面对这种情况，迫切需要加快技术进步和机制创新，推动新能源和可再生能源产业迅速发展。

三、指导思想和主要目标

（一）指导思想

“十五”时期，我国新能源和可再生能源产业发展的指导思想是：认真贯彻落实党的十五大和十五届五中全会精神，以市场为导向，以企业为主体，以技术进步为支撑，加强宏观引导，培育和规范市场，逐步实现企业规模化、产品标准化、技术国产化、市场规范化，推动新能源和可再生能源产业上一个新台阶。

（二）主要目标

2005年我国新能源和可再生能源（不含小水电和生物质能传统利用）年开发利用量达到1300万吨标准煤，相当于减少近1000万吨碳的温室气体及60多万吨二氧化硫、烟尘的排放，为130万户边远地区农牧民（约500万—600万人口）解决无电问题，提供近20万个就业岗位。

2005年全国太阳热水器年生产能力达1100万平方米，拥有量约6400万平方米；形成5—10家具有国际竞争力的骨干企业；全国太阳光伏电池年生产能力达到15兆瓦，形成应用器件配套齐全的太阳光伏产业，累计拥有量达到53兆瓦。2005年并网风力发电装机容量达到120万千瓦，形成约15万—20万千瓦的设备制造能力，以满足国内市场需求。2005年地热采暖面积达到2000万平方米；工业有机废水和畜禽养殖场大中型沼气工程及生物质气化工程等高效利用方式形成近20亿立方米的燃气供应能力。

四、发展重点

太阳能光热利用。重点发展热管型平板集热器、内置金属流道的玻璃真空集热管、真空管闷晒热水器以及太阳热水系统的应用软件和硬件；研究和开发太阳能热利用、采暖、空调等与建筑一体化技术；推广太阳光伏发电系统。

风力发电。开发600千瓦级及以上风力发电机组，实现规模化生产；研究开发无齿轮箱、多级低速发电机、变速恒频等新型风力发电机组；提高10千瓦以下离网型风力发电机的生产技术水平，推广风/光互补、风/柴互补和风/光/柴联合供电系统。

生物质能高效利用。重点发展利用厌氧消化技术，处理高浓度工农业有机废水的大中型沼气工程，提高沼气专用设备技术水平。加快开发生物质型煤和高效直接燃烧设备的开发利用。

地热利用。加快地热回灌技术的研究，地热利用设备生产和成套设备技术开发。加快地热源热泵技术的引进和消化吸收，提高设备国产化程度。

五、对策与措施

（一）研究制定鼓励发展的政策

研究制定新能源和可再生能源税收优惠政策和发电上网的鼓励政策，通过有效的政策激励，拉动市场有效需求。在西部大开发战略的实施过程中，充分发挥西部地区新能源和可再生能源资源优势，采取政策倾斜等措施推动西部地区的新能源和可再生能源市场的开发和产业化建设。

（二）推动技术进步，提高技术和装备水平

围绕新能源和可再生能源发展重点，加快科技开发，推动建立以企业为主体的技术创新体系，鼓励企业与大专院校、科研单位实行产学研联合，开发具有自主知识产权的新能源和可再生能源利用新技术和新产品，加速科研成果的转化及产业化；提高产品的科技含量和产品质量，增加产品品种和规格，降低成本，形成一批用户信得过、国内外有较高信誉的名牌产品；组织重大技术示范，通过宏观调控和市场引导，提高技术装备的国产化水平和设备制造的能力。

（三）组织实施示范工程

组织实施太阳能与建筑一体化示范工程。积极引导太阳热水器生产企业参与示范工程建设，推动太阳热水器作为建筑构件制造技术的开发和推广，扩大应用领域。

继续实施风电设备国产化示范工程。选择资源条件好，经济实力强的风电场，建设10万千瓦级示范风电场；支持风力发电设备制造企业开发生产具有自主知识产权的风力发电设备及零部件。通过国产化示范工程降低设备造价，使风电场初始投资有较大幅度的下降。

组织实施蔗渣热电联产技术商业化示范工程和生物质发电上网商业化示范工程。

（四）积极培育和规范市场

加快新能源和可再生能源标准体系建设。继续组织制定和修订有关产品和零部件的国家标准，包括产品性能、试验方法和能效标准以及系统的安装、设计等国家标准。

建立新能源和可再生能源质量保证体系。逐步建立国家级产品质量检测中心和质量控制体系。组织开展大型风力发电设备及零部件的检测、认证工作；建立与国际接轨的太阳光伏系统及部件的质量检测体系。

建立产业化技术服务体系，实施项目招投标制度、工程质量监理和评审制度，鼓励发展工程建设、技术咨询、信息服务、人才培训为主的中介服务。

（五）加大宣传、培训和信息传播的力度

要采取多种形式，宣传发展新能源和可再生能源对经济社会可持续发展的重要战略意义以及党和政府对开发利用新能源和可再生能源的方针、政策。对从事新能源和可再生能源利用的技术和管理人员有计划地组织培训。加强信息交流，支持建立一些全国性和区域性的新能源和可再生能源信息网站，通过信息传播，引导产业发展。

（六）广泛开展国际交流与合作

积极利用全球环境基金、世界银行、联合国开发计划署和亚洲开发银行等国际组织和有关国家政府的资金和技术，加快新能源和可再生能源产业化发展。

国民经济和社会发展第十个五年计划
生态建设和环境保护重点专项规划

国家发展计划委员会

（2001年8月10日）

《“十五”生态建设和环境保护重点专项规划》，是国民经济和社会发展第十个五年计划的重点专项规划之一，是我国实施可持续发展战略，保证资源环境与经济社会协调发展的重要行动纲领。

本规划编制的总体思路，是在总结以往经验教训的基础上，通过政府监管、市场机制和公众参与的共同推进，完善政策、创新机制，下大力气在“十五”期间解决生态和环境领域长期存在的执法不严和投入不足等突出问题，以重点突破，带动生态建设和环境保护的全面开展，将规划确定的总体目标落到实处。

本规划的范围包括生态建设与保护，环境污染预防与治理，资源保护与合理开发利用，自然灾害预警与预报等。规划期为2001年至2005年，主要目标展望到2010年。

一、基本情况

“九五”期间，党中央、国务院高度重视生态建设和环境保护工作。党中央每年召开人口、资源、环境工作座谈会，全面推动了可持续发展战略的实施。国家颁布了一系列有关生态、环境、资源方面的法律、法规，为强化环境监督执法、制裁环境犯罪行为提供了强有力的法律依据。国务院积极推进《中国21世纪议程》的实施，作出了《关于环境保护若干问题的决定》，批准并实施了《全国生态环境建设规划》和《全国生态环境保护纲要》。经过全社会的共同努力，生态建设和环境保护工作取得重大进展。

1. 生态建设步伐加快。通过加强“三北”防护林等林业生态建设和以黄河、长江上中游为重点的七大流域水土流失治理，以及1998年以来实施的天然林资源保护、天然草原恢复和建设、重点地区生态环境建设综合治理和京津风沙源治理等生态建设工程，全国累计完成造林面积2500万公顷，森林覆盖率达到16.55%，累计治理水土流失面积2300万公顷，人工种草和改良草场面积1200万公顷，治理“三化”草地670万公顷。结合西部大开发，开展了“退耕还林（草）、封山绿化、以粮代赈、个体承包”的试点。建立各级生态农业试点2000多个，生态示范区试点212个。自然保护区建设和管理得到加强，生物多样性保护取得较大进展。

2. 资源管理得到加强。通过实施土地用途管制，加大执法监察力度，乱占耕地的势头得到控制。水资源的管理正在从传统水利向现代水利转变，通过优化配置、合理开发、节约用水和水价改革，基本保证了经济快速发展和人民生活水平提高对水资源的需求。森林资源保护有了较大进展，管理逐步规范化、法制化，实现了森林面积和蓄积量的双增长。通过全国范围的矿业秩序治理整顿，矿业开采的无序状态得到了初步扭转。海洋资源的保护和持续利用水平不断提高，海洋经济正在成为国民经济新的增长点。在国家优惠经济政策的鼓励下，废弃物资源化和资源综合利用水平明显提高。

3. 环境污染防治取得进展。“九五”期间，结合产业结构调整和技术改造，关闭取缔了能耗高、污染重、破坏资源与环境的“十五小”企业8.4万多家，对降低污染物排放总量，控制环境质量恶化局面起到了重要作用。“三河、三湖”等重点流域污染治理取得阶段性成果，北京市污染防治工作初见成效，环境质量有所改善。预计到2000年底，全国主要污染物排放量比“八五”末期减少10%以上，90%的污染企业实现主要污染物达标排放，城市污水集中处理率和垃圾无害化处理率分别提高12和18个百分点，城市园林绿地面积增加9万多公顷，47个环境保护重点城市中，近20个城市的空气和地面水质量可以按功能区达标。

4. 投入力度明显加大。初步预计，“九五”期间，全国完成环境保护投资3460亿元，比“八五”增长1.5倍，占GDP的比重增加了0.2个百分点，达到0.93%。其中，中央投资增加337亿元，地方投资增加584亿元，利用外资增加221亿元，其他资金增加938亿元。中央财政安排用于生态建设方面的基本建设投资达到340亿元，比“八五”期间的365亿元增长了8倍多。“九五”后三年，中央安排的647亿元国债资金，对生态建设和环境保护投资的增长起到了决定性的作用。

5. 履行国际环境公约成效显著。1994年《联合国气候变化框架公约》生效以来，我国本着对全球环境负责的精神，为减缓全球气候变暖做出了很大的贡献。1981至1999年，我国GDP万元产值能耗下降了60%，年均节能率接近5%；能源效率已由1980年的25%上升到目前的34%左右。1981年到1999年，全国累计节约能源9.49亿吨标准煤，按照我国1990年消费每吨标准煤二氧化碳排放量0.58吨碳(下同)计算，相当于减排二氧化碳约5.5亿吨碳。发展新能源和农村能源以及造林也减少了二氧化碳的排放量。同时，在履行《保护臭氧层的维也纳公约》、《濒危野生动植物物种国际贸易公约》、《防治荒漠化公约》、《生物多样性公约》、《湿地公约》等方面也做出了积极的努力。

但是，我国生态建设和环境保护工作仍处于起步阶段，面临的形势依然严峻。

1. 陆地生态恶化趋势仍未得到遏制。全国水土流失面积已达36700万公顷，约占国土面积的38%，每年新增水土流失面积100万公顷；退化、沙化、盐碱化草地总面积已达13500万公顷，并且还在以每年200万公顷的速度增长，北方和青藏高原草地“三化”尤为严重；全国荒漠化土地面积26200万公顷，并继续呈扩展趋势。生物多样性锐减，固沙固土植物滥采乱挖，破坏严重。1998年的大洪水和2000年北方地区连续发生的扬沙及沙尘暴天气，除气候异常外，一个重要原因就是地表植被遭到破坏，造成水土流失和土地沙化，这已经成为我国最严重的生态环境问题。

2. 海洋生态环境问题十分严峻。我国近岸海域水质不断恶化，赤潮发生次数增加，面积扩大，1999年几乎所有的近海海域都发生过赤潮；围海造地和养殖业的不合理开发，导致我国沿海自然滩涂湿地总面积约减少了一半，红树林已由建国初期的约5万公顷减少到现在的2万公顷；非法采捞和炸礁造成我国南部一些地区的珊瑚礁资源已濒临绝迹；栖息环境的破坏，加上乱捕滥采和外来种的盲目引进，使我国现有海洋生物多样性受到严重威胁。

3. 自然资源短缺且开发利用不尽合理。水的日益紧缺是我国面临的最为严重的资源问题。我国人均水资源占有量约占世界人均水平的1/4，且时空分布不均，大部分城市缺水，100多个城市严重缺水；北方河流断流现象频发，湖泊萎缩，水库蓄水量减少，湿地破坏严重；部分城市和地区地下水超采严重，水位下降。我国人均耕地0.1公顷，只相当于世界平均数的44%，而且不合理开发利用导致耕地质量退化，面积减少。我国人均占有森林面积仅0.11公顷，只相当于世界平均水平的17%。

4. 矿山生态环境破坏和地质灾害普遍。全国采矿业累计破坏土地400万公顷，平均每年增加2万公顷，只有极少部分复垦。矿山开发中的“三废”污染严重，尤其是数量众多的乡镇和个体采矿点，环保工作十分薄弱，生态恢复治理工作几乎是空白。矿山开发诱发的地震、滑坡、地面塌陷等地质灾害十分普遍。采矿活动使矿区水均衡系统遭受破坏。我国300多座矿业城市(镇)中，许多正在经历艰难的产业转轨时期，生态环境恢复治理任务艰巨。

5. 环境污染仍然严重。全国大气污染物排放总量多年处于较高水平，城市空气污染普遍较重。酸雨面积约占国土面积的1/3，大部分南方城市出现酸雨。河流、湖泊和地下水均受到不同程度的污染，七大水系近一半河段严重污染。目前，我国工业污染依然严重，城镇生活污染物排放量比重不断上升，农田超标污灌面积有所增加，部分农畜产品受到污染，渔业水域生态受到破坏。1999年，工业固体废物产生量7.8亿吨，城市垃圾年产生量已达1.4亿吨，其中仅有少数经过无害化处理，“白色污染”严重，“垃圾围城”现象普遍。城市噪声和机动车尾气污染呈上升趋势，城市绿化严重不足。

上述问题的形成和不断积累，既有客观和自然方面的原因，如人均资源量少，历史欠账多，以及自然地理和气候变化的影响等，但也有人为的因素。

1. 可持续发展意识淡薄，投入严重不足。对于发展是硬道理的片面理解，导致在经济建设中出现急功近利和以过度消耗资源换取经济发展的现象。先发展起来，再改善生态和保护环境的错误思想，造成生态建设和环境保护投入长期偏低，生态破坏和环境污染的严重状况难以得到根本扭转。一些地区已经形成先破坏、后建设，先污染、后治理的现实，背上了沉重的生态和环境债务。

2. 粗放型的经济增长方式，造成资源浪费和环境污染。长期以来，经济工作中重速度、轻效益，忽视节约资源与保护环境。在工业领域，重复建设严重，技术进步缓慢，生产工艺落后，管理水平低。农业领域，广种薄收、超载过牧、过度捕捞、大水漫灌等粗放生产方式在部分地区依然存在。

3. 对生态建设和环境保护的规律认识不足。

多年来，预防为主、保护优先的方针没有得到有效落实。生态建设措施单一，重建轻管，环境治理以末端措施为主，没有从源头抓起，建设和治理速度赶不上破坏速度。生态建设和环境保护政策的连贯性和前瞻性差，加之对政策措施和技术措施的成本效益分析不够，使本来十分有限的投入没有发挥最大的环境效益。

4. 市场机制和公众参与的作用没有充分发挥。生态建设和环境保护领域中，引导、鼓励、支持公众参与和舆论监督的机制尚不完善，发挥市场对资源配置起基础性作用的改革相对滞后。全社会特别是企业对生态和环境投入的积极性没有调动起来，从而制约了生态和环境投入的增长。

5. 协调管理机制不完善。在区域生态建设、跨省污染治理等重大问题上，部门之间缺乏协调，地方之间各自为政的现象依然存在。加之监测手段和信息系统落后，重复建设严重，缺乏信息共享，以及工作经费不到位等，影响到管理效能的提高。

6. 法律法规不健全，监督执法力度不够。生态与环境方面的配套法规、标准、规章、规范尚不能满足生态建设和环境保护向纵深发展的要求；在监督执法中，有法不依、执法不严、违法不纠的现象依然存在。

生态破坏和环境污染给我国经济社会发展和人民生活质量带来严重的影响，已成为实现我国现代化建设第三步战略部署和可持续发展必须解决的问题。因此，我们必须在总结已有经验和教训的基础上，抓住根本性的问题，采取有效措施，在预防新的生态破坏和环境污染的同时，逐步解决历史遗留的生态和环境欠账。

二、基本思路和目标

“十五”期间，生态建设和环境保护工作具备许多有利条件。一是党中央、国务院的高度重视，为做好生态建设与环境保护工作提供了根本保障；二是综合国力增强，为全面开展生态环境治理奠定了初步的物质和技术基础；三是经济全球化为我国开展生态建设和环境保护带来了机遇；四是经济结构的调整和升级，为从根本上解决生态环境问题创造了条件；五是以生态环境建设为重点的西部大开发战略为改善西部乃至全国的生态环境提供了难得的机会；六是公众可持续发展意识的提高，为生态建设和环境保护工作奠定了良好的基础。

“十五”和到2010年，我国生态建设和环境保护工作的指导思想是：以江泽民总书记关于人口资源环境与可持续发展的论述为指针，牢固树立打“持久战”的思想，坚持以人为本，把改善生态、保护环境作为经济发展和提高人民生活质量的重要内容，充分发挥市场机制的作用，以完善法规和政策为保障，以制度创新和科技进步为动力，以解决重点和难点问题为突破口，全面推进可持续发展战略的实施。

在生态建设和环境保护工作中，应遵循以下基本原则：

1. 实施可持续发展战略，解决生态和环境问题。坚持以经济建设为中心，处理好经济建设与人口、资源、环境之间的关系；在推进经济发展的过程中重视人口问题，合理开发利用资源和切实保护环境；通过改善生态、保护环境，为中华民族的生存与发展创造良好的环境条件，促进经济社会的可持续发展。

2. 坚持经济效益、社会效益与生态环境效益的统一。通过经济结构调整，形成合理的产业结构和布局；依靠集约型增长方式，实行全面节约，降低资源消耗，大力推行清洁生产和生态农业，减轻经济和社会发展对生态和环境的压力；结合西部大开发，加快生态建设步伐，实现区域经济、社会和生态环境协调发展，改善生态环境质量和人民生活质量。

3. 重视发挥政府、企业和公众三方面的作用。政府要综合运用经济、行政和法律手段，加大投入，强化监管，发挥主导作用；通过直接投资、贷款贴息、税收优惠、调控价格、政府采购和信息发布等手段，促使企业治理污染，居民合理分担环保义务；鼓励公众参与，加强舆论监督，维护生态平衡，防治环境污染，合理开发利用资源。

4. 依靠科技进步，推动生态建设和环境保护。发挥科技作为第一生产力的作用，积极推进科技创新，提高生产和建设的技术水平；开发改善生态、保护环境的先进实用技术，大力发展环保产业，为可持续发展提供强劲的动力。

5. 统筹规划，突出重点，量力而行，分步实施。要在全面规划的基础上，集中人力、物力、财力抓一些重点区域和重点领域，着力解决生态建设和环境保护中存在的一些突出问题；坚持治理与保护并举、保护优先的方针，从源头抓起，避免出现新的破坏和污染；要尊重自然规律，注意发挥生态的自我修复能力，充分考虑社会经济条件，因地制宜地采取综合治理措施，提高建设和治理效果，保证投入发挥最大的效益。

根据我国生态建设和环境保护的现状，以及面临的机遇和挑战，“十五”和到2010年，生态建设和环境保护的总体目标是：

到2005年，初步形成适应社会主义市场经济发展要求的生态与环境领域的政策法规体系和协调管理机制，及与其相适应的基础能力。陆地、水域和海洋的生态破坏和环境污染加剧的趋势基本遏制，城乡环境质量开始改善，初步建立生态环境综合监测预警系统，防灾减灾能力显著增强，资源的综合利用水平进一步提高。

生态建设基本目标是：基本控制住人为因素产生新的水土流失和森林草地破坏，努力遏制荒漠化发展，黄河长江上中游等水土流失重点地区以及风沙区和“三化”草原的生态环境继续恶化的趋势得到有效遏制，生态功能和生物多样性开始得到恢复。全国现有天然林和天然草场资源得到有效保护，森林覆盖率进一步提高。具体指标是：

——新增森林面积1150万公顷，森林覆盖率达到18.2%（按郁闭度大于等于0.2计算）；

——人工种草和改良草场面积2500万公顷，治理“三化”草地面积1650万公顷；

——新增治理水土流失面积2500万公顷；

——新增自然保护区面积1120万公顷，自然保护区管理水平明显提高；

——矿区生态环境恢复治理率达到25%以上，矿区生态环境恢复治理和土地复垦100万公顷；

——城市规划建成区绿化覆盖率达到35%。

环境保护基本目标是：全国主要污染物排放总量有所减少，大部分地区环境污染的状况有所减轻，使城乡特别是大中城市环境质量得到明显改善。饮用水源得到有效保护，城市地下水超采和污染恶化的趋势初步得到控制，农村化肥、农药和畜禽养殖等农业面源污染加重的趋势有所减缓，天然渔业资源及水生生态系统得以恢复。具体指标是：

——“三河、三湖”国控断面按照已批准的规划达到地面水环境质量标准，三峡库区基本达到地面水环境质量二类标准，黄河中游、松花江水质有明显改善，饮用水水源地水质按规定达到三类以上水质标准，内陆渔业水域水质基本达标；

——全国近岸海域水质按功能区划基本达标，进入渤海的陆源污染物得到较好控制；

——直辖市、省会城市、沿海开放城市和重点旅游城市的空气、地面水、噪声环境质量分别稳定达到功能区标准；

——全国二氧化硫、化学需氧量、尘（烟尘及工业粉尘）、工业固体废物等主要污染物排放总量比2000年减少10%。其中，“两控区”内的二氧化硫排放量比2000年减少20%；

——城市污水集中处理率达到45%，燃气普及率达到92%，新增城市集中供热面积5亿平方米，垃圾无害化处理率有所提高。到2010年，要全面控制住人为因素产生新的生态破坏，基本改变环境恶化的状况，重点治理地区生态建设初见成效，城乡环境质量有比较明显的改善，建成一批经济快速发展、环境清洁优美、生态良性循环的城市和地区。

——十年新增森林面积2300万公顷，森林覆盖率达到19.4%；

——人工种草和改良草场面积5000万公顷，治理“三化”草地3300万公顷；

——新增治理水土流失面积5000万公顷；

——全国二氧化硫、工业固体废物等主要污染物的排放总量比2005年减少10%；

——城市污水集中处理率达到60%以上，燃气普及率达到95%以上，垃圾无害化处理率有大幅度提高；

——化肥、农药等农业面源污染基本得到治理；

——城市规划建成区绿化覆盖率达到40%。

三、重点任务

“十五”期间，以下列重点任务带动生态建设和环境保护的全面展开。

1. 长江、黄河上中游地区生态建设与保护。继续实施长江上游和黄河上中游的天然林资源保护工程，支持重点林区调整产业结构，转产安置林业工人，停止天然林采伐，加快宜林荒山荒地造林绿化；搞好重点地区生态环境建设综合治理工程，加大重点地区治理力度；以嘉陵江流域、金沙江流域、洞庭湖、鄱阳湖区、川西地区、三峡库区、乌江石灰岩地区和黄土高原地区为重点，加大长江、黄河上中游地区水土保持重点防治工程建设力度，搞好坡面水系和淤地坝建设，推广集雨截流、节水灌溉和旱作农业技术；在黄土高原砒砂岩区大力营造沙棘水土保持林，运用工程措施、生物措施和农艺措施，开展小流域和山系水土流失综合治理，减少输入长江、黄河泥沙量，保护江河安全；积极推进黔桂滇岩溶地区石漠化综合治理；结合西部大开发，在试点和总结经验的基础上，有计划地推行退耕还林还草，大力推广生态农业，发展农村能源。通过这些措施，停止采伐现有的3060万公顷天然林，管护抚育3080万公顷其他各类森林资源，营造水土保持林和水源涵养林等580万公顷，人工种草和改良草场面积1500万公顷，治理水土流失面积1500万公顷。

2. 以“三北”防护林为重点的防护林体系建设。在黑龙江、吉林、辽宁、内蒙古、陕西、甘肃、新疆等13个省(区、市)，实施以防风治沙为主的“三北”防护林体系四期建设工程。要采取综合措施，通过强化流域水资源管理，保障生态用水；要与当地经济发展紧密结合，减轻群众烧柴等对植被的压力；要明确由地方领导和组织实施，提高建设质量和效益；要因地制宜采取乔灌草相结合，造林、封育、飞播相结合的方式，并充分利用先进的科学技术，建立防风固沙体系，遏制沙化土地扩展。同时，加快以保持水土、涵养水源、防风减灾为目的的长江中下游及淮河流域、珠江流域和沿海防护林体系建设。积极开展太行山绿化、平原绿化和绿色通道等林业生态工程建设，以及内蒙古、吉林、黑龙江(含大兴安岭)、海南、新疆的天然林资源保护工程。

3. 以北方牧区和青藏高原为重点的草原保护和建设。以内蒙古呼伦贝尔、锡林郭勒、鄂尔多斯，青海环湖、青南，甘肃甘南，西藏北部，四川甘孜、阿坝，新疆天山、阿勒泰等草原地区为重点，采取人工种草(灌)、飞播种草(灌)、围栏封育、划区轮牧和草地鼠虫害防治等措施，治理“三化”草地。建设节水灌溉配套设施，建立饲草饲料基地和牧草良种繁育体系，变草地粗放经营为集约经营。全面落实《草原法》和草地分户有偿承包责任制，调动广大牧民保护、建设和合理利用草场的积极性。建立草地动态监测体系和草原执法监理体系，切实禁止发菜采挖和贸易，制止毁草开荒、滥挖甘草、麻黄草等破坏植被的行为。同时，搞好南方草山、草坡的保护与建设。通过草地保护、建设和管理，提高牧业生产水平，实现草畜平衡和草场永续利用。

4. 环京津生态圈建设。“十五”期间，重点实施京津风沙源治理工程，加强京津水源保护工作，建立以减轻风沙危害、缓解京津地区水资源紧缺状况、改善城市环境质量为目的的生态屏障。山西雁北、河北坝上和接坝地区，要大力植树种草，退耕还林还草，治理水土流失和沙漠化，发展绿色食品和旅游业，同时，重视水污染防治，逐步恢复官厅水库的水源功能；内蒙古自治区浑善达克沙地、阴山北麓等沙化区要加快综合治理步伐，大幅度降低草地载畜量，恢复天然草场植被，加大现有森林资源的保护力度，营造防风固沙林，抑制沙尘来源；北京和天津市要积极调整经济结构，推行清洁生产，发展污染少、资源能源消耗低、生态友好型的产业，建设节水型城市，继续加大城市大气污染、污水和垃圾的治理力度，加强城市绿地和郊区的绿化带建设，积极开展与周边地区的生态经济协作，努力实现区域可持续发展。

5. 生态农业、农村能源和农村环境保护。大力发展生态农业，实施生态家园富民工程，鼓励和扶持广大农民因地制宜建设沼气池、省柴灶、省柴炕、太阳灶、太阳房等设施；在农田栽植生物埂，建设蓄水和排灌等农田水利设施；在偏远地区利用太阳能发电、小型风力发电、微型水电等措施，解决无电人口的用电问题，因地制宜发展薪炭林；推广高效、低毒、低残留农药化肥和可降解农膜，实行测土配方施肥，生产无公害农产品，减轻对农田、渔业水域和农产品的污染；积极开展秸秆综合利用，推广秸秆过腹还田和秸秆生产食用菌技术，建设秸秆气化及集中供气工程，对集约化畜禽养殖场的废弃物进行综合利用；引导乡镇企业向城镇集中，通过建立工业园区，实行工业污染集中控制，同时，因地制宜建设小城镇污水和垃圾处理设施。通过这些措施，实现农民增收、土壤改良、污染减轻、生态改善，走出一条适合中国国情的农业和农村经济与生态环境协调发展的路子。

6. 加强以土地和水为重点的资源保护和可持续利用。坚持保护耕地的基本国策，实施土地利用总体规划，统筹安排各类建设用地，合理控制新增建设用地规模。加大城乡和工矿用地的整理、复垦力度。根据工业区、城镇密集区、专业化农产品生产基地、生态功能保护区等不同的土地需求，合理调整土地利用结构。加强资源开发区废弃地的生态环境恢复治理和土地复垦。以黄淮海平原地区、黄土高原地区、西南地区、小秦岭地区、大小兴安岭地区等为重点，进行老矿区废弃地的生态环境恢复治理和土地复垦示范区建设，对毁损土地进行复垦和绿化，对矿渣进行无害化处理和资源化利用，对矿区水源枯竭、水质恶化和水土流失等环境问题加强预防、预测，及时进行治理。“十五”期间，矿区生态环境恢复治理和土地复垦100万公顷，其中增加耕地30万公顷以上，矿区生态环境恢复治理率达到25%。

重视水资源的可持续利用，提高水资源的利用率，推行节水措施，鼓励水资源的再生利用，合理配置生活、生产和生态环境用水，抢救性地保护江河源头区和重要水源涵养区。加强自然保护区和生态示范区建设和管理，保护珍稀、濒危生物资源和湿地资源，抓紧建立生物安全监督管理体系，实施野生动物及其栖息地保护建设工程，恢复生态功能和生物多样性。

7. 城市环境综合整治。“十五”期间，以改善直辖市、省会城市、沿海开放城市和重点旅游城市的环境质量为重点。在城镇化进程中，科学合理地调整城市规划布局；研究制定和实施清洁生产促进计划，结合城市发展和产业结构调整，减少工业污染物排放总量；加快城市污水处理设施建设，通过价格、税费政策和必要的工程措施促进节约用水和废水资源化，保护城市水源，缓解城市缺水对经济社会发展的制约；改善能源结构，提高城市气化率和集中供热率，优先发展公共交通，有效控制扬尘和机动车尾气污染，改善城市空气质量；实行城市垃圾和工业固体废物减量化、资源化、无害化，加快城市垃圾无害化处理设施的建设；建设区域性危险废物安全处置工程，基本杜绝危险废物的无组织排放；采取综合措施控制噪声污染；重视城市绿化、美化，提高绿化覆盖率；同时，要完善核安全、辐射防护、电磁辐射等方面的管理法规、标准，加强在建和运行核设施的核安全监管。

8. 重点流域、区域环境综合整治。继续抓好“三河、三湖”水污染治理，巩固已经取得的治理成果，做到工业污染源稳定达标排放，杜绝“反弹”现象出现，加快污水处理厂建设，实现规划目标；启动长江上游、三峡库区、黄河上中游、松花江流域和渤海的水污染治理。三峡库区治理，2003年前要抓紧治理沿江水污染和垃圾污染，确保库区水质；黄河中游以小浪底水库为重点，综合治理水土流失和水污染，合理调配水资源，保证生态用水；松花江流域要加快工业污染源治理，建设城市污水处理厂；要控制进入渤海的陆源污染物排放总量，加大对海上采油、船舶和近海养殖污染的防治力度，加强海岸带和海洋渔业资源管理。在水环境治理中，要有效削减有机污染物排放总量，同时要注重控制氮、磷排放量，推广无磷洗涤用品，结合农村环境保护控制农业面源污染。同时，抓紧南水北调工程沿线水污染治理，保障工程的顺利实施。

“十五”期间，“两控区”治理重点是西南和华中酸雨区，要限制高硫煤生产和使用，推广洁净煤技术，制定城市燃煤和燃料油含硫量限值；建设煤炭洗选设施，加强现有选煤厂技术改造，提高脱硫、除灰的能力。严格控制燃煤电厂的二氧化硫排放，采取提高二氧化硫收费标准及其他有利于电厂脱硫的经济政策，促进燃煤电厂建设脱硫设施并保证正常运行。到2005年，使酸雨污染有所减轻；到2010年使酸雨污染明显减轻。

9. 生态、环境、资源和灾害的综合监测体系建设。要围绕生态建设和环境保护的重点任务，结合国民经济信息化的进程，初步建成生态、环境、资源和灾害的综合监测体系，为中央和各级政府提供及时、可靠的决策依据，为全社会的参与和监督提供丰富翔实的信息。主要内容包括：以水和大气质量为主的环境质量监测体系，特别是跨省河流水质的自动化定时监测和重点污染源的在线自动监测；以遥感和地面观测站相结合的生态与资源监测体系；重大自然灾害的监测、预报和应急系统。综合监测体系的建设要依靠高新技术改造现有的信息获取、加工、传输网络，并与传统方法相互结合，提高系统的总体可靠性。要建立通用的数据格式、可靠的信息交换机制和有效的会商协调制度，切实做到信息共享。

四、政策措施

我国在生态建设和环境保护方面的经验和教

训表明，不断完善和改进政策措施，是扭转我国生态和环境治理被动状态的关键所在。为实现本规划提出的目标和任务，“十五”期间，要采取以下政策措施。

1. 加强领导，建立目标责任制。各级政府一定要以历史的责任感和使命感，高度重视这项工作，将生态建设和环境保护列入主要的议事日程，作为国民经济和社会发展规划的核心内容之一，通过建立健全目标责任制，确保规划目标和任务的完成。生态建设和环境保护是一项跨地区、跨部门的系统工程，各地区、各部门要按照规划的要求，精心组织好规划各项重点任务的实施。计划部门要统筹规划，综合平衡，做好组织协调工作；经贸、教育、科技、财政、金融、税务等部门要从政策、资金、技术、人才培养等方面给予积极支持；国土、建设、水利、农业、环保、林业等行业主管部门要按照各自职能分工，明确责任，通力合作，加强行业指导和项目管理；其他各相关部门也都要积极参与，全力配合；审计、监察等部门要加强对生态建设和环境保护工作的监督。要注重提高地方政府，特别是基层政府组织生态建设和环境保护的能力，因地制宜地制定和实施当地的规划。

2. 完善法规，加强执法，加大政府监管力度。要根据保护生态环境和经济发展的要求，继续建立健全法律、法规体系，加快环境影响评价法、清洁生产法等法律的立法步伐，及时修订现行法律，制定实施细则。并按照《立法法》的规定对现行部门规章和地方法规进行备案审查。进一步完善环境标准，修改不合理的污染物排放标准，制定有关生态环境保护标准。同时，要从严治政，依法行政，提高行政执法水平，加大监督执法力度，严厉打击违法犯罪活动。在进行经济开发和项目建设时，必须严格执行有关法律、法规，坚持先评价后建设，坚决控制新污染和破坏的产生。加强政府的监督执法能力，强化流域机构在水资源管理方面的权威。继续抓好实施《中国21世纪议程》、推进可持续发展战略的试点示范工作。逐步在一些部门和地区试行资源环境核算制度，积极探索社会主义市场经济条件下，保护和合理利用水、耕地、草地和林地等自然资源的新机制、新办法。

3. 运用价格、收费和税收手段，发挥市场的调节作用。加强政府宏观调控，及时出台一些力度较大的价格政策，引导各类要素资源按市场规则进行配置。统筹考虑，逐步提高供水、热力、燃气等资源产品的价格；逐步取消对农用水、能源等方面的不合理价格补贴；提高那些环境污染型产品进入市场的“门槛”，避免其进入市场低价竞争。积极创造条件，全面推行污水和垃圾处理收费政策，合理确定收费标准，逐步达到补偿合理成本略有盈利水平；逐步提高二氧化硫收费标准，调动企业治理大气污染的积极性。按照税费改革总体部署，积极稳妥地推进环境保护方面的税费改革，逐步完善税制，进一步增强税收对节约资源和保护环境的宏观调控功能。

4. 拓宽资金渠道，保证生态环境投入的增长。坚持国家、地方、集体、个人一起上，多渠道、多层次、多方位筹集生态建设和环境保护资金。各级政府要将生态建设和环境保护资金纳入财政预算，并逐步增加。政府投入主要用于重点工程建设，或用于银行贴息间接支持重点项目。在政策性银行设立专项优惠贷款，作为国家重点建设项目的配套资金。通过股票等融资形式支持生态建设和环境保护项目及相关产业发展。通过“四荒”拍卖等形式动员社会资金投向生态建设。积极采取有效的措施，促进矿山生态环境恢复治理与土地复垦。采取优惠的投资导向政策，扩大引进国外资金和技术的力度和领域，鼓励外商直接投资于先进环保设备制造、技术开发、环保信息服务、重大生态建设和环境污染治理工程等方面，国外长期优惠贷款优先安排生态建设和环境保护项目，并尽量向西部地区倾斜。

5. 将生态建设与扶贫开发进一步结合起来，促进实现贫困地区经济、社会和生态环境协调发展。在西部大开发中，要在试点的基础上，进一步完善和全面推行“退耕还林(草)，封山绿化、以粮代赈、个体承包”政策。同时，安排一定的财政扶贫资金，开展小流域治理、生态农业和农村能源建设，因地制宜发展薪炭林和经济林，改善农业生产条件，提高农业生产水平。对一些生态环境破坏严重的地区和生存条件极端恶劣、自然资源极度贫乏的“自然障碍区”，在统一规划、认真进行社会经济论证，并充分尊重农民意愿的基础上，有计划、分阶段地实施移民开发，实现异地脱贫，防止这些地区因人口压力过大而导致生态环境进一步恶化。

6. 推行清洁生产，发展环保产业，积极防治工业污染。企业要按照“污染者付费”的原则，承担工业污染源治理的责任和义务。同时，政府要通过优惠政策和资金支持，把推行清洁生产与结构调整、企业技术进步、节能降耗、资源综合利用和加强企业管理结合起来；建立多层次的技术推广和信息服务中介机构，向企业尤其是中小企业提供清洁生产服务；在一些行业和城市开展示范项目，引导企业开展清洁生产。组织开展技术和装备攻关，提高环保设备成套化、系列化水平。大力发展我国的环保咨询服务业，引导开展社会化环境服务。引入市场机制，规范环保产业市场，打破环保产业发展中存在的部门、行业垄断和地区封锁。同时加强宏观指导，防止出现一哄而上和低水平重复建设。

7. 实施科教兴国战略，加强科学研究，推广先进实用技术。宣传、普及生态建设和环境保护方面的科技知识，重视人才培养。围绕生态建设和环境保护的优先领域和关键技术，组织开展基础性研究和科技攻关。鼓励各类科研和开发机构从事生态和环境领域的科研工作，对研究成果予以保护。建立生态环境专家咨询和技术支撑系统，完善科技推广、信息服务体系和技术交流网络，推广先进实用技术，为各地区制定规划、设计工程等提供服务。

8. 继续加强生态环境宣传教育，鼓励公众参与生态建设和环境保护。利用广播、电视、网络等手段对公民进行环境法制和知识教育，使得各级领导和广大民众明确自己在生态环境方面的责任、权利和义务，树立保护环境就是保护生产力，改善生态就是发展生产力的思想。加强消费引导，推行绿色消费方式，在全社会形成遵守环境法规、自觉保护环境的良好风尚。完善生态环境信息发布制度，拓宽公众参与和监督渠道，充分发挥新闻媒介的舆论监督和导向作用，增加环境与发展方面的决策透明度，促进生态环境领域决策和管理的科学化和民主化。

节约和替代燃料油“十五”规划

国家经济贸易委员会

(2001 年 10 月 11 日)

为贯彻落实党的十五届五中全会精神，解决我国“资源战略”中的突出问题，保障国家经济安全，促进经济社会可持续发展，制定“十五”时期我国节约和替代燃料油规划。

一、“十五”节约和替代燃料油面临的形势和任务

节约和替代燃料油是解决我国石油资源短缺，缓解石油供需矛盾，保障国家经济安全的重大战略措施。“九五”期间，我国石油开发和生产严重滞后于消费增长，供需矛盾日益突出，进口量大幅度上升。随着工业化进程的加快和汽车保有量的增加，我国未来石油需求将呈强劲增长态势，供需缺口较大。如不采取积极有效的措施，我国对国际石油市场的依存度将越来越高。目前，我国每年消费燃料油 4000 万吨左右，相当于原油产量的 1/4。因此，节约和替代燃料油，是缓解石油供需矛盾的重大战略措施之一。

节约和替代燃料油是提高企业经济效益，增强企业竞争力，应对加入世界贸易组织（WTO）最现实的选择。去年以来，受国际市场石油价格大幅度攀升的影响，用油企业经济效益受到不同程度的冲击。面对加入 WTO 后严峻的市场竞争，以油为原料的化肥企业若不进行原料路线的改变，将陷入严重亏损或被迫关闭。因此，迫切需要采取措施，加大节约和替代燃料油的力度，以降低生产成本，提高市场竞争能力。

节约和替代燃料油将加快我国能源结构的调整，促进能源结构优化。煤炭是我国的基础能源，在能源消费结构中居主导地位，节约和替代燃料油，将加快洁净煤技术的开发和推广，提高优质煤比重，有利于煤炭工业结构调整和产业升级，促进煤炭企业扭亏脱困；节约和替代燃料油还可以扩大天然气的消费市场，推动“西气东输”等西部大开发重大工程的顺利实施，从而加快我国能源结构的调整和优化。

二、节约和替代燃料油的指导思想、主要目标

（一）指导思想

认真贯彻落实党的十五届五中全会精神，以市场为导向，以企业为主体，以技术进步为支撑，立足我国丰富的煤炭资源和天然气资源，在发挥市场配置资源基础性作用的同时，加强宏观调控，大力推广洁净煤技术和先进的节油技术，扩大天然气利用，大幅度降低燃料油消耗，以缓解石油进口压力，保障国家经济安全，增强企业竞争能力，促进经济社会可持续发展。

（二）主要目标

到2005年全国节约和替代燃料油1600万吨（包括用于发电的原油和柴油以及用作化工原料的轻油）。其中，节约燃料油338万吨（包括结构调整的节油量），占21.1%；替代燃料油1262万吨，占78.9%。

电力行业节约和替代燃料油755万吨；石油、石化行业节约和替代燃料油461万吨（含原料轻油157万吨）；钢铁行业节约和替代燃料油134万吨；化工行业节约和替代燃料油120万吨；建材行业节约和替代燃料油80万吨；交通运输行业节约燃料油50万吨。

据测算，节约和替代1600万吨燃料油，可相应增加煤炭消费量1500万吨，扩大天然气消费40亿立方米；每年可节约外汇30亿美元（以每桶原油25美元计）。

三、节约和替代燃料油的技术途径

（一）替代技术

1. 应用洁净煤技术替代燃料油

采用水煤浆技术替代燃料油。水煤浆作为新型煤基流体燃料，具有燃烧稳定、污染物排放量少的优点。我国经过近20年的科技攻关和工业化示范，水煤浆制浆、储运和燃烧技术基本成熟。目前已建成水煤浆厂9座，年制浆能力170万吨。山东白杨河电厂2台230吨/时水煤浆锅炉、北京燕山石化公司220吨/时脱硫型水煤浆锅炉代油燃烧，投产后均取得较好的经济效益和环境效益。2—2.5吨水煤浆替代1吨重油，可降低燃料成本500—800元；炼化企业还可得到500元的重油深加工效益。现阶段，10万千瓦以下燃油热电机组比较适宜采用水煤浆技术进行替代改造。

采用煤炭气化技术替代燃料油。目前我国在煤炭气化方面已有一定的技术基础。近年来引进国外先进的大型气化技术和装置，煤炭转化率高，环保达标。其中德士古水煤浆加压气化技术已在陕西渭河化肥厂、山东鲁南化肥厂和上海焦化厂应用，运行平稳。通过消化吸收，该项技术国产化率达到80%。中石化集团拟引进国外先进的粉煤气化技术，对以轻油为原料的大化肥企业进行改造。这两种技术的煤炭转化率较高，均可大幅度降低生产成本，增强化肥企业的市场竞争力。大中型油头化肥企业，可采用先进的煤炭气化技术进行替代改造。此外，近年来经过努力，我国煤气化技术开发、应用也取得一定进展，如富氧连续气化技术已在黑龙江化工总厂、淮南化工总厂成功运行。

采用其他洁净煤技术替代燃料油。大中型燃油发电机组改燃煤，一是采用先进成熟的粉煤燃烧加烟气脱硫技术进行代油改造；二是采用洗选煤或动力配煤，在环保达标的前提下，进行煤代油改造。目前，国内410吨/时循环流化床锅炉技术基本成熟，正在进行国产化示范，10万千瓦级燃油发电锅炉可采用循环流化床进行煤（或石油焦）代油改造。

2. 以天然气替代燃料油

采用天然气发电、代油燃烧以及作原料生产化肥，不仅在技术上是成熟的，而且有较好的经济和环境效益。我国天然气发展潜力很大，现已形成塔里木、四川、长庆等天然气田，预计到2005年天然气年供气量可达550亿立方米，这为扩大天然气使用，用天然气替代燃料油和化肥企业的原料油提供了资源保证。中石油、中石化集团和部分玻璃、陶瓷生产企业已提出以天然气替代燃料油的改造计划。

（二）节约燃料油技术

1. 回收利用可燃气体技术

钢铁行业副产煤气（焦炉煤气、高炉煤气、转炉煤气）回收利用潜力很大。“十五”期间通过加快推广锅炉、轧钢加热炉和燃气轮机纯烧高炉煤气及混合煤气技术，可以降低高炉煤气放散率3个百分点，转炉钢吨钢回收煤气可达70立方米。回收副产煤气用于锅炉和轧钢加热炉是钢铁行业可行的节约燃料油措施。炼化企业熄灭火炬回收可燃气的技术和装备已成熟，特别是自动控制系统已达到国际先进水平，回收的可燃气体可节约加热炉用燃料油。

2. 等离子无油点火、低油粉煤点火技术

常规火电燃煤机组点火用油，年消费量在100万吨以上。近几年，国内研究开发了等离子无油点火技术，已在山东烟台电厂5万千瓦机组试验成功，目前正在10万千瓦、20万千瓦和30万千瓦机组上组织示范。示范成功后，可实现燃煤机组无油点火。低油粉煤点火也是成熟技术，可在电厂大面积推广。

3. 蓄热式加热炉、先进粉煤燃烧器等节油设备和燃油掺水乳化等技术

在钢铁、建材等行业采用高效蓄热式余热回收加热技术，充分利用高温烟气余热，可使加热炉的热耗降低50%左右。该技术已有很好业绩且日臻成熟，目前正在钢铁企业大规模推广应用。

改造燃烧器的结构，可使锅炉的低负荷稳燃性能得到改善。电力系统可采用先进的粉煤燃烧器，优化锅炉燃烧，力争使20万千瓦及以上火电机组在不加油助燃的情况下最低稳燃负荷从目前的60%降到40%。

燃油掺水乳化技术已在大庆、吉林、大港、辽河等油田使用，技术稳定性好，也是一项可行的节油措施。

4. 能量系统优化技术

采用能量系统优化技术对现有工业企业进行技术改造，实现能量按品质梯级利用，可最大限度提高企业用能水平。近年来在石化企业进行的试点取得较好效果。

四、主要政策措施

（一）研究制定促进节约和替代燃料油的法规和政策

研究制定《节约石油管理条例》。通过完善法规，建立适应社会主义市场经济体制要求、促进全社会合理利用石油的机制，努力提高石油利用效率。

研究制定鼓励发展的节约和替代燃料油技术、工艺、设备和产品目录；研究制定淘汰落后高耗油技术、工艺、设备、产品目录，加大监督检查力度；研究制定节约和替代燃料油技术政策；研究制定电站锅炉实施代油改造后享受同等条件下优先上网的政策；研究制定水煤浆等替代产品质量标准等。

（二）加大结构调整的力度

电力系统要加快淘汰退役燃油机组；加快老机组替代改造的步伐；在燃油小机组集中的地区，建设大型火电机组替代燃油小机组；利用“西电东送”的良好机遇，实现跨区水电调峰，替代广东等沿海地区的峰荷燃油机组及部分燃油小机组。

（三）加快技术开发、示范和推广

一是组织关键技术开发。主要包括等离子点火技术；水煤浆喷嘴耐磨技术、高性能添加剂技术，精细水煤浆及脱硫型水煤浆制备和燃烧技术；大型煤气化和大型循环流化床技术。

二是组织重大技术改造示范。包括大型煤气化技术引进及消化吸收示范；410吨/时及以上容量的大型循环流化床技术和设备国产化示范；燃煤电厂扩大利用洗选煤示范；水煤浆整体配套技术完善化及大型化示范；燃煤电厂烟气脱硫技术与设备国产化示范等。

三是加快先进适用技术推广。包括钢铁、石化行业可燃气体回收利用技术、能量系统优化技术、天然气代油燃烧技术、浓淡燃烧技术和低油粉煤点火技术等。

（四）加大资金投入

经初步测算，实现1600万吨节约和替代燃料油的目标，需投入资金几百亿元。资金的主要来源：一是上市公司，可通过发行股票等社会融资方式筹措资金；二是非上市企业，主要通过银行贷款和企业自筹方式筹措资金。

为加大对节约和替代燃料油技术的开发、示范和推广，鼓励、支持和引导企业实施节约和替代燃料油，国家将对节油技术的开发予以重点支持，在“双高一优”技改专项中设节油技改专题，对节约和替代燃料油潜力较大，但融资较为困难的企业，给予贷款贴息支持，用于引导企业进行技术改造。

（五）加强组织协调

实现节约和替代燃料油1600万吨的目标将受到诸如国际市场油价波动、国内天然气价格、项目资金能否落实和“西气东输”、“西电东送”工程及其配套措施实施等影响，特别是加入WTO后的市场需求变化等情况，必须协调有关部门共同推进。

中国洁净煤技术“九五”计划和2010年发展纲要

国家计划委员会

(1997年6月27日)

根据国务院国阅[1994]50号文件精神，国务院有关部委经协商，于1995年8月份成立了以国家计委为组长单位，国家科委和国家经贸委为副组长单位，煤炭部、电力部。内贸部、机械部、化工部、建设部、冶金部、中科院、国家教委和国家环保局等为成员单位的国家洁净煤技术推广规划领导小组。领导小组成立后，国家计委即开始了洁净煤技术“九五”计划和2010年发展规划纲要的编制工作。在此期间，国家计委征求了领导小组各成员单位和国内洁净煤方面专家的意见。经过半年多的工作，形成了本纲要。

一、洁净煤技术在中国能源发展中的战略地位

1.1 煤炭是中国能源的主体

我国的煤炭资源丰富，探明程度较高，约占我国化石能源资源探明储量总量的90%。同时由于水能和其他可再生能源资源的开发受到诸多条件的制约，我国的水能开发强度还很低，因此在相当长的时期内还不能动摇化石能源在能源生产和消费总量中的主体地位。

长期以来在我国能源生产与消费结构中煤炭一直占主导地位，建国初期煤炭占能源生产量的96%，占消费量的94%。1995年全国原煤产量13.6亿吨，煤炭仍占一次能源总产量的75.5%，占一次能源总消费量的75%。煤炭提供了75%的工业燃料和动力，76%的电力，80%的民用商品能源及60%的化工原料。据预测，2010年中国能源构成中煤仍将占三分之二。在今后相当长的时期内，煤炭还将是中国的主要能源，煤炭在能源结构中的主导地位不会改变。

1.2 目前煤炭的开发与利用对环境产生巨大压力

(1) 煤炭开采对环境的影响

截止1990年，因煤炭开采全国约有30万公顷土地塌陷，其中1/3在平原地区，且每年新增塌陷地1.33万—2.0万公顷；矸石积存达30亿吨，占地1.2万公顷，且仍以年1.3亿吨外排，利用率仅为36.2%，矸石自燃排出大量烟尘及SO_2、CO、H_2S等有害气体，严重污染大气环境。全国年排出矿井水22亿吨，其中1/6超标外排；煤炭开采过程中每年排放煤层气60亿立方米，也对环境造成了污染。

(2) 燃煤排放大量污染物造成对环境的严重污染

中国煤炭资源特点是难选煤多，高灰、高硫煤比重大。大部分原煤灰分在25%左右，1994年国有重点煤矿的商品煤平均灰分19.8%；原煤中约12.8%的煤含硫高于2%，且高硫煤产量将逐年增加，原煤入洗率仅21.9%。煤炭直接燃用也是造成烟尘和二氧化硫污染的主要原因。

1995年，全国烟尘排放量1720万吨，二氧化硫排放量2362万吨。90%的二氧化硫和80%的烟尘排放与燃煤有关。目前我国长江以南已出现大面积酸雨区，且正在向北漫延，北京、西安、沈阳已名列世界环境污染十大城市的前列。

(3) 煤炭利用效率低，造成了能源浪费，增加了环境污染

我国目前煤炭消费结构与发达国家的以发电为主的消费结构有较大不同，用户多元化、利用效率低是我国煤炭消费的主要特点。1994年煤炭的消费中，发电占32.4%、工业和取暖锅炉占30%、民用煤占20%、冶金占8%。有84%的煤炭直接燃烧。

我国目前煤炭的平均利用效率低，与发达国家相比工业窑炉平均效率低10%以上，工业锅炉低15%—20%，火电厂平均煤耗高20%，城镇居民生活燃煤热效率平均仅22%左右。

与80年代国际先进水平比较，我国工业产品的能耗水平高30%以上，按先进水平衡量，实现目前年国民生产总值的生产过程中多消耗了3亿吨标准煤，不但浪费能源，也增加了对环境的污染。

1.3　中国发展洁净煤技术的必要性

煤炭是我国能源的主体，在今后相当长的时期内其主导地位不会有根本性的变化。按照我国能源发展“九五”计划和到2010年的规划，2000年和2010年我国煤炭的生产和消费将在目前的水平上有较大增长，分别达到约14.5亿吨和18万—19亿吨。因此煤炭的开发和加工利用对环境压力将越来越大，与日趋严格的环保标准的矛盾也越来越突出。为了我国经济和社会能实现可持续发展，必须发展符合我国国情的洁净煤技术。

洁净煤技术(CCT)是指在煤炭从开发到利用全过程中，旨在减少污染排放与提高利用效率的加工、燃烧、转化及污染控制等新技术。主要包括煤炭洗选、加工(型煤、水煤浆)、转化(煤炭气化、煤炭液化)、先进燃烧技术(常压循环流化床、加压流化床、整体煤气化联合循环，高效低污染燃烧器)、烟气净化(除尘、脱硫、脱氮)等方面的内容。

由于煤炭在世界能源消费中还占有相当比重(目前约占30%左右)，而且由于煤炭资源丰富，许多国家还将其作为石油的后备替代能源进行技术开发。因此世界各主要能源生产和消费国家都将洁净煤技术作为能源和环境技术，给予了高度重视，作为实现能源、经济、环境协调发展的主导技术之一。

煤炭在我国能源消费结构中所占的比重远远超过世界平均水平，如前所述，煤炭的开发和加工利用已经成为我国环境污染物排放的主要来源。因此，发展洁净煤技术将是我国能源发展的战略选择。

二、我国洁净煤技术的发展现状和存在的问题

2.1　我国洁净煤技术与发达国家的差距

从80年代开始，世界上许多国家从能源发展长远考虑，相继开始洁净煤技术的研究工作，发达国家投入了大量的人力物力，在洁净煤技术的一些主要领域已取得重大进展，并已经处于接近商业化推广阶段。我国虽然也开展了这方面的研究工作，但从总体上看许多方面尚处于起步阶段，与发达国家相比尚有较大差距，在洁净煤技术几个主要领域，差距很大。

(1) 煤炭加工

煤炭加工技术是指应用物理、物理化学、化学或微生物等方法把原煤脱灰、降硫，并加工成质量均匀、用途不同的分品种的洁净煤技术，是实现煤炭高效、洁净利用的源头技术。主要包括煤炭洗选、型煤、水煤浆等。

煤炭洗选(Coal Preparation)

煤炭经洗选可显著提高燃烧效率，大大减少污染物排放。入洗1亿吨原煤可减少燃煤排放的二氧化硫100万—150万吨，成本仅为烟气洗涤脱硫的1/10。发展先进的煤炭洗选技术，实现深度降灰脱硫是世界各国竞相发展的洁净煤技术。

目前发达国家需要洗选的原煤已100%入洗，重介质旋流器、跳汰机、浮选机等成熟的选煤技术已被广泛采用，洗煤厂的处理能力大，洗选效率高于95%。英美等国家开发了提高回收率和精煤质量的极细粒煤分选的物理和化学新工艺，处理<20μm粉煤，可脱除70%—90%的黄铁矿硫和90%的灰分，这种工艺投入商业运用后可代替电站脱硫装置，降低电站的投资和运行费用。

改革开放以来，我国煤炭洗选有了长足的发展，1995年底全国洗煤厂已达到557个，年处理能力3.93亿吨，年入洗原煤2.8亿吨，全国原煤入洗率达到22%；国内基本能够设计、制造年处理能力400万吨以下不同厂型、不同煤质、不同洗选工艺的选煤设备及相应的控制系统，已初步研制成功0.5—0mm煤泥重介分选工艺及三产品重介旋流器等。但是，我国洗煤能力还远远不能适应发展洁净煤事业的要求，一方面我国选煤技术和能力都比较落后，国内目前仅能制造处理能力400万吨以下的选煤设备，设备质量差，可靠性低，选煤厂平均洗选效率为85%左右，比国外低10%以上，选煤厂生产效率仅为国外的1/10，精煤质量不高，分选效果差，即使是炼焦洗精煤，其平均灰分仍达10%(国外为8%以下)；另一方面原煤入洗比例还很低，在全国动力煤的市场总供应量中，洗后的动力煤还只占12%。

型煤(Briquettes)

型煤是将粉煤或低品位煤加工制成一定强度和形状的煤制品的技术。型煤技术不是简单地将粉煤压制成煤球，而是使其改质改性，使本来不适于使用的粉煤煤泥达到工业用煤的标准，是具有浓厚的发展中国家特点的洁净煤技术。

型煤分民用型煤和工业型煤。民用型煤与散煤相比，燃烧效率提高一倍，一般可节煤20%—

30%，烟尘和 SO_2 减少 40%—60%，CO 减少 80%；工业炉窑燃烧型煤比燃原煤可节煤 15%，烟尘减少 50%—60%，SO_2 减少 40%—50%。

目前我国城镇和农村居民生活用煤炭量在 1.3 亿吨左右，其中城镇居民生活用煤约 1 亿吨。我国城镇居民生活用煤的型煤普及率约为 30%—50%，而农村则几乎全部为烧散煤。我国目前有工业锅炉 40 多万台，工业窑炉 16 万多台，年耗煤约 4 亿吨，按设计要求均需供应块煤或型煤，但实际上块煤供应不足，型煤(工业燃料型煤)还在起步阶段，年产量不超过 1000 万吨。同时，我国化肥、冶金、建材、机械、玻璃、陶瓷等行业大量使用的煤气发生炉年需块煤 4000 多万吨，实际年供应量仅 2200 多万吨，缺口也很大。

随着机械化程度的提高，我国块煤的生产比例越来越小，粉煤的比例越来越大，最高可到 80% 以上。因此，发展型煤以替代块煤，不仅有广阔的市场需求，可以提高燃用效率，减少污染气体排放，而且还可以充分利用大量粉煤和煤泥，减少它们本身对环境的污染。

我国的工业和民用型煤开发已经形成了具有我国特点的黏结剂、低压集中成型工艺和集中配炉前成型工艺，其中民用型煤技术已经达到国际水平，但尚需普及推广；工业型煤的技术相对落后，工艺还不很合理，设备不配套，并且由于政策不到位，管理水平低，尚无正式运营的工业型煤厂。

水煤浆(Coal Water Mixture)

水煤浆是 70 年代兴起的新型煤基液体燃料，许多国家基于长期的能源战略考虑将其作为以煤代油燃料的技术储备，进行研究开发和试验，且已有少量供商业化使用。

水煤浆是一种良好的煤基燃料，其一般灰分低于 8%，含硫量低，燃烧时火焰中心温度较低，燃烧效率高，烟尘、SO_2、NO_x 排放都低于燃油和散煤，是新型的煤代油燃料。

水煤浆作为一种以煤代油的新型燃料，在国外已有商业应用，日本已在 600 兆瓦机组上试烧成功，并在我国山东合资建设年产 25 万吨水煤浆生产厂，向日本供应水煤浆；前苏联建成年产 500 万吨的水煤浆厂，供 1200 兆瓦的电站使用，欧洲一些国家也在地区供热及工业锅炉上以水煤浆作燃料。

我国经过“六五”以来的研究和技术引进，在水煤浆的制备、运输和燃烧方面取得了许多成果。建立了一批制浆和燃烧示范厂，建成了总能力 100 万吨/年的 6 个水煤浆生产厂，个别现场制浆生产线已连续运转 4 年多。但是，技术上尚存在一定的问题，包括可靠的现场制浆技术、水煤浆的输送和储备技术、适合不同煤种和煤质的燃烧器，以及炉内除灰技术等，加上价格等问题，使得水煤浆在大型锅炉上还达不到工业应用水平。

(2) 煤炭的高效洁净燃烧技术

该领域主要包括燃煤锅炉的高效洁净燃烧和发电技术。我国煤炭消费量的 80% 以上直接用于燃烧，因此煤炭高效洁净燃烧是洁净煤技术的核心。主要有循环流化床、增压流化床、煤气化联合循环等。

循环流化床(CFBC)

CFBC 是目前国外洁净煤技术中一项成熟的技术，且正在向大型化方向发展，由于其煤种适应性广，燃烧效率高，以及炉内脱硫脱氮等特点，发达国家竞相开发。目前，单机容量最大的应用 CFBC 锅炉(250 兆瓦，蒸发量 700 吨/时)的电站已在法国投入运行；美国福斯特惠勒公司正在开发 780 吨/时的 CFBC 锅炉，ABB - CE 也在设计 1500 吨/时的 CFBC 锅炉。目前国外运行、在建和计划建设的 CFBC 发电锅炉已达 250 多台。

目前我国 CFBC 技术只相当于发达国家 80 年代初的水平，“八五”期间四川内江电厂引进了芬兰奥斯龙公司 100 兆瓦循环流化床锅炉，已于 1996 年 6 月投产。目前国内在建设 75 吨/时及以下的小型 CFBC 锅炉方面有一定的经验，但脱硫、除灰、防磨等配套技术还有待完善。50 兆瓦(220 吨/时)循环流化床锅炉已经“八五”科技攻关，完成了设计和制造，1996 年正在进行安装调试。国内已基本具备设计、制造 100 兆瓦 CFBC 锅炉的能力。

增压流化床(PFBC)

增压流化床发电技术由于实现了联合循环，发电效率高于 CFBC 发电技术。目前瑞典、日本、美国、西班牙等国家都运行着 ABB 公司生产的单机容量最大的增压流化床联合循环(PFBC - CC)发电机组 P200 型(80 兆瓦)，ABB 公司生产的 P800 型(350 兆瓦)PFBC - CC 发电机组正在日本安装之中，其发电效率可望达到 42% 左右。美国 BAB -

COCK－WILCOX 公司、日本三菱重工业公司、日立公司等亦具有设计及制造 100 兆瓦级 PFBC 电站的能力。

国内目前仅有的一套 PFBC－CC 示范试验装置(15 兆瓦)正在建设之中，容量只有国外最大容量的 1/25。大型商业化 PFBC 机组的高温烟气净化技术及设备、大功率高初温燃气轮机技术、控制技术等还处于实验室研究开发阶段。

整体煤气化联合循环(IGCC)

IGCC 发电技术通过将煤气化生成燃料气，驱动燃气轮机发电，其尾气通过余热锅炉生产蒸汽驱动汽轮机发电，使燃气发电与蒸汽发电联合起来，发电效率达 45% 以上。目前 IGCC 发电技术正处于第二代技术的成熟阶段，燃气轮机初温达到 1288℃，单机容量可望超过 400 兆瓦。世界在建、拟建的 IGCC 电站 24 座，总容量 8400 兆瓦，最大单机 300 兆瓦。荷兰的 BAGGENUM 电站(单机 253 兆瓦)已于 1994 年投入运行，美国 WABASH RIVER 电站(单机 265 兆瓦)及 TAMPA 电站(单机 260 兆瓦)、西班牙的 PUERTOLLANO 电站(单机 300 兆瓦)目前正在建设之中，1997 年前将相继投产。IGCC 发电技术将极有可能成为 21 世纪主要的发电方式之一。

我国 IGCC 发电技术的研究刚刚起步，做过的工作仅限于可行性研究。但部分单项技术(如气化炉、空分设备、煤气脱硫等)有一定的基础。

(3) 煤炭转化

是指以化学方法将煤转化为洁净的气体(或液体)燃料或化工原料(或产品)，是实现煤炭高效洁净利用的重要途径，包括煤炭气化、液化和燃料电池。

煤炭气化(Coal Gasification)

煤炭气化是在适宜的条件下将煤炭转化为气体燃(原)料的技术，旨在生产民用、工业用燃料气和合成气，并使煤中的硫、氮化物和粉尘等有害杂质在气化的过程中得到脱除，使污染排放得到控制。

由于石油和天然气的广泛使用，国外很少使用煤制气作为工业、民用燃料气和合成原料气，煤气化技术的应用领域主要局限于生产能力大、可直接利用粉煤的流化床与气流床气化技术。近年来，由于 IGCC 技术的发展，国际上针对 IGCC 的煤气化技术进行了大量研究和开发，主要有BG/L、HTW、U－GAS、KRW，TEXACO(德士古)、DOW、SHELL(壳牌)、PRENFLO 等技术，其中德士古已于 80 年代完成商业化示范，壳牌的商业化示范正在运行，其余的商业化示范均在建设中。

我国的能源消费结构与国外不同，煤制气是主要的燃料气和原料气的来源，但技术水平还很低。所采用的工艺主要是固定床常压空气气化工艺，采用的炉型以前多为混合煤气发生炉、水煤气发生炉，近年来通过引进和消化吸收国外的技术，已有一些企业改用发生炉型两段炉气化技术。鲁南化工集团通过对德士古气化炉的消化、吸收、创新，基本掌握了设计、制造技术，已在其所属化肥厂中配 10 万吨合成氨工程，成功运行多年。近年来，国内对世界先进的煤气化技术进行了不同程度的研究，取得了一些成果，但离商业化应用水平和国际先进水平还相差较远，尤其在关键零部件的寿命、热效率、气化率和环保等方面仍需作大量研究开发工作。

此外，在煤炭地下气化技术的研究方面，我国有关研究单位进行了十多年的科研工作，并进行了半工业性试验，这项技术对我国部分衰老报废矿及(城市)回收残留煤炭资源并就近供应消费市场有一定的现实意义。

煤炭液化(Coal Liquefaction)

煤炭液化是将固体煤在适宜条件下转化为洁净的液体燃料。工艺上分为直接液化、间接液化(先气化再合成)和煤油共炼。从二次大战期间德国用煤液化生产汽油、柴油到 70 年代两次石油危机后的煤炭液化研究重新兴起，这一技术已日趋成熟。

直接液化是煤直接通过高压加氢获得液体燃料，二战期间就已在德国等一些国家工业化。以后随着廉价石油的大量开发，直接液化难以立足。70 年代受石油危机的影响，一些发达国家相继投入大批人力物力重新开发直接液化技术。研究的重点是如何降低反应的苛刻度，提高油收率和油品质量，以此来提高直接液化技术的经济竞争力。至 80 年代中期，已诞生了几种新的液化工艺并相继进行了中试。由于世界石油价格偏低，煤直接液化至今未形成商业化生产，但发达国家改进技术、降低液化成本的研究一直未停止，并已经开发成功日处理 11000 吨煤炭的直接液化工艺。

80 年代初我国重新开展煤炭直接液化技术研究。通过“六五”、“七五”及“八五”期间的科技攻关和国际合作，已建成具有较先进水平的加氢液化、油品提质加工和分析检验实验室及煤液化连续试验装置，开发了基础研究和工艺开发，取得了一批国内外先进水平的科研成果，为实现煤液化工业化奠定了基础。目前国内的研究工作尚局限于小试阶段。

间接液化是煤先经过气化制成 CO 和 H_2，然后进一步合成得到烃类或含氧液体燃料。其特点是煤种的适应性较广，除生产液体燃料外，还可生产多种高附加值的化工产品。二战期间德国曾用此法生产液体燃料，二战后停产。南非由于其特殊国际环境，一直应用 F－T 法生产液体燃料。产品达 130 多种，年产量达到 500 万吨。80 年代初中科院、化工部等单位重新开展研究开发工作。重点放在气化和净化方法的改善和调整产品分布上。中科院开发的 MFT 法主要产品集中在高附加值的硬蜡、高辛烷值汽油和部分甲烷化的洁净煤气，从而简化了产品加工流程，实现了产品优化。这一技术已在山西晋城完成了 2000 吨/年工业性试验。此外，化工部也在专用燃料添加剂方面做了不少工作。如西南化工研究院开发的液相法合成碳酸二甲酯、甲醇脱氧制甲酸甲酯、甲醇制二甲醚，成都有机所开发的 CO＋H_2 合成甲酸甲酯新工艺等等。

煤油共炼是煤直接液化派生出来的新工艺。是把石油渣油与煤一起加氢裂解，因煤与渣油的协同效应而使油收率显著提高，装置的生产能力也可增加一倍。煤油共炼是三种工艺中投资最省的。“七五”期间，国内科研机构曾进行过探索性研究。

煤基醇类燃料甲醇是用含有 H_2 和 CO 的原料气制造的，可在汽油中掺入一定比例或单独作为汽车燃料。甲醇作为汽车燃料时，尾气中的 SO_2 和 NO_x 排放量极少，但其具有易挥发性、易燃性和毒性。在生产、储存、运输和使用中需采取严格的措施。

美国、法国已建成以发展车用燃料为目标的煤制甲醇厂，并开始了汽车应用示范。我国煤制甲醇燃料已有成熟技术，在汽油中掺入 5%、15%、25% 的甲醇及用纯甲醇作为汽车燃料的试验已经进行，特别是小比例掺烧甲醇，汽车无需做任何改动。目前存在的问题是甲醇价格偏高，缺乏竞争能力。

燃料电池(Fuel Cells)

燃料电池是直接将燃料的化学能转化为电能的技术，目前国际上已经开发出数种不同类型的燃料电池，主要用于航天器的动力，使用的主要燃料为氢气和甲烷气。近年来，美国等西方国家正在积极开发使用天然气的商业化电站(2 兆瓦级)。同时能燃用煤制气的“固体氧化物型燃料电池”技术也正在开发中，美国和日本已经分别进行了 20 千瓦和 25 千瓦此种电池的试运转。我国在燃料电池方面研究取得了不少成就，但主要是在航天及国防的应用上，民用燃料电池电站的研究尚未正式开始。

(4) 污染排放控制与废弃物处理

是对煤炭开发利用过程中产生的污染和废弃物进行控制和处理的技术，主要包括烟气净化、粉煤灰的综合利用以及煤炭矿区污染排放物的综合利用和无害化处理。

烟气净化(Flue Gas Cleaning)

燃煤锅炉排放的粉尘、二氧化硫、氮氧化物是空气污染的主要原因。我国是燃煤大国，而且煤炭的含硫量比较高，发电用煤的平均含硫量达 1.15%，由于排放标准要求低，加上治理资金缺乏、治理手段比较落后，致使燃煤引起的环境污染相当严重，与发达国家的差距很大。

粉尘：发达国家大型燃煤锅炉都配备 5 个甚至更多电场的高效电除尘器或多室的布袋除尘器，除尘效率高于 99.9%，实际排放浓度都低于标准要求，一般为 50mg/Nm3。由于受资金不足的制约，我国大型燃煤锅炉仅配备 3—4 电场的电除尘器，加之国产除尘设备运行不稳定，控制性能差，实际排放浓度往往高于现有标准。

二氧化硫(SO_2)：发达国家大型燃煤锅炉几乎都配备效率 95% 以上的湿法脱硫设备，中小锅炉也采取了经济可行的脱硫措施，包括炉内喷钙及增湿活化脱硫工艺。我国由于目前没有掌握烟气脱硫设备的设计和制造技术，而引进脱硫设备价格又太昂贵，国力难以承受，因此燃煤锅炉的二氧化硫排放基本处于失控状态。二氧化硫的大量排放不仅形成酸雨，造成空气污染，而且严重腐蚀锅炉尾部设备，影响生产和安全运行。

氮氧化物(NO_x)：发达国家目前主要采取在大型燃煤锅炉上安装低氮燃烧器，使氮氧化物排放降低 40% 左右。环保标准严格的日本和德国还要求装设烟气脱氮装置。

我国目前仅在新建300兆瓦及以上锅炉装有低氮燃烧器，大量300兆瓦以下锅炉氮氧化物无法控制，而且由于燃烧控制调节水平低，造成氮氧化物生成量的增加。

废弃物处理(Waste Management)

主要包括对煤炭开采和利用过程中所产生的矸石、煤层甲烷、煤泥、矿井水及燃煤电站所产生的粉煤灰等进行处理。这些污染物的大量排放既严重污染环境，又造成了资源的浪费。

国外对煤矸石的处理有比较健全的法规和管理办法，基本实现了无害化处理。主要途径是回填采空区、作为建筑工程填料、筑路造地、回收有用成分及作燃料、建筑材料和改良土壤等用。我国作为世界第一产煤国，现已积存煤矸石约30亿吨，且每年新增的排放量还在1.5亿—2亿吨，目前仅有少量利用，1993年的利用总量共4700万吨，主要利用途径是发电、生产水泥和烧砖。

煤层甲烷(Coal-Bed Methane又称煤层瓦斯和煤层气)与煤共生，开采煤炭时从煤体内溢出。它是一种优质能源，但同时又是煤炭开采的一种主要灾害隐患，并且，其大量排空对全球气候变化(温室效应)有较大影响。目前世界上主要产煤国对煤层甲烷的资源化开发利用程度较高，主要方法是地面钻井开采。美国1993年煤层气的产气井有5000余口，产气量达到207亿立方米。我国煤层气的开发利用程度还很低，主要是采取井巷抽放，但气体利用价值低，地面开采尚处于探索研究阶段，正在开展示范工程并与国外进行合作风险勘探。

粉煤灰是燃煤电站排出的固体废弃物，欧美发达国家的大型电厂已将烟气净化、灰渣干排、干灰调湿等纳入电厂规划，达到既清洁发电又使粉煤灰资源化，粉煤灰被大量应用于筑路、生产水泥和优质混凝土、制砖及其他建材，欧美曾将粉煤灰大量用于建筑高速公路，用于生产水泥熟料和配制粉煤灰混凝土时的粉煤灰掺入量达到或超过50%。1992年我国的粉煤灰积存量已达近6亿吨，每年新增的排放量约1亿吨，目前电厂排灰系统的设计仍以排放为主，只有少数电厂能设计并做到灰渣排放与利用平衡，粉煤灰的利用率还很低，但近来由于大型电厂均采用电除尘设备，并在有条件的地方采用干出灰、灰渣分排、粗细分排、干灰调湿等设计方案，为粉煤灰的综合利用创造了条件。

2.2　发展中国洁净煤技术需要解决的关键问题

中国洁净煤技术的发展取得了一定的成就，但仍然存在许多问题，主要有：

(1) 缺少必要的宏观规划和指导

洁净煤技术涉及多行业、多学科和各个地区，是一项巨大的系统工程，发展难度也很大。我国在洁净煤技术的发展方面投入了许多人力、物力和财力，但由于缺乏规划，宏观协调不够，造成部门、学科的条块分割，力量分散，许多项目及投资重复。需要加强统一规划管理，在国家级发展规划的整体协调下，统筹安排，集中力量、集中资金，充分发挥部门、地方的积极性，形成良好的技术发展布局和发展层次。

(2) 投入不足，政策不配套

多年来，有关洁净煤技术领域的研究开发和推广应用速度很慢，较多的技术成果停留在小试阶段或研究室内，其中一个主要原因是放大试验、工程示范经费严重不足，推广应用的配套鼓励政策也不落实。

因此，目前亟待解决洁净煤技术项目启动工程的初期投入问题。需要国家在资金和政策上给予倾斜支持，增加对洁净煤技术的投入。

(3) 环保法规不健全，标准低，执法不力

洁净煤技术的开发和推广应用工作需要有配套的法律法规予以支持。目前我国在这方面的相关法律、法规还不健全，对低效率、高污染、技术陈旧的部门和企业的制裁和罚款，对采用新技术、效率高、环境效益好的项目实行经济上的鼓励和扶植都还不具体。现有的污染控制标准与国际上相比还很低，同时还存在力度较差，执法不严的问题，对发展洁净煤技术还不能起到应有的促进作用。

三、我国“九五”洁净煤技术发展计划和2010年设想

3.1　指导思想和思路

我国发展洁净煤技术的宗旨是“提高煤炭利用效率，减少环境污染，促进经济发展。”由于洁净煤技术的研究、示范及推广涉及面广，技术难度大，需要大量的投入，因此，我国在开展这方面的工作时要统筹规划，分工实施，突出重点，讲求实效。要通过“九五”计划的实施，掌握和推广一批适合我国国情的洁净煤技术，并开发和跟踪

一批国际先进技术，使我国的洁净煤技术发展有一个良好的起步。2001 年到 2010 年，我国的洁净煤技术要在“九五”的基础上有大的发展，随着我国经济和社会的不断发展，煤炭的终端消费结构要不断优化，在洁净煤技术的主要领域要接近国际水平，并大面积推广应用。

“九五”洁净煤计划的内容包括研究开发、试验示范和推广应用三个层次，即研究开发一批先进技术和高新技术，试验示范一批基本成熟技术，推广应用一批成熟技术。实现科研、示范和推广协调发展。

“九五”的研究开发工作要针对洁净煤领域内技术起点高，对长远的能源结构和产业技术有重大影响的项目，包括 IGCC、煤炭液化等进行研究开发和技术跟踪，为下个世纪的工程示范和商业化应用做好技术准备。同时，研究开发要与产业化紧密结合。

“九五”试验示范工作主要选择一批能在“九五”后期或下世纪初实现商业化推广的先进技术，包括 PFBC、大容量 CFBC、工业型煤、先进脱硫技术等，进行工程试验示范。

“九五”洁净煤技术的推广应用，重点放在对目前我国的环境造成严重污染的主要环节，包括洗煤、型煤、烟气脱硫、煤灰渣处理等。要通过法规的引导，辅以优惠的政策，解决资金来源，争取在短时期内实现煤烟型污染有明显改善，煤炭利用效率有显著提高。

我国洁净煤技术的发展还要充分利用国际技术资源，自我开发与引进消化相结合。在加强国际合作，共同开发的同时，对一些在国际上已经成熟的适用技术，可以引进和借鉴，以加快我国洁净煤技术的发展速度。

3.2 主要目标

(1) 煤炭洗选

“九五”期间及到 2010 年要研究开发高效洗煤新技术和大规模、智能化洗选技术，其中特别要根据我国主要矿区分布在干旱缺水地区的情况，加强开发干法及省水型洗选技术；重点开发大型洗煤设备，提高设备可靠性。

建设大型高效简化重介选煤新工艺、干法选煤、高硫煤深度洗选工艺等煤炭洗选示范工程。推广现有成熟的选煤技术，“九五”期间要扩大煤炭洗选能力，除要满足炼焦洗精煤的需求增长外，要加快动力煤洗选的发展速度。计划“九五”期间新建 198 个洗煤厂，对 100 个现有洗煤厂进行技术改造，新增洗煤能力 2.24 亿吨，到 2000 年使我国的原煤入洗量达 4.5 亿吨，入洗率提高到 30% 以上。2000 年后，煤炭的入洗率要继续以较快的速度提高。

(2) 型煤

“九五”期间要加强工业燃料气型煤(烟煤)和化工气化型煤(无烟煤)的生产工艺和成套设备的研究开发，其中要特别加强对型煤的防吸湿、无需烘干的黏接剂的研究开发，加强寿命长、功率大的成型成套设备的开发，研究高固硫率工业型煤技术。在此基础上，争取建设较大规模的工业型煤生产示范厂。

我国民用型煤技术已经成熟，“九五”期间要制定优惠政策和法规，继续推广和普及民用型煤，民用型煤的产量由 5000 万吨增加到 8000 万吨，保证 2000 年城镇居民生活用型煤普及率达到 80%。

(3) 水煤浆

“九五”期间重点研究高效廉价添加剂、高灰煤泥的制浆、脱硫及先进的水煤浆气化技术；开发大型代油水煤浆燃烧工艺和设备，解决水煤浆工业示范应用系统关键技术，建设 220 吨/时燃油电站锅炉改烧水煤浆的示范工程。

发挥现有水煤浆制备厂的生产能力，在现有水煤浆厂周围的工业锅炉上推广应用水煤浆。

(4) 循环流化床发电技术

“九五”期间要在消化引进技术的基础上，加快 200 兆瓦—300 兆瓦大型 CFBC 锅炉的炉膛结构、分离器、布风装置、防磨、回料控制的结构特性及流动、传热、燃烧特性的研究。

建设一座配备国产 400 吨/时循环流化床锅炉的 100 兆瓦示范电厂，引进 200 兆瓦—300 兆瓦循环流化床锅炉的设计制造技术。采取中外合作的方式建设 200 兆瓦—300 兆瓦的循环流化床示范电厂，作为国内开发研究的依托工程。

积极鼓励推广应用 50 兆瓦和 100 兆瓦的循环流化床电站锅炉，特别是在矿区和燃用劣质燃料的电站应用。

(5) 增压流化床发电技术

“九五”期间要继续贾旺发电厂 15 兆瓦增压流化床联合循环中试电站的建设和后期的调试及试验工作，重点研究大功率、高初温燃气轮机技术，高温烟气的脱硫技术。建设一座100兆瓦级增压流化床示范电站，同时引进技术，2000年至2005年基本实现大型PFBC发电设备的国产化。

（6）整体煤气化联合循环发电技术

我国在IGCC发电方面，目前还处于对其部分技术进行实验室研究开发阶段。“九五”期间要跟踪国外先进技术的发展，同时加强与IGCC配套的煤气化技术、燃气轮机技术的国内研究开发。积极创造条件，争取在“九五”末期能开始进行示范工程的建设。到2010年基本实现IGCC关键设备的国产化。

（7）煤炭气化

我国煤气的市场需求量很大，但国内现有气化技术仍以固定床气化为主，在热效率、气化率和环保方面与国外的加压气化技术、流化床气化技术等先进气化技术相比，水平相差较远。“九五”期间要围绕民用、化工和IGCC三个方面的需要，加强开发流化床气化技术、以型煤为原料的富氧气化技术、高温煤气净化技术以及与IGCC发电配套的气化技术的研究开发。“九五”将继续进行煤炭地下气化的研究。

建设循环流化床煤气化示范工程以及与前述IGCC发电示范工程配套的气化技术示范工程。

（8）煤炭液化

煤炭液化目前处于试验研究阶段，“九五”期间要将直接液化和间接液化的煤基合成油作为研究的重点。在直接液化方面要研究开发褐煤的脱水液化工艺、催化剂、大型反应器；煤基合成油方面要研究开发新型催化剂、高级蜡制品、新的脱硫技术。

“九五”期间选择一个适当的气源（如现有的煤气厂、化肥厂），建设间接液化的工业化示范厂。对直接液化，可考虑选择褐煤超临界萃取法直接液化工艺，进行工业化示范工程的前期准备工作。

2010年争取建成商业化的煤炭液化工厂。继续进行甲醇作为汽车等代用燃料的研究。

（9）燃料电池

燃料电池是将燃料中的化学能直接转换成电能的装置，它具有转换效率高、污染低、系统运行噪音低的特点，是一种新型的发电技术。“九五”期间进行必要的跟踪开发研究，主要跟踪方向选择熔融碳酸盐型燃料电池。

（10）烟气净化

煤炭开发利用过程中二氧化硫、氮氧化物及粉尘的治理是洁净煤技术的重要内容。我国煤炭含硫量较高，发电用煤的平均含硫量达1.15%，而燃煤锅炉普遍没有采取脱硫措施，致使二氧化硫大量排放，严重污染环境。因此，二氧化硫的排放控制是目前煤炭利用过程中需要解决的主要环境问题之一。

目前黄岛电厂30万标方/时半干法脱硫示范工程、太原一电厂60万标方/时简易湿法脱硫示范工程、成都电厂30万标准立方米/时电子束脱硫示范工程正在建设或调试之中，“九五”期间要继续进行上述示范试验，积累经验，完成300兆瓦机组运用上述工艺的放大设计。

湿法脱硫工艺已经成熟，“九五”期间要作为推广的重点。但是国内还不具有设计技术和关键设备的制造能力。“九五”期间必须随着脱硫设备的引进或单独引进脱硫设备的设计制造技术，将国内设计、制造、及运行部门组织起来，尽快具备脱硫工程总包能力，这样不仅节约外汇，降低工程造价，还可发展我国的脱硫设备制造产业。

烟气净化，特别是烟气脱硫的主要对象是电站锅炉，“九五”期间，要根据国家环保法规和标准的要求，在酸雨控制区的新建的电厂要逐步配套建设脱硫设施。到2010年，要使燃煤电站烟气净化技术水平和污染排放指标接近国际先进水平。

（11）电厂粉煤灰综合利用

“九五”期间要继续推广粉煤灰筑路、回填、水泥搀和料等大宗利用工艺，同时研究开发分选等新的利用技术。

（12）煤层甲烷（煤层气）的开发利用

为了加快开发我国的煤层气，国务院批准成立了专门的从事煤层气开发的公司，主要从事煤层气的勘探开发工作，联合国开发计划署筹资1000万美元资助的我国四个关于煤层气的研究和示范项目已经在实施。“九五”要继续加强勘探和开发技术的研究，并要选择富煤层气的煤田进行甲烷的综合开发利用示范工程建设。到2010年，煤层气要形成规模开发和利用。

（13）煤矸石和煤泥水的综合利用

对煤矸石，特别是高硫煤矸石的利用要进行经济、技术和环境综合评价研究，在此基础上，“九五”期间煤矸石的综合利用可以发电—供热—建材联产的成熟方式加以利用，建设坑口煤矸石电站。对矿井水和煤泥水要以净化循环利用为方向进行资源化处理，并结合水煤浆技术的开发，利用煤泥制造水煤浆。

（14）关于工业锅炉和窑炉

从长远看，中小工业锅炉应逐步被其他形式的更洁净的供热（汽）方式所取代，如热电联产、集中供热等。对不能被取代的工业锅炉及民用小锅炉，可以逐步用更洁净的气体（液体）燃料及型煤替代散烧原煤。由于近期大量的工业锅炉不可能很快消失，因此要研究开发经济适用的高效燃烧技术和配套的污染控制技术。工业窑炉的燃煤量大，燃烧效率低，污染严重，“九五”要结合型煤的发展，开发高效燃烧技术，长远看也要考虑燃料替代问题。

3.3 “九五”洁净煤技术发展资金来源

按照“统筹规划、分头实施”的原则，结合各个部门的计划，由科研、技改和基建分渠道分别组织实施。因此，洁净煤项目的资金筹集要根据项目性质的不同，采取不同的办法，在国家投入的基础上，广泛吸收社会和企业的资金及外资的投入。

为了使洁净煤技术的发展计划能落到实处，现有的以煤代油资金将部分用于扶持洁净煤技术的发展。

列入国家重点科研计划的项目，以科研拨款为主；企业研究开发项目，以企业投入为主。

示范工程的资金筹集，可借鉴国外的成功经验，由国家和企业共同负担。国家的资金投入除现有的用于配套研究的科研经费外，要由以煤代油资金予以补充支持。

成熟技术的推广应用将按项目性质，列入各部门基建及技改计划。

四、政策措施

由于洁净煤技术是具有很好社会效益的技术，在起步阶段，国家应给予必要的扶持。

4.1 资金投入政策

洁净煤技术既包括有需要大量推广运用的适合我国国情的实用技术，又有需要开发和示范试验的高新技术，因此，加快洁净煤技术的发展必须要有大量的资金投入。

鉴于我国在洁净煤技术的研究开发方面与先进国家相比差距较大，因此，“九五”期间要增加对洁净煤技术研究开发的资金投入。

“九五”洁净煤技术试验示范的资金来源，要借鉴国外的成功经验，对列入国家科研计划的项目，采取国家和企业按一定比例分担的办法筹集资金。

“九五”洁净煤推广应用项目（包括基本建设项目和技术改造项目）及建设资金要纳入国家基建和技改项目和资金计划，统筹安排。

在利用外资方面，国家要优先安排洁净煤项目，对环境、社会效益明显的洁净煤技术项目，增加安排国外优惠贷款。

4.2 金融、税收政策

洁净煤技术中有相当一部分属高新技术，又具有显著的环境和社会效益，但相当一部分项目在起始阶段没有经济效益或经济效益不明显，因此，洁净煤技术的发展不仅要依靠法律、法规的支持，更需要经济政策的扶持。

为了使洁净煤技术的推广应用在经济上能有一定的生存能力，并有利于提高企业发展洁净煤技术的积极性，国家要在税收上对影响面广、环境效益非常明显的一些洁净煤项目，如粉煤灰综合利用等项目给予优惠待遇。对洁净煤技术项目，其投资方向调节税适用零税率。

为促进洁净煤技术的推广应用，国家要将洁净煤技术推广应用的基建和技改项目列入优先给以政策性贷款扶持的范畴，在安排优惠贷款时给以倾斜。

对列入电力建设计划的洁净煤试验示范项目，将在其上网电价上予以优惠，以使项目能得到合理的回报率。

4.3 法律、法规

与煤炭的开发和利用相关的环保、节能法规建设是发展洁净煤技术的法律依据和前提，世界各国在这方面的许多成功经验和做法都值得我们借鉴。

发展我国的洁净煤事业，首先必须健全相关的配套法律法规，并强化执法力度。“九五”期间要进一步完善我国的《大气污染防治法》及相关的环保标准和实施细则，争取《节约能源法》尽快出台，制定和完善强制淘汰高耗能、高污染设备及使用洁净煤技术的行政法规，以此作为推动洁净煤技术发展的外部的强制推动力。

4.4 加强宣传

洁净煤事业是环境保护事业的一部分，同

时，由于煤炭的开发和使用点多面广，因此它又是关系千家万户和每一个公民的社会问题。为了给推动洁净煤技术发展创造一个社会推动力，必须加强宣传，统一全社会的认识。要由洁净煤主管机构组织可以利用的新闻媒介，宣传发展和推广应用洁净煤技术的必要性和重要性，提高全民族的节能和环保意识。同时有必要组织举办培训班，对各级政府能源和环保主管机构的工作人员、主要耗能企业的领导进行培训。

国民经济和社会发展第十个五年计划
水利发展重点专项规划

国家发展计划委员会

（2001年8月10日）

前　言

水利发展直接关系到国民经济和社会发展的大局。新中国成立50年来，水利建设取得了显著成就，发挥了巨大的防洪、除涝、灌溉、供水、发电、航运、渔业、改善生态环境等综合效益。

我国降雨时空分布不均，水旱灾害频繁，水资源短缺，水污染严重，治水难度大。由于长期以来投入不足，水利建设严重滞后，不能适应国民经济和社会发展的需要。随着人口增加和经济社会发展，对水利的要求越来越高，缺水问题已成为我国可持续发展重要制约因素。

面对水利建设的新形势，必须从战略的高度认识和推进水利建设，加快发展，为国民经济和社会发展提供防洪安全、水资源供给和水环境与生态保护等支撑与保障。

遵照党中央、国务院对水利工作的一系列重要指示，按照《中共中央关于制定国民经济和社会发展第十个五年计划的建议》以及国民经济发展目标和规划布局，国家发展计划委员会会同水利部、建设部编制了《水利发展规划》，提出了"十五"水利发展以及城市供排水建设的总体思路、目标、任务和保障措施。

一、现状及形势

（一）水利建设取得的成就

新中国成立50年来，兴建了大量的水利基础设施，全国水库从解放初的20多座增加到8.5万多座，累计加固新修堤防26万多公里，初步形成了七大江河的防洪工程体系；全国供水能力从1000多亿立方米增加到5800多亿立方米，其中城市供水量达到470亿立方米，供水普及率为96.8%，农田灌溉面积从2.4亿亩发展到8.2亿亩，基本形成城市供水体系和全国农田灌溉总体格局；累计解决了农村2.1亿人、1.3亿头牲畜的饮水困难；初步治理水土流失面积83万平方公里，城市污水日处理能力达4200万立方米；水电总装机容量从36万千瓦增加到7200万千瓦，其中水利系统装机容量达2880万千瓦，完成了447个农村初级电气化县建设。

"九五"期间，长江三峡、黄河小浪底和万家寨、珠江飞来峡等水利枢纽和淮河、太湖治理及大江大河大湖堤防加固等一批重点工程建设进展顺利。特别是1998年长江、嫩江、松花江大水后，国家加大了以堤防为重点的防洪工程建设的投入力度。"九五"期间加固和新修大江大河堤防18000多公里，进行了河道整治和重点病险水库除险加固，取得了良好的社会经济效益。1999年长江流域再次发生大洪水，堤防工程配合水库拦洪，减少直接经济损失约300亿元，约相当于1998年洪水后长江防洪建设投资的3倍。1999年太湖流域发生超百年一遇洪水，治太工程减灾效益达90多亿元，相当于治太工程总投资的2倍以上。

"九五"期间，全国新增供水能力近400亿立方米，在农田灌溉总用水量基本不增加的情况下，净增有效灌溉面积6400万亩，城市累计节约用水量106亿立方米，新增水利系统水电装机容量

1000万千瓦，基本完成了300个农村初级电气化县的建设，初步治理水土流失面积23万平方公里。

水利建设在防洪保安、城市生活及工农业供水、农村初级电气化县建设、水土保持生态建设等方面，为国民经济持续快速健康发展、社会安定、人民生活质量提高、改革开放顺利进行和国家经济安全提供了有力的支撑。

（二）当前存在的主要问题

我国特定的自然条件，决定了水利建设的长期性、艰巨性和复杂性。随着人口不断增加、经济快速发展、城市化进程加快和人民生活水平与质量提高，国民经济和社会发展对水利的要求越来越高，水利建设任务越来越重，水利已成为严重制约国民经济和社会发展的“瓶颈”之一，主要表现在：

1. 防洪能力低，洪涝灾害严重。我国是世界上洪涝灾害最严重的国家之一，全国70%的固定资产、44%的人口、1/3的耕地、数百座城市，以及大量的重要基础设施和工矿企业都位于大江大河的中下游地区，受洪水威胁严重。由于防洪基础设施薄弱，洪水灾害频发，据统计，20世纪90年代以来，洪水灾害造成的直接经济损失超过1万亿元，其中1998年损失达2500多亿元。

虽然近三年来加大了以长江、黄河等大江大河堤防为重点的防洪工程建设，大江大河堤防的抗洪能力有较明显提高，但由于长期以来水利建设欠账太多，防洪工程体系薄弱，致使江河防洪标准仍然偏低。拦蓄洪工程建设不足，且有40%的水库带病运行，非工程措施体系不健全，蓄滞洪区安全建设严重滞后，缺乏灵活运用的基本条件，启用困难。

随着经济社会的快速发展和城市化进程的加快，防洪保护区内的经济和人口都将不断增长，防洪形势依然严峻，治理任务十分艰巨。

2. 干旱缺水严重，水资源供需矛盾尖锐。我国降雨时空分布不均，人均占有水资源量少，水资源分布与耕地、人口、经济布局不相匹配，北方地区干旱缺水严重。由于投入不足、管理粗放等原因，供水工程建设严重滞后，部分地区水资源浪费与水污染严重，水供需矛盾不断加剧。

目前，全国每年缺水量达400亿立方米。90年代以来，平均每年因旱受灾的耕地面积达3.7亿亩，年均减产粮食200多亿公斤，还有2400多万农村人口饮水困难；城市供水设施不足，配水管网老化及水源污染问题突出，50年代及其以前建设的城市配水管网老化严重，400多座城市缺水，其中100多座严重缺水，尤其是京津等大城市，连遇枯水年就会出现严重的水危机。

2000年，我国又发生大面积干旱，全国累计受旱耕地面积达6亿亩，粮食减产约450亿公斤。据不完全统计，全国有100多座城市出现供水紧张状况，部分城市发生水危机。

随着人口增长、经济社会快速发展、城市化进程加快，以及生活质量提高和生态环境改善，我国人均水资源占有量将进一步减少，而需水量不断增加，水资源供需矛盾愈加突出，缺水问题将成为影响我国粮食安全、生活质量提高、经济社会发展、生态环境改善和社会安定的重要制约因素。

3. 水土流失严重，水环境不断恶化。全国水土流失面积367万平方公里，约占国土面积的38%，其中水蚀面积179万平方公里，以黄河上中游、长江上游地区水土流失最为严重。水土流失导致江河湖库淤积严重，土地贫瘠，生态环境恶化，工程效益衰减，加剧了洪涝干旱和风沙灾害。

根据水质监测统计，全国废污水年排放量达600多亿吨，其中近80%未经处理直接排入江河湖库水域。水污染加剧了水资源的紧缺；全国地下水超采严重，已形成了部分区域性地下水位下降漏斗，导致部分地区地面沉降、海水入侵。

此外，水利管理工作也比较薄弱。重建轻管的问题尚未从根本上扭转，管理粗放，管理设施和经费不足，尚未形成价格、收费等良性运行机制；部分水利工程配套不齐全，有些工程老化失修严重，水利工程效益衰减。

（三）水利发展的有利条件

1. 水利基础设施地位进一步提高。“八五”期间，国家确立了水利作为国民经济的基础设施和基础产业地位，全社会的水患意识不断增强，中央和地方的水利建设投资逐渐增加。“九五”期间，党中央、国务院进一步做出了一系列关于加强水利建设的重要决定，将水利建设摆在基础设施之首，把节水作为革命性措施来抓，各级政府更加重视水利建设及城市供排水设施建设，社会及群众参与水利建设的积极性也大大提高，初步形成了“水利为社会，社会办水利”的新局面，进一步加快了水利建设步伐。

2. 经济社会发展为水利建设提供了条件。随着我国经济发展、社会进步和国家财力增强，以及市场经济体制的不断完善，经济社会对水利的需求增加，中央和各级地方政府投资建设水利基础设施的能力不断增强，市场对资源的配置能力逐步加大，为水利发展提供了更加广阔的空间。近三年来国家实行积极的财政政策，发行财政债券建设水利工程，大江大河堤防加固、城市污水处理、灌区节水改造、节水增效示范工程、病险水库除险加固、水土保持生态建设等重点水利工程建设的投入力度大大增加；水利产品和服务的价格逐步趋向合理，今后加入 WTO 后将更多地引进国外资本和先进技术及管理经验，进一步拓宽供水、水电等基础设施建设的资金来源渠道。这些都是水利建设的有利条件。

3. 水利具备了加快发展的基础。经过 50 年的水利建设，不仅水利基础设施建设初具规模，水利设施的存量不断增大，具备了一定的物质基础。而且在水利规划、设计、建设和管理方面，积累了丰富的经验，培养了一支技术干部队伍，水利建设与管理的体制不断健全，水平逐步提高，水利科技及新材料、新方法应用等方面也取得了较大进步，都为依法治水、科技兴水，为推进传统水利向现代水利转变，加快水利的发展奠定了基础。

综上所述，50 年来水利建设成就显著，为进一步发展奠定了基础。进入 21 世纪，面对依然严峻的防洪保安形势、不断加剧的水资源供需矛盾和日趋恶化的河湖污染及生态环境状况，以及水利发展面临的机遇与挑战，必须从战略的高度认识和加强水利建设，在“十五”计划中把水利建设作为战略重点，放在国民经济和社会发展的突出位置，优先安排。要在进一步提高江河防洪能力的同时，更加注重水资源的合理开发、优化配置、高效利用和有效保护，重点解决城市供水不足以及水污染严重问题，逐步缓解我国北方地区干旱缺水矛盾。

二、水利发展方针及目标

（一）指导思想

全面贯彻党中央、国务院关于水利发展的方针政策，把水利建设作为国民经济和社会发展的战略重点。坚持兴利除害结合，开源节流并重，防汛抗旱并举，节流优先，治污为本，科学开源，综合利用的方针。以发展为主题，改革和科技创新为动力，根据实际情况对建设重点进行战略性调整，在加强防洪减灾工作的同时，把解决缺水和水污染问题放到更加突出的位置。依法治水，强化管理，完善机制，提高效率，推进传统水利向现代水利转变。通过水资源的合理开发、高效利用、优化配置、有效保护、综合治理，促进人口、资源、环境和经济的协调发展，为国民经济和社会可持续发展提供支撑和保障。

（二）基本原则

1. 坚持水利与经济社会协调发展的原则。水利建设要与经济社会发展水平、速度相适应，并适当超前，统筹兼顾各行业对水利的需求。

2. 坚持水资源可持续利用的原则。统筹考虑水资源的开发、利用、治理、配置、节约与保护，在重视防洪除涝的同时要加强水资源的合理开发和优化配置，提高抗旱能力；在重视水资源开发利用的同时要加强对水资源的节约与保护；在重视工程建设的同时要强化管理。

3. 坚持全面规划、统筹兼顾、标本兼治、综合治理的原则。妥善处理上下游、左右岸、干支流、部门间、城乡间、区域（流域）间，以及开发与保护、建设与管理、近期与远期等关系。处理好农业、工业、城市以及生态、生产、生活用水的关系，城市发展、产业布局、结构调整以及生态建设要符合流域规划的要求，充分考虑水资源条件。

4. 坚持全面推进水利改革，以改革促发展的原则。深化改革，理顺管理体制，完善法制，建立和完善适应社会主义市场经济条件的水利及城市供排水投入、价格和管理等良性运行机制，促进水利事业全面发展。

5. 坚持政府调控与市场调节结合的原则。区分工程的不同效益类型，建立和完善水利建设与管理体制；进一步提高各级政府对水利建设的投入力度和宏观调控能力，发挥市场对资源配置的基础性作用，吸引国内外资金投入水利与城市供排水设施建设。

6. 坚持向西部倾斜，促进西部与中东部协调发展的原则。在继续加强中东部地区水利建设的同时，进一步加快西部地区的水利建设步伐。合理配置水资源，保护生态环境，重点缓解北方地区水资源短缺矛盾，实现东西协调、南北互济，为西部大开发奠定基础。

7. 坚持量力而行，突出重点，提高效益的原则。优先安排续建工程，根据国家财力状况，按轻重缓急要求，开工建设一批事关全局的防洪、供水等重点骨干水利与城市供排水工程。

（三）规划目标

1. 防洪安全。“十五”期间，大江大河干流中下游重要地区达到国家规定的防洪标准。特大城市防御100年一遇以上洪水；大城市防御50—100年一遇洪水；中等城市防御20—50年一遇洪水；重点海堤防御50年一遇潮水位加8—12级风暴潮。

经过10年努力，进一步完善工程措施与非工程措施相结合的大江大河的防洪减灾体系，主要防洪保护区达到规划确定的防洪标准。遇流域性超标准洪水，运用综合措施，确保重要城市和重点地区的防洪安全。

2. 节约用水。“十五”期间，全国新增节水灌溉面积1亿亩，灌溉水有效利用系数由目前的0.40提高到0.45左右。全国工业用水重复利用率由目前的50%左右提高到60%；降低城市配水管网漏损量。

经过10年努力，完成主要大型灌区的节水改造，共新增节水灌溉面积2.5亿亩，灌溉水有效利用系数提高到0.50左右，建设一批节水型的农业区。全国工业用水重复利用率达到65%，建设一批节水型城市。

3. 水资源利用。“十五”期间，全国新增供水能力400亿立方米，其中新增城市供水能力160亿立方米，新增乡镇供水能力80亿立方米。水利系统新增水电装机容量500万—800万千瓦，建设农村水电电气化县，进一步开发农村水电资源。

经过10年努力，全国供水能力达到6600亿—6700亿立方米，城市及工农业抗御干旱的能力进一步提高，初步缓解华北地区水资源的供需矛盾，进一步提高全国水能资源开发利用的比重。

4. 农村水利建设。“十五”期间，在全国农田灌溉总用水量基本不增加的条件下，净增农田灌溉面积3000万亩，增加草场及林果灌溉面积1600万亩，逐步提高农村抗御干旱的能力，基本解决现有2400万人的饮水困难。

经过10年努力，共净增农田灌溉面积5000万亩，全国有效灌溉面积达到8.7亿亩。

5. 城市供排水。“十五”期间，重点增强主要缺水城市的供水能力，保证城市供水安全，全国新增城市供水能力4500万立方米/日，供水普及率达到98.5%；加大污水处理力度，提高污水处理回用率，城市污水处理率达到45%，新增城市污水处理能力3000万立方米/日。

经过10年努力，城市污水处理率达到50%，新增城市污水处理能力6100万立方米/日。

6. 水土保持与水资源保护。“十五”期间，新增治理水土流失面积25万平方公里；工业废污水基本实现达标排放，力争主要城市生活供水水源地的水质达到国家规定的标准。

经过10年努力，共治理水土流失面积50万平方公里；主要江河水污染、北方地区地下水超采和河湖生态环境明显好转。

三、水利建设主要任务

（一）继续加强大江大河治理

加强大江大河防洪体系建设，要从实际需要和可能出发，统筹安排堤防、枢纽、河湖疏浚和蓄滞洪区建设，完善防汛通信指挥调度系统，确保城市和重点地区的防洪安全。

1. 堤防加固。重点加强长江、黄河等大江大河大湖的Ⅰ、Ⅱ级堤防建设和河道整治，以及其他重要堤防建设。基本完成长江中下游干流、武汉等重点防洪城市以及洞庭湖、鄱阳湖、重要支流Ⅰ、Ⅱ级堤防的加高加固、堤身和基础防渗、填塘固基、隐患处理，进行干流河势控制等工程建设，使长江干流重点堤防达到流域规划标准。

完成规划确定的黄河下游堤防加高加固任务，结合河势控制和淤背固堤，逐步形成“相对地下河”，扭转过洪能力减小的趋势。

完成国务院确定的治理淮河、太湖工程建设任务。

基本完成松花江、海河、辽河、珠江治理规划中的重要堤防及重点防洪城市的防洪建设任务。

在加强堤防建设的同时，对淤积严重的河湖进行整治和疏浚，扩大行蓄洪能力。

2. 控制性水利枢纽。重点加强长江、黄河等江河干支流防洪控制性骨干水利枢纽工程建设，在继续建设长江三峡、黄河小浪底等水利枢纽的同时，兴建岷江紫坪铺、淮河临淮岗、右江百色、澧水皂市、嫩江尼尔基等一批主要江河干支流控制性工程。以发电或供水为主的水利枢纽工程建设，要服从流域规划要求，合理确定防洪库容和兴利库容，发挥其承担江河防洪任务的作用。

3. 蓄滞洪区安全建设。通过调整蓄滞洪区规划，对长江城陵矶附近蓄滞洪区等重点蓄滞洪区进行安全设施和蓄滞洪设施建设，完善进洪泄洪、安全转移道路、通讯等设施和标准围堤工程，保证重点蓄滞洪区能够按计划运用，区内人民的生命安全和生活有保障。在巩固平退成果基础上，按照规划要求，继续对长江中下游进行平垸行洪、退田还湖、移民建镇。松花江流域要通过研究论证，规划安排蓄滞洪区，并进行安全设施及蓄滞洪设施建设。

在加强大江大河治理的同时，要重视对大江大河主要支流、重点独流入海河流和中小河流进行治理。

4. 城市防洪。全国有防洪任务的城市约640座。要按照流域规划确定的防洪标准，在做好城市防洪规划基础上，以国家确定的31座重点防洪城市为重点，全面推动未达到国家规定防洪标准的400多座城市的防洪建设。在加强城市防洪骨干工程建设的同时，要重视城市排涝设施建设。城市防洪设施建设以地方投资为主，沿江河的主要城市结合大江大河堤防加固进行防洪工程建设，逐步提高城市防洪能力。新建扩建城镇要建设避洪设施，各类基础设施建设都要充分考虑江河防洪要求。

（二）兴建南水北调等水资源开发利用工程

合理开发、高效利用、有效保护和合理配置好多种水资源，提高抗御干旱的能力，优先保障生活用水，基本保障经济和社会发展用水要求，努力改善生态环境用水。

1. 南水北调工程。南水北调工程是缓解我国北方地区缺水和提高城乡抗御干旱能力、实现水资源合理配置的重大战略性工程。南水北调东、中、西线各有其合理的供水范围，可互相补充，从长远考虑不能互相替代，都是必要的。南水北调直接供水的主要目标是城镇生活和工业用水，并通过多种方式缓解农业和环境的缺水状况。要务必做到“先节水后调水、先治污后通水、先环保后用水”，在调水之前，要首先做好节水、治污和环保规划，并落实好相应措施和投资。水价问题与用水需求、工程规模、资金筹措、工程效益等关系很大，是如何实施南水北调工程的核心问题，要合理确定不同用途用水的水价，处理好不同水源的水价格关系，城市和工业用水要较大幅度提高水价，提高水价的收入要按照“取之于水，用之于水”的原则安排使用方向，并研究建立调水基金的政策措施。确定调水量，应进行必要的市场分析，建立在供需双方明确责权利关系的基础上。对骨干工程、配套工程、资金筹集、管理体制、资源配置、水价政策等要进行多方案的论证和比选，以求取得最大的综合效益。南水北调工程要处理好中央与地方以及各省之间的关系。南水北调工程浩大，涉及面广，任务艰巨，对工程方案要做深入细致的研究论证。要发扬民主，继续听取各方面专家、社会各界和地方的意见，积极研究，科学决策，分期实施。要按照《中共中央关于制定国民经济和社会发展第十个五年计划的建议》精神，加紧南水北调工程的前期工作，“十五”期间尽早开工，逐步缓解华北地区水资源紧缺状况，确保京津等大城市供水安全。

2. 合理开发利用当地水资源。积极建设蓄水、引水、提水等骨干水源工程和一批中小型蓄水工程；在地下水尚有一定开发潜力的地区，有计划地建设水资源工程，合理开发利用当地水资源；尽快兴建黄河沙坡头等骨干水源工程；重点保障城乡生活和工业用水，提高重点缺水地区的供水和抗旱能力。

3. 其他水源工程。积极开展雨洪资源利用和人工增雨，加大污水处理与回用力度，沿海缺水城市要积极进行微咸水和海水资源的研究和利用，合理配置，高效利用水资源，多渠道开源，缓解水资源供需矛盾。缺水地区兴建水源工程，要统筹配置流域水资源，兼顾上下游及生态环境用水，确保水资源可持续利用。

（三）节水

把节约用水作为革命性措施来抓，积极调整产业结构，大力推广节水技术，提高水的利用效率和生产效率，实现水资源利用从粗放型向集约型方式的转变，发展节水型农业、工业和服务业，形成节水型社会。

1. 农业节水。农业节水要渠系节水与田间节水结合，先进技术与传统技术结合，工程措施与管理措施结合，水利工程节水与农艺技术节水结合，节水与农业结构调整相结合，节水与改善农业生产条件、生态环境相结合，政府宏观扶持引导与农民积极性相结合。

大力发展节水灌溉技术和旱作农业技术，同时要利用价格杠杆的作用，采取计划用水、超额加价等措施，促进农村节水；集中力量，重点抓好大型灌区以节水为中心的灌区配套及节水技术改造和节水增效示范工程，按照基本建设程序立项和建设。北方缺水地区，不要盲目扩大灌溉面积，要在加强节水工作的同时，结合农业结构调整，压缩水稻等高耗水作物的种植面积。

2. 工业节水。结合产业布局、工业结构调整和工业技术改造，加大工业节水力度，提倡清洁生产，施行按计划定额供水、超额加价等鼓励节水用水的政策，提高工业用水的重复利用率和单位水生产效率，减少万元工业增加值取水量。严禁在北方缺水地区建设高耗水工业项目。

3. 城市节水。要根据区域和流域水资源条件，确定城市发展规模和产业布局。进行节水宣传，增强全民节水意识，强制推行使用节水型用水器具和设备。加强城市中工业节水的管理工作，积极研究、开发和推广应用先进的工业节水技术和节水工艺。城市节水措施中，最重要的是提高水价，缺水严重的城市要较大幅度提高水价。加大污水处理回用力度，有条件的要逐步推广建立中水系统。对陈旧的城市配水管网及供水设施进行更新改造，加强供水管理，降低城市供水及配水管网的漏损率。加强城市节水示范工程建设，全面推动城市节水工作。供水企业要不断深化改革，转换经营机制，加强管理，降低成本。

（四）水土保持生态建设与水资源保护

1. 水土保持。以预防保护和有效监督为主，小流域治理为重点，根据降雨和水资源条件，加强水土保持，采取工程措施和非工程措施，实行山水田林路综合治理，增加植被，拦蓄泥沙，保护水土资源和生态环境。西北干旱半干旱地区，生态建设要充分考虑降雨和水资源条件。

长江上游水土保持。以坡面小型水利工程建设和坡耕地整治为基础，提高土壤涵养水分能力和生产能力。

黄河上中游水土保持。以中游的多沙粗沙区为重点，以小流域为单元，治坡与治沟相结合，山水田林路综合治理，重点加强黄土高原沟壑区的水土流失治理。

风沙草原区防治。坚持预防为主，保护优先，防治结合的原则，以农牧交错带和沙尘暴主要沙源区为重点，以绿洲为依托，修建小型水利工程、营造经济林和人工草场。

内陆河流域。通过合理配置水资源，重点加强实施塔里木河、黑河、石羊河等流域生态环境抢救工程。

同时，要统筹兼顾，做好其他大江河上中游等重点地区的水土保持工作。

2. 水资源保护与治理。加强水污染防治和水资源保护。根据江河湖库的水功能和纳污能力，严格控制入河排污总量，完善水质监测网络，对省界断面进行水质监控，严禁污水未经处理直接向江河湖库排放，缺水地区要严格限制重污染型或高耗水型工业项目建设。

加强重要城市和重点地区供水水源保护，划定供水水源保护区，建立保护监督机制，控制点源污染，减少面源污染。

建立地下水监测网络，加强监督管理。对地下水超采地区，控制增加地下水取水量，并通过严格执行取水许可制度，合理征收水资源费和加强管理等措施，严格控制地下水取用量，对于城市公共供水管网已达到的区域，要逐步封闭自备井，有条件的地区要采取措施回灌地下水。

（五）病险水库除险加固

水利部于1986年和1992年先后确定了两批共81座影响重要城镇和铁路干线的全国重点病险水库。其中大型水库69座，影响30万人口以上城市的重要中型水库12座。

目前，全国共有大型病险水库143座，约占大型水库的41%，中型病险水库1092座，其中影响县以上城镇、重要交通干线的重点中型病险水库543座。

按照分级负责的原则，抓紧进行病险水库除险加固，力争“十五”期间基本完成重点病险水库的除险加固。

（六）农村水利建设

以改善农村生活和农业生产条件，发展“两高一优“农业，确保国家粮食安全，促进农村社会经济发展和小城镇建设为目标，加强农村供水、灌排等基础设施建设。

1. 人畜饮水。按照1993年制定《国家八七扶贫攻坚计划》时在册的饮水困难人数，尚有未解决人畜饮水困难的人口2400万。要采取多种渠道，加大对人畜饮水工程建设的投入力度，集中使用中央和地方各项建设资金，发挥农民的积极性，因地制宜地修建小型微型水利工程和在有条件的地区修建集中供水工程，利用三年时间基本解决2400万人的饮水困难问题。“十五”后期，继续加大力度，进一步提高饮水的质量，在中央的支持下，地方要基本解决人畜饮水困难问题。对生存条件恶劣、人畜饮水极度困难的地区，有条件的可结合易地扶贫等措施解决饮水困难问题。

2. 灌区建设。加强对现有灌区的配套工程建设和以节水为中心的技术改造。在有条件的地区，根据流域水资源规划，在合理分配流域上下游及不同部门间用水和考虑生态环境用水的基础上，根据可能适当扩大灌溉面积，新增灌溉面积必须充分考虑节水措施。通过完善灌排设施，实行旱涝盐碱综合治理，逐步对现有灌区内的2亿多亩中低产田进行改造，提高农业生产效率和水土资源的利用效率。

3. 旱区水利建设。在四川、广西、贵州等地的土石山区，陕西、山西、甘肃、宁夏等地的黄土高原干旱、半干旱缺水区，东北的缺水地区，通过修建水窖、旱井、蓄水池等小型微型水源工程，发展集雨节灌和推广“坐水种”等非充分灌溉方式，发展旱作农业，建设基本农田。

4. 牧区水利建设。在西北、东北和西南一些省区，选择具备水资源条件的牧区，通过采取雨水集流、开发利用地下水、引洪淤灌等措施，建设一批以节水灌溉为主的人工饲草料基地示范工程。

（七）城市供水、排水

1. 城市供水。根据流域和区域水资源条件，合理配置资源，调整用水结构，通过建立有利于加快城镇供水工程建设的投融资机制，多渠道开源节流，兴建引英入连、胶东引黄应急供水等城市供水工程，逐步建设稳定可靠的城市供水水源。大中城市要重点加强水源工程建设，改变单一水源供水状况，小城镇要进一步加强供水设施建设，提高供水能力；加强净水厂和供水管网建设和改造，提高生活饮用水卫生标准，重点对50年代及其以前建设的严重老化的城市配水管网进行改造，以防止“二次污染”，减少管网漏失；要逐步建立中水管道系统，加大污水处理回用力度；加强城市供水水质监测网络系统和监管体系建设，保障城市生活和工业用水。

2. 城市排水。按照治污为本，防治并重、以防为主，末端治理与源头控制结合，由末端治理为主转向源头控制为主，从源头抓起，集中治理与分散治理相结合，按照“谁污染，谁付费”的原则加大污水处理收费力度，加强水污染治理和城市排水设施建设。所有建制市城市都要建设污水处理厂，大中城市要建设集中污水处理厂，提高污水处理率。新建城市供水设施要同时规划建设相应的污水处理设施；在规划建设污水处理设施时，还要同时安排污水回用设施的建设；缺水地区的工业用水大户、大型公共建筑和公共供水管网覆盖范围以外的自备水源单位，应当尽快建立中水系统。

3. 乡镇供排水。目前，全国乡镇（含县及县级市）供水工程日供水能力达到6000万吨，解决和改善了近1.5亿乡镇人口的生活用水和生产用水。加强乡镇及农村供水工程建设，促进农村经济社会发展，并逐步把重点转到农村，努力使广大农民群众吃上卫生、方便的水。

加强乡镇供水工程建设，抓好小城镇供水、排水、节水等基础设施建设，要重视防止和治理小城镇的水环境污染，促进城镇化进程。

四、保障措施

1. 科学制定规划，指导水利建设。加强大江大河流域治理规划和水资源利用工作，科学制定防洪、水资源配置和保护、节水和大型灌区改造、水土保持生态建设等专项规划。要严格按照批准的规划办事。国民经济建设规划及布局要充分考虑流域防洪要求和水资源条件，按照流域防洪规划要求，根据水资源承载能力，合理确定工业、城市及灌溉发展规模和产业结构，避免在缺水地区布置高耗水、重污染的工业项目和盲目发展灌溉面积。在规划的基础上，要抓好重点水利工程项目的前期工作，做好经济、技术和生态环境保护论证工作。对于成熟的项目，应落实投资，尽早开工建设。

2. 增加投入，建立稳定可靠的水利投入保障机制。划分中央与地方、政府与市场的事权，明确各类水利工程的投资主体。各级政府财政预算内的水利投资规模，要与国民经济发展和财政收入的增长相适应，加大对骨干防洪设施、大型水资源工程和西部水利设施的投入力度。

对城镇供水、中小水电等水利工程，通过提高效益，增强融资能力；鼓励多种所有制的经济实体参与城镇供水、节水、污水处理、中小水电等项目的投资和运营。

对农村小、微型水利工程和水土保持生态建设等水利设施，有条件的可采取拍卖、租赁、承包经营等方式盘活存量资产，调动广大农民参与建设和治理的积极性。

3. 建立合理的水价形成机制和防洪保险机制。建立有利于促进节约用水和水资源利用良性运行的水价体系。对城市和工业用水要按照补偿成本、合理盈利、公平负担的原则，核定供水价格，逐步大幅度提高水价；对农业用水既要考虑到农民承受能力，又要实行定额用水，超额加价。要减少中间环节，提高水费计收的透明度，建立容量水价与计量水价相结合的水价机制，实行计划用水、定额管理，对不同水源和不同类型用水实行差别水价，使水价管理走向科学化、规范化轨道。按照“谁污染、谁付费，取之于水、用之于水”的原则，征收污水处理和水资源保护费，扩大污水治理和水资源保护的资金来源。

全面开征水资源费，水资源紧缺地区和生态环境恶化地区，要较大幅度提高水资源费征收标准，用经济手段制约随意取水、浪费水资源的现象。

依据《蓄滞洪区运行补偿暂行办法》的规定，规范蓄滞洪区管理，建立防洪补偿和防洪保险、灾情评估机制，设立防洪基金，确保防洪工程和蓄滞洪区正常运行。

4. 改革管理体制，强化水管理。为全面提高水资源的利用效率，要强化流域水资源统一管理，加强地表水与地下水、水量与水质、需水与供水、用水与防污的综合规划和科学管理；在流域和区域水资源规划中，对城乡生活用水和高效、低耗水、低污染的产业要优先考虑和安排其用水需求；要加强对影响防洪、水资源持续利用与保护的建设和其他活动的管理。制定主要江河水资源分配方案，建立适合我国国情和水情的水权（使用权）分配制度，加强需水管理，完善监督和处罚机制，实现水资源的有效监控管理。尽快建立和完善入河排污许可制度，实施总量控制，加大对省际断面和重要支流入河口的水量、水质监测力度。

加强已建工程管理。改革防洪等公益性水利工程的管理，精简机构，合理核算所需运行管理成本，按项目的隶属关系，落实管理经费；经济效益较明显的城镇供水、中小水电工程，要按照“产权明晰、权责明确、政企分开、管理科学”的原则，逐步建立适应市场经济要求的现代企业管理制度；农田水利工程，要因地制宜地进行产权制度改革，由用户参与或直接管理，微小型水利工程由农民自建自管，提高管理效率。

5. 加强水法制体系建设。以《中华人民共和国水法》修订为重点，加紧制定相关配套法规和实施细则，进一步完善水法规体系，完善流域或区域水权分配制度、水资源有偿使用制度、水资源配置方案、节水技术经济政策等法规、规章。加强执法力度，完善监督机制，规范水事行为，依法行政，依法治水。

严格按基本建设程序立项。经国家批准的水利规划是工程建设的依据，要按照规划安排项目建设。各类基本建设项目要符合流域规划及防洪、水资源、城市建设、水土保持等专业规划的要求。开发建设项目要实行水土保持方案报告制度，涉及防洪和水资源的建设项目，要实行防洪影响评价和水资源论证、审批制度。

6. 促进水利科技进步和创新。依靠科技进步和创新，提高水资源利用效率，促进水利现代化。加强对江河防洪、水资源合理配置、水资源保护、城市供水与排水、城市及农业节水、水土保持等领域以及工程建设的研究和科技成果推广。重点抓好节水技术，堤防险情探测，水处理技术与工艺，以及卫星、雷达与地面站监测监控相结合的洪水预测预报等关键技术研究推广。加强大气水及微咸水、中水等综合利用研究和推广。人工增雨要由抗旱为主转向防旱为主的研究和应用。

采用信息网络、数字化等新技术，逐步实现水信息测报自动化、信息传输与处理网络化、水管理调度自动化，实现防洪科学指挥调度和水资源实时调度。

中国21世纪议程(能源部分节选)

(《中国21世纪议程》,副题为《中国21世纪人口、环境与发展白皮书》,1994年3月25日国务院第16次常务会议通过,《人民日报》1994年9月19日摘要发表)

第十三章 可持续的能源生产与消费

导 言

13.1 能源工业作为国民经济的基础,对于社会、经济发展和提高人民生活水平都极为重要。在高速增长的经济环境下,中国能源工业面临经济增长与环境保护的双重压力。这一矛盾集中体现在:

(a)中国能源工业的技术管理和水平比较落后,能源利用率和人均能源的消费很低,能源供应短缺和浪费并存,供需矛盾尖锐;

(b)中国能源结构以煤为主,煤炭约占能源消费构成的75%,清洁能源所占比例低,燃煤和煤炭加工与开采产生大量污染物,导致严重的大气污染和水污染。

13.2 如果能源生产和消费方式保持不变,中国未来的能源需求无论从资源、资金、运输还是环境方面都是无法承受的。因此,改变能源生产与消费方式,实现能源、电力结构多样化,建立对环境危害较小甚至无害的能源系统,是中国可持续发展战略的重要组成部分。

13.3 本章的总体目标是通过加强能源综合规划与管理,制定和实施与市场经济体制相适应的政策法规体系,开发和推广先进的、环境无害的能源生产和利用技术,提高能源效率,合理利用能源资源,减少环境污染,实现能源工业的可持续发展,满足社会和经济发展的需要。

13.4 中国政府关于环境保护、资源管理和能源管理的政策法规,如《环境保护法》、《矿产资源法》、《土地复垦规定》、《能源节约管理暂行条例》等,是本章的重要依据。本章与第二、六、七、十、十一、十二、十八和十九章内容密切相关。

13.5 本章设4个方案领域:

A. 综合能源规划与管理;

B. 提高能源效率与节能;

C. 推广少污染的煤炭开采技术和清洁煤技术;

D. 开发利用新能源和可再生能源。

方案领域

A. 综合能源规划与管理

行动依据

13.6 建立与经济发展相适应、无害环境的能源供应体系和消费模式,必须进行能源、环境、经济发展综合规划,作为制定计划与政策措施和进行管理的依据。它有利于综合分析、研究和解决能源、环境和经济领域内的交叉问题,以便采取统一标准评价能源供应和需求管理政策、环境保护措施的政策效果,协调相互关系,以达到能源、环境、经济发展的综合协调与平衡。

13.7 中国能源系统的固有特点,也决定了综合能源规划在能源工业发展中的重要性。这些特点包括:

(a)能源总储量多,但人均储量少;

(b)能源富矿少,勘探程度低,开发利用的难度很大;

(c)能源与经济的布局不匹配。近80%的能源资源分布于西部和北部,但60%的能源消费在经济发达的东南部地区;

(d)中国能源生产和消费的结构不合理,以煤为主的能源结构在相当长的时期内难以改变,将对环境和运输造成越来越大的压力;

(e)能源供应不足与浪费并存。一方面,中国的能源,特别是电力供应不足,已经影响社会、经济的发展和人民的正常生活,另一方面由于管理和技术水平落后,能源价格偏低,导致能源开发和利用上的严重浪费。

13.8 随着中国经济的快速发展和向市场经济体制的转变,原有的管理机制已不能适应新的情况,迫切需要建立市场经济体制下的综合能源规划与管理机制,采用经济手段与政策引导,理顺能源价格,转变投资和利益分配机制,加强能源生产和利用的管理。

13.9 本世纪末以前,中国的能源与环境发展的战略和政策主要可以归纳为:贯彻开发与节约并重的方针，改善能源结构与布局，能源工业的发展以煤炭为基础，以电力为中心，大力发展水电，积极开发石油、天然气，适当发展核电，因地制宜地开发新能源和可再生能源，依靠科技进步，提高能源效率，合理利用能源资源，减少环境污染。

目标

13.10　建立一套适应中国国情和社会主义市场经济体制要求的能源、环境、经济综合规划方法，并推广应用到各级能源管理部门。2000年前，制定国家和地区级的能源、环境、经济综合规划及相应的实施方案。

13.11　加强能源管理，改善能源供应结构和布局，提高清洁能源和高质量能源的比例，加强能够减缓总体需求增长的能源生产、分配和消费技术的开发和应用，使较少的能源提供较多的能源服务，同时减轻环境污染。

13.12　加快农村能源和电气化建设，改变农村过度消耗生物质能引起生态环境恶化的状况。

行动

13.13　加强制定能源、环境、经济综合发展规划的组织机构建设，进行综合能源规划和管理的能力建设，协调国家和地区之间的综合发展方案。

13.14　加强能源环境的立法工作，制定和实施中国的《节能法》，修改、补充各行业、部门的节能规章制度，完善各级能源经济制度，加强企业的能源审计工作，促进能源效率的提高和节能工作的进行。

13.15　根据国家的社会、经济发展和环境保护的优先次序，在考虑环境影响、人体健康等外部不经济性的基础上，通过费用—效益分析，对各项能源生产和利用技术、政策措施和发展方案，进行可持续发展影响评价和选择。特别考虑依 靠国家政策法规和市场机制的作用来促进无害环境的能源技术的推广与应用。

13.16　支持对各种环境无害的能源系统，包括新能源和可再生能源技术的研究、开发、转让和使用。

13.17　加强石油、天然气和煤成气的开发利用，提高其在能源生产和消费中所占的比例，改善能源结构，特别对天然气勘探工作采取一定的优惠政策，增强其自身积累和发展能力。

13.18　加速电力工业的建设和现代化，提高电能在能源消费中的比例，缓解电力供应不足；制定妥善的政策法规，深化体制改革，鼓励集资办电，推进电价改革，使电力企业有能力自我发展和进行技术改造；加强电网建设，提高电力系统自动化水平；大力发展坑口电厂，减轻煤炭运输压力；新建电厂采用大容量、高参数、高效率、调峰性能好的设备；推广热电联产和集中供热，余热利用，逐步淘汰小锅炉群；大力发展水电，建设包括三峡工程在内的大型水电站，加强水能资源的开发利用。

13.19　采用国产与引进并举的方针发展核电，一方面加紧国产30万千瓦和60万千瓦核电设备的研制工作，使之尽快达到商品化、批量化，另一方面在沿海能源短缺、经济发展较快的地区积极利用外资，引进设备，建设大型核电站，以满足电力供应需要。

13.20　大力加强农村电气化建设和县级农村能源综合建设，建立示范点，实现农村经济和生态环境的协调发展，推广省柴节煤灶、发展沼气、薪炭林、小水电、风能和太阳能利用等技术 。

13.21　改进现有统计方式和统计系统，收集和整理能源、环境、经济诸领域的有关数据，建立国家和地方级的能源、环境、经济信息系统。

13.22　研究能源、环境、经济综合规划的方法与技术，以及决策分析和制定政策措施的方法与程序，建立适应于社会主义市场经济体制的能源、环境、经济评价指标体系，在科研院校加强综合能源规划专业人才的培养，开展各种培训，提高能源环境管理人员的素质，继续组织好2050年中国能源战略研究。

13.23　进行广泛的国际合作与交流，学习国际先进的综合能源规划和管理的经验，研究适合中国国情的综合规划方法、管理手段和政策工具；利用各种可能的渠道引进国外先进的技术和工艺，以提高国内能源生产和利用的技术水平；争取多种双边和多边的国际援助资金，加强中国能源工业建设，加强学术交流和人员培训。

B. 提高能源效率和节能

行动依据

13.24　随着经济的快速发展和人口的不断增长，能源需求也将不断增加，然而中国人均能源资源并不丰富，能源供需缺口日益扩大，所以中国的经济发展必须由过去的粗放经营逐步转向集约经营，走资源节约型道路。另一方面，能源开发利用产生的环境问题日益严重，直接威胁到人民的生活质量和发展，因而节约能源、提高能源效率，也是防治污染、抑制温室效应的经济、有效措施 。

13.25 目前中国单位产值能耗是发达国家的3—4倍，主要工业产品能量单耗比国外平均高40%，能源平均利用率只有30%左右，而工业发达国家均在40%以上，中国的能源利用水平较低，具有很大的直接节能潜力。

13.26 中国的产业结构不尽合理，低能耗的服务业比例低，1992年在国民生产总值中仅占27%，而高能耗的工业比例较大，达到规模生产的企业数目少。随着产业结构和产品结构的调整和优化，能源配置将趋于合理，间接节能也有很大潜力。

13.27 中国在节能管理上已做了很多工作，促进了节能技术发展。随着向市场经济转变，原有的节能管理体制和政策法规已不能适应新的情况，迫切需要建立市场经济体制下节能规划和能源需求管理体制。

目标

13.28 建立全国统一的节能管理体系，建立和健全节能管理程序和审批制度及相应的政策法规。对能源生产、运输、加工和利用的全过程进行节能管理，通过技术进步，提高能源效率，降低单位产值能耗。调整产业结构和产值结构，优化能源配置，提高能源利用效益。

13.29 2000年前，达到年节能率高于2.2%，能源消费弹性系数低于0.5，即一半以上的能源需求增长量通过节能来满足。加强能源消费的引导和管理，尽可能减少能源需求。

行动

13.30 将节能工作纳入国民经济和社会发展计划，建立专门的节能管理机构，负责节能工作规划和政策的制定，参照国际先进技术和管理水平，制定节能目标和措施，组织节能项目的实施。

13.31 制定和实施中国的《节能法》，以及相应的配套政策、法规和标准，逐步取消对能源不合理的财政补贴，提高能源价格，使其能真正反映经济和环境成本，运用经济鼓励手段，推动节能工作的开展。

13.32 制定产业政策，促进第三产业的发展，提高低能耗技术密集型产业的比例，限制高能耗小企业的发展。

13.33 开发和推广先进的节能技术，对电站锅炉、工业锅炉和工业窑炉进行节能技术改造，提高终端用能设施的能源利用效率，对于节能效果显著的项目提供税收和贷款的优惠条件：

（a）对火电厂进行老厂、老机组改造，使发电煤耗从1990年的427克/千瓦时下降到2000年的365克/千瓦时；

（b）加强电网建设，改造城市电网，减少输电损失；

（c）推广热电联产，建立拥有集中供热系统和节能型空调系统的新型示范居民小区；

（d）提高耗电约占总发电量1/3以上的各类风机和泵的效率。

13.34 制定能源消耗的定额标准，大力开展企业能源审计与管理，通过对企业能源系统审计，了解企业的能源利用状况，找出差距与不足，挖掘企业的节能潜力。

13.35 在每个城市及有关行业部门逐步成立节能技术服务中心，负责节能技术宣传和推广。

13.36 通过大众传播媒介、出版物和中小学教育等手段，大力加强节能宣传教育，提高全社会节能意识。

13.37 在节能领域加强国际合作，引进国外先进的节能技术和设备，扩大在节能领域内的科学技术研究和交流，派人前往技术水平先进国家学习考察，吸引国外资金和技术力量参与示范工程建设以及人员培训。

C. 推广少污染的煤炭开采技术和清洁煤技术

行动依据

13.38 中国煤炭资源丰富，在今后相当长的时期内，煤炭仍将是中国的主要能源，生产量还将继续增长，煤炭资源的含硫量可能要增加。煤炭的环境问题涉及煤炭开采、加工和消费的全过程。

13.39 近十年来，中国在改进煤炭开采、加工和利用技术与装备，减轻环境污染方面进行了大量的科学研究和技术改造工作，主要包括：

（a）颁布《土地复垦规定》，改革开采工艺，减少开采土地破坏，并使煤炭工业土地复垦规范化和制度化；

(b) 抽放煤层甲烷，进行矿井废水处理和煤矸石综合利用；

(c) 治理大面积煤田露头火和自燃矸石山；

(d) 推广热电联产、集中供热和民用型煤，改造中、小型锅炉，发展高效大容量发电机组，发展气体燃料。

13.40 同发达国家相比，中国在煤炭的少污染开采和高效清洁利用方面还存在很大差距，主要表现为：

(a) 1991 年煤矿开采的土地复垦率仅为 16%，矿井水利用率仅为 15%；

(b) 原煤入洗率低，1990 年仅为 17.6%，大量动力煤未经洗选，灰分和硫分比较高；

(c) 煤炭能量利用效率低，全国平均只有 22%；

(d) 煤炭向电能的转化率低，发电用煤仅占原煤产量的 26% 左右；

(e) 燃煤与煤化工的技术和装置落后，污染物排放控制不严。

13.41 中国是联合国《气候变化框架公约》的签约国，发展少污染的煤炭开采技术和清洁煤技术，控制甲烷和二氧化碳等温室气体的排放，保护大气层，是中国政府履行国际公约、承担相应国际义务的重要方面，也是促进中国以煤为主的能源系统向环境无害的可持续的模式转变的战略组成部分。

目标

13.42 加强少污染的煤炭开采技术与清洁煤技术的开发、应用、推广，促进传统的煤炭开采和加工利用方式向环境无害化方向转变，提高煤炭利用效率，减轻环境污染，增强中国迎接环境挑战的内在应变能力。

行动

13.43 制定和健全有利于发展少污染煤炭开采技术和清洁煤技术的政策法规，补充完善有关土地复垦验收和各种用煤标准，调整煤炭、电的价格，利用经济手段促进煤炭开采中矿井水和甲烷的资源化工作，促进煤矸石综合利用和煤炭高效、清洁利用。

13.44 在煤炭开采过程中推广应用和引进开发下列技术工艺，建设相应的示范点。

(a) 改进采煤工艺，减少矸石外排，利用煤矸石和粉煤灰回填塌陷区，利用煤矸石发电，生产建筑材料和化工原料等，开发采煤与复垦相结合的新工艺体系，引进无覆土的生物复垦技术；

(b) 加强煤矿区水资源管理，控制矿井水外排，实行排供结合；对采煤矿井水进行处理，达到工业用水和生活用水标准并回用；开发含高悬浮物、酸性水、特殊悬浮物的矿井水和苦盐水的处理技术；

(c) 开发利用煤层甲烷资源，加强煤层甲烷资源评价，引进井下开发或地面直接开采煤层甲烷和甲烷利用技术，控制煤矿向大气排放温室气体；

(d) 利用综合技术治理煤田露头火和自燃矸石山。

13.45 推广应用煤炭洗选制备和转化技术，开发引进高效清洁的燃煤技术，建设相应的示范点：

(a) 扩大原煤入洗比例，研究、开发高硫煤的洗选脱硫技术，降低煤炭的灰分和硫分；

(b) 扩大民用和工业型煤生产，提高动力配煤的比例；

(c) 开发或引进大型循环流化床燃烧技术；

(d) 开发或引进大型高效、低污染煤粉燃烧技术；

(e) 开发引进水煤浆制备的燃烧技术；

(f) 开发引进煤炭气化和煤气化联合循环发电技术；

(g) 研究开发煤泥、无烟煤和褐煤的高效燃烧和利用技术。

13.46 提高煤炭转化成电力、热力和煤气等洁净的二次能源的比重，减少直接和分散燃烧原煤的终端用途。

13.47 新建火力发电厂采用高效大容量发电机组，降低发电煤耗，大力开发推广清洁煤燃烧技术。建设大型煤炭坑口转换工程，变传统的煤炭运输方式为输送洁净的二次能源，如电力、煤气等，减轻运输压力，减少煤炭运输过程中产生的环境污染。

13.48 开发引进先进高效的烟气净化技术，重点发展适合中国国情的烟气除尘、脱硫脱硝、废物资源化技术与装备，建设示范工程，加以推广。

13.49 建立煤矿开采地表破坏与土地复垦、煤矿三废排放和综合利用、煤矿水资源管理、煤层甲烷和煤田露头火等数据和信息管理系统，并以煤炭资源数据库为中心，进行煤炭脱硫特性方面的数据调查收集，着手建立清洁煤技术信息系统，为清洁煤技术的推广应用提供数据支持和决策依据。

13.50　开展煤渣、粉煤灰的资源化利用技术，并完善和制定有关政策促进其市场开拓。

13.51　积极参与同联合国《气候变化框架公约》有关的国际交流和合作，引进世界上先进的少污染的煤炭开采技术和清洁煤技术，引进先进技术如燃煤磁流体发电、燃料电池发电等，消化吸收和推广应用，吸引国外资金、技术，支持煤炭工业的技术改造和示范工程建设。

D. 开发利用新能源和可再生能源

行动依据

13.52　目前中国的能源结构建立在不可再生的化石燃料的基础上，必将逐步导致能源资源耗竭，是不可持续的。因此，中国必须寻求一条可持续发展的能源道路。

13.53　可再生能源，包括水能、生物质能、太阳能、风能、地热能和海洋能等，消耗后可以得到恢复补充，不产生或很少产生污染物，所以可再生能源是未来能源结构的基础。

13.54　中国具有丰富的可再生能源资源。经过长期的努力，中国在可再生能源的开发利用方面取得了较大的进展，主要表现为：

（a）中国水能可开发资源量为 3.78 亿千瓦，目前仅开发利用了 9.5%，1990 年水力发电量占总发电量的 19%。今后还有很大的水能开发潜力；

（b）生物质能资源包括农作物秸秆、薪柴和各种有机废物，是农村的主要能源，利用量约为 2.6 亿吨标准煤，占农村能源消费的 70% 左右。目前，生物质能主要用于直接燃烧，利用效率较低；农村现已建成各种沼气池近 500 万座，产生的沼气相当于 70 吨标准煤；

（c）在中国约 600 万平方公里的国土面积上，太阳能年辐射总量每平方厘米超过 60 万焦，开发利用前景广阔。目前太阳能利用方式主要有太阳能热水器、太阳灶和被动式太阳房等，太阳能电池也开始推广；

（d）风能资源总量为 16 亿千瓦，约有 10% 可供开发利用；目前，风力发电总装机容量达 2.8 万千瓦；

（e）地热资源尚有待勘探，已探明地热储量约为 30 亿吨标准煤，现已利用的相当于 30 多万吨标准煤；

（f）海洋能资源丰富，其中可开发的潮汐能在 2000 万千瓦以上，现已建成潮汐能和波浪能试验电站。

为了更大规模地集中利用可再生能源，使之能与化石燃料相竞争并逐步提高在能源结构中的比重，技术上还有待进一步开发，成本也需要大幅度降低。

目标

13.55　加强新能源和可再生能源的开发和利用，提高能源转换效率，降低发电成本，提高可再生能源在能源结构中所占的比例。

13.56　2000 年前，水电装机容量达到 8000 万千瓦以上，太阳能年利用量达到 200 万—300 万吨标准煤，风力发电机容量达到 20 万千瓦，地热利用量在 80 万吨标准煤以上，提高生物质能的利用效率，利用方式逐步转变成以生产沼气或清洁液体燃料为主。

行动

13.57　把开发可再生能源放到国家能源发展战略的优先地位，采取适当的财政鼓励措施和市场经济手段，增加国家在开发可再生能源方面的投入，吸引地方政府和用户共同参与：

（a）加速水能资源开发：对水电工程项目进行全面科学的技术经济评价和环境影响评价，采取有效措施减少对生态环境的不利影响；通过政策引导和资金投入，加速开发生态影响小，便于地方和用户自行建设的中小水电资源；

（b）加强生物质能的开发利用：开发利用生物质能生产酒精等清洁液体燃料的技术，大力推广沼气应用技术，利用生物质生产沼气，用于生活和动力能源。大力增加生物质能的生产，减少生物质能直接用于燃烧的比例；

（c）加强太阳能直接和间接利用技术的开发：近期重点发展太阳能电池，提高光电转换效率，降低发电成本；远期重点建设大型太阳能电站；

（d）根据自然条件，扩大风能利用规模，重点解决边远地区生活用电问题。近期重点研制大型风力发电机组，降低成本，建设中、小型风力田，远期重点建设大型风力田；

（e）地热资源尚有待勘探，已探明地热储量约为 30 亿吨标准煤，现已利用的相当于 30 多万吨标准煤；

（f）开发海洋能：重点在缺电而又蕴藏潮汐能的地区，开发建设中、小型潮汐电站，以取得发电、养殖、围垦等方面的综合效益，继续开发波浪、潮流、温差、盐差能利用技术，并建立示范电站。

13.58 追踪国际先进水平，加强各种新能源和可再生能源利用技术的研究。开展固有安全系统和快增殖核反应堆、受控核聚变、氢能源系统、超导发电和燃料电池等能源技术的研究，加强光伏材料、光化学材料以及其他特殊材料和设备的开发。引进国外先进技术，改善研究条件，提高科研人员的研究水平。

13.59 本方案领域的国际合作包括利用国外资金和技术，开展新能源可再生能源的开发利用研究和示范工程建设，以优惠条件引进国外先进的可再生能源技术，加强信息交流和人员培训 。

中国21世纪初可持续发展行动纲要

国家发展和改革委员会

（2003年07月24日）

1992年联合国环境与发展大会后，我国政府率先组织制定了《中国21世纪议程——中国21世纪人口、环境与发展白皮书》，作为指导我国国民经济和社会发展的纲领性文件，开始了我国可持续发展的进程。为了全面推动可持续发展战略的实施，明确21世纪初我国实施可持续发展战略的目标、基本原则、重点领域及保障措施，保证我国国民经济和社会发展第三步战略目标的顺利实现，在总结以往成就和经验的基础上，根据新的形势和可持续发展的新要求，特制定《中国21世纪初可持续发展行动纲要》（以下简称《纲要》）。

第一部分 成就与问题

经过10年的努力，我国实施可持续发展取得了举世瞩目的成就。

——经济发展方面。国民经济持续、快速、健康发展，综合国力明显增强，国内生产总值已超过10万亿元，成为发展中国家中吸引外国直接投资最多的国家和世界第六大贸易国，人民物质生活水平和生活质量有了较大幅度的提高，经济增长模式正在由粗放型向集约型转变，经济结构逐步优化。

——社会发展方面。人口增长过快的势头得到遏制，科技教育事业取得积极进展，社会保障体系建设、消除贫困、防灾减灾、医疗卫生、缩小地区发展差距等方面都取得了显著成效。

——生态建设、环境保护和资源合理开发利用方面。国家用于生态建设、环境治理的投入明显增加，能源消费结构逐步优化，重点江河水域的水污染综合治理得到加强，大气污染防治有所突破，资源综合利用水平明显提高，通过开展退耕还林、还湖、还草工作，生态环境的恢复与重建取得成效。

——可持续发展能力建设方面。各地区、各部门已将可持续发展战略纳入了各级各类规划和计划之中，全民可持续发展意识有了明显提高，与可持续发展相关的法律法规相继出台并正在得到不断完善和落实。

但是，我国在实施可持续发展战略方面仍面临着许多矛盾和问题。

——制约我国可持续发展的突出矛盾主要是：经济快速增长与资源大量消耗、生态破坏之间的矛盾，经济发展水平的提高与社会发展相对滞后之间的矛盾，区域之间经济社会发展不平衡的矛盾，人口众多与资源相对短缺的矛盾，一些现行政策和法规与实施可持续发展战略的实际需求之间的矛盾等。

——亟待解决的问题主要有：人口综合素质不高，人口老龄化加快，社会保障体系不健全，城乡就业压力大，经济结构不尽合理，市场经济运行机制不完善，能源结构中清洁能源比重仍然很低，基础设施建设滞后，国民经济信息化程度依然很低，自然资源开发利用中的浪费现象突出，环境污染仍较严重，生态环境恶化的趋势没有得到有效控制，资源管理和环境保护立法与实施还存在不足。

随着经济全球化的不断发展，国际社会对可持续发展与共同发展的认识不断深化，行动步伐有所加快。我国应以加入世贸组织为契机，充分发挥社会主义市场经济体制的优越性，进一步发挥政府在组织、协调可持续发展战略中的作用，正确处理好经济全球化与可持续发展的关系，抓住2002年联合国可持续发展世界首脑会议成功召开的契机，进一步积极参与国际合作，维护国家的根本利益，保障我国的国家经济安全和生态环境安全，促进我国可持续发展战略的顺利实施。

第二部分　指导思想、目标与原则

一、指导思想

我国实施可持续发展战略的指导思想是：坚持以人为本，以人与自然和谐为主线，以经济发展为核心，以提高人民群众生活质量为根本出发点，以科技和体制创新为突破口，坚持不懈地全面推进经济社会与人口、资源和生态环境的协调，不断提高我国的综合国力和竞争力，为实现第三步战略目标奠定坚实的基础。

二、发展目标

我国21世纪初可持续发展的总体目标是：可持续发展能力不断增强，经济结构调整取得显著成效，人口总量得到有效控制，生态环境明显改善，资源利用率显著提高，促进人与自然的和谐，推动整个社会走上生产发展、生活富裕、生态良好的文明发展道路。

——通过国民经济结构战略性调整，完成从“高消耗、高污染、低效益”向“低消耗、低污染、高效益”转变。促进产业结构优化升级，减轻资源环境压力，改变区域发展不平衡，缩小城乡差别。

——继续大力推进扶贫开发，进一步改善贫困地区的基本生产、生活条件，加强基础设施建设，改善生态环境，逐步改变贫困地区经济、社会、文化的落后状况，提高贫困人口的生活质量和综合素质，巩固扶贫成果，尽快使尚未脱贫的农村人口解决温饱问题，并逐步过上小康生活。

——严格控制人口增长，全面提高人口素质，建立完善的优生优育体系和社会保障体系，基本实现人人享有社会保障的目标；社会就业比较充分；公共服务水平大幅度提高；防灾减灾能力全面提高，灾害损失明显降低。加强职业技能培训，提高劳动者素质，建立健全国家职业资格证书制度。到2010年，全国人口数量控制在14亿以内，年平均自然增长率控制在9‰以内。全国普及九年义务教育的人口覆盖率进一步提高，初中阶段毛入学率超过95%，高等教育毛入学率达到20%左右，青壮年非文盲率保持在95%以上。

——合理开发和集约高效利用资源，不断提高资源承载能力，建成资源可持续利用的保障体系和重要资源战略储备安全体系。

——全国大部分地区环境质量明显改善，基本遏制生态恶化的趋势，重点地区的生态功能和生物多样性得到基本恢复，农田污染状况得到根本改善。到2010年，森林覆盖率达到20.3%，治理“三化”(退化、沙化、碱化)草地3300万公顷，新增治理水土流失面积5000万公顷，二氧化硫、工业固体废物等主要污染物排放总量比前5年下降10%，设市城市污水处理率达到60%以上。

——形成健全的可持续发展法律、法规体系；完善可持续发展的信息共享和决策咨询服务体系；全面提高政府的科学决策和综合协调能力；大幅度提高社会公众参与可持续发展的程度；参与国际社会可持续发展领域合作的能力明显提高。

三、基本原则

——持续发展，重视协调的原则。以经济建设为中心，在推进经济发展的过程中，促进人与自然的和谐，重视解决人口、资源和环境问题，坚持经济、社会与生态环境的持续协调发展。

——科教兴国，不断创新的原则。充分发挥科技作为第一生产力和教育的先导性、全局性和基础性作用，加快科技创新步伐，大力发展各类教育，促进可持续发展战略与科教兴国战略的紧密结合。

——政府调控，市场调节的原则。充分发挥政府、企业、社会组织和公众四方面的积极性，政府要加大投入，强化监管，发挥主导作用，提供良好的政策环境和公共服务，充分运用市场机制，调动企业、社会组织和公众参与可持续发展。

——积极参与，广泛合作的原则。加强对外开放与国际合作，参与经济全球化，利用国际、国内两个市场和两种资源，在更大空间范围内推进可持续发展。

——重点突破，全面推进的原则。统筹规划，突出重点，分步实施；集中人力、物力和财力，选择重点领域和重点区域，进行突破，在此基础上，全面推进可持续发展战略的实施。

第三部分 重点领域

一、经济发展

按照“在发展中调整，在调整中发展”的动态调整原则，通过调整产业结构、区域结构和城乡结构，积极参与全球经济一体化，全方位逐步推进国民经济的战略性调整，初步形成资源消耗低、环境污染少的可持续发展国民经济体系。

——产业结构调整。对农业和农村经济结构进行战略性调整，提高土地和水资源的利用率，减少对环境的污染和对生态环境的破坏；调整种植业、养殖业内部结构，优化农业生产区域布局，大力推进农业产业化经营，推进乡镇企业技术进步和体制创新。对工业进行改组改造和结构优化升级，减少产业发展对资源环境造成的压力，用高新技术和先进适用技术改造提升传统产业，有重点地改造一批骨干企业和发展一批高技术工程。大力发展服务业，提高供给能力和服务水平，满足人民生活质量日益增长的需要，发展以住宅为重点的房地产业，加强旅游基础设施和配套设施建设，优化配置和充实社区服务设施，壮大社区服务业，改造提升传统流通业、运输业和邮政服务业；发展信息产业，实施信息化战略，推进政务、金融、外贸、广播电视、教育、科技、医疗卫生、社会保障和公用事业等重点领域信息化进程。加强基础设施建设，加强以大江大河治理为重点的防洪工程建设，加快南水北调等水资源宏观配置工程，加快重点公路国道主干网建设，建设改造主要铁路通道。

——区域发展与消除贫困。调整区域结构，减缓区域发展不平衡，通过扶贫和推进西部大开发战略，加快西部地区的水利、交通、能源、通信、广播电视和城市基础设施建设，加快发展特色经济，提高资源利用效率，减少污染物排放；逐步消除绝对贫困和减少相对贫困，继续实行开发式扶贫，实行政府主导，社会各界参与扶贫开发，采取社会、经济、生态环境综合配套的扶贫措施，改善贫困地区生产、生活、医疗卫生等基本条件；积极稳妥地开展生态移民，减轻生态恶化地区的压力，促进生态保护和恢复。

——城镇化与小城镇建设。加强城镇体系规划，积极发展中小城市，完善区域性中心城市的功能，发挥大城市的辐射带动作用，有重点地发展小城镇。适时、科学、稳妥地调整城镇行政区划设置，构建适应我国城镇可持续发展的体制框架、政策框架和规划体系，积极稳妥地推进城镇化进程，完善城镇社会经济综合发展规划，分类指导不同类型的城镇发展。发展城乡一体化的劳动力、资金等要素市场，加快农村人口向城镇转移的步伐。把引导农村中小企业合理集聚、完善农村市场体系、发展农业产业化经营和社会化服务等与小城镇建设结合起来，通过繁荣小城镇经济，提高小城镇对农村人口的吸纳能力。加强城镇基础设施建设，提高城镇的就业容量，健全城镇居住、公共服务和社会服务等功能；加强城市社区管理，建设有序、文明、祥和的新型社区，创造良好的人居环境，加强城镇综合治理，改善城镇环境，形成各具特色的城镇风格，全面提高城镇管理水平。

——积极应对经济全球化。优化出口商品结构，完善进口商品管理，扩大机电产品和高新技术产品的出口，限制和禁止影响人类健康、安全、破坏环境的商品和技术进出口；逐步提高进出口商品的环境质量标准，建立健全保护人类健康、动植物健康和环境的管理体制；大力发展国际经贸，吸引外资投向我国鼓励发展的领域和地区，鼓励有实力的国内企业向海外发展；提高产业国际竞争力，将传统的资源密集型产业调整为劳动密集型、技术密集型和资本密集型相结合的产业；积极参与多边贸易、环境等规则制定，与国际社会共同努力，反对利用环境、人权等问题制造新的贸易壁垒，切实保障可持续发展战略的顺利实施。

二、社会发展

建立完善的人口综合管理与优生优育体系，稳定低生育水平，控制人口总量，提高人口素质。建立与经济发展水平相适应的医疗卫生体系、劳动就业体系和社会保障体系。大幅度提高公共服务水平。建立健全灾害监测预报、应急救助体系，全面提高防灾减灾能力。

——加强人口综合管理。坚持计划生育基本国策，稳定现行生育政策，加快我国有关人口方面的法律法规体系建设；切实加强计划生育基层基础工作，农村抓村组，城市抓社区，落实企事业单位计划生育法人责任制，加强计划生育技术服务网络建设，提高干部队伍管理和服务水平；加强社会主义新型生育观念和生育文化宣传教育，加强计划生育利益导向机制建设，加强与计划生育相关的社会保障制度建设；采取多种综合措施，鼓励家庭实行计划生育，加强计划生育人群权益保护；加强对流动人口的综合管理；高质量、高水平地普及九年义务教育，搞好学前教育，在城市和发达地区普及高中阶段教育，加强高等教育，发展继续教育，提高人口素质。

——完善社会保障体系。建立独立于企业事业单位之外，资金来源多元化、保障制度规范化、管理服务社会化的社会保障体系。调整和完善城镇职工基本养老保险制度；稳步推动国有企业下岗职工基本生活保障向失业保险并轨，健全失业保险制度；努力扩大基本医疗保险覆盖面，稳步推进工伤保险和生育保险；加强和完善以城市居民最低生活保障制度为基础的社会救济制度，加快社会福利特别是社区老年福利事业的发展；在有条件的地区探索建立农村养老、医疗保险和最低生活保障制度；实现社会保障管理和服务的社会化；加强社会保障资金的筹集和管理；加快社会保障立法步伐；加快社会保障信息系统建设；实行积极的就业政策，千方百计扩大就业，广开就业门路，发展劳动密集型产业；引导全社会转变就业观念，推行灵活多样的就业形式，鼓励自谋职业和自主创业；完善就业服务体系，加强职业技能培训，提高劳动者素质。

——发展卫生事业。建立健全卫生法律法规体系、监督执法体系。继续深化医疗卫生管理体制改革，完善政府调控下的各项医疗卫生管理政策；优化卫生资源配置，合理布局，逐步形成以社区卫生服务为基础、分工合理、方便、快捷的新型城镇卫生服务体系；加强农村卫生事业建设，建立适应农村社会经济发展要求，具有预防保健和基本医疗功能的农村卫生服务体系，基本实现农民人人享有初级卫生保健目标；提高对突发事件、紧急疫情的迅速反应和处理能力，加强对重大疾病的预防与有效控制；切实加强妇女儿童的预防保健工作，提高儿童全程免疫接种率，全面提高妇女儿童的保健水平；加强社会养老保障建设，完善老年医疗、康复服务以及医院、社区卫生服务与家庭护理服务体系；加强职业病的防治，保护从业人员健康；全面普及卫生知识，提倡健康的生活习惯与生活方式。

——加强灾害综合管理。进一步完善灾害管理法律法规，增强全民防灾减灾意识；制定防灾减灾规划和应急方案；建立和完善主要自然灾害以及重大事故的监测、预报预警系统，全面提升和整合信息处理能力，提高预报的时效性和准确性；加强部门协作与配合，建立完善的灾害处理应急指挥系统和减灾救灾综合协调机制，加强防灾减灾工程建设、救援物资和设备储备，形成一支快速反应的救灾力量，提高紧急救援能力，减少灾害造成的人员伤亡和经济损失；推进经常性社会捐助工作网络建设和制度建设，逐步形成良好的社会化灾害救助机制。

三、资源优化配置、合理利用与保护

合理使用、节约和保护资源，提高资源利用率和综合利用水平。建立重要资源安全供应体系和战略资源储备制度，最大限度地保证国民经济建设对资源的需要。

——水资源优化配置、合理利用、有效保护与安全供给。健全水资源开发、管理与保护的法律法规体系，实施更严格的水资源管理政策；实施水资源流域管理与行政区域管理相结合的管理体制；明确水权，实施流域与区域水资源总量的分配制度，合理调配生活、生产和生态用水；实施国民经济和社会发展规划、城市总体规划、重大建设项目水资源论证制度，促进水资源利用与人口、环境、经济社会协调发展；建立合理的价格机制和激励机制，实施计划用水与定额用水相结合的综合管理措施，推行用水审计，促进水资源的合理利用；鼓励发展节水农业、节水工业，建设节水型城市和节水型社会，全面节约用水，提高水的利用率；实施水功能区划管理制度，有效保护水资源；实施南水北调工程，改善水资源的宏观布局；大力提倡污水再生利用等非传统水资源的开发利用；在沿海地区积极开发利用海水资源，推广应用海水淡化技术，补充陆地淡水不足。

——土地合理利用。贯彻执行十分珍惜、合理利用土地和切实保护耕地的基本国策，坚持实行世界上最严格的土地管理制度；加强土地资源调查、评价和监测，科学编制和严格实施土地利用总体规划；加强耕地保护和基本农田建设，防止耕地质量退化，确保国家粮食安全；加强林地保护和森林资源建设，确保国土生态安全；合理调整土地利用结构与布局，提高土地利用效率；加强建设用地管理，控制建设用地规模，促进农民居住向城镇集中、工业向工业园区集中，保障经济建设必需的土地；积极开展土地整理和复垦，适度开发土地后备资源；加强土地资产管理，深化土地使用制度改革，大力推进土地使用权市场建设，完善地价管理制度和土地税费体系，引导集约高效利用土地资源；完善土地产权制度，保障农户承包经营权；改革征地制度；深入开展土地科技的研究与应用，扩大土地遥感监测，逐步完善土地利用管理信息系统；加强土地法制建设，完善土地管理法律法规，健全土地执法体制，加大土地执法力度。

——改善能源结构，提高能源效率。大力发展天然气、水电、可再生能源、新能源等清洁能源，发展清洁燃料公共汽车和电动公共汽车，积极利用国外油气资源，努力降低煤炭在一次能源消费中的比重；大力发展清洁利用煤炭和热电联产集中供热技术，强化能源节约，提高能源利用效率，减少环境污染；在适宜地区大力发展沼气、节能灶、太阳能、风能等，改善农村能源结构；实施西气东输、西电东送等重大工程，改善能源布局。

——森林资源的可持续利用。加大森林资源保护、管理、监督和执法力度，制止乱砍滥伐林木、毁林开垦等行为，提高全民保护森林资源的意识；积极落实森林资源管护经营责任制，明确“责、权、利”关系，理顺森林资源管理体制；深化林业的分类经营改革；调整和完善不适应的林业政策，切实减轻林业税费负担；提高科技含量，以高新技术改造传统产业和淘汰落后生产方式，加快发展速生丰产用材林基地和林业产业；加大生态环境建设力度，全面实施天然林资源保护等林业重点工程建设。

——草地资源的可持续利用。加强草原管理机构建设，强化管理职能，加大执法力度；积极落实草原承包制，明确草原使用的“责、权、利”关系；提高科技含量，改变草原资源利用方式，变传统的粗放数量型为质量效益型；加大以人工种草、飞播种草、围栏封育、草场改良、划区轮牧和草地鼠虫害防治等为主要内容的天然草原保护建设实施力度，防止超载过牧，强化“三化”草地治理，恢复天然草场植被。

——矿产资源的可持续利用。进一步健全矿产资源法律法规体系；科学编制和严格实施矿产资源规划，加强对矿产资源开发利用的宏观调控，促进矿产资源勘查和开发利用的合理布局。进一步加强矿产资源调查评价和勘查工作，提高矿产资源保证程度；对战略性矿产资源实行保护性开采。健全矿产资源有偿使用制度，依靠科技进步和科学管理，促进矿产资源利用结构的调整和优化，提高资源利用效率。充分利用国内外资金、资源和市场，建立大型矿产资源基地和海外矿产资源基地。加强矿山生态环境恢复治理和保护。

——海洋资源的可持续利用。制定合理利用和保护海洋的发展规划；严格执行海洋功能区划，强化海域使用管理，加强海域使用审批，全面推行海域有偿使用制度；加强海洋监测、执法管理系统建设；开展全国性海洋生态环境调查与研究；大力发展海洋高新技术，积极开发利用深海和大洋资源。

——气候资源的可持续利用。进一步增强全民的气候资源意识；建立和健全气候资源开发利用与保护的法律法规体系；制定气候资源合理开发利用与保护规划；及时修订、更新气候资源区划；采用先进的计算机信息处理技术和遥感技术，加强对气候资源的监测与评估；建立气候资源合理开发利用的试验示范基地。重点做好农业气候资源、风能、太阳能的监测、区划、规划和试验示范工作。

——矿产资源战略储备。建立战略矿产资源储备制度，完善相关经济政策和管理体制；建立战略矿产资源安全供应的预警系统，在大城市实行多水源供给的水资源战略储备制度；采用国家储备与社会储备相结合的方式，实施石油等重要矿产资源战略储备。

四、生态保护和建设

建立科学、完善的生态环境监测、管理体系，形成类型齐全、分布合理、面积适宜的自然保护区，建立沙漠化防治体系，强化重点水土流失区的治理，改善农业生态环境，加强城市绿地建设，逐步改善生态环境质量。

——生态环境监测及安全评价。建立完善的生态环境监测与安全评估技术和标准体系，形成国家级、区域级、保护区等多层次的生态环境监测体系；采用遥感和地面监测等现代技术手段对森林、草地、湿地、农田、自然保护区、沙漠、水土保持、农业生态环境、生物多样性、大型生态建设工程、重点资源开发区及土地利用变化等进行有效监测与管理，对严重突发污染事故和海上赤潮、石油污染、沙尘暴等灾害进行应急跟踪监测；建立生态环境安全评价及预警预报系统。

——建设林业重点生态工程。重点保护长江上游、黄河中上游和东北国有林区天然林资源，治理水土流失，减少风沙危害，加强生物多样性保护，建立速生丰产林基地，逐步满足人们对生态环境和林副产品的需求。加快实施天然林保护，退耕还林，京津风沙源治理，“三北”和长江中下游地区等重点防护林建设、野生动植物及自然保护区建设、重点地区速生丰产用材林基地建设六大林业生态工程。

——建立自然保护区。加强现有森林生态系统、珍稀野生动物、荒漠生态系统、内陆湿地和水域生态系统等类型自然保护区建设，强化现有草原与草甸生态系统、海洋和海岸生态系统、野生植物、地质遗迹、古生物遗迹等类型自然保护区的建设；在长江、黄河等大江大河源头区域及青藏高原的重要天然湿地，西南、东北以及西北荒漠地区等生物多样性丰富、原生生态系统保存较好且生态敏感区域以及珍稀濒危物种的栖息地，有计划地建立一批质量高、有实效的自然保护区。合理空间布局，加强生物走廊带建设。

——建立生态功能保护区。加强现有生态功能保护区的建设和管理；在江河源区，长江、黄河和松花江等流域重要湿地（湖泊），塔里木河、黑河等内陆河流域，南方红壤丘陵区、黄土高原、北方土石山区，农牧交错区、干旱草原地区，近海重要渔业水域建立生态功能保护区；调整生态功能保护区内的产业结构，发展生态“友好型”的产业，最大限度地减轻人为活动对生态系统的影响；坚持“封育为主，宜治则治，宜荒则荒”的原则，尽快恢复与重建生态功能。

——防治土地沙化。制定适合土地沙化地区经济发展的经营机制和政策，研究、推广防治土地沙化的适应耕作制度；形成防、治、用有机结合的土地沙化防治体系；干旱沙漠边缘及绿洲类型区以保护现有植被为主，在绿洲外围建立综合防护体系；半干旱沙地类型区主要是保护和恢复林草植被；高原高寒沙化土地类型区主要是在做好现有植被保护的前提下，对人类经济活动集中地区的沙化土地进行治理；黄淮海平原半湿润、湿润沙地类型区应全面治理沙化土地并适度开发利用，南方湿润沙地类型区应对沙化土地进行综合治理和开发。对不具备治理条件和不宜开发利用的连片沙化土地，采取措施，严禁开发。

——加强水土保持。完善水土保持政策，落实国家对退耕还林、还草的各项政策，加强基本农田和草原水利建设；坚持水资源保护与开发相结合，水土流失治理与群众脱贫致富、发展地方经济相结合的原则，实施以大流域为骨干、以小流域为单元的综合治理，防止大规模开发建设过程中造成新的人为水土流失；建立工程措施、生物措施和耕作措施相结合的综合防治体系；研究、开发和推广水土保持实用技术，加强国际合作与交流，引进和推广先进技术、优良品种、管理方法和手段。

——发展生态农业。加大对农业野生生物资源保护的监督管理力度，抢救性收集重点地区农业野生生物资源，建立农业野生生物原生地保护示范区或保护点；大力开展保护性耕作，继续开展旱作农业示范县和生态农业示范县建设；制定有效的政策及管理机制，研究、推广生态农业关键技术和模式，鼓励农民采用清洁生产技术，合理使用化肥、农药，开展农业废弃物综合利用，建立可持续发展的农业生态系统；健全无公害农产品法律法规、标准、检测体系，完善农业生态环境检测、评价及预警系统；强化农产品生产基地及产品安全管理，创建各类特色的无公害农产品生产示范基地及品牌。

——加强风景名胜区保护。按照“严格保护、统一管理、合理开发、永续利用”的原则，编制风景名胜区规划，并严格实施。风景名胜区规划中要划定核心保护区（包括生态保护区、自然景观区和史迹保护区）保护范围，制定专项保护规划，确定保护重点和保护措施。核心保护区禁止与资源保护无关的工程建设。风景名胜区规划要与当地土地利用总体规划协调一致。

——重视城市生态环境建设。合理规划城市建设用地，建立并严格实施城市“绿线”管制制度。按现代化城市的标准，确保一定比例的公共绿地和较大面积的城市周边生态保护区域。加大城市绿化建设力度，提高城市大气环境质量。大力推动园林城市创建活动，减轻“城市热岛效应”。加强城市建设项目环境保护及市容环境管理，减少扬尘和噪音。

五、环境保护和污染防治

实施污染物排放总量控制，开展流域水质污染防治，强化重点城市大气污染防治工作，加强重点海域的环境综合整治。加强环境保护法规建设和监督执法，修改完善环境保护技术标准，大力推进清洁生产和环保产业发展。积极参与区域和全球环境合作，在改善我国环境质量的同时，为保护全球环境做出贡献。

——流域水污染防治。加大重点河流和湖泊水污染防治力度，加强饮用水源地保护、富营养化湖泊治理、面源污染控制；推行清洁生产，进一步减少污染物排放量；实行流域污染物排放总量控制，提高污水处理率，在一些行业推行污水零排放；继续加大城市污水和垃圾处理设施的建设力度；优化产业、产品结构，发展环保高技术，加快研发和推广适合国情的重污染行业污染治理技术工艺，提升我国整体产业水平和水污染治理水平。

——海洋污染防治。完善全国海洋环境监测网络，强化海洋污染及生态环境监测；逐步减少陆源污染物向海排放和各种海洋生产、开发活动对海洋造成的污染，实施污染物入海总量控制制度；开展重点海域的环境综合整治，加大海岸带生态环境保护与建设力度。

——大气污染防治。控制致酸物质、有毒有害工业气体排放，防治酸雨、可吸入颗粒物、光化学烟雾和室内空气污染。

——城市交通管理。整合城市交通结构，优先发展公共交通，特大城市要注重发展轨道交通，建立公共交通优先的路网系统，控制城市机动车尾气污染和噪声污染。

——固体废物污染防治。逐步实行垃圾分类收集，实现垃圾的无害化、减量化、资源化，提高垃圾无害化处理率和综合利用率；进一步提高固体废弃物中可利用物质的综合利用率，加强矿山环境保护和生态恢复治理；加强危险废物的安全处置。

——环保产业发展。规范环保产业市场，优化环保产业结构，通过推进污染治理市场化、企业化、产业化，构筑面向市场的环保技术服务体系和良好的市场运行机制；制定引导环保产业发展的配套政策，加强环境保护关键技术和工艺设备的研究开发，提高高效实用环保设备的生产能力，促进重大环保设备的成套化、系列化和标准化；通过环境标准、技术政策、示范工程和重点实用技术等引导环保产业发展；实施ISO14000环境管理体系、环境标志产品认证制度，大力加强环保中介、环保技术和工程服务。

六、能力建设

建立完善人口、资源和环境的法律制度，加强执法力度，充分利用各种宣传教育媒体，全面提高全民可持续发展意识，建立可持续发展指标体系与监测评价系统，建立面向政府咨询、社会大众、科学研究的信息共享体系。

——可持续发展的立法与实施。加强可持续发展立法，完善有关法律制度；以可持续发展为原则，制定和完善人口、资源、生态环境、自然灾害防治以及信息资源共享和利用等方面的法规；根据市场经济运行规律和世贸组织的规则，修订相应的法规。建立健全可持续发展的法律实施保障体系，严格依法行政，加强执法监督，切实保证可持续发展的各项法律制度得以实施。

——可持续发展指标体系与监测评价。逐步建立符合我国国情、多层次的可持续发展指标体系和监测评价系统，开展国家和地区的可持续发展水平监测评价，定期发布监测评价报告。

——可持续发展的信息共享。建立公共基础数据、人口、社会经济、资源、生态、环境和灾害等信息库，实现基于高速网络基础上的、面向社会各界的、具有数据分析与处理能力的信息共享和信息服务体系；建立适应于政府决策的信息共享网络。

第四部分 保障措施

面对新世纪的国际国内环境，为了实现本《纲要》中提出的各项目标，必须采取行政、经济、科技、法律等手段，从加强部门协调、拓宽融资渠道、依靠科教支撑、健全法规制度等方面采取切实有效的保障措施。按照“三个代表”重要思想的要求，以高度的责任感和使命感，切实推进可持续发展战略的顺利实施。

一、运用行政手段，提高可持续发展的综合决策水平

——加强领导，抓好管理。各级政府都要认真贯彻可持续发展战略，将《纲要》所确定的有关人口资源环境等方面的任务纳入日常工作议程。继续坚持和认真落实人口资源环境工作党政一把手亲自抓、负总责的制度，逐级建立和完善严格的责任制。由政府负责，协调部门制定政策、明确任务，落实责任、督促检查，做到责任、措施和投入"三到位"。不断提高政府统筹规划和政策协调以及规范管理的能力和水平。

——强化监督，狠抓落实。结合完善规范、科学的公务员政绩考核和奖惩制度，使各级政府主要领导关心和重视人口、资源和环境的可持续发展。各级政府应当确保将可持续发展工作纳入相关的战略、规划和计划，并且贯穿到计划实施的全过程。逐步将领导干部实施可持续发展战略的评估结果和最后验收结果作为定量考核和评估其工作实绩的主要依据。

——统一协调，综合决策。建立和完善人口资源环境与经济社会的统一协调机制与综合决策激励机制；制定有利于综合考核地区和企业可持续发展水平的指标体系，试行将资源环境成本纳入国民经济核算体系；试行重大项目和重大决策的可持续发展影响评价制度，建立公众参与综合决策的渠道，提高政府推进可持续发展的公共服务水平。

二、运用经济手段，建立有利于可持续发展的投入机制

——建立有利于可持续发展的相对稳定的资金投入筹措机制。逐步加大各级政府在可持续发展方面的必要投入，引导非国有资金甚至国外资金投入可持续发展领域，大幅度提高实施可持续发展战略的资金保障程度和稳定性，提高对投入可持续发展资金使用的管理水平和投入资金的经济效益。

——建立有利于引导各类利益主体参与可持续发展的价格调节机制。通过价格调节，引导各类相关利益主体的法人强化节约资源，严格保护城乡生态环境，真正发挥价格机制在资源的市场供求和可持续利用等方面的调节功能。

三、运用科教手段，为推进可持续发展提供强有力的支撑

——深化科技体制改革，建设国家创新体系。通过机制创新和管理创新，逐步形成既顺应市场经济要求，又符合科技发展自身规律的科技体制。优化科技资源配置，进一步加强与可持续发展相关的科学研究体系、技术开发体系、科技服务体系建设，调动科技人员从事可持续发展领域研究和产业化的积极性、创造性，促进实现人口资源环境的可持续发展。

——依靠科技，大力开发、推广和应用先进适用的生态"友好型"实用技术。集中力量研究开发一批对可持续发展有重大影响的关键技术，提高可持续发展技术水平和能力；在加快企业结构调整的过程中，推行清洁生产，并与企业技术进步、节能降耗、资源综合利用和加强企业管理结合起来，加快各类企业环境污染由末端治理向全过程控制的根本转变。加快建立和完善以开展清洁生产为重点的工业污染综合防治模式，鼓励和支持企业采用高新技术，使用新型能源，走低能耗、物耗、少排污的清洁生产发展道路；选择具备条件的地区或企业，扶持建立若干生态和环保研发中心，组织开展技术和装备攻关，提高环保设备成套化、系列化水平。

——积极发展各级各类教育，提高全民可持续发展意识。强化人力资源开发，提高公众参与可持续发展的科学文化素质。在基础教育以及高等教育教材中增加关于可持续发展的内容，在中小学开设"科学"课程，在部分高等学校建立一批可持续发展的示范园(区)。政府有关部门要在经费投入和工作安排上加大面向全社会宣传、普及、推广、应用等软环境建设的力度。科研机构定期向社会开放。利用大众传媒和网络广泛开展国民素质教育和科学普及。加快培育一大批熟悉优生优育、生态环境保护、资源节约、绿色消费等方面基本知识和技能的科研人员、公务员和志愿者。积极鼓励与支持社会组织和民间团体参与促进可持续发展的各项活动。

四、运用法律手段、提高实施可持续发展战略的法治化水平

——继续加强可持续发展方面的立法工作。研究、制定一些新的法律法规，加快修改完善现有法律法规，形成基本完善的可持续发展法律制度。各地区要按照国家法律法规，根据当地实际情况，制定实施一些地方性法规，以促进发展各具特色的区域性可持续发展模式和道路。

——做好相应的配套制度建设和标准制定工作。建立健全有关可持续发展的各项管理制度，包括现行的各项环境管理制度、自然资源权属管理制度、有偿使用制度和使用权(产权)流转制度、流动人口综合管理制度等，逐步形成具有中国特色社会主义的人口资源环境工作管理制度体系。

——大力提高全社会的公共监督和法制化管理水平。加强执法队伍建设，加大执法力度，注意发挥新闻单位、社会中介组织的监督作用，切实保障各级政府和执法部门依法行使管理职能；注重人口资源环境有关法律法规知识的宣传、普及和教育，尽快提高社会大众的可持续发展法律意识和法制观念。

五、运用示范手段，做好重点区域和领域的试点示范工作

加强可持续发展的试点示范工作，总结经验，逐步推进可持续发展战略的实施。通过开展试点示范工作，建立一批可持续发展基地，形成集技术、管理、政策、机制于一体的综合示范；围绕可持续发展领域的重大问题，开展政策、战略和关键技术研究。通过典型区域和领域的试点示范，解决地方普遍遇到的资源利用、生态环境保护、结构调整和经济增长方式转变等方面的问题，形成不同类型的可持续发展模式，并向周围其他地区辐射推广。

六、加强国际合作，为可持续发展创造良好的国际环境

积极参与全球环境合作，就参与各类环境条约问题制定对策，认真履行参加的各类国际条约，贯彻落实可持续发展世界首脑会议等相关国际会议达成的决议和决定；重视并积极推动双边和多边国际合作，利用各种渠道促进国内环境保护，维护我国利益，为可持续发展创造良好的国际环境；适应经济全球化和我国加入世贸组织的新形势，逐步建立和完善以绿色产品、技术、服务为主导的投资贸易政策体系，充分利用国际国内两种资源和两个市场，促进我国可持续发展战略的顺利实施。

第十九篇 能源法律法规

ENERGY LAWS AND REGULATIONS

第一章

能源综合法律法规

中华人民共和国矿产资源法（修正）

全国人民代表大会常务委员会通过

颁布日期：19860319　修正日期：19960829　实施日期：19970101

第一章　总　则

第一条　为了发展矿业，加强矿产资源的勘查、开发利用和保护工作，保障社会主义现代化建设的当前和长远的需要，根据中华人民共和国宪法，特制定本法。

第二条　在中华人民共和国领域及管辖海域勘查、开采矿产资源，必须遵守本法。

第三条　矿产资源属于国家所有，由国务院行使国家对矿产资源的所有权。地表或者地下的矿产资源的国家所有权，不因其所依附的土地的所有权或者使用权的不同而改变。

国家保障矿产资源的合理开发利用。禁止任何组织或者个人用任何手段侵占或者破坏矿产资源。各级人民政府必须加强矿产资源的保护工作。

勘查、开采矿产资源，必须依法分别申请、经批准取得探矿权、采矿权，并办理登记；但是，已经依法申请取得采矿权的矿山企业在划定的矿区范围内为本企业的生产而进行的勘查除外。国家保护探矿权和采矿权不受侵犯，保障矿区和勘查作业区的生产秩序、工作秩序不受影响和破坏。

从事矿产资源勘查和开采的，必须符合规定的资质条件。

第四条　国家保障依法设立的矿山企业开采矿产资源的合法权益。

国有矿山企业是开采矿产资源的主体。国家保障国有矿业经济的巩固和发展。

第五条　国家实行探矿权、采矿权有偿取得的制度；但是，国家对探矿权、采矿权有偿取得的费用，可以根据不同情况规定予以减缴、免缴。具体办法和实施步骤由国务院规定。

开采矿产资源，必须按照国家有关规定缴纳资源税和资源补偿费。

第六条 除按下列规定可以转让外，探矿权、采矿权不得转让：

（一）探矿权人有权在划定的勘查作业区内进行规定的勘查作业，有权优先取得勘查作业区内矿产资源的采矿权。探矿权人在完成规定的最低勘查投入后，经依法批准，可以将探矿权转让他人。

（二）已取得采矿权的矿山企业，因企业合并、分立，与他人合资、合作经营，或者因企业资产出售以及有其他变更企业资产产权的情形而需要变更采矿权主体的，经依法批准可以将采矿权转让他人采矿。

前款规定的具体办法和实施步骤由国务院规定。

禁止将探矿权、采矿权倒卖牟利。

第七条 国家对矿产资源的勘查、开发实行统一规划、合理布局、综合勘查、合理开采和综合利用的方针。

第八条 国家鼓励矿产资源勘查、开发的科学技术研究，推广先进技术，提高矿产资源勘查、开发的科学技术水平。

第九条 在勘查、开发、保护矿产资源和进行科学技术研究等方面成绩显著的单位和个人，由各级人民政府给予奖励。

第十条 国家在民族自治地方开采矿产资源，应当照顾民族自治地方的利益，做出有利于民族自治地方经济建设的安排，照顾当地少数民族群众的生产和生活。

民族自治地方的自治机关根据法律规定和国家的统一规划，对可以由本地方开发的矿产资源，优先合理开发利用。

第十一条 国务院地质矿产主管部门主管全国矿产资源勘查、开采的监督管理工作。国务院有关主管部门协助国务院地质矿产主管部门进行矿产资源勘查、开采的监督管理工作。

省、自治区、直辖市人民政府地质矿产主管部门主管本行政区域内矿产资源勘查、开采的监督管理工作。省、自治区、直辖市人民政府有关主管部门协助同级地质矿产主管部门进行矿产资源勘查、开采的监督管理工作。

第二章 矿产资源勘查的登记和开采的审批

第十二条 国家对矿产资源勘查实行统一的区块登记管理制度。矿产资源勘查登记工作，由国务院地质矿产主管部门负责；特定矿种的矿产资源勘查登记工作，可以由国务院授权有关主管部门负责。矿产资源勘查区块登记管理办法由国务院制定。

第十三条 国务院矿产储量审批机构或者省、自治区、直辖市矿产储量审批机构负责审查批准供矿山建设设计使用的勘探报告，并在规定的期限内批复报送单位。勘探报告未经批准，不得作为矿山建设设计的依据。

第十四条 矿产资源勘查成果档案资料和各类矿产储量的统计资料，实行统一的管理制度，按照国务院规定汇交或者填报。

第十五条 设立矿山企业，必须符合国家规定的资质条件，并依照法律和国家有关规定，由审批机关对其矿区范围、矿山设计或者开采方案、生产技术条件、安全措施和环境保护措施等进行审查；审查合格的，方予批准。

第十六条 开采下列矿产资源的，由国务院地质矿产主管部门审批，并颁发采矿许可证：

（一）国家规划矿区和对国民经济具有重要价值的矿区内的矿产资源；

（二）前项规定区域以外可供开采的矿产储量规模在大型以上的矿产资源；

（三）国家规定实行保护性开采的特定矿种；

（四）领海及中国管辖的其他海域的矿产资源；

（五）国务院规定的其他矿产资源。

开采石油、天然气、放射性矿产等特定矿种的，可以由国务院授权的有关主管部门审批，并颁发采矿许可证。

开采第一款、第二款规定以外的矿产资源，其可供开采的矿产的储量规模为中型的，由省、自治区、直辖市人民政府地质矿产主管部门审批和颁发采矿许可证。

开采第一款、第二款和第三款规定以外的矿产资源的管理办法，由省、自治区、直辖市人民代表大会常务委员会依法制定。

依照第三款、第四款的规定审批和颁发采矿

许可证的，由省、自治区、直辖市人民政府地质矿产主管部门汇总向国务院地质矿产主管部门备案。

矿产储量规模的大型、中型的划分标准，由国务院矿产储量审批机构规定。

第十七条　国家对国家规划矿区、对国民经济具有重要价值的矿区和国家规定实行保护性开采的特定矿种，实行有计划的开采；未经国务院有关主管部门批准，任何单位和个人不得开采。

第十八条　国家规划矿区的范围、对国民经济具有重要价值的矿区的范围、矿山企业矿区的范围依法划定后，由划定矿区范围的主管机关通知有关县级人民政府予以公告。

矿山企业变更矿区范围，必须报请原审批机关批准，并报请原颁发采矿许可证的机关重新核发采矿许可证。

第十九条　地方各级人民政府应当采取措施，维护本行政区域内的国有矿山企业和其他矿山企业矿区范围内的正常秩序。

禁止任何单位和个人进入他人依法设立的国有矿山企业和其他矿山企业矿区范围内采矿。

第二十条　非经国务院授权的有关主管部门同意，不得在下列地区开采矿产资源：

（一）港口、机场、国防工程设施圈定地区以内；

（二）重要工业区、大型水利工程设施、城镇市政工程设施附近一定距离以内；

（三）铁路、重要公路两侧一定距离以内；

（四）重要河流、堤坝两侧一定距离以内；

（五）国家划定的自然保护区、重要风景区，国家重点保护的不能移动的历史文物和名胜古迹所在地；

（六）国家规定不得开采矿产资源的其他地区。

第二十一条　关闭矿山，必须提出矿山闭坑报告及有关采掘工程、不安全隐患、土地复垦利用、环境保护的资料，并按照国家规定报请审查批准。

第二十二条　勘查、开采矿产资源时，发现具有重大科学文化价值的罕见地质现象以及文化古迹，应当加以保护并及时报告有关部门。

第三章　矿产资源的勘查

第二十三条　区域地质调查按照国家统一规划进行。区域地质调查的报告和图件按照国家规定验收，提供有关部门使用。

第二十四条　矿产资源普查在完成主要矿种普查任务的同时，应当对工作区内包括共生或者伴生矿产的成矿地质条件和矿床工业远景做出初步综合评价。

第二十五条　矿床勘探必须对矿区内具有工业价值的共生和伴生矿产进行综合评价，并计算其储量。未作综合评价的勘探报告不予批准。但是，国务院计划部门另有规定的矿床勘探项目除外。

第二十六条　普查、勘探易损坏的特种非金属矿产、流体矿产、易燃易爆易溶矿产和含有放射性元素的矿产，必须采用省级以上人民政府有关主管部门规定的普查、勘探方法，并有必要的技术装备和安全措施。

第二十七条　矿产资源勘查的原始地质编录和图件，岩矿心、测试样品和其他实物标本资料，各种勘查标志，应当按照有关规定保护和保存。

第二十八条　矿床勘探报告及其他有价值的勘查资料，按照国务院规定实行有偿使用。

第四章　矿产资源的开采

第二十九条　开采矿产资源，必须采取合理的开采顺序、开采方法和选矿工艺。矿山企业的开采回采率、采矿贫化率和选矿回收率应当达到设计要求。

第三十条　在开采主要矿产的同时，对具有工业价值的共生和伴生矿产应当统一规划，综合开采，综合利用，防止浪费；对暂时不能综合开采或者必须同时采出而暂时还不能综合利用的矿产以及含有有用组分的尾矿，应当采取有效的保护措施，防止损失破坏。

第三十一条　开采矿产资源，必须遵守国家劳动安全卫生规定，具备保障安全生产的必要条件。

第三十二条　开采矿产资源，必须遵守有关环境保护的法律规定，防止污染环境。

开采矿产资源，应当节约用地。耕地、草原、林地因采矿受到破坏的，矿山企业应当因地制宜地采取复垦利用、植树种草或者其他利用措施。

开采矿产资源给他人生产、生活造成损失的，应当负责赔偿，并采取必要的补救措施。

第三十三条 在建设铁路、工厂、水库、输油管道、输电线路和各种大型建筑物或者建筑群之前，建设单位必须向所在省、自治区、直辖市地质矿产主管部门了解拟建工程所在地区的矿产资源分布和开采情况。非经国务院授权的部门批准，不得压覆重要矿床。

第三十四条 国务院规定由指定的单位统一收购的矿产品，任何其他单位或者个人不得收购；开采者不得向非指定单位销售。

第五章 集体矿山企业和个体采矿

第三十五条 国家对集体矿山企业和个体采矿实行积极扶持、合理规划、正确引导、加强管理的方针，鼓励集体矿山企业开采国家指定范围内的矿产资源，允许个人采挖零星分散资源和只能用作普通建筑材料的砂、石、黏土以及为生活自用采挖少量矿产。

矿产储量规模适宜由矿山企业开采的矿产资源、国家规定实行保护性开采的特定矿种和国家规定禁止个人开采的其他矿产资源，个人不得开采。

国家指导、帮助集体矿山企业和个体采矿不断提高技术水平、资源利用率和经济效益。

地质矿产主管部门、地质工作单位和国有矿山企业应当按照积极支持、有偿互惠的原则向集体矿山企业和个体采矿提供地质资料和技术服务。

第三十六条 国务院和国务院有关主管部门批准开办的矿山企业矿区范围内已有的集体矿山企业，应当关闭或者到指定的其他地点开采，由矿山建设单位给予合理的补偿，并妥善安置群众生活；也可以按照该矿山企业的统筹安排，实行联合经营。

第三十七条 集体矿山企业和个体采矿应当提高技术水平，提高矿产资源回收率。禁止乱挖滥采，破坏矿产资源。

集体矿山企业必须测绘井上、井下工程对照图。

第三十八条 县级以上人民政府应当指导、帮助集体矿山企业和个体采矿进行技术改造，改善经营管理，加强安全生产。

第六章 法律责任

第三十九条 违反本法规定，未取得采矿许可证擅自采矿的，擅自进入国家规划矿区、对国民经济具有重要价值的矿区范围采矿的，擅自开采国家规定实行保护性开采的特定矿种的，责令停止开采、赔偿损失，没收采出的矿产品和违法所得，可以并处罚款；拒不停止开采，造成矿产资源破坏的，依照刑法第一百五十六条的规定对直接责任人员追究刑事责任。

单位和个人进入他人依法设立的国有矿山企业和其他矿山企业矿区范围内采矿的，依照前款规定处罚。

第四十条 超越批准的矿区范围采矿的，责令退回本矿区范围内开采、赔偿损失，没收越界开采的矿产品和违法所得，可以并处罚款；拒不退回本矿区范围内开采，造成矿产资源破坏的，吊销采矿许可证，依照刑法第一百五十六条的规定对直接责任人员追究刑事责任。

第四十一条 盗窃、抢夺矿山企业和勘查单位的矿产品和其他财物的，破坏采矿、勘查设施的，扰乱矿区和勘查作业区的生产秩序、工作秩序的，分别依照刑法有关规定追究刑事责任；情节显著轻微的，依照治安管理处罚条例有关规定予以处罚。

第四十二条 买卖、出租或者以其他形式转让矿产资源的，没收违法所得，处以罚款。

违反本法第六条的规定将探矿权、采矿权倒卖牟利的，吊销勘查许可证、采矿许可证，没收违法所得，处以罚款。

第四十三条 违反本法规定收购和销售国家统一收购的矿产品的，没收矿产品和违法所得，可以并处罚款；情节严重的，依照刑法第一百一十七条、第一百一十八条的规定，追究刑事责任。

第四十四条 违反本法规定，采取破坏性的开采方法开采矿产资源的，处以罚款，可以吊销采矿许可证；造成矿产资源严重破坏的，依照刑法第一百五十六条的规定对直接责任人员追究刑事责任。

第四十五条 本法第三十九条、第四十条、第四十二条规定的行政处罚，由县级以上人民政府负责地质矿产管理工作的部门按照国务院地质矿产主管部门规定的权限决定。第四十三条规定的行政处罚，由县级以上人民政府工商行政管理部门决定。第四十四条规定的行政处罚，由省、自治区、直辖市人民政府地质矿产主管部门决定。

给予吊销勘查许可证或者采矿许可证处罚的，须由原发证机关决定。

依照第三十九条、第四十条、第四十二条、第四十四条规定应当给予行政处罚而不给予行政处罚的，上级人民政府地质矿产主管部门有权责令改正或者直接给予行政处罚。

第四十六条 当事人对行政处罚决定不服的，可以依法申请复议，也可以依法直接向人民法院起诉。

当事人逾期不申请复议也不向人民法院起诉，又不履行处罚决定的，由做出处罚决定的机关申请人民法院强制执行。

第四十七条 负责矿产资源勘查、开采监督管理工作的国家工作人员和其他有关国家工作人员徇私舞弊、滥用职权或者玩忽职守，违反本法规定批准勘查、开采矿产资源和颁发勘查许可证、采矿许可证，或者对违法采矿行为不依法予以制止、处罚，构成犯罪的，依法追究刑事责任；不构成犯罪的，给予行政处分。违法颁发的勘查许可证、采矿许可证，上级人民政府地质矿产主管部门有权予以撤销。

第四十八条 以暴力、威胁方法阻碍从事矿产资源勘查、开采监督管理工作的国家工作人员依法执行职务的，依照刑法第一百五十七条的规定追究刑事责任；拒绝、阻碍从事矿产资源勘查、开采监督管理工作的国家工作人员依法执行职务未使用暴力、威胁方法的，由公安机关依照治安管理处罚条例的规定处罚。

第四十九条 矿山企业之间的矿区范围的争议，由当事人协商解决，协商不成的，由有关县级以上地方人民政府根据依法核定的矿区范围处理；跨省、自治区、直辖市的矿区范围的争议，由有关省、自治区、直辖市人民政府协商解决，协商不成的，由国务院处理。

第七章 附 则

第五十条 外商投资勘查、开采矿产资源，法律、行政法规另有规定的，从其规定。

第五十一条 本法施行以前，未办理批准手续、未划定矿区范围、未取得采矿许可证开采矿产资源的，应当依照本法有关规定申请补办手续。

第五十二条 本法实施细则由国务院制定。

第五十三条 本法自1986年10月1日起施行。

附：

刑法有关条款

第一百一十七条 违反金融、外汇、金银、工商管理法规，投机倒把，情节严重的，处三年以下有期徒刑或者拘役，可以并处、单处罚金或者没收财产。

第一百一十八条 以走私、投机倒把为常业的，走私、投机倒把数额巨大的或者走私、投机倒把集团的首要分子，处三年以上十年以下有期徒刑，可以并处没收财产。

第一百五十六条 故意毁坏公私财物，情节严重的，处三年以下有期徒刑、拘役或者罚金。

第一百五十七条 以暴力、威胁方法阻碍国家工作人员依法执行职务的，或者拒不执行人民法院已经发生法律效力的判决、裁定的，处三年以下有期徒刑、拘役、罚金或者剥夺政治权利。

第一百五十八条 禁止任何人利用任何手段扰乱社会秩序。扰乱社会秩序情节严重，致使工作、生产、营业和教学、科研无法进行，国家和社会遭受严重损失的，对首要分子处五年以下有期徒刑、拘役、管制或者剥夺政治权利。

附：

全国人民代表大会常务委员会关于修改《中华人民共和国矿产资源法》的决定

（1996年8月29日第八届全国人民代表大会常务委员会第二十一次会议通过，1996年8月29日中华人民共和国主席令第七十四号公布。自1997年1月1日起施行）

第八届全国人民代表大会常务委员会第二十一次会议决定对《中华人民共和国矿产资源法》作如下修改：

一、第三条第一款修改为："矿产资源属于国家所有，由国务院行使国家对矿产资源的所有权。地表或者地下的矿产资源的国家所有权，不因其所依附的土地的所有权或者使用权的不同而改变。"

第三款修改为："勘查、开采矿产资源，必须依法分别申请、经批准取得探矿权、采矿权，并办理登记；但是，已经依法申请取得采矿权的矿山企业在划定的矿区范围内为本企业的生产而进行的勘查除外。国家保护探矿权和采矿权不受侵犯，保障矿区和勘查作业区的生产秩序、工作秩序不受影响和破坏。"

增加一款作为第四款："从事矿产资源勘查和开采的，必须符合规定的资质条件。"

二、第四条修改为："国家保障依法设立的矿山企业开采矿产资源的合法权益。"

"国有矿山企业是开采矿产资源的主体。国家保障国有矿业经济的巩固和发展。"

三、第五条修改为："国家实行探矿权、采矿权有偿取得的制度；但是，国家对探矿权、采矿权有偿取得的费用，可以根据不同情况规定予以减缴、免缴。具体办法和实施步骤由国务院规定。

"开采矿产资源，必须按照国家有关规定缴纳资源税和资源补偿费。"

四、将第三条第四款改为第六条，修改为："除按下列规定可以转让外，探矿权、采矿权不得转让：

（一）探矿权人有权在划定的勘查作业区内进行规定的勘查作业，有权优先取得勘查作业区内矿产资源的采矿权。探矿权人在完成规定的最低勘查投入后，经依法批准，可以将探矿权转让他人。

（二）已取得采矿权的矿山企业，因企业合并、分立，与他人合资、合作经营，或者因企业资产出售以及有其他变更企业资产产权的情形而需要变更采矿权主体的，经依法批准可以将采矿权转让他人采矿。"

"前款规定的具体办法和实施步骤由国务院规定。"

"禁止将探矿权、采矿权倒卖牟利。"

五、第十条改为第十二条，修改为："国家对矿产资源勘查实行统一的区块登记管理制度。矿产资源勘查登记工作，由国务院地质矿产主管部门负责；特定矿种的矿产资源勘查登记工作，可以由国务院授权有关主管部门负责。矿产资源勘查区块登记管理办法由国务院制定。"

六、第十三条第一款与第二十六条合并，作为第十五条，修改为："设立矿山企业，必须符合国家规定的资质条件，并依照法律和国家有关规定，由审批机关对其矿区范围、矿山设计或者开采方案、生产技术条件、安全措施和环境保护措施等进行审查；审查合格的，方予批准。"

七、第十三条第二款和第十四条合并，作为第十六条，修改为："开采下列矿产资源的，由国务院地质矿产主管部门审批，并颁发采矿许可证：

（一）国家规划矿区和对国民经济具有重要价值的矿区内的矿产资源；

（二）前项规定区域以外可供开采的矿产储量规模在大型以上的矿产资源；

（三）国家规定实行保护性开采的特定矿种；

（四）领海及中国管辖的其他海域的矿产资源；

（五）国务院规定的其他矿产资源。

开采石油、天然气、放射性矿产等特定矿种的，可以由国务院授权的有关主管部门审批，并颁发采矿许可证。

开采第一款、第二款规定以外的矿产资源，其可供开采的矿产的储量规模为中型的，由省、自治区、直辖市人民政府地质矿产主管部门审批和颁发采矿许可证。

开采第一款、第二款和第三款规定以外的矿产资源的管理办法，由省、自治区、直辖市人民代表大会常务委员会依法制定。

依照第三款、第四款的规定审批和颁发采矿许可证的，由省、自治区、直辖市人民政府地质矿产主管部门汇总向国务院地质矿产主管部门备案。

矿产储量规模的大型、中型的划分标准，由国务院矿产储量审批机构规定。"

八、第十六条第三款和第三十六条合并，作为第十九条，修改为："地方各级人民政府应当采取措施，维护本行政区域内的国有矿山企业和其他矿山企业矿区范围内的正常秩序。"

"禁止任何单位和个人进入他人依法设立的国有矿山企业和其他矿山企业矿区范围内采矿。"

九、第三十四条改为第三十五条，增加一款作为第二款："矿产储量规模适宜由矿山企业开采的矿产资源、国家规定实行保护性开采的特定矿种和国家规定禁止个人开采的其他矿产资源，个人不得开采。"

十、第三十九条修改为："违反本法规定，未取得采矿许可证擅自采矿的，擅自进入国家规划矿区、对国民经济具有重要价值的矿区范围采矿的，擅自开采国家规定实行保护性开采的特定矿种的，责令停止开采、赔偿损失，没收采出的矿产品和违法所得，可以并处罚款；拒不停止开采，造成矿产资源破坏的，依照刑法第一百五十六条的规定对直接责任人员追究刑事责任。”

“单位和个人进入他人依法设立的国有矿山企业和其他矿山企业矿区范围内采矿的，依照前款规定处罚。”

十一、第四十二条第二款修改为：“违反本法第六条的规定将探矿权、采矿权倒卖牟利的，吊销勘查许可证、采矿许可证，没收违法所得，处以罚款。”

十二、第四十四条修改为：“违反本法规定，采取破坏性的开采方法开采矿产资源的，处以罚款，可以吊销采矿许可证；造成矿产资源严重破坏的，依照刑法第一百五十六条的规定对直接责任人员追究刑事责任。”

十三、第四十五条修改为：“本法第三十九条、第四十条、第四十二条规定的行政处罚，由县级以上人民政府负责地质矿产管理工作的部门按照国务院地质矿产主管部门规定的权限决定。第四十三条规定的行政处罚，由县级以上人民政府工商行政管理部门决定。第四十四条规定的行政处罚，由省、自治区、直辖市人民政府地质矿产主管部门决定。给予吊销勘查许可证或者采矿许可证处罚的，须由原发证机关决定。”

“依照第三十九条、第四十条、第四十二条、第四十四条规定应当给予行政处罚而不给予行政处罚的，上级人民政府地质矿产主管部门有权责令改正或者直接给予行政处罚。”

十四、将第四十六条修改为：“当事人对行政处罚决定不服的，可以依法申请复议，也可以依法直接向人民法院起诉。”

“当事人逾期不申请复议也不向人民法院起诉，又不履行处罚决定的，由做出处罚决定的机关申请人民法院强制执行。”

十五、增加一条，作为第四十七条：“负责矿产资源勘查、开采监督管理工作的国家工作人员和其他有关国家工作人员徇私舞弊、滥用职权或者玩忽职守，违反本法规定批准勘查、开采矿产资源和颁发勘查许可证、采矿许可证，或者对违法采矿行为不依法予以制止、处罚，构成犯罪的，依法追究刑事责任；不构成犯罪的，给予行政处分。违法颁发的勘查许可证、采矿许可证，上级人民政府地质矿产主管部门有权予以撤销。”

十六、增加一条，作为第四十八条：“以暴力、威胁方法阻碍从事矿产资源勘查、开采监督管理工作的国家工作人员依法执行职务的，依照刑法第一百五十七条的规定追究刑事责任；拒绝、阻碍从事矿产资源勘查、开采监督管理工作的国家工作人员依法执行职务未使用暴力、威胁方法的，由公安机关依照治安管理处罚条例的规定处罚。”

十七、增加一条，作为第五十条：“外商投资勘查、开采矿产资源，法律、行政法规另有规定的，从其规定。”

十八、将本法中的“国营矿山企业”修改为“国有矿山企业”，“乡镇集体矿山企业”修改为“集体矿山企业”。

本决定自1997年1月1日起施行。

《中华人民共和国矿产资源法》根据本决定作相应的修正，重新公布。

中华人民共和国矿山安全法

全国人民代表大会常务委员会通过

颁布日期：19921107 实施日期：19930501

第一章 总 则

第一条 为了保障矿山生产安全，防止矿山事故，保护矿山职工人身安全，促进采矿业的发展，制定本法。

第二条 在中华人民共和国领域和中华人民

共和国管辖的其他海域从事矿产资源开采活动，必须遵守本法。

第三条 矿山企业必须具有保障安全生产的设施，建立、健全安全管理制度，采取有效措施改善职工劳动条件，加强矿山安全管理工作，保证安全生产。

第四条 国务院劳动行政主管部门对全国矿山安全工作实施统一监督。

县级以上地方各级人民政府劳动行政主管部门对本行政区域内的矿山安全工作实施统一监督。

县级以上人民政府管理矿山企业的主管部门对矿山安全工作进行管理。

第五条 国家鼓励矿山安全科学技术研究，推广先进技术，改进安全设施，提高矿山安全生产水平。

第六条 对坚持矿山安全生产，防止矿山事故，参加矿山抢险救护，进行矿山安全科学技术研究等方面取得显著成绩的单位和个人，给予奖励。

第二章 矿山建设的安全保障

第七条 矿山建设工程的安全设施必须和主体工程同时设计、同时施工、同时投入生产和使用。

第八条 矿山建设工程的设计文件，必须符合矿山安全规程和行业技术规范，并按照国家规定经管理矿山企业的主管部门批准；不符合矿山安全规程和行业技术规范的，不得批准。

矿山建设工程安全设施的设计必须有劳动行政主管部门参加审查。

矿山安全规程和行业技术规范，由国务院管理矿山企业的主管部门制定。

第九条 矿山设计下列项目必须符合矿山安全规程和行业技术规范：

（一）矿井的通风系统和供风量、风质、风速；

（二）露天矿的边坡角和台阶的宽度、高度；

（三）供电系统；

（四）提升、运输系统；

（五）防水、排水系统和防火、灭火系统；

（六）防瓦斯系统和防尘系统；

（七）有关矿山安全的其他项目。

第十条 每个矿井必须有两个以上能行人的安全出口，出口之间的直线水平距离必须符合矿山安全规程和行业技术规范。

第十一条 矿山必须有与外界相通的、符合安全要求的运输和通讯设施。

第十二条 矿山建设工程必须按照管理矿山企业的主管部门批准的设计文件施工。

矿山建设工程安全设施竣工后，由管理矿山企业的主管部门验收，并须有劳动行政主管部门参加；不符合矿山安全规程和行业技术规范的，不得验收，不得投入生产。

第三章 矿山开采的安全保障

第十三条 矿山开采必须具备保障安全生产的条件，执行开采不同矿种的矿山安全规程和行业技术规范。

第十四条 矿山设计规定保留的矿柱、岩柱，在规定的期限内，应当予以保护，不得开采或者毁坏。

第十五条 矿山使用的有特殊安全要求的设备、器材、防护用品和安全检测仪器，必须符合国家安全标准或者行业安全标准；不符合国家安全标准或者行业安全标准的，不得使用。

第十六条 矿山企业必须对机电设备及其防护装置、安全检测仪器，定期检查、维修，保证使用安全。

第十七条 矿山企业必须对作业场所中的有毒有害物质和井下空气含氧量进行检测，保证符合安全要求。

第十八条 矿山企业必须对下列危害安全的事故隐患采取预防措施：

（一）冒顶、片帮、边坡滑落和地表塌陷；

（二）瓦斯爆炸、煤尘爆炸；

（三）冲击地压、瓦斯突出、井喷；

（四）地面和井下的火灾、水害；

（五）爆破器材和爆破作业发生的危害；

（六）粉尘、有毒有害气体、放射性物质和其他有害物质引起的危害；

（七）其他危害。

第十九条 矿山企业对使用机械、电气设备，排土场、矸石山、尾矿库和矿山闭坑后可能引起的危害，应当采取预防措施。

第四章 矿山企业的安全管理

第二十条 矿山企业必须建立、健全安全生产责任制。

矿长对本企业的安全生产工作负责。

第二十一条　矿长应当定期向职工代表大会或者职工大会报告安全生产工作，发挥职工代表大会的监督作用。

第二十二条　矿山企业职工必须遵守有关矿山安全的法律、法规和企业规章制度。

矿山企业职工有权对危害安全的行为，提出批评、检举和控告。

第二十三条　矿山企业工会依法维护职工生产安全的合法权益，组织职工对矿山安全工作进行监督。

第二十四条　矿山企业违反有关安全的法律、法规，工会有权要求企业行政方面或者有关部门认真处理。

矿山企业召开讨论有关安全生产的会议，应当有工会代表参加，工会有权提出意见和建议。

第二十五条　矿山企业工会发现企业行政方面违章指挥、强令工人冒险作业或者生产过程中发现明显重大事故隐患和职业危害，有权提出解决的建议；发现危及职工生命安全的情况时，有权向矿山企业行政方面建议组织职工撤离危险现场，矿山企业行政方面必须及时做出处理决定。

第二十六条　矿山企业必须对职工进行安全教育、培训；未经安全教育、培训的，不得上岗作业。

矿山企业安全生产的特种作业人员必须接受专门培训，经考核合格取得操作资格证书的，方可上岗作业。

第二十七条　矿长必须经过考核，具备安全专业知识，具有领导安全生产和处理矿山事故的能力。

矿山企业安全工作人员必须具备必要的安全专业知识和矿山安全工作经验。

第二十八条　矿山企业必须向职工发放保障安全生产所需的劳动防护用品。

第二十九条　矿山企业不得录用未成年人从事矿山井下劳动。

矿山企业对女职工按照国家规定实行特殊劳动保护，不得分配女职工从事矿山井下劳动。

第三十条　矿山企业必须制定矿山事故防范措施，并组织落实。

第三十一条　矿山企业应当建立由专职或者兼职人员组成的救护和医疗急救组织，配备必要的装备、器材和药物。

第三十二条　矿山企业必须从矿产品销售额中按照国家规定提取安全技术措施专项费用。安全技术措施专项费用必须全部用于改善矿山安全生产条件，不得挪作他用。

第五章　矿山安全的监督和管理

第三十三条　县级以上各级人民政府劳动行政主管部门对矿山安全工作行使下列监督职责：

（一）检查矿山企业和管理矿山企业的主管部门贯彻执行矿山安全法律、法规的情况；

（二）参加矿山建设工程安全设施的设计审查和竣工验收；

（三）检查矿山劳动条件和安全状况；

（四）检查矿山企业职工安全教育、培训工作；

（五）监督矿山企业提取和使用安全技术措施专项费用的情况；

（六）参加并监督矿山事故的调查和处理；

（七）法律、行政法规规定的其他监督职责。

第三十四条　县级以上人民政府管理矿山企业的主管部门对矿山安全工作行使下列管理职责：

（一）检查矿山企业贯彻执行矿山安全法律、法规的情况；

（二）审查批准矿山建设工程安全设施的设计；

（三）负责矿山建设工程安全设施的竣工验收；

（四）组织矿长和矿山企业安全工作人员的培训工作；

（五）调查和处理重大矿山事故；

（六）法律、行政法规规定的其他管理职责。

第三十五条　劳动行政主管部门的矿山安全监督人员有权进入矿山企业，在现场检查安全状况；发现有危及职工安全的紧急险情时，应当要求矿山企业立即处理。

第六章　矿山事故处理

第三十六条　发生矿山事故，矿山企业必须立即组织抢救，防止事故扩大，减少人员伤亡和财产损失，对伤亡事故必须立即如实报告劳动行政主管部门和管理矿山企业的主管部门。

第三十七条　发生一般矿山事故，由矿山企业负责调查和处理。

发生重大矿山事故，由政府及其有关部门、工会和矿山企业按照行政法规的规定进行调查和处理。

第三十八条 矿山企业对矿山事故中伤亡的职工按照国家规定给予抚恤或者补偿。

第三十九条 矿山事故发生后，应当尽快消除现场危险，查明事故原因，提出防范措施。现场危险消除后，方可恢复生产。

第七章 法律责任

第四十条 违反本法规定，有下列行为之一的，由劳动行政主管部门责令改正，可以并处罚款；情节严重的，提请县级以上人民政府决定责令停产整顿；对主管人员和直接责任人员由其所在单位或者上级主管机关给予行政处分：

（一）未对职工进行安全教育、培训，分配职工上岗作业的；

（二）使用不符合国家安全标准或者行业安全标准的设备、器材、防护用品、安全检测仪器的；

（三）未按照规定提取或者使用安全技术措施专项费用的；

（四）拒绝矿山安全监督人员现场检查或者在被检查时隐瞒事故隐患、不如实反映情况的；

（五）未按照规定及时、如实报告矿山事故的。

第四十一条 矿长不具备安全专业知识的，安全生产的特种作业人员未取得操作资格证书上岗作业的，由劳动行政主管部门责令限期改正；逾期不改正的，提请县级以上人民政府决定责令停产，调整配备合格人员后，方可恢复生产。

第四十二条 矿山建设工程安全设施的设计未经批准擅自施工的，由管理矿山企业的主管部门责令停止施工；拒不执行的，由管理矿山企业的主管部门提请县级以上人民政府决定由有关主管部门吊销其采矿许可证和营业执照。

第四十三条 矿山建设工程的安全设施未经验收或者验收不合格擅自投入生产的，由劳动行政主管部门会同管理矿山企业的主管部门责令停止生产，并由劳动行政主管部门处以罚款；拒不停止生产的，由劳动行政主管部门提请县级以上人民政府决定由有关主管部门吊销其采矿许可证和营业执照。

第四十四条 已经投入生产的矿山企业，不具备安全生产条件而强行开采的，由劳动行政主管部门会同管理矿山企业的主管部门责令限期改进；逾期仍不具备安全生产条件的，由劳动行政主管部门提请县级以上人民政府决定责令停产整顿或者由有关主管部门吊销其采矿许可证和营业执照。

第四十五条 当事人对行政处罚决定不服的，可以在接到处罚决定通知之日起十五日内向做出处罚决定的机关的上一级机关申请复议；当事人也可以在接到处罚决定通知之日起十五日内直接向人民法院起诉。

复议机关应当在接到复议申请之日起六十日内做出复议决定。当事人对复议决定不服的，可以在接到复议决定之日起十五日内向人民法院起诉。复议机关逾期不做出复议决定的，当事人可以在复议期满之日起十五日内向人民法院起诉。

当事人逾期不申请复议也不向人民法院起诉、又不履行处罚决定的，做出处罚决定的机关可以申请人民法院强制执行。

第四十六条 矿山企业主管人员违章指挥、强令工人冒险作业，因而发生重大伤亡事故的，依照刑法第一百一十四条的规定追究刑事责任。

第四十七条 矿山企业主管人员对矿山事故隐患不采取措施，因而发生重大伤亡事故的，比照刑法第一百八十七条的规定追究刑事责任。

第四十八条 矿山安全监督人员和安全管理人员滥用职权、玩忽职守、徇私舞弊，构成犯罪的，依法追究刑事责任；不构成犯罪的，给予行政处分。

第八章 附 则

第四十九条 国务院劳动行政主管部门根据本法制定实施条例，报国务院批准施行。

省、自治区、直辖市人民代表大会常务委员会可以根据本法和本地区的实际情况，制定实施办法。

第五十条 本法自 1993 年 5 月 1 日起施行。

中华人民共和国安全生产法

全国人民代表大会常务委员会通过

颁布日期：20020629　实施日期：20021101

第一章　总　则

第一条　为了加强安全生产监督管理，防止和减少生产安全事故，保障人民群众生命和财产安全，促进经济发展，制定本法。

第二条　在中华人民共和国领域内从事生产经营活动的单位(以下统称生产经营单位)的安全生产，适用本法；有关法律、行政法规对消防安全和道路交通安全、铁路交通安全、水上交通安全、民用航空安全另有规定的，适用其规定。

第三条　安全生产管理，坚持安全第一、预防为主的方针。

第四条　生产经营单位必须遵守本法和其他有关安全生产的法律、法规，加强安全生产管理，建立、健全安全生产责任制度，完善安全生产条件，确保安全生产。

第五条　生产经营单位的主要负责人对本单位的安全生产工作全面负责。

第六条　生产经营单位的从业人员有依法获得安全生产保障的权利，并应当依法履行安全生产方面的义务。

第七条　工会依法组织职工参加本单位安全生产工作的民主管理和民主监督，维护职工在安全生产方面的合法权益。

第八条　国务院和地方各级人民政府应当加强对安全生产工作的领导，支持、督促各有关部门依法履行安全生产监督管理职责。

县级以上人民政府对安全生产监督管理中存在的重大问题应当及时予以协调、解决。

第九条　国务院负责安全生产监督管理的部门依照本法，对全国安全生产工作实施综合监督管理；县级以上地方各级人民政府负责安全生产监督管理的部门依照本法，对本行政区域内安全生产工作实施综合监督管理。

国务院有关部门依照本法和其他有关法律、行政法规的规定，在各自的职责范围内对有关的安全生产工作实施监督管理；县级以上地方各级人民政府有关部门依照本法和其他有关法律、法规的规定，在各自的职责范围内对有关的安全生产工作实施监督管理。

第十条　国务院有关部门应当按照保障安全生产的要求，依法及时制定有关的国家标准或者行业标准，并根据科技进步和经济发展适时修订。

生产经营单位必须执行依法制定的保障安全生产的国家标准或者行业标准。

第十一条　各级人民政府及其有关部门应当采取多种形式，加强对有关安全生产的法律、法规和安全生产知识的宣传，提高职工的安全生产意识。

第十二条　依法设立的为安全生产提供技术服务的中介机构，依照法律、行政法规和职业准则，接受生产经营单位的委托为其安全生产工作提供技术服务。

第十三条　国家实行生产安全事故责任追究制度，依照本法和有关法律、法规的规定，追究生产安全事故责任人员的法律责任。

第十四条　国家鼓励和支持安全生产科学技术研究和安全生产先进技术的推广应用，提高安全生产水平。

第十五条　国家对在改善安全生产条件、防止生产安全事故、参加抢险救护等方面取得显著成绩的单位和个人，给予奖励。

第二章　生产经营单位的安全生产保障

第十六条　生产经营单位应当具备本法和有关法律、行政法规和国家标准或者行业标准规定的安全生产条件；不具备安全生产条件的，不得从事生产经营活动。

第十七条　生产经营单位的主要负责人对本单位安全生产工作负有下列职责：

（一）建立、健全本单位安全生产责任制；

（二）组织制定本单位安全生产规章制度和操作规程；

（三）保证本单位安全生产投入的有效实施；

（四）督促、检查本单位的安全生产工作，及时消除生产安全事故隐患；

（五）组织制定并实施本单位的生产安全事故应急救援预案；

（六）及时、如实报告生产安全事故。

第十八条 生产经营单位应当具备的安全生产条件所必需的资金投入，由生产经营单位的决策机构、主要负责人或者个人经营的投资人予以保证，并对由于安全生产所必需的资金投入不足导致的后果承担责任。

第十九条 矿山、建筑施工单位和危险物品的生产、经营、储存单位，应当设置安全生产管理机构或者配备专职安全生产管理人员。

前款规定以外的其他生产经营单位，从业人员超过三百人的，应当设置安全生产管理机构或者配备专职安全生产管理人员；从业人员在三百人以下的，应当配备专职或者兼职的安全生产管理人员，或者委托具有国家规定的相关专业技术资格的工程技术人员提供安全生产管理服务。

生产经营单位依照前款规定委托工程技术人员提供安全生产管理服务的，保证安全生产的责任仍由本单位负责。

第二十条 生产经营单位的主要负责人和安全生产管理人员必须具备与本单位所从事的生产经营活动相应的安全生产知识和管理能力。

危险物品的生产、经营、储存单位以及矿山、建筑施工单位的主要负责人和安全生产管理人员，应当由有关主管部门对其安全生产知识和管理能力考核合格后方可任职。考核不得收费。

第二十一条 生产经营单位应当对从业人员进行安全生产教育和培训，保证从业人员具备必要的安全生产知识，熟悉有关的安全生产规章制度和安全操作规程，掌握本岗位的安全操作技能。未经安全生产教育和培训合格的从业人员，不得上岗作业。

第二十二条 生产经营单位采用新工艺、新技术、新材料或者使用新设备，必须了解、掌握其安全技术特性，采取有效的安全防护措施，并对从业人员进行专门的安全生产教育和培训。

第二十三条 生产经营单位的特种作业人员必须按照国家有关规定经专门的安全作业培训，取得特种作业操作资格证书，方可上岗作业。

特种作业人员的范围由国务院负责安全生产监督管理的部门会同国务院有关部门确定。

第二十四条 生产经营单位新建、改建、扩建工程项目（以下统称建设项目）的安全设施，必须与主体工程同时设计、同时施工、同时投入生产和使用。安全设施投资应当纳入建设项目概算。

第二十五条 矿山建设项目和用于生产、储存危险物品的建设项目，应当分别按照国家有关规定进行安全条件论证和安全评价。

第二十六条 建设项目安全设施的设计人、设计单位应当对安全设施设计负责。

矿山建设项目和用于生产、储存危险物品的建设项目的安全设施设计应当按照国家有关规定报经有关部门审查，审查部门及其负责审查的人员对审查结果负责。

第二十七条 矿山建设项目和用于生产、储存危险物品的建设项目的施工单位必须按照批准的安全设施设计施工，并对安全设施的工程质量负责。

矿山建设项目和用于生产、储存危险物品的建设项目竣工投入生产或者使用前，必须依照有关法律、行政法规的规定对安全设施进行验收；验收合格后，方可投入生产和使用。验收部门及其验收人员对验收结果负责。

第二十八条 生产经营单位应当在有较大危险因素的生产经营场所和有关设施、设备上，设置明显的安全警示标志。

第二十九条 安全设备的设计、制造、安装、使用、检测、维修、改造和报废，应当符合国家标准或者行业标准。

生产经营单位必须对安全设备进行经常性维护、保养，并定期检测，保证正常运转。维护、保养、检测应当作好记录，并由有关人员签字。

第三十条 生产经营单位使用的涉及生命安全、危险性较大的特种设备，以及危险物品的容器、运输工具，必须按照国家有关规定，由专业生产单位生产，并经取得专业资质的检测、检验机构检测、检验合格，取得安全使用证或者安全标志，方可投入使用。检测、检验机构对检测、检验结果负责。

涉及生命安全、危险性较大的特种设备的目录由国务院负责特种设备安全监督管理的部门制定，报国务院批准后执行。

第三十一条　国家对严重危及生产安全的工艺、设备实行淘汰制度。

生产经营单位不得使用国家明令淘汰、禁止使用的危及生产安全的工艺、设备。

第三十二条　生产、经营、运输、储存、使用危险物品或者处置废弃危险物品的，由有关主管部门依照有关法律、法规的规定和国家标准或者行业标准审批并实施监督管理。

生产经营单位生产、经营、运输、储存、使用危险物品或者处置废弃危险物品，必须执行有关法律、法规和国家标准或者行业标准，建立专门的安全管理制度，采取可靠的安全措施，接受有关主管部门依法实施的监督管理。

第三十三条　生产经营单位对重大危险源应当登记建档，进行定期检测、评估、监控，并制定应急预案，告知从业人员和相关人员在紧急情况下应当采取的应急措施。

生产经营单位应当按照国家有关规定将本单位重大危险源及有关安全措施、应急措施报有关地方人民政府负责安全生产监督管理的部门和有关部门备案。

第三十四条　生产、经营、储存、使用危险物品的车间、商店、仓库不得与员工宿舍在同一座建筑物内，并应当与员工宿舍保持安全距离。

生产经营场所和员工宿舍应当设有符合紧急疏散要求、标志明显、保持畅通的出口。禁止封闭、堵塞生产经营场所或者员工宿舍的出口。

第三十五条　生产经营单位进行爆破、吊装等危险作业，应当安排专门人员进行现场安全管理，确保操作规程的遵守和安全措施的落实。

第三十六条　生产经营单位应当教育和督促从业人员严格执行本单位的安全生产规章制度和安全操作规程；并向从业人员如实告知作业场所和工作岗位存在的危险因素、防范措施以及事故应急措施。

第三十七条　生产经营单位必须为从业人员提供符合国家标准或者行业标准的劳动防护用品，并监督、教育从业人员按照使用规则佩戴、使用。

第三十八条　生产经营单位的安全生产管理人员应当根据本单位的生产经营特点，对安全生产状况进行经常性检查；对检查中发现的安全问题，应当立即处理；不能处理的，应当及时报告本单位有关负责人。检查及处理情况应当记录在案。

第三十九条　生产经营单位应当安排用于配备劳动防护用品、进行安全生产培训的经费。

第四十条　两个以上生产经营单位在同一作业区域内进行生产经营活动，可能危及对方生产安全的，应当签订安全生产管理协议，明确各自的安全生产管理职责和应当采取的安全措施，并指定专职安全生产管理人员进行安全检查与协调。

第四十一条　生产经营单位不得将生产经营项目、场所、设备发包或者出租给不具备安全生产条件或者相应资质的单位或者个人。

生产经营项目、场所有多个承包单位、承租单位的，生产经营单位应当与承包单位、承租单位签订专门的安全生产管理协议，或者在承包合同、租赁合同中约定各自的安全生产管理职责；生产经营单位对承包单位、承租单位的安全生产工作统一协调、管理。

第四十二条　生产经营单位发生重大生产安全事故时，单位的主要负责人应当立即组织抢救，并不得在事故调查处理期间擅离职守。

第四十三条　生产经营单位必须依法参加工伤社会保险，为从业人员缴纳保险费。

第三章　从业人员的权利和义务

第四十四条　生产经营单位与从业人员订立的劳动合同，应当载明有关保障从业人员劳动安全、防止职业危害的事项，以及依法为从业人员办理工伤社会保险的事项。

生产经营单位不得以任何形式与从业人员订立协议，免除或者减轻其对从业人员因生产安全事故伤亡依法应承担的责任。

第四十五条　生产经营单位的从业人员有权了解其作业场所和工作岗位存在的危险因素、防范措施及事故应急措施，有权对本单位的安全生产工作提出建议。

第四十六条　从业人员有权对本单位安全生产工作中存在的问题提出批评、检举、控告；有权拒绝违章指挥和强令冒险作业。

生产经营单位不得因从业人员对本单位安全生产工作提出批评、检举、控告或者拒绝违章指挥、强令冒险作业而降低其工资、福利等待遇或者解除与其订立的劳动合同。

第四十七条 从业人员发现直接危及人身安全的紧急情况时，有权停止作业或者在采取可能的应急措施后撤离作业场所。

生产经营单位不得因从业人员在前款紧急情况下停止作业或者采取紧急撤离措施而降低其工资、福利等待遇或者解除与其订立的劳动合同。

第四十八条 因生产安全事故受到损害的从业人员，除依法享有工伤社会保险外，依照有关民事法律尚有获得赔偿的权利的，有权向本单位提出赔偿要求。

第四十九条 从业人员在作业过程中，应当严格遵守本单位的安全生产规章制度和操作规程，服从管理，正确佩戴和使用劳动防护用品。

第五十条 从业人员应当接受安全生产教育和培训，掌握本职工作所需的安全生产知识，提高安全生产技能，增强事故预防和应急处理能力。

第五十一条 从业人员发现事故隐患或者其他不安全因素，应当立即向现场安全生产管理人员或者本单位负责人报告；接到报告的人员应当及时予以处理。

第五十二条 工会有权对建设项目的安全设施与主体工程同时设计、同时施工、同时投入生产和使用进行监督，提出意见。

工会对生产经营单位违反安全生产法律、法规，侵犯从业人员合法权益的行为，有权要求纠正；发现生产经营单位违章指挥、强令冒险作业或者发现事故隐患时，有权提出解决的建议，生产经营单位应当及时研究答复；发现危及从业人员生命安全的情况时，有权向生产经营单位建议组织从业人员撤离危险场所，生产经营单位必须立即做出处理。

工会有权依法参加事故调查，向有关部门提出处理意见，并要求追究有关人员的责任。

第四章 安全生产的监督管理

第五十三条 县级以上地方各级人民政府应当根据本行政区域内的安全生产状况，组织有关部门按照职责分工，对本行政区域内容易发生重大生产安全事故的生产经营单位进行严格检查；发现事故隐患，应当及时处理。

第五十四条 依照本法第九条规定对安全生产负有监督管理职责的部门(以下统称负有安全生产监督管理职责的部门)依照有关法律、法规的规定，对涉及安全生产的事项需要审查批准(包括批准、核准、许可、注册、认证、颁发证照等，下同)或者验收的，必须严格依照有关法律、法规和国家标准或者行业标准规定的安全生产条件和程序进行审查；不符合有关法律、法规和国家标准或者行业标准规定的安全生产条件的，不得批准或者验收通过。对未依法取得批准或者验收合格的单位擅自从事有关活动的，负责行政审批的部门发现或者接到举报后应当立即予以取缔，并依法予以处理。对已经依法取得批准的单位，负责行政审批的部门发现其不再具备安全生产条件的，应当撤销原批准。

第五十五条 负有安全生产监督管理职责的部门对涉及安全生产的事项进行审查、验收，不得收取费用；不得要求接受审查、验收的单位购买其指定品牌或者指定生产、销售单位的安全设备、器材或者其他产品。

第五十六条 负有安全生产监督管理职责的部门依法对生产经营单位执行有关安全生产的法律、法规和国家标准或者行业标准的情况进行监督检查，行使以下职权：

（一）进入生产经营单位进行检查，调阅有关资料，向有关单位和人员了解情况。

（二）对检查中发现的安全生产违法行为，当场予以纠正或者要求限期改正；对依法应当给予行政处罚的行为，依照本法和其他有关法律、行政法规的规定做出行政处罚决定。

（三）对检查中发现的事故隐患，应当责令立即排除；重大事故隐患排除前或者排除过程中无法保证安全的，应当责令从危险区域内撤出作业人员，责令暂时停产停业或者停止使用；重大事故隐患排除后，经审查同意，方可恢复生产经营和使用。

（四）对有根据认为不符合保障安全生产的国家标准或者行业标准的设施、设备、器材予以查封或者扣押，并应当在十五日内依法做出处理决定。

监督检查不得影响被检查单位的正常生产经营活动。

第五十七条 生产经营单位对负有安全生产监督管理职责的部门的监督检查人员(以下统称安

全生产监督检查人员）依法履行监督检查职责，应当予以配合，不得拒绝、阻挠。

第五十八条　安全生产监督检查人员应当忠于职守，坚持原则，秉公执法。

安全生产监督检查人员执行监督检查任务时，必须出示有效的监督执法证件；对涉及被检查单位的技术秘密和业务秘密，应当为其保密。

第五十九条　安全生产监督检查人员应当将检查的时间、地点、内容、发现的问题及其处理情况，作出书面记录，并由检查人员和被检查单位的负责人签字；被检查单位的负责人拒绝签字的，检查人员应当将情况记录在案，并向负有安全生产监督管理职责的部门报告。

第六十条　负有安全生产监督管理职责的部门在监督检查中，应当互相配合，实行联合检查；确需分别进行检查的，应当互通情况，发现存在的安全问题应当由其他有关部门进行处理的，应当及时移送其他有关部门并形成记录备查，接受移送的部门应当及时进行处理。

第六十一条　监察机关依照行政监察法的规定，对负有安全生产监督管理职责的部门及其工作人员履行安全生产监督管理职责实施监察。

第六十二条　承担安全评价、认证、检测、检验的机构应当具备国家规定的资质条件，并对其做出的安全评价、认证、检测、检验的结果负责。

第六十三条　负有安全生产监督管理职责的部门应当建立举报制度，公开举报电话、信箱或者电子邮件地址，受理有关安全生产的举报；受理的举报事项经调查核实后，应当形成书面材料；需要落实整改措施的，报经有关负责人签字并督促落实。

第六十四条　任何单位或者个人对事故隐患或者安全生产违法行为，均有权向负有安全生产监督管理职责的部门报告或者举报。

第六十五条　居民委员会、村民委员会发现其所在区域内的生产经营单位存在事故隐患或者安全生产违法行为时，应当向当地人民政府或者有关部门报告。

第六十六条　县级以上各级人民政府及其有关部门对报告重大事故隐患或者举报安全生产违法行为的有功人员，给予奖励。具体奖励办法由国务院负责安全生产监督管理的部门会同国务院财政部门制定。

第六十七条　新闻、出版、广播、电影、电视等单位有进行安全生产宣传教育的义务，有对违反安全生产法律、法规的行为进行舆论监督的权利。

第五章　生产安全事故的应急救援与调查处理

第六十八条　县级以上地方各级人民政府应当组织有关部门制定本行政区域内特大生产安全事故应急救援预案，建立应急救援体系。

第六十九条　危险物品的生产、经营、储存单位以及矿山、建筑施工单位应当建立应急救援组织；生产经营规模较小，可以不建立应急救援组织的，应当指定兼职的应急救援人员。

危险物品的生产、经营、储存单位以及矿山、建筑施工单位应当配备必要的应急救援器材、设备，并进行经常性维护、保养，保证正常运转。

第七十条　生产经营单位发生生产安全事故后，事故现场有关人员应当立即报告本单位负责人。

单位负责人接到事故报告后，应当迅速采取有效措施，组织抢救，防止事故扩大，减少人员伤亡和财产损失，并按照国家有关规定立即如实报告当地负有安全生产监督管理职责的部门，不得隐瞒不报、谎报或者拖延不报，不得故意破坏事故现场、毁灭有关证据。

第七十一条　负有安全生产监督管理职责的部门接到事故报告后，应当立即按照国家有关规定上报事故情况。负有安全生产监督管理职责的部门和有关地方人民政府对事故情况不得隐瞒不报、谎报或者拖延不报。

第七十二条　有关地方人民政府和负有安全生产监督管理职责的部门的负责人接到重大生产安全事故报告后，应当立即赶到事故现场，组织事故抢救。

任何单位和个人都应当支持、配合事故抢救，并提供一切便利条件。

第七十三条　事故调查处理应当按照实事求是、尊重科学的原则，及时、准确地查清事故原因，查明事故性质和责任，总结事故教训，提出整改措施，并对事故责任者提出处理意见。事故调查和处理的具体办法由国务院制定。

第七十四条 生产经营单位发生生产安全事故，经调查确定为责任事故的，除了应当查明事故单位的责任并依法予以追究外，还应当查明对安全生产的有关事项负有审查批准和监督职责的行政部门的责任，对有失职、渎职行为的，依照本法第七十七条的规定追究法律责任。

第七十五条 任何单位和个人不得阻挠和干涉对事故的依法调查处理。

第七十六条 县级以上地方各级人民政府负责安全生产监督管理的部门应当定期统计分析本行政区域内发生生产安全事故的情况，并定期向社会公布。

第六章 法律责任

第七十七条 负有安全生产监督管理职责的部门的工作人员，有下列行为之一的，给予降级或者撤职的行政处分；构成犯罪的，依照刑法有关规定追究刑事责任：

（一）对不符合法定安全生产条件的涉及安全生产的事项予以批准或者验收通过的；

（二）发现未依法取得批准、验收的单位擅自从事有关活动或者接到举报后不予取缔或者不依法予以处理的；

（三）对已经依法取得批准的单位不履行监督管理职责，发现其不再具备安全生产条件而不撤销原批准或者发现安全生产违法行为不予查处的。

第七十八条 负有安全生产监督管理职责的部门，要求被审查、验收的单位购买其指定的安全设备、器材或者其他产品的，在对安全生产事项的审查、验收中收取费用的，由其上级机关或者监察机关责令改正，责令退还收取的费用；情节严重的，对直接负责的主管人员和其他直接责任人员依法给予行政处分。

第七十九条 承担安全评价、认证、检测、检验工作的机构，出具虚假证明，构成犯罪的，依照刑法有关规定追究刑事责任；尚不够刑事处罚的，没收违法所得，违法所得在五千元以上的，并处违法所得二倍以上五倍以下的罚款，没有违法所得或者违法所得不足五千元的，单处或者并处五千元以上二万元以下的罚款，对其直接负责的主管人员和其他直接责任人员处五千元以上五万元以下的罚款；给他人造成损害的，与生产经营单位承担连带赔偿责任。

对有前款违法行为的机构，撤销其相应资格。

第八十条 生产经营单位的决策机构、主要负责人、个人经营的投资人不依照本法规定保证安全生产所必需的资金投入，致使生产经营单位不具备安全生产条件的，责令限期改正，提供必需的资金；逾期未改正的，责令生产经营单位停产停业整顿。

有前款违法行为，导致发生生产安全事故，构成犯罪的，依照刑法有关规定追究刑事责任；尚不够刑事处罚的，对生产经营单位的主要负责人给予撤职处分，对个人经营的投资人处二万元以上二十万元以下的罚款。

第八十一条 生产经营单位的主要负责人未履行本法规定的安全生产管理职责的，责令限期改正；逾期未改正的，责令生产经营单位停产停业整顿。

生产经营单位的主要负责人有前款违法行为，导致发生生产安全事故，构成犯罪的，依照刑法有关规定追究刑事责任；尚不够刑事处罚的，给予撤职处分或者处二万元以上二十万元以下的罚款。

生产经营单位的主要负责人依照前款规定受刑事处罚或者撤职处分的，自刑罚执行完毕或者受处分之日起，五年内不得担任任何生产经营单位的主要负责人。

第八十二条 生产经营单位有下列行为之一的，责令限期改正；逾期未改正的，责令停产停业整顿，可以并处二万元以下的罚款：

（一）未按照规定设立安全生产管理机构或者配备安全生产管理人员的；

（二）危险物品的生产、经营、储存单位以及矿山、建筑施工单位的主要负责人和安全生产管理人员未按照规定经考核合格的；

（三）未按照本法第二十一条、第二十二条的规定对从业人员进行安全生产教育的；

（四）特种作业人员未按照规定经专门的安全作业培训并取得特种作业操作资格证书，上岗作业的。

第八十三条 生产经营单位有下列行为之一的，责令限期改正；逾期未改正的，责令停止建设或者停产停业整顿，可以并处五万元以下的罚款；造成严重后果，构成犯罪的，依照刑法有关规定追究刑事责任：

（一）矿山建设项目或者用于生产、储存危险物品的建设项目没有安全设施设计或者安全设施设计未按照规定报经有关部门审查同意的；

（二）矿山建设项目或者用于生产、储存危险物品的建设项目的施工单位未按照批准的安全设施设计施工的；

（三）矿山建设项目或者用于生产、储存危险物品的建设项目竣工投入生产或者使用前，安全设施未经验收合格的；

（四）未在有较大危险因素的生产经营场所和有关设施、设备上设置明显的安全警示标志的；

（五）安全设备的安装、使用、检测、改造和报废不符合国家标准或者行业标准的；

（六）未对安全设备进行经常性维护、保养和定期检测的；

（七）未为从业人员提供符合国家标准或者行业标准的劳动防护用品的；

（八）特种设备以及危险物品的容器、运输工具未经取得专业资质的机构检测、检验合格，取得安全使用证或者安全标志，投入使用的；

（九）使用国家明令淘汰、禁止使用的危及生产安全的工艺、设备的。

第八十四条 未经依法批准，擅自生产、经营、储存危险物品的，责令停止违法行为或者予以关闭，没收违法所得，违法所得十万元以上的，并处违法所得一倍以上五倍以下的罚款，没有违法所得或者违法所得不足十万元的，单处或者并处二万元以上十万元以下的罚款；造成严重后果，构成犯罪的，依照刑法有关规定追究刑事责任。

第八十五条 生产经营单位有下列行为之一的，责令限期改正；逾期未改正的，责令停产停业整顿，可以并处二万元以上十万元以下的罚款；造成严重后果，构成犯罪的，依照刑法有关规定追究刑事责任：

（一）生产、经营、储存、使用危险物品，未建立专门安全管理制度、未采取可靠的安全措施或者不接受有关主管部门依法实施的监督管理的；

（二）对重大危险源未登记建档，或者未进行评估、监控，或者未制定应急预案的；

（三）进行爆破、吊装等危险作业，未安排专门管理人员进行现场安全管理的。

第八十六条 生产经营单位将生产经营项目、场所、设备发包或者出租给不具备安全生产条件或者相应资质的单位或者个人的，责令限期改正，没收违法所得；违法所得五万元以上的，并处违法所得一倍以上五倍以下的罚款；没有违法所得或者违法所得不足五万元的，单处或者并处一万元以上五万元以下的罚款；导致发生生产安全事故给他人造成损害的，与承包方、承租方承担连带赔偿责任。

生产经营单位未与承包单位、承租单位签订专门的安全生产管理协议或者未在承包合同、租赁合同中明确各自的安全生产管理职责，或者未对承包单位、承租单位的安全生产统一协调、管理的，责令限期改正；逾期未改正的，责令停产停业整顿。

第八十七条 两个以上生产经营单位在同一作业区域内进行可能危及对方安全生产的生产经营活动，未签订安全生产管理协议或者未指定专职安全生产管理人员进行安全检查与协调的，责令限期改正；逾期未改正的，责令停产停业。

第八十八条 生产经营单位有下列行为之一的，责令限期改正；逾期未改正的，责令停产停业整顿；造成严重后果，构成犯罪的，依照刑法有关规定追究刑事责任：

（一）生产、经营、储存、使用危险物品的车间、商店、仓库与员工宿舍在同一座建筑内，或者与员工宿舍的距离不符合安全要求的；

（二）生产经营场所和员工宿舍未设有符合紧急疏散需要、标志明显、保持畅通的出口，或者封闭、堵塞生产经营场所或者员工宿舍出口的。

第八十九条 生产经营单位与从业人员订立协议，免除或者因生产安全事故伤亡依法应承担的责任的，该协议无效；对生产经营单位的主要负责人、个人经营的投资人处二万元以上十万元以下的罚款。

第九十条 生产经营单位的从业人员不服从管理，违反安全生产规章制度或者操作规程的，由生产经营单位给予批评教育，依照有关规章制度给予处分；造成重大事故，构成犯罪的，依照刑法有关规定追究刑事责任。

第九十一条 生产经营单位主要负责人在本单位发生重大生产安全事故时，不立即组织抢救或者在事故调查处理期间擅离职守或者逃匿的，给予降职、撤职的处分，对逃匿的处十五日以下拘留；构成犯罪的，依照刑法有关规定追究刑事责任。

生产经营单位主要负责人对生产安全事故隐瞒不报、谎报或者拖延不报的，依照前款规定处罚。

第九十二条　有关地方人民政府、负有安全生产监督管理职责的部门，对生产安全事故隐瞒不报、谎报或者拖延不报的，对直接负责的主管人员和其他直接责任人员依法给予行政处分；构成犯罪的，依照刑法有关规定追究刑事责任。

第九十三条　生产经营单位不具备本法和其他有关法律、行政法规和国家标准或者行业标准规定的安全生产条件，经停产停业整顿仍不具备安全生产条件的，予以关闭；有关部门应当依法吊销其有关证照。

第九十四条　本法规定的行政处罚，由负责安全生产监督管理的部门决定；予以关闭的行政处罚由负责安全生产监督管理的部门报请县级以上人民政府按照国务院规定的权限决定；给予拘留的行政处罚由公安机关依照治安管理处罚条例的规定决定。有关法律、行政法规对行政处罚的决定机关另有规定的，依照其规定。

第九十五条　生产经营单位发生生产安全事故造成人员伤亡、他人财产损失的，应当依法承担赔偿责任；拒不承担或者其负责人逃匿的，由人民法院依法强制执行。

生产安全事故的责任人未依法承担赔偿责任，经人民法院依法采取执行措施后，仍不能对受害人给予足额赔偿的，应当继续履行赔偿义务；受害人发现责任人有其他财产的，可以随时请求人民法院执行。

第七章　附　则

第九十六条　本法下列用语的含义：危险物品，是指易燃易爆物品、危险化学品、放射性物品等能够危及人身安全和财产安全的物品。

重大危险源，是指长期地或者临时地生产、搬运、使用或者储存危险物品，且危险物品的数量等于或者超过临界量的单元（包括场所和设施）。

第九十七条　本法自2002年11月1日起施行。

中华人民共和国节约能源法

全国人民代表大会常务委员会通过

颁布日期：19971101　实施日期：19980101

第一章　总　则

第一条　为了推进全社会节约能源，提高能源利用效率和经济效益，保护环境，保障国民经济和社会的发展，满足人民生活需要，制定本法。

第二条　本法所称能源，是指煤炭、原油、天然气、电力、焦炭、煤气、热力、成品油、液化石油气、生物质能和其他直接或者通过加工、转换而取得有用能的各种资源。

第三条　本法所称节能，是指加强用能管理，采取技术上可行、经济上合理以及环境和社会可以承受的措施，减少从能源生产到消费各个环节中的损失和浪费，更加有效、合理地利用能源。

第四条　节能是国家发展经济的一项长远战略方针。

国务院和省、自治区、直辖市人民政府应当加强节能工作，合理调整产业结构、企业结构、产品结构和能源消费结构，推进节能技术进步，降低单位产值能耗和单位产品能耗，改善能源的开发、加工转换、输送和供应，逐步提高能源利用效率，促进国民经济向节能型发展。

国家鼓励开发、利用新能源和可再生能源。

第五条　国家制定节能政策，编制节能计划，并纳入国民经济和社会发展计划，保障能源的合理利用，并与经济发展、环境保护相协调。

第六条　国家鼓励、支持节能科学技术的研究和推广，加强节能宣传和教育，普及节能科学知识，增强全民的节能意识。

第七条　任何单位和个人都应当履行节能义务，有权检举浪费能源的行为。

各级人民政府对在节能或者节能科学技术研究、推广中有显著成绩的单位和个人给予奖励。

第八条　国务院管理节能工作的部门主管全国的节能监督管理工作。国务院有关部门在各自的职责范围内负责节能监督管理工作。

县级以上地方人民政府管理节能工作的部门主管本行政区域内的节能监督管理工作。县级以上地方人民政府有关部门在各自的职责范围内负责节能监督管理工作。

第二章　节能管理

第九条　国务院和地方各级人民政府应当加强对节能工作的领导，每年部署、协调、监督、检查、推动节能工作。

第十条　国务院和省、自治区、直辖市人民政府应当根据能源节约与能源开发并举，把能源节约放在首位的方针，在对能源节约与能源开发进行技术、经济和环境比较论证的基础上，择优选定能源节约、能源开发投资项目，制定能源投资计划。

第十一条　国务院和省、自治区、直辖市人民政府应当在基本建设、技术改造资金中安排节能资金，用于支持能源的合理利用以及新能源和可再生能源的开发。

市、县人民政府根据实际情况安排节能资金，用于支持能源的合理利用以及新能源和可再生能源的开发。

第十二条　固定资产投资工程项目的可行性研究报告，应当包括合理用能的专题论证。

固定资产投资工程项目的设计和建设，应当遵守合理用能标准和节能设计规范。

达不到合理用能标准和节能设计规范要求的项目，依法审批的机关不得批准建设；项目建成后，达不到合理用能标准和节能设计规范要求的，不予验收。

第十三条　禁止新建技术落后、耗能过高、严重浪费能源的工业项目。禁止新建的耗能过高的工业项目的名录和具体实施办法，由国务院管理节能工作的部门会同国务院有关部门制定。

第十四条　国务院标准化行政主管部门制定有关节能的国家标准。

对没有前款规定的国家标准的，国务院有关部门可以依法制定有关节能的行业标准，并报国务院标准化行政主管部门备案。

制定有关节能的标准应当做到技术上先进，经济上合理，并不断加以完善和改进。

第十五条　国务院管理节能工作的部门应当会同国务院有关部门对生产量大面广的用能产品的行业加强监督，督促其采取节能措施，努力提高产品的设计和制造技术，逐步降低本行业的单位产品能耗。

第十六条　省级以上人民政府管理节能工作的部门，应当会同同级有关部门，对生产过程中耗能较高的产品制定单位产品能耗限额。

制定单位产品能耗限额应当科学、合理。

第十七条　国家对落后的耗能过高的用能产品、设备实行淘汰制度。

淘汰的耗能过高的用能产品、设备的名录由国务院管理节能工作的部门会同国务院有关部门确定并公布。具体实施办法由国务院管理节能工作的部门会同国务院有关部门制定。

第十八条　企业可以根据自愿原则，按照国家有关产品质量认证的规定，向国务院产品质量监督管理部门或者国务院产品质量监督管理部门授权的部门认可的认证机构提出用能产品节能质量认证申请；经认证合格后，取得节能质量认证证书，在用能产品或者其包装上使用节能质量认证标志。

第十九条　县级以上各级人民政府统计机构应当会同同级有关部门，做好能源消费和利用状况的统计工作，并定期发布公报，公布主要耗能产品的单位产品能耗等状况。

第二十条　国家对重点用能单位要加强节能管理。

下列用能单位为重点用能单位：

（一）年综合能源消费总量1万吨标准煤以上的用能单位；

（二）国务院有关部门或者省、自治区、直辖市人民政府管理节能工作的部门指定的年综合能源消费总量5千吨以上不满1万吨标准煤的用能单位。

县级以上各级人民政府管理节能工作的部门应当组织有关部门对重点用能单位的能源利用状况进行监督检查，可以委托具有检验测试技术条件的单位依法进行节能的检验测试。

重点用能单位的节能要求、节能措施和管理办法，由国务院管理节能工作的部门会同国务院有关部门制定。

第三章 合理使用能源

第二十一条 用能单位应当按照合理用能的原则，加强节能管理，制定并组织实施本单位的节能技术措施，降低能耗。

用能单位应当开展节能教育，组织有关人员参加节能培训。

未经节能教育、培训的人员，不得在耗能设备操作岗位上工作。

第二十二条 用能单位应当加强能源计量管理，健全能源消费统计和能源利用状况分析制度。

第二十三条 用能单位应当建立节能工作责任制，对节能工作取得成绩的集体、个人给予奖励。

第二十四条 生产耗能较高的产品的单位，应当遵守依法制定的单位产品能耗限额。

超过单位产品能耗限额用能，情节严重的，限期治理。限期治理由县级以上人民政府管理节能工作的部门按照国务院规定的权限决定。

第二十五条 生产、销售用能产品和使用用能设备的单位和个人，必须在国务院管理节能工作的部门会同国务院有关部门规定的期限内，停止生产、销售国家明令淘汰的用能产品，停止使用国家明令淘汰的用能设备，并不得将淘汰的设备转让给他人使用。

第二十六条 生产用能产品的单位和个人，应当在产品说明书和产品标识上如实注明能耗指标。

第二十七条 生产用能产品的单位和个人，不得使用伪造的节能质量认证标志或者冒用节能质量认证标志。

第二十八条 重点用能单位应当按照国家有关规定定期报送能源利用状况报告。能源利用状况包括能源消费情况、用能效率和节能效益分析、节能措施等内容。

第二十九条 重点用能单位应当设立能源管理岗位，在具有节能专业知识、实际经验以及工程师以上技术职称的人员中聘任能源管理人员，并向县级以上人民政府管理节能工作的部门和有关部门备案。

能源管理人员负责对本单位的能源利用状况进行监督、检查。

第三十条 单位职工和其他城乡居民使用企业生产的电、煤气、天然气、煤等能源应当按照国家规定计量和交费，不得无偿使用或者实行包费制。

第三十一条 能源生产经营单位应当依照法律、法规的规定和合同的约定向用能单位提供能源。

第四章 节能技术进步

第三十二条 国家鼓励、支持开发先进节能技术，确定开发先进节能技术的重点和方向，建立和完善节能技术服务体系，培育和规范节能技术市场。

第三十三条 国家组织实施重大节能科研项目、节能示范工程，提出节能推广项目，引导企业事业单位和个人采用先进的节能工艺、技术、设备和材料。

国家制定优惠政策，对节能示范工程和节能推广项目给予支持。

第三十四条 国家鼓励引进境外先进的节能技术和设备，禁止引进境外落后的用能技术、设备和材料。

第三十五条 在国务院和省、自治区、直辖市人民政府安排的科学研究资金中应当安排节能资金，用于先进节能技术研究。

第三十六条 县级以上各级人民政府应当组织有关部门根据国家产业政策和节能技术政策，推动符合节能要求的科学、合理的专业化生产。

第三十七条 建筑物的设计和建造应当依照有关法律、行政法规的规定，采用节能型的建筑结构、材料、器具和产品，提高保温隔热性能，减少采暖、制冷、照明的能耗。

第三十八条 各级人民政府应当按照因地制宜、多能互补、综合利用、讲求效益的方针，加强农村能源建设，开发、利用沼气、太阳能、风能、水能、地热等可再生能源和新能源。

第三十九条 国家鼓励发展下列通用节能技术：

（一）推广热电联产、集中供热，提高热电机组的利用率，发展热能梯级利用技术，热、电、冷联产技术和热、电、煤气三联供技术，提高热能综合利用率；

（二）逐步实现电动机、风机、泵类设备和系统的经济运行，发展电机调速节电和电力电子节电技术，开发、生产、推广质优、价廉的节能器材，提高电能利用效率；

（三）发展和推广适合国内煤种的流化床燃烧、无烟燃烧和气化、液化等洁净煤技术，提高煤炭利用效率；

（四）发展和推广其他在节能工作中证明技术成熟、效益显著的通用节能技术。

第四十条　各行业应当制定行业节能技术政策，发展、推广节能新技术、新工艺、新设备和新材料，限制或者淘汰能耗高的老旧技术、工艺、设备和材料。

第四十一条　国务院管理节能工作的部门应当会同国务院有关部门规定通用的和分行业的具体的节能技术指标、要求和措施，并根据经济和节能技术的发展情况适时修订，提高能源利用效率，降低能源消耗，使我国能源利用状况逐步赶上国际先进水平。

第五章　法律责任

第四十二条　违反本法第十三条规定，新建国家明令禁止新建的高耗能工业项目的，由县级以上人民政府管理节能工作的部门提出意见，报请同级人民政府按照国务院规定的权限责令停止投入生产或者停止使用。

第四十三条　生产耗能较高的产品的单位，违反本法第二十四条规定，超过单位产品能耗限额用能，情节严重，经限期治理逾期不治理或者没有达到治理要求的，可以由县级以上人民政府管理节能工作的部门提出意见，报请同级人民政府按照国务院规定的权限责令停业整顿或者关闭。

第四十四条　违反本法第二十五条规定，生产、销售国家明令淘汰的用能产品的，由县级以上人民政府管理产品质量监督工作的部门责令停止生产、销售国家明令淘汰的用能产品，没收违法生产、销售的国家明令淘汰的用能产品和违法所得，并处违法所得一倍以上五倍以下的罚款；可以由县级以上人民政府工商行政管理部门吊销营业执照。

第四十五条　违反本法第二十五条规定，使用国家明令淘汰的用能设备的，由县级以上人民政府管理节能工作的部门责令停止使用，没收国家明令淘汰的用能设备；情节严重的，县级以上人民政府管理节能工作的部门可以提出意见，报请同级人民政府按照国务院规定的权限责令停业整顿或者关闭。

第四十六条　违反本法第二十五条规定，将淘汰的用能设备转让他人使用的，由县级以上人民政府管理产品质量监督工作的部门没收违法所得，并处违法所得一倍以上五倍以下的罚款。

第四十七条　违反本法第二十六条规定，未在产品说明书和产品标识上注明能耗指标的，由县级以上人民政府管理产品质量监督工作的部门责令限期改正，可以处五万元以下的罚款。

违反本法第二十六条规定，在产品说明书和产品标识上注明的能耗指标不符合产品的实际情况的，除依照前款规定处罚外，依照有关法律的规定承担民事责任。

第四十八条　违反本法第二十七条规定，使用伪造的节能质量认证标志或者冒用节能质量认证标志的，由县级以上人民政府管理产品质量监督工作的部门责令公开改正，没收违法所得，可以并处违法所得一倍以上五倍以下的罚款。

第四十九条　国家工作人员在节能工作中滥用职权、玩忽职守、徇私舞弊，构成犯罪的，依法追究刑事责任；尚不构成犯罪的，给予行政处分。

第六章　附　则

第五十条　本法自1998年1月1日起施行。

第二章

煤炭法律法规

中华人民共和国煤炭法

全国人民代表大会常务委员会通过

颁布日期：19960829　实施日期：19961201

第一章　总　则

第一条　为了合理开发利用和保护煤炭资源，规范煤炭生产、经营活动，促进和保障煤炭行业的发展，制定本法。

第二条　在中华人民共和国领域和中华人民共和国管辖的其他海域从事煤炭生产、经营活动，适用本法。

第三条　煤炭资源属于国家所有。地表或者地下的煤炭资源的国家所有权，不因其依附的土地的所有权或者使用权的不同而改变。

第四条　国家对煤炭开发实行统一规划、合理布局、综合利用的方针。

第五条　国家依法保护煤炭资源，禁止任何乱采、滥挖破坏煤炭资源的行为。

第六条　国家保护依法投资开发煤炭资源的投资者的合法权益。

国家保障国有煤矿的健康发展。

国家对乡镇煤矿采取扶持、改造、整顿、联合、提高的方针，实行正规合理开发和有序发展。

第七条　煤矿企业必须坚持安全第一、预防为主的安全生产方针，建立健全安全生产的责任制度和群防群治制度。

第八条　各级人民政府及其有关部门和煤矿企业必须采取措施加强劳动保护，保障煤矿职工的安全和健康。

国家对煤矿井下作业的职工采取特殊保护措施。

第九条　国家鼓励和支持在开发利用煤炭资源过程中采用先进的科学技术和管理方法。

煤矿企业应当加强和改善经营管理，提高劳动生产率和经济效益。

第十条　国家维护煤矿矿区的生产秩序、工作秩序，保护煤矿企业设施。

第十一条　开发利用煤炭资源，应当遵守有关环境保护的法律、法规，防治污染和其他公害，保护生态环境。

第十二条　国务院煤炭管理部门依法负责全国煤炭行业的监督管理。国务院有关部门在各自的职责范围内负责煤炭行业的监督管理。

县级以上地方人民政府煤炭管理部门和有关部门依法负责本行政区域内煤炭行业的监督管理。

第十三条　煤炭矿务局是国有煤矿企业，具有独立法人资格。

矿务局和其他具有独立法人资格的煤矿企业、煤炭经营企业依法实行自主经营、自负盈亏、自我约束、自我发展。

第二章　煤炭生产开发规划与煤矿建设

第十四条　国务院煤炭管理部门根据全国矿产资源勘查规划编制全国煤炭资源勘查规划。

第十五条　国务院煤炭管理部门根据全国矿产资源规划规定的煤炭资源，组织编制和实施煤炭生产开发规划。

省、自治区、直辖市人民政府煤炭管理部门根据全国矿产资源规划规定的煤炭资源，组织编制和实施本地区煤炭生产开发规划，并报国务院煤炭管理部门备案。

第十六条　煤炭生产开发规划应当根据国民经济和社会发展的需要制定，并纳入国民经济和社会发展计划。

第十七条　国家制定优惠政策，支持煤炭工业发展，促进煤矿建设。

煤矿建设项目应当符合煤炭生产开发规划和煤炭产业政策。

第十八条　开办煤矿企业，应当具备下列条件：

（一）有煤矿建设项目可行性研究报告或者开采方案；

（二）有计划开采的矿区范围、开采范围和资源综合利用方案；

（三）有开采所需的地质、测量、水文资料和其他资料；

（四）有符合煤矿安全生产和环境保护要求的矿山设计；

（五）有合理的煤矿矿井生产规模和与其相适应的资金、设备和技术人员；

（六）法律、行政法规规定的其他条件。

第十九条　开办煤矿企业，必须依法向煤炭管理部门提出申请；依照本法规定的条件和国务院规定的分级管理的权限审查批准。

审查批准煤矿企业，须由地质矿产主管部门对其开采范围和资源综合利用方案进行复核并签署意见。

经批准开办的煤矿企业，凭批准文件由地质矿产主管部门颁发采矿许可证。

第二十条　煤矿建设使用土地，应当依照有关法律、行政法规的规定办理。征用土地的，应当依法支付土地补偿费和安置补偿费，做好迁移居民的安置工作。

煤矿建设应当贯彻保护耕地、合理利用土地的原则。

地方人民政府对煤矿建设依法使用土地和迁移居民，应当给予支持和协助。

第二十一条　煤矿建设应当坚持煤炭开发与环境治理同步进行。煤矿建设项目的环境保护设施必须与主体工程同时设计、同时施工、同时验收、同时投入使用。

第三章　煤炭生产与煤矿安全

第二十二条　煤矿投入生产前，煤矿企业应当依照本法规定向煤炭管理部门申请领取煤炭生产许可证，由煤炭管理部门对其实际生产条件和安全条件进行审查，符合本法规定条件的，发给煤炭生产许可证。

未取得煤炭生产许可证的，不得从事煤炭生产。

第二十三条　取得煤炭生产许可证，应当具备下列条件：

（一）有依法取得的采矿许可证；

（二）矿井生产系统符合国家规定的煤矿安全规程；

（三）矿长经依法培训合格，取得矿长资格证书；

（四）特种作业人员经依法培训合格，取得操作资格证书；

（五）井上、井下、矿内、矿外调度通讯畅通；

（六）有实测的井上、井下工程对照图、采掘工程平面图、通风系统图；

（七）有竣工验收合格的保障煤矿生产安全的设施和环境保护设施；

（八）法律、行政法规规定的其他条件。

第二十四条 国务院煤炭管理部门负责下列煤矿企业的煤炭生产许可证的颁发管理工作：

（一）国务院和依法应当由国务院煤炭管理部门审查批准开办的煤矿企业；

（二）跨省、自治区、直辖市行政区域的煤矿企业。

省、自治区、直辖市人民政府煤炭管理部门负责前款规定以外的其他煤矿企业的煤炭生产许可证的颁发管理工作。

省、自治区、直辖市人民政府煤炭管理部门可以授权设区的市、自治州人民政府煤炭管理部门负责煤炭生产许可证的颁发管理工作。

第二十五条 煤炭生产许可证的颁发管理机关，负责对煤炭生产许可证的监督管理。

依法取得煤炭生产许可证的煤矿企业不得将其煤炭生产许可证转让或者出租给他人。

第二十六条 在同一开采范围内不得重复颁发煤炭生产许可证。

煤炭生产许可证的有效期限届满或者经批准开采范围内的煤炭资源已经枯竭的，其煤炭生产许可证由发证机关予以注销并公告。

煤矿企业的生产条件和安全条件发生变化，经核查不符合本法规定条件的，其煤炭生产许可证由发证机关予以吊销并公告。

第二十七条 煤炭生产许可证管理办法，由国务院依照本法制定。

省、自治区、直辖市人民代表大会常务委员会可以根据本法和国务院的规定制定本地区煤炭生产许可证管理办法。

第二十八条 对国民经济具有重要价值的特殊煤种或者稀缺煤种，国家实行保护性开采。

第二十九条 开采煤炭资源必须符合煤矿开采规程，遵守合理的开采顺序，达到规定的煤炭资源回采率。

煤炭资源回采率由国务院煤炭管理部门根据不同的资源和开采条件确定。

国家鼓励煤矿企业进行复采或者开采边角残煤和极薄煤。

第三十条 煤矿企业应当加强煤炭产品质量的监督检查和管理。煤炭产品质量应当按照国家标准或者行业标准分等论级。

第三十一条 煤炭生产应当依法在批准的开采范围内进行，不得超越批准的开采范围越界、越层开采。

采矿作业不得擅自开采保安煤柱，不得采用可能危及相邻煤矿生产安全的决水、爆破、贯通巷道等危险方法。

第三十二条 因开采煤炭压占土地或者造成地表土地塌陷、挖损，由采矿者负责进行复垦，恢复到可供利用的状态；造成他人损失的，应当依法给予补偿。

第三十三条 关闭煤矿和报废矿井，应当依照有关法律、法规和国务院煤炭管理部门的规定办理。

第三十四条 国家建立煤矿企业积累煤矿衰老期转产资金的制度。

国家鼓励和扶持煤矿企业发展多种经营。

第三十五条 国家提倡和支持煤矿企业和其他企业发展煤电联产、炼焦、煤化工、煤建材等，进行煤炭的深加工和精加工。

国家鼓励煤矿企业发展煤炭洗选加工，综合开发利用煤层气、煤矸石、煤泥、石煤和泥炭。

第三十六条 国家发展和推广洁净煤技术。

国家采取措施取缔土法炼焦。禁止新建土法炼焦窑炉；现有的土法炼焦限期改造。

第三十七条 县级以上各级人民政府及其煤炭管理部门和其他有关部门，应当加强对煤矿安全生产工作的监督管理。

第三十八条 煤矿企业的安全生产管理，实行矿务局长、矿长负责制。

第三十九条 矿务局长、矿长及煤矿企业的其他主要负责人必须遵守有关矿山安全的法律、法规和煤炭行业安全规章、规程，加强对煤矿安全生产工作的管理，执行安全生产责任制度，采取有效措施，防止伤亡和其他安全生产事故的发生。

第四十条 煤矿企业应当对职工进行安全生产教育、培训；未经安全生产教育、培训的，不得上岗作业。

煤矿企业职工必须遵守有关安全生产的法律、法规、煤炭行业规章、规程和企业规章制度。

第四十一条　在煤矿井下作业中，出现危及职工生命安全并无法排除的紧急情况时，作业现场负责人或者安全管理人员应当立即组织职工撤离危险现场，并及时报告有关方面负责人。

第四十二条　煤矿企业工会发现企业行政方面违章指挥、强令职工冒险作业或者生产过程中发现明显重大事故隐患，可能危及职工生命安全的情况，有权提出解决问题的建议，煤矿企业行政方面必须及时做出处理决定。企业行政方面拒不处理的，工会有权提出批评、检举和控告。

第四十三条　煤矿企业必须为职工提供保障安全生产所需的劳动保护用品。

第四十四条　煤矿企业必须为煤矿井下作业职工办理意外伤害保险，支付保险费。

第四十五条　煤矿企业使用的设备、器材、火工产品和安全仪器，必须符合国家标准或者行业标准。

第四章　煤炭经营

第四十六条　依法取得煤炭生产许可证的煤矿企业，有权销售本企业生产的煤炭。

第四十七条　设立煤炭经营企业，应当具备下列条件：

（一）有与其经营规模相适应的注册资金；

（二）有固定的经营场所；

（三）有必要的设施和储存煤炭的场地；

（四）有符合标准的计量和质量检验设备；

（五）符合国家对煤炭经营企业合理布局的要求；

（六）法律、行政法规规定的其他条件。

第四十八条　设立煤炭经营企业，须向国务院指定的部门或者省、自治区、直辖市人民政府指定的部门提出申请；由国务院指定的部门或者省、自治区、直辖市人民政府指定的部门依照本法第四十七条规定的条件和国务院规定的分级管理的权限进行资格审查；符合条件的，予以批准。申请人凭批准文件向工商行政管理部门申请领取营业执照后，方可从事煤炭经营。

第四十九条　煤炭经营企业从事煤炭经营，应当遵守有关法律、法规的规定，改善服务，保障供应。禁止一切非法经营活动。

第五十条　煤炭经营应当减少中间环节和取消不合理的中间环节，提倡有条件的煤矿企业直销。

煤炭用户和煤炭销区的煤炭经营企业有权直接从煤矿企业购进煤炭。在煤炭产区可以组成煤炭销售、运输服务机构，为中小煤矿办理经销、运输业务。

禁止行政机关违反国家规定擅自设立煤炭供应的中间环节和额外加收费用。

第五十一条　从事煤炭运输的车站、港口及其他运输企业不得利用其掌握的运力作为参与煤炭经营、谋取不正当利益的手段。

第五十二条　国务院物价行政主管部门会同国务院煤炭管理部门和有关部门对煤炭的销售价格进行监督管理。

第五十三条　煤矿企业和煤炭经营企业供应用户的煤炭质量应当符合国家标准或者行业标准，质级相符，质价相符。用户对煤炭质量有特殊要求的，由供需双方在煤炭购销合同中约定。

煤矿企业和煤炭经营企业不得在煤炭中掺杂、掺假，以次充好。

第五十四条　煤矿企业和煤炭经营企业供应用户的煤炭质量不符合国家标准或者行业标准，或者不符合合同约定，或者质级不符、质价不符，给用户造成损失的，应当依法给予赔偿。

第五十五条　煤矿企业、煤炭经营企业、运输企业和煤炭用户应当依照法律、国务院有关规定或者合同约定供应、运输和接卸煤炭。

运输企业应当将承运的不同质量的煤炭分装、分堆。

第五十六条　煤炭的进出口依照国务院的规定，实行统一管理。

具备条件的大型煤矿企业经国务院对外经济贸易主管部门依法许可，有权从事煤炭出口经营。

第五十七条　煤炭经营管理办法，由国务院依照本法制定。

第五章　煤矿矿区保护

第五十八条　任何单位或者个人不得危害煤矿矿区的电力、通讯、水源、交通及其他生产设施。

禁止任何单位和个人扰乱煤矿矿区的生产秩序和工作秩序。

第五十九条 对盗窃或者破坏煤矿矿区设施、器材及其他危及煤矿矿区安全的行为，一切单位和个人都有权检举、控告。

第六十条 未经煤矿企业同意，任何单位或者个人不得在煤矿企业依法取得土地使用权的有效期间内在该土地上种植、养殖、取土或者修建建筑物、构筑物。

第六十一条 未经煤矿企业同意，任何单位或者个人不得占用煤矿企业的铁路专用线、专用道路、专用航道、专用码头、电力专用线、专用供水管路。

第六十二条 任何单位或者个人需要在煤矿采区范围内进行可能危及煤矿安全的作业时，应当经煤矿企业同意，报煤炭管理部门批准，并采取安全措施后，方可进行作业。

在煤矿矿区范围内需要建设公用工程或者其他工程的，有关单位应当事先与煤矿企业协商并达成协议后，方可施工。

第六章 监督检查

第六十三条 煤炭管理部门和有关部门依法对煤矿企业和煤炭经营企业执行煤炭法律、法规的情况进行监督检查。

第六十四条 煤炭管理部门和有关部门的监督检查人员应当熟悉煤炭法律、法规，掌握有关煤炭专业技术，公正廉洁，秉公执法。

第六十五条 煤炭管理部门和有关部门的监督检查人员进行监督检查时，有权向煤矿企业、煤炭经营企业或者用户了解有关执行煤炭法律、法规的情况，查阅有关资料，并有权进入现场进行检查。

煤矿企业、煤炭经营企业和用户对依法执行监督检查任务的煤炭管理部门和有关部门的监督检查人员应当提供方便。

第六十六条 煤炭管理部门和有关部门的监督检查人员对煤矿企业和煤炭经营企业违反煤炭法律、法规的行为，有权要求其依法改正。

煤炭管理部门和有关部门的监督检查人员进行监督检查时，应当出示证件。

第七章 法律责任

第六十七条 违反本法第二十二条的规定，未取得煤炭生产许可证，擅自从事煤炭生产的，由煤炭管理部门责令停止生产，没收违法所得，可以并处违法所得一倍以上五倍以下的罚款；拒不停止生产的，由县级以上地方人民政府强制停产。

第六十八条 违反本法第二十五条的规定，转让或者出租煤炭生产许可证的，由煤炭管理部门吊销煤炭生产许可证，没收违法所得，并处违法所得一倍以上五倍以下的罚款。

第六十九条 违反本法第二十九条的规定，开采煤炭资源未达到国务院煤炭管理部门规定的煤炭资源回采率的，由煤炭管理部门责令限期改正；逾期仍达不到规定的回采率的，吊销其煤炭生产许可证。

第七十条 违反本法第三十一条的规定，擅自开采保安煤柱或者采用危及相邻煤矿生产安全的危险方法进行采矿作业的，由劳动行政主管部门会同煤炭管理部门责令停止作业；由煤炭管理部门没收违法所得，并处违法所得一倍以上五倍以下的罚款，吊销其煤炭生产许可证；构成犯罪的，由司法机关依法追究刑事责任；造成损失的，依法承担赔偿责任。

第七十一条 违反本法第四十八条的规定，未经审查批准，擅自从事煤炭经营活动的，由负责审批的部门责令停止经营，没收违法所得，可以并处违法所得一倍以上五倍以下的罚款。

第七十二条 违反本法第五十三条的规定，在煤炭产品中掺杂、掺假，以次充好的，责令停止销售，没收违法所得，并处违法所得一倍以上五倍以下的罚款，可以依法吊销煤炭生产许可证或者取消煤炭经营资格；构成犯罪的，由司法机关依法追究刑事责任。

第七十三条 违反本法第六十条的规定，未经煤矿企业同意，在煤矿企业依法取得土地使用权的有效期间内在该土地上修建建筑物、构筑物的，由当地人民政府动员拆除；拒不拆除的，责令拆除。

第七十四条 违反本法第六十一条的规定，未经煤矿企业同意，占用煤矿企业的铁路专用线、专用道路、专用航道、专用码头、电力专用线、专用供水管路的，由县级以上地方人民政府责令限期改正；逾期不改正的，强制清除，可以并处五万元以下的罚款；造成损失的，依法承担赔偿责任。

第七十五条　违反本法第六十二条的规定，未经批准或者未采取安全措施，在煤矿采区范围内进行危及煤矿安全作业的，由煤炭管理部门责令停止作业，可以并处五万元以下的罚款；造成损失的，依法承担赔偿责任。

第七十六条　有下列行为之一的，由公安机关依照治安管理处罚条例的有关规定处罚；构成犯罪的，由司法机关依法追究刑事责任：

（一）阻碍煤矿建设，致使煤矿建设不能正常进行的；

（二）故意损坏煤矿矿区的电力、通讯、水源、交通及其他生产设施的；

（三）扰乱煤矿矿区秩序，致使生产、工作不能正常进行的；

（四）拒绝、阻碍监督检查人员依法执行职务的。

第七十七条　对不符合本法规定条件的煤矿企业颁发煤炭生产许可证或者对不符合本法规定条件设立煤炭经营企业予以批准的由其上级主管机关或者监察机关责令改正，并给予直接负责的主管人员和其他直接责任人员行政处分；构成犯罪的，由司法机关依法追究刑事责任。

第七十八条　煤矿企业的管理人员违章指挥、强令职工冒险作业，发生重大伤亡事故的，依照刑法第一百一十四条的规定追究刑事责任。

第七十九条　煤矿企业的管理人员对煤矿事故隐患不采取措施予以消除，发生重大伤亡事故的，比照刑法第一百八十七条的规定追究刑事责任。

第八十条　煤炭管理部门和有关部门的工作人员玩忽职守、徇私舞弊、滥用职权的，依法给予行政处分；构成犯罪的，由司法机关依法追究刑事责任。

第八章　附　则

第八十一条　本法自1996年12月1日起施行。

附：

刑法有关条款

第一百一十四条　工厂、矿山、林场、建筑企业或者其他企业、事业单位的职工，由于不服管理、违反规章制度，或者强令工人违章冒险作业，因而发生重大伤亡事故，造成严重后果的，处三年以下有期徒刑或者拘役；情节特别恶劣的，处三年以上七年以下有期徒刑。

第一百八十七条　国家工作人员由于玩忽职守，致使公共财产、国家和人民利益遭受重大损失的，处五年以下有期徒刑或者拘役。

乡镇煤矿管理条例

国务院

颁布日期：19941220　实施日期：19941220

第一章　总　则

第一条　为了加强乡镇煤矿的行业管理，促进乡镇煤矿的健康发展，制定本条例。

第二条　本条例所称乡镇煤矿，是指在乡（镇）、村开办的集体煤矿企业、私营煤矿企业以及除国有煤矿企业和外商投资煤矿企业以外的其他煤矿企业。

第三条　煤炭资源属于国家所有。地表或者地下的煤炭资源的国家所有权，不因其所依附的土地的所有权或者使用权的不同而改变。

国家对煤炭资源的开发利用实行统一规划、合理布局的方针。

第四条　乡镇煤矿开采煤炭资源，必须依照有关法律、法规的规定，申请领取采矿许可证和煤炭生产许可证。

第五条 国家扶持、指导和帮助乡镇煤矿的发展。

县级以上地方人民政府应当加强对乡镇煤矿的管理，依法维护乡镇煤矿的生产秩序，保护乡镇煤矿的合法权益；对发展乡镇煤矿做出显著成绩的单位和个人给予奖励。

第六条 乡镇煤矿开采煤炭资源，应当遵循开发与保护并重的原则，依法办矿，安全生产，文明生产。

第七条 国务院煤炭工业主管部门和县级以上地方人民政府负责管理煤炭工业的部门是乡镇煤矿的行业管理部门（以下统称煤炭工业主管部门）。

煤炭工业行业管理的任务是统筹规划、组织协调、提供服务、监督检查。

第二章 资源与规划

第八条 国务院煤炭工业主管部门和省、自治区、直辖市人民政府根据全国矿产资源规划编制行业开发规划和地区开发规划时，应当合理划定乡镇煤矿开采的煤炭资源范围。

第九条 未经国务院煤炭工业主管部门批准，乡镇煤矿不得开采下列煤炭资源：

（一）国家规划煤炭矿区；

（二）对国民经济具有重要价值的煤炭矿区；

（三）国家规定实行保护性开采的稀缺煤种；

（四）重要河流、堤坝和大型水利工程设施下的保安煤柱；

（五）铁路、重要公路和桥梁下的保安煤柱；

（六）重要工业区、重要工程设施、机场、国防工程设施下的保安煤柱；

（七）不能移动的国家重点保护的历史文物、名胜古迹和国家划定的自然保护区、重要风景区下的保安煤柱；

（八）正在建设或者正在开采的矿井的保安煤柱。

第十条 乡镇煤矿在国有煤矿企业矿区范围内开采边缘零星资源，必须征得该国有煤矿企业同意，并经其上级主管部门批准。

乡镇煤矿开采前款规定的煤炭资源，必须与国有煤矿企业签订合理开发利用煤炭资源和维护矿山安全的协议，不得浪费、破坏煤炭资源，影响国有煤矿企业的生产安全。

第十一条 国家重点建设工程需要占用乡镇煤矿的生产井田时，占用单位应当按照国家有关规定给予合理补偿；但是，对违法开办的乡镇煤矿，不予补偿。

第三章 办矿与生产

第十二条 开办乡镇煤矿，必须具备下列条件：

（一）符合国家煤炭工业发展规划；

（二）有经依法批准可供开采的、无争议的煤炭资源；

（三）有与所建矿井生产规划相适应的资金、技术装备和技术人才；

（四）有经过批准的采矿设计或者开采方案；

（五）有符合国家规定的安全生产措施和环境保护措施；

（六）办矿负责人经过技术培训，并持有矿长资格证书；

（七）法律、法规规定的其他条件。

第十三条 申请开办乡镇煤矿，由资源所在地的县级人民政府负责管理煤炭工业的部门审查申请人的办矿条件。

申请开办乡镇煤矿，其矿区范围跨两个县级以上行政区域的，由其共同的上一级人民政府负责管理煤炭工业的部门审查申请人的办矿条件。

经审查符合办矿条件的，申请人应当凭煤炭工业主管部门审查同意的文件，依照有关法律、法规的规定，办理采矿登记手续，领取采矿许可证。

第十四条 乡镇煤矿建成投产前，应当按照国务院关于煤炭生产许可证管理的规定，申请领取煤炭生产许可证。

未取得煤炭生产许可证的乡镇煤矿，不得进行煤炭生产。

第十五条 乡镇煤矿开采煤炭资源，应当采用合理的开采顺序和科学的采矿方法，提高资源回采率和综合利用率，防止资源的浪费。

第十六条 乡镇煤矿应当按照矿井当年的实际产量提取维简费。维简费的提取标准和使用范围按照国家有关规定执行。

第四章 安全与管理

第十七条 乡镇煤矿应当按照国家有关矿山

安全的法律、法规和煤炭行业安全规程、技术规范的要求，建立、健全各级安全生产责任制和安全规章制度。

第十八条 县级、乡级人民政府应当加强对乡镇煤矿安全生产工作的监督管理，保证煤矿生产的安全。

乡镇煤矿的矿长和办矿单位的主要负责人，应当加强对煤矿安全生产工作的领导，落实安全生产责任制，采取各种有效措施，防止生产事故的发生。

第十九条 国务院煤炭工业主管部门和县级以上地方人民政府负责管理煤炭工业的部门，应当有计划地对乡镇煤矿的职工进行安全教育和技术培训。

县级以上人民政府负责管理煤炭工业的部门对矿长考核合格后，应当颁发矿长资格证书。

县级以上人民政府负责管理煤炭工业的部门对瓦斯检验工、采煤机司机等特种作业人员按照国家有关规定考核合格后，应当颁发操作资格证书。

第二十条 乡镇煤矿发生伤亡事故，应当按照有关法律、行政法规的规定，及时如实地向上一级人民政府、煤炭工业主管部门及其他有关主管部门报告，并立即采取有效措施，做好救护工作。

第二十一条 乡镇煤矿应当及时测绘井上下工程对照图、采掘工程平面图和通风系统图，并定期向原审查办矿条件的煤炭工业主管部门报送图纸，接受其监督、检查。

第二十二条 乡镇煤矿进行采矿作业，不得采用可能危及相邻煤矿生产安全的决水、爆破、贯通巷道等危险方法。

第二十三条 乡镇煤矿依照有关法律、法规的规定办理关闭矿山手续时，应当向原审查办矿条件的煤炭工业主管部门提交有关采掘工程、不安全隐患等资料。

第二十四条 县级以上人民政府劳动行政主管部门负责对乡镇煤矿安全工作的监督，并有权对取得矿长资格证书的矿长进行抽查。

第五章 罚 则

第二十五条 违反法律、法规关于矿山安全的规定，造成人身伤亡或者财产损失的，依照有关法律、法规的规定给予处罚。

第二十六条 违反本条例规定，有下列情形之一的，由原审查办矿条件的煤炭工业主管部门，根据情节轻重，给予警告、5万元以下的罚款、没收违法所得或者责令停产整顿：

（一）未经煤炭工业主管部门审查同意，擅自开办乡镇煤矿的；

（二）未按照规定向煤炭工业主管部门报送有关图纸资料的。

第二十七条 违反本条例规定，有下列情形之一的，由国务院煤炭工业主管部门或者由其授权的省、自治区、直辖市人民政府煤炭工业主管部门，根据情节轻重，分别给予警告、5万元以下的罚款、没收违法所得或者责令停止开采：

（一）未经国务院煤炭工业主管部门批准，擅自进入国家规划煤炭矿区、对国民经济具有重要价值的煤炭矿区采矿的，或者擅自开采国家规定实行保护性开采的稀缺煤种的；

（二）未经国有煤矿企业的上级主管部门批准，擅自开采国有煤矿企业矿区范围内边缘零星资源的。

第二十八条 县级以上人民政府劳动行政主管部门经抽查发现取得矿长资格证书的矿长不合格的，应当责令限期达到规定条件；逾期仍不合格的，提请本级人民政府决定责令其所在煤矿停产。

第二十九条 煤炭工业主管部门违反本条例规定，有下列情形之一的，对负有直接责任的主管人员和其他直接责任人员给予行政处分：

（一）符合开办乡镇煤矿的条件不予审查同意的，或者不符合条件予以同意的；

（二）符合矿长任职资格不予颁发矿长资格证书的，或者不符合矿长任职资格予以颁发矿长资格证书的。

第三十条 依照本条例第二十六条、第二十七条规定取得的罚没收入，应当全部上缴国库。

第六章 附 则

第三十一条 国务院煤炭工业主管部门可以根据本条例制定实施办法。

第三十二条 本条例自发布之日起施行。

煤炭生产许可证管理办法

国务院

颁布日期：19941220　实施日期：19941220

第一章　总　则

第一条　为了加强煤炭生产的行业管理，促进煤炭安全生产，制定本办法。

第二条　在中华人民共和国境内开采煤炭资源的煤矿企业，必须依照本办法的规定，领取煤炭生产许可证。

未取得煤炭生产许可证的煤矿企业，不得从事煤炭生产。

第三条　国务院煤炭工业主管部门和省、自治区、直辖市人民政府煤炭工业主管部门，负责煤炭生产许可证的颁发管理工作。

第二章　取得煤炭生产许可证的条件

第四条　国有煤矿企业、外商投资煤矿企业取得煤炭生产许可证，应当具备下列条件：

（一）有依法领取的采矿许可证；

（二）有经过批准的采矿设计；

（三）矿井提升、运输、通风、排水、供电等生产系统符合国家规定的煤矿安全规程，并完善可靠，经依法验收合格；

（四）矿长经依法培训合格，取得矿长资格证书；

（五）瓦斯检验工、采煤机司机等特种作业人员持有县级以上地方人民政府负责管理煤炭工业的部门按照国家有关规定颁发的操作资格证书；

（六）井上、井下、矿内、矿外调度通讯畅通；

（七）有符合法律、法规要求的环境保护措施；

（八）有矿山建设工程安全设施竣工验收合格证明文件；

（九）法律、行政法规规定的其他条件。

第五条　国有煤矿企业、外商投资煤矿企业以外的其他煤矿企业取得煤炭生产许可证，应当具备下列条件：

（一）有依法领取的采矿许可证；

（二）有经过批准的采矿设计或者开采方案；

（三）矿井生产系统符合国家规定的煤矿安全规程；

（四）矿长经依法培训合格，取得矿长资格证书；

（五）瓦斯检验工、采煤机司机等特种作业人员，持有县级以上地方人民政府负责管理煤炭工业的部门按照国家有关规定颁发的操作资格证书；

（六）井上、井下、矿内、矿外调度通讯畅通；

（七）有井上下工程对照图、采掘工程平面图、通风系统图；

（八）有必要的环境保护措施；

（九）有矿山建设工程安全设施竣工验收合格证明文件；

（十）法律、行政法规规定的其他条件。

第三章　取得煤炭生产许可证的程序

第六条　国务院煤炭工业主管部门负责下列煤矿企业煤炭生产许可证颁发管理工作；

（一）国务院和国务院有关主管部门批准开办的煤矿企业；

（二）跨省、自治区、直辖市行政区域的煤矿企业；

（三）外商投资煤矿企业。

省、自治区、直辖市人民政府煤炭工业主管部门负责前款规定以外的其他煤矿企业的煤炭生产许可证颁发管理工作。

第七条　煤矿企业应当以矿（井）为单位，申请领取煤炭生产许可证。

第八条　煤矿企业申请领取煤炭生产许可证，应当依照本办法第六条的规定，在煤矿（井）建成投产前向国务院煤炭工业主管部门或者省、自治区、直辖市人民政府煤炭工业主管部门（以下统称煤炭生产许可证的颁发管理机关）提交申请书和本办法第四条、第五条规定的有关文件、资料。

煤炭生产许可证的颁发管理机关自收到煤矿企业提交的申请书和有关文件、资料之日起60日内，应当完成审查核实工作。经审查合格的，应当颁发煤炭生产许可证；经审查不合格的，不予颁发煤炭生产许可证，但是应当书面通知煤矿企业，并说明理由。

第九条　煤炭生产许可证由国务院煤炭工业主管部门统一印制，其他任何单位和个人不得擅自印制。

第十条　煤炭生产许可证的有效期限与煤矿企业的生产服务年限相同。期满需要延期的，应当于期满前3个月向原煤炭生产许可证的颁发管理机关申请办理延期手续。

第十一条　取得煤炭生产许可证的煤矿企业，应当向煤炭生产许可证的颁发管理机关缴纳许可证工本费。具体收费标准由国务院煤炭工业主管部门会同国务院财政主管部门和物价行政主管部门规定。

第四章　煤炭生产许可证的监督管理

第十二条　煤炭生产许可证的颁发管理机关，应当加强对煤炭生产许可证的监督管理，并实行年检制度。

煤矿企业应当接受煤炭生产许可证颁发管理机关的监督、检查。

第十三条　煤炭生产许可证的颁发管理机关，应当建立、健全煤炭生产许可证的档案管理制度。

第十四条　省、自治区、直辖市人民政府煤炭工业主管部门向煤矿企业颁发煤炭生产许可证后，应当及时向国务院煤炭工业主管部门报送备案材料。

第十五条　国务院煤炭工业主管部门发现省、自治区、直辖市人民政府煤炭工业主管部门颁发煤炭生产许可证不适当的，应当及时予以纠正或者吊销。

第五章　罚　则

第十六条　违反本办法规定，有下列情形之一的，由煤炭生产许可证的颁发管理机关或者其授权的县级人民政府负责管理煤炭工业的部门，根据具体情况，分别给予5万元以下的罚款、没收违法所得、责令停止生产或者吊销煤炭生产许可证：

（一）未取得煤炭生产许可证，擅自进行煤炭生产的；

（二）煤炭生产许可证有效期满，未办理延期手续，继续进行煤炭生产的；

（三）投入生产的煤矿企业，经检查不符合取得煤炭生产许可证的条件，又不按照煤炭工业主管部门的要求进行整顿改进或者经整顿改进后仍不符合条件的；

（四）伪造、转让或者冒用他人煤炭生产许可证的。

第十七条　煤炭工业主管部门违反本办法规定，有下列情形之一的，对负有直接责任的主管人员和其他直接责任人员给予行政处分：

（一）对符合条件的煤炭企业应当颁发煤炭生产许可证而不予颁发的；

（二）对不符合条件的煤矿企业擅自颁发煤炭生产许可证的。

第十八条　依照本办法第十六条规定取得的罚没收入，全部上缴国库。

第六章　附　则

第十九条　本办法发布施行前已经投入生产的煤矿企业，应当自本办法发布施行之日起6个月内，申请补办煤炭生产许可证手续。

第二十条　国务院煤炭工业主管部门可以根据本办法制定实施细则。

第二十一条　本办法自发布之日起施行。

中华人民共和国煤矿安全监察条例

国务院

颁布日期：20001107　实施日期：20001201

第一章　总　则

第一条　为了保障煤矿安全，规范煤矿安全监察工作，保护煤矿职工人身安全和身体健康，根据煤炭法、矿山安全法、第九届全国人民代表大会第一次会议通过的国务院机构改革方案和国务院关于煤矿安全监察体制的决定，制定本条例。

第二条 国家对煤矿安全实行监察制度。国务院决定设立的煤矿安全监察机构按照国务院规定的职责，依照本条例的规定对煤矿实施安全监察。

第三条 煤矿安全监察机构依法行使职权，不受任何组织和个人的非法干涉。

煤矿及其有关人员必须接受并配合煤矿安全监察机构依法实施的安全监察，不得拒绝、阻挠。

第四条 地方各级人民政府应当加强煤矿安全管理工作，支持和协助煤矿安全监察机构依法对煤矿实施安全监察。

煤矿安全监察机构应当及时向有关地方人民政府通报煤矿安全监察的有关情况，并可以提出加强和改善煤矿安全管理的建议。

第五条 煤矿安全监察应当以预防为主，及时发现和消除事故隐患，有效纠正影响煤矿安全的违法行为，实行安全监察与促进安全管理相结合、教育与惩处相结合。

第六条 煤矿安全监察应当依靠煤矿职工和工会组织。

煤矿职工对事故隐患或者影响煤矿安全的违法行为有权向煤矿安全监察机构报告或者举报。煤矿安全监察机构对报告或者举报有功人员给予奖励。

第七条 煤矿安全监察机构及其煤矿安全监察人员应当依法履行安全监察职责。任何单位和个人对煤矿安全监察机构及其煤矿安全监察人员的违法违纪行为，有权向上级煤矿安全监察机构或者有关机关检举和控告。

第二章 煤矿安全监察机构及其职责

第八条 本条例所称煤矿安全监察机构，是指国家煤矿安全监察机构和在省、自治区、直辖市设立的煤矿安全监察机构（以下简称地区煤矿安全监察机构）及其在大中型矿区设立的煤矿安全监察办事处。

第九条 地区煤矿安全监察机构及其煤矿安全监察办事处负责对划定区域内的煤矿实施安全监察；煤矿安全监察办事处在国家煤矿安全监察机构规定的权限范围内，可以对违法行为实施行政处罚。

第十条 煤矿安全监察机构设煤矿安全监察员。煤矿安全监察员应当公道、正派，熟悉煤矿安全法律、法规和规章，具有相应的专业知识和相关的工作经验，并经考试录用。

煤矿安全监察员的具体管理办法由国家煤矿安全监察机构商国务院有关部门制定。

第十一条 地区煤矿安全监察机构、煤矿安全监察办事处应当对煤矿实施经常性安全检查；对事故多发地区的煤矿，应当实施重点安全检查。国家煤矿安全监察机构根据煤矿安全工作的实际情况，组织对全国煤矿的全面安全检查或者重点安全抽查。

第十二条 地区煤矿安全监察机构、煤矿安全监察办事处应当对每个煤矿建立煤矿安全监察档案。煤矿安全监察人员对每次安全检查的内容、发现的问题及其处理情况，应当作详细记录，并由参加检查的煤矿安全监察人员签名后归档。

第十三条 地区煤矿安全监察机构、煤矿安全监察办事处应当每 15 日分别向国家煤矿安全监察机构、地区煤矿安全监察机构报告一次煤矿安全监察情况；有重大煤矿安全问题的，应当及时采取措施并随时报告。

国家煤矿安全监察机构应当定期公布煤矿安全监察情况。

第十四条 煤矿安全监察人员履行安全监察职责，有权随时进入煤矿作业场所进行检查，调阅有关资料，参加煤矿安全生产会议，向有关单位或者人员了解情况。

第十五条 煤矿安全监察人员在检查中发现影响煤矿安全的违法行为，有权当场予以纠正或者要求限期改正；对依法应当给予行政处罚的行为，由煤矿安全监察机构依照行政处罚法和本条例规定的程序做出决定。

第十六条 煤矿安全监察人员进行现场检查时，发现存在事故隐患的，有权要求煤矿立即消除或者限期解决；发现威胁职工生命安全的紧急情况时，有权要求立即停止作业，下达立即从危险区内撤出作业人员的命令，并立即将紧急情况和处理措施报告煤矿安全监察机构。

第十七条 煤矿安全监察机构在实施安全监察过程中，发现煤矿存在的安全问题涉及有关地方人民政府或其有关部门的，应当向有关地方人民政府或其有关部门提出建议，并向上级人民政府或其有关部门报告。

第十八条　煤矿发生伤亡事故的，由煤矿安全监察机构负责组织调查处理。

煤矿安全监察机构组织调查处理事故，应当依照国家规定的事故调查程序和处理办法进行。

第十九条　煤矿安全监察机构及其煤矿安全监察人员不得接受煤矿的任何馈赠、报酬、福利待遇，不得在煤矿报销任何费用，不得参加煤矿安排、组织或者支付费用的宴请、娱乐、旅游、出访等活动，不得借煤矿安全监察工作在煤矿为自己、亲友或者他人谋取利益。

第三章　煤矿安全监察内容

第二十条　煤矿安全监察机构对煤矿执行煤炭法、矿山安全法和其他有关煤矿安全的法律、法规以及国家安全标准、行业安全标准、煤矿安全规程和行业技术规范的情况实施监察。

第二十一条　煤矿建设工程设计必须符合煤矿安全规程和行业技术规范的要求。煤矿建设工程安全设施设计必须经煤矿安全监察机构审查同意；未经审查同意的，不得施工。

煤矿安全监察机构审查煤矿建设工程安全设施设计，应当自收到申请审查的设计资料之日起30日内审查完毕，签署同意或者不同意的意见，并书面答复。

第二十二条　煤矿建设工程竣工后或者投产前，应当经煤矿安全监察机构对其安全设施和条件进行验收；未经验收或者验收不合格的，不得投入生产。

煤矿安全监察机构对煤矿建设工程安全设施和条件进行验收，应当自收到申请验收文件之日起30日内验收完毕，签署合格或者不合格的意见，并书面答复。

第二十三条　煤矿安全监察机构应当监督煤矿制定事故预防和应急计划，并检查煤矿制定的发现和消除事故隐患的措施及其落实情况。

第二十四条　煤矿安全监察机构发现煤矿矿井通风、防火、防水、防瓦斯、防毒、防尘等安全设施和条件不符合国家安全标准、行业安全标准、煤矿安全规程和行业技术规范要求的，应当责令立即停止作业或者责令限期达到要求。

第二十五条　煤矿安全监察机构发现煤矿进行独眼井开采的，应当责令关闭。

第二十六条　煤矿安全监察机构发现煤矿作业场所有下列情形之一的，应当责令立即停止作业，限期改正；有关煤矿或其作业场所经复查合格的，方可恢复作业：

（一）未使用专用防爆电器设备的；

（二）未使用专用放炮器的；

（三）未使用人员专用升降容器的；

（四）使用明火明电照明的。

第二十七条　煤矿安全监察机构对煤矿安全技术措施专项费用的提取和使用情况进行监督，对未依法提取或者使用的，应当责令限期改正。

第二十八条　煤矿安全监察机构发现煤矿矿井使用的设备、器材、仪器、仪表、防护用品不符合国家安全标准或者行业安全标准的，应当责令立即停止使用。

第二十九条　煤矿安全监察机构发现煤矿有下列情形之一的，应当责令限期改正：

（一）未依法建立安全生产责任制的；

（二）未设置安全生产机构或者配备安全生产人员的；

（三）矿长不具备安全专业知识的；

（四）特种作业人员未取得资格证书上岗作业的；

（五）分配职工上岗作业前，未进行安全教育、培训的；

（六）未向职工发放保障安全生产所需的劳动防护用品的。

第三十条　煤矿安全监察人员发现煤矿作业场所的瓦斯、粉尘或者其他有毒有害气体的浓度超过国家安全标准或者行业安全标准的，煤矿擅自开采保安煤柱的，或者采用危及相邻煤矿生产安全的决水、爆破、贯通巷道等危险方法进行采矿作业的，应当责令立即停止作业，并将有关情况报告煤矿安全监察机构。

第三十一条　煤矿安全监察人员发现煤矿矿长或者其他主管人员违章指挥工人或者强令工人违章、冒险作业，或者发现工人违章作业的，应当立即纠正或者责令立即停止作业。

第三十二条　煤矿安全监察机构及其煤矿安全监察人员履行安全监察职责，向煤矿有关人员了解情况时，有关人员应当如实反映情况，不得提供虚假情况，不得隐瞒本煤矿存在的事故隐患以及其他安全问题。

第三十三条　煤矿安全监察机构依照本条例

的规定责令煤矿限期解决事故隐患、限期改正影响煤矿安全的违法行为或者限期使安全设施和条件达到要求的，应当在限期届满时及时对煤矿的执行情况进行复查并签署复查意见；经有关煤矿申请，也可以在限期内进行复查并签署复查意见。

煤矿安全监察机构及其煤矿安全监察人员依照本条例的规定责令煤矿立即停止作业，责令立即停止使用不符合国家安全标准或者行业安全标准的设备、器材、仪器、仪表、防护用品，或者责令关闭矿井的，应当对煤矿的执行情况随时进行检查。

第三十四条 煤矿安全监察机构及其煤矿安全监察人员履行安全监察职责，应当出示安全监察证件。发出安全监察指令，应当采用书面通知形式；紧急情况下需要采取紧急处置措施，来不及书面通知的，应当随后补充书面通知。

第四章 罚 则

第三十五条 煤矿建设工程安全设施设计未经煤矿安全监察机构审查同意，擅自施工的，由煤矿安全监察机构责令停止施工；拒不执行的，由煤矿安全监察机构移送地质矿产主管部门依法吊销采矿许可证。

第三十六条 煤矿建设工程安全设施和条件未经验收或者验收不合格，擅自投入生产的，由煤矿安全监察机构责令停止生产，处5万元以上10万元以下的罚款；拒不停止生产的，由煤矿安全监察机构移送地质矿产主管部门依法吊销采矿许可证。

第三十七条 煤矿矿井通风、防火、防水、防瓦斯、防毒、防尘等安全设施和条件不符合国家安全标准、行业安全标准、煤矿安全规程和行业技术规范的要求，经煤矿安全监察机构责令限期达到要求，逾期仍达不到要求的，由煤矿安全监察机构责令停产整顿；经停产整顿仍不具备安全生产条件的，由煤矿安全监察机构决定吊销煤炭生产许可证，并移送地质矿产主管部门依法吊销采矿许可证。

第三十八条 煤矿作业场所未使用专用防爆电器设备、专用放炮器、人员专用升降容器或者使用明火明电照明，经煤矿安全监察机构责令限期改正，逾期不改正的，由煤矿安全监察机构责令停产整顿，可以处3万元以下的罚款。

第三十九条 未依法提取或者使用煤矿安全技术措施专项费用，或者使用不符合国家安全标准或者行业安全标准的设备、器材、仪器、仪表、防护用品，经煤矿安全监察机构责令限期改正或者责令立即停止使用，逾期不改正或者不立即停止使用的，由煤矿安全监察机构处5万元以下的罚款；情节严重的，由煤矿安全监察机构责令停产整顿；对直接负责的主管人员和其他直接责任人员，依法给予纪律处分。

第四十条 煤矿矿长不具备安全专业知识，或者特种作业人员未取得操作资格证书上岗作业，经煤矿安全监察机构责令限期改正，逾期不改正的，责令停产整顿；调整配备合格人员并经复查合格后，方可恢复生产。

第四十一条 分配职工上岗作业前未进行安全教育、培训，经煤矿安全监察机构责令限期改正，逾期不改正的，由煤矿安全监察机构处4万元以下的罚款；情节严重的，由煤矿安全监察机构责令停产整顿；对直接负责的主管人员和其他直接责任人员，依法给予纪律处分。

第四十二条 煤矿作业场所的瓦斯、粉尘或者其他有毒有害气体的浓度超过国家安全标准或者行业安全标准，经煤矿安全监察人员责令立即停止作业，拒不停止作业的，由煤矿安全监察机构责令停产整顿，可以处10万元以下的罚款。

第四十三条 擅自开采保安煤柱，或者采用危及相邻煤矿生产安全的决水、爆破、贯通巷道等危险方法进行采矿作业，经煤矿安全监察人员责令立即停止作业，拒不停止作业的，由煤矿安全监察机构决定吊销煤炭生产许可证，并移送地质矿产主管部门依法吊销采矿许可证；构成犯罪的，依法追究刑事责任；造成损失的，依法承担赔偿责任。

第四十四条 煤矿矿长或者其他主管人员有下列行为之一的，由煤矿安全监察机构给予警告；造成严重后果，构成犯罪的，依法追究刑事责任：

（一）违章指挥工人或者强令工人违章、冒险作业的；

（二）对工人屡次违章作业熟视无睹，不加制止的；

（三）对重大事故预兆或者已发现的事故隐患不及时采取措施的；

（四）拒不执行煤矿安全监察机构及其煤矿安

全监察人员的安全监察指令的。

第四十五条　煤矿有关人员拒绝、阻碍煤矿安全监察机构及其煤矿安全监察人员现场检查，或者提供虚假情况，或者隐瞒存在的事故隐患以及其他安全问题的，由煤矿安全监察机构给予警告，可以并处5万元以上10万元以下的罚款；情节严重的，由煤矿安全监察机构责令停产整顿；对直接负责的主管人员和其他直接责任人员，依法给予撤职直至开除的纪律处分。

第四十六条　煤矿发生事故，有下列情形之一的，由煤矿安全监察机构给予警告，可以并处3万元以上15万元以下的罚款；情节严重的，由煤矿安全监察机构责令停产整顿；对直接负责的主管人员和其他直接责任人员，依法给予降级直至开除的纪律处分；构成犯罪的，依法追究刑事责任：

（一）不按照规定及时、如实报告煤矿事故的；

（二）伪造、故意破坏煤矿事故现场的；

（三）阻碍、干涉煤矿事故调查工作，拒绝接受调查取证、提供有关情况和资料的。

第四十七条　依照本条例规定被吊销采矿许可证、煤炭生产许可证的，由工商行政管理部门依法相应吊销营业执照。

第四十八条　煤矿安全监察人员滥用职权、玩忽职守、徇私舞弊，应当发现而没有发现煤矿事故隐患或者影响煤矿安全的违法行为，或者发现事故隐患或者影响煤矿安全的违法行为不及时处理或者报告，或者有违反本条例第十九条规定行为之一，构成犯罪的，依法追究刑事责任；尚不构成犯罪的，依法给予行政处分。

第五章　附　则

第四十九条　未设立地区煤矿安全监察机构的省、自治区、直辖市，省、自治区、直辖市人民政府可以指定有关部门依照本条例的规定对本行政区域内的煤矿实施安全监察。

第五十条　本条例自2000年12月1日起施行。

第三章 电力法律法规

中华人民共和国电力法

全国人民代表大会常务委员会通过

颁布日期：19951228　实施日期：19960401

第一章　总　则

第一条　为了保障和促进电力事业的发展，维护电力投资者、经营者和使用者的合法权益，保障电力安全运行，制定本法。

第二条　本法适用于中华人民共和国境内的电力建设、生产、供应和使用活动。

第三条　电力事业应当适应国民经济和社会发展的需要，适当超前发展。国家鼓励、引导国内外的经济组织和个人依法投资开发电源，兴办电力生产企业。

电力事业投资，实行谁投资、谁收益的原则。

第四条　电力设施受国家保护。

禁止任何单位和个人危害电力设施安全或者非法侵占、使用电能。

第五条　电力建设、生产、供应和使用应当依法保护环境，采用新技术，减少有害物质排放，防治污染和其他公害。

国家鼓励和支持利用可再生能源和清洁能源发电。

第六条　国务院电力管理部门负责全国电力事业的监督管理。国务院有关部门在各自的职责范围内负责电力事业的监督管理。

县级以上地方人民政府经济综合主管部门是本行政区域内的电力管理部门，负责电力事业的监督管理。

县级以上地方人民政府有关部门在各自的职责范围内负责电力事业的监督管理。

第七条　电力建设企业、电力生产企业、电网经营企业依法实行自主经营、自负盈亏，并接受电力管理部门的监督。

第八条　国家帮助和扶持少数民族地区、边远地区和贫困地区发展电力事业。

第九条　国家鼓励在电力建设、生产、供应和使用过程中，采用先进的科学技术和管理方法，对在研究、开发、采用先进的科学技术和管理方法等方面做出显著成绩的单位和个人给予奖励。

第二章　电力建设

第十条　电力发展规划应当根据国民经济和社会发展的需要制定，并纳入国民经济和社会发展计划。

电力发展规划，应当体现合理利用能源、电源与电网配套发展、提高经济效益和有利于环境保护的原则。

第十一条　城市电网的建设与改造规划，应当纳入城市总体规划。城市人民政府应当按照规划，安排变电设施用地、输电线路走廊和电缆通道。

任何单位和个人不得非法占用变电设施用地、输电线路走廊和电缆通道。

第十二条　国家通过制定有关政策，支持、促进电力建设。

地方人民政府应当根据电力发展规划，因地制宜，采取多种措施开发电源，发展电力建设。

第十三条　电力投资者对其投资形成的电力，享有法定权益。并网运行的，电力投资者有优先使用权；未并网的自备电厂，电力投资者自行支配使用。

第十四条　电力建设项目应当符合电力发展规划，符合国家电力产业政策。

电力建设项目不得使用国家明令淘汰的电力设备和技术。

第十五条　输变电工程、调度通信自动化工程等电网配套工程和环境保护工程，应当与发电工程项目同时设计、同时建设、同时验收、同时投入使用。

第十六条　电力建设项目使用土地，应当依照有关法律、行政法规的规定办理；依法征用土地的，应当依法支付土地补偿费和安置补偿费，做好迁移居民的安置工作。

电力建设应当贯彻切实保护耕地、节约利用土地的原则。

地方人民政府对电力事业依法使用土地和迁移居民，应当予以支持和协助。

第十七条　地方人民政府应当支持电力企业为发电工程建设勘探水源和依法取水、用水。电力企业应当节约用水。

第三章　电力生产与电网管理

第十八条　电力生产与电网运行应当遵循安全、优质、经济的原则。

电网运行应当连续、稳定，保证供电可靠性。

第十九条　电力企业应当加强安全生产管理，坚持安全第一、预防为主的方针，建立、健全安全生产责任制度。

电力企业应当对电力设施定期进行检修和维护，保证其正常运行。

第二十条　发电燃料供应企业、运输企业和电力生产企业应当依照国务院有关规定或者合同约定供应、运输和接卸燃料。

第二十一条　电网运行实行统一调度、分级管理。任何单位和个人不得非法干预电网调度。

第二十二条　国家提倡电力生产企业与电网、电网与电网并网运行。具有独立法人资格的电力生产企业要求将生产的电力并网运行的，电网经营企业应当接受。

并网运行必须符合国家标准或者电力行业标准。

并网双方应当按照统一调度、分级管理和平等互利、协商一致的原则，签订并网协议，确定双方的权利和义务；并网双方达不成协议的，由省级以上电力管理部门协调决定。

第二十三条　电网调度管理办法，由国务院依照本法的规定制定。

第四章　电力供应与使用

第二十四条　国家对电力供应和使用，实行安全用电、节约用电、计划用电的管理原则。

电力供应与使用办法由国务院依照本法的规定制定。

第二十五条　供电企业在批准的供电营业区内向用户供电。

供电营业区的划分，应当考虑电网的结构和供电合理性等因素。一个供电营业区内只设立一个供电营业机构。

省、自治区、直辖市范围内的供电营业区的设立、变更，由供电企业提出申请，经省、自治区、直辖市人民政府电力管理部门会同同级有关部门审查批准后，由省、自治区、直辖市人民政府电力管理部门发给《供电营业许可证》。跨省、自治区、直辖市的供电营业区的设立、变更，由国务院电力管理部门审查批准并发给《供电营业许可证》。供电营业机构持《供电营业许可证》向工商行政管理部门申请领取营业执照，方可营业。

第二十六条 供电营业区内的供电营业机构，对本营业区内的用户有按照国家规定供电的义务；不得违反国家规定对其营业区内申请用电的单位和个人拒绝供电。

申请新装用电、临时用电、增加用电容量、变更用电和终止用电，应当依照规定的程序办理手续。

供电企业应当在其营业场所公告用电的程序、制度和收费标准，并提供用户须知资料。

第二十七条 电力供应与使用双方应当根据平等自愿、协商一致的原则，按照国务院制定的电力供应与使用办法签订供用电合同，确定双方的权利和义务。

第二十八条 供电企业应当保证供给用户的供电质量符合国家标准。对公用供电设施引起的供电质量问题，应当及时处理。

用户对供电质量有特殊要求的，供电企业应当根据其必要性和电网的可能，提供相应的电力。

第二十九条 供电企业在发电、供电系统正常的情况下，应当连续向用户供电，不得中断。因供电设施检修、依法限电或者用户违法用电等原因，需要中断供电时，供电企业应当按照国家有关规定事先通知用户。

用户对供电企业中断供电有异议的，可以向电力管理部门投诉；受理投诉的电力管理部门应当依法处理。

第三十条 因抢险救灾需要紧急供电时，供电企业必须尽速安排供电，所需供电工程费用和应付电费依照国家有关规定执行。

第三十一条 用户应当安装用电计量装置。用户使用的电力电量，以计量检定机构依法认可的用电计量装置的记录为准。

用户受电装置的设计、施工安装和运行管理，应当符合国家标准或者电力行业标准。

第三十二条 用户用电不得危害供电、用电安全和扰乱供电、用电秩序。

对危害供电、用电安全和扰乱供电、用电秩序的，供电企业有权制止。

第三十三条 供电企业应当按照国家核准的电价和用电计量装置的记录，向用户计收电费。

供电企业查电人员和抄表收费人员进入用户，进行用电安全检查或者抄表收费时，应当出示有关证件。

用户应当按照国家核准的电价和用电计量装置的记录，按时交纳电费；对供电企业查电人员和抄表收费人员依法履行职责，应当提供方便。

第三十四条 供电企业和用户应当遵守国家有关规定，采取有效措施，做好安全用电、节约用电和计划用电工作。

第五章 电价与电费

第三十五条 本法所称电价，是指电力生产企业的上网电价、电网间的互供电价、电网销售电价。

电价实行统一政策，统一定价原则，分级管理。

第三十六条 制定电价，应当合理补偿成本，合理确定收益，依法计入税金，坚持公平负担，促进电力建设。

第三十七条 上网电价实行同网同质同价。具体办法和实施步骤由国务院规定。

电力生产企业有特殊情况需另行制定上网电价的，具体办法由国务院规定。

第三十八条 跨省、自治区、直辖市电网和省级电网内的上网电价，由电力生产企业和电网经营企业协商提出方案，报国务院物价行政主管部门核准。

独立电网内的上网电价，由电力生产企业和电网经营企业协商提出方案，报有管理权的物价行政主管部门核准。

地方投资的电力生产企业所生产的电力，属于在省内各地区形成独立电网的或者自发自用的，其电价可以由省、自治区、直辖市人民政府管理。

第三十九条 跨省、自治区、直辖市电网和独立电网之间、省级电网和独立电网之间的互供电价，由双方协商提出方案，报国务院物价行政主管部门或者其授权的部门核准。

独立电网与独立电网之间的互供电价，由双

方协商提出方案，报有管理权的物价行政主管部门核准。

第四十条　跨省、自治区、直辖市电网和省级电网的销售电价，由电网经营企业提出方案，报国务院物价行政主管部门或者其授权的部门核准。

独立电网的销售电价，由电网经营企业提出方案，报有管理权的物价行政主管部门核准。

第四十一条　国家实行分类电价和分时电价。分类标准和分时办法由国务院确定。

对同一电网内的同一电压等级、同一用电类别的用户，执行相同的电价标准。

第四十二条　用户用电增容收费标准，由国务院物价行政主管部门会同国务院电力管理部门制定。

第四十三条　任何单位不得超越电价管理权限制定电价。供电企业不得擅自变更电价。

第四十四条　禁止任何单位和个人在电费中加收其他费用；但是，法律、行政法规另有规定的，按照规定执行。

地方集资办电在电费中加收费用的，由省、自治区、直辖市人民政府依照国务院有关规定制定办法。

禁止供电企业在收取电费时，代收其他费用。

第四十五条　电价的管理办法，由国务院依照本法的规定制定。

第六章　农村电力建设和农业用电

第四十六条　省、自治区、直辖市人民政府应当制定农村电气化发展规划，并将其纳入当地电力发展规划及国民经济和社会发展计划。

第四十七条　国家对农村电气化实行优惠政策，对少数民族地区、边远地区和贫困地区的农村电力建设给予重点扶持。

第四十八条　国家提倡农村开发水能资源，建设中、小型水电站，促进农村电气化。

国家鼓励和支持农村利用太阳能、风能、地热能、生物质能和其他能源进行农村电源建设，增加农村电力供应。

第四十九条　县级以上地方人民政府及其经济综合主管部门在安排用电指标时，应当保证农业和农村用电的适当比例，优先保证农村排涝、抗旱和农业季节性生产用电。

电力企业应当执行前款的用电安排，不得减少农业和农村用电指标。

第五十条　农业用电价格按照保本、微利的原则确定。

农民生活用电与当地城镇居民生活用电应当逐步实行相同的电价。

第五十一条　农业和农村用电管理办法，由国务院依照本法的规定制定。

第七章　电力设施保护

第五十二条　任何单位和个人不得危害发电设施、变电设施和电力线路设施及其有关辅助设施。

在电力设施周围进行爆破及其他可能危及电力设施安全的作业的，应当按照国务院有关电力设施保护的规定，经批准并采取确保电力设施安全的措施后，方可进行作业。

第五十三条　电力管理部门应当按照国务院有关电力设施保护的规定，对电力设施保护区设立标志。

任何单位和个人不得在依法划定的电力设施保护区内修建可能危及电力设施安全的建筑物、构筑物，不得种植可能危及电力设施安全的植物，不得堆放可能危及电力设施安全的物品。

在依法划定电力设施保护区前已经种植的植物妨碍电力设施安全的，应当修剪或者砍伐。

第五十四条　任何单位和个人需要在依法划定的电力设施保护区内进行可能危及电力设施安全的作业时，应当经电力管理部门批准并采取安全措施后，方可进行作业。

第五十五条　电力设施与公用工程、绿化工程和其他工程在新建、改建或者扩建中相互妨碍时，有关单位应当按照国家有关规定协商，达成协议后方可施工。

第八章　监督检查

第五十六条　电力管理部门依法对电力企业和用户执行电力法律、行政法规的情况进行监督检查。

第五十七条　电力管理部门根据工作需要，可以配备电力监督检查人员。

电力监督检查人员应当公正廉洁，秉公执法，熟悉电力法律、法规，掌握有关电力专业技术。

第五十八条 电力监督检查人员进行监督检查时，有权向电力企业或者用户了解有关执行电力法律、行政法规的情况，查阅有关资料，并有权进入现场进行检查。

电力企业和用户对执行监督检查任务的电力监督检查人员应当提供方便。

电力监督检查人员进行监督检查时，应当出示证件。

第九章 法律责任

第五十九条 电力企业或者用户违反供用电合同，给对方造成损失的，应当依法承担赔偿责任。

电力企业违反本法第二十八条、第二十九条第一款的规定，未保证供电质量或者未事先通知用户中断供电，给用户造成损失的，应当依法承担赔偿责任。

第六十条 因电力运行事故给用户或者第三人造成损害的，电力企业应当依法承担赔偿责任。

电力运行事故由下列原因之一造成的，电力企业不承担赔偿责任：

（一）不可抗力；

（二）用户自身的过错。

因用户或者第三人的过错给电力企业或者其他用户造成损害的，该用户或者第三人应当依法承担赔偿责任。

第六十一条 违反本法第十一条第二款的规定，非法占用变电设施用地、输电线路走廊或者电缆通道的，由县级以上地方人民政府责令限期改正；逾期不改正的，强制清除障碍。

第六十二条 违反本法第十四条规定，电力建设项目不符合电力发展规划、产业政策的，由电力管理部门责令停止建设。

违反本法第十四条规定，电力建设项目使用国家明令淘汰的电力设备和技术的，由电力管理部门责令停止使用，没收国家明令淘汰的电力设备，并处五万元以下的罚款。

第六十三条 违反本法第二十五条规定，未经许可，从事供电或者变更供电营业区的，由电力管理部门责令改正，没收违法所得，可以并处违法所得五倍以下的罚款。

第六十四条 违反本法第二十六条、第二十九条规定，拒绝供电或者中断供电的，由电力管理部门责令改正，给予警告；情节严重的，对有关主管人员和直接责任人员给予行政处分。

第六十五条 违反本法第三十二条规定，危害供电、用电安全或者扰乱供电、用电秩序的，由电力管理部门责令改正，给予警告；情节严重或者拒绝改正的，可以中止供电，可以并处五万元以下的罚款。

第六十六条 违反本法第三十三条、第四十三条、第四十四条规定，未按照国家核准的电价和用电计量装置的记录向用户计收电费、超越权限制定电价或者在电费中加收其他费用的，由物价行政主管部门给予警告，责令返还违法收取的费用，可以并处违法收取费用五倍以下的罚款；情节严重的，对有关主管人员和直接责任人员给予行政处分。

第六十七条 违反本法第四十九条第二款规定，减少农业和农村用电指标的，由电力管理部门责令改正；情节严重的，对有关主管人员和直接责任人员给予行政处分；造成损失的，责令赔偿损失。

第六十八条 违反本法第五十二条第二款和第五十四条规定，未经批准或者未采取安全措施在电力设施周围或者在依法划定的电力设施保护区内进行作业，危及电力设施安全的，由电力管理部门责令停止作业、恢复原状并赔偿损失。

第六十九条 违反本法第五十三条规定，在依法划定的电力设施保护区内修建建筑物、构筑物或者种植植物、堆放物品，危及电力设施安全的，由当地人民政府责令强制拆除、砍伐或者清除。

第七十条 有下列行为之一，应当给予治安管理处罚的，由公安机关依照治安管理处罚条例的有关规定予以处罚；构成犯罪的，依法追究刑事责任：

（一）阻碍电力建设或者电力设施抢修，致使电力建设或者电力设施抢修不能正常进行的；

（二）扰乱电力生产企业、变电所、电力调度机构和供电企业的秩序，致使生产、工作和营业不能正常进行的；

（三）殴打、公然侮辱履行职务的查电人员或者抄表收费人员的；

（四）拒绝、阻碍电力监督检查人员依法执行职务的。

第七十一条 盗窃电能的，由电力管理部门责令停止违法行为，追缴电费并处应交电费五倍以下的罚款；构成犯罪的，依照刑法第一百五十一条或者第一百五十二条的规定追究刑事责任。

第七十二条 盗窃电力设施或者以其他方法破坏电力设施，危害公共安全的，依照刑法第一百零九条或者第一百一十条的规定追究刑事责任。

第七十三条 电力管理部门的工作人员滥用职权、玩忽职守、徇私舞弊，构成犯罪的，依法追究刑事责任；尚不构成犯罪的，依法给予行政处分。

第七十四条 电力企业职工违反规章制度、违章调度或者不服从调度指令，造成重大事故的，比照刑法第一百一十四条的规定追究刑事责任。

电力企业职工故意延误电力设施抢修或者抢险救灾供电，造成严重后果的，比照刑法第一百一十四条的规定追究刑事责任。

电力企业的管理人员和查电人员、抄表收费人员勒索用户、以电谋私，构成犯罪的，依法追究刑事责任；尚不构成犯罪的，依法给予行政处分。

第十章 附 则

第七十五条 本法自1996年4月1日起施行。

附：

刑法有关条款

第一百零九条 破坏电力、煤气或者其他易燃易爆设备，危害公共安全，尚未造成严重后果的，处三年以上十年以下有期徒刑。

第一百一十条 破坏交通工具、交通设备、电力煤气设备、易燃易爆设备造成严重后果的，处十年以上有期徒刑、无期徒刑或者死刑。

过失犯前款罪的，处七年以下有期徒刑或者拘役。

第一百一十四条 工厂、矿山、林场、建筑企业或者其他企业、事业单位的职工，由于不服管理、违反规章制度，或者强令工人违章冒险作业，因而发生重大伤亡事故，造成严重后果的，处三年以下有期徒刑或者拘役；情节特别恶劣的，处三年以上七年以下有期徒刑。

第一百五十一条 盗窃、诈骗、抢夺公私财物数额较大的，处五年以下有期徒刑、拘役或者管制。

第一百五十二条 惯窃、惯骗或者盗窃、诈骗、抢夺公私财物数额巨大的，处五年以上十年以下有期徒刑；情节特别严重的，处十年以上有期徒刑或者无期徒刑，可以并处没收财产。

电网调度管理条例

国务院

颁布日期：19930219　实施日期：19931101

第一章 总 则

第一条 为了加强电网调度管理，保障电网安全，保护用户利益，适应经济建设和人民生活的需要，制定本条例。

第二条 本条例所称电网调度，是指电网调度机构（以下简称调度机构）为保障电网的安全、优质、经济运行，对电网运行进行的组织、指挥、指导和协调。电网调度应当符合社会主义市场经济的要求和电网运行的客观规律。

第三条 中华人民共和国境内的发电、供电、用电单位以及其他有关单位和个人，必须遵守本条例。

第四条 电网运行实行统一调度、分级管理的原则。

第五条 任何单位和个人不得超计划分配电力和电量，不得超计划使用电力和电量；遇有特殊情况，需要变更计划的，须经用电计划下达部门批准。

第六条 国务院电力行政主管部门主管电网

调度工作。

第二章　调度系统

第七条　调度机构的职权及其调度管辖范围的划分原则，由国务院电力行政主管部门确定。

第八条　调度机构直接调度的发电厂的划定原则，由国务院电力行政主管部门确定。

第九条　调度系统包括各级调度机构和电网内的发电厂、变电站的运行值班单位。下级调度机构必须服从上级调度机构的调度。调度机构调度管辖范围内的发电厂、变电站的运行值班单位，必须服从该级调度机构的调度。

第十条　调度机构分为五级：国家调度机构，跨省、自治区、直辖市调度机构，省、自治区、直辖市级调度机构，省辖市级调度机构，县级调度机构。

第十一条　调度系统值班人员须经培训、考核并取得合格证书方得上岗。调度系统值班人员的培训、考核办法由国务院电力行政主管部门制定。

第三章　调度计划

第十二条　跨省电网管理部门和省级电网管理部门应当编制发电、供电计划，并将发电、供电计划报送国务院电力行政主管部门备案。调度机构应当编制下达发电、供电调度计划。值班调度人员可以按照有关规定，根据电网运行情况，调整日发电、供电调度计划。值班调度人员调整日发电、供电调度计划时，必须填写调度值班日志。

第十三条　跨省电网管理部门和省级电网管理部门编制发电、供电计划，调度机构编制发电、供电调度计划时，应当根据国家下达的计划、有关的供电协议和并网协议、电网的设备能力，并留有备用容量。对具有综合效益的水电厂(站)的水库，应当根据批准的水电厂(站)的设计文件，并考虑防洪、灌溉、发电、环保、航运等要求，合理运用水库蓄水。

第十四条　跨省电网管理部门和省级电网管理部门遇有下列情形之一，需要调整发电、供电计划时，应当通知有关地方人民政府的有关部门：

（一）大中型水电厂(站)入库水量不足；

（二）火电厂的燃料短缺；

（三）其他需要调整发电、供电计划的情形。

第四章　调度规则

第十五条　调度机构必须执行国家下达的供电计划，不得克扣电力、电量，并保证供电质量。

第十六条　发电厂必须按照调度机构下达的调度计划和规定的电压范围运行，并根据调度指令调整功率和电压。

第十七条　发电、供电设备的检修，应当服从调度机构的统一安排。

第十八条　出现下列紧急情况之一的，值班调度人员可以调整日发电、供电调度计划，发布限电、调整发电厂功率、开或者停发电机组等指令；可以向本电网内的发电厂、变电站的运行值班单位发布调度指令：

（一）发电、供电设备发生重大事故或者电网发生事故；

（二）电网频率或者电压超过规定范围；

（三）输变电设备负载超过规定值；

（四）主干线路功率值超过规定的稳定限额；

（五）其他威胁电网安全运行的紧急情况。

第十九条　省级电网管理部门、省辖市级电网管理部门、县级电网管理部门应当根据本级人民政府的生产调度部门的要求、用户的特点和电网安全运行的需要，提出事故及超计划用电的限电序位表，经本级人民政府的生产调度部门审核，报本级人民政府批准后，由调度机构执行。限电及整个电网调度工作应当逐步实现自动化管理。

第二十条　未经值班调度人员许可，任何人不得操作调度机构调度管辖范围内的设备。电网运行遇有危及人身及设备安全的情况时，发电厂、变电站的运行值班单位的值班人员可以按照有关规定处理，处理后应当立即报告有关调度机构的值班人员。

第五章　调度指令

第二十一条　值班调度人员必须按照规定发布各种调度指令。

第二十二条　在调度系统中，必须执行调度指令。调度系统的值班人员认为执行调度指令将危及人身及设备安全的，应当立即向发布指令的值班调度人员报告，由其决定调度指令的执行或者撤销。

第二十三条 电网管理部门的负责人，调度机构的负责人以及发电厂、变电站的负责人，对上级调度机构的值班人员发布的调度指令有不同意见时，可以向上级电网电力行政主管部门或者上级调度机构提出，但是在其未作出答复前，调度系统的值班人员必须按照上级调度机构的值班人员发布的调度指令执行。

第二十四条 任何单位和个人不得违反本条例干预调度系统的值班人员发布或者执行调度指令；调度系统的值班人员依法执行公务，有权拒绝各种非法干预。

第六章 并网与调度

第二十五条 并网运行的发电厂或者电网，必须服从调度机构的统一调度。

第二十六条 需要并网运行的发电厂与电网之间以及电网与电网之间，应当在并网前根据平等互利、协商一致的原则签订并网协议并严格执行。

第七章 罚 则

第二十七条 违反本条例规定，有下列行为之一的，对主管人员和直接责任人员由其所在单位或者上级机关给予行政处分：

（一）未经上级调度机构许可，不按照上级调度机构下达的发电、供电调度计划执行的；

（二）不执行有关调度机构批准的检修计划的；

（三）不执行调度指令和调度机构下达的保证电网安全的措施的；

（四）不如实反映电网运行情况的；

（五）不如实反映执行调度指令情况的；

（六）调度系统的值班人员玩忽职守、徇私舞弊，尚不构成犯罪的。

第二十八条 调度机构对于超计划用电的用户应当予以警告；经警告，仍未按照计划用电的，调度机构可以发布限电指令，并可以强行扣还电力、电量；当超计划用电威胁电网安全运行时，调度机构可以部分或者全部暂时停止供电。

第二十九条 违反本条例规定，未按照计划供电或者无故调整供电计划的，电网应当根据用户的需要补给少供的电力、电量。

第三十条 违反本条例规定，构成违反治安管理行为的，依照《中华人民共和国治安管理处罚条例》的有关规定给予处罚；构成犯罪的，依法追究刑事责任。

第八章 附 则

第三十一条 国务院电力行政主管部门可以根据本条例制定实施办法。省、自治区、直辖市人民政府可以根据本条例制定小电网管理办法。

第三十二条 本条例由国务院电力行政主管部门负责解释。

第三十三条 本条例自一九九三年十一月一日起施行。

电力供应与使用条例

国务院

颁布日期：19960417　实施日期：19960901

第一条 为了加强电力供应与使用的管理，保障供电、用电双方的合法权益。维护供电、用电秩序，安全、经济、合理地供电和用电，根据《中华人民共和国电力法》制定本条例。

第二条 在中华人民共和国境内，电力供应企业（以下称供电企业）的电力使用者（以下称用户）以及与电力供应，使用有关的单位和个人，必须遵守本条例。

第三条 国务院电力管理部门负责全国电力供应与使用的监督管理工作。县级以上地方人民政府电力管理部门负责本行政区域内电力供应与使用的监督管理工作。

第四条 电网经营企业依法负责本供区内的电力供应与使用的业务工作，并接受电力管理部门的监督。

第五条 国家对电力供应和使用实行安全用

电、节约用电、计划用电的管理原则。供电企业和用户应当遵守国家有关规定，采取有效措施，做好安全用电、节约用电、计划用电工作。

第六条 供电企业和用户应当根据平等自愿、协商一致的原则签订供用电合同。

第七条 电力管理部门应当加强对供用电的监督管理，协调供用电各方关系，禁止危害供用电安全和非法侵占电能的行为。

第八条 供电企业在批准的供电营业区内向用户供电。供电营业区的划分，应当考虑电网的结构和供电合理性等因素。一个供电营业区内只设立一个供电营业机构。

第九条 省、自治区、直辖市范围内的供电营业区的设立、变更、由供电企业提出申请，经省、自治区、直辖市人民政府电力管理部门会同同级有关部门审查批准后，由省、自治区、直辖市人民政府电力管理部门发给《供电营业许可证》。跨省、自治区、直辖市的供电营业区的设立、变更，由国务院电力管理部门审查批准并发给《供电营业许可证》。供电营业机构持《供电营业许可证》向工商行政管理部门申请领取营业执照，方可营业。电网经营企业应当根据电网结构和供电合理性的原则协助电力管理部门划分供电营业区。供电营业区的划分和管理办法，由国务院电力管理部门制定。

第十条 并网运行的电力生产企业按照并网协议运行后，送入电网的电力、电量由供电营业机构统一经销。

第十一条 用户用电容量超过其所在的供电营业区内供电企业供电能力的，由省级以上电力管理部门指定的其他供电企业供电。

第十二条 县级以上各级人民政府应当将城乡电网的建设与改造规划，纳入城市建设和乡村建设的总体规划。各级电力管理部门应当会同有关行政主管部门和电网经营企业做好城乡电网建设和改造的规划。供电企业应当按照规划做好供电设施建设和运行管理工作。

第十三条 地方各级人民政府应当按照城市建设和乡村建设的总体规划统筹安排城乡供电线路走廊、电缆通道、区域变电所、区域配电所和营业网点的用地。供电企业可以按照国家有关规定在规划的线路走廊、电缆通道、区域变电所、区域配电所和营业网点的用地上，架线、敷设电缆和建设公用供电设施。

第十四条 公用路灯由乡、民族乡、镇人民政府或者县级以上地方人民政府有关部门负责建设，并负责运行维护和交付电费，也可以委托供电企业代为有偿设计、施工和维护管理。

第十五条 供电设施、受电设施的设计、施工、试验和运行，应当符合国家标准或者电力行业标准。

第十六条 供电企业和用户对供电设施、受电设施进行建设和维护时，作业区域内的有关单位和个人应当给予协助，提供方便；因作业对建筑物或者农作物造成损坏的，应当依照有关法律、行政法规的规定负责修复或者给予合理的补偿。

第十七条 公用供电设施建成投产后，由供电单位统一维护管理。经电力管理部门批准，供电企业可以使用、改造、扩建该供电设施。共用供电设施的维护管理，由产权单位协商确定，产权单位可自行维护管理，也可以委托供电企业维护管理。用户专用的供电设施建成投产后，由用户维护管理或者委托供电企业维护管理。

第十八条 因建设需要，必须对已建成的供电设施进行迁移、改造或者采取防护措施时，建设单位应当事先与该供电设施管理单位协商，所需工程费用由建设单位负担。

第十九条 用户受电端的供电质量应当符合国家标准或者电力行业标准。

第二十条 供电方式应当按照安全、可靠、经济、合理和便于管理的原则，由电力供应与使用双方根据国家有关规定以及电网规划、用电需求和当地供电条件等因素协商确定。在公用供电设施未到达的地区，供电企业可以委托有供电能力的单位就近供电。非经供电企业委托，任何单位不得擅自向外供电。

第二十一条 因抢险救灾需要紧急供电时，供电企业必须尽速安排供电。所需工程费用和应付电费由有关地方人民政府有关部门从抢险救灾经费中支出，但是抗旱用电应当由用户交付电费。

第二十二条 用户对供电质量有特殊要求的，供电企业应当根据其必要性和电网的可能，提供相应的电力。

第二十三条 申请新装用电、临时用电、增加用电容量、变更用电和终止用电，均应当到当地供电企业办理手续，并按照国家有关规定交付费用；供电企业没有不予供电的合理理由的，应当供电。供电企业应当在其营业场所公告用电的程序、制度和收费标准。

第二十四条　供电企业应当按照国家标准或者电力行业标准参与用户受送电装置设计图纸的审核，对用户受送电装置隐蔽工程的施工过程实施监督，并在该受送电装置工程竣工后进行检验；检验合格的，方可投入使用。

第二十五条　供电企业应当按照国家有关规定实行分类电价、分时电价。

第二十六条　用户应当安装用电计算装置。用户使用的电力、电量，以计量检定机构依法认可的用电计量装置的记录为准。用电计量装置，应当安装在供电设施与受电设施的产权分界处。安装在用户外的用电量装置，由用户负责保护。

第二十七条　供电企业应当按照国家核准的电价和用电计量装置的记录，向用户计收电费。用户应当按照国家批准的电价，并按照规定的期限、方式或者合同约定的办法，交付电费。

第二十八条　除本条例另有规定外，在发电、供电系统正常运行的情况下，供电企业应当连续向用户供电；因故需要停止供电时，应当按照下列要求事先通知用户或者进行公告：

（一）因供电设施计划检修需要停电时，供电企业应当提前7天通知用户或者进行公告；

（二）因供电设施临时检修需要停止供电时，供电企业应当提前24小时通知重要用户；

（三）因发电、供电系统发生故障需要停电、限电时，供电企业应当按照事先确定的限电序位进行停电或者限电。引起停电或者限电的原因消除后，供电企业应当尽快恢复供电。

第二十九条　县级以上人民政府电力管理部门应当遵照国家产业政策，按照统筹兼顾、保证重点、择优供应的原则，做好计划用电工作。供电企业和用户应当制定节约用电计划，推广和采用节约用电的新技术、新材料、新工艺、新设备，降低电能消耗。供电企业和用户应当采用先进技术、采取科学管理措施，安全供电、用电，避免发生事故，维护公共安全。

第三十条　用户不得有下列危害供电、用电安全，扰乱正常供电、用电秩序的行为：

（一）擅自改变用电类别；

（二）擅自超过合同约定的容量用电；

（三）擅自超过计划分配的用电指标的；

（四）擅自使用已经在供电企业办理暂停使用手续的电力设备，或者擅自启用已经被供电企业查封的电力设备；

（五）擅自迁移、更动或者擅自操作供电企业的用电计量装置、电力负荷控制装置、供电设施以及约定由供电企业调度的用户受电设备；

（六）未经供电企业许可，擅自引入、供出电源或者将自备电源擅自并网。

第三十一条　禁止窃电行为。窃电行为包括：

（一）在供电企业的供电设施上，擅自接线用电；

（二）绕越供电企业的用电计量装置用电；

（三）伪造或者开启法定的或者授权的计量检定机构加封的用电计量装置封印用电；

（四）故意损坏供电企业用电计量装置；

（五）故意使供电企业的用电计量装置计量不准或者失效；

（六）采用其他方法窃电。

第三十二条　供电企业和用户应当在供电前根据用户需要和供电企业的供电能力签订供用电合同。

第三十三条　供用电合同应当具备以下条款：

（一）供电方式、供电质量和供电时间；

（二）用电容量和用电地址、用电性质；

（三）计量方式和电价、电费结算方式；

（四）供用电设施维护责任的划分；

（五）合同的有效期限；

（六）违约责任；

（七）双方共同认为应当约定的其他条款。

第三十四条　供电企业应当按照合同约定的数量、质量、时间、方式，合理调度和安全供电。用户应当按照合同约定的数量、条件用电，交付电费和国家规定的其他费用。

第三十五条　供用电合同的变更或者解除，应当依照有关法律、行政法规和本条例的规定办理。

第三十六条　电力管理部门应当加强对供电、用电的监督和管理。供电、用电监督检查工作人员必须具备相应的条件。供电、用电监督检查工作人员执行公务时，应当出示证件。供电、用电监督检查管理的具体办法，由国务院电力管理部门另行制定。

第三十七条 在用户受送电装置上作业的电工，必须经电力管理部门考核合格，取得电力管理部门颁发的《电工进网作业许可证》，方可上岗作业。承装、承修、承试供电设施和受电设施的单位，必须经电力管理部门审核合格，取得电力管理部门颁发的《承装(修)电力设施许可证》后，方可向工商行政管理部门申请领取营业执照。

第三十八条 违反本条例规定，有下列行为之一的，由电力管理部门责令改正，没收违法所得，可以并处违法所得五倍以下的罚款：

(一) 未按照规定取得《供电营业许可证》，从事电力供应业务的；

(二) 擅自伸入或者跨越供电营业供电的；

(三) 擅自向外转供电的。

第三十九条 违反本条例第二十七条规定，逾期未交付电费的，供电企业可以从逾期之日起，每日按照电费总额的千分之一至千分之三加收违约金，具体比例由供用电双方在供用电合同中约定；自逾期之日计算超过30日，经催交仍未交付电费的，供电企业可以按照国家规定的程序停止供电。

第四十条 违反本条例第三十条规定，违章用电的，供电企业可以根据违章事实和造成的后果追缴电费，并按照国务院电力管理部门的规定加收电费和国家规定的其他费用；情节严重的，可以按照国家规定的程序停止供电。

第四十一条 违反本条例第三十一条规定，盗窃电能的，由电力管理部门责令停止违法行为，追缴电费并处应交电费五倍以下的罚款；构成犯罪的，依法追究刑事责任。

第四十二条 供电企业或者用户违反供用电合同，给对方造成损失的，应当依法承担赔偿责任。

第四十三条 因电力运行事故给用户或者第三人造成损害的，供电企业应当依法承担赔偿责任。因用户或者第三人的过错给供电企业或者其他用户造成损害的，该用户或者第三人应当依法承担赔偿责任。

第四十四条 供电企业职工违反规章制度造成供电事故的，或者滥用职权、利用职务之便谋取私利的，依法给予行政处分；构成犯罪的，依法追究刑事责任。

第四十五条 本条例自1996年9月1日起施行。

电力市场监管办法(试行)

国家电力监管委员会

颁布日期：20030731　实施日期：20030801

第一章　总　则

第一条 为规范电力市场，保证电力市场的统一、开放、竞争、有序，根据有关法律法规和国务院的规定，制定本办法。

第二条 本办法适用于中华人民共和国境内的电力市场监管。

第三条 电力监管机构遵循依法、公正、透明的原则，依法独立行使电力市场监管职责，不受其他组织和个人的非法干涉。

第二章　监管对象及内容

第四条 电力市场中被监管的对象包括电力市场主体和市场运营机构，电力市场主体包括按规定获得电力业务许可证的发电企业、电网经营企业、供电企业(含独立配售电企业)和经核准的用户；市场运营机构是指电力调度交易中心。

第五条 电力监管机构对所有市场主体和市场运营机构实施下列监管：

(一) 履行系统安全义务的情况；

(二) 进入和退出电力市场的情况；

(三) 参与电力市场的资质情况；

(四) 披露电力市场信息的情况；

(五) 执行各类技术标准、安全标准、定额标准、质量标准的情况。

第六条 电力监管机构对发电企业同时实施

下列监管：

（一）在各区域电力市场中的份额不得超过规定比例；

（二）企业由于新增装机、租赁经营或兼并、重组、股权变动而超出市场规则允许范围，形成市场操纵力的行为；

（三）不正当竞争、串通报价和违规交易行为；

（四）执行市场运营机构调度指令的情况。

第七条　电力监管机构对电网经营企业同时实施下列监管：

（一）无歧视、公平开放电网，提供输电服务的情况；

（二）资产收益的情况；

（三）所属发电企业发电情况；

（四）执行输电价格的情况。

对从事供电业务的电网经营企业，电力监管机构同时按本办法第八条的规定实施监管。

第八条　电力监管机构对供电企业同时实施下列监管：

（一）作为购电方时的市场交易行为；

（二）执行配、售电价格的情况；

（三）供电服务质量及电能质量。

第九条　电力监管机构对市场运营机构同时实施下列监管：

（一）按规定实施电力调度的情况；

（二）按电力市场运营规则组织电力市场交易的情况；

（三）获取辅助服务的方式和费用管理情况；

（四）电力市场结算的执行情况；

（五）对电力市场的干预行为；

（六）对电力市场技术支持系统的建设、维护、运营和管理的情况。

第十条　电力监管机构监管用户在电力市场中的交易行为。

第三章　电力市场运营规则的管理

第十一条　电力监管机构负责电力市场运营规则的制定和管理。电力市场运营规则包括：电力市场运营基本规则、区域电力市场运营规则、与区域电力市场运营规则配套的有关细则。

第十二条　国家电力监管委员会制定电力市场运营基本规则；区域电力监管机构拟定电力市场运营规则，报国家电力监管委员会批准后执行；区域电力监管机构制定与区域电力市场运营规则配套的有关细则，报国家电力监管委员会备案。

第十三条　遇下列情形之一时，电力监管机构应当修改电力市场运营规则：

（一）国家法律或政策发生重大调整时；

（二）市场运行环境发生重大变化时；

（三）市场主体或市场运营机构提议修改、电力监管机构认为确有必要时；

（四）电力监管机构认为必要的其他情形。

第十四条　电力市场运营规则修改的权限应当按照与规则制定的权限一致的原则进行。

第十五条　电力监管机构制定、修改电力市场运营规则，应当充分听取市场主体、市场运营机构及相关利益主体和社会有关方面的意见，重大修改应当依法组织听证会。

第四章　电力市场准入与退出

第十六条　电力市场实行准入注册制度。经准入注册的电力市场主体方可以参与市场交易。

第十七条　市场准入应当符合以下条件：

（一）持有电力业务许可证并在工商行政管理部门登记、注册；

（二）承诺遵守电力市场运营的法律法规；

（三）自动化系统、数据通信系统等技术条件满足电力市场的要求；

（四）电力监管机构规定的其他条件。

第十八条　市场准入的程序是：

（一）市场主体向电力监管机构提出申请并提供相应资料。

（二）电力监管机构对申请材料进行审查。符合条件的，应于30日内批准，并书面通知市场运营机构注册。不符合条件的，应在30日内书面通知申请人并说明理由。

（三）电力监管机构应当及时将申请及其处理情况公告其他市场主体。

第十九条　市场主体可以申请退出电力市场。市场主体申请退出市场的程序是：

（一）市场主体应当至少提前30日向电力监管机构提出申请；

（二）电力监管机构应在接到申请材料之日起30日内做出决定并书面通知申请人；

（三）同意其退出的，电力监管机构应当明确其退出的时间，并及时将决定通知市场运营机构注销其注册；不同意其退出的，电力监管机构应当书面说明理由；

（四）电力监管机构应当及时将申请及其处理情况公告其他市场主体；

（五）电力市场主体在退出之前，应当保持生产经营的连续性，完成有关资料、信息、合同的转移工作。

第二十条 市场主体违反市场规则情节严重的，电力监管机构有权责令其停止市场竞价。电力监管机构责令市场主体停止市场竞价的程序是：

（一）电力监管机构根据处罚决定，提前30日书面通知市场主体停止市场竞价的时间及原因；

（二）电力监管机构应当及时将决定通知市场运营机构；

（三）电力监管机构根据市场主体的整改情况决定其何时恢复市场竞价，恢复市场竞价的决定应当提前30天书面通知市场主体；

（四）电力监管机构应当及时将恢复市场竞价的决定通知市场运营机构；

（五）电力监管机构应当及时将停止及恢复市场竞价的决定公告其他市场主体；

（六）电力市场主体在停止市场竞价的过程中，应当保持生产经营的连续性，完成有关资料、信息、合同的转移工作。

第五章 电力市场干预与市场中止

第二十一条 出现下列情形之一时，市场运营机构可以进行市场干预：

（一）系统出力不足以至无法按市场规则正常运行时；

（二）系统内发生重大事故危及电网安全时；

（三）自动化系统、数据通信系统等发生故障导致交易无法正常进行；

（四）电力监管机构做出市场中止决定时；

（五）其他必要的情形。

第二十二条 当系统出现下列情形之一时，电力监管机构可以做出市场中止的决定：

（一）电力市场没有按照规则的规定运行和管理；

（二）市场运营规则不能适应市场交易的需要，必须进行重大修改；

（三）自动化系统、数据通信系统等发生重大故障，长时间导致交易无法进行；

（四）发生不可抗力导致不能竞价交易或没有必要进行电力交易；

（五）其他必须中止市场交易的情形。

第二十三条 电力市场干预、中止时，电力交易价格、交易方式由电力监管机构决定。

第二十四条 电力市场干预、中止期间，市场运营机构应当采取措施保证系统安全，并记录干预、中止的过程。

第六章 市场争议与违规处理

第二十五条 市场主体之间、市场主体和市场运营机构之间因市场交易发生争议时，由电力监管机构依法进行协调和处理。

第二十六条 电力监管机构按照下列程序处理市场争议：

（一）争议方应向电力监管机构提出争议处理申请，说明事实、理由及依据。

（二）属于市场监管范围的争议，电力监管机构应当受理。不属于市场监管范围的争议，不予受理并说明理由。

（三）电力监管机构受理后，可以进行调查取证。必要时，可聘请与争议各方无利害关系的专家和组织参加调查取证。

（四）电力监管机构应于受理争议申请30日内，召集争议方进行调解，积极促使双方当事人互相谅解，达成调解协议。

（五）调解成立的，双方当事人应当签署调解协议。调解不成立或者当事人不履行调解协议的，电力监管机构应当告知当事人根据仲裁协议向仲裁机构申请仲裁，或者向人民法院起诉。

第二十七条 电力监管机构调处市场争议，应当自受理之日起两个月内调解终结。遇有特殊情况确需延长的，可以适当延长，但延长期不得超过一个月。调解终结后，应当制作调解终结书。

第二十八条 有下列违规行为之一的，由电力监管机构查处：

（一）提供虚假材料或以其他欺骗手段取得市场准入资格的；

（二）串通、操纵电力市场价格的；

（三）市场运营机构违反市场规则，对市场主体有歧视行为的；

（四）提供虚假信息或不按市场规则提供监管信息的；

（五）不能及时参与结算，侵害其他市场主体利益的；

（六）其他严重违反市场规则的。

第二十九条　电力监管机构按照《行政处罚法》的相关规定处理市场违规行为。

第三十条　当事人如对电力监管机构处理决定不服，可以依法申请行政复议或者提起行政诉讼。

第七章　监管信息与披露

第三十一条　市场主体、市场运营机构应当按电力市场运营规则披露有关信息，并确保信息的及时、真实、准确和完整。

电力监管机构负责制定电力市场信息的收集、管理、使用办法。

第三十二条　电力监管机构、市场主体、市场运营机构不得泄露影响公平竞争的交易秘密信息。

第三十三条　电力监管机构应当及时向市场主体、市场运营机构和社会公布下列信息：

（一）国家关于电力工业的政策法规；

（二）电源与电网规划的基本情况；

（三）有关电力技术、安全、定额、质量、服务标准；

（四）电力监管机构发布的有关电力市场的规章、制度、文件；

（五）市场主体的准入、退出情况；

（六）市场争议及违规查处情况；

（七）其他必要的信息。

第三十四条　电力监管机构应按季度、年度发布市场监管报告，并向社会公布。报告包括下列主要内容：

（一）电力供需状况、电价情况、发电设备利用小时等；

（二）市场交易与市场干预、中止情况；

（三）输电阻塞管理及辅助服务获取情况等；

（四）市场运营情况评估及市场运行预测等。

第八章　法律责任

第三十五条　市场主体和市场运营机构应当自觉遵守电力市场的有关法规，并有权向电力监管机构举报市场违规行为。电力监管机构应当为举报者保密。

第三十六条　电力监管机构对市场主体和市场运营机构违反市场运营规则和监管法规的行为，按照有关法律、法规的规定，给予行政处罚。

第三十七条　电力监管人员必须遵纪守法，廉洁奉公，依法监管。监管人员违法违规的，由电力监管机构给予行政处分，构成犯罪的，移交司法部门处理。

第九章　附　则

第三十八条　各区域市场电力监管机构应根据本办法制定实施办法，报国家电力监管委员会批准后执行。

第三十九条　本办法自二〇〇三年八月一日起试行。

核电厂核事故应急管理条例

国务院

颁布时间：19930804　实施时间：19930804

第一章　总　则

第一条　为了加强核电厂核事故应急管理工作，控制和减少核事故危害，制定本条例。

第二条　本条例适用于可能或者已经引起放射性物质释放、造成重大辐射后果的核电厂核事故（以下简称核事故）应急管理工作。

第三条　核事故应急管理工作实行常备不懈，

积极兼容，统一指挥，大力协同，保护公众，保护环境的方针。

第二章　应急机构及其职责

第四条　全国的核事故应急管理工作由国务院指定的部门负责，其主要职责是：

（一）拟定国家核事故应急工作政策；

（二）统一协调国务院有关部门、军队和地方人民政府的核事故应急工作；

（三）组织制定和实施国家核事故应急计划，审查批准场外核事故应急计划；

（四）适时批准进入和终止场外应急状态；

（五）提出实施核事故应急响应行动的建议；

（六）审查批准核事故公报、国际通报，提出请求国际援助的方案。

必要时，由国务院领导、组织、协调全国的核事故应急管理工作。

第五条　核电厂所在地的省、自治区、直辖市人民政府指定的部门负责本行政区域内的核事故应急管理工作，其主要职责是：

（一）执行国家核事故应急工作的法规和政策；

（二）组织制定场外核事故应急计划，做好核事故应急准备工作；

（三）统一指挥场外核事故应急响应行动；

（四）组织支援核事故应急响应行动；

（五）及时向相邻的省、自治区、直辖市通报核事故情况。

必要时，由省、自治区、直辖市人民政府领导、组织、协调本行政区域内的核事故应急管理工作。

第六条　核电厂的核事故应急机构的主要职责是：

（一）执行国家核事故应急工作的法规和政策；

（二）制定场内核事故应急计划，做好核事故应急准备工作；

（三）确定核事故应急状态等级，统一指挥本单位的核事故应急响应行动；

（四）及时向上级主管部门、国务院核安全部门和省级人民政府指定的部门报告事故情况，提出进入场外应急状态和采取应急防护措施的建议；

（五）协助和配合省级人民政府指定的部门做好核事故应急管理工作。

第七条　核电厂的上级主管部门领导核电厂的核事故应急工作。

国务院核安全部门、环境保护部门和卫生部门等有关部门在各自的职责范围内做好相应的核事故应急工作。

第八条　中国人民解放军作为核事故应急工作的重要力量，应当在核事故应急响应中实施有效的支援。

第三章　应急准备

第九条　针对核电厂可能发生的核事故，核电厂的核事故应急机构、省级人民政府指定的部门和国务院指定的部门应当预先制定核事故应急计划。

核事故应急计划包括场内核事故应急计划、场外核事故应急计划和国家核事故应急计划。各级核事故应急计划应当相互衔接、协调一致。

第十条　场内核事故应急计划由核电厂核事故应急机构制定，经其主管部门审查后，送国务院核安全部门审评并报国务院指定的部门备案。

第十一条　场外核事故应急计划由核电厂所在地的省级人民政府指定的部门组织制定，报国务院指定的部门审查批准。

第十二条　国家核事故应急计划由国务院指定的部门组织制定。

国务院有关部门和中国人民解放军总部应当根据国家核事故应急计划，制定相应的核事故应急方案，报国务院指定的部门备案。

第十三条　场内核事故应急计划、场外核事故应急计划应当包括下列内容：

（一）核事故应急工作的基本任务；

（二）核事故应急响应组织及其职责；

（三）烟羽应急计划区和食入应急计划区的范围；

（四）干预水平和导出干预水平；

（五）核事故应急准备和应急响应的详细方案；

（六）应急设施、设备、器材和其他物资；

（七）核电厂核事故应急机构同省级人民政府指定的部门之间以及同其他有关方面相互配合、支援的事项及措施。

第十四条　有关部门在进行核电厂选址和设计工作时，应当考虑核事故应急工作的要求。

新建的核电厂必须在其场内和场外核事故应急计划审查批准后，方可装料。

第十五条　国务院指定的部门、省级人民政府指定的部门和核电厂的核事故应急机构应当具有必要的应急设施、设备和相互之间快速可靠的通信联络系统。

核电厂的核事故应急机构和省级人民政府指定的部门应当具有辐射监测系统、防护器材、药械和其他物资。

用于核事故应急工作的设施、设备和通信联络系统、辐射监测系统以及防护器材、药械等，应当处于良好状态。

第十六条　核电厂应当对职工进行核安全、辐射防护和核事故应急知识的专门教育。

省级人民政府指定的部门应当在核电厂的协助下对附近的公众进行核安全、辐射防护和核事故应急知识的普及教育。

第十七条　核电厂的核事故应急机构和省级人民政府指定的部门应当对核事故应急工作人员进行培训。

第十八条　核电厂的核事故应急机构和省级人民政府指定的部门应当适时组织不同专业和不同规模的核事故应急演习。

在核电厂首次装料前，核电厂的核事故应急机构和省级人民政府指定的部门应当组织场内、场外核事故应急演习。

第四章　应急对策和应急防护措施

第十九条　核事故应急状态分为下列四级：

（一）应急待命。出现可能导致危及核电厂核安全的某些特定情况或者外部事件，核电厂有关人员进入戒备状态。

（二）厂房应急。事故后果仅限于核电厂的局部区域，核电厂人员按照场内核事故应急计划的要求采取核事故应急响应行动，通知厂外有关核事故应急响应组织。

（三）场区应急。事故后果蔓延至整个场区，场区内的人员采取核事故应急响应行动，通知省级人民政府指定的部门，某些厂外核事故应急响应组织可能采取核事故应急响应行动。

（四）场外应急。事故后果超越场区边界，实施场内和场外核事故应急计划。

第二十条　当核电厂进入应急待命状态时，核电厂核事故应急机构应当及时向核电厂的上级主管部门和国务院核安全部门报告情况，并视情况决定是否向省级人民政府指定的部门报告。当出现可能或者已经有放射性物质释放的情况时，应当根据情况，及时决定进入厂房应急或者场区应急状态，并迅速向核电厂的上级主管部门、国务院核安全部门和省级人民政府指定的部门报告情况；在放射性物质可能或者已经扩散到核电厂场区以外时，应当迅速向省级人民政府指定的部门提出进入场外应急状态并采取应急防护措施的建议。

省级人民政府指定的部门接到核电厂核事故应急机构的事故情况报告后，应当迅速采取相应的核事故应急对策和应急防护措施，并及时向国务院指定的部门报告情况。需要决定进入场外应急状态时，应当经国务院指定的部门批准；在特殊情况下，省级人民政府指定的部门可以先行决定进入场外应急状态，但是应当立即向国务院指定的部门报告。

第二十一条　核电厂的核事故应急机构和省级人民政府指定的部门应当做好核事故后果预测与评价以及环境放射性监测等工作，为采取核事故应急对策和应急防护措施提供依据。

第二十二条　省级人民政府指定的部门应当适时选用隐蔽、服用稳定性碘制剂、控制通道、控制食物和水源、撤离、迁移、对受影响的区域去污等应急防护措施。

第二十三条　省级人民政府指定的部门在核事故应急响应过程中应当将必要的信息及时地告知当地公众。

第二十四条　在核事故现场，各核事故应急响应组织应当实行有效的剂量监督。

现场核事故应急响应人员和其他人员都应当在辐射防护人员的监督和指导下活动，尽量防止接受过大剂量的照射。

第二十五条　核电厂的核事故应急机构和省级人民政府指定的部门应当做好核事故现场接受照射人员的救护、洗消、转运和医学处置工作。

第二十六条　在核事故应急进入场外应急状态时，国务院指定的部门应当及时派出人员赶赴现场，指导核事故应急响应行动，必要时提出派出救援力量的建议。

第二十七条　因核事故应急响应需要，可以实行地区封锁。省、自治区、直辖市行政区域内的地区封锁，由省、自治区、直辖市人民政府决定；跨省、自治区、直辖市的地区封锁，以及导致中断干线交通或者封锁国境的地区封锁，由国务院决定。

地区封锁的解除，由原决定机关宣布。

第二十八条 有关核事故的新闻由国务院授权的单位统一发布。

第五章 应急状态的终止和恢复措施

第二十九条 场外应急状态的终止由省级人民政府指定的部门会同核电厂核事故应急机构提出建议，报国务院指定的部门批准，由省级人民政府指定的部门发布。

第三十条 省级人民政府指定的部门应当根据受影响地区的放射性水平，采取有效的恢复措施。

第三十一条 核事故应急状态终止后，核电厂核事故应急机构应当向国务院指定的部门、核电厂的上级主管部门、国务院核安全部门和省级人民政府指定的部门提交详细的事故报告；省级人民政府指定的部门应当向国务院指定的部门提交场外核事故应急工作的总结报告。

第三十二条 核事故使核安全重要物项的安全性能达不到国家标准时，核电厂的重新启动计划应当按照国家有关规定审查批准。

第六章 资金和物资保障

第三十三条 国务院有关部门、军队、地方各级人民政府和核电厂在核事故应急准备工作中应当充分利用现有组织机构、人员、设施和设备等，努力提高核事故应急准备资金和物资的使用效益，并使核事故应急准备工作与地方和核电厂的发展规划相结合。各有关单位应当提供支援。

第三十四条 场内核事故应急准备资金由核电厂承担，列入核电厂工程项目投资概算和运行成本。

场外核事故应急准备资金由核电厂和地方人民政府共同承担，资金数额由国务院指定的部门会同有关部门审定。核电厂承担的资金，在投产前根据核电厂容量、在投产后根据实际发电量确定一定的比例交纳，由国务院计划部门综合平衡后用于地方场外核事故应急准备工作；其余部分由地方人民政府解决。具体办法由国务院指定的部门会同国务院计划部门和国务院财政部门规定。

国务院有关部门和军队所需的核事故应急准备资金，根据各自在核事故应急工作中的职责和任务，充分利用现有条件进行安排，不足部分按照各自的计划和资金渠道上报。

第三十五条 国家的和地方的物资供应部门及其他有关部门应当保证供给核事故应急所需的设备、器材和其他物资。

第三十六条 因核电厂核事故应急响应需要，执行核事故应急响应行动的行政机关有权征用非用于核事故应急响应的设备、器材和其他物资。

对征用的设备、器材和其他物资，应当予以登记并在使用后及时归还；造成损坏的，由征用单位补偿。

第七章 奖励与处罚

第三十七条 在核事故应急工作中有下列事迹之一的单位和个人，由主管部门或者所在单位给予表彰或者奖励：

（一）完成核事故应急响应任务的；

（二）保护公众安全和国家的、集体的和公民的财产，成绩显著的；

（三）对核事故应急准备与响应提出重大建议，实施效果显著的；

（四）辐射、气象预报和测报准确及时，从而减轻损失的；

（五）有其他特殊贡献的。

第三十八条 有下列行为之一的，对有关责任人员视情节和危害后果，由其所在单位或者上级机关给予行政处分；属于违反治安管理行为的，由公安机关依照治安管理处罚条例的规定予以处罚；构成犯罪的，由司法机关依法追究刑事责任：

（一）不按照规定制定核事故应急计划，拒绝承担核事故应急准备义务的；

（二）玩忽职守，引起核事故发生的；

（三）不按照规定报告、通报核事故真实情况的；

（四）拒不执行核事故应急计划，不服从命令和指挥，或者在核事故应急响应时临阵脱逃的；

（五）盗窃、挪用、贪污核事故应急工作所用资金或者物资的；

（六）阻碍核事故应急工作人员依法执行职务或者进行破坏活动的；

（七）散布谣言，扰乱社会秩序的；

（八）有其他对核事故应急工作造成危害的行为的。

第八章　附　则

第三十九条　本条例中下列用语的含义：

（一）核事故应急，是指为了控制或者缓解核事故、减轻核事故后果而采取的不同于正常秩序和正常工作程序的紧急行动。

（二）场区，是指由核电厂管理的区域。

（三）应急计划区，是指在核电厂周围建立的，制定有核事故应急计划、并预计采取核事故应急对策和应急防护措施的区域。

（四）烟羽应急计划区，是指针对放射性烟云引起的照射而建立的应急计划区。

（五）食入应急计划区，是指针对食入放射性污染的水或者食物引起照射而建立的应急计划区。

（六）干预水平，是指预先规定的用于在异常状态下确定需要对公众采取应急防护措施的剂量水平。

（七）导出干预水平，是指由干预水平推导得出的放射性物质在环境介质中的浓度或者水平。

（八）应急防护措施，是指在核事故情况下用于控制工作人员和公众所接受的剂量而采取的保护措施。

（九）核安全重要物项，是指对核电厂安全有重要意义的建筑物、构筑物、系统、部件和设施等。

第四十条　除核电厂外，其他核设施的核事故应急管理，可以根据具体情况，参照本条例的有关规定执行。

第四十一条　对可能或者已经造成放射性物质释放超越国界的核事故应急，除执行本条例的规定外，并应当执行中华人民共和国缔结或者参加的国际条约的规定，但是中华人民共和国声明保留的条款除外。

第四十二条　本条例自发布之日起施行。

第四章

石油天然气法律法规

中华人民共和国对外合作开采海洋石油资源条例

国务院

颁布日期：19820130　修订日期：20010923　实施日期：20010923

第一章　总　则

第一条　为促进国民经济的发展，扩大国际经济技术合作，在维护国家主权和经济利益的前提下允许外国企业参与合作开采中华人民共和国海洋石油资源，特制定本条例。

第二条　中华人民共和国的内海、领海、大陆架以及其他属于中华人民共和国海洋资源管辖海域的石油资源，都属于中华人民共和国国家所有。

在前款海域内，为开采石油而设置的建筑物、构筑物、作业船舶，以及相应的陆岸油（气）集输终端和基地，都受中华人民共和国管辖。

第三条　中国政府依法保护参与合作开采海洋石油资源的外国企业的投资、应得利润和其他合法权益，依法保护外国企业的合作开采活动。

在本条例范围内，合作开采海洋石油资源的一切活动，都应当遵守中华人民共和国的法律、法令和国家的有关规定；参与实施石油作业的企业和个人，都应当受中国法律的约束，接受中国政府有关主管部门的检查、监督。

第四条　国家对参加合作开采海洋石油资源的外国企业的投资和收益不实行征收。在特殊情况下，根据社会公共利益的需要，可以对外国企业在合作开采中应得石油的一部分或者全部，依照法律程序实行征收，并给予相应的补偿。

第五条　国务院指定的部门依据国家确定的合作海区、面积，决定合作方式，划分合作区块；依据国家长期经济计划制定同外国企业合作开采海洋石油资源的规划；制定对外合作开采海洋石油资源的业务政策和审批海上油（气）田的总体开发方案。

第六条 中华人民共和国对外合作开采海洋石油资源的业务，由中国海洋石油总公司全面负责。

中国海洋石油总公司是具有法人资格的国家公司，享有在对外合作海区内进行石油勘探、开发、生产和销售的专营权。

中国海洋石油总公司根据工作需要，可以设立地区公司、专业公司、驻外代表机构，执行总公司交付的任务。

第七条 中国海洋石油总公司就对外合作开采石油的海区、面积、区块，通过组织招标，采取签订石油合同方式，同外国企业合作开采石油资源。

前款石油合同，经中华人民共和国对外贸易经济合作部批准，即为有效。

中国海洋石油总公司采取其他方式运用外国企业的技术和资金合作开采石油资源所签订的文件，也应当经中华人民共和国对外贸易经济合作部批准。

第二章 石油合同各方的权利和义务

第八条 中国海洋石油总公司通过订立石油合同同外国企业合作开采海洋石油资源，除法律、行政法规另有规定或者石油合同另有约定外，应当由石油合同中的外国企业一方（以下称外国合同者）投资进行勘探，负责勘探作业，并承担全部勘探风险；发现商业性油（气）田后，由外国合同者同中国海洋石油总公司双方投资合作开发，外国合同者并应负责开发作业和生产作业，直至中国海洋石油总公司按照石油合同规定在条件具备的情况下接替生产作业。外国合同者可以按照石油合同规定，从生产的石油中回收其投资和费用，并取得报酬。

第九条 外国合同者可以将其应得的石油和购买的石油运往国外，也可以依法将其回收的投资、利润和其他正当收益汇往国外。

第十条 参与合作开采海洋石油资源的中国企业、外国企业，都应当依法纳税，缴纳矿区使用费。

前款企业的雇员，都应当依法缴纳个人所得税。

第十一条 为执行石油合同所进口的设备和材料，按照国家规定给予减税、免税，或者给予税收方面的其他优惠。

第十二条 外国合同者开立外汇账户和办理其他外汇事宜，应当遵守《中华人民共和国外汇管理条例》和国家有关外汇管理的其他规定。

第十三条 石油合同可以约定石油作业所需的人员，作业者可以优先录用中国公民。

第十四条 外国合同者在执行石油合同从事开发、生产作业过程中，必须及时地、准确地向中国海洋石油总公司报告石油作业情况；完整地、准确地取得各项石油作业的数据、记录、样品、凭证和其他原始资料，并定期向中国海洋石油总公司提交必要的资料和样品以及技术、经济、财会、行政方面的各种报告。

第十五条 外国合同者为执行石油合同从事开发、生产作业，应当在中华人民共和国境内设立分支机构或者代表机构，并依法履行登记手续。

前款机构的住所地应当同中国海洋石油总公司共同商量确定。

第十六条 本条例第三条、第九条、第十条、第十一条、第十五条的规定，对向石油作业提供服务的外国承包者，类推适用。

第三章 石油作业

第十七条 作业者必须根据本条例和国家有关开采石油资源的规定，参照国际惯例，制定油（气）田总体开发方案和实施生产作业，以达到尽可能高的石油采收率。

第十八条 外国合同者为执行石油合同从事开发、生产作业，应当使用中华人民共和国境内现有的基地；如需设立新基地，必须位于中华人民共和国境内。

前款新基地的具体地点，以及在特殊情况下需要采取的其他措施，都必须经中国海洋石油总公司书面同意。

第十九条 中国海洋石油总公司有权派人参加外国作业者为执行石油合同而进行的总体设计和工程设计。

第二十条 外国合同者为执行石油合同，除租用第三方的设备外，按计划和预算所购置和建造的全部资产，当外国合同者的投资按照规定得到补偿后，其所有权属于中国海洋石油总公司，在合同期内，外国合同者仍然可以依据合同的规定使用这些资产。

第二十一条 为执行石油合同所取得的各项石油作业的数据、记录、样品、凭证和其他原始资料，其所有权属于中国海洋石油总公司。

前款数据、记录、样品、凭证和其他原始资料的使用和转让、赠与、交换、出售、公开发表以及运出、传送出中华人民共和国，都必须按照国家有关规定执行。

第二十二条 作业者和承包者在实施石油作业中，应当遵守中华人民共和国有关环境保护和安全方面的法律规定，并参照国际惯例进行作业，保护渔业资源和其他自然资源，防止对大气、海洋、河流、湖泊和陆地等环境的污染和损害。

第二十三条 石油合同区产出的石油，应当在中华人民共和国登陆，也可以在海上油(气)外输计量点运出。如需在中华人民共和国以外的地点登陆，必须经国务院指定的部门批准。

第四章 附 则

第二十四条 在合作开采海洋石油资源活动中，外国企业和中国企业间发生的争执，应当通过友好协商解决。通过协商不能解决的，由中华人民共和国仲裁机构进行调解、仲裁，也可以由合同双方协议在其他仲裁机构仲裁。

第二十五条 作业者、承包者违反本条例规定实施石油作业的，由国务院指定的部门依据职权责令限期改正，给予警告；在限期内不改正的，可以责令其停止实施石油作业。由此造成的一切经济损失，由责任方承担。

第二十六条 本条例所用的术语，其定义如下：

1.“石油”是指蕴藏在地下的、正在采出的和已经采出的原油和天然气。

2.“开采”是泛指石油的勘探、开发、生产和销售及其有关的活动。

3.“石油合同”是指中国海洋石油总公司同外国企业为合作开采中华人民共和国海洋石油资源，依法订立的包括石油勘探、开发和生产的合同。

4.“合同区”是指在石油合同中为合作开采石油资源以地理坐标圈定的海域面积。

5.“石油作业”是指为执行石油合同而进行的勘探、开发和生产作业及其有关的活动。

6.“勘探作业”是指用地质、地球物理、地球化学和包括钻勘探井等各种方法寻找储藏石油的圈闭所做的全部工作，以及在已发现石油的圈闭上为确定它有无商业价值所做的钻评价井、可行性研究和编制油(气)田的总体开发方案等全部工作。

7.“开发作业”是指从国务院指定的部门批准油(气)田的总体开发方案之日起，为实现石油生产所进行的设计、建造、安装、钻井工程等及其相应的研究工作，并包括商业性生产开始之前的生产活动。

8.“生产作业”是指一个油(气)田从开始商业性生产之日起，为生产石油所进行的全部作业以及与其有关的活动，诸如采出、注入、增产、处理、储运和提取等作业。

9.“外国合同者”是指同中国海洋石油总公司签订石油合同的外国企业。外国企业可以是公司，也可以是公司集团。

10.“作业者”是指按照石油合同的规定负责实施作业的实体。

11.“承包者”是指向作业者提供服务的实体。

第二十七条 本条例自公布之日起施行。

中华人民共和国对外合作开采陆上石油资源条例

国务院

颁布日期：19931007　实施日期：19931007

第一章 总 则

第一条 为保障石油工业的发展，促进国际经济合作和技术交流，制定本条例。

第二条 在中华人民共和国境内从事中外合作开采陆上石油资源活动，必须遵守本条例。

第三条　中华人民共和国境内的石油资源属于中华人民共和国国家所有。

第四条　中国政府依法保护参加合作开采陆上石油资源的外国企业的合作开采活动及其投资、利润和其他合法权益。

在中华人民共和国境内从事中外合作开采陆上石油资源活动，必须遵守中华人民共和国的有关法律、法规和规章，并接受中国政府有关机关的监督管理。

第五条　国家对参加合作开采陆上石油资源的外国企业的投资和收益不实行征收。在特殊情况下，根据社会公共利益的需要，可以对外国企业在合作开采中应得石油的一部分或者全部，依照法律程序实行征收，并给予相应的补偿。

第六条　国务院指定的部门负责在国务院批准的合作区域内，划分合作区块，确定合作方式，组织制定有关规划和政策，审批对外合作油（气）田总体开发方案。

第七条　中国石油天然气集团公司、中国石油化工集团公司（以下简称中方石油公司）负责对外合作开采陆上石油资源的经营业务；负责与外国企业谈判、签订、执行合作开采陆上石油资源的合同；在国务院批准的对外合作开采陆上石油资源的区域内享有与外国企业合作进行石油勘探、开发、生产的专营权。

第八条　中方石油公司在国务院批准的对外合作开采陆上石油资源的区域内，按划分的合作区块，通过招标或者谈判，与外国企业签订合作开采陆上石油资源合同。该合同经中华人民共和国对外贸易经济合作部批准后，方为成立。

中方石油公司也可以在国务院批准的合作开采陆上石油资源的区域内，与外国企业签订除前款规定以外的其他合作合同。该合同必须向中华人民共和国对外贸易经济合作部备案。

第九条　对外合作区块公布后，除中方石油公司与外国企业进行合作开采陆上石油资源活动外，其他企业不得进入该区块内进行石油勘查活动，也不得与外国企业签订在该区块内进行石油开采的经济技术合作协议。

对外合作区块公布前，已进入该区块进行石油勘查（尚处于区域评价勘查阶段）的企业，在中方石油公司与外国企业签订合同后，应当撤出。该企业所取得的勘查资料，由中方石油公司负责销售，以适当补偿其投资。该区块发现有商业开采价值的油（气）田后，从该区块撤出的企业可以通过投资方式参与开发。

国务院指定的部门应当根据合同的签订和执行情况，定期对所确定的对外合作区块进行调整。

第十条　对外合作开采陆上石油资源，应当遵循兼顾中央与地方利益的原则，通过吸收油（气）田所在地的资金对有商业开采价值的油（气）田的开发进行投资等方式，适当照顾地方利益。

有关地方人民政府应当依法保护合作区域内正常的生产经营活动，并在土地使用、道路通行、生活服务等方面给予有效协助。

第十一条　对外合作开采陆上石油资源，应当依法纳税，并缴纳矿区使用费。

对外合作开采陆上石油资源的企业的雇员，应当就其所得依法纳税。

第十二条　为执行合同所进口的设备和材料，按照国家有关规定给予减税、免税或者给予税收方面的其他优惠。具体办法由财政部会同海关总署制定。

第二章　外国合同者的权利和义务

第十三条　中方石油公司与外国企业合作开采陆上石油资源必须订立合同，除法律、法规另有规定或者合同另有约定外，应当由签订合同的外国企业（以下简称外国合同者）单独投资进行勘探，负责勘探作业，并承担勘探风险；发现有商业开采价值的油（气）田后，由外国合同者与中方石油公司共同投资合作开发；外国合同者并应承担开发作业和生产作业，直至中方石油公司按照合同约定接替生产作业为止。

第十四条　外国合同者可以按照合同约定，从生产的石油中回收其投资和费用，并取得报酬。

第十五条　外国合同者根据国家有关规定和合同约定，可以将其应得的石油和购买的石油运往国外，也可以依法将其回收的投资、利润和其他合法收益汇往国外。

外国合同者在中华人民共和国境内销售其应得的石油，一般由中方石油公司收购，也可以采取合同双方约定的其他方式销售，但是不得违反国家有关在中华人民共和国境内销售石油产品的规定。

第十六条　外国合同者开立外汇账户和办理

其他外汇事宜，应当遵守《中华人民共和国外汇管理条例》和国家有关外汇管理的其他规定。

外国合同者的投资，应当采用美元或者其他可自由兑换货币。

第十七条 外国合同者应当依法在中华人民共和国境内设立分公司、子公司或者代表机构。

前款机构的设立地点由外国合同者与中方石油公司协商确定。

第十八条 外国合同者在执行合同的过程中，应当及时地、准确地向中方石油公司报告石油作业情况，完整地、准确地取得各项石油作业的数据、记录、样品、凭证和其他原始资料，并按规定向中方石油公司提交资料和样品以及技术、经济、财会、行政方面的各种报告。

第十九条 外国合同者执行合同，除租用第三方的设备外，按照计划和预算所购置和建造的全部资产，在其投资按照合同约定得到补偿或者该油（气）田生产期期满后，所有权属于中方石油公司。在合同期内，外国合同者可以按照合同约定使用这些资产。

第三章　石油作业

第二十条 作业者必须根据国家有关开采石油资源的规定，制定油（气）田总体开发方案，并经国务院指定的部门批准后，实施开发作业和生产作业。

第二十一条 石油合同可以约定石油作业所需的人员，作业者可以优先录用中国公民。

第二十二条 作业者和承包者在实施石油作业中，应当遵守国家有关环境保护和安全作业方面的法律、法规和标准，并按照国际惯例进行作业，保护农田、水产、森林资源和其他自然资源，防止对大气、海洋、河流、湖泊、地下水和陆地其他环境的污染和损害。

第二十三条 在实施石油作业中使用土地的，应当依照《中华人民共和国土地管理法》和国家其他有关规定办理。

第二十四条 本条例第十八条规定的各项石油作业的数据、记录、样品、凭证和其他原始资料，所有权属于中方石油公司。

前款所列数据、记录、样品、凭证和其他原始资料的使用、转让、赠与、交换、出售、发表以及运出、传送到中华人民共和国境外，必须按照国家有关规定执行。

第四章　争议的解决

第二十五条 合作开采陆上石油资源合同的当事人因执行合同发生争议时，应当通过协商或者调解解决；不愿协商、调解，或者协商、调解不成的，可以根据合同中的仲裁条款或者事后达成的书面仲裁协议，提交中国仲裁机构或者其他仲裁机构仲裁。

当事人未在合同中订立仲裁条款，事后又没有达成书面仲裁协议的，可以向中国人民法院起诉。

第五章　法律责任

第二十六条 违反本条例规定，有下列行为之一的，由国务院指定的部门依据职权责令限期改正，给予警告；在限期内不改正的，可以责令其停止实施石油作业；构成犯罪的，依法追究刑事责任。

（一）违反本条例第九条第一款规定，擅自进入对外合作区块进行石油勘查活动或者与外国企业签订在对外合作区块内进行石油开采合作协议的；

（二）违反本条例第十八条规定，在执行合同的过程中，未向中方石油公司及时、准确地报告石油作业情况的，未按规定向中方石油公司提交资料和样品以及技术、经济、财会、行政方面的各种报告的；

（三）违反本条例第二十条规定，油（气）田总体开发方案未经批准，擅自实施开发作业和生产作业的；

（四）违反本条例第二十四条第二款规定，擅自使用石油作业的数据、记录、样品、凭证和其他原始资料或者将其转让、赠与、交换、出售、发表以及运出、传送到中华人民共和国境外的。

第二十七条 违反本条例第十一条、第十六条、第二十二条、第二十三条规定的，由国家有关主管部门依照有关法律、法规的规定予以处罚；构成犯罪的，依法追究刑事责任。

第六章　附　则

第二十八条 本条例下列用语的含义：

（一）“石油”，是指蕴藏在地下的、正在采出的和已经采出的原油和天然气。

（二）“陆上石油资源”，是指蕴藏在陆地全境（包括海滩、岛屿及向外延伸至5米水深处的海域）的范围内的地下石油资源。

（三）“开采”，是指石油的勘探、开发、生产和销售及其有关的活动。

（四）“石油作业”，是指为执行合同而进行的勘探、开发和生产作业及其有关的活动。

（五）“勘探作业”，是指用地质、地球物理、地球化学和包括钻探井等各种方法寻找储藏石油圈闭所做的全部工作，以及在已发现石油的圈闭上为确定它有无商业价值所做的钻评价井、可行性研究和编制油（气）田的总体开发方案等全部工作。

（六）“开发作业”，是指自油（气）田总体开发方案被批准之日起，为实现石油生产所进行的设计、建造、安装、钻井工程等及其相应的研究工作，包括商业性生产开始之前的生产活动。

（七）“生产作业”，是指一个油（气）田从开始商业性生产之日起，为生产石油所进行的全部作业以及与其有关的活动。

第二十九条　本条例第四条、第十一条、第十二条、第十五条、第十六条、第十七条、第二十一条的规定，适用于外国承包者。

第三十条　对外合作开采煤层气资源由中联煤层气有限责任公司实施专营，并参照本条例执行。

第三十一条　本条例自公布之日起施行。

中华人民共和国海洋石油勘探开发环境保护管理条例

国务院

发布日期：19831229　实施日期：19831229

第一条　为实施《中华人民共和国海洋环境保护法》，防止海洋石油勘探开发对海洋环境的污染损害，特制定本条例。

第二条　本条例适用于在中华人民共和国管辖海域从事石油勘探开发的企业、事业单位、作业者和个人，以及他们所使用的固定式和移动式平台及其他有关设施。

第三条　海洋石油勘探开发环境保护管理的主管部门是中华人民共和国国家海洋局及其派出机构，以下称“主管部门”。

第四条　企业或作业者在编制油（气）田总体开发方案的同时，必须编制海洋环境影响报告书，报中华人民共和国城乡建设环境保护部会同国家海洋局石油工业部，按照国家基本建设项目环境保护管理的规定组织审批。

第五条　海洋环境影响报告书应包括以下内容：

（一）油田名称、地理位置、规模；

（二）油田所处海域的自然环境和海洋资源状况；

（三）油田开发中需要排放的废弃物种类、成分、数量、处理方式；

（四）对海洋环境影响的评价；海洋石油开发对周围海域自然环境、海洋资源可能产生的影响；对海洋渔、航运、其他海上活动可能产生的影响；为避免、减轻各种有害影响，拟采取的环境保护措施；

（五）最终不可避免的影响、影响程度及原因；

（六）防范重大油污染事故的措施：防范组织，人员配备，技术装备，通信联络等。

第六条　企业、事业单位、作业者应具备防治油污染事故的应急能力，制定应急计划，配备与其所从事的海洋石油勘探开发规模相适应的油回收设施和围油、消油器材。

配备化学消油剂，应将其牌号、成分报告主管部门核准。

第七条　固定式和移动式平台的防污设备的要求：

（一）应设置油水分离设备；

（二）采油平台应设置含油污水处理设备，该设备处理后的污水含油量应达到国家排放标准；

（三）应设置排油监控装置；

（四）应设置残油、废油回收设施；

（五）应设置垃圾粉碎设备；

（六）上述设备应经中华人民共和国船舶检验机关检验合格，并获得有效证书。

第八条 一九八三年三月一日以前，已经在中华人民共和国管辖海域从事石油勘探开发的固定式和移动式平台，防污设备达不到规定要求的，应采取有效措施，防止污染，并在本条例颁布后三年内使防污设备达到规定的要求。

第九条 企业、事业单位和作业者应具有有关污染损害民事责任保险或其他财务保证。

第十条 固定式和移动式平台应备有由主管部门批准格式的防污记录簿。

第十一条 固定式和移动式平台的含油污水，不得直接或稀释排放。经过处理后排放的污水，含油量必须符合国家有关含油污水排放标准。

第十二条 对其他废弃物的管理要求：

（一）残油、废油、油基泥浆、含油垃圾和其他有毒残液残渣，必须回收，不得排放或弃置入海；

（二）大量工业垃圾的弃置，按照海洋倾废的规定管理；零星工业垃圾，不得投弃于渔业水域和航道；

（三）生活垃圾，需要在距最近陆地12海里以内投弃的，应经粉碎处理，粒径应小于25毫米。

第十三条 海洋石油勘探开发需要在重要渔业水域进行炸药爆破或其他对渔业资源有损害的作业时，应采取有效措施，避开主要经济鱼虾类的产卵、繁殖和捕捞季节，作业前报告主管部门，作业时并应有明显的标志、信号。

主管部门接到报告后，应及时将作业地点、时间等通告有关单位。

第十四条 海上储油设施、输油管线应符合防渗、防漏、防腐蚀的要求，并应经常检查，保持良好状态，防止发生漏油事故。

第十五条 海上试油应使油气通过燃烧器充分燃烧。对试油中落海的油类和油性混合物，应采取有效措施处理，并如实记录。

第十六条 企业、事业单位及作业者在作业中发生溢油、漏油等污染事故，应迅速采取围油、回收油的措施，控制、减轻和消除污染。

发生大量溢油、漏油和井喷等重大油污染事故，应立即报告主管部门，并采取有效措施，控制和消除油污染，接受主管部门的调查处理。

第十七条 化学消油剂要控制使用：

（一）在发生油污染事故时，应采取回收措施，对少量确实无法回收的油，准许使用少量的化学消油剂。

（二）一次性使用化学消油剂的数量（包括溶剂在内），应根据不同海域等情况，由主管部门另做具体规定。作业者应按规定向主管部门报告，经准许后方可使用。

（三）在海面浮油可能发生火灾或者严重危及人命和财产安全，又无法使用回收方法处理，而使用化学消油剂可以减轻污染和避免扩大事故后果的紧急情况下，使用化学消油剂的数量和报告程序可不受本条（二）项规定限制。但事后，应将事故情况和使用化学消油剂情况详细报告主管部门。

（四）必须使用经主管部门核准的化学消油剂。

第十八条 作业者应将下列情况详细地、如实地记载于平台防污记录簿：

（一）防污设备、设施的运行情况；

（二）含油污水处理和排放情况；

（三）其他废弃物的处理、排放和投弃情况；

（四）发生溢油、漏油、井喷等油污染事故及处理情况；

（五）进行爆破作业情况；

（六）使用化学消油剂的情况；

（七）主管部门规定的其他事项。

第十九条 企业和作业者在每季度末后15日内，应按主管部门批准的格式，向主管部门综合报告该季度防污染情况及污染事故的情况。

固定式平台和移动式平台的位置，应及时通知主管部门。

第二十条 主管部门的公务人员或指派的人员，有权登临固定式和移动式平台以及其他有关设施，进行监测和检查。包括：

（一）采集各类样品；

（二）检查各项防污设备、设施和器材的装备、运行或使用情况；

（三）检查有关的文书、证件；

（四）检查防污记录簿及有关的操作记录，必要时可进行复制和摘录，并要求平台负责人签证该复制和摘录件为正确无误的副本；

（五）向有关人员调查污染事故；

（六）其他有关的事项。

第二十一条　主管部门的公务船舶应有明显标志。公务人员或指派的人员执行公务时，必须穿着公务制服，携带证件。

被检查者应为上述公务船舶、公务人员和指派人员提供方便，并如实提供材料，陈述情况。

第二十二条　受到海洋石油勘探开发污染损害，要求赔偿的单位和个人，应按照《中华人民共和国环境保护法》第三十二条的规定及《中华人民共和国海洋环境保护法》第四十二条的规定，申请主管部门处理，要求造成污染损害的一方赔偿损失。受损害一方应提交污染损害索赔报告书，报告书应包括以下内容：

（一）受石油勘探开发污染损害的时间、地点、范围、对象；

（二）受污染损害的损失清单，包括品名、数量、单价、计算方法，以及养殖或自然等情况；

（三）有关科研部门鉴定或公证机关对损害情况的签证；

（四）尽可能提供受污染损害的原始单证，有关情况的照片，其他有关索赔的证明单据、材料。

第二十三条　因清除海洋石油勘探开发污染物，需要索取清除污染物费用的单位和个人（有商业合同者除外），在申请主管部门处理时，应向主管部门提交索取清除费用报告书。该报告书应包括以下内容：

（一）清除污染物的时间、地点、对象；

（二）投入的人力、机具、船只、清除材料的数量、单价、计算方法；

（三）组织清除的管理费、交通费及其他有关费用；

（四）清除效果及情况；

（五）其他有关的证据和证明材料。

第二十四条　由于不可抗力发生污染损害事故的企业、事业单位、作业者，要求免于承担赔偿责任的，应向主管部门提交报告。该报告应能证实污染损害确实属于《中华人民共和国海洋环境保护法》第四十三条所列的情况之一，并经过及时采取合理措施仍不能避免的。

第二十五条　主管部门受理的海洋石油勘探开发污染损害赔偿责任和赔偿金额纠纷，在调查了解的基础上，可以进行调解处理。

当事人不愿调解或对主管部门的调解处理不服的，可以按《中华人民共和国海洋环境保护法》第四十二条的规定办理。

第二十六条　主管部门对违反《中华人民共和国海洋环境保护法》和本条例的企业、事业单位、作业者，可以责令其限期治理，支付消除污染费用，赔偿国家损失；超过标准排放污染物的，可以责令其交纳排污费。

第二十七条　主管部门对违反《中华人民共和国海洋环境保护法》和本条例的企业、事业单位、作业者和个人，可视其情节轻重，予以警告或罚款处分。

罚款分为以下几种：

（一）对造成海洋环境污染的企业、事业单位、作业者的罚款，最高额为人民币十万元。

（二）对企业、事业单位、作业者的下列违法行为，罚款最高额为人民币五千元：

1. 不按规定向主管部门报告重大油污染事故；
2. 不按规定使用化学消油剂。

（三）对企业、事业单位、作业者的下列违法行为，罚款最高额为人民币一千元：

1. 不按规定配备防污记录簿；
2. 防污记录簿的记载非正规化或者伪造；
3. 不按规定报告或通知有关情况；
4. 阻挠公务人员或指派人员执行公务。

（四）对有直接责任的个人，可根据情节轻重，酌情处以罚款。

第二十八条　当事人对主管部门的处罚决定不服的，按《中华人民共和国海洋环境保护法》第四十一条的规定处理。

第二十九条　主管部门对主动检举、揭发企业、事业单位、作业者匿报石油勘探开发污染损害事故，或者提供证据，或者采取措施减轻污染损害的单位和个人，给予表扬和奖励。

第三十条　本条例中下列用语含义是：

（一）“固定式和移动式平台”，即《中华人民共和国海洋环境保护法》中所称的钻井船、钻井平台和采油平台，并包括其他平台。

（二）“海洋石油勘探开发”，是指海洋石油勘探、开发、生产、储存和管线输送等作业活动。

（三）“作业者”，是指实施海洋石油勘探开发作业的实体。

第三十一条　本条例自发布之日起施行。

石油天然气管道保护条例

国务院

颁布日期：20010802 实施日期：20010802

第一章 总 则

第一条 为了保障石油(包括原油、成品油，下同)、天然气(含煤层气，下同)管道及其附属设施的安全运行，维护公共安全，制定本条例。

第二条 本条例适用于中华人民共和国境内输送石油、天然气的管道及其附属设施(以下简称管道设施)的保护。

输送石油、天然气的城市管网和石油化工企业厂区内部管网的保护不适用本条例。

第三条 本条例所称管道设施，包括：

（一）输送石油、天然气的管道；

（二）管道防腐保护设施，包括阴极保护站、阴极保护测试桩、阳极地床和杂散电流排流站；

（三）管道水工防护构筑物、抗震设施、管堤、管桥及管道专用涵洞和隧道；

（四）加压站、加热站、计量站、集油(气)站、输气站、配气站、处理场(站)、清管站、各类阀室(井)及放空设施、油库、装卸栈桥及装卸场；

（五）管道标志、标识和穿越公(铁)路检漏装置。

第四条 管道设施是重要的基础设施，受法律保护，任何单位和个人不得侵占、破坏、盗窃、哄抢。

任何单位和个人都有保护管道设施和管道输送的石油、天然气的义务。对于侵占、破坏、盗窃、哄抢管道设施和管道输送的石油、天然气以及其他危害管道设施安全的行为，任何单位和个人都有权制止并向有关部门举报。

第五条 国务院经济贸易管理部门负责全国管道设施保护的监督管理工作；县级以上地方各级人民政府指定的部门负责对本行政区域内管道设施保护实施监督管理。

第六条 管道设施沿线地方各级人民政府，应当对沿线群众进行有关管道设施安全保护的宣传教育，并负责协调解决有关管道设施巡查、维修和事故抢修的临时用地、用工等事项。

第七条 管道设施沿线地方各级人民政府，应当加强对管道设施保护工作的组织领导，采取有效措施，保证管道设施安全，及时组织有关部门制止、查处本行政区域内发生的侵占、破坏、盗窃、哄抢管道设施和管道输送的石油、天然气以及其他危害管道设施安全的行为。

管道设施沿线地方各级人民政府、有关部门及其工作人员，不得包庇、纵容侵占、破坏、盗窃、哄抢管道设施和管道输送的石油、天然气以及其他危害管道设施安全的行为，不得阻挠、干预对侵占、破坏、盗窃、哄抢管道设施和管道输送的石油、天然气以及其他危害管道设施安全的行为依法进行查处。

第八条 管道设施沿线各级公安机关负责依法查处破坏、盗窃、哄抢管道设施和管道输送的石油、天然气以及其他危害管道设施安全的案件。

第九条 国家有关部门以及管道企业对维护管道设施安全做出突出贡献的单位和个人，给予奖励。

第二章 管道设施的保护

第十条 管道企业负责其管道设施的安全运行，并履行下列义务：

（一）严格按照国家管道设施工程建设质量标准设计、施工和验收；

（二）对管道外敷防腐绝缘层，并加设阴极保护装置；

（三）管道建成后，设置永久性标志，并对易遭车辆碰撞和人畜破坏的局部管道采取防护措施，设置标志；

（四）严格执行管道运输技术操作规程和安全

规章制度；

（五）对管道设施定期巡查，及时维修保养；

（六）配合当地人民政府向管道设施沿线群众进行有关管道设施安全保护的宣传教育；

（七）配合公安机关做好管道设施的安全保卫工作。

第十一条　管道设施发生事故时，管道企业应当及时组织抢修，任何单位和个人不得以任何方式阻挠、妨碍抢修工作。

第十二条　管道泄漏和排放的石油，由管道企业负责回收和处理，任何单位和个人不得据为己有。

第十三条　管道企业对其使用的经依法征用的土地，享有土地使用权，任何单位和个人不得非法侵占。当地农民在征得管道企业同意后，可以在征地范围内种植浅根农作物，但管道企业对在管道巡查、维护、事故抢修过程中造成农作物的损失，不予赔偿。

第十四条　管道企业可以根据需要配置专职护线员或者聘任兼职护线员。

第十五条　禁止任何单位和个人从事下列危及管道设施安全的活动：

（一）移动、拆除、损坏管道设施以及为保护管道设施安全而设置的标志、标识；

（二）在管道中心线两侧各5米范围内，取土、挖塘、修渠、修建养殖水场，排放腐蚀性物质，堆放大宗物资，采石、盖房、建温室、垒家畜棚圈、修筑其他建筑物、构筑物或者种植深根植物；

（三）在管道中心线两侧或者管道设施场区外各50米范围内，爆破、开山和修筑大型建筑物、构筑物工程；

（四）在埋地管道设施上方巡查便道上行驶机动车辆或者在地面管道设施、架空管道设施上行走；

（五）危害管道设施安全的其他行为。

第十六条　在管道中心线两侧各50米至500米范围内进行爆破的，应当事先征得管道企业同意，在采取安全保护措施后方可进行。

第十七条　穿越河流的管道设施，由管道企业与河道、航道管理单位根据国家有关规定确定安全保护范围，并设置标志。

在依照前款确定的安全保护范围内，除在保障管道设施安全的条件下为防洪和航道通航而采取的疏浚作业外，不得修建码头，不得抛锚、拖锚、掏沙、挖泥、炸鱼、进行水下爆破或者可能危及管道设施安全的其他水下作业。

第三章　管道设施与其他建设工程相遇关系的处理

第十八条　管道企业应当将已建管道设施的有关资料和新建、改（扩）建管道设施规划或者计划报送当地规划主管部门；当地规划主管部门应当将管道设施的新建、改（扩）建计划纳入当地的总体规划。

前款规定的有关资料、规划或者计划依照法律、行政法规的规定需要报送当地其他有关主管部门的，管道企业应当依法报送。

第十九条　管道企业进行管道设施维修作业和建设保护工程时，管道穿越区域的有关单位和个人应当给予必要的协助。上述作业对有关单位或者个人的合法权益造成损失的，管道企业应当依法给予补偿。

第二十条　后建、改（扩）建的建设工程与已有的管道设施相遇而产生的管道设施保护问题，由后建、改（扩）建的建设工程项目单位与管道企业协商解决。后建、改（扩）建的建设工程需要管道设施改线、搬迁或者增加防护设施的，所需费用由后建、改（扩）建的建设工程项目单位承担。

第二十一条　水利部门在制定防洪措施、修筑堤坝时，应当注意保护管道设施的安全；需要在管道设施通过的区域泄洪时，应当及时将泄洪量和泄洪时间通知管道企业。

第二十二条　建设跨（穿）越河道、河堤、航道的管道设施以及在河道中砌筑管道防护设施工程，必须符合国家防洪标准、通航标准。

第二十三条　任何单位在管道设施安全保护范围内进行下列施工时，应当事先通知管道企业，并采取相应的保护措施：

（一）新建、改（扩）建铁路、公路、桥梁、河渠、架空电力线路；

（二）埋设地下电（光）缆；

（三）设置安全或者避雷接地体。

第四章　法律责任

第二十四条　违反本条例的规定，移动、拆除、损坏管道设施，构成犯罪的，依法追究刑事责任；尚不构成犯罪的，由县级以上地方人民政府指定的部门责令改正，对个人可以处1万元以下的罚款，对单位可以处10万元以下的罚款；违反治安管理规定的，由公安机关依法给予治安管理处罚。

第二十五条 违反本条例的规定，破坏管道设施或者盗窃、哄抢管道输送的石油、天然气，构成犯罪的，依法追究刑事责任；尚不构成犯罪的，由公安机关没收违法所得，违法所得1万元以上的，并处违法所得2倍以上5倍以下的罚款；没有违法所得或者违法所得不足1万元的，处2万元以下的罚款；违反治安管理规定的，依法给予治安管理处罚。

第二十六条 违反本条例的规定，在管道中心线两侧或者管道设施场区外各50米范围内爆破、开山和修筑大型建筑物、构筑物工程，构成犯罪的，依法追究刑事责任；尚不构成犯罪的，由县级以上地方人民政府指定的部门责令改正，处1万元以上10万元以下的罚款；违反治安管理规定的，由公安机关依法给予治安管理处罚。

第二十七条 违反本条例的规定，在管道设施安全保护范围内新建、改（扩）建铁路、公路、桥梁、河渠、架空电力线路，埋设地下电（光）缆，设置安全或者避雷接地体，事先未通知管道企业并采取相应的保护措施的，由县级以上地方人民政府指定的部门责令改正，处1万元以上5万元以下的罚款。

第二十八条 违反本条例的规定，阻挠、妨碍管道企业正常巡查、维护、抢修管道设施的，由县级以上地方人民政府指定的部门责令改正，对个人可以处2000元以下的罚款，对单位可以处5万元以下的罚款；违反治安管理规定的，由公安机关依法给予治安管理处罚。

第二十九条 违反本条例的规定，在管道中心线两侧各5米范围内取土、挖塘、修渠、修建养殖水场，排放腐蚀性物质，堆放大宗物资，采石、盖房、建温室、垒家畜棚圈、修筑其他建筑物、构筑物或者种植深根植物的，由县级以上地方人民政府指定的部门责令改正，对个人可以处2000元以下的罚款，对单位可以处5万元以下的罚款。

第三十条 有本条例第二十四条至第二十九条所列行为之一，造成管道设施破坏、损坏的，除依法给予行政处罚或者刑事处罚外，还应当依法承担赔偿责任。

第三十一条 管道企业违反本条例的规定，不履行管道设施安全运行义务，致使管道设施遭受损坏，构成犯罪的，依法追究刑事责任；尚不构成犯罪的，由县级以上地方人民政府指定的部门责令改正，处2万元以上10万元以下的罚款。

第三十二条 管道企业职工与他人相互勾结，破坏、盗窃管道设施和管道输送的石油、天然气，构成犯罪的，依法追究刑事责任；尚不构成犯罪的，依照本条例第二十五条的规定从重处罚。

第三十三条 地方人民政府或者有关部门不履行管道设施保护职责，致使本地区侵占、破坏、盗窃、哄抢管道设施和管道输送的石油、天然气以及其他危害管道设施安全的活动长期得不到制止，造成严重后果的，对负责的主管人员和其他直接责任人员，根据情节轻重，依法给予记大过、降级或者撤职的行政处分；构成犯罪的，依法追究刑事责任。

第三十四条 国家机关工作人员有下列行为之一，构成犯罪的，依法追究刑事责任；尚不构成犯罪的，依法给予降级、撤职直至开除公职的行政处分：

（一）包庇、纵容侵占、破坏、盗窃、哄抢管道设施和管道输送的石油、天然气以及其他危害管道设施安全的行为的；

（二）向侵占、破坏、盗窃、哄抢管道设施和管道输送的石油、天然气以及其他危害管道设施安全的行为的当事人通风报信，帮助其逃避查处的；

（三）阻挠、干预有关部门依法对侵占、破坏、盗窃、哄抢管道设施和管道输送的石油、天然气以及其他危害管道设施安全的行为进行查处的。

第五章　附　则

第三十五条 海上石油、天然气管道设施的保护，参照本条例的有关规定执行。

第三十六条 本条例自公布之日起施行。1989年3月12日国务院发布的《石油、天然气管道保护条例》同时废止。

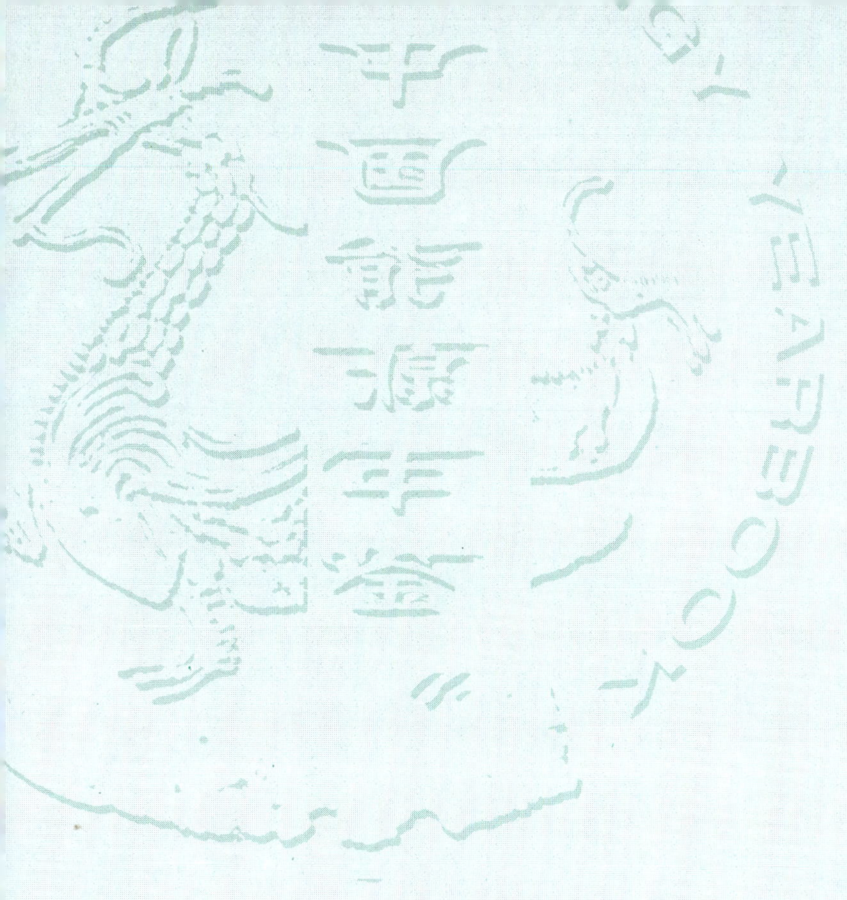

第二十篇 中国能源发展大事记

CHRONICLE OF ENERGY DEVELOPMENT EVENTS

第一章

2001 年中国能源发展大事记

2001 年中国能源发展大事记

1 月 2 日 中国首次实现煤炭地下气化产业化开发

山东新汶矿业集团煤炭地下气化产业化工程通过煤炭和环保专家鉴定。这是中国首次实现煤炭地下气化的产业化开发。这一技术的普及将有力推动煤炭资源的深度开发与清洁利用。“孙村煤矿煤炭地下气化技术研究与应用”项目，是由新汶矿业集团与中国矿业大学合作进行的。目前，煤炭地下气化已成为世界煤炭开发利用的主要方向之一，也是中国煤炭科技研究的前沿课题。全世界只有为数极少的几个国家掌握这一技术。

1 月 2 日 兖矿集团济三煤矿建成投产

2000 年 12 月 28 日，中国煤炭系统立井开拓井型最大、产量最高、装备最优良的现代化特大型煤矿——兖矿集团济三煤矿已在兖州矿区正式投产，成为中国煤炭发展史上的一个里程碑。济三煤矿系国家“八五”重点建设项目，年设计生产能力 500 万吨，矿井服务年限 81 年。煤矿位于山东济宁微山湖东侧，面积 110 平方千米，煤矿地质储量 8.8 亿吨，可采储量 5.35 亿吨。煤种主要为优质气肥煤，低灰、低硫、低磷，发热量高、挥发分高，既是良好的炼焦配煤，又是适合造气化工和制造水煤浆的良好原料。济三煤矿是我国第一个集煤、电、港于一体的现代化综合性企业。

1 月 21 日 内蒙古发现特大型气田

中国石油天然气股份有限公司最近在内蒙古伊克昭盟地区发现一个特大型气田——苏里格气田。天然气地质储量规模达到 5000 亿立方米以上，相当于一个 5 亿吨储量的特大油田。据预测，这一气田最终可累计探明天然气地质储量 7000 亿立方米以上，这不仅会成为中国第一大气田，而且将列入世界知名大气田的行列。

2 月 9 日 山西探明中国第一个大型煤层气田

中联煤层气有限责任公司等单位经过 3 年多勘

探，在山西沁水盆地南部发现并探明了中国第一个大型煤层气田——沁水煤层气田。《沁水煤层气田新增煤层气探明储量报告》经国土资源部石油天然气储量评审办公室组织专家评审通过。该气田枣园区和潘庄区的3号和15号煤叠合含气面积为164.2平方千米，探明煤层气地质储量402.19亿立方米，可采储量218.39亿立方米，可以形成10亿立方米/年的生产能力。该区具有储量丰富、含气高、产出稳定的特点，目前已完钻29口井，其中单井的最高日产气量达16000立方米，试验井组正在试生产。

2月20日　国务院决定撤销国家经贸委管理的9个国家局

经国务院批准，由国家经贸委管理的10个国家局，除国家烟草专卖局保留外，其余9个全部撤销。被撤销的9个国家局是：国家国内贸易局、国家煤炭工业局、国家机械工业局、国家冶金工业局、国家石油和化学工业局、国家轻工业局、国家纺织工业局、国家建筑材料工业局、国家有色金属工业局，有关行政职能并入国家经贸委。

2月20日　云南澜沧江水电开发公司成立

云南澜沧江水电开发有限公司是由国家电力公司、云南省电力集团有限公司、云南省开发投资公司、云南红塔实业有限责任公司组建的大型水电流域开发公司。

2月26日　国家安全生产监督管理局成立

国务院办公厅发[2001]1号文件决定，原由国家经贸委承担的安全生产监督管理职能，将划归国家安全生产监督管理局。原国家煤矿安全监察局承担的职能不作调整，实行“一个机构、两块牌子”，行使双重职能。国家安全生产监督管理局(国家煤矿安全监察局)是综合管理全国安全生产工作、履行国家安全生产监督管理和煤矿安全监察职能的行政机构。

2月28日　中海油在海外成功上市

全球最大的独立原油及天然气开发生产公司之一的中国海洋石油有限公司2月27日、28日分别在美国、香港成功上市。在纽约交易所挂牌上市的美国预托证券每份定价为15.40美元，当日收市价为每份16.12美元，上升4.68%，全日最高价为16.5美元。在香港联合交易所挂牌上市价为每股5.95港元，当日收市价为7港元，上升17.7%，全日最高价为7.1港元。

3月12日　龙滩水电站签订银团贷款协议

龙滩水电站项目197.58亿元银行贷款协议在京签署。龙滩水电站工程(总装机容量420万兆瓦)是中国第一个采用国内银团贷款融资的特大型基础设施建设项目，也是“西电东送”工程标志性项目。发电量仅次于三峡水电站。

当年7月1日，龙滩水电站工程正式开工。

3月15日　《国家“十五”计划纲要》对能源发展作出规划

2001年3月15日第九届全国人大四次会议批准的《关于国民经济和社会发展第十个五年计划纲要》对“十五”期间中国能源发展作出相应的规划。《纲要》提出，“十五”期间能源建设要发挥资源优势，优化能源结构，提高利用效率，加强环境保护。以煤炭为基础能源，提高优质煤比重。推进大型煤矿改造，建设高产高效矿井，开发煤层气资源。加大洁净煤技术研究开发力度，通过示范广泛推广使用。

“十五”期间要实行油气并举，加快天然气勘探、开发和利用，统筹生产基地、输送管线和用气工程建设，引进国外天然气，提高天然气消费比重。开发燃料酒精等石油替代产品，采取措施节约石油消耗。加强石油资源勘探，合理开发石油资源，努力发展海洋石油。积极利用国外资源，建立海外石油、天然气供应基地，实行石油进口多元化。建立国家石油战略储备，维护国家能源安全。加强城乡电网建设和改造，建设西电东送的北、中、南三条大通道，推进全国联网。

逐步调整电源结构，充分利用现有发电能力，积极发展水电、坑口大机组火电，压缩小火电，适度发展核电，鼓励热电联产和综合利用发电。抓紧长江上游水电开发前期工作。在山西、陕西、内蒙古、宁夏、贵州、云南建设大型坑口电站。深化电力体制改革，逐步实行厂网分开、竞价上网，健全合理的电价形成机制。积极发展风能、太阳能、地热等新能和可再生能源，推广能源节约和综合利用技术。

3月17日　国务院安全生产委员会成立

国务院副总理吴邦国任安全生产委员会主任，国务院副秘书长尤权、国家经贸委副主任石万鹏、公安部副部长杨焕宁、监察部副部长陈昌智、国家安全生产监督管理局（国家煤矿安全监察局）局长张明宝等任副主任。国务院安全生产委员会办公室设在国家安全生产监督管理局（国家煤矿安全监察局）。

3月20日　2000年度煤炭工业十大科技成果揭晓

2000年度煤炭工业十大科技成果项目是：25万吨/年水煤浆厂工业生产技术；矿井瓦斯综合治理示范工程配套技术的研究；近水半地层冻结施工技术研究；PJR系列喷浆机器人；缓倾斜特厚煤层高产高效综采开采成套技术与装备研究；淮南新庄孜煤层群多重开采上保护层防灾技术的研究；旋流微泡浮选柱分选方法与设备研究；开滦层顶底极水害防治对策及水文信息系统控制。

另，2000年度煤炭工业5项优秀科技成果是：开滦唐山煤矿厚煤层综放建筑物下离层注浆安全开采技术实验研究；KT12型全矿井固定与流动综合通讯系统；超长综放工作面高产高效综合配套技术；高效装备式选煤厂；潞安常村煤矿锚固支护成套技术研究。

3月20日　塔里木盆地石油天然气勘探项目通过国家验收

由国家科学技术部组织的“九五”国家重点科技攻关项目“塔里木盆地石油天然气勘探（二期）”验收会在北京举行，科技部邓楠和李学勇副部长出席会议并讲话。1999—2000年两年间，600多名科研人员在前期工作基础上，攻克了制约塔里木盆地油气勘探的一系列技术难题。中国石油塔里木油田公司和中国石化新星石油公司共发现和探明4个大中型油气田和13个工业性含油气构造，新增探明油气地质储量3.46亿吨，新增可采石油储量2277万吨，天然气2044亿立方米，新建原油年产能273万吨，累计生产原油1164万吨，销售原油1095万吨，获销售收入131亿元，上交利税53.6亿元。特别是克拉2大气田的发现和探明，奠定了“西气东输”工程的资源基础。

4月12日　朱镕基在湖南考察要求发展小水电

朱镕基总理指出，在退耕还林中，要重视抓好农村能源结构的调整，解决居民生活所用燃料问题。在有条件的农村，要推广蜂窝煤、沼气，特别要大力发展小水电，这方面要给予扶持。

4月20日　国家经贸委发布《石油天然气管道安全监督与管理暂行规定》

《规定》分8章44条，对石油天然气管道勘查设计、钢管制造、管道施工、管道运行、管道检测、事故调查和处理等作出明确规定。

4月22日　中国最大海外石油承包工程竣工

中国承建的科威特年原油生产能力1200万吨集油站竣工投产举行盛大庆典。中国政府石油代表团和科威特政要出席。该集油站是中国在海外承建的最大集油站项目，由中国石油工程建设（集团）公司总承包，它包括日处理原油19万桶和22万桶的两个集油站和260千米传输管线。这三项工程从中标、承包到设计、施工都采用了当今世界先进管理和技术，是在自然环境艰苦、工程质量要求很高的条件下完成的。

4月29日　中国石油和化学工业协会在京成立

中国石油和化学工业协会是石油和化工行业具有服务和一定管理职能的全国性、综合性的社会中介组织。这是继1998年政府经济管理职能改革后，石油和化工行业管理体制的又一跨越。

6月1日　国家煤矿安全局采取措施遏制重特大事故上升

国家安全生产监督管理局（国家煤矿安全监察局）要求，全国所有乡镇煤矿（包括劳改和农垦系统办的小煤矿），一律停产整顿。这次停产整顿，由地方人民政府组织煤炭、地矿、安全监督、工商等有关部门和煤矿安全监察机构，共同组成检查组进行检查认定。逾期不关的，要依法追究地方政府有关部门的责任。认定可以恢复生产的小煤矿，必须有检查组组长的签字，谁签字谁负责。同时，对国有重点和国有地方煤矿也进行限期整改。截至目前，国有重点煤矿被限期整改的115个，停产整顿的17个；国有地方煤矿被限期整改的152个，停产整顿的108个。从5月22日起，国有煤矿矿办小井立即停产，限期在6月底前全部关闭。截至目前，全国1075个矿办小井，已下达关闭通知单416个，已关闭158个。

6月12日 朱镕基在四川考察要求发展小水电、沼气

朱镕基总理指出，大力发展小水电、沼气等，解决农民的燃料和农村能源，把退耕还林和调整产业结构紧密结合。

6月13日 《全国矿产资源规划》开始实施

经国务院批准，《全国矿产资源规划》开始实施。根据《全国矿产资源规划》，钨、锡、锑、稀土、钼、汞等供过于求的矿产，以及重晶石、萤石、菱镁矿等出口优势矿产，将受到严格的总产量限制。调控煤炭开采总量，限制开采高硫煤、高灰煤，控制新建铝土矿矿山，暂时不批准新建硫铁矿矿山，限制开采石棉矿。加强西部和海域石油、天然气的开发利用力度，增加原油生产能力；重视天然气开发；积极扶持煤层气资源的开发利用；加强优质煤、环保煤和特殊煤种的保护性开采；鼓励因地制宜地开发利用地热资源。

6月15日 国务院办公厅紧急通知关闭小煤矿

国务院办公厅发出紧急通知，国有煤矿矿办小井立即关闭，所有乡镇煤矿一律停产整顿。

6月24日 国家经贸委组织编制《煤炭工业"十五"规划》

国家经贸委编制的《煤炭工业"十五"规划》提出煤炭工业发展和结构调整的总体目标：煤炭企业建立现代企业制度取得重大进展，产业集中度明显提高，经济运行质量明显好转。洁净煤技术开发和产业化取得实质性进展，优质煤炭和煤炭转化的优质能源产品比重明显增加。煤炭产品在国际市场上的占有率进一步提高。矿区综合利用、环境治理工作取得显著成效。其中，组织结构调整目标：到2005年，产业集中度明显提高，煤炭产量位居前8家的企业，市场占有率达到35%以上。形成2—3个煤—电—路—港—航综合经营、具有国际竞争力的特大型公司和企业集团。

技术结构调整目标：到2005年，煤矿生产技术和装备水平进一步改善，安全生产可靠性明显增强。大型煤矿采掘机械化程度达到90%以上，中型煤矿达到60%以上，小型煤矿机械化、半机械化开始起步。大中型煤矿科技进步贡献率达到40%以上。

产品结构调整目标：到2005年，全国原煤入选率达到50%以上，动力配煤量达到7000万吨左右，煤层气产量30亿—40亿立方米，水煤浆产量1000万吨左右，煤炭液化产油250万吨以上。煤炭出口8000万吨左右。

6月25日 国家经贸委组织编制《电力工业"十五"规划》

国家经贸委编制的《电力工业"十五"规划》提出电力工业"十五"期间发展与结构调整目标：电源，努力改善电力投资环境，保持相应的电力建设规模，保持电力供需的平衡。"十五"末期，全国发电装机容量预计达到3.9亿千瓦，其中水电9500万千瓦，火电28600万千瓦，核电870万千瓦，风力、太阳能等新能源发电120万千瓦。电网，全国联网取得实质性进展。到2005年末，除新疆、西藏和海南外，各相邻电网基本实现互联，电网结构更加合理，具备防止发生大面积停电事故的能力；全国220千伏及以上交直流线路达到23万千米，变电容量达到6.7亿千伏安；二次系统与一次系统协调发展，通信网络整体能力大幅度提高；城市电网供电可靠性平均达到99.9%，部分重点地区达到99.99%；电网综合线损率控制在7%以下。技术装备，继电保护、电网稳定控制、超高压输变电、水电筑坝等技术处于国际先进水平；加快大型超临界火电机组、空气冷却机组、洁净煤发电机组、大型抽水蓄能机组、大型燃气蒸汽联合循环机组、核电机组、风力发电机组和电力环保装置等设备的国产化步伐；直流输电、500千伏大容量变压器、电力环保技术等，具备独立的设计、建设和设备供应能力；建立和完善适应电力工业发展需要的技术研究与开发体系、检测与质量保证体系；加强有关电力节能环保技术以及迫切需要的难点技术的研究与开发，掌握占据未来电力科技制高点的技术。

6月25日 国内首台大功率燃气发电机组通过审评

国内第一台1000千瓦燃气发电机组日前在胜利油田通过专家审评，燃气机组的核心部件——

天然气发电机组将为西气东输工程提供可靠的动力保障。该燃气发电机组是中国石化胜利油田动力机械厂研制生产的。此前，只有美国、德国、荷兰等少数国家拥有1000千瓦以上大功率燃气发电机组的生产技术，中国国内最大功率的燃气发电机组只有500千瓦。

7月1日 联合国环规署等机构发表公报赞扬中国努力减少温室气体排放量

联合国环境规划署和世界能源理事会联合发表新闻公报，高度评价中国政府为减少温室气体排放所采取的实质性步骤和取得的巨大成效，并呼吁国际社会自觉采取行动，切实减少温室气体排放量。公报指出，只要措施得当，经济高速发展也不会导致温室气体排放量增加，中国就是一个例证。中国自1996年以来经济发展迅速，但却成功地把二氧化碳排放量降低了12%—17%，中国取得的成就令人振奋。

7月2日 龙滩水电站正式开工建设

国家电力公司和广西、贵州等地有关单位共同出资兴建的目前中国第二大水电站——龙滩水电站在广西天峨县正式开工建设。龙滩水电站位于广西天峨县境内，是国家实施西部大开发和“西电东送”重要的标志性工程。龙滩水电站是红水河梯级开发的龙头骨干控制性工程，它的总装机容量为540万千瓦，年均发电量187亿千瓦时，工程总投资243亿元。

7月2日 塔里木又发现一大型气田

塔里木油田分公司总经理廖永远宣布：继克拉2大气田探明之后，又一个大型气田——位于新疆库车县境内的迪那2气田在建党80周年前夕被钻探发现，它距已确定的“西气东输”首站轮南90千米。测试结果证实，迪那2井是我国目前陆上产量最高的气井，日产天然气218万立方米、凝析油131立方米。经地质综合研究确认，迪那2气田含气面积77平方千米，气藏幅度400米，预计天然气产量在1500亿立方米以上，它将成为西气东输的又一主力气田。

7月5日 中国研制成功650兆瓦核电汽轮发电机

由哈尔滨电机厂有限责任公司为秦山核电站制造生产的国产单机容量最大的650兆瓦核电汽轮发电机通过了项目验收。这部核电汽轮发电机用于中国第一座自主设计、自主建设的浙江省海盐县秦山核电站，它是该核电站二期工程的重要主体设备之一。650兆瓦核电汽轮发电机的研制成功，标志着中国电机制造实现了由常规到核电机组的跨越，为继而开发百万千瓦大容量火电机组奠定了坚实的技术基础。该发电机国产件率达到90%，发电效率达到99%。

7月13日 山西省煤炭行业近年首次赢利

山西省国有重点煤矿整体扭亏为盈。2001年上半年实现赢利1.57亿元，比2000年同期减亏增盈3.41亿元。这是山西省4年来首次出现整体赢利。

7月26日 国务院发布《石油天然气管道保护条例》

《条例》共4章36条，自公布之日起施行。1989年3月12日国务院发布的《石油、天然气管道保护条例》同时废止。

8月3日 国家经贸委组织编制《石油工业“十五”规划》

《石油工业“十五”规划》提出石油工业发展方针和发展目标。发展方针：“十五”期间，我国石油工业将实施市场化、国际化、低成本、科技创新和持续重组战略；进行以改善石油储采结构，提高天然气对原油产量的比例、境外份额油与国内原油的比例及油气在中国一次能源消费结构中的比例为重点的结构调整。以较小的经济代价换取石油的长期稳定供应，实现保障国民经济持续稳定健康发展的目标。为此，要贯彻“立足国内、开拓国际，加强勘探、合理开发，厉行节约、建立储备”二十四字发展方针。发展目标：探明石油地质储量38亿吨以上、可采储量8.5亿吨以上；探明天然气地质储量1.2万亿—1.4万亿立方米、可采储量7000亿—8000亿立方米；探明煤层气可开发地质储量约1000亿立方米。2005年，原油产量达到1.7亿吨以上，天然气（含煤层气）产量达到500亿立方米以上，海外份额油达到1500万—2500万吨。

8月8日 公伯峡水电站开工

国家实施西部大开发的重点项目——黄河上游的公伯峡水电站今天在青海省循化县开工。这是黄河上游继龙羊峡水电站、李家峡水电站之后的第三个大型水电站。公伯峡水电站总投资达70多亿元，5台30万千瓦的机组，总装机容量150万千瓦。该电站以发电为主，兼有防洪、灌溉、供水等综合功能。该电站的建设，将拉动扩大青海省内需，推动民族地区经济发展，支援陕、甘、宁用电，并将发挥调整黄河水流量、拦截上游泥沙、改善下游省区生态环境等综合功能。

8月17日 朱镕基在贵州考察小水电和农村沼气

朱镕基总理指出，在退耕还林工作中，必须全面落实中央的有关政策。要解决好退耕农民的当前生计和长远发展生产问题，支持农民发展当地有资源优势和有市场需求的产业，要通过发展小水电、沼气等解决农民的燃料和农村能源问题，防止滥伐山林，保护退耕还林成果。

8月22日 国家计委编制《新能源与可再生能源“十五”发展计划与2010年规划方案》

《规划》分为基础方案和远景规划方案，其中基础方案提出，至2010年，累计开发新能源折合为1166.41万吨标准煤；远景规划方案提出，至2010年，累计开发新能源折合为1370.46万吨标准煤。

8月24日 全国农网建设与改造工作会议在青岛召开

国家计委、国家电力公司8月24日在青岛召开第四次全国农网建设与改造工作会议。会议总结了三年来农村电网改造工作，分析目前农网改造中存在的问题，进一步安排和部署下一步全国农网改造工作。到目前为止，全国已安排农网改造投资1893亿元，已实际完成投资约1600亿元，完成110千伏变电站1100多座、线路2万多千米，35千伏变电站5600多座、线路5万多千米，10千伏线路80多万千米，低压线路250多万千米，更换高耗能变压器50多万台，改造配电台区90多万个，已有1345个县全部完成了已下达的农网改造投资计划，有813个县实现了竣工验收。

8月28日 西气东输工程召开动员大会

在河北廊坊，承担西气东输工程建设首期管道施工任务65%的中国石油天然气管道局举行工程建设誓师动员大会，标志着西气东输管道工程建设拉开序幕。该工程全长4200多千米，预计总投资1500亿元。

9月7日 天然气化工中试基地挂牌

中国石油和中国科学院大庆天然气化工中试基地在大庆石化公司研究院正式挂牌，这是中国第一个国家级大型天然气化工研究基地。中试基地的建立有利于把丰富的石油资源和强大的科研开发力量结合起来，加速天然气化工利用研究及产业化进程。

9月19日 世界石油大会亚洲地区会议在沪召开

世界石油大会亚洲地区会议在上海召开，同时召开世界石油大会工作会议，举办2001年上海国际石油及石化展览会。国家计委主任曾培炎出席会议并发言。世界石油大会于1933年创建于英国伦敦，每三年召开一次，其宗旨是为了人类利益加强世界石油资源的管理，并在世界石油工业中推进科学技术的应用及经济、金融和管理的研究。本次会议是世界石油大会的第一次区域性会议，来自17个国家和地区的近300名代表出席会议。

9月20日 吉林乙醇工程开工

日前，全国最大的燃料乙醇工程在吉林省吉林市开工建设，该项目建成投产后对开发石油替代资源，增强粮食生产的基础地位，改善环境具有极大的示范意义。该项目是中国“十五”计划重点工程和2001年全国十大重点项目之一，由中国石油天然气集团公司、吉林粮食集团有限公司、中国华润总公司共同投资建设，总投资为28.9亿元，计划建设燃料乙醇工程生产线、DDGS生产线、精制玉米油车间、酶制剂车间等9项设施，将于2003年建成投产，建成后将达到年消耗玉米192万吨，年产燃料乙醇60万吨。同时还可生产下游产品玉米油4.5万吨、空心砖17.53万立方米、筑路材料18.31万吨。

9月20日 国务院召开全国关闭整顿小煤矿和煤矿安全生产工作现场会

吴邦国副总理在会议上强调，坚决关闭整顿小煤矿，确保煤矿安全生产。

9月20日　中德合资扬巴一体化工程开工

中国石化和德国巴斯夫合资的扬巴一体化工程在南京奠基，总投资约29亿美元，占地220公顷，为中国目前最大的中德合资企业。工程以60万吨/年乙烯装置为龙头，配套建设40万吨/年低密度聚乙烯、30万吨/年乙二醇、16万吨/年丙烯酸、21.5万吨/年丙烯酸酯、25万吨/年丁辛醇等9套下游石油化工装置。工程计划于2005年全面投入商业生产，可年产170万吨高质量的化工和聚合物产品。

9月23日　国务院修订发布《中华人民共和国对外合作开采陆上石油资源条例》

修改后的《条例》规定，外国合同者在中华人民共和国境内销售其应得的石油，一般由中方石油公司收购，也可以采取合同双方约定的其他方式销售，但是不得违反国家有关在中华人民共和国境内销售石油产品的规定；外国合同者应当依法在中华人民共和国境内设立分公司、子公司或者代表机构。

9月23日　国务院修订发布《中华人民共和国对外合作开采海洋石油资源条例》

修改后的《条例》规定，国务院制定的部门依据国家确定的合作海区、面积，决定合作方式，划分合作区块；依据国家长期经济计划制定同外国企业合作开采海洋石油资源的规划；制定对外合作开采海洋石油资源的业务政策和审批海上油（气）田的总体开发方案；国家对参加合作开采海洋石油资源的外国企业的投资和收益不实行征收。在特殊情况下，根据社会公共利益的需要，可以对外国企业在合作开采中应得石油的一部分或者全部，依照法律程序实行征收，并给予相应的补偿。

10月16日　国家调整石油成品油价格

经国务院批准，国家计委下发通知，决定进一步完善石油价格接轨机制，并据此调整成品油价格。通知规定，自10月17日起，国内汽、柴油零售中准价格每吨分别提高250元和20元。完善石油价格接轨办法是因为现行办法存在着与国内市场供求不一致、方法过于直接透明，以及价格变动频繁等问题。改进的主要内容有五点。一是将国内汽、柴油价格单一与亚洲市场挂钩，改为与亚洲、欧洲、北美三地市场挂钩，以使国内油价变化更充分地反映国际市场变化的总体趋势。二是为避免价格调整过于频繁，当国际市场油价变动超过一定幅度时，再相应调整国内成品油价格。三是每次调整国内成品油价格时，在不突破根据接轨原则确定的调价总额的前提下，根据国内汽、柴油市场消费结构，参照国际市场比价关系，相对调整汽、柴油价格。四是进一步扩大汽、柴油零售价格浮动幅度，由目前的上下浮动5%扩大到上下浮动8%。五是设定国内成品油涨（降）价区间，以减少价格波动的幅度。

10月18日　国家计委发布《国家能源发展“十五”重点专项规划》

国家计委编制的《国民经济和社会发展第十个五年计划能源发展重点专项规划》提出了“十五”能源发展战略：在保障能源安全的前提下，把优化能源结构作为能源工作的重中之重，努力提高能源效率、保护生态环境，加快西部开发。

保障能源安全：从发挥资源优势的原则出发，在“十五”乃至更长的历史时期内，必须继续坚持基本立足国内供应的方针，煤炭作为能源主体的地位不会发生变化。在此基础上，“十五”期间应积极贯彻“走出去”战略，充分重视建立与国力相适应的石油战略储备，实现进口能源渠道多元化，开发石油替代和节约技术，保证油气供应。

优化能源结构：充分利用国内、国际“两种资源、两个市场”，优化我国一次能源结构，提高天然气和水电等清洁、高效的优质能源的比重，减少煤炭终端消费的数量。同时，要抓住能源供应缓和的历史机遇，不失时机地推进能源各行业的结构调整工作，实现均衡发展，提高能源工业总体发展水平。

提高能源效率：针对我国能源利用效率低、人均资源贫乏的现实，要在继续坚持合理利用资源的同时，把提高能源效率放到重要位置，加大产业结构调整力度，推进技术进步，发挥市场作用，促进提高能源效率。

保护生态环境：面对我国生态环境恶化、能源发展对大气环境带来的负面影响，必须开发清洁能源，大力发展洁净煤技术，避免和减少能源开发利用引起的环境污染，促进能源、经济与环境的协调发展。

加快西部开发：结合国家西部大开发战略，充分发挥西部能源资源优势，在有利于带动当地经济和社会发展的前提下，积极推进“西气东输”、“西电东送”和“光明工程”等的实施。

11月1日　《煤矿安全规程》修订施行

国家煤矿安全监察局局务会议审议通过的《煤矿安全规程》今起施行。《煤矿安全规程》以《矿山安全法》、《煤炭法》、《煤矿安全监察条例》为依据，在总结我国煤矿多年实践经验的基础上，将《煤矿安全规程》(1992年)、《小煤矿安全规程》、《煤矿安全规程》(露天煤矿)合并为一体修订，针对性、操作性更强。

11月14日　中国第一家中外合资煤炭开发项目破土动工

中美合作开发煤炭资源的重大项目——山西亚美大宁能源有限公司二期年产400万吨矿井项目破土动工。美国亚美大陆煤炭有限公司与晋城市大宁煤炭有限责任公司、山西煤炭运销总公司共同出资组建的山西亚美大宁能源有限公司注册资本为1200万美元，是全国煤炭行业目前惟一的中外合资企业，第一大股东美国亚美大陆煤炭有限公司拥有56%的股份。

11月21日　全国农村水电暨“十五”水电农村电气化县建设工作会议召开

国务院副总理温家宝致信全国农村水电工作会议指出，新世纪我国农村水电建设要同经济建设、江河治理、生态保护、扶贫开发结合起来，进一步实施小水电代燃料工程，提高农村电气化水平，促进经济社会可持续发展。

发展农村水电、加快农村电气化建设，是实现农业和农村现代化的重要条件。改革开放以来，这项工作取得显著成效。到2000年底，农村水电已遍布全国1/2的地域、1/3的县市、1/4的人口，使3亿多无电人口用上了电，特别是中西部地区、老少边穷地区有了水电的带动，经济社会发展和人民生活发生了很大的变化。实践证明，党中央国务院关于发展农村水电的决策是正确的，是符合广大人民群众根本利益的。

会议指出，国务院已批准“十五”期间，在全国建设400个水电农村电气化县的规划目标。会议介绍，到2000年底，全国已建成中小水电站4.8万座，装机达2751万千瓦，占全国总装机的35.9%，年发电量879亿千瓦时，占全国水电发电量的39.8%；全国共建成了800个县电网和40多个地区性电网，全国1/2的地域、1/3的县、1/4的人口主要靠农村水电供电；已建成的653个初级电气化县，人口2.52亿，面积274万平方千米，82%以上位于中西部地区，80%以上属“八七”扶贫攻坚县、省级重点扶贫县、少数民族聚居县、革命老区县。

11月26日　国务院办公厅转发《国土资源部关于进一步治理整顿矿产资源管理秩序的意见》

《意见》规定，进一步建立健全严格的探矿权、采矿权审批与管理制度。探矿权的审批登记必须严格依法控制在省级以上人民政府国土资源主管部门。要改革采矿权审批制度，通过有关法规的修改和行政审批制度的改革，将采矿权的审批权上收到省级人民政府国土资源主管部门。目前开采煤矿、石油、有色金属和大中型储量规模的34种重要矿产的采矿权申请，除石油、天然气、煤层气和放射性矿产必须由国务院国土资源主管部门负责登记发证外，均由省级人民政府国土资源主管部门报请省级人民政府批准后再办理采矿登记发证手续。对省级人民政府国土资源主管部门违法颁发的采矿许可证，由国务院国土资源主管部门予以撤销。

12月5日　再生资源发展专项基金启动

日本安全循环协会在北京向中华环保基金会捐赠100万元人民币，设立再生资源发展专项基金。该基金将致力于中国的再生资源开发利用事业，资助和奖励对再生资源开发利用做出杰出贡献的个人和组织，推动再生资源的管理、科研、宣教和人才培训等，推动国际间环保与资源利用的合作与交流。

12月6日　西藏金河水电站开工

由武警水电部队承建、国家“十五”计划在西藏投资兴建的第一个重点能源工程——昌都金河水电站举行开工典礼。金河水电站位于澜沧江右岸，西藏自治区昌都地区昌都县境内，国家共投资8亿元，装机 4 台，总装机容量 60 万千瓦。预计 2004 年 8 月 15 日完工。

12 月 9 日 中海油获国企最高信誉评级

中国海洋石油总公司日前被穆迪投资者评级公司授予 Baa2 信用等级，是中国企业获得的最高信用等级；被标准普尔评级公司授予 BBB 信用等级，是中国机构和企业获得的最高信用等级，与中国主权信用等级一致。两家国际权威的信用评级机构同时授予这一企业高信用等级在国企中尚为首例。

12 月 11 日 国防科工委制定《核电厂核事故应急报告制度》

《核电厂核事故应急报告制度》规定，核电厂进入核事故应急状态(含应急待命状态)后，核电厂营运单位(或核电基地应急组织)应及时向省核应急主管部门和国家核事故应急办公室(以下简称国家核应急办)发出核应急通告、报告，省核应急主管部门应及时向国家核应急办发出核应急通告、报告。

12 月 16 日 淮北矿业集团煤业有限责任公司成立

由淮北矿业集团公司、国家开发银行和中国信达、中国华融资产管理公司四家共同出资设立的淮北矿业集团煤业有限责任公司成立。安徽淮北矿业集团是以煤为主、多种经营的国有特大型企业，拥有固定资产 90 多亿元，年产煤炭 1700 万吨以上，是中国五大煤炭基地之一。

12 月 20 日 煤炭工业科技会议召开

国家煤矿安全监察局和中国煤炭工业协会在京召开第五次全国煤炭科学技术大会。国家煤矿安全监察局副局长闪淳昌主持会议，国家煤矿安全监察局局长张宝明、中国煤炭工业协会会长范维唐出席并讲话。

12 月 20 日 大朝山电站首台机组投产发电

云南西电东送的骨干工程——大朝山水电站是国家重点工程，装机容量 135 万千瓦，安装 6 台 22.5 万千瓦混流式大型水轮发电机组，总投资 88.7 亿元，于 1997 年 8 月 4 日正式开工，同年 11 月顺利完成大江截流。

第二章

2002 年中国能源发展大事记

2002 年中国能源发展大事记

1 月 1 日 《中华人民共和国海域使用管理法》实施

该法规定，海域属于国家所有，国务院代表国家行使海域所有权。单位和个人使用海域，必须依法取得海域使用权。国家建立海域使用权登记制度，依法登记的海域使用权受法律保护。海域使用权可以通过招标或者拍卖的方式取得。招标或者拍卖方案由海洋行政主管部门制定，报有审批权的人民政府批准后组织实施。招标或者拍卖工作完成后，依法向中标人或者买受人颁发海域使用权证书。中标人或者买受人自领取海域使用权证书之日起，取得海域使用权。

1 月 6 日 国家资助研究新一代内燃机

2001 年《国家重点基础研究发展规划》项目评审结果公布，“新一代内燃机燃烧理论及石油燃料替代途径的基础研究”项目获得国家 3000 万元资助。此项研究将探索传统内燃机存在能量利用率和有害排放物两个极限，提高内燃机能量利用率，使内燃机超实现低排放的清洁燃烧。该项目由天津大学内燃机燃烧学国家重点实验室苏万华教授作为首席科学家组织申报。苏万华教授结合天大在内燃机燃烧理论方面雄厚的研究基础和国际发展前沿而提出的“新一代内燃机燃烧理论”得到学术界的高度评价。该理论既适用于传统燃料（柴油、汽油等），也适用于石油替代燃料，如天然气、醇类、二甲基醚等，该研究将为探索 21 世纪新能源作出贡献。

1 月 7 日 中央农村工作会议召开

会议要求加强农村小型基础设施建设，重点支持节水灌溉、人畜饮水、农村沼气、农村水电、乡村道路和草场围栏等。

1 月 8 日 电煤指导价取消

国家计委宣布从 2002 年起取消电煤国家指导价，今后不会对煤价进行直接的行政干预。

1月18日 首家露天煤业股份公司成立

全国首家大型露天煤业股份公司——内蒙古霍林河露天煤业股份有限公司正式挂牌成立。

1月18日 中国海洋石油有限公司收购西班牙国家石油公司部分油田

中国海洋石油有限公司收购西班牙国家石油公司——瑞普索公司在印尼的部分油田。收购金额5.85亿美元。这是迄今为止中国企业规模最大的跨国并购项目之一。中海油此次跨国并购，采取收购国外油田部分所有权的形式。并购完成后，中海油将在其中三大油田担当作业者，并成为印尼最大的海上石油生产商。中海油跨国收购是在国际金融市场连续调低利率、国际原油价格处于两年来低点时进行的，收购成本较低。这项收购每年将为中海油带来4000万桶的份额原油，增加石油探明储量3.6亿桶。

1月28日 安南发表《21世纪议程》执行报告

联合国秘书长安南发表《21世纪议程》执行情况报告。安南的这份报告是为筹备今年8月在南非约翰内斯堡举行的联合国可持续发展世界首脑会议而起草的。它总结了自1992年联合国在巴西里约热内卢举行的世界环发大会以来，国际社会执行该大会提出的《21世纪议程》所取得的成果和存在的问题。报告提出了保护环境、维持可持续发展的10点建议：(1)全球化为可持续发展服务；(2)消除贫困，改善城乡居民的生活；(3)改变目前不可持续的生产和消费方式；(4)改善居民健康状况；(5)改进能源消耗，适用更多可再生的能源；(6)加强生态环境和物种多样化的管理；(7)改进淡水资源管理；(8)增加官方发展援助和私人投资；(9)加强对非洲可持续发展的支持；(10)加强国际合作和协调。

1月30日 煤炭行业2001年整体扭亏

经过近几年坚持不懈的努力，多年严重亏损的煤炭行业2001年一举扭转亏损局面，实现利润41.7亿元。其中，国有及国有控股企业实现利润28.9亿元，同比减亏增盈31.9亿元。2月28日，国务院副总理吴邦国致电祝贺，指出，多年亏损的煤炭行业实现扭亏为盈，这是国有企业三年改革与脱困成果的进一步巩固和扩大，是煤炭行业干部职工奋斗拼搏、不懈努力的结果。事实充分证明，坚持总量调控、关井压产、扩大出口的路子是对的。

1月31日 国办批转《关于加强淮河流域2001—2010年防洪建设若干意见》

国务院办公厅发出通知，转发水利部《关于加强淮河流域2001—2010年防洪建设若干意见》，对淮河流域2001—2010年防洪建设作出全面规划和部署。该文件是继国务院1991年作出了“关于进一步治理淮河和太湖的决定”之后，指导淮河流域防洪建设的又一重要纲领性文件，是淮河流域2001—2010年防洪建设的基本依据。

1月31日 中国常规水电装机容量跃居世界第一位

据年初统计数字，截至2001年底，中国大陆常规水电装机容量已达到7700万千瓦，从而超过美国而排名世界第一位。统计表明，中国的水电在建规模超过3000万千瓦，规划水电站容量超过5000万千瓦，均居世界第一位。

2月5日 西气东输试验段正式开工

中国石油天然气股份有限公司宣布，举世瞩目的西气东输工程项目可行性研究报告已获国务院批准，气源和市场已经落实，对外招商也取得阶段性成果，5个试验段正式开工。先行开工建设的试验性工程，主要是西气东输管道施工周期较长的江河穿越工程及江南水网地段，包括长江、黄河、淮河穿越段和江苏—上海段，以及新疆轮南—库尔勒段。

2月6日 秦山核电二期一号机组并网发电

中国首座国产化商业核电站——秦山核电二期工程1号机组首次并网发电获得成功。预计1号机组到6月1日满功率发电后，每年可向华东电网输电40亿千瓦时。秦山核电二期工程是继秦山一期、大亚湾核电站投产后自主设计、自行建造的第一座国产化商业核电站。工程设计装机容量为2台60万千瓦压水堆核电机组，建设总工期72个月，工程总投资148亿元。1号机组并网发电后，成为在建4座核电工程8个机组中第一个并网发电的核电机组。装机总容量660万千瓦的在建核电工程将陆续进入“输血”期，从而进一步增加核电在我国电力结构中的比重。

2月26日 岭澳核电站1号机组提前并网发电

该机组功率为100万千瓦。项目投资40亿多美元，于1997年5月中开始主体工程建设，建设规模为4台百万千瓦机组。

2月27日 国务院印发《开展加油站专项整治工作的通知》

《通知》指出，国务院决定，从现在起，用半年左右的时间，在全国范围内开展加油站专项整治工作。整治工作的指导思想和目标：整顿规范与发展创新并重，严格市场准入，规范审批管理，打击各种违规建设和违规经营行为，转变加油站经营方式，推进流通方式创新，发展连锁经营、集中配送，进一步促进石油石化行业的健康发展。通过专项整治，使加油站的建设符合规划，布局基本合理；合法经营，竞争有序；石油石化企业的竞争力明显提高；广大消费者对成品油经营秩序和加油站服务质量基本满意；同时，也为履行中国加入世界贸易组织所作的承诺做好准备。

3月1日 李岚清在辽宁阜新考察资源枯竭型城市经济转型工作

李岚清副总理指出，新中国成立以来，阜新市的广大职工为全国的能源供应作出很大的贡献。近年来，由于煤炭资源枯竭，部分煤矿破产和采煤区沉陷，职工下岗，生产和生活出现困难。为解决这些问题，除了做好社会保障工作、安排好职工基本生活以外，还需要进行经济转型，帮助职工二次创业。要实现这一目标，必须牢固树立自力更生、艰苦奋斗、发奋图强、从实际出发、用市场机制运作的指导思想。地方党政领导和下岗职工一定要抓住机遇、迎接挑战，既要继承和发扬优良传统，更要与时俱进、开拓创新；既要把国家的政策、资金用足用好，更要立足自力更生，依靠自己和社会力量艰苦创业；既要抓紧解决沉陷区职工搬迁、下岗职工再就业等当前的突出问题，又要做好长期奋斗的思想准备，走出一条资源枯竭型城市经济转型的路子。

3月10日 中央人口资源环境工作座谈会在京召开

中共中央总书记、国家主席江泽民主持座谈会并发表重要讲话。他强调，为了实现中国经济和社会的持续发展，为了中华民族的子孙后代始终拥有生存和发展的良好条件，一定要按照可持续发展的要求，正确处理经济发展同人口资源环境的关系，促进人和自然的协调与和谐，努力开创生产发展、生活富裕、生态良好的文明发展道路。

3月16日 中国最大的太阳能电池项目启动

国家高技术产业化重点项目、目前中国最大的太阳能电池项目在河北省保定市正式启动。由保定英利集团、天威保定电气股份有限公司和北京中新立业科技投资咨询公司共同出资7500万元，组建保定英利新能源有限公司，负责实施国家年产3兆瓦多硅晶太阳能电池及应用系统示范工程项目。随着中国对环保力度的日益加大，发展绿色能源越来越迫切，其中阳光发电（光伏发电）是发展新能源的重点。

3月21日 青年学者李汉韬提出原始大气演变石油天然气

昆明石油局规划设计所青年学者李汉韬在较长时间研究后提出“原始地球的原始大气是地球内石油天然气生成的内因之一”。对于这一全新的石油天然气成因认识，引起了科学界的关注。他在《地质地球化学》杂志上发表了这一研究结果。

4月3日 中欧签署能源合作项目协议

外经贸部部长石广生与来访的欧盟委员会对外关系委员彭定康签署了《中欧能源和环境合作项目协议》和《中欧欧洲研究中心项目协议》。根据《中欧能源和环境合作项目协议》，欧盟承诺向中国提供2000万欧元的无偿援助。项目旨在确保能源的可持续性利用，涉及能源高效使用、可再生能源和天然气利用3个领域。根据《中欧欧洲研究中心项目协议》，欧盟承诺向中国提供1029.1万欧元的无偿援助。

4月3日 朱镕基在山西考察工作

朱镕基总理指出，山西是全国重要的煤炭生产基地，要正确认识和发挥煤炭资源的优势，特别要着力发挥拥有现代化设备技术的大型煤矿的作用，推动煤炭产业由数量型向质量效益型转变，由生产初级产品向综合开发利用转变，不断提高煤炭产业的技术和管理水平。他强调，小煤矿、小炼焦浪费资源、破坏生态、污染环境、事故不断，必须继续依法进行整顿、关闭。在这方面，态度要坚决，责任要落实，措施要得力，工作要到位，绝不能明关暗不关。

4 月 11 日　国务院印发《电力体制改革方案》

《方案》明确要求，按照党的十五大和十五届五中全会精神，总结和借鉴国内外电力体制改革的经验和教训，从国情出发，遵循电力工业发展规律，充分发挥市场配置资源的基础性作用，加快完善现代企业制度，促进电力企业转换内部经营机制，建立与社会主义市场经济相适应的电力体制。

根据这一方案，中国电力体制将实施厂网分开，重组发电和电网企业；实行竞价上网，建立电力市场运行规则和政府监管体系，初步建立竞争、开放的区域电力市场，实行新的电价机制；制定发电排放的环境折价标准，形成激励清洁电源发展的新机制；开展发电企业向大用户直接供电的试点工作，改变电网企业独家购买电力的格局；继续推进农村电力管理体制的改革。

成立国家电网公司和南方电网公司。国家电网公司作为原国家电力公司管理的电网资产出资人代表，按国有独资形式设置，在国家计划中实行单列。由国家电网公司负责组建华北（含山东）、东北（含内蒙古东部）、西北、华东（含福建）和华中（含重庆、四川）五个区域电网有限责任公司或股份有限公司。西藏电力企业由国家电网公司代管。

南方电网公司由广东、海南和原国家电力公司在云南、贵州、广西的电网资产组成，按各方面拥有的电网净资产比例，由控股方负责组建南方电网公司。

5 月 22 日　中国发现首个世界级储量大气田

经过两年多的勘探，中国地探工作者发现内蒙古伊克昭盟苏里格大气田，天然气探明地质储量达到 6025.27 亿立方米，相当于一个储量 6 亿吨的特大油田，是我国第一个世界级储量的大气田。苏里格气田处于鄂尔多斯盆地，具有含气面积大、储量丰富、气层物质好、单井产量高等特点，目前已完钻 39 口探井，有 30 口获得了工业气流，单井每天无阻流量为 10 万— 40 万立方米，是迄今为止在鄂尔多斯盆地发现的最好气藏。

苏里格气田的勘探突破，使得它所在的长庆油田天然气探明储量累计上升到 1.18 万亿立方米，不仅为西气东输的顺利实施提供了重要的气源保证，还为扩大向北京、天津及整个华北地区、东部地区的天然气供应奠定了可靠的资源基础。

6 月 18 日　中美签署煤炭液化技术许可证转让协议

中国最大的煤炭企业神华集团与美国碳氢技术公司签署煤炭液化技术许可证转让协议。根据协议，美方将向中方提供把煤炭直接转化为液体燃料的技术、设备和工程设计等。

由美国碳氢技术公司提供技术、设计和设备的工厂将于 2003 年初在中国的内蒙古动工。建成后的这家工厂将具有年产 5 万桶低硫柴油和汽油的生产能力。

6 月 20 日　鸡西矿业集团煤矿发生瓦斯爆炸

黑龙江省鸡西矿业集团公司城子河煤矿西二采区发生特大瓦斯爆炸事故，115 人遇难。党中央国务院领导作出批示。国务院办公厅下发 17 号明传电报，要求加强煤矿安全监察。

6 月 21 日　江苏省乡镇煤矿彻底关闭

截至今年 5 月底，江苏省共关闭乡镇煤矿 162 处，将保留的安全生产条件较好的 4 处移交国有地产煤矿公司整改，验收合格后由其经营管理。至此，江苏省乡镇煤矿全部关闭，从而结束了江苏省开办乡镇煤矿的历史。

6 月 21 日　《国家产业技术政策》发布

国家计委、科技部、经贸委和财政部发布的《产业技术政策》明确提出要积极开发利用可再生能源，发展太阳能、地热发电、大功率风力发电、潮汐发电、生物质能发电技术。发展核能技术，对先进压水堆、空间核电源、高性能燃料组件等予以重点攻关。

煤炭：大力发展综合机械化开采技术、大型露天煤矿开采技术以及煤矿安全技术；积极推进洁净煤技术，实现煤炭开发、生产、利用的清洁化。近 10 年的目标是大力提高煤炭生产机械化和综合机械化水平，大力降低原煤直接燃烧比例，提高发电用煤在煤炭消费中的比例，重点发展低污染、高效率的清洁燃烧技术；积极推进煤炭的高技术利用，发展煤炭气化、液化技术，煤层气开发利用技术，水煤浆替代燃料油技术。

电力：重点发展洁净煤燃烧发电技术、电站锅炉排放控制技术；火电600兆瓦及以上的超临界机组关键技术；大容量、远距离、交直流输电技术、大电网互联安全、稳定运行控制技术。重点发展500兆瓦以上大型混流式水轮发电机组，加速发展300兆瓦级抽水蓄能机组、核电600兆—1000兆瓦级压水堆核电机组技术和燃气轮机技术。

石油天然气：重点开展针对高含水油田的多元化学复合驱、气驱、微生物驱提高石油采收率等技术的攻关；完善、提高稠油和低渗透油田开发新技术；加强大中型气田开发方案优化设计研究。工程技术，加强特殊地质、地表条件下的地震技术攻关，探索四维和全三维地震技术；研制开发适用于复杂地质条件下的复杂结构井、多分支水平井和大位移井钻井技术；开发成像测井的核磁共振测井等重大装备，进一步提高测井技术的国产化水平。

6月29日 《中华人民共和国清洁生产促进法》发布施行

中华人民共和国主席令公布《中华人民共和国清洁生产促进法》，自2003年1月1日起施行。《促进法》规定，本法所称清洁生产，是指不断采取改进设计、使用清洁的能源和原料、采用先进的工艺技术与设备、改善管理、综合利用等措施，从源头削减污染，提高资源利用效率，减少或者避免生产、服务和产品使用过程中污染物的产生和排放，以减轻或者消除对人类健康和环境的危害。在中华人民共和国领域内，从事生产和服务活动的单位以及从事相关管理活动的部门依照本法规定，组织、实施清洁生产。

7月2日 岭澳核电站一号机组投产

国家"九五"期间规模最大的能源项目之一——广东岭澳核电站一号机组投产。全国人大常委会委员长李鹏出席庆祝大会，并为一号机组投入商业运行剪彩。岭澳核电站位于大亚湾畔，是继大亚湾核电站投产后，贯彻"以核养核，滚动发展"方针，在广东地区建造的第二座大型商用核电站，建设规模为4台百万千瓦核电机组，首期建设2台。1997年5月主体工程正式开工，2002年5月28日一号机组正式投入商业运行，比原计划提前48天。

7月4日 西气东输工程全线开工

经国务院批准，西气东输工程开工典礼在京隆重举行。中共中央总书记、国家主席江泽民专门发来贺信。中共中央政治局常委、国务院总理朱镕基亲切会见参加开工典礼的外国企业家。中共中央政治局委员、国务院副总理吴邦国出席开工典礼、宣布开工并讲话。

经对外招商，由英荷壳牌、埃克森美孚、俄罗斯天然气工业股份公司等组成的投资集团和中国石油天然气股份有限公司等共同投资建设西气东输工程，中方控股。工程西起新疆轮南，途经10个省、自治区、直辖市，全长4000千米，设计年输气量120亿立方米。西气东输工程是西部大开发的标志性工程，是"十五"期间的特大型基础设施建设项目，也是中国石油天然气股份有限公司上市以来最大的投资项目。

7月11日 国家经贸委发布《关于加强煤炭经营资格管理工作的通知》

《通知》规定，煤炭经营资格仍实行分级审查、分级管理制度。国家经贸委负责对在国家工商行政管理总局登记注册的煤炭经营企业的资格审查；各省、自治区、直辖市人民政府指定的煤炭经营资格审查部门负责本辖区内的煤炭经营资格审查工作。国家经贸委委托中国煤炭工业协会负责有关具体工作。

7月16日 中法将合作推动电动汽车产业发展

武汉市政府、湖北省科技厅和法国电动汽车部际委员会达成协议，双方今后将合作推动在电动汽车领域的合作和交流。双方是在法国电动汽车部际委员会秘书长雅克·圣—马克应国家科技部邀请访华时达成这一协议的。协议内容包括：中法双方将在建立电动汽车运行应用示范区方面进行合作与交流；武汉市和法国波尔多市将互派技术代表团参观访问有关的研究中心和生产企业，互相提供有关的研究中心和生产企业情况，以促进双方在电动汽车领域的技术交流与合作。

7月16日　青海建太阳能光伏电站

德国政府赠款青海省800万欧元(约折合6440万元人民币)，用于帮助青海省建设太阳能光伏电站。项目主要是通过提供光电技术设备，帮助青海省不可能上电网的、有学校、卫生院等公共设施的农村牧区的乡、村解决供电问题。根据投资测算，计划在青海省安装70套10千瓦光/柴互补的独立供电系统，解决70个乡、村农牧民的基本用电，可根据村落住户多少，进一步调整系统配置。

7月22日　新型煤矿井下运输系统通过鉴定

中国首套LY1500/865－10型煤矿井下连续运输系统(7000吨/日)，经3个月的工业性试验，通过专家鉴定，向全国推广使用。

7月23日　亚太经合组织能源部长会议发表《部长宣言》

为期一天的亚太经合组织能源部长会议7月23日在墨西哥首都墨西哥城落下帷幕。会议结束时发表的《部长宣言》强调，该组织成员将为实现经济可持续增长、能源安全和环境保护的共同目标继续加强合作和经验交流。

中国代表团团长、国家发展计划委员会副主任张国宝在会上介绍了中国政府关于亚太经合组织能源部长会议14项非约束性政策原则和能源合作倡议的实施情况，阐述了中国的能源现状、发展趋势以及能源政策。

7月23日　国务院总理朱镕基在辽宁考察采煤沉陷区

国务院总理朱镕基在抚顺市察看了采煤沉陷区，召开社会保障工作座谈会。他强调，要加大困难行业和困难企业“两个确保”的工作力度。

7月25日　南京水阁垃圾场填埋气回收和发电工程正式并网发电

国内第一座国家环保示范项目南京水阁垃圾场填埋气回收和发电工程，通过联合国开发计划署、联合国社会经济事物部和国家环保总局的验收，正式并网发电。这是“全球环境基金”(GEF)为减少来自垃圾填埋产生的气体甲烷对全球温室效应的影响，对中国垃圾场填埋气回收和利用的鼓励性赠款项目，其国际执行单位是联合国开发计划署和社会经济事物部。该工程包括沼气收集系统、发电系统和并网系统等，装机容量为1250千瓦，每年可发电870万千瓦时，随着垃圾填埋量以及填埋伏气的增加，投资方表示将继续追加投资，预计总装机容量将达到5200千瓦。

7月29日　探明安徽涡阳地下蕴藏煤炭59亿吨

经国家和安徽省专业地质勘探队多年的勘探，探明安徽省涡阳县地下蕴藏着丰富的煤炭资源。矿区含煤面积565平方千米，负1000米的储量约27.5亿吨，负1200米的储量约32亿吨。矿区煤质较好，煤种齐全，不仅有主焦煤、焦煤、气煤、无烟煤，而且有工业价值极高的低硫、特低磷煤种。

8月10日　神华集团煤炭液化项目前期工程动工

位于内蒙古伊金霍洛旗乌兰木伦镇马家塔境内，占地约2平方千米，设计规模为年产500万吨成品油的神华集团煤炭直接液化项目前期场平工程破土动工。

8月13日　中国将建立实施能源效率标识制度

国家经贸委决定，建立和实施能源效率标识制度。能源效率标识是粘贴在用能产品上的一种标签，突出表明该产品能源消耗量的大小和能效等级，以便消费者在购买产品时能得到直观的能耗信息和估算日常消费费用，以判断同类型产品中哪些型号能效更高、使用成本更低。

8月15日　科技部制定《可持续发展科技纲要(2001—2010年)》

《纲要》提出，根据当前以及未来10年中国经济与社会发展的现状和发展目标以及我国可持续发展战略实施的要求，可持续发展科技工作重点是：围绕提高人民生活质量和自身素质、合理开发和利用资源、建设和保护生态环境以及促进相关产业发展，开展科学研究、技术开发和相关科技活动，以全面推动我国经济、社会与人口、资源、环境的协调发展。其中，重点开展油气资源评价研究；开发高精度综合评价和复杂油田评价技术、隐蔽油气藏综合识别技术、非均质复杂油气藏的测井技术、优质高效钻井技术、大型油田稳产技术、稠油油藏和低渗透油藏开发技术；天然气开发技术和煤层气开发技术，提高油气资源的探明程度和油气采收率，为油气安全保障提供有力技术支持。

8月20日　“西电东送”北通道全线开工

经国务院批准，为落实西部大开发战略，确保北京奥运会和负荷中心的安全可靠供电，“西电东送”北通道工程七大建设项目，分别在山西和内蒙古全面开工建设。中共中央政治局委员、国务院副总理吴邦国致信祝贺。吴邦国在贺信中指出，“西电东送”是党中央、国务院实施西部大开发战略，将西部地区资源优势转变为经济优势的重大举措。“西电东送”北通道开工建设，是继“西电东送”南部、中部通道开工建设之后的又一重大进展，标志着“西电东送”工程进入全面建设阶段，对保证华北地区、尤其是首都北京的电力供应，开发西部资源，发展地方经济，增进民族团结，都具有重要战略意义。

8月22日　中俄将开展能源合作

中俄总理签署第七次定期会晤联合公报，《公报》指出，考虑到俄罗斯联邦西伯利亚和远东地区巨大的能源潜力，以及中国对能源日益增长的需求，双方将致力于发展能源领域的互利合作。为此，为保障油气供应的长期性和稳定性，双方将协调实施有前景的能源项目。为及时落实中俄石油管道项目，双方认为国家主管机构必须加快对项目进行审批，以便经批准后根据项目可研总协议将该项目转入初步设计阶段。双方将为实施中俄石油管道项目创造有利条件。双方全面支持两国公司实施对开展中俄天然气工业领域合作具有战略意义的西气东输管道项目的合作。继续积极推进和平利用核能领域的相互协作，包括开展核电站和核燃料循环方面的合作，开展和深化核技术、核安全及其他方向上的合作。

8月23日　第一批农网建设与改造全部完成

国家计委和国家电力公司联合召开电视电话会议，表彰第一批农网建设与改造先进集体和先进个人部置第二批农网建设与改造工作。第一批农网建设与改造始于1998年下半年，共安排投资计划1893亿元，目前已全部完成，共建设与改造110千伏变电站1800座、线路3万千米，35千伏变电站7000座、线路7.6万千米，10千伏线路95万千米，低压线路290万千米，改造配电台区100万个，全国农村低压电网改造的覆盖面达到60%左右。第二批农网建设与改造始于2001年下半年，共安排投资计划992亿元，到今年7月底，已实际完成投资220亿元，已建设与改造110千伏变电站23座、线路260千米，35千伏变电站117座、线路1800千米，10千伏线路15万千米，低压线路43万千米，更换高耗能变压器7万台，改造配电台区10万个。农村电力管理体制改革进展顺利，乡镇电管站体制改革已全面完成，基本做到了县级供电企业的直管到户的管理，农村用电价格明显降低，通过改革和改造措施，全国农村电价降低至每千瓦时0.2元至0.3元之间，每年可减轻农民电费负担300多亿元。

8月31日　中煤、中远实施战略合作

中国煤炭工业进出口集团公司（中煤集团）和中国远洋运输（集团）总公司（中远集团）决定建立战略性合作伙伴关系，共同拓展国际贸易与海上运输业务。在巩固已建立的海上运输合作业务关系同时，双方将以干散货物流概念为基础，投入一定的资源（人、财、物），利用香港作为国际金融、贸易、航运中心的区位优势，组建贸易结合联营实体公司，从事一定规模的煤炭贸易、运输、仓储（堆存）、配送服务。

9月3日　中国政府核准《京都议定书》

中国国务院总理朱镕基9月3日在可持续发展世界首脑会议上讲话时宣布，中国已核准《〈联合国气候变化框架公约〉京都议定书》。

朱镕基指出，中国政府认为，《联合国气候变化框架公约》及其《京都议定书》为国际合作应对气候变化确立了基本原则，提供了有效框架和规则，应当得到普遍遵守。欧盟各成员国及日本已批准了议定书。中国希望其他发达国家尽快批准或核准议定书，使其能够在今年内生效。中国政府一向十分重视气候变化问题。近年来，中国各级政府为应对气候变化做了极大努力，特别是在提高能源效率方面，中国取得了显著的成绩，相对减少了温室气体的排放，为实现公约的目标作出了巨大贡献，这一成绩已为国际社会所公认。这显

示了中国参与国际环境合作，促进世界可持续发展的积极姿态。

中国常驻联合国代表王英凡大使已于 8 月 30 日向联合国秘书长交存了中国政府核准《〈联合国气候变化框架公约〉京都议定书》的核准书。《京都议定书》签订于 1997 年 12 月 11 日，中国于1998 年 5 月 29 日签署了该议定书。

9 月 9 日　煤变油技术实现突破

中国科学家在煤基液体燃料合成技术即“煤变油”技术上已取得重大突破：在催化剂的作用下，5 吨煤可以合成出 1 吨成品油。承担这一攻关项目的中科院山西煤炭化学研究所在一个千吨级的“煤变油”装置上，成功打通全部工艺流程。中国因此成为世界上少数几个掌握“煤变油”技术的国家之一。煤液化制油工程已列入“十五”期间国家重点组织实施的十二大高技术工程之一。

9 月 16 日　中国出席第四十六届国际原子能机构大会

出席第四十六届国际原子能机构大会的中国代表团团长、中国国家原子能机构主任张华祝在大会上发表讲话，指出，国际原子能机构作为核领域中最具权威的政府间组织，应当继续将推动核能和核技术的开发作为己任，充分发挥它在开发新一代核电技术中的协调作用。核技术的开发利用对广大发展中成员国解决农业、生态环境、水资源管理和医疗保健问题尤为重要。中国根据国情实行“适度发展核电”的方针，中国愿为保护全人类的“地球村”做出贡献。

大会选举了包括中国在内的 14 个成员国为下届国际原子能机构理事国。

9 月 20 日　750 千伏输变电关键技术研究取得重大进展

西北电网 750 千伏输变电关键技术研究项目通过验收。12 月 3 日，《750 千伏输变电工程 750 千伏变电反设计技术规定（暂行）》和《750 千伏架空线路设计技术规定（暂行）》两项技术标准通过审查。

9 月 24 日　甘肃发现亿吨级油田

陇东石油勘探取得重大突破，在甘肃西峰市东北发现亿吨级储量的大油田。陇东是长庆油田的主力产油区。2000 年以来，长庆油田在陇东进行石油勘探大会战。经过三年的努力，西峰油田初步计算探明石油储量 6132 万吨，控制储量 1.34 亿吨，预测储量 1.15 亿吨，三级储量合计 3.1 亿吨。

9 月 25 日　中国与印尼能源合作前景广阔

首次中国——印度尼西亚能源论坛在印尼巴厘岛举行。中国国家主席江泽民和印尼总统梅加瓦蒂分别发出贺电和贺信，对两国能源论坛召开表示热烈祝贺。当天，双方签署了关于加强能源领域合作的谅解备忘录。经过双方的努力，在本次能源论坛上，两国将签署福建天然气液化项目资源采购两项框架协议，以及有关石油、电力等一些合作项目的文件。这些成果标志着中国与印尼两国合作已进入一个良好发展的新阶段。两国政府高级官员和石油、天然气、电力、煤炭、可再生能源等行业的代表还进行了对口会谈。

9 月 28 日　首个外商独资开发水电站主体工程开工

直岗拉卡水电站设计安装 5 台贯流式水轮发电机组，总装机容量为 19 万千瓦，年平均发电量可达 7.62 亿千瓦时。工程总投资 14.2 亿元人民币，总工期 39 个月，预计于 2005 年 10 月底全部机组可投产发电。水电站位于青海省李家峡下游七千米处，是整个黄河上游已规划的 13 座梯级水电站之一。该水电站由香港真兴集团公司和美国爱依斯（AES）集团公司合资建设，以发电为主，兼有灌溉效益的中型水利枢纽工程。

9 月 30 日　中国长江电力股份有限公司成立

经国务院批准，中国长江电力股份有限公司在北京正式成立。中共中央政治局委员、国务院副总理吴邦国致信祝贺，并要求在确保三峡工程顺利建设和葛洲坝电厂安全运营的前提下，努力把中国长江电力股份有限公司真正建设成为自主经营、自负盈亏的法人实体和市场主体。中国长江电力股份有限公司是由中国长江三峡工程开发总公司、华能国际电力股份有限公司、中国核工业集团公司、中国石油天然气集团公司、中国葛洲坝水利水电工程集团有限公司和长江水利委员会长江勘测规划设计研究院共同发起设立，拥有注册资金 55.3 亿元。

9月30日 中国最长成品油输油管道兰成渝管道投入使用

历时3年、投资40亿元的国家重点建设项目——兰成渝输油管道正式投入运行。兰成渝成品输油管道工程是我国最长的成品油输油管道，是国家实施西部大开发战略的标志性工程之一，起于兰州，经过成都，终点站为重庆，全长1250千米，途经甘、陕、川、渝4省市的40个县市区，穿越黄土高坡、秦巴山地、成都水网以及川渝丘陵等多种复杂地形，跨越大中型河流56条，管道沿途设18个油库，总库容量为79.2万立方米，年输送能力为500万吨以上。管道全线采用计算机数据采集控制系统，可通过全球卫星定位系统对输油全程进行在线监控，同时采用超声波和注入荧光剂等方法区分油品界面，进行汽油、柴油、煤油等多种石油产品的顺序输送，这在中国尚属首次。

10月8日 首台130吨/时循环流化床锅炉通过验收

甘肃窑街煤电公司循环流化床锅炉示范项目——中国首台具有自主知识产权的130吨/时循环流化床锅炉，在经过两年运行后正式通过国家经贸委组织的验收，这标志着中国洁净煤技术在循环流化床燃烧技术大型化方面又取得突破。

10月17日 四川省建全国最大水电基地

总装机容量比三峡电站还大60万千瓦的溪洛渡、向家坝两个巨型水电站已经国务院批准立项。溪洛渡电站位于四川雷波县和云南永善县的交界处，装机容量1260万千瓦；向家坝电站位于四川宜宾县与云南水富县交界处，装机600万千瓦。这两个巨型水电站的正式立项标志着中国开始大规模开发长江上游的水电资源。长江上游的金沙江、雅砻江、大渡河流域，是中国最大的水电富集区，每平方千米可产电量达286万千瓦时，为世界平均水平的40倍，比号称世界水能资源密度最大的瑞士还大3.7倍。

10月28日 《中华人民共和国环境影响评价法》发布施行

该法所称环境影响评价，是指对规划和建设项目实施后可能造成的环境影响进行分析、预测和评估，提出预防或者减轻不良环境影响的对策和措施，进行跟踪监测的方法与制度。自2003年9月1日起施行。

11月1日 第二条西煤东运大通道朔黄铁路通车

横跨太行山脉的朔黄铁路全线通车。朔黄铁路西起山西省神池县，东至河北省黄骅港，经山西和河北的原平、定襄、西柏坡、定州、安国、肃宁、河间、沧州、黄骅等20多个地区和市县，正线总长588千米。朔黄铁路西端与神朔铁路相连，沟通陕北蒙南能源基地与渤海出海口黄骅港，构成中国西煤东运第二大通道，将保证华东、东南地区能源供应，扩大我国煤炭出口能力。

朔黄铁路建设采取全新的投资建设和运营体制，神华集团、铁道部、河北省和山西省分别授权神华集团有限公司、中铁建设开发中心等为出资代表，共同组建朔黄铁路有限责任公司，对项目的策划、资金筹措、建设实施、生产经营和资产保值增值全过程负责。

11月4日 全国节能宣传周在全国展开

由国家经贸委、国家计委、科技部、广电总局、全国总工会、团中央等6部门组织的2002年全国节能宣传周于11月4—9日在全国展开。今年节能宣传周的主题是"依法节能，持续发展"。

11月5日 胜利油田发现亿吨级油田

中国第二大油田胜利油田勘探发现一个亿吨级规模的大型稠油油田。这是新世纪以来，胜利油田勘探取得的最大发现。目前，勘探人员在山东省东营北部郑家、王庄地区已经控制含油面积40平方千米，探明、控制和预测石油地质储量8435万吨。勘探范围还在进一步扩大，预计将发现更多储量。过去在这一地区20多年的勘探中，曾经发现了几个小油田，但是限于技术和理论的落后，一直没有大的突破。今年应用新的成藏理论，经过对沉积和构造进行精细研究分析，在这里确定了探井井位，一举取得突破。目前这个油田已展现出亿吨级规模。该油田的发现，为整个中国东部地区石油的勘探提供了重要经验。

11月18日 秦山三期核电站一号机组并网发电

中国首座重水堆核电站——秦山三期核电站

一号机组在浙江海盐成功并网发电。秦山三期核电站的总投资为28.8亿美元，中国核工业集团公司占51%的股份。2台机组全部投入商业运营后，年发电量近100多亿千瓦时，将有效缓解华东地区电力紧张的局面。秦山三期核电站工程是国家“九五”重点工程，是中国和加拿大两国合作建设的最大项目。

11月19日　宁夏成立煤业集团公司

宁夏回族自治区党委、政府正式宣布，决定将宁夏亘元集团、太西集团、宁夏灵州集团、宁煤集团联合起来，组建成宁夏煤业集团公司。

11月26日　第九届煤流研讨和洁净化石能源技术研讨会举行

由中国国家电力公司、中国煤炭工业协会承办的APEC第九届煤流研讨会暨第十届洁净化石能源技术研讨会在成都举行。来自APEC的中国、美国、澳大利亚等成员的能源专家和学者16人参加了会议。

11月27日　云南大朝山电站四号机组并网发电

实施西部大开发战略和云南西电东送的重点工程——大朝山水电站建成第四台机组并投产发电。大朝山水电站是澜沧江中下游梯级规划中的第二座百万千瓦级的大型水电站，是国家重点工程，设计装机容量135万千瓦，安装6台22.5万千瓦混流式大型水轮发电机组，总投资88.7亿元，于1997年8月4日正式开工，同年11月顺利完成大江截流。

大朝山水电站计划今年实现3台机组的安装发电任务，二、三号机组投产已经投产，第四号机组的安装调试也顺利完成，24日机组投入72小时试运行，到27日上午8时50分完成试运行，并投产并网发电。至此，大朝山水电站已提前一个月达到今年完成3台机组投产发电的目标。

12月2日　中国最先进的核聚变实验装置中国环流器2号A建成

中国环流器2号A在成都核工业西南物理研究院建成并投入运行。国内外核聚变专家认为，这标志着中国受控核聚变研究进入了一个新的实验阶段。中国环流器2号A装置是我国重大国际科技合作项目、国家重大科学工程。其物理目标是在这个带封闭式偏滤器的托卡马克装置上开展偏滤器和刮离层物理研究、再循环控制、近堆芯条件下的等离子体稳定性和约束研究以及较高参数条件下的等离子体加热、电流驱动、加料和剖面控制研究。

12月8日　中国建成世界最大容量的直流输电工程

世界最大容量的直流输电工程三峡至常州500千伏直流输电工程，顺利完成该工程直流输电系统的标志性调试项目，成功地实现了1500兆瓦额定功率下带电6小时的运行。三峡至常州500千伏直流输电线路工程是三峡输变电工程中第一条超高压直流输电工程，该工程西起三峡电站附近的湖北宜昌龙泉换流站，途经湖北、安徽、江苏三省，东至江苏常州的政平换流站，直流输电线路全长890千米，换流站设计容量双极3000兆瓦，是中国目前最大的直流输电工程，也是世界上容量最大、换流能力最强、技术设备最先进直流输电工程之一。龙政直流输电工程于2000年7月正式开工，2001年3月开始设备安装、调试，2002年11月完成站系统(极Ⅰ)调试。

12月8日　大庆油田创造我国薄油层水平钻井新记录

大庆油田在第一口阶梯式水平钻井时成功穿越两个油层，创造了中国水平钻井在1米左右的薄油层内、穿行613.7米的新记录。水平钻井技术是一项特殊钻井工艺，井眼要在地下油层穿行数百米，钻井斜度要控制在90度左右。这口代号为“卅103区块卅62—平61”的水平井，地下油层薄厚仅1米左右，平面变化大，水平钻井要同时穿越两个油层，施工难度很大。承担这口井施工任务的大庆油田钻井二公司30515钻井队，经过24天12个小时的艰苦施工，各项技术和经济指标均达到或超过设计要求，创造大庆油田水平井钻进周期最短的新记录。

12月10日　世界最大三元复合驱弱碱化试验区在大庆油田投产

迄今为止世界上最大的三元复合驱弱碱化试验区在大庆油田正式投产，这标志着中国三元复合驱采油技术攻关进入新的历史阶段。三元复合驱技术是大庆油田继聚合物驱油技术之后，又一项提高油田采收率的技术创新。自1998年，大庆油田进入高含水后期开采阶段后，生产成本增加，稳产难度加大。为确保国家石油战略安全，大庆油田依靠科技创新，先后开展了5个先导性和扩大井距的三元复合驱矿场试验。此次三元复合驱弱碱化试验，试验区面积达3.58平方千米，共有油、水井60口，石油地质储量为548.6万吨。

12月10日　全国海洋功能区划发布实施

为合理使用海域、保护海洋环境、促进海洋经济的可持续发展，国家海洋局依据《中华人民共和国海域使用管理法》、《中华人民共和国海洋环境保护法》及国家有关法律法规和方针、政策，制定《全国海洋功能区划》，经国务院批复发布实施。海洋功能区划是根据海域区位、自然资源、环境条件和开发利用的要求，按照海洋功能标准，将海域划分为不同类型的功能区，目的是为海域使用管理和海洋环境保护工作提供科学依据，为国民经济和社会发展提供用海保障。《区划》的范围包括我国管辖的内水、领海、毗邻区、专属经济区、大陆架及其他海域(香港、澳门特别行政区和台湾省毗邻海域除外)。

12月12日　穆迪公司调高中海油评级

国际著名的评级公司穆迪投资者服务公司将中海油的信贷评级从Baa2调高到Baa1。这是中国公司从穆迪公司得到的最高评级，中海油由此成为惟一一家从穆迪公司得到Baa1(正面)评级的中国公司。

12月18日　中国最大的一级燃料油中转库在湛江动工兴建

这个燃料油中转库是由中国国内惟一负责奥里乳化油引进和市场开发的中国石油天然气集团公司燃料油股份有限公司投资兴建的，油库建在中国南方大港湛江港内，设计总库容100万立方米，计划2004年建成投入使用。

12月18日　四川甲醇二甲醚项目动工建设

四川省泸州市泸天化集团年产40万吨甲醇、10万吨二甲醚项目破土动工。工程总投资超过10亿元，工期约两年。项目建成后，预计年销售收入可达7.2亿元人民币。二甲醚目前最大的潜在用途是作为城市煤气、液化气、汽车燃料的代用品，有非常大的市场潜力。但国内目前的甲醇和二甲醚生产规模普遍偏小，技术落后，能耗高，因此利用先进技术建成的这一大型装置对可持续发展战略具有重要作用。

12月19日　照明产品节能认证工作正式启动

为规范照明节能产品市场，引导消费者正确选择节能型产品，中国节能产品认证中心正式启动我国照明产品的节能认证工作。中国节能产品认证中心首批开展认证的照明产品为自镇流荧光灯和双端荧光灯，今后还将陆续开展高压纳灯、高压纳灯镇流器、金属卤化物灯、金属卤化物灯镇流器等其他照明产品的节能认证工作。

12月20日　中国首艘超级油轮“远大湖”交付使用

中国第一艘30万吨超级油轮“远大湖”在南通交付大连远洋运输公司使用。“远大湖”号是中国目前运力最大、现代化程度最高的船舶。这艘巨轮总长333米，型宽60米，型深29.3米，最高处达71.2米，相当于层高2.6米的24层高楼，船体自重40651吨。船舱总容量相当于80列15节车厢的列车，可装载200万桶原油，堪称“海上巨无霸”。

这艘巨轮首次采用挪威船级社和中国船级社双标准建造，服务航速15.9节，续航能力2万多海里，其自动化航海系统可实现一人驾驶操作和无人机舱，在空载情况下能抵御9级大风。在发动机系统外配有一台应急发电机，提高了抗火灾的能力。“远大湖”号由南通中远川崎船舶工程有限公司建造。

12月20日　上海具有制造世界级水平的大容量发电机的能力

第一台由中国自己制造的90万千瓦发电机的定子已发运外高桥电厂，这标志着上海已具备制造百万千瓦等级发电机的能力。外高桥电厂90万千瓦发电机组是迄今我国单机容量最大、电压等级最高、电动力最大，具有国际先进技术的超临界火电机组。中国自制、同时也是亚洲自行制造百万千瓦级发电机关键部件，表明上海已具有制造世界级水平的大容量发电机的能力。

12月24日　克拉玛依油田年产原油突破千万吨

新疆准噶尔盆地的克拉玛依油田实现年产原油1000万吨的目标，宣告中国西部第一个千万吨大油田的诞生。

12月31日　秦山三期核电站一号机组提前投入商业运行

中国首座商用重水堆核电站——秦山三期核电站一号机组顺利通过了连续100小时满功率运行的考验，提前43天正式投入商业运行。秦山三期核电站是国家"九五"重点工程，也是迄今为止中国和加拿大合作的最大贸易项目。该电站采用加拿大成熟的坎杜6重水堆核电技术，总装机容量为两座728兆瓦，设计寿命为40年，设计年容量因子85%。业主秦山第三核电有限公司全面负责该工程的建造、运营和管理。该工程于1998年6月8日正式开工，2002年7月18日首次装料，9月21日反应堆首次达到临界，11月9日，汽轮机首次利用核蒸汽冲转成功，11月19日成功并网发电，12月17日首次达到满功率运行。

12月31日　全国水电装机达8455万千瓦

全国水电装机达到8455万千瓦，其中农村地区达到水电装机2849万千瓦。

第三章

2003年中国能源发展大事记

2003年中国能源发展大事记

1月1日 《清洁生产促进法》实施

推动中国走新型工业化道路的重要法律之一《中华人民共和国清洁生产促进法》，于1月1日起实施。推行清洁生产目的就是促进工业污染防治从生产后的末端治理为全过程控制，向污染预防转变。不仅使企业的环境状况从根本上得到改善，而且使能源、原材料和生产成本降低，经济效益提高，实现经济与环境双赢。

1月5日 全国水利厅局长会议研究农村能源发展问题

会议确定，新增农村水电装机2000万千瓦，建成800个农村电气化县，通过实施小水电代燃料生态保护工程，解决3700万农村居民的生活燃料和农村能源。

1月8日 贵州最大水电项目构皮滩水电站开工

贵州西电东送中最大的水电项目构皮滩电站的坝肩开挖工程开工，该水电站装机300万千瓦。构皮滩电站位于余庆县境内，是乌江水电梯级开发中的控制性工程，也是黔电送粤的标志性工程，列入国家“十五”计划。它的建设将形成西电东送中承东启西、承南启北的骨干支撑性电源点，与下游将要建设的思林、沙沱电站形成装机500万千瓦的贵州东部水电群，与华南电力市场形成良好的互补关系。电站总投资138.7亿元，预计2009年首台机组发电。

1月9日 四川发现特大气田群

四川盆地发现储量超过1500亿立方米的天然气田群。该气田群以罗家寨气田为中心，共有5个气田。国家矿产资源储量委员会专家组对气田群进行了审定，其中罗家寨气田储量达581亿立方米，位列四川盆地已发现的100个气田之首；3个总探明天然气储量高达950多亿立方米；1个尚未探明储量。罗家寨气田群的发现对西气东送工程具有重大意义，目前已被列为川渝天然气东输的主供气田之一。

1月10日 香港中华电力在粤建最大风电项目

香港中华电力集团与广东阳江市海陵岛试验区，签订风力发电项目合作协议书。该风电项目拟投入资金约8亿元人民币，装机容量10万千瓦，投产后年产风电价值可达2亿多元，是目前为止中国最大的风电项目。

1月21日 17个省市区用电告急

2002年全国用电增加1600多亿千瓦时，全国除东北三省和海南、江西、安徽电力有富余外，华东电网的上海、江苏、浙江，西北电网的陕西、甘肃、宁夏，华中电网的河北、河南和山西电网纷纷告急。

1月23日 最大海上钻井平台成功下水

中国自行建造的目前国内规模最大的固定式海上石油钻井平台——大港油田赵东海上开发区块ODA钻井平台，在山东龙口的胜利油建第二海工建造基地顺利装船出海。它的成功下水，标志着中国钢结构承造能力达到世界一流水平。ODA钻井平台长64.45米，宽42.67米，甲板净高17.24米，总重量达6280吨，承担整个开发区块的钻井和修井任务，投产后将形成年产100万吨的原油生产能力。

1月23日 三板溪水电站正式开工

国家“十五”重点能源建设项目、西部大开发的重点工程三板溪水电站正式开工。三板溪水电站位于沅水干流上游清水江河段的贵州省锦屏县境内，是沅水干流规划的15个梯级电站的第二级电站，设计总装机容量100万千瓦，安装4台25万千瓦机组，年发电量24.28亿千瓦时。工程总投资65.27亿元，工期5年，预计2005年首台机组投产发电。

1月28日 徐州矿务局获中国煤炭十大科技奖

徐州矿务集团独立完成的“徐州矿区煤巷锚杆支护成套技术研究应用”项目，荣获2002年度中国煤炭工业十大科技成果奖及江苏省科技进步一等奖两项殊荣。该项目系统研究了煤巷锚杆支护成套技术，并在分析研究徐州矿区各类煤巷锚杆支护理论的基础上，提出了巷道顶底板移近量为围岩稳定性的综合定量指标的分类方案，属国内首创。

2月1日 胡锦涛听取电力工作汇报

中共中央总书记胡锦涛听取国家发改委关于电力工作汇报，并到北京供电公司看望慰问电力职工，并向全国电力系统职工拜年。

2月2日 国务院批复同意组建中国电力投资集团公司

中国电力投资集团公司是在原国家电力公司部分企事业单位基础上组建的国有企业。主要成员单位包括5个全资企业、31个内部核算单位、46个控股企业和15个参股企业。中国电力投资集团公司主要从事电源的开发、投资、建设、经营和管理，组织电力(热力)生产和销售等方面的业务。中国电力投资集团公司暂按人民币120亿元注册资本注册。

2月18日 中国正式参加国际热核实验堆计划

在俄罗斯圣彼得堡召开的“国际热核实验堆”(简称ITER)第八次政府间谈判会上，中国宣布作为全权独立成员加入ITER计划。这表明中国承诺承担ITER工程总造价46亿美元的10%，并享受全部知识产权。预计工程将于2005年开始，8—10年完成。

“国际热核实验堆”(简称ITER)于1985年确立，其目的是要建造一个可自持燃烧(即“点火”)的托卡马克聚变实验堆，验证聚变反应堆的工程可行性，聚变输出功率可达1500兆瓦。该计划同俄、日、美、欧四方共同承建。中科院等离子物理研究所于1994年底建成中国第一个超导托卡马克HT-7装置，1995年正式投入运行。目前，俄、日、法、中四国已拥有超导托卡马克实验装置。

2月19日 鼓励煤炭出口政策延长

国务院领导在国家经贸委《关于继续延长煤炭出口鼓励政策期限的请示》上批示，同意从2003年4月1日起，延续免征大秦、京秦、丰沙大、京原4线铁路建设基金和调减秦皇岛、天津等7个港口港建费等煤炭出口鼓励政策。

2月19日 通用电气动力系统集团完成在中国首个收购项目

全球最大的发电技术和设备、能源服务和系统管理的供应商之一通用电气(GE)动力系统集团宣布收购中国一家领先的水力发电设备制造商——克瓦纳杭州电气设备有限公司(克瓦纳杭发)的大部分股权。这是GE动力系统集团在中国的首个收购项目，也是迄今为止最大的一个投资项目。新的公司命名为通用电气亚洲水电设备有限公司，GE持有90%的股权。GE亚洲水电设备公司将继续成为中国水电设备的供应商。

2月20日 国务院批复同意组建中国电力工程顾问集团公司

中国电力工程顾问集团公司主要从事电力工程的勘测、规划设计、咨询、监理、总承包，以及电力工程技术中介咨询等业务。集团公司注册资本暂定为人民币4.1亿元。

2月20日 国务院批复同意组建中国水利水电建设集团公司

中国水利水电建设集团公司是在原国家电力公司所属中国水利水电工程总公司及有关企业基础上组建。主要成员单位包括23个全资企业和2个控股企业。中国水利水电建设集团公司主要从事水利和水电建设工程的总承包及勘测设计、施工、咨询和监理等业务。集团公司注册资本暂定为人民币20亿元。

2月20日 国务院批复同意组建中国水电工程顾问集团公司

中国水电工程顾问集团公司在原国家电力公司所属中国水电顾问有限公司及有关企事业单位基础上组建，主要成员单位包括9个全资企业和1个事业单位。中国水电工程顾问集团公司主要从事水电和新能源等方面工程的勘测设计、咨询、监理、施工、项目管理、总承包及相关技术和中介服务，以及河流(河段)水电规划等业务。集团公司注册资本暂定为人民币5.1亿元。

2月25日 小水电代燃料被确定为2003年水利建设重点工程项目

全国水利规划计划工作会议决定，进一步保障农村人畜饮水工程和灌区节水改造，积极推动牧区水利建设、淤地坝建设和小水电代燃料试点工程。

2月26日 庆铁、铁秦线原油管道完成技术改造

由中国石油股份有限公司管道分公司负责运营管理的我国第一条长距离大口径原油输运管道——大庆至铁岭、铁岭至秦皇岛管道全面完成技术改造，通过工程竣工验收。庆铁线改造工程总投资4.13亿元；铁秦线改造投资2.53亿元。

2月28日 国家经贸委提出2003年煤炭行业工作要点

国家经济贸易委员会制定并发布了《2003年经济运行工作指导意见》，提出了煤炭行业工作要点是：(1)严格煤炭生产许可证监管，依法维护煤炭生产秩序。(2)适时发布供求信息，促进总量基本平衡。(3)继续扩大煤炭出口，巩固国际市场份额。(4)规范国内煤炭经营秩序，搞好供需衔接。

3月1日 世界首座10兆瓦高温气冷堆在京并网发电成功

由清华大学核能技术设计研究院设计、建造的国家“863计划”重大项目10兆瓦高温气冷实验堆，成功实现72小时连续满功率运行，成为世界首座投入运行的模块式球床高温气冷实验堆。此次运行成功的模块式球床高温气冷堆是国际公认的新一代先进反应堆，其主要特点是安全性好、发电效率高和用途广泛，在出现严重事故时也不会对公众造成伤害。

10兆瓦高温气冷实验堆1992年经国务院批准立项，1995年动工兴建，2000年12月建成并实现临界，2003年1月顺利实现在10兆瓦热功率满负荷下连续运行。它的并网发电成功，标志着我国已经自主掌握了这一先进核能系统的设计、建造和运行技术，为我国今后用产业化方式建造同类型、功率更大的核电站奠定了坚实基础。我国是继美、英、德、日后第五个掌握此项技术的国家。

3月8日 我国首个进口液化天然气项目正式投建

中国第一个进口液化天然气(LNG)项目——广东LNG项目在京签署一系列重大商务合同。合

同包括广东LNG项目核心工程的接收站和输气干线，包括与广东和香港燃气电厂、城市燃气用户的下游售气原则协议以及LNG运输协议备忘录。这是继2002年10月与澳大利亚资源方签订上游购气合同以来，此项目的重大进展。按照规划，一期每年进口LNG300万吨，计划2005年底投产；二期每年增加进口LNG200万吨，总量达到500万吨，计划2008年投产。供气范围覆盖珠江三角洲和香港地区。广东LNG的站线项目为中外合资项目，中国海油参股33%，广东等6家发起方参股31%，香港电灯集团公司和香港中华煤气公司各参股3%，BP公司(澳)持股30%。

3月13日　俄确定原油出口输油管道直通中国大庆

俄罗斯有关方面向中国石油天然气集团公司通报：俄罗斯联邦政府总理卡西扬诺夫主持召开了政府工作会议，会议确定原油出口管道方案分两期实施，第一期实施从安加尔斯克经赤塔到大庆的管道，第二期实施从赤塔到纳霍德卡港的管道。工程投产后，将直接改变我国石油进口56%来自中东地区的现状。

修建中俄原油管道项目的设想最早由俄方提出。1994年11月，在双方签署的《中国石油天然气总公司与俄罗斯西伯利亚远东石油股份公司会谈备忘录》，双方将就从俄罗斯向中国铺设输油管线的能源合作问题进行探讨。双方通过9年的讨论、协商与谈判，2001年7月17日，在莫斯科签署《中国石油天然气集团公司和俄罗斯管道运输公司、俄罗斯尤科斯石油公司关于开展铺设俄罗斯至中国原油管道项目可行性研究主要原则的协议》，两国政府作为项目协调人也在协议中签字。2001年9月8日，中俄两国总理在俄圣彼得堡签署《中俄关于共同开展铺设中俄原油管道项目可行性研究的总协议》。2002年12月初，在江泽民主席与普京总统共同签署的联合声明中宣布：考虑到能源合作对双方的重大意义，两国元首认为，保证已达成协议的中俄原油管道和天然气管道合作项目按期实施，并协调落实有前景的能源项目，对确保油气的长期稳定供应至关重要。

3月14日　塔里木油田牙哈凝析气田获国家优质工程奖

中国目前最大的整装凝析气田——塔里木油田牙哈凝析气田产能建设工程通过国家有关部门审定，荣获2002年度国家优质工程金奖。牙哈凝析气田位于塔里木盆地北缘，1993年钻探发现，现已探明天然气储量302.6亿立方米，凝析油储量2013.3万吨，是目前国内第一个循环注气开发的整装凝析气田，也是目前注气压力最高的气田。该气田油藏流体类型复杂、埋藏深、地层压力高，油层中部深度达5000米左右，平均地层压力超过50兆帕。

3月20日　国家电力监管委员会正式运行

国务院办公厅《关于电监会职能配置的通知》规定，电监会负责全国电力监管工作；研究提出电力监管法律法规的制定或修改建议，制定电力监管规章；参与国家电力发展规划的制定，拟定电力市场发展规划和区域电力市场设置方案；监管电力市场运行；参与电力技术、安全、定额和质量标准的制定并监督检查；监督检查有关电价，监管各项辅助服务收费标准；依法处理电力市场纠纷；负责监督电力社会普遍服务政策的实施；按照国务院的部署，组织实施电力体制改革方案。电监会为国务院直属事业单位。

此后，电监会陆续展开工作，3月下旬至4月底，国家发改委、电监会联合开展全国性电价大检查整顿活动，进一步保证电力市场的有序运行。6月份，出台《关于建立东北区域电力市场的意见》和《关于开展华东电力市场试点工作的通知》，全面启动东北和华东区域电力市场建设试点工作。11月8日，随着华北电网有限公司的挂牌成立，国家电网公司所属的华北、东北、华东、华中、西北5家区域电网公司全部组建完毕。

3月29日　中国能源战略研讨会在京举行

“2003年中国能源战略与能源外交研讨会”由中国国际问题研究所、中国国际问题研究基金会和中国矿业联合会联合举办。与会者就当前国际能源形势、伊拉克战争对国际石油市场的影响以及我国能源战略与能源外交等问题进行了深入讨论。中国能源、外交、社会科学各界及有关部委的70余名专家学者参加会议。

4月3日　2002年中国国土资源公报发布

公报发布：全国查明矿产资源157种，其中，能源矿产9种，金属矿产54种，非金属矿产91种，其他水气矿产3种。45种主要矿产中有30种矿产查明资源储量有不同程度的减少。矿产资源勘查新发现大中型矿产地120处。石油天然气勘探取得重要进展，苏里格气田已进入世界级气田行列。新查明(预测)矿产资源量煤7.60亿吨，石油10.53亿吨，天然气4411亿立方米，铁矿石1.02亿吨，铜金属81.31万吨，铝土矿5814.4万吨，铅金属163.33万吨，锌金属181.62万吨，金428.55吨，硫铁矿矿石4321万吨，地下水3453万立方米。

4月8日 中国人民大学国际能源战略研究中心成立

中国人民大学国际关系学院在京召开“伊拉克战争与国际能源安全学术研讨会暨‘国际能源战略研究中心’成立大会”。与会专家就加强我国能源战略研究、促进能源结构的战略调整等课题提出建议。

4月10日 黄菊视察国家电力调度通信中心

国务院副总理黄菊听取了关于电网运行情况的汇报。他指出，要充分发挥调度的作用，实现电力资源的优化配置，切实抓好安全生产，确保电力供应。

4月12日 第三届中国煤炭高层论坛在京举行

以走新型工业化道路为主题的“第三届中国煤炭高层论坛”在北京九华山庄召开。范维唐院士作主题发言时指出，中国煤炭工业走新型工业化道路必须努力发展煤炭工业信息化，大力推进产业结构优化升级，实施科教兴煤战略，实施可持续发展战略和坚持深化改革扩大开放；此外，还需营造公平竞争的外部环境。

4月20日 国办发布《关于认真做好电力供应有关工作的通知》

通知要求各地采取峰谷电价、错峰用电、加强需求侧管理等措施，最大限度地保证电力供应。

5月12日 煤炭价格上涨

国家发改委协调电煤合同价，贫瘦煤、无烟煤每吨涨8元，大同优混涨2元。并要求，各国有重点煤矿和电力企业要从有利于国民经济发展大局出发，建立长期稳定合作关系；地方政府、行业主管部门、行业协会或订货牵头单位要为企业公平竞争创造良好的市场环境，做好签订合同的组织协调工作。

5月12日 国务院调整三峡工程建设委员会

国务院总理温家宝兼任国务院三峡工程建设委员会主任，六名副主任分别为国务院副总理曾培炎，国务院三峡工程建设委员会办公室主任郭树言，国家发展和改革委员会主任马凯，湖北省省长罗清泉，重庆市市长王鸿举，中国长江三峡工程开发总公司总经理陆佑楣。国务院副秘书长汪洋、国务院三峡建设委员会办公室副主任蒲海清、科技部副部长邓楠等23人任委员。

5月19日 煤层气实现商业开发

中国实现煤层气地面钻井商业开发。阜新刘家煤层气生产井每天提供煤层气1.6万立方米，6万居民受益，标志我国煤层气地面钻井商业化开发实现零的突破。

5月26日 中国可持续发展石油天然气战略研究正式启动

中共中央政治局常委、国务院总理温家宝听取中国工程院《中国可持续发展油气战略研究》课题研究组汇报。全国政协副主席、中国工程院院长徐匡迪和王淀佐、翟光明、侯祥麟、邱中建、胡见义、袁晴棠、汪燮卿、刘光鼎、李京文院士在会上作汇报。温家宝指出，石油天然气是重要的战略资源，关系国民经济和社会发展，关系国家安全。党和政府高度重视油气资源发展战略，国务院把石油天然气资源战略研究和规划列入重要议事日程。

中国可持续发展油气战略研究的重点是：资源和供需状况、国内油气资源开发、油气资源进口和参与国际油气资源开发、石油安全和储备、石化工业发展、油气资源节约和替代、油气资源发展的有关政策措施。做好这项战略研究，既考虑当前实际，又着眼长远；打破部门、地方界限，一切从国家整体利益出发；坚持理论联系实际，贯彻“双百”方针，发扬科学民主；从政治、经济、技术等方面综合分析研究；制定总体战略、规划和政策措施。

5月29日　国务院三峡建委批准三峡二期工程验收意见

国务院三峡工程建设委员会召开第十二次全体会议。中共中央政治局常委、国务院总理、国务院三峡工程建设委员会主任温家宝主持会议并作重要讲话。会议批准国务院长江三峡二期工程验收委员会的验收意见，同意枢纽工程今年6月1日下闸蓄水，6月16日五级船闸试通航，8月首批机组并网发电。

5月31日　温家宝辽宁调研老工业基地

国务院总理温家宝在辽宁调研老工业基地的调整和改造。温家宝指出，中共十六大报告提出，支持东北地区等老工业基地加快调整和改造，支持以资源开采为主的城市和地区发展接续产业。这是我们党在我国进入现代化建设新的发展阶段作出的重大战略决策和战略部署。振兴老工业基地，是一项长期艰巨的任务。既要有紧迫感，抓紧解决突出问题，力争尽快取得成效；又要从长计议，有计划、有步骤推进。要用新思路、新体制、新机制、新方式，走出振兴老工业基地的新路子。

6月1日　世界天然气大会在东京举行

世界天然气大会6月1—6日在东京国际论坛会议大厦举行，来自72个国家和地区的4800多名该行业代表与会。大会的主题是“努力建设与环境相协调的未来社会”。会议期间，与会的230个团体将介绍和展示新型燃料电池技术以及与能源和节能相关的最新研究成果和生产设备。世界天然气大会每三年举行一次。

6月3日　中国石油天然气集团公司与哈萨克斯坦政府和国家油气公司签订合同

在胡锦涛主席访问哈萨克斯坦期间，中国石油天然气集团公司与哈萨克斯坦共和国财政部国有资产与私有化委员会签订《关于中国石油天然气集团公司在哈萨克斯坦共和国油气领域进一步扩大投资的协议》；中国石油天然气集团公司同哈国家油气公司签订《关于共同开展中哈石油管道分段建设投资论证研究的协议》。协议规定：在保证资源落实的前提下，中哈双方同意中哈石油管道建设项目按照以下基本条件和参数完成投资论证：一期，阿塔苏—阿拉山口石油管道建设，长度约1200千米，管道输油量为每年1000万—2000万吨。二期，继续建设肯基亚克—阿塔苏石油管道。根据设计的输油能力，研究扩大阿特劳—肯基亚克石油管道输送能力的可行性。双方同意将根据资源的落实程度，研究把整条管道的输送能力扩充到每年5000万吨。

6月11日　5家大型煤炭企业归属国资委管理

根据国务院授权，国资委现在直接监管的企业一共是196家，其中包括原属煤炭部直属企业5家。由国资委直接监管的5家煤炭企业是：中煤进出口集团公司、中煤建设集团公司、煤炭科学研究总院、中国国际工程集团、中国煤田地质总局。

6月25日　中国参与碳收集技术国际合作

由美国能源部主持的“碳收集领导人论坛”首届会议23—25日在美举行，包括中国在内的13个国家和欧盟的部长级官员出席。

会议讨论了碳收集技术的经济及技术可行性等问题。碳收集技术旨在将工业生产过程中产生的二氧化碳收集并安全地存储起来，减少向大气的排放，以减少温室气体在大气层中的聚积，从而减缓全球气候变化。

会议通过了《碳收集领导人论坛宪章》，与会代表签署了这一文件，中国代表团团长杨洁篪大使出席了签字仪式，并代表中国政府签署了宪章。宪章规定了论坛的宗旨、组织、职能等，旨在促进有关国家在碳收集技术方面的合作，但它不具有法律约束力。

7月1日　中煤能源集团成立

经国家工商总局核准，原中煤进出口集团公司更名为中国中煤能源集团公司在京正式挂牌。新中煤集团公司将着力完善煤炭生产和贸易、煤焦化、煤电铝、煤矿机械装备、科研设计、工程施工、煤层气、咨询服务业八大业务板块。

7月4日　《煤矿安全生产基本条件规定》发布

国家安全生产监督管理局（国家煤矿安全监察局）发布《煤矿安全生产基本条件规定》。该项规定自2003年8月1日起实施。

7月10日　三峡电站2号机组正式并网发电

此后至11月22日，共有6台机组并网发电，在三峡工程开始发电的第一年，就创造了一年内装机420万千瓦、连续投产6台70万千瓦机组的水电安装和机组投产世界记录。

7月10日　西电东送北中南三大通道建设进展顺利

北通道托克托—浑源—安定500千伏输电工程投运，输电容量120万千瓦；中通道500千伏三峡—常州直流输电工程投运，并通过国家验收，输电容量300万千瓦；南通道500千伏贵广交流输电工程投运，使南通道输电容量已超过550万千瓦。

7月18日　电监会发布《跨区跨省电力优化调度暂行规则》

《暂行规则》旨在通过市场机制，发挥价格杠杆的调节作用，在挖掘现有发电资源潜力的同时，发挥电网现有输电能力，充分利用区域间资源的配置差、时间差、温度差、峰谷差，促进西电东送和网间丰枯、峰谷和余缺调剂，发挥电网间的错峰效益。

7月21日　水利部发布《小水电代燃料生态保护工程规划》

《规划》提出，从2003年开始到2020年，用18年时间，基本完成小水电代燃料生态保护工程，实施小水电代燃料的规划面积有148.39万平方千米(22.26亿亩)，长期稳定地解决2830万户、1.04亿农村居民的生活燃料和农村能源。

全国具备小水电代燃料条件的区域涉及25个省(自治区、直辖市)和新疆生产建设兵团，相对集中的有886个县(市、区、旗)，350多万平方千米，有农村居民7080万户，2.73亿人。

7月24日　中国首座商用重水堆核电站秦山三期建成投产

位于浙江省海盐县的中国首座商用重水堆核电站秦山三期二号机组满功率连续运行100小时，并完成满功率甩负荷试验和相关性能试验，正式投入商业运行。至此，秦山三期核电站全面建成投产。秦山三期核电站是国家"九五"重点工程，也是迄今为止中国和加拿大合作的最大贸易项目。电站采用加拿大成熟的坎杜6重水堆核电技术，总装机容量为2座700兆瓦级，设计寿命40年。2台机组全部投入商业运行后，年发电量近100亿千瓦时，将有效缓解华东地区电力紧张的局面，促进东南沿海地区的经济发展。

7月24日　中国政府制定发布《中国21世纪初可持续发展行动纲要》

《纲要》是继1992年《中国21世纪议程——中国21世纪人口、环境与发展白皮书》后中国政府制定的指导中国可持续发展的纲领性文献。《纲要》全面阐述了中国实施可持续发展战略的目标、基本原则、重点领域及保障措施。7月25日，全国推进可持续发展战略领导小组组长、国家发展和改革委员会副主任刘江发表《从<中国21世纪议程>到<可持续发展行动纲要>》的书面报告。

7月29日　中电投集团收购澳门电力公司股权

中电投集团公司全资子公司中国电力国际有限公司与澳门电力公司在澳门签署股份买卖合约。澳门电力的两大股东——中法投资公司和中葡投资公司，分别向中电国际出售3%澳电股权，涉及金额约2亿多澳门元。

8月1日　国家重点工程海南东方1-1气田建成输气

中国第一个自主开发的海上天然气气田、国家重点工程海南东方1-1气田，向位于东方市的富岛化工公司二期工程开始送气，总投资32.7亿元，由中海油(中国)有限公司自主投资开发。该气田位于南海北部湾莺歌海海域，距东方市113千米，水深75米。其天然气储量996.8亿立方米，含气面积287.7平方千米，年开采量为24亿立方米。

8月5日　中国拥有完全自主知识产权的首台燃气轮机点火成功

首台QD-128和首台QD-70航机改燃气轮机机组在中原油田点火成功，并网发电。QD-128和QD-70燃气轮机是由中国航空工业第一集团公司沈阳黎明航空发动机集团有限责任公司和相关设计单位共同投资，利用成熟的先进航空发动机技术合作开发的产品，性能指标与国际同类产品的先进水平相当，可用于医院、电信系统、机场、宾馆、现代化小区、石油天然气等部门建立独立的能源系统和在发电、天然气管道输送以及船舶动力等方面具有广阔的市场前景。

8 月 14 日　美加大停电

美国东部时间 8 月 14 日 16 时 11 分（北京时间 8 月 15 日 4 时 11 分），美国东北部和加拿大联合电网发生大面积停电事故。这是一起由电网局部故障，扩大到电网稳定破坏，电压崩溃，最后造成电网瓦解，引起大面积停电的严重恶性事故。事故波及美国东北部和中西部 8 个州以及加拿大部分地区，大约 5000 多万人受到不同程度的影响。8 月22 日，由美国和加拿大专家组成联合调查小组。9 月 13 日，联合国公布北美大停电初步调查报告。中国政府领导相继就美、加两国大面积停电事件资料作出重要批示，要求各有关方面吸取美加停电事件的教训，认真研究我电力系统安全问题，完善应急处理机制，确保电力生产和输配的安全。

8 月 17 日　国家发展和改革委员会公布三峡电力分配方案

国家发展和改革委在“三峡售电签字仪式”上公布三峡电分配方案。按计划，三峡电 2004 年将逐步送往广东，江西，安徽等省，其中，华东电网 2004 年将消纳三峡电 116.4 亿千瓦时，2005 年消纳 161.8 亿千瓦时，2006 年消纳 212.8 亿千瓦时。华中电网 2003 年将消纳 25.5 亿千瓦时，2004 年消纳 64.3 亿千瓦时，2005 年消纳 84.7 亿千瓦时，2006 年消纳 95.9 亿千瓦时。广东电网 2004 年消纳 78.4 亿千瓦时，2005 年消纳 124.3 亿千瓦时，2006 年消纳 140.9 亿千瓦时。

8 月 19 日　最大中外合作海上开采项目签约

中国海洋石油总公司、中国石化集团公司和英荷壳牌公司、优尼科石油公司在京共同签署开发东海西湖凹陷油气项目合同。国务院总理温家宝在中南海会见参加东海油气联合开发项目的中外方代表，听取中外四方代表对该项目开发情况的汇报，希望中外方紧密合作，加快东海油气资源的开发，使该项目与西气东输项目形成互补效应，共同保障长江三角洲地区的能源供应。国家发展和改革委员会主任马凯、美国驻华大使雷德、中外四家公司的负责人等参加会见。

东海西湖凹陷油气项目是近年来中国最大的中外合作海上勘探开采项目。合同规定，在东海西湖凹陷油气项目中，中海油、中石化分别享有 30% 的权益，壳牌与优尼科各拥有 20% 的权益。中海油担任作业者。第一个投入开发的春晓项目将安装海上生产设施，铺设一条 350 千米长的海底天然气管线，直抵浙江省宁波市的陆上终端，并向上海供气。春晓项目预计于 2005 年中期投产，天然气年产量将达到 25 亿立方米。

8 月 27 日　中海油在悉尼举行国际顾问年会

中海油有限公司国际顾问委员会、董事会及高级管理层在澳大利亚的悉尼举行年会。此次在澳洲举行年会，意在让对公司经营策略形成、执行有影响力的顾问、董事和高级管理人员加深了解澳洲的政治、经济政策以及能源行业的现状和前景，探索中海油在中澳能源合作中增加投资的可能性。

9 月 17 日　三板溪水电站实现截流

国家“十五”重点能源建设项目、总装机容量 100 万千瓦的三板溪水电站 17 日顺利截流，沅水干流将矗立第四座梯级电站大坝。发源于黔东南山区的沅水全长 1028 千米，流经贵州、湖南两省后注入洞庭湖，其干流已建成五强溪、凌津滩、洪江 3 座大、中型水电站。三板溪水电站位于沅水干流上游、湘黔交界的贵州省黔东南苗族侗族自治州锦屏县境内，是沅水干流规划 11 个梯级电站的龙头电站。2002 年 7 月开工的三板溪水电站是百万千瓦级电站，计划安装 4 台 25 万千瓦机组，年发电量 24.28 亿千瓦时。三板溪水电站由国务院授权梯级开发沅水流域的湖南五凌水电开发有限责任公司投资兴建，总投资 61.5 亿元，总工期 5 年。

9 月 21 日　华中、华北电网正式并网运行

上午 10 点，国家电力调度中心宣布华中电网和华北电网正式并网运行。实现华中、华北两大电网互联互通的是一条 500 千伏交流输电线路，全长 210 千米，总投资 4.6 亿元人民币。华中、华北两大电网联网以后，将使东北电网、华北电网、华中电网和川渝电网连成一片，形成一个跨越 14 个省、市、自治区，总容量超过 1.4 亿千瓦的超大规模交流同步电网。

10月1日 《放射性污染防治法》实施

《放射性污染防治法》的实施，对于有着半个世纪核能、核技术开发利用历史的中国而言，不仅标志着我国放射性污染防治工作步入了法制化轨道，也意味着我国核事业迈上了可持续发展的新台阶。10月1日起，8300多家使用放射源的单位，7万枚放射源，将依法进行管理。

10月14日 签订风电特许权协议

江苏如东和广东惠来10万千瓦风电特许权项目购售电合同和特许权协议在京签字，标志着中国风电建设在引入竞争机制、降低成本和促进风电设备国产化方面取得重大进展。

10月20日 中国太阳能大会召开

国家发改委、科技部等部委联合召开中国太阳能大会。目前中国开发利用太阳能资源居世界第一位，全国太阳能装机发电总量达到100万千瓦，以太阳能为代表的光热行业产量、销量、出口量都居世界第一位。

10月23日 秦山三期核电站工程全面建成庆祝大会召开

庆祝大会在浙江秦山召开。国务院副总理曾培炎与加拿大总理约瑟夫·让·克雷蒂安出席庆祝大会并致词。秦山三期核电站是迄今为止中加两国间最大的合作项目。

秦山三期核电站由两座70万千瓦级坎杜重水堆组成。一号机组于2002年12月31日投入商业运行，提前43天；二号机组于今年7月24日投入商业运行，比中加主合同规定的进度提前112天，创造了同类核电站建设周期最短的世界记录，多项施工指标创国际坎杜重水堆核电站建设的最高水平。

10月30日 中德煤炭业鉴定合作备忘录

中国煤炭工业协会与德国采矿协会(FAB/WVB)、德国采矿设备协会(VDMA)在北京签署了合作谅解备忘录。根据该备忘录，中德两国将在煤炭采矿技术、人员培训、信息交流以及新技术市场化和建立协调机制等领域开展广泛合作。

10月30日 国务院听取油气资源战略研究汇报

国务院总理温家宝主持会议，听取中国工程院课题研究组关于中国可持续发展油气资源战略研究阶段性报告的汇报。温家宝指出，石油天然气是重要的战略资源，关系国民经济和社会发展，关系国家安全。中共中央、国务院非常重视可持续发展油气资源战略的研究。全国政协副主席、中国工程院院长徐匡迪和侯祥麟、邱中建、胡见义院士先后就课题研究的进展情况、已取得的阶段性成果及课题组下一步的打算发言。国务院有关部门负责人和中国主要石油化工企业负责人对课题下一步的研究提出了意见和建议。

11月3日 全国节能宣传周开始

一年一度的全国节能宣传周开始。今年的主题是“节能与全面建设小康社会”。

11月6日 龙滩水电工程成功截流

这标志着继长江、黄河上我国兴建的三峡、小浪底等一系列巨型水电水利工程之后，在珠江上游即将崛起另一座世界级的巨型水电工程——龙滩电站。龙滩水电工程是红水河梯级开发龙头骨干控制性工程，是国家实施西部大开发和西电东送重要的标志性工程。龙滩水电工程正常蓄水位400米，总库容量273亿立方米，设置防洪库容70亿立方米，可拦蓄每秒8500立方米洪水。工程规划装机容量630万千瓦，年均发电量187亿千瓦时。

11月8日 华北电网公司宣告成立

该公司供电范围覆盖京、津、冀、晋、鲁、内蒙古6省、自治区、直辖市。作为由国家电网公司独资设立的区域电网公司，华北电网公司现有成员单位为北京供电公司，天津市、河北省、山西省电力公司和山东省电力集团公司和其所属的全资企业、内部核算单位及在此次电力体制改革中保留的部分发电企业。至此，由国家电网公司所属的东北、华东、华中、西北和华北五大区域电网公司已全部组建完毕。加上已经组建成立的华能、大唐、国电、华电、中电投和南方(区域)电网公司，我国电力体制改革已基本完成“厂网分开”的“体”改工作。

11月8日 构皮滩水电站正式开工

构皮滩水电站位于贵州省余庆县境内，是长江南岸最大支流乌江干流水电梯级开发规划中总装机容量最大的电站，建设总投资138亿元，总装机容量300万千瓦，水库库容63.78亿立方米，与上游水库联合调度，可实现乌江干流各梯级电站的多年调节。电站计划2004年实现大江截流，2009年首台机组发电，2011年竣工投产。

11月13日　国务院办公厅公布国资委履行出资人职责企业名单

国资委履行出资人职责企业名单中能源企业包括：中国核工业集团公司；中国核工业建设集团公司；中国石油天然气集团公司；中国石油化工集团公司；中国海洋石油总公司；国家电网公司；中国南方电网有限责任公司；中国华能集团公司；中国华电集团公司；中国国电集团公司；中国电力投资集团公司；中国长江三峡工程开发总公司；神华集团有限责任公司；中国节能投资公司；中国中煤能源集团公司；煤炭科学研究总院；中煤国际工程设计研究总院；中国煤炭地质总局；中国航空油料集团公司；中国电力工程顾问集团公司；中国水电工程顾问集团公司；中国水利水电建设集团公司；中国广东核电集团有限公司；中国葛洲坝集团公司。

11月14日　雅砻江流域水电开发金融合作协议签署

国家开发银行与二滩水电开发公司就雅砻江流域水电梯级开发签署金融合作协议。协议规定，国家开发银行将为雅砻江干流上规划的21座巨型水电站的开发建设提供信用额度和贷款承诺函。同时还将设计不同的金融服务产品并提供必要的财务顾问服务。整个协议涉及资金1400亿元人民币。

11月14日　中国节能促进项目二期启动

世界银行与全球环境基金中国节能促进项目办公室宣布，由全球环境基金提供的总额达2600万美元、为期7年的该项目二期正式启动。项目二期的任务是利用全球环境基金的赠款支持，并通过中国经济技术投资担保有限公司为上述近百家节能服务公司提供节能项目融资担保，同时为它们提供开拓市场的能力支持。预计今后7年通过担保公司实施的节能融资担保总额将可达到30亿元人民币，所实施的全部节能项目在7年后可形成每年达到300多万吨标准煤的节能能力，并取得每年减少排放200多万吨二氧化碳排放能力的社会效益。中国节能促进项目一期1998年开始实施。

11月19日　中美共同开发西部煤层气

中国最大的煤层气企业中联煤层气有限责任公司与美国德士古石油公司签约，共同开发内蒙古、陕西和山西三个省区的煤层气。三个合同区块分别位于内蒙古的准格尔地区、陕西的神府地区和山西保德地区，总面积约6897平方千米，预测资源总量超过1万亿立方米。合同规定，在五年的勘探期内，德士古石油公司将独立承担勘探风险，开发生产期内中外双方共同投资，煤层气销售收入按比例分成。德士古石油公司是目前在中国煤层气产业中投资规模最大的外国石油公司。

11月21日　我国新发现一座亿吨级油气田

塔里木油田公司宣布：正在钻探的依拉克地区，初步证实是一座亿吨级储量规模的油气田，预测石油地质储量7942.7万吨，天然气地质储量1001.6亿立方米。依拉克位于塔里木盆地北部的温宿县境内。地质资料显示，此地可能含油气面积为113平方千米，可能油气层厚度为300米。今年8月13日，塔里木油田公司在依拉克地区打成一口深度6394米的重点探井——乌参1井，发现多套油气层。11月17日对主力油气层进行测试，日产轻质油173.3立方米、天然气19.6万立方米，从而证实乌参1井所在的依拉克地区，是一座面积大、油层厚、压力高、具有亿吨级储量规模的油气田。

11月22日　三峡工程首批发电机组全部投产

长江三峡工程1号机组正式并网发电并投入商业运行。至此，三峡工程首批发电的6台机组全部投产。三峡工程创造出一年内装机420万千瓦、连续投产6台70万千瓦的水电安装和投产世界记录。全部投产的三峡6台水轮发电机组每小时可生产352万千瓦时电力，三峡电站已经成为国内装机容量最大，发电能力最强的电站。

11月28日　岭澳核电站进行首次换料大修

岭澳核电站2号机组与电网成功解列进行首次换料大修，实现调试期间和投入商业运行后首个燃料循环无非计划停堆。2号机组自今年1月8日投入运至11月28日停机解列，创造了投入商运后第一个换料循环无非计划停堆的世界最好运行记录。

12月3日　全国新一轮油气资源评价工作

启动

中国新一轮油气资源评价工作启动，旨在掌握油气资源基本底数，预测前景，保障国民经济快速发展对油气资源的需要。中共中央政治局委员、国务院副总理曾培炎作出批示。

曾培炎指出，石油天然气是重要的能源矿产和战略性资源，关系国家经济和社会发展，关系国家安全。组织开展新一轮全国油气资源评价工作很及时，也很重要。要本着科学负责的态度，认真做好这次评价工作，摸清我国油气资源的“家底”，为国家制定能源中长期发展规划和“十一五”规划提供坚实基础。

这是新中国成立以来首次由政府组织开展的油气资源评价工作。20 世纪 80 年代第一次油气资源评价由石油行业内部开展，90 年代初第二次油气资源评价是在体制变化情况下，在陆上和海上分别进行。

12 月 10 日　全国开展煤炭价格检查

国家发展改革委发出《关于开展煤炭价格和涉煤收费专项检查的紧急通知》，要求各地价格主管部门立即对煤炭产、供、运、销各环节的价格和收费行为进行专项检查，通过整顿和规范市场经营秩序，缓解煤炭供需矛盾，保障国民经济和人民生活需要。

12 月 16 日　华能成功收购澳大利亚奥丝电力公司

中国华能集团公司以 2.27 亿美元（约合 3 亿多澳元）成功竞标收购拥有澳大利亚昆士兰州两大发电厂权益的奥丝电力公司 50% 的股权。这一收购行动标志着中国华能集团公司实施“走出去”战略迈出了实质性的第一步。

12 月 18 日　清洁发展机制国际研讨会举行

清洁发展机制国际研讨会在京召开。清洁发展机制是在《联合国气候变化框架公约京都议定书》下的一种国际合作机制，是目前气候变化领域国际合作的热点。会议总结了 2002 年 10 月启动实施的亚洲开发银行对华技术援助项目“能源领域的清洁发展机制项目机遇研究”实施一年来所取得的成果。

12 月 19 日　2003 年中国产煤达 16 亿吨

2003 年中国煤炭产量达 16 亿吨，创历史最高水平，居世界第一位。这个产量已经达到原先规划中 2010 年的水平。

12 月 20 日　全国煤炭工业改革与发展会议召开

会议认为，经过近 10 年的改革、发展和整顿治理，我国煤炭工业在产量稳步增长的同时，出现了企业结构从散而乱到相对集中的新变化。我国煤炭年产量从 20 世纪 90 年代初的 10 亿多吨逐步提高到了“九五”期间的 13 亿吨以上，居世界第一，为现代化建设提供了能源保障。

12 月 21 日　浙江半山天然气发电工程开工

总装机容量为 117 万千瓦、投资 40 亿元的浙江半山天然气发电工程在杭州正式开工，这是目前中国最大的天然气发电工程。

12 月 23 日　《中国的矿产资源政策》白皮书发表

国务院新闻办公室发表《中国矿产资源政策》白皮书。这是中国首次就矿产资源政策发表白皮书。白皮书包括矿产资源及其勘查开发现状、矿产资源保护与合理利用的目标与原则、提高国内矿产资源的供应能力、扩大矿产资源勘查开发的对外开放与合作、实现矿产资源开发与环境保护的协调发展、加强矿产资源管理等 7 个部分内容。中国现已发现 171 种矿产资源，查明资源储量的有 158 种，其中石油、天然气、煤、铀、地热等能源矿产 10 种，铁、锰、铜、铝、铅、锌等金属矿产 54 种，石墨、磷、硫、钾盐等非金属矿产 91 种，地下水、矿泉水等水气矿产 3 种。矿产地近 18000 处，其中大中型矿产地 7000 余处。

12 月 23 日　重庆川东北气矿发生天然气井喷事故

12 月 23 日 22 时许，地处重庆市开县高桥镇的川东北气矿一矿井发生天然气井喷。事故死亡人数达 243 人。发生井喷的矿井是罗家 16H 矿井，属于中国石油西南油气田分公司川东北气矿。罗家 16H 矿井所在气田共有五六百亿吨的天然气储量，是西南地区的大气田，同时也是高含硫气田。党中央、国务院领导同志对此高度重视，胡锦涛、温家宝、黄菊等同志作出重要批示，要求地方和有关部门全力搜救中毒和遇难人员，防止有毒气体继续扩散，尽量减少伤亡，组织疏散周围群众，安排好群众生活，做好善后工作。国务委员兼国务院秘书长华建敏，受党中央、国务院委托，率国务院有关部门组成的工作组到达重庆市开县，指导川东北气田在重庆开县发生的“12·23”井喷事故的抢险救灾工作。

开县自然资源丰富，已探明的矿藏有24种，开发利用14种。煤藏量1.2亿吨；天然气已探明储量1100亿立方米，属国家大气田之一。

12月24日　国家开发银行授信220亿元支持中煤能源集团发展

国家开发银行与中国中煤能源集团公司在京签署开发性金融合作协议。开发银行向中煤能源集团公司提供授信额度220亿元，满足其今后4年的融资需求。根据协议，国家开发银行将发挥资金规模大、期限长、资金来源稳定和准主权级国家信用的优势，积极支持中煤能源集团公司的业务发展战略，为其重大项目和重大技术改造工程提供长期稳定的资金支持和全方位的金融服务。

12月24日　国务院常务会议研究解决当前经济运行中的突出问题

国务院总理温家宝主持召开国务院常务会议，分析当前经济运行情况，研究进一步贯彻落实中央经济工作会议精神的措施。会议认为，当前经济较快增长，年初确定的经济和社会发展预期目标可以实现。同时，经济运行中存在一些突出矛盾和问题，主要是投资规模偏大，部分行业盲目扩张、低水平重复建设未得到有效遏制，一些地区煤电油运供求矛盾突出等。对这些问题必须高度重视，并采取切实措施加以解决。会议指出，为了保持经济发展的良好势头，要加强经济运行调节，努力缓解煤电油运的瓶颈制约。在保证安全生产前提下，增加煤炭、电力供应，加强科学调度，切实保证居民生活和重点行业、重点企业的需要。石油企业要合理安排生产。交通部门要搞好粮食和煤炭、化肥、成品油等重要物资运输。要建立健全煤电油运和大宗农产品监测预警和协调机制，并根据市场供求变化适时进行调控。保障供给，保持物价的合理水平。

12月24日　国务院新闻办举行中国的矿产资源政策新闻发布会

发布会全面介绍了新中国成立50年来中国矿产资源及其勘查开发现状、矿产资源保护与合理利用的目标与原则、提高国内矿产资源的供应能力、扩大矿产资源勘查开发的对外开放与合作、实现矿产资源开发与环境保护的协调发展以及矿产资源管理情况。

12月25日　国家发改委调整电价

国家发展和改革委员会发出《关于调整电价的通知》。主要内容为：适当提高燃煤机组上网电价，将全国省级以上电网调度的燃煤机组上网电价一律提高每千瓦时0.7分(含税)，用以解决2003年、2004年煤炭价格上涨对发电成本增支的影响；规范上网电价管理，国家发改委尚未核定上网电价的新投产机组，上网电价按省级电网上年度平均购电价格执行，已核价机组2004年度及以后发电量超过2003年实际发电量部分，上网电价执行省级电网上年度平均购电价格。以上措施将于2004年1月1日起执行。

12月26日　中国海洋石油公司公布油气新发现

中国海洋石油公司宣布，公司在中国南海西部海域获得2个新的油气地质发现，在印度尼西亚东爪哇海的西马杜拉产品分成合同区获得3个油气新发现。中国南海西部的两个新油气地质发现分别是涠洲11－1北－1和松涛24－1－1。测井资料显示，涠洲11－1北－1油层厚度达164英尺(50米)；松涛24－1－1发现井的油气显示则具有重要的地质意义。

12月30日　全国小水电代燃料工程启动会议举行

会议在四川、广西、云南、贵州和山西同时举行。回良玉副总理作出重要批示，发展农村水电，实施小水电代燃料，是改善农民生活条件、推进农村小康建设的富民工程和德政之举，是巩固退耕还林成果、保护生态环境的重要举措。水利部部长汪恕诚指出，实施这项工程可以改善农民的生产生活条件，加快脱贫致富步伐，全面提升农村居民生活质量，促进区域和城乡的协调发展。

注：本《大事记》标题前所标明的时间均为媒体报道的时间。

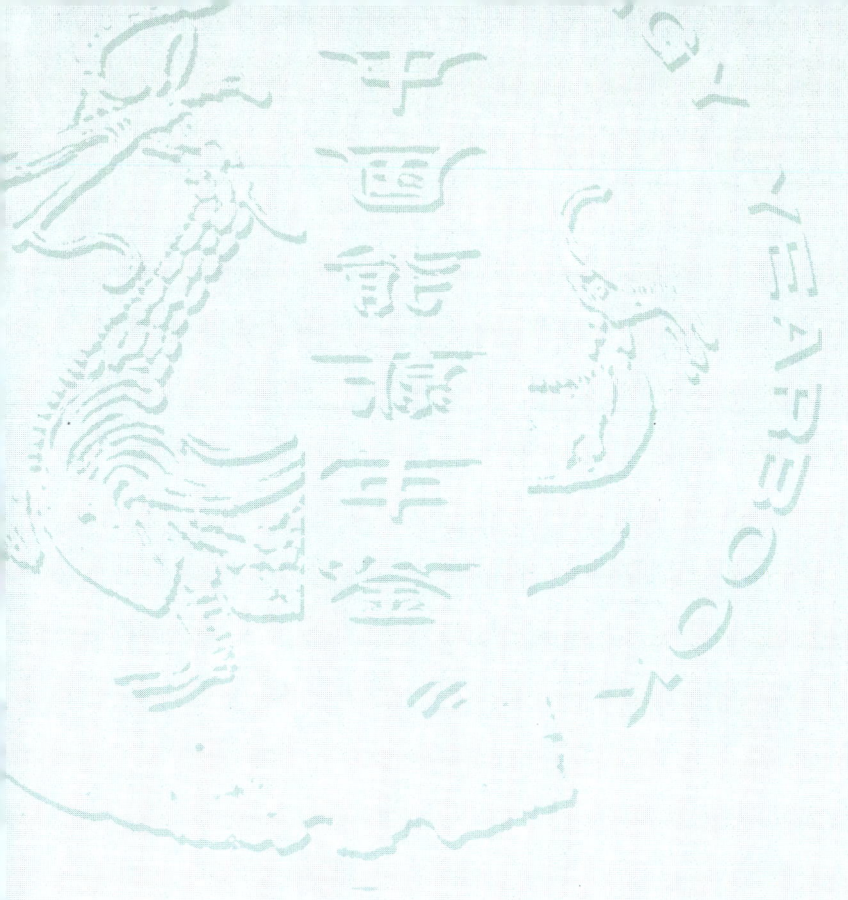

第二十一篇 世界能源

WORLD ENERGY

第一章

世界能源概况

世界能源概况

随着全球经济一体化的浪潮，能源问题在国际竞争中的地位日益凸显，能源对全球的经济、社会、资源环境都有着最根本的影响。解决能源危机也成为全球经济发展的主要议题。

世界一次能源消费量持续增长，从1999年的88.682亿吨油当量，到2003年的97.411亿吨油当量，年平均增长率为2.4%。2003年统计数据显示，美国在能源消费量上占有绝对比例，占23.6%，是世界头号能源消费大国。其次，中国、俄罗斯的能源消费量分列世界第二、三位，所占比例为12.1%和6.9%。（见表21－1、表21－2）

在增长最快的国家中，中国除了在2000年消费量为7.66亿吨油当量，比1999年有小幅下降，之后连续3年持续迅速增长，2001年达到8.379亿吨油当量，增幅为9.4%。2002年继续增长，增幅达到23.6%，消费量是10.357亿吨油当量；2003年仍然保持了13.8%的增长速度，消费量达到了11.783亿吨油当量。对应于中国GDP9.1%的增幅，中国的石油、天然气、煤炭以及核电消费的增长均超过了10%。中国石油消费增长占到世界石油消费增长总量的41%，约合60万桶/日。中国的能源消费量的快速增长刺激了世界能源消费的增长。

俄罗斯对全球能源市场的影响也较大。俄罗斯的能源消费一直稳步增长，2003年一次能源消费量增长了3.7%。在国民经济恢复性增长的情况下，油气消费保持稳定增长，产量也持续增长，其中2003年原油产量达到了4.214亿吨（8543万桶/日），增长了11%，且多用于出口。

世界能源消费结构

从各主要能源所占的比例看，石油仍是世界最主要的能源，其次是煤炭和天然气。根据2003年统计数据，三大能源占了世界能源消费总量的87.74%。其中，煤炭消费量的增长速度最快，从1999年的2103.4百万吨油当量，到2003年，消费量已达2578.4百万吨油当量，2003年的消费量比2002年的更是增长了6.9%。在能源构成比例上，煤炭的消费量比例也从23.72%增加到了26.47%。这主要是由于亚太地区较快的煤炭消费增长带动了全球煤炭消费的增长。（见表21－3）

天然气的消费量也呈上升趋势，在能源构成比例上也达到了23.94%，比1999年的23.75%有所增加。而石油的消费量虽然也在连续增长，但在能源构成比例上却略呈下降趋势，1999年所占比例为39.3%，以后几年的比例依次是38.9%、38.6%、37.5%，2003年的比例更是下降到了37.3%。

世界可再生能源正在迅速增长，风能、太阳能等的应用日益广泛，尤其在欧洲，风能的应用已经有了很大发展。但由于可再生能源在全球能源消费中仍然只占很小的比例，所以，世界能源消费结构中一般不予统计。

表21－1

世界能源消费情况

年份 国别	能源消费量（百万吨油当量）					2003年比上年增长（%）	2003年占世界份额（%）
	1999	2000	2001	2002	2003		
北　美	2674.7	2736.3	2678.1	2721.0	2727.3	0.2	28.0
拉　美	438.8	450.8	452.0	454.5	465.5	2.4	4.8
欧　洲	2775.8	2822.8	2851.0	2850.5	2913.4	2.2	29.9
中　东	377.3	383.9	399.0	416.8	426.8	2.4	4.4
非　洲	271.8	276.2	279.6	286.9	299.6	4.4	3.1
亚　太	2329.6	2389.5	2496.7	2734.8	2908.4	6.3	29.9
世界合计	8868.2	9059.5	9156.3	9464.5	9741.1	2.9	100.0

数据来源：《BP：2004 Statistical Review of World Energy》。

表21－2

世界能源消费大国能源消费情况

年份 国别	能源消费量（百万吨油当量）					2003年比上年增长（%）	2003年占世界份额（%）
	1999	2000	2001	2002	2003		
美　国	2258.9	2310.7	2254.8	2296.7	2297.8	0.05	23.6
中　国	770.3	766.0	837.9	1035.7	1178.3	13.80	12.1
俄罗斯	621.1	636.0	637.5	646.6	670.8	3.70	6.9
日　本	508.8	515.9	514.8	506.6	504.8	−0.40	5.2
印　度	304.0	320.4	324.2	338.0	345.3	2.20	3.5
德　国	328.5	330.5	335.7	330.0	332.2	0.70	3.4
加拿大	284.2	289.8	288.1	289.0	291.4	0.80	3.0
法　国	251.5	254.9	257.8	256.5	260.6	1.60	2.7
英　国	222.4	223.6	226.4	222.1	223.2	0.50	2.3
韩　国	180.5	191.1	195.9	205.0	212.0	3.40	2.2

数据来源：《BP：2004 Statistical Review of World Energy》。

表21－3

世界主要能源消费结构

年份 构成	能源消费量（百万吨油当量）					2003年比上年增长（%）	2003年占世界份额（%）
	1999	2000	2001	2002	2003		
石　油	3485.1	3526.1	3538.2	3562.6	3636.6	2.1	37.33
天然气	2105.9	2193.5	2216.8	2285.8	2331.9	2.0	23.94
煤　炭	2103.4	2141.2	2211.0	2412.3	2578.4	6.9	26.47
核　电	571.3	584.5	600.9	610.8	598.8	−2.0	6.15
水　电	602.6	614.1	598.4	593.0	595.4	0.4	6.11
世界合计	8868.3	9059.4	9165.3	9464.5	9741.1	2.9	100.00

数据来源：《BP：2004 Statistical Review of World Energy》。

第二章

世界煤炭发展概况

世界煤炭探明储量

全球煤炭已探明储量2003年达到984453百万吨，以目前的生产速度，可供开采192年。

从煤炭已探明储量的地区分布来看，欧洲以355370百万吨的储量列第一位，占全球储量的36.1%。俄罗斯的储量占欧洲总储量的44%，占全球储量的15.9%。亚太地区以292471百万吨位居全球煤炭已探明储量的第二位，占29.7%。亚太的煤炭储量集中在中国、印度、澳大利亚三国，三国的储量分别占全球的11.6%、8.6%和8.3%。北美地区煤炭探明储量较为丰富，为257783百万吨，占全球储量的26.2%，主要集中在美国，美国以249994百万吨的煤炭储量居全球煤炭已探明储量之首，占全球储量的比例为25.4%。其他地区的煤炭储量较少，非洲、拉美、中东分别为5.6%、2.2%、0.2%。（见表21－4）

表21－4

2003年世界煤炭探明储量统计表

单位：百万吨

国　别	无烟煤和烟煤	亚烟煤和褐煤	合　计	占世界份额(%)
美　国	115891	134103	249994	25.4
俄罗斯	49088	107922	157010	15.9
中　国	62200	52300	114500	11.6
印　度	82396	2000	84396	8.6
澳大利亚	42550	39540	82090	8.3
德　国	23000	43000	66000	6.7
南　非	49520	—	49520	5.0
哈萨克斯坦	31000	3000	34000	3.5
乌克兰	16274	17879	34153	3.5
波　兰	20300	1860	22160	2.3
世界合计	519062	465391	984453	100.0

数据来源：《BP：2004 Statistical Review of World Energy》。

世界煤炭生产和消费

世界煤炭市场总体上供大于求，煤炭的生产和消费在2001年以前一直呈下滑的趋势。1999年，全球煤炭产量为21.225亿吨油当量，比1998年下降了5.1%。2000年全球煤炭产量继续下降了0.5%，为21.125亿吨油当量。（见表21-5、表21-6）

从2001年下半年开始，煤炭的需求小幅增长，使得煤炭的生产量增长很快。2001年的全球煤炭产量为22.085亿吨油当量，比2000年上涨了4.5%。其中上涨较多的国家包括中国(9%)、印度(2.1%)、俄罗斯(4.9%)、美国(1.9%)。2001年，全球煤炭消费量有较大增长，为22.11亿吨油当量，比2000年增长了3.3%，超过石油和天然气的增长，其中主要是中国煤炭消费增长迅速，增长了13.8%，它的煤炭消费量占世界的1/4。而世界其他地区的煤炭消费增长缓慢，2001年欧洲和美国的煤炭需求分别下降0.4%和3.0%。在亚洲煤炭消费稳步增长的国家是：中国(13.8%)、印度(1.8%)、日本(4.2%)和韩国(6.3%)。

表21-5

世界煤炭产量前十位国家

年份 / 国别	产量(百万吨油当量)					2003年比上年增长(%)	2003年占世界份额(%)
	1999	2000	2001	2002	2003		
中国	523.9	501.8	546.9	732.0	842.6	15.1	33.5
美国	579.7	565.6	576.3	564.1	551.3	-2.3	21.9
澳大利亚	160.6	166.2	179.8	183.5	188.7	2.8	7.5
印度	147.4	157.0	160.3	168.6	172.2	2.2	6.8
南非	125.6	126.6	126.0	124.1	134.6	8.4	5.3
俄罗斯	112.0	115.8	121.5	114.8	124.9	8.8	5.0
波兰	77.0	71.3	71.7	71.3	70.8	-0.7	2.8
印尼	45.3	47.4	56.9	63.6	70.5	10.9	2.8
德国	59.4	56.5	54.1	55.0	54.1	-1.6	2.1
哈萨克斯坦	30.0	38.5	40.6	37.8	43.2	14.5	1.7
世界合计	2122.5	2112.5	2208.5	2378.4	2518.7	5.9	100.0

数据来源：《BP：2004 Statistical Review of World Energy》。

表21-6

世界煤炭消费量前十位国家

年份 / 国别	消费量(百万吨油当量)					2003年比上年增长(%)	2003年占世界份额(%)
	1999	2000	2001	2002	2003		
中国	492.3	455.0	517.7	694.2	799.7	15.2	31.0
美国	544.9	569.1	551.8	559.4	573.9	2.6	22.3
印度	158.9	169.1	172.1	181.0	185.3	2.4	7.2
日本	91.5	98.9	103.0	106.6	112.2	5.2	4.4
俄罗斯	104.1	106.0	109.0	103.9	111.3	7.1	4.3
南非	82.3	81.9	80.6	83.5	88.9	6.4	3.4
德国	80.2	84.9	85.0	84.6	87.1	2.9	3.4
波兰	61.0	57.6	58.0	56.7	58.8	3.7	2.3
韩国	38.2	43.0	45.7	49.1	51.1	4.1	2.0
澳大利亚	47.9	48.3	49.6	51.9	50.2	-3.3	1.9
世界合计	2103.4	2141.2	2211.0	2412.3	2578.4	6.9	100.0

数据来源：《BP：2004 Statistical Review of World Energy》。

2002 年全球煤炭产量为 23.784 亿吨油当量，上涨了 7.7%。其中中国的煤炭产量比 2001 年增加了 1.851 亿吨油当量，增幅达到 33.8%。另外增幅较大的国家是印尼，为 11.8%。其他国家如澳大利亚、印度的煤炭产量也有所增长，分别为 2.1% 和 5.2%。而北美地区的煤炭产量有小幅下降，下降了 2.3%。其中美国的煤炭产量从 5.763 亿吨油当量下降到 5.641 亿吨油当量，下降了 2.1%。2002 年，全球的煤炭消费量为 24.123 亿吨油当量，比 2001 年增加了 9.1%。主要是中国的煤炭消费达到了 6.942 亿吨油当量，增长了 34%，从而表现为全球煤炭消费需求增长迅速。

2003 年，全球的煤炭生产和消费都呈增长态势，全球煤炭产量为 25.187 亿吨油当量，增长了 5.9%。其中，中南美地区因受到哥伦比亚近 25% 增长量的拉动而增产了 560 万吨油当量，增幅达 16.5%。中东地区尽管煤炭产量不足百万吨油当量，但产量增幅超过了 50%。亚太地区增产明显，中国煤炭产量增幅达 15.1%，越南、新西兰和印尼的煤炭产量也增长迅速，分别为 23.8%、15.2% 和 10.9%。而世界煤炭消费量连续四年增长，2003 年增幅达到 6.9%。亚太地区仍是煤炭消费增长最快的地区，消费量达到 13.062 亿吨油当量，增长率为 10.3%。非洲的煤炭消费增长也较快，增长率是 5.7%。欧洲和前苏联地区的煤炭消费也有所增长，增长率分别为 4.4% 和 7.3%。北美地区煤炭消费增长缓慢，增幅为 1%。

第三章

世界电力发展概况

世界电力发展特点

近年来，世界电力工业在管理体制、技术应用、生产建设规模等方面发生了较大变化，概括起来有以下特点：

1. 世界电力工业正在进行打破垄断、引进竞争的电力体制改革

为提高电力工业的运营效率，改善供电服务，20 世纪末开始，欧美一些国家开始进行电力体制改革，实行电力民营化，发电、输电、配电分离，在发电环节实行竞争，输配电环节实行价格管制和统一经营，逐步开放售电市场。打破垄断、实行竞争的电力体制改革浪潮在全世界范围内正在扩大。

但同样是开放市场，效果却各不相同。在按照 1996 年欧盟《导则》强制开放电力市场的欧盟国家，电价普遍有所下降，如德国的批发和零售市场于 1999 年开放，2000 年的电价与 1995 年相比下降 26%，居民电价下降了 8%；英国在 1998 年 8 月到 2003 年间工业和商业电价下降了 20% 到 25%。而美国在加州开放电力市场后，却出现了电价飞涨，电力短缺、电力公司破产的电力危机。由此看出，如何进行市场化改革，保证可靠优质廉价的电力供应已成为各国电力体制改革必须考虑的问题。

2. 电力技术向高效率、环保型的方向迈进

目前，具有代表性的电力技术是：超临界和超超临界技术，联合循环发电技术，包括流化床技术和整体煤气化联合循环技术在内的洁净煤技术，以风能、太阳能为代表的可再生能源发电技术。分析表明，在发电消耗一次能源的构成中，以煤为主的局面在相当长时间内不会改变。

为降低温室气体的排放，工业发达国家普遍重视可再生能源的发电应用。近年来，西欧、美国等国家大力发展风力发电，对太阳能、生物质能等可再生能源也加大了开发力度。近五年里，欧洲的风电增长率超过 35%，与此同时，太阳能、潮汐能等可再生资源也备受欧洲环境专家推崇。

3. 小型分散发电技术快速发展

20 世纪 90 年代以来，在大电网发展的同时，小型分散发电技术异军突起，国际上已开发出多种高效率的小型燃气轮机、内燃机和燃料电池，

太阳能电池发电系统也趋于实用。作为大电网的补充，小型分散发电技术有可能成为21世纪电力技术发展的热点之一。分散电力系统，能极大地改善效率，减轻当今电力系统对环境造成的负担，还可减少和改善输电、配电线路，特别是2003年美国加州、欧洲发生过一系列大面积停电事故后，要求加大开发燃料电池及太阳能电池等小型、分散电源，避免发生大停电事故的呼声更加高涨。

4. 电力安全引起广泛关注

2003年可以称之为“大停电年”，继美国加州2003年8月14日发生大面积停电事故后，2003年夏季西欧地区也相继发生了若干次大面积停电事故。这一系列严重的停电事故给社会经济、生活各方面造成巨大负面影响，迫使各国政府慎重考虑电力安全及其相关问题。

世界水电消费

在近五年中，水电消费较为稳定，增加或减少的幅度均较小。1999年全球水电消费为26627亿千瓦时，2000年上升为27134亿千瓦时，上升了1.9%。在亚洲地区，虽然印度、巴基斯坦、日本等国的水电消费有所下降，但由于中国在当年增幅最大，增加了14.1%，从而带动整个亚洲的水电消费增长了4.4%。拉美和欧洲的水电消费也有所增长，分别是5.5%和3.2%。而北美和中东地区的水电消费有所下降，其中美国的水电消费下降了13.9%。(见表21-7、表21-8、表21-9)

表21-7

2003年世界电力生产地区构成

地　区	发电量（亿千瓦时）	占世界份额(%)
北　美	47890	28.7
亚　太	50570	30.3
欧　洲	49150	29.5
拉　美	8740	5.2
中　东	5430	3.3
非　洲	4860	2.9

数据来源：《BP：2004 Statistical Review of World Energy》。

表21-8

2003年世界发电量前十位国家

国别＼年份	发电量(亿千瓦时)					2003年比上年增长(%)	2003年占世界份额(%)
	1999	2000	2001	2002	2003		
美　国	38760	39910	39240	40510	40390	-0.3	24.2
中　国	11970	13680	14350	16540	19110	15.5	11.5
日　本	10510	10820	10830	10850	10850	0.1	6.5
俄罗斯	8460	8780	8910	8910	9120	2.3	5.5
印　度	5220	5480	5610	5830	5970	2.4	3.6
德　国	5550	5640	5820	5810	5970	2.7	3.6
法　国	5240	5410	5500	5590	5670	1.4	3.4
加拿大	5770	6050	5820	5810	5600	-3.7	3.4
英　国	3680	3770	3850	3870	3950	2.1	2.4
巴　西	3350	3490	3290	3450	3650	5.9	2.2
世界合计	147590	154400	156290	161890	166630	2.9	100.0

数据来源：《BP：2004 Statistical Review of World Energy》。

表 21－9

1999—2003 年世界水电消费量前十位国家

年份 国别	消费量(亿千瓦时)					2003 年比上年增长(%)	2003 年占世界份额(%)
	1999	2000	2001	2002	2003		
巴 西	66.3	68.9	60.6	64.5	68.9	6.8	11.6
加拿大	77.8	81.1	75.4	72.1	68.6	－5.0	11.5
中 国	48.2	55.0	59.1	62.2	64.0	2.9	10.8
美 国	71.7	61.7	47.6	58.4	60.9	4.2	10.2
俄罗斯	36.4	37.4	39.8	37.2	35.6	－4.3	6.0
挪 威	27.6	32.2	27.4	29.4	24.0	－18.2	4.0
日 本	21.0	20.7	20.4	20.5	22.8	10.9	3.8
法 国	17.6	16.4	18.0	15.1	14.8	－2.2	2.5
印 度	18.6	17.4	16.3	15.5	15.6	0.3	2.6
委内瑞拉	13.7	14.2	13.7	13.5	13.7	1.7	2.3
世界合计	602.6	614.1	589.4	593.0	595.4	0.4	100.0

数据来源：《BP：2004 Statistical Review of World Energy》。

2001 年全球水电消费下降 4%，为 25044 亿千瓦时。北美地区的水电消费减少最多，下降了 13.9%。水电消费下降最多的国家是美国(－22.8%)、巴西(－12%)和加拿大(－7%)。这三个世界最大的水电生产国占全球水电生产量的 1/3。水电减少的主要原因是干旱的自然条件，这使得美国加利福尼亚和巴西部分地区的电力供应受到严重影响。当年，亚洲地区的水电消费仍然呈增长态势，增长了 2.7%，其中，中国的水电消费增长 7.5%。

2002 年全球水电的消费小幅增长 0.6%，为 26203 亿千瓦时。除欧洲下降了 6.7% 以外，其他地区的水电消费均有增长，但增幅不大。而当年增幅最大的地区是中东，虽然总量不大，但却增长了 62.5%。

2003 年水电消费量仍然增幅较小，仅为 0.4%，为 26307 亿千瓦时。其中，欧洲和北美的水电消费分别下降了 4.2% 和 1.7%。中东地区仍然延续了上一年的增幅，为 13.2%，增长的原因是伊朗的水电消费增长。在亚洲地区，日本、巴基斯坦、韩国的水电消费增长迅速，分别为 10.9%、21.3% 和 29.7%。在拉美地区，增长较快的国家包括巴西(6.8%)和哥伦比亚(6.8%)。

世界核电消费

在世界范围内，核电已是成熟的技术。截至 2002 年底，全球共有 441 个运行的核电机组，总装机容量 3.5 亿至 3.6 亿千瓦，占全球供电比重 16.1%。有 17 个国家的核电占全国发电总量的1/4 以上，如法国 77%，韩国 38%，日本 36%，美国 29%，英国 28%。(见表 21－10)

1999 年至 2002 年，全球核电消费一直呈稳步增长态势。

1999 年，全球核电消费为 25242 亿千瓦时，其中美国比例最大，占全球核电消费量的 30.4%，其次是法国 15.6%。

2000 年，核电消费量增长了 2.3%，增幅最大的是法国(5.4%)、美国(3.5%)。

2001 年，全球核电消费增长了 2.8%，达到 26550 亿千瓦时。北美地区、欧洲、亚太地区均有所增长。拉美地区虽然总量较低，仅为 197 亿千瓦时，但也有了突破性地增长，增加了 71.4%；主要是由于巴西的核电消费增幅达到 128.6%。

2002 年，全球核电消费继续稳步增长，增长了 1.6%。除拉美地区有小幅下降外，北美地区、欧洲、亚洲包括非洲均有所增长，其中中国的增长速度最快，核电消费量比2001年增加了42.5%。

2003年，核电的消费出现有史以来的第二次衰退，从2002年的26988亿千瓦时降至2003年的26458亿千瓦时，降幅为2%。亚太地区核电消费大幅下降11%，影响了整个世界核电的消费，其主要原因是日本因安全检查而关闭核电站，使日本的核电消费下降了26.7%。虽然中国的核电消费增长速度快，增幅达到72.6%，但因总量小，仅占全球核电消费总量的1.6%，对亚洲以至全球的核电消费水平影响较小。此外，北美地区的美国(-2.1%)、加拿大(-0.7%)核电消费下降，也是导致全球核电消费下降的原因。

表21-10

1999—2003年世界核电消费量前十位国家

年份/国别	消费量(亿千瓦时)					2003年比上年增长(%)	2003年占世界份额(%)
	1999	2000	2001	2002	2003		
美国	7666	7936	8093	8211	8039	-2.1	30.4
法国	3942	4152	4211	4368	4411	1.0	16.7
日本	3176	3197	3210	3149	2307	-26.7	8.7
德国	1700	1696	1712	1648	1650	0.1	6.2
俄罗斯	1199	1305	1369	1416	1504	6.2	5.7
韩国	1031	1090	1121	1191	1297	8.9	4.9
英国	951	851	899	880	890	1.0	3.4
乌克兰	721	773	762	780	814	4.4	3.1
加拿大	735	728	767	747	742	-0.7	2.8
瑞典	732	574	721	681	687	0.8	2.6
世界合计	25242	25828	26550	26988	26458	-2.0	100.0

数据来源：《BP：2004 Statistical Review of World Energy》。

第四章

世界石油天然气发展概况

世界石油储量

统计数据表明，全球的石油消费量占能源消费总量的1/3以上，石油是世界上正在使用的能源中最主要的能源。

1980年，全球石油已探明储量仅为6696亿桶，1999年，全球石油已探明储量达到10835亿桶，而2003年更是达到11477亿桶(1567亿吨)，比1980年增加了71.4%。以目前的开采速度计算，全球石油储量可供开采41年。储量的增加主要是由于勘探的成功、新技术的应用和新的评估手段。

1999年到2003年，石油储量增长较为显著的地区分别是：中东，1999年到2003年增长了7.7%，这主要是由于伊朗的石油储量增长了40.4%，从而带动了中东地区石油储量的增长；非洲地区，从1999年的847亿桶到2003年的1018亿桶，增长了20.2%，这是利比亚和尼日利亚的石油储量增长较快；拉美地区，这5年间石油储量增长了6.3%。

从全球石油储量的地区分布情况来看，根据2003年的最新数据，63.3%的已探明石油储量在中东地区。其中，沙特阿拉伯的石油储量为2627亿桶，占世界已探明石油储量的22.9%，居全球第一位。伊朗(11.4%)、伊拉克(10%)、阿联酋(8.5%)、科威特(8.4%)也紧随其后。同中东相比，其他地区如北美(5.5%)、拉美(8.9%)、欧洲(9.2%)、非洲(8.9%)、亚太地区(4.2%)的石油储量较为平均。北美地区储量最多的国家是美国，占全球储量的2.7%；拉美地区储量最多的国家是委内瑞拉，占全球储量的6.8%；欧洲以俄罗斯的储量最多，占世界的6%；非洲石油储量最丰富的国家是利比亚(3.1%)和尼日利亚(3%)；在亚太地区，中国的石油已探明储量居首位，但也只占全球石油储量的2.1%。(见表21-11)

世界石油产量

1999年，全球石油产量为7206.3万桶/日

(3468 百万吨/年)，由于库存降低，要求欧佩克提高石油生产配额，2000 年石油产量增长了 4%，达到 7466.9 万桶/日(3604.4 百万吨/年)。

2001 年，全球石油需求不旺，但非欧佩克产油国的产量增长强劲，如俄罗斯的增长速度达到 8%。这就迫使欧佩克削减石油产量，一年中累计减产 83.2 万桶/日，减少了 3% 的产量。因此，全球石油产量降低了 1%。(见表 21－12、表 20－13)

2002 年，全球石油产量继续下降，减产 42.2 万桶/日。虽然非欧佩克产油国有 47.9 万桶/日的增产，但欧佩克减产 175.5 万桶/日，从而使全球石油产量降低。

表 21－11

1999—2003 年世界主要国家石油探明储量

年份 / 国别	储量(10 亿桶)					2003 年占世界份额(%)
	1999	2000	2001	2002	2003 年(10 亿桶/亿吨)	
沙特阿拉伯	262.8	262.8	262.7	262.8	262.7/361	22.9
伊　朗	93.1	99.5	99.1	130.7	130.7/180	11.4
伊拉克	112.5	112.5	115.0	115.0	115.0/155	10.0
阿联酋	97.8	97.8	97.8	97.8	97.8/130	8.5
科威特	96.5	96.5	96.5	96.5	96.5/133	8.4
委内瑞拉	76.8	76.8	77.7	77.2	78.0/112	6.8
俄罗斯	59.0	62.0	62.0	67.0	69.1/95	6.0
利比亚	29.5	36.0	36.0	36.0	36.0/47	3.1
尼日利亚	29.0	29.0	31.5	34.3	34.3/46	3.0
美　国	29.7	30.4	30.4	30.7	30.7/42	2.7
世界合计	1083.5	1106.1	1114.3	1146.3	1147.7/1567	100.0

数据来源：《BP：2004 Statistical Review of World Energy》。

表 21－12

1999—2003 年世界主要地区原油产量

年份 / 地区	产　量					2003 年比上年增长(%)	2003 年占世界份额(%)
	1999	2000	2001	2002	2003		
欧佩克(百万吨)	1429.8	1510	1463.9	1375.7	1466.9	6.6	39.7
(万桶/日)	2956.1	3109.0	3025.8	2850.3	3038.3		
非欧佩克(百万吨)	1668.3	1701.1	1697.4	1720.5	1717.0	-0.2	46.4
(万桶/日)	3495.1	3556.5	3557.0	3604.9	3591.7		
经合组织(百万吨)	988.4	1010.8	1001.0	1004.5	997.5	-0.7	27.0
(万桶/日)	2108.2	2150.4	2133.0	2140.2	2118.5		
前苏联地区(百万吨)	369.9	393.3	424.5	465.6	513.1	10.2	13.9
(万桶/日)	755.1	801.3	865.9	951.3	1047.7		

数据来源：《BP：2004 Statistical Review of World Energy》。

表 21 -13

1999—2003 年世界原油产量前十位国家

国别 \ 年份	产量(百万吨)					2003 年比上年增长(%)	2003 年占世界份额(%)
	1999	2000	2001	2002	2003		
沙特阿拉伯	419.1	450.6	434.1	417.3	474.8	13.8	12.8
俄罗斯	304.8	323.3	348.1	379.6	421.4	11.0	11.4
美国	352.6	352.6	349.2	346.9	341.1	-1.6	9.2
伊朗	178.1	189.4	184.6	168.8	190.1	12.6	5.1
墨西哥	165.2	171.2	176.6	178.4	188.8	5.8	5.1
中国	160.2	162.6	164.8	166.9	169.3	1.5	4.6
委内瑞拉	167.0	171.6	166.4	165.4	153.4	-7.2	4.2
挪威	149.7	160.1	162.1	157.3	153.0	-2.7	4.1
加拿大	121.0	126.9	127.5	134.0	141.9	5.9	3.8
阿联酋	107.7	117.3	113.5	100.4	117.8	17.3	3.2
世界合计	3468.0	3604.4	3585.7	3561.7	3697.0	3.8	100.0

数据来源:《BP: 2004 Statistical Review of World Energy》。

2003 年世界原油产量为 7677.7 万桶/日(3697 百万吨/年),比 2002 年大幅度增长 3.8%。尽管伊拉克因战争和政治动荡石油减产 33.9%,但欧佩克其他国家增产近 12%。其中,中东地区的欧佩克成员国的产量呈两位数增长。非欧佩克产油国的原油产量虽略呈减势,但俄罗斯在 2003 年内原油产量增加了 11%,达到 854.3 万桶/日。

从石油产量的地区构成来看,中东地区的产量占到了全球原油产量的 1/3,中东地区的增产或减产直接影响到全球原油产量的上升或下降。其次是欧洲地区,占 22.1%;北美地区列第三位,占 18.2%;非洲、亚太、拉美地区的原油产量占全球比例分别为 10.8%、10.2%和 9.2%。

世界石油消费

近五年的石油消费一直呈稳定上升趋势。1999 年的消费量为 7463.7 万桶/日(3485.1 百万吨/年),2000 年上升到 7548.3 万桶/日(3526.1 百万吨/年),上升了 1%。亚太地区石油消费量的增长幅度最大,增加了 4%,这主要是因为中国的石油消费大幅增长,增长了 11%,从而带动亚太地区消费量的增加。全球其他地区的石油消费量基本变化不大。

2001 年,石油消费总量为 7592.6 万桶/日(3538.2 百万吨/年),比上一年仅增长 0.3%。全球各地区的石油消费量同 2000 年相比变化不大。

2002 年,全球石油消费总量为 7663.1 万桶/日(3636.6 百万吨/年),同 2001 年相比,增长了 0.7%。其中,亚太地区的石油消费增长了 2.4%,中东地区的石油消费量也增长了 1.6%,除此之外,北美、拉美、欧洲及非洲地区的石油消费量均变化不大,增加或减少的量都很小。

2003 年,全球石油消费总量比 2002 年增长了 2.1%,为 7811.2 万桶/日(3636.6 百万吨/年)。其中,亚太地区的石油消费量比 2002 年增长 4%(85.8 万桶/日),达到 2260.1 万桶/日(1049.1 百万吨/年)。北美地区的石油消费量在几年平稳之后,增长了 2.1%,为 2408.3 万桶/日(1093.2 百万吨/年)。(见表 21 -14)

世界石油贸易

从世界石油贸易情况来看,1999 年到 2003 年期间,石油进出口量一直呈上升趋势,其中,1999 年的进出口量为 4072.3 万桶/日,2000 年上升到 4240.2 万桶/日,增加了 4.1%。2001 年又增加了 135 万桶/日(3.2%),达到 4375.2 万桶/日。2002 年则有少量下降,进出口量减少到 4362.8 万桶/日。2003 年,石油进出口量有大幅度增加,增幅达 5%,进出口量为 4579.9 万桶/日(2260.5 百万吨/年)。(见表 21 -15)

以2003年数据分析，美国是世界第一石油进口国，进口数量占全球进口量的26.8%，超过整个欧洲26.2%的进口量。美国进口的石油分别来自中东(21%)、拉美(20%)、加拿大(17%)及墨西哥(13%)、西非地区(12%)。日本占第二位，占全球石油进口量的11.6%，为531.4万桶/日(262.6百万吨/年)，主要进口自中东(79%)。

表21－14

1999—2003年世界石油消费量前十位国家

国别＼年份	消费量(百万吨)					2003年比上年增长(%)	2003年占世界份额(%)
	1999	2000	2001	2002	2003		
美国	888.9	897.6	896.1	897.4	914.3	1.90	25.1
中国	207.2	230.1	232.2	246.9	275.2	11.50	7.6
日本	257.3	255.5	247.5	243.6	248.7	2.10	6.8
德国	132.4	129.8	131.6	127.4	125.1	-1.80	3.4
俄罗斯	126.2	123.5	122.3	123.5	124.7	0.90	3.4
印度	100.3	106.1	107.0	111.3	113.3	1.90	3.1
韩国	100.7	103.2	103.1	104.7	105.7	1.00	2.9
加拿大	87.2	88.1	90.5	92.2	96.4	4.50	2.6
法国	96.4	94.9	95.5	92.9	94.2	1.50	2.6
意大利	94.4	93.5	92.8	92.9	92.1	-0.90	2.5
世界合计	3485.1	3526.1	3538.2	3562.6	3636.6	2.10	100.0

数据来源：《BP：2004 Statistical Review of World Energy》。

表21－15

1999—2003年国际石油贸易情况

国别＼年份	进、出口量(万桶/日)					2003年比上年增长(%)	2003年占世界份额(%)
	1999	2000	2001	2002	2003		
进口							
美国	1055.0	1109.2	1161.8	1135.7	1225.4	7.9	26.8
欧洲	1067.0	1107.0	1153.1	1189.5	1199.3	0.8	26.2
日本	534.6	532.9	520.2	507.0	531.4	4.8	11.6
其他地区	1415.7	1491.1	1540.1	1530.6	1623.8	6.1	35.5
世界合计	4072.3	4240.2	4375.2	4362.8	4579.9	5.0	100.0
出口							
美国	95.6	89.0	91.0	90.4	92.1	1.9	2.0
加拿大	152.0	170.3	180.4	195.9	209.6	7.0	4.6
墨西哥	173.9	181.4	188.2	196.6	211.5	7.6	4.6
拉美	314.5	307.9	314.3	296.5	294.2	-0.8	6.4
欧洲	185.1	196.7	194.7	223.4	206.6	-7.5	4.5
前苏联地区	401.9	427.3	467.9	537.0	600.3	11.8	13.1
中东	1834.1	1894.4	1909.8	1806.2	1894.3	4.9	41.4
北非	272.6	273.2	272.4	262.0	271.5	3.6	5.9
西非	298.5	329.3	318.2	313.4	361.2	15.3	7.9
亚太	265.0	276.7	287.9	286.3	302.5	5.6	6.6
其他地区	79.1	94.0	150.6	155.1	136.1	-12.2	3.0
世界合计	4072.3	4240.2	4375.2	4362.8	4579.9	5.0	100.0

数据来源：《BP：2004 Statistical Review of World Energy》。

在出口地区方面，中东地区的石油出口量以1894.3万桶/日居首位，占全球出口总量的41.4%；前苏联地区近两年的石油出口量也有大幅上升，达到600.3万桶/日，占全球出口总量的13.1%，列第二位；西非以361.2万桶/日的出口量居第三位，占7.9%。

从2003年石油贸易的地区流向分析，中东地区的石油出口量比上一年增长了4.9%，主要出口到日本、欧洲和美国，出口量分别占中东出口总量的22.2%、16.3%和13.4%。西非石油的出口量在2003年增幅较大，出口了361.2万桶/日，占全球出口量的7.9%。前苏联地区的石油出口增长也较快，2003年较上一年增长了11.8%，以494.1万桶/日的数量出口到欧洲，占前苏联出口总量的82.3%。

世界天然气储量

天然气的已探明储量保持着持续的增长势头，1999年全球已探明天然气储量为150.66万亿立方米，2000年至2003年，天然气已探明储量逐年上升，2000年为159.83万亿立方米，2001年比上一年增加了14.29万亿立方米，为174.12万亿立方米，增长了8.9%。2002年和2003年增长不多，2003年的天然气已探明储量为175.78万亿立方米，仅比上一年增加了0.4%。但这个数字与1980年的84.43万亿立方米相比，增长了一倍多(108.2%)。这主要得益于勘探、新技术的应用以及通过天然气液化等技术所实现的天然气储量的商业化。按照目前的生产速度和技术，全球已探明天然气储量还可供开采67年。(见表21-16)

天然气储量分布地区十分集中，据2003年的数据，俄罗斯探明储量为47万亿立方米，占全世界天然气总储量的26.7%；伊朗为26.69万亿立方米，占全世界天然气总储量的15.2%。卡塔尔为25.77万亿立方米，占14.7%。这三个国家的天然气储量就占了全球总储量的56.6%。除了这三个国家，世界其他地区的天然气储量较为分散。

世界天然气生产

全球天然气的总产量逐年上升，1999年的产量为23514亿立方米(2116.3百万吨油当量)，2000年产量增长了3.5%，为24330亿立方米(2189.7百万吨油当量)。到2001年，全球天然气的总产量继续增加，达到24897亿立方米(2240.7百万吨油当量)，增加了2.3%。这两年间，美国超过了俄罗斯成为全球天然气产量最多的国家，占全球总产量的22.7%。俄罗斯居第二位，占21.8%。(见表21-17)

表21-16

1999—2003年世界天然气探明储量

国别 \ 年份	探明储量(万亿立方米)					2003年占世界份额(%)
	1999	2000	2001	2002	2003	
俄罗斯	46.90	46.70	46.80	47.00	47.00	26.7
伊朗	22.37	26.60	26.60	26.69	26.69	15.2
卡塔尔	11.16	14.44	25.77	25.77	25.77	14.7
沙特阿拉伯	6.15	6.30	6.46	6.65	6.68	3.8
阿联酋	5.94	6.06	6.06	6.06	6.06	3.4
美国	4.69	4.97	5.14	5.23	5.23	3.0
尼日利亚	3.57	4.11	4.50	5.00	5.00	2.8
阿尔及利亚	4.52	4.52	4.52	4.52	4.52	2.6
委内瑞拉	4.15	4.15	4.18	4.18	4.15	2.4
伊拉克	3.29	3.11	3.11	3.11	3.11	1.8
世界合计	150.66	159.83	174.12	175.15	175.78	100.0

数据来源：《BP：2004 Statistical Review of World Energy》。

表 21 -17

1999—2003 年世界天然气产量前十位国家

年份 国别	产量(百万吨油当量)					2003 年比上年增长(%)	2003 年占世界份额(%)
	1999	2000	2001	2002	2003		
俄罗斯	495.9	490.5	488.2	499.9	520.8	4.2	22.1
美　国	487.4	495.5	508.2	490.8	494.5	0.7	21.0
加拿大	159.7	164.9	168.1	169.0	162.5	-3.9	6.9
英　国	89.2	97.6	95.3	93.3	92.5	-0.9	3.9
阿尔及利亚	77.4	76.0	70.4	72.3	74.5	3.1	3.2
伊　朗	50.7	54.2	59.4	67.5	71.1	5.3	3.0
挪　威	43.6	44.8	48.5	59.0	66.0	12.0	2.8
印　尼	63.9	61.7	59.7	63.3	65.3	3.2	2.8
沙特阿拉伯	41.6	44.8	48.3	51.0	54.9	7.6	2.3
荷　兰	53.3	51.6	55.7	54.6	52.5	-3.8	2.2
世界合计	2116.3	2189.7	2240.7	2279.2	2356.6	3.4	100.0

数据来源：《BP：2004 Statistical Review of World Energy》。

2002 年，全球天然气总产量增长趋缓，仅增长了 1.7%，为 25324 亿立方米(2279.2 百万吨油当量)。同年，俄罗斯再次超过美国，成为头号天然气生产国。

2003 年，全球天然气总产量为 26185 亿立方米(2356.6 百万吨油当量)，较上一年增长了 3.4%。除北美外，全球各地区的天然气产量都有不同程度的增长。拉美地区超过亚太地区，成为天然气产量增长最快的地区，从 2002 年的 1042 亿立方米增至 1186 亿立方米，增加了 13.9%；非洲天然气产量增幅也较大，由 2002 年的 1309 亿立方米增至 1414 亿立方米，增长了 8.1%。此外，亚太、中东和欧洲的增长率分别是 5.5%、5.3% 和 3.4%。

同储量多寡相同的是，天然气的产量最大的国家仍然是俄罗斯，占世界总产量的 22.1%，2003 年的产量达到 5786 亿立方米，居于第二位；同样天然气产量很大的国家是美国，在 2003 年天然气产量增长很小，但仍占世界总产量的 21%。这主要是因为天然气销售价格下跌影响了生产。另外，北美地区的产量减少同美国和加拿大成熟气田的自然减产也有关系。

世界天然气消费

从这五年全球天然气消费情况来看，天然气的消费在逐年递增，从 1999 年全球天然气年消费量为 23398 亿立方米(2105.9 百万吨油当量)开始，到 2003 年，增长率分别为 4.2%、1.1%、3.1% 和 2%，2003 年的天然气消费量为 25910 亿立方米(2331.9 百万吨油当量)。

这五年中消费增长较快的地区包括：拉美、非洲和亚太地区，2003 年的增长率分别是 8.7%、8.3%、和 5.7%。其中，全球天然气消费增长最快的国家是中国和阿根廷，增长率分别是 10.6% 和 14.2%。中东和欧洲的天然气消费量也有不同程度的增长。北美地区则在一年增长一年下跌，2000 年较 1999 年的消费量上升了 3.5%，2001 年较 2000 年减少了 3.7%，而 2002 年的天然气消费量又增加了 3.7%，到 2003 年，北美地区的天然气消费量降到 7626 亿立方米(686.3 百万吨油当量)，这主要是因为美国的天然气消费受价格等因素影响。尽管如此，从 1999 年到 2003 年，美国一直是天然气消费头号大国，2003 年的天然气消费量为 6298 亿立方米，占全球消费量的 24.3%。俄罗斯以 4058 亿立方米的消费量位居第二位，占全球天然气消费总量的 15.7%。(见表 21 -18)

世界天然气贸易

近五年来，全球天然气贸易量增长较为迅速，其中，管道天然气 2001 年的贸易量为 4113.2 亿立方米，2002 年较这一数字增长了 4.8%，贸易量为

4311.6 亿立方米，2003 年又在此基础上增长了 5.5%，达到 4548.7 亿立方米。天然气的主要生产国如加拿大的管道天然气在 2003 年有 986 亿立方米，完全供应美国；俄罗斯 1317.7 亿立方米的管道天然气主要供应欧洲各国，其中主要是德国(25%)、意大利(15%)、土耳其(10%)；荷兰 421.7 亿立方米的管道天然气主要出口到德国；而阿尔及利亚在 2003 年出口管道天然气 330.8 亿立方米，其中 64.8% 销往意大利。

液化天然气(LNG)贸易增长速度超过了管道天然气，2000 年 LNG 的进出口量为 1369.3 亿立方米，2001 年增长了 4.4%，进出口量为 1429.5 亿立方米。2002 年在此基础上又增长了 4.9%，达到 1499.5 亿立方米。2003 年的贸易增长更为迅速，贸易量为 1688.4 亿立方米增幅达 12.6%，超过了管道天然气的进出口增长速度。印尼是 LNG 的最大出口国，2003 年出口量达 356.6 亿立方米，占世界 LNG 出口总量的 21.1%，主要供应日本、韩国和中国台湾。其次，阿尔及利亚的 LNG 出口增长很快，2003 年为 280 亿立方米，主要出口到欧洲。卡塔尔的出口量为 191.9 亿立方米，主要供应日本、韩国，少量销往西班牙。

在 LNG 进口方面，进口量居首的是日本，2003 年进口量为 797.7 亿立方米；其次是韩国，为 262.3 亿立方米；西班牙和美国分别以 150.4 和 143.5 亿立方米列第三、四位。

表 21-18

1999—2003 年世界天然气消费情况

年份 / 国别	消费量(亿立方米)					2003 年比上年增长(%)	2003 年占世界份额(%)
	1999	2000	2001	2002	2003		
北美地区	7648	7912	7620	7902	7626	-3.50	29.4
美国	6443	6697	6401	6619	6298	-4.90	24.3
加拿大	831	830	828	856	874	2.20	3.4
拉美地区	885	940	991	1008	1095	8.70	4.2
阿根廷	324	332	312	303	346	14.20	1.3
委内瑞拉	274	279	296	284	294	3.40	1.1
欧洲	9805	10118	10245	10461	10841	3.60	41.8
德国	802	795	829	826	855	3.60	3.3
俄罗斯	3636	3772	3727	3889	4058	4.30	15.7
英国	925	968	963	951	953	0.20	3.7
中东	1801	1854	1996	2141	2227	4.00	8.6
伊朗	584	629	702	792	804	1.50	3.1
沙特阿拉伯	462	498	537	567	610	7.60	2.4
非洲	509	552	591	617	668	8.30	2.6
阿尔及利亚	213	198	205	202	214	5.90	0.8
埃及	143	183	215	227	246	8.50	0.9
亚太	2751	2996	3189	3270	3455	5.70	13.3
中国	214	245	278	296	328	10.60	1.3
日本	746	762	790	719	765	6.50	3.0
韩国	187	210	231	257	269	4.70	1.0
世界合计	23398	24372	24631	25398	25910	2.00	100.0

数据来源：《BP：2004 Statistical Review of World Energy》。

第五章

世界可再生能源和新能源发展概况

世界可再生能源资源利用状况

世界上技术比较成熟、可大规模开发利用的可再生能源资源，除水能资源外，主要有风能、生物能、太阳能和地热能等。

可再生能源分布广泛，资源量巨大。全球每年技术上可获取的生物质能源的资源潜力达65亿吨标准煤，相当于2001年世界能源消费量的50%。全球陆地风能资源总量约为53万亿千瓦时，相当于2002年全球发电量的2倍，加上海上可利用风能资源，全球风能资源总量超过200万亿千瓦时。太阳能是地球上分布最广泛的可再生能源，每年陆地上太阳辐射能量约27万亿吨标准煤，是世界能源消费总量的2000多倍。水能资源蕴藏量大，是能大规模开发、经济地提供电力的可再生能源，全世界技术可开发的水能资源约15万亿千瓦时。另外还有大量的潮汐能、波浪能等海洋能资源。

1. 生物质能

生物质能是人类利用历史最悠久的能源，传统的直接燃烧仍是最主要的方式，全世界每年利用量约13亿吨标准煤。生物质能的发展方向是优质化、清洁化利用，发电利用约5000万千瓦（主要集中在北欧和美国），年生产燃料乙醇、生物柴油等液体燃料约2000万吨油当量（主要在巴西和美国），在欧洲、中国和印度，还有大量工业规模的沼气工程和农民户用沼气池。利用生物质制取液体燃料是可再生能源的重要发展方向，以玉米、木薯、甘蔗、甜高粱等为原料制取的乙醇和生物柴油，可作为交通替代燃料。在石油资源逐渐减少，石油消费日益增长的当今世界，一些国家已把发展生物质替代燃料作为减少石油消费，增强能源安全的重要措施。

生物质能的发展方向是优质化利用，如生物质气化和供气、生物质发电和生物质制取液体燃料等。生物质发电是国外开发应用最多的一种技术，既可利用生物质直接燃烧发电，也可通过生物质的气化（包括生物转化和物化转化）产生燃气而驱动燃气轮机发电。从技术上来说，这都是一些比较成熟的技术，尤其是前者已广泛应用于实际工程之中，基本达到了商业化的水平。

美国有350多座生物质发电站，是世界上装机最多的国家。主要分布在纸浆、纸产品和林产品加工厂，装机容量达700万千瓦，提供了大约60000个工作岗位。

垃圾发电是生物质发电的又一个新兴领域。从发电装机来看，美国、德国和日本最多，美国有114座垃圾发电厂，总容量达265万千瓦；德国有50多座，总容量100万千瓦。日本垃圾发电厂有149座，装机容量为55.7万千瓦。从发展趋势来看，国际上主要是开发大型生物气化发电技术，即在推广应用直接燃烧发电的同时，发展可以进入商业应用的“气化联合循环发电IGCC”系统。比如美国，正在进行的0.6万千瓦中热值IGCC项目的开发研究，要求10年内能完成，以便更早地进入工业性示范和更大规模的应用。

2. 风力发电

风力发电自20世纪70年代以来，逐渐从孤立使用的小型风力发电机发展为大型并网风力发电机组，世界各地建成了许多可大规模生产电力的风电场。到2003年，全球风力发电装机容量已超过4000万千瓦，最近6年来平均年增长速度超过30%。从风电装机总容量来看，欧洲约占全世界的66.5%，美国占21.8%，其中德国、西班牙和美国处于世界领先位置；从增长速度看，欧洲增长最快，如表21－19所示。到2003年底，海上风电装机总量达到52.9万千瓦，新增风机主要分布在丹麦、英国和爱尔兰。（见表21－19）

表21－19

2003年世界新增风电装机前十位国家

单位：万千瓦

	德国	美国	西班牙	奥地利	日本	荷兰	丹麦	英国	意大利	葡萄牙
新增	267.4	168.7	137.7	28.5	27.5	23.3	21.8	19.5	11.6	10.7
累计	1461.2	636.1	642.0	41.5	76.1	93.8	307.6	75.9	92.2	31.1

数据来源：BTM咨询公司：《2003年世界风电市场报告》。

经过10多年的发展，风力发电技术日趋成熟，开始了商业化应用。到2003年底，全球风力发电装机已达到4030万千瓦，平均每年以30%的速率增长。风力发电技术已比较成熟，2003年新增风电机组的平均单机容量达到1200千瓦，单机容量4000千瓦的风电机组正在试运行。陆地风力发电技术已经成熟，欧洲国家正在进行海上风电场的建设。全世界风电装机容量比10年前增长了15倍，发电成本下降了一半多，可达到每千瓦时5美分左右，随着技术进步和规模扩大，发电成本还可进一步下降，风电的经济性和竞争力将不断提高。随着风电技术的进步，风力发电已发展成为一种新兴产业，产业集成度提高，全球95%的新增风电机组由年产量世界排名前十位的企业供应，其中丹麦的Vestas占据了全世界21.7%的市场份额，如表21－20所示。据丹麦BTM公司统计，2003年全球新增风电机组834万千瓦，发电量接近全世界总电力供应的0.5%，全球风能市场接近90亿美元。（见表21－20）

表21－20

全球前十位风电设备厂市场份额

序号	供应商	国家	市场份额(%)
1	Vestas	丹麦	21.70
2	GE风能	美国	18.00
3	Enercon	德国	14.60
4	Gamesa	西班牙	11.50
5	NEGMicon	丹麦	10.20
6	Bonus	丹麦	6.60
7	REpower	德国	3.50
8	MADE	西班牙	2.90
9	Nordex	德国	2.90
10	三菱重工MHI	日本	2.60

数据来源：BTM咨询公司：《2003年世界风电市场报告》。

3. 太阳能

太阳能利用包括光伏发电、太阳热发电，以及太阳热水器、太阳房等热利用方式。太阳热水器已经实现大规模的商业化应用，到2003年，全世界太阳热水器的保有量约1.2亿平方米，其中中国约占40%。近年来，光伏发电的发展十分迅速，2003年全世界光伏电池产量75万千瓦，累计装机容量315万千瓦，其中约75%的市场在德国、日本和美国。太阳热发电技术基本成熟，全世界太阳热发电总装机容量已达到50万千瓦，大部分在美国。

（1）太阳能光伏发电。太阳能光伏电池已经形成单晶硅电池、多晶硅电池、非晶硅电池和薄膜电池以及多种化合物电池，电池的转换效率也显著提高。商业化应用的各种光伏电池的效率已分别达15%—17%（单晶硅电池）和14%—15%（多晶硅电池）；实验室测试的效率已超过25%。随着光伏发电技术的进步和产业规模的扩大，光伏电池制造成本和价格随之下降。1995年晶体硅电池组件价格约每峰瓦6.5美元左右，2000年即降至每峰瓦5.0美元，2003年又降至每峰瓦3.0—3.5美元，7年期间下降了约50%。组件成本价格的下降不仅是技术进步的结果，也是生产规模扩大的必然产物。国际上光伏组件的生产规模一般为0.1万—0.5万千瓦（峰瓦）/年至0.5万—2万千瓦（峰瓦）/年，现已扩大到5万—30万千瓦（峰瓦）/年。

近年来光伏电池产量不断增加，市场开拓初具规模。自1988年以来，全世界太阳电池的年产量增加了15倍，已由1988年的3.3万千瓦增至2003年74.4万千瓦。日本已成为世界生产太阳电池最多的国家，2003年产量达到36.4万千瓦；其次是欧洲，达到19.3万千瓦。从发展趋势来看，今后太阳能电池的技术开发重点将以开发高效率、低成本新型太阳电池（包括非晶硅和微晶硅迭层薄膜电池）为主，以进一步降低成本；在应用上，将以并网屋顶系统和大型并网系统的应用为主导方向。其中，并网屋顶光伏系统由于其突出的优点将会得到更多国家的重视。过去几年，有关国家已经开始或即将开始实施一批屋顶光伏计划，其中主要有美国的100万套屋顶光伏计划，德国的10万套屋顶光伏发电系统，以及荷兰、瑞士、挪威及日本等国的计划。毫无疑问，这些计划的实施必将进一步促进光伏发电的发展。

全世界太阳电池的生产厂有几百家，但绝大多数产品主要由少数几个生产商生产。2003年，世界光伏组件生产前十名的厂家占全球总产量的85%，其中日本企业优势明显，分别占据了第一和第三的位置（如表21－21）。近年光伏产品的主要应用领域见表21－22。

表21－21

光伏电池/组件主要生产商的年产量

单位：万千瓦

年份 生产商	1999	2000	2001	2002	2003
夏　普	3.00	5.04	7.50	12.31	19.80
壳　牌	2.22	2.80	3.90	5.75	7.30
京　瓷	3.03	4.20	5.40	6.00	7.20
BP	3.25	4.19	5.42	7.38	7.02
RWESchott	1.00	1.40	2.30	2.95	4.20
三　菱	N/A	1.20	1.40	2.40	4.20
Isofoton	0.61	0.95	1.80	2.74	3.52
三　洋	1.30	1.70	1.90	3.50	3.50
Q－cells	—	—	—	—	2.80
Phtowatt	1.00	1.40	1.40	1.70	2.00
AstroPower	1.20	1.80	2.60	2.97	1.70
合　计	16.61	24.68	33.62	47.69	63.24
全球总计	20.13	28.77	39.05	56.18	74.41

数据来源：《可再生能源世界》（2004年7—8月合刊）。

表 21－22

世界光伏市场及分布

单位：万千瓦(峰瓦)

应用领域 \ 年份	2000	2001	2002	2003
消费型产品	4.0	4.5	6.0	6.5
美国独立住宅	1.5	1.9	2.5	3.0
世界农村独立系统	3.8	4.5	6.0	7.0
通信/信号电源	4.0	4.6	6.0	7.0
光伏—柴油商业项目	3.0	3.6	4.5	5.0
并网光伏系统	12.0	19.9	27.0	36.5
大型集中电站 >100 千瓦	0.5	0.5	0.5	0.8
总　量	28.8	39.5	52.5	65.8

数据来源：《可再生能源世界》(2004 年 7—8 月合刊)。

(2) 太阳能热利用。20 世纪 80 年代以来，美国、西班牙、澳大利亚等国家相继建立起不同形式的示范装置，促进了热发电技术的发展。世界现有的太阳能热发电系统大致有三类：槽式线聚焦系统、塔式系统和碟式系统，装机容量 35 万千瓦以上。90 年代以来，美国、欧盟都制定了太阳能热发电计划，以积极推动商业化进程。预计 2020 年前后，太阳能热发电将在发达国家实现商业化，并逐步向发展中国家扩展。太阳能热发电技术尚处于商业化前夕。

太阳能热利用最有发展前景的是太阳能建筑。太阳能建筑已成为发达国家竞相开发的一项技术，具有广阔的发展前途。20 世纪 80 年代，国际能源署(IEA)组织了 15 个国家的专家对太阳能建筑进行了联合攻关。德国、荷兰、比利时、奥地利、挪威、加拿大和美国已经建造了若干幢综合利用太阳能的示范建筑。

4. 小水电

除了常规大中型水电站，一般作为可再生能源看待的小水电资源也得到了比较广泛的开发利用。发达国家的大水电资源几乎都已经开发利用，近年来集中开发利用小水电资源。全世界每年新增小水电装机容量 300 多万千瓦，其中中国超过 50%。此外，潮汐发电、波浪发电和洋流发电等海洋能的开发利用也有较大进展，形成规模的主要是潮汐发电，全世界发电装机容量约 30 万千瓦。

小水电设备制造技术成熟，自动化水平高，可做到无人值守，有些微水电机组整装出厂，接上引水管就可以发电。中国小水电开发利用历史较长，小水电的装机规模世界第一，小水电设备制造和建设技术处于国际领先地位。在国外，小水电资源已得到较充分的开发和利用。全世界每年新增小水电装机 300 多万千瓦，其中中国约占一半。

5. 生物质液体燃料

技术较成熟、开发利用达到一定规模的生物液体燃料主要是燃料乙醇和生物柴油。燃料乙醇的应用由来已久，早在 1908 年，美国福特公司就研制出既能烧油气，又能烧乙醇的汽车。但随着廉价石油的大量开采和应用，这些车辆逐渐被淘汰。20 世纪 70 年代石油危机后，很多国家重新加强了乙醇燃料的开发和利用。巴西是世界上最早实施乙醇燃料计划的国家，主要以甘蔗、糖蜜、砂糖为原料。巴西年产乙醇燃料近 800 万吨，约占汽油总耗量的 1/3，使用乙醇燃料的车辆达 370 多万辆，成为世界上最大的乙醇燃料消费国。同时巴西也是世界惟一不供应纯汽油交通燃料的国家。20 多年来，实施乙醇燃料计划大大促进了农业、乙醇相关行业的发展，收益 270 亿美元。

美国是世界上另一个大量生产使用乙醇燃料的国家。与巴西不同的是，美国主要用玉米为原料生产乙醇，所耗玉米占全国玉米总产量的 7%—8%。1990 年全美乙醇燃料销售量为 265 万吨，到

2000年达到559万吨，年均增产率达近8%。除此之外，欧共体和日本等国家也有开发利用乙醇燃料的计划。90年代，用可再生资源替代石油资源，并用生物技术取代化工制备生物燃料已成为世界各大化学公司发展战略的热点。

生物油是典型的绿色能源。其制备过程本身就是一种净化环境的过程，每消耗一个单位的化石能源就能获得3.2个单位的能量。早在20世纪70、80年代，美国、德国等国即成立专门的研究机构，并投入大量人力和物力开始研究。到90年代，随着石油资源和环境压力的增加，各国进一步加强了对生物油开发应用的支持。美、法、意等国已相继建成生物油生产装置数十座，规模最大的生产量达57万吨；德国也于2001年在海德地区投资5000万马克，兴建年产10万吨油的生产厂，至2000年德国生物油的产量已达45万吨。

国外生物油的发展得益于政府的重视与支持。美国在可再生能源发展战略中，把生物油列为主要发展目标之一，联邦政府率先垂范，首先成为生物油的最大用户。为了扩大使用，美国还制定了专门的技术标准，以促进其产业化的发展，并从价格上给予一定的补贴。德国农民种植生物油原料作物（油菜籽）可获得1000马克/公顷的补贴，生产制造生物油的企业还可得到税收减免的优惠。

6. 地热

地热利用分为发电和热利用两种方式。1973年石油危机之后，地热发电发展很快，全球地热发电装机容量从1970年的6.8万千瓦迅速增加到1980年的250万千瓦，目前总装机容量约1000万千瓦。地热在采暖、热水供应，以及地源热泵供热（制冷）等方面的发展也较快，近5年来平均年增长率约12%。

地热是蕴藏在地下的能够被人类经济合理开发利用的热能，其利用方式主要是发电和直接利用。地热已经在25个国家得到发展，发电装机总容量超过870万千瓦，年发电量54.613太瓦时，发电成本也不断下降，多数地热电站发电成本为4—5美分/千瓦时，已经可以和常规能源竞争（见表21-23）。为了进一步提高地热资源利用效率，国内外正在开发应用地热热泵技术。实践证明，利用高效地热热泵可使家庭采暖费用减少15%，制冷费用减少25%。

表21-23

世界地热装机前十位的国家

排　名	国　家	装机容量（万千瓦）	估计发电量（亿千瓦时/年）
1	菲律宾	193.1	86300
2	墨西哥	95.3	62820
3	印　尼	80.7	60850
4	意大利	79.0	53000
5	日　本	53.7	33950
6	新西兰	45.3	36000
7	冰　岛	20.0	14330
8	哥斯达黎加	16.2	11700
9	肯尼亚	12.7	11000
10	厄瓜多尔	10.5	5500

数据来源：《世界可再生能源》2004年第7期。

7. 燃料电池和氢能

国外车用燃料电池的研究主要集中于质子交换膜燃料电池，该类电池重量较轻（每千克重量的输出功率大于200瓦），寿命长达10年以上，常温启动。美国、加拿大、德国、日本等国的研究开发已经取得突破性进展：杜邦（DuPont）公司开发出名为Nafion的薄型质子交换膜，道尔化学公司（Dow Chemicals）开发了全氟磺酸膜，都使电池性能有较大提高；用碳载铂替代纯铂作催化剂，降低了催化剂成本，并通过改进电极，减小了接触电阻，增加了电化学反应面积，近一步提高了铂利用率，使电池功率密度已达到美国能源部提出的目标。

世界汽车工业巨头对燃料电池整车的开发都表现出巨大热情。戴姆勒—克莱斯勒（Daimler Chrysler）公司采用加拿大巴拉德（Ballard Energy System）公司的燃料电池，开发出小轿车和公共汽车样车，并计划于2004年底之前完成实用技术研究，2010前开始小批量生产。奔驰、福特也和巴拉德公司合作，投资4.5亿加元研究燃料电池车，试制的公共汽车已投入运行。

本田公司开发的高压氢气燃料电池车，2001年7月路试成功，其速度、加速性能、续驶里程等性能接近传统汽油车，已于2002年底准备在2—3年内生产20—30辆，在日本和美国加州试用。福特公司研究的高压氢气燃料电池车，续驶里程250千米，已在2002年第14届国际氢能会议上展出。

国外在制氢方面的研究走以非化石燃料为来源的路线，如太阳能光解水制氢，但至今这种方式还没有取得突破，另外还有热化学循环水解水制氢，正在研究的工艺有20多种，以及生物质制氢，即利用微生物进行酶催化反应制氢，现已设计出日产氢2800立方米的光合微生物反应器。

国外贮氢技术开发重点包括采用碳纤维玻璃容器、高压气态贮氢，压力为15兆帕，现已用于燃料电池车；金属氢化物吸收—释放贮氢，单位重量贮氢量都不到2%，而车载贮氢材料要求达到5%以上；纳米炭材料贮氢，用活性炭在低温中压条件下吸附氢，贮氢率可达8%；以及利用有机物可逆加氢—脱氢反应贮氢，其贮氢率大于金属氢化物的能力，便于大规模远程输送。

国外可再生能源和新能源政策

进入21世纪，世界各国更加重视环境保护和全球气候变化问题，积极制定新的能源发展战略、法规和政策，突出了可再生能源和新能源在能源发展中的战略地位。1997年，欧盟在可再生能源共同战略和行动计划白皮书中提出了明确的可再生能源发展目标，可再生能源在一次能源中的比例将从1996年的6%提高到2010年的12%，可再生能源电力也将从1997年的14%增加到2010年的22%，其中主要是生物质发电和风力发电，到2010年，风力发电要达到1.0亿千瓦，新技术生物质能要达到9000万吨油当量，欧洲各国制定了多种法规和政策，鼓励和支持可再生能源的发展。德国、丹麦、法国、西班牙等国采取法定优惠电价收购可再生能源电力，英国、荷兰等国采取可再生能源电力强制性市场份额政策支持可再生能源的发展。美国也很重视发展可再生能源，联邦政府对可再生能源实行税收优惠等政策，许多州制定了可再生能源强制市场份额和可再生能源基金等政策，采取多种方式鼓励和支持发展可再生能源。日本制定了可再生能源法，采取强制性市场份额等政策支持可再生能源的发展。随着可再生能源技术的进一步成熟，在世界各国的鼓励政策支持下，今后可再生能源将会得到更快、更大、更好的发展。发展水平看，今后发展较快的可再生能源除水能外，主要是生物质能、风能和太阳能。生物质能仍是可再生能源中(非水电)最重要的能源之一，主要利用方式是发电、供热和制取液体燃料。风电将是今后20年发展最快的可再生能源技术，据一些国际机构的研究，到2020年，风电装机容量可能达到届时全世界发电总装机容量的10%。太阳能发展的主要方向是光伏发电和热利用，光伏发电的主要市场是发达国家的并网发电和发展中国家的无电人口地区的独立供电设施建设。太阳能热利用的方向是实现与建筑的一体化，进一步提高其经济性和与建筑的相互协调。欧盟计划到2010年太阳能热水器集热面积达到1亿平方米。

总结各国可再生能源发展历史和现状，其基本经验主要包括以下三个方面：一是加强立法，从法律上保障可再生能源的发展。二是制定可再生能源发展规划，明确发展目标。三是制定相应的经济激励政策，包括财政补贴、税收减免、发展基金和低息贷款等。

发达国家出于自身能源安全需要，开始限制化石能源的开采和消费，却对可再生能源的开发利用给予了足够的重视，并制定了一系列鼓励政策和措施以提高新能源在整个能源消费量中的比重，这充分说明了及时调整能源结构，促进可再生能源资源的开发利用，已经成为寻求可持续能源的重要途径。但是，由于可再生能源开发利用成本还很高昂，新能源和可再生能源要大量取代化石能源是一项十分艰巨的任务。然而，与其他产业一样，可再生能源产业也将遵循产业发展的规律：即随着产品规模的扩大，产品成本不断下降，而成本的不断下降带动产品市场的扩大，最终实现产品价格的完全商业化。

1. 美国

1978年，美国开始实施《公共事业监管政策法》(PURPA)，要求公共电力公司必须全额收购分散式、可再生能源发电、热电联产项目的上网电量，并按照“可避免成本”确定收购电价，与符合规定条件的发电商签订长达10年的固定合同，各州政府确定电价和制定标准购电合同。由于该法对可再生能源电力上网和上网电价做出了专门的强制性规定，在可再生能源的早期发展阶段起到了很大的促进作用。为了从根本上解决可再生能源前期开发成本高、投资周期长、投资风险大的问题，美国1986年又实施了《能源效率竞争法》，要求创立公共效益基金来支持可再生能源项目，基金从终端销售电价中加价征收。1992年，为解决可再生能源项目投资者重视增加装机量、轻视项目性能的问题，在当年实施的《能源政策法》中，规定对可再生能源发电项目按照发电量予以所得税抵扣优惠，每千瓦时可再生能源电力可得到1.5美分的税收返还，并按通货膨胀率调整(2002年时，已调整为每千瓦时返还1.8美分)，并规定对可再生能源资源的开发利用给予投资税减免，以及授权能源部对可再生能源的示范和商业化项目进行资助。该法对美国可再生能源，特别是风力发电项目的发展起到了极大的促进作用。此外，美国各州也制定了相应法规和政策：德克萨斯州、缅因州和威斯康辛州等十几个州制定了以可再生能源配额制(RPS)为特征的法律框架。由于有法律和合同的保障，美国的可再生能源获得了很大的发展，在风能、太阳能方面取得世界公认的成就，并在生物质能发电技术上进入世界的先进行列。

2. 英国

为了减少电力工业的环境污染和促进开发利用可再生能源，英国1989年颁布了《电力法》，授权能源大臣以法律形式要求英格兰和威尔士范围内的每一个地区电力公司必须使用一定数量的非化石燃料生产的电力，电力公司所承担的这种义务被称为《非化石燃料公约》。政府规定可再生能源定量目标，通过招标选择可再生能源项目开发者，中标者与电力公司按中标价格签订购电合同，合同期限在每次非化石燃料公约中都有明确规定。由于可再生能源发电成本高于常规能源发电成本，地区电力公司所承受的附加成本，即中标合同电价与电力交易市场价格之差将由政府补贴，补贴费来源于政府征收的化石燃料税。1992年英国政府开始非化石燃料公约可再生能源项目的首轮招标，到1997年9月底，共进行了4轮招标，可再生能源发电的总装机容量达到了209.4万千瓦，实际完成合同装机容量44.4万千瓦。同时，可再生能源的开发成本也明显下降。在总结《非化石燃料公约》实践经验的基础上，2000年4月，英国政府制定了《可再生能源义务法令》，明确了供电商必须履行的责任，即在其所提供的电力中，必须有一定比例的可再生能源电力，可再生能源电力的比例由政府每年根据发展目标和可再生能源实际发展情况和市场情况确定，这实际上是一种配额制度。2002年4月开始实行的《可再生能源义务法令》和《可再生能源(苏格兰)法令》，规定了可再生能源义务制度。规定2002—2003财年的可再生能源电力比例为3%。2003—2004财年为4.3%，到2010—2011财年，这一比例将达到10.4%。

3. 德国

1991年，德国制定了《电力入网法》(Feed - in - Tariff)，强制要求公用电力公司购买可再生能源电力。涉及的可再生能源电力有水电、风电、地热发电、光伏发电和生物质发电、沼气发电等。主要目的是为解决已经建成的中小型水电站上网困难和得到合理的水电上网电价问题，从而提高可再生能源的应用规模。按照该法的规定，风电、水电的上网价格为电力销售价格的90%，公用电力公司必须按照这个价格收购风电、水电等电力，确定了“强制上网”、“全额收购”、“固定电价”三个原则。《电力入网法》的颁布对促进德国可再生能源的发展奠定了坚实的基础。由于有了明确的原则、政策、措施和法规，极大地促进了可再生能源的发展，风电装机由1990年的5.6万千瓦发展到1998年的208万千瓦。光伏发电装机由2000千瓦增加到5.2万千瓦。1998年，由于德国电力行业市场化，销售电价整体下降，导致电网支付给可再生能源发电商的电力价格也随之下降，许多发电商面临压力，因此德国于2000年，又制定了《可再生能源法》，旨在解决中小水电上网和电价问题。该法对合格的可再生能源电力给出固定的上网电价。固定电价体现了不同可再生能源发电技术之间的差别。同时，为了促进技术进步和可再生能源电力成本的下降，还明确了可再生能源固定电价降低的时间表，取消了1998年规定的可再生能源上网最高电量为电网全部电量5%的上限，建立了新的可再生能源电力分摊制度，规定输电商负责对全国范围内各个地区和电网间的可再生能源上网电量作整体平衡，使可再生能源固定的高电价带来的电力增量成本平均分摊在全国电网的全部电力上，以确保各个输电商之间能够公平竞争。2004 年，配合新的可再生能源的发展目标的确定，即 2010 年可再生能源电力将占全国电力供应的 12.5%，2020 年达到 20%，德国对《可再生能源法》进行了修订。德国上述法规政策的出台，有力地推动了可再生能源发展并取得了非常显著的成效，使德国风电装机在世界遥遥领先，同时德国的风电大市场也极大地促进了本国风电设备制造业的快速发展，使德国成为仅次于丹麦的风机制造强国。

4. 澳大利亚

2001 年 4 月，澳大利亚开始实施《可再生能源（电力）法》（MERT）。该法规定了从 2001 年到 2020 年强制的可再生能源比例目标，即可再生能源的发电量到 2010 年增加 9500 吉瓦时，其在电力供应中的比例也相应提高 2%，从而使可再生能源在能源供应中的比重从 1997 年的 10.7% 提高到 2010 年的 12.7%。该法还规定了促进可再生能源发电的原则和义务性要求。为了配合《可再生能源（电力）法》的实施，澳大利亚 2000 年还制定了《可再生能源（电力）（处罚）法》，2001 年还制定了《可再生能源（电力）法实施细则》等。实施细则对可再生能源发电商的资格认证和太阳能热水器等可再生能源证书的换算等问题进行了更详细的规定。根据《可再生能源（电力）法》设立的可再生能源管理办公室对该法的实施进行监管。可再生能源管理办公室做出的决定在行政管理层次可以进一步补充可再生能源法律和法规的规定。

5. 西班牙

1997 年，西班牙颁布了《54 号电力法》，随后于 1998 年和 2000 年颁布了《2818 号皇家令》和《6 号环境影响评价法》等配套法规。西班牙的电力法的宗旨是建立一个自由竞争的电力市场，并通过电力体制改革使发电公司和供电公司私有化。所有发电商向电力库系统售电，所有供电商向电力库系统购电，成立国家电力监管委员会来负责电力市场的监管。同时在电力法中还明确了可再生能源的发展目标，即到 2010 年，可再生能源要占总能源消费总量的 12%，2010 年可再生能源发电要达到总发电量的 29.4%。此外还规定规划期间每一年的可再生能源发展具体目标要根据发展情况确定。这些目标在 2000—2010 年可再生能源促进规划中进一步得到明确。1998 年 12 月 23 日颁布的《2818 号皇家令》规定了电力并网的管理程序和规则，可再生能源发电商和电网运营商之间的关系和可再生能源电力上网电价体系，是对电力法中促进可再生能源发展的条款的完善和补充。2001 年 3 月 8 日通过的环境影响评价法也对可再生能源的发展有一定的促进作用。此外，西班牙各州也配合国家的 2000—2010 年可再生能源促进规划制定了本州的发展规划和相应的促进可再生能源发展的规定。由于有上述法律和政策，使西班牙成为世界上可再生能源发展最快的国家之一，尤其风力发电发展很快，居第三位。2003 年西班牙的可再生能源产量占其一次能源供应总量的 6.8%，其中水电占 2.5%，风电占 0.8%，生物质占 2.9%，沼气占 0.2%，生物油占 0.1%。在发电总量中，可再生能源电力占 15.9%，其中水电占 10.7%，风电占 4%，生物质和沼气发电占 0.9%，光伏发电占 0.01%，其他 0.3%。西班牙可再生能源的快速发展，在调整和优化能源结构、改善环境状况、利用绿色自然资源等方面发挥着越来越重要的作用。

6. 丹麦

为了加速可再生能源的开发，丹麦采取了一系列的措施，首先制定了命名为“21 世纪能源行动计划”。该计划的目标是在 2005 年，全国的二氧化碳的排放量要比 1988 年减少 20%，而到 2030 年要减少 50%。为了保障这一宏伟目标的实现，丹麦政府开始从两个方面着手：一方面是在节约常规能源的同时切实提高能源的利用效率。另一方面是提高可再生能源的利用比例，计划到 2030 年要达到 35% 的水平，平均每年增加 1% 左右。其次，进行电力体制改革，并于 1999 年 3 月制定并通过了包括可再生能源发电目标的电力改革方案，在该方案中规定绿色电力的份额必须从现在的 10% 增加到 2003 年的 20%。为了保证计划的执行，丹麦在新公布的电力供应法中明确要求电力公司有义务以固定的价格，向小规模的热电厂或可再生能源发电商购电。同时，根据改革计划，今后对可再生能源电力的支持将逐步转换为以竞争和贸易为基础的配额制度。到

2003 年底，所有的消费者必须确保电力消费中至少有 20% 的电力来源于可再生能源。再次，计划引入绿色证书系统并通过近海风场的招标程序加以实施。此外还采取了许多过渡性的政策，如逐步取消对风电的补贴(0. 17 克朗/千瓦时)；继续征收二氧化碳税(0. 10 克朗/千瓦时)用来对可再生能源发电企业的补偿；政府规定可再生能源的最低价格，直到绿色市场的有效运行。丹麦的可再生能源法规政策是有效的，特别是对风力发电起到了很大的促进作用。到 2003 年底，风电已达到全部电力消费量的 18%，可再生能源开发利用达到了预期目标。

第六章

世界节能

世界节能趋势

1. 节能的动因从以往的安全推动转向安全、环保、效益共同推动

20世纪90年代以来，国际节能领域大体呈现出三大发展趋势。首先，节能已成为发达国家应对全球气候变化、减少温室气体排放的主要措施。1997年京都会议以后，不少发达国家围绕减排目标和要求，积极调整能源政策，节能作为经济有效的减排措施而受到高度重视，制定和实施了一系列目标明确的节能战略和政策措施。其次，节能成为各国政府保障能源安全的重要措施。1999年下半年以来的石油涨价对世界经济产生的负面影响，给一些主要依靠进口石油的国家如何保障能源安全以至经济安全敲响了警钟。能源安全，特别是石油安全问题被提到重要日程，节能也成为其首选的政策工具。此外，节能降耗、提高能效成为各国提高国际竞争力的重要手段。发达国家政府十分重视以节能降耗为主的技术开发和技术改造，并给予财政支持，其目的是鼓励企业在激烈的市场竞争中，通过节能降耗，降低生产成本，提高在国际市场上的竞争力。

2. 政府在节能领域发挥着越来越重要的作用

各国在机构改革中强化节能职能或成立专门节能机构，增加编制和财政预算，修订节能法规，极大地强化了节能管理的力度。国外节能管理机构的级别一般为局级编制，美国、日本都是如此。美国能源部节能局是部内第一大局，拥有450人的编制和六个分区机构。日本在节能和新能源局升格后，管理人员由原来的10多人增加到65人。2000年法国环境能源署增加200人，总人数达到900人，该机构的预算在原来基础上增加了10亿法郎。此外，各种中介组织在节能领域也起着重要的作用。

3. 政府推进节能较少对企业直接行政干预，鼓励性措施和惩罚性措施有法可依

在措施上，从强制性、激励性、到咨询服务、与企业协议等多个层次同时推进。既制定强制性的法规和标准，也采用自愿协议和市场机制；既推进企业和社会节能，也重视自身节能，起表率

作用。在节能管理内容上，重点抓终端用能设备和设计规范两个源头。通过公共财政预算，支持节能项目的实施和节能技术的研究、开发和推广应用。建立统计指标体系，重视数据和信息的收集和发布，做好节能的基础工作。

国外节能政策

世界各国在能源资源的所有、开发、生产和使用等环节制定了相应的法律、法规和政策。对48个国家进行的有无专门节能法的统计结果表明，14个国家有专门的节能法，其他国家在相关法律或政令中涉及节能问题。如日本有《节能法》；美国虽然没有专门的节能法，但在有关能源的法律法规（如1975年颁布的《能源政策法》、1978年颁布的《国家能源政策法》、1987年颁布的《国家器具能源法》以及1992年颁布的国家节能政策法令等）中都涉及节能问题。国外节能法建立了节能管理的制度框架，其内容涉及市场干预、能源定价以及紧急状况时的能源配置等内容。有《节能法》的国家为了确保《节能法》的贯彻实施以及节能政策的连续性，还制定了相应的节能战略及其发展目标。

1. 价格和税收政策

适当的能源价格和税收政策是促进能源效率提高的重要手段。欧盟成员国趋向于使能源价格置于经济性基础上，确保价格反映维持能源供应的长期成本。国外实施的有利于能源效率的价格措施包括逐步取消价格管制以及其他市场扭曲（如补贴）。许多国家实行不同的电价结构，目的在于使电价能够反映出在不同时段、向不同消费者提供电力的成本是不同的。法国电力公司（EDF）制定的电价结构——实行峰谷电价，试图给消费者提供一个清晰的价格信号，以引导消费者调整电力消费行为，这一电价政策在削减电力峰荷方面取得了一定的效果。税收政策可通过市场信号影响能源需求。大多数国家制定和实施了与能源效率有关的税收政策，特别是在IEA成员国家，税收政策作为提高能源效率和减少温室气体排放的手段获得了普遍应用。丹麦、荷兰、瑞典等国家正在考虑或已经实行了环境能源税，即基于一种能源产品燃烧时产生的碳/二氧化碳课税。这一税种有两方面的优点：一是它使能源价格上升，因而鼓励了节能；二是它可以为实现国家减排目标筹措资金。有些国家实行税差措施，主要是交通部门，如对污染严重的车辆征收较高的税，如德国、荷兰、挪威、瑞典等；或者对确定的能源产品和得到政府优待的经济部门征收较低的税，在一些货运交通业发达的国家，柴油税比汽油税低。

国外鼓励节能的税收激励政策主要是对企业节能投资提供税收优惠。如英国政府制定了一个详细的节能产品清单，如果企业购买了清单上所列的节能型技术和设备，则政府给予企业一定的税收优惠。在英国则依据《综合污染预防和控制计划》，企业可以和政府签订碳排放标准的自愿性协议，如果企业的排放标准达到了协议规定的标准，则企业可以获得20%的能源消费税减免，如果达不到协议规定标准，则需缴纳100%的能源消费税。相反，如果企业不和政府签订这一协议，则企业的排放标准即使达到了标准，也必须缴纳100%的能源消费税。

2. 政府补贴

从英国、法国等市场经济国家公共财政支持节能的实践来看，大部分国家都采取财政补贴这一方式鼓励节能。政府财政补贴的方式主要有两种：一是贴息，即政府用财政收入或发行债券的收入支付企业因进行节能投资或用于节能研究与开发而发生的银行贷款利息（全部或部分）；二是直接补贴，即政府以公共财政部门的名义直接向节能项目提供财政援助，如对研究与开发项目、示范项目和能源审计（诊断）项目等的补贴。

3. 贷款优惠或对贷款提供担保

对节能设备投资和技术开发项目给予贴息贷款，或免（低）息贷款以及为贷款提供担保是各国通行的做法。如英国的碳基金（Carbon Trust）2002年的2亿英镑的预算中，25%用于提供低（免）息贷款，其中1000万英镑是免利息贷款。法国的环境与能源控制署和中小企业开发银行于2000年11月成立了节能担保基金（FOGIME），专门对中小企业进行能效方面投资提供贷款担保，较好地保证了中小企业用于能源效率方面投资的贷款。

4. 特别折旧制度

政府为鼓励企业购买节能型设备，允许企业每年一次折旧规定额度的新购置资产，以及允许企业加速折旧其固定资产，将其新购置设备支出从每年度应税收入中扣除，以此鼓励企业更新设备。在英国，碳基金制定了一个节能型设备目录，企业购买了纳入该目录的设备，则可以对该设备采取1年内加速折旧完毕的折旧办法，改变了以前5—10年才能折旧完毕的做法。这样，购买了列入目录的产品的企业相当于抵免了7%的所得税。

5. 公共财政支持节能

在公共财政体制下，政府在节能方面支持的对象主要包括以下几个方面：一是节能技术、设备的研究开发和生产单位，如对研究项目、示范项目的支持等；二是购买了节能型设备或技术的企业或消费者，如英国对购买节能型设备的企业给予税收优惠或加速折旧等优惠政策，对购买了标有A+标识冰箱的消费者，政府补贴100欧元。在法国，如果企业或消费者购买了政府公布的节能产品清单上的产品，政府给予企业或消费者个人设备价款15%—20%的补助。三是发展节能宣传、教育的社会中介组织，欧洲的500多个节能技术推广组织每年都向欧盟及其成员国政府就节能宣传和技术推广项目投标，中标者将得到政府的资金支持。

公共财政对不同项目公共财政支持的力度不同。如欧盟对研究项目最高提供50%的资助额度，而对示范性项目最多提供35%的资助额度。法国对各项目补贴额度最高为项目所需费用的50%，如对示范性项目给予20%—30%的资助额度，对企业能源审计项目根据被审计企业大小确定支持额度，政府对小企业的审计费用补贴50%，而对大企业的审计费用，政府只补助30%。

国外节能机制

市场经济国家在节能实践中发展出了需求侧管理、合同能源管理、企业节能自愿协议等多种节能新机制，这些新机制在国外得到了不同程度的推广应用。

1. 电力需求侧管理

需求侧管理技术(DSM)是指通过采取有效的激励措施，引导电力用户改变用电方式，提高终端用电效率，优化资源配置，改善和保护环境，实现最小成本电力服务所进行的用电管理活动，是由政府主导，电力企业、电力用户和节能中介组织等多方参与，最终使社会、电力公司及用户等都能受益的系统工程，是20世纪90年代国际上大力提倡的一种先进的管理技术，其在电力部门的应用最为广泛，也最为成熟。

对社会而言，电力DSM的实施可以减少电力需求，减少一次能源的消耗与污染物排放，缓解环境压力，具有巨大的社会效益。对政府而言，可以通过实施电力DSM，减少电力消费，促进用电设备的更新换代，增加对高能效设备的需求，促进经济增长；同时还可以缓解就业压力。对电力用户而言，参与实施电力DSM可以减少电力消费，降低企业的生产经营成本，减少电费支出，提高企业竞争力。对供电商而言，实施电力DSM可以削减高峰时段电网调峰的压力，提高供电可靠性及服务水平，特别是在电力供需形势紧张的情况下，它可以大大缓解拉闸限电的压力。对发电商而言，可以提高发电设备利用率，降低发电成本及发电煤耗，减少电力建设投资。总之，实施电力DSM，无论是对政府、电力企业或电力用户都是有益的，可以取得多赢的效果。电力DSM在30多个国家得到了不同程度的应用，美国、日本、加拿大、德国、法国、意大利等国家都有一支庞大的队伍从事电力DSM工作，节电成果显著。2000年，美国投入约15.6亿美元实施电力DSM项目，节电537亿千瓦时，减少高峰负荷2200万千瓦。在加州电力危机时，州政府采取紧急措施，出台一系列需求侧管理的政策(如系统效益收费、节电设备补贴及税收优惠等)，2001年降低高峰负荷500万千瓦，大大缓解了电力短缺的局面，避免了由于停电可能造成的损失约200亿美元。

2. 合同能源管理

合同能源管理(CEM)是基于市场的节能投资新机制。CEM机制在美国、加拿大、许多欧洲国家以及印度等多个发展中国家得到了推广应用；而基于CEM机制开展商业性节能服务的节能服务公司(ESCO)繁荣发展，尤其是在美国、加拿大，ESCO带动和促进了全社会节能项目的加速和普遍实施，节能服务业发展成为了一门新兴产业。

CEM机制的实质，是一种以节省的能源费用来支付节能项目全成本的节能投资方式，从节能投资中所获得的节能收益用于支付实施节能项目的成本。这一节能投资方式允许能源用户使用未来的节能收益为用能设备升级，从而达到节能降耗、提高经济效益的目的。在传统的节能投资方式下，节能项目初投资一般由能源用户负担，所有项目风险也由能源用户承担。而在CEM方式下，一般由ESCO、而非能源用户为节能项目提供初投资。

ESCO基于CEM机制运作，以赢利为直接目的。它们就节能项目的实施与能源用户签订节能服务合同，提供能源审计、节能项目投资、设计、施工、监测、管理等一条龙服务，并通过与能源用户分享项目实施后产生的节能收益来赢利和滚动发展。因此，ESCO是市场经济中的节能服务商业化实体，与我国现有的事业性质的节能服务中心有根本性的区别。

3. 节能自愿协议

节能自愿协议(VA)的发展始于20世纪90年代初，当时一些欧洲国家采用VA方式作为减排二氧化碳的国家政策。VA是指企业与有管辖权的政府部门/政府授权的机构签订协议，自愿承诺在一定时间内实现特定的节能目标。与此同时，政府为这些企业提供某些激励措施或一定形式的公开承认，以鼓励企业参与VA行动。

VA为企业参与者规定清晰的、可测量和验证的节能目标，并包含有效的责任机制。行政主管部门也需要根据VA的具体内容担负特定的责任，包括：对企业执行VA的行为进行监督；提供激励措施，如对企业的良好表现给予公开承认，在媒体上公布这些企业的名称及节能成果，引导公众购买这些企业的产品等。通过履行VA，企业可以节约能源、减少污染，提高技术和管理水平；政府则可以实现节能和减排目标，促进本国社会经济的可持续发展。

VA有很多优点。它比严格的法规有更大的适用性和灵活性，更能适应环境的变化，降低行政费用和执法费用，比立法能更快地开始实施。它可以为企业实现节能和环保目标提供更大的能动性、革新性和灵活性，促进工业环境管理模式从被动的末端手段转向主动的清洁生产。它鼓励政府与企业之间、企业与公众之间的对话和信任，促进多层面的更具合作性的关系的形成。它可以为工商界提供新的市场机会。由于VA无论在产业界还是在政治上都具有较高的接受度，在荷兰、丹麦、法国、德国、瑞典、美国、加拿大、日本等多个国家得到了广泛实施。

国外政府机构节能

许多国家的政府部门已成为本国最大的能源消费者，其能源开支在政府行政经费中占较大比重。例如美国联邦政府每年支出的能源费用达80亿美元。国外政府机构节能的主要措施是施行政府节能采购。据估算，美国联邦政府机构如果都采购节能产品和设备，每年能节省能源费用支出9亿美元，减排二氧化碳110万吨。日本、美国、德国、瑞典、丹麦、瑞士、墨西哥等国家都在积极推行政府节能采购。国外政府节能采购的主要做法包括：在国家采购法中做出明确规定；由国家公布节能采购目录；编制节能采购指南等。

国外节能技术研发

许多国家通过制定长期的节能优先政策和对节能技术的研究、开发提供资助，促进节能新技术的发展。以美国为例，美国政府在协调节能科技开发、推广和应用方面发挥着主导作用，并特别强调对未来市场潜力巨大、近期效益尚不明显的基础科学的投入和对已经初步具备技术、经济可行性，需要实现市场化的科技开发。在选择具体科研领域和项目时，通常由美国能源部首先与企业界、科技界以及其他相关部门进行合作调研，确定企业和市场在节能方面所面临的问题和未来发展的趋势，再由美国能源部根据政府的能源战略和政策，考虑企业和社会具有共性的需要，以及企业、社会和政府的支持能力，选择科研方向和项目，政府对研究过程进行监督。此外，美国政府还组织政策和经济研究，包括如何改进现有的政策、法规以促进节能的发展，如何加速企业界产品和设备的更新换代，未来的技术发展和技术进步对能源需求的影响等。

国外节能信息服务

国外非营利性的节能信息传播服务，一般由政府提供资助，中介机构组织实施。美国、日本、澳大利亚、英国等欧洲国家是节能信息传播服务开展得较好的国家。以澳大利亚为例，澳大利亚联邦政府有关部门通过公共出版物、网站、宣传点等，向公众进行节能宣传。地方政府在社区和责任区范围内，通过发放小册子、建立网站、实施示范工程和培训计划等，提高公众的忧患意识和节约意识。近年来，澳大利亚AGO与维多利亚州可持续能源管理局、新南威尔士州可持续能源管理局一起，共同组织实施“登星计划”，开展了一系列的节能宣传教育活动。在美国，能源部下属的能源信息局负责定期收集、整理和发布有关节能的信息；在电视、报纸等大众媒介上也经常有政府出资的节能、环保宣传广告以及其他形式的大众节能科教信息。

国外能效标准与标识

许多国家特别是主要工业化国家建立和实施了能效标准和标识制度。能效标准主要用在建筑、汽车、家用电器和电机上。能效标准一般分为两类：一类为强制性标准，生产和销售达不到这类标准的产品将被追究法律责任；另一类为自愿性标准。实施能效标准和标识制度以其投入少、见效快、节能和环保效果显著等优点，得到了许多国家政府的认可。据国际能源署统计，至2000年6月，已有34个国家和地区制定和实施了能效标准；有37个国家和地区实施了能效标识制度，其中大多数的能效标准和标识制度是由政府职能部门直接组织实施并且是强制性的。澳大利亚、欧盟各国、美国、加拿大、巴西、日本、韩国、菲律宾、泰国等，通过有效实施能效标准和标识制度，减缓了对电力、石油和燃气需求的增长势头，减少了二氧化碳等的排放，同时也推动了高效节能产品的市场渗透，取得了明显的经济和社会效益。

各国节能概况

世界一些国家为了促进政府机构的节能工作，在体制上、管理上、法制建设上采取了相应的措施。

1. 美国

美国在《资源节约回收法》(RCRA，1976年)、《国家节能政策法》(NECPA，1978年)、《公共汽车预示调节法》(COBRA，1985年、《联邦能源管理改进法》(FEMIA，1988年)等法律中对政府机构节能等相关问题做了规定。为了进一步促进政府机构节能工作的顺利实施，在1991—1998年期间，美国共发布了10项行政令和2项总统备忘录，要求政府机构加强节能工作，并在相关法律法规中对政府节能目标作了明确规定。1992年《能源政策法》对联邦政府机构提出了具体节能目标：1995年单位面积建筑物能耗在1985年基础上降低10%；2000年降低20%。1999年第13123号总统行政令发布的《通过有效的能源管理打造绿色政府》提出，至2005年，每个联邦机构的用能设施每平方英尺能耗，通过采取有寿期成本效益的节能措施，应比1985年水平减少30%，2010年减少35%；到2005年，每个联邦相关机构的2平方英尺能耗或单位产品能耗，通过采取有寿期成本效益的节能措施，应比1990年水平减少20%，2010年减少25%。为了完成这些法定目标，美国能源部实施了“联邦能源管理项目”(FEMP)，政府机构根据规定采取了相应的对策和措施，取得了良好的经济社会效益。

在电力工业重组进程中，美国政府对能源效率问题给予了一定的重视和考虑，采取了一些应对措施，主要地是建立了系统效益收费制度来解决能效项目的融资问题。加利福尼亚州是美国第一个推行电力行业重组的州，州政府于1996年9月签署了主要的电力重组法——AB1890。该法允许该州电力行业转换为竞争行业，同时为支持该州提高能源效率等而设定了一项电力附加费——系统效益费(SBC)，由州公共事业委员会进行管理。SBC是向所有电力用户征收的除正常电费外的小额费用，该费用以千瓦时为征收标准。SBC具有两个基本特点：一是SBC是不可规避的。所有电力用户都必须交纳SBC，也就是说无论用户属于哪种类型，只要是使用电网输送的电力都必须交纳SBC。二是SBC于竞争是中性的。SBC对所有参与发电竞争的电力供应商一视同仁，无论用户使用哪一家电力供应商提供的电力，用户都必须交纳同样的SBC，因此用户无法通过选择电力供应商来逃避交纳SBC。

加州系统效益费的标准是0.3—0.45美分/千瓦时，相当于在平均电费中外加3%。加州政府通过征收系统效益费，在1998—2001年的4年内将为终端电力能源效率筹集8.72亿美元的资金。该项资金将用于支持该州的电力公司开展终端节电项目、支持节能技术的研究和开发，促进节能产品和节能服务的新市场的发展等。全美国20多个州仿效加州，建立和实施了系统效益收费制度。

2000年夏季，加州发生了严重的电力危机，对加州经济造成了极大的冲击，严重地影响了加州居民的日常生活。加州电力危机的形成有多方面的复杂因素，其中一个重要原因是：虽然加州建立了系统效益收费制度，但电力重组后加州对能源效率的投资力度较重组前大为减弱，这在较大程度上导致了加州电力需求的快速增长。加州电力危机使得加州政府更深刻地认识到提高终端电力能源效率的重要性，州政府针对电力危机采取的补救措施之一是，州立法机构通过法案，决定将SBC的实施期延长10年，为能源效率等筹集超过55亿美元的资金。

对节能产品减免部分税收，是美国联邦政府和州政府提高能源利用效率和居民节能意识的重要措施之一。在布什政府2001年财政预算中，对新建的节能住宅、高效建筑设备等都实行减免税收政策，这一政策有效地促进了节能型设备和产品的大规模推广和使用，较好地实现了节能和环保的目的。其具体规定为：

（1）新建节能住宅减税政策。在2001年1月1日—2003年12月31日期间，凡在（国际节能标准）IECC标准基础上节能30%以上的新建建筑，减免税1000美元；在2001年1月1日—2003年12月31日期间，凡在IECC标准基础上节能50%以上的新建建筑，减免税2000美元。

（2）建筑设备减税政策。各种节能设备根据所判定的能效指标不同，减税额度分别为10%或20%。例如，对如下两种设备的减税额度达20%：凡符合能源部测试程序和标准，能效系数经检测为1.7以上的节能型电热泵热水器，每台设备减税最高可达500美元；制热能效系数在1.25以上、制冷能效系数在0.7以上的节能型天然气热泵，每台设备减税最高可达1000美元。

2. 日本

日本的《节能法》于1979年颁布实施。1994年6月，日本内阁对通产省提出的《90年代能源供应和需求的长期展望》进行第一次修改，明确了日本能源供应和需求目标。1997年京都会议上，日本承诺温室气体比1990年减排6%。为实现这一目标，1998年日本对《节能法》进行修订并对《90年代能源供应和需求的长期展望》进行再次修改，提出了新的节能目标，强调对工业、建筑、交通部门采取更为严格的节能措施，控制能源需求增长，减少温室气体排放。其中，要求工业部门要切实贯彻落实《节能法》，继续实施以自愿行动计划为主的现行措施；要求建筑部门改善相关设施的能源效率，提高住宅和建筑物节能性能，实行能源需求侧管理；要求交通部门实现交通和物流的合理化，加速经济型轿车的推广和品种多样化；要求其他部门制定有效措施，大力开展节能教育，搞好公共部门节能。

日本修改后的《节能法》，对重点用能企业的责任、政府对节能管理的职能都做了严格的界定：年消耗燃料300万升标油或1200万千瓦时以上电力的为一类重点用能单位；年消耗燃料150万升标油或600万千瓦时以上电力的为二类重点用能单位。重点用能企业必须配备专职能源管理士，每年向通产省及相关部门报告能耗状况。如不能按期完成节能目标，又提不出合理的改进计划，主管部门有权向社会公布，责令其限期整改，并处以一定罚金。《节能法》规定，通产省直接管理4000多家一类和6000多家二类重点用能企业的节能，包括根据评价标准采取合理的节能措施，任命能源管理士，开展节能宣传，统计和报告能源管理状况等。

日本针对主要用能设备实施领先产品能效基准制度。对汽车和电器产品（包括家用电器、办公自动化设备等），分别制定不低于市场上商品的最好能效水平的标准，并明确实现目标的年限。生产相应产品的企业，要按照领先产品的标准，最大限度地提高现有产品的能效水平，否则将受到劝告、公布企业名单、罚款等处罚。其他产品如煤气与石油器具、自动售货机、电气便座、变压器等的领先产品能效标准也正在制定中。

日本还实施了强制性的建筑节能设计标准。

1992 年日本制定了房屋设备装置的能效标准。为了与欧洲和北美等寒冷地区的节能标准对应，从 2001 年 4 月起，日本执行更严格的采取设备能效标准，并规定了建筑物所有者的责任：必须对外墙和门窗采取保温隔热措施，以减少热损失；进一步提高空调、照明、通风、热水器、电梯等系统和设施的能源利用效率；对未达标的建筑物提出改造计划等。日本的建筑节能取得了很大成效。住房小而精、小而美，道路体系布局合理、利用充分、运行高效，体现了节约型社会的特点。日本节能中心在全国范围内随机选取 800 个家庭，为其安装可以测试能耗量和能源成本的仪表。调查结果表明，1998 年这些家庭的电力消耗比上一个年度平均减少了 20%。

日本政府非常重视节能宣传教育工作。除节能日（每月第一天）、节能月（每年第二月）在全国开展节能技术普及和推广及形式多样的宣传活动外，还规定每年 8 月 1 日和 12 月 1 日为节能检查日，检查、评估节能活动效果及生活习惯的变化。日本的节能中介组织还通过开展各种活动，提高公众的节能意识。如节能中心在中小学校开展建立"节能共和国"活动，组织教师和学生参加节能宣传教育。该活动不仅得到中小学校的积极响应，公司、协会和大学也参加到了这一活动中。全日本已成立了 59 个"节能共和国"，其中的 3726 位成员来自小学。日本培养资源忧患意识从儿童抓起，由此可见一斑。

3. 英国

2001 年，英国设置了气候变化税，它是一种针对工业部门能源消费和二氧化碳排放而征收的专项税，电力按照 0.043 镑/千瓦时征收，天然气按照 0.015 镑/千瓦时（根据热当量换算）征收。英国通过征收气候变化税，每年可筹集到 10 亿英镑的资金，20% 用于支持节能，其中的绝大部分由一个名为碳基金（ETSU）的非赢利机构管理和运作，用于支持工业部门和公共部门采用已有的低碳技术以及支持所有部门新型低碳技术的开发、研究和创新。

碳基金支持和管理三个节能项目。一是能效最佳实践项目（2002 年改为能源行动计划）。该项目 2001 年的预算为 2700 万欧元。其支持内容包括节能信息传播、节能指导、研究和开发支持，并主要针对中小企业。对节能方面的研究和开发资助，最高可以达到研究与开发总成本的 49%。二是低碳创新项目。该项目采用多种激励机制（税收激励、补贴、贷款）来促进新型低碳技术的开发和商业化；2001 年该项目的预算为 3600 万欧元。该项目不仅支持节能设备的开发，而且也支持任何能提高企业能源效率的方法措施，如培训、研究和开发、环境管理系统软件的开发等。在该项目下，碳基金类似一个风险投资公司对某些项目进行融资支持，并以碳减排作为回报，而不是以资金作回报。通过该项目，碳基金对一些创新项目进行支持，这些项目可能会在短期内（主要是以现存技术为对象的项目）、中长期内（以新技术为对象）取得较为明显的碳减排效果。三是资本津贴计划。该项目由碳基金和财政部共同管理，通过提供特别折旧优惠（节能项目的总投资在第一年可全部折旧）而促进节能投资；2001 年该项目的预算为 1.13 亿欧元。

英国环境、食品与农村事务部对碳基金的运作进行监管。如果对项目的资金投入较小，则碳基金可以自己决定；如果资金投入较大，则需要政府部门、碳基金和企业等方面组成的专家组共同讨论决定。

在实施信息项目刺激和促进节能节电方面，英国获得了相当的成功。英国分别于 1978 年和 1989 年启动和实施了两个节能信息项目："节能示范项目"和"最佳实践项目"。英国政府为这两个节能信息项目的实施提供了持续的资金支持，能源技术服务单元（ETSU）则负责项目的具体实施。英国政府为每一项目规定的工作指标不仅包括项目期内因所传播的信息而刺激产生的年度节能量，而且还包括项目总的效益/成本比。对于"最佳实践项目"，所制定的效益/成本比为：到 2000 年实现 5 英镑年节约/1 英镑英国政府资助。

ETSU 所开发的节能信息全部免费提供给英国企业使用，以刺激企业投资和实施节能节电项目，从而大大减少工业能耗。这两个节能信息项目的运作都很成功，均达到了通过有效地传播节能信息来刺激英国企业对节能项目进行投资，从而导致产生了显著的节能节电效果。

4. 加拿大

在加拿大，由于 20 世纪 70 年代石油危机的冲击和公众环保意识的增强，加拿大联邦政府和地方政府开始重视和支持节能。在联邦政府的支持下，魁北克省政府与电力公司合作成立了加拿大首家节能服务公司 ESCO（Energy Service Company），经过几年运行，展示了它的盈利机会和生命力。这之后新的 ESCO 在加拿大不断涌现，并得到了发展。加拿大联邦政府和地方政府都支持ESCO，并要求政府机构接受 ESCO 的服务。加拿大的多家银行为 ESCO 提供资金支持。据加拿大 ESCO协会估计，加拿大的节能服务市场潜力约 200 亿加元。1990—1994 年，该协会所属公司的营业额每年递增 60%。1994 年，全加拿大 ESCO 项目的总投资规模约 2 亿加元。

1992 年，加拿大政府开始实施"The Federal Buildings Initiative"（FBI）计划，其目的是帮助各联邦政府机构与 ESCO 合作进行办公楼宇的节能工作，并制定了在 2000 年前联邦政府机构节能 30% 的目标。联邦政府对政府机构与 ESCO 的合作提出了规范：单个合同不超过 2500 万加元，合同期不超过 8 年；必须以节能效益回收投资；如果涉及楼宇改造升级，能源费用不能超过原水平；政府机构只能与通过资格审查的 ESCO 进行合作；项目采购必须通过公开招标（QBL）。FBI 计划提供的支持和服务包括：培训；编制指南和合同样本；审查 ESCO 的资格；审查合同，提出修改建议；认可设备加速折旧的优惠等。

5. 西班牙

在欧盟国家中，西班牙是电力相对短缺的国家之一。因此，节约能源、保护环境成为西班牙节能服务公司产生和发展的契机和动力。政府在扶持节能服务公司的发展方面，不仅通过政策支持为节能服务公司的发展创造一个良好的环境，而且在市场开拓、技术开发、风险管理、运行机制等方面为私人公司做出示范。具体的做法是：将 20 世纪 80 年代隶属于贸工部的能源研究所，逐步改制为兼有政策研究和项目示范双重功能的能源机构——IDEA，该机构不仅为西班牙政府制定节能政策提供咨询服务和技术支持，而且也是一个地地道道的节能服务公司。但 IDAE 作为节能服务公司所开发的项目带有拓展和示范性质，特别是在项目融资、合同能源管理形式以及项目风险管理等方面，均在全国先行一步。一旦项目运行成功，就将有关的项目运行机制、市场潜力等通过各种媒体介绍给私人节能服务公司。如果私人公司启动这些项目后，IDEA 就退出该市场，把好的市场和机会留给私人节能服务公司，然后再去开发新的项目和市场。西班牙私人节能服务公司之所以在全国发展迅速，除了其潜在的节能市场和政府的相关配套政策以外，IDEA 的先导和示范发挥了很大的作用。

6. 荷兰

荷兰是自愿协议开展最早、覆盖面最广、实施效果较好的国家之一。1992 年，荷兰政府与工业企业签订了长期协议（LTA）。长期协议是荷兰提高能源效率的主要政策工具。与工业界签订的长期协议的目标是能源效率到 2000 年比 1989 年提高 20%。与政府签订协议的 29 个工业行业占荷兰工业能源消费的 90%。由于协议得到了有效实施，协议中规定的节能目标得以实现，1989 年到 2000 年能源效率实际提高了 22%。

荷兰政府提供的优惠政策包括信息服务、节能技术提供、碳税减免以及免受环境许可管制。惩处措施包括丧失上述优惠及回归环境许可管制。荷兰企业对长期自愿协议普遍持欢迎态度，因为参与自愿协议有诸多好处，包括：可以得到国家不再采取新的、更严厉的法规来强制进行节能减排的承诺；行业的减排目标可以由所有的企业共同承担，因此个别企业即使短期内达不到目标也可以不受处罚；行业或企业可以得到政府的减免税、补贴等优惠和奖励；企业可以在相对灵活的时间里采取相对灵活的方式来完成节能减排目标。

7. 丹麦

1993 年丹麦政府针对工业和服务业引入二氧化碳排放税。为了实现二氧化碳和二氧化硫双重减排目标，1995 年丹麦议会通过一系列的环保新措施，其中包括 1996—2000 年大幅增加二氧化碳排放税及新征收二氧化硫排放税。为了减小排污税对高耗能行业竞争力的影响，该法规允许与丹麦能源署签订提高能效协议的公司和行业享受税收减免。该计划的总体目标是到 2005 年丹麦工业和服务业的二氧化碳排放量比 1998 年减少 4.6%。

丹麦对二氧化碳排放税全部开征后，成为世界上对工业征税最高的国家。因此，该项税收的设置充分考虑了对企业竞争力的保护，以及尽量减少财富在不同公司、行业和部门之间的再分配。2000 年二氧化碳排放税征收额达到 5 亿欧元，占国家财政收入的 1% 左右。所征得的税收将用于降低企业的非工资部分的劳动力成本，如果以不变税率计征，这项税收将对劳动力密集型服务行业有利。

税率的高低取决于能源的用途。因此，要求企业针对内部不同的能源用途加装不同的计量仪表。所划分的三种能源类型包括：建筑物取暖、轻工业工艺和重工业工艺。其中重工业工艺包括 35 种工艺，例如冶炼、水泥熟料生产、制糖等，这些重工业工艺过程的能源消耗占丹麦整个工业能源消费的 61%。在服务业，能源消费划分为轻加工过程和建筑物取暖。高耗能行业重加工过程的二氧化碳税率较低。同时，如果企业和能源署有协议，实际征收的二氧化碳税率还将进一步降低。对于不同的能源类型，收税标准则取决于燃料的能源密度、含碳量和含硫量。（见表 21－24）

表 21－24

丹麦 2000 年二氧化碳实际收税标准

单位：欧元/吨 CO_2

有无协议	建筑物取暖	轻工业工艺	重工业工艺
无协议	79.0	12.0	3.1
有协议	79.0	9.0	0.4

数据来源：根据欧盟相关资料整理。

8. 欧盟

欧盟主要采取强制性能效标准、强制性能效等级标识和自愿性能效目标协议等政策和措施，促进其成员国产品能效水平的提高。从 1992 年起，欧盟开始实施强制性能效等级标识制度，并由欧洲委员会直接负责管理和组织实施，其依据是 1992 年 9 月欧洲委员会颁布的欧盟统一能效标识法规——92/75EEC 能效标识导则。至 2000 年 6 月，欧盟先后发布并实施了家用电冰箱、洗衣机、照明器具、空调器等能效等级标识实施细则。

从 1996 年起，欧盟开始实施能效标准，并为此制定了相应的技术法规。由于欧盟法律未授权欧洲委员会直接制定或修订能效标准，相反，每一项能效标准必须得到各成员国国会/议会的批准方能生效，致使欧盟能效标准的制定、修订周期较长。欧盟仅针对两类产品制定了统一的最低能效标准。

欧盟通过实施强制性能效标准和标识取得了明显的经济效益，并使欧洲市场中的低效产品被逐步淘汰。以家用电冰箱为例，1992—1996 年，其能效水平提高了 10% 左右；到 2000 年，其节电量达到 8.5 太瓦时/年；到 2010 年，其节电量将达到 26 太瓦时/年，累计减排二氧化碳将达到 104 百万吨。按目前的电价计算，到 2020 年，家用电冰箱的节电价值将达到 46 亿欧元。

第七章

世界主要国家和地区能源环境保护

美国能源环境保护

美国是世界上经济实力最强大的国家，同时也是资源高消耗、污染高排放以及生活高消费的工业化国家典型代表。美国是世界上最大的能源消费国，2001 年一次能源消费量达 2281.41 百万吨油当量，占全球能源消费总量的 23%。美国的能源消费结构中，优质能源比例较高，石油占 39%、天然气 23%，煤炭 22%、核电 7%。由于总量巨大，燃料燃烧产生的各种污染物数量惊人。据美国环保局统计，美国每年向大气排放的各种污染物总量达 1.6 亿吨，其中大部分来自能源利用。

美国是世界上最大的煤炭消费国之一。2001 年煤炭消费 10.6 亿吨，其中 9.64 亿吨用于发电，供应全国 51% 的电力。燃煤发电产生大量二氧化硫、颗粒物等污染物及温室气体排放。近年来，由于“酸雨计划”和《清洁空气法修正案》的实施，二氧化硫等污染物排放控制取得明显效果。从 1984 年到现在 2000 年，二氧化硫、一氧化碳、颗粒物、烟雾、二氧化氮等主要污染物大幅度降低。其中能源活动产生的二氧化硫排放由 1980 年的 2139 万吨下降到 2000 年的 1488 万吨。

美国的交通部门是主要的耗能部门和污染大户，排放大量氮氧化物、颗粒物、二氧化硫，并间接产生地面层臭氧。二次世界大战后，西方发达国家发生了震惊世界的“八大公害”事件，其中之一就是 1954—1955 年在美国洛杉矶发生的光化学烟雾事件，死亡 4000 人。这是典型的汽车排放氮氧化物和碳氢化合物产生的环境污染。

美国还是世界上最大的温室气体排放国，2001 年与能源活动相关的二氧化碳排放量达到 1883 兆吨碳，占全球排放总量的 24%，比 1990 年增长 10% 以上。美国的人均二氧化碳排放也是全世界最高之一，为 5.3 吨碳，相比之下，加拿大为 5.3 吨碳，法国 1.8 吨碳，意大利 2.1 吨碳，日本 2.5 吨碳。2001 年总统布什宣布美国不批准《京都议定书》，逃避了减排温室气体的责任。

欧盟能源环境保护

欧盟15国经济发达，国情多样，消耗了大量能源资源。能源使用是温室气体和酸性污染物的最大来源。1990—2000年间，欧盟15国终端能源消费持续增长，增长的主要来源为交通部门、民用和商业部门。欧盟的能源消费结构中以化石燃料为主导，但天然气逐渐取代煤炭，以及核能、可再生能源的增加使能源结构变得清洁。

从1990年以来，与能源活动密切相关的PM_{10}、二氧化氮和二氧化硫排放以及酸沉降逐年下降，但地面臭氧浓度近年不断上升，细微颗粒物成为欧洲城市居民健康的一大威胁。到2000年，欧盟各国的硫化物沉降下降显著，大片土地不再受酸雨的威胁。但欧洲很多地区的大气污染物浓度还高于欧盟设定的2005—2010年达到的标准。在一部分地区，酸沉降和富营养化物质沉降已超过了临界值。

欧盟15国温室气体排放量大，人均排放高。2001年，能源活动产生的温室气体排放为3358百万吨碳，比1990年增长了1.1%。1990年以来，欧盟大多数国家民用和交通部门能源消费不断增长。但最大排放国德国和英国，由于经济和政治原因，煤炭消费大幅度下降，天然气取代煤炭发电，原东德工厂关闭和能源效率的提高，不经意中为削减温室气体排放作出了重要贡献。因此，欧盟整体能源活动产生的温室气体增长缓慢。

欧盟对议定书的承诺是在2008—2012年期间，将其温室气体排放相对于1990年水平减少8%，在发达国家中是最高的减排目标。欧盟各国的经济发展水平不同，经济实力和减排潜力差距很大，完全一致地实现8%的减排承诺存在困难，因此欧盟达成了内部分担协议，重新分配了各国的减排目标。（见表21-25）

英国能源环境保护

英国是工业化最早的国家，曾经饱受环境恶化的折磨。20世纪50年代，首都伦敦长年累月笼罩在烟雾、尘埃和废气之中，发生了著名的伦敦烟雾事件，两个月内成千上万的呼吸道疾病患者死亡，祸首就是燃煤排放的烟尘和二氧化硫。

英国是大西洋中的岛国，海风强烈、河流短小，洋流活跃，这些自然条件使大气和水中的污染物更容易吹走和稀释。利用这一特点，英国环境政策中对燃煤电厂采用高烟囱和污水的长距离海中排放，结果虽然本国环境质量得到改善，却造成了北欧国家的酸雨问题和对国际海域的污染。

20世纪70年代到现在，一系列法律、法规、标准和政策的实施，以及能源结构的改善，使英国的环境质量有很大改善。到2001年，主要大气污染物二氧化硫、氧化氮、颗粒物和铅等排放比1990年分别下降了68%、36%、39%和80%。发电由煤炭转向天然气、民用采暖煤炭减少、汽车采用催化转换器、使用低硫无铅汽油等都为降低污染物排放做出了贡献。但公路交通燃料消耗依然迅速增长，2000年相比1980年增加了40%以上，是大气污染的罪魁之一。据统计，英国大气中27%的二氧化硫、70%的氮氧化物和30%的碳排放来自交通部门。

2000年，英国人口只有5950万左右，却消费了世界上2.5%的能源，二氧化碳排放占全球排放的2.3%。英国在《京都议定书》中承诺到2008—2012年，其温室气体排放相对于1990年需减少8%，在欧盟内部分担协议中增加到12.5%。1990年以来，英国逐渐取消煤炭补贴、关闭煤矿、天

表21-25

欧盟温室气体排放减排内部分担协议

国　家	减排目标(%)	国　家	减排目标(%)	国　家	减排目标(%)
比利时	-7.5	法　国	0.0	奥地利	-13.0
丹　麦	-21.0	爱尔兰	+13.0	葡萄牙	+27.0
德　国	-21.0	意大利	-6.5	芬　兰	0.0
希　腊	+25.0	卢森堡	-28.0	瑞　典	+4.0
西班牙	+15.0	荷　兰	-6.0	英　国	-12.5

数据来源：《欧共体温室气体排放》，2001年。

然气和核电替代煤炭发电，获得了意外的温室气体减排成果。1990—2000年，能源活动产生的二氧化碳排放从1.67亿吨下降到1.47亿吨，幅度高达12%，是除前苏联和东欧集团以外极少数温室气体排放呈下降趋势的国家之一。

日本能源环境保护

第二次世界大战之后，日本在一片废墟上创造了经济奇迹，成为世界上第二大经济强国。只顾经济增长曾使日本的环境受到严重破坏。在经济腾飞阶段，日本建立了以高耗能产业为主的经济结构，包括重化工、钢铁、造船、石化和制铝等，它们大量消耗煤炭和石油，是二氧化硫、二氧化碳、氮氧化物和颗粒物的主要排放源。20世纪80年代以来，日本在节能和环境保护方面取得很大进展。60年代到90年代末，大气中二氧化硫浓度从百万分之0.058下降到百万分之0.007。但由于能源消费持续增长，核废料、道路交通、空气污染等能源环境问题也在增加，能源活动产生的氮氧化物排放还没有出现下降的趋势。

日本各种自然资源包括能源资源贫乏。为了减少对进口能源的依赖，日本大量发展核电，目前核电占发电总量的30%左右。但核泄漏事故频繁发生，损坏大气和土壤并威胁人类生命健康。1995年12月，福井县顿贺市的“文殊”号快中子反应堆发生液态纳泄漏事故；1997年3月，茨城县的核燃料工厂发生爆炸，数十名员工受到辐射；1999年9月，位于茨本县的JCO公司的一家核燃料工厂发生严重核泄漏事故，24人在核辐射中受伤。

日本是世界上第四大能源消费国和温室气体排放国。2001年其与能源活动相关的二氧化碳排放量达到1132.31百万吨碳，占全球排放量的4.8%左右。日本在京都议定书中承诺到2008—2012年，其温室气体排放相对于1990年需减少6%。但本国缺乏可再生能源资源，能源利用效率已达到很高水平，以及近期钢铁和汽车生产增加，使日本履行承诺减排二氧化碳变得非常困难。

印度能源环境保护

印度是世界上人口第二大国，处于工业化阶段，面临严峻的环境问题。她是世界上很少数以煤炭为主的国家之一，发电总量中61%来自燃煤电厂，因此二氧化硫、烟尘和氮氧化物的排放量很高，大气污染普遍存在。1974年在孟买首次发现酸雨，后来喀拉拉邦也相继出现酸雨。90年代以来，由于大量使用化石燃料，空气中二氧化硫的浓度几乎翻了一番。

印度的电源结构中24%来自水电。水电工程除了产生防洪、灌溉、航运、供水、水产、旅游等有利的环境影响，也会有不利影响。印度修建水坝、开发水电造成森林砍伐、农田减少、历史文化景观消失，喜马拉雅生态系统破坏、土著移民、地震等环境负面影响。因此水电的开发在印度一直受到人民的抗议。据1999年印度环境公报统计，从1973年到1997年，有13起严重的居民抗议修建水电站的事件，其中有些争斗已经数十年。

印度80%的工业集中在九大城市，以能源强度高的炼油厂、造纸厂、化工厂、纺织、钢铁、水泥和燃煤电厂为主，造成了严重的城市环境污染。1990年WHO和UNEP列出的世界上空气污染最严重的20个城市中，印度三个城市加尔各答、德里和孟买榜上有名。

在特大城市中，交通污染变得越来越严重。机动车数量由1951年的30万辆增加到1997年的3720万辆。但汽车破旧、采用2冲程发动机、交通拥挤、路面质量差以及落后的汽车技术使汽车排放问题加剧。

印度是贫穷的发展中国家，大量农村居民生活还依靠生物质能这一非商品能源，生物质能占全国能源总需求的30%左右。居民炊事、取暖燃烧薪柴、秸秆、粪便等，燃烧器具落后，排放出大量的细微颗粒物、有机化合物、一氧化碳和多环有机物等，严重污染室内空气，引起呼吸道疾病和癌症，对健康造成极大损害。

印度是能源消费和温室气体排放大国。其排放特点是人均排放低，为0.25吨碳，不到世界平均水平的1/4，是美国的1/22；但排放总量增长迅速，2001年与能源活动相关的二氧化碳排放量达到1013.45百万吨碳，比1990年增长了约60%，这主要是经济快速增长、高耗能行业不断增加和能源效率低下造成的。

巴西能源环境保护

巴西是发展中大国，人口众多(2001 年为 1.72 亿)，经济发展水平不高。能源消费水平低，2001 年一次能源消费量 185.08 百万吨油当量，仅占全球能源消费总量的 1%。人均一次能源消费 1.07 油当量，为世界平均水平的 65%。巴西能源结构最突出的特点是可再生能源比例高，达到 50% 以上，包括水电、薪柴、木炭、甘蔗秆制造的乙醇燃料。

巴西的能源环境问题主要有石油泄漏、燃料燃烧产生的大气污染、开发水电引起的洪涝和森林砍伐等。巴西水力资源丰富，在辽阔富饶的土地上有亚马逊河、托坎廷斯河、圣弗郎西斯科等河系。巴西的电源结构中 93.5% 的电力来自水电(2000 年统计)，是全世界水电比例最高的国家之一。但是水电开放对环境产生负面影响，如洪涝、森林砍伐和土著移民问题。土著人口的移民问题主要是使土著居民获得合理的经济补偿，以及规划建设新的聚居地。

由于人口增长迅速和城市化使巴西的城市大气污染问题比较突出。交通拥挤和汽车尾气造成大量硫氧化物、氮氧化物和温室气体排放。据统计，2000 年，燃汽油和柴油的汽车每千米硫氧化物排放分别为 0.16 克和 0.43 克。世界卫生组织的研究表明，在巴西最大城市圣保罗，由于汽车等排放导致大气中二氧化氮浓度增加，造成 5 岁以下儿童呼吸道疾病导致的死亡增加了 30%。日益增长的汽车大军使巴西的城市大气污染问题越来越让人担忧。

但巴西的汽车替代燃料在世界上独树一帜。早在 20 世纪 70 年代，为了应对石油危机，巴西就开始开发汽车替代燃料。巴西利用甘蔗秆和蔗渣制成的乙醇燃料与汽油混合作为汽车燃料，比例达 20%，或完全采用乙醇为汽车燃料。乙醇燃料替代了石油并减少了污染物和温室气体的排放。到 2000 年，汽车用酒精燃料消费达 1060 亿升。

近年来，石油开采产生的泄漏在巴西频繁发生，造成严重的环境破坏。国家石油公司——巴西石油公司因此声名狼藉。2000 年 1 月，在里约热内卢 Guanabara 海湾发生了最严重的一起管道泄漏，有 340000 加仑(128 万升)原油泄漏。2001 年 11 月，一个水下输油管道向海湾泄漏了 30000 加仑(11 万升)原油。2001 年 3 月，在 CamposBasin 海上钻井平台 36 号发生爆炸，323670 加仑(122 万升)柴油倾泻入海。

巴西每年能源消费总量较高，但电力结构以水电为主导，因此能源相关的二氧化碳排放较低，2001 年其与能源活动相关的二氧化碳排放量为 311.87 百万吨碳，占全球排放量的 1.5%。在西半球位于美国、加拿大和墨西哥之后，名列第四。巴西人均排放二氧化碳排放水平较低，为 1.81 吨，不到世界平均水平的一半。

第八章

主要国际组织与能源机构

阿拉伯石油输出国组织(OAPEC)

1968年1月9日，科威特、利比亚和沙特阿拉伯三国在贝鲁特创建了阿拉伯石油输出国组织(Organization of Arab Petroleum Exporting Countries)，总部设在科威特城。

OAPEC共有11个成员国，它们是阿尔及利亚、利比亚、巴林、埃及、伊拉克、科威特、卡塔尔、沙特阿拉伯、叙利亚、突尼斯、阿拉伯联合酋长国。其中，突尼斯自1986年以来在它自己的要求下，其成员国资格一直被冻结。

OAPEC的宗旨是：协调成员国间的石油政策，协助交流技术情报，提供训练和就业机会，探讨成员国之间在石油工业方面进行合作的方式和途径，利用成员国的资源和潜力，建立石油工业各个领域的联合企业，维护成员国的利益。

OAPEC的原则是：不干涉和不违背石油输出国组织权威性机构讨论决定的石油政策。

最高权力机构为部长理事会，由各成员国的石油部长组成。理事会主席由成员国每年轮流担任，每年召开两次会议；执行局由各成员国副部长组成；秘书处的秘书长任期为四年，按理事会和执行局制定的政策处理日常事务。由秘书长领导，下设经济、技术、石油开采和生产、新闻信息、公关管理和财政等部门。另设有仲裁法庭，由正副庭长和五名法官组成。主要出版物有：《阿拉伯石油输出国组织月报》、《能源观察》(季刊)、《石油与阿拉伯合作》(季刊)和《秘书长年度报告》。

OAPEC兴办的联合企业有：阿拉伯石油海运公司、阿拉伯船舶制造和修理公司、阿拉伯石油投资公司和阿拉伯石油服务公司等，在巴格达还建立了阿拉伯石油培训学院。

该组织已与阿盟、海湾合作委员会等地区的经济和社会组织，欧盟、欧佩克、联合国开发计划署、联合国环境规划署、联合国贸发会议、伊斯兰发展银行等政府组织以及国际能源机构等非政府组织建立了联系，参加各种形式的讨论会，并与非阿拉伯国家的组织举办了多次讨论会。1973年年初这个组织成员国已探明的石油蕴藏量约为3823亿桶(520亿吨)，约为世界蕴藏量的57%。1973年其石油产量是8.82亿吨，约占世界总产量的31%。1974年，石油产量估计为8.63亿吨，约占世界总产量的30%。到2003年底，其石油储量为8820亿桶(1204亿吨)，占世界石油储量的76.9%，产量为3038.3万桶/日，占世界石油产量的39.7%。

E7

E7(Seven Electrical Utilities Group)原名G7，成立于1992年，是世界八家最大电力公司组成的国际行业组织。成员是：法国电力公司(Electricite de France)、意大利ENEC、加拿大魁北克水电公司(Hydro Quebec)和安大略水电公司(Ontario Hydro)、日本关西电力公司和东京电力公司、德国RWE AG、美国南加利福尼亚爱迪生电力公司(Southern California Edison)。E7的宗旨是取得跨国公司可持续能源发展活动的经验。活动包括：发电优化，改进输电，促进电力合理利用，支持可再生能源开发，帮助发展中国家可持续能源发展，推进减少二氧化碳排放的联合履约行动等。

国际大坝委员会(ICOLD)

国际大坝委员会(International Commission on Large Dams)于1925年成立，作为世界动力会的一个国际组织进行活动。1967年脱离世界动力会议，成为一个独立的民间学术组织，现有78个成员国，总部设在巴黎。其宗旨是：通过信息汇集和科学研究，促进大坝设计、施工、运行和维护，以及相关的土木工程和水电站技术的改进。每三年召开一次大会，1988年第十六届大会在旧金山举行。1974年该组织接纳中国为正式成员国。1973年，中国代表作为观察员列席了国际大坝委员会第四十一届执行会议和参加了第十一届大会，提交了两篇论文。1974年，第四十二届执行会议通过中国为正式成员国。以后的历届大会和执行会议，中国均派人参加，并提出过10篇论文。

国际大电网会议(CIGRE)

国际大电网会议(International Conference on Large High Voltage Electric System Conference, Conférence International des Grands Réseaux Electriques à Haute Tension)于1921年成立，是设在巴黎的一个国际学术组织。1998年个人会员3500名，集体会员850个，国家和地区委员会52个。其宗旨是促进各国间发电和高压输电方面的科技知识与信息的交流，包括：电厂和设备、电缆、架空线和变电所、电力系统。每两年召开一次国际大电网会议。该组织设有理事会、执行委员会、技术委员会和研究委员会。理事会现由51名成员组成，具有决策权；执行委员会现由13名成员组成；技术委员会由15个研究委员会的主席组成。中央办公室设在巴黎，负责协调日常事务。各会员国中设有国家委员会。每两年召开一次大会。至1998年已在法国巴黎举行过37届大会。

出版物有国际大电网会议会刊《Electra》(双月刊)，《国际大电网会议通报》，《国际大电网会议论文集》(每两年出版一次)。出版物中均同时用英、法两种文字表述。

国际发供电联盟(UNIPEDE)

国际发供电联盟(International Union of Producers and Distributors of Electrical Energy)是国际民间行业组织，1925年在巴黎成立，成员有36个国家的发电和配电商协会及个人。宗旨是：开展国际合作研究，以提高发电、输电和配电的技术水平；保护电能经营者的权益；协调本行业与相关行业的关系。

国际节能研究所(IIEC)

国际节能研究所(International Institute of Energy Conservation)创建于1984年，为非盈利研究机构。1989年设立“创建高效、可再生的未来”研究组织，作为美国土木建筑工程师协会的一个分会，目的是通过创新促进设计和建筑业的发展。该研究所的宗旨是研究处在工业化过程中的国家和转型期国家的能源可持续发展，促进这些国家经济社会的可持续发展。总部设在华盛顿和伦敦，在北京、曼谷、马尼拉、里约热内卢、布宜诺斯艾利斯、约翰内斯堡以及印度、俄罗斯、乌克兰等国家设有地区或项目办公室。研究所工作人员包括能源政策分析专家、营销专家、财务专家和工程师。客户包括：美国和外国政府、基金会、多边发展机构、私人部门。主要活动有：政策研究、培训和技术支持、示范项目和示范计划、市场开发、项目财务设计、财务分析等。

国际煤气联盟(IGU)

国际煤气联盟(International Gas Union)成立于1931年，总部设在法国巴黎，是国际煤气工业的民间学术组织，旨在促进和推动国际间煤气工业科学技术的发展。国际煤盟会员有46个国家和地区的煤气组织，它的最高组织是理事会，办事机构是执行局。理事会下设气源、煤气输送、煤气输配、民用及工业煤气燃烧、液化石油气等专业委员会，以开展各项专业技术交流活动。该盟一般每年举行两次理事会议，其主要内容是接纳会员、检查工作报告、审议和部署各项活动，以及处理提案等问题。

第一届世界煤气会议于1931年在伦敦举行。宗旨是以促进技术和经济进步和致力于煤气工程师之间的合作，研究与煤气有关事项。是非营利性国际科技组织。现有会员约50个。

组织机构包括：助理事会(The Council)、常务委员会(The Executive Committee)、技术协调委员会(The Technical Coordinating Committee)、工作委员会(The Working Committees)、总秘书(The Secretary General)、专题组和IGU代表(The Task Forces and Delegates of IGU)。

主要活动为每三年召开一次世界煤气会议，以及每年举行一次常务理事会、一次理事会。中国土木工程学会城市煤气学会以中国城市煤气学会(China City Gas Society)的名义，于1986年加入国际煤盟成为其会员国之一。1989年9月，国际煤气联盟曾在北京举行秋季理事会和专业委员会议。

国际能源机构(国际能源署)(IEA)

国际能源机构(International Energy Agency)是石油消费国政府间的经济联合组织。1974年2月召开的石油消费国会议，决定成立能源协调小组以指导和协调与会国的能源工作。同年11月15日，经济合作与发展组织各国在巴黎通过了建立国际能源机构的决定。同年11月18日，16国举行首次工作会议，签署了《国际能源机构协议》，并开始临时工作。1976年1月19日该协议正式生效。总部设在法国巴黎。

国际能源机构的宗旨是：协调成员的能源政策，发展石油供应方面的自给能力，共同采取节约石油需求的措施，加强长期合作以减少对石油进口的依赖，提供石油市场情报，拟订石油消费计划，石油发生短缺时按计划分享石油，以及促进它与石油生产国和其他石油消费国的关系等。

其理事会为最高权力机构，由各成员国的能源部长或高级官员为代表(一名以上)组成。理事会由煤炭工业顾问委员会和石油工业顾问委员会协助工作；管理委员会是理事会的执行机构，由各成员国的主要代表(一个以上)组成；秘书处包括五个办公室：长期合作办公室，非会员国家办公室，石油市场和紧急防备办公室，经济、统计和情报系统办公室，能源技术、研究与发展办公室。

国际能源机构的主要活动：

(1) 在出现石油短缺时，该机构在成员间实行“紧急石油分享计划”，即当某个或某些成员国的石油供应短缺7%或以上时，该机构理事会可作出决定，是否执行石油分享计划，由该机构各成员国根据相互协议分享石油库存，限制原油消耗，向市场抛售库存等措施。

(2) 该机构还要求各成员国保持一定数量的石油库存，即不低于其90天石油进口量的石油存量。

(3) 在加强长期合作计划方面，该机构采取了加强能源供应的安全，促进全球能源市场稳定，在能源储存上合作，加速代替能源的发展，建立新能源技术的研究与发展，改革各国在能源供应方面立法上和行政上的障碍等措施。

(4) 开展石油市场情报和协商制度，以便使石油市场贸易稳定和对石油市场未来发展有较好的信心，以及加强与产油国和其他石油消费国的关系。

(5) 对能源与环境的关系采取应有的行动，如限制汽车、工厂和燃煤的火力发电厂的排放物，对较干净的燃料进行研究。

(6) 定期对世界能源前景作出预测，供全世界参考。出版物有:《石油市场报告》(月报)、《煤炭信息》(年报)、《电力信息》(年报)、《油气信息》(年报)和《世界能源展望》(年报)。

1997 年国家计划委员会副主任叶青应邀以观察员身份参加于 5 月 22—23 日在巴黎召开的该机构部长级理事会会议。截至 2003 年，成员国有 26 个，中国为非成员国。

国际能源经济协会(IAEE)

国际能源经济协会(International Association for Energy Economics)成立于 1977 年。它是为了应对 20 世纪 70 年代的能源危机而产生，属于全球非盈利的专业协会，为能源、经济专家提供交流意见与经验的论坛。

由以美国为主的 70 多个成员国组成，各成员国有义务提供能源经济领域的思想交流、专业研讨和经验介绍。出版物还有为成员提供《能源月刊》，同时发布其他同步出版宣传品供成员交流。每年定期召开国际能源经济会议。

国际能源论坛(IEF)

国际能源论坛(International Energy Forum)自 1991 年在法国巴黎创办以来，每两年举行一次。此次论坛有来自中国、美国、俄罗斯、日本等国和石油输出国组织(欧佩克)、国际能源机构、世界银行等国际组织的代表参加。

论坛每次在不同国家召开，主要议题也不同，但 1998 年第六次在南非的开普敦召开，论坛的主要目标是为了给油气主要生产和消费国提供更高层次的对话机会，增进国家间在能源事务方面的了解，加强能源生产方和消费方之间的了解，协调能源和经济社会环境发展间的关系研究，通过讨论各国能源政策，交换能源信息并进行多场部长级双边会谈。

国际氢能协会(IAHE)

国际氢能协会(International Association for Hydrogen Energy)于 1974 年 3 月在美国迈阿密成立，是促进氢能发展的国际组织。宗旨是开展氢能系统研究，鼓励各国利用氢能，促进成员之间的合作和信息交流。成员包括奥地利、玻利维亚、巴西、加拿大、中国、埃及、芬兰、法国、尼日利亚、新加坡、英国、美国等 78 个国家和地区的有关组织和个人。每两年召开一次大会。

国际热电联产联盟(ICA)

国际热电联产联盟(International Cogeneration Alliance)成立于 1998 年 8 月，注册办公地点在英格兰，遵照英国法律规定，ICA 采取非盈利的公司形式运作。总部设在比利时，但与比利时政府无关。

ICA 成员主要是能源方面的国际组织，以及世界各国和地区的能源，热电联产与环境等方面的学会、协会和企业。例如欧洲热电联产协会、美国、英国、芬兰、澳大利亚、印度等国家的热电联产协会和索拉透平公司等。ICA 的目标是促进全球热电联产和区域电力的发展，推动全球能源市场的开放与竞争，为成员提供开拓国际市场和了解利用新型产品的场所，推动清洁燃烧与环保组织的项目和制定相关政策，并提供国际权威性见解，为有关成员提供财经方面的服务。

国际太阳能学会(ISES)

国际太阳能学会(International Solar Energy Society)，1954 年成立于美国亚利桑那州凤凰城，最初是由一群热心环境保护的人组成，希望广泛利用太阳能，以保存珍贵的化石燃料，减少二氧化碳排放，通过使用可更新能源，实现世界可持续发展。该组织在 1992 年里约环境与发展大会和全球气候保护中发挥重要作用。被联合国接纳为非政府组织(NGO)，在联合国经社委员会(ECOSOC)中有咨商地位。

宗旨：国际非营利组织，旨在促进太阳能利用的科学技术的发展和国际间的交流。鼓励促进太阳能大规模实际应用于家庭和工业，鼓励太阳能利用的研究开发和产业化工作，为能源研究、工业部门以及政策制定者提供交流和沟通。

设团体会员和个人会员。总部设在德国，区域机构按四大洲分别设立：非洲——南非，亚太——澳大利亚，欧洲——瑞典，南美洲——阿根廷。遍及世界各地的3.5万个会员按地域组织，分布在50多个国家分部(National Section)。会员在国家、区域和全球范围内参加该组织相关的学术活动。设立分部的国家：阿拉伯、阿根廷、奥地利、澳大利亚和新西兰、孟加拉、比利时、保加利亚、加拿大、中国、哥斯达黎加、克罗地亚、塞浦路斯、捷克、丹麦、埃及、芬兰、法国、德国、加纳、希腊、匈牙利、印度、以色列、意大利、日本、韩国、马来西亚、墨西哥、尼泊尔、荷兰、挪威、太平洋岛屿、菲律宾、波兰、葡萄牙、罗马尼亚、俄罗斯、斯洛文尼亚、南非、西班牙、苏里南、瑞典、瑞士、土耳其、英国、美国、津巴布韦。

设理事会、秘书处等机构。主要出版物为《Solar Energy Journal》;《Sun World Magazine》。每两年举行一次国际太阳能大会(ISES Solar World Congress)。

1979年中国科协、国家科委、外交部向国务院请示以中国太阳能学会名义参加该组织。经国务院以1730号文件批准，1980年7月中国太阳能学会正式加入该组织。通过组团参加历届国际太阳能大会，在大会上交流信息和技术，提高我国相关专业水平。近几年参加了国际太阳能学会延伸的氢能、潮汐能、光电能、风能等可再生能源的研究和交流活动，对促进我国能源的可持续发展很有意义。

国际原子能机构(IAEA)

国际原子能机构(International Atomic Energy Agency)，1957年7月29日根据联合国决议成立，总部设在奥地利维也纳。它是隶属联合国系统的一个独立的政府间组织，截至2002年4月，有134个成员国。

IAEA设大会和理事会。大会由全体成员国的代表组成，每年举行一次会议，必要时举行特别会议。大会的主要职能为：选举理事会理事国，核准加入申请，审议理事会提出的年度报告、预算和决算，向联合国提交报告，核准总干事的任命，就理事会提交大会的事项作出决定等。理事会由35个理事国组成，按IAEA《规约》行使职能。IAEA总部设秘书处，总干事为行政首长，受理事会管辖。秘书处下设行政、技术合作、核能、核安全、研究与同位素、保障监督等6个司，与秘书处并列，还设内部审计和评价支助办公室。穆罕默德·巴拉迪现任IAEA总干事，他是1997年9月第41届大会批准任命的。

IAEA《规约》规定，该机构有两大目标，即“谋求加速和扩大原子能对全世界和平、健康及繁荣的贡献”和“尽其所能，确保由其本身、或经其请求、或在其监督或管制下提供的援助不致用于推进任何军事目的”。与此相应，IAEA的活动分为促进核能和平利用和实施保障监督两部分。

IAEA《规约》赋予的保障监督职能就是根据当事国与IAEA缔结的保障监督协定对该国在原子能方向的任何活动实施保障监督措施，使国际社会确信，当事国在履行其“不扩散”和“和平利用”的承诺，并遏制将受保障监督的设施生产不受保障监督的核材料。保障监督协定是当事国根据在有关的国际条约或政府间的双边协议中所承担的不发展和不制造核武器的义务，与IAEA签订并接受其保障监督的专门协定。根据所签协定的法律依据或保障监督范围不同，保障监督协定大体分为三类：项目保障监督型即INFCIRC/66/Rev.2型，这是核出口国的要求，当事国与IAEA签订的保障监督协定，保障监督措施只适用于所涉及的物项及有关设施；全面保障监督型即INFCIRC/153型，这是《不扩散核武器条约》、《拉丁美洲禁止核武器条约》和《南太平洋无核区条约》的缔约国，根据其在条约中承担的义务而与IAEA签订的保障监督协定，保障监督措施适用于当事国一切和平核活动中的一切源材料或特种可裂变材料，俗称“全面保障监督”；自愿提交型，这是核武器国家自愿接受IAEA对其部分和平利用的核设施的监督而与IAEA签订的保障监督协定。

根据1954年第九届联大决议，于1957年成立的专门致力于和平利用原子能的国际机构。现有113个成员国，总部设在维也纳。其宗旨是：谋求加速和扩大原子能对世界和平、健康和繁荣的贡献，确保其本身，或经过请求，或在其监督或管制下提供的援助，不致用于推进任何军事目的。该机构与联合国订有关系协定，但在法律上不是联合国的直属机构。主要活动有：向成员国提供技术援助；与有关国家和国际组织订立“保障协定”，确保技术援助项目不被用于任何军事目的；研究制定核能利用的安全条例，并向世界各国推荐采用；与成员国或专门机构共同进行科学研究；召开科技会议，建立信息网络，出版书刊。1984年1月1日，中国成为该机构的正式成员国。

国际自然与自然资源保护联盟（IUCN）

1948年10月5日成立于法国枫丹白露，原称世界自然保护联盟（The World Conservation Union），1956年6月在英国爱丁堡改为现名（International Union for Conservation of Nature and Natural Resources）。

宗旨：促进人类合理使用自然资源；在全世界推行互相有利的政策；鼓励并帮助对自然的完整性和多样性进行研究和保护；传播科研的信息；开展有关自然以及自然资源保护的教育；帮助改进有关自然资源保护的立法；确保自然资源的合理利用及生态环境。截至1996年6月，IUCN有会员915个，遍及133个国家。按地区分：非洲122个，中南美172个，北美（加勒比）98个，东南亚86个，西亚37个，大洋洲62个，东欧、中北亚44个，西欧259个。按成员分类统计：非政府组织699个，分支机构34个，主权国家77个，政府机构105个。

出版物有：《IUC公报》（IUCN Bulletin）、《世界保护自然战略》（World Conservation Strategy）等。

中国环境科学学会1980年经国家环保局批准以国家会员名义参加IUCN，1997年国际环保局以政府机构名义加入该组织。国家环保局南京环境科学院为该组织非政府组织成员。中国科学院植物所为该组织的联系会员。外交部、国家环保局为该组织A类会员（政府机构）。

海湾合作委员会（GCC）

海湾合作委员会（Gulf Cooperation Council）成立于1981年5月，由沙特阿拉伯、科威特、阿联酋、卡塔尔、巴林和阿曼六个海湾产油国组成。其宗旨是加强海湾各国之间的相互关系和合作；下设石油等专业委员会，其任务是：协调成员国石油开采、炼制、销售、运输、定价以及天然气利用的政策，制定统一的石油政策，对外部世界以及在专业组织和国际组织中采取共同立场。

经合组织核能机构（NEA of OECD）

1958年1月1日成立，原名为欧洲原子能机构，1972年4月20日改为现名——经合组织核能机构（OECD of Nuclear Energy Agency）。2001年有27个成员国（均为OECD成员国）：澳大利亚、奥地利、比利时、加拿大、捷克、丹麦、芬兰、法国、德国、希腊、匈牙利、冰岛、爱尔兰、意大利、日本、卢森堡、墨西哥、荷兰、挪威、葡萄牙、韩国、西班牙、瑞典、瑞士、土耳其、英国、美国。欧共体委员会参与NEA工作。主要任务：（1）通过国际合作，协助成员国保持并进一步发展为和平安全、有益环境、经济地利用核能所必需的科学、技术和法规基础；（2）对政府有关核能的决策以及能源和可持续发展等政策分析中的关键问题，提供权威性评估，并增进公众理解。主要专业活动包括：核安全和核法规、放射性废物管理、辐射防护、核科学、核燃料循环经济和技术分析、核法律和义务、公用信息。

经济合作与发展组织（OECD）

1948年4月16日，为实施“马歇尔计划”，欧洲18个资本主义国家成立了欧洲经济合作组织（Organization for Economic Cooperation and Development）。1961年9月30日，欧洲经济合作组织与美国、加拿大成立经济合作与发展组织，简称经合组织。总部设在巴黎。现有24个成员国：澳大利亚、奥地利、比利时、加拿大、丹麦、芬兰、法国、德国、希腊、冰岛、爱尔兰、意大利、日本、卢森堡、荷兰、新西兰、挪威、葡萄牙、西班牙、瑞典、瑞士、土耳其、英国、美国。主要活动是帮助制定并协调成员国政府的经济和社会福利政策。设有200多个专业委员会或工作小组，其中包括能源政策委员会。

联合国环境规划署(UNEP)

联合国环境规划署(United Nations Environment Programme)1972 年第 27 届联大决定成立，总部设在内罗毕。其宗旨是协调联合国系统内环境领域的活动，促进环境领域的国际合作，评价全球环境状况，提请各国政府注意新出现的具有国际意义的环境问题。在能源方面的工作，主要是评价能源生产和利用对环境的影响。中国 1973 年成为该署理事会成员。

联合国环境与发展会议(UNCED)

联合国环境与发展会议(United Nations Conference on Environment and Development)是联合国于 1992 年 6 月 3—14 日在巴西里约热内卢召开的一次重要国际会议。会上通过了《关于环境与发展的里约热内卢宣言》和制定《21 世纪议程》的决议，其中涉及到许多关于能源与生态环境和人类可持续发展问题；号召各国根据自己的国情制定《21 世纪议程》。会后中国政府即着手编制《中国 21 世纪议程》，并于 1994 年 3 月 25 日经国务院第 16 次常务会议讨论通过，即《中国 21 世纪人口、环境与发展白皮书》。该文件已向世界公布，内容共 20 章，包括发展战略与对策、立法、资金、教育、人口、消除贫困、卫生、居住、农业、工业与交通通信、能源生产与消费、资源保护和利用、生物多样性保护、荒漠化防治、防灾减灾、大气层保护、废物无害化管理、团体和公众参与等。在能源方面特别强调综合能源规划与管理、提高能源效率与节能、煤炭清洁利用、开发利用新能源和可再生能源。

联合国开发计划署(UNDP)

联合国开发计划署(United Nations Development Programme)1965 年 11 月成立。其宗旨是帮助发展中国家加速经济和社会发展，向它们提供系统的持续不断的援助。该署是世界上最大的多边技术援助机构，总部设在纽约，在 100 多个国家和地区设有常驻代表处。援助项目是无偿的，由联合国的 30 多个机构承办。援助项目主要是“投资前活动”和“技术合作”，即派专家进行项目可行性考察，担任技术指导或顾问。中国于 1972 年开始参加该署活动，并当选为该署理事会理事。1979 年 9 月，UNDP 在中国设立了常驻代表处。中国在能源领域与该署进行了多项合作。

联合国粮食及农业组织(FAO)

1945 年 10 月成立，简称粮农组织(Food and Agriculture Organization Of the United Nations)，现有 158 个成员国，总部设在罗马。该组织的宗旨是：提高营养和生活水平，改进粮食和农业产品生产和分配的效率，改善农村人口状况，从而为发展中世界的经济作出贡献，并确保人类免于饥饿。主要活动有：向成员国提供世界粮食形势的分析情报和统计资料，并提出政策建议；帮助发展中国家研究制定农业规划，并组织援助项目；促进农产品的国际贸易；组织农业科技交流。在能源方面，主要研究农业生产中能源利用的经济性。中国是该组织的创始国之一。1973 年当选为理事国，并派出常驻代表。1983 年该组织在北京设立代表处。

联合国人类住区中心(HABITAT)

1977 年，联合国经济与社会理事会所属的住房委员会改为人类住区委员会，并成立了人类住区中心，简称人居中心(United Nations Centre for Human Settlements)，总部设在内罗毕。该中心的主要活动有：人类居住区的规划、筹资和管理；住所与社会服务；能源需求和有效利用；农村居住区的发展；改善贫民窟和违章建筑区。在能源方面，重点是农村能源的利用和环境保护。1985 年以来，中国派观察员出席人类住区委员会的历届年会。

联合国新能源和可再生能源会议(NRSE)

联合国新能源和可再生能源会议(U. N. Conference On New and Renewable Sources of Energy)是根据 1978 年第 33 届联大决议，于 1981 年 8 月

10—21 日在肯尼亚首都内罗毕举行，目的是在世界面临能源危机的情况下，讨论如何加速开发利用新能源和可再生能源的问题，以便满足将来的能源需求，有 150 多个联合国成员国的 4000 多名代表参加。中国派代表团出席了这次会议。会议通过了一项关于开发利用新能源和可再生能源的行动纲领。1983 年成立了政府间开发利用新能源和可再生能源委员会，来指导和监督这一纲领的实施。

欧洲联盟(EU)

欧洲联盟(European Union)简称欧盟。发展过程如下：1951 年 4 月 18 日，法国、德国、意大利、荷兰、比利时和卢森堡签订欧洲煤钢共同体(欧洲煤钢联营)巴黎条约。1957 年 3 月 25 日，6 国在罗马签订了建立欧洲经济共同体和欧洲原子能共同体条约。1965 年 4 月 8 日，6 国在布鲁塞尔签订条约，将以上三个组织合并，统称欧洲共同体。英国、丹麦、爱尔兰于 1973 年，希腊于 1981 年，西班牙和葡萄牙于 1986 年先后加入欧共体。1991 年 12 月，签署马斯特里赫特条约，建立经济和货币联盟，实行共同外交和安全政策，并在司法事务上采取联合行动。欧共体成为范围更大的欧洲联盟的组成部分。1993 年 11 月，马约生效，欧洲联盟成立。1994 年 1 月，12 国建立统一市场。1995 年 1 月 1 日，瑞典、芬兰和奥地利加入欧盟。2002 年 1 月 1 日，欧元(euro)在 11 个成员国(奥地利、比利时、芬兰、法国、德国、爱尔兰、意大利、卢森堡、荷兰、葡萄牙、西班牙)成为单一货币。

2003 年，欧盟有 15 个成员国，除上述 11 国外，还有丹麦、希腊、瑞典、英国。欧盟总部设在布鲁塞尔。2002 年 7 月 23 日，欧洲煤钢联营宣告结束。

1975 年 5 月，中国与欧共体达成建交协议。中国在能源领域与欧盟进行多项合作。

欧洲经济委员会(ECE)

联合国经济和社会理事会(Economic Commission for Europe)于 1947 年建立的区域性常设机构。旨在促进战后欧洲的经济建设，并为各成员国政府提供经济、技术和统计信息。现有 34 个成员国，范围包括欧洲和北美。主要活动有：促进本区域各国之间的贸易和科技合作；研究制定经济政策；改善环境。在能源方面，除研究能源开采、运输、转换和利用的经济与效率外，还设有煤炭、天然气和电力三个专门委员会。煤炭委员会研究改进煤炭开采、洗选和利用的效率等问题；天然气委员会主要研究天然气的输送和合理利用；电力委员会研究电力经济和各种发电技术。

全球环境基金(GEF)

全球环境基金(Global Environment Foundation)是 1990 年由 25 个国家发起的、鼓励发展中国家开展对全球有益的环境保护活动的国际机构，现有 173 个成员国。GEF 主要是以赠款或其他形式的优惠资助，为受援国提供关于气候变化、生物多样性、国际水域和臭氧层损耗四个领域以及与这些领域相关的土地退化项目的资金支持，以取得全球环境效益，促进受援国有益于环境的可持续发展。它是联合国《生物多样性公约》、《气候变化框架公约》的筹资机制和新近签署的《持久性有机污染物公约》的筹资机制。

石油输出国组织(OPEC)

石油输出国组织(Organization of Petroleum Exporting Countries)1960 年 9 月 10 日，由伊朗、伊拉克、科威特、沙特阿拉伯和委内瑞拉的代表在巴格达开会，决定联合起来共同对付西方石油公司，维护石油收入，14 日，五国宣告成立石油输出国组织简称“欧佩克”。随着成员的增加，欧佩克发展成为亚洲、非洲和拉丁美洲一些主要石油生产国的国际性石油组织。欧佩克总部设在维也纳。

石油输出国组织的宗旨是，协调和统一各成员国的石油政策，并确定以最适宜的手段来维护它们各自和共同的利益。

主要机构有：大会，是最高权力机关；理事会，负责执行大会决议和指导该组织的管理；秘书处，在理事会指导下主持日常事务工作。秘书处内设有专门机构——经济委员会，协助该组织把国际石油价格稳定在公平合理的水平上。

出版物有《石油输出国组织公报》(月刊)、《石油输出国组织评论》(季刊)、《年度报告》和《统计年报》。

世界采矿大会(WMC)

世界采矿大会(World Mining Conference)1958年成立，自大会成立起，中国就是该大会的成员国，中国煤炭工业部副部长钟子云被选为该大会国际组委会委员。在一度中断联系之后，中国自1972年起恢复参加该大会及其国际组委会的活动。1981年5月，世界采矿大会国际组委会第48次会议在中国召开。1985年，中国有色金属学会副理事长洪戈被选为国际组委会副主席。

世界煤炭研究所(WCI)

世界煤炭研究所(World Coal Institute)1985年在伦敦成立，由英国煤炭公司和鲁尔煤炭公司发起，美国、英国、德国、澳大利亚、南非、法国、加拿大等15个国家大煤炭公司联合创建。为非盈利学术组织，旨在扩大煤炭利用。

世界能源会议(WEC)

世界能源会议(World Energy Conference)1906年成立，是世界上最早的国际标准化组织。其宗旨是促进电气、电子工程领域的标准化及相关问题的国际合作。活动范围涉及电工技术的各个方面，包括电力、电子、电信、信息技术和核能等。总部设在日内瓦，现有42个成员国。设有81个技术委员会，124个分委员会，约700个工作组。1957年8月中国以世界大电网会议中国委员会名义参加该组织活动，1982年1月改以国家标准化协会名义参加，1985年1月改由国家标准局作为中国国家委员会参加。

IEC已颁布2100多个国际电工标准。该委员会建立了两个认证管理制度：电子元器件质量评定制度(IECQ)，电气设备标准认证试验制度(IECEE)。

世界能源委员会(WEC)

世界能源委员会(World Energy Council)是综合性国际能源组织，原为1924年创立的世界动力会议，1968年改名为世界能源会议，1990年更改为现名。现有98个成员，是一个非官方、非盈利组织。其宗旨是研究、分析和讨论能源以及与能源有关的重大问题，为各国公众和能源决策者提供意见、咨询和建议。WEC的目标是在社会和环境可接受的条件下，促进能源发展，以及最有效地和平利用所有能源。WEC执行理事会由所有成员国委员会的代表组成，下设三个常设委员会：行政委员会(财务、会员管理、公共关系)、计划委员会(筹办大会、WEC的技术工作)、研究委员会(负责每三年一期的研究工作)。WEC总部设在伦敦。1985年中国成为WEC执行理事会成员。WEC大会是世界能源界最重要的能源研讨会，出席代表几千人，大会举行技术讨论会、圆桌会议、战略性能源研讨会和工作组会议，会议结论是世界能源界决策的依据。

世界能源效率协会(WEEA)

世界能源效率协会(World Energy Efficiency Association)成立于1993年，是一个由发展中国家和发达国家的协会或个人组成的非盈利组织，目的是向发展中国家提供关于能源效率的资料信息，充当能源计划与能源技术信息的交流场所，向全球发布有关信息，提倡能源效率方面的国际合作。

世界气象组织(WMO)

世界气象组织(World Meteorological Organization)是联合国所属的政府间国际气象机构，1980年开始工作，现有160个成员国。总部设在日内瓦。其宗旨是促进气象观测和服务的国际合作，气象情报的迅速交换，气象观测资料的标准化，观测和统计资料的统一发布，以及气象学和水文学的研究。能源方面的工作由气象和气候应用专门委员会负责，近年来重视能源利用对全球气候影响的研究。1972年12月该组织恢复了中国的合法席位，1973年中国成为执行理事会成员。

世界石油大会(WPC)

世界石油大会(World Petroleum Congresses)，1933年在伦敦召开第一次世界石油大会时成立，为非官方组织。现有80多个成员国，其中14国为创建成员国：奥地利，比利时，德国、法国、荷兰、加拿大、美国、墨西哥、前苏联、委内瑞拉、意大利、英国、日本、伊朗。常设秘书处设在伦敦。该组织的宗旨是推进世界石油科学技术的发展。每四年召开一次世界石油大会，迄今已召开12次，第12届大会1987年4月在美国休斯敦召开，第13届大会于1991年10月在阿根廷布宜诺斯艾利斯召开。在1979年9月召开的第十届世界石油大会上，该组织常任理事会接纳中国国家委员会为常任理事会成员。

世界资源研究所(WRI)

世界资源研究所(World Resources Institute)，为独立的非盈利研究机构，设在华盛顿，现任所长詹姆斯·古斯塔夫·斯佩兹。该所的宗旨是研究如何在保护人类赖以生存和保证经济持续发展的自然资源与环境的完整的条件下，满足人类的基本需要和培育经济增长。它协助政府、私人部门、环境和发展组织进行政策研究，提供全球资源和环境状况的信息，分析出现的问题，提出有创见的可操作的政策建议。WRI设有国际发展与环境中心，为发展中国家的政府和非政府组织提供技术援助、政策分析和培训等服务。

目前的研究工作集中在以下两个方面：自然资源恶化对经济发展以及减轻发展中国家的贫困和饥饿的影响。联合国和许多国家关注的新一代全球重大环境和资源问题。主要项目有：森林和生物多样性，经济性和体制；气候、能源及污染；资源与环境信息；技术和体制创新。

WRI与联合国开发计划署(UNDP)和环境规划署(UNEP)合作，编辑出版《世界资源》报告，1990—1991年版有英、西班牙、阿拉伯、德、日和中文版，发行量超过10万册。

太平洋地区核理事会(PNC)

太平洋地区核理事会(The Pacific Nuclear Council)1989年成立于美国芝加哥。宗旨是协调太平洋地区民间核组织的活动，开展学术交流，加强区域合作，促进各成员之间分享和平利用核科技成果。总部美国芝加哥。每年召开两次会议，协调成员组织的活动、讨论章程修改和组织发展。太平洋地区核理事会的5个工作组的学术交流活动(核工业安全工作组、核标准工作组和导则工作组、核教育和培训工作组、核废物管理工作组、公众教育和公共资料工作组)和项目组的活动(如核安全文化项目组，中低排放废物管理项目组)。

会员由曾支持太平洋地区核能大会(PBNC)或曾参加太平洋盆地核合作委员会(PBNCC)活动的参与者，和现在积极参与太平洋地区核理事会(PNC)的核专业学术组织构成。仅设团体会员。现有会员：美国核学会、加拿大核学会、加拿大核协会、澳大利亚核学会、中国核学会、中国台北核能协会、日本原产、日本原子能学会、韩国原产、韩国核学会、墨西哥核学会、印度尼西亚核学会等12个民间核组织。

设理事会，下设核安全、核标准及导则、核教育和培训、核废物管理以及公众教育和公共资料5个专业组。

1989年中国核学会向能源部申请参加该组织，1990年3月中国核学会以国家成员组织名义正式参加。1990年11月中国核学会经国务院批准，参加了在美国召开的第七届太平洋地区核能会议，同意并签署了PNC的章程，成为该组织正式成员。2002年第13届太平洋地区核能大会在中国召开。

亚洲及太平洋经济社会委员会(ESCAP)

亚洲及太平洋经济社会委员会(Economic and Social Commission for Asia and the Pacific)原名亚洲和远东经济委员会，1947年在上海成立，1949年迁往曼谷，1974年改现名，简称亚太经社会，是联合国经社委员会所属的五个区域委员会之一。亚太经社会是联合国在亚太区域的政府间综合性经济社会组织，也是收集、分析和传播本区域经济社会发展信息的重要渠道。

其主要活动有：为成员国政府间研讨经社问题提供论坛；向本区域发展中国家提供技术援助；开展区域性经济、科技方面的专题研究；组织、协调各成员国经济、科技、社会领域的合作。在能源方面，集中研究经济和管理问题，协助各成员国进行能源系统评价，制定能源规划，促进能源技术合作。

中国是该组织发起国，1978 年派出常驻代表。

政府间气候变化专门委员会(IPCC)

1988 年 11 月世界气象组织(WMO)和联合国环境规划署(UNEP)联合建立了政府间气候变化专门委员会(IPCC)，定期对有关气候变化研究的结果进行评估。IPCC 下设三个工作组，第一工作组负责评估气候与气候变化科学知识的现状；第二工作组负责评估气候变化对社会、经济的潜在影响及适应对策；第三工作组负责减缓气候变化的可能对策。1988 年 12 月 6 日，第 43 届联大 43/52 号决议确认该委员会为讨论全球气候变化的国际组织。2002 年 4 月 17—20 日在瑞士日内瓦召开政府间气候变化专业委员会第十九次全会上，中国气象局局长秦大河当选为第一工作组联合主席。

自 IPCC 成立以来，中国政府一直积极参与 IPCC 的活动。三个工作组中都有中国政府推荐的专家参与工作。2003 年中国派出了由外交部、国家发展和改革委员会、科技部、中国气象局、水利部、农业部、国家林业局、中国社会科学院等部门和单位组成的 16 人代表团参加了 IPCC 第 21 次全会。

IPCC 已发布了三次评估报告和一系列特别报告、技术报告。由于 IPCC 所评估的科学问题均与政策相关，因此对气候变化决策和国际谈判具有重要影响。IPCC 第一次评估报告 1990 年完成，推动了 1992 年《联合国气候变化框架公约》的制定；第二次评估报告于 1996 年完成，在《京都议定书》的谈判中发挥了重要的作用；第三次评估报告 2001 年完成，所涉及的一些内容成为了近几年《联合国气候变化框架公约》谈判的议题。IPCC 还受《联合国气候变化框架公约》缔约方大会或公约秘书处委托，完成了如《温室气体排放清单指南》等方法学和技术报告，为各国参与《联合国气候变化框架公约》下的有关活动提供了技术支持。IPCC 第四次评估报告将于 2004 年启动，2007 年完成。如果有必要，IPCC 将在第四次评估报告完成之前为各国政府提供所需的科学内容。来自外交部、国家发展和改革委员会、科技部等部门的 28 位中国专家将参加第四次评估报告和特别报告编写工作。

自然资源委员会(CNR)

自然资源委员会(Committee on Natural Resources)1970 年 7 月成立，是联合国经济社会理事会的下设委员会之一。每两年召开一次委员会会议。该委员会的宗旨和任务是促进实施联合国关于开发自然资源的方针政策和措施；研究自然资源的发展及其前景；协调各成员国开发自然资源的活动，并向这些国家或地区提供咨询服务；审阅和评估开发自然资源的工作报告；收集、加工和出版关于自然资源开发方面的情报资料；举行各类会议，磋商问题，交流经验和信息；定期向经社会理事会、联合国其他有关机构以及各成员国提供关于自然资源开发的情报资料；建立自然资源勘探循环基金，以便对发展中国家的勘探提供资助。

第九章

重要国际能源文献

人类环境宣言

1972年6月5日，第一次国际环保大会——联合国人类环境会议在瑞典斯德哥尔摩举行，世界上133个国家的1300多名代表出席了这次会议。这是世界各国政府共同探讨当代环境问题、探讨保护全球环境战略的第一次国际会议。会议通过了《联合国人类环境会议宣言》（简称《人类环境宣言》或《斯德哥尔摩宣言》）和《行动计划》，达成了“只有一个地球”、人类与环境是不可分割的“共同体”的共识。这是人类对严重复杂的环境问题作出的一种清醒和理智的选择，是向采取共同行动保护环境迈出的第一步，是人类环境保护史上的第一座里程碑。

考虑到需要取得共同的看法和制定共同的原则以鼓舞和指导世界各国人民保持和改善人类环境，《人类环境宣言》提出了7个方面的原则以及这些原则所申明的24条共同信念。《人类环境宣言》宣布，保护和改善人类环境是关系到全世界各国人民的幸福和经济发展的重要问题，也是全世界各国人民的迫切希望和各国政府的责任。现在已达到历史上这样一个时刻：我们在决定在世界各地的行动时，必须更加审慎地考虑它们对环境产生的后果。由于无知或不关心，我们可能给我们的生活幸福所依靠的地球环境造成巨大的无法挽回的损害。反之，有了比较充分的知识和采取比较明智的行动，我们就可能使我们自己和我们的后代在一个比较符合人类需要和希望的环境中过着较好的生活。改善环境的质量和创造美好生活的前景是广阔的。我们需要的热烈而镇定的情绪，紧张而有秩序的工作。为了在自然界里取得自由，人类必须利用知识在同自然合作的情况下建设一个较好的环境。为了这一代和将来的世世代代，保护和改善人类环境已经成为人类一个紧迫的目标，这个目标同争取和平、全世界的经济与社会发展这两个既定的基本目标共同和协调地实现。

21世纪议程

《21世纪议程》是1992年6月3—14日在巴西里约热内卢召开的联合国环境与发展大会通过的重要文件之一。该文件着重阐明了人类在环境保护与可持续之间应作出的选择和行动方案，提供了21世纪的行动蓝图，涉及与地球持续发展有关的所有领域。议程分为4部分，共40章。第一部分社会和经济方面。主要内容为持续发展的国际合作和国内政策，消除贫困，改变消费模式，人口与可持续能力，健康，人类住区等。第二部分促进发展的资源保护。主要内容为大气，水资源，废物最少量化和再生利用。第三部分加强主要团体的作用。主要内容为社团的参与支持，妇女、儿童、青年与可持续发展，非政府组织的作用，商业、工业的作用，科学技术界的作用以及农民的作用等。第四部分实施手段。主要内容为资金来源和机制，科学促进可持续发展，教育、提高环境意识，发展中国家能力建设和国际合作，法制、决策用的信息等。

《21世纪议程》是世界范围内可持续发展行动计划，它应是21世纪在全球范围内各国政府、联合国组织、发展机构、非政府组织和独立团体在人类活动对环境产生影响的各个方面的综合的行动蓝图。《21世纪议程》为采取措施保障我们共同的未来提供了一个全球性框架。这项行动计划的前提是所有国家都要分担责任，但承认各国的责任和首要问题各不相同，特别是在发达国家和发展中国家之间。该计划承认，没有发展，就不能保护人类的生息地，从而也就不可能期待在新的国际合作的气候下对于发展和环境总是同步进行处理。《21世纪议程》的一个关键目标，是逐步减轻和最终消除贫困，同样还要就保护主义和市场准入、商品价格、债务和资金流向问题采取行动，以取消阻碍第三世界进步的国际性障碍。为了符合地球的承载能力，特别是工业化国家，必须改变消费方式；而发展中国家必须降低过高的人口增长率。为了采取可持续的消费方式，各国要避免在本国和别国以不可持续的水平开发资源。文件提出以负责任的态度和公正的方式利用大气层和公海等全球公有财产。

联合国气候变化框架公约

《联合国气候变化框架公约》(简称《框架公约》)是1992年5月22日联合国政府间谈判委员会就气候变化问题达成的公约，于1992年6月4日在巴西里约热内卢举行的联合国环发大会(地球首脑会议)上通过。它是世界上第一个为全面控制二氧化碳等温室气体的排放，以应对全球气候变暖给人类经济和社会带来不利影响的国际公约，也是国际社会在对付全球气候变化问题上进行国际合作的一个基本框架。1994年3月21日公约正式生效。

公约由序言及26条正文组成。这是一个有法律约束力的公约，旨在控制大气中二氧化碳、甲烷和其他造成"温室效应"的气体的排放，将温室气体的浓度稳定在使气候系统免遭破坏的水平上。公约对发达国家和发展中国家规定的义务以及履行义务的程序有所区别。公约要求发达国家作为温室气体的排放大户，采取具体措施限制温室气体的排放，并向发展中国家提供资金以支付他们履行公约义务所需的费用。而发展中国家只承担提供温室气体源与温室气体汇的国家清单的义务，制定并执行含有关于温室气体源与汇方面措施的方案，不承担有法律约束力的限控义务。公约建立了一个向发展中国家提供资金和技术，使其能够履行公约义务的资金机制。

自1995年3月28日首次缔约方大会在柏林举行以来，缔约方每年都召开会议。第二至第六次缔约方大会分别在日内瓦、京都、布宜诺斯艾利斯、波恩和海牙举行。1997年12月11日，第三次缔约方大会在日本京都召开。149个国家和地区的代表通过了《京都议定书》，要求在2008—2012年间将全球温室气体排放量削减5.2%，其中欧盟将6种温室气体的排放削减8%，美国削减7%，日本削减6%。但是2000年11月份在海牙召开的第六次缔约方大会期间，世界上最大的温室气体排放国美国坚持要大幅度折扣它的减排指标，因而使会议陷入僵局，大会主办者不得不宣布休会，将会议延期到2001年7月在波恩继续举行。2001年10月，第七次缔约方大会在摩洛哥马拉喀什举行。2002年10月，第八次缔约方大会在印度新德里举行。会议通过的《德里宣言》，强调应对气候变化必须在可持续发展的框架内进行。2003年12月，第九次缔约方大会在意大利米兰举行。

中国组团参加了《联合国气候变化框架公约》第九次缔约方大会、第十八届附属机构会议、"碳收集领导人论坛"首次会议及中美联合工作组第三、四次会议等有关气候变化的多边和双边国际会议。

里约宣言

《里约宣言》是《里约环境与发展宣言》的简称，又称《地球宪章》。该宣言于1992年6月14日联合国环境与发展大会的最后一天通过。《宣言》旨在为各国在环境与发展领域采取行动和开展国际合作提供指导原则，规定一般义务。

《里约宣言》由序言和27项原则所组成。序言说明了环发大会举行的时间、地点和通过该宣言的目的等。原则1至原则3，宣布了人类享有环境权，各国享有自然资源的主权和发展权；原则4至原则21，分别规定了国际社会和各个国家在保护环境和实现可持续发展方面应采取的各项措施；原则22至23，是关于土著居民及受压迫、统治和占领的人民，环境权益要加以特殊保护的规定；原则24至26，是关于战争、和平与环境和发展关系的规定；原则27呼吁各国和人民应诚意地本着伙伴精神，合作实现本宣言所体现的各项原则，并促进可持续发展方面国际法的进一步发展。

《里约宣言》是继《人类环境宣言》和《内罗毕宣言》以后又一个有关环境保护的世界性宣言，它不仅重申了前两个宣言所规定的国际性环境保护的一系列原则、制度和措施，而且又有了新的发展。该宣言体现了冷战后新的国际关系下各国对于环境与发展问题的新认识，反映了世界各国携手保护人类环境的共同愿望，是国际环境保护史上的一个新的里程碑。

能源宪章(能源宪章条约)

能源宪章条约产生于20世纪90年代。作为第一个具有法律约束力的、覆盖投资保护和贸易的多边协定，该条约首次将过境运输条例应用于能源网络，引起越来越多国家的关注。截至2002年，欧亚大陆的51个国家和地区已经签署了条约。中国2001年成为能源宪章代表大会的观察国，并于2002年派观察员到宪章秘书处工作。

1. 能源宪章条约产生背景

20世纪90年代初冷战的结束，为广泛开展东西方经济领域特别是能源领域的互利合作奠定了政治基础。在这一历史背景下，荷兰总理柳别尔斯于1990年6月最早提出建立欧洲能源共同体的建议，以进一步稳固和发展原苏联、中东欧与西欧间能源领域的合作。1991年12月17日，欧洲能源宪章代表大会在海牙召开。来自欧洲和澳大利亚、加拿大、美国、日本、土耳其的53个国家的代表签署了欧洲能源宪章。该宪章提出，各成员国应以积极开展政治和经济领域的合作为宗旨，以非歧视和市场导向的价格体系为原则，以提高能源生产和供应的可靠性与安全性为己任，最大限度地保证能源生产、运输和利用等各环节的效益。

为赋予欧洲能源宪章这一政治宣言以法律效力，并为形成开放、竞争和有效益的能源市场建立法律框架，能源宪章条约的制定被提到议事日程。宪章条约谈判始于1992年1月，直至1994年12月结束。由于欧洲能源宪章的成员国远不止欧洲国家，因此其条约在签署时的正式名称为《能源宪章条约》。

能源宪章条约于1994年12月17日开始签署，与其同时开始签署的还有能源效率及相关环境问题议定书。条约规定，第30个国家批准条约生效后的第90天为条约生效起始日期。据此，条约于1998年4月开始生效。截止到2002年，共有欧盟及其他51个国家签署了条约及相关议定书。其中，澳大利亚、白俄罗斯、西班牙、挪威和俄罗斯等五国议会尚未通过条约，俄罗斯和白俄罗斯表示在其议会批准前临时执行条约。因此，签署并已批准条约正式生效的有欧盟(前欧共体)及其他46个国家。

2. 能源宪章条约的主要内容及原则

能源宪章条约内容涵盖石油、天然气、煤炭及可再生能源等在内的各种能源资源，并涉及从勘探开发到生产加工，从运输分配到销售利用等能源领域活动的各个环节。条约主要分为投资保护、能源贸易和运输、能源效率及争端解决等几部分。

条约规定，各国开展与能源有关的商业活动时，应遵循以下五项主要原则：(1)对外国投资给予法律保护；(2)在能源物资及相关设备的贸易中遵循关贸总协定/世界贸易组织(GATT/WTO)准则；(3)保障能源及能源产品的安全运输；(4)通过协商、专家委员会调解以及国际仲裁等形式解决争端；(5)最大限度地降低能源污染，鼓励提高能源效率。

在保护能源领域投资方面，条约进行了如下

规定：(1)缔约国有责任建立稳定、平等和透明的良好投资环境。其核心在于非歧视原则。所有外国投资均应享有或国民待遇，或不低于外资注入国给予其他缔约国或其他第三国的待遇(两者取其优)。(2)如果外资注入国违背条约义务，则投资公司或政府可向国际仲裁法庭起诉该国政府。(3)投资者有权选择雇用从事投资活动的主要工作人员。(4)由于外资注入国自然灾害、武装暴动或财产被没收而使投资者受到的损失，应给予补偿或给予非歧视待遇。(5)外资注入国政府应允许外国投资公司将其税后利润以硬通货形式汇往其他任何国家。条约将此条款与保护贷款人权益、保护有价证券和完成诉讼决议等条款等同对待。

在能源材料、产品及设备等贸易领域，条约奉行非歧视、透明和贸易逐步自由化原则，其具体规定均以 GATT/WTO 为基础，采取直接索引有关条款的方式。同时，为适应宪章中非 WTO 成员国的需要，条约对有关条款的执行也作了特例规定。

在能源运输领域，条约倡导各成员国遵循自由运输和非歧视原则，以便建立油气及其他能源多边发达的运输网络。条约规定：(1)各缔约国有义务在运输设施的使用和建立方面采取非歧视原则，不能采取任何无理拖延、限制和税收等手段来阻碍自由运输；应同等对待不同起运点、不同目的地及所有者的能源材料和产品，不能对其实行价格歧视。(2)缔约国应鼓励相关实体在能源运输设施现代化、开发和运行为更多缔约国提供服务的能源运输设施等方面进行合作。(3)缔约国在其提供的能源原料和产品过境运输及能源运输设施使用规定中应表明，其对过境原料和产品所提供的待遇不应低于起运于或运到本国的原料和产品所享有的待遇。现有国际协议对此另有规定的除外。(4)如现有运输设施在商业条件下不能满足过境运输的需要，则缔约国不能对建设新的运输能力设置障碍(条约附件特别提出，转型期国家可在特定时间段内暂缓履行此义务)。(5)过境国有权不允许新建或改造其运输设施，以及额外扩大过境运输规模。但在这种情况下，它要向缔约国提供详实论据，以证明上述行为将会对其本国能源系统的安全和效率造成威胁。(6)如发生运输争端，任何一方政府不能因此停止或缩减运输数量，直到争端解决。(7)能源宪章秘书长有权指定中间人调解争端。如争端无法迅速解决，则可实施临时运输费规定。

条约规定，对于缔约国与投资者间在投资领域的争端，双方可以选择由联合国国际贸易法委员会(UNCITRAL)、斯德哥尔摩国际商会仲裁院仲裁。解决国家和他国自然人或法人间投资争端，由争端公约(ICSID Convention)进行国际仲裁。

在促进能源效率方面，条约及与之同时签署并生效的能源效率及相关环境问题议定书均倡导各签约国通过制定环保能源政策，促进能效稳固发展，并提高能源生产对环境所造成影响程度的信息透明度，以及加强该领域科研成果的交流等。

3. 能源宪章组织的运行机制

能源宪章最高领导和决策机构为代表大会。代表大会是政府间组织，所有缔约国均是大会成员。代表大会每年召开两次例会，以讨论缔约国在能源合作中存在的问题，总结条约及有关议定书的执行情况，研究讨论可能签署的有关能源问题的文件和草案，批准秘书处的工作和财务计划。代表大会常设秘书处位于比利时首都布鲁塞尔。

代表大会下设投资、贸易、运输和能源效率四个工作组。工作组例会在代表大会之前召开。代表大会每年都责成投资组对一些国家的投资环境进行调查和研究，在此基础上对有关政府提出关于改善投资环境的建议和意见(需经大会讨论通过)。能源效率组的工作除组织相关论坛外，还包括对缔约国在提高能源效率、减少环境污染等方面的工作进行跟踪，并着重在税收、价格政策、环保补贴以及对提高能源效益的奖励机制等方面提出相应建议。贸易组的工作重点在于帮助缔约国，特别是尚未加入 WTO 的成员国消除在能源贸易、补贴和国家贸易企业中所存在的执行条约的障碍。截至 2002 年底，缔约国中的非 WTO 成员国共有 10 个，它们是：阿尔巴尼亚、阿塞拜疆、白俄罗斯、波斯尼亚和黑山、哈萨克斯坦、俄罗斯、塔吉克斯坦、土库曼斯坦、乌克兰及乌兹别克斯坦。运输组成立于 1998 年 4 月，并于 1999 年 12 月由代表大会授权开始进行过境运输议定书的谈判。该议定书的宗旨在于在条约的基础上，制定更具体的法律义务规则，以进一步保证油气及电力等能源在公平、透明和非歧视原则基础上过境运输的安全性，有效解决他国管道使用条件和过境运输费标准等问题。到2003年7月，议定书的谈判工作仍在进行中。

宪章代表大会、秘书处以及相关议定书的财务开支由各缔约国分担，具体数额根据联合国最新常规预算评估所确定的分摊比例确定。鉴于联合国与宪章成员国在数量上的差异，各国在宪章财务开支方面分摊的比例，较其在联合国的财务分摊比例略高。

4. 能源宪章组织发展的新动向

能源宪章条约自1998年4月生效以来，其组织发展新动向主要体现在以下几个方面：

（1）努力扩大组织的地域覆盖范围。能源宪章的最初动机在于通过政治对话来保障东、西欧范围内能源领域合作顺利进行，为顺应世界能源工业的发展和变化趋势，宪章逐步明确，要将世界上惟一只涉及政府间能源领域合作的具有法律约束力的多边条约，辐射到欧洲以外的地区。在能源宪章签署十周年之际，代表大会提出要将增进非成员国特别是亚洲国家对能源宪章的了解作为今后的工作重点来抓。在此方针指导下，宪章组织开展了积极的工作，并取得了一定成效。中国、韩国和伊朗等先后成为该组织的观察国成员；蒙古及日本政府正式批准了宪章条约，成为了该组织的准成员国。

（2）努力改善与欧佩克等国际组织的关系。欧佩克作为世界最大的石油生产国组织，对于能源宪章的存在始终存有微词，认为该组织的宗旨与能源生产者的利益是相对立的。宪章通过访问和组织研讨会等形式，努力寻求欧佩克对条约的理解和参与，先后将阿尔及利亚、科威特、伊朗、卡塔尔、沙特阿拉伯、阿联酋及委内瑞拉拉入宪章观察国行列。尽管如此，欧佩克观察国仍疏于参与宪章的活动。

（3）吸引国际大能源公司对宪章的兴趣。宪章正在筹备设立“工业咨询组（Industry Advisory Panel）”，以期通过这一渠道来吸引国际大能源公司参与宪章有关事务及文件的制定，以便提高宪章在国际能源合作中的影响。

（4）尽全力确保能源过境运输议定书谈判的成功。过境运输议定书对宪章具有重要意义。这首先体现在它首次将过境运输条例应用于能源网络，因此，“过境运输”是宪章条约最具创新性的一部分，同时也是吸引成员国及非成员国的一个亮点。过境运输条款不仅包括了管线和运输网，也包括了其他的固定设施，特别是用来装卸能源材料和产品的海运站。它虽以GATT为基础，但同时又在这一领域增加了新的内容。GATT要求来自或运到WTO某一成员国的过境运输至少要享有来自或运到其他成员国或第三国的过境运输相同的待遇。宪章条约也要求过境运输商品至少要享有同过境国自己的商品或运往过境国的商品相同的待遇（国民待遇）。GATT不包括缺乏过境运输基础设施或没有多余运输能力的情况。在这种情况下，或是在交易期中运输量不能完全满足的情况下，条约要求过境国政府根据与自由过境运输和非歧视原则一致的国家法律，不阻碍创建新的运输规模；如果过境国试图以危害本国能源系统的安全及效率为理由，阻止新的运输能力的建设或原有运输能力的使用，则它有义务向相关国家做出明确的说明（而不只是声明）。

京都议定书

京都议定书（或译京都协议书）全称为《联合国气候变化框架公约的京都议定书》，是联合国气候变化框架公约的补充条款。1997年12月在日本京都由联合国气候变化框架公约参加国第三次会议制定。

京都议定书规定工业化国家要减少温室气体的排放，减少全球气候变暖和海平面上升的危险。相对于1990年的温室气体排放量全世界总体排放要减少5.2%，包括6种气体，二氧化碳、甲烷、氮氧化物、氟利昂（氟氯碳化物）等。到2008年至2012年的五年间，欧盟国家应减少8%，美国应减少7%，日本6%，俄罗斯0%，澳大利亚可以增加排放8%，冰岛增加10%。各个国家之间可以互相购买排放指标，也可以以增加森林面积吸收二氧化碳的方式按一定计算方法抵消。

截至2003年5月19日，全球有109个国家批准、接受、核准或加入京都议定书。其中京都协定书附件所列国家39个，他们在1990年二氧化碳的排放量总和为43.9%。这个数字比公约规定成为国际法的第二个条件中的55%还差11.1%。美国和加拿大等二氧化碳排放大国宣布不参与议定书，俄罗斯尚未最终批准协议书。

第十章

世界能源统计数据摘要

表 21-26

2003 年世界一次能源生产量及主要国家(地区)排序

单位：百万吨油当量

国家(地区) \ 年份	1990	1995	2000	2001	2002	2003 总量	2003 增减(%)	2003 份额(%)
世界总计	8169.7	8519.3	9105.2	9225.2	9423.1	9766.5	3.6	100.0
其中：OECD 国家	3403.7	3615.5	3788.6	3813.6	3792.8	3750.4	-1.1	38.4
前苏联国家	1688.2	1254.6	1299.4	1346.5	1390.4	1482.2	6.6	15.2
北美洲合计	2135.5	2226.5	2299.7	2312.7	2296.8	2286.1	-0.5	23.4
中南美洲合计	384.2	489.1	599.1	595.0	604.6	617.9	2.2	6.3
欧洲合计	2774.3	2406.1	2479.0	2526.8	2562.2	2633.1	2.8	27.0
中东合计	945.7	1115.8	1314.2	1294.4	1233.3	1329.2	7.8	13.6
非洲合计	499.0	553.1	637.1	638.4	644.5	684.9	6.3	7.0
亚太合计	1431.1	1729.0	1776.4	1858.1	2081.5	2215.2	6.4	22.7
能源生产前 10 位合计	5193.6	5418.2	5537.8	5625.6	5833.0	6083.0	4.3	62.1
1. 美　国	1643.4	1646.0	1655.0	1664.5	1646.0	1629.7	-1.0	16.7
2. 俄罗斯	1294.9	991.8	996.5	1028.6	1063.6	1136.7	6.9	11.6
3. 中　国	722.1	860.8	747.7	802.1	995.5	1116.4	12.2	11.4
4. 沙特阿拉伯	372.8	474.0	495.4	482.4	468.3	529.7	13.1	5.4
5. 加拿大	312.2	393.5	426.5	426.0	427.6	423.1	-1.1	4.3
6. 伊　朗	185.0	219.2	244.5	244.9	238.1	263.2	10.5	2.7
7. 印　度	166.9	209.5	238.3	241.4	251.1	255.7	1.9	2.6
8. 澳大利亚	160.0	185.4	233.2	244.5	248.1	248.8	0.3	2.5
9. 挪　威	132.6	191.1	237.1	238.0	245.7	243.0	-1.1	2.5
10. 英　国	203.7	246.9	263.6	253.2	249.0	236.7	-5.0	2.4

表21－27

2003年世界一次能源消费量及主要国家（地区）排序

单位：百万吨油当量

国家（地区）＼年份	1990	1995	2000	2001	2002	2003 总量	2003 增减（%）	2003 份额（%）
世界总计	8116.9	8533.5	9059.5	9156.3	9464.5	9741.1	2.9	100.0
其中：OECD国家	4586.3	4936.1	5355.9	5321.7	5356.2	5397.9	0.8	55.4
欧盟15国	1324.1	1363.3	1462.8	1483.6	1471.5	1498.1	1.8	15.4
前苏联国家	1424.4	997.5	940.8	947.9	958.0	987.0	3.0	10.1
北美洲合计	2315.9	2506.0	2736.3	2678.1	2721.0	2727.3	0.2	28.0
中南美洲合计	321.1	385.1	450.8	452.0	454.5	465.5	2.4	4.8
欧洲合计	3204.9	2778.4	2822.8	2851.0	2850.5	2913.4	2.2	29.9
中东合计	257.7	329.3	383.9	399.0	416.8	426.8	2.4	4.4
非洲合计	222.9	246.1	276.2	279.6	286.9	299.6	4.4	3.1
亚太合计	1794.5	2288.7	2389.5	2496.7	2734.8	2908.4	6.3	29.9
能源消费前20位合计	6393.4	6756.8	7130.2	7179.4	7457.2	7683.1	3.0	78.9
1. 美　国	1966.2	2119.1	2310.7	2254.8	2296.7	2297.8	—	23.6
2. 中　国	685.8	893.6	766.0	837.9	1035.7	1178.3	13.8	12.1
3. 俄罗斯	873.0	668.1	636.0	637.5	646.6	670.8	3.7	6.9
4. 日　本	435.3	493.8	515.9	514.8	506.6	504.8	-0.4	5.2
5. 印　度	193.4	254.6	320.4	324.2	338.0	345.3	2.2	3.5
6. 德　国	349.8	333.1	330.5	335.7	330.0	332.2	0.7	3.4
7. 加拿大	248.0	275.2	289.8	288.1	289.0	291.4	0.8	3.0
8. 法　国	219.0	235.7	254.9	257.8	256.5	260.6	1.6	2.7
9. 英　国	211.5	214.4	223.6	226.4	222.1	223.2	0.5	2.3
10. 韩　国	90.3	148.6	191.1	195.9	205.0	212.0	3.4	2.2
11. 意大利	154.7	162.4	176.4	177.2	176.8	181.9	2.9	1.9
12. 巴　西	118.7	142.4	176.9	174.1	177.6	181.4	2.1	1.9
13. 西班牙	91.0	100.5	129.2	133.0	134.7	141.5	5.1	1.5
14. 墨西哥	101.6	111.7	135.9	135.2	135.2	138.1	2.1	1.4
15. 乌克兰	272.5	147.8	136.7	135.9	133.6	133.3	-0.2	1.4
16. 伊　朗	70.0	93.3	114.6	118.9	127.1	129.1	1.6	1.3
17. 沙特阿拉伯	81.3	90.1	107.2	111.0	114.4	121.9	6.5	1.3
18. 南　非	90.6	100.5	108.4	107.0	111.0	116.9	5.4	1.2
19. 澳大利亚	87.6	98.4	111.0	112.9	116.2	115.6	-0.5	1.2
20. 印度尼西亚	53.1	73.5	95.0	101.1	104.4	107.0	2.5	1.1

表 21－28

2003 年末世界原油剩余可采储量及主要国家（地区）排序

单位：亿桶

年份 / 国家（地区）	1983	1993	2002	2003			
				总　量	（亿吨）	份额（%）	储采比（%）
世界总计	7230.2	10236.0	11462.8	11477.1	1567.0	100.00	41.0
其中：OECD 国家	1103.5	1110.2	873.3	858.4	117.3	7.48	11.1
OPEC 国家	4753.0	7745.4	8815.7	8820.3	1204.0	76.85	79.5
非 OPEC 国家	1628.8	1864.7	1798.7	1787.5	244.2	15.57	13.6
前苏联国家	848.5	625.9	848.3	869.0	119.0	7.57	22.7
北美洲合计	951.6	910.0	654.8	635.8	87.8	5.54	12.2
中南美洲合计	337.0	791.3	1005.2	1022.0	146.0	8.90	41.5
欧洲合计	1000.7	804.2	1042.5	1050.4	145.0	9.22	17.1
中东合计	3969.2	6600.7	7267.8	7265.9	989.8	63.31	88.1
非洲合计	581.9	609.4	1017.4	1018.1	135.1	8.87	33.2
亚太合计	389.9	520.4	475.0	476.8	64.2	4.15	16.6
原油储量前 20 位合计	5862.5	9062.7	10781.4	10795.8	1475.0	94.06	—
1. 沙特阿拉伯	1688.5	2613.6	2627.9	2627.3	360.9	22.89	73.3
2. 伊　朗	552.6	928.6	1306.9	1306.9	179.5	11.39	92.9
3. 伊拉克	650.0	1000.0	1150.0	1150.0	155.2	10.02	>100
4. 阿拉伯联合酋长国	323.4	981.0	978.0	978.0	129.5	8.52	>100
5. 科威特	670.0	965.0	965.0	965.0	132.9	8.41	>100
6. 委内瑞拉	258.9	644.5	772.0	780.0	112.4	6.80	71.5
7. 俄罗斯	—	—	670.0	691.0	95.0	6.02	22.2
8. 利比亚	217.8	228.0	360.0	360.0	46.9	3.14	66.3
9. 尼日利亚	165.5	209.9	343.5	343.5	46.4	2.99	43.1
10. 美　国	356.4	301.8	306.7	306.7	41.8	2.67	11.3
11. 中　国	182.0	295.0	237.0	237.0	32.4	2.06	19.1
12. 加拿大	96.1	100.4	176.2	168.7	23.1	1.47	15.5
13. 墨西哥	499.1	507.8	172.0	160.4	22.8	1.40	11.6
14. 卡塔尔	33.3	31.2	152.1	152.1	20.0	1.32	45.5
15. 阿尔及利亚	92.2	92.0	113.1	113.1	14.2	0.99	16.7
16. 巴　西	21.3	49.8	98.0	106.0	14.6	0.92	18.7
17. 挪　威	38.3	95.2	104.0	101.0	13.5	0.88	8.5
18. 哈萨克斯坦	—	—	90.0	90.0	12.3	0.78	22.3
19. 安哥拉	17.2	19.0	89.0	89.0	12.0	0.78	27.5
20. 阿塞拜疆	—	—	70.0	70.0	9.6	0.61	61.2

表21－29

2003年世界原油生产量及主要国家(地区)排序

单位：百万吨

国家(地区) \ 年份	1990	1995	2000	2001	2002	2003		
						总　量	增减(%)	份额(%)
世界总计	3168.3	3278.9	3604.4	3585.7	3561.7	3697.0	3.8	100.0
其中：OECD国家	892.1	974.6	1010.8	1001.0	1004.5	997.5	-0.7	27.0
OPEC国家	1190.5	1337.7	1510.0	1463.9	1375.7	1466.9	6.6	39.7
非OPEC国家	1407.2	1582.8	1701.1	1697.4	1720.5	1717.0	-0.2	46.4
前苏联国家	570.5	358.4	393.3	424.5	465.6	513.1	10.2	13.9
北美洲合计	655.6	646.0	650.8	653.3	659.2	671.8	1.9	18.2
中南美洲合计	228.4	292.8	349.8	344.1	350.2	339.5	-3.1	9.2
欧洲合计	788.5	669.6	724.4	746.6	785.5	818.0	4.1	22.1
中东合计	851.9	978.3	1125.8	1090.0	1010.1	1093.7	8.3	29.6
非洲合计	318.4	339.3	371.2	373.2	377.3	398.3	5.5	10.8
亚太合计	325.5	352.9	382.6	378.6	379.5	375.8	-1.0	10.2
原油产量前20位合计	2735.1	2778.1	3029.3	3013.3	2986.6	3119.5	4.5	84.4
1. 沙特阿拉伯	342.6	435.4	450.6	434.1	417.3	474.8	13.8	12.8
2. 俄罗斯	515.9	310.8	323.3	348.1	379.6	421.4	11.0	11.4
3. 美　国	416.6	383.6	352.6	349.2	346.9	341.1	-1.6	9.2
4. 伊　朗	162.8	185.5	189.4	184.6	168.8	190.1	12.6	5.1
5. 墨西哥	146.3	150.5	171.2	176.6	178.4	188.8	5.8	5.1
6. 中　国	138.3	149.0	162.6	164.8	166.9	169.3	1.5	4.6
7. 委内瑞拉	115.9	152.4	171.6	166.4	165.4	153.4	-7.2	4.2
8. 挪　威	82.2	138.4	160.1	162.1	157.3	153.0	-2.7	4.1
9. 加拿大	92.6	111.9	126.9	127.5	134.0	141.9	5.9	3.8
10. 阿拉伯联合酋长国	108.4	114.0	117.3	113.5	100.4	117.8	17.3	3.2
11. 科威特	46.8	104.9	104.0	101.9	91.8	110.2	20.0	3.0
12. 尼日利亚	89.2	97.5	103.3	107.8	98.6	107.2	8.6	2.9
13. 英　国	91.6	129.9	125.9	116.7	115.9	105.6	-8.9	2.9
14. 阿尔及利亚	57.5	56.6	66.8	65.8	70.9	79.0	11.4	2.1
15. 巴　西	32.3	35.5	63.2	66.3	74.4	76.8	3.3	2.1
16. 利比亚	67.2	67.9	69.5	67.0	64.7	70.0	8.2	1.9
17. 伊拉克	105.3	26.0	127.3	116.5	99.7	65.9	-33.9	1.8
18. 印度尼西亚	74.4	76.5	71.5	68.0	63.0	57.5	-8.6	1.6
19. 哈萨克斯坦	25.8	20.6	35.3	40.1	48.2	52.2	8.4	1.4
20. 安哥拉	23.4	31.2	36.9	36.6	44.6	43.6	-2.2	1.2

表 21－30

2003 年世界石油消费量及主要国家(地区)排序

单位：百万吨

年份 国家(地区)	1990	1995	2000	2001	2002	2003		
						总　量	增减(%)	份额(%)
世界总计	3138.0	3246.3	3526.1	3538.2	3562.6	3636.6	2.1	100.0
其中：OECD 国家	1926.3	2055.2	2200.5	2197.9	2191.6	2225.8	1.6	61.2
欧盟 15 国	579.9	606.4	634.2	639.7	636.3	639.7	0.5	17.6
前苏联国家	418.7	217.0	172.6	171.7	172.7	175.4	1.6	4.8
北美洲合计	929.4	960.8	1071.4	1071.5	1071.0	1093.2	2.1	30.1
中南美洲合计	166.8	193.7	218.2	221.5	219.2	216.6	-1.2	6.0
欧洲合计	1128.9	940.3	929.4	934.9	933.1	942.3	1.0	25.9
中东合计	164.6	193.4	208.1	209.7	213.1	214.9	0.8	5.9
非洲合计	93.8	103.7	115.7	116.3	117.9	120.5	2.2	3.3
亚太及远东合计	654.5	854.5	983.3	984.3	1008.3	1049.1	4.0	28.8
原油消费前 20 位合计	2491.2	2649.7	2905.8	2907.7	2925.8	2989.5	2.2	82.2
1. 美　国	781.8	807.7	897.6	896.1	897.4	914.3	1.9	25.1
2. 中　国	110.3	160.7	230.1	232.2	246.9	275.2	11.5	7.6
3. 日　本	247.7	267.6	255.5	247.5	243.6	248.7	2.1	6.8
4. 德　国	127.3	135.1	129.8	131.6	127.4	125.1	-1.8	3.4
5. 俄罗斯	249.7	146.1	123.5	122.3	123.5	124.7	0.9	3.4
6. 印　度	57.9	75.2	106.1	107.0	111.3	113.3	1.9	3.1
7. 韩　国	49.5	94.8	103.2	103.1	104.7	105.7	1.0	2.9
8. 加拿大	79.8	79.8	88.1	90.5	92.2	96.4	4.5	2.6
9. 法　国	89.4	89.0	94.9	95.5	92.9	94.2	1.5	2.6
10. 意大利	93.6	95.5	93.5	92.8	92.9	92.1	-0.9	2.5
11. 巴　西	58.4	69.2	85.8	87.5	85.5	84.1	-1.7	2.3
12. 墨西哥	67.7	73.3	85.7	84.9	81.4	82.6	1.5	2.3
13. 英　国	82.9	81.9	78.6	77.9	78.3	76.8	-1.8	2.1
14. 西班牙	48.7	56.3	70.0	72.7	73.8	75.5	2.4	2.1
15. 沙特阿拉伯	51.2	51.4	62.4	62.7	63.4	67.0	5.6	1.8
16. 伊　朗	47.1	58.4	56.1	54.0	53.2	54.0	1.5	1.5
17. 印度尼西亚	29.8	39.1	50.2	51.9	53.1	53.9	1.5	1.5
18. 荷　兰	35.0	38.0	41.7	43.9	43.8	44.5	1.6	1.2
19. 中国台湾	26.8	34.7	39.8	39.2	40.0	41.7	4.2	1.1
20. 泰　国	19.6	34.7	34.8	33.1	36.4	38.7	6.2	1.1

表21－31

2003年世界炼油能力及主要国家(地区)排序

单位：百万吨

国家(地区) \ 年份	1990	1995	2000	2001	2002	2003		
						总　量	增减(%)	份额(%)
世界总计	3713	3805	4066	4115	4149	4166	0.4	100.0
其中：OECD国家	1991	2042	2172	2175	2183	2185	0.1	52.4
欧盟15国	644	642	666	668	677	677	—	16.2
前苏联国家	569	480	416	412	416	418	0.5	10.0
北美洲合计	956	925	993	1005	1003	1010	0.7	24.2
中南美洲合计	300	303	322	322	329	330	0.5	7.9
欧洲合计	1395	1288	1236	1237	1252	1258	0.4	30.2
中东合计	254	283	312	327	335	341	1.9	8.2
非洲合计	140	145	151	159	164	165	1.0	4.0
亚太及远东合计	667	861	1052	1065	1067	1061	-0.5	25.5
原油加工能力前20位合计	2643	2716	2963	2982	2996	3011	0.5	72.3
1. 美　国	781	764	826	836	834	841	0.8	20.2
2. 俄罗斯	364	308	271	269	273	274	0.7	6.6
3. 中　国	144	200	269	281	273	273	0.1	6.6
4. 日　本	215	249	250	240	235	233	-0.8	5.6
5. 印　度	56	56	111	113	114	116	1.9	2.8
6. 韩　国	40	86	115	115	115	115	—	2.8
7. 德　国	101	105	113	113	114	115	0.8	2.8
8. 意大利	120	113	114	114	114	114	—	2.7
9. 法　国	85	86	99	98	99	98	-1.0	2.4
10. 加拿大	96	89	93	95	96	96	0.3	2.3
11. 巴　西	72	74	93	91	93	95	2.4	2.3
12. 沙特阿拉伯	94	84	92	93	93	95	2.7	2.3
13. 英　国	92	92	89	88	89	89	—	2.1
14. 伊　朗	40	59	74	74	74	74	0.7	1.8
15. 墨西哥	79	72	74	74	73	73	—	1.7
16. 西班牙	63	61	62	62	66	66	—	1.6
17. 新加坡	53	63	62	62	62	62	—	1.5
18. 荷　兰	60	60	60	61	61	61	—	1.5
19. 委内瑞拉	61	59	59	59	60	60	—	1.4
20. 中国台湾	28	36	36	44	58	58	—	1.4

表 21－32

2003 年世界及主要国家(地区)石油进出口量

单位：百万吨

指标 / 国家(地区)	石油			原油			成品油		
	净进口量	进口量	出口量	净进口量	进口量	出口量	净进口量	进口量	出口量
世界总计	—	2260.5	2260.5	—	1770.0	1770.0	—	490.5	490.5
美　国	561.0	605.1	44.1	479.2	480.3	1.1	81.8	124.8	43.0
欧　洲	492.0	592.9	100.9	436.3	488.5	52.2	55.7	104.4	48.7
其他亚太地区	331.1	440.4	109.3	292.4	343.2	50.8	38.7	97.2	58.5
日　本	258.8	262.6	3.8	213.2	213.2	—	45.6	49.4	3.8
中　国	107.7	128.3	20.6	83.3	91.1	7.8	24.4	37.2	12.8
东南非国家	19.5	30.4	10.9	14.7	25.0	10.3	4.8	5.4	0.6
澳大利亚	14.4	32.0	17.6	11.3	24.2	12.9	3.1	7.8	4.7
加拿大	-47.4	55.9	103.3	-32.1	45.1	77.2	-15.3	10.8	26.1
未经确认	-51.8	—	51.8	-25.0	—	25.0	-26.8	—	26.8
中南美洲国家	-89.5	55.0	144.5	-58.4	37.7	96.1	-31.1	17.3	48.4
墨西哥	-95.6	9.5	105.1	-99.7	—	99.7	4.1	9.5	5.4
北非国家	-118.8	15.0	133.8	-91.1	8.5	99.6	-27.7	6.5	34.2
西非国家	-168.5	11.2	179.7	-172.9	2.7	175.6	4.4	8.5	4.1
前苏联国家	-290.9	5.3	296.2	-229.9	—	229.9	-61.0	5.3	66.3
中东国家	-922.0	16.9	938.9	-821.3	10.5	831.8	-100.7	6.4	107.1

表 21－33

2003 年世界石油地区间贸易量

单位：百万吨

从： \ 到：	美国	加拿大	墨西哥	中南美洲	欧洲	非洲	澳大利亚	中国	日本	其他亚太国家	世界其他国家	未经确认	出口总计
美　国	—	6.1	6.7	12.1	9.7	0.3	0.8	0.4	3.4	3.9	0.7	—	44.1
加拿大	102.0	—	—	0.2	0.4	—	—	—	0.6	0.1	—	—	103.3
墨西哥	81.5	1.2	—	9.9	8.8	0.2	—	—	0.3	2.7	0.5	—	105.1
中南美洲国家	120.9	3.4	0.9	—	10.1	0.6	—	2.3	0.1	6.2	—	—	144.5
欧　洲	50.1	25.1	0.3	2.7	—	10.4	0.4	1.3	1.1	3.3	6.2	—	100.9
前苏联国家	12.4	—	—	2.6	244.2	1.0	—	11.9	2.2	11.2	10.7	—	296.2
中东国家	126.1	6.3	0.6	13.3	154.3	35.3	7.1	51.8	208.4	333.7	2.0	—	938.9
北非国家	19.7	7.1	1.0	3.8	90.6	3.8		0.4	0.2	6.6	0.6	—	133.8
西非国家	70.8	1.8		9.5	36.4	4.6	0.1	15.7	4.8	36.0	—	—	179.7
东南非国家	—	—	—	—	1.3	—	—	6.4	2.3	0.9	—	—	10.9
澳大利亚	1.7	—	—	0.1	0.3	—	—	2.2	3.7	9.6	—	—	17.6
中　国	1.3	—	—	0.7	0.1	0.1	0.7	—	4.3	13.0	0.4	—	20.6
日　本	0.4	—	—	—	0.1	—	0.3	1.6	—	1.4	—	—	3.8
其他亚太国家	7.8	0.2	—	0.1	4.0	0.3	21.4	34.0	28.8	11.8	0.9	—	109.3
未经确认	10.4	4.7	—	—	32.6	—	1.2	0.3	2.4	—	0.2	—	51.8
进口总计	605.1	55.9	9.5	55.0	592.9	56.6	32.0	128.3	262.6	440.4	22.2	—	2260.5

表 21－34

1999—2003 年全球原油供需平衡表

单位：百万桶/日

年份 国家(地区)	1999 平均	2000 平均	2001 平均	2002 平均	2003 1 季度	 2 季度	 3 季度	 4 季度	2003 平均
全球供给总计	74.58	77.48	77.51	76.86	78.73	78.29	79.24	81.78	79.52
OECD 国家合计	22.88	23.19	23.34	23.42	23.67	22.90	23.14	23.67	23.34
美　国	8.99	9.06	8.96	9.00	8.98	8.75	8.79	8.84	8.84
其他 OECD 国家	13.88	14.13	14.38	14.42	14.68	14.16	14.36	14.82	14.51
非 OECD 国家合计	51.71	54.30	54.18	53.44	55.06	55.39	56.10	58.11	56.17
OPEC 国家	29.49	31.31	30.62	28.91	30.10	30.06	30.32	31.65	30.54
前苏联国家	7.65	8.18	8.76	9.40	9.88	10.13	10.44	10.73	10.30
其他非 OECD 国家	14.56	14.80	14.80	15.13	15.08	15.20	15.34	15.73	15.34
全球需求总计	75.73	76.83	77.99	78.22	80.07	76.85	79.18	81.84	79.49
OECD 国家合计	47.69	47.77	47.82	47.75	49.37	47.17	48.03	49.43	48.50
美　国	19.52	19.70	19.65	19.76	20.03	19.60	20.30	20.24	20.04
其他 OECD 国家	28.17	28.07	28.17	27.99	29.34	27.56	27.74	29.19	28.46
非 OECD 国家合计	28.04	29.06	30.17	30.47	30.71	29.69	31.14	32.40	30.99
中　国	4.36	4.80	4.92	5.16	5.25	5.22	5.77	5.89	5.53
前苏联国家	3.92	3.90	4.30	4.11	4.47	3.64	4.05	4.54	4.18
其他非 OECD 国家	19.76	20.37	20.96	21.20	20.99	20.82	21.32	21.97	21.28
供需差额	－1.15	0.66	－0.48	－1.36	－1.35	1.44	0.07	－0.06	0.03
期末库存增减合计	0.83	－0.35	－0.17	0.24	－0.09	－0.71	－1.04	0.06	－0.45
美国商业库存	0.41	0.00	－0.30	0.24	0.83	－0.82	－0.21	0.43	0.06
美国战略储备	0.01	0.07	－0.02	－0.13	0.00	－0.11	－0.16	－0.16	－0.11
其他 OECD 国家	0.33	－0.23	0.02	0.17	－0.32	－0.45	－0.35	0.23	－0.22
出口和在途	0.15	－0.27	0.14	－0.04	－0.56	0.66	－0.33	－0.43	－0.16
商业周转库存	－0.07	0.09	0.00	0.01	－0.06	0.01	0.01	－0.01	－0.01
其他库存和统计误差	0.32	－0.31	0.65	1.12	1.44	－0.73	0.97	0.00	0.42

表 21－35

1960—2003 年世界原油价格（平均价格）

单位：美元/桶

年份	时价		2003 年价格		年份	时价		2003 年价格	
	绝对值	比上年增长（%）	绝对值	比上年增长（%）		绝对值	比上年增长（%）	绝对值	比上年增长（%）
1960	1.90	—	11.86	—	1982	31.76	-7.35	60.72	-12.74
1961	1.80	-5.26	11.12	-6.22	1983	28.77	-9.41	53.30	-12.23
1962	1.80	0.00	10.99	-1.15	1984	28.78	0.03	49.78	-6.60
1963	1.80	0.00	10.86	-1.26	1985	27.53	-4.34	47.18	-5.22
1964	1.80	0.00	10.72	-1.28	1986	14.32	-47.98	24.14	-48.85
1965	1.80	0.00	10.55	-1.60	1987	18.33	28.00	29.83	23.59
1966	1.80	0.00	10.23	-3.04	1988	14.92	-18.58	23.27	-21.99
1967	1.80	0.00	9.96	-2.61	1989	18.23	22.13	27.02	16.12
1968	1.80	0.00	9.56	-3.97	1990	23.73	30.17	33.54	24.12
1969	1.80	0.00	9.07	-5.14	1991	20.00	-15.69	27.11	-19.18
1970	1.80	0.00	8.56	-5.65	1992	19.32	-3.41	25.41	-6.27
1971	2.24	24.44	10.23	19.48	1993	16.97	-12.16	21.74	-14.42
1972	2.48	10.71	10.96	7.21	1994	15.82	-6.80	19.84	-8.75
1973	3.29	32.66	13.68	24.76	1995	17.02	7.58	20.75	4.58
1974	11.58	251.98	43.38	217.19	1996	20.67	21.46	24.43	17.71
1975	11.53	-0.43	39.59	-8.74	1997	19.09	-7.62	22.14	-9.36
1976	12.38	7.37	40.17	1.48	1998	12.72	-33.40	14.80	-33.16
1977	13.30	7.43	40.53	0.88	1999	17.97	41.32	20.16	36.25
1978	13.60	2.26	38.51	-4.98	2000	28.50	58.57	30.96	53.58
1979	30.03	120.81	76.40	98.39	2001	24.44	-14.22	25.75	-16.86
1980	35.69	18.85	79.99	4.70	2002	25.02	2.37	25.77	0.09
1981	34.28	-3.95	69.59	-13.00	2003	28.83	15.22	28.83	11.88

注：1985 年前为阿拉伯轻油平均价格，1986—2003 年为布仑特原油平均价格。

表21－36

2003年末世界天然气剩余可采储量及主要国家(地区)排序

单位：万亿立方米

国家(地区) \ 年份	1983	1993	2002	2003		
				总　量	份额(%)	储采比(%)
世界总计	92.7	141.1	175.2	175.8	100.0	67.1
其中：OECD国家	15.2	14.7	15.0	15.5	8.8	14.2
欧盟15国	3.4	3.2	2.8	2.9	1.6	14.1
前苏联国家	36.0	57.8	56.4	56.4	32.1	78.0
北美洲合计	10.4	8.8	7.3	7.3	4.2	9.5
中南美洲合计	3.2	5.5	7.2	7.2	4.1	60.6
欧洲合计	40.5	63.6	61.9	62.3	35.4	60.8
中东合计	26.4	44.4	71.7	71.7	40.8	>100
非洲合计	6.3	10.0	13.7	13.8	7.8	97.5
亚太地区合计	6.0	8.7	13.4	13.5	7.7	43.4
天然气储量前20位合计	43.4	67.0	155.5	156.1	88.8	—
1. 俄罗斯	—	—	47.0	47.0	26.7	81.2
2. 伊　朗	14.0	20.7	26.7	26.7	15.2	>100
3. 卡塔尔	3.4	7.1	25.8	25.8	14.7	>100
4. 沙特阿拉伯	3.5	5.2	6.6	6.7	3.8	>100
5. 阿拉伯联合酋长国	3.0	5.8	6.1	6.1	3.4	>100
6. 美　国	5.6	4.5	5.2	5.2	3.0	9.5
7. 尼日利亚	1.4	3.7	5.0	5.0	2.8	>100
8. 阿尔及利亚	3.5	3.7	4.5	4.5	2.6	54.6
9. 委内瑞拉	1.6	3.7	4.2	4.1	2.4	>100
10. 伊拉克	0.8	3.1	3.1	3.1	1.8	>100
11. 土库曼斯坦	—	—	2.9	2.9	1.6	52.6
12. 印度尼西亚	1.2	1.8	2.6	2.6	1.5	35.2
13. 澳大利亚	0.5	0.6	2.5	2.5	1.4	76.9
14. 挪　威	0.5	1.8	2.1	2.5	1.4	33.5
15. 马来西亚	1.4	1.8	2.5	2.4	1.4	45.0
16. 哈萨克斯坦	—	—	1.9	1.9	1.1	>100
17. 乌兹别克斯坦	—	—	1.9	1.9	1.1	34.5
18. 中　国	0.8	1.0	1.8	1.8	1.0	53.4
19. 埃　及	0.2	0.6	1.7	1.8	1.0	70.4
20. 荷　兰	1.9	1.9	1.6	1.7	0.9	28.6

表 21－37

2003 年世界天然气生产量及主要国家(地区)排序

单位：亿立方米

国家(地区) ╲ 年份	1990	1995	2000	2001	2002	2003		
						总　量	增减(%)	份额(%)
世界总计	19999	21415	24330	24897	25324	26185	3.4	100.0
其中：OECD 国家	8597	9789	10774	11020	10910	10930	0.2	41.7
欧盟 15 国	1504	1870	2117	2133	2090	2046	-2.1	7.8
前苏联国家	7605	6598	6745	6773	6922	7232	4.5	27.6
北美洲合计	6488	7196	7696	7868	7685	7663	-0.3	29.3
中南美洲合计	583	732	978	1025	1042	1186	13.9	4.5
欧洲合计	9751	9040	9594	9678	9900	10239	3.4	39.1
中东合计	1012	1489	2068	2248	2447	2577	5.3	9.8
非洲合计	669	833	1266	1268	1309	1414	8.1	5.4
亚太地区合计	1497	2125	2727	2809	2942	3105	5.5	11.9
天然气产量前 20 位合计	17586	18820	21194	21568	21905	22505	2.7	85.9
1. 俄罗斯	5979	5554	5450	5424	5554	5786	4.2	22.1
2. 美　国	5132	5343	5506	5647	5454	5495	0.7	21.0
3. 加拿大	1089	1587	1832	1868	1878	1805	-3.9	6.9
4. 英　国	455	708	1084	1058	1036	1027	-0.9	3.9
5. 阿尔及利亚	493	587	844	782	804	828	3.1	3.2
6. 伊　朗	232	353	602	660	750	790	5.3	3.0
7. 挪　威	255	278	497	539	655	734	12.0	2.8
8. 印度尼西亚	454	634	685	663	704	726	3.2	2.8
9. 沙特阿拉伯	335	429	498	537	567	610	7.6	2.3
10. 荷　兰	606	670	573	619	606	583	-3.8	2.2
11. 土库曼斯坦	819	301	438	479	499	551	10.4	2.1
12. 乌兹别克斯坦	381	453	526	535	538	536	-0.3	2.0
13. 马来西亚	178	289	453	469	485	534	10.1	2.0
14. 阿拉伯联合酋长国	201	313	384	394	434	444	2.3	1.7
15. 阿根廷	178	250	374	371	361	410	13.7	1.6
16. 墨西哥	267	266	358	353	353	364	3.0	1.4
17. 中　国	142	176	272	303	319	341	6.8	1.3
18. 澳大利亚	207	298	312	325	326	332	1.7	1.3
19. 卡塔尔	63	135	237	270	295	308	4.4	1.2
20. 印　度	120	196	269	272	287	301	4.8	1.1

表21－38

2003年世界天然气消费量及主要国家(地区)排序

单位：亿立方米

国家(地区) \ 年份	1990	1995	2000	2001	2002	2003 总量	2003 增减(%)	2003 份额(%)
世界总计	19931	21526	24372	24631	25398	25910	2.02	100.0
其中：OECD国家	10095	11900	13517	13396	13687	13706	0.14	52.9
欧盟15国	2488	3024	3766	3839	3872	4039	4.31	15.6
前苏联国家	6629	5470	5519	5531	5699	5827	2.25	22.5
北美洲合计	6464	7463	7912	7620	7902	7626	－3.49	29.4
中南美洲合计	584	731	940	991	1008	1095	8.68	4.2
欧洲合计	9935	9283	10118	10245	10461	10841	3.63	41.8
中东合计	975	1418	1854	1996	2141	2227	4.00	8.6
非洲合计	381	448	552	591	617	668	8.27	2.6
亚太地区合计	1592	2182	2996	3189	3270	3455	5.66	13.3
天然气消费前20位合计	16645	17942	19738	19661	20223	20366	0.71	78.6
1. 美国	5525	6380	6697	6401	6619	6298	－4.86	24.3
2. 俄罗斯	4201	3778	3772	3727	3889	4058	4.34	15.7
3. 英国	524	705	968	963	951	953	0.21	3.7
4. 加拿大	668	802	830	828	856	874	2.20	3.4
5. 德国	599	744	795	829	826	855	3.57	3.3
6. 伊朗	227	352	629	702	792	804	1.48	3.1
7. 日本	512	612	762	790	719	765	6.50	3.0
8. 意大利	434	499	649	650	656	717	9.32	2.8
9. 乌克兰	1278	762	731	709	701	675	－3.59	2.6
10. 沙特阿拉伯	335	429	498	537	567	610	7.58	2.4
11. 乌兹别克斯坦	368	424	471	511	524	472	－9.97	1.8
12. 墨西哥	272	281	385	390	427	454	6.28	1.8
13. 法国	293	329	397	417	417	438	5.08	1.7
14. 荷兰	344	378	392	391	400	393	－1.87	1.5
15. 阿拉伯联合酋长国	169	248	314	323	364	375	2.85	1.4
16. 印度尼西亚	201	301	323	335	345	356	3.19	1.4
17. 阿根廷	203	270	332	312	303	346	14.24	1.3
18. 中国	147	177	245	278	296	328	10.63	1.3
19. 印度	125	196	269	272	287	301	4.76	1.2
20. 委内瑞拉	220	275	279	296	284	294	3.39	1.1

表21－39

1990—2003年世界天然气价格(到岸价)

单位：美元/百万英制热量单位

年　份	液化天然气	天然气			
	日　本	欧　盟	英　国	美　国	加拿大
1990	3.64	2.82	—	1.64	1.05
1991	3.99	3.18	—	1.49	0.89
1992	3.62	2.76	—	1.77	0.98
1993	3.52	2.53	—	2.12	1.69
1994	3.18	2.24	—	1.92	1.45
1995	3.46	2.37	—	1.69	0.89
1996	3.66	2.43	1.85	2.76	1.12
1997	3.91	2.65	2.03	2.53	1.36
1998	3.05	2.26	1.92	2.08	1.42
1999	3.14	1.80	1.64	2.27	2.00
2000	4.72	3.25	2.68	4.23	3.75
2001	4.64	4.15	3.22	4.07	3.61
2002	4.27	3.46	2.58	3.33	2.57
2003	4.77	4.40	3.26	5.63	4.83

表21－40

2003年末世界煤炭剩余可采储量及主要国家(地区)排序

单位：百万吨

项　目 国家(地区)	总　计	无烟煤和肥煤	瘦煤和褐煤	份额(%)	储采比(%)
世界总计	984453	519062	465391	100.0	192
其中：OECD国家	445770	211084	234686	45.3	220
前苏联国家	229975	97362	132613	23.4	>500
北美洲合计	257783	120222	137561	26.2	247
中南美洲合计	21752	7738	14014	2.2	354
欧洲合计	355370	144874	210496	36.1	300
非洲和中东合计	57077	56881	196	5.8	233
亚太地区合计	292471	189347	103124	29.7	113
煤炭储量前20位合计	943065	506152	436913	95.8	—
1. 美　国	249994	115891	134103	25.4	258
2. 俄罗斯	157010	49088	107922	15.9	>500
3. 中　国	114500	62200	52300	11.6	69
4. 印　度	84396	82396	2000	8.6	230
5. 澳大利亚	82090	42550	39540	8.3	236
6. 德　国	66000	23000	43000	6.7	322
7. 南　非	49520	49520	—	5.0	207
8. 乌克兰	34153	16274	17879	3.5	426
9. 哈萨克斯坦	34000	31000	3000	3.5	401
10. 波　兰	22160	20300	1860	2.3	136
11. 巴　西	11929	—	11929	1.2	>500
12. 哥伦比亚	6648	6267	381	0.7	135
13. 加拿大	6578	3471	3107	0.7	106
14. 捷　克	5678	2114	3564	0.6	89
15. 印度尼西亚	5370	790	4580	0.5	47
16. 土耳其	3689	278	3411	0.4	75
17. 希　腊	2874	—	2874	0.3	38
18. 保加利亚	2711	13	2698	0.3	99
19. 巴基斯坦	2265	—	2265	0.2	>500
20. 英　国	1500	1000	500	0.2	53

表21－41

2003年世界煤炭生产量及主要国家(地区)排序

单位：百万吨

国家(地区) \ 年份	1990	1995	2000	2001	2002	2003		
						总　量	增减(%)	份额(%)
世界总计	4718.2	4526.3	4306.3	4529.0	4848.1	5118.8	5.6	100.0
其中：OECD国家	2261.2	2022.2	2013.6	2093.5	2051.5	2028.0	-1.1	39.6
前苏联国家	703.3	435.7	417.1	436.2	415.2	442.2	6.5	8.6
北美洲合计	1008.9	1021.0	1054.6	1104.8	1069.9	1042.7	-2.5	20.4
中南美洲合计	30.3	37.1	53.5	57.9	52.9	61.5	16.2	1.2
欧洲合计	1866.7	1302.6	1165.6	1194.2	1161.5	1183.7	1.9	23.1
中东合计	1.3	1.1	1.0	0.8	0.6	1.0	62.5	0.0
非洲合计	182.6	214.1	230.4	229.8	225.9	243.5	7.8	4.8
亚太地区合计	1628.4	1950.4	1801.3	1941.6	2337.3	2586.4	10.7	50.5
煤炭产量前20位合计	4455.4	4331.6	4111.0	4332.5	4650.9	4922.2	5.8	96.2
1. 中　国	1079.3	1292.2	999.2	1089.7	1449.6	1667.0	15.0	32.6
2. 美　国	933.6	937.1	974.1	1023.1	992.3	970.0	-2.2	18.9
3. 印　度	223.3	289.0	334.8	341.9	359.3	367.3	2.2	7.2
4. 澳大利亚	210.4	245.4	310.4	333.1	338.9	347.2	2.4	6.8
5. 俄罗斯	395.3	262.9	257.9	269.5	255.4	274.8	7.6	5.4
6. 南　非	174.8	206.2	224.1	223.5	220.2	238.8	8.4	4.7
7. 德　国	426.7	245.9	201.0	202.5	208.2	205.0	-1.5	4.0
8. 波　兰	215.3	200.7	162.8	163.5	161.9	162.8	0.5	3.2
9. 印度尼西亚	10.7	41.8	77.0	92.6	103.4	114.6	10.9	2.2
10. 哈萨克斯坦	131.4	83.4	74.9	79.0	73.7	84.7	14.9	1.7
11. 乌克兰	164.9	85.8	81.4	84.5	82.9	80.3	-3.1	1.6
12. 希　腊	51.9	57.7	63.9	67.0	71.7	75.0	4.7	1.5
13. 捷　克	102.8	74.3	65.2	66.1	63.4	63.9	0.9	1.2
14. 加拿大	68.4	75.0	69.2	70.4	66.6	62.2	-6.6	1.2
15. 哥伦比亚	20.5	25.7	38.1	43.9	39.5	49.3	24.9	1.0
16. 土耳其	47.4	55.1	66.6	67.7	54.4	49.3	-9.3	1.0
17. 罗马尼亚	38.2	41.1	29.3	33.3	30.5	33.1	8.5	0.6
18. 英　国	92.8	53.0	31.2	31.9	30.0	28.2	-5.9	0.6
19. 保加利亚	31.7	30.8	26.4	26.6	27.0	27.5	1.9	0.5
20. 西班牙	36.0	28.5	23.5	22.7	22.0	21.2	-3.8	0.4

表 21－42

2003 年世界煤炭消费量及主要国家(地区)排序

单位：百万吨油当量

国家(地区) ＼ 年份	1990	1995	2000	2001	2002	2003 总量	2003 增减(%)	2003 份额(%)
世界总计	2237.4	2255.1	2141.2	2211.0	2412.3	2578.4	6.9	100.0
其中：OECD 国家	1088.8	1047.0	1119.8	1110.5	1123.3	1153.7	2.7	44.7
欧盟 15 国	294.8	231.7	214.8	213.8	214.7	222.7	3.7	8.6
前苏联国家	308.0	192.4	170.1	172.9	167.1	179.3	7.3	7.0
北美洲合计	511.5	536.5	604.6	588.9	597.7	612.7	2.5	23.8
中南美洲合计	17.2	18.3	20.6	19.4	17.5	17.7	1.0	0.7
欧洲合计	786.4	576.1	520.6	522.8	513.1	535.9	4.4	20.8
中东合计	3.4	5.5	7.3	8.0	8.4	8.6	3.0	0.3
非洲合计	79.5	85.3	89.5	89.2	91.9	97.2	5.7	3.8
亚太合计	839.4	1033.5	898.7	982.8	1183.7	1306.2	10.3	50.7
煤炭消费前 20 位合计	2027.0	2072.6	1962.6	2027.0	2223.7	2380.3	7.0	92.3
1. 中　国	533.6	671.9	455.0	517.7	694.2	799.7	15.2	31.0
2. 美　国	483.6	506.3	569.1	551.8	559.4	573.9	2.6	22.3
3. 印　度	107.8	142.8	169.1	172.1	181.0	185.3	2.4	7.2
4. 日　本	76.0	86.2	98.9	103.0	106.6	112.2	5.2	4.4
5. 俄罗斯	180.6	119.4	106.0	109.0	103.9	111.3	7.1	4.3
6. 南　非	71.3	77.4	81.9	80.6	83.5	88.9	6.4	3.4
7. 德　国	129.6	90.6	84.9	85.0	84.6	87.1	2.9	3.4
8. 波　兰	80.2	71.7	57.6	58.0	56.7	58.8	3.7	2.3
9. 韩　国	24.4	28.1	43.0	45.7	49.1	51.1	4.1	2.0
10. 澳大利亚	37.0	41.1	48.3	49.6	51.9	50.2	-3.3	1.9
11. 英　国	64.9	47.5	36.9	40.0	36.7	39.1	6.8	1.5
12. 乌克兰	74.8	42.1	38.8	39.4	38.3	39.0	1.7	1.5
13. 中国台湾	11.2	17.1	28.9	30.8	32.7	35.0	6.9	1.4
14. 加拿大	24.4	25.2	29.4	30.3	30.7	31.0	0.8	1.2
15. 哈萨克斯坦	40.2	27.5	23.2	22.5	22.8	26.9	18.0	1.0
16. 西班牙	19.0	18.5	21.6	19.5	21.9	20.6	-5.8	0.8
17. 捷　克	33.5	23.5	21.0	21.2	20.4	20.5	0.3	0.8
18. 印度尼西亚	4.0	5.7	13.7	16.7	18.0	18.9	4.8	0.7
19. 土耳其	16.8	17.5	22.3	20.4	17.1	15.5	-8.9	0.6
20. 意大利	14.1	12.5	13.0	13.7	14.2	15.3	7.7	0.6

表21－43

1990—2003年世界主要国家(地区)煤炭价格

单位：美元/吨

年　份	西欧、北欧基价(市场价)	美国动力煤到厂价	日本炼焦煤到岸价	日本动力煤到岸价
1990	43.48	33.33	60.54	50.81
1991	42.80	33.06	60.45	50.30
1992	38.53	32.23	57.82	48.45
1993	33.68	31.57	55.26	45.71
1994	37.18	30.75	51.77	43.66
1995	44.50	29.85	54.47	47.58
1996	41.25	29.19	56.68	49.54
1997	38.92	28.79	55.51	45.53
1998	32.00	28.31	50.76	40.51
1999	28.79	27.46	42.83	35.74
2000	35.99	27.13	39.69	34.58
2001	39.29	27.54	41.33	37.96
2002	31.65	28.33	42.01	36.90
2003	42.52	28.62	41.57	34.67

表21－44

2003年世界发电量及主要国家(地区)排序

单位：亿千瓦时

年份 国家(地区)	1990	1995	2000	2001	2002	2003		
						总　量	增减(%)	份额(%)
世界总计	118872	132911	154398	156288	161894	166631	2.9	100.0
其中：OECD国家	75877	84898	96499	96576	98467	98730	0.3	59.3
欧盟15国	21572	23298	25937	26710	26840	27518	2.5	16.5
前苏联国家	17256	12950	12697	12911	13020	13423	3.1	8.1
北美洲合计	37901	42290	47999	47164	48469	47889	－1.2	28.7
中南美洲合计	5094	6436	8097	8060	8329	8737	4.9	5.2
欧洲合计	45695	43401	46714	47639	48069	49152	2.3	29.5
中东合计	2463	3414	4683	4955	5206	5426	4.2	3.3
非洲合计	3249	3731	4353	4437	4611	4858	5.4	2.9
亚太及远东合计	24471	33639	42552	44032	47209	50569	7.1	30.3
发电量前20位合计	95379	106751	123557	124359	129039	132784	2.9	79.7
1. 美　国	31856	35169	39907	39245	40507	40392	－0.3	24.2
2. 中　国	6212	10066	13685	14346	16541	19108	15.5	11.5
3. 日　本	8432	9780	10819	10826	10848	10854	0.1	6.5
4. 俄罗斯	10822	8621	8778	8913	8913	9121	2.3	5.5
5. 德　国	5499	5347	5645	5818	5813	5970	2.7	3.6
6. 印　度	2847	4128	5483	5609	5828	5966	2.4	3.6
7. 法　国	4202	4939	5408	5498	5592	5669	1.4	3.4
8. 加拿大	4820	5596	6048	5824	5811	5598	－3.7	3.4
9. 英　国	3197	3374	3771	3847	3871	3955	2.1	2.4
10. 巴　西	2228	2756	3489	3285	3446	3650	5.9	2.2
11. 韩　国	1187	2051	2952	3152	3380	3554	5.2	2.1
12. 意大利	2169	2415	2766	2790	2844	2928	3.0	1.8
13. 西班牙	1517	1689	2248	2374	2462	2622	6.5	1.6
14. 南　非	1654	1881	2107	2101	2177	2316	6.4	1.4
15. 澳大利亚	1559	1754	2134	2206	2260	2270	0.4	1.4
16. 中国台湾	902	1331	1849	1885	1988	2089	5.1	1.3
17. 墨西哥	1224	1525	2044	2096	2152	1899	－11.7	1.1
18. 乌克兰	2985	1940	1690	1714	1737	1795	3.3	1.1
19. 波　兰	1364	1390	1452	1457	1441	1518	5.3	0.9
20. 沙特阿拉伯	701	999	1284	1374	1430	1510	5.6	0.9

表 21－45

2003年世界核能消费量及主要国家(地区)排序

单位：亿千瓦时

国家(地区) \ 年份	1990	1995	2000	2001	2002	2003		
						总 量	增减(%)	份额(%)
世界总计	20026	23246	25828	26550	26988	26458	-2.0	100.0
其中：OECD国家	17137	20427	22382	22918	23133	22327	-3.5	84.4
欧盟15国	7200	8101	8643	8911	8958	9015	0.6	34.1
前苏联国家	2115	1821	2183	2264	2360	2493	5.6	9.4
北美洲合计	6830	8151	8746	8947	9056	8886	-1.9	33.6
中南美洲合计	95	96	122	213	197	210	6.7	0.8
欧洲合计	10128	10769	11816	12206	12410	12604	1.6	47.6
非洲合计	89	119	137	113	126	133	5.6	0.5
亚太地区合计	2883	4111	5006	5071	5199	4625	-11.0	17.5
核能消费量前20位合计	19420	22591	25090	25695	26094	25566	-2.0	96.6
1. 美 国	6072	7088	7936	8093	8211	8039	-2.1	30.4
2. 法 国	3141	3772	4152	4211	4368	4411	1.0	16.7
3. 日 本	1957	2878	3197	3210	3149	2307	-26.7	8.7
4. 德 国	1525	1541	1696	1712	1648	1650	0.1	6.2
5. 俄罗斯	1183	994	1305	1369	1416	1504	6.2	5.7
6. 韩 国	529	670	1090	1121	1191	1297	8.9	4.9
7. 英 国	657	890	851	899	880	890	1.0	3.4
8. 乌克兰	762	705	773	762	780	814	4.4	3.1
9. 加拿大	729	978	728	767	747	742	-0.7	2.8
10. 瑞 典	682	700	574	721	681	687	0.8	2.6
11. 西班牙	543	554	622	637	630	618	-1.9	2.3
12. 比利时和卢森堡	427	414	482	464	474	477	0.5	1.8
13. 中 国	—	129	167	175	251	433	72.6	1.6
14. 中国台湾	329	353	385	355	396	389	-1.7	1.5
15. 瑞 士	236	249	264	268	272	275	0.9	1.0
16. 捷 克	126	122	136	147	187	259	38.1	1.0
17. 芬 兰	191	191	227	228	238	242	2.0	0.9
18. 印 度	64	76	158	189	193	180	-7.0	0.7
19. 斯洛伐克	120	114	165	171	180	179	—	0.7
20. 保加利亚	147	173	182	196	202	173	-14.6	0.7

表21-46

2003年世界水电消费量及主要国家(地区)排序

单位：亿千瓦时

国家(地区) \ 年份	1990	1995	2000	2001	2002	2003 总量	2003 增减(%)	2003 份额(%)
世界总计	21849	25130	27134	26044	26203	26307	0.4	100.0
其中：OECD国家	12147	13284	13809	12770	12638	12355	-2.2	47.0
欧盟15国	2761	3074	3500	3661	3060	3016	-1.4	11.5
前苏联国家	2357	2412	2300	2401	2295	2271	-1.0	8.6
北美洲合计	6128	6742	6642	5718	6020	5918	-1.7	22.5
中南美洲合计	3635	4645	5509	5172	5421	5649	4.2	21.5
欧洲及欧亚大陆合计	7345	8076	8602	8618	8035	7701	-4.2	29.3
中东合计	85	125	73	72	116	131	13.2	0.5
非洲合计	588	626	805	813	831	832	0.1	3.2
亚太地区合计	4068	4917	5502	5651	5780	6076	5.1	23.1
水电消费量前20位合计	17689	20278	21714	20707	20838	20819	-2.1	79.2
1. 巴西	2067	2539	3044	2679	2849	3044	6.8	11.6
2. 加拿大	2969	3354	3584	3331	3188	3030	-5.0	11.5
3. 中国	1267	1866	2430	2610	2750	2830	2.9	10.8
4. 美国	2923	3112	2727	2102	2582	2690	4.2	10.2
5. 俄罗斯	1668	1770	1653	1759	1642	1572	-4.3	6.0
6. 挪威	1214	1225	1422	1210	1297	1061	-18.2	4.0
7. 日本	939	878	913	902	907	1006	10.9	3.8
8. 印度	664	759	770	720	685	687	0.3	2.6
9. 法国	573	759	725	794	667	652	-2.2	2.5
10. 委内瑞拉	370	515	629	604	595	605	1.7	2.3
11. 瑞典	730	677	786	792	664	535	-19.4	2.0
12. 意大利	351	419	509	539	473	442	-6.5	1.7
13. 西班牙	262	245	365	439	265	438	65.2	1.7
14. 瑞士	310	360	382	427	369	368	-0.2	1.4
15. 哥伦比亚	275	322	307	315	337	360	6.8	1.4
16. 土耳其	232	355	309	240	337	353	4.7	1.3
17. 阿根廷	182	269	288	370	367	345	-6.0	1.3
18. 奥地利	325	385	435	435	381	303	-20.4	1.2
19. 德国	197	242	260	256	279	250	-10.3	1.0
20. 巴基斯坦	171	227	176	183	204	248	21.3	0.9

注：本章数据除注明外，均采自于英国石油公司(BP)对外公布的统计资料。

索　引

INDEX

词条音序索引

J

R

S

Z

表序索引